Karl Jaspers
Die großen Philosophen

Serie Piper
Band 1002

Zu diesem Buch

Mit »Die großen Philosophen« wird ein Hauptwerk von Karl Jaspers erstmals als Taschenbuch veröffentlicht. Einzeldarstellungen aus diesem Buch liegen im Rahmen der Serie Piper bereits vor.

Das Werk führt von den Anfängen philosophischen Denkens über das Mitttelalter bis hinein in die Neuzeit und gibt, von Gestalt und Werk des einzelnen Denkers ausgehend, eine umfassende, in ihren Deutungen von der Persönlichkeit des Autors geprägte Weltgeschichte der Philosophie. Es geht damit weit hinaus über den Rahmen eines enzyklopädischen Nachschlage- oder Sammelwerkes. Es setzt Grundsteine der historisch-philosophischen Entwicklung und ist zugleich einführendes Lehrbuch wie auch philosophisches Lesebuch.

Kurz nach Ende des Zweiten Weltkrieges begann Karl Jaspers, für den von jeher die Geschichte der Philosophie untrennbar verbunden ist mit den Gestalten der großen Philosophen, mit den Ausarbeitungen zu diesem Werk. Es geht ihm darum, von unserer Zeit her, aus der Sicht des heutigen so sehr fragwürdig gewordenen Daseins die Weltbilder der großen Denker neu zu sehen und sie fruchtbar zu machen für die Bewältigung dessen, was uns aufgetragen ist. Um die Geschichte der Philosophie in ihren entscheidenden Kräften zu neuer, lebendiger Wirksamkeit zu bringen, führt Jaspers den Leser in souveräner geistiger und auch sprachlicher Meisterung des fast unübersehbaren Stoffes zur persönlichen Begegnung mit den Philosophen selbst. Der Mensch, die großen Denker selbst, sind in den Mittelpunkt dieser Gesamtschau gestellt. Darin liegt die innerste, das Auseinanderstrebende zu einem Ganzen formende Kraft dieses Werkes.

Karl Jaspers, geboren 1883 in Oldenburg, studierte zuerst Jura, dann Medizin; Promotion 1909 in Heidelberg. Während seiner Assistentenzeit an der Psychiatrischen Klinik habilitierte er sich für Psychologie. Ab 1916 war er Professor für Psychologie, ab 1921 für Philosophie an der Universität Heidelberg. 1937 wurde er – bis zu seiner Wiedereinsetzung im Jahr 1945 – seines Amtes enthoben. Von 1948 bis 1961 war er Professor für Philosophie in Basel, wo er 1969 starb. Jaspers gilt als einer der Hauptvertreter der Existenzphilosophie. Seine Schriften – es sind über 30 Bände – liegen in mehr als 600 Übersetzungen vor.

Karl Jaspers

Die großen Philosophen

Erster Band

Piper
München Zürich

Von Karl Jaspers liegen in der Serie Piper außerdem vor:
Chiffren der Transzendenz (7)
Einführung in die Philosophie (13)
Kleine Schule des philosophischen Denkens (54)
Vernunft und Existenz (57)
Der philosophische Glaube (69)
Kant (124)
Die maßgebenden Menschen (126)
Augustin (143)
Plato (147)
Philosophische Autobiographie (150)
Spinoza (172)
Die Frage der Entmythologisierung (mit R. Bultmann) (207)
Die Atombombe und die Zukunft des Menschen (237)
Wahrheit und Bewährung (268)
Nietzsche und das Christentum (278)
Vom Ursprung und Ziel der Geschichte (298)
Schelling (341)
Denkwege (385)
Psychologie der Weltanschauungen (393)
Der Arzt im technischen Zeitalter (441)
Nikolaus Cusanus (660)
Die Schuldfrage (698)
Max Weber (799)
Wohin treibt die Bundesrepublik? (849)
Notizen zu Martin Heidegger (1048)

Über Karl Jaspers liegt in der Serie Piper vor:
Karl Jaspers – Arzt, Philosoph, politischer Denker (679)

ISBN 3-492-11002-9
Neuausgabe Dezember 1988
5. Auflage, 23.–30. Tausend September 1989
(2. Auflage, 9.–16. Tausend dieser Ausgabe)

Umschlag: Federico Luci
Foto: Fritz Eschen, Berlin
Satz: Eugen Göbel, Tübingen
Druck und Bindung: Clausen & Bosse, Leck
Printed in Germany

Karl Jaspers

DIE GROSSEN PHILOSOPHEN

Erster Band

Die maßgebenden Menschen:

SOKRATES · BUDDHA · KONFUZIUS · JESUS

Die fortzeugenden Gründer des Philosophierens:

PLATO · AUGUSTIN · KANT

Aus dem Ursprung denkende Metaphysiker:

ANAXIMANDER · HERAKLIT · PARMENIDES · PLOTIN
ANSELM · SPINOZA · LAOTSE · NAGARJUNA

VORWORT

Seit einem halben Jahrhundert scheint zugleich mit der Verwahrlosung der Philosophie ihre Befreiung aus den akademischen Fesseln im Gange zu sein. Für den Kampf um die eigene gegenwärtige Substanz im Sturm der Willkür anarchischer Zufälligkeit des Denkens gewinnen wir eine Chance, wenn die geschichtliche Substanz durch die Krusten philosophischer Konvention durchbricht und wir deren Sprache hören. In diesem Wandlungsprozeß meine auch ich mit diesem Buche mich zu bewegen.

Die Weltgeschichte der Philosophie ist zum erstenmal bewußt durch Hegel, heute aber ganz anders als damals zum Element gegenwärtigen Philosophierens geworden.

Einerseits braucht Philosophie ihre Geschichte. Gegenwärtiges Denken findet sich in seiner Vergangenheit. Wie es sich zur Vergangenheit verhält, bekundet sein eigenes Wesen. Es kann sich verhalten als bloßes Echo und wird dann nichtig. Es formt die Geschichte des Denkens in Bildern, Konstruktionen, logischen Ordnungen. Es ist schließlich Aneignung der Wahrheit im Umgang mit der Geschichte als ewiger Gegenwart und erreicht darin sein Ziel.

Andrerseits ist Philosophiegeschichte nicht möglich ohne eigenes Philosophieren. Denn die äußere Orientierung über die Tatbestände und Texte führt noch nicht in die wirkliche Philosophie. Der Sinn des Eindringens in die Philosophiegeschichte setzt voraus, daß man schon unter der Führung der Philosophie steht. Nur Philosophie versteht Philosophie, die einst war und heute ist.

Die Überlieferung der Philosophie ist für uns wie ein Meer, das nach Umfang und Tiefen unausgemessen und unausmeßbar ist. Noch nie zwar hat man wie heute enzyklopädisch so viel gewußt, noch nie hatte man so viele Texte in trefflichen Ausgaben zur Verfügung, noch nie so viele Berichte über das Gedachte, so viele Register und Nachschlagewerke, die, was man sucht, schnell bereitstellen. Diese bewunderungswürdigen Leistungen sind unentbehrlich für jede realistische Beschäftigung mit der Philosophiegeschichte. Aber sie bringen als solche die Philosophie nicht zu lebendiger Gegenwart. Eher entsteht das verwirrende Wissen einer Vielfachheit des Nebeneinander und Nacheinander oder die irreführende Vereinfachung in dogmatischen Übersichten. In beiden Fällen wird das Wesentliche nicht erreicht, vielmehr in der

Masse des Gewußten verloren. Es ist erstaunlich: trotz der gewaltigen Vermehrung unseres historischen Kennens scheint kaum jemals ein Zerfall der wirksamen Tradition eigentlicher Philosophie so wie heute dagewesen zu sein.

Dem Unheil ist nicht abzuhelfen, indem man die großen Enzyklopädien auf kleinere zusammenstreicht. Auch ist die Philosophiegeschichte nicht zum Bilde zu machen durch die fortlaufende Erzählung des einen einzigen und ganzen Prozesses, den es für uns nicht gibt. Denn die Geschichte zu überblicken, ist unmöglich. Wir sind in ihr. Wir sehen sie im Dabeisein, nicht von einem Punkt außerhalb. Wenn wir aber die Geschichte nicht überblicken, dringen wir doch in sie ein, dies aber nur mit jeweiligen Voraussetzungen und Zielen. Daher gewinnt dieses Eindringen Klarheit nur, wenn zunächst bestimmte Aspekte der Philosophiegeschichte am Tatsächlichen je für sich methodisch entwickelt werden. Es sind folgende:

Erstens der *historische Aspekt:* Ich vergegenwärtige mir am Leitfaden der Chronologie und Geographie die Zeitalter, das geheimnisvolle Anderswerden, von dessen Gründen nur wenig begriffen ist, die wechselnden Daseinsbedingungen des denkenden Menschen in den natürlichen Gegebenheiten und in den Zuständen der Gesellschaft, die die Geschichte in so ungemein vielfachen Gestalten hervorbringt. Die für die Zeitalter typischen Voraussetzungen und Denkweisen erscheinen als die historischen Kleider der ewigen Fragen. – Zweitens der *sachliche Aspekt:* Ich wende mich den Problemen und Systemen des Denkens zu, höre die Geschichte ohne Rücksicht auf die Zeitfolge gleichsam ab, welche sachlichen Fragen sie gestellt, welche Antworten sie gegeben hat. Ich gewinne eine Systematik dessen, was je Gegenstand der Philosophie geworden ist. – Drittens der *genetische Aspekt:* Ich sehe die Herkunft der Philosophie, im Anfang und zu jeder Zeit, aus dem Mythus, der Religion, der Dichtung, der Sprache. Der eigenständige Ursprung der Philosophie ist gleichsam geborgen in einem Anderen, aus dem er sich nährt oder dem er sich entgegenstellt. – Viertens der *praktische Aspekt:* Ich sehe die Verwirklichung der Philosophie in der Lebenspraxis, welche Folgen sie in ihr hat, und wie sie umgekehrt unter deren Bedingungen steht. – Fünftens der *dynamische Aspekt:* Ich werde mir des Raums der »Mächte« bewußt, in dem durch das Philosophieren ein Kampf der Geister stattfindet, der unabschließbar ist in der Zeit, den Schein von Abschlüssen in großen alles vereinigenden Systemen vortäuscht, sie wieder durchbricht und in neuen Gestalten da ist. Weil ich keinen Standpunkt außerhalb gewinnen kann, sehe ich mich selber kämpfend darin, und dies auch noch durch mein Auffassen der Mächte und der Fronten.

In ihrer Vermischung würden diese Aspekte nicht zu klaren Anschauungen werden, in ihrer Trennung aber ergänzen sie sich. Jeder ist für sich beschränkt. Sie stehen einander als Mittel zur Verfügung. Man soll sie nicht gegeneinander ausspielen, nicht vom einen Aspekt fordern, was Sache der anderen ist. Aber die Aspekte finden sich nicht zu einem Totalbild zusammen. Ein solches erweist sich stets wieder als aus einem bestimmten Gesichtspunkt entworfen. Es bleibt Moment eines im ganzen Offenen oder Umgreifenden.

Die mehrfachen Weisen des Eindringens zeigen in ihrer Gesamtheit eine Weltgeschichte der Philosophie. Aber diese genügt uns nicht. Worauf es eigentlich ankommt, wird mit all diesen Aspekten noch nicht erreicht. So wie Menschen mit Menschen sich liebend verbinden, wenn sie nicht nur in einer gültigen Sache sich treffen, sondern durch die Sachen hindurch im Grunde des Seins selbst, so suchen wir den Umgang mit den Philosophen. Sie sind das Thema unseres Buches. Sie sollen als sie selber zur Geltung kommen, als je Einzige, dem Allgemeinen verhaftet, aber es überschreitend, als das Wunder der Größe in unvergeßlichen Menschen, die durch ihr Dasein und Tun denkend verwirklichten, was im Wissen möglich ist. In den Kern der Philosophie gelangen wir nur durch sie. Sie bringen mehr als das, was von jenen fünf Gesichtspunkten her sich zeigt. Sie offenbaren das Wesen der Philosophie. Dieses hat erst im Philosophen in persönlicher Gestalt ursprüngliche Wirklichkeit.

Die Großen dürfen nicht zerstückelt werden in Probleme, nicht absinken zu Lehrsystemen, nicht in die Ferne rücken als Bilder, nicht ein Reiz bleiben durch ihre Mannigfaltigkeit. Sie wollen, statt unsere Existenz zu verwirren, sie begründen helfen. Wir sollen durch die Sprache ihrer Existenz wach werden und zu vernünftiger Einsicht gelangen.

Die Philosophen kommen zwar innerhalb der fünf Aspekte der Weltgeschichte der Philosophie überall zur Sprache. So werden sie in der historischen Auffassung zu charakteristischen Erscheinungen ihrer Zeitalter. Sie stehen durch Probleme, Fragen und Antworten im Zusammenhang sachlicher Entwicklungsmöglichkeiten. Sie haben ihre Beziehung zu Mythus, Religion, Dichtung und Sprache. Sie zeigen eine Verwirklichung des Philosophierens in ihrer eigenen Praxis oder in den historischen Folgen ihrer Gedanken. Sie bedeuten gleichsam Inkarnationen von Mächten menschlicher Möglichkeiten, stoßen sich ab, verbünden sich, gehen gleichgültig aneinander vorüber oder beziehen sich aufeinander. Aber jene Aspekte unter historischen, sachlichen, genetischen, praktischen und kämpferischen Gesichtspunkten treten, obgleich unentbehrlich als Mittel der Auffassung, doch zurück in dem Maße, als die Philosophen selbst sichtbar werden. An ihre Zeit durch ihre Erscheinung gebunden, werden sie zeitlos objektive Gestalten, überschreiten sie den Geist ihres Zeitalters, indem sie ihn prägen. Sie können in der Folge auf alle Zeiten wirken. Sie interessieren als sie selbst und ihre Wahrheit. Jeder ist durch Werk und Wesen einzig, in einem nicht definierbaren Punkt unüberbietbar, wenn auch jeder, unterworfen dem Geschick aller Menschen, seine zu ihm gehörenden Grenzen hat. Sie sind in ihrem übergeschichtlichen Charakter wie ewige Zeitgenossen.

Die Idee eines Reiches der großen Philosophen verwehrt die Beschränkung, sich bei einem einzigen Philosophen gleichsam anzubauen, als ob es für die Wahrheit überflüssig sei, die anderen zu kennen. Die absolute Wahrheit, die man an einem Orte vollendet hören und lernen könnte, gibt es nicht. Die Redlichkeit verlangt von uns, kennenzulernen auch was uns widerstrebt. Sie erlaubt zwar, mit unserer Liebe vorziehend, dorthin uns zu wenden, wohin wir zu gehören glauben. Aber sie fordert, die anderen zu sehen und noch die Fremdesten in ihrer eigenen Größe gelten zu lassen, in ihnen das Wahre zu erspüren.

Denn wenn kein Mensch alles sein kann, so kann er doch der Möglichkeit nach, ins Unendliche voranschreitend, alles verstehen, auch das, was er nicht ist und nicht sein kann. Dies Verstehen aber erfolgt nicht in Indifferenz, sondern im möglichen Dabeisein. Daher ist mein Verständnis grundsätzlich offen auch für das, was ich für mich ausgeschlossen habe oder was mir versagt ist. Ich möchte es kennen und anerkennen und möchte es verwerfen nur dann, wenn es nichtig oder böse scheint.

Statt des Titels »Die Großen Philosophen« könnte man den bescheideneren »Große Philosophen« erwarten. Aber wer philosophiert, macht sich ein Gesamtbild des Reiches der großen Geister. Die Wirklichkeit dieses Reiches ist zwar von niemandem in seinem Umfang und seinen Rangordnungen festzustellen. Aber die Idee bleibt: die großen Philosophen in einer Gesamtanschauung vor Augen zu gewinnen und damit das Bewußtsein ihrer aller Zusammengehörigkeit zu steigern. Daher sollte dies Werk der Idee nach nicht eine lockere Aufzählung einiger vom Autor bevorzugter Denker sein. Auch vollzieht kein einzelner Philosophiehistoriker die Auswahl. Seine Wahl ist in der Geschichte von der Geschichte schon getroffen. Wo philosophiert wird, da bildet sich – in Analogie zum Kanon heiliger Schriften – in unbestimmter Abgrenzung und in Bewegung, aber im Kern unveränderlich, eine Geltung der Großen und ihrer Werke. Diese Idee soll nicht verleugnet werden dadurch, daß ich mich der Zufälligkeit meiner Wahl überlasse, wenn diese auch niemals völlig überwunden werden kann. Es muß genug sein, einen Abglanz jenes Reiches in noch so unvollkommener Erscheinung zu gewinnen.

Weil die Auffassung dieses Reiches in jedem seiner Glieder von der in vergleichender Anschauung herausgebildeten Denkweise begründet ist, kann die Idee des Ganzen nicht durch ein Sammelwerk vieler Historiker verwirklicht werden, das nur eine Zusammensetzung aus unverbundenen Teilen wäre. Um einem Buch über die großen Philosophen Konsistenz zu geben, muß es von einem Einzelnen gewagt werden nach dem Vorbild der Ahnen auf Grund seiner lebenwährenden Erfahrung im Umgang mit den Großen.

Aber der Einwand, die Aufgabe sei unmöglich durch einen Einzelnen zu erfüllen, ist begründet. Wer sie versucht, muß spüren, wie die seinem eigenen Wesen vergönnte philosophische Erfahrung begrenzt ist. Er muß sein unzulängliches Wissen bemerken, auch wenn er sich Jahrzehnte um die Sache bemüht hat. Er wird sich der unüberwindbaren Beschränkung seines selber geschichtlich bestimmten Blicks bewußt. Niemand vermag alle Philosophen mit derselben Ergriffenheit darzustellen. Das Wissen um seine Grenzen warnt daher vor dem doch nur ins Leere der äußerlichen Mitteilung führenden Versuch, alle in wirklich gleicher Weise zur Geltung bringen zu wollen.

Doch all das kann nicht entmutigen. Was unmöglich zu vollenden ist, bleibt doch Aufgabe. Soweit immer das Vorgebrachte hinter der Idee zurückbleiben mag, es muß mit vollem Bewußtsein der Weg beschritten werden, der tatsächlich von jedem Philosophierenden gegangen wird. In der Spannung von gerechtem Sehen und kritischer Aneignung möchte der Verfasser seine Leser nach seinem Vermögen einführen in den Kreis erlauchter Geister und in den Umgang mit diesen hohen, ehrwürdigen Gestalten.

Der häufige Vorwurf der Subjektivität gegenüber philosophiegeschichtlichen Darstellungen setzt die Existenz einer loslösbaren, allgemeingültigen Objektivität voraus. Man denkt: es gäbe ein Referat, das verkürzt im identischen Abbild die Gedanken zeige, die der Philosoph gedacht habe – es gäbe eine wissenschaftliche Philosophie, zu der in einem fortschreitenden Prozeß jeder Philosoph seinen Beitrag leiste –, es gäbe daher ein allgemein anerkanntes Wissen von den großen Philosophen, ihrer Wahrheit und ihren Irrtümern. Solche Objektivität gibt es nur entweder in bezug auf Äußerlichkeiten oder in bezug auf wissenschaftliche Erkenntnisse, die auch von Philosophen hervorgebracht wurden und Mittel des Philosophierens sind, aber nicht in bezug auf die Philosophie selbst.

Vielmehr kann die philosophische Objektivität nur durch eine in ihr sich klärende Subjektivität rein herauskommen. Die geläufige Wendung, der Autor stelle im historischen Objekt nur sein eigenes Philosophieren dar, verdient die Antwort: es wäre für die Objektivität seiner Darstellung nur gut, wenn eigenes – das heißt ursprüngliches, nicht notwendig originales – Philosophieren ihn führte. Denn eine sich für absolut haltende, in der Tat indifferente Objektivität, die ohne Gegenwärtigkeit und ohne Gewißheit und ohne Überzeugung sich bei den philosophischen Gedanken aufhalten zu können meint, läßt in der Darstellung doch nur eine indifferente Subjektivität in ihrer Nichtigkeit sich aussprechen und ist insofern die schlechteste Subjektivität, nämlich die der gewohnten Gemeinsprache. Die Abweichung vom Gewohnten, die die Tiefe der Überlieferung erneuert, möchte der im Besitz einer vermeintlichen Objektivität Gesicherte als Subjektivität abtun. Das Wagnis des scheinbar Neuen, in Wirklichkeit Uralten, verschiebt allerdings auch gewohnte Akzente. Was kaum beachtet war, gewinnt Raum; was im Vordergrund stand, gerät in den Hintergrund.

Wir möchten in die Welt der Großen gelangen, als Hörende, Lernende und Liebende dort Heimatrecht erwerben dadurch, daß wir in ihrer Gesellschaft, der besten, die wir finden können, zu dem gelangen, was wir selbst sein können. Jedem steht der Zutritt offen. Sie geben dort bereitwillig Antwort, wenn wir recht zu fragen verstehen. Sie zeigen, was sie waren. Sie ermutigen und sie machen bescheiden. Jeder philosophischen Größe ist es eigen, daß sie nicht Jünger will, sondern Menschen, die sie selbst sind. In der Ehrfurcht vor ihnen kommen wir ihnen daher nur dann näher, wenn wir selber philosophieren.

Es könnte der Schein entstehen, daß der darstellende Autor einen höheren Standpunkt als die dargestellten Philosophen einzunehmen beanspruche, von dem her er sie kritisch überblicke. Meine Gesinnung ist die umgekehrte. Wir können die Großen nicht überblicken, sondern sind glücklich, wenn wir zu ihnen aufblicken. Wir durchschauen sie nicht. Wir erziehen uns, sie zu verstehen, damit sie uns erziehen und zu uns selbst bringen. Sie sagen uns, was unserem Fragen entspricht, und sprechen mit uns in der Weise, in der wir ihren Umgang suchen.

Sie werden zu Vorbildern, ihre Gedanken zu vorgeformten Möglichkeiten. Es ist ein Antrieb unseres Aufschwungs, diese Großen, die zugleich die ursprünglichsten sind, zu kennen, in ihrem Denken versuchend mitzugehen, sie vor uns zu sehen. Unwillkürlich ziehen die Philosophen, die wir studieren, uns in ihre Bahn. Wir beobachten unsere zuerst unbemerkte Mimikry im Nachfolgen, die Neigung, es den Verehrten gleichzutun, sogar wie sie zu sprechen und, wenn dies absichtlich vermieden wird, uns um so mehr von ihrer inneren Haltung zur Nachahmung verführen zu lassen, als ob wir ein Recht dazu hätten, mit ihrem Anspruch zu reden. Nur Kritik im inneren Handeln unserer Existenz vermag zu scheiden, was nicht Nachahmung in der Erscheinung, sondern ursprüngliche Wiederholung aus dem Grunde, oder was nicht äußerlich identisches Nocheinmal, sondern Geschichtlichkeit in der Nachfolge ist. Diese gewinnen wir, indem wir uns vergewissern, was die großen Philosophen getan haben.

Für uns Nachkommende ist die Aufgabe, durch sie uns den Raum erhellen zu lassen, in dem wir selbst wirklich werden. Vergeblich ist das bloß historische Wissen von vergangenem Philosophieren. Die Unverbindlichkeit solchen Wissens verführt zu einer Maskerade der Vergangenheit, erwirkt aber kein eigenes Leben. Ich möchte mich zu denen gesellen, die den Weg mit den Großen in die Zukunft beschreiten, bescheiden in dem Bewußtsein, wie wenig wir vermögen, aber beschwingt von der unerhörten Aufgabe. Vor einer Weltkatastrophe, die das Dasein der Menschheit bedroht, haben wir heute noch die Möglichkeit, uns die großen Denkerfahrungen auf Grund des historischen Wissens anzueignen und sie zu übersetzen in gegenwärtige Kräfte. Heute möchten wir bewußt das geistige Gepäck kennen, das mitzunehmen ist, weil in ihm die Mächte ewiger Ordnungen und Urbilder sprechen. Ob die Aneignung der Philosophie, wenn sie in die Völker dringt, mithilft zum Überwinden der Katastrophe, oder ob sie nur Einzelne fähig macht, hell zu erleiden, was kommt und in der Würde der transzendent gegründeten Freiheit zu bestehen, das wissen wir nicht. Wir wissen nur, daß der Weg zur tiefsten Vernunft in Jahrtausenden von den Philosophen beschritten wurde, und daß wir mit ihnen auf diesen Weg gelangen möchten.

Für die weiten Kreise der philosophisch Besinnlichen möchte ich den Zugang zur Wahrheit der Großen erleichtern, indem ich für meine Arbeit der Idee des Philosophieprofessors folge, von der auf den letzten Seiten des letzten Bandes dieses Werkes die Rede sein soll. Die Aufgabe des Lehrers in der Philosophie ist die geringste, aber eine notwendige. Sie fordert, den Umgang mit den großen Philosophen so zugänglich wie möglich zu machen, aber auch, nicht durch Scheineinfachheit über die Tiefe zu täuschen. Der Leser soll es mit der Philosophie selbst zu tun bekommen.

Dieses Buch möchte daher ein Lehrbuch sein, sofern es über Tatsachen und Begriffe informiert, aber es möchte ein philosophisches Lesebuch sein, sofern es in das Denken der großen Philosophen geleitet zur persönlichen Begegnung mit ihnen. Ich hoffe, daß der Leser durch die Darstellung bemerkt, wo er nähere Kunde gewinnen möchte. Diese kann nur das Studium der originalen Texte bringen. Dafür gebe ich Quellen und Literatur an.

Basel, Oktober 1956 *Karl Jaspers*

INHALTSÜBERSICHT

EINLEITUNG

DIE MASSGEBENDEN MENSCHEN

AUS DEM URSPRUNG DENKENDE METAPHYSIKER

EINLEITUNG

I. VON MENSCHLICHER GRÖSSE ÜBERHAUPT

1. *Größe und Geschichte:* Menschen in ihrer Größe wurden jederzeit gesehen als Bild und Mythus und fanden Gefolgschaft. Größe wird erfahren: im Heroismus des Kriegers, in der ordnenden Gründungskraft des Gesetzgebers, in der Wirksamkeit von Planungen und Erfindungen, in der Offenbarung göttlicher Mächte, in der Erschütterung und Befreiung durch Dichtung und Kunst, in der Erhellung durch den Gedanken. In anfänglichen Zuständen wurde dies alles in Einem getan oder gesehen.

Geschichte hat der Mensch, wo aus der Vergangenheit Größe zu ihm spricht. Bindung an die Tiefe des Göttlichen, sittliche Entschiedenheit, Gehalt des Welterblickens, Klarheit des Wissens haben ihren Ursprung in großen Einzelnen.

Wie sie angeeignet werden, macht den Rang der Völker und wird den Rang der Menschheit im Ganzen bestimmen. In ihrem Spiegel kommt jede Gegenwart zu sich, findet gegenwärtige Größe ihr Maß. Sie werden vergessen und tauchen wieder auf. Sie werden heller gesehen und treten zurück in Verschleierungen. Ohne sie bleibt das Dasein geschichtslose Nichtigkeit.

2. *Was ist Größe?* Der große Mensch ist wie ein Widerschein des Ganzen des Seins, unendlich deutbar. Er ist dessen Spiegel oder Stellvertreter. Nicht verloren an die Vordergründe steht er im Umgreifenden, das ihn führt. Seine Erscheinung in der Welt ist zugleich Durchbruch durch die Welt, sei es als der schöne Schein der Vollendung, sei es als tragisches Scheitern, sei es als die rätselvolle Ruhe in der aus dem Grunde beseelten unaufhaltsamen Bewegung seines Lebens, das zur Sprache der Transzendenz wird.

Wohl wird von der Größe auch etwas Nützliches geleistet. Aber in Leistung und Nutzen, mögen sie quantitativ noch so beträchtlich sein, liegt noch nicht Größe. Denn Größe ist nicht meßbar. Nur was sich auf das Ganze unseres Daseins, auf das Weltganze, auf die Transzendenz bezieht, kann Größe gewinnen. Das Nützliche der Leistung wird groß erst, wenn es von dort, vom Umgreifenden seinen Sinn erhält. Größe ist, wo das Reale, das für unsere Erfahrung allein die Wirklichkeit in der Welt macht, durch jenen Widerschein zu einem Symbol des Ganzen wird. Wo Größe ist, da ist Kraft, aber Kraft ist noch nicht Größe. Ob unverwüstliche, überschäumende Lebensenergie, ob geistige Schaffenskraft, ob intellektuelle Bezwingungsgewalt, irgend etwas von diesen gehört zwar zur Größe; denn was matt oder müde oder kurzatmig ist, hat nicht Größe. Aber Vitalität, Produktivität, Intelligenz, Tüchtigkeit und Arbeitskraft, sie alle machen als solche noch nicht die Größe, sondern erst in ihrer Verwandlung und Beseelung durch jenes Andere.

Größe ist ein Allgemeines in der Unersetzlichkeit einer geschichtlich einzigen Gestalt. Alles nur Allgemeine ist als solches, weil faßbar auch endlich, weil gedacht auch abstrakt. Das Allgemeine, das in geschichtlicher Gestalt wirklich geworden ist, bewahrt den Grund in der unfaßbaren Unendlichkeit des Wirklichseins. Größe trägt daher zwar in sich die Allgemeinheit und Allgemeingültigkeit, ist aber nicht in das von ihr in die Welt gebrachte Allgemeine auflösbar. Sie ist nicht mehrmals in gleicher Weise da. Was auch ein anderer hätte leisten können, ist nicht groß. Was sich identisch übernehmen, lernen und noch einmal tun läßt, wenn es auch einer zuerst getan haben muß, verleiht nicht Größe. Die Unersetzlichkeit allein hat Größe.

Diese Unersetzlichkeit aber hat Größe noch nicht als das Individuum in der Besonderheit eines Soseins, auch noch nicht in der Einzigkeit jeder liebenden Menschenseele, die nur dem Liebenden und Geliebten in der Verborgenheit sichtbar ist. Größe liegt in dieser Unersetzlichkeit erst, wenn sie einen objektiven Charakter gewinnt im Medium von Leistung, Werk, Tat, Schaffen und, diese überschreitend, mit ihrer Einmaligkeit Wahrheit für alle wird. Größe setzt voraus, daß ein Allgemeingültiges geschichtlich persönliche Gestalt annimmt. Erst die Einheit des persönlichen Individuums mit der Allgemeinheit einer Sache verleiht Größe. Es ist das Unerschöpfliche der geschichtlichen Persönlichkeit und des Werkes, daß es nicht als freischwebendes Allgemeines, in losgelöster Lehrbarkeit herausgeholt werden kann, ohne an Gehalt zu verlieren. Das Allgemeine als Lehrbarkeit einer Einsicht oder eines Tuns ist noch nicht jenes allgemeingültige Überpersönliche, das nur durch die Persönlichkeit spricht, wenn das Persönliche selber objektive Bedeutung gewonnen hat.

Wenn Größe noch nicht in Leistungen liegt, wenn Taten, Erfindungen, Forschungsergebnisse, schöne Bilder und gute Verse und Virtuosität noch keine Größe bedeuten, kurz, wenn alles objektiv Faßliche,

Aufweisbare noch nicht Größe hat, dann ist sie, weil ohne zwingende Kriterien, ein offenbares Geheimnis.

3. *Wodurch nehmen wir Größe wahr?* Unser Drang zur Befreiung aus der Enge sucht Menschen, die mehr sind als wir selbst, sucht die Besten. Indem wir uns unserer Kleinheit bewußt werden, aber durch die Großen zugleich den Anspruch erfahren, erweitern wir die Grenzen unseres möglichen Menschseins.

Größe ist da, wo wir in Ehrfurcht und Hellsicht spüren, wodurch wir selber besser werden. Von den großen Menschen geht die Kraft aus, die uns wachsen läßt durch unsere eigene Freiheit; sie erfüllen uns mit der Welt des Unsichtbaren, deren erscheinende Gestalten durch sie entdeckt, deren Sprache durch sie hörbar wird.

Wen ich groß sehe, offenbart mir, was ich bin. Wie ich Größe sehe und mit ihr umgehe, dadurch komme ich zu mir selbst. Je reiner der Wille, je wahrhaftiger das Denken, desto klarer sprechen Wille und Wahrheit der Großen an. Die Möglichkeit des eigenen Wesens ist das Mittel für die Wahrnehmung der Größe.

Ehrfurcht vor den Großen schließt ein die Achtung vor jedem Menschen. Nur wer den Menschen achtet, ist fähig, auch in der gegenwärtigen Welt leibhaftig die Größe zu sehen, wie sie diesem Zeitalter vergönnt ist. Das Maß dieser Größe, mag sie noch so winzig sein, bleibt der Leitfaden zu der Größe in der Geschichte, die durch sie erst glaubhaft sichtbar wird. Die gegenwärtigen in Liebe und Ehrfurcht erblickten Menschen geben das Maß für die Schätzung des Menschen überhaupt und seiner Möglichkeiten.

Größe ist für uns noch nicht da, wenn wir Quantitatives bestaunen, wenn wir etwa am Maß unserer Ohnmacht die Macht derer wahrnehmen, die uns beherrschen. Wir sehen auch noch nicht menschliche Größe, wenn unser Drang zur Unterwerfung uns die Verantwortung abnimmt, wenn diese Lust am Sklavesein unseren Blick trübt und einen Menschen übersteigert.

Größe sehen wir nicht mehr, wenn wir nur forschend untersuchen. Sie verschwindet daher im Raume psychologischer und soziologischer Wissenschaft. Die Denkweisen der Psychologie und Soziologie, wenn sie absolut werden, machen blind für Größe. Diese löst sich für sie auf in Begabungen, Eigenschaften, in das, was durch »Tests« und durch historische Wirkung objektiv und quantitativ feststellbar ist.

Erst das Dasein der Großen ist wie eine Garantie gegen das Nichts. Sie zu sehen, ist an sich von unvergleichlicher Befriedigung.

4. *Reflexion über die Größe:* So weit geschichtliche Erinnerung reicht, immer ist in Menschen Größe verehrt worden. Groß sind die Herrscher der Urzeit, sind die mythischen Rishi's in Indien, denen die Offenbarungen zuteil wurden, sind die Namen der frühen indischen Denker (Yajnavalkya, Sandilya, Kapila), sind die Gründer der Vorzeit in China, sind die Weisen in Ägypten (Imhotep, Ptahotep), ist Gilgamesch in Mesopotamien. Sie sind historisch im Sinne empirischer Faktizität durchweg nicht faßbar. Es sind Gestalten der religiösen, denkerischen, sittlichen, politischen, erfinderischen, technischen Führung in eins. In der Folge sind es die realen historischen Gestalten, vor allem die des Alten Testaments, der Griechen und der Römer, dann einige Chinesen und vereinzelte Inder, die als Große anerkannt, als Bringer des Guten und als Vorbilder vor Augen gestellt wurden.

Zunächst sah man Größe nur faktisch. Reflektiert wurde über den großen Menschen schon in den homerischen Gedichten. Heraklit sprach das Wort: Einer gilt mir Zehntausend, wenn er der Beste ist. Die Sophisten, Plato, Aristoteles, Poseidonios erörterten die Größe als Begabung, als Gottesauftrag, als dämonische Wirklichkeit, als Enthusiasmus, als Vollendung denkender Einsicht, als ursprüngliche Einheit alles Schaffens im menschlichen Wesen.

Ein später Entwurf menschlicher Größe findet sich bei Longinus (1. Jahrhundert n. Chr.); er schreibt: Die gottgleichen Männer hatten im Auge, daß die Natur uns nicht als niedrige und unedle Geschöpfe ansah, uns vielmehr in das Leben und den Kosmos wie in eine große Festversammlung einführte, damit wir in ihr Zuschauer und Mitkämpfer würden, und unseren Seelen von Anfang an eine unbezwingliche Liebe zu allem einpflanzten, was groß und göttlicher ist als wir. Deshalb genügt dem Schauen menschlicher Kühnheit selbst das Weltall nicht, denn wir überschreiten in Gedanken auch die Grenzen der umhüllenden Sphäre. In der Welt aber bewundern wir vor allem das Ungemäße und Große und Schöne, nicht die kleinen Flüsse, sondern den Nil und die Donau oder den Rhein und noch viel mehr den Ozean, nicht das vor uns angezündete Flämmchen, sondern die Himmelslichter und die Krater des Ätna. Leicht zu erwerben ist das Nützliche oder auch das Notwendige, bewundernswert ist jedoch immer das Außerordentliche. Die großen Männer strebten in ihrem Schrifttum nach dem Höchsten, verschmähten die in jedem Stück peinliche Genauigkeit, darum ragen sie, von Fehlerlosigkeit weit entfernt, über das Maß alles Sterblichen hinaus. Das Fehlerlose schützt nur vor Tadel, das Große aber erzwingt Bewunderung. Die Erhabenheit des Großen erhöht sie bis an die Majestät Gottes.

Die Auffassung der Größe steht selber in geschichtlicher Wandlung. In der Geschichte des Geniebegriffs fand sie einen Niederschlag seit der Renaissance (Zilsel). Im Sehen der Größe galt es, sich herauszuarbeiten aus der beschränkenden Parteilichkeit zum Blick auf die Größe als solche in ihrer Objektivität. Wenn man zunächst gebunden war an Menschen, denen man sich verpflichtet fühlte durch die eigene Gemeinschaft von Stadt und Volk, so war es ein Ruck der Befreiung, wenn Größe als solche gesehen wurde, gleichgültig wo, in allen Völkern, auch im Feinde. Wo überhaupt Größe ist, da enthält man sich der parteiischen Entscheidung für oder wider und erkennt sie als solche an, mit der Befriedigung im Anschauen ihres Daseins. Man ist parteiisch allein für die Größe als solche gegen alles, was wider die Größe sich empört, sie nicht will und am liebsten vernichten möchte, und dies vorläufig dadurch tut, daß ihre Anschauung verweigert wird.

Wahre Ehrfurcht steigert die Empfindlichkeit und die Unterscheidungsfähigkeit für den je Einzigen, Unersetzlichen im Reich der Geister. Sie will nicht durch bloße Betrachtung in eine kraftlose Unverbindlichkeit geraten, sondern den Anspruch der Größe ernst nehmen dadurch, daß ihr eigenes Sehen dem Ernst entspringt. Sie steht in der Erwartung, daß in aller Größe eine Norm liege, die am Ende, unbegriffen und unbegreiflich, in einer einzigen Transzendenz gründet.

5. *Gegen die Menschenvergötterung:* Ehrfurcht vor der Größe ist nicht Menschenvergötterung. Jeder Mensch, auch der größte, seltenste, kostbarste, bleibt Mensch. Er ist von unserer eigenen Art. Nicht Kult ist ihm angemessen, sondern das Sehen seiner Wirklichkeit in ihrer Schleierlosigkeit, in der die Größe erst gewiß wird. Nicht in der Mythisierung ist das Große zu bewahren, sondern im Erblicken der gesamten Realität des großen Menschen.

In den anfänglichen Zeiten findet die wirkliche Persönlichkeit noch keine Beachtung. Man denkt nicht an diesen realen Einen, sondern an die göttlichen Mächte, die aus ihm wirken, nicht an seine Innerlichkeit und Gesinnung, sondern an seine Tat, nicht an den Einzelnen als solchen, sondern an die Gemeinschaft, die er vertritt. Und wo man sich einem Einzelnen als der Autorität unterordnet, tut man es nicht angesichts seines persönlichen Wesens, sondern weil man göttlichen Willen, dämonische Macht in ihm inkarniert glaubt.

Etwas von dieser anfänglichen Haltung geht durch die weitere Geschichte bis heute. Die Idee des Einen, von der Gottesidee auf den Menschen übertragen, hebt diesen einen Menschen, durch einen Abgrund getrennt, aus allen übrigen heraus. Ob die Vergötterung dem Lebenden oder dem Toten gilt, er rückt in eine andere Seinsweise. Ein ferngerückter Nicht-mehr-Mensch, Übermensch, gar Gott, zurechtgerückte oder verdeckte Realität, wird aufgerichtet gegen alle anderen, die in ihrer Gleichheit des Nichtgroßseins übrigbleiben, unterschieden nur dadurch, ob sie an ihn glauben oder nicht.

Es ist eine große und eigentümliche Aufgabe der Philosophie, die Menschenvergötterung in der Helligkeit ihrer Vernunft zu tilgen zugunsten der Ehrfurcht für menschliche Größe. Die Großen haben nie die Vergötterung sich selber gegenüber geduldet, auch nicht Jesus. Aber schon in der Spätantike gab es Artisten und Zauberer, die groß und einzig zu sein beanspruchten. Die wahrhaft großen Menschen haben jederzeit, trotz der Distanz, ihr Verhältnis zu anderen Menschen auf derselben gemeinsamen Ebene des bloßen Menschseins stattfinden lassen. Im Augenblick, wo sie es nicht mehr taten, verloren sie an Größe.

Auch große Philosophen wurden zuweilen von ihren Kreisen für die Einzigen gehalten und herausgehoben. Die Schulhäupter der Stoiker, der Epikureer, der Neuplatoniker genossen außerordentliche Ehren durch Generationen. Plato hieß der göttliche Plato. Konfuzius, Laotse, Meti waren für ihre Anhänger je die Einzigen. In kleinerem Maße geht das durch die akademischen Schulen der Professoren bis heute fort. Mit solcher Vergötzung ist jedesmal die Philosophie verlassen. Durch diese Irrung gewinnt die persönliche Gestalt des Philosophen, statt ein geschichtlicher Zugang zur Philosophie zu sein, einen Zug von Ausschließlichkeit. Wohl ist es gehörig, daß einige Wenige oder gar ein Einzelner vor allen anderen ansprechen und dann eine bevorzugte Stellung erhalten. Diese Liebe aber ist ohne Anspruch auf Allgemeingültigkeit. Hier entscheidet eine in der eigenen Selbsterziehung erfahrene Wirkung eines Großen und die Unmöglichkeit, viele Philosophen in gleicher Gründlichkeit kennenzulernen.

Denkwürdig ist, daß Emerson, der Fürsprecher der Heroenverehrung, zugleich die Unwahrheit in der Abgötterei gesehen hat. Durch diese Verkehrung sieht er einen Lehrmeister der Menschheit zu ihrem Bedrücker werden. Beispiele sind ihm die aristotelische Philosophie, die ptolemäische Astronomie, Luther, Bacon, Locke. Dies geschehe ohne Willen der Großen. Nur Kleine, die groß sein möchten, »finden ihr Entzücken darin, den Zuschauer zu blenden und unfrei zu machen«. Echte Größe aber »sucht uns vor sich selber zu beschützen«. Der einzelne Mensch, sagt Emerson, und auch der größte, ist »Exponent eines größeren Geistes und Willens«. Kein Mensch, auch der größte nicht, ist ein Ganzes. Daher geben wir es auf, nach einem ganz vollkommenen Menschen zu suchen. Die großen Menschen sind dazu da, daß größere werden. Den größten aber nennt Emerson den, »der sich selbst und alle Helden überflüssig machen kann, indem er in unsere Gedanken das Element der Vernunft einführt, die nicht nach Personen fragt, diese gewaltige Macht, die so groß wird, daß der Machthaber nichts wird«.

Wo Größe des Menschen als Menschen gesehen wird, da wird nie ein Einziger allein gesehen. Der große Mensch bleibt Mensch. Seine Größe erweckt, was ihm ähnlich in jedem sein kann. Der Unersetzlichkeit der in der Welt geltenden Größe entspricht die Unersetzlichkeit jeder Menschenseele, die unsichtbar im Verborgenen bleibt. Wer Größe sieht, erfährt den Anspruch, er selbst zu sein.

II. UNTERSCHEIDUNG DER PHILOSOPHEN VON ANDEREN GESTALTEN MENSCHLICHER GRÖSSE

Die Antike kannte Sammelbiographien berühmter Männer, Biographien der Kaiser (Sueton um 75–150), der Staatsmänner (Plutarch um 45–127), der Philosophen (Diogenes Laertius um 220 nach Chr.). Im Mittelalter gab es die Schemata von Gruppen der großen Gestalten der Vergangenheit, der Propheten, Apostel und Kirchenväter, der Kaiser, der Heiligen, der Dichter, der Philosophen. In der Zeit der Renaissance gab es Sammelbiographien berühmter Männer, in denen die Gruppen der Größe in Rangordnungen sich folgten, zum Beispiel dieser: Theologen, Philosophen, Poeten und Historiker, Krieger und Juristen, Ärzte, ritterliche Familien, Mechaniker, »deren Wissen von der Philosophie nicht weit absteht und die Praxis der Mathematik darstellt« (Michele Savonarola 1440, zit. nach Zilsel). In solchen Sammlungen wurde Größe verwechselt mit Berühmtheit oder mit den Leistungen an sich durchschnittlicher Geister oder mit der bloßen Merkwürdigkeit, so daß gar Hofnarren und monströse Zwerge aufgeführt wurden. Erst in der deutschen klassisch-romantischen Zeit wurde mit Bewußtsein die Größe als solche gedacht. Es wurden die vier Gruppen der Heiligen, Helden, Dichter und Denker üblich. Und innerhalb dieser Gruppen wurde echte Größe von sekundären Figuren unterschieden.

Wenn das Gemeinsame der Philosophen mit den Dichtern, Künstlern, Helden, Heiligen und Propheten der Bezug auf das Weltganze ist – die Erhellung des Geheimnisses von Sein und Dasein – die überzeitliche Wahrheit im geschichtlichen Kleide – die Freiheit von partikularen Interessen in der Welt –, was ist dann das Eigentümliche der Philosophen? Sie sind die Denker, die im Unterschied zu den Mitteln der Tat, des Gebildes, der Dichtung vielmehr im Mittel der Begriffe und der Operation mit Begriffen zu dem kommen, was jeder Größe eignet. In ihnen gelangt das Denken dorthin, wo es auch sich selber denkt und darin zu erfahren meint, was das Sein im Ganzen sei. Was sonst im Symbol, sei es in der ergreifenden Anschauung für Auge und

Ohr, sei es in dem Sinne der Tat, gegenwärtig ist, das soll in den Gedanken genommen werden, der philosophisch heißt.

Das gesamte Altertum sah das Urbild der Philosophen in den sieben Weisen (Snell). Diese sind historisch reale Personen, aber nur von Solon hat man eine reale historische Anschauung. Sie sind Träger der Spruchweisheit, die, allen Völkern eigen, hier mit griechischen Gehalten auftritt. Sie werden gesehen als Männer der Welt, nicht als Heilige und nicht als Gottgesandte. Ihr Bild aber wandelte sich mit der Idee, die spätere Zeiten vom eigentlichen Philosophen hatten. Sie werden daher geschildert als der vorbildliche Typus der ewig wahren Philosophie, wie sie jeweils das spätere Zeitalter auffaßte. Zum Beispiel: Sie wissen um das Maß des Menschen, das ihn radikal von den Göttern unterscheidet. Sie kennen die Weisheit für das Leben in der Polis und für den Umgang mit Menschen. Sie werden zu lebensfremden Forschern (so Thales, der, weil er die Gestirne anschaut, in einen Brunnen fällt und von der Magd verlacht wird, – bei Plato). Sie gelten als die Männer der Lebenspraxis für Dikaiarch (um 320 vor Chr.): »Die sieben Weisen seien verständige Männer und Gesetzgeber gewesen. Sie hätten nicht mit dem bloßen Wort philosophiert. Ihre Weisheit habe in der Leistung guter Werke bestanden. Jetzt scheine der ein großer Philosoph zu sein, der überzeugend disputiere. In alten Zeiten war nur der Tüchtige Philosoph, auch wenn er keine langweiligen Sätze austiftelte. Denn jene beschäftigten sich nicht mit dem Problem, ob man Politik treiben solle oder wie, sondern sie trieben Politik, und zwar gute.« Cicero (106–43) sagt: Die sieben Weisen haben alle, wie ich sehe, mitten im Staatsleben gestanden und an der Spitze ihrer Staaten.

Auch in China galten als die großen Weisen Männer der Vorzeit, die Gründer, Herrscher, Erfinder, denen alle Kultur und Ordnung und das Wissen um die Götter und um die göttliche Vernunft in allen Dingen verdankt wird.

Es gibt geschichtlich keinen allgemein anerkannten Begriff des Philosophen. Die ursprüngliche Einheit, mag sie je wirklich gewesen sein oder nicht, gilt noch von Zeit zu Zeit als das Ideal des Philosophen, so dem Poseidonios (135–50) (Reinhardt). Dieser sah im vollen Philosophen den Erfinder, Künstler, Denker, Gesetzgeber, Erzieher, Staatsmann in eins. Er dachte solchen Philosophen als wirklich in jener Vorzeit, die noch nicht die Spaltung der menschlichen Tätigkeiten gekannt hatte, als die Weisen und Dichter sich noch nicht von den Regierungen zurückzogen und diese geringeren Leuten überließen. Dieses Ideal konnte in der Geschichte nie wirklich werden, auch nicht im uomo universale der Renaissance. Es schwächte sich ab zur Idee des »kompletten Menschen«, der ein ganzer Mensch ist nicht durch Verwirklichung von allem, sondern weil er alles versteht (Deutsche Philosophie des Idealismus).

Nach der Trennung der Gestalten sind die Entwürfe des Philosophenbildes nicht mehr auf einen Nenner zu bringen: etwa der von den Welthändeln losgelöste und in ihnen unbewanderte Philosoph in Platos

Theätet, der autarke Weise des Stoikers, der priesterliche oder mönchische theologische Denker im Mittelalter, der unpersönliche Forscher der Neuzeit, der philosophische Gesetzgeber Nietzsches, der Denker als der religiöse »Polizeispion« bei Kierkegaard usw. Wir müssen, wenn wir auf dem Wege über die Philosophiegeschichte uns um das bemühen, was ein Philosoph sei, wissen, wie vielfach Philosophie und Philosophen wirklich gewesen und im Begriff formuliert worden sind. Wir dürfen den Philosophen nicht gleichsetzen mit einem der Typen unter ihnen, die wir kennenlernen werden.

Die Philosophie hat sich herausgearbeitet aus dem ursprünglichen Ganzen geistigen Tuns, in dem Denken und Dichtung mit Religion und Mythus, mit Leben und Handeln noch eines sind. Die Impulse sind im Ursprung verbunden zur Gestalt der Einheit, die nach der Trennung noch als Idee bleibt, die die Besonderungen zusammenhält. Das Philosophieren ragt hinein in die anderen Gestalten, von denen es sich trennte, und es wird von ihnen getragen. Manche Philosophen bewahren den prophetischen Zug in Gebärden des Verkündens und der göttlichen Inspiration (wie Empedokles). Manche bewahren die Form der Dichtung (sogar einer der denkkräftigsten der frühen Philosophen, Parmenides). Manche beziehen sich auf Mythen, während sie das mythische Denken bekämpfen, sie bringen selber absichtlich Analoga des Mythus hervor (Plato). Manchen ist Dichtung und Kunst unerläßlich für die Vergegenwärtigung ihrer eigenen Vernunftwahrheit, sie sprechen von Dichtung und Kunst als dem Organon der Philosophie (Schelling). Es gibt Gestalten, die ebensosehr Dichter wie Philosophen sind (Dante, Goethe), und solche, die ebensosehr Künstler wie Philosophen sind (Lionardo). Besser als von Grenzen verschiedener Bereiche sprechen wir von verschiedenen Formen der einen Wahrheit. In dem Maße, als der Gedanke herrschend wird – er kann nie allein herrschen –, sprechen wir von Philosophie, in dem Maße, als Bild und Gestalt herrschen, von Dichtung. Soweit aber der Dichter Gedanken vorträgt, wird er Philosoph. Soweit der Philosoph für seine Gedanken bildhafte Gestalt, Gleichnis und Mythus findet, wird er Dichter.

Wenn in der Philosophie der Gedanke den Vorrang vor Gestalt und Bild hat, so wird der Anspruch des Denkens außerordentlich. Die philosophische Vernunft glaubt durch ihre Einsicht am weitesten zu gelangen. Sie setzt sich zum Prüfer und Richter über alles, auch über das, was sie selber nie schaffen kann, und das sie begehrt als die Wahrheit, die nicht nur Denken ist. Sie gewinnt eine Weite, die jede andere überschreitet. Daher liegt der Beginn der Existenz der Philosophen als der großen Denker dort, wo vermöge der Scheidung des Denkens zugleich eine Spannung einsetzt zwischen den Ansprüchen der Philosophie einerseits, dem Mythus, der Religion, der Dichtung andererseits.

Die Trennung der Philosophie erfolgt mit ihrem Anspruch, Wissenschaft zu sein in jenem noch weiten Sinn des rationalen Tuns, das sich trennt von dem Mythus, der bildhaften Gestalt, der Verkündigung, der Musik, dem Rhythmus. Sie will Begründung geben durch Denken. Erst in der Folge wurde – spät und nur im Abendland – die Erfahrung von dem Spezifischen der eigentlichen Wissenschaft gemacht, als derjenigen Erkenntnis, die nicht nur methodisch, sondern zwingend und allgemeingültig ist und sich als identisch für alle faktisch bewährt. Damit aber wurde in neuer Zeit auch die Philosophie sich deutlicher ihres ursprünglichen unverlierbaren Charakters bewußt: in der Bindung an Wissenschaft mehr als Wissenschaft zu sein. Nun erst wurde die Frage nach ihrem eigenen Denken im Unterschied von wissenschaftlichem Denken zu einer Grundfrage.

Gemeinsam ist allen Philosophen das Denken in einem gesteigerten und durchdringenden Sinne, den Wissenschaften nah, sie selber fordernd und manchmal hervorbringend, aber unendlich übergreifend. Was dies Denken sei, ist die große Frage, seit dem Altertum beantwortet und doch immer wieder neu gefragt. Was die Philosophie denkend tut, ihrem Willen nach in höchster Bewußtheit, soll von ihr auch im Wissen um das, was sie tut, noch einmal bewußt werden. Aber am Ende zeigt sich auch hier ein Moment der Unbewußtheit, ohne das nichts Großes im Menschen geschieht, auch dort, wo das Prinzip des Tuns die äußerste, uneingeschränkte Bewußtheit selber ist.

III. KRITERIEN DER GRÖSSE DER PHILOSOPHEN

In der historischen Vergegenwärtigung gelten nur Denker, die wirklich gelebt haben. Sie müssen als reale Menschen, historisch nach Zeit und Ort lokalisierbar, in Wort und Wirkung aufweisbar sein. Mythische Gestalten vorzeitlicher Seher und Propheten, so wichtig sie für das Bewußtsein der Völker waren, scheiden hier aus.

Äußere Bedingungen, ohne die eine Größe nicht sichtbar wird, sind:

Erstens: Es müssen Werke erhalten sein. Aber es gibt Ausnahmen. Bei Großen, die nie eine Zeile geschrieben haben, tritt an die Stelle ihrer eigenen Schrift das von ihnen berichtete Wort: Sokrates, Buddha. Andere haben geschrieben, aber es ist kein authentisches Werk, sondern nur Bericht erhalten (Konfuzius); oder es gibt Bruchstücke aus ihren Schriften, die aber, ergänzt durch Berichte, die Größe spüren lassen, die zur wirkenden Erinnerung in der Folge der Zeiten geworden ist, wenn auch ihre Umrisse nur wie im Nebel sichtbar sind (Anaximander) oder schon deutlicher werden wie die des Parmenides, Heraklit.

Zweitens: Die Größe ist erkennbar in ihrer nachweisbaren Wirkung auf das Denken späterer Großer, auf das Denken breiterer Kreise und in der Weise, wie sie Autoritäten werden. Den Großen folgt durch die Zeiten ein Verstanden- und ein Mißverstandenwerden, das bis heute bei der Unerschöpflichkeit ihres Werkes unabgeschlossen ist. Daher sind sie noch wie Gegenwärtige.

Kriterien des inneren Gehalts, die bei Vertiefung in die Philosophie der Großen fühlbar werden, sind:

Erstens: Sie stehen in der Zeit über der Zeit. Jeder, auch der Größte, hat zwar seinen historischen Ort und trägt seine historischen Kleider. Das Kennzeichen der Größe aber ist, daß er nicht an sie gebunden scheint, sondern übergeschichtlich wird. Das, was in seiner Greifbarkeit auch bedeutenden ihrer Zeitgenossen eigen ist, wird bei ihnen übersetzt in einen zeitlosen Sinn. Der Große ist nicht schon der, der seine Zeit in Gedanken faßt, sondern der dadurch die Ewigkeit berührt. Die Transzendenz in Werk und Leben läßt daher den großen Mann zu einer Erscheinung werden, die grundsätzlich zu aller Zeit, zu jedem zu sprechen vermag.

Zweitens: Jeder echte Denker ist wie jeder Mensch ursprünglich, wenn er wahr und wesentlich ist. Aber der große Denker ist in seiner Ursprünglichkeit original. Das heißt, er bringt eine Mitteilbarkeit in die Welt, die vorher nicht da war. Die Originalität liegt im Werk, in der schöpferischen Leistung, die nicht identisch wiederholbar ist, aber den Späterkommenden zu seiner eigenen Ursprünglichkeit hinführen kann.

Die Originalität bedeutet einen Sprung in der Geschichte. Sie ist das Wunder des Neuen, das auch nachträglich nicht aus dem Vorhergehenden und aus den Bedingungen des Daseins, in dem es entsprang, abgeleitet werden kann.

Die Originalität liegt nicht im bestimmten Satz, sondern in dem Geist, aus dem er kommt und der ihn mit vielen anderen Sätzen verbindet. Oft gelingt es dem Historiker nachträglich, wesentliche Formulierungen des Schaffenden schon vor ihm zu finden. Aber dort waren sie versunken in das, was sie umgab, wirkten wie ein augenblicklicher Einfall, der wieder vergessen werden kann, wurden ohne Bewußtsein ihres ganzen Sinns und seiner Folgen gedacht.

Die Einsicht der originalen Großen erweitert den Menschen und die Welt selbst. »Was sie wissen, sie wissen's für uns. Mit jedem neuen Geist dringt ein neues Geheimnis der Natur ans Licht, und die Bibel kann nicht geschlossen werden, ehe nicht der letzte große Mensch geboren wurde« (Emerson).

Drittens: Der große Philosoph hat eine innere Unabhängigkeit gewonnen, der die Starrheit fehlt. Es ist nicht die Unabhängigkeit des Eigensinns, des Trotzes, der fanatisch festgehaltenen Doktrin, sondern die Unabhängigkeit im Wagen der ständigen zeitlichen Unruhe und im Gewinn der absoluten Ruhe. Die Unabhängigkeit des Philosophen ist bleibende Aufgeschlossenheit. Er kann es ertragen, anders zu sein als andere, ohne dies zu begehren. Er kann auf sich stehen und für sich sein. Einsamkeit hält er aus.

Aber was er aushalten kann, will er nicht. Er weiß die Abhängigkeit des Menschen im Miteinander von Selbst zu Selbst. Er begehrt unablässig zu hören. Er erfährt Hilfe durch den anderen, der ihm im Ernst begegnet. Er verweigert keine Hilfe, sondern sucht sie. Er hat nicht den Stolz der Einzigkeit, sondern die Kraft des unabhängigen Sichkorrigierens. Er nimmt kaum die Gebärde des überlegenen Eigensinns an, eher die der ausgestreckten Hand.

Die Unabhängigkeit, gegründet in der Existenz vor der Transzendenz, ermöglicht ihm, Herr seiner Gedanken zu bleiben, Herr selbst seiner guten Handlungen und seiner Abirrungen. Aber wer ist diese Unabhängigkeit, die ständig in Abhängigkeiten eingeht? Er selbst, der sich selbst nicht begreift außer in jener Instanz, die nicht nur er selbst, sondern das Allverbindende ist, die Vernunft; und dies Begreifen ist unvollendbar.

Diese Unabhängigkeit des Philosophen wird in seinen Gedanken gespürt. Wo sie aber betont wird als Eigenschaft, die man für sich beansprucht, da ist sie schon fragwürdig. Größe hat die Kraft der Unabhängigkeit, aber geht verloren im stolzen Anspruch der Unabhängigkeit. Der Übermut der kleinen Philosophen, die Außerordentliches getan zu haben und sich über allen anderen Menschen glauben, ist eine wunderliche Kehrseite der Möglichkeit der Größe.

Kriterien der Größe sind schließlich bestimmte sachliche Eigenschaften des Gedankenwerkes:

Erstens: Als Maßstab der Zugehörigkeit galt, seit der Zeit der antiken Sophisten und vor allem in den letzten beiden Jahrhunderten, der Charakter der »Wissenschaft«, d. h. in der Philosophie die logische Form und der Charakter als System. Ausgeschlossen wurden Essayisten, Aphoristiker, Dichter, philosophische Schriftsteller. Dieser Maßstab ist in der Folge selber fragwürdig geworden. Heute ist man einerseits zum Extrem einer positivistischen und logistischen Wissenschaftlichkeit unter Verwerfung aller Metaphysik und dessen, was früher Philosophie hieß, gekommen. Andrerseits hat sich Philosophie aufgelöst in eine wissenschaftsfeindliche Weise des ergreifenden Sprechens. Diese beiden einander entgegengesetzten Möglichkeiten lassen große Philosophie nicht zu. Die erste Auffassung läßt Philosophie erst mit dem 19. Jahrhundert überhaupt beginnen und erklärt alle frühere für hinfällig. Die zweite Auffassung verliert mit der Bindung an Wissenschaft auch den Ernst der Philosophie. Die Beziehung der Philosophie zu den Wissenschaften ist heute zur entscheidenden Frage geworden. Von jeher aber ist ein Kriterium großer Philosophie die Weise, wie Wissenschaft in ihr wirksam ist.

Zweitens: Die Philosophen haben uns verholfen, zum Bewußtsein unseres Daseins, der Welt, des Seins, der Gottheit zu kommen. Sie erhellen, über alle besonderen Zwecke hinaus, unseren Lebensweg im Ganzen, sind ergriffen von den Fragen der Grenzen, suchen das Äußerste.

Ihr Wesen ist die Universalität. Sie selber verwirklichen die Idee des Ganzen, wenn auch nur in der Kontemplation und in der symbolischen Geschichtlichkeit ihres Daseins gleichsam als Vertretung. Was dem Philosophen als solchem eigen ist, gewinnt Größe durch den Gehalt dieses Ganzen.

Aber Größe kann auch dort sein, wo die Inhalte des Werks partikular scheinen, wenn im Medium dieser Besonderheit in der Tat das Ganze wirkt. Andererseits kann universell alles ins Auge gefaßt sein, doch so, daß der Gehalt arm, die Universalität schematisch, die Denkungsweise flach ist, so daß man sich, trotz starker historischer Wirkung solcher Denker, scheut, von Größe zu sprechen.

Die Universalität des Philosophen mag viele Gestalten annehmen. Immer ist sie da. Emerson spricht davon; er möchte die ganze Geschichte in eigener Person durchleben, Griechenland, Palästina, Italien, möchte das schöpferische Prinzip aller Dinge in seinem eigenen Geiste wiederfinden. »Dem Philosophen sind alle Dinge befreundet und geweiht, alle Ereignisse nützlich, alle Tage heilig, alle Menschen göttlich« (Worte Emersons, die Nietzsche als Motto in der »Fröhlichen Wissenschaft« wiederholt).

Drittens: Der große Philosoph hat einen Zug des Normativen. Ob er es beabsichtigt oder nicht (durchweg das letztere), er wird Vorbild in irgendeinem Sinne, nicht als Autorität für Gehorsam, aber als Kraft zu ergreifen für den, der ebenso hingebend wie kritisch fragt. Nietzsche charakterisiert ihn als Gesetzgeber, spricht gar von dem »cäsarischen Züchter und Gewaltmenschen der Kultur«. In solchen Formeln wird jedoch die einzige Bedeutung des wegweisenden, prägenden Denkens im Wesen mißdeutet. Denn im Unterschied von der Autorität durch Macht will das philosophische Denken den Hörenden dazu bringen, sich selbst zu überzeugen, selbst zu denken, um die eigene Verantwortung nicht durch Nachfolge zu mindern, sondern durch Einsicht zu steigern. Der Unterschied des normativen Charakters der Philosophie von dem der Religion ist, daß jene allein durch immer einzelne Philosophen in völliger Freiheit wirkt, diese aber durch das Mittel von kirchlichen Institutionen, durch vertretbare Ämter, Lenkung und Zensur, Bekenntnis und Gehorsam. Der Unterschied von der Geltung der Wissenschaften aber ist, daß im Philosophieren das Selbstsein des Menschen im Ganzen beansprucht wird, in den Wissenschaften der bloße Verstand des Bewußtseins überhaupt.

IV. AUSWAHL UND GRUPPIERUNG DER GROSSEN PHILOSOPHEN

Unumgänglichkeit und historische Wandlung der Gruppenbildung

Für die Gruppierung der Philosophen liefert die *Geschichte des geschichtlichen Wissens* Beispiele:

Am Anfang der griechischen Philosophiegeschichte stehen die Namen der Weisen, die schließlich als die sieben zum festen Bestand werden. Die in der Folge auftretenden Philosophen wurden seit dem vierten Jahrhundert in Gruppen geordnet, die man Schulen nannte. Aus des Diogenes Laertius (3. Jahrhundert n. Chr.) Exzerpten kennen wir diese philosophiegeschichtlichen Anschauungen der Alten. Sein Buch enthält die Namen, die auch heute gelten, und andere, von denen wir kaum mehr wissen, als was in Kürze Diogenes berichtet. Er gibt seine Übersicht in den Gruppen der ionischen und italischen Reihen der Philosophen. Er bemerkt die Gesichtspunkte, unter denen Gruppen benannt würden: nach ihren Heimatstädten (Elier, Megariker, Kyrenaiker), nach ihren Lehrstätten (Akademiker, Stoiker), nach zufälligen Umständen (Peripatetiker), aus Spott (Kyniker), nach ihren Lehrern (Sokratiker, Epikureer), nach dem Lehrgehalt (Physiker, Ethiker, Dialektiker). Besonders ausführlich sind behandelt: Plato, Aristoteles, Epikur. Mit diesem Buch und den reichen Angaben bei Cicero, Plutarch u. a. ist der Grundstock philosophiegeschichtlichen Wissens des Altertums gegeben.

Im Mittelalter gab es eine Schematik der traditionellen Namen in wechselnder Gestalt. Dante z. B. sieht die heidnischen Philosophen im ersten Höllenkreis: zunächst den »Meister derer, welche wissen«, Aristoteles, dann Sokrates, Plato, Demokrit, Diogenes, Anaxagoras, Thales, Empedokles, Heraklit, Zeno, Dioskorides, Orpheus, Cicero, Linus, Seneca, Euklid, Ptolemäus, Hippokrates, Avicenna, Galen, Averroës. In dieser Reihe finden sich also Namen von Philosophen, Mathematikern, Botanikern, Astronomen, Ärzten. Seit dem 15. Jahrhundert wird in bewußtem Rückgriff auf die Antike der alte Reichtum wiederhergestellt. Von Generation zu Generation kommen neue Denker der Gegenwart hinzu. Die Geschichte der Philosophie geht weiter, und man weiß jeweils fast zahllose Zeitgenossen in ihr.

Seit dem 19. Jahrhundert ertrinkt gleichsam alle Größe in der unermeßlichen Menge der Namen. Die modernen Lehrbücher halten den traditionellen Grundbestand mit wechselnden Betonungen fest und vermehren ihn ständig. Wer zu den Philosophen gehört, darüber scheint man sich in jeder enzyklopädisch berichtenden Philosophiegeschichte informieren zu können.

Das so entstehende Bild des Reiches der Philosophen muß verwirren. Entweder nivelliert sich alles in der Endlosigkeit der Namenhäufungen. Oder es besteht in der Auswahl der Großen und ihrer Rangordnung keine Einmütigkeit. Im geschichtlichen Wandel haben sich die Gewichte der Philosophen verschoben. Die Bewertung der Großen in ihrem Verhältnis zueinander ist an dem denkwürdigen Kampf um die Rangordnung von Plato und Aristoteles durch die Jahrtausende zu beobachten: wie der eine zuungunsten des anderen erhoben wurde, oder wie man versuchte, in beiden die Einheit zu sehen, die sie verband. Wenn eine kleine Zahl großer Denker immer wieder genannt wird, so gibt es doch gegen jeden auch nicht ungewichtige Gegnerschaft.

In dem Raum jeweiliger Grundüberzeugungen gibt es durchaus verschiedene Rangordnungen und Gruppierungen, unwillkürlich entstandene und planmäßig geformte. Keine geschichtliche Anschauung darf in ihren Urteilsentscheidungen als endgültig gelten. Alles scheint revidierbar. Pascal wurde im 19. Jahrhundert als ein Aphoristiker nur beiläufig erwähnt, Kierkegaard kam um 1900 in Philosophiegeschichten noch nicht vor. Nietzsche wurde als Dichter eben erwähnt. Heute stehen diese Namen in bedeutendem Rang. Der Prozeß, der um die Größe der Philosophen geführt wird, ist unabschließbar. Daher tauchen Namen auf, die Jahrhunderte vergessen waren, wenn nur durch glückliche Zufälle ihre Schriften oder Fragmente erhalten blieben. Darum gehen Namen unter, die vorübergehend als Größen ersten Ranges galten. Durch tieferes Verstandenwerden können selbst die zu ganz neuer Wirkung gelangen, die schon ständig gelesen wurden.

2. *Welches sind die Instanzen,* die Größe, Rangordnung und Gruppenbildung bestimmen?

Die Instanz sind *Einzelne,* die mehr oder weniger gültig wählen. Eine Philosophie charakterisiert sich selber dadurch, wen sie zu sich rechnet, was sie als ihre Vergangenheit weiß, wo sie Größe sieht, was sie in der Zeitgenossenschaft als zu sich gehörig anerkennt. Man darf dann fragen: Wer nennt sich selber Philosoph? Wer bestreitet dem anderen und wem den Philosophennamen?

Die Instanz ist weiter die Meinung einer *Bildungsschicht.* So war einmal selbstverständlich, daß in der Geschichte der Philosophie ein Jahrtausend zwischen Antike und Neuzeit ausfalle. Damals habe es nur Theologen gegeben, keine Philosophen, nur wiederholende Schüler der Antike und der Patristik, keine originalen Denker. Diese Abwertung ist heute aufgegeben. Weiter galt und gilt zum Teil noch heute die Zeit des Hellenismus philosophisch als unfruchtbar oder zweitrangig. Diese Abschätzung ist in Frage gestellt.

Die Instanz beansprucht schließlich in neueren Zeiten die *akademische Welt der Philosophieprofessoren* (seit einem halben Jahrhundert erst begegnet sie sich auf Philosophiekongressen und dokumentiert so ihr Dasein leibhaftig). Doch diese Instanz ist in sich so zerrissen und vielfach, daß sie auf eine totale Nivellierung und Sammlung der Endlosigkeit der Namen hinausläuft unter modischen Schwankungen nach Analogie der Presse des Tages. Diese Instanz hat nicht selten den Charakter einer Zunft gehabt: das Neue und das Werk des Außenseiters beachtet sie nicht, bis es in der literarischen Öffentlichkeit einen Widerhall findet, um es dann aufzunehmen, darzustellen, anzueignen. Schopenhauer und Nietzsche sind große Beispiele.

Man kann zögern, sich auf eine gewisse Einmütigkeit zu berufen, die sich geschichtlich durchgesetzt habe. Zählt man Namen auf, die allgemein als groß gelten: Plato, Aristoteles, Plotin, Augustin, Thomas, Kant... die Reihe ist fortzusetzen, so finden sich sogar hier Durchbrechungen der Einmütigkeit, in denen auch diese Großen ihrer Größe entkleidet werden. Will man dann sagen, die Wildheit ihrer Bekämpfung zeuge noch für ihre Größe, so war das nicht die Meinung derer, die sie vernichten wollten. Wir dürfen das Vorurteil haben, daß Denker, die lange Zeit galten und in großem Stile bekämpft wurden, auch wenn sie besiegt scheinen, ihre Größe bewahren und darum mit Recht auffordern, wieder und wieder gehört zu werden. Es bleibt bei allem Schwanken ein Boden: wir dürfen uns auf das Ansehen berufen, das Philosophen in der Geschichte gewonnen haben. Der Historiker der Philosophie erkennt wieder und ordnet, was schon gesehen ist in der Gemeinschaft hoher Geister. Er hat nicht das Amt, zur Größe zu ernennen.

Auf diesem Boden aber muß er den Versuch wagen, in seiner Zeit, in seinem Horizont, mit den Vorbehalten seiner Beschränktheit, die Großen zu charakterisieren. Niemand kann alle Philosophen wirklich kennen. Und wer vermöchte auch da, wo er gründlich kennt, die Größe gerecht abzuschätzen! Man darf das Wagnis eingehen (aber mit dem Ernst der Ehrfurcht vor der Größe), weil der Anspruch, auszuwählen, jederzeit unumgänglich ist. In der Nivellierung durch die vielen Namen wird die Abschätzung nur umgangen. Wo das Philosophieren beginnt, erhebt man sich aus dieser Nivellierung zur Anschauung von Größe und Rang und zum vorwiegenden Studium der Großen. Besser ist es, mit hellem Bewußtsein zu verfahren. Dann wagen wir die Sache und wissen zugleich um die Grenzen. Es werden in jedem Versuch gewichtige, unersetzliche Denker fehlen, andere zu großes Gewicht erhalten, Ungehörige sich hinzudrängen. Wir stehen selber geschichtlich in der Bewegung, aus der heraus solche Schätzungen entstehen, revidiert, umgeordnet werden.

3. Über dem geschichtlichen Wandel steht die *Idee des einen ewigen Reichs der Großen,* in das wir hörend und wahrnehmend eintreten, auch wenn wir selbst in der geschichtlichen Bewegung stehen. Es gibt dieses Reich, dessen Umfang und dessen Glieder niemand bestimmen

kann, und das keine bestimmbaren Grenzen hat. Es ist für uns offenbar in der Weise, wie wir zu sehen vermögen.

Dieses Reich hat eine uns verborgene Gliederung. Wir suchen sie in einem Abbild, wenn wir Ordnungen in Gruppen von Philosophen zu finden meinen. Wir machen sie nicht, sie bieten sich uns dar. Wir sträuben uns, die Großen zu zählen. Ihre Zahl ist unbestimmbar. Und gezählt scheinen sie in einer Reihe nebeneinander zu stehen, was ihnen ungemäß ist, sofern jeder einzig und unersetzlich ist, und sofern es nicht eine einzige Ebene ist, der sie angehören. Ihre Größe ist selbst verschiedener Art, und diese Art ist in Typen der Größe vielleicht zu berühren. Diese Typen selber stehen in einer Rangordnung. Einer ist groß innerhalb seines Typus, aber der Typus ist gering, wenn auch an seinem Orte gültig. Indem wir solche Ordnung entwerfen, dringen wir mit Unterscheidungen und Vergleichen in den Raum, wo nur einem übermenschlichen Auge diese Ordnung selbst vor dem Blick stände. Ihr näher zu kommen, müssen wir aus den Zusammengehörigkeiten der Denker eines Zeitalters in das alle Zeitalter übergreifende Reich der Großen gelangen, in dem ihre inneren Verwandtschaften fühlbarer werden:

Unsere historische Anschauung sieht in Gruppen die Philosophen, die, einem Zeitalter angehörig, auf einander wirkend, einander folgend und miteinander kämpfend, die Philosophie voranbringen, so etwa: Sokrates, Plato, Aristoteles, – Descartes, Spinoza, Leibniz, – Locke, Berkeley, Hume, – Kant, Fichte, Schelling, Hegel. Stellt man sie in ihrem Zusammenhang dar, so zeigt sich eine Bewegung in einer »Sache«. Das so entstehende Bild ist nicht unwichtig. Aber es beruht auf der Bindung an diese so vorgestellte gemeinsame Sache. Dabei geht verloren, was in bezug auf diese Sache nicht von Belang, uns aber vielleicht viel wesentlicher ist. Denn wenn man sich von den Denkern philosophisch berühren läßt und näher zusieht, so sind sie je unter sich so außerordentlich verschieden, daß sie erst wirklich sprechend werden, wenn man sie aus den historischen Verbänden herausnimmt. Es ist kaum ein tieferer Abgrund möglich als zwischen Kant einerseits und den Idealisten Fichte, Schelling, Hegel andererseits, und diese wieder sind untereinander in ihren letzten Impulsen heterogen. Es bedarf für den in den überlieferten Gruppierungen Denkenden einer Anstrengung, die historische Gruppierung als eine nur relative, ja vergleichsweise vordergründige zu erkennen und ihre Fessel abzuwerfen. Fragen wir, selber betroffen, nach den für uns letzten Motiven im Philosophieren, so ergeben sich ganz andere Verwandtschaften. Zudem sind die genannten Beispiele noch einigermaßen überzeugende historische Fälle, während viele andere keineswegs so klar zusammengehören. Die historische Gruppenbildung ist nicht die einzige und nicht die beste Lösung.

Die Übereinstimmung der formulierten Probleme und das Zusammenleben im gleichen Zeitalter bedeutet wenig, wenn es sich um die Mitte handelt, aus der die Kraft des Denkens genährt wird. Gruppen, in der sich Namen zusammenfinden, die nach dem Maße der gewohnten historischen Übersichten weder problemgeschichtlich noch chronologisch miteinander etwas zu tun haben, offenbaren vielleicht die Beziehungen im ewigen Reich der Geister durch das Abbild der persönlich lebendigen Erscheinungen so außerordentlich verschiedener Weisen der Größe.

Wollen wir aber diese Verwandtschaft aussprechen, so gelingt das wieder nur durch Beziehung auf philosophische Aufgaben, auf Weisen des Grundwissens, auf die Lebensverfassung und Grundstimmung, auf das geistige Tun und auf die soziologische Wirklichkeit.

Unsere Einteilung in drei Hauptgruppen

Die *erste Hauptgruppe* umfaßt Menschen, die durch ihr Dasein und Wesen das Menschsein wie keine anderen Menschen geschichtlich bestimmt haben. Sie sind bezeugt durch eine durch Jahrtausende bis heute fortdauernde Wirkung: Sokrates, Buddha, Konfuzius, Jesus. Man würde kaum einen fünften von gleicher historischer Mächtigkeit nennen können, keinen, der in gleicher Höhe noch heute zu uns spräche. Man kann zögern, sie überhaupt Philosophen zu nennen. Aber sie haben auch für alle Philosophie eine außerordentliche Bedeutung gehabt. Sie haben nichts geschrieben (außer Konfuzius). Aber sie sind Grundlage gewaltiger philosophischer Denkbewegungen geworden. Wir nennen sie die vier *maßgebenden Menschen.* Sie stehen vor und außerhalb aller übrigen, die Philosophen zu nennen der allgemeinen Meinung entspricht.

Die *zweite Hauptgruppe* umfaßt die *großen Denker,* die einmütig Philosophen genannt werden. Es sind vier Untergruppen zu unterscheiden:

Die *erste Untergruppe* sind die durch ihr Schaffen fortzeugenden Denker. Es sind die, deren Studium wie das keines der anderen Philosophen zu eigenem Denken bringt. Sie schließen nicht ab, sondern werden durch ihr Werk Ursprung unerschöpflicher Gedankenmöglichkeiten. Ihre Zusammengehörigkeit liegt in dieser Kraft ihres Werkes, das anderes Denken zu sich selber zu bringen vermag. Ihr Denken erlaubt nicht, als ein Fertiges übernommen zu werden. Es zwingt, voranzudenken, ohne daß dieses Voran ein Überbieten oder Überwinden dieses Ursprungs bedeutete. Ich kenne nur drei Denker, deren Werk geschichtlich und für uns so charakterisiert werden kann: Plato, Augustin, Kant.

Es folgt die *zweite Untergruppe* der Visionen des Gedankens, und zwar zunächst die ursprünglichen, zur Ruhe gekommenen und Ruhe bringenden Metaphysiker (Parmenides, Heraklit, – Plotin, – Anselm, Cusanus, – Spinoza, – Laotse, Nagarjuna); dann die Weltfrommen (Xenophanes, Empedokles, Anaxagoras, Demokrit, Poseidonios, Bruno); – dann die gnostischen Wahr- und Wahnträumer (Origenes, Böhme, Schelling); schließlich die konstruktiven Köpfe (Hobbes, Leibniz, Fichte).

Ihnen folgen als *dritte Untergruppe* die großen Auflockernden, und zwar die bohrenden Negativen (Abälard, Descartes, Hume) und die radikalen Erwecker (Pascal, Lessing, Kierkegaard, Nietzsche).

Den Abschluß bildet die *vierte Untergruppe:* die Gebäude der schöpferischen Ordner (Aristoteles, Thomas, Hegel, – Shankare, Tschu-si). Es sind Krönungen langer Entwicklungen in großen Systemen.

Die *dritte Hauptgruppe* umfaßt das philosophische Denken *im Raum von Dichtung, Forschung, Schrifttum, Lebenspraxis und in der Lehre der Philosophie.* Die großen Dichter sind nicht nur im Besitze der ihnen zugänglichen Philosophie, sondern sie sprechen und wirken als Philosophen. Sie bringen zwar nicht die originalen Gedanken, welche die Menschheit den eigentlichen Denkern verdankt. Aber sie wirken in das Denken durch etwas, das mehr ist als Philosophie. – Philosophen sind auch die Gelehrten und Forscher, sofern sie in ihrer Wissenschaft selber philosophisch denken und durch die Wissenschaft philosophisch wirken. – Um den Bereich der allgemein als Philosophen anerkannten Denker liegt weiter mit unscharfen Grenzen der Raum, in dem Männer sprechen, die entweder nicht als Philosophen gelten oder als solche geringgeachtet oder auch als solche übersteigert werden. Es sind Weise, die ein Lebensideal entwerfen und leben, sind Schriftsteller im Geist der Literatur, sind große Kritiker und Humanisten. Es sind weiter Herrscher, Staatsmänner und Heilige, die von ihrem Tun in sprachlichen Werken zeugten, ferner Theologen, die aus kirchlichem, gemeinschaftstiftendem Interesse philosophieren. Zuletzt sind es die Professoren der Philosophie, die aus der großen Sache einen gelehrten, für Überlieferung und Erziehung unentbehrlichen Beruf machen.

Der vorliegende Band bricht innerhalb der zweiten Hauptgruppe die Darstellung ab; sie soll im zweiten Bande diese Gruppe vollenden. Der dritte Band entspricht der dritten Hauptgruppe. Der Übersicht des Ganzen wegen führe ich den Inhalt der drei Bände kurz an:

I. Band

Die maßgebenden Menschen: Sokrates. Buddha. Konfuzius. Jesus.
Die fortzeugenden Gründer des Philosophierens: Plato. Augustin. Kant.
Aus dem Ursprung denkende Metaphysiker: Anaximander. Heraklit. Parmenides. – Plotin. – Anselm. (Cusanus.) – Spinoza. – Laotse. Nagarjuna.

II. Band

Die entwerfenden Metaphysiker:
Weltfromme Anschauungen: Xenophanes. Empedokles. Demokrit. Poseidonios. Bruno.
Gnostische Wahrträumer: Origenes. Böhme. Schelling.
Konstruktive Köpfe: Hobbes. Leibniz. Fichte.
Die Auflockernden:
Bohrende Negative: Abälard. Descartes. Hume.
Die großen Erwecker: Pascal. Lessing. Kierkegaard, Nietzsche.
Die Gebäude der schöpferischen Ordner: Aristoteles. Thomas. Hegel.

III. Band

Philosophen
1. in der *Dichtung:* Die griechischen Tragiker. Dante. Shakespeare. Goethe. Hölderlin. Dostojewski.
2. in der *Forschung:*
Naturforscher: Kepler. Galilei. Darwin. von Baer. Einstein.
Historiker: Ranke. Burckhardt. Max Weber.
3. im *politischen Denken:* Macchiavelli. Morus. Locke. Montesquieu. Burke. Tocqueville.
in der *politischen Kritik* als Grund *unkritischer Utopie:* Rousseau. Marx.
4. im *Bildungswillen* und in der *literarischen Kritik:*
Humanisten: Cicero. Erasmus. Voltaire.
Bildungswille aus dem Ursprung: Shaftesbury. Vico. Hamann.
Die deutsche Humanitätsidee: Herder. Schiller. Humboldt.
Kritiker: Bacon. Bayle. Schopenhauer. Heine.
5. in der *Lebensweisheit:*
Transzendente Geborgenheit: Epiktet. Boethius.
Literaten der Weisheit: Seneca. Tschuang-tse.
Transzendenzlose Ruhe: Epikur. Lukrez.
Skeptische Unabhängigkeit: Montaigne.

6. in der *Praxis:*
   Staatsmänner: Echnaton. Asoka. Mark Aurel. Friedrich der Große.
   Mönche: Franz von Assisi.
   Berufe: Hippokrates. Paracelsus.
7. in der *Theologie:* Me-ti. Menzius. – Paulus. Tertullian. – Malebranche. Berkeley.
8. in der *Lehre der Philosophie:* Proklos. Scotus Eriugena. Wolff. Erdmann.

Dazu bemerke ich: »Vollständigkeit« ist bei einem Unternehmen wie dem vorliegenden nicht zu erzielen. Aus mehreren Gründen: Manche Philosophen sind dem Verfasser aus Mangel an genügender Information unbekannt geblieben. Einige andere entbehrt er bewußt, weil ihr Studium bei ihm nicht so weit gelangt ist, daß ihm die Größe in der Gesamtheit der Schriften als ein eigentümlicher Geist so aufgegangen wäre, daß er sich die Darstellung zugetraut hätte (etwa Duns Scotus, Occam). Manche kommen zu ausführlicherer Darstellung, andere werden kürzer behandelt. Schließlich hat auch das äußerliche Motiv des Umfangs sich geltend gemacht. Im ersten Band ist Cusanus vorläufig weggelassen (und Meister Eckhart). Grund dessen ist der Bandumfang, der handlich bleiben sollte.

Der zweite Band ist so weitgehend vorbereitet, daß eine Änderung der Inhaltsübersicht kaum mehr stattfinden wird. Dagegen ist der dritte Band wohl in manchem einzelnen, aber nicht im ganzen so weit gediehen, daß nicht noch Abweichungen, Weglassungen und Hinzufügungen zu erwarten wären. Hier erhalten die Dichter, Künstler, Schriftsteller, Praktiker, Forscher nicht den ihrer geistigen Bedeutung entsprechenden Raum. Sie stehen in diesem Buch, dem Thema entsprechend, nicht in der Mitte. Ihr Gewicht ist aber auch für dieses Thema so stark, daß sie zur Geltung kommen müssen, wenn die Philosophie nicht zu eng gefaßt und schließlich zu einem Ressort der Rationalität absinken soll.

Grundsätze beim Aufsuchen der Gruppen

Die großen Philosophen stehen für uns nicht beziehungslos nebeneinander. Sie gehören einem gemeinsamen Reich an, in dem sie sich begegnen. Aber sie begegnen sich keineswegs durchweg in der Realität der Zeit, sondern nur in der Idee ihres Sinns: wie die Gesellschaft der Philosophen bei Dante im Limbus und im Paradies, bei Raffael in der »Schule von Athen«. Wenn wir dem Einzelnen uns zuwenden, steht im Hintergrund ein Bild dieses Reiches der Geister.

Eine Darstellung der Philosophen sollte die Anschauung dieses Reiches bringen, als ob die Einzelnen gleichsam einen Ort im Ganzen hätten. Wenn das in Wahrheit nicht möglich ist, so doch im Versuch eines schattenhaften Abbildes ewiger Ordnungen.

Äußerlich ist eine Ordnung für jede Darstellung der großen Philosophen eine Notwendigkeit, weil eine Reihenfolge im Buch unumgänglich ist. Besser als nach den Anfangsbuchstaben wäre schon die chronologische Folge, aber auch diese bleibt äußerlich. Eine problemgeschichtliche Ordnung zerschneidet ihr Werk und Wesen. Nicht als sie selbst, sondern durch einen Teil des von ihnen Gedachten geraten sie mit diesem in eine sachliche Ordnung. Die größten Abstände scheinen durch Zugehörigkeit zu verschiedenen Kulturen (China, Indien, Abendland) zu bestehen, umgekehrt die nächste Beziehung durch Lehrer-Schüler-Verhältnisse. Das alles ist richtig für eine Betrachtungsweise realer Zusammenhänge; es täuscht, wenn es sich um die persönliche Größe des Denkers handelt.

Wenn die Frage ist, ob eine typisierende Gruppierung möglich sei, die über ein Sachproblem hinaus und quer durch Zeitalter und Kulturen das Wesen der persönlichen Erscheinung im Werk deutlicher heraushebt, so wäre die Voraussetzung: die Welt der Philosophie zu sehen nicht nur als sachliche Struktur in der Ordnung ihrer Grundfragen und Antworten, nicht nur als historische Struktur der einander folgenden Zeiten, sondern in der Mannigfaltigkeit von persönlichen Strukturen in ihrer Zusammengehörigkeit. Wir hätten uns statt in einem sachlichen Raum in einem personalen Raum zu orientieren.

Solche Gruppierung kann auf wesentliche Seiten der großen Philosophen hinweisen, die eine nähere Verwandtschaft bedeuten. Die Ordnung wird durch begrifflich Allgemeines stattfinden; eine andere ist nicht möglich. Aber die Frage bleibt, ob durch dieses Mittel doch durchleuchten könnte eine Struktur in der Sternenwelt der Großen, die sachlich ist im Persönlichen, eine Verwandtschaft zeigt von zugleich schlechthin Eigenständigen. Gruppieren sich die zunächst beziehungslosen Sterne gleichsam zu Sternbildern und sind diese die Gruppen, durch die die Darstellung der Philosophen jedem eine gewisse sonst nicht erreichbare Deutlichkeit zu geben vermag? Läßt sich so ein übergeschichtliches Reich der Großen für unsere anschauende Orientierung formieren? Ist in der bleibenden vielfachen Geschichtlichkeit der großen Philosophen auf dem Wege über die Gruppenverwandtschaft der Denker die umfassende eine Geschichtlichkeit im Reich der Großen zu spüren und zu objektivieren?

Die zu einer Gruppierung verwendeten Grundcharaktere sind derart, daß sie einen Philosophen nicht erschöpfen. Dazu kommen sie auch bei Denkern aus anderen Gruppen vor, nur beiläufiger. Es ist so, als ob die Philosophen gegenseitig für uns sich spiegelten, und als ob ein

Etwas in diesen Spiegeln erscheine, das in den einzelnen Gruppen je durch diese Besonderheit in konzentrierter Strahlkraft leuchte. Die Unmöglichkeit des Allumfassenden, des Vollendeten, in dem alles spricht, wird deutlich gerade dort, wo diese Tendenz im Bau gewaltiger Gebäude durch die originalen Ordner zutage treten möchte und notwendig scheitert.

Solche Gruppierung der Großen ist daher unmöglich, wenn sie eine endgültige sein oder auch nur der Idee nach werden sollte. Denn jeder große Philosoph ragt aus der Geschichte als übergeschichtlich heraus. In ihm konzentriert sich das philosophische Ganze zu persönlicher Gestalt. Jeder ist in sich geschlossen. Jede Gruppierung muß die Einzigartigkeit, Unersetzbarkeit, Unvertretbarkeit der Großen antasten. Ich wünschte, daß man bei meiner Darstellung nie vergäße: es kann sich nicht um angemessene Subsumtionen unter Gattungen von Philosophen handeln. Kein Großer ist subsumierbar, weder unter Zeitalter und Völker, noch unter philosophische Grundpositionen, die wir erdenken, noch unter geistige Typen. Jede solche Subsumtion trifft nur eine Seite von ihm. Kein Großer ist durch einen Aspekt erschöpft. Jeder überschreitet zugleich den Rahmen, in den man ihn einordnen will, er wächst hinaus über jeden Typus, dem er immer nur in gewissem Maße entspricht. Ein großer Philosoph gehört nirgends hin in einem wißbaren Gebäude, in dem ihm ein endgültiger Platz zukäme. Er ist vielmehr einzig für den, der seine Größe sieht und aufgehoben in dem einen Grund des Ganzen, den wir nicht kennen.

Die Darstellung der großen Philosophen muß in der Spannung bleiben; die vielen werden zwar gruppiert und in Gruppen charakterisiert, aber so, daß jeder einzig, über alle Gruppen hinaus nur dieser ist. Darum behandeln wir in der Darstellung die einzelnen Großen für sich ohne Rücksicht auf andere. Sie sprengen jede von uns versuchte Klassifikation.

Wir vergegenwärtigen die Gesichtspunkte, die bei dem Versuch personaler Gruppierung uns lenken.

1. *Hinblicken:* Die Gruppen ergeben sich unwillkürlich beim Vergleichen. Zusammengehörigkeiten drängen sich auf, werden nicht konstruiert. Sie werden dem glücklichen Blicke offenbar, werden nicht erdacht. Es gelingt, Verwandtschaften zu charakterisieren, nicht aber durch ein Merkmal zu bestimmen. Man darf es wagen, den sich derart zeigenden Gruppierungen zu folgen. Auf diese Weise wird vielleicht ein Schatten dessen erhascht, was als abschließende wahre Ordnung

unerreichbar ist. Die Ordnung in dem Gesamtanblick muß unlogisch bleiben. Sie kommt aus der Anschauung der Größe selber vor Augen.

Solche Gruppierung möchte wohl das Wesentliche treffen. Sie möchte weder Charaktertypen nach psychologischen Gesichtspunkten sehen, noch Repräsentanten ursprünglicher Mächte, die miteinander im Kampf stehen, noch begrifflich faßbare Positionen. Wenn sie in der Durchführung ihrer Charakteristik diese Gesichtspunkte und viele andere benutzt, so wünscht sie selbst eine im Geschichtlichen erwachsende, nicht grundsätzlich allgemeine Typologie. Daher haftet ihr ein Moment des Zufälligen an. Und daher kann keine solche Gruppierung zwingende Gültigkeit beanspruchen. Bei gutem Willen zum Geltenlassen jeder Weise der Größe ist die Gruppierung derart, daß durch sie zwar Konturen gezogen werden, das Ganze aber in Bewegung bleibt. Denn jede Gruppierung ist nur mehr oder weniger treffend. Überschneidungen und neue Aspekte lassen die für den Augenblick notwendig fixierende Ordnung notwendig in der Schwebe.

Niemals stimmt die Zusammenordnung in einem exakten Sinn. Die allgemein formulierbaren Gesichtspunkte der Charakteristik wechseln. Sie sind selber nicht Ausgangspunkt, sondern Folge der Anschauung, die sich allgemein aussprechen muß, um mitteilbar zu werden.

2. *Keine Deduktion:* Da die Gruppen aus der geschichtlichen Anschauung gefunden wurden, ist, trotz ihrer Charakteristik durch notwendig allgemeine Begriffe, die Gruppenbildung nicht aus einem Begriff des Ganzen erwachsen.

Eine Ordnung der Persönlichkeiten aus dem Prinzip der Philosophie (oder der Wahrheiten in persönlicher Gestalt aus dem Prinzip der einen Wahrheit) ist uns so wenig gegeben wie eine Ordnung aller persönlichen Wesen überhaupt aus dem Ursprung des Seins. Die totale Geschichtlichkeit der Wirklichkeit ist in kein Allgemeines aufzulösen.

Daher gibt es keinen übergeordneten Gesichtspunkt, aus dem sich ein System der Philosophengruppen entwickeln ließe. Das erste meiner Arbeit war die Darstellung einzelner Philosophen und diese blieb das eigentliche Ziel. Die Gruppenbildung ist von sekundärer Bedeutung. Die vergleichende Anschauung, die selber in geschichtlicher Gestalt auftritt, aber auf das Übergeschichtliche gerichtet ist, diesen ihren eigenen Inhalt als die umfassende Geschichtlichkeit der Wirklichkeit selber meint, sieht die Gruppen, die sich natürlich, ohne Gewaltsamkeit des Blickenden, zu zeigen scheinen.

Wenn es kein deduzierendes Schema des Ganzen gibt, das den großen Philosophen ihren Platz anwiese, so kann es nicht definierbare Grundtypen geben, unter die die Einzelnen subsumierbar wären. Wie man die Persönlichkeiten zusammennimmt, das charakterisiert sie zwar, aber doch immer wieder nur unter einem Aspekt. Keine Gruppenbildung, auch nicht die der überzeugendsten Zusammengehörigkeit, zeigt eine innerste Wesenseinheit. Jeder der Großen bleibt er selbst, ohne daß eine Gruppe ihm übergeordnet wäre.

Darum ist der Rahmen unserer Darstellung der Großen uns zwar nicht gleichgültig, aber auch nicht entscheidend für die Weise, in der dann jeder Einzelne aus sich selbst heraus zur Geltung kommen soll.

Die Ordnung soll die Hellsicht für persönliche Größe steigern durch Bewußtmachen eines Allgemeinen im je Einzigen. Sie soll die Weite des Begriffs der Philosophie festhalten durch die Anschauung der Weite des persönlichen Geisterreichs.

3. *Die Rangordnungen und ihre Grenzen:* Wir sehen die Philosophen in Rangordnungen und wieder die Gruppen selber nach ihrem Rang. Aber beide Rangordnungen sind nicht einlinig und nicht eindeutig fixierbar. Denken wir unwillkürlich in Rangordnungen, so können wir sie doch nicht endgültig bestimmen.

Keineswegs können wir die Philosophen auffassen als eine Mannigfaltigkeit von Naturunterschieden in Leibesgestalt, Seelenfunktionen und geistigen Begabungen. Denn dazu kommt etwas ganz Anderes, kommt das, was sich all dessen als eines Materials bemächtigt. Der Mensch kennt den Unterschied von Wahr und Falsch, von Gut und Böse. Und seine geistigen Schöpfungen laufen nicht wie eine bloße Mannigfaltigkeit von individuellen Naturgestalten nebeneinander her, sondern sind dem Sinne nach aufeinander bezogen.

In einer übergreifenden, zeitlich unabschließbaren Kommunikation, in der der Rang des Gehaltes erfahren wird, erwächst unmerklich eine Rangordnung der Geister. Zur Rangordnung jener natürlichen Gegebenheiten, die unter Gesichtspunkten der Psychologie und nach dem Maßstab einer geistigen Produktivität objektiv und nach dem Geschmack subjektiv zu treffen ist, kommt eine andere.

Es entschleiert sich aus dem Ursprung der Menschheit die ganz andere Rangordnung der Existenzen, die nur dem liebenden Auge offenbar wird. Was aber jedem einzelnen Menschen aus der Freiheit seiner Existenz geschichtlich bestimmt wird, und was er selbst ist, kann niemand objektiv übersehen und einordnen. Es ist in Wahrheit unmöglich, mit Dante die Menschen im ganzen an ihren Ort in Hölle und

Paradies und den Ort ihres Ganges durch das Fegefeuer zu bannen, an den sie ihrem Wesen nach vermöge ihrer Taten gehören sollen. Das heißt als Mensch urteilend vorwegzunehmen, was nur in der Chiffer der Transzendenz eines Gerichtes Gottes gedacht werden kann.

Wenn wir nun in Auswahl und Gruppierung unausweichlich Rangordnungen machen, so müssen wir diese redlicherweise in der Schwebe halten. In vielen Fällen entscheiden die immer beschränkte persönliche Orientiertheit des Darstellers und seine nicht immer von ihm kontrollierbaren Wertschätzungen. Wenn unsere Absicht ist, kleinere Geister in diesem Buch nicht auftreten zu lassen, so besteht doch keineswegs eine scharfe Grenze. Die Großen aber haben den Charakter, daß in ihren Gruppen sich geschichtliche Urbilder zeigen, denen sich Kleinere als mehr oder weniger ähnlich anschließen lassen.

4. *Die Disparatheiten:* Es bleibt die Spannung: die Großen gehören einem Reich möglicher Kommunikation an – die Großen stehen disparat nebeneinander, gehen aneinander vorbei.

Zunächst in der Realität von Zeit und Raum. Die Philosophen stehen nur zum Teil in realer Beziehung zueinander. Die späteren kannten die früheren, die Zeitgenossen untereinander sich nur in beschränktem Umfang. Plato und Demokrit, wenn sie überhaupt voneinander gewußt haben, haben sich ignoriert. Nietzsche hat keine Zeile von Kierkegaard gelesen. Bei jedem Denker ist daher die Frage sinnvoll und notwendig, welche Früheren und welche Zeitgenossen er studiert habe, – welche er gar nicht kannte.

Dann scheint im Reich der Geister selber der Große wie ein einsamer Gipfel. In jedem der Großen sehen wir eine Höhe. Ihre Höhe ist nicht gleicher Art.

Wir, wenn wir als Historiker der Philosophie philosophieren, sind es, die die Welt der Philosophen als ein Ganzes zusammensehen, die Disparatheiten nach Kräften in sinnhafte Beziehungen bringen, und dies wiederum je in einer geschichtlichen Situation, aus der diese Sicht erfolgt.

Wir können die großen Philosophen nicht auf einer Ebene sehen. Fragen wir nach dem Gemeinsamen (ohne das ihr Zusammenbringen sinnlos wäre), erhebt sich alsbald die andere Frage nach der Disparatheit. Eine einzige Liste der großen Philosophen würde in der Nivellierung das Eigentümliche der einzelnen Größe verschwinden lassen. Die disparate Reihe nur Einzelner würde das Ganze auflösen in unbeziehbare Gestalten.

Zwischen beiden Extremen liegt die Sinngemeinschaft der einzelnen Gruppen. Aber nie ist zu vergessen, daß der Einzelne doch nur mit einer Seite seines Wesens auf diese Weise gruppierbar ist.

5. *Gefahr der Antithesen:* Bei der Gruppierung sind Scheidungen durch Alternativen und dadurch gegebene Antithesen leicht irreführend. Solche sind nur untergeordnet zur Charakteristik zu benutzen. Ein Beispiel: Wir sehen Philosophie, die vorwiegend in der Polemik lebt, – das Denken aus dem Nein. Wir sehen Philosophie, die ursprünglich liebend ist, überall Spuren der Wahrheit findet, keinen Denker verachtet, – das Denken aus dem Ja. Wenn wir etwa eine Gruppe »Die bohrenden Negativen« nennen, so heißt das nicht, alle anderen seien die Positiven. Der Akzent liegt auf dem bohrenden Denken, auf dem Nein als dem Mittel der Klarheit, und der Bereitung des Bodens für ein Wachsendes, das in diesem Denken schon gegenwärtig ist. – Ein anderes Beispiel: Philosophie erwächst aus der ursprünglichen Vision, im schaffenden Hervorbringen, und in der Folge aus der schaffenden Wiederholung, dem aus Eigenem im Sprung ergriffenen Ursprung. Oder wir sehen das Denken in nachahmender, nicht ursprünglicher Wiederholung. Wenn wir etwa eine Gruppe »Die großen Ordner« nennen, so heißt das nicht, daß sie nur wiederholen, sondern daß bei ihnen in größtem Stil die Aneignung alles Überlieferten erfolgt, aber durch die Originalität ihres Bauens ebenso aufgenommen wie verwandelt wird.

Alternativen sind zugleich im selben Denker: in verschiedenen Augenblicken, in Tendenzen seines Wesens. Nirgends kommt das liebende Sehen zur vollen Klarheit ohne das Fegefeuer der Polemik; Liebe aber bezeugt, daß im Bekämpften überall auch Liebenswertes verborgen ist, außer im konstruierten Idealtypus des Bösen eines Gegners, der als solcher keine Wirklichkeit mehr hat. Kein Ursprung wird denkend in Klarheit ergriffen ohne das Geheimnis des Unbegreiflichen. Keine aneignende Nachahmung geschieht ohne eine Wahrheit auf dem dargebotenen Wege.

6. *Die Gruppenbildung ist nach Durchführung wieder abwerfbar:* Wenn auch einzelne Gruppen natürlich, manche unmittelbar überzeugend wirken, so sind andere weniger bezwingend. Manche können wie eine Aushilfe aussehen. Will man den Weg dieser Ordnung beschreiten, als eine der Weisen der Bildwerdung für uns, so muß man ihn durchführen bis an die Grenzen des dem Autor Möglichen. Ich bin überzeugt, daß diese Weise der vergleichenden Anschauung für das ge-

schichtliche Aneignen fruchtbar wird. Jedoch soll meine Darstellung jedes einzelnen Philosophen für sich bestehen können. Wirft man die Gruppenbildung ab, so bleibt jeder Philosoph als dieser, der er ist, anschaulich in seinem Denken zu vergegenwärtigen. Aber wer einen großen Philosophen erblickt, der versteht ihn besser, wenn er andere kennt. Sie erleuchten sich gegenseitig. Im Vergleichen tritt die je eigene Größe um so klarer heraus.

Die Wahl für den Studierenden

Ein Einzelner kann nicht alle Philosophen zugleich studieren, muß vielmehr in dem ihm zugemessenen Leben auf viele verzichten. Welchen Philosophen er aber zuerst wählt, und welche er später ergreift, in welchen er Größe sieht, das sind für ihn folgenreiche Entscheidungen.

Ich mache einen Vergleich. Es ist eines jeden Schicksal und Verantwortung, welchen Menschen er in seinem Dasein begegnet, wo er wählt und gewählt wird, wo er meidet oder ausweicht. Er hat im Raum des Gegebenen seine Freiheit. Es gehört zum Wesen des Einzelnen, mit wem er gelebt, und wer ihn bestimmt hat.

Wo durch Bücher und Überlieferung Menschen aus der Geschichte zu mir gelangen, da ist eine analoge Verantwortung. Trete ich in diese unbestimmte Gemeinschaft der Denker, so muß ich wählen. Philosophiere ich, so ist entscheidend, an welche Philosophen ich mich halten will. Denn mit wem ich, ihn lesend, spreche, das bestimmt mein eigenes Denken. Im Studium der Sache gestalten sich die persönlichen Bilder der Großen zur Einheit eines denkend Getanen. Sie werden zu Vorbildern und Gegenbildern. Durch den Umgang mit ihnen wähle ich einen Weg meiner Selbsterziehung.

In der weltgeschichtlichen Auffassung gelten wenige allgemein als groß und unumgänglich. Ein Zufall kann mich aber durch einen Philosophen dritten Ranges an die Philosophie gebracht haben, dann bleibt mir dieser Philosoph mit Recht wert, aber er gilt nicht für alle.

Welchen Philosophen ich wähle, ist entscheidend erst, wenn ein gründliches Studium unternommen wird. Denn dieses macht Mühe. Es verlangt Zeit und bedarf der Geduld, um auch nur einen einzigen Philosophen zu erfassen. Allerdings mache ich dann die Erfahrung: habe ich einen großen Philosophen wirklich kennengelernt, so habe ich zu allen anderen einen schnelleren und wesentlicheren Zugang. Die Wahl sollte schon früh einen der Großen treffen. Mag auch noch im geringsten Philosophen irgend etwas Lohnendes sein, so ist doch das Niveau des von Menschen erreichten und daher nun möglichen Philosophierens nur bei den Großen zu erfahren, in ihrer Tiefe, ihrer Unabhängigkeit, ihrer Weite, ihrer Denkintensität, ihrer gehaltvollen Prägnanz. Nur bei ihnen ist die Konzentration des Gehalts, die fast keine Seite vergeblich lesen läßt.

Aber wo finde ich diese Großen? Die Menge der Bücher, die Masse des Wißbaren kann verwirren. Es scheint hoffnungslos, durch sie hindurch und in freien Besitz zu gelangen. In dieser Masse der Bibliotheken gibt es nur eine geringe Zahl ursprünglicher und dauernder Werke. Würde ein Vernunftwesen gegenwärtig sein, das die Gabe der Unterscheidung der Geister in Vollendung besäße und den Inhalt all der Bücher kennte, es würde einige wenige leuchtende Sterne sehen, mehrere, die geringer sind, aber doch selbst leuchten, und eine Menge nur im Widerschein von fremdem Licht lebender kleiner bis zu den unbestimmt und wechselnd erglimmenden Nebelschwaden der endlosen, kaum unterscheidbaren Geister.

Jene wenigen dauernden Bücher in der Philosophie sind solche, in denen ein Gedanke ursprünglich zu hellster und knappster Fassung kommt. Er braucht nicht zum erstenmal gedacht zu sein. Selten ist er ohne Voraussetzungen und Vermittlungen durch andere in eines Menschen Kopf gekommen. In den späteren wird er wiederholt, wird er abgewandelt oder verkümmert er. Hat man ihn wirklich erfaßt, dann kennt man mit einem Male ganze Büchermassen.

Es wäre gut, diese Bücher zu wissen, an sie in Arbeit und Studium sich zu halten, sich nicht zu vergeuden in der Mühe um das Verständnis abgeleiteter, nicht eigentlich aus einem Selbstsein sprechender Bücher. Aber es gibt keine gültige Tafel dieser Werke und Namen. Die Autorität der Überlieferung in der Abschätzung der Größe wandelt sich selber im Laufe der Geschichte. Durch sie aufmerksam gemacht, muß der Einzelne doch immer wieder aus eigener Verantwortung spüren, wo das Studium ihm hilft, um dem Wesentlichen näherzukommen, welche Denker kennenzulernen ihm von der größten Bedeutung ist. Eine Darstellung der Großen, wie sie in seiner Zeit einem Einzelnen als Lehrer der Philosophie erscheinen können (wie dieses Buch sie versucht), hat die Aufgabe, den Lesenden auf die Spuren zu führen, auf denen er seine Wahl treffen mag für die Reihenfolge seines Studiums und für den Vorrang einiger weniger.

1. *Betrachten und Umgang:* Sollen wir uns erbauen oder vergnügen an einer Galerie großer Philosophen? sie ansehen so, daß sie alle in ihrer Weise gut, schön und wahr sind? sie für uns unverbindlich Revue passieren lassen? unsere Kenntnis vermehren? Das alles mag auch geschehen, aber die Philosophie beginnt erst, wo die Philosophen mich in meiner eigenen Möglichkeit angehen, ich ihre Ansprüche höre, wo ich aneigne und abstoße. Wenn dieses Buch in die Gesellschaft der Großen führt, möchte es ihren Ernst zur Sprache kommen lassen. Der Größe, ihrer Geschichtlichkeit und Übergeschichtlichkeit, vergewissern wir uns nur im Umgang mit dem Werk der Philosophen und darin mit ihnen selber. Ihre Bedeutung erfahren wir erst in unserem Verhalten zu ihnen.

2. *Unterschied der Toten und Lebenden:* Wohl ist ein radikaler Unterschied im Umgang mit Lebenden und mit Toten. Zwiesprache zwischen Lebenden geschieht in Frage und Antwort, aus der Kraft des Selbstseins, die sich gegenseitig zu sich selbst bringt. Aber es ist eine Analogie dazu im Umgang mit dem Toten. Ich mache ihn in der Zwiesprache gleichsam lebendig. Wenn ich ihn frage, erhalte ich Antwort aus Textstellen, die durch meine Frage wieder lebendig werden, während ein nicht Fragender darüber hinwegliest. Diese Antworten aber haben Wirklichkeit nur, soweit ich, was ich höre, im »gemeinten Sinn« des Textes belegen kann. Wo kein solcher im Text des Toten antwortet, bleibt er stumm.

Wenn ich über den ausdrücklich gemeinten Sinn hinaus zu verstehen wage, was ihm unausgesprochen zugrunde liegt, muß ich wissen, was ich tue, und es sagen. Dieses Verfahren ist zwar gehörig zur Aneignung des eigentlichen Gehaltes, wird aber immer noch eine Bestätigung durch die Kombination der ausdrücklich gesagten Gedanken des Philosophen suchen.

Nur ein Verlust der Scheu vor der Größe und ein Übermut des Selbstdenkens kann sich die Worte der Großen als ein bloßes Geländer nehmen, das ich mir zurechtstelle und an das ich fasse, um einen Weg zu gehen, zu dem der Philosoph nicht leitet, indem ich in seine Worte willkürlich hineinlege, wovon keine Spur zu finden ist. Diese Gefahr ist für den philosophierend Lesenden immer da. Denn nur philologisch ist kein philosophischer Text zu verstehen.

Was aus der Zwiesprache mit Toten hervorgeht, wird lebendig doch nur, wenn es in dem Gespräch zwischen Lebenden aktuell wird. C. F. Meyer läßt den »Chor der Toten« sprechen:

Und was wir vollendet, und was wir begonnen,
Das füllt noch dort oben die rauschenden Bronnen,
Und all unser Lieben und Hassen und Hadern,
Das klopft noch dort oben in sterblichen Adern,
Und was wir an gültigen Sätzen gefunden,
Dran bleibt aller irdische Wandel gebunden,
Wir suchen noch immer die menschlichen Ziele...

Der Umgang mit den Toten ist Quelle der Wahrheit unseres eigenen Wesens, damit wir nicht das schon klar Erfaßte verlieren, nicht verfallen an längst durchschaute Phantasmagorien, – damit wir nicht arm werden durch Verschwindenlassen der Mächte, die, in der Zeit kämpfend, den Menschen zu seinen höchsten Möglichkeiten lenken, – damit wir die Verantwortung gegenüber den Großen erfüllen dadurch, daß wir nach Kräften sie neu zur Sprache bringen, – damit wir uns selber verwirklichen im hellen Raum des schon Gedachten, uns erziehen am Erwerb der Geschichte.

3. *Zeitlich und überzeitlich:* Daß jeder Denker seiner Zeit und Welt angehört und historisch in ihr gesehen werden muß, schließt nicht aus, daß aus ihm spricht, was jederzeit von Menschen gehört werden kann.

Es ist das Zeichen der Größe des Denkers, daß er in die mögliche Gleichzeitigkeit mit allen gelangt, daß er sagt, was über die Zeiten hinweg menschliche Möglichkeiten erweckt, ihnen zum Spiegel wird, sie ermutigt und stärkt, mit ihnen im Kampf steht. Ein Denker, der nur zeitgebunden ist und durch unsere historische Analyse schon angemessen und wesentlich getroffen scheint, gehört nicht in den Kreis der Großen.

Sofern aber kein Mensch schlechthin nur zeitgebunden ist, vermag auch der Geringste von uns aus seiner Unabhängigkeit einzutreten in jene einzige Gleichzeitigkeit mit den Großen. Dort hört er Antworten, erfährt er Impulse, Anziehungen und Abstoßungen. Die Großen sind seine ewigen Zeitgenossen.

4. *Weisen des Umgangs:* Der Umgang mit den Toten vollzieht sich auf die vielfache Weise des Verstehens der von ihnen hinterlassenen Texte.

Das erste ist: Wir suchen das Gemeinte nachzuvollziehen, im Gedanken des Philosophen mit ihm zu denken, sein Ganzes zu vergegenwärtigen mit den intellektuellen Operationen, die er selber bringt. Wir üben seine Methoden der Konstruktion, der Dialektik, des bohrenden Eindringens, der Analogie der gegebenen Erscheinungen usw. So lernen wir und gewinnen Ordnungen.

Dann aber: Wir lesen nicht einfach Texte. Denn wir sind betroffen, erweckt, befreit, sind angezogen und abgestoßen. Damit gelangen wir in die Bewegung, die hört und fragt. Jetzt erst beginnt eigentlich der Umgang.

Ein Raum metaphysischer Gehalte hat sich geöffnet. Wir sehen Visionen im Begriff und spüren die wundersame Beruhigung. Wir erfüllen uns mit Chiffern der großen Anschauungen, durch die das Sein im Bewußtsein der großen Denker sich uns mitteilt. Durch die schöpferischen Philosophen wird das jedem Menschen eigene ursprünglich denkende Vermögen in Gang gebracht.

Philosophie geht in eins mit dem Menschentum, das sie trägt. Wir werden der Aufgabe bewußt, durch den Umgang mit Texten uns im Reich der Philosophie in einer personalen Orientierung ansprechen zu lassen, und damit Kritik an der Persönlichkeit der Denker zu vollziehen. Die Größe selber wird in Frage gestellt und dann auf eine je eigentümliche Weise, anders als vorausgesetzt war, bestätigt.

Die Realitäten des Daseins, der Lebensführung, der Umwelt, der Handlungen und des Charakters des Philosophen gewinnen Interesse. Das Befremdende wird Gegenstand psychologischer Untersuchung.

Wir sind betroffen unter dem Gesichtspunkt von Gut und Böse, Wahr und Falsch. Wir urteilen in einem nicht nur rationalen, sondern metaphysischen und existentiellen Sinne, korrigieren uns, um schließlich für uns zu einem vorläufigen Schluß zu kommen. Oder unser Vertrauen wächst bei jedem weiteren Schritt unseres Kennenlernens. Dann treten wir ein in eine persönliche Atmosphäre, wo zwar Kritik nicht aufhört, aber der liebende Blick in der Teilnahme an den Bewegungen des Philosophen die Wahrheit nur tiefer, gegründeter und umfassender sieht.

Wir gestatten uns nicht, bei den von uns vor allen Bevorzugten zu bleiben. Vielmehr ist der Anspruch des Wissenwollens und der Gerechtigkeit, sich im gesamten Raum der Möglichkeiten umzusehen. Wir schauen solchen Möglichkeiten zu, nähern uns ihnen mit Sympathie und Antipathie, aber nicht als unserer eigenen Sache. So werden wir informiert über das Heterogene dessen, was als Philosophie auftritt. Mit philosophischem Sinn haben wir den Willen, durch Erfahrung dorthin zu gelangen, wo alles, auch das sich gegenseitig Feindselige, wenn es nur nicht nichtig ist, zusammentrifft in dem Kreise einer möglichen Kommunikation. Tun wir es aber im Sinne literarischen Genusses an der Mannigfaltigkeit, so geraten wir in die Neugier zum Vielfachen, in die Zerstreuung des unverbindlichen ästhetischen Spiels.

Es liegt in uns etwas bereit, das antwortet, wenn die Erscheinung der Größe, sei es in welcher Gestalt, uns begegnet. Erst als mögliche Existenz hören wir, was aus der Existenz des seine Gedanken mitteilenden Philosophen zu uns spricht. In dieser Berührung erhält aller Umgang seinen letzten Sinn. Ihn selbst müssen wir hören, wenn wir des Philosophen Größe spüren, seine Wahrheit urteilend auffassen wollen. Dieses Hören geschieht im Medium unserer verstehenden Gedankenarbeit je durch den Einzelnen. Wie es geschieht, das ist methodisch schlechthin unzugänglich, vielmehr selber das sinngebende Moment in allen Methoden.

Um diesen Umgang so offen wie möglich zu halten und um hinzuweisen auf die Bedrohungen seines Gelingens, erörtern wir zwei besondere Diskussionsweisen: die, ob es überhaupt persönliche Größe gibt, und die nach den eigentümlichen Fragwürdigkeiten der Größe.

VI. BESTREITUNG DER GRÖSSE

Unsere Voraussetzung bei allen Erörterungen war: die ursprüngliche Wirklichkeit der Philosophiegeschichte sind die großen Philosophen. Sie geben die Anstöße, von denen die Folgezeiten sich bewegen lassen, schaffen die Substanz, von der diese sich nähren, stellen die Urbilder hin, auf die die Späteren blicken. Gegen diese Voraussetzung gibt es Einwände, denen die Persönlichkeit als untergeordnet, ja als gleichgültig und ersetzbar gilt.

1. *Die Sache an sich:* Eine These lautet: Philosophie ist Wissenschaft. Wie diese ist sie in ihrer Sachlichkeit rein objektiv. Auf den Menschen kommt es nicht an. Statt persönlicher Größe im Werk gilt nur die große Leistung. Sie gedeiht wie in der Wissenschaft durch die Zusammenarbeit vieler. Die philosophische Leistung an der Sache ist um so wahrer, je mehr die bestimmte Persönlichkeit verschwindet, je entschiedener das allgemeine Denken des Menschen überhaupt zur Geltung kommt, und je weniger es einen eigenen Charakter hat. Die reine Einsicht ist von der Bindung an die Individualität frei. Sachliche Unbefangenheit und Tilgung der besonderen Persönlichkeit fallen zusammen.

Dazu ist zu sagen: In der Tat sind Sachen der Philosophie als solche zu denken. Es gibt die losgelösten, allgemeinen Denkfiguren, Weltbilder, Grundoperationen, die in ihren typischen, zum Schema werdenden Gestalten vor Augen zu stellen sind. Es gibt unter bestimmten formulierbaren Voraussetzungen sachliche Probleme. So kommen in der Philosophiegeschichte Namen vor, die ohne persönliches Gewicht nur als die Begründer von Gedankengebilden gelten, wie Leukipp, von dem wir nichts wissen, als daß er den Atomismus entworfen hat. Auf dem Wege der Erfassung von Sachen der Philosophie zeigen sich am Ende bezwingende Lehrsysteme, nicht bezwingende Persönlichkeiten.

Nun ist aber diese losgelöste Erfassung der reinen Sachen für das Philosophieren nur ein Mittel, für die Wissenschaften das Endziel. Der Wahrheitsraum der Wissenschaften ist eine Voraussetzung, aber nicht das Eigene der Philosophie. Daher geschieht die Loslösung der sachlich objektiven Richtigkeit überall dort, wo es sich um zwingende wissenschaftliche Erkenntnis handelt. Diese Erkenntnisse bestehen als Ergebnisse, haben in Lehrbüchern ihre sachentsprechende Darstellung. Wo es sich aber um eigentliche Philosophie handelt, da ist ein Lehrbuch, das die gesamte erworbene Wahrheit angemessen als Ergebnis darstellt, unmöglich, – möglich nur als hinweisendes, befragendes, Wege zeigendes Orientierungsbuch. Auch in der Philosophie gewinnt das wesentlich Gedachte einen allgemeinen Charakter, aber es ist durch die persönliche Gestalt seines Gedachtseins erst überzeugend und glaubwürdig. Wo diese Gedanken ursprünglich gedacht wurden, aufgenommen in das Ganze eines persönlichen Wesens, von daher haben sie für immer die größte Kraft.

Daher gilt: Erstens: Der eigentlich philosophische Gedanke ist untrennbar vom Menschen, der ihn denkt. Losgelöst als nur noch objektive Aussage ist er nicht mehr in gleichem Sinne wahr. Er bedarf in der Folge der Wiederholung aus neuem persönlichen Ursprung, gilt nicht schon als Richtigkeit eines Lernbaren. – Zweitens: Wahre Philosophie zentriert sich in hohen Persönlichkeiten. Die Sprache der philosophischen Werke ist hörbar als Sprache menschlicher Existenzen. – Drittens: Es gibt die Vielfachheit des philosophisch Wahren in der Vielfachheit der Menschen und die Einheit dieses Wahren nur in der Einheit durch mögliche Kommunikation der Menschen unter der Idee der einen in ihrer Geschichtlichkeit ewigen Wahrheit.

Die persönliche Größe kann aber nicht als psychologisch erfaßbares Individuum begriffen werden. Wie jeder Mensch mehr ist als das, was in psychologischen Aspekten von seiner Realität gewußt werden kann, so ist die Größe nicht schon die Kraft oder der Reichtum oder die Begabung eines besonderen Menschenexemplars. Größe ist im Individuum die Gestalt eines einzig Allgemeinen und darin Allgemeingültigen.

2. *Die Sache als das umfassende eine Ganze:* Gegen die Bedeutung der Persönlichkeit des Philosophen steht eine scheinbar einleuchtende These: Die Sache der einen wahren Philosophie ist eine so ungeheure, daß jeder einzelne Mensch, und sei er der bedeutendste, ihr gegenüber winzig werde. Jeder kann nur einen kleinen Beitrag leisten für das Ganze, das das eigentlich Wahre und das in der Geschichte Wirkliche ist. Er kann ein Glied dieses Ganzen sein und nur als solches seinen Sinn haben. Zwar kann auch die umfassendste historische Darstellung des bisher Hervorgebrachten dieses Ganze nicht erreichen, aber jeder, der Größte und der Geringste, muß sich auf es beziehen und ihm angehören, wenn er Wahrheit will. In der Tat ist es das Bewußtsein der Größten, einem unermeßlichen Ganzen zu dienen.

Aber für wen ist dieses Ganze da? Immer nur für Einsicht und Existenz des einzelnen Menschen. Die philosophische Wahrheit ist nur wirklich in dieser Paradoxie: Bei der Hinfälligkeit des Menschenlebens muß sie wirklich werden in Formen und Umfängen, die in die Grenzen eines so kurzen Lebens und eines so beschränkten Bewußtseins einzugehen vermögen. Das Ganze kann nie größer sein, als die Lebensjahrzehnte eines Menschen, seine geistige Energie, Erfahrungsweite und Fassungskraft es ermöglichen.

Die Wirklichkeit der Wahrheit in einem vollendeten Ganzen, gebunden an Einzelne, bleibt eine Erscheinung, gesehen von einzelnen Menschenwesen aus. Diese können einander verstehen auf dem Wege, auf dem ihnen die Idee der Einheit des Ganzen leuchtet, das in keines Menschen Besitz ist oder gelangen könnte. In außerordentlichen Abständen der Stufenhöhe kann mehr oder weniger hell *ein* Ganzes als Repräsentant *des* Ganzen in Menschen wirklich werden, im Widerhall auch dessen, was dem deutlichen Bewußtsein entzogen bleibt.

Grundsätzlich anders ist es in wissenschaftlicher Erkenntnis. Niemand kann alles wissen, und niemand braucht es, um forschend an der Wissenschaft teilzunehmen. Die Zusammenhänge aller Wissenschaften arbeiten sich zu einem objektiven Geist des Erkennens heraus, in dem jeder durch die Mittel des Verfügbarmachens in Archiven, Enzyklopädien, Institutionen, Bibliotheken, aus einem ungeheuren unabgeschlossenen Ganzen sich orientieren und sachgemäß finden kann, was er gerade will und braucht. Die wissenschaftliche Bildung besteht zu gutem Teil in dem Erlernen, wie diese Verfügbarkeiten zu nutzen sind. Das nun ist dem philosophischen Ganzen fremd. Dessen Sinn besteht in der Gegenwärtigkeit. Philosophie kann nicht partikular sein, ohne aufzuhören, Philosophie zu sein. Sie läßt sich nicht verfügbar machen (wohl aber das äußere philosophiehistorische Material).

Daher ist die Sache der Philosophie selber auf grundsätzlich andere Weise als die der Wissenschaften an den je einzelnen Philosophen gebunden. Sie spricht durch die Ganzheiten, die von Philosophen erreicht worden sind.

3. *Der Geist der Zeitalter:* Die Bedeutung der großen Persönlichkeit wird nivelliert durch den Blick auf die Geschichte mit der Behauptung: Die Philosophie wird durch den Geist der Zeitalter bestimmt, die Individuen sind nur deren Werkzeug. Die Verwandlung der Zeitalter ist der gewaltige historische Prozeß, in dem die Persönlichkeiten wachsen, auf den sie in dem Maße, als sie ihm entsprechen, wirken, den sie aber nicht hervorbringen und nicht in seinem Gang beeinflussen. Dieser hat vielmehr sein eigenes, alles in sich einbeziehendes Gesetz. Persönlichkeiten sind Funktionen des Geschichtsgeistes, aber keine eigenständige Macht. Sie sind vertretbar. Von dem, was sie tun, gilt: macht es nicht der eine, so macht es ein anderer.

In der Tat gibt uns die Geschichte im Ganzen einen Aspekt, der solche Auffassung zu fordern scheint. Es gibt Verwandlungen des geistigen Klimas von Zeitaltern, die sich nicht auf einen großen Menschen, auch nicht auf die Größten zurückführen lassen. In historischen Darstellungen wird dieser Aspekt zum Thema. Aber entscheidend ist, daß alle historischen Gesamtbilder von Prozessen nur Aspekte sind, das heißt Methoden der Untersuchung partikularer Zusammenhänge. Ob man den Blick auf historische Verwandlungen der Ideen, des »Geistes« der Zeiten lenkt, oder auf die nicht ableitbaren durch einen Sprung in die menschliche Geschichte eintretenden Grundgedanken, Urbilder, Symbole, oder auf die wissenschaftliche und die technische Entwicklung, oder auf die technischen Arbeitsweisen und ihre Folgen in der gesellschaftlichen Struktur, oder auf die politischen Tendenzen, auf die Erscheinungsform und Folgen des Willens zur politischen Freiheit, – jeder Aspekt bedarf der Ergänzung durch die anderen, und es ergibt sich kein haltbares Prinzip des Gesamtprozesses, keine wissenschaftliche Einsicht in das Totalgeschehen. In diesem so vielfältig verwickelten geschichtlichen Gang der Menschheit haben die großen Philosophen ihren Platz und die Bedingungen ihrer Möglichkeit.

Wir nehmen nun die großen Denker, die in der historischen Darstellung als Funktionen der Zeitalter vorkommen, für sich als Einzelne. Das bedeutet: Gewicht und Umfang des Sinnes ihres Daseins sprengt die Proportionen geschichtlicher Übersichten. Ihr überzeitliches Wesen als Sprache der Wahrheit ist mehr als ihr historischer Zusammenhang. Ihr Eigentliches liegt in diesem Übergeschichtlichen. Mit solcher Auffassung verneinen wir nicht die Geschichte, sondern gehen über sie hinaus.

Daß große Philosophen überzeitlich sind, bedeutet: sie sind alle gleichsam Zeitgenossen. Hegels Satz »Besseres nicht als die Zeit, doch sie aufs Beste zu sein« gilt nicht für die, denen die Geschichte als die absolute, übergeordnete, alleinige Wirklichkeit entthront ist. Denn die Geschichte hatte den Thron nur für Menschen, die die Transzendenz und damit die Gottheit fallen ließen, usurpiert.

Durch die Bewegung in der Zeit geht das ewig gegenwärtige Wahrsein. Der historisch bestimmbare, ständig wechselnde Ort trägt in sich den gleichbleibenden ewigen Ort. Die geschichtlich zeitliche Erscheinung möchten wir so erblicken, daß sie im Kleid ewiger Gegenwart den Träger des Kleides zu uns sprechen läßt. Dann sehen wir zwar die empirische Realität als den immer nur wechselnden Ort (ohne das Ganze zu kennen, von dem her eine eindeutige Ortsbestimmung möglich wäre), aber spüren darin den ewigen. Der Gehalt der Wahrheit ist uns nur in der Einheit von Zeitlichkeit und Ewigkeit zugänglich. Die bloße Zeitlichkeit führt uns ins Endlose des Gleichgültigen, nur Kommenden und Gehenden. Die bloße Ewigkeit führt uns in das Abstrakte eines Unwirklichseins. Gelangen wir in die Einheit beider, gebunden an das Empirische, erleuchtet von einem Überempirischen, dann sehen wir von solcher Einheit her, was wesentlich heißen darf.

Es hat einen guten Sinn, die Philosophie und die Philosophen in den historischen Tatbeständen und in den Zusammenhängen der Zeitalter des Geistes zu untersuchen. Dies aber ist nur eine Voraussetzung, um die Größe der Philosophen in dem Licht zu sehen, das ihre übergeschichtliche Wahrheit gegenwärtig werden läßt.

4. *Unterschied von Abendland und Asien:* Die Bedeutung der persönlichen Größe als zum Menschsein gehörig wird eingeschränkt durch die These: Persönlichkeit, Genie, Größe sind Begriffe des Abendlandes. Sie gelten nicht in Asien. Wenn die Fülle der Anschauung persönlicher

Gestalten eine abendländische Erscheinung ist, dann ist sie nur eine geschichtliche Form unter anderen und gilt nicht für alle menschliche Geschichte.

In der Tat ist es eine selber historische Frage, wo in der Geschichte Persönlichkeiten für uns sichtbar vorkommen und wo die Umgebung sich ihrer bewußt geworden ist, so daß eine Auffassungsform vom Wesen der Persönlichkeit auftrat. Es gibt die anonymen Zeitalter und Kulturen, aus denen herrliche Kunstwerke und große philosophische Gedanken ohne Namen zu uns sprechen. Die Philosophiegeschichte ist im Abendland in keiner Zeit anonym. In China gelten von früh an Namen der Philosophen, spielen Persönlichkeiten eine Rolle, aber nicht in dem Maße und nicht in der eindringlichen Bewußtheit des Abendlandes. In Indien ist die Philosophiegeschichte in der frühen großen Zeit überwiegend anonym (trotz der mythischen Namen), und bleibt es weitgehend (trotz der späteren blassen Namen). Wir finden große Persönlichkeiten nur ausnahmsweise und dann ohne volle realistische Deutlichkeit. Die indische Philosophiegeschichte darzustellen als eine Folge von Philosophen, wäre unmöglich; in Griechenland und im späteren Abendland ist es natürlich und durchführbar; auch für China ist es möglich, wenn auch nicht mit der gleichen Anschaulichkeit.

Tatsächlich werden in unserer Darstellung der großen Philosophen die Namen des Abendlandes die Hauptrolle spielen, einige aus China, sehr wenige aus Indien. Das liegt nur zum Teil an der Überlieferung. Die empirische Anschaulichkeit der Philosophen ist auch im Abendland erst für die letzten Jahrhunderte in realer Fülle da. In Indien ist aber solche Überlieferung gar nicht versucht worden. Denn von vornherein und für alle historische Zeit ist die persönliche Gestalt dem indischen Denken unwesentlich und darum deren Überlieferung gleichgültig gewesen. Es gab kein persönliches Selbstbewußtsein als Aufgabe und Sinn, keine Geschichtlichkeit als Bewußtseinsform der Existenz. In China dagegen gab es Persönlichkeiten, gab es das Wissen von ihnen und ihrer Besonderung, gab es die Aufzeichnungen über ihr Leben. Jedoch im Vergleich zum Abendland ist die dort gewonnene Auffassung viel weniger realistisch, an Schemen gebunden.

Die Tatsache scheint unumgänglich: Die persönliche Zentrierung ist nicht für alle Philosophie wesentlich. Zwar wird das Faktum persönlicher Bedeutung Einzelner nirgends, nicht einmal bei Naturvölkern, zu bezweifeln sein. Aber wenn diese nicht als solche gesehen wird, vielmehr unbeachtet bleibt, und wenn die persönliche Einmaligkeit und

Unersetzlichkeit der Umwelt nicht zum Bewußtsein kommt, dann ist für unser historisches Wissen keine anschauliche Persönlichkeit zu finden.

Wenn wir die Philosophie in Gestalt der großen Philosophen sehen, ist es notwendig, die Analogien des Persönlichkeitsgedankens in Asien zu beachten; denn ganz fehlen kann er nicht. Unser eigener Persönlichkeitsbegriff muß klarer werden, indem das Denken Asiens einbezogen wird.

5. *Die Massen:* Die Bedeutung der großen Persönlichkeit wird durch eine heute sehr geläufige These tief herabgesetzt: Die Masse der Menschen, die Völker, die Zustände der Gesellschaft machen die Geschichte, nicht wenige *Einzelne.* Für einen sublimen, aber in der Realität wirkungslosen geistigen Standpunkt mögen wenige Große jenen unersetzlichen Charakter haben. Der Gang der Geschichte aber zeigt, daß ihre Wirkung ungemein gering, ja verschwindend war. Auch da, wo ihr Name gilt, wirkt nicht, was sie waren, dachten, gestalteten, sondern ein mythisch werdendes Bild, das Völker sich entwerfen zu ihrer Führung. Sache kleiner Bildungsschichten, die nur unter bestimmten soziologischen Bedingungen eine Rolle spielen, ist es, die Größe als solche zu sehen und für sich zur Geltung zu bringen. Auch dies geschieht in den Horizonten dieser Schichten, gelenkt von den Interessen einer Macht und Ordnung, die sich durchsetzen und sich behaupten will. Wenn, wie im 19. Jahrhundert Europas, eine ungewöhnliche Freiheit historischer Forschung sich verwirklichte im Rahmen der staatlichen Erziehung für die akademisch gebildete, alle führenden Stellungen besetzende Schicht, dann zeigte sich die Realitätsferne und historische Machtlosigkeit solcher universalen Betrachtung aller Weisen der Größe darin, daß eine solche Welt in Deutschland (und die Möglichkeit besteht für ganz Europa) mit einem Schlage (zwischen 1933 und 1945) weggewischt werden konnte, als ob sie gar nicht dagewesen sei. Es wird insbesondere behauptet, die Anerkennung menschlicher Größe gehöre zur Wirtschaftsordnung der bürgerlichen Welt, der Städte und des Kapitalismus. Sie selber und ihr Gegenstand seien an diese historisch vergängliche Welt gebunden. Die Massenqualität sei das Normale, das Ursprüngliche und das Wiederkommende.

In der Philosophie, so heißt es weiter, ist es wie in der Religion. Was an Glaube in den Bevölkerungen herrscht und auf die Dauer den Gang der Dinge bestimmt, das sind nicht Plato, Augustin, Kant, sondern heute etwa ein simplifiziertes rationales Denken eines vermeintlich aufgeklärten Verstandes ohne Ordnung und Prinzip; und das sind nicht Buddha und Jesus, sondern von jenen nur als Namen noch geltenden Ursprüngen her eine ganz andere, durch Massenbedürfnisse bestimmte kultische, dogmatische, rituelle und hierarchische Realität.

Dazu ist folgendes zu sagen. In der Tat ist es zweierlei: die Größe eines schöpferischen Menschen und die historische Wirkung auf das Leben der Völker und auf die Entscheidungen im Gang der Dinge. Es ist schwer, diese Wirkungen nachzuweisen oder auszuschließen. Die Wirkungsgeschichte im Zusammenhang der Großen untereinander und kleiner Bildungsschichten und die Wirkungsgeschichte in bezug auf die Prägung von Menschenmengen ist keineswegs dasselbe. Wenn die faktische Unwirksamkeit der Großen bei Geltung ihrer Namen ein nicht zu leugnender Tatbestand scheint, so ist doch dieser Tatbestand nicht so eindeutig, wie die skeptische Auffassung zu behaupten pflegt. Auch was die Massen denken, was in den Sprachen ein Überlieferungsgut ist, enthält Wirkung der Großen. Nicht Unwirksamkeit, sondern Entstellung scheint das häufige Ereignis zu sein.

Es ist weiter ein verwunderlicher Tatbestand, daß es so außerordentlich wenige der ganz Großen gibt, die durch die Jahrtausende bleiben. Sie sind nicht groß nur für eine Meinung, sondern durch den Widerhall in der Geschichte in solcher Bewährung. Sie sind von der Art, daß unsere Welt anders wäre, wenn ein einziger fehlte. Aber selbst angesichts dieser Wenigen gibt es keine Einmütigkeit in der Anerkennung durch alle. Es bleibt in jedem großen Menschen, wie überragend er dastehen mag, eine Grenze, eine Vieldeutigkeit und ein Mangel, denn jeder bleibt ein Mensch. Das hat zur Folge, daß kein einziger der Großen bedingungslos für alle Menschen gültig wurde.

Es ist schließlich ein historischer Tatbestand, daß es Zeitalter großer Persönlichkeiten gibt, wie das 6. bis 4. Jahrhundert in Griechenland, Indien, China, das europäische Zeitalter vom 14. bis 18. Jahrhundert. Ganze Jahrhunderte sehen damit verglichen so aus, als ob sie leer ausgingen. Die Größe tritt in den hohen Zeiten auf innerhalb von Gruppen geringerer Größe; eine isolierte Größe über einem Abgrund der geistigen Nichtigkeit kommt nicht vor. Wohl aber ragt dann in einem Sprung ein Mann über den Kreis hinaus, dessen geistiges Leben ihn trägt und ihm antwortet.

Daß für das Auftreten großer Persönlichkeiten die soziologischen Zustände eine Rolle spielen, ist offenbar. Sie ermöglichen oder verhindern die Entfaltung großer Menschen, aber sie erzeugen sie nicht.

Auch im Abendland ist nicht jederzeit »Größe« da, und wird die Größe nicht jederzeit auf dieselbe Weise gedacht. Es ist nicht gleichgültig, ob die soziologische Daseinsform der Philosophen die von unabhängigen Adligen ist, von Rentenbeziehern, von Priestern, von Wanderlehrern, von akademischen Professoren, von freien Literaten, von mäzenatisch Sustentierten, von Vaganten, von Mönchen.

Die Frage, unter welchen Bedingungen überhaupt Größe wachsen kann, unter welchen aber sie unwahrscheinlich oder unmöglich wird, und ob man für kommende Zustände negative Erwartungen haben muß, ist zu Beginn der römischen Kaiserzeit gestellt (und damals beantwortet: ohne politische Freiheit ist keine Größe möglich) und ist im letzten Jahrhundert und heute von neuem dringend geworden. Die Schilderung der gegenwärtigen Tendenzen pflegt pessimistisch zu sein. Wie ein Symbol des Niedergangs kann die Nivellierung aller geistigen Werke in den Millionen und Abermillionen Bänden der Bibliotheken erscheinen, die endlosen Verzeichnisse der Namen, die Erörterungen beliebiger und zufälliger Autoren in den anschwellenden Mengen von Abhandlungen. Es ist wie ein Ersticken der Größe durch Einordnung zu einem unter unbegrenzt vielen Namen. Burckhardt sah keine Hoffnung mehr. »Jedenfalls kann sich das vorherrschende Pathos unserer Tage, das Besserlebenwollen der Massen, unmöglich zu einer wahrhaft großen Gestalt verdichten.« Aber voraussehen läßt sich immer nur das Negative (heute der mögliche Untergang alles Lebens auf der Erde schon im kommenden Jahrhundert). Was positiv und was an Größe möglich ist, entzieht sich aller Voraussicht; sie sehen, hieße sie schaffen.

6. *Die Gerechtigkeit:* Gegen das Gewicht der großen Persönlichkeit empört sich eine Gesinnung, welche sagt: Die Heraushebung der wenigen Großen ist eine Ungerechtigkeit; ihr entspringt Menschenverachtung. Denn grundsätzlich sind alle Menschen gleicher Art. Die Größten und die Kleinsten, jeder Mensch ist einer, ein einziger und unersetzlich. Ob ein Felsblock oder ein Sandkorn, jeder ist Substanz. Der Zusammenhalt und die Kontinuität der menschlichen Dinge wird durch diese Substanz unzähliger, öffentlich unbekannter, in der großen Geschichte namenloser Menschen erwirkt. Ihr Gewicht ist es, das den Zusammenbruch der Gesellschaft in eine sich selbst vernichtende Masse gieriger Triebe verhindert. Ohne sie würde alles zerpulvert und technisch vermasst zu einem Milliardendasein überflüssiger Menschen, in dem jeder ersetzbar ist und als bloßes Material behandelt und verbraucht wird. Diese zahllosen substantiellen Menschen aber halten durch in den wir-

belnden Bewegungen des entleerten Daseins, das in psychologischen und soziologischen Deutungen nur scheinbar angemessen verstanden wird.

In solchen Sätzen ist Wahrheit und Falschheit wunderlich gemischt. In der Tat wird hier erinnert an das, was in der Chiffernsprache die Gleichheit aller Menschen vor Gott heißt, an den Wert jedes Menschen, an die Wirklichkeit des sittlichen Gewichts der Vielen, durch die wir überhaupt eine freie Gesellschaft sind. Diese Erinnerung verwehrt mit Recht einen absoluten Unterschied zwischen Menschen, auch zwischen den größten und den übrigen, zu machen (obgleich der Abstand so ungeheuer ist). Sie hält fest, daß die Großen uns darum hilfreich werden, weil wir der Möglichkeit nach als Menschen mit ihnen einer Art sind. Sie mahnt, den Menschen in seiner Idee zu ehren und nie einen Einzelnen ganz zu verachten.

Aber diese Gerechtigkeit wird zu neuer Ungerechtigkeit, wenn sie die Abstände übersehen und das eigene Recht der Größe verkennen möchte. Sie darf nicht verhindern, daß wir wenige Große anerkennen. Was immer geistig geschaffen wurde, ob technische Erfindungen, ob Epen, Lieder, Bauten, ob Gedanken, Symbole, Ideale, alles geht auf einzelne Persönlichkeiten und auf die Folge der Handlungen anderer Einzelner zurück. Sie hatten den Einfall, oder die Vision, oder die Ergriffenheit und Leidenschaft. Das Werk, das nicht auf einen Einzelnen zurückgeführt werden kann infolge der Anonymität, welche ein Kennzeichen ganzer Zeitalter ist, ist trotzdem immer von Einzelnen hervorgebracht. Sie wurden für das allgemeine Bewußtsein nicht zum Bilde und daher nicht in der Erinnerung bewahrt. Aus diesen vielen Einzelnen heben sich die wenigen Großen heraus. Sie verbergen sich in dem Mythus der Heroen, Stifter, Gründer, Gesetzgeber, Rishis usw.

7. *Folgen des Erblickens der Größe für die Philosophiegeschichte:* Die sechs Einwände gegen die Größe sind durch Aufweis von Tatbeständen und durch zwingende Erkenntnis allein nicht zu erledigen. Die Frage bleibt am entscheidenden Punkt offen für die Freiheit des Menschen, der seinen Blick auf die Großen richtet.

Es gibt eine Tendenz, die an Größe nicht glaubt, Größe nicht will, Gleichheit überall begehrt. Man sträubt sich, wo immer Größe Geltung haben soll. Was in den Einwänden sachlich richtig ist – ohne die Größe zu gefährden – wird mißverstanden von Instinkten, die zur Nivellierung menschlicher Größe drängen zugunsten von Zauberern und Übermenschen und totalitären Führern.

Aber in der Welt des Geistes gibt es keine Majorität als Instanz. Vielmehr entfaltet sich, durch die Freiheit des Sehenkönnens aus Liebe und Ehrfurcht, ein Reich der Rangordnungen. Diese erfolgen in Wahrheit durch keine Willkür, durch keinen Verwaltungsakt, kein Gericht, keine Ernennung (vergeblich erzwingen dergleichen die Diktatoren, absoluten Staaten und Kirchen, etwa hierarchische Ordnungen unter chinesischen Kaisern und katholischen Päpsten). Die echten Rangordnungen bilden sich geschichtlich heraus und wandeln sich und haben darin doch einen Zug der Beständigkeit, der trotz aller Versuche, die Großen von ihrem Thron zu stürzen, sie wiederherstellt.

An jeden Einzelnen geht daher der Anspruch zu entscheiden, wofür er wirken wolle, für die Geltung, Erkenntnis und Aneignung der Großen, oder für die Passivität des Gehorsams, Aberglaubens und des platten Verstandes; ob, was durch Große geistig wirklich wurde, versinken oder bleiben solle.

Größe zu sehen und von ihr ergriffen zu werden, das hat für die Struktur der Philosophiegeschichte Folgen, die nur aus der untilgbaren Einzigkeit des Großen verständlich sind.

Erstens: Das Nacheinander der großen Philosophen durch die Jahrtausende ist nicht als eine fortschreitende Entwicklungsreihe zu begreifen. Vielmehr steht jeder Einzelne schon auf der Höhe. Seine Vollendung ist keineswegs wiederholbar. Indem die Späteren ihre Weise der Vollendung suchen, geht ihnen ebenso verloren, was war, wie sie ihrerseits etwas verwirklichen, das nicht war. Die Unüberholbarkeit ist das Kennzeichen jeder großen Philosophie und ihrer Wahrheit.

Zweitens: Ein großer Philosoph ist unersetzlich nicht nur im ästhetischen Sinne einer schönen Erscheinung, sondern wesentlicher als Ursprung des Wachwerdens ewiger Wahrheit in jedem, der ihm in seinen Gedanken begegnet. Die philosophische Wahrheit wird nicht schon in ihren Abstraktionen und Schematisierungen zu Lehrstücken deutlich, sie wird vielmehr tief, hell, reich, je entschiedener die Berührung mit ihrer geschichtlichen Erscheinung in einem großen Denker wird. Die Aneignung gelingt nicht im bloß Rationalen, sondern mit dessen Hilfe erst im Umgang mit den Großen selber.

Das Unersetzliche scheint zu bedeuten: Der große Philosoph ist nur einmal, mit ihm ist erloschen, was durch ihn wirklich wurde. Später treten andere Große auf, etwas Neues, Unabhängiges. So wären die Großen eine bloße Reihe unvergleichbarer Gestalten. Aber keineswegs ist das so. Sie sind vielmehr Angehörige eines Geisterreichs, in dem jeder ganz und einzig und doch alle in Kommunikation des Sinnes miteinander stehen, sei diese durch sie selbst oder durch eine spätere Zeit vollzogen. Sie treffen sich in einem Gemeinsamen noch dann, wenn sie sich bis in die Wurzeln bekämpfen. Sie sprechen uns an, indem einer uns auf den andern weist. Eine nur ästhetische Anschauung isoliert und genießt, die philosophische Anschauung verbindet und verwandelt in eigene Wirklichkeit.

Drittens: Die großen Philosophen werden in der Folge der Zeiten vergessen und wieder entdeckt. Sie werden nie endgültig begriffen und überblickt. Es bleibt so, als ob das Große immer noch zu entdecken wäre, selbst wenn man es äußerlich ganz zu kennen scheint. Es bewahrt seine Frische durch die Ursprünglichkeit, mit der es in einer neuen Generation begriffen wird, als ob ein Großer nun erst mit seinem Wesen zur Wirkung käme. Die Großen sind in die Welt getreten, um gehört zu werden, aber Jahrhunderte lang können sie verschwunden sein, bis wieder ein Mensch ihre Sprache vernimmt.

VII. DIE GRÖSSE IN IHRER FRAGWÜRDIGKEIT

Wir umkreisen die Größe, als ob sie eindeutig als gut und darum als vorbildlich gelten dürfe, als ob sie als wahr und darum als heilvoll angenommen werden müsse. Aber angesichts der Philosophen wie der Dichter und Künstler zeigt sich ein befremdender Tatbestand. Ein Philosoph ist nur für den Schwärmer einfach ein guter, liebenswerter, herrlicher Mensch. Für das realistische Zusehen scheint sich eine Entschleierung zu vollziehen. Nicht befremdend ist, daß Leute, die sich Philosophen nennen, versagen.

So griff Plato die Sophisten an. So klagte Poseidonios: »Wie wenige Philosophen gibt es, deren Charakter, Sinnesart und Leben derart ist, wie es die Vernunft verlangt. Man trifft unter ihnen Leute von solcher Leichtfertigkeit und Anmaßung, daß es besser für sie wäre, nichts gelernt zu haben. Es ist für einen Philosophen eine um so größere Schande, sich in seiner Lebensführung zu verfehlen, als er bei der Erfüllung der Pflicht, deren Meister er sein will, zu Fall kommt und die Lebensweisheit, zu der er sich bekennt, in seiner Lebensführung verleugnet.« So verspottete Lucian die Philosophen, wenn er sie in aufgeblasenen, zauberischen, schauspielerischen, betrügerischen Gestalten vor Augen führte.

Anders sind wir betroffen, wenn es sich um die Großen selber handelt. In der Geschichte der Dichter zeigt sich eine Welt von Schrecken und Qualen, Unzulänglichkeiten, Bosheiten und Häßlichkeiten und dazwischen hier und dort die Züge von Adel, Verläßlichkeit, Güte (Muschg). Wenn Nietzsche in Dichtern und Philosophen die innersten Triebfedern entdecken möchte, sieht er in ihnen »Seelen, an denen gewöhnlich irgendein Bruch verhehlt werden soll; oft mit ihrem Werke Rache nehmend für eine innere Besudlung, oft mit ihren Aufflügen Vergessenheit suchend, oft in den Schlamm verirrt und beinahe verliebt«. Und er sieht in vielen nur die »Menschen des Augenblicks, begeistert, sinnlich, kindsköpfisch, im Mißtrauen und Vertrauen leichtfertig und plötzlich«.

Es gibt auch wenige Philosophen, bei denen nicht etwas Befremdendes begegnete. Alle sind Menschen, keiner kann, eben weil er ein Mensch ist, vollendet sein, keiner ist ein Heiliger, keiner ein Gott. Niemand ist jeden Augenblick auf der Höhe. Aber auch vom Ganzen seines Tuns gilt, was vom Menschen als Menschen untrennbar ist. Jeder Denker hat seine Grenzen, durch seine konkrete Situation, seine Begabungen, durch die Endlichkeit alles menschlichen Tuns, durch seine Irrungen.

Aber wer beurteilt das? Sollen wir Späteren, wir Menschen einer geistig zerbrechenden Zeit, die Größe nicht nur in Bewunderung, sondern auch mit Kritik in ihren Grenzen sehen können? Ich halte es für unumgänglich. Der große Mensch selber verlangt es. Wir stehen vor ihm in Ehrfurcht noch dann, wenn wir seine Grenzen wahrzunehmen versuchen. Wir würden die eigentliche Ehrfurcht verletzen, wenn wir vergöttern.

Es ist falsch, das vollendete Ideal in einem Menschen zu suchen, es in der Realität zu verlangen und bei Nichtantreffen den Menschen zu verwerfen. Wohl aber sind die großen Philosophen solche Denker, die sich unter das Ideal stellen. Sie haben das Außerordentliche auf ihrem Wege gewonnen, in Vollendungen ausgesprochen, eingebettet in ein Leben, ein Denken, ein Werk, das im Ganzen unvollendet bleiben muß.

Wenn wir den Denker und sein Werk kritisch auffassen, so bedeutet das nicht, daß wir die höhere, die Menschheit vertretende Instanz seien, die zu urteilen vermöchte. Wohl kann der Kleinste am Größten eine Grenze, der Substanzarme an der Substanz einen Mangel wahrnehmen, aber sein Blick ist wahrscheinlich immer so getrübt durch Blindheit und Ungerechtigkeit, daß er zum Urteil nicht ausreicht. Das Urteil von uns Späteren bleibt immer auf dem Wege, ist selber beschränkt, ins Unendliche korrigierbar. Doch es ist unumgänglich, weil nur in Freiheit Aneignung möglich ist. Nicht durch Gehorsam mit der Neigung zur Legendenbildung, sondern nur in dem Versuch größtmöglicher Redlichkeit werden wir überhaupt der Größe als ihrer selbst ansichtig.

Wir erörtern nun die Fragemöglichkeiten kritischer Betrachtungsweise.

1. *Werk und Persönlichkeit:* Man sagt, an das Werk solle man sich halten. Den Menschen ins Auge zu fassen, sei unnötig und zudringlich. Ihm sei nur zu danken, was er geschaffen habe, mag er gewesen sein und sonst getan haben, was er wolle. Er sei dies Werk, und das andere sei beiläufig und der Kunde nicht wert.

Dem widerspricht die Einheit von Person und Werk in den großen Philosophen. Mag in der Polarität von Person und Werk bei einzelnen mehr die Bedeutung des Werkes, bei anderen die Bedeutung des Menschseins wirken, kein Philosoph hat Größe, in dem einer der beiden Pole zur Bedeutungslosigkeit verkümmert ist. Die Unterscheidung der durch ihr Werk großen Philosophen, deren Persönlichkeit als nur privates Phänomen bis zur Gleichgültigkeit verschwindet, und der philosophischen Persönlichkeiten, deren Gedanken nur wie eine Funktion ihres persönlichen Wesens anmuten, ist daher ungemäß. Das sogenannte Private kann unauffällig sein, alles Sensationellen und eines dramatischen Lebensganges, aller sichtbaren Fülle von Erlebnissen entbehren und doch ist, sofern die Überlieferung Kunde gibt, das Unauffällige selber sprechend und steht im Zusammenhang mit dem Werk. Es gibt keine Wahrhaftigkeit, die nicht in Werk und Leben zugleich sich verwirklicht, es gibt keine Lüge und Unaufrichtigkeit, die nicht beides durchdringt.

Und wenn Wahrheit und Schönheit im Werk sprechen, so ist gesagt worden: wem es »gegönnt« wurde, solches zu schaffen, in dem muß auch die persönliche Substanz sein, die es zu empfangen vermochte. Das Werk rechtfertigt den Menschen. Das Werk veranlaßt, durch alles vielleicht Häßliche und Böse privaten Daseins hindurch die Substanz auch in diesem zu finden. Aber die Wahrheit des Werkes steht nicht von vornherein nach dem ersten Bezwungensein von ihm fest. Es kann von Täuschung durchsetzt sein. Diese Täuschung kann vielleicht schneller durchschaut werden, wenn man den Menschen kennt, der sie hervorgebracht hat. Die Tatsachen seines Lebens sind nicht an sich schon das Beweisende, sondern das Hinweisende. Mensch und Werk interpretieren sich gegenseitig.

Die Trennung von Mensch und Leistung kann gelten beim Forscher und beim Techniker. Die Richtigkeit einer naturwissenschaftlichen Entdeckung und die Wirksamkeit einer technischen Erfindung hat nichts zu tun mit der Persönlichkeit. Das Gold solcher Leistung kann in einer schmutzigen Geldtasche liegen oder durch den herrlichsten Menschen hervorgebracht sein. Mit der Persönlichkeit hat es grundsätzlich nichts zu tun. In der Wissenschaftsgeschichte haben die Forscher Geltung nur durch das, was sie als »Bewußtsein überhaupt« vermochten, in der Philosophiegeschichte aber als Forscher darüber hinaus durch das, was sie unvertretbar als Existenzen in die Welt der Erscheinung gebracht haben. In der Philosophie ist die Wirklichkeit des Menschseins der Raum der sich im Denken verstehenden Existenz. Hier ist das Denken des Seins, der Gottheit, der Sache eins mit dem Faktischen der Lebensführung, mit dem Urteil in den konkreten Situationen, mit dem Sichentscheiden und Sichentschließen. Philosophie ist niemals wie wissenschaftliche Erkenntnis als bloßes Werk Wahrheit gewesen. Zur Wahrheit des Werks gehört die Wahrheit des Menschen, der es denkt. Im Werk selbst ist er erkennbar. Ohne Bindung an den Menschen ist das Werk eine artistische Spielerei und erweist sich als solche. Denn die Philosophie ist nicht getragen von Köpfen, die auch vertretbar sind, sondern von ganzen Menschen, die je einmalig sind. Sie sind vom Werk her bestimmt, das sie hervorbringen, und erfüllen von ihrem Wesen her dieses Werk. In der Philosophie gehört das Wesen des sie denkenden Menschen zur Sache.

Das Einstehen des Menschen für sein Werk ist nicht so aufzufassen, daß man prüft, ob er »nach seiner Lehre lebe«. Das ginge nur, wenn die Lehre nichts als eine Reihe von Formeln und Doktrinen wäre, und der Mensch in seiner Realität nichts als ein unter juristischen Gesichtspunkten zu ermittelnder Tatbestand. Auch kann das Eintreten des Menschen für sein Werk nicht planmäßig in der Form geschehen, nach seiner Lehre leben zu wollen. Dies kann nur eine Hilfe in erlahmenden Zeiten sein, um durch Erinnerung des Wissens vermöge des Willens mit sich eins zu bleiben. Das Einstehen geschieht als das Nichtzuwollende. Aber es ist indirekt zu fördern durch rational unbeantwortbare Fragen wie: Zu welchem Gedanken habe ich das Recht? was zu denken ist mir verwehrt? (weil ich es nur äußerlich als Verstandesinhalt, nicht im Vollzug der Existenz denken kann). Was kann ich zwar wohl berichten, aber nicht als das Meinige mitteilen? Durch solche Fragen, die mit dem eigenen Wesen beantwortet werden, ist das Gewissen des Philosophen wach, dem Wahrhaftigkeit vor allem geht.

Wenn aber Persönlichkeit und Werk nicht voneinander zu trennen sind, dann geschieht mit der kritischen Auffassung des einen zugleich die des anderen. Der Mensch zeigt in seiner persönlichen Erscheinung die Wahrheit als die Wirklichkeit des von ihm Gedachten. Unwahre Philosophie ist der Reflex der Unwahrhaftigkeit des Menschen und umgekehrt. Daher sehen wir im Spiegel der Denkweisen die nihilistischen Leidenschaften, die artistische Zauberei, das gelehrte Wissen, das forschende Eindringen, die Mitteilung eines Selbstseins.

Nietzsche hat einmal die Größe des Werks isoliert gedacht und dann gesagt: »Das Werk, das des Künstlers, des Philosophen, erfindet erst den, welcher es geschaffen hat, geschaffen haben soll; die großen Männer, wie sie verehrt werden, sind kleine schlechte Dichtungen hinterdrein, in der Welt der geschichtlichen Werte herrscht die Falschmünzerei.«

Dies aber würde nur gelten für den, der im Verstehen des Werkes nicht schon den Menschen mithört. Wer sich bezaubern läßt von der vermeintlich reinen Geistigkeit und nicht darin die Seele dessen wahrnimmt, der sie hervorbrachte, versteht weder das Werk noch den Menschen. Entweder findet eine Täuschung über das Werk statt vermöge der Unempfindlichkeit für dessen existentielle Gründe; oder das Werk zeugt für den Menschen, der aus ihm als Wesen hörbar ist trotz der befremdlichen Tatsachen seines Handelns und Irrens.

Wahrheit des Werks und Wahrheit des Menschen sind identisch. Aber diese Identität ist nicht für einen Verstand feststellbar, der vorher Werk und Menschen von einander trennt. Man darf weder ein geistiges Gebilde isoliert als sich selbst genügende Wahrheit behandeln, noch einen nur psychologisch erfaßten Menschen als solchen schon für den Menschen selber halten.

2. *Psychologie und ihre Grenzen:* Das Naheliegende scheint zu sein, den Philosophen durch Psychologie zu erkennen. Seine Größe wird in das Licht einer psychologischen Wissenschaft gerückt. In der Tat hat es Sinn, die »Personalakten« der Philosophen anzulegen, die Biographie durch Sammlung von Tatsachen vorzubereiten. Die Kunde dieses Tatsächlichen wird von unserem unbeschränkten, nichts verschleiernden Wissenwollen verlangt. Sie ist eine Bedingung für den Zugang zum Wissen vom Menschen.

Psychologie kann zunächst auf Grund ihres durch Erfahrung gewonnenen Wissens Geisteskrankheiten, Erscheinungen der Altersphasen, Eigenschaften der Werkzeuge der Intelligenz, des Gedächtnisses und viele andere Tatsachen feststellen und ihre Folgen in der Beschränkung und Ermöglichung geistiger Phänomene erörtern.

Psychologie aber will dann ein »Verstehen« der Tatsachen, das heißt das Deuten ihrer bewußten und unbewußten Motivationen. Damit tritt sie in einen Dschungel endloser Möglichkeiten. Was sie sagt, ist nie nur Tatsachenfeststellung. Sie weist auf die banalen, aber mächtigen Motive, den Sexus, den Machtwillen und Geltungswillen, die Habgier und so fort. Dieses Verstehen, dessen Plausibilitäten so leicht täuschen, das daher gemeinhin voreilig vollzogen wird und bequem als Waffe der Bosheit dient, ist nur in dem Maße sinnvoll, als die Gesamtheit des zugänglichen Faktischen in seinen möglichen Deutbarkeiten wirklich vor Augen kommt. Dieses kritische Verstehen erreicht selten ein endgültiges Urteil. Denn es führt der Natur der Sache nach nicht zu einem in sich geschlossenen Tatbestand.

Statt vieler sei nur ein Beispiel solchen Verstehens genannt, das im Zusammenhang steht mit dem philosophischen Wissen um die Bedeutung der Persönlichkeit im Werk des Philosophen.

Wenn nämlich Philosophen bewußt durch ihre persönliche Gestalt, nicht durch Denken den Beweis ihrer Wahrheit liefern wollen, werden sie wie die Tugendbolde aus den Zeiten hellenistischer Philosophie und späterer Zeiten. Was im Ursprung der existentielle Ernst war und als eigentümliche Größe aus jenen Zeiten leuchtet, das wurde ergriffen vom Geltungswillen. Im Kampf um den Vorrang suchte man gegenseitig seine hohe Moral zur Schau zu stellen und statt den Gedankengehalt die Moralität des anderen anzugreifen.

Diese Perversion der Philosophen ist aus der Verwechslung des Existentiellen im Grund alles Tuns mit der Öffentlichkeit oder daraus zu verstehen, daß das eine im Raum des anderen seinen Sinn verlieren muß, wenn beide gleicherweise objektiviert werden. Denn die sittliche Selbstlenkung aus dem Willen zum Guten im Urteil des inneren Handelns geschieht vor der Transzendenz und in Kommunikation mit dem geliebtesten Menschen und in der Freundschaft. Der gute Wille ist das Beste in allem, was der Mensch sich selbst verdankt. Er bedeutet aber weder Leistung, noch geistiges Werk, noch öffentlichen Anspruch. Ohne ihn hat zwar alles, was der Mensch tut, den Keim des Verderbens in sich, aber er selbst ist still, beruft sich nicht auf sich, begehrt als solcher nicht öffentliche Geltung und hat sie nicht.

Der gute Wille ist sogleich verdorben, wenn er als Mittel zum Zweck, aus Wirkungsabsicht gezeigt und behauptet wird. Denn wenn er nicht die Reinheit des Selbstzwecks und seine bleibende Fraglichkeit in der Bewegung bewahrt, wird er zur Täuschung. Wirkungsabsicht tritt an die Stelle von Wirklichkeit, Effekt an die Stelle von Sein, faktische Lüge an die Stelle höchsten sittlichen Anspruchs. Man will etwa durch Gewaltsamkeit gegen sich imponieren und dadurch die eigene Gewaltsamkeit gegen andere rechtfertigen. Moralpathetik verschleiert die eigene Unredlichkeit und Eitelkeit.

Dieses Beispiel psychologischen Verstehens zeigt, wie solche Psychologie einerseits aus philosophischen Impulsen ihre Abschätzungen vollzieht, wie sie andererseits eben darum ihre Stringenz, zumal in der Anwendung auf den konkreten Einzelfall, verliert.

Man kann nicht umhin, sie anzuwenden (vgl. meine »Allgemeine Psychopathologie«, 6. Auflage, 1953, Seite 261–374), aber ist immer unbefriedigt durch die Endlosigkeit der möglichen, einander widersprechenden Motivierungen, und dadurch, daß das Wesentliche des Menschen nicht erreicht wird, vielmehr bei verweilender, unaufhörlicher Psychologie dem Blick ganz verschwindet.

Es ist entscheidend für das Erblicken der Persönlichkeit des Philosophen und den Sinn für Größe, daß die verstehende Psychologie zwar nicht umgangen, aber in den Grenzen ihrer Möglichkeiten gehalten wird. Es ist ein falscher Anspruch der Psychologie, den Menschen im ganzen zu erkennen. Der Mensch selbst wird auf dem Wege der Psychologie nicht erreicht. Vielmehr führt alles Verstehen an die Grenze, die wir nur im Sprung, mit einem anderen Organ unseres Anschauens und Denkenkönnens, zur Existenz des Menschen hin überschreiten. Sie selbst entzieht sich der Verstehbarkeit, aber so, daß sie ins Unendliche verstehbar, doch nie vollendet verstanden ist als je diese einzige, diese ursprüngliche Wirklichkeit. Die Existenz ist nicht schon das psychologisch, soziologisch, biographisch erfaßbare Individuum in seiner endlosen Tatsächlichkeit, sondern erst die in der Einmaligkeit indirekt sprechende allgemeine Bedeutung. Diese liegt nicht schon in den mitteilbar gewordenen allgemeinen Sätzen der Philosophen, sondern darin, daß die Sprechenden als Partner der Kommunikation unersetzlich, weil durch keinen anderen vertretbar sind. Was sie im Bewußtsein überhaupt als lernbar mitteilen, ist nur das unerläßliche Medium, das, für sich abgesondert genommen, leblos wird. Gehalt wie Ernst hat das allgemein und direkt Gesagte nur durch jenen Grund. Das psychologisch, biologisch, soziologisch faßliche Individuum ist nie nur dieses.

Wo der Mensch selbst spricht, hört die Psychologie auf. Was hier wirklich ist, ist nicht psychologisierbar. Hier wird ein neuer Wahrheitsgedanke maßgebend, der nicht empirische Realität und Irrealität unterscheidet, sondern echte und unechte Existenz, Substantialität und Leere. Das Leere und das Lügenhafte sind real, ihr Dasein aber ist existenzlos, trotz empirischer Wirksamkeit.

Was der verstehenden Psychologie verfällt, ist als philosophischer

Gehalt nicht mehr ernst genommen. Aber unbetroffen von aller Psychologie ist die Größe. Sie kann mit solchen Simplizitäten der Auffassung nicht berührt werden. Aber die Fragwürdigkeit selbst der Großen läßt im Hintergrunde eine Reihe von Gesichtspunkten stehen bleiben, die auf Ungelöstes und Unlösbares zeigen. Sie werden nunmehr erörtert.

3. *Die Frage nach Gut und Böse:* Philosophisches Denken ist bezogen auf die Entscheidung zwischen Gut und Böse. Es selbst ist gut oder böse am Maßstab dessen, was es für jene Entscheidung wirkend vorbereitet. Aber es scheint, als ob ein Moment des Bösen unüberwindlich sei. Nur in paradoxen Sätzen ist dies Befremdende in der Größe, das doch jedem Menschen in sich selbst begegnet, auszusprechen.

Eine solche paradoxe Formel ist: Das Böse ist begründet in der Möglichkeit des Geistes, sich ohne Bindung auf sich selbst zu stellen. Dann sieht er in seinem Schaffen als solchem, ohne Boden in der Existenz, ohne Führung durch sie, schon das an sich Kostbare und in diesem das Gute. Aber der Geist, diese werkschaffende Kraft des Hervorbringens von Gestalten und Gedanken, ist vergleichbar dem vitalen Blühen des beseelten Leibes. Er ist herrlich, aber noch nicht der Mensch selbst. Er ist nur ein Geschehen im Menschen, entspringt der Begabung, nicht dem Entschluß. Er ist eine Kraft, die überfällt wie Stimmungen; der Gehalt aber dieses Geistes kommt noch nicht aus dem schaffenden Vermögen (dem Genie), sondern erst aus dem Menschen, der er selbst ist.

Dem Selbstsein, das in der Entscheidung zwischen Gut und Böse erwächst, wird der Geist das Mittel, Sprache zu schaffen für das bis dahin Unmitteilbare. Er vermag durch diese Mitteilbarkeit in der Welt zur Helligkeit und Dauer in Bild und Gedanken zu bringen, was sonst in der Bewußtlosigkeit, wenn es einen Augenblick berührt wurde, sogleich wieder verschwindet. Der schaffende Geist an sich aber steht jenseits von Gut und Böse, von Wahr und Falsch, von Adel und Gemeinheit. Er ist kraft seiner Formen, Gebilde und Figuren, die als zweckfreies Spiel in Erscheinung treten, wie das Lebendige überhaupt.

Der Geist in Werken, die hervorgebracht sind von Menschen, die nie recht sie selbst zu sein scheinen, kann bezaubernd wirken. Er kann diesen Zauber im Undurchsichtigen, im Verkehrten, im Absurden behaupten durch die hervorgebrachten Gebilde, in denen kein wirklicher Gehalt mitgeteilt wird, aber Gehalte unbestimmbar vieldeutig und unverbindlich berührt zu werden scheinen. Er kann nicht erziehen, wohl aber Ahnung erwecken, fesseln und verführen. Denn wen er bezwingt, den bringt er doch nicht zu sich selbst. Er bringt ein Licht, das nicht nährt und nicht klärt.

Der Geist ohne Selbstsein des Menschen schafft ein Spiel aus dem Nichts für nichts. Die Person läuft unverantwortlich nebenher. Sie ist von etwas getrieben, das sie nicht zu sich selbst bringt, sondern verzehrt. Der Mensch ist gleichsam außer sich, kleidet sich in fremde sprachliche, gnostische, utopische Gebilde, um in der Selbstentfremdung verzweifelt an dem Spiel festzuhalten.

Die Unverbindlichkeit in der Loslösung des Geistes von der Existenz macht es möglich, diesen Geist in den Dienst beliebiger Mächte zu bringen. Dem Menschen, der nicht als er selbst im geistigen Hervorbringen steht, wird dieses ein Mittel beliebiger Antriebe. Die Unentschiedenheit des bloßen Geistes zwischen Gut und Böse läßt als solche schon in das Böse gleiten.

Beim Philosophen suchen wir die Erhellung des Seins aus der vorhergegangenen Entscheidung zwischen Gut und Böse, Wahr und Falsch. Jeder Mensch vermag der Transzendenz sich zu öffnen, jeder vermag frei, wahrhaftig, vernünftig zu werden, aber nicht jeder kann sagen, was das sei. Was jedem Menschen als Menschen möglich ist, das wird befestigt, wo jene Kraft schaffenden Geistes es mitteilbar für alle werden läßt, deren Wesen entgegenkommt. –

Kraft des Geistes ist noch nicht Größe. Aber keine Größe ist ohne jene Kraft. Größe selbst ist erst in dem philosophischen Denken, das durch die Entscheidung zwischen Gut und Böse, Wahr und Falsch geführt wird. Sie verwandelt den schaffenden Geist zur Sprache der Existenz. Dieses Philosophieren bewirkt überall die Umsetzung, durch die das Dasein zum Leib der Existenz, der Eros zur Verkörperung der Liebe, der verschwindende Moment zum Augenblick des Ewigen, das zerrinnende Werden zur Geschichtlichkeit wird. –

Die eben versuchte Darstellung des Bösen als entsprungen aus der Selbständigkeit geistigen Schaffens ohne Boden in der Existenz genügt nicht. Es ist die Frage: Gibt es eine Größe des Bösen selbst? Gibt es ein schöpferisches Böses, wie es die Hellsicht des Hasses gibt? Gibt es das Böse, woran selbst das Gute gebunden ist, das in der Zeit zur Erscheinung kommt?

Beispiele von Urteilen großer Philosophen:

Plato sagt: Große Naturanlagen wirken im Guten wie im Bösen. Nur was im Bösen groß werden kann, kann auch im Guten groß werden. »Oder meinst du, die großen Verbrechen und die vollendete Ruchlosigkeit erwüchsen aus einer gemeinen Natur und nicht vielmehr aus einer reich begabten, während eine schwache Natur nie Urheberin von etwas Großem werden kann, weder im Guten noch im Bösen?« »Von einer kleinen Natur geht nichts Großes aus, weder für den Einzelnen noch für den Staat.«

Dante sieht in der Vorhölle die Menschen, die ohne Schande und ohne Lob gelebt haben, so auch jene Engel, die Gott nicht treu blieben und ihm auch nie Trotz boten, dies Jammervolk, das nie lebendig war, diese Wesen, die Gott und Gottes Feinden gleich mißfallen. Nicht einmal die Hölle nimmt sie auf.

Hegel, das furchtbare Schauspiel der Leidenschaften erblickend, sagt, nichts Großes sei in der Welt ohne Leidenschaft vollbracht worden.

Nietzsche schreibt: »Kein Zweifel, daß für die Entdeckung gewisser Teile der Wahrheit die Bösen und Unglücklichen begünstigter sind.« »Zynismus ist die Form, in der gemeine Seelen an das streifen, was Redlichkeit ist... Es gibt Fälle, wo zum Ekel sich die Bezauberung mischt, wo an einen indiskreten Bock und Affen das Genie gebunden ist, wie bei dem Abbé Galiani, dem tiefsten, scharfsichtigsten und vielleicht auch schmutzigsten Menschen seines Jahrhunderts.«

Solche Aspekte erweichen nicht den Gegensatz von Gut und Böse, von Wahr und Falsch. Sie verwehren die Selbstgerechtigkeit und den Glauben an eine Harmonie des Menschseins in der Zeit. Nur in der Entscheidung ist der Geist existentiell. Sein Schaffen vollzieht sich in der Wahl des Bösen oder Guten. Sein Glanz ist in der Lüge wie in der Wahrheit. Nichts aber ist der Laue, Unentschiedene. Er vermag nichts hervorzubringen, nicht einmal die Gebärde. Hier ist Neutralität zugleich Geistlosigkeit.

Zwischen Gut und Böse ist aber nicht zu scheiden wie zwischen objektiven Beständen eines Soseins. Sie sind wirklich nur in der Entscheidung für das eine oder andere, haben aber nicht eindeutige Realität für bloß theoretische Betrachtung. Daher ist kein Mensch und kein großer Philosoph subsumierbar unter das Gute oder das Böse. Aber vielleicht ist in jedem die Möglichkeit von beidem zu erfahren. Das ist das Befremdende.

Es ist die Drohung des Andern noch in dem Menschen, der auf bestem Wege ist, die Gefahr zumal durch verführende Begabungen, die Gefahr gleichsam der Behexung durch den Geist. Daher handelt es sich nicht um Seinsfeststellungen, sondern um die Erhellung der Situation des Wählens. Auch im größten Philosophen begreifen wir die bleibende Möglichkeit, aber nicht die Notwendigkeit des Bösen. In ihm selber vermögen wir vielleicht das wiederzuerkennen, dessen er Herr geworden ist.

Denken wir objektivierend, was nur in der Wahl wirklich ist, so leuchtet der Glanz der luziferischen Philosophie als etwas, das das Finstere in sich birgt als ein schlechthin Unerhellbares, der Glanz aber der wahren Philosophie als etwas, das das Dunkel als das ins Unendliche Erhellbare in sich trägt.

Die Gefahr sieht nur, wer die verführende Größe sieht, sie als Größe respektiert und darum um so klarer sich der Bedrohung durch diese Macht in sich selber erwehrt. In der Philosophie kommt es darauf an, daß der luziferische Glanz nicht überwältige.

Das Befremdende kann damit in der abgewandelten Frage getroffen werden: Gibt es eine Größe des Nichtigen, die Unwahrheit vermöge der luziferischen Schöpfungen des Geistes? – Nimmt das Böse die Gestalt des Zauberers an? – Hat der Schwindel nicht nur historische Bedeutung durch seine faktische Ausbreitung, sondern Größe in seiner existenzauflösenden »Dämonie«? Oder kann der reine Zauberer, wie der Teufel, nie Größe haben als nur die der Umkehrung, das heißt des Lebens von dem, wogegen er lebt?

Wenn Mensch und Werk für einander zeugen, so können doch beide auf erstaunliche Weise täuschen. Es gibt vielleicht Werke von faszinierender Goldschmiedearbeit, aber aus Talmi. Es gibt vielleicht bezaubernde Menschen, aber sie zeigen sich als lieblos, treulos, armselig nach Dasein lechzend. Es ist eine andere Verantwortung der Wahrhaftigkeit, welche hier sieht oder der Täuschung verfällt, als die Verantwortung, die einen richtigen und falschen Gedanken unterscheidet. Jene Faszination und dieser Zauber können anhalten, sie vermögen zu fesseln, aber nicht zu nähren, sie zerstäuben mit den flüchtigen Seifenblasen des Geistes. Es ist ein Gang ins Nichts unter Führung des Nichts, aber in dem Schein der Erfüllung mit dem täuschenden Bewußtsein, im eigentlichen Sein zu stehen. Es ist die Vampyrisierung, durch die die Seele sich verliert in den Flammen der Hingerissenheit von Wahrem, das nichts ist.

So aber würde von keinem bestimmten Werk und keinem bestimmten Menschen zu sprechen sein. Die Vollendung dieser Täuschung ist unmöglich – selbst bei den Sophisten, auf die Platos Urteil zutrifft, bei den spätantiken Philosophenzauberern, bei den Virtuosen der Renaissance, bei den Zauberern des Geistes in der Zeit der Aufklärung.

Würde man versuchen, historisch eine Gruppe der großen Zauberer zu bilden, so würden nur klanglose Namen übrig bleiben und diese in literarisch typisierter Gestalt, wie in den Schriften Lukians und in manchen platonischen Bildern von Sophisten. So wie aber ein solcher als historische Realität vor Augen tritt, ist in ihm das Andere, das Gute und Wahre nicht auszuschließen. Das wäre nur möglich für ein Richtertum, das (wie bei den Pythagoreern und in Kirchen) sich anmaßt, Menschen als Ganzes in die Hölle zu versetzen und dort noch Platz und Rang anzuweisen.

Doch beim Studium der Philosophen muß immer wieder die Frage auftauchen: Gibt es eine Größe des Zaubers, eine Größe der Verwirrung und des Rausches, eine Größe des Fanatismus, des Scheins, eine Größe der Verführung ins Nichts?

In seltenen großen Erscheinungen sprechen einige wenige der Philosophen uns so an, als ob jede Irrung in dieser Richtung ihnen fremd gewesen sei, als ob es ihnen vollendet gelungen wäre, auf dem Weg unbeirrbarer und unverführbarer Wahrheit zu bleiben. Wir dürfen sie ehrfürchtig lieben, dürfen uns beflügeln lassen durch das Wissen, daß sie da waren, dürfen sie uns zu eigen machen, als ob sie wie eine Garantie des Menschseins wären. Aber wir dürfen auch dem Größten und Geliebtesten gegenüber das kritische Fragen nicht preisgeben.

4. *Vitale und soziologische Brüchigkeit: die »Ausnahme«:* Ungewöhnlich viele Philosophen sind vital oder soziologisch Gescheiterte.

Der erste Tatbestand: In den Problemata des Aristoteles findet sich eine Erörterung, die bis heute bedacht und mit reichem Erfahrungsmaterial erläutert wurde. Er fragt, weshalb alle in Philosophie, Politik, Dichtung und Künsten hervorragenden Männer Melancholiker gewesen zu sein scheinen. Als Beispiele nennt er Herakles, Bellerophon, Ajax, Empedokles, Lysander, Sokrates und Plato. Er unterscheidet die, die zu Raserei, Verzückung und zum Hören dämonischer Stimmen gelangen, wie Sibyllen und Bacchen, und die vernünftigen Melancholiker, die, weil dasselbe Unheil sich in ihnen in andere Richtung wendet, hervorragend in Bildung, Künsten und Politik werden. Die Frage nach dem Zusammenhang von Genie und Wahnsinn trifft nur auf das Äußerste der Tatsache, daß bedeutende Denker und Dichter so oft Kranke, Krüppel, Psychopathen waren. Es wäre wenig Geist in der Welt, wenn die Schöpfungen der Beschädigten und Verwundeten fehlten. Es ist ein erstaunlicher Anblick, was der Mensch vermag im Überwinden des Kranken und durch das Kranke selber.

Es gibt jedoch zwei Möglichkeiten der Stellung hierzu. Die einen sagen ja. Sie sprechen von dem délicieusement blessé, haben eine Neigung zum Kranken, wünschen es. So wenn Mystiker wie Suso um Krankheit beten. Aber wie man die Grenzsituationen nicht wollen kann, ohne damit an Redlichkeit der Existenz zu verlieren, so kann man die Krankheit nicht wollen. Man kann nur den Grundtatbestand in der Wirklichkeit persönlicher Größe in so manchen Fällen beobachten. Dann gilt das Gleichnis: Gesunde Muscheln liefern keine Perlen, nur verletzte vermögen diese Kostbarkeit hervorzubringen.

Die andern sagen nein. Sie wollen die Gesundheit und sehen in der Größe nichts als Gesundheit. Sie sehen noch im Kranken das Gesunde. Die Gesundheit wird der Krankheit Herr als einer Nichtigkeit. Plato stellt die unverwüstliche, allen überlegene Gesundheit des Sokrates dar. Die Idee des Philosophen ist die Gesundheit schlechthin, die große Gesundheit. Ihr entspringt der Geist in seiner Reinheit und Kraft aus dem Überfluß, nicht aus bloßer Überwindung. Dieses Philosophenideal lebt aus der Forderung der faktischen Gesundheit, und wer es erblickt, mit seinem eigenen Dasein ihm aber nicht entspricht, der möchte wenigstens aus seiner ihm noch gebliebenen Gesundheit leben, von der her die Krankheit in den Schatten tritt. Der wahre Geist wäre die Perle, die von gesunder Muschel hervorgebracht wird.

Schließlich läßt sich an diesen Tatbestand als an einen Sonderfall denken. Es könnte geistige Schöpfungen eigentümlichen Charakters geben, die uns ins Innerste treffen, ohne Führung für uns zu sein. Sie wären ohne Krankheit so gar nicht möglich gewesen (Kierkegaard, Nietzsche). Sie zeigen den Gesunden die Grenzen, an denen diese selbst nicht stehen. Sie werden zur Verführung, wenn sie als Weg und Wahrheit für andere genommen werden. –

Der zweite Tatbestand ist, daß Philosophen in ihrer soziologischen Situation Vereinsamte waren, zum Teil Parias, die durch ihre Herkunft ein Leben in der Ausgeschlossenheit führen mußten, Rebellen. Menschen, die zu nichts zu brauchen waren, haben philosophiert. Die meisten von ihnen bringen nichts Gültiges hervor, aber unter den Großen sind einige, die dieselben Züge tragen.

Daß Wahrheit im Normwidrigen, im Ruinösen, im Verbrechen liegen kann, zwar nicht geradezu, aber indirekt, – daß in dieser Gestalt sich zeigt, was sonst nie offenbar geworden wäre, – daß solche Wahrheit die Erfolgreichen und Glücklichen betroffen macht und sie erinnert, damit sie des eigenen Grundes und der eigenen Grenzen ansichtig werden, – das ist von Dichtern großartig zur Darstellung gebracht, so von Cervantes, von Dostojewski.

Beide Tatbestände – vitale Brüchigkeit und soziologische Normwidrigkeit – als Boden außerordentlicher Schöpfungen lassen eine Deutung zu. Ein Stehen außerhalb gibt im vernichtenden Leiden, das aber das Dasein noch nicht zerstört, die außerordentlichen Chancen: die Erfahrung der Grenzen, die dem Geborgenen unsichtbar bleiben, und damit das weiteste Bewußtsein von der Wirklichkeit des Daseins im Ganzen; – die Möglichkeit, den Menschen als Menschen, nackt ohne die Hüllen der einordnenden Gesellschaft, damit zugleich aber auch den Menschen als Menschen in seiner Würde zu erblicken; – im Fallen aller Schleier der gemeinsamen Lügen, der aus Interessengemeinschaft als unantastbar geltenden Konventionen zur größten Redlichkeit zu gelangen; – das scheinbar Unmögliche in seiner Wirklichkeit zu sehen und damit ein bis ins Grenzenlose, ins Absurde zu steigerndes »Trotzdem« zu wagen. Es sind Erfahrungen und Erkenntnismöglichkeiten von einem Ort her, der kein Ort mehr ist, sondern jeder Einordnung sich entzieht, weil sie ihm verwehrt ist.

In seinem Begriff der »Ausnahme« hat Kierkegaard den Tatbestand, alles Empirische durchdringend und überschreitend, philosophisch gedeutet. In diesem Versuch ist ein Unbegreifbares und doch Wirkliches im Nichtbegreifenkönnen getroffen worden. Die Ausnahme macht die Anderen aufmerksam, ist aber kein Vorbild. Sie ist in jedem Sinne unwiederholbar, aber von Bedeutung für alle. An ihr ist Orientierung möglich, nicht Erwerb einer Lehre. Sie zeigt, was ist, ohne einen Weg zu weisen. Sie will selbst nicht Ausnahme sein, sondern wählt sich im Müssen wider den eigenen Willen. Sie verliert nie das Bewußtsein der Schuld durch ihre Verletzung des Allgemeinen. Und sie weiß nie von sich selbst, ob sie »wahre Ausnahme« in diesem Sinne ist und sein soll, oder ob sie bloß krank oder ordnungswidrig oder schuldhaft in ihrer Absonderung ist.

Anders wie für die durchschnittliche Zufriedenheit oder für die wütende Anklage sehen die Menschen aus für den, der versucht, die Unlösbarkeit der Frage nach dem rechten Leben, die Unmöglichkeit der Vollendung des Menschseins auszusprechen durch Gestalten von Idioten, Verrückten, Krüppeln und Kranken, dieser körperlich greifbaren Gestalten der Ausnahme. Narr wird ein Träger von Wahrheit (Shakespeare). Zweideutig geschieht ein Lob der Torheit (Erasmus). Der »Idiot« kann der Liebende sein, damit der Reine und damit der Weise (Dostojewski).

Aber alle Gestalten der »Ausnahme« behalten das Zweideutige. Da sie nicht Wege zeigen, sondern nur aufmerksam machen, führen sie in die Irre, wenn man sie nachmacht. Schlechte Ausnahmen, das heißt die sich als solche wollen, fühlen sich durch den Sinn dieser Größe fälschlich bestätigt. Sie sehen nicht, was die großen Ausnahmen waren und wollten.

Da gültig und eindeutig nur das ergreift, was in der Möglichkeit wesensverwandt, also vom Charakter eines Allgemeinen ist, so haben die Ausnahmen etwas von Unbegreiflichkeit für andere und für sich selbst, wirken auf Unbetroffene in der Tat als das, was sie äußerlich sind, als abnorm, zufällig, als eine wunderliche Laune der Natur. So bleiben sie verborgen für die beschränkte Torheit.

Der Erfolg der Ausnahme aber in Zeiten der öffentlichen totalen Lüge vorläufig noch stehender Verhältnisse, mit der Verzweiflung, die rebelliert, weist auf eine eigentümliche Größe, die einen anderen Charakter hat als das Sichwiedererkennen in dem, was unserer Verwirklichung in einer Welt Sprache und Bild gibt.

Auch in Zeiten geordneter, vom Bewußtsein durchweg bejahter Zustände, in denen die sprengenden Kräfte verborgen oder in Schranken gehalten sind, bleiben jene Ausnahmen eine beunruhigende Frage. Darum gehört der Narr als Träger von Wahrheit zu allem freien, unbefangenen, weiten Denken. Denn hier bricht auf, was Fragen stellt, die unlösbar sind. Sie erzwingen die Bewegung, wenn wir uns ausruhen möchten im fälschlichen Wissen vom Ganzen, daß es in Ordnung sei.

Im Schema läßt sich die philosophische Situation etwa so vereinfachen: Es liegt in der Sache der Philosophen, von ihrer Bahn nach entgegengesetzten Seiten abfallen zu können. Diese Sache fordert einerseits in maßlosem Anspruch das Unmögliche und läßt in das Unendliche stürzen. Auf der anderen Seite befriedigt sie sich in den Grenzen der Endlichkeit, in dem Anspruch des Möglichen und der Verschleierung der Grenzen. Einer Philosophie des Ruins, die, weil sie alles will, die menschliche Wirklichkeit vernichtet, steht gegenüber eine Philosophie des Glücks, die in der Vollendung zu leben meint, bis ihre Täuschung durch Vernichtung von außen oder innen offenbar wird. Einer Philosophie der totalen Zerrissenheit steht gegenüber eine Philosophie der totalen Harmonie, einer Philosophie des Sprengens auf dem Weg in den Abgrund eine Philosophie der Durchschnittlichkeit des Daseins, einer Philosophie der Verzweiflung eine Philosophie der Zufriedenheit im Sosein des Gemeinen.

Aber dies Schema konstruiert keinen mittleren Weg. Es zeigt nur die Situation und zeigt die Notwendigkeit eines Weges. Es zeigt nicht den Weg selber.

5. *Widersprüchlichkeit:* Das Aufzeigen von Widersprüchen ist das kritische Verfahren an den begrifflichen Formulierungen der Philosophen. Der Widerspruch ist Kennzeichen der Unrichtigkeit. Er läßt keine Ruhe. Er muß aufgelöst werden. Aber es gibt keine Philosophie, in deren Gedankenfiguren nicht Widersprüche aufgezeigt wären. Der

Gang der Philosophiegeschichte wird von Hegel und den Hegelianern so gesehen, daß jedes System in der Vergangenheit ungelöste Widersprüche aufwies, die das folgende auflöste, um jedoch selber in neue Widersprüche zu verfallen, bis im Hegelschen System alle Widersprüche aufgehoben sind dadurch, daß sie dialektisch in das eigene Denken aufgenommen werden.

Kein Leben, kein Existieren ist ohne innere Gegensätzlichkeiten, und, wenn gedacht, nicht ohne Widersprüche. Hegels Grundgedanke war, daß die Widersprüche zum Wesen des Denkens selbst gehören. Wahrheit wird erreicht, wo die Widersprüche bewußt ergriffen und zu einer dialektischen Synthese gebracht werden in dem Ganzen, aus dem sie entsprungen sind, und das durch sie nun zu voller Helligkeit kommt. Der Unterschied liegt dann zwischen den bewußtlosen, toten, Wahrheit aufhebenden Widersprüchen und den bewußten, lebendigen, in der Einheit ihres Gegensatzes Wahrheit treffenden Widersprüchen. Daher ist die Frage an Widersprüche, ob in ihnen das zum Ausdruck kommt, dem sie entsprechen und durch das sie zusammengehalten werden, oder ob sie wesenlos und für das Gesagte vernichtend sind, oder ob sie bewußt Antinomien aussprechen, die auf Grenzen der Denkbarkeit zeigen, unüberwindbar sich wiederherstellen.

Daß das Sein im ganzen und seine Erscheinung im Menschen in widerspruchsloser, eindeutiger Totalität in irgendeiner der historisch vorliegenden Philosophien erkannt sei, wird man nicht behaupten dürfen. Daß ein solches Unternehmen grundsätzlich unmöglich sei und stets scheitern müsse, ist zwingend aufzuzeigen.

Aus diesen Erinnerungen ergibt sich, daß die Vergegenwärtigung von Widersprüchen, denen auch die größten Philosophen verfallen zu sein scheinen, nicht immer einen Mangel beweist. Vielmehr ist bei der Beurteilung solcher Widersprüche unter folgenden Gesichtspunkten zu verfahren:

Erstens: Mit Nietzsches Wort ist es ein Maßstab der Größe, welchen Umfang von Widersprüchen einer in sich zusammenhält.

Zweitens: Im ursprünglich Großen ist noch verbunden, was in der Folge zu Gegensätzen auseinandertritt und dann rückblickend als widersprüchlich deutbar ist. Das wird zum Irrtum, wenn das Ganze dieses Ursprünglichen dadurch verloren geht, daß man die Vordergründigkeit des Auseinanderfallens in Gegensätze für das Wahre hält. So ist es geschehen bei Auffassungen von Sokrates, Plato, Kant und bei Jesus. Was sich in der Folge entfaltet, stellt vielmehr den Anspruch, im Sinne des Ursprünglichen wieder verbunden zu werden und damit deutlich zu machen, was damals als Impuls in die Welt trat; oder man findet im ursprünglich Gedachten Antinomien, die in der Tat Grenzen der Denkbarkeit sind, die in jenem Ursprung als solchem nicht geradezu ausgesprochen wurden.

Drittens: Widersprüche und Gegensätze sind nicht zu rechtfertigen als nur dadurch, daß hinter ihnen und durch sie ein Ganzes zur Geltung kommt, das als Gehalt durch sie zur Klarheit drängt.

Viertens: Jeder große Denker lebt in einem Zeitalter, dessen Selbstverständlichkeiten auch für ihn gelten. Wenn dieser geistige Raum Alternativen, die anderen Situationen und Zeiten angehören, nicht im Zentrum der Aufmerksamkeit hatte oder gar nicht bewußt machte, jedenfalls nur beiläufig bleiben ließ, so ist es unangemessen, bei einem großen Denker dieser Zeit solche ungeklärten Selbstverständlichkeiten und Befangenheiten wesentlich zu nehmen, es sei denn, daß sie für die Sache, die durch ihn wirksam wurde, verfälschend sich geltend machten.

Beispiele: Occam dachte gläubig im Raum der Autorität. Hebt man das hervor, was in seiner Zeit fast ausnahmslos galt (die Ausnahmen sind nicht durch erhaltene Bücher zu uns gedrungen), so läßt man die Wucht des von ihm gebrachten Neuen verkennen: die der Sache nach schlechthin rebellierenden Gedanken erkenntnistheoretischen und politischen Charakters.

Für Lionardo waren Kirche, christlicher Glaube, Autorität nicht Fragen, die ihn angingen. Das alles war ihm so gleichgültig, daß er nicht einmal dagegen kämpfte, sondern es in seinem geistigen Schaffen und Denken ignorierte. Er machte Riten und Gebräuche mit, wie Sitten des Verkehrs. Er nahm Gegenstände des Glaubens als Themen seiner Schöpfungen, ohne an den Glauben zu denken. Es hätte keinen Sinn, ihm Widersprüche aufzuweisen, die für ihn nicht da waren, und die für sein Werk und Denken ohne Auswirkung blieben. – Es wäre weiter leicht, ihm Widersprüche nachzuweisen zwischen seinen anscheinend klar ausgesprochenen modernen mechanistischen Grundsätzen und seiner Metaphysik der Lebenskräfte. Beide waren ihm nicht grundsätzlich, daher gelangten sie nicht zu ihren Konsequenzen. Denn sie waren vorweg schon eingeordnet in ein umfassendes Ganzes: Lionardo lebte in der Klarheit des Anschauens, des dem Auge sich Zeigenden und mit der Hand zu Machenden. In seinen Texten hat er daher nicht den Denkstil der klaren Ordnung und straffen Disziplin, wie er im 17. Jahrhundert wirklich wurde, wohl aber die herrliche, den Leser bezwingende Anschauung des Alls in der konkreten Besonderheit aller Erscheinungen.

Fünftens: Im Entwurf der Ideale vollzieht sich eine merkwürdige Polarität. Die einen denken das ihnen selbst Entgegengesetzte, das Begehrte, im eigenen Leben aber nicht einmal Versuchte; sie nehmen ihr totales Ungenügen wahr und erfahren die Befriedigung, das Wahre als ein Anderes zu erblicken (z. B. Schopenhauer). Die anderen entwerfen die Vollendung des Weges, auf dem sie selber tatsächlich zu gehen versuchen (z. B. Spinoza).

6. *Zusammenfassung:* Man könnte denken: Auch in den großen Philosophen müsse sich immer noch ein Moment der Unwahrheit, des Befremdenden zeigen; angesichts der Notwendigkeit, daß, was existentiell erfüllt ist, auch entschieden sein muß, bleibe in der geistigen Schöpfung als solcher etwas von der Unentschiedenheit zwischen Gut und Böse und damit ein Zauber luziferischen Geistes; angesichts der unentrinnbaren Unvollendung des Menschen erhebe sich das niemals aus einem Allgemeingültigen zu rechtfertigende Ausnahmesein; angesichts der bleibenden Widersprüchlichkeit mache die Sprache des Widerspruchs selbst den Anspruch auf Wahrheit.

Solche Sätze werden zum Irrtum, wenn wir meinen, mit ihnen einen endgültigen Maßstab zum Urteil von Menschen über Menschen in der Hand zu haben. Der Mensch kann mit seinem Denken nicht zur absoluten Instanz werden. Mit solchem Anspruch geraten wir vielmehr auf drei Wegen zu je entgegengesetzten Irrungen:

a) Das Erblicken der Möglichkeit des Luziferischen wird zum Moralismus. Die Abwehr des Glanzes des Bösen gerät in die Verkennung der Macht des Bösen. Die Beurteilung eines bösen Denkens, die immer nur den konkreten Vollzug im Besonderen treffen kann, steigert sich zum Urteil über das gesamte Wesen eines Menschen. Die bewegende Kraft des Bösen wird dem Blick entzogen, und der Sinn für den zwar gefährlichen und zweideutigen Gedanken der felix culpa verschwindet.

Dagegen tritt umgekehrt die Unwahrheit in der Verherrlichung des Luziferischen als des Schöpferischen, eigentlich Seienden, dem ich gehorsam folgen soll, die Lust am Schuldigwerden, der Übermut der Geistigkeit als solcher.

b) Die Ausnahme wird verworfen am Maßstab des Allgemeinen. Dann gilt das Ausnahmesein nur als Schuld, Krankheit, Ortlosigkeit, nicht als transzendent begründetes Geschick; es aufzuheben, ist die Forderung.

Dagegen tritt umgekehrt die Steigerung der Ausnahme zum höchsten Wert. Die Parteilichkeit für das Rebellentum, für das Negative, für das Zerreißende und Zerstörende rechtfertigt sich als Wahrheit an sich. Im Namen der Ausnahme wird gegen den verlogenen Durchschnitt des Daseins das Anarchische erfüllt mit rachsüchtigen und nihilistischen Antrieben.

Der Rebell bedient sich zur Vernichtung ständig der Argumentation mit abstrakten allgemeinen Normen, aber im unverläßlichen Wechsel bald dieser, bald jener. An ihnen wird alles, was wirklich ist, gemessen und hält nicht stand. Diese scheinbar vollkommene Aufrichtigkeit einer auswechselbaren Wahrheit überhaupt ist mit ihrem hassenden Blick wohl hellsichtig für Mängel im Besonderen, aber blind vor der Vernunft, vor dem Sinn der Ordnung, Bau, Einrichtung eines ständig unvollkommenen Daseins, vor der Substanz der Geschichtlichkeit.

c) Die Logik macht den Widerspruch zum absoluten Maßstab. Der Widerspruch bringt nicht nur die Unruhe fortschreitender Bewegung, sondern ist die Instanz, vor der zunichte wird, was seine Form angenommen hat. Es werden alle positiven Möglichkeiten im Widerspruch versäumt zugunsten einer Widerspruchslosigkeit, in der alles leer wird.

Umgekehrt tritt dagegen die Erkenntnis des notwendigen Widerspruchs, die Lust im Widersprechenden, die Zufriedenheit, im Widerspruch stehenzubleiben. –

Diese drei je in sich entgegengesetzten Irrungen sind nicht durch einen Standpunkt zu überwinden, auf dem ich Bescheid weiß, sondern nur durch den Weg, auf dem ich nicht stehenbleiben darf, vielmehr unerbittlich vorangehen muß. Wir stehen nicht im totalen Wissen, sondern in der Grundsituation unseres zeitlichen Wesens: Wenn wir das Befremdende, das uns noch in der Größe des Menschen begegnet, wiedererkennen als das, was dem Menschen als Menschen zukommt, so heißt das nicht: wir stellen Tatsachen fest, mit denen wir uns abzufinden haben. Denn diese Tatsachen haben nicht den Charakter fester Tatbestände. Sie sind nicht hinzunehmen, sondern sie sind, je deutlicher wir sie wahrnehmen, um so entschiedener der Stachel, der keine Ruhe läßt. Es gilt zu überwinden, ohne das Ziel als mögliche Realität schon zu erblicken. Sich das Befremdende und Fremde zu vergegenwärtigen bedeutet nicht, auf Grund des Nun-einmal-so-Seins der Dinge böse sein zu wollen, bedeutet nicht, Ausnahme sein zu wollen, bedeutet nicht, den Widerspruch zu wollen. Dieses Sehen heißt, in das Gesehene einzutreten, aber zum Kampf.

Das Studium der großen Philosophen dringt in die Wirklichkeit dieser Antinomien. Sie lehrt das Ringen des Menschen, lehrt das bisher im hellsten und tiefsten gelungene Denken kennen. Wir gelangen in die Teilnahme an der Wahrheit, die ihnen aufging, und in die geistigen Situationen an den Grenzen dieser Wahrheit.

Würden wir ihre Wahrheit in aussagbarer Form für absolut halten, so würden wir uns verlieren in der Hingabe an die Großen. Würden wir die Wahrnehmung der Grenzen und des Scheiterns steigern zur letzten Einsicht, so würden wir den Blick für das menschlich Mögliche, für die Größe selbst verlieren. In beiden Fällen versäumen wir den Aufschwung des eigenen Wesens.

Versuchen wir die großen Philosophen auf den drei Wegen im Umgang mit ihnen zu befragen, zu prüfen und zugleich den Sinn dieser Prüfung zu begrenzen, so ist folgende Haltung zu erreichen möglich: das Bewußtsein der Unvollendbarkeit der Auffassung angesichts jeder geschichtlich großen Erscheinung, – die Selbsterziehung zur Klarheit in der maximalen Enthüllung mit dem Wissen des Nichtenthüllenkönnens im ganzen, – die Steigerung der Vernunft zur Offenheit des Sehens für jede Grenze und für jeden möglichen Sinn im scheinbaren Unsinn, – das uneingeschränkte Fragen aus der Freiheit des eigenen Wollens, – die Verwirklichung der Voraussetzungen ungetäuschten Liebenkönnens.

Daraus erwachsen für die Auffassung der großen Philosophen diese Forderungen: realistisch die Tatsachen zu suchen und zu sehen, nichts als privat gelten zu lassen, alles wissen zu wollen, was wißbar ist, gar nichts zu sekretieren, Legenden und Mythen in ihrem Sinn zu durchschauen, sie als Ausdrucksmittel gelten zu lassen, aber nicht für Wiedergabe einer Realität zu halten, –

unseren Realismus aus existentiellem Interesse antreiben zu lassen, weder aus Haß noch aus Neugier, – Ehrfurcht vor der Größe und vor dem Menschen als Menschen nie zu verletzen, – überzeugt zu sein, daß jede Persönlichkeit der Subsumtion sich entzieht, die man ihr aus Kategorien eines Allgemeinen zumuten möchte, –

aufmerksam zu sein auf die Entscheidungen zwischen Wahr und Falsch, Gut und Böse, ohne ein Wissen darüber in bezug auf einzelne Menschen und Denker endgültig zu beanspruchen, – im Hinausstreben über alle doktrinalen Parteilichkeiten eine einzige große »Parteilichkeit« festzuhalten, die Parteilichkeit für Vernunft, Menschlichkeit, Wahrheit, Güte, mit dem Wissen um deren Unbestimmbarkeit im Sinne rationaler, alternativer Sätze, jedoch um die Endgültigkeit der Bedeutung dessen, was von daher entschieden wird, – diese Parteilichkeit nicht für Größe an sich, sondern auch gegen Größe, diese nicht verkennend, zu ergreifen, – diese Parteilichkeit bis in das Innere, wie seiner selbst und jedes Menschen, so auch der großen Philosophen zu treiben, –

zu wissen, daß kein Mensch vollendet ist, daß jede Wahrheit in der Verwirklichung ihre Grenzen hat, daß Menschenvergötterung den Blick für den Menschen und für die Wahrheit selber trübt, –

anzuerkennen die ungeheuren Abstände der Menschen und auch der großen Philosophen, Rangordnung zu spüren, ohne sie zu fixieren, – ständig sein Gewissen zu üben in der Empfindlichkeit für die Weisen des Ranges: in den Begabungen, in der Kraft, in der Kapazität, in der geistigen Genialität, in dem Ernst der Existenz, in der Weite der Vernunft, – Rangordnungen oder Bevorzugungen nur unter einem Gesichtspunkt zu vollziehen, nicht in einem totalen Wissen; denn die Unendlichkeit des einzelnen Menschen, die jedem Menschen gegenüber festzuhalten eine Forderung der Wahrhaftigkeit ist, gilt erst recht von den großen Philosophen.

Den Umgang mit den Großen vollzieht jeder Einzelne. Ihm dafür Winke zu geben, Wege zu zeigen, Denkfiguren, Bilder und Charaktere zu entwerfen, ist Sache der historischen Darstellung.

VIII. DIE AUFGABEN DER DARSTELLUNG

1. Das Ziel der Darstellung

Die Einzigkeit der Großen: Wenn die großen Philosophen zum Thema werden, sollte mit jedem das Ereignis seiner Einmaligkeit, die Stimmung seines je einzigen Denkens fühlbar werden. Maßgebend ist nicht mehr der historische Ort, nicht die sachlich loslösbare allgemeine Leistung, auch nicht die Gruppe, in die er durch den Vergleich mit anderen gebracht ist. Die Aufgabe ist vielmehr, die großen Philosophen als das Übergeschichtliche, uns stets Gegenwärtige zu sehen und sie durch die Sachlichkeiten und die Gestalt ihres Typus hindurch aus ihrer Tiefe zu hören. Der Ursprung ihrer Denkungsart und ihres Tuns ist ebensosehr die Mitte wie das Umgreifende. Dort treffen wir auf das, was seiner Natur nach uns alle verbindet, wenn es aus dem Grunde spricht, der geschichtlich je einzig erscheint.

Wir möchten wohl das Umgreifende, das der Mensch ist, vor der Trennung in Persönlichkeit und Werk, von Subjekt und Objekt in dem Quell erblicken, in den großen Gestalten als das Eine, das durch Spaltung in jene Gegensätze uns kund wird. Aber hier stoßen wir auf das nicht eigentlich zu Erblickende. Es ist die Macht dieses persönlich Umgreifenden; es ist die Macht des typisch Zusammengehörenden, das zu

Gruppierungen der großen Philosophen Anlaß gibt; es ist in der Vielfachheit der Mächte, die miteinander im Kampf durch alle Geschichte der Philosophie liegen, sich oft nicht zu verstehen scheinen, sich mit Leidenschaft abstoßen, und doch noch in diesem Kampf eine Weise der Zusammengehörigkeit dadurch bezeugen, daß sie einander angehen.

Die Einheit der Philosophie: Meine Darstellung möchte abwehren die Auffassung der Philosophie als einer zufälligen Mannigfaltigkeit ohne Wahrheit, als eines Spiels mehr oder weniger gelungener Gebilde. Philosophische Schriften sind nicht wesentlich Dichtungen oder Kunstwerke, deren Schöpfer im Laufe seines Lebens eine ganze Reihe hervorbringt. Sie wollen Wahrheit im Denken, das durch eine Einheit geführt ist.

Diese Einheit, die bei großen Philosophen, während wir uns ihrer vergewissern, doch keiner unterscheidenden Bestimmung zugänglich ist, drängt uns von Philosoph zu Philosoph, und dann zu der Frage, ob sie alle in einer einzigen Einheit, in der Mitte der Wirklichkeit und Wahrheit sich treffen. Solche Frage findet keine Antwort. Aber in ihr liegt die Zugkraft zu diesem Einen hin.

Kritik als Aneignung: Darstellend nehmen wir die Haltung des Zuschauers an. Diese ist Schein. Nur zusehend sieht man nichts. Die Darstellung wird um so tiefer dringen, je mehr der Darstellende beteiligt war. Was sich ergibt, ist keine allgemeingültige Objektivität für den bloßen Verstand, sondern bleibt selbst ein Tun im Ringen um Wahrheit.

Dies geschieht zunächst durch ein Messen des Denkens eines Philosophen an sich selbst, dann durch Aufweis seiner Ausweglosigkeiten. Es ist kein polemischer Kampf mit dem Ziel der Vernichtung, sondern ein kritischer Kampf in Kommunikation mit dem Ziel, etwas von dem Einen zu spüren, das alle verbinden könnte. Darum haben wir keinen absoluten kritischen Maßstab von außen, nicht eine überlegene Position, von der her wir es überall besser wüßten. Wohl aber sehen wir Bezüge und Gegensätze, Grenzen und Scheitern. Indem dies gezeigt wird, wächst die Verbindung dessen, was in Formeln nicht auszusprechen ist.

Das historische Wissen ist zu erfüllen nur durch Aneignung in eigener Existenz. Was war, soll so dargestellt werden, daß es den Leser zu solcher möglichen Aneignung bringt. Ich möchte zwar ständig historisches Wissen vermitteln (und mich an die Regeln historischer Erkenntnis halten), aber so, daß dieses Wissen uns angeht.

Dieses Buch möchte das Glück fördern, das in der Anschauung großer Menschen und im Mitdenken ihrer Gedanken liegt. Aber das allein wäre nicht genug. Bliebe man dabei, so versäumte man: die zunächst noch nicht gedanklich klare, sondern erst im Fortgang der philosophischen Studien klar werdende Auseinandersetzung mit den Mächten, die durch die Großen auf uns einsprechen, – das im Vergegenwärtigen sich vollziehende Aneignen und Verwerfen, – das Zusichselbstkommen in der Wesensauseinandersetzung mit den Gestalten. Diese erfolgt nicht durch Entscheidung über Sätze und Denkfiguren, sondern durch die in ihnen hell werdende Lebenspraxis.

2. Verstehen und Interpretation

Die Deutung der Philosophen ist nicht nach einer angebbaren Methode zu machen. Sie geschieht, wenn sie gelingt, gegenüber jedem Philosophen auf andere Weise. Zwar muß sie sich allgemeiner Kategorien bedienen und die überall gleichen Methoden der Forschung verwenden. Aber mit ihnen umkreist die Deutung, was in dieses Allgemeine selber niemals eingeht. Es sind glückliche Treffer, wenn durch Wahl und Kombination der Tatsachen und Gedanken etwas von dem je einzigen Philosophen durch die Darstellung in Erscheinung tritt.

Für jeden der großen Philosophen findet man in der Literatur umfangreiche monographische Darstellungen. Für unsere Vergegenwärtigung ist die Aufgabe, die Konzentration zu finden, die wenigstens den Ansatz ermöglicht zu einer Teilnahme an seinem Denken. Die Gesichtspunkte, unter denen man sich um das Ziel bemühen kann, sind folgende:

Erstens: Eine Darstellung muß sich der »Abbildungen« der Denkgebilde bedienen, wie eine Kunstgeschichte der Reproduktionen. Während aber der Kunsthistoriker sich auf Photographien stützt, muß der Philosophiehistoriker sich seine Abbildungen durch konstruierendes Referat schaffen. Der Unterschied zwischen Philosophiehistoriker und Kunsthistoriker ist, daß jener Philosoph sein muß, dieser nicht Künstler zu sein braucht. Die Philosophiegeschichte selber ist ein Moment der Philosophie, die Kunstgeschichte kein Moment der Kunst, außer in der Weise, wie Künstler sie aneignen. Je näher der Philosophiehistoriker der Sache ist, um so entschiedener ist er selber Philosoph.

Daher ist das Referat keineswegs eine rein technisch zu erfüllende

Aufgabe. Das historisch Produktive der Wiedergabe liegt zwischen der Unendlichkeit ursprünglichen Dabeiseins und den Ordnungen rationaler Schematisierung. Die Aufgabe ist: die großen philosophischen Anschauungen selbst zu zeigen, so einfach, so eindrücklich wie möglich, unter Bewahrung ihres Gehalts, mit der Lebendigkeit der in ihnen gelegenen Impulse. Solche Vereinfachung der Reproduktion für die Anschauung setzt voraus nicht nur die Forschungen, die in der Kürze nicht gezeigt werden können, sondern vor allem jenes Dabeigewesensein im Studium, das sich nicht geradezu mitteilen kann. Es sollen Verdichtungen sein, durch die in die Tiefe gewiesen wird. Die Schematiken begrifflicher Übersichten sind nur ein unentbehrliches Mittel für die Klarheit der gedanklichen Gerüste.

Zweitens: Ich habe im Dienste der Aufgabe geschrieben, die Philosophie grundsätzlich allen zugänglich zu machen. Der Leser findet, wie ich hoffe, die tiefsten Gedanken der Philosophie nicht übergangen. Aber ich habe versucht, so einfach wie möglich ihren Sinn fühlbar zu machen. Mit Bewußtsein habe ich darauf hingearbeitet, daß das Buch ohne Voraussetzungen einer vorher zu lernenden Fachphilosophie verständlich sei. Da sich jedoch nicht alles auf einmal sagen läßt, muß an mancher Stelle noch unerhellt bleiben, was im Zusammenhang des Ganzen, vielleicht von der Darstellung eines anderen Philosophen her, deutlich wird. Diese Bezüge ständig auszusprechen, würde umständlich und ermüdend wirken. Daher ist es besser, jeweils bei der dargestellten Sache zu bleiben, nach Möglichkeit diese selbst beim Leser zum Vollzug zu bringen. Ich bemühe mich, einen Gedanken entweder so deutlich und anschaulich vorzutragen, daß der Leser ihn wirklich kennenlernt, oder ich ziehe es vor, auf seine Mitteilung zu verzichten.

Eine Ausführlichkeit der Darstellung von Gedanken ist notwendig, soweit nur durch sie im Leser ein wirkliches Dabeisein erreicht werden kann. Ein bloßer Bericht in definitorischer Einfachheit vermag das nicht. Je mehr das leichter Zugängliche, die Anschaulichkeit und Vordergründigkeit des zu berichtenden Denkens transparent wird, desto entschiedener wird der Leser in jene Tiefe dringen, die ohne jene Vordergründigkeiten unzugänglich blieben. – Die Ausführlichkeit wird zum Fehler, wo sie über dies Ziel hinausgeht, in unergiebige, statt vertiefende Wiederholung gerät.

Doch muß bei der vereinfachenden Darstellung, um das Wesentliche zugänglich zu machen, auf manche Feinheit verzichtet werden. Jede gründliche Zuwendung erörtert die Originaltexte in vielfachen besonderen Interpretationen.

Wenn der Leser die schwierigsten Seiten zunächst übergeht, wird er durch den Sinn des Übrigen nur stärker zu ihnen zurückgeführt werden. Und am Ende wird er zu den Texten der großen Philosophen selber greifen, die dann, wie ich hoffe, durch meine Hinweise für einen modernen Menschen unmittelbarer, in ihren gegenwärtig uns angehenden Fragen und Antworten leichter verständlich werden.

Drittens: Ein wesentliches Mittel, die Gedanken unentstellt zu vergegenwärtigen, sind Zitate. Der Philosoph soll selbst zu Wort kommen. Die Methode des Zitierens aber bedarf der Besonnenheit und Übung. Es ist leicht, eine endlose Fülle herrlicher Sätze zu sammeln. Man gerät bald in eine Anthologie. Am Ende wäre das Originalwerk selbst abzudrucken. Oder man nimmt zufällig und willkürlich ein paar schöne Brocken heraus. Das rechte Zitieren dagegen soll die (aus der Unzahl der möglichen) ausgewählten Sätze in einem vom Darsteller gezeichneten Zusammenhang so an ihre Stelle setzen, daß ihr Gehalt leuchtkräftig wird. Sie müssen als einzelne Zitate kurz bleiben, so zahlreich sie auch vorkommen. Sie sollen Höhepunkte des Gedankens betonen oder Belegstellen für unerwartete Gedanken sein. Der Gefahr des Häufens von Zitaten begegnet das Kriterium: sie sind nur dann recht, wenn sie völlig aufgenommen sind in den Zusammenhang der reproduzierenden Darstellung. Sie dürfen nichts beiläufig hinzubringen, nichts Ablenkendes, müssen vielmehr beschnitten sein auf ihren Sinn an dieser Stelle.

Viertens: Wir sind bei historischer Darstellung gebunden an das von den Philosophen Gemeinte. Das Gemeinte bringen wir aber nur zur Darstellung, indem wir auf es reflektieren. Daher gehen wir mit der Darstellung anscheinend über das Dargestellte hinaus, indem wir darüber sprechen, zum Bewußtsein bringen, was der Philosoph denkend getan hat, ohne es selbst ausdrücklich gesagt zu haben. Dazu kommt: Die Sache selbst hat ein eigenes Leben, das ständig über die Grenzen des vom Philosophen geradezu Gesagten hinausdringt.

Aber wir müssen, wenn wir historisch wahr bleiben wollen, den vom Autor gemeinten Sinn, den er ausspricht und der durch andere Stellen und durch die Gesamtheit seines Werkes für unser Verstehen zu erweisen ist, unterscheiden von unserer Deutung.

Das Ziel ist: durch unsere Deutung nicht anläßlich eines philosophischen Textes etwas ganz Anderes zu denken, sondern durch das deutende Darüber-Sprechen um so klarer an die Fragen und Antworten in ihrer ursprünglichen Gestalt zu kommen, an die Denkvollzüge, für die ich bereit bin, und die ich, von dort erweckt, selbst zu vollziehen vermag.

Fünftens: Eine Darstellung muß konstruieren. Wenn diese Konstruktion referierend eine Lehre herausholt, so genügt es nicht, diese als eine bestehende Objektivität kennenzulernen. Durch die Lehre hindurch soll ich klarer dorthin gelangen, wo ich mit dem Philosophen das von ihm Gedachte berühre und dadurch in meinem eigenen Wesen wachse, nicht nur mein Wissen vermehre.

Wenn die Konstruktion durch Besinnung auf das, was der Philosoph getan hat, entsteht, so bringt diese der Absicht nach in einem idealtypischen Zusammenhang vereinfacht und rein vor Augen, was das Wesen dieses Philosophen ausmacht. Jedoch sind in bezug auf denselben Denker solche Konstruktionen auf mehrfache Weise möglich. Sie sollen sich ergänzen, aber insgesamt unter einer übergreifenden Idee stehen, die sich nicht noch einmal in idealtypischer Begrenzung mitteilen läßt, sondern Aufgabe bleibt. Die Grenze des je Einen, um das alle Reproduktion des Werkes der Großen kreist, ist unerreichbar für das Wissen.

Sechstens: Um einen Philosophen wirklich kennenzulernen, muß ich selber seine Schriften lesen. Die bloße Lektüre einer Darstellung wird gerade dann auch unbefriedigt lassen, wenn es gelingt, den Leser betroffen zu machen. Nur an den Quellen ist der ganze Ernst spürbar. Durch eine darstellende Übersicht sind nur Hinweise möglich, die den Leser veranlassen können, nach seiner Wahl selber einzudringen.

Immer bleibt der Abstand zwischen historischem Wissen und der Kunde der Sache selbst. Die Vereinfachung in sekundären Bildern und Denkfiguren kann wohl in große Nähe zur Sache selbst gelangen. Aber ganz gelingen kann es nie.

Eine philosophische Darstellung der Philosophen setzt sich ein höheres Ziel als das einer bloßen Orientierung. Sie soll, wenn sie das Studium der Quellen nicht ersetzen kann, doch bei ihrem Studium förderlich sein. Was der philosophische Philosophiehistoriker mit Mitteln der Forschung darstellend tut, ist selber Philosophie.

Angesichts der Großartigkeit und Unendlichkeit der Philosophengestalten mutet uns unser Unternehmen so schwach und unzulänglich an, daß man verzagen möchte. Aber die Freude der Lehrtätigkeit bestätigte durch Jahre den Sinn des Versuchens.

3. Ordnung der Darstellung

Wir folgen in der Darstellung der Reihe der Gruppen, die oben entwickelt wurden. Wenn aber die Gruppe, zu der ein Philosoph gestellt wurde, ein Licht auf ihn wirft, ist er doch nicht durch sie bestimmt. Er ist mehr als der Charakter seiner Gruppe. Der einzelne Philosoph spricht für sich selbst. Nicht allein durch nennbare Sachen, sondern je als dieser ist er da. Denn groß ist, was sich selbst trägt. Wir haben mit dem Vorurteil gebrochen, daß die Philosophen, in einer Reihe auf gleicher Ebene stehend, am Fortschritt einer Erkenntnis arbeiten, zu der jeder, auf den Ergebnissen der Vorgänger fußend, seinen Beitrag leiste; – daß sie die Namen seien, an die die jeweils bestimmten Leistungen in dieser Entwicklung gebunden seien, wie in den besonderen Wissenschaften an die Reihe der Physiker, Chemiker, Zoologen, Ärzte. Wir haben dagegen in der Gesellschaft der Philosophen jeden in seiner Einmaligkeit zu sehen und alle, in ihrer wundersamen Verschiedenheit, bezogen auf etwas, das nicht das Ergebnis am Ende, sondern als stetige Gegenwart des Ganzen da ist. Obgleich jeder Philosoph eine ihm angemessene Ordnung der Darstellung verlangt, habe ich in großen Zügen ein Schema befolgt.

Der verläßliche Boden sind die Werke der Philosophen. In ihnen allein sehen wir sie deutlich und wesentlich. Die Persönlichkeit ist im Werk, wenn das Werk Größe hat. Bei deren Darstellung folge ich keinem für alle anwendbaren Schema. Häufig trenne ich von der gedanklichen Reproduktion, die selber schon kritisch wählt und konstruiert, die ausdrückliche Charakteristik und Kritik.

Dieser Substanz und Hauptmasse der Darstellung gehen vorher einige Bemerkungen zur Biographie und Umwelt. Wo Dokumente und Berichte vorhanden sind, suchen wir die persönliche Realität. Was an Tatsachen des Lebens bekannt ist, wird am Leitfaden der Chronologie als eine Folge von Erfahrungen des Philosophen, an Entscheidungen und Handlungen zur Anschauung gebracht. Wir haben darin das philosophisch Relevante zu erspüren.

Nun aber gibt es eine breite, empirisch zuverlässige, realistische Kenntnis der biographischen Tatsachen erst von den Philosophen der letzten Jahrhunderte. Im Vergleich dazu ist alle Kunde von den Früheren dürftig, auch von Cicero und Augustin, von denen wir doch ungewöhnlich anschauliche Vorstellungen aus ihrer eigenen Hinterlassenschaft, ihren Briefen, Selbstberichten, Streitschriften gewinnen.

Meist haben wir nur die philosophischen Werke und einen Reflex in der Mitwelt und Nachwelt, nicht das reiche Material der Realität. Bei einer Reihe großer Gestalten ist die Überlieferung sogar von der Art, daß man wunderlicherweise ihre Existenz leugnen oder unser völliges Nichtwissen behaupten konnte (so bei Sokrates, Buddha, Konfuzius, Jesus).

Die Vergegenwärtigung der geistigen und realen Welt, in der die Großen lebten, der Überlieferungen und sittlich-politischen Zustände, in denen sie aufwuchsen und an denen sie teilnahmen, müssen gekannt sein, nicht um sie darin aufgehen zu lassen, sondern um sie darüber hinaus in ihrer übergeschichtlichen Wirklichkeit zu sehen.

Das Werk des Großen ist aus der Fülle von ihm aufgenommener Überlieferung die Kristallisation einer neuen Gedankenwelt. Sie ist darzustellen ohne Sorge, daß dem Denker dabei zugeschrieben wird, was andere gedacht haben und was Allgemeinbesitz war. Einzelne formulierbare Grundgedanken, die völlig neu sind, sind auch bei den Großen gar nicht einfach festzustellen. Denn historische Kenntnis fördert schon vorher dagewesene Sätze in erstaunlichem Umfang zutage. Man kann so zu der Frage kommen: Was ist denn überhaupt original? Bei den Großen gewiß auch Grundgedanken, entscheidend aber das Ganze in seinen Impulsen, seinen gedanklichen Visionen und seiner lebenwährenden Ausarbeitung. Darin wird alles Alte neu durch die Art der Aneignung, durch die Denkungsweise im ganzen, durch den Zusammenhang und die Betonung. Die loslösbaren Inhalte als formulierbare Lehrstücke sind noch nicht die vollzogenen Gedanken. In einem philosophischen Werk von Rang kommen die großen ewigen Gegenstände der Philosophie vor, aber geformt durch das Wesen dieses Einen.

Der Hauptdarstellung lassen wir eine kurze Wirkungsgeschichte folgen. Mit den Großen setzt etwas Neues ein, unableitbar aus Vorhergehendem, und damit beginnt eine Wirkungsgeschichte, die ein Spiegel ihres Wesens ist, im Verstandenwerden und im Mißverstandenwerden, in der Weise, wie sie zum Bilde, Vorbilde, Maßstab sich gestalten. Das Sehen der Wirkungsgeschichte gehört zur Auffassung der Größe.

Der Gang der Philosophiegeschichte ist weitgehend bestimmt durch fiktive Bilder, die von den Großen sich formierten, von der landläufigen Übersetzung der philosophischen Gedanken in Lehrstücke, die den großen Namen zugeschrieben werden. Alle Beschäftigung mit der Philosophie, die das Ursprüngliche treffen möchte, will diese Überlagerungen durchbrechen. Um sie zu durchbrechen, muß man sie kennen.

Das Wesen eines Philosophen zeigt sich in der Weise seiner Wirkung vieldeutig. Da die Wirkung des Großen auch im Mißverstandenwerden stark ist, muß man in ihm selber das suchen, was so mißverstanden werden kann. Will man ihn haftbar machen für das Unheil oder den Unfug, der durch ihn möglich wurde, so läßt sich antworten, daß ihm nicht zukomme, was mißdeutet wurde. Aber damit wird man sich nicht zufrieden geben. Art der Wirkung und des Ruhms entscheiden zwar nicht über das Wesen des großen Denkers, aber machen aufmerksam. Der Mißverstand wirft ein Licht zurück auf den, der so mißverstanden werden kann.

4. Über die Literatur

Was uns die Gräzisten und Latinisten, Alttestamentler und Neutestamentler, Sinologen und Indologen gebracht haben, ist überwältigend. Sie haben Voraussetzungen des Verstehens herbeigeschafft und selber verstanden. Sie haben durch Übersetzungen ermöglicht, daß ein Einzelner, der vom Interesse an der Philosophie geleitet ist, bei fast allen Philosophien Asiens und des Abendlandes einkehren und hier und da zu Hause sein kann. Die Philologen bringen uns auf den Boden der historischen Realität und sind ein Korrektiv gegen grundlose Phantasien.

In diesem Buch trete ich nirgends in Wetteifer mit den Philologen, suche aber die durch sie geschaffenen Möglichkeiten zu nutzen. Ich lege nicht Untersuchungen in ihrem Sinne vor, sondern philosophiere mit den Philosophen (in der Absicht, nach Kräften nichts historisch Falsches vorzubringen). Ich versuche, die Gehalte und Wirklichkeiten den Leser philosophisch ansprechen und ihn erfahren zu lassen, was zu seinen Lebensnotwendigkeiten als denen eines vernünftigen Wesens gehört. Das ist etwas anderes, als was Philologie gibt. Wohl manchmal darf ohne Unbescheidenheit der Abstand gespürt werden, den Plotin kannte: »Ein Philologe zwar ist Longinos, aber ein Philosoph nimmermehr.«

Immer wieder habe ich große Dankbarkeit empfunden für die opfervolle Arbeit der Philologen, deren Ergebnisse zu nutzen und deren Verfahren zu prüfen auch der sich berechtigt weiß, der auf jedem ihrer Gebiete ein Laie ist. Nur unzureichend ist mein Dank durch Literatur-Angaben bezeugt.

In der Bibliographie am Schluß des Bandes findet der Leser unter der ersten Abteilung »Quellen« die zitierten Philosophen. Dort sind die Ausgaben und Übersetzungen angeführt, die ich benutzt habe. Unter der zweiten Abteilung »Literatur« findet er Schriften über die Philosophen. Über die sämtlichen Ausgaben und die unermeßliche Literatur informieren die Handbücher und Enzyklopädien.

In meinem Text gebe ich nur die Namen an, deren Schriften in der Bibliographie schnell zu finden sind. Unter der Literatur sind mehrere Schriften desselben Autors mit Ziffern versehen.

Mein Verfahren des Zitierens ist durchaus unphilologisch. Nur auf folgendes mache ich aufmerksam:

Meine in Anführungsstriche gesetzten Zitate sind nicht philologisch exakt. Auslassungen sind durchweg nicht durch Punkte angedeutet. Umstellungen von Worten sind erfolgt, wenn der Zusammenhang meiner Darstellung dies bequem erscheinen ließ. Natürlich ist niemals der Sinn auch nur in einer Nuance verändert.

Die Transskriptionen sind in der sinologischen Literatur sehr verschieden und auch in der indologischen nicht ganz einheitlich. Für den, der wie ich diese Sprachen nicht kennt, sind die Zeichen und Akzente nichtssagend. Ich habe daher die einfachsten Schreibweisen gewählt.

Bei meinen Zitaten aus den Philosophen habe ich die Ortsangaben weggelassen. Ein äußerer Grund war, daß ich bei meinen Exzerpten, die aus Jahrzehnten stammen, nicht jedesmal die Stelle nach Ausgabe und Seite notiert hatte. Bei den meisten habe ich in meinem Manuskript die Stellen am Rande verzeichnet, aber für den Druck ebenfalls weggelassen. Ich wünsche die Hingabe des Lesers an das Vorgetragene, nicht die Forscherneugierde, die einer Stelle nachgehen möchte. Das Prüfen meiner Darstellung erfordert mehr als das Nachsehen von ein paar Stellen, es erfordert die selbständige Beschäftigung mit dem ganzen Werk eines Philosophen.

Die Übersetzungen sind im Quellen-Verzeichnis angegeben. Auch hier habe ich beim einzelnen Zitat die jeweils benutzte Übersetzung nicht genannt. Manchmal habe ich mehrere Übersetzungen kombiniert.

Für den Text habe ich Groß- und Kleindruck gewählt. Diese Unterscheidung erleichtert die Übersicht und bringt den Vorteil der Raumersparnis.

Die maßgebenden Menschen

SOKRATES · BUDDHA · KONFUZIUS · JESUS

Die vier maßgebenden Menschen haben eine geschichtliche Wirkung von unvergleichlichem Umfang und Tiefengang gehabt. Andere Menschen hohen Ranges mögen für kleinere Kreise von gleich starker Bedeutung gewesen sein. Aber der Abstand an nachhaltiger und umfassender Wirkung in Jahrtausenden ist so gewaltig, daß das Herausheben jener vier zur Klarheit welthistorischen Bewußtseins gehört.

SOKRATES

Quellen: Plato (vor allem: Apologie, Kriton, Phaidon, – Symposion, Phaidros, Theätet, – und die Frühdialoge). Xenophon (Memorabilien, Gastmahl, Apologie). Aristophanes (Wolken). Aristoteles (Metaphysik).
Literatur: Ivo Bruns. – Ed. Meyer (IV, 427 ff., 435 ff.). – Heinrich Maier. – Stenzel. – Werner Jaeger. – Gigon.

1. *Lebensdaten* (469–399): Sokrates' Vater war Steinmetz, seine Mutter Hebamme. Er war also keineswegs vornehmer Herkunft, aber Bürger Athens. Bei bescheidener Lebensführung war er materiell unabhängig durch ein kleines Erbe und durch die allen Athenern zufließenden staatlichen Beihilfen (Theatergelder und dergleichen). In Erfüllung seiner soldatischen Pflichten kämpfte er als Hoplit im Peloponnesischen Kriege bei Delion und Amphipolis. In Erfüllung der unumgänglichen politischen Pflichten hatte er 406 den Vorsitz im Rat und nahm Partei für das Recht gegen die wütende Masse, die die Hinrichtung der Feldherren der Arginusenschlacht forderte und durchsetzte. Niemals aber suchte er eine bedeutende Position im Staat oder im Heer. Seine Frau Xantippe spielte keine Rolle in diesem Leben.

Merkwürdig ist, daß wir das Aussehen des Sokrates kennen. Er ist der erste Philosoph, der körperlich leibhaftig vor uns steht. Er war häßlich, die Augen quollen vor. Stülpnase, dicke Lippen, dicker Bauch, gedrungener Körperbau ließen ihn den Silenen und Satyrn ähnlich scheinen. Leicht ertrug er mit unerschütterlicher Gesundheit Strapazen und Kälte.

Unser Bild des Sokrates ist das des älteren Mannes. Über seine Jugend fehlt jede Kunde. Er wuchs auf in dem nach den Perserkriegen mächtigen, reichen, blühenden Athen. Fast vierzig Jahre war er alt, als das Verhängnis des Peloponnesischen Krieges begann (431). Erst seit dieser Zeit wurde er eine öffentlich bekannte Figur. Das früheste Dokument der Überlieferung sind die ihn verspottenden »Wolken« des Aristophanes (423). Er erlebte den Niedergang und die Katastrophe Athens (405). Mit siebzig Jahren wurde ihm von der Demokratie der Prozeß wegen Gottlosigkeit gemacht. Er starb 399 durch den Schierlingsbecher.

2. Seine *geistige Entwicklung* läßt sich nur erschließen. Sokrates hat die Naturphilosophie des Anaxagoras und Archelaos gekannt. Er hat den Einbruch der Sophistik erlebt und deren Können sich zu eigen gemacht. Beides hat ihn nicht befriedigt. Die Naturphilosophie half nicht der Seele des Menschen. Die Sophistik vermochte zwar infragestellend Großes zu leisten. Aber so, wie sie es tat, irrte sie in einem neuen vermeintlichen Wissen oder in einem Verneinen aller Gültigkeiten der Überlieferung. In diesem Strudel des Denkens hatte Sokrates keine neue Lehre, auch nicht die Lehre eines Verfahrens, das für sich schon genug wäre.

Es muß in Sokrates eines Tages eine Umwendung sich vollzogen haben. Als er die Naturphilosophie in ihrer Belanglosigkeit für die ernsten Fragen erkannte, als er in der Sophistik die Zersetzung begriff, da wußte er das Wahre nicht als ein bestimmtes Anderes. Aber er wurde ergriffen von dem Bewußtsein seines Berufes, eines göttlichen Auftrags. Dieses Berufes gewiß, wie die Propheten, hatte er doch nichts zu verkünden wie sie. Kein Gott hat ihn beauftragt, den Menschen zu sagen, was er ihm befahl. Er hatte nichts als den Auftrag, zu suchen mit den Menschen, selber ein Mensch. Er soll unerbittlich fragen, aus jedem Versteck aufscheuchen. Er soll keinen Glauben verlangen an irgend etwas oder an ihn selbst, aber er soll Denken verlangen, Fragen und Prüfen, er soll den Menschen damit auf sich selbst stellen. Da aber dieses Selbst nur im Erkennen des Wahren und Guten liegt, ist erst der er selbst, dem solches Denken ernst ist, der von der Wahrheit sich bestimmen lassen will.

3. *Das Gespräch:* Das Sokratische Gespräch war die Grundwirklichkeit dieses Lebens: Er diskutierte mit Handwerkern, Staatsmännern, Künstlern, Sophisten, Hetären. Sein Leben verbrachte er wie viele Athener auf der Straße, auf dem Markt, in den Gymnasien, mit der

Teilnahme an Gastmahlen. Es war ein Leben des Gesprächs mit jedermann. Aber dieses Gespräch wurde ein neues, den Athenern ganz ungewohntes: ein die Seele im Innersten erregendes, beunruhigendes, bezwingendes Gespräch. War die Wirklichkeit des Gesprächs die Lebensform des freien Atheners, so wurde es jetzt als das Mittel des Sokratischen Philosophierens etwas anderes. Es ist aus der Natur der Sache notwendig für die Wahrheit selbst, die nur dem Einzelnen mit dem Einzelnen aufgeht. Um klar zu werden, brauchte er die Menschen, und er war überzeugt, daß sie ihn brauchten. Vor allem aber die Jünglinge. Sokrates wollte erziehen.

Was ihm Erziehung heißt, ist nicht ein beiläufiges Geschehen, das der Wissende am Unwissenden bewirkt, sondern das Element, in dem Menschen miteinander zu sich selbst kommen, indem ihnen das Wahre aufgeht. Die Jünglinge halfen ihm, wenn er ihnen helfen wollte. So geschah dieses: die Schwierigkeiten im scheinbar Selbstverständlichen entdecken, in Verwirrung bringen, zum Denken zwingen, das Suchen lehren, immer wieder fragen und der Antwort nicht ausweichen, getragen von dem Grundwissen, daß Wahrheit das ist, was Menschen verbindet. Aus dieser Grundwirklichkeit erwuchs nach Sokrates' Tod die Prosadichtung der Dialoge, deren Meister Plato wurde.

Sokrates wendet sich nicht gegen eine Gesamtbewegung der Sophistik, wie später Plato. Er gründet keine Partei, treibt keine Propaganda und keine Rechtfertigung, er gründet keine Schule als Institution. Er bringt kein Programm zur Staatsreform, kein System des Wissens. Er wendet sich nicht an ein Publikum, nicht an die Volksversammlung. Er sagt in der Apologie: »Ich wende mich immer nur an den Einzelnen« und begründet es an jener Stelle ironisch: niemand sei seines Lebens sicher, der einer Volksmenge offen und ehrlich begegne; daher müsse, wer ein Kämpfer für das Rechte sein und auch nur kurze Zeit am Leben bleiben wolle, sich auf den Verkehr mit Einzelnen beschränken. Wir dürfen es umfassender verstehen. Die Unwahrheit des gegenwärtigen Zustandes, gleichgültig ob die Verfassung demokratisch oder aristokratisch oder tyrannisch ist, ist nicht durch große politische Aktionen zu beseitigen. Voraussetzung jeder Besserung ist, daß der Einzelne erzogen wird, indem er sich erzieht, daß die noch verborgene Substanz des Menschen zur Wirklichkeit erweckt wird, und zwar auf dem Wege des Erkennens, das zugleich inneres Handeln ist, des Wissens, das zugleich Tugend ist. Wer ein rechter Mensch wird, wird zugleich ein rechter Staatsbürger.

Dann aber kommt es auf den Einzelnen als Einzelnen an, unabhängig vom Erfolg und von seiner Wirkung im Staat. Die Unabhängigkeit dessen, der sich selbst beherrscht (Eukrateia), die eigentliche Freiheit, die mit der Einsicht erwächst, ist ein letzter Boden, auf dem der Mensch vor der Gottheit steht.

4. *Die Substanz Sokratischen Lebens:* Wenn Philosophie »Lehre« ist, ist Sokrates kein Philosoph. Im Zusammenhang der griechischen Philosophiegeschichte als einer Geschichte theoretischer Positionen hat er keinen Platz. Sokrates ist das Auf-dem-Wege-Sein im Denken mit dem Wissen des Nichtwissens. Sokrates weiß die Grenzen, an denen der Beweis aufhört, aber an denen für alles Befragen die Substanz, aus der er lebt, nur in hellerem Leuchten standhält.

Diese Substanz ist Sokrates' Frömmigkeit, und zwar erstens im Vertrauen, daß dem unbeirrten Infragestellen das Wahre sich zeigen werde; daß im redlichen Bewußtsein des Nichtwissens nicht das Nichts, sondern das lebensentscheidende Wissen kund wird. Sie erscheint zweitens in dem Glauben an die Götter und die Göttlichkeit der Polis. Sie spricht drittens im Daimonion.

Erstens: Als (im Platonischen Dialog) Menon mit Sokrates über die Tugend (arete) spricht, und durch die Fragen des Sokrates ins Ausweglose geraten ist, sagt er: »Ich hörte schon, daß dein ganzes Tun darauf hinausläuft, selbst wie in der Irre zu gehen und die anderen an sich irre zu machen... Jetzt hast du mich behext und bezaubert und völlig in deine Gewalt gebracht, so daß ich nicht mehr aus und ein weiß... als wärest du zum Verwechseln ähnlich dem Zitterrochen. Denn auch dieser macht jeden, der ihm nahekommt und berührt, erstarren... Wenn du als Fremder in einer anderen Stadt dir dergleichen erlaubtest, so würdest du wohl als ein Zauberer verhaftet werden.« Sokrates meint darauf: »Es trifft der Vergleich von mir mit dem Zitterrochen allerdings dann zu, wenn dieser Fisch bei einer starrmachenden Wirkung auf die anderen auch selbst starr wird; wo nicht, dann nicht. Denn wenn ich die anderen ratlos mache, so bin ich selbst dabei schlechterdings ratlos.« In demselben Zustand sagt Theätet: es schwindelt mir, und Sokrates antwortet, dies sei der Anfang der Philosophie.

Aus der Ratlosigkeit erwächst Einsicht. Das wird im Menon beispielsweise gezeigt: Ein Sklave, der auf eine mathematische Frage zunächst zuversichtlich behauptet, gerät in Verlegenheit, erkennt sein Nichtwissen, kommt dann aber durch weitere Fragen zur rechten Lösung. Nach diesem Muster geschieht das Aufleuchten der Wahrheit im

Gespräch. Die Partner kennen sie beide noch nicht. Aber sie ist da, beide kreisen um sie und werden von ihr geführt.

Die Arbeit des Suchens, aber mit dem Vertrauen des Findens, will Sokrates in Gang bringen. Er vergleicht (Theätet) dies Tun mit der Hebammenkunst. Theätet weiß keine Antwort, hält sich nicht für befähigt, sie zu finden, hat sie auch von anderen nicht erfahren, »und doch kann ich von dem Verlangen danach nicht loskommen«. »Du hast eben Wehen«, sagt Sokrates, »weil du nicht leer, sondern schwanger bist.« Und nun schildert Sokrates die Weise seines Gesprächs mit den Jünglingen. Wie eine Hebamme unterscheidet er, ob Schwangerschaft vorliegt oder nicht, vermag er durch seine Mittel Schmerzen zu erregen und zu lindern, die echte Geburt von der Geburt eines Windeis zu unterscheiden. So prüft er, ob der Geist des Jünglings eine Schein- oder Lügengeburt zutage bringt. Er selber sei unfruchtbar an Weisheit, darum sei der Vorwurf richtig, daß er nur frage. Denn »zu entbinden zwingt mich der Gott, selbst zu gebären hat er mir versagt.« Daher werden, die mit ihm verkehren, zwar anfangs scheinbar nur unwissender, aber nur weil sie vom Scheinwissen befreit werden. Dann machen »alle, denen Gott es vergönnt, im Verlauf unseres Verkehrs wunderbare Fortschritte, offenbar ohne von mir etwas gelernt zu haben. Die Entbindung aber ist des Gottes und mein Werk.«

Sokrates gibt nicht, sondern läßt den Andern hervorbringen. Wenn er dem scheinbar Wissenden sein Nichtwissen zum Bewußtsein bringt und dadurch das echte Wissen ihn selber finden läßt, so gewinnt der Mensch aus einer wundersamen Tiefe, was er eigentlich schon wußte, aber ohne es schon wissend zu wissen. Damit wird gesagt: Erkenntnis muß jeder aus sich selbst finden, sie ist nicht wie eine Ware zu übertragen, sondern nur zu erwecken. Tritt sie auf, so ist es ein Wiedererinnern des gleichsam vorzeitlich schon Gewußten. Dies macht begreiflich, daß ich philosophierend suchen kann, ohne zu wissen. Ein sophistischer Gedanke war: ich kann nur suchen, was ich weiß; weiß ich es, so brauche ich es nicht zu suchen; weiß ich es nicht, so kann ich es nicht suchen. Philosophierend dagegen suche ich, was ich schon weiß. Aber ich weiß es nur im Unbewußtsein gleichsam vorzeitlicher Erinnerung und möchte es nun wissen in der Helligkeit des gegenwärtigen Bewußtseins.

Daher ist Sokrates' Fragen, Zersetzen, Prüfen getragen von dem Vertrauen, daß im Denken, das redlich bleibt, mit Gottes Hilfe das Wahre durch eigene Einsicht zur Gegenwart gelangt. Nicht das nichtige Denken mit Worten führt dahin, wohl aber das gehaltvolle Denken aus dem Grunde. Daher das Vertrauen.

Zweitens: Sokrates glaubte an die Götter der Überlieferung, opferte, folgte der Autorität Delphis, nahm teil an den Festen. Das nicht zu Machende, nicht zu Wollende, woraus alles Wollen und Denken seinen Gehalt hat, dies kann verschüttet oder umgangen werden, wie viele Sophisten es taten. Oder es ist möglich, in ihm zu atmen, ihm in Ehrfurcht zu folgen, dort den Grund zu spüren, ohne den alles bodenlos wird. So tat es Sokrates. Daher die große, herrliche, ihrer selbst bewußte »Naivität« des Sokrates im Herkommen aus einer geschichtlich gegründeten, aus der Tiefe des Seins unbegriffen entspringenden Selbstverständlichkeit. Wo die eigene Einsicht keine Entscheidung bringt, da gehört es sich, zu folgen dem Gottesglauben der Väter, den Gesetzen des Staates.

Sokrates bleibt untrennbar verbunden mit dem Staat seiner Herkunft, dem Staate Solons, der Perserkriege, des Perikles, dem Staate unvordenklich gegründeter und immer wieder befestigter Gesetzlichkeit, durch die allein sein Leben möglich ist. Daher die Gesetzestreue des Sokrates. Er verweigerte im Arginusenprozeß, die Abstimmung vornehmen zu lassen, da diese unter den gegebenen Bedingungen ungesetzlich war. Er verweigerte es, durch Flucht aus dem Gefängnis sich den Gesetzen zu entziehen, die als solche bestanden, auch wenn innerhalb ihrer das Unrecht geschah. Nichts konnte ihn irremachen. Die Tyrannis der Dreißig verbot ihm die Lehrtätigkeit, die Demokratie tötete ihn. Er gehörte keiner Partei. Aber unbeirrbar hielt er am Gesetzesgedanken in der geschichtlichen Gestalt der athenischen Polis. Sokrates, der sich an den Einzelnen wandte, die persönliche Verantwortung zur unbedingten machte, alles der kritischen Prüfung unterwarf unter dem Richterstuhl der dem Einzelnen in redlichem Denken sich zeigenden Wahrheit, wollte weder wie Alkibiades den Staat zum Werkzeug persönlichen Machtwillens machen, bereit, auch gegen den Staat zu handeln, in dem er geboren wurde, noch bodenloser Weltbürger werden. Er hätte nie daran gedacht, wie Äschylos im Alter nach Sizilien, wie Euripides nach Makedonien zu gehen, erbittert gegen den heimatlichen Staat. Er wußte sich im Dasein fraglos identisch mit Athen. In der Apologie läßt Plato ihn, vor die Wahl gestellt: Auswanderung oder Tod, den Tod wählen: »Ein schönes Leben wäre mir das, in solchem Alter auszuwandern und immer umhergetrieben eine Stadt mit der anderen zu vertauschen.« Im Kriton läßt er Sokrates die

Gesetze beschwören. Nur durch sie besteht der Staat, durch sie ist Sokrates geboren aus gültiger Ehe zum athenischen Bürger, durch sie vermochte der Vater ihn zu unterrichten. Er hat, indem er nicht auswanderte und noch in der Gerichtsverhandlung den Tod der Landesverweisung vorzog, sich zu den Gesetzen bekannt. Darum beansprucht er nicht gleiches Recht gegen sie, sondern weiß sich verpflichtet, ihnen zu gehorchen. Wie dem Befehl, in den Krieg zu ziehen und sein Leben einzusetzen, so hat er sich dem richterlichen Urteil zu unterwerfen. Wie gegen Vater und Mutter darf er gegen das Vaterland nicht Gewalt brauchen, auch wenn er meint, daß es nicht Recht sei, was ihm geschehe.

Das unterscheidet Sokrates von den Sophisten. Während er einer der ihren scheinen kann durch die Rücksichtslosigkeit kritischer Infragestellung, so verläßt er selbst doch nie den geschichtlichen Boden, in frommer Anerkennung der Gesetze der Polis, deren Sinn er denkend sich deutlich macht. Zuerst soll der Grund bejaht werden, auf dem ich stehe, aus dem ich komme, der jederzeit gegenwärtig bleibt, ohne den ich ins Nichts gleite.

Das ist das Denkwürdige und Eigentümliche des Sokrates: er treibt die Kritik ins Äußerste und lebt doch ständig unter einer absoluten Instanz, die heißen kann das Wahre, das Gute, die Vernunft. Sie bedeutet eine unbedingte Verantwortung des Denkenden; er weiß nicht wovor und spricht von Göttern. Was auch in der Realität erfolgen mag, hier bleibt ihm der feste Punkt. Er zerrinnt nicht im endlosen Anderswerden der Dinge.

Kommt aber dann das Unheil, überfällt ihn, was nicht Recht ist, vernichtet ihn die eigne Polis, so lebt er nach dem Satze: Unrecht leiden ist besser als Unrecht tun. Sokrates kennt kein Sichaufbäumen gegen seinen Staat, gegen Welt und Gott. Das Unheil wird ihm kein Gegenstand der Frage in dem Sinn, daß Gott einer Rechtfertigung bedürfe. Er geht in den Tod ohne Empörung und ohne Trotz. Weder die Verzweiflung der Theodizeefrage, noch ihre tröstende Lösung gibt es bei ihm. Vielmehr lebt er in der Gelassenheit aus der unabhängigen Selbstgewißheit des Rechtes. Gleichgültig ist es, wie die Glücksgüter in der Welt verteilt sind, das allein Wesentliche ist das Leben nach der Norm des Wahren, die im Denken sich erhellt. Will der Mensch eine Garantie, ein Wissen, eine Glaubenserkenntnis von Gott, von der Unsterblichkeit, von dem Ende aller Dinge, so verwehrt sie Sokrates. Des Menschen Sinn ist es, es darauf hin zu wagen, daß das Gute sei. Das positive

Nichtwissen weist immer wieder an den Punkt, wo ich ich selbst bin, weil ich das Gute als das Wahre erkenne, und wo es an mir liegt, daß ich es tue.

Drittens: Was in der konkreten einmaligen Situation getan werden solle, das läßt sich für Sokrates nicht in jedem Falle durch das rechte Denken begründen. Die Götter kommen zu Hilfe. Diese Hilfe ist die Grenze, an der es Gehorsam ohne Einsicht gibt. Sokrates berichtet von dem Daimonion, das in entscheidenden Augenblicken seit der Kindheit zu ihm gesprochen hat: »Es ist eine Stimme, die sich immer nur in abmahnendem Sinne vernehmen läßt, um mich von einem Vorhaben abzubringen, niemals aber in zuredendem Sinne.« Diese Stimme verwehrte es ihm z. B. jedesmal, wenn er in die politische Öffentlichkeit gehen wollte. Angesichts von Schülern, die ihn verlassen hatten und dann wieder Verbindung mit ihm suchten, verbot dies Daimonion bei einigen den weiteren Umgang, bei andern ließ es ihn zu. Merkwürdig und ermutigend war für ihn das Schweigen der Stimme während seines Prozesses: »Die gewohnte Stimme, die dämonische, war in der ganzen letzten Zeit immer sehr rege und warnte mich auch bei ganz geringen Anlässen, wo ich etwa im Begriffe war, das Rechte zu verfehlen. Eben jetzt aber ist mir doch etwas widerfahren, was man wohl für der Übel größtes halten dürfte (das Todesurteil). Gleichwohl trat das göttliche Zeichen mir weder heute früh beim Verlassen meiner Wohnung warnend entgegen, noch bei meinem Gang hierher auf das Gericht, noch an irgendeiner Stelle meiner Rede, wenn mir etwas auf der Zunge lag; ... unmöglich konnte mir das gewohnte Warnungszeichen ausbleiben, wenn mein Vorhaben nicht ein glückliches gewesen wäre« (Apologie). »Vor mir hat es schwerlich« – meint Sokrates – »irgendeinen gegeben, dem eine solche Warnerstimme zuteil geworden wäre« (Staat).

Die Stimme bringt keine Erkenntnis. Sie treibt zu keiner bestimmten Handlung an. Sie sagt nur Nein. Und sie spricht kein allgemeines Nein, sondern für diese Situation. Sie verwehrt ein Sprechen, ein Tun, das zum Unheil ist. Und Sokrates folgt dieser verbietenden Stimme ohne Einsicht. Sie ist keine objektive Instanz, sondern inkommunikabel. Sie ist nur für das Tun des Sokrates selbst, nicht für andere. Auf sie kann er sich nicht berufen zur Rechtfertigung, sondern nur von ihr berichten als Hinweis.

5. *Der gerichtliche Prozeß:* Sokrates' Leben ist kein dramatisches Leben mit einziger Ausnahme des Endes. Sein Prozeß wegen Gotteslästerung führte zum Todesurteil. Dieser Ausgang war kein Zufall,

er hatte eine lange Vorgeschichte. Aristophanes' »Wolken« (423) zeigen einen Sokrates, der Naturphilosophie treibt, sich mit den himmlischen Erscheinungen und den Dingen unter der Erde befaßt, die überlieferten Götter leugnet, an ihre Stelle die Luft und die Wolken setzt, die Kunst lehrt, eine Sache, auch wenn sie ungerecht ist, durchzusetzen, und der für seinen Unterricht Geld nimmt. Von allem hat der uns bekannte Sokrates das Gegenteil getan. In der Folge mehrten sich die Vorwürfe: Sokrates verführe zum Nichtstun, benutze die Interpretation von Dichtern, um verbrecherische Lehren darauf zu gründen, er habe zu Schülern so volksfeindliche Menschen wie Alkibiades und Kritias gehabt. Das so erstaunlich unwahre Bild kann seinen Grund darin haben, daß der jüngere Sokrates tatsächlich in Naturphilosophie und Sophistik zu Hause war, vor allem aber darin, daß er als Repräsentant der neuen philosophischen Bewegung überhaupt galt, gegen die die Volksstimmung sich wehrte. Das Volk verwechselte den Überwinder der Sophistik mit dieser selber. Denn die Weise dieser Überwindung durch das neue Ethos des Denkens war unerträglich. Sokrates fragte unablässig, er zwang hin zu den Grundfragen des Menschen, ohne sie zu lösen. Die Verwirrung, ein Bewußtsein von Unterlegenheit, und der Anspruch, der von ihm ausging, erzeugten Ärger und Haß. Eine der Reaktionen ist die des Hippias: »Du möchtest immer nur andere ausfragen und in die Enge treiben und selbst niemand Rede stehen und über nichts deine Meinung preisgeben. Ich habe keine Lust, mich zum besten haben zu lassen...« (Xenophon). So wurde Sokrates 399 vor Gericht gestellt mit der Anklage: Sokrates frevelt gegen die Gesetze, denn er glaubt nicht an die vaterländischen Götter, huldigt einem Glauben an eine neue Art von Dämonischem, verführt die Jugend.

Offenbar hat Sokrates die Anschuldigungen durch Jahrzehnte ignoriert. So lange er lebte, gab es keine Literatur, die seine Philosophie verteidigte. Er selbst schrieb kein Wort. Er hatte sich nicht vornehm zurückgezogen, nicht in geschlossenen Kreisen eine Schule gepflegt, sondern sich ständig der breiten Öffentlichkeit auf der Straße ausgesetzt. Wenn auch immer nur im Gespräch mit Einzelnen, er ließ den Athenern keine Ruhe.

Die Verteidigung des Sokrates gipfelt in dem Satz, Gott habe ihm den Auftrag gegeben, sein Leben der eigenen Prüfung und der der anderen zu widmen. »Mir ist diese Aufgabe von der Gottheit zugewiesen durch Orakel, durch Träume und durch alle möglichen Zeichen, durch welche überhaupt der göttliche Wille dem Menschen kundgegeben wird.« Diesen Auftrag habe er angenommen. Daher habe er auf diesem Posten auszuharren, habe weder der Gefahr noch des Todes zu achten. »Ich werde mehr dem Gotte gehorchen als euch, und solange ich noch Atem und Kraft habe, werde ich nicht aufhören, der Wahrheit nachzuforschen und euch zu mahnen und aufzuklären und jedem von euch, mit dem mich der Zufall zusammenführt, in meiner gewohnten Weise ins Gewissen zu reden: Wie, mein Bruder, um Einsicht, Wahrheit und möglichste Besserung deiner Seele kümmerst du dich nicht und machst dir darüber keine Sorge?«

Seine Verteidigung schreitet zum Angriff gegen die Richter: »Wenn ihr mich hinrichtet, werdet ihr euch selbst größeren Schaden zufügen als mir.« Ihn können sie zwar ums Leben bringen, in die Verbannung treiben, der Bürgerrechte berauben. Manche mögen das für ein großes Unglück halten. »Ich dagegen halte nicht dies für ein Übel, sondern die Handlungsweise, ungerechterweise einen Menschen ums Leben zu bringen.« Die Athener würden sich versündigen an dem von Gott mit der Sendung des Sokrates ihnen gewährten Geschenk: »Denn nehmt ihr mir das Leben, so werdet ihr nicht leicht einen anderen dieser Art finden, der, mag es euch lächerlich klingen, der Stadt geradezu als Zuchtmittel von der Gottheit beigegeben ist..., der nicht müde wird, euch zu wecken, zu mahnen, zu schelten... Doch vielleicht werdet ihr, ähnlich einem durch eine Bremse aus dem Schlummer Geweckten, in euerem Ärger auf mich losschlagen, ...um dann euer weiteres Leben zu verschlafen.« Nun aber gar, wie es üblich sei, die Richter unter Tränen anzuflehen, das sei nicht anständig, nicht recht, nicht fromm. »Denn der Richter ist nicht dazu gesetzt, das Recht zu verschenken, sondern zu beurteilen, nicht sich gefällig zu erweisen, sondern Recht zu sprechen nach den Gesetzen.«

Der Tod des Sokrates hat sein Bild und seine Wirkung bestimmt. Er ist der Märtyrer der Philosophie. Aber das Urteil vom Justizmord der athenischen Demokratie an ihrem größten Bürger ist auch in Frage gestellt worden: Sokrates habe sich durch eine gehörige Verteidigung ohne Schwierigkeit retten können. Sokrates habe überheblich, in seinem Trotz auf Menschenkraft, die Richter verhöhnt. Er habe keine der Brücken beschritten, die man ihm baute. Er habe sich der Hinrichtung nicht durch die leicht mögliche Flucht entzogen. Er habe keinerlei Bereitschaft gezeigt, sich den ungeschriebenen Konventionen der Gemeinschaft zu fügen. Sokrates habe seinen Tod selber bewirkt, er habe ihn gewollt; es sei kein Justizmord, sondern ein Justizselbstmord. Solche Auffassung, die statt des Mörders den Ermordeten für schuldig erklärt, verkennt, daß Sokrates die göttliche Berufung zum Wirken für die Wahrhaftigkeit nicht in einer gehörigen Anpassung an die durchschnittliche Unwahrhaftigkeit verloren gehen ließ. Er war ein echter Märtyrer, das heißt Zeuge.

Aber jene Argumente gegen die These vom Justizmord sind doch beachtenswert nicht zur Beurteilung des Sokrates, sondern des Lesers der Texte über ihn. Wie alles Sokratische ist auch seine Verteidigung für das Verstehen durch uns Spätere nicht ohne Gefahr. Jene Verteidigung ist nur gültig mit dem Philosophieren des Sokrates. Abstrakt verstanden führt sie den Leser in eine falsche innere Verfassung, bringt ihn zu Empörung, Trotz, falscher Erbaulichkeit. Der Leser selber wird, statt in die Sokratische Grundhaltung einzutreten, vielmehr stolz, er selber wird überheblich, indem er den Sokrates unwillkürlich als überheblich versteht. Er freut sich an der Beleidigung des Volkes und der Richter. Er irrt sich, indem er allgemeine Regeln aus Sokrates' Apologie ableitet, sie zum abstrakten Vorbild macht. Nur wer sokratisch denkt, könnte wie Sokrates ohne Falschheit handeln und sterben. Schon Plato würde es nicht wie Sokrates getan haben.

Eine andere Auffassung ist die zuerst von Hegel begründete: Athen hatte Recht, denn es behauptete seine Substanz; Sokrates hatte Recht, denn er führte ein neues Zeitalter herauf, das die Zerstörung jener Substanz voraussetzte. Solche Verabsolutierung von Geschichte und solche ästhetische Objektivierung im tragischen Konflikt scheint dem Ereignis des Sokrates durchaus unangemessen. Die gewaltige Verwandlung des Geistes der Zeitalter bedeutet nicht das absolute Recht jedes Zeitalters und damit mehrerer Rechte. Durch alle Zeitalter geht das für Menschen Gültige, wenn Menschen als Menschen in Erscheinung treten. Was getan wird, steht vor einem höheren Gericht als dem einer geschichtlichen Auffassung. Was wahr und gut ist und was falsch und niederträchtig ist, darf nicht in tragischer Sicht verschleiert werden.

Eine Versöhnung mit der Hinrichtung des Sokrates ist nicht möglich außer durch ihn selbst. Er starb ohne Trotz und ohne Anklage: »Ich hege keinen besonderen Groll gegen meine Verurteiler und gegen meine Ankläger« – das war sein letztes Wort. Er ist überzeugt: für einen rechtschaffenen Mann gibt es kein Übel, und seine Sache wird von den Göttern nicht im Stich gelassen.

Sein vorletztes Wort aber war: »Ich verkünde euch Männern, die ihr mich hingerichtet habt: es wird alsbald nach meinem Tode eine Strafe über euch kommen. Die Zahl derer, die von euch Rechenschaft fordern, wird größer werden, bisher habe ich sie zurückgehalten. Sie werden euch um so gefährlicher werden, je jünger sie sind. Wenn ihr nämlich glaubt, durch Hinrichtung von Menschen den Schmähungen gegen euren unlauteren Lebenswandel Einhalt zu tun, so seid ihr im Irrtum.«

6. *Die Platonische Verklärung des Sokrates:* Das Bild des Sokrates in Platos Dialogen ist kein Bericht im Sinne historischer Realität der Szenen, Gesprächsführungen, Sätze. Wenn aber kein Bericht, ist es doch nicht nur Dichtung. Was Plato erfand, war im Sinne dieser Wirklichkeit erfunden, der Wirklichkeit dieser geheimnisvollen Denkerpersönlichkeit, für die es keine Parallele gibt. Dieses Bild wird uns durch die Gesamtheit der Dialoge, die einander ergänzen, gegenwärtig. Wenn man besondere Gestalten in der zeitlichen Folge der Dialoge, wie später in den Plastiken unterscheiden möchte, so sind diese doch als Modifikationen einer Einheit zusammengehalten. Dieses Ganze, vielseitig sich Entfaltende ist die verklärte Realität selber. Hier wird es sinnwidrig, nach Realität als historisch-philologisch zu eruierender Tatsächlichkeit, die unter dem Maßstab der Photo- und Phonographierbarkeit steht, zu fragen. Wer die historische Realität leugnet, ist durch Beweise nicht zu überzeugen. Es mußte Plato dasein, um die Wirklichkeit des Sokrates zu sehen und mittelbar zu machen. Was Plato gesehen hat, dürfen wir durch ihn mit ihm sehen: Sokrates vor dem Sterben (Apologie, Kriton, Phaidon) – und im Leben (Symposion, Phaidros).

Das *Sterben des Sokrates* gibt das Bild der heiteren Gelassenheit im Nichtwissen, erfüllt von einer unaussprechlichen Gewißheit.

Nichtwissen ist Grund und Ende alles Sprechens vom Tode. Sokrates bedenkt: Die den Tod fürchten, bilden sich ein zu wissen, was man nicht weiß. Vielleicht ist er das größte Glück, und sie fürchten ihn, als ob sie wüßten, daß er das größte Übel sei. Möglichkeiten lassen sich durchdenken: Entweder ist der Tod soviel als nichts, ohne Empfindung von irgend etwas, wie ein Schlaf ohne Traum; die ganze Zeit scheint dann nicht länger als eine Nacht des schönsten Schlafes. Oder aber der Tod ist die Auswanderung der Seele an einen anderen Ort, dorthin, wo alle Verstorbenen sind, wo gerechte Richter die Wahrheit sprechen, wo die ungerecht Gerichteten und zu Tode Gebrachten angetroffen werden, wo ein Weiterleben ist im Gespräch, um immer noch zu erforschen, wer weise ist, und wo die unbeschreibliche Glückseligkeit erfüllt wird, mit den besten Menschen zu sprechen. Wie es auch sei mit dem Tode, für den guten Menschen gibt es kein Übel, weder im Leben noch im Tode.

Sokrates, der gleich den Schierlingsbecher trinken soll, möchte seine Freunde überzeugen, daß er seine gegenwärtige Lage nicht für ein Unglück halte. An die Sage von den Schwänen erinnernd, die singend sterben, sagt er den Klagenden: es ist, »als hieltet ihr von meiner Wahrsagekunst weniger als von der der Schwäne, die, wenn sie das Nahen des Todes spüren, am meisten und kräftigsten singen aus Freude darüber, daß sie nun im Begriffe sind, zu dem Gott zu gelangen, dessen Diener sie sind« ... »Ich aber glaube selbst auch ein Dienstgenosse der Schwäne und demselben Gott geweiht zu sein und ebenso starke Seherkraft von meinem Herrn empfangen zu haben und ebenso wohlgemut wie sie aus dem Leben zu scheiden.«

Wenn Sokrates die Unsterblichkeitsbeweise entwickelt, so scheint die Gewißheit der Unsterblichkeit der Seele, »die über allen Zweifel erhaben ist«, der Grund der Ruhe zu sein. Aber dieses Unbedingte der Unsterblichkeit ist von der Art, daß die Zweifelsfreiheit im Rechttun liegt und im denkenden Suchen der Wahrheit. Die »Beweise« sind nachträgliche Vergewisserungen. Als rational bewiesen ist die Gewißheit kein Besitz. Vielmehr spricht Sokrates ausdrücklich von dem »Wagnis«, auf die Unsterblichkeit hin zu leben. Denn die Unsterblichkeitsvorstellungen sind »ein vollberechtigter Glaube, wert, daß man es wagt, sich ihm hinzugeben. Denn das Wagnis ist schön, und der Geist verlangt zur Beruhigung dergleichen Vorstellungen, die wie Zaubersprüche wirken.« Um aber jede Gewißheit als Besitz des Wissens zu verwehren, bringt Sokrates alles wieder in die Schwebe einer heiteren Grundstimmung: »Wenn, was ich sage, wahr ist, so ist es gut, davon überzeugt zu sein; hat aber der Gestorbene nichts mehr zu erwarten, so falle ich doch wenigstens diese letzten Stunden vor dem Tode den Anwesenden nicht durch Klagen zur Last. Diese meine Unwissenheit wird aber nicht lange andauern.«

Kriton fragte Sokrates, wie er bestattet sein wolle. Seine Antwort: »Ganz wie es euch beliebt. Nur müßt ihr meiner noch habhaft sein und mich nicht entweichen lassen.« Dabei lächelte er ruhig und sagte: »Kriton will es mir nicht glauben, daß dieser Sokrates hier, der jetzt mit euch spricht, mein wahres Ich ist. Er glaubt vielmehr, ich sei jener, den er in kurzem als Leichnam sehen wird... Also sage, daß es mein Leib ist, den du bestattest, wie es dir lieb ist und am meisten dem Brauche zu entsprechen scheint.«

Die Stimmung der Freunde um Sokrates in diesen Stunden vor seinem Tode ist wundersam gemischt aus Verzweiflung und Beschwingtheit. Sie sind durch Tränen und unbegreifliches Glück in eine unfaßliche Wirklichkeit gehoben. Sie wissen sich nicht klar zu werden in der Seligkeit des Glaubens mit Sokrates und in dem unendlichen Schmerz, den einzigen Mann zu verlieren.

Für Sokrates hat der Tod nichts Tragisches. »Ihr nun, Simmias und Kebes und ihr anderen, werdet späterhin, jeder in seiner Zeit, dahin aufbrechen; mich aber ruft, würde ein tragischer Dichter sagen, schon jetzt das Schicksal.« Das heißt: der Termin des Todes ist gleichgültig geworden. Sokrates ist der Zeit überlegen.

Daß die Freunde klagen, verwehrt er. »Man muß in andächtigem Schweigen von hinnen gehen. Also schweiget und haltet an euch.« Denn Gemeinschaft sucht Sokrates im ruhigen Wahren; Klagen aber verbindet nicht. Xantippe wird freundlich verabschiedet, das Jammern ist ihm fremd geworden. Der Aufschwung der Seele gelingt im Denken, solange es zu vollziehen vergönnt ist, nicht in der gedankenlosen Hingabe an den Schmerz. Wohl werden wir Menschen im Dasein von solchem Schmerz überwältigt und klagen. Aber es muß aufhören im Vorletzten; im Letzten muß es abfallen zur Ruhe des Hinnehmens, des Einverständnisses mit dem Schicksal. Sokrates ist dies große Beispiel: wo der vernichtende Schmerz gehörig erscheint, erwächst die große, liebende, die Seele öffnende Ruhe. Der Tod ist nicht mehr wichtig. Er wird nicht verschleiert, aber das eigentliche Leben ist nicht Leben zum Tode, sondern Leben zum Guten.

Während Sokrates angesichts des Todes dem Leben schon ganz fern scheint, bleibt er doch liebend zugewandt jeder kleinen menschlichen Wirklichkeit, so der Güte und Sorgfalt des Gefangenenwärters. Er denkt an die Gehörigkeiten: »Es dürfte ratsam sein, vor dem Trinken des Giftbechers ein Bad zu nehmen und den Weibern die Mühe zu ersparen, meinen Leichnam zu reinigen.«

Pathetik zergeht in der Sachlichkeit und im Scherz. Beide sind die Ausstrahlung der Ruhe. Die Seelenruhe Demokrits liegt auf der harmloseren Ebene eines selbstgewissen, tüchtigen, sich bescheidenden Menschseins. Sie hat nicht die Erschütterungen erfahren, in deren Durchstrahlung erst jene andere, tiefere, wissendere Ruhe des Sokrates erwachsen ist. Sokrates ist frei durch die Gewißheit im Nichtwissen dessen, woraufhin dieses ganze Leben und am Ende der Tod gewagt wurde.

Der Phaidon, mit der Apologie und dem Kriton, gehört zu den wenigen unersetzlichen Dokumenten der Menschheit. Die Menschen des Altertums, welche philosophierten, lasen ihn bis in späte Jahrhunderte und lernten an ihm, zu sterben in der Ruhe der Einmütigkeit mit dem eigenen, wenn auch noch so unheilvollen Schicksal.

Wir dürfen uns nicht täuschen über die kühle Atmosphäre dieser Haltung. Aber man kann diese Schriften nicht lesen, ohne ergriffen zu werden im Denken selber. Hier ist Anspruch ohne Fanatismus, höchste Möglichkeit ohne Verfestigung in Moral, Sichoffenhalten für den einzigen Punkt des Unbedingten. Bevor er diesen erreicht, soll der Mensch sich nicht preisgeben, in ihm aber vermag er ruhig zu leben und zu sterben. –

Sokrates im Leben ist bei Plato, trotz der Klarheit seiner Erscheinung, eine bis ins Leibliche geheimnisvolle Gestalt. Seine unverwüstliche Gesundheit ermöglicht ihm seine Bedürfnislosigkeit und seine Trinkfestigkeit. Nach durchzechter Nacht führt er ein tiefes philosophisches Gespräch mit Aristophanes und Agathon. Als auch diese beiden eingeschlafen sind, steht er auf und geht. »Er ging ins Lykeion, badete und brachte den ganzen Tag zu, wie er es sonst tat, und als er so getan, begab er sich abends nach Haus zur Ruhe.« – Aber sehr ungewöhnlich kann er sich benehmen. Auf dem Wege bleibt er zurück, nachsinnend, vor sich hinstarrend. Eine ganze Nacht kann er so dastehen. Als das Morgenrot kam, »betete er zur Sonne und ging fort«. – Er ist häßlich wie ein Silen und zugleich von einer bezaubernden Anziehungskraft. – Er ist unter keine Norm zu bringen, wunderlich (atopos), unfaßlich; was er ist und sagt und tut, scheint immer auch etwas anderes bedeuten zu können.

Was denn Sokrates sei, das läßt Plato im Gastmahl durch Alkibiades schildern, der im Rausch ungehemmt als ein adliger Jüngling, der im Leben dem Sokrates untreu geworden ist, hingerissen in ihm unbegreiflicher Liebe, von ihm zu ihm redet:

Ich behaupte, am ähnlichsten sei er jenen sitzenden Silenen, welche die Bildhauer darstellen, und wenn man sie öffnet, so zeigt sich, daß sie im Innern Götterbilder enthalten.

Wenn einer dich hört, so sind wir erschüttert und überwältigt. Ich wenigstens würde beschwören, was ich selbst von seinen Reden erlitt und auch jetzt noch erleide. Denn wenn ich sie höre, klopft mir das Herz viel stärker als den korybantischen Tänzern, und Tränen werden mir von seinen Reden entpreßt. Wenn ich hingegen Perikles und andere tüchtige Redner hörte, so fand ich, daß sie gut reden; solches aber erlitt ich nie, daß ich glaubte, ich könne nicht leben, da ich so bin, wie ich bin. Er zwingt mich einzugestehen, daß mir noch vieles fehlt, und ich doch mich selbst vernachlässige, aber Athens Geschäfte betreibe. Also gewaltsam wie vor den Sirenen die Ohren zuhaltend strebe ich zu entkommen. Denn er ist der einzige Mensch, von dem ich erfuhr, daß ich mich vor jemandem schäme. Und oftmals würde ich gern sehen, er weile nicht mehr unter den Menschen; wenn das aber geschähe, weiß ich wohl, würde ich noch viel betrübter sein.

Keiner von euch kennt ihn. Aber ich will ihn enthüllen. Ihr seht ja, daß Sokrates in die Schönen verliebt ist und immer um sie herum ist und durch sie ergriffen wird. Das ist nur seine äußere Umhüllung, wie beim ausgehöhlten Silen. Aber innen, wenn man ihn öffnet, was glaubt ihr, wie er strotzt von Vernunft. Wisset, daß es ihn gar nicht kümmert, ob einer schön ist, noch ob einer reich, noch ob er einen anderen der von der Menge verhimmelten Vorzüge hat. Er erachtet nämlich alle diese Güter für nichts, sagt es aber nicht, sondern treibt seine Ironie und sein Spiel das ganze Leben hindurch mit den Menschen. Ob aber jemand die Götterbilder seines Innern gesehen hat, wenn er ernst und aufgeschlossen war, weiß ich nicht. Ich aber habe sie einmal gesehen, und mir schienen sie so göttlich und golden zu sein und vollendet schön und wunderbar.

Vom verklärten Bild, das Plato gibt, ist das nüchterne Bild, das Xenophon darstellt, sehr verschieden, aber nicht im Wesentlichen widersprechend. Xenophon sieht Erscheinungen der Vordergründe, Plato die Tiefe. Xenophon zeigt einen moralischen Menschen, der aus der Liberalität des Menschenkenners des Rigorismus entbehrt. Plato sieht das Menschliche einer unerschöpflichen Natur und darin mehr als Natur. Xenophon sieht lauter Einzelheiten und einzelne Gedanken, sieht Tüchtigkeit und Gesundheit und Verständigkeit, ist bereit, das Fehlerhafte in Sokrates mit gleicher Verständigkeit zu beurteilen, findet aber nichts. Plato dringt in die Mitte des Sokratischen Wesens, das im Gleichnis fühlbar zu machen ist, in seinen Erscheinungen nur symbolisch faßbar wird, und er steht vor den Grenzen, wo das Urteil aufhört in der Anschauung des Außerordentlichen. Xenophon weiß Bescheid, er hat den Sokrates, indem er alles von ihm sammelt und berichtet. Plato ist ergriffen und gerät durch Sokrates in eine Bewegung, die erst durch das ganze Platonische Leben zutage bringt, was alles in der Wirklichkeit und Wahrheit des Sokrates lag. Xenophon schildert einen etwas pedantischen Rationalisten, der an das Nützliche denkt, Plato den im Denken vom Eros Gelenkten, der das Licht des schlechthin Guten denkend berührt. Beide bleiben beim Menschen, beide vergöttern nicht;

aber der Mensch selbst und seine mögliche Wahrheit ist bei Xenophon ein durchsichtiges, erschöpfbares rational-moralisches Wesen, bei Plato ein aus unerschöpfbarer Tiefe sprechendes, im Aufschwung aus der Unergründlichkeit ins Unergründliche hin lebendes Wesen.

7. *Wirkungsgeschichte:* Der Tod des Sokrates ließ seine philosophische Wirkung explosiv zutage treten. Der Kreis der Freunde des Sokrates war, angesichts des ungeheuren Ereignisses, nun ergriffen von der Aufgabe, über Sokrates Kunde zu geben, für Sokrates zu zeugen, im sokratischen Geist zu philosophieren. Jetzt entstand die sokratische Literatur, deren größte Erscheinung Plato ist. Die Voraussage des Sokrates behielt recht: seine Freunde würden keine Ruhe lassen. Obgleich kein Werk des Sokrates vorlag, keine Lehre, noch weniger ein System, begann die stärkste Bewegung der griechischen Philosophie. Sie dauert bis heute.

Aber nun ist das Merkwürdige: Sokrates spiegelt sich in seinen Schülern gar nicht eindeutig. Es entsteht keine Schule, sondern eine Mehrheit von Schulen. Alle beziehen sich auf Sokrates als den Ursprung. Es verwirklicht sich eine Welt gedanklich sich widersprechender Möglichkeiten. Die Gestalt des Sokrates selber wird mannigfaltig. Gemeinsam ist nur: sie alle haben in der Berührung mit Sokrates erfahren, daß sie anders wurden. Was mit Sokrates' Tod sogleich begann und nie aufhörte und eine Einmütigkeit über seine Wirklichkeit bis heute unmöglich macht, das ist diese unaufhebbare Vielfachheit seiner Wirkung.

Der eine Punkt, der aus sich die Vielfachheit gebiert, ist das Denken. Durch Denken wurden die von Sokrates Getroffenen zu anderen Menschen. Dieses Denken verleiht die Unabhängigkeit im Einswerden mit dem, worauf alles ankommt. Im Denken ergreifen wir Menschen unsere höchste Möglichkeit, durch Denken geraten wir aber auch ins Nichts. Denken ist Wahrheit nur, wenn es in sich birgt, was durch es gegenwärtig wird, aber mehr ist als das Denken. Plato nennt es das Gute, die Ewigkeit des Seins; aber das ist eine wundervolle Platonische Deutung des Sokrates. Durch Sokrates ist das Denken zutage getreten mit höchstem Anspruch und höchster Gefahr. Mit ihm in Berührung zu kommen, hat jene Beflügelung zur Folge, die alle Sokratiker erfahren haben. In der Denkungsart fand sogleich nach Sokrates die Zersplitterung statt. Glaubten alle, das Sokratische Denken zu haben, und hatte es niemand? Liegt hier die unaufhörliche Bewegungskraft, die bis heute nicht ans Ziel gelangt, aber ins Unabsehbare zu steigern vermag?

Man zählt die sokratischen Schulen auf: Während Xenophon nur berichtet, sind sie durch die Verwirklichung bestimmter Denkungsweisen charakterisiert: Die Megariker (Eukleides) entwickelten die Logik und Eristik, erfanden die bedeutungsvollen Fangschlüsse (Lügner), unter ihnen Diodoros Kronos die Wunderlichkeiten des Möglichkeitsgedankens. – Die elische Schule (Phaidon) machte dialektische Untersuchungen. – Die kynische Schule (Antisthenes) ging den Weg der Bedürfnislosigkeit und inneren Unabhängigkeit, der Verneinung von Bildung und Kultur. Ihr entstammte Diogenes von Sinope. – Die kyrenaische Schule entwickelte die Ethik aus der Natur und den Bedingungen der Lust, den »Hedonismus«. – Plato, der allen Einseitigkeiten gegenüber durch Umfang und Tiefe und Entwicklungsfähigkeit den großen Strom sokratischen Philosophierens in die Zukunft leitete, gerät nicht in eine jener Sackgassen. – Keine dieser Philosophien ist die des Sokrates. Alle müssen als eine Möglichkeit in seinem Denken angelegt sein, das sich im Widerschein dieser vielen Bilder spiegelt.

Anders in der Folgezeit. Die Bilder des Sokrates haben sich vor seine Wirklichkeit gelegt, die nur durch sie hindurch schimmert. Darum konnten viele, fast alle Philosophen der Antike, trotz ihrer Feindschaft untereinander, in Sokrates die Inkarnation des Ideals des Philosophen sehen. So stand er einzig da durch die Jahrhunderte.

Den Kirchenvätern galt Sokrates als hoher Name. Sie sahen in ihm den Vorläufer der christlichen Märtyrer, er starb wie diese für seine Überzeugung, wurde wie sie des Verrats des überlieferten Götterglaubens bezichtigt. Mehr noch: Sokrates wird neben Christus genannt. Sokrates und Christus stehen zusammen gegen die griechische Religion (Justin). »Es gibt nur einen Sokrates« (Tatian). Origenes sieht Gemeinsamkeiten zwischen Sokrates und Jesus. Sokrates' Einsicht in das Nichtwissen bereitet zum Glauben vor (Theodoret). Die Selbsterkenntnis des Sokrates ist der Weg zur Gotteserkenntnis. Sokrates sah, daß nur mit reinem Geiste, unbefleckt von irdischen Leidenschaften, der Mensch an das Göttliche sich heranwagen könne. Er gestand seine eigene Unwissenheit. Weil aber keine Klarheit über das höchste Gut aus seinen Unterredungen zu gewinnen war, weil er überall nur anregt, verficht und wieder umstößt, entnehme daraus jeder, was ihm zusagt (Augustin).

Soweit die ersten christlichen Jahrhunderte im Schatten der Antike standen, galt auch Sokrates. Im Mittelalter erlosch der Glanz seines Namens. Gelegentlich kam er noch vor: Jehuda Halevi sah Sokrates als Vertreter der vollkommensten menschlichen Weisheit, der aber das Göttliche verschlossen ist. Seit der Renaissance tauchte Sokrates wieder auf. Mit dem unabhängigen Philosophieren wurde auch er wieder lebendig. Erasmus konnte schreiben: Sancte Socrates, ora pro nobis. Montaigne sah das Sokratische Denken als Skepsis und Natürlichkeit, darin vor allem die Gelassenheit des Sterbenkönnens. In der Zeit der Aufklärung stand Sokrates da als der Denker der Unabhängigkeit und der sittlichen Freiheit. Für Mendelssohn war er der Mann der moralischen Vortrefflichkeit und der Beweise für Gott und die Unsterblichkeit (Phaidon). Doch das alles war nur Anfang. Erst Kierkegaard fand einen ursprünglichen Zugang zu Sokrates und in der modernen Welt die bisher tiefste Deutung des Sokrates, seiner Ironie und Mäeutik, seines Wirkens als Anlaß, das Wahre zu finden, nicht als Vermittler der Wahrheit. Nietzsche sah in Sokrates den großen Gegenspieler gegen den tragischen Gehalt des Griechentums, den Intellektualisten und Begründer der Wissenschaft, das Verhängnis des Griechentums. Er rang mit Sokrates sein Leben lang, ihm nah und für sein Bewußtsein sein radikalster Gegner. »Sokrates steht mir so nah, daß ich fast immer einen Kampf mit ihm kämpfe.« Was aus der Philosophie in Zukunft wird, muß sich auch in der Weise zeigen, wie Sokrates wirkt.

Man darf im Rückblick fast sagen, daß Sokrates, in seiner Realität bekannt und gar nicht bekannt, gleichsam der Ort wurde, in den Zeiten und Menschen hineinbildeten, was ihr eigenes Anliegen war: den gottesfürchtigen demütigen Christen, – den selbstgewissen Mann der Vernunft, die Genialität der dämonischen Persönlichkeit, – den Verkünder der Humanität, – sogar gelegentlich den politischen Menschen, der unter der Maske des Philosophen seine Pläne zur Machtergreifung verbirgt. Er war dies alles nicht.

Etwas Neues brachte die moderne philologische Forschung. Sie arbeitet seit Schleiermacher am Bilde des Sokrates mit der Frage: Was ist auf Grund der Quellen von der historischen Realität des Sokrates zu erkennen? Sie entwickelt die Methoden der historischen Kritik und versucht, ihr Ergebnis in einem von Dichtung und Legende gereinigten Sokratesbild vor Augen zu stellen.

Das Ergebnis ist aber erstaunlicherweise keineswegs ein einmütig anerkanntes wissenschaftliches Sokratesbild. Vielmehr ist das Ergebnis die Klärung der Frage nach der Möglichkeit des historischen Bildes überhaupt und eine Vielheit sich bekämpfender Bilder. Vergeblich sucht man die kritischen Rekonstruktionen des Sokrates miteinander zu vereinigen. Der Quellenwert des Plato, Xenophon, Aristophanes, Aristoteles wird jeweils herausgehoben oder abgelehnt. Die radikalste Konsequenz hat Gigon gezogen: Da es keinen historischen Bericht über Sokrates gibt, sondern nur Dichtung, da keine schriftliche Aufzeichnung von Sokrates selbst je da war, ist es unmöglich, eine Philosophie des Sokrates zu konstruieren. Er erklärt es für unfruchtbar, sich durch das Rätsel des Sokrates faszinieren zu lassen. Zwar wird von ihm anerkannt, daß es nicht ganz Zufall gewesen sein kann, daß gerade Sokrates von Aristophanes zum Repräsentanten einer heillosen, aus Naturerkennen, Aufklärung und Sophistik gemischten Philosophie gewählt wurde, daß gerade Sokrates und nicht ein anderer Sophist 399 hingerichtet wurde, daß gerade er in einer an Rang und Umfang gleich bedeutenden Literatur zum Bilde des wahren Philosophen wurde. Aber warum, sagt Gigon, das wissen wir nicht. Wir müssen auf einen geschichtlichen Sokrates verzichten.

Dagegen stehen die Versuche, kritisch zu kombinieren, etwa nach der Formel Schleiermachers: »Was kann Sokrates noch gewesen sein neben dem, was Xenophon von ihm meldet, ohne jedoch den Charakterzügen und Lebensmaximen zu widersprechen, welche Xenophon bestimmt als sokratisch aufstellt? Und was muß er gewesen sein, um dem Plato Veranlassung und Recht gegeben zu haben, ihn so, wie er es tut, in seinen Gesprächen aufzuführen?« Die Gelehrten, die nicht verzichten wollen, sind auf den »historischen Takt« angewiesen, durch Vergleich und Kombination einen historischen Sokrates zu entwerfen.

Wenn Wissenschaft das Merkmal des Zwingenden hat, so hat hier die Wissenschaft entweder als Ergebnis ein Nichts, dessen Platz eine Ansammlung von Topoi und Anekdoten einnimmt, die auch sonst vorkamen und auf Sokrates übertragen sind, oder sie verleugnet sich, indem sie mehr herauszuholen behauptet, als die kritischen Methoden hergeben, und dann ist das Ergebnis die Vielheit unvereinbarer, aber als kritisch behaupteter Bilder, also keine wissenschaftliche Erkenntnis.

Sokrates ist dann z. B. Vorstufe zu Platos Philosophie, der Entdecker des Weges zum Begriff (Zeller nach Aristoteles); oder: er ist kein Philosoph, sondern sittlicher Revolutionär, Prophet, Schöpfer eines Ethos der Selbstbeherrschung und Selbstgenügsamkeit, der Selbstbefreiung des Menschen (Heinrich Maier); oder: er ist der Sokrates aller Dialoge Platos, der Schöpfer der Ideenlehre, der Unsterblichkeitslehre, des Idealstaats; alles, was Plato berichtet, ist historische Wahrheit (Burnet, Taylor). Diesen Positionen gegenüber gibt Werner Jaeger das vernünftige methodische Verfahren an: Sokrates hat von allem diesem etwas, aber unter Einschränkungen (insbesondere sind die philosophischen Lehren der späteren Platonischen Dialoge, angefangen mit der Ideenlehre, nicht dem Sokrates zuzusprechen;) von allem, was über Sokrates gedichtet und gedacht wurde, muß die Möglichkeit in Sokrates gegeben sein. Auszugehen ist von der außerordentlichen, unmittelbar bezeugten Wirkung des Sokrates. Damit weist Jaeger ebenso entschieden auf das Tatsächliche, wie er mit Recht über die Philologie, sofern sie Wissenschaft ist und zwingend beweist, hinausgeht.

8. *Die bleibende Bedeutung des Sokrates:* Jeder bewahrt nach dem Studium der Überlieferung ein Bild des Sokrates. In allem Schwebenden der Möglichkeiten, trotz Wissens der Ungewißheit setzt sich ein Bild des Sokrates fest, das wir für wirklich halten und nicht für fingierende Dichtung. Wenn Sokrates am Maßstab eindeutiger realer Anschaulichkeit verborgen scheint, so steht doch seine menschliche Gewalt, sein hinreißendes Wesen unumgehbar vor Augen. Es ist gar nicht möglich, sich kein Bild vom historischen Sokrates zu machen. Mehr als das: Sokrates vor Augen zu haben, ist eine der unerläßlichen Voraussetzungen unseres Philosophierens. Vielleicht darf man sagen: Kein Philosophieren heute ohne Sokrates, und sei er nur als ein blasser Schimmer

aus ferner Vergangenheit fühlbar! Wie einer Sokrates erfährt, bewirkt einen Grundzug seines Denkens.

Ein unphilosophisches Verständnis des Sokrates ist schon unmittelbar nach seinem Tode aufgetreten und aus pseudoplatonischen Dialogen zu entnehmen:

Kleitophon macht Sokrates den Vorwurf: Du regst an, aber du zeigst nicht, was man tun soll. Die Gerechtigkeit und die Einmütigkeit unter Freunden zu loben, sei wohl schön. Und wahr sei es, zu sagen, es sei lächerlich, um alles andere Sorge zu tragen und seine Seele zu vernachlässigen. Aber nun wolle Kleitophon wissen, was das Werk der Gerechtigkeit sei, und höre nur: das Zuträgliche, das Pflichtmäßige, das Nützliche, das Vorteilhafte. Nie höre er den bestimmten Zweck. Daher fragt Kleitophon: Soll denn Anregung alles sein? Soll unser ganzes Leben hindurch unsere Aufgabe bleiben, die noch nicht Angeregten anzuregen und die dieser wiederum, bei anderen ein Gleiches zu tun? Kleitophon sagt daher zu Sokrates: Eine Anregung zum Streben nach der Tugend zu geben, darin tut es dir kein Mensch gleich. Für einen noch nicht zur Tugend Angeregten bist du alles wert. Aber für einen, der diese Anregung schon empfangen, könntest du beinahe sogar zum Hindernis werden, zum höchsten Ziele der Tugend zu gelangen. Daher solle Sokrates ihm gegenüber von den bloß anregenden und vorbereitenden Auseinandersetzungen nunmehr ablassen und ihm das, was sich der Vorbereitung anschließen muß, mitteilen. Kleitophon will Anweisungen. – Hier zeigt sich in gutwilliger Form, was bis heute immer wiederkehrt. Man will von der Philosophie etwas, das sie nicht leisten kann, und spricht seine Enttäuschung aus. Man verlangt die Wahrheit geliefert zu bekommen, die nur im eigenen inneren Handeln des Denkens ursprünglich ergriffen werden kann.

Solcher Enttäuschung liegt eine andere Reaktion nahe. Man erzwingt das Begehrte, umkleidet Sokrates mit einer magischen Aura, läßt ihn zum Heiland oder zum Zauberer werden. Das ist im *Theages* geschehen. Hier heißt es: Im Umgang mit Sokrates machten Viele erstaunliche Fortschritte, wenn sie auch nur in demselben Hause mit ihm sich befanden, größere bei Anwesenheit im selben Zimmer, und mehr, wenn einer Sokrates anblickte, und am stärksten, wenn er unmittelbar neben ihm saß und ihn berührte. – Die Gewalt der erweckenden Gesprächsführung wird also verkehrt in die Magie einer erotisch gefärbten Gegenwart. Dem entspricht die Objektivierung des Sokratischen Daimonions zu einem Orakel. Es ist nicht mehr die immer nur verneinende Stimme allein für Sokrates, sondern ein ihm gegebenes Organ, das Sokrates zu Nutzen anderer verwenden soll. Einer kam zu Tode, weil er bei einem Vorhaben nicht der Stimme des Daimonions gehorchte, die Sokrates ihm mitgeteilt hatte.

Es scheint zunächst ein fast unscheinbarer Übergang in der Auffassung des Sokrates und damit der Philosophie. In der Tat aber ist ein Abgrund zwischen dem lebendigen Dasein der Vernunft in der Wirklichkeit des Sokrates und der von Legenden umrankten, im Besitz magischer Kräfte gebundenen Gestalt. Es ist das Große in der Wirkung des Sokrates, daß entsprechend seinem Wesen diese Ansätze zur Mythisierung stecken geblieben sind. Sie waren möglich, haben sich aber in der von Sokrates ausgehenden Nüchternheit der liebenden Vernunft nicht durchsetzen können.

Von Sokrates her wirkt die vollkommene Befreiung und zugleich das Geheimnis des Denkens. Seitdem ist die Naivität des Wissens nicht mehr möglich für den, der in dieses Denken eingeweiht ist. Dies befreite Denken ist sich nun selber zur großen Frage geworden. Der Anspruch, das Leben in dem zu gründen, was im Denken und nur im Denken aufgeht, den Vernunftglauben zum Ursprung und Maßstab werden zu lassen, ist nicht durch einen Besitz des Denkens als einer überblickten und verfügbaren Technik zu erfüllen. In der Folge hat zwar die Selbsterhellung des Denkens die Methoden des Erkennens und die logischen Operationen unterschieden und geklärt und gleichsam verfügbar gemacht und hat damit eine gewaltige Steigerung des Denkens ermöglicht. Aber immer bleibt der umfassende Grund des Denkens, ohne den das bloß logisch Begriffene zur Technik und in der Vielfachheit führungslosen Könnens sinnlos wird. Das Denken ist nicht abschließbar in einem vollendeten Denken des Denkens.

Dieses Sokratische Denken ist daher nicht die Begründung der »Wissenschaften«, die im ionischen Forschen längst tatsächlich gelungen war. Aber von diesem neuen Denken her bekamen die Wissenschaften einen bis dahin unbekannten Impuls.

Dieses Denken ist auch nicht die Begründung des philosophischen Lesens der Chiffernschrift des Seins, die von der vorsokratischen Philosophie in großem Stil vollzogen war. Aber im Sokratischen Denken fand dieses metaphysische Denken zugleich Umschmelzung und Rechtfertigung.

Naiv war das Denken der Vorsokratiker, reflektiert das Denken des Denkens seitens der Sophisten. Sokrates durchdrang beide in einer Helle, die wiederum die großartige neue Naivität war, aus der seit ihm dem Menschen, der sich in seinem Sich-bereit-Machen geschenkt wird, zu leben möglich ist. Sokrates hat mit der grenzenlosen Reflexion der Sophisten, die er sich zu eigen machte, nicht die Auflösung der menschlichen Substanz, sondern das Substantielle des Denkens selbst im inneren Handeln zu verwirklichen und zu erwecken gesucht.

Was Denken sei, das ist von jedem nachfolgenden Sokratiker ergriffen. Aber die Frage ist bis heute offen noch für die Praxis des wirklichen Denkens. Und niemand hat in theoretischem Bemühen angemessen zu sagen vermocht, was dieses Denken eigentlich sei.

Aber es ist immer Denken. Aristoteles hat mit der Kennzeichnung des Sokrates als des Erfinders des Begriffs (nämlich der aus dem Einzelnen hinführenden Rede und der Bestimmung des Allgemeinen) etwas festgehalten (mit Ausdrücken seines eigenen Denkens), was er selbst, nachdem Plato ihm die herrlichste Entfaltung verschafft hatte, vielleicht nicht mehr verstand.

Das Sokratische Denken ist übergreifend, ist gezogen von der Wahrheit, die nur in Formen wissenden Nichtwissens berührt wird, getragen von dem Vertrauen, daß sich dem redlichen Denken Wahrheit und Wirklichkeit zeigen. Daher vollzieht dieses Denken sich in einem Raum, der mehr als Denken bedeutet. Das Denken ist verantwortlich dafür, in sich selbst dieses Andere zu hören, und schuldig, wenn es abgleitet in bloße Gedanklichkeit von Begriffen und deren bodenloses Spiel.

Dieses Denken sieht sich vor zwei Irrwegen, die es zu meiden vermag. Es kann einerseits abgleiten in einen Moralismus als abstrakte Rechtfertigung des Richtigen. Es kann andrerseits seine Rechtfertigung aus dem Irrationalen suchen. Beides vermeidend bleibt es gerichtet auf die Denkbarkeit dessen, was als Gewißheit und Unantastbarkeit in jedem echten Denkakt gegenwärtig wird.

Es ist ein Denken, das dem Menschen nicht gestattet, sich zu verschließen. Es duldet nicht das Ausweichen dessen, der sich nicht zu nahe treten lassen will, macht unruhig den blinden Glückswillen, die Zufriedenheit im Triebhaften und die Enge in den Daseinsinteressen. Dieses Denken schließt auf und fordert die Gefahr in der Offenheit.

Im Wirkungskreis des Sokrates gibt es freie Selbstüberzeugung, nicht Bekenntnis. Hier ist Freundschaft in der Bewegung des Wahren, nicht Sektenbildung im Glauben möglich. In der Helligkeit des menschlich Möglichen begegnet Sokrates dem Anderen auf gleichem Niveau. Er will nicht das Jüngersein. Darum sucht er auch noch die Übermacht seines Wesens durch Selbstironie zu neutralisieren.

BUDDHA

Quellen: Buddhistischer Kanon.
Literatur: Oldenberg. Beckh. Pischel.

Es gibt keinen Text, der mit Sicherheit Worte Buddhas wiedergibt. Das Dokument, in dem die ältesten erreichbaren Überlieferungen zu finden sind, ist der umfangreiche Pali-Kanon, darin vor allem das Dighanikaya (Franke). Die Forscher lehren uns den Bestand an Texten, die verschiedenen Ströme der Überlieferung im Norden und Süden, dann die erste historisch unmittelbar faßliche Realität: Asoka und seine buddhistische Wirksamkeit zweihundert Jahre nach Buddhas Tod. Die Forscher lehren uns weiter die großen Wandlungen des Buddhismus. Die Realität Buddhas soll kritisch gewonnen werden durch Abzug des offenbar Legendären und des erweisbar Späteren. Wie weit aber der Abzug gehen muß, das setzt keine zwingende Erkenntnis fest. Wer nur das zwingend Gewisse will, kommt mit seinen Abzügen bis dahin, wo nichts mehr übrigbleibt.

Voraussetzung für ein begründetes Bild von Buddha ist die Ergriffenheit von der fühlbaren Mitte alles dessen, was in den Texten, zwar nirgends sicher, aber im Wesentlichen überzeugend, auf Buddha zurückgeführt werden kann. Diese Ergriffenheit allein macht sehfähig. Daß hier der Widerschein einer persönlichen, einmaligen Wirklichkeit zu uns spricht, daß, wo der Widerschein ist, die Ausstrahlung wirklich gewesen sein muß, das ist dem einen ebenso evident, wie sie dem anderen, der sie leugnet, nicht zu beweisen ist. Noch in dem wunderbaren legendarischen Bild des in das kosmische Geschehen verwobenen übersinnlichen Buddha mag etwas von Entfaltungen und Symbolisierungen ursprünglich menschlicher Wirklichkeit liegen.

1. *Erzählung des Lebens:* Buddha (ca. 560–480) stammt aus dem Adelsgeschlecht der Sakya. Sie regierten mit anderen Geschlechtern einen kleinen Staat in Kapilavastu, nahe dem mächtigen Kosalareich. Die Landschaft liegt unter den Schneebergen des Himalaya, die dort das ganze Jahr von ferne leuchten. Der Knabe und Jüngling Gautama lebte das Glück des reichen irdischen Daseins dieser adligen Welt. Der frühen Ehe entsproß sein Sohn Rahula.

Dies Glück wurde erschüttert, als Gautama sich des Grundtatbestandes des Daseins bewußt wurde. Er sieht das Alter, die Krankheit, den Tod. Abscheu und Ekel gegen das häßliche Unheil des Leibes, sagt er sich, kommt mir nicht zu, denn auch ich werde altern, werde krank werden, werde sterben. »Indem ich also bei mir dachte, ging mir aller Lebensmut unter.« Folge war sein Entschluß (der in Indien überlieferte Formen vorfand), Haus, Heimat, Familie und Glück zu verlassen, um durch Askese das Heil zu finden. Er war neunundzwanzig Jahre alt. Ein Bericht lautet: »Der Asket Gautama ist in jungen Jahren in blühender Jugendkraft, in der ersten Frische des Lebens von der Heimat in die Heimatlosigkeit gegangen. Der Asket Gautama hat, ob seine Eltern es gleich nicht wollten, ob sie gleich Tränen vergossen und weinten, sich Haare und Bart scheren lassen, gelbe Gewänder angetan.«

Durch Lehrer in den asketischen Übungen, dem Yoga, unterrichtet, übte er viele Jahre die Kasteiung in den Wäldern. »Wenn ich einen Rinderhirten sah oder einen, der Holz holte, dann stürzte ich von

Wald zu Wald, von Tal zu Tal, von Höhe zu Höhe. Und warum? Damit sie mich nicht sähen und damit ich sie nicht sähe.« In der Einsamkeit wird die Meditation vollzogen: »Wahrlich, dies ist ein lieblicher Fleck Erde, ein schöner Wald; klar fließt der Fluß, mit schönen Badeplätzen; ringsum liegen Dörfer. Hier ist gut sein für einen Edlen, der nach dem Heile strebt.« An solchen Plätzen sitzt Gautama, auf den Augenblick der Erkenntnis wartend, »die Zunge gegen den Gaumen gedrückt«, mit Gewalt die Gedanken »festhaltend, festpressend, festquälend«.

Aber vergeblich. Die Kasteiungen führten nicht zur Erleuchtung. Gautama durchschaute vielmehr, daß das Wahre im Asketischen, das nur asketisch ist, verschleiert bleibe, der leere Zwang wirkungslos sei. Da tat er das für diesen indischen Glauben Ungeheuerliche: er nahm reichlich Nahrung zu sich, um seine Kraft wiederzugewinnen. Die befreundeten Asketen verließen den Abtrünnigen. Er war allein. Die Meditation übte er ohne Askese in ihrer Reinheit.

Eines Nachts unter einem Feigenbaum kam ihm in der Meditation die Erleuchtung. Dieser Durchbruch ließ, mit einem Male und ganz, im geistigen Schauen den Weltzusammenhang ihm klar vor Augen treten: was ist, warum es ist, wie die Wesen verschlungen sind in den blinden Lebensdurst auf den Irrwegen der Seele in immer neuen Wiedergeburten der endlosen Seelenwanderung, – was das Leiden ist, woher es kommt, wie es aufgehoben werden kann.

Diese Erkenntnis wird als Lehre ausgesprochen: Weder das Leben in Lust und Genuß der Welt, noch das Leben in der selbstquälerischen Askese ist das rechte. Jenes ist unedel, dieses leidensreich, beide führen nicht zum Ziele. Der von Buddha entdeckte Weg liegt in der Mitte. Er ist der Heilspfad. Dieser geht aus von dem sich selbst noch nicht durchsichtigen Glauben, daß alles Dasein Leiden sei, und daß es auf die Befreiung vom Leiden ankomme. Er führt über den Entschluß eines in Wort und Tat rechten Lebens zur Versenkung in den Stufen der Meditation und auf Grund dieser zur Erkenntnis dessen, was im Glauben des Anfangs schon bewegte: der Wahrheit vom Leiden. Der beschrittene Weg wird selber also erst am Ende durch die Erkenntnis hell erfaßt. Der Kreis schließt sich, die Vollendung ist erreicht. Diese Erkenntnis ist der Schritt aus dem endlosen Werden und Vergehen hinüber in das Ewige, aus dem Weltdasein in das Nirvana.

Am Fuß des Feigenbaums sitzt Gautama, nun Buddha (der Erleuchtete) geworden, sieben Tage lang mit untergeschlagenen Beinen, die

Freude der Erlösung genießend. Und dann? Durch die Erleuchtung zur Gewißheit seiner Befreiung gekommen, will er schweigen. Was er erkennt, das ist der Welt fremd. Wie sollte sie ihn verstehen? Er will »vergebliche Mühe meiden«. Die Welt nimmt ihren Gang. In ihrem ungeheuren notwendigen Wandel durch die Weltalter periodischer Zerstörung und Wiederentstehung sind die blind Getriebenen, Wissenslosen durch das Rad der Wiedergeburten unaufhaltsam mitgerissen im Auf und Ab ihrer Daseinsformen. Was in dem je gegenwärtigen Dasein getan wird, das bestimmt als Karma die Gestalt der folgenden Wiedergeburt, wie dieses Dasein schon selber durch frühere Existenz bestimmt war. Die Welt wird nicht anders, aber in ihr ist das Heil möglich für den Wissenden. Er geht, befreit von weiteren Wiedergeburten, ein in das Nirvana. Einsam hat Buddha dieses Wissen gewonnen. »Ich halt mit keinem Menschen Freundschaft.« Er weiß seine Befreiung, »genug, ich künd es anderen nicht, die in Liebe, in Haß leben, ihnen verbirgt die Lehre sich«.

Aber in dieser Selbstgenügsamkeit für ihn gewonnener Erlösung kann Buddha nicht verharren. Erbarmen ergreift ihn mit allem Lebendigen. Widerstrebend zwar, entschließt er sich, seine Lehre zu verkündigen. Er erwartet nicht viel, und später, als seine Predigt so gewaltigen Erfolg hat, sagt er voraus, daß die echte Lehre nicht lange bestehen werde. Aber er geht den Weg der helfenden Verkündigung: »In der dunkel gewordenen Welt will ich die todlose Trommel rühren.«

In Benares beginnt seine Predigt. Die ersten Jünger schließen sich ihm an. Noch mehr als vier Jahrzehnte lebt Buddha, wandernd, lehrend in den weiten Ländern des östlichen Nordindiens. Geistig geschieht von jetzt ab in ihm nichts Neues. Der Inhalt ist die Verkündigung der fertigen Lehre, ihre Abwandlung im Gleichbleibenden. Daher ist über diese Zeit nur im ganzen zu berichten. Buddha wirkt durch Lehrvorträge, Erzählungen, Gleichnisse, Sprüche; wir hören von Dialogen, von vielen Szenen und Situationen, von Bekehrungen. Er bedient sich der Volkssprache, nicht des Sanskrit. Seine Denkweise ist bildhaft, aber gebraucht die in der indischen Philosophie erworbene Begrifflichkeit.

Entscheidend aber für die große historische Wirkung war die Begründung der Mönchsgemeinschaften in festen Formen. Die glaubenden Jünger verließen Heimat und Beruf und Familie. In Armut und Keuschheit wanderten sie, bekleidet mit dem gelben Mönchsgewand, gekennzeichnet durch die Tonsur, in die Weite. Sie hatten die erlösende

Erkenntnis erreicht, wollten und wünschten nichts mehr in dieser Welt. Sie lebten vom Bettel, die Schale in der Hand, in die von der Bevölkerung Nahrungsmittel gelegt wurden, wenn sie durch die Dörfer kamen. Diese Gemeinschaften hatten von vornherein ihre Regeln und Ordnungen, ihre Führung und Kontrolle. Laiengenossen schlossen sich an, ohne Mönche zu werden. Unter ihnen waren Könige, reiche Kaufleute, Aristokraten, berühmte Hetären. Sie alle schenkten in großem Stil. Die Mönchsgemeinschaften kamen in den Besitz von Parks und Häusern, zum Aufenthalt in der Regenzeit und zum Treffen großer Massen, die die Lehre empfangen wollten.

Die Ausbreitung dieses Mönchswesens stieß auf Widerstand. »Das Volk wurde unwillig: Der Asket Gautama ist gekommen, Kinderlosigkeit zu bringen, Witwentum zu bringen, Untergang der Geschlechter zu bringen. Diese vielen edlen Jünglinge wenden sich dem Asketen Gautama zu, in Heiligkeit zu leben.« Wenn die Massen der Mönche auftraten, höhnte das Volk: »Da sind sie ja, diese Kahlköpfe! Da sind die süßlichen Kopfhänger mit ihrer Beschaulichkeit, beschaulich wie die Katze, die der Maus auflauert.« Buddha aber stellt den Grundsatz auf, nicht zu kämpfen: »Ich streite nicht mit der Welt, ihr Mönche. Sondern die Welt streitet mit mir. Wer die Wahrheit verkündet, ihr Mönche, streitet mit niemandem in der Welt.« Mit geistigen Waffen wurde in Diskussionen gerungen. Als Buddha auftrat, stand ihm keine geschlossene geistige Macht gegenüber. Es gab in der vedischen Religion viele Richtungen, es gab schon asketische Gemeinschaften, es gab die zahlreichen Philosophien, es gab die sophistische Technik, durch Fragen zu verwirren, auf die jede der möglichen Antworten in Widersprüche führte. Da Buddha aber das Opferwesen der vedischen Religion und die Autorität der Veden selber verwarf, war von ihm in der Tat eine radikale Trennung von der überlieferten Religion vollzogen.

Wie das Leben und Treiben der Mönche und Buddhas in der Wirklichkeit aussah, davon geben die Texte ein anschauliches Bild. Die dreimonatige Regenzeit zwang zum Aufenthalt im Schutz von Haus und Park. Dort gab es Hallen, Vorratsräume, Lotosteiche. Die übrigen Monate wurden im Wandern verbracht. Man war zu Gast bei Gläubigen oder schlief im Freien. Es gab, wo Massen der Mönche sich trafen, ungeheuren Lärm. Immer wieder wird zur Ruhe gemahnt, wenn Buddha erscheint, der die Stille liebt. Zu Wagen und auf Elefanten kamen Könige und Kaufleute und Adlige, sich mit den Mönchen und mit Buddha zu treffen. Buddha selber machte täglich seinen Bettelgang,

»die Schale in der Hand, Haus für Haus, ohne eine Bitte auszusprechen, mit niedergeschlagenem Blick, stehend und schweigend wartend, ob ihm ein Bissen Speise in seine Schale getan wurde« (Oldenberg). Beim Wandern fanden sich Massen seiner Jünger um ihn zusammen. Laienanhänger begleiteten den Zug mit Wagen und Lebensmitteln.

Buddhas Sterben und die letzte ihm vorhergehende Zeit sind in der Erinnerung geblieben. Das Jahr seines Todes, um 480 v. Chr., gilt als ein sicheres Datum. Seine letzte Wanderung wird genau beschrieben. Seine schwere Krankheit, mit heftigen Schmerzen, will er zunächst noch bezwingen und das Leben festhalten. Dann aber entläßt er diesen Willen. »Von jetzt in drei Monaten wird der Vollendete in das Nirvana eingehen.« Zum letztenmal wirft er beim Weiterwandern einen Blick auf die geliebte Stadt Vesali zurück. In einem Gehölz gibt er die Anweisung: »Bereite mir ein Lager zwischen zwei Zwillingsbäumen, das Haupt nach Norden. Ich bin müde, Ananda.« Und er legt sich hin, wie ein Löwe sich lagert. Buddha spricht seine letzten Worte.

Blüten fallen auf ihn herab, und himmlische Weisen sind aus der Luft zu hören. Aber ihm gebühren andere Ehren: »Welche Jünger die Lehre erfüllen, die bringen dem Vollendeten die höchste Ehre.«

Als ein Jünger weint: »Nicht also, Ananda, klage nicht, jammere nicht. Habe ich es dir nicht zuvor gesagt, Ananda? Von allem, was man lieb hat, von dem muß man scheiden. Wie wäre es möglich, was geboren, geworden, gestaltet, der Vergänglichkeit untertan ist, daß das nicht verginge?«

Die Jünger denken, mit Buddhas Tod habe das Wort seinen Meister verloren. »So müßt ihr nicht meinen. Die Lehre und die Ordnung, die ich euch gelehrt habe, die ist euer Meister, wenn ich hingegangen bin.« »Der Vollendete meint nicht: ich will über die Gemeinde herrschen. Ich bin jetzt hinfällig; achtzig Jahre bin ich alt. Seid ihr, Ananda, eure eigene Leuchte, eure eigene Zuflucht. Laßt die Wahrheit eure Leuchte und eure Zuflucht sein.«

Seine letzten Worte waren: »Vergänglich ist jede Gestaltung; strebet ohne Unterlaß.« Dann ging, von einer Stufe der Kontemplation zur anderen aufsteigend, Buddha ein in das Nirvana.

2. *Lehre und Meditation:* Buddhas Lehre meint Befreiung durch Einsicht. Das rechte Wissen ist als solches schon Erlösung. Aber die Herkunft und die Methode dieses erlösenden Wissens entspricht gar nicht dem uns gewohnten Begriff vom Wissen. Es wird nicht durch logische Gedankengänge und Sinnenanschauung bewiesen, sondern

steht in bezug auf die Erfahrung in den Bewußtseinsverwandlungen und Meditationsstufen. Diese Meditation brachte Buddha die Erleuchtung unter dem Feigenbaum. Nur auf Grund der meditativen Versenkung konnte er seine Lehre finden, die er dann mitteilte. Buddha, wie alle indischen Yogin, wußte sich in den Meditationszuständen mit Wesen und Welten transzendenter Herkunft in Verbindung. In diesen Zuständen sah er »mit dem göttlichen, hellsichtigen, übersinnlichen Auge«.

Wissenschaft und philosophische Spekulation bleiben innerhalb der uns gegebenen Bewußtseinsform. Diese indische Philosophie aber nimmt gleichsam dieses Bewußtsein selbst in die Hand, überschreitet es durch Meditationsübungen in höhere Formen. Das Bewußtsein wird eine veränderliche Größe in der Bearbeitung durch die Versenkungsoperationen. Mit ihnen soll auch das rationale Denken nebst der Bindung an Raum und Zeit – eine bloße Bewußtseinsstufe – überschritten werden durch die transzendierende Bewußtseinserfahrung einer aufsteigenden Reihe des Überbewußtseins.

Die Antwort auf die Grundfragen des Daseins ist zu finden aus jenen tieferen Quellen, die den verstandesmäßigen Aussagen erst Sinn und Recht geben. Daher ist, was Buddha offenbaren will, verloren in den schnell sagbaren und in der Abstraktheit schnell denkbaren Sätzen der Lehre. »Tief ist diese Lehre, schwer zu schauen, schwer zu verstehen, friedevoll, herrlich, bloßem Nachdenken unfaßbar, fein, nur dem Weisen erlernbar.«

Für diese Einsicht ist nun aber weiter die Wahrheit sowohl des philosophischen Denkens im normalen Bewußtsein wie der Erfahrung in der Meditation gebunden an eine Reinigung des ganzen Lebens im sittlichen Tun. Die Falschheit wird nicht überwunden allein durch Denkakte und nicht durch Technik der Bewußtseinsverwandlung, sondern beide gelingen nur auf dem Boden einer geläuterten Seele.

Diese Verschlungenheit der Lehre in das Umgreifende, das nicht selbst der Inhalt eines aussagbaren Wissens ist, kommt zum Ausdruck in dem Satz: Buddha lehrt nicht ein Erkenntnissystem, sondern einen Heilspfad. Durch diesen Pfad, innerhalb dessen das Erkennen und mehrere Weisen des Erkennens ihren Platz haben, kommt der Glaubende zum Ziel nicht primär durch logische Operationen, die vielmehr nur auf diesem Wege an ihrem Ort einen Sinn haben.

Dieser Heilspfad heißt der edle, achtgliedrige Pfad: rechtes Glauben, rechtes Entschließen, rechtes Wort, rechte Tat, rechtes Leben, rechtes Streben, rechtes

Gedenken, rechtes Sichversenken. In anderem Zusammenhang wird dieser Pfad in folgende klarere und zugleich erweiterte Gestalt gebracht: Vorstufe und Voraussetzung ist die rechte Glaubensansicht, das noch dunkle Wissen um das Leiden und die Aufhebung des Leidens. Dieser Glaube wird erst am Endes des Pfades zur Erkenntnis, als helle Einsicht in die Entstehung und Aufhebung des Leidens im Zusammenhang allen Seins. Auf dem Boden dieses Glaubens hat der Pfad vier Glieder: das rechte Verhalten in Gedanken, Worten und Werken (das Ethos, sita), – die rechte Versenkung durch das Erklimmen der Meditationsstufen (samadhi), – die Erkenntnis (panna), – die Befreiung (wimutti). Die Befreiung wird durch Erkenntnis erreicht, die Erkenntnis durch Meditation, die Meditation wird durch das rechte Leben ermöglicht.

Dieses einheitliche Bild des Heilspfades ist nun aber selber eine Form der lehrmäßigen Fixierung. Die Wahrheit Buddhas beruht nicht allein auf dem Gehalt der Meditation unter Vernachlässigung des Denkens im normalen Bewußtseinszustand. Der Verstand wird nicht verworfen, wenn er überwunden wird. Er wird sogleich wieder gebraucht, wenn das in der Überwindung Erfahrene mitgeteilt werden soll. Es wäre auch nicht richtig, die Wahrheit Buddhas allein auf das spekulative Denken zu gründen, obgleich sie sich in dessen Formen ausspricht. Auch ist sie nicht beschlossen im Ethos des mönchischen Lebens. Meditation, Verstand, philosophische Spekulation, mönchisches Ethos, alle diese Momente haben einen eigenen Charakter, sind nicht eindeutig aufeinander gegründet, sondern wirken auch nebeneinander, wie die verschiedenen Yogaformen in allem indischen Denken (die Zucht der Körperkräfte, der Weg sittlicher Werke, der Aufschwung der Erkenntnis, die Vertiefung in der Liebe [bakti], der Weg der Versenkung in den Bewußtseinsverwandlungen der Meditation).

Das Verhältnis der Gehalte der Meditationsstufen zu den im normalen Bewußtsein verständlichen Gedanken, oder das Verhältnis der Erfahrungen mit Operationen am Bewußtseinszustand zu den Erfahrungen mit Operationen am Gedachten ist nicht eindeutig. Aber man sieht, wie die Lehren etwa von Stufen der Welt ihre Parallele haben in Erfahrungen der Stufen der Meditation, in denen je eine neue übersinnliche Welt auftritt. Der Gedankengang des Absehens von einer Realität, um sie zu überschreiten, ist als solcher formal auch ohne jene Erfahrungen zu vollziehen. Die logischen Gedanken schaffen den Raum, indem sie befreien von den Fesselungen an das Endliche. Die Einprägung, Befestigung, völlige Gewißheit der Wahrheitsgehalte aber wird erst durch die Meditation erworben. Man wird nicht behaupten dürfen, das eine sei das Primäre, das andere nur Folge. Eines bestätigt und bewährt das andere. Beide leisten auf ihre Weise Einübungen.

Das Entscheidende ist, daß bei der Spekulation und der Meditation und dem Ethos jedesmal der Wille des Menschen es ist, der das Ziel setzt und erreicht. Der Mensch hat die eigene Kraft zum Handeln und Sichverhalten, zur Meditation und zum Denken. Er arbeitet, er ringt, er ist wie ein Bergsteiger. Daher Buddhas ständige Aufforderung zur Anspannung. Alle Kräfte müssen eingesetzt werden. Nicht alle, die es versuchen, erreichen das Ziel. Seltene Ausnahmefälle allerdings gibt es von ursprünglicher Erleuchtung ohne Willensanstrengung, zumal unter dem Eindruck des lehrenden Buddha selber. Das Ziel wird dann plötzlich erreicht, um in diesem Leben sich nur noch im Wiederholen weiter zu erhellen. –

Die Meditation Buddhas und des Buddhismus (Heiler, Beckh) ist hier nur kurz zu charakterisieren. Die Verfahrensweise und die Erfahrungen auf den Stufen, deren Zahl in den verschiedenen Gliederungen schwankt, sind im Buddhismus wie im indischen Yoga im großen und ganzen übereinstimmend beschrieben worden.

Die Meditation ist keine Technik, die als solche gelingt. Es ist gefährlich, über seinen Bewußtseinszustand methodisch zu verfügen, den einen hervorzurufen, den anderen zum Vergehen zu bringen. Das ruiniert den Menschen, der es ohne die rechte Voraussetzung versucht. Diese Voraussetzung ist die gesamte Lebensführung, ihre Reinheit. In dieser Lebensführung ist ein Hauptmoment die *»wachsame Besonnenheit«*. Sie setzt sich in der Meditation fort und gewinnt durch sie den weitesten Umfang. Die *Bewußtheit* durchdringt die Körperlichkeit, hellt das Unbewußte bis in die letzten Schlupfwinkel auf. Es ist in jedem Falle das Prinzip sowohl des Ethos, wie der Meditation, wie der Spekulation: die Helligkeit bis in den Grund zu treiben. Die Meditationsstufen sollen nicht Rausch, Ekstase, Genuß sonderbarer Zustände sein, wie durch Haschisch und Opium, sondern hellste, alles normale Bewußtsein an Helligkeit übertreffende Erkenntnis durch Gegenwärtigkeit, nicht durch bloßes Meinen von Etwas. Die allumgreifende Forderung ist: nichts im Unbewußten schlummern und sein verhängnisvolles Spiel treiben zu lassen; alles, was wir tun und erfahren, mit dem wachsten Bewußtsein zu begleiten.

Wahrhaftigkeit im Denken der tiefsten Dinge wie in allen Handlungen und Worten des Alltags war daher eine Grundforderung an die buddhistischen Mönche. Deren Gebote forderten weiter Keuschheit, Meidung berauschender Getränke, nicht stehlen, kein Lebewesen verletzen (Ahimsa) – dann aber vier Weisen innerer Haltung: Liebe (Freundlichkeit), Mitleid, Mitfreude, Gleichmut gegenüber dem Unreinen und Bösen. Diese vier »Unermeßlichen« breiten sich durch die

Meditation ins Unendliche aus. Sie sind die Atmosphäre dieses Daseins: die grenzenlose Milde, die Gewaltlosigkeit, der Zauber, der die Tiere anzieht und ihre Wildheit besänftigt, das Mitleid, die freundlich allem Lebendigen, den Menschen wie den Tieren und wie den Göttern zugewandte Stimmung.

Die Texte sind voll von Wunder- und Zaubergeschichten, die hier wie überall mit dieser Form der Mystik verbunden sind. Buddha aber sagt: Das wahre Wunder tut, wer andere zu rechtem Glauben und innerer Läuterung führt, wer für sich selbst Versenkung, Erkenntnis, Befreiung erwirkt. Dagegen sind Vervielfältigungen der eigenen Person, durch die Luft fliegen und auf dem Wasser wandeln, das Lesen der Gedanken anderer und dergleichen den Frommen und den Gauklern gemeinsam.

3. *Die ausgesagte Lehre:* In den Texten gibt sich Buddhas Lehre auch als eine Erkenntnis, die für das normale Bewußtsein verständlich ausgesprochen ist in Sätzen und in rationalen Gedankenfolgen. Das Merkwürdige dieser Erkenntnis bleibt zwar, daß sie sich auf ihren Ursprung in der Versenkung eines gesteigerten Bewußtseinszustandes bezieht. Wenn aber dort, in der außerweltlichen Schau völligen Selbsterlöschens, die Gewißheit des Durchschauens entsprungen ist, so scheint der Inhalt dieser Gewißheit doch dem Denken im normalen Bewußtseinszustand zugänglich zu sein. Statt übersinnlicher Erfahrung entfaltet sich eine Begrifflichkeit in Lehrreden. In ihnen ist eine Lust an Begriffen, an Abstraktionen, an Aufzählungen, an Kombinationen spürbar, die durchaus der philosophischen indischen Überlieferung angehört und von ihr zehrt. Wenn aber diese Lehre Buddhas ohne Übersinnlichkeit faßlich ist, so ist sie doch so nicht wirksam. Das Denken als rationales Denken unseres endlichen Bewußtseins ist nicht das Gefäß, das diesen Gehalt zureichend auffangen könnte. Was der Inhalt ist, das ist erst in jenem Denken der sich versenkenden Meditation gegenwärtig, von dem die rationale Fassung nur ein Abglanz und auf das sie ein Hinweis sein kann. Daher darf der Ursprung und Zusammenhang dieser Erkenntnis nicht vergessen werden, wenn wir sie nun in ihrer rationalen Einfachheit nachdenkend aufnehmen.

a) Die *Daseinssicht* Buddhas wird in der *Wahrheit vom Leiden* ausgesprochen:

»Dies ist die Wahrheit vom *Leiden:* Geburt ist Leiden, Alter ist Leiden, Krankheit ist Leiden, mit Unlieben vereint sein ist Leiden, von Lieben getrennt sein ist Leiden, nicht erlangen, was man begehrt, ist Leiden.

Dies ist die Wahrheit von der *Entstehung des Leidens:* es ist der Durst, der zur Wiedergeburt führt, samt Freude und Begier, der Lüstedurst, der Werdedurst, der Vergänglichkeitsdurst.

Dies ist die Wahrheit von der *Aufhebung des Leidens:* die Aufhebung dieses Durstes durch restlose Vernichtung des Begehrens, ihn fahren lassen, sich seiner entäußern, sich von ihm lösen, ihm keine Stätte gewähren.

Dies ist die Wahrheit vom *Wege zur Aufhebung des Leidens:* es ist dieser edle achtteilige Pfad, der da heißt: rechtes Glauben, rechtes Entschließen, rechtes Wort, rechte Tat, rechtes Leben, rechtes Streben, rechtes Gedenken, rechtes Sichversenken.«

Diese Einsicht entspringt nicht der Beobachtung einzelner Daseinswirklichkeiten, sondern dem Schauen im ganzen. Sie ist nicht pessimistische Stimmung, sondern der erkennende Blick in das allumgreifende Leiden. Dieser Blick selber vollzieht sich in heiterer Verfassung, denn im Wissen geschieht die Befreiung. Er vermag in Ruhe den Zustand des Daseins in immer anderen Abwandlungen auszusprechen:

»Alles steht in Flammen. Das Auge steht in Flammen, die sichtbaren Dinge... Wodurch ist es entflammt? Durch der Begierde Feuer, durch des Hasses Feuer, durch Geburt, Alter, Tod, Schmerz, Klagen, Leid, Kümmernis und Verzweiflung ist es entflammt.«

Der letzte Grund aber ist: Die Menschen, wie alles Lebendige, stehen in der Blindheit, im Nichtwissen, betrogen von dem, woran sie haften, von dem, das nie ist, sondern immer im Kommen und Gehen absolut vergänglich, in unaufhörlichem Werden ist.

Daher gibt es nur eine einzige Befreiung: die Aufhebung des Nichtwissens im Wissen. Nicht im Einzelnen, nicht hier und da ist durch Erkenntnis etwas zu ändern. Nur die Grundverfassung des Sehens selbst kann, indem sie das Ganze sieht, mit ihrer Verwandlung das Heil herbeiführen. Dies Heil liegt in der Befreiung vom Haften an den Dingen, in der Loslösung von allem vergeblich Begehrten, zur Einsicht in den Zustand, die Herkunft und die Aufhebung dieses ganzen Daseins. Das Nichtwissen selber, die Blindheit, die Befangenheit im Endlichen, das Haften ist der Ursprung, das vollendete Wissen die Aufhebung dieses Daseins.

b) Dieser Zusammenhang, *die Entstehung des leidvollen Daseins* durch Nichtwissen und seine Wiederaufhebung durch Wissen, ist nun in einer vielgliedrigen Reihe durchdacht als ein ursächlicher Zusammenhang, der in der sogenannten *»Kausalformel«* ausgesprochen wird:

»Aus dem Nichtwissen entstehen die Gestaltungen; aus den Gestaltungen entsteht Bewußtsein; aus dem Bewußtsein entsteht Name und Körperlichkeit; aus Namen und Körperlichkeit entstehen die sechs Sinnesgebiete; aus den sechs Sinnesgebieten entsteht Berührung; aus Berührung entsteht Empfindung; aus Empfindung entsteht Durst; aus Durst entsteht Ergreifen; aus Ergreifen entsteht Werden; aus Werden entsteht Geburt; aus Geburt entstehen Alter und Tod, Schmerz und Klagen, Leid, Kümmernis und Verzweiflung.«

Dieser Kausalnexus von zwölf Gliedern mutet uns sehr fremd an. Man interpretiert: Es handelt sich nicht etwa um den kosmischen Prozeß des Weltwerdens überhaupt, sondern nur um den leidvollen Kreislauf der Wiedergeburten (des samsara). Heillos ist Krankheit, Alter und Sterben. Was muß dasein, damit dies möglich ist? die Geburt. Woher die Geburt? durch das Werden, ... und so fort bis zur ersten Ursache, dem Nichtwissen. Gehen wir umgekehrt die Reihe von diesem Ursprung her durch, so folgen aus dem Nichtwissen die Gestaltungen (sanskara), d. h. die bewußtlosen Bildekräfte, die das Haus des Lebens bauen. Diese kommen aus dem vorhergehenden Leben und bewirken im gegenwärtigen zunächst Bewußtsein; dieses erblickt alles in Name und Gestalt des Körperlichen, vermöge der fünf Sinnesgebiete, in die es sich teilt. Es folgt Berührung, daraus Empfindung, daraus Begehren und Ergreifen. Dies ist wiederum in die Zukunft hin Grund des Werdens (als karma), das zu neuer Geburt, zu Alter und Tod führt. Dies ist die Lehre, von der es heißt: »Die Wahrheiten, die aus einer Ursache fließen, deren Ursache lehrt der Vollendete, und welches Ende sie nehmen.« Alles, was ist, ist ein bedingtes Entstehen.

Das Erkennen der Ursachenreihe und der letzten Ursache vermag diesen ganzen furchtbaren Spuk aufzuheben. Wird das Nichtwissen aufgehoben, so folgt die Aufhebung der aus dem Nichtwissen entstandenen Kausalreihe, in der Reihenfolge der Glieder.

In dieser Lehre wird die alles Heil begründende Bedeutung des erleuchteten Erkennens objektiviert. Dieses Erkennen selbst ist nicht bloß ein Wissen von Etwas, sondern ein Wirken, und zwar ein totales Wirken. Es ist identisch mit dem Rückgängigmachen des heillosen Daseins. Nicht durch Selbstmord wird es rückgängig, es würde sich nur fortsetzen in neuen Wiedergeburten zu neuem Leid und Sterben. Es hört auf nur in und mit dem Wissen.

Die Frage: Woher kommt das erste Nichtwissen, aus dem alle die folgenden Glieder des Unheils folgen? wird nicht gestellt. Es wird nicht erörtert, was wie ein Analogon des Sündenfalls aussehen könnte, der vorzeitliche Fall aus einer ewigen Vollendung hinab in das Nichtwissen. Dieses scheint aber für das vorstellende, in den Reihen weiterfragende Denken als ein Ereignis gedacht werden zu müssen, mit dem die Heillosigkeit in Gang gesetzt wird. Jedoch hört hier in der Tat das buddhistische Fragen auf. Daß dieser Erkenntnis die Gewißheit der Befreiung aufgegangen ist, das ist ihr genug. Jenes Ereignis, wodurch es auch sei, wird jedenfalls nicht als Schuld aufgefaßt; wer sollte auch schuld sein?

c) Das ist die weitere Frage: Was ist dieses Wer? Was ist das Selbst? Wer bin ich? Ist überhaupt ein Ich? Die Antworten Buddhas sind erstaunlich. *Er leugnet das Selbst.*

Die Lehre ist so formuliert: Es gibt kein Selbst. Das Dasein ist zusammengesetzt aus Faktoren, die in den Gliedern der Kausalreihe vorkommen, nämlich aus den fünf Sinnen und ihren Objekten (der Körperlichkeit, der Empfindung, der Wahrnehmung), dann weiter aus den unbewußten Bildekräften (sanskara), die wirksam sind in den Anlagen, Trieben, Instinkten, den bauenden Mächten der Vitalität, schließlich aus dem Bewußtsein. Diese Faktoren lösen sich im Tode auf. Sie haben als Einheit und Mitte kein Selbst, sondern das Karma, das in der Wiedergeburt eine neue vorübergehende Vereinigung schafft.

Aber diese Formulierung verdeckt den Sinn, der mit derselben Begrifflichkeit in anderen Zusammenhängen entschieden ausgesprochen wird. Buddha leugnet dann nicht das Ich, aber er zeigt, wie alles Denken nicht vordringt bis zum eigentlichen Ich. »Die Körperlichkeit ist nicht das Selbst... die Empfindungen sind nicht das Selbst... die Vorstellungen... die Gestaltungen – die unbewußten Bildekräfte – sind nicht das Selbst... das Erkennen – das reine geistige Bewußtsein ist nicht das Selbst... (es ist keine unveränderliche Ich-Einheit). Was der Veränderung unterworfen ist, das ist nicht mein, das bin nicht ich, das ist nicht mein Selbst.« Hier wird doch, was nicht das Selbst ist, gedacht an dem Maßstab eines eigentlichen Selbst. Die Frage nach diesem bleibt offen, aber die Richtung wird gewiesen dorthin, wo das eigentliche Selbst ist. Es wird nicht als solches geradezu gedacht, es muß zusammenfallen mit dem Nirvana.

In Mitteilungen aus den Meditationsstufen wurden drei Stufen des Selbst gelehrt: erstens das Selbst als dieser Leib; – zweitens das Selbst als ein geistiger Leib, der in der Meditation aus dem physischen Leib herausgezogen wird »wie der Halm aus dem Schaft«, er gehört dem Reiche übersinnlicher Formen an; – drittens »das ungestaltete, aus Bewußtsein bestehende« Selbst, das der Unendlichkeit des Raumäthers angehört. Hier wird deutlich, daß jedes Selbst einer Meditationsstufe zugehört. Für dieses hat es eine Geltung, aber ist nicht an sich. Kein Selbst als das eigentliche kommt vor. Im sinnlichen Dasein ist der Leib das Ich. In der ersten Meditationsstufe wird das geistige, leiblose, ätherisch leibhafte Ich wirklich, das frühere verschwindet in der Wesenlosigkeit. Dieses Geistige wird selber wiederum nichtig in den höheren Sphären. Auch in der Meditation scheint das Ich nicht geleugnet, vielmehr in seiner Relativität und damit in unterschiedenen Stufen deutlich. Das eigentliche Ich wird nicht erreicht, außer in der höchsten Stufe, die zusammenfällt mit dem Nirvana.

Wenn so die Lehre nicht zu sagen vermag, oder nicht sagt, was das Ich selbst sei, so ist die Frage: wem wird das Heil der Befreiung zuteil? wer wird gerettet? kein Ich, kein Selbst, kein einzelner Mensch?

Es bleibt in den Texten diese Spannung, die in der Objektivierung des Gedachten zwischen den Sätzen liegt: Es gibt kein Ich, – und: In den früheren Existenzen war ich dieser und jener. Die Verbindung zwischen den wiedergeborenen Existenzen ist dann einmal ein unpersönliches Karma, das jeweils als ein Eines das Dasein von Lebewesen neu entstehen läßt, und ist dann wieder die Erinnerung, durch die die gegenwärtige Existenz ihre frühere als mit sich identisch erblickt.

d) *Was ist denn überhaupt?* Der Strom des Werdens, der nie Sein ist. Der Schein des Ich, das in Wahrheit kein Selbst ist. Was ist, das ist ineins Täuschung und Nichtwissen und Heillosigkeit. Das Werden ist die Kette der Momentanexistenzen, wie sie der spätere Buddhismus durchdenkt, ist als die bloße Momentanheit des Nichtseins alles dessen, was zu sein scheint. Es gibt kein Bestehendes, kein identisch Bleibendes. Nirgends ist ein fester Punkt. Das Ich oder Selbst ist die Täuschung eines vergänglichen und ständig sich wandelnden Etwas, das sich für ein Ich hält.

Dem Strom des Werdens und dem Schein der Ichheit liegt nichts anderes zugrunde. Aber beide sind aufzuheben in ein ganz Anderes, von dem alle Denkformen, die innerhalb dieses täuschenden Werdens und Ichseins liegen, nicht mehr gelten. Dort gilt nicht Sein und nicht Nichtsein. Dies zeigt sich dem erleuchteten Erkennen und wird erreicht im Nirvana.

e) *Erkenntnis* ist das hellsichtige Schauen auf der höchsten Meditationsstufe. Erkenntnis ist aber auch im normalen Bewußtseinszustand die Erleuchtung des das ganze Seinsbewußtsein und Selbstbewußtsein verwandelnden Denkens.

Diesem Erkennen liegt vor Augen die Welt des samsara, alle Sphären der Welt und die Wege der Wiedergeburten von den Elementen bis zu den Göttersphären und den Höllenreichen. Es erblickt Ursache und Gang des Leidens, all das, was in der Lehre nur unangemessen in Sätzen mitgeteilt wird.

Wie dies Erkennen sei, wird im Gleichnis gezeigt: »Es ist wie mit einem Gebirgssee mit reinem, klarem, ganz ungetrübtem Wasser. Jemand, der an seinem Ufer steht und nicht blind ist, erkennt in ihm Perlmuscheln und andere Muscheln, Geröll und den Schwarm der Fische.« Wie jemand diesen See sieht, so der Erkennende die Welt bis in ihre letzten Gründe und bis in ihre einzelnsten besonderen Erscheinungen. So »wendet der Mönch, dessen Geist hell, vom Dunstkreis des Individuellen frei, empfänglich, unerschütterlich geworden ist, seinen Blick dorthin«. Er durchdringt die endlich gebundene Daseinssicht zur höheren Daseinssicht, durch die ihm das Leiden, die Herkunft und die Aufhebung des Leidens klar vor Augen stehen. Damit erreicht er »die irdische Frucht des geistigen Lebens«.

f) *Nirvana:* Dieser Erkenntnis ist das Nirvana offen, die endgültige Befreiung und das, wohin befreit wird. Wie kann Buddha vom Nirvana sprechen?

Wenn er spricht, muß er doch im Raum des täuschenden Bewußtseins sprechen. Wenn er vom Nirvana spricht, wird es zu einem Sein oder Nichts.

Sein Sprechen muß einen eigentümlichen Charakter annehmen: zu sagen, was für unser auf Gegenstände gerichtetes Meinen nichts ist, und damit doch alles zu sagen, worauf es eigentlich ankommt. Was ist dies?

Dem Schein des Werdens und des Selbst, so hörten wir, liegt nichts zugrunde. Es gibt kein Entweichen in diesen Grund oder in ein Jenseits. Aber das Werden und das Selbst können doch im Ganzen aufgehoben werden zu dem hin, wo mit dem Schein auch das Denken aufhört, das wir in unserem Dasein vollziehen.

Man muß diese für das logische Denken undenkbaren Paradoxien gegenwärtig haben, wenn man den Sinn der Reden vom Nirvana spüren will. Einige Beispiele:

»Es gibt eine Stätte, wo nicht Erde noch Wasser ist, nicht Licht noch Luft, nicht Raumunendlichkeit noch Vernunftunendlichkeit, noch Irgendetwasheit, noch die Aufhebung zugleich vom Vorstellen und Nichtvorstellen... Ohne Grundlage, ohne Fortgang, ohne Halt ist es: das ist des Leidens Ende.«

»Es gibt eine Stätte... Das nenne ich nicht Kommen, noch Gehen, noch Stehen, noch Streben, noch Geburt. Ohne Grundlage, ohne Halt ist es. Das ist des Leidens Ende... Für nicht Haftendes gibt es kein Wanken. Wo kein Wanken ist, ist Ruhe. Wo Ruhe ist, ist keine Lust. Wo keine Lust ist, ist kein Kommen und Gehen... da ist kein Sterben und keine Geburt... ist kein Hienieden, kein Drüben, kein Dazwischen. Das ist des Leidens Ende.«

Es ist unumgänglich, daß hier die Denkformen auftreten, die der Seinsspekulation überhaupt eigen sind. Vom Nirvana heißt es, daß es Zweiheitlosigkeit sei, weder Sein noch Nichtsein (wie in den Upanishaden), in der Welt mit den Mitteln der Welt unerkennbar, daher nicht Gegenstand der Forschung, wohl aber der letzten, innigsten Gewißheit. »Es gibt ein Ungeborenes, Ungewordenes, nicht Gemachtes, nicht Gestaltetes. Gäbe es nicht dies, würde kein Ausweg zu erfinden sein« (wie bei Parmenides). Aber von dieser Ewigkeit zu sprechen, das muß durch das Sprechen selber verfehlen, was getroffen werden sollte.

Hier hört das Fragen auf. Wer weiter fragt, hört: »Du hast nicht die Grenzen des Fragens innezuhalten gewußt. Denn im Nirvana findet der heilige Wandel festen Grund; das Nirvana ist sein Endziel, das Nirvana sein Abschluß.« Darum bleibt Schweigen und Sichbescheiden für den, der das Nirvana nicht erreicht hat: »Den, der zur Ruhe ging, kein Maß ermißt ihn. Von ihm zu sprechen, gibt es keine Worte. Zunichte ward, was das Denken könnt' erfassen: So ward zunicht auch jeder Pfad der Rede.«

g) *Nicht Metaphysik, sondern Heilsweg:* Jeder der berichteten Gedanken ist bezogen auf die Befreiung. Noch einmal: Buddha tritt nicht als Lehrer eines Wissens, sondern als der Künder des Heilspfades auf.

Die Terminologie des Heilspfades ist der indischen Medizin entnommen: Feststellung des Leidens, Anzeichen und Ursachen, Frage ob das Leiden heilbar, Angabe des Wegs zur Heilung. Der Vergleich ist in der Philosophie oft da (bei Plato, der Stoa, bei Spinoza).

Ein Wissen, das zum Heile nicht notwendig ist, verwirft Buddha. Sätze, über die er keine Erklärung gegeben hat, damit die Fragen, die er abgewiesen hat, sind z. B. folgende: »Die Welt ist ewig« und »Die Welt ist nicht ewig«, oder »Die Welt ist endlich«, »Die Welt ist nicht endlich«, oder »Der Vollendete ist nach dem Tode«, »Der Vollendete ist nicht nach dem Tode.«

Die theoretische Behandlung metaphysischer Fragen hält Buddha sogar für verderblich. Sie wird zu einer neuen Fessel, weil das metaphysische Denken gerade an den Denkformen festhält, aus denen sich zu befreien den Weg zum Heile bedeutet.

Das zeigt sich im Zank und Streit. Die Meinungsverschiedenheiten verführen, die eigene Position für die allein wahre zu halten. Man erklärt sich gegenseitig für töricht, disputiert, begierig nach Beifall, geht erhobenen Hauptes einher, wenn man gesiegt hat. Bei solchen Meinungen faßt man das Eine, und, es fallen lassend, dann das Andere, der Laune folgend, gefangen, jetzt hier sich haltend, jetzt dorthin greifend, dem Affen gleich, der von Ast zu Ast schlüpft. Des Streitens ist kein Ende.

Entscheidend aber für die Ablehnung der Antworten auf metaphysisch-theoretische Fragen ist: Sie sind nicht zweckdienlich für den Weg zum Nirvana. Sie halten auf dem Wege auf, sie lassen das Heil versäumen.

»Es ist, wie wenn ein Mann von einem Pfeil getroffen wäre, einem vergifteten, und seine Freunde einen Arzt riefen. Wenn jener nun sagte: ›Ich werde mir den Pfeil solange nicht herausziehen lassen, als ich den Mann nicht kenne, der mich geschossen hat, als ich den Bogen nicht kenne, mit dem ich geschossen bin‹, ehe der Mann das in Erfahrung gebracht hätte, würde er sterben. So steht es auch mit dem, der spräche: ›So lange will ich nicht als des Erhabenen Jünger den Wandel der Heiligkeit führen, als der Erhabene mir nicht erklären wird „Die Welt ist ewig" ...‹ Ehe der Vollendete darüber eine Erklärung gegeben hätte, würde der Mensch sterben. Mag die Ansicht bestehen „Die Welt ist ewig" oder mag die Ansicht bestehen „Die Welt ist nicht ewig": in jedem Fall gibt es Geburt, gibt es Alter, gibt es Tod, gibt es Leid und Klagen, Schmerz, Kümmernis und Verzweiflung, deren Überwindung schon auf dieser Erde ich verkünde. Darum, was von mir nicht erklärt ist, das laßt unerklärt bleiben.«

Daß er diese Dinge nicht mitteile, das bedeute nicht, sagt Buddha, daß er sie nicht wisse. Was im Leben Buddhas eine so große Rolle spielte, die Macht des Schweigens, das ist von wundersamer Wirkung hier in der Mitteilung seines Denkens. Das Unberührtbleiben alles Letzten läßt dies Letzte offen. Das Nichtsagen läßt es nicht verschwinden, vielmehr als ungeheuren Hintergrund fühlbar bleiben. In der Welt den Weg zu finden, auf dem die Welt verschwindet, das gilt als möglich. Das Wissen, das mit dem Gange dieses Weges verbunden ist, wird ausgesprochen. Das Wissen vom Sein im Ganzen wird in Bescheidung verwehrt.

4. *Die Frage nach dem Neuen in Buddha:* In Buddhas Lehren, seiner Terminologie, seinen Denkformen, seinen Vorstellungen, seinem Tun war im besonderen nichts neu. Es gab Asketen und Asketengemeinschaften und die Technik des Ordenslebens. Die Waldeinsiedler durften aus allen Kasten kommen und wurden unangesehen ihrer Herkunft als Heilige anerkannt. Es gab die Erlösung durch Erkenntnis. Es gab den Yoga (den Weg der Meditationsstufen). Es gab die Vorstellungen vom Kosmos, den Weltaltern, der Götterwelt, die Buddha fraglos übernahm. Das Ganze kann wirken als eine Voll-

endung indischer transzendent gegründeter Lebensform, wie ein Abschluß der indischen Philosophie.

Die Kategorie des »Neuen« als Maßstab von Wert ist uns modernen Abendländern eigen. Mag aber auch der Nachweis des Nichtneuen für alle Einzelheiten der großen Erscheinung Buddhas gelten, selbst dann ist mit der Kategorie des Neuen noch immer das zu bezeichnen, was die gewaltige Wirkung gehabt hat.

a) Am Anfang steht *die machtvolle Persönlichkeit Buddhas.* Durch die Legenden hindurch ist zu spüren die unerhörte Wirkung dieses wirklichen Menschen. Er zeigt, was zu tun ist. Aber er läßt für das Wissen offen, was im Ganzen des Seins und Nichtwissens eigentlich ist. Gerade dadurch scheint der Sakyamuni (der Schweiger aus dem Sakyageschlecht) zu bezwingen.

Eine gewaltige Willensanspannung formt sein Leben. Der weise Asita sagt in der Legende von dem Neugeborenen voraus, er werde entweder ein Weltherrscher oder ein Buddha werden. Aber für Buddha galt, daß der Wille, die Welt zu erobern, die Welt zu gestalten, keineswegs der ganze und souveräne Wille des Menschen sei. Dieser ist nur dort, wo der Mensch sich selbst überwindet, sich nicht gefangen gibt weder an sich selbst noch an Weltaufgaben. »Der trotzigen Ichheit Stolz zwingen, wahrlich ist höchste Seligkeit.«

Die vollendete Selbstüberwindung läßt von der Anspannung nichts mehr merken. Buddhas Leben des Geistes, frei von Bindungen an Sinnlichkeit, an Daseinsinteressen, an sich selbst und seinen Stolz, erscheint in der Vornehmheit, Kühle und unendlichen Milde seines Wesens. Er hat die Distanz zu sich selbst in allen seinen überwundenen Wirklichkeiten und die Distanz zu den Menschen, deren persönliches Leben und individuelle Verborgenheiten er gar nicht berührt. Wie Buddha in seiner Reife geworden ist, kennt er nun kein Suchen mehr. Er ist von unbeirrbarer Ruhe, sieht in der alldurchhellenden Klarheit, was ist und was notwendig geschieht, sieht es ohne Drängen und ohne Gewalt seinerseits. Er selber ist unpersönlich geworden, zahllose Buddhas haben in früheren Weltaltern getan und werden in kommenden tun, was er jetzt tut. Er verschwindet gleichsam als Individuum unter den unzähligen Mengen gleicher. Er ist dieser Einzige, aber er ist es als bloße Wiederholung. »Ohne Haus und Heimstatt, weltentnommenen Geistes, schreit ich, den Menschenkindern unberührbar.« Er ist unerkennbar: »Buddha, ihn, der Unendlichkeit Durchschreiter, den Spurlosen, wie mögt ihr ihn erspüren.«

Zu diesem Bilde der Persönlichkeit Buddhas gehört der Mangel aller charakteristischen Züge. Das Eigene, Unverwechselbare und das Eigenwillige fehlen. Es gibt keine grundsätzlichen Unterschiede zwischen Buddha und seinen frommen Jüngern und zwischen diesen untereinander. Es sind alle kleine Buddhas. Buddha erscheint als Typus, nicht als Persönlichkeit. Andere Typen, die Bösen, die Ungläubigen, die Sophisten stehen ihm gegenüber. So ist die Paradoxie, daß eine Persönlichkeit gewirkt hat durch Verschwinden aller individuellen Züge. Die Verleugnung des Ich ist ein Grundsatz dieser Wahrheit. Buddhas Grunderfahrung kann nicht die eines geschichtlichen Selbstseins gewesen sein, sondern die der Wahrheit im Erlöschen des Selbst. Es ist die Macht der Persönlichkeit ohne das abendländische und ohne das chinesische Individualitätsbewußtsein.

b) Neu ist, daß *Buddha im ganzen und radikal tat,* was im einzelnen und bedingungsweise schon vor ihm getan wurde. Er ließ die Tradition mit ihrer Autorität fallen, vor allem die Kasten und die höchste Macht der Götter. Er bekämpfte sie nicht, ließ sie im Gang der Welt als Realitäten gelten. Aber so wie er sie nicht verwarf, ließ er sie unwesentlich werden.

Radikal war es, wie er sich *an alle* wandte. Was für Einzelne gegolten hatte, wird möglich für jedermann. Was in kleinen Gruppen von Waldeinsiedlern geschehen war, wurde von Mönchsgemeinschaften, in die die Massen strömten, öffentlich, in den Städten und auf der Wanderschaft, unter den Menschen versucht. Es wurde eine neue Daseinswirklichkeit hervorgebracht: das Leben großer Scharen von Mönchen durch den Bettel; die materielle Sorge der Laienanhänger für die, welche die Lehre uneingeschränkt in ihrem Leben der Armut, Keuschheit, Heimat- und Weltlosigkeit verwirklichten.

Faktisch stammten die meisten Mönche aus den beiden oberen Kasten. Die »edlen Jünglinge« spielen die große Rolle. Buddha selbst ist vornehmer Herkunft. Nur als Brahmane oder Adliger kann nach der späteren Lehre des Buddhismus ein Buddha geboren werden. Der Buddhismus war eine aristokratische Lehre und blieb es in dem Sinne, daß nur die Menschen von hohem geistigem Rang ihn verstehen können. Daß sich aber die Verkündigung grundsätzlich an alle richtet, die für sie die Begabung mitbringen, und zwar an die Menschen überhaupt, gibt sich in der Anordnung Buddhas kund, daß ein jeder in seiner eigenen Sprache das Wort Buddhas lernen solle.

Damit wurde zum ersten Male in der Geschichte der Menschheitsgedanke und eine Weltreligion wirklich. Die Schranken der Kasten, des Volkes, jeder Zugehörigkeit zu einem geschichtlichen Grunde in der Ordnung der Gesellschaft wurden durchbrochen. Was in Indien sorgsam behütete Wahrheit für Berechtigte gewesen war, sollte öffentlich allen mitgeteilte Wahrheit werden.

Vergleicht man mit den späteren Weltreligionen der Stoiker, der Christen, des Islam, so ist das Kennzeichnende Buddhas, daß er nicht nur alle Menschen, sondern alles Lebendige überhaupt, Götter und Tiere, im Auge hatte, für alle das Heil meinte, das er gefunden hatte.

Sich an alle wenden, das ist dasselbe, wie sich an jeden Einzelnen wenden. Buddhas Entschluß und das aus ihm folgende Leben wird Vorbild: herauszutreten aus den Gesetzen des Hauses, der Familie, der Gesellschaft. Jeden, der ihn hört, ruft er an als einen, der der Möglichkeit nach ebenso außerhalb steht: es kommt auf deine Entscheidung an. Buddha ergreift durch sein unerbittliches Entweder-Oder den ganzen Menschen. Die anderen können als Laienanhänger sich Verdienst erwerben, vor allem auch durch die materielle Sustentierung der Mönche, aber erst in der Wiedergeburt zu neuem Dasein haben sie die Chance eines höheren Heils. Buddha spricht den Einzelnen an, der es vermag und wirklich und uneingeschränkt glaubt: sogleich, ohne Aufschub, in diesem Leben den Pfad des Heils zu betreten.

Indem der Einzelne folgt, wird seine Innerlichkeit in Anspruch genommen und zu einem für die anderen immer unzugänglicher werdenden Gang in die Tiefe gebracht, mit Formeln und Einsichten, in denen das Entscheidende doch schweigt.

Der Glaube aber dieses Heilsweges ist ein Wissen. Wenn Buddha die überlieferte spekulative Gedankenwelt als ein Gebiet zwecklosen und ruinösen Streitens verwarf, so hielt er das Prinzip dieser indischen Philosophie fest, daß das Heil selber ein Wissen ist, daß die Befreiung Erkennen und mit diesem selber erreicht ist. Damit verwarf er Opfer, Gebet und magische Techniken, wandte sich vielmehr an jeden Einzelnen, der selbst im Denken, in der Lebensführung, in der meditativen Versenkung die Erkenntnis zu erringen hat.

Buddha sprach zum Einzelnen und in kleinen Kreisen. Lehrrede und Gespräch bereiteten die Einsicht vor, die jeder durch eigenen Akt zu gewinnen hat. Wie die Macht von Buddhas Wort dies erleichterte, wie es den Einzelnen plötzlich wie Schuppen von den Augen fiel, wird oft beschrieben: »Es ist wunderbar, es ist erstaunlich, wie wenn man etwas Niedergebeugtes aufrichtet (etwas Verbogenes zurechtbiegt) oder Verborgenes enthüllt (Zugedecktes aufdeckt), oder einem Verirrten den Weg weist, oder im Finstern ein Licht anzündet, also hat der Heilige in mannigfacher Weise die Lehre verkündet.«

c) Weil die Verkündung der Lehre an den Einzelnen und alle Einzelnen sich wendet, weil sie sich als ein Licht weiß, das in die Welt gelangen und überall leuchten soll, ist ein weiteres neues Moment: der bewußte *Missionswille.* Daher hat Buddha von Anfang an die Mönchsgemeinschaft gegründet, die beides zugleich ist: der Weg des Heils für den Einzelnen und die Verbreitung der Lehre im Wandern durch die Welt.

Für die Mission wird die Konzentration der Gedanken auf das Entscheidende wichtig. Die Grundgedanken müssen in außerordentlicher Einfachheit ausgesprochen und ständig wiederholt werden, um wirksam zu sein. Ihre Kraft der Mitteilung gewinnen sie durch Gleichnis, Lehrspruch, Dichtung und durch die Aufnahme der Fülle bildhafter Überlieferung, in der Formung dieser Überlieferungen zum Kleide jener Grundgedanken.

5. *Wirkungsgeschichte:* Die Ausbreitung, damit die Verwandlung und Verzweigung des Buddhismus ist ein großes Thema der Religionsgeschichte Asiens (Köppen, Kern, Hackmann; in Chantepie: Sten Konow, Franke, Florenz). Die Ausbreitung ist, nur einmal durch die Initiative eines mächtigen Herrschers (Asoka) bewußt ins Weite gebracht, im ganzen ein stiller gewaltiger Vorgang.

Aus den Texten trifft uns die Einzigartigkeit einer Stimmung, die so nur hier in der Welt aufgetreten ist und ihren Widerhall im weiten Asien gefunden hat. Eine neue Lebenshaltung und metaphysische Grundverfassung werden zu einem Element chinesischen und japanischen Lebens, sänftigen die Völker Tibets, Sibiriens, der Mongolei.

Aber etwas höchst Merkwürdiges ist geschehen. In Indien, das den Buddhismus hervorgebracht hat, ist er wieder erloschen. Sofern Indien aus einem überwältigenden Instinkt indisch bleiben, d. h. in Kasten mit den alten Göttern im Rahmen der philosophisch gedachten Totalität leben wollte, verschwand dort der Buddhismus. Er war menschheitlich gemeint, hat Jahrhunderte in großen Teilen Indiens geherrscht, und er blieb menschheitlich, als er in Indien ohne Gewaltanwendung im Laufe eines Jahrtausends ausstarb. Überall in Asien wurde er der Befreier einer vorher schlummernden Seelentiefe, aber auch überall wurde er wieder bekämpft und beiseite gedrängt, wenn die nationalen Strebungen der Völker sich durchsetzen wollten (in China und Japan).

In den Jahrhunderten um Christi Geburt spaltete sich der Buddhismus in den nördlichen und südlichen, in das Mahayana (das große Fahrzeug zum Überqueren der Wasser des Samsara nach dem Land des Heils) und in das Hinayana (das kleine Fahrzeug). Das Mahayana erscheint gegenüber dem ursprünglicheren und reineren Hinayana wie ein Abfall in religiöse Leibhaftigkeiten. Aber merkwürdig ist, daß das Hinayana, das bis heute in Ceylon und Hinterindien fortbesteht, durch die Zeiten wesentlich das Überlieferte bewahrt und nichts Neues bringt, während das Mahayana in eine großartige neue Entfaltung eintritt, auf deren Grunde nicht nur die religiösen Bedürfnisse der Massen befriedigt werden, sondern auch die sublimierte spekulative Philosophie zu neuer Blüte erwächst. Das Hinayana kann wie eine Verengung erscheinen, einmal durch das starre Festhalten am einmal gewonnenen Kanon, dann durch die Betonung der Vollendung des einzelnen Menschen zum Arhat. Das Mahayana ist dagegen fast unendlich offen für zunächst Fremdes und Neues, es denkt mit größter Entschiedenheit an die Erlösung aller Wesen, nicht nur an die des Einzelnen. Im Mahayana entfalten sich Ansätze Buddhas, die im Hinayana vernachlässigt wurden, vor allem der Entschluß, aus Erbarmen mit der Welt zum Heile der Götter und Menschen sich allen auf jede wirksame Weise zuzuwenden. Bei ihm auch finden sich die Ansätze der sublimen Gedanken, die viel später, im Bereich der mahayanitischen Sekten, von Nagarjuna und anderen allseitig durchdacht wurden.

Aber doch ist das Wesentliche der großen Entfaltung des Mahayana, daß Buddhas Philosophie des Heilspfades in eine Religion verwandelt wurde. Wie deren Erscheinung im Gegensatz zu Buddha aussieht, ist in Kürze zu charakterisieren:

a) *Autorität und Gehorsam:* Mit der Ordensgründung war ein Gemeinschaftsgefühl derer gestiftet, die jeder für sich in der Erkenntnis das Heil erreichten. Aber bald dachten die Glaubenden nicht mehr auf eigene Verantwortung, sondern sie hatten ihre Autorität und lebten faktisch im Gehorsam. Sie nahmen ihre »Zuflucht zu Buddha, zur Lehre, zur Gemeinde«.

b) *Schwinden des Glaubens an die eigene Kraft. Buddha wird zum Gott:* Nach Buddhas Lehre bringen nicht Gebet, nicht Gnade, nicht Opfer und Kultakte die Erlösung, sondern nur die Erkenntnis. Diese als solche ist Erlösung. Nicht zwar eine Erkenntnis als schnell in der Sprache ergreifbares rationales Wissen, sondern Erkenntnis als Erleuchtung. Diese aber befreit nicht erst durch ihre Folgen, sondern als sie selber. Diese Weise des Wissens ist Erlösung dadurch, daß es sich selbst als Erlösung weiß. Sie weiß, mit ihr befreit zu sein von Begier, vom Werden, von Leiden.

Darum schließt Buddha den Bericht von seiner erleuchteten Erkenntnis »Vernichtet ist die Wiedergeburt, erfüllt der heilige Wandel, getan die Pflicht, nicht werde ich zu dieser Welt zurückkehren« mit dem Satz: »Also erkannte ich.«

Jeder Mönch, der die Erkenntnis erreicht hat, darf zu dem sanskara, durch dessen bewußtlose Kraft dies lebendige Dasein erbaut wurde und ohne die erlösende Erkenntnis in endlosen Wiedergeburten immer neu erbauen würde, sagen: »Bauherr, ich spotte dein! Jetzt kenne ich dich, nie baust du mehr ein beinern Haus für mich! Zerbrochen sind des Kerkers Balken all!«

Diese Erkenntnis liegt in der Macht des Menschen. Sie wird errungen durch die eigene Einsicht auf Grund der Kraft der eigenen Lebensführung. Kein Gott gibt die Einsicht, die Götter selbst bedürfen ihrer. Buddha teilt sie mit. Jeder, der sie hört, muß sie selbst ursprünglich erwerben. Daher sein letztes Wort: Strebet ohne Unterlaß. Insofern ist Buddhas Lehre Philosophie. In des Menschen Wille und Kraft liegt es, sie zu erwerben.

Wenn nun aber der Glaube an die Erlösung aus eigenen Kräften erschüttert ist, muß das buddhistische Denken sich wandeln. Der Erschütterte ruft nach dem helfenden Gotte. Aber Götter gibt es nur als selbst zu befreiende, letzthin ohnmächtige Wesen. Der Buddhist sucht die Hilfe, ohne seine Vorstellung von dem sich selbst durch Erkenntnis erlösenden Menschen aufzugeben. Das gelingt dadurch, daß Buddha selbst zum Gotte wird und eine faktisch neue Götterwelt entsteht ohne den Namen der Götter. Buddha, der nur seine Lehre bringen wollte, wird zur göttlichen Gestalt über allen Göttern. Nun war der Glaube an Buddhas Einsicht nicht mehr philosophischer Glaube, sondern Glaube an Buddha. Nicht mehr nur Selbstdenken entscheidet nun, sondern die helfende Wirkung des übersinnlichen Buddha.

Buddha selbst hat seine Erkenntnis gar nicht an seine Person binden wollen. Die überlieferten letzten Worte vor seinem Tode bezeugen es. Buddha wollte die Lehre an die Stelle des persönlichen Lehrers setzen. Aber es blieb nicht bei jener menschlichen Verehrung für einen Lehrer, die für den Empfang und die Aneignung der Lehre bereitmacht, sondern schon in früher Zeit hat der Eindruck der überwältigenden Klarheit der Person Buddhas seine Steigerung zur Folge gehabt. Fast unerschöpflich sind die Beiworte, die dem Buddha schon in den alten Texten gegeben werden: der völlig Erwachte, der Vollendete, der im Wissen und Wandel Vollkommene, der Kenner der Welten, der Allseher, mit ihm wird ein großes Auge offenbar, eine große Helle, ein großer Glanz, – der Überwinder, der Nichtüberwundene, der unvergleichliche Bändiger der ungezähmten Menschen, – der Lehrer der Götter und Menschen, – ohne einen Zweiten, ohne Genossen, ohne einen Gleichen als ein Unvergleichlicher, als der Beste der Menschen.

Dieser einzig verehrte Lehrer wird bald nach seinem Tode Gegenstand des Kults. Seine Reliquien werden Mittelpunkte von Tempelbauten. Schon im dritten Jahrhundert vor Chr. gibt es den Glauben, daß er die Inkarnation eines göttlichen Wesens sei (analog den Avataras in der Vishnureligion), das sich zum Heile der lebendigen Wesen dies auferlegt habe. Jeder irdische Buddha hat sein Gegenbild in der transzendenten Welt, ist als dieser schaubar in der Versenkung (dhyana) und heißt dhyani-buddha. Der dhyani-buddha des irdischen Gautama ist Amidha-Buddha oder Amithaba, der Herrscher des Paradieses im Westen, des Landes Sukhavati, wo er die Gläubigen nach ihrem Tode empfängt. Dort leben sie, wiedergeboren in den Kelchen von Lotosblumen, ein seliges Dasein, bis sie reif werden zum endgültigen Schritt in das Nirvana. Die vielen Abwandlungen dieser übersinnlichen Buddha-Wesen bedeuten das Eine: es sind Gestalten, die dem glaubenden Menschen hilfreich sind, und an die er sich im Gebet wendet, – und es handelt sich um leibhaftige Welten der paradiesischen Seligkeit, die näher liegen als das geheimnisvolle Nirvana.

Mit diesen Verwandlungen erweitert sich die Buddhalegende zu einem ereignisvollen Geschehen im kosmischen Zusammenhang der Götterhimmel, unter Mitwirkung der Götter, Seher, des Teufels (Mara) und der Dämonen, als ein Geschehen voller Zauber und Herrlichkeiten.

c) Der *Verwandlungsprozeß*, der den Buddhismus zur asiatischen Menschheitsreligion hat werden lassen, hat zur *Aufnahme der uralten Motive religiöser Überlieferungen* der Völker, sowohl der hohen Kulturen wie der Naturvölker, geführt. Diese Aufnahme war ermöglicht durch den Sinn, den Buddha der Welt gab. Die radikale Freiheit von der Welt hatte eine ebenso radikale Toleranz für die Welt zur Folge. Denn alles Weltliche beruhte auf dem gleichen Grunde des Nichtwissens, war Irrtum und Schleier und war zu überwinden. Die Gleichgültigkeit gegen das an sich Unwahre ließ die Überwindung von jeder Weise dieser Unwahrheit her möglich sein. Daher hatte der Buddhismus eine unbeschränkte Aufnahmefähigkeit für alle ihm begegnenden Religionen, Philosophien, Lebensformen. Sie galten als Stufe zum Absprung, zu dem einen Ziel, das für unser westliches Denken im Grenzenlosen, Unendlichen verschwebt. Jeder Gedanke, jedes Ethos, jeder Gottesglaube, auch der primitivsten Religionen, alles war mögliche Vorstufe, als solche unumgänglich, aber nicht Ziel.

Das Echo auf das Schweigen Buddhas ist nicht nur die Stille asiatischer Souveränität des Inneren, sondern auch der stimmenreiche und farbenreiche Lärm der phantastischen religiösen Inhalte. Das zu Überwindende wurde faktisch die Lebenssubstanz. Die zunächst fremden religiösen Formen werden zu Kleidern des buddhistischen Denkens und bald zu diesem selber. Ein eindrucksvolles Beispiel ist Tibet: Die alten Zaubermethoden werden selber zu buddhistischen Methoden, die Mönchsgemeinschaft zu einer organisierten Kirche mit weltlicher Herrschaft (mit so vielen Analogien zur katholischen Kirche, daß die erstaunten Christen hier ein Werk des Teufels sahen, der die christliche Wirklichkeit in einem verzerrten Gegenbild nachgemacht habe).

d) *Die Rolle des Menschen:* Mit diesen Wandlungen verwandelt sich auch die Rolle des Menschen, in der sich der Glaubende versteht. Alle Menschen, alle Wesen haben die Anwartschaft, zu der Vorstufe eines kommenden Buddha, zum Bodhisattva zu werden, der nur darum nicht in das Nirvana eingeht, weil er noch einmal wiedergeboren werden will als Buddha, den anderen das Heil zu bringen. Jeder kann dies Ziel haben, und auf dem Wege hilft ihm die Gnade der schon gewordenen Bodhisattvas, die er anruft.

Heldentum und Mitleid sind die Charaktere der Bodhisattvas, die sich den Schrecknissen der Welt aussetzen, bis alle Wesen befreit sind. Nicht mehr das Ideal des einsamen Asketen, sondern das Ideal des allerbarmenden Bodhisattva bewegt den gläubigen Buddhisten. Galt jenem die Lehre von den Versenkungsstufen, so diesem eine Lehre von den Daseinsstufen bis zur Höhe des Bodhisattva, der von den Buddhas als einer der ihrigen empfangen wird, in himmlischen Regionen weilt und am Ende als menschlicher Buddha in der Welt erscheint (Schayer).

Dem Gläubigen ist Lebensüberdruß ein Zeichen des negativen Haftens am Dasein. Weltindifferenz ist erhaben über Welthaß und Weltliebe, über Weltschmerz und Lebensüberdruß.

Weil Buddha die positiven Möglichkeiten des Menschen auf ein Einziges beschränkt, durch Nichtergreifen, Nichthaften, Nichtwiderstehen das Heil zu gewinnen, so kann ein Aufbau in der Welt, kann Weltgestaltung nicht mehr sinnvoll sein, nicht das geschichtlich erfüllte, durch den Eintritt in die Erscheinung reich werdende Leben, nicht das ins Grenzenlose vordringende wissenschaftliche Wissenwollen, nicht die Geschichtlichkeit der einmaligen Liebe, nicht die Verantwortung in geschichtlicher Einsenkung. Die Welt wird gelassen, wie sie ist. Buddha geht durch sie hindurch, ohne an eine Reform für alle zu denken. Er lehrt, sich von ihr zu lösen, nicht sie zu verändern. »Wie ein lieblicher weißer Lotos nicht befleckt wird vom Wasser, so werde ich von der Welt nicht befleckt.«

Aber die Buddhisten leben doch faktisch in der Welt. Ihre Befreiung von der Welt in vollkommener Gelassenheit hat zwei Möglichkeiten, erstens – bei den Mönchen – das Hingleiten in die Passivität des Unbetroffenseins, in die Preisgabe der Initiative, in das Dulden und die Geduld, in den Schlaf; und zweitens – bei den Laienbuddhisten – das Mittun in der Welt ohne Hineingezogensein in die Welt. Dann ist ihnen das Nirvana gegenwärtig im »Nichthaften« beim aktiv vollzogenen Dasein in der Welt. Der Krieger (etwa der japanische Samurai), der Künstler, jeder tätige Mensch, sie leben als Buddhisten in heroischer Gelassenheit. Sie tun, als ob sie nicht täten. Sie handeln, als ob sie nicht handelten. Sie sind dabei und nicht dabei. Leben und Tod berührt sie nicht. Sie nehmen das eine und das andere unbetroffen hin.

e) *Was bleibt von der ursprünglichen Philosophie?* Angesichts der Verwandlung der Welt des Buddhismus, die vor das Nirvana eine gestaltete reiche Anschauung von Göttlichem legt, die in Dichtung und Kunst uns großartig vor Augen steht, fragt man: Was hat das noch mit Buddha zu tun? Die Antwort wird sein dürfen: In der Götterwelt, den zahllosen Riten und Kultformen, den Institutionen und Sektenbildungen und den freien Mönchsgemeinschaften bleibt von dem philosophischen Ursprung her immer noch ein Rest fühlbar, etwas von den geistigen Mächten, die von ihrer ersten sublimen Verwirklichung her ausstrahlen noch bis in die primitivsten Gestalten. Es ist die wundersame Kraft des Sichhingebens, die Form des Verwehens in das Ewige. Und es ist die buddhistische Liebe als universales Mitleiden und Mitfreuen mit allem Lebendigen, diese Haltung des Nichtangreifens. Es liegt ein Glanz der Milde über Asien trotz alles Schaurigen und Schrecklichen, das dort wie überall geschehen ist und geschieht. Der Buddhismus wurde zur einzigen Weltreligion, die keine Gewalt kennt, keine Ketzerverfolgungen, keine Inquisition, keine Hexenprozesse, keine Kreuzzüge.

Zu dem Wesen des Ursprungs dieses Denkens gehört es, daß hier eine Spaltung zwischen Philosophie und Theologie, zwischen Freiheit der Vernunft und religiöser Autorität nie aufgetreten ist. Die Frage nach dem Unterschied ist nicht gestellt. Die Philosophie war selber religiöses Tun. Es bleibt bei dem Grundsatz: Wissen ist selbst schon Befreiung und Erlösung.

6. *Was bedeuten uns Buddha und der Buddhismus?* Keinen Augenblick dürfen wir die Ferne vergessen: Bedingungen der Einsicht bei Buddha sind die Meditationsübungen, die Lebensführung in Weltindifferenz bei Abkehr von Aufgaben in der Welt. Es wäre nicht genug, etwa nach wissenschaftlicher Denkungsart zwecks Beobachtung zu versuchen, wie weit man mit einigen Yogaübungen käme. Es wäre nicht genug, eine Stimmung der Weltindifferenz zu entwickeln und sich der Beschauung zu ergeben. Wer nicht jahrelang die Meditationsübungen in der gehörigen Weise, mit den Glaubensvoraussetzungen und dem Ethos der Lebensführung, selber vollzogen und erfahren hat, wie weit er darin kommt, kann nur das verstehen, was im Gedanken als solchem mitteilbar wird. Wir dürfen nie vergessen, daß bei Buddha und im Buddhismus eine Quelle fließt, die wir für uns nicht haben fließen lassen, und daß hier eine Grenze des Verstehens liegt. Wir müssen den außerordentlichen Abstand des Ernstes sehen und die billigen und schnellen Annäherungen verwehren. Wir müßten aufhören zu sein, was wir sind, um an der Wahrheit Buddhas wesentlichen Anteil zu gewinnen. Der Unterschied ist nicht der von rationalen Positionen, sondern der von Lebensverfassung und Denkungsart selbst.

Aber über der Ferne brauchen wir den Gedanken nicht zu verlieren, daß wir alle Menschen sind. Es handelt sich überall um dieselben Daseinsfragen des Menschen. Hier bei Buddha ist eine große Lösung gefunden und verwirklicht, die zu kennen und nach Kräften zu verstehen uns aufgegeben ist.

Die Frage ist die, wie weit wir verstehen können, was wir selber nicht sind und nicht verwirklichen. Unsere Forderung ist es, daß dies Verstehen in einer nicht begrenzbaren Annäherung möglich sei, wenn Voreiligkeit und vermeintliche Endgültigkeit des Verstehens vermieden werden. Im Verstehen halten wir tief verschlossene Möglichkeiten unserer selbst wach, und im Verstehen verwehren wir die Verabsolutierung unserer eigenen objektivierten Geschichtlichkeit zum ausschließend Wahren.

Wir dürfen behaupten, daß alles, was in den buddhistischen Texten gesagt wird, sich an das normale Wachbewußtsein wendet und darum für dieses in einem gewissen Grade verständlich sein muß.

Daß der Lebensweg Buddhas möglich war und wirklich wurde, und daß in Asien bis heute noch hier und da ein buddhistisches Leben wirklich ist, das ist eine große Tatsache. Das Wissen darum zeigt die Fragwürdigkeit des Menschseins. Der Mensch ist nicht, was er nun einmal ist, sondern er ist offen. Er kennt nicht *eine* Lösung, nicht *eine* Verwirklichung als die allein richtige.

Buddha ist die Verwirklichung eines Menschseins, das in der Welt in bezug auf die Welt keine Aufgaben anerkennt, sondern in der Welt die Welt verläßt. Es kämpft nicht, es widersteht nicht. Es will nur als dies durch Nichtwissen gewordene Dasein erlöschen, aber es will so radikal erlöschen, daß es sich nicht einmal nach dem Tode sehnt, weil es über Leben und Tod hinaus eine Stätte der Ewigkeit gefunden hat.

Mag aus dem Abendlande entgegenschwingen, was analog scheint, die Gelassenheit, die Weltfreiheit der Mystik, das Nichtwiderstehen dem Bösen bei Jesus: im Abendland war Ansatz oder Moment, was in Asien zum Ganzen und damit ganz anders wurde.

Daher bleibt das erregende Spannungsverhältnis zum andern, wie im Persönlichen von Mensch zu Mensch, so im großen von einer gemeinschaftlichen Welt des Geistes zur anderen. Wie im persönlichen Umgang bei aller Freundlichkeit und Nähe und Vertrauen und Wohlwollen plötzlich eine Ferne fühlbar werden kann, als ob es wie ein Entgleiten wäre, des anderen und meiner selbst, als ob ein Nicht-anders-sein-können sich trenne und dies im letzten Grunde doch nicht anerkennen will, weil die Forderung der gemeinsamen Bezogenheit auf die Mitte der Ewigkeit nicht aufhört, daher ein besseres Verstehen immer wieder gesucht wird, – so ist es zwischen Asien und Abendland.

KONFUZIUS

Quellen: Chinesischer Kanon, darin besonders: Lun-Yü. – Ferner: Se-ma-tsien (übersetzt von Wilhelm in seinem »Konfuzius«). – Übersetzungen: Wilhelm. Haas.
Literatur: Wilhelm. Crow. Stübe. von der Gabelentz. O. Franke.

Durch die Schichten der umformenden Überlieferung hindurch das Bild des historischen Konfuzius zu erreichen, kann unmöglich scheinen. Obgleich seine

Arbeit auch im Redigieren von Überlieferungen und in eigenem Schreiben bestand, besitzen wir doch keine Zeile, die in dieser Form sicher von ihm stammt. Die Meinungsverschiedenheiten der Sinologen sind beträchtlich auch in bezug auf wichtige Tatsachenfragen: z. B. hat nach Franke Konfuzius das I-king gar nicht gekannt, das doch nach der Überlieferung in seinen letzten Lebensjahren Gegenstand seiner Studien war. Nach Forke hat Laotse, der nach der Überlieferung der verehrte alte Meister für Konfuzius war, beträchtlich später als er gelebt. Die Befunde sind derart, daß sich plausible Gründe für und gegen vorbringen lassen. Ein historisches, wenn auch im einzelnen ungewisses Bild ist trotzdem zu gewinnen, wenn man sich an das hält, was in den gehaltreichen Texten am überzeugendsten auf ihn selbst zurückzuführen ist. Es macht die großartige Einheit seines Wesens, oft im Widerspruch mit späteren chinesischen Bildern, fühlbar. Man darf in der alten Lebensgeschichte des Se-ma-tsien aus dem letzten Jahrhundert vor Chr. und im Lun-Yü persönliche, unerfindbare Züge wahrnehmen. Man kann die geistige Situation vergegenwärtigen, in der er lebte und dachte, und die Gegner, die ein Licht auf ihn werfen.

1. *Lebensgeschichte:* Konfuzius (etwa 551–479) wurde geboren und starb im Staate Lu. Mit drei Jahren verlor er den Vater, wuchs, von seiner Mutter versorgt, in dürftigen Verhältnissen heran. Schon als Knabe stellte er gern Opfergefäße auf und ahmte die Gebärden der Feierlichkeiten nach. Mit 19 Jahren schloß er seine Ehe, hatte einen Sohn und zwei Töchter. Weder zu seiner Frau noch zu seinen Kindern hatte er ein herzliches Verhältnis. Er war groß an Gestalt und von überlegener Körperkraft.

Mit 19 Jahren trat er in den Dienst einer vornehmen Familie als Aufseher der Äcker und Herden. Mit 32 Jahren war er für die Söhne eines Ministers in Lu Lehrer des alten Rituals. Mit 33 Jahren machte er eine Reise zur Reichshauptstadt Lo-yang, um die Institutionen, Gebräuche und Überlieferungen des Tschou-Reiches (des alten chinesischen Einheitsreiches) zu studieren, das, faktisch zerfallen in die zahlreichen größeren und kleineren sich bekämpfenden Staaten, dort ein nur noch religiöses Zentrum hatte. Damals soll ein Besuch bei Laotse stattgefunden haben. Mit dem Herzog von Lu floh Konfuzius, 34 Jahre alt, vor der Bedrohung durch mächtige Adelsfamilien in einen Nachbarstaat. Dort hörte er Musik, lernte sie ausüben, war so hingerissen, daß er das Essen vergaß. Heimgekehrt lebte er in Lu 15 Jahre lang nur seinen Studien.

Mit 51 Jahren trat er wieder in ein Amt des Staates Lu, wurde Justizminister und schließlich Kanzler. Seine Wirksamkeit stärkte die Macht des Herzogs. Die Adelsfamilien wurden überwunden, ihre Städte der Befestigungen beraubt. Das Land blühte. Die Außenpolitik war erfolgreich. Aus Sorge vor diesem Aufschwung Lus sandte der Herzog eines Nachbarstaates dem Herzog von Lu ein Geschenk von achtzig in Tanz und Musik wohl ausgebildeten schönen Mädchen und dreißig Viergespannen prächtiger Pferde. Der Herzog fand daran so viel Vergnügen, daß er die Regierung vernachlässigte. Auf Konfuzius hörte er nicht mehr. Dieser ging – nach vierjähriger glanzvoller Tätigkeit. Langsam, mit Unterbrechungen, reiste er aus dem Lande, immer noch in der Hoffnung, zurückgerufen zu werden.

Nun folgte eine zwölfjährige Wanderzeit von seinem 56. bis 68. Lebensjahr. Er ging von Staat zu Staat, um irgendwo seine Lehre politisch verwirklichen zu können. Augenblickliche Hoffnungen und dann wieder Niedergedrücktheit, Abenteuer und erlittene Überfälle waren sein Los. Viele Geschichten werden erzählt, wie Schüler ihn begleiten, ihn mahnen und trösten, wie er einen erzwungenen Eid bricht, wie der Herzog von Wei mit seiner berüchtigten Gattin Nan-tse über den Marktplatz fährt, Konfuzius in einem Wagen nachfolgen läßt und das Volk höhnt: »Wollust voran und Tugend hinterher.« Ein Schüler macht dem Meister darob Vorwürfe. Konfuzius verläßt auch diesen Staat. Durch die Jahre verliert Konfuzius nicht das Vertrauen auf seine Berufung als politischer Erzieher und Ordner des Reiches. Wohl spricht er gelegentlich: »Laßt mich heim, laßt mich heim.« Als er schließlich, alt geworden, im 68. Lebensjahr, völlig erfolglos, in seinen Staat zurückkehrt, klagt er in einem Gedicht, nach dem langen Wandern durch neun Provinzen winke ihm am Ende kein Ziel: die Menschen sind ohne Einsicht, schnell vergehen die Jahre.

Seine letzte Lebenszeit verbrachte er still in Lu. Kein Staatsamt nahm er an. Eine tiefe Verwandlung soll mit ihm vorgegangen sein. Einst hatte ein Eremit von ihm gesagt: »Ist das nicht der Mann, der weiß, daß es nicht geht, und dennoch fortmacht?« Konfuzius' Größe war es in der Tat all die Jahre gewesen, so zu handeln. Jetzt aber hatte der Greis verzichtet. Er studierte das geheimnisreiche »Buch der Wandlungen« und vollendete seine planvolle Begründung der neuen Erziehung literarisch durch die Redaktion der Schriften der Überlieferung und praktisch durch seine Lehrtätigkeit für einen Kreis von Schülern.

Eines Morgens fühlte Konfuzius den Tod herannahen. Er ging im Hof und summte vor sich hin die Worte: »Der große Berg muß zusammenstürzen, der starke Balken muß zerbrechen, und der Weise schwindet dahin wie eine Pflanze.« Als ein besorgter Schüler ihn ansprach, sagte er: »Kein weiser Herrscher ersteht, und niemand im Reich will mich zu seinem Lehrer machen. Meine Todesstunde ist gekommen.« Er legte sich und starb nach acht Tagen, 73 Jahre alt.

2. *Konfuzius' Grundgedanke: Rettung des Menschen durch Erneuerung des Altertums:* In der Not der Auflösung des Reichs, in der Friedlosigkeit und Zerrüttung der Zeit, war Konfuzius einer von den vielen wandernden Philosophen, die mit ihrem Rat das Heil bringen wollten. Für alle war der Weg das Wissen, für Konfuzius der Weg des Wissens um das Altertum. Seine Grundfragen waren: Was ist das Alte? wie ist es anzueignen? wodurch wird es verwirklicht?

Diese Weise des Alten war selber etwas Neues. Was wirklich gelebt und getan wird, das ist, zum Bewußtsein gebracht, verwandelt. Weiß es um sich, dann ist es nicht mehr naiv. Ist es bloße Gewohnheit geworden, kommt in sie durch das Wissen ein bewegender und zugleich verläßlicher Charakter. Ist es vergessen, wird es wiedererinnert und wiederhergestellt. Aber wie es auch verstanden wird, es ist als Verstandenes nicht mehr dasselbe.

Durch die Übersetzung der Überlieferung in bewußte Grundgedanken wird in der Tat eine neue Philosophie wirklich, die sich als Identität mit der uralten versteht. Eigene Gedanken werden nicht als eigene zur Geltung gebracht. Die jüdischen Propheten verkündeten Gottes Offenbarung, Konfuzius die Stimme des Altertums. Das Sichbeugen unter das Alte verwehrt den Übermut, aus der eigenen Winzigkeit den ungeheuren Anspruch zu erheben. Es erhöht die Chance, Glauben und Gefolgschaft zu finden bei allen, die noch in der Substanz einer Herkunft leben. Das eigene Denken, aus dem Nichts bloßen Verstandes, ist vergeblich. »Ich habe nicht gegessen und nicht geschlafen, um nachzudenken; es nützt nichts: besser ist es zu lernen.« Aber Lernen und Denken gehören zusammen. Eins verlangt das andere. Einerseits: »Denken und nicht lernen ist ermüdend, gefährlich.« Andrerseits: »Lernen und nicht denken ist nichtig.«

»Ein Überlieferer bin ich, nicht einer, der Neues schafft: treu bin ich, liebe das Altertum.« Mit solchen Worten spricht Konfuzius seine Grundstimmung der Pietät aus. Die Substanz unseres Wesens liegt im Ursprung der Geschichte. Konfuzius entwirft ein Geschichtsbild, das die einzige Wahrheit zur Geltung bringen soll. Dabei beachtet er wenig die großen Erfinder von Wagen, Pflug, Schiff, die Fu-Hsi, Schen Nung (den göttlichen Landmann), Huang Ti. Die eigentliche Geschichte beginnt ihm mit den Gründern von Gesellschaft und Regierung, der Sitten und Ordnungen. Am Anfang stehen die Idealgestalten von Yao, Schun, Yü: sie schauten die ewigen Urbilder im Himmel. Er preist diese Männer mit den höchsten Worten. »Nur der Himmel ist groß, nur Yao entsprach ihm.« Diese größten Gründer und Herrscher wählten jeweils den Besten der Menschen zu ihrem Nachfolger. Das Unheil begann, als mit der Hsiadynastie die Erblichkeit zur Geltung kam. Damit sank notwendig der Rang der Herrscher. Es endete schließlich mit einem Tyrannen, der als Nichtherrscher gemäß dem Willen des Himmels abgelöst wurde durch eine Umwälzung, die wieder einen echten Herrscher, Tang, den Begründer der Schangdynastie einsetzte. Da die Erblichkeit blieb, wiederholte sich dasselbe Spiel. Der Letzte der Dynastie, wieder der vollendete Tyrann, wurde im 12. Jahrhundert ersetzt durch die Tschoudynastie. Diese schuf von neuem die Grundlage durch Erneuerung der nun schon uralten chinesischen Welt. Nun, als Konfuzius lebte, ist diese wieder ohnmächtig geworden im Zerfall zu vielen Staaten. Für die Erneuerung will Konfuzius wirken. In seinem Erneuerungswillen bezieht er sich auf die Gründer der Tschoudynastie, insbesondere auf den Herzog von Tschou, der für seinen minderjährigen Neffen die Regierung führte, ohne treulos den Kaiserthron zu usurpieren. Er ist durch seine Schriften und Handlungen das Vorbild für Konfuzius selbst.

Diese Auffassung der Geschichte durch Konfuzius ist erstens »kritisch«: er unterscheidet, was gut und böse war, wählt aus, was der Erinnerung wert ist als Vorbild oder als abschreckendes Beispiel. Zweitens weiß er, daß nichts identisch in seiner Äußerlichkeit wiederhergestellt werden darf. »Ein Mann, der geboren ist in unseren Tagen und zurückkehrt zu den Wegen des Altertums, er ist ein Tor und bringt sich ins Unglück.« Es handelt sich um Wiederholung des ewig Wahren, nicht um Nachahmung des Vergangenen. Die ewigen Gedanken waren im Altertum nur offenbarer. Jetzt in der verdunkelten Zeit will er sie von neuem leuchten lassen, indem er sich selbst durch sie erfüllt.

Jedoch trägt diese Gesinnung des Abgeschlossenseins der ewigen Wahrheit in sich eine Dynamik durch die Weise, wie das Alte angeeignet wird. Sie wirkt in der Tat nicht abschließend, sondern vorantreibend. Konfuzius bringt eine lebendige Lösung des großen Problems jener Autorität, die nicht nur durch das Monopol der Gewaltanwendung die Macht ist. Wie das tatsächlich Neue in Koinzidenz mit der Überlieferung aus dem Quell ewiger Gültigkeit Substanz des Daseins wird, ist hier zum erstenmal in der Geschichte durch eine große Philosophie zum Bewußtsein gebracht: die konservative Lebensform, die bewegt ist durch aufgeschlossene Liberalität.

Wenn das Wahre in der Vergangenheit offenbar war, so ist der Weg zum Wahren die Erforschung dieser Vergangenheit, aber mit der Unterscheidung des Wahren und Falschen in ihr selber. Der Weg ist Lernen, nicht des bloßen Wissens von etwas, sondern als Aneignung. Die Wahrheit, die schon da ist, ist nicht auswendig zu lernen, sondern innerlich und damit auch äußerlich zu verwirklichen.

Der Leitfaden dieses echten »Lernens« ist das Dasein der Bücher und der Schule. Die Bücher schuf Konfuzius, indem er alte Schriften, Urkunden, Lieder, Orakel, Vorschriften für Sitten und Gebräuche auswählte und redigierte nach dem Maßstab der Wahrheit und Wirksamkeit. Die Erziehung begründete er durch Schule, zunächst durch seine private Schule, in der die Jünglinge zu kommenden Staatsmännern gebildet werden sollten.

Damit ist die Weise des Lernens und Lehrens zu einem Grundproblem geworden.

Was Konfuzius unter Lernen versteht, ist nicht erreichbar ohne die *Voraussetzung des sittlichen Lebens* beim Schüler. Der Jüngling soll Eltern und Brüder lieben. Er soll wahrhaftig und pünktlich sein. Wer sich schlecht benimmt, wird im Lernen nie das Wesentliche treffen. Als ein Schüler sich auf den Platz eines Älteren setzt, heißt es: »Er strebt nicht danach, Fortschritte zu machen, er will es rasch zu etwas bringen.« Im sittlichen Wandel soll er die Künste erlernen: Riten, Musik, Bogenschießen, Wagenlenken, Schreiben und Rechnen. Erst auf diesem Grunde gedeihen die literarischen Studien.

Sinnvolles Studium weiß *die Schwierigkeiten* und erträgt sie in dem Ringen, das nie ans Ende kommt. Ein das Lernen Liebender weiß täglich, was ihm fehlt; er vergißt nicht, was er kann; denn er gibt sich ständig Rechenschaft. Der Weg ist schwer: »Wer lernt, dringt darum noch nicht zur Wahrheit vor; wer zur Wahrheit vordringt, ist noch nicht imstande, sie zu festigen; wer sie festigt, kann darum noch nicht sie im Einzelfall abwägen.« Darum muß der Jüngling lernen, als gäbe es nimmer ein Zum-Ziele-Kommen, und als hätte er zu fürchten, es noch zu verlieren. Aber einen Schüler, der meint, seine Kraft reiche nicht aus, ermutigt Konfuzius: »Wem seine Kraft nicht ausreicht, der bleibt auf halbem Wege liegen; aber du beschränkst dich ja von vornherein selber.« Fehler dürfen nicht lähmen: »Einen Fehler begehen und ihn nicht wieder gutmachen (sich nicht ändern), erst das heißt fehlen.« Sein Lieblingsschüler wird gerühmt: »Er machte keinen Fehler zum zweitenmal.«

Konfuzius spricht von seinem *Verhältnis zu den Schülern.* »Wem es nicht ernstlich darum zu tun ist, etwas zu lernen, dem erteile ich nicht meinen Unterricht; wer sich nicht wirklich bemüht, sich auszudrücken, dem helfe ich nicht nach. Habe ich eine Ecke gezeigt, und er kann nicht von sich selber auf die drei anderen kommen, so ist es bei mir vorbei mit dem Erklären.« Aber die Weise der Bewährung liegt nicht in der sofortigen Antwort: »Ich redete mit Hui den ganzen Tag; er erwiderte nichts wie ein Tor. Ich beobachtete ihn beim Alleinsein; da war er imstande, meine Lehre zu entwickeln. Er ist kein Tor.« Konfuzius lobt nicht über Gebühr. »Spende ich einem Lob, so ist es, weil ich ihn erprobt habe.«

Seine eigenen Studien beschreibt Konfuzius. Nicht von Geburt habe er das Wissen, erst als Liebhaber des Altertums sei er ernstlich darauf aus, es zu gewinnen. Er achte auf seine Weggenossen, dem einen abzusehen, was Gutes an ihm sei, und es zu befolgen, dem andern sein Nichtgutes, um es selber anders zu machen. Ihm sei das ursprüngliche Wissen versagt. »Vieles hören, das Gute davon auswählen und ihm folgen, vieles sehen und es sich merken, das ist wenigstens die zweite Stufe der Weisheit.« Langsam im Gange der Lebensalter vollzog sich sein Fortschritt: »Ich war fünfzehn, und mein Wille stand aufs Lernen, mit dreißig stand ich fest, mit vierzig hatte ich keine Zweifel mehr, mit fünfzig war mir das Gesetz des Himmels kund, mit sechzig war mein Ohr aufgetan; mit siebzig konnte ich meines Herzens Wünschen folgen, ohne das Maß zu überschreiten.«

Der Sinn alles Lernens ist die *Praxis.* »Wenn einer alle dreihundert Stücke des Liederbuches auswendig hersagen kann, und er versteht es nicht, mit der Regierung beauftragt, (seinen Posten) auszufüllen oder kann nicht selbständig antworten, wenn er als Gesandter ins Ausland geschickt wird: wozu ist (einem solchen Menschen) alle seine viele Gelehrsamkeit nütze?«

Beim Lernen kommt es auf die *innerliche Formung* an. »Warum doch, Kinder, studiert ihr nicht die Lieder? An den Liedern kann man sich aufrichten, an ihnen kann man sich selbst prüfen, an ihnen Geselligkeit lernen, an ihnen hassen lernen und lernen, zu Hause dem Vater und draußen dem Fürsten zu dienen.« »Des Liederbuchs drei Hundert sind befaßt in dem einen Worte: Keine schlimmen Gedanken hegen.«

Ohne Lernen sind andererseits alle anderen Tugenden in der Umnebelung und entarten sogleich: Ohne Lernen wird Geradheit zu Grobheit, Tapferkeit zu Ungehorsam, Festigkeit zu Schrullenhaftigkeit, wird Humanität zu Dummheit, Weisheit zu Zerfahrenheit, Wahrhaftigkeit zum Ruin.

Wie das Neue dieser Philosophie in der Gestalt des Alten sich ausspricht, das ist nun als Philosophie des Konfuzius näher darzulegen. Es sind zu zeigen erstens das sittlich-politische Ethos und sein Gipfel im Ideal des »Edlen«, zweitens die Gedanken des beherrschenden Grundwissens, drittens wie die schöne Vollendung dieser Gedankenwelt in die Schwebe gebracht ist durch das Grenzbewußtsein des Konfuzius, nämlich sein Wissen um die Grenze der Erziehung und der Mitteilbarkeit, des Erkennens, sein Wissen um sein eigenes Scheitern und seine Berührung dessen, was sein gesamtes Werk zugleich in Frage stellt und trägt.

3. *Das sittlich-politische Ethos des Konfuzius:* Grundlegend sind die Sitten und die Musik. Es kommt an auf die Formung, nicht die Tilgung

der gegebenen Natur. Das Ethos verwirklicht sich im Umgang der Menschen miteinander und in der Regierung. Es wird sichtbar in der Gestalt des einzelnen Menschen als dem Ideal des »Edlen«.

a) *Li:* Die Ordnung wird durch Sitten, (li, Gebote des Benehmens) erhalten. »Ein Volk kann nur durch Sitte, nicht durch Wissen geleitet werden.« Die Sitten schaffen den Geist des Ganzen und werden wiederum von ihm beseelt. Der Einzelne wird nur durch die Tugenden der Gemeinschaft zum Menschen. Die li bedeuten die ständige Erziehung aller. Sie sind die Formen, durch die in allen Daseinssphären die gehörige Stimmung entsteht, die ernsthafte Teilnahme an den Sachen, das Vertrauen, die Achtung. Sie lenken den Menschen durch etwas Allgemeines, das durch Erziehung erworben und zur zweiten Natur wird, so daß das Allgemeine als das eigene Wesen, nicht als aus Zwang empfunden und gelebt wird. Dem Einzelnen geben die Formen Festigkeit und Sicherheit und Freiheit.

Konfuzius hat die li in ihrer Gesamtheit zum Bewußtsein gebracht, sie beobachtet, gesammelt, ausgesprochen und geordnet. Die ganze Welt chinesischer Sitten steht ihm vor Augen: der Anstand, mit dem man geht, grüßt, sich gesellig verhält und dies je nach Situation in besonderer Form; die Weisen der Opfer, der Feiern, der Feste; die Riten bei Hochzeit, Geburt, Tod und Begräbnis; Regeln der Verwaltung; die Ordnungen der Arbeit, des Krieges, des Tageslaufs, der Jahreszeiten, der Lebensstufen, der Familie, der Behandlung der Gäste; die Funktionen des Hausvaters, des Priesters; die Formen des Lebens am Hofe, der Beamten. Die berühmte und vielgeschmähte chinesische Lebensordnung in Formen hat durch Jahrtausende einen Bestand gehabt, beherrscht von einem alles durchdringenden Ordnungszweck, aus dem der Mensch keinen Augenblick herausfallen kann, ohne Schaden zu nehmen.

Bei Konfuzius nun haben die li keineswegs einen absoluten Charakter. »Geweckt wird man durch die Lieder, gefestigt durch die li, vollendet durch Musik.« Die bloße Form hat wie das bloße Wissen keinen Wert ohne Ursprünglichkeit, die sie erfüllt, ohne die Menschlichkeit, die sich in ihr auswirkt.

Mensch wird, wer »sein Selbst überwindend sich in die Schranken der li, der Gesetze der Sitte, begibt.« Wenn zum Beispiel die Gerechtigkeit auch die Hauptsache ist, so »läßt sich der Edle bei ihrer Ausübung leiten von den li«. Die li und der Gehalt (Ursprünglichkeit) sollen im Gleichgewicht sein. »Bei wem der Gehalt überwiegt, der ist ungeschlacht, bei wem die Form überwiegt, der ist ein Schreiber (geistiger Stutzer).« Bei der Ausübung der Formen ist die Hauptsache »Freiheit und Leichtigkeit«, aber »diese Freiheit nicht durch den Rhythmus fester Formen regeln, das geht auch nicht«.

»Ein Mensch ohne Menschenliebe, was helfen dem die li?« »Hervorragende Stellung ohne große Artung, Kultus ohne Ehrfurcht, Beerdigungsgebräuche ohne Herzenstrauer: solche Zustände kann ich nicht mit ansehen.« Wer bei der Darbringung eines Opfers nicht innerlich anwesend ist, bei dem ist es, als habe er gar nicht geopfert.

Die Notwendigkeit des Gleichgewichts von li und Ursprünglichkeit läßt Konfuzius die eine wie die andere Seite betonen. »Die auf dem Gebiete der li und der Musik die Bahn gebrochen, sind uns rohe Leute; die in der Folge auf diesem Gebiete vorschritten, sind uns fein gebildet. Soll ich Gebrauch machen, so folge ich lieber denen, die zuerst die Bahn gebrochen haben.« Dann wieder wird die Form als Form bewertet: Tse-kung war für die Abschaffung des jeweils am ersten des Monats üblichen Schafopfers. Der Meister sprach: »Mein lieber Tse, dir ist es um das Schaf, mir um den Brauch« (li).

In dem Denken des Konfuzius wird Sitte, Sittlichkeit und Recht noch nicht unterschieden. Um so klarer fällt der Blick auf deren gemeinsame Wurzel. Es ist auch nicht die Unterscheidung von ästhetisch-unverbindlich und ethisch-verbindlich, des Schönen und des Guten da. Um so heller ist, daß das Schöne nicht schön ist, ohne gut zu sein, und das Gute nicht gut, ohne schön zu sein.

b) *Musik:* In der Musik sah Konfuzius mit den li den Erziehungsfaktor ersten Ranges. Der Geist der Gemeinschaft wird bestimmt durch die Musik, die gehört wird; der Geist des Einzelnen findet hier die Motive, die sein Leben ordnen. Daher hat die Regierung Musik zu fördern und zu verbieten: »Man nehme die Schan-Musik mit ihren Rhythmen, man verbiete die Dschong-Musik, denn der Klang der Dschong ist ausschweifend.«

In dem Liki finden sich Erörterungen, die dem Sinn des Konfuzius gemäß sind: »Wer Musik versteht, erreicht dadurch die Geheimnisse der Sitte.« »Die höchste Musik ist stets leicht und höchste Sitte stets einfach; die höchste Musik entfernt den Groll, die höchste Sitte entfernt den Streit.« »In der Sichtbarkeit herrschen Sitte und Musik; im Unsichtbaren herrschen Geister und Götter.« »Verwirrte Musik und das Volk wird zuchtlos ... Die Kraft der ausgelassenen Lust wird erregt, und die Geisteskraft der ruhigen Harmonie vernichtet.« »Wenn man die Töne der Lobgesänge hört, so wird Sinn und Wille weit.« Aber auch die Musik ist, wie die li, nicht an sich absolut: »Ein Mensch ohne Menschenliebe, was hilft dem die Musik?«

c) *Natur und Formung:* Konfuzius steht allem Natürlichen bejahend gegenüber. Allem wird seine Ordnung, sein Maß, sein Ort gegeben, nichts wird verworfen. Daher Selbstüberwindung, aber nicht Askese.

Durch Formung wird die Natur gut, durch Vergewaltigung entsteht Unheil. Auch Haß und Zorn haben ihr Recht. Der Gute kann in der rechten Weise lieben und hassen, z. B.: »Er haßt die, welche selbst niedrig sind und Leute, die über ihnen stehen, verleumden; er haßt die Mutigen, die keine Sitte kennen; er haßt die waghalsigen Fanatiker, die beschränkt sind.«

d) *Umgang mit Menschen:* Der Umgang mit Menschen ist das Lebenselement des Konfuzius. »Der Edle vernachlässigt nicht seine Nächsten.« Im Umgang aber stößt man auf Gute und Schlechte. Wohl gilt da: »Habe keinen Freund, der dir nicht gleich ist«, aber gegen den Satz: »Mit denen, die es wert sind, Gemeinschaft haben, die, die es nicht wert sind, fernhalten«, sagt Konfuzius vielmehr: »Der Edle ehrt den Würdigen und erträgt alle.« Doch im Umgang mit jedermann bleibt er besonnen: »Anlügen mag der Edle sich lassen, übertölpeln nicht. Der Edle befördert das Schöne der Menschen, der Gemeine das Unschöne.« Der Geist zusammenlebender Menschen wächst daher nach der einen oder anderen Seite hin. »Was einen Ort schön macht, ist die dort waltende Humanität. Wer, wenn er wählen kann, nicht unter Humanen sich niederläßt, ist nicht weise.«

Die menschlichen Beziehungen wandeln sich ab in folgenden Grundbeziehungen: Zu den *Lebensaltern:* »Den Alten möchte ich Ruhe geben; gegen Freunde möchte ich Treue üben; die Jugend möchte ich zärtlich lieben.« – Das rechte Verhalten zu den *Eltern:* Ihnen im Leben dienen, sie nach dem Tode recht bestatten, in der Folge ihnen opfern. Es genügt nicht, die Eltern zu ernähren; »fehlt die Ehrerbietung, wo wäre da ein Unterschied zu den Tieren«. Man darf ihnen, im Falle sie zu irren scheinen, Vorstellungen machen, aber in Ehrerbietung, und hat ihrem Willen zu folgen. Der Sohn deckt die Verfehlungen des Vaters. – Gegen *Freunde:* Du sollst keine Freunde haben, die nicht wenigstens so gut sind wie du selbst. Treue ist die Grundlage. Man wird sich gegenseitig »getreulich ermahnen und geschickt zurecht führen«. Es gibt Verantwortung dafür, wem man sich verbindet oder nicht verbindet. »Läßt sich mit einem reden, und man redet nicht mit ihm, so hat man einen Menschen verloren; läßt sich nicht mit einem reden, und man redet mit ihm, so hat man seine Worte verloren.« Falsch sind glatte Worte, gefällige Miene, übertriebene Höflichkeit, falsch ist es, seinen Widerwillen zu verbergen und den Freund zu spielen. Freunde sind verläßlich: »Wenn das Jahr kalt ist, weiß man, daß Pinien und Zypressen immergrün sind.« – Gegen die *Obrigkeit:* »Ein guter Beamter dient dem Fürsten gemäß dem rechten Wege; ist ihm das nicht möglich, so tritt er zurück.« Er wird den Fürsten »nicht hintergehen, aber ihm offen widerstehen«, »wird mit belehrenden Vorstellungen nicht zurückhalten«. »Befindet sich das Land auf dem rechten Wege, mag er kühn reden und kühn handeln; befindet es sich nicht auf dem rechten Wege, so mag er kühn vorgehen, aber wird behutsam in seinen Worten sein.« – Gegen *Untergebene:* Der Edle gibt seinen Dienern keinen Anlaß zum Groll darüber, daß er sie nicht gebraucht, er verlangt aber nichts Vollkommenes von einem Menschen (während der Gemeine in seiner Verwendung der Leute Vollkommenheit fordert), er berücksichtigt ihre Fähigkeiten, er verwirft alte Vertraute nicht ohne schwerwiegenden Grund. Aber er weiß auch die Schwierigkeiten bei Schlechten: »Ist man zu intim, so werden sie plump vertraulich; hält man sich zurück, so werden sie unzufrieden.«

Auffällig ist die Gleichgültigkeit des Konfuzius gegen die Frauen. Er schweigt über das Verhältnis der Ehegatten, urteilt abfällig über Frauen, hat für einen Doppelselbstmord Liebender nur Verachtung, sagt gern, nichts sei schwieriger zu behandeln als Weiber. Die Atmosphäre um ihn ist maskulin.

e) *Regierung:* Die politische Regierung ist das, worauf sich alles andere bezieht und wovon es sich herleitet. Konfuzius denkt in der Polarität dessen, was zu machen ist, und dessen, was wachsen muß. Gute Regierung ist nur möglich in dem Zustand, der durch die li, durch die rechte Musik, durch die menschlichen Umgangsweisen geprägt ist als das heilvolle Zusammenleben. Dieser Zustand muß wachsen. Wenn er aber nicht zu machen ist, so läßt er sich doch fördern oder stören.

Ein Mittel der Regierung sind *Gesetze.* Aber Gesetze haben Folgen nur in begrenztem Umfang. Und an sich sind sie unheilvoll. Besser ist das *Vorbild.* Denn wo Gesetze leiten sollen, da wird sich das Volk ohne Scham den Strafen entziehen. Wo dagegen das Vorbild leitet, da wird das Volk Scham empfinden und sich bessern. Wenn an die Gesetze appelliert wird, ist schon etwas nicht in Ordnung. »Im Anhören von Klagesachen bin ich nicht besser als irgendein anderer. Woran mir aber alles liegt, das ist, zu bewirken, daß gar keine Klagesachen entstehen.«

Für drei Ziele muß eine rechte Regierung sorgen: für genügende *Nahrung,* für genügende *Wehrmacht* und für das *Vertrauen* des Volkes zur Regierung. Muß man von diesen dreien etwas aufgeben, so kann man am ehesten auf die Wehrmacht verzichten, dann auf die Nahrung (»von altersher müssen die Menschen sterben«), nie aber kann man auf Vertrauen verzichten: »Wenn das Volk kein Vertrauen hat, so ist Regierung überhaupt unmöglich.« Das ist die Rangordnung des Wesentlichen. Im planenden Vorgehen aber kann man nicht mit der Forderung von Vertrauen anfangen. Dieses ist überhaupt nicht zu fordern, sondern zum spontanen Wachsen zu bringen. Für das Planen ist das erste: »das Volk wohlhabend machen«, – das zweite: »es bilden«.

Zur guten Regierung gehört der *gute Fürst.* Er läßt die natürlichen Quellen des Reichtums fließen. Er wählt vorsichtig, mit welcher Arbeit die Menschen zu bemühen sind; dann murren sie nicht. Er ist erhaben, ohne hochmütig zu sein, das heißt: er behandelt die Menschen nicht geringschätzig, ob er es mit Vielen oder Wenigen, mit Großen oder Kleinen zu tun hat. Er ist ehrfurchtgebietend, ohne heftig zu sein. Wie der Polarstern steht er ruhig und läßt alles um sich herum in Ordnung sich bewegen. Weil er selbst das Gute will, wird auch das Volk gut. »Lieben die Oberen die gute Sitte, so wird das Volk leicht zu handhaben sein.« »Wenn einer nur in eigener Person recht ist, so braucht er nicht zu befehlen, und es geht doch.«

Der gute Fürst versteht die Wahl der rechten Beamten. Selber würdig, fördert er die Würdigen. »Man muß die Geraden erheben, daß sie auf die Verdrehten drücken, dann werden die Verdrehten gerade.« »Vor allem sorge für geeignete Beamte, dann sieh hinweg über kleine Fehltritte.« Aber: »Mit jemandem, der sich dazu hergibt, zu tun, was unschön ist, läßt ein Edler sich nicht ein.«

Wer das Gute weiß und will, kann nicht gemeinsam mit Schlechten regieren: »Oh, dieses Pack! Ist es überhaupt möglich, mit ihnen zusammen dem Fürsten zu dienen?« Ihre Sorge ist nur, wie sie es zu etwas bringen, und, wenn sie es erreicht haben, daß sie es nicht verlieren. Es gibt nichts Schlimmes, dazu sie nicht fähig wären. Daher sagt, als Konfuzius berufen werden soll, ein Ratgeber: »Wenn ihr ihn berufen wollt, so dürft ihr ihn nicht durch kleine Menschen hemmen, dann geht es.«

Zahlreich sind des Konfuzius weitere Äußerungen über Regierungsweisheit. Es sind durchweg allgemeine sittliche Hinweise, z. B. »Man darf nichts überhasten wollen, damit dringt man nicht durch. Man darf nicht auf kleinen Vorteil sehen, denn so kann kein großes Werk geraten.«

Bei allem denkt Konfuzius an den Staatsmann, der, vom Fürsten erwählt, ihm dienend, mit seiner Zustimmung und seinem Verständnis den Gang der Dinge lenkt. Der große Staatsmann zeigt sich in der Wiederherstellung und Befestigung des sittlich-politischen Zustandes im Ganzen.

Für das Eingreifen in die geschichtliche Wirklichkeit im Sinne dieser Verwandlung des Gesamtzustandes zum Besseren stellt Konfuzius zwei Grundsätze auf. *Erstens:* Der befähigte Mann muß auch an der rechten Stelle stehen. »Wenn ein Mensch den Thron innehat, aber nicht die nötige Kraft des Geistes besitzt, soll er nicht wagen, Änderungen in der Kultur vorzunehmen. Ebenso wenn einer die Kraft des Geistes hat, aber nicht die höchste Autorität, so kann er es auch nicht wagen, Änderungen in der Kultur vorzunehmen.« *Zweitens:* Die öffentlichen Verhältnisse müssen derart sein, daß ein Wirken überhaupt möglich ist. Wo das Unheil durch die Realität der zur Zeit lebenden Menschen keine Chance zu vernünftig wirksamem Handeln zeigt, hält sich der echte Staatsmann verborgen. Er wartet. Er läßt sich nicht ein, mit dem Bösen zu wirken, mit niedrigen Menschen in Gemeinschaft zu treten. – In diesen Grundsätzen steckt etwas von Platos Gedanken: die menschlichen Zustände werden nicht besser, ehe nicht die Philosophen Könige oder die Könige Philosophen werden. Daher suchte Konfuzius sein

Leben lang den Fürsten, dem er die Kraft seines Geistes leihen könne. Es war vergeblich.

f) *Der Edle:* Alles Gutsein, alle Wahrheit, alles Schöne steht dem Konfuzius vor Augen in dem Ideal des Edlen (Kiün-tse). In ihm vereinigen sich die Gedanken an den höheren Menschen mit dem in der soziologischen Hierarchie Hochstehenden, vereinigt sich der Adel der Geburt und des Wesens, vereinigt sich das Benehmen des Gentleman mit der Verfassung des Weisen.

Der Edle ist kein Heiliger. Der Heilige wird geboren und ist, was er ist, der Edle wird erst durch Selbsterziehung. »Die Wahrheit haben ist des Himmels Weg, die Wahrheit suchen ist der Weg des Menschen. Wer das Wahre hat, trifft das Rechte ohne Mühe, erlangt Erfolg ohne Nachdenken.« Wer die Wahrheit sucht, der wählt das Gute und hält es fest. Er forscht, er fragt kritisch, er denkt sorgfältig darüber nach, er handelt entschlossen danach. »Andere können es vielleicht aufs erstemal, ich muß es zehnmal machen; andere können es vielleicht aufs zehntemal, ich muß es tausendmal machen. Wer aber wirklich die Beharrlichkeit besitzt, diesen Weg zu gehen: mag er auch töricht sein, er wird klar werden; mag er auch schwach sein, er wird stark werden.«

Der Edle wird in seinen einzelnen Charakterzügen, Denkweisen, Gebärden gezeigt:

Er wird kontrastiert dem Gemeinen. Der Edle versteht sich auf Gerechtigkeit, der Gemeine auf Profit. Der Edle ist ruhig und gelassen, der Gemeine beständig voller Ängste. Der Edle ist verträglich, ohne sich gemein zu machen, der Gemeine macht sich mit aller Welt gemein, ohne verträglich zu sein. Der Edle ist würdevoll ohne Hochmut, der Gemeine hochmütig ohne Würde. Der Edle bleibt fest in der Not, der Gemeine gerät in Not außer Rand und Band. Der Edle geht bei sich selbst auf die Suche, der Gemeine geht bei Anderen auf die Suche. Den Edlen zieht es nach oben, den Gemeinen nach unten.

Der Edle ist unabhängig. Er erträgt langes Ungemach wie langes Glück, lebt frei von Furcht. Ihn schmerzt sein eigenes Unvermögen, nicht aber, daß die anderen ihn nicht kennen.

Er macht sich selber recht und verlangt nichts von anderen Menschen; er bleibt frei von Groll. Nach oben grollt er nicht dem Himmel, nach unten nicht den Menschen.

Er läßt sich auf kein Rivalisieren ein, oder, wenn es sein muß, etwa nur beim Bogenschießen. Aber auch beim Wettstreit bleibt er der Edle.

Er liebt es, langsam im Wort und rasch im Tun zu sein. Er scheut sich davor, daß seine Worte seine Taten übertreffen. Ihm gilt: erst handeln und dann mit seinen Worten sich danach richten.

Er hat Ehrfurcht vor der Bestimmung des Himmels, vor großen Männern.

Der Edle verliert sich nicht an das Ferne, nicht an das Abwesende. Er steht im Hier und Jetzt, in der wirklichen Situation. »Der Weg des Edlen ist gleich einer weiten Reise: man muß in der Nähe anfangen.« »Der Weg des Edlen nimmt seinen Anfang bei den Angelegenheiten des gewöhnlichen Mannes und Weibes, aber er reicht in Weiten, da er Himmel und Erde durchdringt.«

»Der Edle richtet sich nach seiner Stellung bei allem, was er tut ... Wenn er sich in Reichtum und Ehren sieht ... in Armut und Niedrigkeit sieht ... sich unter Barbaren sieht ... sich in Leid und Schwierigkeiten sieht ... der Edle kommt in keine Lage, in der er sich nicht selber findet.« In allem und jederzeit bleibt er sich selber gleich. »Wenn das Land auf rechtem Wege ist, bleibt er derselbe, der er war, als er noch nicht Erfolg hatte ... Wenn das Land auf falschem Wege ist, so ändert er sich nicht, ob er auch sterben müßte.«

4. *Das Grundwissen:* Unsere bisherige Darstellung sammelte, was in der Form der Spruchweisheit in den auf Konfuzius bezogenen Schriften als das sittlich-politische Ethos mitgeteilt wurde. Diese Weisheit ist aber durchdrungen von Grundgedanken, die einen begrifflichen Charakter gewinnen.

a) *Die große Alternative:* Konfuzius weiß sich vor der großen Alternative: sich von der Welt zurückzuziehen in die Einsamkeit oder mit den Menschen zusammen in der Welt zu leben und diese zu gestalten. Seine Entscheidung ist eindeutig. »Mit den Vögeln und Tieren des Feldes kann man doch nicht zusammen hausen. Wenn ich nicht mit Menschen zusammen sein will, mit wem soll ich dann zusammensein?« Der Ausspruch ist: »Wer nur darauf bedacht ist, sein eigenes Leben rein zu halten, der bringt die großen menschlichen Beziehungen in Unordnung.« In schlimmen Zeiten mag es scheinen, daß nichts übrig bleibt, als in die Verborgenheit zu gehen und für sein persönliches Heil zu sorgen. Von zwei solchen Einsiedlern sagt Konfuzius: »In ihrem persönlichen Wandel trafen sie die Reinheit, in ihrem Rückzug trafen sie das den Umständen Entsprechende. Ich bin verschieden davon. Für mich gibt es nichts, das unter allen Umständen möglich oder unmöglich wäre.« Seine Toleranz gegenüber den Einsiedlern bringt für Konfuzius selber nur die Entschiedenheit: »Wenn der Erdkreis in Ordnung wäre, so wäre ich nicht nötig, ihn zu ändern.«

In der Hinwendung zum Menschen und seiner Welt entwickelt Konfuzius Gedanken, die als *sein Grundwissen* herauszuheben sind. Diese Gedanken gehen auf die Natur des Menschen, – dann auf die Notwendigkeit der Ordnung der Gemeinschaft, – dann auf die Frage, wie Wahrheit in der Sprache da ist, – dann auf die Grundform unseres Denkens, daß Wahrheit in ihrer Wurzel und in ihren Verzweigungen ist, im Unbedingten des Ursprungs und im Relativen der Erscheinung,

– schließlich auf das Eine, das alles zusammenhält und auf das alles Bezug hat. Jedesmal sind der Mensch und seine Gemeinschaft das wesentliche Anliegen des Konfuzius.

b) *Die Natur des Menschen:* Die Natur des Menschen heißt Yen. Yen ist Menschlichkeit und ineins Sittlichkeit. Das Schriftzeichen bedeutet Mensch und zwei, das heißt: Menschsein ist in Kommunikation sein. Die Frage nach der Natur des Menschen findet Antworten erstens in der Erhellung des Wesens, das er ist und zugleich sein soll, zweitens in der Darstellung der Mannigfaltigkeit seines Daseins.

Erstens: Der Mensch soll zum Menschen werden. Denn der Mensch ist nicht wie die Tiere, die sind, wie sie sind, so daß die Instinkte ihr Dasein ohne denkendes Bewußtsein ordnen. Der Mensch vielmehr ist noch sich selbst Aufgabe. Darum kann er im Zusammenleben mit Tieren seinen Sinn nicht finden. Tiere kommen zusammen, sind aneinander gedankenlos gebunden oder laufen auseinander. Menschen gestalten ihr Zusammensein und binden es über alle Instinkte hinaus daran, daß sie Menschen sein sollen.

Das Menschsein ist Bedingung alles bestimmten Guten. Nur wer im Yen ist, kann wahrhaft lieben und hassen. Yen ist allumfassend, nicht eine Tugend unter anderen, sondern Seele aller Tugenden.

Da Yen das Wesen des Menschen ist, ist es immer ganz nah. Wem es ernsthaft darum zu tun ist, dem ist es immer gegenwärtig.

Yen wird daher in allen besonderen Erscheinungen beschrieben: in der Pietät, in Weisheit und Lernen, in der Gerechtigkeit. Für einen Fürsten werden fünf Eigenschaften der Menschlichkeit angegeben: Würde, und er wird nicht mißachtet; Weitherzigkeit, und so gewinnt er die Menge; Wahrhaftigkeit, und so hat er Vertrauen; Eifer, so hat er Erfolg; Gütigkeit, so ist er fähig, die Menschen zu verwenden. Eine Ableitung der Tugenden kennt Konfuzius nicht. Yen ist der umfassende Ursprung. Von dort her wird alle Tüchtigkeit, Regelhaftigkeit, Richtigkeit erst zur Wahrheit. Von dort her kommt das zweckfreie Unbedingte: »Der Sittliche setzt die Schwierigkeit voraus und den Lohn hintan.«

Dem Yen gemäß handeln, das ist nicht Handeln nach einem bestimmten Gesetz, sondern nach dem, wodurch alle bestimmten Gesetze erst Wert haben und zugleich ihrer Absolutheit beraubt sind. Der Charakter des Yen, obgleich undefinierbar, wird aber doch von Konfuzius umschrieben: Er sieht ihn in dem, was er Maß und Mitte nennt. »Maß und Mitte sind der Höhepunkt menschlicher Natur.« Sie wirken von innen nach außen: »Der Zustand, da Hoffnung und Zorn, Trauer und Freude sich noch nicht regen, heißt die Mitte. Der Zustand, da sie sich äußern, aber in allem den rechten Rhythmus treffen, heißt Harmonie.« Weil dann das Innerste sich zeigt, hier im Ursprung aber alles entschieden wird, ist in bezug auf Maß und Mitte die größte Gewissenhaftigkeit gefordert: »Es gibt nichts Offenbareres als das Geheime, es gibt nichts Deutlicheres als das Allerverborgenste; darum ist der Edle vorsichtig in dem, was er allein für sich ist.«

Diese geheimnisvolle Mitte nun zu umschreiben, das gelingt Konfuzius nur durch den Gedanken des Mittleren zwischen den Extremen, z. B. Schun »faßte die beiden Enden einer Sache an und handelte den Menschen gegenüber der Mitte entsprechend«. Ein anderes Beispiel: »Weitherzig sein und mild im Lehren und nicht vergelten denen, die häßlich handeln: das ist die Stärke des Südens. In Stall und Leder schlafen und sterben, ohne zu müssen: das ist die Stärke des Nordens. Aber der Edle steht in der Mitte und beugt sich nach keiner Seite.«

Das Außerordentliche von Maß und Mitte wird so ausgesprochen: »Es kann einer ein Reich ins Gleiche bringen, es kann einer auf Amt und Würden verzichten, es kann einer auf bloße Messer treten – und Maß und Mitte doch noch nicht beherrschen.«

Zweitens: Was der Mensch sei, zeigt sich in der Mannigfaltigkeit des Menschseins. Durch das was ihr Wesen – Yen – ist, stehen die Menschen sich nahe. Sie gehen aber auseinander »durch die Gewöhnung«, weiter durch das, was sie als einzelne Menschen in ihrer Besonderheit, ihrem Alter, den Stufen ihrer Artung und ihres Wissens sind.

Die Lebensalter: »In der Jugend, wenn die Lebenskräfte noch nicht gefestigt sind, muß man sich vor der Sinnlichkeit hüten, im Mannesalter, wenn die Lebenskräfte in voller Stärke sind, vor Streitsucht, und im Greisenalter, wenn die Kräfte schwinden, vor Geiz.« – Vor der Jugend soll man Scheu haben. »Wenn einer aber vierzig, fünfzig Jahre alt geworden ist, und man hat noch nichts von ihm gehört, dann freilich braucht man ihn nicht mehr mit Scheu zu betrachten.« »Wer mit vierzig Jahren verhaßt ist, der bleibt so bis an sein Ende.«

Menschentypen: Konfuzius unterscheidet vier Stufen der menschlichen Artung. Die *höchste* umfaßt die Heiligen, die von Geburt an im Besitz des Wissens sind. Konfuzius hat keinen solchen Heiligen gesehen, aber er zweifelt nicht an ihrer Existenz in der Vorzeit. Die *zweite* Stufe sind die, die durch Lernen sich erst in den Besitz des Wissens setzen müssen; sie können »Edle« werden. Den Menschen der *dritten* Stufe fällt es schwer zu lernen, doch lassen sie es sich nicht verdrießen. Der *vierten* Stufe fällt es schwer und sie macht auch keine Anstrengung. Die beiden mittleren Stufen sind auf dem Wege, sie schreiten fort, und sie können versagen. »Nur die höchststehenden Weisen und tiefstehenden Narren sind unveränderlich.«

Konfuzius beobachtet auch Kennzeichen der Menschenartung. Zum Beispiel: »Die Überschreitungen eines Menschen entsprechen seiner Wesensartung.« Der Wissende freut sich am Wasser, denn der Wissende ist bewegt. Der Fromme (Sittliche) freut sich am Gebirge, denn der Fromme ist ruhig.

c) *Unbedingtheit im Ursprung und Relativität in der Erscheinung:* Wahrheit und Wirklichkeit sind eins. Der bloße Gedanke ist wie nichts. Die Wurzel des menschlichen Heils liegt in der »Erkenntnis, die die Wirklichkeit beeinflußt«, d. h. in der Wahrheit der Gedanken, die sich als inneres, verwandelndes Handeln vollziehen. Was im Innern wahr ist, das gestaltet sich im Äußeren.

Denkformen und Seinsformen bewegen sich in dem Grundverhältnis: »Die Dinge haben Wurzeln und Verzweigungen.« Die Unbedingtheit des Ursprungs tritt in die Relativität der Erscheinungen. Daher kommt es auf den ehrlichen Ernst im Ursprünglichen und auf die Liberalität in bezug auf die Erscheinungen an.

»Mit Wahrmachen der Gedanken ist gemeint, daß man sich nicht selbst betrügt.« Der Edle achtet stets auf sich, was er für sich allein tut. »Es ist, als ob zehn Augen auf dich blickten, wie ernst und furchtbar ist das doch!« Innere Würde wird erlangt durch Selbstachtung vermöge Selbstbildung. »Wenn einer sich innerlich prüft und kein Übles da ist, was sollte er da traurig sein, was sollte er fürchten?« Aber Konfuzius sieht auch, wie schwer, wie unerreichbar das ist.

Ist die Wurzel gut, d. h. ist sie die Erkenntnis, die Wirklichkeit ist, dann werden die Gedanken wahr, dann wird das Bewußtsein recht, wird der Mensch gebildet. Die weitere Folge ist, daß das Haus geregelt, der Staat geordnet, die Welt in Frieden ist. Vom Himmelssohn bis zum gewöhnlichen Mann, für alle ist die Bildung des Menschen die Wurzel. Wer seinen Hausgenossen nicht erziehen kann, kann auch andere Menschen nicht erziehen. Wenn aber »im Haus des ernsten Mannes die Menschlichkeit herrscht, so blüht im ganzen Staat die Menschlichkeit«.

In bezug auf die Erscheinungen: Weil aus der Wurzel oder dem Ursprung, aus einer Tiefe und Weite, die der endgültigen Formulierung sich entziehen, die Maßstäbe und Impulse kommen, darum genügen nie die Regeln, mit denen sich errechnen läßt, was zu tun sei. Wahrheit und Wirklichkeit können nicht in einem Sosein und in dogmatischen Aussagen endgültig fest werden. Daher ist die Fixierung verwehrt. Konfuzius »hatte keine Meinungen, keine Voreingenommenheit, keinen Starrsinn«. »Der Edle ist weder für noch gegen irgend etwas in der Welt unbedingt eingenommen. Einzig dem, was recht ist, tritt er bei.« Er ist »für alle da und nicht parteiisch«. Er bewahrt die Offenheit. Denn »er ist zurückhaltend, wenn er etwas nicht versteht«. Er bleibt biegsam. Denn er ist »charakterfest, aber nicht starrsinnig«, »verträglich, ohne sich gemein zu machen«, »selbstbewußt, aber nicht rechthaberisch«. Das Unbedingte erscheint im Relativen, zu dem alles Errechenbare herabgesetzt wird, nicht um es zu tilgen in der Willkür, sondern um es zu führen durch das Übergeordnete.

d) *Notwendigkeit der Ordnung:* Ordnung ist notwendig, weil das Wesen des Menschen nur in menschlicher Gemeinschaft wirklich ist. Sie beruht auf einem *ersten Prinzip*, »nach dem man das ganze Leben handeln kann«: »Was du selbst nicht liebst, wenn es dir angetan würde, das tu niemand anderem an.« Das Bewußtsein der Gleichheit (schu) verbindet die Menschen in dem Handeln nach dieser Regel. »Was du an deinen Oberen hassest, das biete nicht deinen Unteren. Was du an deinen Nachbarn zur Rechten hassest, das bringe nicht deinen Nachbarn zur Linken entgegen.«

Eine dieser negativen Formulierung entsprechende positive findet sich bei Konfuzianern: »Der Menschenliebende festigt die Menschen, da er selbst wünscht, gefestigt zu werden; er hilft den Menschen zum Erfolg, da er es selbst wünscht, Erfolg zu haben.«

Wenn jedoch Laotse lehrte, Feindschaft mit Wohltun zu vergelten, so antwortet Konfuzius: »Mit was dann Wohltun vergelten? Nein, Feindschaft vergelten mit Gerechtigkeit, und Wohltun vergelten mit Wohltun.« –

Ein *zweites Prinzip* der Ordnung ist: Weil die Menschen so verschieden sind, ist gute Regierung nur möglich in Stufen der Macht. Je höher die Macht, desto vorbildlicher, wissender, menschlicher muß der sein, der an ihrem Orte steht. Er muß »dem Volke vorangehen und es ermutigen. Er darf nicht müde werden.«

Immer wird es eine geringe Zahl derer sein, die als Befähigte in der Selbstüberwindung gelernt haben, zu tun, was gut ist, und zu wissen, was sie tun. Dagegen »das Volk kann man dazu bringen, etwas zu befolgen, man kann es nicht dazu bringen, es auch zu verstehen«. Das Grundverhältnis des vorbildlichen Mannes zum Volk ist dieses: »Des Fürsten Wesen ist wie der Wind, das Wesen der Masse wie das Gras. Streicht der Wind darüber hin, so muß das Gras sich beugen.« Nur durch Autorität ist Ordnung.

Auf die Koinzidenz von Amtsstellung und menschlicher Würdigkeit kommt alles an. Daher ist es notwendig, die Ordnung nicht zu verkehren. »Wer nicht in Amtsstellung ist, soll sich nicht mit Regierungsprojekten befassen.« Es ist notwendig, »die Guten zu erheben, die Schlechten zurückzusetzen, – die Ungeschickten zu unterweisen«.

Daher ist aber dem zur Regierung fähigen Manne auch eigen die innere Unabhängigkeit von der Meinung einer Öffentlichkeit. »Wo alle hassen, da muß man prüfen; wo alle lieben, da muß man prüfen.« Auf die Frage: »Wen seine Landsleute lieben, wie ist der?« antwortete Konfuzius: »Das sagt noch nichts«, und auf die Frage: »Wen seine Landsleute alle hassen, wie ist der?« wiederum: »Auch das sagt noch nichts. Besser ist es, wenn einen die Guten unter den Landsleuten lieben und einen die Nichtguten hassen.«

Ein *drittes Prinzip* der Ordnung ist: Unmittelbarer Eingriff in die schon in Entfaltung begriffenen Zustände kann nicht mehr entscheidend wirken. Er kommt zu spät. Man kann zwar durch Gewalt, durch Gesetze und Strafen wirken, aber zugleich unheilvoll, denn die Vergewaltigten weichen aus, die Heuchelei wird allgemein. Nur mittelbar sind die großen Wirkungen zu erzielen. Was erst im Keim da ist, kann noch in andere Richtung gelenkt oder gefördert werden. An ihm ist die entscheidende Wirkung möglich. Die menschlichen Ursprünge, die alles andere zur Folge haben, müssen gedeihen.

e) *Richtigstellung der Worte:* Auf die Frage, was bei Neuordnung in unheilvollen Zuständen zuerst zu tun sei, hat Konfuzius die merkwürdige Antwort gegeben: die Richtigstellung der Worte. Was in den Worten liegt, soll herausgeholt werden. Der Fürst sei Fürst, der Vater sei Vater, der Mensch Mensch. Die Sprache aber wird ständig mißbraucht, die Worte gelten für das, was ihnen nicht entspricht. Sein und Sprache trennen sich. »Wer das innere Sein hat, hat auch die Worte; wer Worte hat, hat nicht immer auch das innere Sein.«

Ist die Sprache in Unordnung, so wird alles unheilvoll. »Sind die Worte (Bezeichnungen, Begriffe) nicht richtig, so sind die Urteile nicht klar, dann gedeihen die Werke nicht, treffen die Strafen nicht das rechte, und das Volk weiß nicht, wo Hand und Fuß hinsetzen.«

»Darum wählt der Edle seine Worte, daß sie ohne Zweifel in der Rede angewandt werden können, und formt seine Urteile so, daß sie ohne Zweifel in Handlungen umgesetzt werden können. Der Edle duldet in seiner Rede nichts Ungenaues.«

f) *Das Eine, worauf alles ankommt:* Wenn von so vielen Dingen die Rede ist, von so vielen Tugenden, von all dem, was zu lernen sei, was zu tun sei, so sagt Konfuzius: »Du denkst, ich habe viel gelernt und wisse es nun? Nein, ich habe Eines, um alles zu durchdringen.« Also nicht vielerlei, sondern das Eine. Was ist das? Darauf gibt Konfuzius keine gleichbleibende Antwort. Er richtet seinen Blick dorthin, er erinnert an dies, woran alles andere hängt, aber wenn er antwortet, so das, was in unserer Darstellung schon vorkam. »Meine ganze Lehre ist in einem befaßt«: Tschung (Mitte), – oder allenfalls in dem einen Wort shu (Gleichheit, Gegenseitigkeit, Nächstenliebe). Oder er faßt die Lehre bloß zusammen: »Nicht kann als Edler gelten, wer nicht die Bestimmung des Himmels kennt; nicht kann gefestigt sein, wer nicht die

Gesetze der Schicklichkeit (li) kennt; nicht kann die Menschen kennen, wer sich nicht auf ihre Worte versteht.« Oder die Zusammenfassung lautet: Sittlichkeit ist Menschenliebe, Weisheit ist Menschenkenntnis. Das alles aber ist nicht mehr das Eine.

Indirekt wird auf das Eine gewiesen in der ironischen Replik auf den Vorwurf, Konfuzius sei gewiß ein großer Mann, aber habe nichts Besonderes getan, das seinen Namen berühmt machen würde. Er antwortete: »Was könnte ich denn als Beruf ergreifen? Wagenlenken oder Bogenschießen? Ich denke, ich muß wohl das Wagenlenken ergreifen.«

Das Eine spüren wir bei Konfuzius eher dort, wo der Hintergrund, oder wo eine letzte Instanz fühlbar wird: Diese kann er in Verwandtschaft zur Idee des wuwei (Nichthandeln) des Laotse in einem heiligen Herrscher der Vergangenheit wahrnehmen (wobei er jedoch sagt, daß es heute so etwas nicht gibt): »Wer, ohne etwas zu tun, das Reich in Ordnung hielt, das war Schun. Denn wahrlich: was tat er? Er wachte ehrfürchtig über sich selbst und wandte ernst das Gesicht nach Süden, nichts weiter.« – Das Eine ist weiter fühlbar in der Weise, wie Konfuzius der Grenzen sich bewußt wird.

5. *Das Grenzbewußtsein des Konfuzius:* Unsere bisherige Darstellung scheint die Philosophie des Konfuzius als ein sich für vollendet haltendes Wissen zu zeigen und eine Grundstimmung, es könne und werde alles in Ordnung kommen. Ein solches Bild des Konfuzius wäre unzutreffend.

a) Nie hat Konfuzius das vollendete Wissen zu haben gemeint oder es auch nur für möglich gehalten. »Was man weiß als Wissen gelten lassen, was man nicht weiß als Nichtwissen gelten lassen: das ist Wissen.«

b) Das Unheil in der Welt steht Konfuzius vor Augen. Es hat seinen Grund im Versagen der Menschen. Er klagt: »Daß gute Anlagen nicht gepflegt werden, daß Gelerntes nicht wirksam wird, daß man seine Pflicht kennt und nicht davon angezogen wird, daß man Ungutes an sich hat und nicht imstande ist, es zu bessern: das sind Dinge, die mir Schmerz machen.« Zuweilen meint er, überhaupt keinen einzigen rechten Menschen mehr zu sehen. »Es ist vorbei. Mir ist noch keiner begegnet, der es vermocht hätte, seine eigenen Fehler zu sehen und in sich gehend sich selber anzuklagen.« Nirgends ist Verlaß auf Liebe zur Humanität und auf Abscheu gegen das Inhumane. »Ich habe noch keinen gesehen, der moralischen Wert ebenso liebte, wie er Frauenschönheit liebt.« Wenn er sich umsieht nach einem Manne, der Herrscher sein könnte, findet er keinen. Einen Gottmenschen zu sehen, ist ihm nicht vergönnt; einen Edlen zu sehen, das wäre schon gut, aber auch dieser ist nicht da, nicht einmal ein Beharrlicher.

Doch keineswegs will Konfuzius die Welt für schlecht halten. Nur dieses Zeitalter ist verfallen, wie es schon früher geschehen ist. Daher: »Daß die Wahrheit heutzutage nicht durchdringt, das weiß er.«

c) Die letzten Dinge werden nie zum Hauptthema für Konfuzius. An den Grenzen hat er eine Scheu zu reden. Selten redete der Meister vom Glück, vom Schicksal, von der reinen Güte. Wenn er vom Tode, von Natur und Weltordnung sprechen sollte, gab er Antworten, die offen ließen. Nicht aber, weil er zur Geheimnistuerei neigte (»Es gibt kein Ding, das ich euch vorenthielte«), sondern weil es in der Natur der Sache liegt. Es gibt nicht nur die falschen Motive zu den letzten Fragen, denen der Denker nicht entgegenkommen will (die Neugierde, das Umgehenwollen des gegenwärtig Notwendigen, das Sichdrücken um den Weg in das Leben selbst). Entscheidend ist vielmehr die Unmöglichkeit, gegenständlich von dem zu sprechen, was nie auf angemessene Weise Gegenstand wird. Daher, wenn von metaphysischen Fragen die Rede ist, die Abwehr des Konfuzius gegen Worte und Sätze und gegen alle Direktheit. Will man diese Haltung Agnostizismus nennen, so ist sie nicht Gleichgültigkeit gegen das Nichtwißbare, sondern vielmehr Betroffenheit, die das Berührte nicht in ein Scheinwissen verkehren, es nicht im Gesagten verlieren will. Man muß anerkennen: in Konfuzius ist kaum der Impuls ins Grenzenlose, in das Unerkennbare hinein, die verzehrende Frage der großen Metaphysiker fühlbar, wohl aber die Gegenwart der letzten Dinge in der frommen Ausübung der Gebräuche und in Repliken, die in bedrängenden Situationen hinweisen, ohne ausdrücklich viel zu sagen.

Konfuzius nahm teil an den überlieferten religiösen Vorstellungen. Geister, Omina bezweifelte er nicht. Ahnenkult und Opfer waren ihm eine wesentliche Wirklichkeit. Aber es geht durch die Weise, wie er mit all dem umgeht, eine Tendenz gegen Aberglauben und eine merkwürdige Distanz. »Der Meister sprach niemals über Zauberkräfte und widernatürliche Dämonen.« »Anderen Geistern als den eigenen Ahnen zu dienen, ist Schmeichelei.« Nach dem Dienst der Geister gefragt: »Wenn man noch nicht den Menschen dienen kann, wie sollte man den Geistern dienen können!« Nach der Weisheit gefragt, meint er: »Seiner Pflicht gegen die Menschen sich weihen, Dämonen und Götter ehren und ihnen fernbleiben, das mag man Weisheit nennen.« Zweideutig bleibt es, ob er damit ehrfurchtsvoll fernbleiben oder sie möglichst ignorieren will. Kein Zweifel aber ist über seinen Ernst im Kultus: Das Opfer hat eine große Bedeutung, aber er kennt sie nicht. »Wer die Bedeutung des großen Opfers (für den Ahn der Dynastie) wüßte, der wäre imstande, die Welt zu regieren so leicht wie hierher zu sehen«, und er wies auf seine flache Hand. Entscheidend ist ihm das innere Dabeisein. »Wenn das Herz in Unruhe ist, dann opfert man den Gebräuchen gemäß. Daher ist nur der Weise imstande, den Sinn des Opfers zu erschöpfen.« Es wird berichtet: »Wenn er auch nur einfachen Reis und Gurken hatte, so brachte er doch ehrfurchtsvoll ein Speiseopfer dar.«

Konfuzius spricht vom Himmel: »Nur der Himmel ist groß.« »Die Jahreszeiten gehen ihren Gang, und die Dinge allesamt entstehen. Aber redet dabei etwa der Himmel?« Reichtum und Ansehen stehen beim Himmel. Der Himmel kann vernichten. Unpersönlich ist dieser Himmel. Er heißt tien, nur einmal wird er shang-ti (Herr) genannt. Unpersönlich ist das von ihm gesandte Schicksal, die Bestimmung (ming oder tien-ming). »Das ist Bestimmung« ist des Konfuzius oft wiederholte Wendung: Als ein Jünger schwer krank ist, sagt er: »Es geht ihm ans Leben. Das ist nun Bestimmung. Daß solch ein Mann solch eine Krankheit haben muß!« »Wenn die Wahrheit sich ausbreiten soll, wenn sie untergehen soll, das ist Bestimmung.«

Von Gebet ist selten die Rede. Einmal heißt es: »Wer an dem Himmel sich versündigt, der hat niemand, zu dem er beten könnte«, ein andermal: »Daß ich gebetet, ist lange« (Wilhelm allerdings übersetzt: »Ich habe lange schon gebetet«) als Abweisung des Wunsches eines Jüngers, für den erkrankten Meister zu Göttern und Erdgeistern zu beten. Denn Bittgebet und gar zauberisches Gebet lag Konfuzius fern. Sein ganzes Leben, will er sagen (wenn Wilhelms Übersetzung zutrifft), war schon Gebet. Im Sinne des Konfuzius schrieb ein japanischer Konfuzianer des 9. Jahrhunderts: »Wenn nur das Herz der Wahrheit Pfad gemäß sich hält, so braucht ihr nicht zu beten, die Götter schützen dennoch« (Haas).

»Tod und Leben ist Bestimmung«, »Von alters her müssen alle sterben«, solche Sätze sprechen die Unbefangenheit des Konfuzius dem Tode gegenüber aus. Der Tod wird ohne Erschütterung hingenommen, er liegt nicht im Felde eines wesentlichen Bedeutens. Wohl kann er klagen über Vorzeitigkeit: »Daß manches keimt, das nicht zum Blühen kommt, – daß manches blüht, das nicht zum Reifen kommt, – ach, das kommt vor.« Aber: »Des Abends sterben, das ist nicht schlimm.« Als Schüler, wie er schwer krank ist, Vorbereitungen für ein prächtiges Begräbnis erwägen, bei dem sie zum Schein als Minister fungieren, wehrt er ab: »Wollen wir etwa den Himmel betrügen. – Und wenn ich auch kein fürstliches Begräbnis bekomme, so sterbe ich ja doch nicht auf der Landstraße.« Der Tod ist ohne Schrecken: »Wenn der Vogel am Sterben ist, so ist sein Gesang klagend; wenn der Mensch am Sterben ist, so sind seine Reden gut.« Es hat keinen Sinn, nach dem Tode zu fragen: »Wenn man noch nicht das Leben kennt, wie sollte man den Tod kennen?«

Auf die Frage, ob die Toten um die ihnen dargebrachten Opfer wissen, antwortet er: »Das Wissen darüber geht uns hier nicht an.« Die Antwort betrachtet er rein praktisch nach ihren Wirkungen und schließt, daß keine Antwort die beste ist: »Wenn ich ja sage, muß ich fürchten, daß pietätvolle Söhne ihr Hab und Gut durchbringen für die Abgeschiedenen, – wenn ich nein sage, so muß ich fürchten, daß pietätlose Söhne ihre Pflichten gegen die Abgeschiedenen versäumen.«

6. *Über die Persönlichkeit des Konfuzius:* Es sind Sätze überliefert, die Konfuzius über sich selbst sagte, und solche, die die Jünger ihrem Meister zumuteten.

Er hatte ein *Bewußtsein seiner Berufung.* In einer Situation tödlicher Bedrohung sagte er: »Da König Wen nicht mehr ist, ist doch die Kultur mir anvertraut? Wenn der Himmel diese Kultur vernichten wollte, so hätte ein Spätgeborener sie nicht überkommen. Wenn aber der Himmel diese Kultur nicht vernichten will, was können dann die Leute von Kuang mir anhaben?« In seinen Träumen verkehrte er mit dem Herzog von Tschou, seinem Vorbild. Vergeblich wartet er auf Zeichen seiner Berufung: »Der Vogel Fong kommt nicht, aus dem Fluß kommt kein Zeichen: es ist aus mit mir.« Ein Kilin (das herrlichste Zeichen) erscheint, aber es wird auf der Jagd getötet, Konfuzius weint.

Trotz seines Berufungsbewußtseins ist er bescheiden. An Bildung, meint er, könne er es wohl mit anderen aufnehmen, aber die Stufe des Edlen, der sein Wissen in Handeln umsetzt, habe er noch nicht erreicht. »Ich kann bloß von mir sagen, daß ich mich unersättlich bemüht, so zu werden, und daß ich andere lehre ohne Ermüden.«

Wiederholt machen Jünger ihm Vorwürfe. Seinen Besuch bei der Dame Nan-tse rechtfertigt er: »Was ich unrecht getan habe, dazu hat der Himmel mich gezwungen.« Einen Eidbruch rechtfertigt er, weil der Eid ihm durch Bedrohung erpreßt war.

Als ein Jünger eine Verstimmung des Konfuzius unwillig beschreibt, antwortet er: »Die Ähnlichkeit mit einem Hund im Trauerhause, das stimmt, das stimmt.« Ein anderer sagt: »Ihr seid so ernst und in Gedanken versunken. Ihr seid so heiter, voll hoher Hoffnung und weiter Stimmung.« Zur Befragung eines Jüngers über ihn durch einen Fürsten meint Konfuzius: »Warum hast du nicht erwidert: Er ist ein Mensch, der die Wahrheit lernt, ohne zu ermüden, die Menschen belehrt, ohne überdrüssig zu werden, der so eifrig ist, daß er das Essen darüber vergißt, der so heiter ist, daß er alle Sorgen vergißt, und so nicht merkt, wie das Alter allmählich herankommt.«

Konfuzius sieht sein eigenes Scheitern. In einer Situation von Lebensgefahr fragt er seine Schüler: »Ist mein Leben etwa falsch? Warum kommen wir in diese Not?« Der *erste* meint, die wahre Güte habe er noch nicht erreicht, darum vertrauen die Menschen nicht, die wahre Weisheit noch nicht, darum tun die

Menschen nicht, was er sage. Aber Konfuzius erwidert: Heilige und Weise der Vergangenheit haben das schrecklichste Ende gefunden. Offenbar findet weder Güte notwendig Vertrauen, noch Weisheit notwendig Gehorsam. Der *zweite* meint, die Lehre des Meisters sei so groß, daß niemand auf der Erde sie aushalten kann. Die Lehre müsse ein wenig niedriger gemacht werden. Dagegen sagt Konfuzius: Der gute Landmann vermag zu säen, aber nicht die Ernte zu machen. Der Edle kann seine Lehre formen, aber er kann nicht machen, daß sie angenommen wird. Danach streben, daß sie angenommen werde, bedeutet, den Sinn nicht auf die Ferne zu richten. Der *dritte* meint: »Eure Lehre ist ganz groß, darum kann die Welt sie nicht fassen. Dennoch macht fort, danach zu handeln. Daß sie nicht aufgefaßt wird, was tut es? Daran, daß er nicht verstanden wird, erkennt man den Edlen.« Konfuzius lächelte.

Er weiß, daß die Weisen keineswegs in der Welt immer durchdringen. Unter dem Tyrannen Dschou Sin gab es drei Männer höchster Sittlichkeit. Einer wurde hingerichtet, ein anderer zog sich in die Verborgenheit zurück, der dritte gab sich am Hofe als Narr und ließ sich als solcher behandeln.

Konfuzius hat sein Scheitern nicht immer gelassen hingenommen, sondern es durchdacht und gedeutet. Er hat nicht von vornherein und nicht immer die gleiche Haltung gehabt.

Er kann klagen: »Der Edle leidet darunter, daß er die Welt verlassen soll, ohne daß sein Name genannt wird! Mein Weg wird nicht begangen. Wodurch werde ich der Nachwelt bekannt werden?«

Wenn er klagt: »Ach, niemand kennt mich!« findet er Trost: »Ich murre nicht gegen den Himmel, ich grolle nicht den Menschen. Ich forschte hier unten und bin in Verbindung mit droben. Wer mich kennt, das ist der Himmel.«

Er bescheidet sich: »Lernen und immerzu üben, gewährt das nicht auch Befriedigung? Und geschieht es dann, daß aus weiter Ferne Genossen sich zu einem finden, hat das nicht auch sein Beglückendes? Wenn aber die Menschen einen nicht kennen, sich doch nicht verbittern lassen, ist das nicht auch edel?« »Ich will mich nicht grämen, daß man mich nicht kennt; grämen soll es mich nur, wenn ich die anderen nicht kenne.«

Er läßt sich vom Narren zurufen: »Gib auf, gib auf dein eitles Mühen! Wer heut dem Staate dienen will, der stürzt nur in Gefahren sich.« Er läßt sich von Laotse sagen: »Die Klugen und Scharfsinnigen sind dem Tode nahe, denn sie lieben es, andere Menschen zu beurteilen.« Aber er behauptet seinen Sinn in der Aufgabe, zu helfen bei der menschlichen Ordnung in der Welt. Der Erfolg entscheidet nicht. Humanität bedeutet Mitverantwortung für den Zustand der Gemeinschaft. »Ein Mann von Humanität ist nicht auf das Leben aus um den Preis der Verletzung der Humanität. Ja, es gab solche, die, um ihre Humanität zu vollenden, ihren Leib in den Tod gegeben.«

Die Grundhaltung bleibt: bereit sein, »verwenden sie einen, sich betätigen; wollen sie nichts von einem wissen, sich im Hintergrund halten«.

Entscheidend aber ist: »Das einzige, worüber der Mensch Meister ist, das ist sein eigen Herz. Glück und Unglück sind kein Maßstab für den Wert des Menschen.« Nicht immer ist das äußere Unglück ein Übel, es kann »eine Probe« sein (Sün-tse). Die Verzweiflung darf nicht radikal werden. Selbst im

Äußersten bleibt Hoffnung. »Es gibt Fälle, daß Menschen aus verzweifelten Umständen zu höchster Bestimmung aufsteigen.«

Moderne Urteile über Konfuzius sind erstaunlich. Er ist als Rationalist gering geachtet. »Weder die Persönlichkeit noch das Werk trägt die Züge wirklicher Größe. Er war ein braver Moralist«, meint Franke, »er glaubte mit seinem Tugendgesäusel die zerrüttete Ordnung wieder zurechtrücken zu können, wozu, wie die Ereignisse bewiesen, nur der Sturmwind der Macht imstande war.«

In der Tat ist Konfuzius nicht auf die Weise wirksam geworden, wie er sie sich in den Augenblicken seiner größten Hoffnung dachte. Wie zu seinen Lebzeiten ist auch nach seinem Tode der Sinn seines Tuns gescheitert. Denn nur eine Verwandlung machte sein Werk wirksam. Um so mehr ist es die Aufgabe, das Ursprüngliche, in der Verwandlung nie ganz Verlorene zu sehen und als einen Maßstab zu bewahren. Auf Grund der vorliegenden Sätze, sie auswählend durch Orientierung an den gehaltvollsten, eigentümlichsten, darf man es wagen, dies Bild zu gewinnen. Es muß verschwinden, wenn man die erstarrten und platten Formulierungen, die wahrscheinlich aus späteren Zeiten stammen, hervorhebt. Es ergibt sich, allein durch sachlich geführte Wahl und Anordnung der Sätze und Berichte, ein unersetzliches Bild, dessen Kern Wirklichkeit haben muß, denn sonst hätte es unmöglich entstehen können.

Konfuzius hat nicht die weltflüchtige Sorge des Einzelnen um sich selbst. Er entwirft auch keine wirtschaftstechnischen Einrichtungen, keine Gesetzgebung und keine formelle Staatsordnung, sondern er ist leidenschaftlich bemüht um das nicht direkt zu Wollende, nur indirekt zu Fördernde, an dem alles andere hängt: um den Geist des Ganzen in dem sittlich-politischen Zustand und um die innere Verfassung jedes einzelnen Menschen als Glied des Ganzen. Er hat keine religiöse Urerfahrung, kennt keine Offenbarung, vollzieht keine Wiedergeburt seines Wesens, ist kein Mystiker. Er ist aber auch nicht ein Rationalist, sondern in seinem Denken gelenkt von dem Umgreifenden der Gemeinschaft, durch die der Mensch erst Mensch wird. Seine Leidenschaft ist die Schönheit, Ordnung, Wahrhaftigkeit und das Glück in der Welt. Und dies alles steht auf dem Grunde von etwas, das durch Scheitern und Tod nicht sinnlos wird.

Die Beschränkung auf die Möglichkeiten in der Welt erwirkt bei Konfuzius seine Nüchternheit. Er ist vorsichtig und zurückhaltend, aber nicht aus Furcht, sondern aus Verantwortungsbewußtsein. Das

Zweifelhafte und Gefährliche möchte er nach Möglichkeit meiden. Er will Erfahrung, hört darum überall zu. Er ist unersättlich für Nachrichten aus dem Altertum. Verbote sind viel seltener bei ihm als die Hinweise, dies und das zu tun, wenn man ein Mensch werden wolle. Maßhalten und Bereitbleiben, nicht Drang zur Macht als solcher, sondern Wille zu wahrer Herrschaft bewegt ihn.

Sein Wesen wirkt hell, offen, natürlich. Jede Vergötterung seiner Person wehrt er ab. Er lebt gleichsam auf der Straße, als ein Mensch mit seiner Schwäche.

Was hat Konfuzius getan? Er trat im Unterschied von Laotse in die Welthändel ein, getrieben von dem Gedanken der Berufung, die menschlichen Zustände zum Besseren lenken zu wollen. Er begründete eine Schule für künftige Staatsmänner. Er gab die klassischen Bücher heraus. Aber mehr noch bedeutet dies: Konfuzius ist in China das erste sichtbare großartige Aufleuchten der Vernunft in ihrer ganzen Weite und Möglichkeit, und zwar in einem Mann aus dem Volke.

7. *Konfuzius und seine Gegner:* Konfuzius bekämpfte und wurde bekämpft. Es sind zunächst die vordergründigen Kämpfe gegen das Nichtige und die Eifersucht der Konkurrenten. Dann aber kommt die tiefe, in der Sache liegende Polarität zwischen Konfuzius und Laotse zum Ausdruck.

a) Die Gegner, die Konfuzius bekämpfte, sind die Leute, die die Welt für ohnehin verdorben halten und geschickt darin mitmachen, die Sophisten, die für und gegen jede Sache ihre Gründe finden, die die Maßstäbe von Recht und Unrecht, von Wahr und Falsch in Verwirrung bringen.

Als Konfuzius einmal im Amt war, ließ er einen staatsgefährlichen Aristokraten hinrichten. Er begründete es: Schlimmer als Diebstahl und Raub sind: Unbotmäßigkeit der Gesinnung verbunden mit Arglist, Verlogenheit verbunden mit Zungenfertigkeit, Gedächtnis für Skandal verbunden mit ausgebreiteter Bekanntschaft, Billigung des Unrechts verbunden mit dessen Beschönigung. Dieser Mann hat alle diese Verbrechen in sich vereinigt. »Wo er verweilte, bildete er eine Partei; er betörte die Menge durch sein Geschwätz mit gleisnerischen Vorstellungen; durch seinen hartnäckigen Widerstand verkehrte er das Recht und setzte sich allein durch. Wenn die Gemeinen sich zu Horden zusammentun, das ist Grund zum Kummer.«

Dem Konfuzius wurde vorgeworfen: Seine Lehre könne man in einem langen Leben nicht bewältigen. Die Formen zu studieren, reichten Jahre nicht aus. Beides nütze dem Volke nichts. Zu vernünftiger Verwaltung und praktischer Arbeit sei er unfähig. Durch die prunkvollen Begräbnisfeierlichkeiten würde er den Staat verarmen lassen. Er reise wie alle Literaten als Ratgeber umher, um sich zu bereichern, führe ein Schmarotzerleben. Er habe ein hochfahrendes Wesen, suche durch auffallende Tracht und geziertes Wesen der Menge zu imponieren.

b) Die Legende berichtet von dem Besuch des jungen Konfuzius beim alten Laotse (Tschuang-tse, Übersetzungen bei von Strauß und Waley). Laotse belehrt ihn.

Das Planen und Raten und Studieren des Konfuzius billigt er nicht. Bücher sind fragwürdig, sie sind nur die Fußstapfen der großen Alten. Jene traten die Fußstapfen, die heutigen reden. Aber: »Deine Lehren beschäftigen sich mit Dingen, die nicht mehr bedeuten als Fußstapfen im Sande.« »Was du liesest, ist nur der Schall und Rauch längst vergangener Menschen. Was wert gewesen wäre, überliefert zu werden, sank mit ihnen ins Grab; der Rest geriet in die Bücher.«

Das Wesentliche dagegen ist das Grundwissen. Laotse wirft dem Konfuzius vor, das tao nicht zu kennen. Konfuzius verdirbt es durch die Absolutheit seiner sittlichen Forderungen. Denn Menschenliebe und Gerechtigkeit sind für den, der das tao liebt, nur eine Folge, selber sind sie nichts. Wenn Konfuzius fordert, unparteiisch jeden Menschen zu lieben, antwortet Laotse scharf: »Von jedem Menschen zu sprechen, ist eine törichte Übertreibung, und der Entschluß, stets unparteiisch zu sein, bedeutet selbst schon eine Art Parteilichkeit. Du betrachtest am besten, wie es kommt, daß Himmel und Erde ihren ewigen Lauf beibehalten, daß die Vögel ihrem Zuge und die Tiere ihrer Herde folgen, und daß Bäume und Büsche ihren Standort behalten. Dann wirst du lernen, deine Schritte von des Inneren Kraft lenken zu lassen und dem Gange der Natur zu folgen; und bald wirst du einen Punkt erreichen, wo du es nicht mehr nötig hast, mühselig Menschenliebe und Gerechtigkeit anzupreisen.« »All dies Gerede über Menschenliebe und Gerechtigkeit, diese ständigen Nadelstiche, reizen. Der Schwan braucht nicht täglich zu baden, um weiß zu bleiben.«

Allein durch Nichttun (Nichthandeln, wu wei) zeigt sich tao. Alles andere ist äußerlich. Durch Spreu geblendete Augen sehen den Himmel nicht; wenn Mücken stechen, schläft man die Nacht nicht: so quälen Menschenliebe und Gerechtigkeit. Als solche machen sie eine erbitterte Stimmung und lassen das tao verlieren. Bloße Moral ohne den Grund im tao widerstrebt der Menschennatur. Wenn aber die Welt im tao, d. h. die Natureinfalt, nicht verloren ist, dann werden sich von selber die Sitten herstellen, wird die Tugend in Gang kommen.

Erst »als die Beachtung des großen tao verfiel, traten Wohlwollen und Gerechtigkeit auf; als Wissen und Klugheit erschienen, entstand die große Künstlichkeit«. Versiegt die Quelle des tao, dann brauchen die Menschen vergeblich die Notbehelfe von Menschenliebe und Gerechtigkeit. Es ist wie mit den Fischen: versiegt die Quelle und sinkt das Wasser im Teich, dann erst verhalten sich die Fische zueinander, sie bespritzen einander, um sich anzufeuchten, sie drängen einander, um besprudelt zu werden. Aber besser ist es: sie vergessen einander in Fluß und Seen. Daher ist das Rechte, daß die

Menschen ohne Künstlichkeit und Zwang, ohne Denken und Wissen von Gut und Böse einfach im tao leben. »Im Altertum benutzte man das Halten am tao nicht dazu, das Volk zu erleuchten, sondern es in Unwissenheit zu lassen.«

Laotse gilt als der eigentliche, einzige Gegner des Konfuzius. Jedoch hat die spätere Polemik zwischen Taoisten und Konfuzianern ihre Schatten in jene legendarischen Gespräche geworfen. Die späteren gegnerischen Parteien waren beide dem Ursprung fern. Die späteren Taoisten flohen die Welt, waren Asketen, wurden Beschwörer, Alchimisten, Lebensverlängerer, Zauberer und Gaukler. Die späteren Konfuzianer waren Menschen der Welt, ordneten sie, sich anpassend und das Wirksame aufgreifend, ihre eigenen Interessen wahrnehmend, waren Literaten und Beamte, die zu trockenen und eigensüchtigen und machtgierigen Reglementierern und zu Genießern des Daseins wurden.

Aus der Anschauung der Sache und angesichts der inneren Haltung der beiden großen Philosophen darf man sagen: Laotse und Konfuzius sind wohl Gegenpole, aber solche, die zusammengehören und sich gegenseitig fordern. Es ist falsch, dem Konfuzius jene Verengungen zuzuschreiben, die erst im Konfuzianismus wirklich wurden. Gegen die Auffassung, Laotse habe das tao jenseits von Gut und Böse gedacht, Konfuzius habe das tao moralisiert, ist vielmehr zu sagen: Konfuzius läßt dieses Jenseits von Gut und Böse unangetastet, wenn er in der Welt die Aufgabe stellt, durch Wissen von Gut und Böse zur Ordnung in der Gemeinschaft zu kommen. Denn diese ist ihm nicht das Absolute schlechthin. Das Umgreifende ist ihm Hintergrund, nicht Thema, ist ihm Grenze und Grund der Scheu, nicht unmittelbare Aufgabe. Sagt man, das einzige metaphysische Element der Lehre des Konfuzius sei, daß der Herrscher den Himmel vertrete, der durch Naturerscheinungen (Erntesegen oder Katastrophen durch Dürre oder Überschwemmung) sein Wohlgefallen oder Mißfallen kundgebe, so wäre dieses Element, das erst im Konfuzianismus herrschend wurde, bei Konfuzius allenfalls nur eine Vordergrundserscheinung jener metaphysischen Tiefe, die Konfuzius und Laotse gemeinsam ist. Der Unterschied liegt zwischen dem direkten Weg zum tao des Laotse und dem indirekten Weg über die Ordnung der Menschheit des Konfuzius, und daher in den entgegengesetzten praktischen Folgen der gemeinsamen Grundanschauung.

Was Laotse im tao vor und über alles setzt, ist das Eine des Konfuzius. Aber Laotse vertieft sich darein, Konfuzius läßt sich durch das

Eine in Ehrfurcht lenken bei dem Eintritt in die Dinge der Welt. Man findet in Augenblicken Neigung zur Weltflucht auch bei Konfuzius, man findet bei ihm an der Grenze die Idee dessen, der durch Nichthandeln handelt und dadurch die Welt in Ordnung hält, wie bei Laotse. Beide mögen ihren Blick nach entgegengesetzten Seiten wenden, sie stehen doch im selben Grunde. Die Einheit beider ist in China durch große Persönlichkeiten wiederholt worden, nicht durch eine Philosophie, die systematisch beide umfaßte, sondern in der chinesischen Weisheit des sich denkend erhellenden Lebens.

8. *Wirkungsgeschichte:* Zu seiner Zeit war Konfuzius nur einer unter vielen anderen Philosophen und keineswegs der erfolgreichste. Aber aus ihm ist der Konfuzianismus erwachsen, der zweitausend Jahre China beherrscht hat, bis zum Ende seiner politischen Macht im Jahre 1912.

Die Stufen der Entwicklung des Konfuzianismus sind im Schema folgende: *Erstens:* In den Jahrhunderten nach Konfuzius erhielt der Konfuzianismus seine theoretische Gestalt durch Menzius (ca. 372–289) und Hsün-tse (ca. 310–230), die beide eine Schulüberlieferung zu gesteigerter Wirkung brachten. Das konfuzianische Denken ist begrifflicher, unterscheidender, systematischer geworden. Die schönsten und hellsten Formulierungen aus dem Geist des Konfuzius finden sich im Da hio und Tschung-Yung. Die Sätze des Lun-Yü, dem Konfuzius näher, und vielleicht zum Teil wörtlich von ihm, sind kurz, abgerissen, reich an Möglichkeiten der Interpretation. Sie sind die Gedanken in statu nascendi, wie die mancher Vorsokratiker, schon vollendet, aber mit unendlichen Entfaltungsmöglichkeiten ihres Gehalts. Die Ausarbeitung zu systematischer Form muß mit der Bereicherung der Begrifflichkeit verarmen lassen, was an der Quelle noch erfüllt ist. Daher wird Konfuzius bei seinen nächsten Nachfolgern wohl heller, aber zugleich schon begrenzter. Dieser Konfuzianismus war eine geistige Bewegung, getragen von Literaten, aber mit dem Anspruch auf Staatslenkung. Gegen ihn machte der Kaiser Tsin-schi-huang-ti (221–210) den Versuch der Vernichtung. Die konfuzianischen Bücher wurden verbrannt, ihrer Überlieferung sollte ein Ende gesetzt werden. Die Regierung des großen Despoten wurde nach seinem Tode in einem wilden Bürgerkriege gestürzt. Aber sein Werk blieb: Die Verwandlung des alten Lehensstaates in einen Beamtenstaat. – *Zweitens:* Nun geschah das Erstaunliche. Der neue von jenem Despoten geschaffene bürokratische Staat schloß den Bund mit dem Konfuzianismus unter der Han-Dynastie (206 v. Chr. bis 220 n. Chr.). Der verworfene Konfuzianismus wurde wiederhergestellt. Das neue Gebilde der Staatsmacht, die ihre Autorität durch den konfuzianischen Geist gewann, ist also zum Teil aus Motiven und Situationen erwachsen, die Konfuzius selbst fremd waren. Er hatte nichts anderes als den Lehensstaat gekannt. Jetzt gewann der Konfuzianimus seine neue Denkgestalt mit seiner faktischen Herrschaftsmacht. Die Literaten wurden zu Funktionären der Bürokratie. Sie entwickelten eine Orthodoxie bis zum Fanatismus, zugleich im Interesse der Geltung ihres Standes. Der Konfuzianismus wurde zugerichtet auf die Ausbildung der Beamten. Das Schulsystem wurde als staatliches Erziehungssystem eingerichtet, die Lehre ausgebaut zwecks Ordnung und Heiligung des Staatswesens. – *Drittens:* Der Ausbau nach allen Seiten, besonders nach der metaphysischen und naturphilosophischen, erfolgte in der Sung-Zeit (960–1276). Zugleich wurde die Orthodoxie auf der Grundlage des Menzius fixiert. Die Steigerung dieser ausschließenden Orthodoxie und die endgültige Verfestigung geschah in der Mandschu-Zeit (1644–1912). Mit diesem Gesicht einer geistigen Erstarrung zeigt sich China dem Abendland. Seine eigene Lehre, China sei immer so gewesen, wurde von Europa zunächst übernommen, bis die Sinologen die großartige wirkliche Geschichte Chinas enthüllten.

Der Konfuzianismus hat also eine lange ihn verwandelnde Geschichte wie das Christentum und wie der Buddhismus. Die lange Dauer seiner Aneignung in China entfernte ihn weit vom Ursprung in Konfuzius selber. Es war ein Kampf, geistig um die rechte Lehre, politisch um die Selbstbehauptung der Literatenschicht. Die Geistesgeschichte Chinas hat ihre großen künstlerischen, dichterischen, philosophischen Aufschwünge zum großen Teil im faktischen Durchbruch durch diesen Konfuzianismus oder in bewußter Opposition gegen ihn. In Ebbezeiten des geistigen Lebens ist der Konfuzianismus in China wie der Katholizismus im Abendland immer wieder da. Aber er hat auch selber seine geistigen Gipfel, wie der Katholizismus in Thomas, so der Konfuzianismus in Tschu-Hsi (1130–1200).

Jeder hohe Impuls hat die zu ihm gehörenden Gefahren. Daß die Abgleitungen durch die Jahrhunderte überwiegen, läßt sie fälschlich schon im Ursprung erkennen. Dann sagen die Einwände gegen Konfuzius: Sein Denken ist »reaktionär«, es verabsolutiert die Vergangenheit, es fixiert und macht tot, es ist zukunftslos. Daher lähmt es alles Schaffende, Lebendige, Vorantreibende. Sein Denken macht zum Gegenstand bewußter Absicht, was in der Vergangenheit einmal seine Wahrheit hatte, jetzt aber nicht mehr haben kann. Es bringt ein Leben der Konventionen und der Hierarchie hervor, der äußerlichen Formen ohne Gehalt. So hält auch Franke Gericht über Konfuzius: Er habe das Ideal für sein Volk in die Vergangenheit verlegt, so daß es mit rückwärts gewandtem Haupte durch die Geschichte schreite. Konfuzius halte für das wahre Leben der Völker einen wohl balancierten Dauerzustand. Er verkenne, daß die Geschichte eine niemals rastende Bewegung sei. Dazu habe er die natürlichen metaphysischen Bedürfnisse unbefriedigt gelassen durch seine Lehre, man solle die Schranken des vernunftgemäßen Diesseits in der wohlgeordneten Menschheit nie übersteigen.

Diese Auffassung wird durch die überlieferten klaren Sätze, die unsere Darstellung heraushob und in einem großartigen Zusammenhang zu sehen meinte, widerlegt. Aber es ist richtig, daß die Ableitungen in der Folge für den Konfuzianismus weitgehend dem Urteil recht geben, das auf Konfuzius und viele Konfuzianer nicht zutrifft. Diese Ableitungen sind zu charakterisieren:

Erstens: Die Verwandlung des Gedankens des Einen und des Nichtwissens in metaphysische Gleichgültigkeit. Wenn Konfuzius Abstand hält vom Denken des Absoluten, vom Bittgebet, so aus einer vom Umgreifenden her wirkenden Gewißheit, die ihm die Zuwendung zur Gegenwart und zu den Menschen unbeirrbar macht. Wenn er in der Ruhe vor dem Tode lebt, nicht wissen will, was wir nicht wissen können, so läßt er alles offen. Sobald aber diese Kraft des Konfuzius fehlt, wird die Skepsis mächtig und zugleich der unkontrollierte Aberglaube. Der Agnostizismus wird leer und ergänzt sich im Konfuzianismus durch handgreifliche Magien und illusionäre Erwartungen.

Zweitens: Die Verwandlung des nüchternen, aber leidenschaftlichen Drangs zur Menschlichkeit in ein Nützlichkeitsdenken. Es entwickelt sich ein pedantisches Zweckdenken ohne die Kraft des unabhängigen Menschseins.

Drittens: Die Verwandlung des freien Ethos, das sich in der Polarität der li und dessen, was sie führt, versteht, zur Gesetzlichkeit der li. Die li werden ohne den Grund im Yen und im Einen zu bloßen Regeln von Äußerlichkeiten. Während sie bei Konfuzius eine milde Macht sind, werden sie nun feste Formen, gewaltsam erzwungene Gesetze. Sie werden ausgearbeitet zu einer verwickelten Ordnung, zur Vielheit der Tugenden, zu den bestimmten menschlichen Grundbeziehungen und vollendet in zählbaren Anordnungen.

Während im Ursprung die Einheit von Sitte, Recht und Sittlichkeit vermöge ihrer gemeinsamen Beseelung aus dem Yen menschliche Freiheit war, wird jetzt die Fixierung der li für die Menschlichkeit verhängnisvoll. Denn die Trennung von Sitte, Recht und sittlicher Norm wurde nicht gemacht, aber die endlose Mannigfaltigkeit der Bestimmungen zur Äußerlichkeit herabgesetzt. Diese war definierbar und in jedem Fall rational zur Entscheidung zu bringen. Sie brauchte kein Gewissen mehr, wenn die geforderte Handlung getan wurde. Die Äußerlichkeit, das Gesicht zu wahren, wurde alles.

Viertens: Die Verwandlung der Offenheit des Denkens in Dogmen theoretischer Erkenntnis. Zum Beispiel wird Sache des Streitens, ob der Mensch von Natur gut oder böse sei, ob daher die Erziehung durch die li den Menschen überhaupt erst als gutes Wesen hervorbringe, oder nur in seinem eigentlichen Wesen wiederherstelle. Während Konfuzius solche Alternative gar nicht fand, sondern gegenüber den Grenzfällen des Heiligen einerseits, des Narren andrerseits, die unveränderlich seien, den meisten ihre Chance und ihren Spielraum gab, die Praxis entscheiden ließ, wurde jetzt die Theorie leidenschaftlich erörtertes Streitfeld. Man geriet hier wie sonst in die Sackgasse von Alternativen der Theorie, die Konfuzius unwesentlich gewesen wären vor dem, was sie übergreift.

Fünftens: Die Verwandlung des Wissens, das inneres Handeln war, in ein

Lernen, das abfragbar wurde. Es entstand die Klasse der Literaten, die sich nicht durch Persönlichkeit, sondern durch Gelerntes und formal Gekonntes auszeichneten und im Schulexamen bewährten. Daß das Altertum in der Weise der Aneignung Norm war, verwandelte sich dahin, daß die alten Werke studiert wurden, der Gelehrte maßgebend, daß Nachahmen des Alten, nicht das Aneignen wesentlich wurde. Die Gelehrsamkeit brachte die Orthodoxie hervor. Diese verlor ihre Einheit mit dem Leben im Ganzen.

Aber alle Abgleitungen, so sehr sie in der chinesischen Geschichte gewirkt haben, konnten den Ursprung, aus dem sie kamen, nicht völlig verlieren. Konfuzius selber blieb lebendig in Antrieben, die ihn zu erneuern, das Erstarrte zu durchbrechen vermochten. Sie bewährten das hohe Ethos und den heroischen Mut, die immer wieder im Konfuzianismus auftraten. Dann geriet Konfuzius in Opposition zum Konfuzianismus. Konfuzius ist mehr als vorantreibende Lebensmacht denn in den Stabilisierungsformen gegenwärtig. Eine große Erscheinung solcher Erneuerung war Wang Yang Ming (1472–1528).

In dieser ganzen Entwicklung spielt die Person des Konfuzius eine große Rolle. Stets ist der Blick auf ihn, die einzige große Autorität, gerichtet. Von der Wirkung des Konfuzius auf seine Schüler wird noch erzählt, daß sie sich viel Kritik an seinen Handlungen erlaubten, dann aber auch, daß sie zu ihm emporblickten, wie »zur Sonne und dem Mond, über die man nicht hinwegschreiten kann«. An seinem Grabe wurden Opfer dargebracht, noch im Rahmen des Ahnenkultes. Später wurde ein Tempel gebaut. Schon um die Wende des zweiten zum ersten Jahrhundert vor Chr. schreibt von seinem Besuch dort der Historiker Se-ma-tsien: »So blieb ich voll Ehrfurcht dort und konnte mich kaum losmachen. Auf Erden gab es gar viele Fürsten und Weise, berühmt während ihres Lebens, mit denen es bei ihrem Tode zu Ende war. Kung-tse war ein einfacher Mann aus dem Volk. Aber seit zehn Generationen überliefert man auch seine Lehre. Vom Himmelssohn, Königen und Fürsten an nehmen alle ihre Entscheidungen und ihr Maß am Meister. Das kann man als höchste Heiligkeit bezeichnen.« In der Folge wurden ihm Tempel im ganzen chinesischen Reiche errichtet. Anfang des 20. Jahrhunderts wurde Konfuzius ausdrücklich zum Gott erklärt. Es ist eine denkwürdige Entwicklung, die Konfuzius, diesen Mann, der nichts als Mensch sein wollte, der wußte, daß er nicht einmal ein Heiliger sei, schließlich zum Gotte werden ließ.

JESUS

Quellen: Bibel: Das Neue Testament, besonders die Evangelien nach Matthäus, Markus, Lukas; ferner: Hennecke, Apokryphen.
Literatur: Schweitzer. Dibelius. Bultmann.

Jesus ist zwar nicht als objektiv zwingendes Bild historisch dokumentiert darzustellen, aber doch durch die Schleier der Überlieferung hindurch als Wirklichkeit unumgänglich sichtbar. Ohne das Zutrauen im Blick auf die Überlieferungstrümmer und ohne das Wagnis des Irrens würde eine nur kritisch-historische Forschung alle Realität verschwinden lassen. Es ist die Aufgabe, auf Grund der Leistungen der Forscher, aus eigenem Ergriffensein das Verläßliche, Wahrscheinliche und nur Mögliche zusammenzuordnen und zum Bilde werden zu lassen. Die Grundhaltung solcher Darstellung darf unsere menschliche Beziehung zum Menschen Jesus sein. Wir möchten durch die Verschleierungen hindurch zu der wirklichen Erscheinung gelangen, wie er einst war, was er tat und sagte.

1. *Die Verkündigung.* – Das Gewisseste, das wir von Jesus wissen, ist seine Verkündigung: des Kommens des Gottesreiches, des Ethos zur Vorbereitung auf das Reich, des Glaubens als des Heils.

a) *Weltende und Gottesreich.* – Eine greifbare Voraussetzung für Jesu Denken und Handeln ist: Das Weltende steht unmittelbar bevor (Schweitzer, Martin Werner). Dieses Ende ist eine Katastrophe: »Denn jene Tage werden eine Drangsal sein, wie von Anfang der Schöpfung bis jetzt keine solche gewesen ist und keine sein wird« (Mark. 13, 19). »Die Sonne wird sich verfinstern, und der Mond wird seinen Schein nicht geben, und die Sterne werden vom Himmel fallen« (Mark. 13, 24).

Jesus steht mit diesen Erwartungen in der damals verbreiteten apokalyptischen Anschauung. Aber er macht vollkommen Ernst damit. Das Weltende steht wirklich unmittelbar bevor. »Wahrlich, ich sage euch, nicht wird dieses Geschlecht vergehen, bis daß dieses alles geschieht« (Mark. 13, 30). »Es sind einige unter euch, die hier stehen, welche den Tod nicht kosten werden, bis sie den Sohn des Menschen kommen sehn in seinem Reich« (Matth. 16, 28). Bei der Aussendung von Jüngern, die dieses unmittelbar bevorstehende Ereignis verkündigen sollen, sagt Jesus: »Ihr sollt nicht fertig werden mit den Städten Israels, bis der Sohn des Menschen kommt.« Wenig beschäftigt sich Jesus mit der Ausmalung der Schrecken des Ereignisses, wie es in der gleichzeitigen Literatur geschieht. Weil er aber das Weltende als unmittelbar bevorstehend erwartet, macht er aus dem Ende, das sonst in ferner Zukunft lag, das Unausweichliche, das jeden jetzt Lebenden angeht. Vor diesem Ereignis wird alles andere nichtig. Alles, was ich noch tue, muß angesichts dieses Endes seinen Sinn ausweisen.

Dieser Sinn ist möglich. Denn mit dem Weltuntergang kommt nicht das Nichts, sondern das Gottesreich. Das Reich Gottes ist die Zeit, in der Gott allein regiert. Es kommt unaufhaltsam, ohne jedes menschliche Zutun, allein durch Gottes Tun. Die Welt, deren Ende unmittelbar bevorsteht, kann als Welt gleichgültig werden, weil das Gottesreich, dieses Herrlichste, kommt. Daher die frohe Verkündigung: »Heil euch Armen, denn euer ist das Gottesreich!« Und: »Fürchte dich nicht, du kleine Herde, denn eures Vaters Beschluß ist es, euch zu geben das Reich!« Und das Gebet: »Laß kommen dein Reich!« Das Ende hat also zwei Seiten. Es ist nicht nur Drohung: das Weltende, sondern ist die Verheißung: das Reich Gottes. Daher liegt in der Stimmung zugleich die Angst und der Jubel.

Die Verkündigung von Weltende und Gottesreich meint ein kosmisches Ereignis. Aber es ist nicht ein Ereignis in der Welt, in dem eine neue Welt geboren würde, sondern das Ereignis, mit dem die Welt aufhört. Es ist ein Einbruch in die Geschichte, mit der die Geschichte abgeschlossen ist. Das Gottesreich ist weder Welt noch Geschichte, auch kein Jenseits dieser Welt. Es ist etwas ganz anderes.

Aber diese Reichsbotschaft enthält eine merkwürdige Doppelheit. Das Reich wird erst kommen, und es ist schon da. Was erst in der Zukunft wirklich wird, das ist in der Welt schon in Bewegung. Das sagt das Gleichnis vom Senfkorn. Wie das Senfkorn der kleinste der Samen ist, aus dem das größte der Kräuter wächst, so das Reich. Das sagt vor allem der Satz: »Siehe, das Reich Gottes ist unter euch« (Luk. 17, 21). Das heißt: Die Zeichen des Reiches: Jesus, seine Person, seine Taten, seine Botschaft, sind unter euch. Also nicht das Reich ist schon da, wohl aber die Zeichen des Reiches, und zwar Zeichen, die auf das unmittelbar bevorstehende Eintreffen deuten (Dibelius). – Diesen Sinn, daß Zeichen da sind, hat die Antwort Jesu auf die Frage Johannes des Täufers: Bist du es selbst, der kommen soll? Jesus sagt nicht ja und nicht nein, sondern: »Blinde sehen und Lahme gehn, Aussätzige genesen und Taube hören, Tote werden aufgeweckt und Arme empfangen die Botschaft des Heils.« Und Jesus sagt auch: »Wenn ich aber mit Gottes

Finger die Dämonen austreibe, so ist ja das Reich Gottes schon über euch gekommen.«

Jesu Taten, wie sie alle Wundertäter vollbringen, sein Verhalten zu Sündern, zu den Verachteten der Gesellschaft, so zu Dirnen, seine Worte, die die Seele des Hörenden ergreifen, das alles hat für ihn den Charakter von Zeichen und Beispiel, nicht den Sinn von Verbesserung der Welt, von Reform der Zustände. Jesus läßt, wer ihn sieht und hört, erfahren, daß das Reich Gottes kommt.

Er lebt den kurzen Augenblick »zwischen den Zeiten«, zwischen dem Weltsein und dem Gottesreich.

Die Verkündigung Jesu teilt zwar mit, was geschehen wird. Aber er meint nicht den müßigen Zuschauer, den er über ein bevorstehendes Ereignis unterrichtet, sondern den Menschen, der in dieser Situation vor eine Entscheidung gestellt wird. Die Verkündigung lautet: »Die Zeit ist erfüllt, und das Gottesreich ist nah, wandelt euch, und glaubt an die frohe Botschaft!« In der Forderung: Wandelt euch, denkt um, tut Buße, liegt die Antwort auf die Frage: Was tun, wenn das Weltende bevorsteht, was hat da noch Sinn?

Das Reich kommt nicht als die Seligkeit für alle. An jeden Einzelnen geht die Frage, wohin er in der Katastrophe gelangen wird. Denn das Weltende ist zugleich das Gericht, in dem die Annahme oder die Verwerfung durch Gott stattfindet: »Zwei Männer werden schaffen auf dem Feld: einer wird angenommen, der andere verstoßen.«

Weltende und Gericht sind noch nicht vollzogen. Aber jeden Augenblick kann es da sein. Es kommt plötzlich, wie der Blitz, der aufleuchtet vom Osten bis zum Westen, oder wie der Dieb in der Nacht, oder wie der Herr, der heimkehrt, ohne daß die Knechte es wissen. »Über jenen Tag aber und die Stunde weiß niemand etwas, ... auch nicht der Sohn, sondern allein der Vater.«

Die darum wissen, sollen so leben, daß sie jederzeit bereit sind: »Wachet, denn ihr wißt nicht, wann die Zeit kommt. Wachet, daß der Herr nicht, wann er plötzlich kommt, euch schlafend treffe.« Dann aber: warten. Nichts kann der Mensch dazu tun, daß das Reich komme. Es kommt von selbst, allein durch Gottes Willen. Wie der Bauer auf die Ernte wartet, so der Mensch auf das Reich. Und schließlich: verkündigen. Durch Predigt die Drohung und die frohe Botschaft allen bringen, damit sie gerettet werden.

b) *Das Ethos.* – Wenn Jesus sagt, was der Mensch tun solle, so handelt es sich nicht um eine sich selbst genügende Ethik zur Verwirklichung des Menschen in Bau und Ordnung des Weltdaseins. Vielmehr ist umgekehrt alles Ethische erst gerechtfertigt als Gottes Wille und als Bereitsein für das Weltende und als Zeichen des Gottesreichs.

Nichts Weltliches kann noch irgendein selbständiges Gewicht haben. »Diese Welt ist nur eine Brücke; geh hinüber, aber bau nicht deine Wohnung dort« (Hennecke, Apokryphen 35). Die Welt ist zwar Schöpfung Gottes und als solche nicht verwerflich. Liebe zur Natur ist Jesus wie später Franz von Assisi eigen. Die menschlichen Ordnungen tastet er nicht an, betont ihre Geltung. Zum Beispiel die Ehe ist unauflöslich: »Was Gott zusammengefügt hat, soll ein Mensch nicht scheiden.« Man soll nicht gegen die Obrigkeit revoltieren: »Gebt dem Kaiser, was des Kaisers ist, und Gott, was Gottes ist.« Aber alles Weltsein ist wie verschwunden im Glanze des Gottesreiches. Die Bande der Pietät, des Rechts, der Kultur sind nichtig angesichts dieses Reiches. Seine Mutter und Brüder läßt er stehen: »Wer tut den Willen Gottes, der ist mir Bruder, Schwester und Mutter.« Besitz ist störend, daher wird dem Jüngling, der durch alle Erfüllung der Gebote sich noch nicht bei Gott weiß, der Rat, alles zu verkaufen und den Armen zu geben.

Alles Weltliche ist als solches hinfällig: »Wer vermag durch Sorgen seinem Leben eine Elle zuzusetzen?« »Jeder Tag hat seine eigene Plage.« Aber die Welt ist keiner Sorge wert: »Sorget nicht für euer Leben, was ihr esset. Sorget nicht auf den morgenden Tag; der morgende Tag wird für sich selbst sorgen.« Nur was im Gottesreich Wirklichkeit ist, ist wichtig: »Sammelt euch nicht Schätze auf Erden, wo Motten und Rost zerstören. Sammelt euch aber Schätze im Himmel.«

Was ist dies allein Wichtige? Vor jedem Menschen steht die furchtbare Alternative, vom Reiche Gottes aufgenommen oder verworfen zu werden. Es gibt Gott und den Teufel, die Engel und die Dämonen, das Gute und das Böse. Für jeden kommt es darauf an, wohin er sich wenden will. Das Entweder-Oder geht an jeden Einzelnen: »Und wenn dich deine Hand ärgert, so haue sie ab; es ist dir besser, verstümmelt ins Leben einzugehen, als mit zwei Händen in die Hölle zu kommen.« »Niemand kann zwei Herren dienen. Ihr könnt nicht Gott dienen und dem Mammon.« Es gibt kein Mittleres, keine Anpassung, sondern nur alles oder nichts. Es bleibt nur noch das Eine, das not tut: Gott folgen und damit in die Ewigkeit seines Reiches gelangen.

Gehorsam gegen Gott ist, wie seit jeher das Ethos der Juden, so auch des Juden Jesus. Aber der Gehorsam ist nicht genügend als der äußere, errechenbare Gehorsam gegen bestimmte Forderungen, die wie Rechtsgesetze auftreten. Es ist der Gehorsam mit dem ganzen Wesen des Menschen, der mit dem Herzen selber vollzieht, was er als Gottes Willen begreift. Denn Gott hat, wie Jeremias sagte, sein Gebot dem Menschen ins Herz geschrieben.

Aber was ist Gottes Wille? Unser an Verstand und endliche Bestimmtheit gewohntes Denken möchte Anweisungen haben, Vorschriften, nach denen man sich richten kann. Der Verstand mag trotzig gleichsam Gott fragen: Was willst du? Hören wir die Gebote, die Jesus als Gottes Willen aussprach, so verwundern wir uns wieder über das Äußerste, das in der Welt Unmögliche. Diese Gebote sprechen aus, was im Gottesreich wirklich sein kann. »Ihr sollt vollkommen sein, wie euer Vater im Himmel vollkommen ist.« Es sind Gebote für den Menschen, der nur Gott und den Nächsten kennt und handelt, als ob keine Welt, keine Antinomien ihrer Realität beständen. Diese Imperative sind, als ob der Mensch keine Situation des Endlichen in der Welt, keine Aufgabe von Weltgestaltung und Verwirklichung mehr hätte, Imperative für Heilige, die als Bürger des Gottesreiches ihnen folgen können und dürfen: »Ich aber sage euch: nicht dem Bösen widerstehen; sondern wer dich schlägt auf die rechte Wange, dem biete auch die andere. Und wer dir den Rock nehmen will, dem laß auch den Mantel. Jedem, der dich bittet, gib, und von dem, der dir das Deinige nimmt, fordere es nicht zurück.«

Es sind vor allem nicht Imperative des äußeren Handelns, sondern Imperative, die in das Innerste der Seele, in ihr Sein selbst noch vor allem Tun dringen. Die Seele soll rein sein. Der Keim der bösen Bewegung im Verborgenen der Seele ist schon gleicherweise verwerflich wie die äußere Handlung: »Jeder, der nach einem Weibe sieht in Lüsternheit, hat schon die Ehe mit ihr gebrochen in seinem Herzen.«

Jesus fordert ein Sein, nicht ein äußerliches Tun, das vielmehr aus dem Sein folgt. Es ist das gefordert, aus dem gewollt wird, das aber nicht selbst wieder geradezu gewollt werden kann. Wo dies da ist, da kann von der Welt her nichts dieses Sein trüben: »Nichts was von außerhalb des Menschen in ihn eingeht, kann ihn verunreinigen, sondern das, was aus dem Menschen ausgeht, ist es, was den Menschen verunreinigt.«

Gottes Wille ist das Leben des Gottesreiches, – so leben, als ob das Gottesreich schon da wäre, – so leben, daß dieses Leben in dieser Welt Zeichen des Gottesreiches und selber schon dessen herankommende Wirklichkeit ist.

Was das Ethos Jesu sei, ist keineswegs durch ein System von Anweisungen für das Handeln in der Welt zu fassen. Das Prinzip ist allein durch den Gedanken des Gottesreiches gegeben, und dieses Prinzip hat Jesus auf alte biblische Weise ausgesprochen: Du sollst Gott lieben und deinen Nächsten wie dich selbst. Das Liebesgebot gehört zur alten jüdischen Religion. »Du sollst Jahwe, deinen Gott, lieben von ganzer Seele und mit all deiner Kraft« (Deut. 6, 5). »Du sollst deinen Nächsten lieben wie dich selbst« (Levit. 19, 18). »Was fordert Jahwe von dir außer Recht zu tun, zu lieben und demütig zu wandeln vor deinem Gott« (Micha 6, 8). Jesus betont hier nicht das Neue, wie in seinen Gegenüberstellungen »Ich aber sage euch...«, sondern nimmt dies Überlieferte in das Gottesreich hinein, das sich in der Wirklichkeit der Liebe als seinem Zeichen jetzt schon kundgibt.

Eine mystische Gottvereinigung, ein wirkungsloses Aus-der-Welt-Treten, einsam unter den Menschen, eins mit Gott, das wäre lieblos. Der Einzelne hat für sich allein keine Teilnahme am Gottesreich. Es kommt darauf an, mit dem Andern dorthin zu gelangen. Wer Gott liebt, liebt den Nächsten. Daher ist das Leben in der Welt erfüllt durch das Leben der Liebe, welches das Zeichen ist des Gottesreichs.

Die Liebe Gottes zum Menschen und des Menschen zum Nächsten sind untrennbar. Nur als Liebende trifft uns Gottes Liebe. Gottes Liebe wirkt in uns die Liebe. Lieben wir nicht, sind wir verworfen.

Die Liebe ist, wo sie zweckfrei und weltfrei geworden, Wirklichkeit des Gottesreichs. Dann ist sie uneingeschränkt, bedingungslos. Daher Jesu ganz neue, dem Alten Testament fremde Forderung: den Feind zu lieben, Böses mit Gutem zu vergelten. »Liebet eure Feinde, tut wohl denen, die euch hassen; segnet, die euch fluchen, betet für die, die euch beschimpfen.«

Diese Liebe ist also kein allgemeines, gegenstandsloses Liebesgefühl, sondern sie fordert Liebe zum Nächsten. Wer aber ist der Nächste? Jeder, der mir in Raum und Zeit nahe ist und meiner bedarf, nicht der durch irgend etwas ausgezeichnete oder verwandte Mensch. Das zeigt die Geschichte vom barmherzigen Samariter. Ein Mann aus Jerusalem lag halbtot am Wege, von Räubern geplündert. Ein Priester kam, dann ein Levit, und beide gingen vorbei. Dann sah ihn ein Samariter aus dem von Jerusalem verachteten Samaria, hatte Erbarmen mit ihm und versorgte ihn. »Welcher von den Dreien war nun der Nächste für den, der unter die Räuber gefallen war?«

Diese Liebe schließt das Herrschenwollen aus: »Wer unter euch groß sein will, muß euer Diener sein, wer der erste sein will, der Knecht aller.«

Diese Liebe verlangt schließlich bedingungslose Hingabe an Jesu Verkündigung: »Wer Vater oder Mutter mehr liebt denn mich, ist mein nicht wert; ... und wer nicht sein Kreuz nimmt und folget mir nach, ist mein nicht wert.«

Die Unbedingtheit der Liebe, von der Jesus spricht als Zeichen des Gottesreichs, wird nicht durch Befolgung von Gesetzen, durch Plan und Absicht verwirklicht. Jesus wehrt die absolute Gesetzlichkeit ab, doch nicht um in die Gesetzlosigkeit zu führen, sondern um den Ursprung zu finden, aus dem über alle Gesetzlichkeit hinaus das Gesetz erfüllt ist und entspringt. Das überlieferte alttestamentliche Gesetz ist ihm selbstverständlich. Er greift es nicht grundsätzlich an wie später Paulus. Aber die Erfüllung des bestimmten Gesetzes steht dem Leben, das Gott gehorsam ist, nach: »Der Sabbath ist um des Menschen willen da, und nicht der Mensch um des Sabbaths willen.« Der Tempeldienst kann keinen sittlichen Mangel ersetzen: »Wenn du deine Gabe zum Altar bringst und es fällt dir dort ein, daß dein Bruder etwas gegen dich hat, so gehe zuerst hin und versöhne dich mit deinem Bruder, und hierauf komme und bringe die Gabe dar.«

Das bloße Gesetz führt zur Heuchelei. Wer vieles nur gesetzmäßig tut, verschleiert das Böse, das er wirklich ist. Gegen die Gesetzestreuen, die das Innere verloren haben, sagt Jesus: »Gottes Gebot verleugnet ihr, um eure Überlieferung zu halten.« Er warnt vor den Schriftgelehrten, welche darauf aus sind, »im Talar herumzugehen und auf die Begrüßungen an öffentlichen Plätzen und auf die Vordersitze in den Synagogen« Wert legen, »welche die Häuser der Witwen aussaugen und lange Gebete zum Scheine verrichten«.

Daher ist ein Grundzug dieses Ethos des Gottesreichs die Freiheit, mit der Jesus handelt. Nicht aus dem Gesetz ist sie zu begründen, sondern aus der Liebe. Durch diese aber wird kein wahres Gesetz zerstört, sondern aufgefangen und in Grenzen gehalten. Dem entspringt Jesu Verhalten, das überall Anstoß erregte: Er geht zu den Gastmählern. Er läßt eine Frau Öl verschwenden, seine Füße zu salben: »Sie hat ein gutes Werk an mir getan.« Er spricht mit Dirnen und rechtfertigt die gläubige Sünderin: »denn sie hat viel geliebt«.

Jesus hat keine neue Ethik verkündet, sondern das biblische Ethos so ernst genommen, gereinigt und grundsätzlich gemacht, wie es vor Gott im Gottesreich wahr sein würde. Er hat es gelebt ohne Rücksicht auf die Folgen in der Welt, denn die Welt steht vor ihrem Ende.

c) *Der Glaube.* – Der Schluß der Verkündigung ist: Glaubt an die frohe Botschaft. Der Glaube (pistis) ist gefordert. Er ist unerläßlich für den Eintritt in das Gottesreich. Er ist Bedingung des Heils und selber schon Heil.

Nur dem Glauben zeigt sich das Kommen des Gottesreichs. An den Wolken erkennen die Menschen den kommenden Regen, an den Blättern des Feigenbaums den bevorstehenden Sommer, aber sie sehen nicht die Zeichen des kommenden Gottesreiches. Das heißt: sie glauben nicht. Das eigentliche Zeichen ist Jesus selbst, sein Tun und seine Botschaft. Nur der Glaube sieht Jesus. Daher: »Selig, wer nicht an mir irre wird.«

Glauben ist das Leben des Menschen, der schon vom Gottesreich ergriffen ist. Diesem Glauben wird das Unbegreiflichste geschenkt: »Alles ist möglich dem, der glaubt.« »Wer zu diesem Berge sagt: hebe dich weg und stürze ins Meer – und nicht zweifelt in seinem Herzen, sondern glaubt, daß, was er spricht, geschieht, dem wird es zuteil werden.« Wenn Jesus Kranke heilt, so ist ihr Glaube Bedingung des Erfolgs: »Dein Glaube hat dir geholfen.« Jesus hat durch die Suggestionen gewirkt, die überall in der Welt und auch heute gewisse abnorme Phänomene vertreiben und auch erzeugen können. Nur wer »glaubt«, erfährt solche Wirkungen, deren Grenzen unsere psychologisch-medizinische Erfahrung kennt. Doch Jesus tut mehr als suggerierende Wundertäter: er vergibt Sünden. Zu dem Gelähmten, den er heilt, sagt er: »Deine Sünden sind dir vergeben.« Er sagte es, weil er den Glauben des Kranken sah. Er heilte ihn, damit die Menschen sahen, was er kann, und darin den Beweis seiner Vollmacht hatten, Sünden zu vergeben.

Der an das Gottesreich Glaubende weiß: Gott versagt sich nicht dem Bittenden. Schon Menschen versagen sich nicht dem, der dringend bittet, der Vater gibt dem hungernden Sohn keinen Stein; der Richter verschafft der Witwe ihr Recht. Viel mehr als die schlechten Menschen wird Gott hören, wenn er gebeten wird. Daher: »Bittet, so wird euch gegeben werden; suchet, so werdet ihr finden; klopft an, so wird euch aufgetan.«

Doch der Mensch soll es sich schenken lassen, wissend, daß er es nicht verdient hat: Wenn ihr getan habt alles, was euch befohlen ist, so sagt: Wir sind unnütze Knechte; wir haben getan, was wir zu tun schuldig waren.

Daher darf der Mensch Gott nicht nachrechnen. Gott »läßt seine Sonne aufgehen über Böse und Gute, und regnen über Gerechte und Ungerechte«. Es gibt keinen menschlichen Gedanken, der das Vertrauen zerstören kann, indem er erdenkt, was gerechterweise geschehen müßte. »Bei Gott ist alles möglich.« Was auch immer geschieht, Gott weiß warum, und der Mensch, der glaubt, findet auch im unerwartet Schrecklichen und schlechthin Unverständlichen keinen Grund gegen Gott. In Jesus ist kein Hiobs-Gedanke mehr.

Ausdruck dieses Glaubens ist das Gebet des »Vaterunser«. Drei Bitten sind entscheidend: »Es komme dein Reich« – das Gottesreich ist die Einigung mit Gottes Willen und das Ende aller Not mit dem Ende der Welt. – »Unser nötiges Brot gib uns täglich« – Freiheit von Sorgen um das Weltliche ist nur im Glauben möglich, der auf Gott baut. – »Vergib uns unsere Sünden; und führe uns nicht in Versuchung« – Reinheit von Sünden ist der Weg ins Gottesreich, Freiheit von Sünde ist nur von Gott zu schenken.

Für den Glauben ist Gott alles in allem. Was Welt ist, ist in seiner Endlichkeit und Vergänglichkeit nur Zeichen. Aber Gott läßt die Lilien auf dem Felde wachsen, kein Sperling fällt ohne ihn vom Dache, die Haare auf dem Kopfe sind gezählt. Die Zeichenhaftigkeit allen Weltseins bedeutet trotz dem Ineinander des Zeichens und des Seins, wovon es Zeichen ist, doch die radikale Trennung von Weltsein und Gottesreich. Jenes vergeht, dieses ist, kommt und bleibt.

Glaube ist das Wort für das biblische Gottesverhältnis. Er ist die unbedingte Hingabe an den Willen Gottes und das unerschütterliche Vertrauen zu ihm. »Dein Wille geschehe« ist im Gebet der Ausdruck dieses Vertrauens. Der Glaube ist die Gewißheit von Gott, die Gewißheit der Verbindung mit ihm, die Gewißheit der Gottesliebe, die die Betenden trägt.

Der Glaube soll das Wesen des Menschen durchdringen, wie das Salz die Speise. Aber der Glaube ist gar nicht selbstverständlich, er kann nicht absichtlich hervorgebracht werden. Er begreift sich selbst nicht. Er ist schwankend und hinfällig. Er wird verfälscht durch Glaubenwollen. Er wird geschenkt und ist nicht Besitz. »Ich glaube, Herr, hilf meinem Unglauben« (Mark. 9, 24).

d) *Wie Jesus sich mitteilt.* – Jesus verkündet nicht Wissen, sondern Glauben. Was er sagen will, bleibt verhüllt für den Ungläubigen, macht offenbar für den Glaubenden, aber auch für diesen nicht in eindeutigen Aussagen, sondern in Gleichnissen und Sprüchen voller Paradoxien.

Gefragt nach den Gleichnissen antwortet er: »Euch ist das Geheimnis des Reiches Gottes gegeben, jenen draußen aber kommt alles in Gleichnissen zu.«

Jesus vollzieht Versinnlichungen, spricht faßliche Gedanken, fordert in bestimmten Geboten. Ohne das wäre wirksame Mitteilung unmöglich. Aber alles, was so direkt gesagt wird, ist Träger eines Sinnes, der zuletzt einer rationalen Deutbarkeit sich entzieht.

Jesus scheut nicht den logischen Widerspruch in den Formulierungen. Er sagt z. B.: »Wer nicht mit mir ist, der ist wider mich« (Matth. 12, 30), und er sagt auch: »Wer nicht wider uns ist, der ist für uns« (Mark. 9, 40). Oder: »Widerstehe nicht dem Bösen« – und: »Ich bin nicht gekommen, den Frieden zu bringen, sondern das Schwert.« Wo alles Zeichen ist, gilt nicht der Satz vom Widerspruch. Wir haben kein Denksystem vor uns, sondern eine Verkündigung in Zeichen.

2. *Das Leben Jesu.* – Jesus ist aufgewachsen in Nazareth in Galiläa mit vier Brüdern und einigen Schwestern bei seiner Mutter Maria. Er hat ein Handwerk gelernt. Er muß einen Unterricht in dem rabbinischen Wissen vom Alten Testament genossen haben. Einen großen Eindruck machte auf ihn der Einsiedler am Jordan, Johannes der Täufer, mit der Predigt vom kommenden Gottesreich und von Gottes Zorngericht, von Buße, Taufe und Sündenvergebung. Jesus kam zu Johannes und ließ sich taufen. Von dort ging er in die Wüste. Zurückgekehrt wandte er sich selber an die Öffentlichkeit, mit ungefähr dreißig Jahren, sprach in den Synagogen, wurde Rabbi genannt, wanderte in Galiläa von Ort zu Ort, hatte Jünger um sich, trat auf mit der Verkündigung vom Weltende und Gottesreich, als Wundertäter, der Kranke heilte, Dämonen austrieb, Tote erweckte, als Lehrer des allein an Gottes Willen sich bindenden, weltindifferenten, dem Ethos der Liebe ohne Einschränkung folgenden Lebens. Seine Angehörigen hielten ihn für wahnsinnig (Mark. 3, 21).

Von der gesamten öffentlichen Wirksamkeit, die vielleicht nur einige Monate, höchstens drei Jahre dauerte, ist nur der Schluß, die Passion bis zum Tod (30 oder 33 n. Chr.), die sich in wenigen Tagen abspielte, ausführlich vor Augen: der Zug nach Jerusalem, die Säuberung des Tempels, das Abendmahl, Verrat und Verhaftung, Verhöre, das Urteil des Synhedrions, die Entscheidung des Pontius Pilatus, die Kreuzigung, die Grablegung. Das innere Ringen in Gethsemane, während alle Jünger schlafen, das leere Grab haben wir mit der Wirklichkeit Jesu so verbunden, daß wir es kaum mehr trennen können.

Die Frage ist: Warum ging Jesus nach Jerusalem? Mit ihm war eine Volksbewegung, sehr viele scharten sich um ihn. Sein Einzug in Jerusalem war ein Ereignis. Die Behörden hatten Sorge wegen der Unruhen, die schon durch andere Volksaufrührer entstanden und gewaltsam niedergeschlagen waren. Bei Jesus fehlt zwar jedes Anzeichen eines Handelns mit dem politischen Ziel, die weltliche Herrschaft zu ergreifen. Doch die Stimmung des Ganzen ist so, als ob er etwas zur Entscheidung bringen wollte. Aber was? Man hat geantwortet: in Erwartung des Anbruchs des Gottesreiches sollte die Verkündigung im Zentrum jüdischen Lebens, in Jerusalem, am Passahfest, möglichst alle erreichen zu ihrer Rettung. Oder man hat gemeint: Jesus war enttäuscht über das Ausbleiben des Weltendes, begriff (am Leitfaden des Bildes vom Gottesknecht im Deuterojesaias), daß Gott sein Opfer fordere im leiblichen Untergang durch die Mächte dieser Welt, um damit sogleich das Gottesreich eintreten zu lassen; er habe diesen Eintritt im letzten Augenblick erwartet und in der letzten Enttäuschung am Kreuze gesprochen: Mein Gott, mein Gott, warum hast du mich verlassen! Doch dies alles sind Auffassungen. Was gewiß bleibt, ist ein Handeln Jesu – der Zug nach Jerusalem und die Verkündigung in der Hauptstadt –, und ist die Erscheinung einer Volksbewegung.

Jesu Verhalten ist nicht ohne Vorsicht. Er geht nicht blind ins Verderben. Vorsicht hat er den Jüngern geraten: »Ich sende euch wie Schafe mitten unter die Wölfe, seid klug wie die Schlangen und ohne Falsch wie die Tauben«, und noch entschiedener: »Gebet das Heilige nicht den Hunden, und werfet eure Perlen nicht den Schweinen vor, damit sie nicht dieselben zertreten mit ihren Füßen und sich umkehren und euch zerreißen.« Jesus wanderte möglichst verborgen durch Galiläa, als Gefahr war, daß er wie andere Propheten von dem besorgten Herodes vernichtet werden sollte. Er läßt sich in Jerusalem nicht in Fallen locken. Den Leuten, die durch die Frage nach der Steuerzahlung eine ihn gegenüber den Römern oder den Juden belastende Tatsache provozieren wollten, gab er unter Hinweis auf das Bildnis der Münze die kluge Antwort: Gebt dem Kaiser, was des Kaisers ist, und Gott, was Gottes ist. Da er tags unter dem Volk in Jerusalem auftrat, in dessen Mitte ihn öffentlich zu verhaften man nicht wagte, mußte man ihn nachts finden, und er versteckte sich an immer anderen Orten. Wie man sich bei einer Verhaftung verhalten sollte, ob etwa Widerstand leisten, das war nicht durchdacht, jedenfalls den Jüngern unklar. Jesus hat Schwerter kaufen lassen (Luk. 22, 36 ff.). Er läßt sich aber wehrlos gefangen nehmen. Ein Jünger zieht das Schwert und schlägt einem Häscher das Ohr ab. Jesus tadelt es nicht, sagt aber: Lasset es hierbei bewenden (Luk. 22, 51).

Sein Auftreten in Jerusalem ist offen. Der Einzug in Jerusalem muß vorbereitet sein. Die Tempelreinigung erfolgt kraft seines Herrschaftsanspruches in der jüdischen Glaubensgemeinschaft. Juristische Klarheit über die Art dieses Anspruchs bestand nicht. Dem Synhedrion galt er als Rebell gegen die jüdische Theokratie und als Gotteslästerer. Den Römern galt er als möglicher politischer Aufrührer. Jesus selbst hat ein Bekenntnis zu dem Sinn seiner Person vermieden. Nur zuletzt hat er nach der evangelischen Erzählung auf die Frage des Hohenpriesters, ob er der Messias sei, geantwortet: Ich bin es, – und auf die Frage des Pontius Pilatus: Bist du der König der Juden? geantwortet: Du sagst es. Die Inschrift über dem Kreuz bezeugt, daß er als Kronprätendent verurteilt worden ist.

Wenn Jesus kein aktiver Politiker (keiner der sogenannten Zeloten) war, keine soziale Revolution wollte, wenn er auch nicht in den Märtyrertod zur Bezeugung seines Bekenntnisses drängte, wenn er ein glaubendes, Gottes Handeln erwartendes, aber nicht erzwingendes Leben führte, wenn ihm das Demonstrative fernlag, vielmehr all sein Leben Gehorsam gegen Gottes Wille war, so ist sein Handeln schwer zu verstehen. Denn er rief durch Gewalt (Tempelreinigung, Volksbewegung) die Gewalt gegen sich auf. Was er erduldete, war das Ergebnis seiner Tat. Es ist darin ein Zug des Kämpfens, der auch in andern Äußerungen seiner Persönlichkeit unverkennbar ist.

Das Selbstbewußtsein Jesu ist keineswegs eindeutig. Bei seiner Verkündigung muß er die Erfahrung gemacht haben von dem Abstand zwischen dem, was er war, sah und wollte, und dem, was die anderen verstanden. Die Menschen folgten ihm wohl schwärmerisch, sie hatten ihn nötig auf ihre Weise. Er mußte dulden, daß sie sich an ihn hängten, ihn immer weiter über sich emporhoben. Aber der Prozeß der Entwicklung seines Selbstbewußtseins ist nicht durchsichtig. Die Widersprüchlichkeit der Äußerungen zeigt nur, daß dieser Prozeß da war, und daß er vielleicht gar keinen endgültigen Abschluß erhielt. Daher scheint es der Natur der Sache nach nicht eindeutig, wofür Jesus sich gehalten hat und was er gewollt hat. Vergegenwärtigen wir einige seiner Worte.

Die Wendungen »Ich bin gekommen ...«, »Ich aber sage euch ...« kennzeichnen sein Berufungsbewußtsein. Das Außerordentliche seines Wesens spricht er in Gleichnissen vom Licht und Feuer aus: »Kommt denn das Licht, damit man es unter das Bett setze? nicht vielmehr, damit man es auf den Leuchter setze?« »Wer mir nahe ist, ist dem Feuer nahe, wer aber ferne von mir ist, ist dem Reiche fern« (Hennecke S. 35). »Ich bin gekommen, ein Feuer auf die Erde zu werfen« (Luk. 2, 49). Stand die Gleichgültigkeit oder Verachtung, die er erfuhr bei denen, die ihn längst kannten, in schroffem Gegensatz zu solchem Selbstbewußtsein, dann sagte er: »Ein Prophet ist nirgends unwert außer in seiner Vaterstadt und bei seinen Verwandten und in seinem Hause«, und wunderte sich über ihren Unglauben, und daß er dort keine Wunder tun kann.

Jesu Selbstbewußtsein wuchs zunächst zum Bewußtsein seiner Berufung, zu verkündigen, damit zum Bewußtsein des Propheten, schließlich vielleicht des Messias. Die vorhandenen Vorstellungen der Prophetie mußten die Form geben: der weltlich-göttliche »König« der Endzeit aus dem Stamm Davids; der Engel, der als »Menschensohn« in Daniels Prophetie am Weltende erscheint; der Gottesknecht, der leidende, sterbende, auferstehende Erlöser des Deuterojesaias. Alle diese Vorstellungen klingen in Jesusworten an. Am häufigsten nennt er sich den Menschensohn. »Gruben haben die Füchse und Nester die Vögel des Himmels, aber der Menschensohn weiß nicht, wo er sein Haupt betten soll« (Matth. 8, 20). Jesu Auftreten in Jerusalem muß etwas in sich geborgen haben, das die Anklage des Thronanspruchs möglich machte, wenn sie auch den Sinn Jesu mißdeutete.

Hat sich Jesus entschieden für den Messias, den Christus gehalten? Jesus wollte nicht, daß man von ihm als dem Messias spreche. Er drohte den Dämonischen, sie sollten ihn nicht als Sohn Davids ansprechen. Die berühmte Szene: Jesus fragt: »Ihr aber, was sagt ihr, wer ich sei? Es antwortete aber Simon Petrus und sprach: Du bist der Christus, der Sohn des lebendigen Gottes. Jesus aber antwortete ihm: Selig bist du, Simon Barjona; denn Fleisch und Blut hat es dir nicht geoffenbart, sondern mein Vater in den Himmeln.« Und Jesus befahl seinen Jüngern, niemand zu sagen, daß er Christus sei. Sätze wie die folgenden haben nicht den Ton der Jesusworte, sondern schon einen theologischen Charakter: »Alles ward mir übergeben von meinem Vater, und niemand erkennt den Sohn außer der Vater, noch erkennt den Vater jemand, außer der Sohn, und wem es der Sohn will offenbaren.« Dagegen wirklich gesprochen muß folgendes Wort sein, das kein Christusgläubiger sich erdacht haben könnte: »Jesus aber sagte: Was nennst du mich gut? Niemand ist gut außer dem einen Gott« (Mark. 10, 18).

Das Ergebnis ist: Die Gesamtheit der Äußerungen Jesu hinterläßt eine Unklarheit für den, der eindeutig wissen will. Jesus hat sich nicht auf Formeln festgelegt. Während er wirkte, reflektierte er nicht abschließend über seine Person. Ein endgültiges Selbstbewußtsein braucht er gar nicht gehabt zu haben. Die Frage scheint aus dogmatischen Interessen falsch gestellt.

Im Leben Jesu, wie es in den Evangelien erzählt wird, kommen Ereignisse, Szenen und Worte vor, die von der historischen Kritik mit Recht verstanden werden als Übertragungen aus dem Alten Testament. Vermeintliche Weissagungen wurden im Leben Jesu wiedererkannt, indem man sie gutgläubig als real erzählte, wie das Verschachern der Kleider. In einzelnen Fällen kann jedoch die kritische Methode keineswegs feststellen, wie es war. Zum Beispiel:

Jesu Kampf mit sich in Gethsemane wäre nicht berichtet von einem menschlich interessierten Beobachter, der sah, wie Jesus zagte, widerstrebte und schwach wurde (wer hätte das auch sehen, beobachten und berichten können); vielmehr, daß es so geschehen sein soll, wäre nur die erfundene Bestätigung des im Alten Testament geoffenbarten Gotteswillens. Entsprechend wäre mit dieser Methode der letzte Ausruf am Kreuz: »Mein Gott, mein Gott, warum hast du mich verlassen!« zu deuten. Die Christen haben nach Jesu Tod aus dem Alten Testament herausgelesen, daß Jesus erschüttert gewesen sei und geklagt habe, und daß er in dieser Lage Trost gesucht und gefunden habe im Gebet (Ps. 31, 23–39, 13). Der letzte Ausruf ist dann »nicht der Ausruf eines Verzweifelten, sondern es ist der Anfang des 22. Psalms, und wer den betet, der ist nicht in der Auflehnung gegen Gott begriffen, sondern lebt und stirbt im Frieden mit Gott« (Dibelius).

Daß diesen ergreifenden Berichten eine Wirklichkeit entspricht, darauf möchte man nur verzichten, wenn die Gründe zwingend wären. Der Mensch Jesus zeigt sich in seiner reinen Seele und in seinem Ringen mit den unerwarteten Realitäten. Dieses Ringen ist durch kein fertiges Selbstbewußtsein, durch keine dogmatische Lehre abgeschlossen. Angesichts des Unerwarteten, in der wachsenden Enttäuschung, vor dem Schrecklichsten bleibt ihm nur sein Gebet: Dein Wille geschehe.

3. *Die Auffassung der Persönlichkeit Jesu.* – Was Jesus nicht war, läßt sich leicht sagen. Er war kein Philosoph, der methodisch nachdenkt und seine Gedanken systematisch konstruiert. Er war kein Sozialreformer, der Pläne macht; denn er ließ die Welt, wie sie war, sie ist ja ohnehin am Ende. Er war kein Politiker, der umwälzend und staatsgründend handeln will; nie sagte er ein Wort über die Zeitereignisse. Er hat keinen Kult gestiftet, denn er nahm am jüdischen Kultus in der jüdischen Gemeinschaft teil wie noch die Urgemeinde; er taufte nicht; er hat keine Organisation geschaffen, keine Gemeinde, keine Kirche begründet. Was war er denn?

Der Versuch, Jesus zu charakterisieren, kann drei Wege beschreiten. Man kann ihn psychologisch in seiner individuellen Realität sehen; oder ihn historisch in einem übergreifenden geistigen Zusammenhang wahrnehmen; oder ihn wesenhaft in seiner eigenen Idee erblicken.

a) *Mögliche psychologische Aspekte.* – Nietzsche hat im »Antichrist« Jesus als psychologischen Typus geschildert: Eine extreme Leid- und Reizfähigkeit hat in Jesus ihre letzten Konsequenzen gezogen. Die Realität ist ihm unerträglich. Er will von ihr nicht berührt werden. Sie hat nur die Bedeutung, Gleichnis zu sein. Daher lebt Jesus nicht mehr in der Realität, sondern in der Fülle der Zeichen, in einem in Symbolen und Unfaßlichkeiten schwebenden Sein.

Der natürliche Tod ist für ihn keine Realität, ist auch keine Brücke, kein Übergang. Auch er gehört zu der bloß scheinbaren, bloß zu Zeichen nützlichen Welt.

Unerträglich ist ihm jede Feindschaft, jedes Widerstreben, jede gegensätzliche Berührung seitens der Realität. Daher widersteht er nicht. Der Satz »Widerstehe nicht dem Bösen!« ist für Nietzsche der Schlüssel zum Evangelium. Mit diesem Satz wird die Unfähigkeit zum Widerstand zur Moral erhoben. Jesus zürnt niemandem, er schätzt niemanden gering; er verteidigt nicht sein Recht, nimmt kein Gericht in Anspruch, läßt sich auch von keinem in Anspruch nehmen (die Forderung: nicht schwören!). Er fordert das Äußerste heraus und leidet dann noch mit denen, die ihm Böses tun, wehrt sich nicht, macht sie nicht verantwortlich, liebt sie.

Jesus verneint nichts, nicht den Staat, nicht den Krieg, nicht die Arbeit, nicht die Gesellschaft, nicht die Welt. Das Verneinen ist das ihm ganz Unmögliche. Er kann nicht widersprechen. Es gibt für ihn keine Gegensätze mehr. Er kann Mitgefühle haben und trauern über Blindheit derer, die nicht mit ihm im Licht stehen, aber er kann keinen Einwand machen.

Nur die innere Wirklichkeit ist eigentliche Wirklichkeit, sie heißt Leben, Wahrheit, Licht. Das Reich Gottes ist ein Zustand des Herzens. Es wird nicht erwartet, es ist überall da und nirgends da. Es ist diese Seligkeit der Lebenspraxis. Es beweist sich nicht durch Wunder, nicht durch Lohn und Verheißung, nicht durch die Schrift, sondern ist sich selbst sein Beweis, sein Wunder, sein Lohn. Seine Beweise sind innere Lichter, Lustgefühle, Selbstbejahungen, lauter »Beweise der Kraft«. Das Problem ist, wie man leben muß, um sich im Himmel zu fühlen, um sich jederzeit göttlich, als Kind Gottes zu fühlen. Die Seligkeit ist die einzige Realität. Der Rest ist Zeichen, um von ihr zu reden. Vorbedingung, um überhaupt reden zu können, ist, daß kein Wort wörtlich genommen werde. Die Seligkeit ist ein Glaube, der sich nicht formuliert und nicht formuliert werden kann.

Jesus ist kein Held, ist kein Genie, eher noch paßt das Wort Idiot (von Nietzsche offenbar im Sinne Dostojewskijs gemeint). Zwischen dem Bergprediger, der solche Lehren bringt, und dem Theologen- und Priestertodfeind, dem Fanatiker des Angriffs, ist für Nietzsche ein unvereinbarer Widerspruch. Nietzsche legt daher alles, was in den Evangelien seinem Jesustypus nicht entspricht, der Erfindung der kämpfenden Urgemeinde zur Last, die einen kämpfenden Stifter als Vorbild braucht.

Nietzsches Interpretation wird wohl niemanden überzeugen. Es genügt nicht, Jesus durch Franz von Assisi zu sehen. Wohl sind aus Worten des Evangeliums diese Linien herauszuheben. Aber sie sind nicht die einzigen. In den Evangelien begegnet Jesus als eine elementare Gewalt, in ihrer Härte und Aggressivität nicht minder deutlich als in jenen Zügen unendlicher Milde.

Es heißt: Er sah ringsherum im Zorn, – er fuhr ihn an, – er schalt ihn, – er bedrohte ihn. Einen Feigenbaum, an dem er vergeblich Früchte sucht, läßt er verdorren mit dem Fluch: nie mehr soll jemand von dir Frucht essen. Welche den Willen des himmlischen Vaters nicht tun, die wird Jesus beim Gericht verwerfen: Ich habe euch nie gekannt; weichet von mir. Sie werden hinausgeworfen in die Finsternis, da wird sein Heulen und Zähneknirschen. Er droht: »Wer aber mich verleugnet vor den Menschen, den will auch ich verleugnen vor meinem Vater in den Himmeln. Denkt nicht, daß ich gekommen sei, Frieden zu bringen auf die Erde; ich bin nicht gekommen, Frieden zu bringen, sondern das Schwert. Ich bin gekommen, zu entzweien einen Menschen mit seinem Vater, die Tochter mit ihrer Mutter.« Städte, die nicht Buße tun, schmäht er: »Wehe dir, Chorazin, wehe dir, Bethsaida! – Tyrus und Sidon wird es erträglicher gehen am Gerichtstag als euch.« Als Petrus den Worten Jesu, der Menschensohn werde viel leiden, getötet werden und auferstehen, widerstrebt, da schilt ihn Jesus: »Weiche hinter mich, Satan, du denkst nicht, was Gott ansteht, sondern was den Menschen.« Gewaltsam, mit der Peitsche, treibt Jesus die Händler aus dem Tempel.

Es geht nicht an, aus Jesus eine duldende, weiche, liebende Gestalt zu machen, noch weniger einen nervösen, widerstandslosen Menschen.

Die eigentümliche Doppelheit von Sanftmut und kämpferischer Unbedingtheit zeigt sich in der Weise, wie Jesus den Glauben fordert. Er kann sagen: »Mein Joch ist sanft und meine Last ist leicht«, aber er kann fordern: sogleich, ohne Zögern und ganz ihm zu folgen. Den Jüngling, der erst noch seinen Vater begraben will, herrscht er an: Lasse die Toten ihre Toten begraben und folge mir nach. Die Ungläubigen trifft sein Fluch mit den Jesaiasworten: Mit dem Gehör sollt ihr hören und nicht verstehen; denn es war das Herz dieses Volkes verstockt. Er dankt, daß Gott die Wahrheit verborgen habe vor Weisen und Verständigen und sie den Unmündigen geoffenbart.

Wir möchten wohl wissen, wie Jesus ausgesehen hat. In der slavischen Josephus-Übersetzung fand Eisler eine Schilderung: Jesus war von kleinem Wuchs, drei Ellen hoch, bucklig, hatte dunkle Hautfarbe, langes Gesicht, zusammengewachsene Brauen, wenig, nach Art der Nasiräer gescheiteltes schütteres Haar und geringen Bart. – Obgleich die Schilderung alt ist, ist sie als historischer Bericht sehr zweifelhaft. Sie gehört zu den in der Antike üblichen physiognomischen Erfindungen. Sie ist die früheste der vielen untereinander sehr abweichenden Physiognomien Jesu. Wo solche Erfindung mit der Wirklichkeit koinzidieren könnte, vermögen wir uns dem Eindruck kaum zu entziehen, so auch nicht jener alten Schilderung. Dahin gehören vor allem die Jesus-Bilder Rembrandts, die ihm aus Wahrnehmungen im Ghetto erwuchsen, von wundersamer Tiefe, kraftvoll und mild, wissend und leidend. Sie zeigen eine reine Seele.

b) *Historische Aspekte.* – Jesus ist eine spätantike Erscheinung am Rande der hellenistisch-römischen Welt. In einem Zeitalter heller Geschichte lebt er im Dunkel kaum bemerkt. Einer realistischen und rationalisierten Welt berechnender Macht kann er, gar nicht berechnend, nicht zugehören. Er irrt sich in bezug auf alle materiellen Realitäten und muß als Dasein scheitern.

Verglichen mit der archaischen jüdischen Prophetie, die ehern wirkt, ist er vertieft, vieldeutig und beweglich. Verglichen aber mit der ihm fremden hellenistisch-römischen Welt ist er ursprünglich, wie erster Anfang.

Man hat versucht, Jesus zu verstehen als den Fall einer der in seiner Zeit verbreiteten Typen religiös und politisch erregter Menschen und Gruppen. Man hat gesagt: er ist ein Vertreter der in Vorderasien allgemeinen apokalyptischen Bewegung; er steht den stillen, in Reinheit und Brüderlichkeit um das Heil besorgten Sekten, wie den Essenern, nahe; er steht unter den Volksbewegungen, die im jüdischen Lande damals immer wieder den Messias, den König und Wiederhersteller des Judentums, erwarteten; er gehört zu den Wanderpropheten, von denen Celsus berichtet, Leuten, die bettelnd in Städten, Tempeln, Kriegslagern weissagen, sich für gottgesandt erklären, vorgeben, die andern zu retten, und sie verwünschen, wenn sie sie nicht ehren; man hat die Lebensart in der Wüste wandernder Handwerker in ihm wiedergefunden, die in völliger Armut heiter sorglos unter den Beduinen lebten, unbeteiligt an ihren Kämpfen Zuschauer sind, die nachher die Verwundeten beiderseits ärztlich versorgen, friedfertig, gewaltlos, nicht widerstehend sich mitten unter Kämpfenden erfolgreich durchbringen.

Mit allen diesen Typen mag Jesus ein wenig zusammentreffen. Deren Leben und Denkweise gibt Kategorien her, unter denen irgendwo auch Jesu Dasein sich vollzog. Aber wer dies wahrnimmt, für den bricht die Wirklichkeit Jesu durch sie alle hindurch als ein Ereignis aus anderem Sinn und Ursprung, von ganz anderem Rang. Er offenbart Weiten und Tiefen, die diesen Typen fremd waren. Alle, die als Messias auftraten, sind hingerichtet und vergessen; weil sie gescheitert waren, waren sie nicht mehr glaubwürdig. Alle die religiös erregten Typen verloren sich in Besonderheiten und Äußerlichkeiten. Daß auf Jesus von so vielen, untereinander heterogenen Typen ein Licht fallen kann, zeigt, daß er zu keinem gehört.

Man hat, vielleicht mit Recht, gesagt, daß Jesus in allen lehrbaren Inhalten gar nicht neu sei. Er lebt im Wissen seiner Umwelt, bedient sich der überlieferten Gedanken. Er lebt mit außerordentlicher Kraft im jüdischen Gottesgedanken. Er hat nie daran gedacht, sich von diesem jüdischen Glauben zu trennen. Vielmehr steht er in ihm wie die alten Propheten, in Opposition zu priesterlichen Verfestigungen. Er ist historisch der letzte der jüdischen Propheten. Daher bezieht er sich ausdrücklich und oft auf sie.

Schon die Umwelt bedingt aber einen Unterschied zwischen den alten Propheten und Jesus. Jene lebten in einem noch selbständigen Staat der Juden und erlebten dessen Untergang. Jesus lebt in der politisch abhängigen, seit Jahrhunderten stabilisierten jüdischen Theokratie. Er gehört in jene Zeit von fünfhundert Jahren zwischen der politischen Selbständigkeit der Juden und der endgültigen Diaspora nach der Zerstörung Jerusalems, in jene Jahrhunderte, in denen viele der frömmsten Psalmen, der Hiob, der Koheleth entstanden sind. Die jüdische Theokratie hat Jesus ausgestoßen, wie früher das Tempelpriestertum der Königszeit es den Propheten gegenüber versuchte. Das Gesetzesjudentum der Diaspora, das mit dem Kanon die alten Propheten akzeptierte, konnte Jesus nicht mehr akzeptieren, denn er war inzwischen durch andere zum Mittelpunkt einer Weltreligion geworden.

Historisch ist der Gottesglaube Jesu eine der großen Gestaltungen der biblischen jüdischen Religion.

Der Gott Jesu, der Gott der Bibel, ist nicht mehr einer der orientalischen Götter, aus denen einst Jahwe stammte, der langsam das orientalisch Grausame und Opfersüchtige verlor in dem tiefen Opfergedanken der Propheten, die in Jesus ihr letztes Wort sprachen. Dieser Gott ist auch nicht eine der herrlichen mythischen Gestalten, die die Urmächte des Menschseins versinnlichen, dadurch steigern und führen, wie Athene, Apollo und all die anderen, sondern der Eine, Bildlose, Gestaltlose. Dieser Gott ist auch keine bloße universale Macht, ist nicht die Weltvernunft griechischer Philosophie, sondern ist wirkende Person. Er ist auch nicht das unergründliche Sein, mit dem der Mensch in Meditation zu mystischer Einung kommt, sondern das schlechthin Andere, das geglaubt, aber nicht geschaut werden kann. Er ist die absolute Transzendenz, vor der Welt und außer der Welt, Schöpfer der Welt. Im Verhältnis zur Welt und zum Menschen ist er Wille: »Er gebietet, dann geschieht es; er befiehlt, dann steht es da.« In seinem Ratschluß unbegreiflich, ist er Gegenstand absoluten Vertrauens und Gehorsams. Er ist der Richter, vor dem der Mensch offenliegt bis in seine verborgensten Gedanken, und vor dem er Rechenschaft abzulegen hat. Er ist der Vater, der liebt und vergibt, vor dem der Mensch sich als Gottes Kind weiß. Gott ist eifersüchtig und hart und zugleich voll Gnade und Erbarmen. Er herrscht von fern her, unnahbar fremd; er ist ganz nah, spricht und fordert im Herzen. Er ist der lebendige Gott, der persönlich ergreift, nicht wie das spekulativ gedachte Eine Sein ungreifbar und stumm.

Es ist der Gott des Alten Testaments, an den Jesus glaubt; es ist die alte prophetische Religion, die Jesus verwirklicht. Jesus ist wie Jeremias der reine, durch keine Bande der Gesetzlichkeit, der Riten, des Kultus mehr gefangene Jude, der doch all diese Formen nicht verwirft, sondern unter die Bedingung von Gottes gegenwärtigem Willen stellt. Jesus verwirklicht noch einmal den prophetischen Glauben, der durch die Jahrhunderte überliefert ihn trug und Menschen bis heute zu tragen vermag.

c) *Die Wesensidee.* – Jesu Leben scheint wie durchleuchtet von der Gottheit. In jedem Augenblick Gott nahe, gilt ihm nichts als Gott und Gottes Wille. Der Gottesgedanke steht unter keiner Bedingung, aber die Maßstäbe, die von dort sprechen, stellen alles andere unter ihre Bedingung. Von dort her kommt das Wissen um das allbegründende Einfache.

Das Wesen dieses Glaubens ist die Freiheit. Denn in diesem Glauben, der von Gott spricht, wird die Seele weit im schlechthin Umgreifenden. Während sie Glück und Unheil dieser Welt erfährt, erwacht sie zu sich selbst. Was nur endlich, was nur Welt ist, kann sie nicht gefangen halten. Aus der Hingabe in dem nicht mehr begreifenden Vertrauen erwächst ihr die unendliche Kraft: denn in der größten Weichheit des unbefestigten Herzens, in der vernichtenden Erschütterung, kann ihr das Bewußtsein werden, sich von Gott geschenkt zu sein. Glaubt der Mensch, so wird er wirklich frei.

Solche Gottesgewißheit Jesu ermöglicht eine Haltung der Seele, die selber unbegreiflich ist. Der Mensch bleibt in der Welt, nimmt als Zeitdasein an ihr teil, aber in der Betroffenheit an einem tiefen und nicht mehr welthaften Grunde unbetroffen. Er ist in der Welt über die Welt hinaus. In der Verlorenheit seines Daseins an die Welt ist er irgendwo, unbeweisbar, unfeststellbar, schon in der Aussage dies bezweifelnd, unabhängig von der Welt.

Diese Unabhängigkeit in der Welteinsenkung bewirkt die wundersame Unbefangenheit Jesu. Einerseits können die weltlichen Dinge nicht mehr zu endlichen Absolutheiten, die weltlichen Gehäuse des Wissens nicht mehr zum Totalwissen, die Regeln und Gesetze nicht mehr zu Verfestigungen des Errechenbaren verführen. Diese Lockungen scheitern an jener Freiheit aus der Gottesgewißheit. Andrerseits ist das eigene Wesen der Welt aufgeschlossen, wird das Auge offen für alle Realitäten, und besonders für die Seele der Menschen, die Tiefe ihres Herzens, die der Hellsicht Jesu nichts verbergen kann.

Wenn der Gottesgedanke, wie unfaßlich auch immer, in die Seele gedrungen ist, dann ist jene Unruhe, Gott zu verlieren, und der unablässige Antrieb, das zu tun, was Gott nicht verschwinden läßt. Daher das Wort Jesu: Selig, die rein im Herzen sind, denn sie werden Gott schauen.

Aber nun geschah in Jesus etwas, was im Alten Testament nur in Ansätzen da ist. Der Ernst des Gottesgedankens hat bei Jesus zur Folge die vollkommene Radikalität. Der Gott, der für Jesus doch nicht leibhaftig da ist, nicht in Visionen und nicht in Stimmen, vermag schlechthin alles in der Welt in Frage zu stellen: es wird vor seinen Richterstuhl gebracht. Wie Jesus das aus seiner Gottesgewißheit getan hat, ist erschreckend. Wer das bei den Synoptikern zu lesen vermag und dabei in ruhiger Verfassung bleibt, zufrieden mit seinem Dasein, eingesponnen in dessen Ordnung, der ist blind. Jesus ist aus allen realen Ordnungen der Welt herausgetreten. Er sieht, daß alle Ordnungen und Gewohnheiten pharisäisch wurden, er zeigt den Ursprung, von dem her ihre Einschmelzung erfolgt. Aller weltlichen Wirklichkeit wird endgültig, ohne Einschränkung, ihr Boden genommen. Schlechthin alle Ordnungen, die Bande der Pietät, der Satzungen, der vernünftigen Sittengesetze brechen ein. Gegen den Anspruch, Gott zu folgen in das Gottesreich, sind alle anderen Aufgaben nichtig. Arbeit für den Unterhalt, Schwüre vor Gericht, Selbstbehauptung des Rechts, des Eigentums, alles ist nichtig. Zu sterben durch die Mächte dieser Welt, in Leid, Verfolgung, Mißhandlung, Entwürdigung zugrunde zu gehen, ist das Gehörige für den, der glaubt. »Nirgends ist so revolutionär gesprochen worden, denn alles sonst Geltende ist als ein Gleichgültiges, nicht zu Achtendes gesetzt« (Hegel).

Weil Jesus im Äußersten der Welt steht, die Ausnahme ist, wird die Chance alles dessen offenbar, was an den Maßstäben der Welt als verachtet, niedrig, krank, häßlich, als von den Ordnungen auszustoßen und auszuschließen gilt, die Chance des Menschseins selbst unter allen Bedingungen. Er zeigt dorthin, wo dem Menschen in jeder Weise des Scheiterns das Zuhause offen ist.

Jesus ist durchgebrochen zu diesem Ort, von dem her nicht nur alles, was Welt ist, in den Schatten tritt, sondern der selber nichts als – im Gleichnis – Licht und Feuer, als – in der Wirklichkeit – Liebe und Gott ist. Dieser Ort, wie ein Ort in der Welt gefaßt, ist in der Tat kein Ort. Jeder muß ihn an seinen Maßstäben des in der Welt Gehörigen mißverstehen. Von der Welt her gesehen, ist er unmöglich.

Wenn aber, was hier Ursprung, Mitte, Bindung ist, sich in der Welt durch Jesus und sein Wort zeigt, so kann das nur indirekt geschehen. Es geschieht so, daß noch der Wahnsinn in der Welt zu befragen ist nach seiner möglichen Wahrheit. Es geschieht so, daß Handlung und Wort am Maße rationaler Wißbarkeit beide in sich widersprüchlich erscheinen. In Jesus liegt der Kampf, die Härte, die erbarmungslose Alternative, – und die unendliche Milde, die Kampflosigkeit, das Erbarmen mit aller Verlorenheit. Er ist der herausfordernde Kämpfer und der schweigende Dulder.

Die Radikalität der Gottesgewißheit gewann durch Jesus eine bis dahin unerhörte Steigerung durch die Erwartung des unmittelbar bevorstehenden Weltendes. Die Naherwartung war im Sinne des kosmischen Wissens ein Irrtum. Wenn aber die Wirklichkeit des Weltuntergangs ausbleibt, ist der Sinn des Grundgedankens nicht aufgehoben. Ob jetzt gleich oder nach sehr langen Zeiten: dies Ende wirft Licht und Schatten, stellt an alles und jedes seine Frage, ruft auf zur Entscheidung. Der Irrtum in bezug auf das leibhaftig Gegenwärtige des Weltendes hat durch den Zwang dieser Leibhaftigkeit die Wahrheit an den Tag gebracht: der Mensch lebt in der Tat vor dem Äußersten, das er sich ständig verschleiert. Die Welt ist nicht das Erste und Letzte, der Mensch ist dem Tode verfallen, die Menschheit selber wird nicht endlos dauern. In dieser Situation ist das Entweder-Oder: für Gott oder gegen Gott, gut oder böse. Jesus erinnert an dies Äußerste.

Zur Wesensidee Jesu gehört das Leiden, das schrecklichste, uneingeschränkte, grenzenlose Leiden, das im grausamsten Tod vollendet wird. Jesu Leidenserfahrung ist die jüdische Leidenserfahrung. Jesu Wort am Kreuz: »Mein Gott, mein Gott, warum hast du mich verlassen!«, der Anfang des 22. Psalms, spricht mit diesem Psalm das äußerste Leiden aus. Es ist nicht das Hinnehmen des Leidens in Geduld, sondern der Aufschrei zu Gott, aber auch das Vertrauen im Leiden allein auf Gott, auf das, was vor aller und nach aller Welt ist.

In jenem Psalm spricht ein Mensch in höchster Bedrängnis: Ein Wurm bin ich, kein Mensch, verachtet, Gespött der Leute. Die Bösen umkreisen ihn. Sie sperren ihren Rachen wider ihn auf wie ein Löwe. »Wie Wasser bin ich hingegossen, alle meine Gebeine sind auseinandergegangen, mein Herz ist wie zu Wachs geworden, mein Gaumen ist ausgetrocknet.« Er wendet sich an Gott, denn »es gibt keinen Helfer«. Aber: »Mein Gott, rufe ich tagsüber, doch du antwortest nicht.« In dieser Stummheit und Stille, diesem Verlassensein in der Hilflosigkeit, erfolgt der Umschlag: »Und du bist doch der Heilige, auf dich vertrauten unsere Väter.« Er hat die Elenden, die zu ihm schrieen, gehört. Auch diesem Dichter des Psalms wird gewiß: »Jahwe ist mein Hirte, mir wird nichts mangeln; auch wenn ich in dunklem Tal wandern muß, fürchte ich kein Unglück, denn du bist bei mir.«

Das Wesentliche dieser Geburt der Gottesgewißheit aus dem grenzenlosen Leidensbewußtsein ist zunächst: das restlose Sichaussetzen dem Leiden; der Mensch erfährt sich als Wurm, nicht in der Behauptung seiner Würde und Unerschütterlichkeit, – dann das Bewußtsein des absoluten Alleinseins, vom Volke verlassen, nicht geborgen in einem nationalen oder anderen kollektiven Gedanken, – schließlich das Bewußtsein der Gottverlassenheit. Es ist nicht möglich, das Leiden des Menschen weiter treiben zu lassen. Aus diesem Äußersten, und erst aus ihm, folgt der Umschlag: der Aufschrei zu Gott ist möglich, das Sagen der Unerträglichkeit seines Stummseins, dann der Anruf: Du bist doch der Heilige, und schließlich statt des Volkes wenigstens die Väter: sie vertrauten ihm, und am Ende die Ruhe des Vertrauens zum unantastbaren Grund.

Diese Leidensfähigkeit und Leidenswahrhaftigkeit ist geschichtlich einzig. Das Schreckliche ist nicht gelassen hingenommen, nicht geduldig ertragen, nicht verschleiert. Auf der Wirklichkeit des Leidens wird bestanden, es wird ausgesprochen. Es wird erlitten bis zur Vernichtung, in welcher aus der Verlorenheit und Verlassenheit dieses Minimum des Bodens gespürt wird, das dann alles ist, die Gottheit. In der Stummheit, der Unsichtbarkeit, der Bildlosigkeit ist sie doch die einzige Wirklichkeit. Mit dem ganzen rückhaltlosen Realismus der unverdeckten Schrecken dieses Daseins ist verbunden der Halt an dem ganz Unfaßlichen.

Am Maßstab eines heroischen und eines stoischen Ethos liegt in der Weise dieses zunächst haltlosen Preisgegebenseins, seines Aussprechens und in dem dann wie ein Wunder sich fühlbar machenden Halt keine »Würde«. Aber jenes andere Ethos der Würde versagt entweder in der äußersten Realität oder versinkt in unbetroffener Starre.

Jesus ist ein Gipfel dieses Leidenkönnens. Man muß jüdisches Wesen sehen in den Jahrhunderten, um Jesu Wesen zu erblicken. Aber Jesus hat nicht passiv erlitten. Er hat gehandelt, damit Leid und Tod provoziert. Sein Leid ist nicht zufälliges, sondern echtes Scheitern. Er setzt seine Unbedingtheit der Welt aus, die nur Bedingtheit zuläßt, und der Weltlichkeit der Kirche (damals in Gestalt der für die folgenden Kirchen prägend wirkenden jüdischen Theokratie). Seine Wirklichkeit ist das Wagen von allem in der Erfüllung der Gottessendung: die Wahrheit zu sagen und wahr zu sein. Das ist der Mut der jüdischen Propheten: nicht im Spiegel des Ruhms großer Taten, des Ruhms tapferen Todes für die Nachwelt, sondern allein vor Gott. Im Kreuz wird die Grundwirklichkeit des Ewigen in der Zeit angeschaut. In dieser vorgebildeten Gestalt, im Kreuz, geschieht die Vergewisserung des Eigentlichen im Scheitern alles dessen, was Welt ist.

Die jüdische Leidenserfahrung ist ein Moment der alttestamentlichen biblischen Religion, und diese ist der Kern aller christlichen, jüdischen, islamischen Religionen in der Fülle ihrer historischen Kleider, ihrer Verkehrungen und Abgleitungen, so daß keine sagen kann, sie sei im Besitz der wahren biblischen Religion, die doch alles trägt. Von dieser biblischen Religion ist ohne gefährlichen Anspruch nicht geradezu zu reden. Vielleicht aber darf man sagen: Nicht Christus, diese Schöpfung der Urgemeinde und des Paulus, ist der biblischen Religion gemeinsam, so wenig wie das jüdische Gesetz oder wie der nationale Charakter der jüdischen und vieler protestantischer Religionen. Gemeinsam ist der Gottesgedanke und das Kreuz, sofern in Jesus die letzte Gestalt der jüdischen Idee des leidenden Gottesknechts wirksam ist.

4. *Die Wirkung Jesu.* – Sie ist unermeßlich. Nur wenige Hinweise:

a) *Zu seinen Lebzeiten* war seine Wirkung auf kleine Kreise und auf zusammengelaufene Volksmengen gewaltig. Die Pharisäer, der römische Hauptmann, Gegner und Freunde waren ergriffen. »Alle waren bestürzt und sagten: so haben wir noch nichts gesehen.« Er sprach »wie einer, der Vollmacht hat, und nicht wie die Schriftgelehrten«. Aber Jesu Wirkung versagte auch und enttäuschte ihn.

An wen wandte sich Jesus? Grundsätzlich an jeden Menschen, der ihm begegnete. Alle sind ihm recht. Es kommt nur darauf an, ob die innere Erleuchtung aufgeht, durch die der Glaubende sieht und liebt. Jesus hat aber eine bevorzugende Neigung für die Armen, die Ausgestoßenen, die Sünder, weil ihre Seele aufgelockert ist und darum bereit für die neue Glaubensverfassung. »Nicht die Starken bedürfen des Arztes, sondern die Kranken, nicht Gerechte zu rufen bin ich gekommen, sondern Sünder.« »Die Zöllner und Dirnen gelangen eher in Gottes Reich.« Am fremdesten sind Jesus die Menschen, die sich gesichert und geborgen fühlen, die gefesselt sind an Güter im Endlichen: »Wie schwer werden die Reichen in das Reich Gottes eingehen.« Nicht der selbstsichere Pharisäer, der betet: »Ich danke Dir, Gott, daß ich nicht bin wie die anderen Menschen, Schuster, Schelme, Ehebrecher oder auch dieser Zöllner«, vielmehr der Zöllner kommt zum Frieden mit Gott, der nicht wagte, seinen Blick zum Himmel zu erheben, sondern an seine Brust schlug und sprach: »Gott, sei mir Sünder gnädig!« Das Gleichnis vom verlorenen Sohn spricht den Sinn Jesu erleuchtend aus.

Jesus begnügte sich nicht mit einzelnen zufälligen Berührungen auf seinen Wanderungen. Er sandte Jünger aus als »Menschenfischer«. Sie sollen die Botschaft vom Weltende und Gottesreich verkündigen. Nur dies soll ihr Leben sein. Zu zweien sollen sie wandern und nichts mitnehmen auf den Weg außer einem Stock, kein Brot, keine Tasche, keine Münze im Gürtel, doch mit Sandalen, und nicht zwei Röcke sollen sie tragen.

Der Raum ihrer Verkündigung wird beschränkt: »Ziehet auf keine Heidenstraße, gehet vielmehr zu den verlorenen Schafen aus dem Hause Israel.« Noch bevor sie mit diesem Lande fertig sind, wird das Weltende einbrechen.

Jesus machte die Erfahrung, wie gering und wie unverläßlich die Wirkung ist. Der Same der Verkündigung fällt auf fruchtbares und auf unfruchtbares Land. Manche nehmen mit Freude auf, aber sind Kinder des Augenblicks. Die Sorgen der Welt, der Trug des Reichtums und die Lüste ersticken das Wort. Fast alle haben eine Ausrede, wie im Gleichnis von den zu einem Gastmahl Geladenen. Jesus spricht seine Enttäuschung aus: »Ich trat mitten in der Welt auf und fand alle trunken, und niemand fand ich durstig unter ihnen, und so mühete sich meine Seele ab an den Söhnen der Menschen, denn sie sind blind in ihrem Herzen.« »Viele sind berufen, wenige aber sind auserwählt.«

b) Als Jesus lebte, glaubten die Jünger mit ihm an Gott, an das Gottesreich und das Weltende. *Als Jesus tot war*, sind sie auseinander gelaufen. Als sie dann aus der Zerstreuung schnell sich wiederfanden, ist mit ihnen etwas Revolutionierendes geschehen. Sie sahen Jesus als Auferstandenen. Nun glaubten sie nicht mehr nur mit Jesus an Gott, sondern ohne Jesus an den auferstandenen Christus. Das ist der Schritt von der Religion des Menschen Jesus, als einer der Gestalten jüdischer Religion, zur christlichen Religion. Diese gab es nicht, als Jesus lebte. Wie dieser Schritt getan wurde, wissen wir nicht. »Das Urchristentum hat sich nach Jesu Tod aller historischen Wahrnehmung entzogen, indem Christi Anhänger ein vollkommen unfaßliches, zwischen Sein und Nichtsein zweideutig schillerndes Ding wurden. In die Sphäre der Geschichte hat das Christentum erst Paulus eingeführt. Nur ein Wahn kann das Christentum mit Jesus als historischer Person beginnen lassen« (Overbeck).

Nur die unmittelbare Wirkung seiner Persönlichkeit auf die Empfänglichen erklärt es, daß die Jünger nach seinem Tode in ihrer ersten Ratlosigkeit jene grandiose Umdeutung der ihnen zunächst unbegreiflichen Hinrichtung vollzogen, die das Christentum begründete. Was aber ist Christentum?

Das Christentum ist geschichtlich bis heute unabgeschlossen. Es ist in ihm, infolge der kirchlichen Neubegründung des barbarisch gewordenen Abendlandes, dann infolge der Durchdringung allen geistigen Lebens des romanisch-germanischen Europa durch Motive, die von dorther stammen, wohl etwas Gemeinsames. Dies hält die vielen christlichen Kirchen, die sich auf Tod und Leben bekämpft haben, hält die Orthodoxie und die Ketzer, sogar noch die Gleichgültigen, die in diesem Raume aufgewachsen sind, zusammen. Es ist aber nicht möglich, dieses Gemeinsame als das »Wesen des Christentums« zu bestimmen und dann am Maßstab solcher Bestimmung zu beurteilen, was christlich sei, und was nicht. Solche Bestimmungen zeigen vielmehr entweder – für die historische Betrachtung – nur idealtypisch konstruierte Erscheinungen innerhalb des Christentums. Oder sie sind die von den einzelnen Kirchen und Gruppen aufgestellten Unterscheidungslehren, durch die sie jeweils das wahre Christentum für sich beanspruchen, das heißt: es sind Bekenntnisakte, mit denen ein christlicher Glaube, sich selber in dieser Gestalt für den ausschließend wahren haltend, gegen andere sich absetzt, die als Ketzer gelten oder Heiden. Daher ist, sofern das Abendland christlich ist, dieses Christliche, wenn es nicht seitens begrenzter Gruppen, von der römischen Kirche bis zu den Sekten, für sich usurpiert wird, als abendländisches Christentum die biblische Religion, welche alle christlichen Bekenntnisse und die Juden und den Geist der unkirchlich Glaubenden und sogar noch der ausgesprochen Ungläubigen auf irgendeine Weise in sich schließt. Die biblische Religion ist dann das von niemandem übersehene und von niemandem für sich in Besitz zu nehmende Ganze, das von Abraham bis heute durch die Jahrtausende geht. Aus ihm nährt sich, wählt aus, betont, wer im Zusammenhang mit der biblischen Religion lebt. Erst mit dem Erlöschen aller Gestalten der biblischen Religion wäre das christliche Abendland am Ende.

Innerhalb dieser biblischen Religion ist Jesus einer der Faktoren. Auf besondere Weise für die, die sich in ihrem Bekenntnis auf ihn als Christus berufen. Aber wenn Jesus Christus für dies Bekenntnis am Anfang und in der Mitte des Glaubens steht, so ist doch Jesus auch in der christlichen Welt nur ein Moment und nicht schon der Begründer des Christentums, das durch ihn allein niemals entstanden wäre. Die Realität Jesu wurde überlagert von ihm fremden Anschauungen. Es wurde aus ihm etwas anderes, aber es blieb immer auch ein Rest seiner eigenen Wirklichkeit erhalten.

Seine Wirkung ist in zwei Richtungen zu skizzieren. Erstens wurde er verwandelt aus Jesus in Christus den Gottmenschen, aus einer menschlichen Wirklichkeit in einen Gegenstand des Glaubens. Zweitens wurde er gesehen in seiner menschlichen Gestalt als Vorbild zur Nachfolge.

1. Im Verhalten der Jünger zu Jesus ist der erste Schritt, nicht nur seiner Verkündigung, sondern an ihn zu glauben. Die weiteren Schritte sind: an

ihn als Messias zu glauben, als Gottes Sohn, als selber Gott. Am Ende des Wegs steht der Glaube an diesen Gott, dem die menschliche Wirklichkeit belanglos wird bis auf die beiden Punkte, daß er leibhaftig da war, und daß er gekreuzigt wurde. Es ist charakteristisch, daß im Glaubensbekenntnis die menschliche Wirklichkeit Jesu ausfällt. Im zweiten Artikel wird bekannt der Glaube an Gottes eingeborenen Sohn, unseren Herrn, empfangen vom Heiligen Geist, geboren von der Jungfrau Maria. Nach dieser übersinnlichen Vorgeschichte folgt aus dem Leben nur: gelitten unter Pontius Pilatus, gekreuzigt, gestorben und begraben. Weiter steht wieder nur die übersinnliche Geschichte vor Augen: niedergefahren zur Hölle, am dritten Tage auferstanden von den Toten, aufgefahren zum Himmel, sitzend zur rechten Hand Gottes, von dannen er kommen wird, zu richten die Lebendigen und die Toten.

Kierkegaard hat die Konsequenz gezogen. Es kommt nur auf den einen Satz an, daß Gott in der Welt war und gekreuzigt wurde. Das Historische, das Reale zu wissen, ist für den Glauben gleichgültig. Die Erforschung des Neuen Testaments ist für den Glauben überflüssig und störend. Denn der Glaube ist nicht auf das Wissen von einer historischen, durch kritische Forschung feststellbaren Realität gegründet. Auch für den Mitlebenden, der Jesus leibhaftig sah, sein Leben kannte, voller Anschauung von den Gebärden, Verhaltungsweisen, Handlungen, Worten war, ist der Glaube nicht durch die Realität bestimmt und bedingt.

Dieser Christusglaube ist nicht durch Jesus gestiftet. Er entstand nach seinem Tode. Das erste war der Glaube an die Auferstehung, gegründet auf die Visionen, in denen Jesus durch Maria von Magdala und mehrere Jünger gesehen wurde. Dann war es die Verwandlung des schmählichen Kreuzestodes in den Opfertod. Schließlich wurde mit der Ausgießung des Geistes der Sinn der Gemeinde begründet. Die Wirklichkeit der Gemeinden wurde zur Kirche. Der evangelische Bericht vom Gedächtnismahl wurde zum Grund eines Kultus. Das Sakrament des Abendmahls fand seine Gestalt erst als Abschluß einer Entwicklung, während sie bei einer Stiftung hätte am Anfang stehen müssen. »Jesus hat sich nicht selbst zum Sakrament gemacht« (von Soden).

Die Inhalte des Glaubens: Christi Opfertod, – Erlösung aller Glaubenden durch diesen Opfertod, in dem Christus ihre Sünde auf sich nahm, Rechtfertigung durch den Glauben, – Christus als zweite Person in der Trinität, – Christus als Logos (Weltvernunft), mitwirkend bei der Weltschöpfung, Begleiter des Volkes Israel durch die Wüste, – die Kirche als corpus mysticum Christi, – Christus als zweiter Adam geschichtlicher Anfang einer neuen Menschheit, – dieses und das viele andere Material der geistig so reichen Dogmengeschichte hat mit Jesus nichts zu tun. Das ist eine neue, historisch außerordentlich wirksame Realität.

2. Ohne die Kirchen hätte das Christentum sich nicht durch Jahrtausende entfalten können. Daß innerhalb der zahlreichen Motive dieses Geschehens Jesus selbst immer noch Geltung behielt, beruht auf dem Dasein des Kanons der heiligen Schriften. Wenn Paulus auch für

den Menschen Jesus schon gar kein Interesse mehr hatte, sprachen doch die Evangelien im Neuen Testament. Die Schriften dieses Kanons zusammen mit dem Alten Testament sind so reich an widerspruchsvollen Motiven, daß es unerlaubt ist, irgendwo den Schlüssel zum Evangelium, zur Verkündigung Jesu, zur biblischen Religion finden zu wollen. Auch Jesus ist nicht der Schlüssel. Aber aus seiner Wirklichkeit erfolgte der Anstoß überall da, wo der Gedanke der Nachfolge Jesu auftrat.

Sie wurde von Zeit zu Zeit radikal gemeint: der Bergpredigt wörtlich zu folgen, d. h. wirklich keinerlei Widerstand zu leisten, – dem Verkündigungsauftrag zu folgen, d. h. zu zweien ohne jede Habe und mit Rock, Stock und Sandalen zu wandern, – der Passion zu folgen, d. h. das Leiden und den Untergang in der Welt für sich selbst zu provozieren durch tätige Vertretung des Äußersten, das Jesus tat und sagte, – das Märtyrertum als die Wahrheit.

Anders ist es, wenn die Nachfolge gemeint wird als die Verklärung des eigenen Leidens, das im Gang der Dinge ungerufen über uns kommt. Die Passion Jesu wird das Vorbild, das ungerechteste und unbegreiflichste Leiden zu ertragen, nicht zu verzweifeln in Verlassenheit, Gott im Ursprung aller Dinge als den einzigen und letzten Halt zu ergreifen, in Geduld sein Kreuz auf sich zu nehmen. Durch Jesus ist das schaurigste Leiden geheiligt worden.

Wieder anders wird die Nachfolge, wenn der Maßstab der sittlichen Forderungen anerkannt wird, die völlige Reinheit und der Sinn der Liebe als Gottes Wille. Das erzwingt das Wissen: auch im besten Falle erfahren wir unser sittliches Ungenügen.

Schließlich ist eine Orientierung an Jesus möglich ohne Nachfolge. Jesus hat ein Leben gezeigt, dessen Sinn durch Scheitern in der Welt sich nicht vernichtet, sondern bestätigt glaubte, zwar nicht eindeutig, aber als offenbare Möglichkeit. Er zeigte das Freiwerden von der Lebensangst im Aufsichnehmen des Kreuzes. Seine Verkündigung zu hören, lehrt den Blick offen zu halten für das absolute Unheil in der Welt, verwehrt die Selbstzufriedenheit, erinnert an die höhere Instanz. Die Absurditäten seiner Worte und Handlungen können befreiend wirken.

Durch alle Überlagerungen hindurch vermochten viele Menschen in der Welt der biblischen Religion auf Jesus als einen Ursprung zu blicken. Er wirkte trotz der Verschleierungen, in die schon die Schriften des Neuen Testaments ihn gehüllt haben. Als er selbst sprach er durch sein Sein und seine Worte. Der Anschauung des Menschen Jesus, seiner immer noch gegenwärtigen Lebendigkeit scheinen unerschöpflich die Antriebe zu entspringen, und zwar wegen seiner immer sinnvoll bleibenden Radikalität. Jesus bleibt die gewaltige Macht gegen das Christentum, das ihn zu seinem Grunde machte. Er bleibt das Dynamit, das schon oft die weltlichen Erstarrungen des Christentums in seinen Kirchen zertrümmern wollte. Auf ihn berufen sich die Ketzer, die es ernst nehmen mit der Radikalität.

Eine außerordentliche Gedankenarbeit hat durch Interpretation, neue Unterscheidungen, systematische Gedankenformungen den Strom der Gegensätze in ein Ganzes zu zwingen versucht. Mit Erfolg und doch auch vergeblich hat der kirchliche Wille zur Welt und zur Ordnung diese explosive Macht Jesu zu dämpfen versucht, sie wie das Feuer einzufangen vermocht zu erwünschter, aber begrenzter Wirkung, bis es von Zeit zu Zeit wieder durchbrach und verheerend mit dem Weltende das Gottesreich zu bringen drängte.

Aus diesem Ursprung sind dem dogmatisch-kirchlichen Denken und dem kirchlichen Handeln in der Welt die eigentümlichen Schwierigkeiten erwachsen, die niemals überwunden werden konnten und die zugleich die Lebendigkeit, sowohl die Verschleierung wie die großartige Wahrhaftigkeit, innerhalb des Christentums ermöglichten.

Es begann mit dem Ausbleiben des erwarteten Weltendes. In der neuen Situation mußte Denken und Tun umgebaut werden (Martin Werner). An die Stelle des erwarteten Gottesreiches trat faktisch die Kirche. Jesus, der Künder des Endes, wird Stifter des Sakraments. Aber das Reich Gottes, das die Geschichte beendigt, in die Geschichte selbst hineinzunehmen, das verwandelt seinen Sinn. Die Aufgaben der menschlichen Weltordnungen, der Hervorbringung von Wissenschaft, Dichtung, Kunst, des geformten Glücks des Daseins, nunmehr zu ergreifen unter den Maßstäben der Verkündigung aus der äußersten Situation, das führt in die unlösbaren Antinomien dessen, was unter dem Titel »Christentum und Kultur« erörtert wird. Wenn in der Form von Geboten für diese Welt auftritt, was dem Sinne nach dem Gottesreich eigen ist, dann kann keine überzeugende Einheit gefunden werden.

Die Auffassung der Persönlichkeit Jesu und seiner Verkündigung ist von rebellischen und von dogmatisch-kirchlichen Interessen gleicherweise bestimmt und beschränkt. Es ist das Interesse der Rebellen, Gründe des Neins für alles in der Welt zu finden zur Nahrung ihrer zerstörerischen Machttriebe. Es ist das Interesse des kirchlich-dogmatischen Denkens, das Extreme, das Durchbrechende einzuordnen in den Bestand einer ewigen, unveränderlichen Wahrheit des Christentums. Daher ist es ihm unerträglich, zuzugeben, daß eine Umformung des christlichen Denkens durch Ausbleiben des erwarteten Weltendes zu verstehen ist.

In bezug auf das historische Wissen von Jesus vertritt das Glaubensinteresse der Orthodoxie entweder den maximalen Skeptizismus, um an die Stelle historischer Realität in den leeren Raum die geglaubte

Heilsgeschichte zu setzen, an der keine historische Kritik möglich ist, da sie nicht empirisch, sondern übersinnlich ist. Oder das Glaubensinteresse erkennt umgekehrt die gesamte in den Evangelien erzählte Geschichte als eine zu glaubende historische Realität ohne historisch-kritische Forschung an. Im ersten Falle wird konsequenterweise das historische Wissen verwehrt, sofern das Ergebnis für den Glauben gleichgültig ist. Im zweiten Fall wird die historisch-kritische Forschung eingeschränkt auf Nebensachen, weil Forschung die offenbarte, absolut gewisse empirische Realität der biblischen Mitteilungen nicht erreichen, nicht mehren und nicht mindern kann.

Für die Glaubensweisen sowohl der Rebellen als auch des kirchlichen Denkens ist die geschichtliche Wirklichkeit des Menschen Jesus, der für uns in der Philosophiegeschichte von so großer Bedeutung ist, ohne Interesse.

Erörterungen über die maßgebenden Menschen

a) *Methode der Auffassung:* Methodisch ist für ihre Auffassung die gleiche Situation gegeben. Alle Texte, aus denen wir von ihnen wissen, sind erst nach ihrem Tode entstanden. Die philologisch-historische Kritik macht durch Vergleichung der Texte miteinander und durch raffinierte Analysen ihre Entstehung aus schon vorhandenen mündlichen Überlieferungen sicher und in den Texten die Schichten nach Nähe und Ferne zur ursprünglichen Realität wahrscheinlich. Sie zeigt die Überlagerungen durch Legenden und Mythen, zeigt nicht selten die Übertragung solcher von anderswoher. Sie gelangt manchmal zu fast zwingend gewissen, oft zu wahrscheinlichen, meistens nur zu möglichen Ergebnissen.

Aber auf diesem Wege ist kein Bild der historischen Realität zu gewinnen. Denn die Aussonderung des historisch gewissen Tatbestandes endet in einem Minimum, das in seiner Armut gleichgültig wird. Will man unter Aufhebung der überlagernden Schichten zur anfänglichen Realität dieser großen Männer gelangen, so entziehen sie sich. Es gibt keinen zuverlässigen historischen Bericht. Fast jeder Punkt der Überlieferung kann historisch bezweifelt werden. Am Ende wurde es möglich, das Dasein jener Menschen selbst zu bezweifeln – wie es mit Buddha und Jesus geschehen ist –, weil es völlig zu verschwinden scheint hinter allem, was Mythus und Legende ist. Die Absurdität dieser Konsequenz läßt Zweifel an den Wegen der Kritik selber aufkommen.

Die historische Realität dieser Großen ist nur fühlbar und dann mit Wahrscheinlichkeit erkennbar in der außerordentlichen Gewalt ihres Wesens auf die Umgebung und in deren Widerhall durch die Nachwelt. Diese Wirkung ist nachweisbar, insofern sie sich ausdrücklich auf sie zurückbezieht. Bilder dieser Großen sind von Anfang an gesehen worden. Sie sind hervorgebracht von den Späteren, die sich in ihrer Gefolgschaft erkannten. Diese Bilder sind selber eine neue historische Realität.

Wir erinnern an die Situation gegenüber Jesus: Historisch-kritische Forscher sagen uns: vom Leben Jesu können wir nichts Sicheres wissen; die Evangelien sind geschrieben, um der Gemeinde den Glauben zu verkündigen. Sie sind Zusammenstellungen von Überlieferungen, von Geschichten, von Spruchsammlungen und Sammlungen von Gleichnisreden, die zwar zurückgehen auf das, was Jesus gesagt hat, aber vermehrt um vieles, was er nach dem Sinn der Gläubigen gesagt haben könnte. Seine Lebensgeschichte als Entwicklung ist nicht rekonstruierbar.

Die historische Kritik ist nicht rückgängig zu machen. Sie verwehrt die einfache Hinnahme des gesamten Inhalts der Evangelien als historischer Wirklichkeit. Man wird die Mythik erkennen in den Deutungen Jesu, die damals sofort einsetzten – Messias, Christus, Kyrios, Gottessohn –, man wird, was Johannes sagt, für das historische Jesusbild wenig verwerten, nirgends das, was erst aus der Situation der Gemeinde und Kirchenbildung zu denken möglich ist. Dieses alles ist eine neue historische Realität, aber nicht mehr die des Menschen Jesus.

Aber es bleibt ein weiter Spielraum des Möglichen. Zahlreiche Stücke fallen weg als sicher legendär, der Bestand des Zuverlässigen ist gering. Dazwischen liegt das breite Feld des möglicherweise, wahrscheinlich oder unwahrscheinlich historisch Richtigen. In diesem Felde wählt ein sich selber evidentes Sehen nach dem Prinzip des inneren Zusammenhangs der Sache und der Ereignisse.

Wie für jede Zeit, ist es auch in unserer Aufgabe, die maßgebenden Menschen im Bilde als Realität zu sehen, aber unter neuen und anderen Bedingungen. Durch die gesamten kritischen Analysen der Überlieferung wird vorbereitet, daß der Wissende am Ende in den Dokumenten durch diese hindurch sehen soll. Man läßt an den Quellen in sich das Bild erwachsen. Dem Unbefangenen muß es immer wieder erscheinen. Er kann sich unmittelbar von dieser Wirklichkeit ansprechen lassen, auch wenn sie verschleiert ist von Unzugehörigem. Wir dürfen wie alle Zeiten unmittelbar hinblicken, unabhängig von dem bestimmten, fixierten Glauben. Dieses Sehen gewinnt zwar durch die Kritik Maß und

Grenzen und Voraussetzungen. Aber auf dem so gewonnenen Boden bleibt das Sehen selbst so ursprünglich wie von jeher. Es ist selber unbeweisbar und findet seine Inhalte nicht durch Schlüsse. Rückläufig wird das so Gesehene zur Führung in der Kritik, aber so, daß es selber nicht beweist, sondern Fragen an die Beweisbarkeit stellt. Aus dem kritischen Zweifel in Verbindung mit der Ergriffenheit von der Überlieferung entspringt jederzeit das Wagnis, sich trotz allem ein Bild der geschichtlichen Wirklichkeit zu machen.

Die methodische Übereinstimmung in der Auffassung der vier wird nicht aufgehoben durch die Unterschiede des Maßes von Realität, die wir zu erreichen meinen. Wenn gefragt wird, von wem wir mehr und besser wissen, so scheint das Wissen etwa von Jesus und Sokrates beglaubigter als das von Buddha. Fragt man nach der Authentizität der Worte, so kann man die Buddhas mehr bezweifeln als die von Sokrates und Jesus und Konfuzius. Aber sie sind alle zweifelhaft. Jede der vier Gestalten gewinnt ihre eigentümliche Klarheit für uns. Aber das Licht, in dem solche Klarheit von uns gesehen wird, scheint einen abweichenden Charakter zu haben: realistisch gegenwärtig ist es für Sokrates, magisch verklärend für Jesus, als zauberhafte Abstraktheit typisierend bei Buddha, als helle Nüchternheit bei Konfuzius. Ist Sokrates vielleicht greifbarer gegenwärtig und zugleich einheitlicher, weil die andern drei keinen Plato fanden? Oder gibt es vielleicht gesichertere Worte Jesu, weil die Apostel keine Dichter waren und kein geistiges Werk bewußt gestalteten?

Die bloße Kritik endet in der These vom Nichtbescheidwissen. Die Wirklichkeit ist dann wie verschwunden. Dagegen steht der Blick auf diese Wirklichkeit. Will dieser sich behaupten, so kann er sich rechtfertigen:

Diesen vier wird von der gesamten Überlieferung vor Einsetzen der wissenschaftlichen Kritik diese hohe Stellung gegeben. Was aber so außerordentlich auf die innere Haltung der Menschen durch Jahrtausende gewirkt hat, das hat das Vorurteil für sich, daß es auch wirklich da war. Es ist unmöglich, daß aus der Nichtigkeit eines Menschen Größe im Bilde wird, das eine hohe Seele spürbar werden läßt. Der Ursprung solchen Bildes muß selber etwas Außerordentliches gewesen sein.

Man sieht, daß die Wirkung jedenfalls sofort, zu Lebzeiten einsetzt, daß sie zuerst vom leibhaftigen Menschen selber und nicht von einem Bild ausgeht. Und in der Erfahrung dieser nicht zu bezweifelnden Wirkung werden wir selber mitergriffen. Die Eindringlichkeit der Wirkung noch heute auf uns ist ein Tatbestand, der kein rationaler Beweis, aber ein geistig bezwingender Hinweis ist. Diese Männer sind noch sichtbar, weil sie wirksam sind.

Die Kritik neigt zur These: Zufall. Nicht ursprüngliche Größe, sondern durch den Zufall einer Situation und neue Zufälle in der Folge der geistigen und politischen Geschichte seien diese Namen zu Kristallisationspunkten geworden, an sich bloße Staubkörner, die durch beliebige andere ersetzbar gewesen wären. Nicht sie, sondern die Gesellschaft, die Gemeinden und Kirchen, anonyme geistige Mächte, irgend etwas anderes als sie, fanden in ihnen, nachdem die Kristallisation einmal begonnen hatte, den festen Punkt, ihn durch Mythen und geistige Gehalte zu umlagern. Dieser Punkt ist in seiner anfänglichen Realität unsichtbar geworden und mit Recht, denn der Anfang war irrelevant.

Gegen solche These sträubt sich unser Wirklichkeitsbewußtsein selber. Es ist offenbar richtig, daß historisch außerordentliche Verwandlungen des Bildes, Überlagerungen und Verfälschungen stattfanden, daß vor allem auch Verkehrung des Sinnes in das Gegenteil und Niveausenkungen dieses Sinnes ins Abergläubische geschehen sind. Aber wesentlich ist, ob im Anfang das nichtige Staubkorn oder die Größe stand.

Kann Zufall aus nichts etwas Dauerndes machen? Bei politischen Ereignissen mag es anders sein, wenn hier aus den Zufällen einer Situation ein zufälliger Mensch durch faktische Wirkung eine vorübergehende, relative äußere Macht gewinnt und doch hintergrundslos bleibt. Geistig wirksam in einem erfüllenden Sinn, etwas Bleibendes, kann er nicht werden.

Die Kritik lehrt, daß man die Großen auffassen kann je als einen Fall des in ihrer Zeit verbreiteten Typus. Sokrates war wie der Schuster Simon u. a. oder wie die Sophisten, Konfuzius einer der wandernden Literaten und Ratgeber, Buddha einer der vielen damaligen Ordensgründer, Jesus einer der Juden, die als Messias auftraten und hingerichtet wurden. Die Auffassung unter solchen Typen ist lehrreich, weil sie für die soziologische Erscheinung richtig und für das Wesen dieser Männer gerade uncharakteristisch ist. Die geschichtliche Einmaligkeit der Großen wird durch den Versuch solcher Einordnung nur um so deutlicher. Sie sind nicht durch den Typus charakterisiert, sondern durch das Einzige und Unvertretbare ihres Wesens. Warum haben denn Sokrates, Buddha, Jesus, Konfuzius und nicht die anderen eine so gewaltige Wirkung gehabt? Was die historische Kritik übrigläßt, macht es unbegreiflich. Diese Männer haben ohne den Besitz weltlicher Macht, ohne den Zauber von Demagogen und Sophisten, Menschen geistig bezwungen, selber duldend und verzichtend. Sie wirken in der Folge weiter gegen die Überlagerungen und Verkehrungen, die sie durchbrechen, werden durch Wiederhören ihrer ursprünglichen Stimme Ausgang zu neuen Bewegungen. Ihre Größe zeigt sich darin, daß sie nicht aufhören zu wirken.

Wie ist zu verfahren, wenn unter den gegenwärtigen Bedingungen das Bild dieser Großen entworfen wird? Vorausgesetzt ist ein Ergriffensein von ihrer Wirklichkeit. Es ist nicht die Willkür einer Subjektivität gegen historische Erkenntnis zu setzen, sondern historische Erkenntnis zu der Vergegenwärtigung der Erfahrung zu benutzen, ohne die solche Erkenntnis selber keinen Sinn hätte.

Beim Entwurf des Bildes ist eine Kontrolle der überlieferten Zeugnisse notwendig. Diese geschieht nach folgenden Prinzipien: Das Überlieferte wird in sachlichen Zusammenhängen geordnet zu einer idealtypischen Konstruktion, die überzeugend ist durch ihre innere Kohärenz, soweit sie auf Grund der Zeugnisse gelingt, deren Auswahl auf diese Konstruktion hin erfolgt. – Durch die idealtypischen Konstruktionen, deren mehrere sich für den geistigen Gehalt der Großen zusammenfinden, ist auf die Polarität innerhalb der Einheit zu blicken. Die Größe liegt auch in dem Umfang der Gegensätze, die zusammengehalten werden. – Diese Konstruktion richtet sich auf das Ursprüngliche im Gegensatz zu den Abgleitungen und Verkehrungen, die in der Überlieferungsmasse von vornherein mitgehen und in der Folge überwuchern. Diese Abgleitungen sind selber verständlich und in ihren Richtungen aufzuzeigen. Dadurch gewinnt der Ursprung größere Klarheit, indem der Grund der Möglichkeit der Abgleitungen im Ursprung selbst gesehen wird. Zugleich wird eine Abwehr gewonnen gegen die falsche Sachkritik, die die Abgleitungen für die Sache selbst nimmt.

Der Darsteller muß aber wissen, daß kein Bild schlechthin gültig sein kann. Und vor allem: daß er die so leicht ausgesprochenen Prinzipien der Auffassung niemals wirklich erfüllen wird.

b) *Warum die vier?* Es gibt andere, an die zu denken wäre: Abraham, Moses, Elias, – Zarathustra, – Jesaias, Jeremias, – Mohammed, – Laotse, Pythagoras. Aber keiner erreicht durch Umfang und durch Zeitdauer die historische Wirkung jener vier. Der einzige, der historisch einen vergleichbaren Umfang an Wirkung hatte, Mohammed, ist an Tiefe des Wesens nicht zu vergleichen.

Die vier zusammen gehören keinem sie umschließenden Typus an. Ihre Geschichtlichkeit und damit Einzigkeit ist nur aufzufangen in einer umfassenden Geschichtlichkeit des Menschseins, das sich in ihnen auf ganz verschiedene Weise ausspricht. Diese gemeinsame Wurzel zu erspüren, ist eine Möglichkeit erst, nachdem die Menschheit eine Verkehrseinheit wurde und gegenseitig von ihren maßgebenden Menschen erfuhr. Vorher war für große Teile der Menschheit jeder von ihnen der Einzige, und er blieb es durchweg auch nach Kenntnis von den anderen bis heute.

c) *Die Gemeinsamkeiten und Unterschiede der vier:* Diese Menschen wurden maßgebend durch ihre Haltungen, Handlungen, Seinserfahrungen und Forderungen, auf die seither die philosophierenden Menschen ihren Blick richten, wenn sie in die Mitte ihrer Aufgaben gelangen. Sie haben, je in ihrem Bereich, die größte Wirkung auf die spätere Philosophie gehabt. Auf das, was ihnen geistig gemeinsam ist und wie darin sogleich die eigentümlichen Unterschiede auftreten, sei vom Interesse der Philosophie her in folgenden Punkten hingewiesen:

1. *Soziologisch* ist festzustellen, daß sie der Herkunft nach aus höchster Aristokratie (Buddha) und aus dem Volke stammten (Sokrates, Konfuzius, Jesus), daß aber keiner bodenlos, vielmehr jeder einer Gemeinschaft und Lebensform zugehörig war.

Psychologisch ist bei allen der maskuline Charakter auffällig. Sie hatten keinen Familiensinn, obgleich drei (Sokrates, Konfuzius, Buddha) verheiratet waren (ohne daß ihre Ehe eine Rolle spielte). Aber sie sind innig verbunden mit ihren Schülern oder Jüngern. Die maskuline Grundhaltung war eine faktische, entsprang nicht aus einem Willen oder Prinzip.

2. Die vier entsprechen *nicht dem Typus der Propheten,* der gekennzeichnet ist durch Visionen, Ekstasen, durch das unmittelbare Hören von Gottes Stimme und Erblicken seiner Gestalt, durch Sendung und Auftrag, durch bestimmte Inhalte von Gottes Willen, die ihnen geoffenbart sind, um sie zu verkünden. Aber die vier haben eine solchen Propheten analoge Seite. Sie wissen sich im Dienste der Gottheit, sie sind von ihr berufen (Sokrates, Konfuzius, Jesus) oder im Dienste der Heilsnotwendigkeit (Buddha). Aber den Inhalt, den sie verkünden, verdanken sie nicht direkter Offenbarung. Sie kennen wie die Prophe-

ten die Einsamkeit, die Stille und das Hellwerden in der Meditation. Aber sie sind Propheten in einem größeren Sinne: In ihnen ist etwas aufgerissen. Die Welt ist nicht in Ordnung. Ein radikales Anderswerden wird erfahren und gefordert. Sie sind ergriffen, wir wissen nicht wovon. Sie sprechen aus, was sich doch nicht angemessen sagen läßt. Sie reden in Gleichnissen, dialektischen Widersprüchen, Gesprächsrepliken, ohne zu fixieren. Sie geben an, was zu tun sei, aber so, daß es nicht geradezu begriffen werden kann nach einer Technik von Zweck-Mittel-Verhältnissen, noch weniger als Programm einer neuen Weltordnung. Sie brechen hindurch durch das Gewohnte, bis dahin Selbstverständliche, und durch das einfach Denkbare. Sie schaffen einen neuen Raum und neue Möglichkeiten und erfüllen ihn mit Ansätzen, die nirgends zu Ende geführt sind.

3. *»Umwandlung«:* Nicht Werk und Inhalt ist das Wesentliche, sondern eine Lebenswirklichkeit, die der Beginn einer menschlichen Wandlung in der Welt ist. Wer sie verstehen will, muß selber eine Wandlung erfahren, sei es in einer Wiedergeburt, sei es in einem Ruck des Seinsbewußtseins, einer Erleuchtung und Belehrung. Ihre Forderungen sind nirgends erschöpft in Anweisungen, sondern für das Verständnis des von ihnen in die Welt Gebrachten ist eine Voraussetzung die eigene Umwandlung des Hörenden. Diese Umwandlung ist bei Sokrates das Fortschreiten durch Denken, bei Buddha die Meditation und die dazu gehörende Lebensführung, bei Konfuzius die Bildung, die mehr ist als bloßes Lernen, bei Jesus die Hingabe an Gottes Willen ohne Hinblick auf die Welt.

4. *Tod und Leiden:* Sokrates und Jesus starben einen gewaltsamen Tod durch die Mächte der Welt; Buddha wurde durch die Wirklichkeit des Sterbens auf seinen Weg gebracht; Konfuzius sah den Tod, ohne ihm wesentliches Gewicht zu geben. Alle haben ein Verhältnis zu Tod und Leiden als einem Grundtatbestand des Menschendaseins.

Sokrates starb mit siebzig Jahren den Tod in Reife und Ruhe, in einer Heiterkeit, die nicht getrübt ist, weder durch Enthusiasmus noch durch einen Rest von Angst des Lebensdranges. Er hat die Gelassenheit des Sterbenkönnens. Ihm wurde der milde Tod durch Vergiftung mit dem Schierling zuteil. Er blieb ohne Pathetik des Märtyrertums. Aber vielleicht wäre er ohne seinen Tod historisch nicht das geworden, als was er gewirkt hat, hätte der Blick seiner Jünger, der Blick Platos, nicht jene Gestalt gesehen, die ihnen erst in der Erschütterung vor dem Tode durch Umschmelzung dieser Jünglinge selber in ihrer Größe leuchtete und dann in der Erinnerung noch aus sich selbst zu wachsen vermochte.

Jesus starb am Kreuze jung, dreißig Jahre alt. Er starb seinen Tod in grausamster und entwürdigendster Gestalt. Der ganze Schrecken und Jammer des gewaltsamen Todes steht in ihm vor Augen. Er sträubte sich und nahm ihn auf sich als Gottes Willen. Ohne ihn wäre Jesus nicht zum Christus geworden, nicht der Auferstandene zum Gegenstand des Glaubens.

Sokrates und Jesus sind durch die Weise ihres herausfordernden Todes und ihres Sterbens Antworten auf die Frage nach dem Tode. In ihnen hat das Abendland sich wiedererkannt auf zwei ganz verschiedenen Wegen: in Sokrates als dem Spiegel der Gelassenheit, die dem Tod als solchem kein Gewicht gibt, – in Jesus als dem Spiegel des Sterbenkönnens, das in höchster Not und Qual, die über das Maß des für den Menschen zu Tragenden hinausgehen, doch den Grund der Transzendenz findet.

Sokrates und Jesus sind als geschichtliche Wirklichkeit hinaufgewachsen zu Urbildern, wie sie in der Vorzeit für Mythus und Dichtung da waren. Sie bringen in menschlicher Leibhaftigkeit vor Augen, was in Gestalten wie Gilgamesch, Hiob, dem Gottesknecht des Deuterojesaja, in den Helden der griechischen Tragödie mythisch angeschaut war. Die Weltaspekte des Mythus: das Dasein ist Leiden, Tätigkeit ist Überwindung des Leidens, aber alle große Tätigkeit scheitert – wurden in Sokrates und Jesus gegenwärtig. Beide haben wie keine anderen erschüttert und emporgehoben, Sokrates als der an der Welt scheiternde Philosoph, Jesus als der in der Welt so nicht mögliche, allein an Gott gebundene Mensch.

Leiden und Todesdrohung haben ihre Wirklichkeit in der Weise und dem Maße, wie sie aufgefaßt werden: ob sie in Verzweiflung erlitten, ob sie in Tapferkeit getragen werden, – ob der Tod, wenn die Menschenwürde verletzt ist, als der einzige Ausweg ergriffen wird, – ob Leid und Tod erfahren und übersetzt werden in das Wissen um das Verstricktsein in Schicksal und Schuld, und damit im tragischen Bewußtsein selbst zur Erlösung gelangen, – ob sie in Klagen ohne Anklage und in Ruhe getragen werden wie in China und Indien.

Die Erbarmungslosigkeit des Nichtmitfühlens ist unser alltäglicher Zustand. Das Schrecklichste kann um uns geschehen, kann von Menschen Menschen angetan werden, – wir sind von Mitleid ergriffen und werden wohl bewegungslos in Angst, es könne auch uns treffen, aber wir werfen uns wieder in das Dasein, gemeinhin vergessend und verschleiernd. Was räumlich fern und anonym ist, läßt uns nicht einmal Mitleid empfinden.

Das war nicht die Haltung der maßgebenden Menschen. Sie erlagen nicht unserer durchschnittlichen Phantasielosigkeit. Für Buddha und Jesus sind Leiden und Tod die eigentliche Wirklichkeit dieses Weltdaseins, die sie durch ihr Leben, Sehen und Denken überwanden. Sie sprachen es aus in dem Unvorstellbaren: ewig ist nur das Nirvana und das Reich Gottes. Sokrates und Konfuzius sahen dem Tod so ins Auge, daß er seine Wesentlichkeit verlor.

5. *Feindesliebe:* Den vier maßgebenden Menschen zeigt sich die universale Menschenliebe ohne Einschränkung. Das Äußerste, das Verhältnis zum Feinde, von dem man Unrecht erleidet, wird ihnen zur Frage. Aber sie wird nicht identisch beantwortet. Die radikale Forderung der Feindesliebe findet sich nur bei Jesus. Die Forderung der Erwiderung der Feindschaft mit Wohltun findet sich auch bei Laotse. Konfuzius aber verwirft die Forderung Laotses. Vielmehr: »Wohltun vergelten mit Wohltun, Feindschaft mit Gerechtigkeit.« Sokrates sagt (im Kriton): »Böses zu erwidern, wenn einem Böses widerfährt, ist Unrecht.« »Der, dem Unrecht widerfahren ist, darf nicht wieder Unrecht tun.« »Mag man auch noch so schwer von jemandem zu leiden haben, man darf ihm weder erlittenes Unrecht vergelten noch Böses zufügen«, darf sich nicht »durch Erwiderung des Bösen zur Wehr setzen.« Sokrates weiß das ganz Ungewöhnliche dieser Forderung und meint: »Für die Anhänger dieses Glaubens und ihre Gegner gibt es kein gegenseitiges Verständnis, sondern unvermeidlich nur gegenseitige Verachtung« (allerdings spricht Sokrates entgegengesetzt bei Xenophon). Buddha lehrt die universale Liebe, die keinem Bösen Widerstand leistet, in unendlicher Milde duldet und allem Lebendigem Gutes tut.

6. Die Frage nach dem Ausweg aus Leiden und Tod ist zugleich die Frage nach dem *Verhältnis zur Welt.*

Sokrates sucht durch Denken in der Welt sich selbst und seinen Weg mit den Anderen. Durch sein Fragen bis ins Äußerste erweckt er die Gewißheit, die lebt und wirklich ist und nicht nur von etwas weiß. Er erreicht eine Weltüberwindung ohne Weltverneinung. Er verzichtet auf Totalwissen, auf Totalurteile, bescheidet sich im Nichtwissen, in dem die Wahrheit und Wirklichkeit gegenwärtig wird.

Sein Weg ist so schwer, weil unsere menschliche Verfassung objektiv entschieden, leibhaftig greifbar, gegenständlich lehrbar wissen möchte, was ist.

Buddha drängt, durch Versenkung und weltfreies Leben das Nirvana zu erreichen und die Welt zu verlassen. Sein Leiden war grenzenlos als Mitleiden. Er glaubte, die Befreiung gefunden zu haben: die Aufhebung des Daseins im Ganzen, aber nicht durch die gewaltsame Vernichtung, welche nur neues Dasein zur Folge hätte, sondern durch Überwindung im Erlöschen. Es ist der Verzicht ohne Gewalt in der Stille der Seele.

Die Grenze dieses Buddhawissens ist die Beschränkung der Daseinserfahrung und damit all der geistigen Gehalte der Seele, die ihr doch erst mit dem Eintritt in die Welt zuwachsen. Damit geht auch die Beschränkung dieses Mitleidens selber einher, weil es nur für einen kleinen Umfang der menschlichen Leidensmöglichkeiten, fast nur für die elementar vitalen, sehfähig ist. Daher bleibt aus: die Entfaltung des Menschenwesens in der Weltverwirklichung, in dem Aufschwung durch die Gestaltungen der in der Welt erfahrbaren Gehalte. Vielmehr ist alles Wesentliche im Wissen fertig, die Weltmöglichkeiten sind durch ihre Gleichgültigkeit auch faktisch verloren.

Konfuzius will durch Bildung den Menschen in seiner Welt und diese Welt in ihrer vorgebildeten ewigen Ordnung sich gestalten lassen. Er will unter den Bedingungen der Welt aus der Idee des natürlichen Menschseins dessen Erfüllung gewinnen. Das sieht er als möglich dadurch, daß die Welt selber im Tao, unter dem Vorbild steht, nicht allein durch Zweckmäßigkeit und Nützlichkeit für Daseinszwecke gelenkt ist.

Seine Grenze und das Nichtgelingen seiner Weltidee liegt darin, daß er bei Unheil und Scheitern nur klagt und in Würde erträgt, nicht aber den Anstoß aus dem Abgrund erfährt.

Jesus, im Durchbruch durch alle weltlichen Ordnungen die unbeschränkte Radikalität vollziehend, hat ohne Weltverneinung alles unter die Bedingung des Gottesreiches am Weltende gestellt und von daher in seinem ewigen Wert geprüft als gut oder böse, als wahr oder falsch. Jesus vollzieht in Rebellion, angesichts des Weltunterganges, das bedingungslose Ethos im Einklang mit Gottes Willen.

Seine Grenze ist, daß für ein Bauen in der Welt kein Interesse mehr bestehen kann.

Sokrates wirkt in freier, ungeplanter Kommunikation, ohne Schule und Institution. *Buddha* stiftet die Mönchsgemeinde, um unter der

Vorbedingung der Verwirklichung eines absoluten Ethos jedem den Weg ins Nirvana zu bahnen, durch die Mönche aber, die das Ziel erreicht haben, das faktisch noch eine Weile fortgehende Dasein nutzen zu lassen zur Lehre des befreienden Wissens an alle erreichbaren Menschen. *Konfuzius* gründet eine Schule, um durch Bildung sittlich geprägter Staatsmänner die Welt in ihre eigentliche Ordnung zurückzuführen. *Jesus* verkündet und läßt verkünden das Weltende und das Gottesreich.

Sie alle wollen die Welt überwinden, die einen durch Preisgabe der Welt, die anderen durch Ordnung der Welt aus ihrer Anarchie zur rechten Welt. Alle sind übergriffen von einem Überweltlichen. Ihr Weltverhalten, Ausweg aus dem Unheil, greift auch im Ordnungswillen hinaus über menschliches Machen und Planen, weil geführt von einer anderen Instanz.

Im Schema läßt sich sagen: Sokrates geht den Weg des Denkens in der Welt als Vernunft des Menschen; dieser Weg zeichnet den Menschen aus und ist das ihm Mögliche. Buddha will die Welttilgung durch Erlöschen des Daseinswillens. Konfuzius will die Weltwerdung. Jesus ist die Weltkrise.

7. *Lehre und Verkündigung:* Alle vier teilen sich mit. Ihre Berufung erfahren sie als Wirkungsaufgabe. Sie gehen auf die Straße, wandern, stehen in ständigem Umgang, mündlich in Diskussion oder doch in Frage und Antwort, in Lehre, die als solche vorgetragen wird, abgewandelt nach Situationen.

Da es sich bei allen nicht um ein bloßes Wissen von etwas handelt, sondern um die Verwandlung im denkenden inneren Handeln, so ist die Frage, wie dieses Innerste der Seele des Anderen überhaupt zu erreichen ist. Sie wird nicht durch theoretische Erörterung, sondern praktisch beantwortet. Gemeinsam bleibt ihnen das Bewußtsein, sich an eine tiefste Innerlichkeit zu wenden, die noch vor allem Tun liegt, und darin bezogen zu sein auf etwas unbedingt Gültiges, auf das Sein selbst, auf die Ewigkeit, auf Gott, auf eine in Urbildern sich zeigende Ordnung – oder wie sonst dies Andere heißt, das dadurch, daß es auf solche Weise gegenständlich (objektiv) gedacht wird, schon nicht mehr ist, was es eigentlich ist.

Die Frage, wer überhaupt zugänglich ist für solche Lehren, beantwortet Buddha: »Dem Verständigen gehört die Lehre, nicht dem Törichten«, – Jesus aber: »Lasset die Kindlein zu mir kommen!« Sokrates unterscheidet, sein Daimonion wehrt ab, wenn Ungeeignete seinen

Umgang suchen. Konfuzius achtet auf die Begabung. Jesus wendet sich an alle.

Vergleichen wir Jesus und Buddha: Jesu Verkündigung steht im Zusammenhang des gottgewirkten Geschehens. Wer mit Jesus geht, gerät in eine Leidenschaft, die im Augenblick der ungeheuersten Entscheidung ihre Quelle hat. Buddha verkündet seine Lehre, tatenlos wandernd, in aristokratischer Ruhe, ohne Zureden, indifferent gegen die immer gleiche Welt. Jesus gründet sich auf das Alte Testament, Buddha auf die indische Philosophie. Jesus fordert Glauben, Buddha Einsicht.

Vergleichen wir Jesus und Sokrates: Jesus lehrt durch Verkündigung der frohen Botschaft, Sokrates durch Hineinzwingen in das Denken. Jesus fordert Glaube, Sokrates Dialektik des Denkens. Jesus wirkt in unmittelbarem Ernst, Sokrates indirekt, auch durch Ironie. Jesus weiß von Gottesreich und ewigem Leben, Sokrates weiß nichts Sicheres davon und läßt die Frage offen. Beide lassen den Menschen keine Ruhe. Aber Jesus verkündet den einzigen Weg, Sokrates läßt den Menschen frei, erinnert ihn nur ständig an die Verantwortung aus dem Freisein. Beide erheben den höchsten Anspruch, aber Jesus mit bestimmtem Inhalt, Sokrates in unbestimmten, unendlich bestimmbaren Räumen. Jesus gibt, was das Heil ist. Sokrates wird Anlaß, danach zu suchen.

8. *Schweigen und Nichtwissen:* Die vier kennen und betonen das Schweigen. Sie verschweigen nicht, aber ihre tiefste Wahrheit kann nur indirekt mitteilbar werden, auch für sie selber. Daher sprechen sie in Gleichnissen, werden in Augenblicken stumm, verweigern ausdrücklich die Antwort auf solche Fragen, die sie für ungemäß halten.

Sie alle haben kein Interesse für metaphysische Spekulation, keines für Naturwissen. Es gibt weite Bereiche, wo sie gar nicht wissen wollen.

Dazu kommt an entscheidender Grenze ihr betontes Nichtwissen. Wo ein Wissen nicht erreichbar ist, soll die Zeit mit ergebnislosen Gedanken nicht vergeudet werden. Auch in großen Fragen ist das Wissen nicht notwendig, wenn das Heil der Seele nicht davon abhängt. Es gibt die vielen überlieferten Lebensformen und herkömmlichen Ordnungen, die in der Welt genügen und die man einhalten mag, wo sie mit dem Grundziel nicht in Gegensatz geraten.

d) *Unser Verhalten zu den vier maßgebenden Menschen:* Die vier sind keine Philosophen, sofern ihnen Wissenschaft gleichgültig war und sofern Philosophie Denken auf dem Wege und unter Voraussetzen der Wissenschaften ist. Es ist falsch, Sokrates (auf Grund eines Satzes des

Aristoteles) als Begründer der induktiven Wissenschaft oder auch nur als ein Glied im wissenschaftlichen Fortschritt aufzufassen. Die vier sind in der Geschichte der Philosophie nicht durch angebbare rationale Positionen vertreten. Sie haben keine Werke geschrieben. Drei von ihnen gelten großen religiösen Glaubensgemeinschaften als Gründer. Ihnen klingt es absurd, diese Gottgesandten als Philosophen anzusehen. In welchem Sinne sind sie dann auch für die Philosophie in Anspruch zu nehmen?

Ihnen ist die Religion im Sinne dessen, was kultische und kirchliche Glaubenswirklichkeit von Gemeinschaften ist, nicht wesentlich. Sie sind eine geschichtliche Wirklichkeit, die zugleich für Philosophie und für kirchliche Religion fordernd da ist, und die es verwehrt, von Philosophie oder Religion als Alleinbesitz usurpiert zu werden. Philosophie darf für sich in Anspruch nehmen, von den Erfahrungen dieser Großen und ihrer persönlichen Wirklichkeit sich inspirieren zu lassen.

Die Ursprünglichkeit und das Leben auf eigene Gefahr ohne vorgegebene Gemeinschaft für das, was sie tun, ist in Jesus, Buddha, Konfuzius und nicht anders in Sokrates. Alle vier sind aufgetreten als die maßgebenden Menschen, die sie sind, ohne sich selbst zum Vorbild zu machen (das »Ich bin der Weg, die Wahrheit und das Leben« des Johannes-Evangeliums ist sicher kein Jesuswort). Aber sie wurden solche Muster, sie prägten ein Menschsein, ohne daß ihr Unerschöpfliches in Gesetz und Gedanke angemessen fixiert werden konnte. Und dann erst wurden sie im Bilde verwandelt bis zur Gottwerdung.

Für das Philosophieren sind sie Menschen. Als Menschen müssen sie jeweils mit ihren besonderen Charakterzügen ihre Grenzen haben, mit ihrer Geschichtlichkeit der Allgemeingültigkeit für alle entbehren. Es sind mehrere, es gilt nicht einer ausschließlich und allein. Daher sind sie zum je ausschließend Einzigen, zum Wahren an sich verabsolutiert nur dort, wo mit ihrem Bilde durch so Glaubende eine Verwandlung vor sich gegangen ist, in der sie den Charakter natürlichen Menschseins verlieren.

Der Gehalt dieser Wirklichkeit der vier maßgebenden Menschen ist die Erfahrung der menschlichen Grundsituation und die Vergewisserung der menschlichen Aufgabe. Sie sprechen sie aus. Sie gelangen damit zu den Grenzfragen, auf die sie die Antworten geben. Ihr Gemeinsames, letzte menschliche Möglichkeiten verwirklicht zu haben, ist aber in seinem Gehalt nicht Eines. Sie sind auch nicht in einem Aggregat zu einem Ganzen des Wahren zu vereinigen. Sie beziehen sich sachlich aufeinander, weil sie aus menschlichen Möglichkeiten leben und fragen und antworten, aber sie stehen auch disparat nebeneinander als unvereinbar in einem einzelnen Menschen, der etwa alle ihre Wege zugleich ginge.

Gemeinsam aber bleibt ihnen dies: in ihnen werden Erfahrungen und Antriebe des Menschseins im Äußersten kund. Was hier wesentlich war, das ist für immer auch der Philosophie wesentlich. Die vier haben sich geschichtlich als unumgänglich erwiesen, durch ihre Wirklichkeit und durch ihre Denkweise. Sie sind Quellen des Philosophierens geworden und Anstoß zum Widerstand, in dem die Widerstehenden sich erst klar wurden. Bis heute ist es eine Frage, wie wir uns philosophisch zu ihnen verhalten, und wie sie sich zueinander verhalten für den, der sie alle wahrnimmt, und was sie ohne die organisierten Religionen bedeuten, für die sie als Stifter und Autorität gelten.

Unser philosophisches Verhalten zu ihnen ist dieses: Wir sind ergriffen von dem ihnen Gemeinsamen, weil wir mit ihnen in der Situation des Menschseins stehen. Keiner von ihnen kann uns gleichgültig sein. Jeder ist wie eine keine Ruhe lassende Frage an uns.

Wir werden uns bewußt, daß wir in der eigenen Wirklichkeit keinem von ihnen folgen. Wenn wir den Abstand spüren zwischen dem Ernst dieser Großen und der Fragwürdigkeit des eignen Lebensganges, so erfahren wir die Notwendigkeit, den uns möglichen Ernst zu finden. Jene Maßgebenden werden dabei Orientierung, nicht Vorbild zur Nachahmung. Inhaltlich unbestimmt aber können wir allen zugleich in dem Einen folgen: in der Betroffenheit von der Forderung ihres Ernstes.

Jeder der vier hat seine eigene Größe in dem, was in den Anderen nicht vergleichbar ist. Sokrates und Konfuzius weisen auf Wege, die auch wir zu gehen vermögen, wenn wir sie auch nicht erreichen. Wir folgen dem Sokrates im Fragen unter der unfaßlichen höchsten Instanz auf dem Wege des innerlich handelnden Denkens, folgen dem Konfuzius im Verwirklichen natürlicher Menschlichkeit.

Jesus und Buddha sind auf andere Weise gegenwärtig. Jesus lehrt im Blick auf Weltende und Gottesreich das in der Welt nicht zu verwirklichende Ethos der Bergpredigt. Buddha weist den Weg aus der Welt in das Nirvana. Beide leben in Weltindifferenz aus dem Äußersten. Faktisch, wenn überhaupt, folgen ihnen nur sehr wenige Menschen.

Auch bei Sokrates und Konfuzius können die Inhalte ihres Gedachten heute zumeist nicht die unsrigen sein, aber ihre Denkungsart ist ein Weg für uns. Bei Jesus und Buddha dagegen ist nicht nur der Inhalt, sondern die Form des Lebens und Denkens selber uns verwehrt, – oder sie sind zu wählen mit den Konsequenzen, ohne die alles unredlich bleibt. Dagegen sind sie als Frage für uns von einzigem Gewicht. Wir wissen nur, was wir sind und tun, wenn wir es im Schatten von ihnen her sehen.

Ich vermute, daß Abendländer mit wenigen Ausnahmen bei unbefangener Vergegenwärtigung ebenso urteilen. Nur Vernachlässigung entscheidender Punkte und verschleiernde Umdeutungen erlauben den Schein einer grundsätzlichen Gefolgschaft gegenüber Jesus und Buddha. Die mögliche Wahrheit der Nachfolge jener Einzigen ist aber mit solchen Unredlichkeiten nicht beschritten. Wo sie wirklich geschieht, ist sie ehrfurchtgebietend. Aber die Bedingungen der Gefolgschaft und die unausweichlichen Konsequenzen soll ein philosophierender Mensch klar sehen. Dann erst kann er in den konkreten Situationen seines Lebens, nur hier, wissen, was er tut und was er will.

Die fortzeugenden Gründer des Philosophierens

PLATO · AUGUSTIN · KANT

Plato, Augustin, Kant fassen wir in eine Gruppe: diese schöpferischen Denker haben auf einzige Weise philosophisch erzeugend gewirkt. Unberechenbar in ihrem Einfluß, unabsehbar bis heute und in die Zukunft sind die gewaltigen Wirkungsmächte des Platonismus, Augustinismus, Kantianismus. Wer Platos, Augustins, Kants Werke liest, macht die Erfahrung der Produktivität des Denkens selber, die Erfahrung dessen, was Kant sagt: man könne nicht Philosophie, sondern nur Philosophieren lernen. Im Verstehenden werden durch sie die ihm eigenen philosophischen Kräfte erweckt. Durch sie ist die Freiheit des Philosophierens zu erwerben, nicht nur die Scheinfreiheit eines vermeintlich unabhängigen Verstandes. Nichts ist bei ihnen fertig, sofern es weitergeht im Denken, und jederzeit ist alles fertig in der Möglichkeit der Gegenwärtigkeit des Wesentlichen.

Ihre Wirkung im Verstandenwerden ist an historischem Umfang nur vergleichbar mit der der großen Systematiker: Aristoteles, Thomas, Hegel, aber der Art nach radikal anders. Die Wirkung der Systematiker ist die von Schule, Lehre und Lernbarkeit, die Wirkung der Erzeuger ist das je eigene Denken der ihnen Folgenden.

Die Kraft der drei, produktive Kräfte zu erregen, liegt nicht an den von den Späteren leicht zu erblickenden Grenzen ihres Denkens. Zwar bringt auch das Bewußtsein dieser Grenzen zu Einsichten; aber das ist unwesentlich und allen Philosophen von Rang gemeinsam. Es ist etwas anderes: in ihrer Denkungsart selber liegt ein Unerschöpfliches. Sie öffnen Welten, die sie selbst nicht abzumessen scheinen. Sie sind weit wie die Wirklichkeit und wie die Seele des Menschen.

Sie haben gedacht, wo für uns weiterzugehen ist, nicht um sie zu überwinden oder gar zu überbieten, sondern um ihren Sinn zu erreichen; dies ist die einzige Weise, sie überhaupt zu verstehen. Je mehr man versteht, desto mehr wächst das Bewußtsein, wie viel noch zu verstehen übrig bleibt. Im Vergleich zu ihnen meint man bei anderen Philosophen bis auf den Grund ihres Sinns zu kommen.

Weil ihr Verständnis sich nie vollendet, hören die immer neuen Interpretationen nicht auf. Es bleibt ihre Vieldeutigkeit. Daher der Eindruck einer unantastbaren Größe noch da, wo sie an Grenzen stoßen, die aus anderen Herkünften überschreitbar sind, aber so, daß nicht Widerlegung, sondern Ergänzung stattfindet.

Sie selber sind nie am Ende und scheinen, wenn sie, alt geworden, zu sprechen aufhören, noch einmal anfangen zu können.

Plato ist der Gipfel griechischen Denkens in höchster Reife und weitestem Umblick. Augustin ist die ursprünglichste Gestalt christlichen Denkens, seine abendländische Wirkung ist allumfassend. Kant ist Gipfel und zugleich Grundlegung modernen Denkens. Die Wirklichkeit ihrer Welt, die Selbstverständlichkeit, die ihnen mitgegeben wurde, der Seelenraum ihres Daseins waren so verschieden wie das griechische, christliche, moderne Zeitalter. In nicht völlig zutreffenden, aber hinweisenden Vereinfachungen läßt sich sagen:

Platos Denken geht auf das Sein, das ewig ist; er findet den Aufschwung in der Reflexion auf das unmittelbare, daher noch befangene Denken. Augustins Denken geht auf Gott; er findet den Weg in der Selbstreflexion innerer Erfahrung. Kants Denken geht auf das unbedingt Gültige, das ihm in der Erhellung der Vermögen des menschlichen Gemüts einsehbar wird.

Platos Raum ist erfüllt durch ewige Gestalten, die Objektivität des Seins der Ideen, der Welt und der Seele. Augustins Raum ist die unergründliche Innerlichkeit, in der Gott spricht. Kants Raum ist die Orientierung in der Welt und mir selbst, um den Weg zu finden, der dem Menschen als Menschen möglich ist, und um zu sagen, was es heißt, ein Mensch zu sein, der den unendlichen Himmel über sich und den guten Willen in sich sieht.

Plato erweckt unser Staunen vor dem Sein, Augustin vor der Innerlichkeit, Kant vor dem Sinn des Menschseins. Plato erdenkt die Gestalten dessen, was ist, Augustin die Dimensionen der Seele, Kant vollzieht die Kritik der gesamten Vermögen des Vernunftwesens.

Plato glaubt im Eros philosophischen Aufschwungs, Augustin an Christus als Weg zu Gott, Kant im Vernunftglauben an die ewige Bestimmung des Menschen.

Plato gelangt in die Möglichkeit eines dogmatisch werdenden Seinssystems, Augustin zu kirchlicher Dogmatik, Kant zu einem dogmatisch werdenden Vernunftsystem. Aber allen bleibt ihr Wesen im Philosophieren trotz dieser dogmatischen Möglichkeiten gemeinsam: des Herrseins über seine Gedanken aus einem tieferen Grunde; die Schwebe der Ungewißheit, die unruhig zur Gewißheit drängt; die Freiheit der Innerlichkeit aus unergründlichem Ursprung; die Unabhängigkeit der sich vergewissernden Vernunft.

Plato lebt in einer geistig disziplinierten, von erfüllter Form beherrschten Welt als ihr Gipfel höchsten Adels. Augustin lebt im Medium einer verwahrlosten Welt, preisgegeben den Gefühlen eines zügellosen und daher der gewaltsamen Autorität bedürftigen Geistes. Weit entfernt von der edlen Natur eines Plato übertrifft er ihn durch die Leidenschaft des verzehrenden Dranges zur Gottheit. Plato hat seine Tiefe in der Schlichtheit einer bis in jeden Satz wie mühelos durchgeformten Sprache, Augustin mit den Mitteln der gelernten Rhetorik in dem Strudel eines zwar zu wunderbaren Sätzen sich verdichtenden Gehalts, aber in einer ungeformten Breite und Nachlässigkeit der Diktion. Kant ist von beiden weit entfernt. In der Jugend ist er ein eleganter Schriftsteller. In der Zeit seiner großen Philosophie teilt er sich durch eine schwere, vom heutigen Leser erst zu erlernende Sprache mit. Er arbeitet nicht an Sprache und Stil und ist doch nie zügellos, weil die Kraft seines Denkens, die Klarheit seines Geistes jeden Augenblick die Deutlichkeit erzwingt.

Daß wir die drei kennen und studieren und vergleichen können, ist der Möglichkeit nach ein philosophisch unerhört produktives Moment unserer heutigen geistigen Situation. Das Übereinstimmende im doch so ursprungsverschiedenen Denken der drei läßt Anteil gewinnen am Wesentlichen. Wer heute denkt, kann ihnen sinngemäß folgen, ohne sich in den Dienst des Einen von ihnen stellen zu müssen. Denn philosophieren kann nur, wer nicht einem Meister als dem Einzigen anhängt.

Weltgeschichtlich gesehen, ist Kant uns zeitlich nah und geschichtlich und menschlich der nächste. Er ist, wie Plato und Augustin, für uns als Ganzes unüberboten, fragend, erzeugend da. Aber wegen der Kürze der Zeit – was sind 200 gegen 1500 und gegen 2300 Jahre schon geschehener historischer Wirkung! – darf das weltgeschichtliche Urteil sich nur aussprechen, wenn es diese Abstände nicht vergißt.

PLATO

Quellen: Werke, Ausgabe von Burnet. – Übersetzungen von Schleiermacher, Apelt, Salin. Gesamtausgabe aller echten und unechten Platowerke aus alten Übersetzungen in drei Bänden bei Lambert Schneider. – Zu Platos Leben: Der Siebente Brief; Plutarch: Dion; Diogenes Laertius: 3. Buch.
Literatur: Zeller, Jaeger, Friedländer, – Ritter, Geffken, Ernst Hoffmann. – Ackermann, Natorp, Erich Frank, Stenzel, Reidemeister, Krüger. – Ivo Bruns, Eduard Meyer, Friedemann, Wilamowitz. – Bonitz, Apelt, Roß, Wilpert. – Leisegang.

Die an Plato geleistete außerordentliche philologische und philosophische Arbeit hat wohl in äußerlichen Tatsächlichkeiten, nicht aber in wesentlichen Grundfragen des Plato-Verständnisses Einmütigkeit erreicht. Diese Schwierigkeit liegt in der Natur der Sache, nämlich in der der Philosophie als solcher: Plato ist der Gründer für das, was erst seit ihm mit vollem Gewicht des Sinns den Namen Philosophie trägt. Plato verstehen, heißt nicht, ihn an einem Vorbegriff von Philosophie messen, sondern: an ihm das ihm Folgende und sich selber prüfen, ob man ihm folgt oder etwas ganz Anderes tut.

I. Leben, Schriften, Voraussetzungen des Plato-Verständnisses

Platos Leben (428–347):

Plato entstammte dem hohen athenischen Adel. Die mütterliche Abstammung führt auf den Bruder Solons, die väterliche sagenhaft auf den König Kodros zurück. Eine tiefe Bindung hielt ihn an Athen, diese Polis, die Solons Gesetzgebung hervorgebracht, die Perser besiegt, die Freiheit gerettet, die Tragödie geschaffen und die Akropolis erbaut hatte. Seine Herkunft brachte ihm die Souveränität und Leichtigkeit und Unbefangenheit des Geistes, in der die strenge Zucht eines unendlich arbeitsreichen Lebens sich verbirgt.

Mit 20 Jahren schloß sich Plato dem Sokrates an, der Adlige einem Kleinbürger. Von dem Umgang beider (408–399) bis zur Hinrichtung des Sokrates wissen wir nichts Näheres.

Etwa 389–388, als Plato vierzig Jahre alt war, machte er eine Reise nach Großgriechenland, d. h. nach Unteritalien und Sizilien. Er lernte in Italien die Pythagoräer kennen, in Syrakus den Tyrannen Dionysios I., gewann die Freundschaft mit dessen Schwager Dion, einem damals zwanzigjährigen Jüngling, der sich ihm und seiner Philosophie enthusiastisch anschloß. Nach der Rückkehr von dieser Reise (etwa 388) gründete Plato die Akademie. 368, als Plato sechzig Jahre alt war, kam Aristoteles, damals zwanzigjährig, in ihren Kreis (und gehörte ihm zwei Jahrzehnte bis zu Platos Tod [347] an).

367 starb Dionys I. Dessen Sohn Dionys II. und Dion zogen Plato nach Syrakus. Der Tyrann sollte mit dem Philosophen den neuen Staat erbauen – es war die für Plato ungeheure Chance, seine politischen Ideen zu verwirklichen. Schon bei der ersten Reise 366/65 scheiterte der Umgang mit Dionys. Noch einmal, fünf Jahre später, ließ sich Plato locken (361/360), wieder war das Ende bös. Diese beiden Versuche machte Plato mit 62 und 67 Jahren. In der Folge der Ereignisse zog Dion mit einem angeworbenen Heere nach Syrakus, vertrieb den Tyrannen und wollte nun seinerseits den philosophischen Staat Platos gründen. Dion wurde 354 ermordet. Plato war 74 Jahre alt. Seine bewegendsten Freundschaften hatten ihn einst dem 40 Jahre älteren Sokrates und jetzt dem 20 Jahre jüngeren Dion verbunden. Nach dessen Verlust lebte er noch sieben Jahre.

Plato wurde geboren, als Perikles starb, erlebte als Kind und Jüngling die Katastrophe Athens, den Wechsel der Parteien und Verfassungen, die turbulente, Unheil zeugende Bewegung der politischen Zustände. Sein Leben lag in der Zeit vor der Wende von der Poliswelt zur Großstaatswelt, vom Griechentum zum Hellenismus. Er erlebte sehend den Ruin, aber er kannte und ahnte noch nicht die neue, andere Welt. In dieser Situation hatte der Jüngling, zumal vermöge der Überlieferung seiner Familie, leidenschaftlich zur Teilnahme am politischen Leben gedrängt. Doch er erkannte die Heillosigkeit der Zustände. Nach Sokrates' Tod faßte er den radikalen Entschluß, sich zurückzuziehen und der Philosophie zu leben, jedoch bereit, mitzuhandeln, wenn in einer neuen Situation ein Ruf an ihn gelangen sollte. Über all dies wissen wir durch ihn selber, denn nach Dions Ermordung schrieb er einen Brief an dessen Freunde (den Siebenten Brief), das einzige und ergreifende Dokument, das uns zuverlässige Einsicht in Platos Leben gibt. Er legt Rechenschaft ab. Er berichtet, wie ihm in der Jugend das Politische Enttäuschung auf Enttäuschung brachte. In Athen war nach der Katastrophe zunächst die Oligarchie der Adligen (404) von so rechtloser und rechtsfeindlicher Art, daß die frühere Demokratie sich wie Gold dagegen ausnahm; Plato verweigerte sich ihr. Die dann wiederhergestellte Demokratie (403) schien ihm neue Chancen zu eröffnen. Aber diese Demokratie machte dem Sokrates den Prozeß. »Schließlich kam ich zu der Überzeugung, daß alle jetzigen Staaten samt und sonders politisch verwahrlost sind, ... der Zustand ist heillos ohne eine ans Wunderbare grenzende Veranstaltung im Bunde mit einem glücklichen Zufall.« »Und so sah ich mich denn zurückgedrängt auf die Pflege der echten Philosophie, der ich nachrühmen konnte, daß sie die Quelle der Erkenntnis ist für alles, was im öffentlichen Leben sowie für den Einzelnen als wahrhaft gerecht zu gelten hat. Es wird die Menschheit, so erklärte ich, nicht eher von ihrem Leiden erlöst werden, bis entweder die wahren Philosophen zur Herrschaft im Staate gelangen oder bis die Inhaber der Regierungsgewalt in den Staaten durch göttliche Fügung sich zur ernstlichen Beschäftigung mit der echten Philosophie entschließen.«

Plato hat, wo ihm die Chance schien (in Syrakus), sich wagemutig auf politische Versuche eingelassen. Er hat jedoch keinen Kompromiß gemacht. Er wollte das Ganze einer Polis in wahre Ordnung bringen. Er wollte nicht irgendeine Politik ergreifen, nur um dabei zu sein und das sogenannte Bestmögliche zu tun. Er wollte alles oder nichts. Nur eine solche Politik war ihm recht, die das Ethos des Menschen begründen konnte, indem sie ihn zum eigentlichen Menschen bildete. Plato hat ständig über die Politik nachgedacht. Das größte Werk der reifen Zeit handelt vom Staat, sein umfangreichstes Werk, das er im Alter abschloß, handelt von den Gesetzen. Aber die Politik, so leidenschaftlich sie von ihm in seinen Gedanken ergriffen wurde, war ihm nicht das Letzte: dies ist allein auf dem Wege der reinen Philosophie zu berühren.

Platos Schriften:

Durch die philologische Arbeit eines Jahrhunderts sind die Schriften Platos, wie sie im corpus platonicum aus dem Altertum überliefert sind, gereinigt und geordnet. Nach außerordentlichen Schwankungen der Meinungen ist eine annähernde Einmütigkeit erreicht in der Unterscheidung der echten von den unechten Schriften und in der Zeitfolge ihrer Abfassung.

Die unechten Dialoge sind z. T. nicht unbedeutend. Sie spiegeln den Geist, der in mannigfachen Formen in der Akademie Geltung suchte. Der Kontrast zu den echten Platonischen Schriften ist eindrucksvoll, zumal bei denen, die einen didaktisch klaren Geist oder eine schwärmerische Begeisterung oder rationale Skepsis oder eingleisige Radikalismen oder Legendenbildung zeigen. Angesichts ihrer wird Platos unwiederholbarer Rang deutlich fühlbar und das Plato-Verständnis vertieft.

Die in den großen Gruppen eindeutige, im einzelnen schwankende Chronologie der Dialoge sieht etwa so aus: 1. Der Prozeß des Sokrates: Apologie, Kriton. – Frühdialoge: Protagoras, Ion, Laches, Lysis, Charmides, Eutyphron, Hippias major. – 2. Nach der ersten Reise 388 Gründung der Akademie: wahrscheinlich: Gorgias, Menon, Euthydem, Kratylos, – sicher: Symposion, Phaidon, Politeia, Theätet. – 3. Nach der 2. Reise 366: Parmenides, Sophistes, Politikos, Philebos, Phaidros. – 4. Nach der 3. Reise 361: Timäus, Kritias, Gesetze, – der Siebente Brief.

Der Typus der Schriften ist nach den Gruppen charakteristisch verschieden.

Für sich stehen die Dokumente über den Prozeß des Sokrates: Apologie und Kriton. – Die Frühdialoge, die im engeren Sinn sogenannten sokratischen Dialoge, lassen die szenische Situation ungemein anschaulich werden (obgleich dieser Zug gelegentlich auch später, im Phaidros sogar noch schöner wiederkehrt), ihrem Inhalt nach haben sie einen überwiegend aporetischen Charakter: in Unlösbarkeiten bleiben die Fragen offen. – In den folgenden Dialogen ist das eigentümlich Platonische Denken schon lebendig, vor allem im Gorgias und Menon. – Die klassischen Werke: Symposion, Phaidon, Politeia bringen die Platonische Philosophie im Gleichgewicht aller Motive, in dem Reichtum ihrer Bezüge, in der Tiefe des Einen. – Die Dialektik wird vorherrschend im Theätet, Parmenides, Sophistes, Politikos, Philebos. – Der Phaidros ist einzig, von jugendlicher Lebendigkeit und vollendeter Reife des Philosophierens, ein Werk, das seinen chronologischen Ort am meisten gewechselt hat, als Frühwerk galt und heute ganz spät angesetzt wird, jedenfalls gewiß zu den Alterswerken gehört. – In den Altersschriften – Timäus, Kritias, Gesetze – tritt der Dialogcharakter zurück zugunsten lehrhaft entfaltender Darstellung.

Will man gruppieren *nach Inhalten,* so kommen vor allem in Betracht: Für die Gestalt des Sokrates: Euthyphron, Apologie, Kriton, Phaidon; Protagoras; die vollendete Idee des Sokrates: Symposion, Phaidros. – Für das Staatsdenken: Staat, Politikos, Gesetze, Kritias. – Für die Dialektik: Parmenides, Sophist, Politikos, Theätet, Philebos, 6. und 7. Buch des Staats; von früheren schon: Kratylos, Euthydem, Menon. – Für das Weltall: Timäus, Phaidon, Philebos. – Für Mathematik: Menon, Staat.

Kennzeichnend ist die *Bevorzugung gewisser Dialoge* und Dialoggruppen: Im späteren Altertum und im Mittelalter stand an erster Stelle der Timäus: der Bau des Weltalls und die Weltschöpfung. – Seit dem späten Altertum hatte auch eine bevorzugte Stelle der Parmenides, insofern man ihn verstand als Theologie. – Die ergreifendsten und lebendigsten Dialoge waren von jeher: der Phaidon als das Erbauungsbuch angesichts des Todes, durch das man sterben lernte; dann Apologie und Kriton, die die unabhängige Gestalt des Sokrates zeigen, wie er standhält und durch den Tod die Wahrheit bezeugt; dann Symposion und Phaidros, die den Sokrates in der Welt, ergriffen vom Eros, zur Anschauung bringen; dann der Gorgias, der die Alternative zwischen Gut und Böse unerbittlich stellt. – Die Staatsschriften: Staat, Politikos, Gesetze fesseln durch den Ernst der Grundfrage unseres gemeinschaftlichen Daseins als Bedingung des Menschseins. – Heute haben ein bevorzugtes Interesse die »logischen« Dialoge gewonnen: Theätet, Parmenides, Sophistes, Philebos.

Um den ganzen Plato kennenzulernen, ist kein Dialog entbehrlich. Wohl gibt es die Hauptwerke. Aber die andern lassen je etwas Wichtiges unersetzlich erleuchten. Und alle sind schön. Sie bieten einen unvergleichlichen Genuß zugleich mit der Vertiefung der philosophischen Einsicht, abgeschwächt zwar, doch noch wunderbar auch in der Übersetzung.

Voraussetzungen des Plato-Verständnisses:

a) *Die Frage, wie Plato zu interpretieren sei:* Die Interpretation beginnt mit *einzelnen* Dialogen. Man disponiert und konstruiert sie als ein je Ganzes, als Gedankengebilde und als Kunstwerk. Man holt aus anderen Dialogen thematisch Analoges, vergleicht Aufbau, Szenerie, Personen. Es scheint eine Barbarei, solche Kunstwerke zu zerreißen, wenn man die Schönheit und die Stimmung des je besonderen Dialogs auf sich wirken läßt. Aber doch weist jeder Dialog auch über sich hinaus, der Gehalt des Dialogs drängt weiter. Um ihn zu verstehen, muß man alle Dialoge verstehen und den einzelnen als Glied im Gesamtwerk.

Man ergreift das *Gesamtwerk*. Dabei wurde die Voraussetzung gemacht, daß das Platonische Denken ein System sei oder auf ein System hin sich entwickle, wie später das des Aristoteles und vieler anderer Philosophen. Dann muß man denken: leider hat Plato dies System nicht dargestellt. Es zeigt sich innerhalb der Dialoge nur eingehüllt, übersponnen von »Dichtung« und ständig begleitet von Exkursen. Man vermutet, Platos System habe in seinen akademischen Lehrvorträgen vorgelegen, die im Unterschied von denen des Aristoteles nicht erhalten geblieben seien. Die Berichte des Aristoteles sollen wenigstens für den alten Plato den Inhalt seiner Lehrvorträge zu rekonstruieren erlauben. Bei solcher Voraussetzung des Systems behandelt man die Dialoge wie Steinbrüche, aus denen man die Gedanken herauslöst als Bausteine, die zu einem Systembau gehören, den man aus ihnen zusammensetzt: das System Platos in Gestalt einer umfassenden Lehre (Zeller). Dabei zeigt sich aber Schwierigkeit über Schwierigkeit: Es empört die Sinnwidrigkeit, die im Zerstören der geistigen Gebilde zugunsten eines doch imaginären rationalen Totalsystems liegt. Der Bau selber gelingt nicht, weil sich die Widersprüche häufen, wenn man alle Gedanken in einem rationalen Gesamtzusammenhang an ihrem gehörigen Platze sehen will.

Das Recht und die Notwendigkeit, die fünfzig Jahre von Platos Denken und Schreiben als ein Ganzes aufzufassen, ist nicht zu bestreiten. Die Frage ist nur, in welchem Sinne dieses Ganze sei. Denkwürdig ist die Frage Schleiermachers und die Gegenthese Herrmanns. *Schleiermacher* nahm an, Plato habe sein Gesamtwerk nach einem Plane entworfen, um seine systematische Philosophie in der didaktisch wirksamsten Form, beginnend mit einer Einleitungsschrift (dem Phaidros), mitzuteilen. Nun ist wunderlich anzunehmen, daß ein Philosoph derart planen könnte, was in fünfzig Jahren verwirklicht wird. Zudem ist die zeitliche Reihenfolge der Dialoge, die Schleiermacher annahm, durch die philologische Sprachstatistik zwingend widerlegt und in den großen Gruppen wenigstens die Chronologie ganz anders, als er sie annahm, gesichert.

Herrmanns These schien gegen Schleiermacher überzeugend. Sie besagt das psychologisch Natürliche: Platos Schriften seien der Ausdruck einer geistigen Entwicklung durch ein Leben. Nun ist es aber keineswegs gelungen, eine solche Entwicklungsgeschichte überzeugend zu schreiben. Schon die frühesten Dialoge sind Meisterwerke. In ihrer Art sind sie nicht zu übertreffen. Die Schriften zeigen in der Folge Entfaltungen und Erweiterungen des Gedankens, eine wunderbare Fülle, aber keinen Bruch. Eine Revolution der Denkungsart fand nur einmal statt, durch Sokrates, *vor* allen uns vorliegenden Schriften Platos. In ihnen selber kommen einschneidende, sein gesamtes Philosophieren auf einen neuen Boden hebende Neuerungen nicht vor. Was man in dieser Richtung aus den Texten durch Fakten zu begründen schien, wurde durch andere Fakten widerlegt. Wohl lassen sich beim Blick auf das Gesamtwerk in großen Gruppen manche beträchtlichen Unterschiede aufweisen, z. B. das Zurücktreten des Sokrates in manchen späteren Dialogen, sein Fehlen in den »Gesetzen« (aber im späteren Phaidros ist er wieder einzig lebendig da), – die Ideenlehre in ihren Ansätzen, ihren Entfaltungen, ihrer Selbstzersetzung und ihrem Zurücktreten, als ob sie überflüssig sei, und ihr schließliches Neuauftreten in einfach dogmatischer Form – das logisch-dialektische, spekulative Denken in der späteren systematischen Konstruktion –, die anscheinende Verwandlung der dialogischen Mitteilung in den Lehrvortrag der spätesten Schriften (besonders Timäus und Gesetze, – dazu die Tatsache der Platonischen Lehrvorträge in der Akademie und die, wenn auch nur fragmentarische, Überlieferung von seiner Altersvorlesung »Über das Gute«) –, „anscheinend", sagte ich, weil in den erhaltenen Schriften Platos der eigentümliche Charakter der Schwebe durchaus bewahrt ist.

Keine Wandlung kann aufgefaßt werden als das, was bei manchen späteren Philosophen Veränderung des Standpunkts heißt.

So scheint in Schleiermachers These die bleibende Wahrheit zu stecken (im Grundgedanken, nicht in dessen Durchführung), daß das Platonische Denken ein Ganzes ist, das in sich bruchlos ohne Sprünge zusammenhängt. Die Entwicklung ist die Entfaltung eines ursprünglich schon Wirksamen, Einen, Sichgleichbleibenden in mannigfachen Stoffen, Begrifflichkeiten und Mitteilungsmethoden. Ein bewußter Plan am Anfang kann völlig fehlen, wenn die Entfaltung so aussieht, als ob ein Plan das Ganze gelenkt hätte. Dies Aussehen ist der Charakterzug der philosophischen Schöpfung, die im Medium höchster Bewußtheit im ganzen doch unbewußt erfolgt.

b) *Die Aufgabe der Darstellung:* Wenn weder Platos Entwicklungsgeschichte noch Platos System darzustellen sind, dann ist das Ganze von einem übergreifenden Charakter, der sich nicht angemessen objektivieren läßt: das Philosophieren selbst, das Offenbarwerden des Wahren, das in Bewegung bleibt ohne Abschließbarkeit. Lehre als System kommt darin vor, systematische Gedankenzusammenhänge sind Werkzeuge dieses Philosophierens, aber nicht ein System als einziges Werkzeug. Plato bleibt Herr seiner Werkzeuge. Wenn die Reproduktion des Platonischen Denkens nicht rational einheitlich erfolgen kann, weder als Entwicklungsgeschichte noch als System, dann sieht sich die Darstellung von Aufgabe zu Aufgabe vorangetrieben.

Das erste ist immer die Auffassung der in den Texten erörterten Sachprobleme. Es sind je besondere Fragestellungen und Themen: logische, politische, physische, kosmische, fast alle Bereiche der Welt und des menschlichen Daseins. Man denkt dem nach, was Plato seine Gestalten sagen läßt, isoliert das philosophisch-thematisch Gesagte als in sich zusammenhängende Lehrstücke, behandelt sie als zeitlose Probleme. Man bringt aus anderen Dialogen das sachlich Zusammengehörende herbei, läßt es sich ergänzen oder in Widersprüchen gegeneinander treten. Die platonischen Gedanken werden einer Kritik dadurch unterworfen, daß man sieht, was in der Natur der Sache liegt und sich bei weiterer Entwicklung dieser Gedanken schließlich unabhängig von Plato zeigt.

Gerade das Unstimmige kann zum Ansatz werden, die Aufmerksamkeit auf das zu lenken, was Plato eigentlich will. Die Sachprobleme bestehen zwar auch als solche und sind offenbar für Plato selber von brennendem Interesse; sie bleiben ferner das unumgängliche Mittel der

Mitteilung für alles Philosophieren, sie dürfen nicht als unerheblich verworfen werden. Aber die weitere eigentliche Frage ist, was sie im Ganzen bedeuten, was ihre Funktion ist, ob und was mit ihnen direkt oder indirekt gemeint ist. Wenn es mißlungen ist, sie aufzufassen als Elemente eines gewaltigen rationalen Gesamtsystems, das aus ihnen als den Fragmenten zu reproduzieren wäre, dann sind sie aufzufassen als Elemente eines ständig in Bewegung bleibenden Philosophierens, dem die Sachprobleme nur eine Sprache sind für ein anderes.

Dieses Andere sucht man zunächst in den philosophierenden Menschen, die Plato in seinen Dialogen erscheinen läßt, vor allem in dem einzigen und alle überragenden Sokrates, dann aber eindrucksvoll in vielen anderen. Sie sind nicht nur der Mund für die Erörterung der Sachprobleme. Vielmehr sind sie als philosophische oder unphilosophische Lebenswirklichkeiten gekennzeichnet durch die Weise ihres Sprechens, ihr Verhalten in Gesprächssituationen, durch ihre Repliken des Augenblicks, durch etwas, das nicht nur ein psychologischer Charakter, sondern eine geistige Stimmung ist. Es sind in den bedeutenden Fällen geistige Mächte, die in den Dialogen durch persönliche Gestalten sich begegnen. Die Sachprobleme erhalten ihre Wahrheit durch ihr Aufgenommensein in die umgreifende Wahrheit, von der her sie überhaupt erst Interesse erwecken.

Wenn die Wahrheit weder als Ergebnis sachlicher Diskussion noch in den sich verstehenden oder sich abstoßenden persönlichen Gestalten vollendet wird, so muß die Auffassung einen weiteren Schritt tun. Plato lenkt unseren Blick auf das, was rational nicht durchschaubar und nicht begründet ist, als Diskussion nicht zur Erscheinung kommt, sondern einfach erzählt wird, auf die Mythen. Sie sind Plato offenbar so wesentlich (entgegen der rational-philosophischen Meinung, daß sie überflüssig seien), daß man hoffte, hier das letzte Geheimnis der Platonischen Wahrheit zu entschleiern. Vergeblich, denn der Charakter des »Spiels« ist von Plato ausdrücklich diesen Mythen aufgeprägt.

Bei diesen drei Schritten, der Auffassung von Sachproblemen, der Auffassung geistiger Lebensgestalten, der Auffassung von Mythen ist jedesmal ein bestimmter Begriff von Philosophie vorausgesetzt, wenn man auf diesem Wege das Entscheidende finden wollte; die Philosophie als Lehre, die Philosophie als persönliche Lebensform, die Philosophie als eine Weise der Dichtung. Jede dieser drei Weisen der Auffassung ist berechtigt, sofern etwas im Platonischen Werk durch sie deutlich wird. Aber jede scheitert, wenn sie die Platonische Philosophie selber damit zu treffen meint. Die Systematisierung der Gedankenelemente gelangt in Unstimmigkeiten und Widersinn. Die Lebensformen sind Gestalten, durch die Plato indirekt Wahrheit zum Ausdruck bringt, sie sind nicht die Wahrheit selber; denn keine der Gestalten, nicht einmal Sokrates, hat immer recht. Die Auffassung als Dichtung ist naheliegend durch die Möglichkeit, Platos Schriften wie Dichtungen (unter Auslassung des gedanklich Schwierigen) zu genießen; sie wird gestützt durch die Meinung, Plato sei geistesgeschichtlich der Nachfolger der Tragödie und Komödie, er selber habe in der Jugend Tragödien gedichtet und sie verbrannt, weil er unter dem Einfluß des Sokrates über die Form der Dichtung hinaus einen neuen Schritt in der Vergewisserung der das Leben führenden Wahrheit tat. Aber dieser neue Schritt geht in das Denken. Es muß sich zeigen, was Denken bei Plato ist.

Die drei Wege der Auffassung bleiben nur wahr, wenn sie geführt sind von diesem Umgreifenden, das nicht direkt darstellbar ist, das heißt von den ursprünglichen Denkvollzügen Platos, aus denen Sachprobleme (Lehren), Gestalten denkender Persönlichkeiten und Entwürfe von Mythen hervorgehen und in die sie wieder einmünden. Durch sie bleibt alles, was in jenen drei Auffassungsweisen sichtbar wird, in Bewegung und in Verwandlungen. Aber das ursprüngliche Denken selber kann nicht anders als auf solchen Umwegen mitteilbar werden. Um Plato zu verstehen, ist man aufgefordert, einzutreten in die Bewegungen, durch die die Vollzüge im Grunde erst wieder gegenwärtig werden können, ungetrübt durch vermeintlichen Besitz von Resultaten, Gestalten, Bildern, die sich dem falschen Lesen verabsolutieren und damit verschleiern und schließlich verschütten, was das Aufgehen des Wahren selbst ist. Diesem Wahren ist nur der offene Raum gemäß; in ihm wird fühlbar die »Zugkraft des Seins«, die dorthin bringt, wohin nur auf dem Wege über jene Vordergründe und Mitteilungsformen, aber nicht schon in ihnen selbst zu gelangen ist.

Daher fordert das Plato-Studium: zu erspüren, was Philosophie sein kann; nicht vorauszusetzen, was Philosophie sei, sondern zu hören, was in seinem geschichtlichen Kleide das Philosophieren Platos ist; zu erfahren, was hier unüberbietbar geschehen ist und was die abendländische Philosophie erst endgültig begründet hat, vielleicht in unendlicher Vieldeutigkeit.

Wem im Umgang mit Plato diese hohe Einschätzung zur Überzeugung geworden ist, der wird eine methodische Voraussetzung machen, die in diesem Maße nur gegenüber sehr wenigen Philosophen standhält: nichts kann in den Texten gleichgültig sein, alles muß im Zusammenhang der philosophischen Mitteilung etwas bedeuten, nichts ist zu erledigen mit bloß ästhetischen oder rationalen Gesichtspunkten. Und damit zusammenhängend: es ist in das Grunddenken Platos, in das Denken in statu nascendi zu gelangen, in dies lebendige Denkgeschehen, aus dem alles entspringt und von dem her gesehen alle Mitteilungsweisen und erst recht alle Inhalte fragmentarisch sind.

Wenn keine sich rundende Gesamtdarstellung der Philosophie Platos möglich ist, so bleibt nur übrig, das unauflösbare Gewebe des Platonischen Philosophierens auf verschiedenen Wegen in seinen Strukturen zu zeigen. Weil das Entscheidende nicht ein Gegenstand ist und nicht ein besonderer Inhalt, sondern das sich hell werdende Selbstbewußtsein eines allumgreifenden Antriebs, dem aufgehen soll, was eigentlich ist und was er selber ist und soll, so ist zu versuchen, diesen Antrieb in der Mannigfaltigkeit seiner Erscheinungen uns spürbar zu machen und, wenn möglich, in uns selber zu erwecken, diesen Antrieb, aus dem das Erkennen folgt, der sogar selbst das Erkennen ist. Was wir nacheinander behandeln, soll hinlenken auf das Eine, das Platonische philosophierende Wirklichwerden des Menschen.

Vorher ist noch ein Blick zu werfen auf die Voraussetzungen dieses Philosophierens, auf seine Gründung in Sokrates und auf seine Beziehung zur gesamten vorsokratischen (besser vorplatonischen) Philosophie.

c) *Plato und Sokrates.* – Für Plato lag der Ursprung seiner Philosophie in der Erschütterung des Jünglings durch Sokrates. Der einzige Mann erweckte, worauf allein es ankommt: die Sorge um die Seele durch das rechte Leben in bezug auf das ewige Sein selbst. Die Liebe zu diesem Mann war eins mit dem eigenen Aufschwung. Platos Philosophie gründet in der lebenwährenden persönlichen Bindung. Der feste Punkt dieser Philosophie ist nicht die Natur, nicht die Welt, nicht der Mensch, nicht ein Forschungsgegenstand, nicht ein Satz, sondern alles dieses darum, weil die begründende Mitte von allem ein Mensch ist. Die Weise dieser Bindung zu sehen, ist eine der Bedingungen des Plato-Verständnisses.

In den Dialogen entwickelt Plato seine Philosophie als Schöpfung des Sokrates. Der originalste Denker verzichtet darauf, seine Originalität zu zeigen. Plato denkt gleichsam in Sokrates. Wir wissen nicht, wie sehr sein eigenes Denken in dem wurzelt, was ihm im Gespräch mit Sokrates mitgeteilt wurde, oder was ihm angesichts der Wirklichkeit des Sokrates aufging, und was er dann wie selbstverständlich als Denken des Sokrates auffaßte, obgleich Sokrates es nie gedacht hatte (dahin gehört die Ideenlehre in der Gestalt, von der Sokrates im Phaidon berichtet, wie er sie gefunden habe). Man kann sagen: Plato bringe zuerst nicht die Philosophie hervor, sondern den Philosophen, aber den, der in Wirklichkeit von ihm gesehen wurde. Er zeigte die Philosophie in der Darstellung des Philosophen. Plato »dichtet« den Philosophen in dem wirklichen, gekannten, geliebten Menschen. Die Philosophie ist nicht mehr unmittelbar sachlich, sondern mittelbar sachlich. Als ob sie mitgedichtet würde in der Dichtung des Philosophen. Aber was gedichtet wird, ist nicht nur ein abzubildender individueller Mensch, sondern der Mensch schlechthin in seiner möglichen Unergründlichkeit als Denker.

Sokrates ist historische Realität auch ohne Plato. Aber der historische Sokrates und der Platonische sind untrennbar. In der Wirklichkeit des Sokrates erblickte Plato dessen Wesen. Dieses ließ er sich in seinen dialogischen Darstellungen frei entfalten, immer mit dem Willen zur Wahrheit des Wesens, aber nicht gebunden an belegbare Tatsächlichkeiten. Daher ist bei ihm die Dichtung des Philosophen vielmehr die Anschauung und Wahrheit der Wesenswirklichkeit des Sokrates. Sokrates ist in der Mannigfaltigkeit der Aspekte ein einziges großes Ganzes durch die Dialoge. Sie ergänzen und erfüllen sich gegenseitig. Der Leser hat ständig den einen Sokrates gegenwärtig, auch wenn seine Erscheinung sich in besonderen Richtungen darstellt. In den meisten Dialogen Platos ist Sokrates die Hauptperson, erst in manchen späten wird er Nebenfigur, in den »Gesetzen« ist er verschwunden. Diese Tatsache ist der Ausdruck dafür, daß es sich schließlich um Dinge handelt, die dem Wesen des Sokrates nicht mehr zugehören.

Kann Dichtung Wirklichkeit zeigen? Aber was ist überhaupt in der Anschauung eines Menschen objektive Wahrheit? Aufzeigbar für alle zwingend sind nur Äußerlichkeiten. Was ein Mensch eigentlich sei, das ist untrennbar Realität und Idee, Verwirklichung und Möglichkeit, ständiges Treffen und Verfehlen seiner selbst, ein Weg des »Werde, was du bist«. Nur moderne Psychologen meinen über einen Menschen Bescheid zu wissen, wenn sie ein Gutachten über ihn machen. Was ein Mensch ist, leuchtet auf im Auge dessen, der ihn liebt; denn echte Liebe ist hellsichtig, nicht blind. Was Plato in Sokrates sah, das war Sokrates wirklich – der Idee nach, in sichtbaren Verwirklichungen und in dem, was äußerlich auch so aussehen konnte, wie Xenophon es wiedergibt.

Eine objektive Grenze zwischen den Gedanken von Sokrates und Plato ist nicht zu ziehen. Das ist, wo persönliche Gemeinschaft ist, überhaupt nicht möglich. Hier gibt es keine Besitzrechte. Plato entfaltet, was in einem Gedanken sachlich liegt, was in einer Gedankenwirklichkeit entspringen kann. Sokrates–Plato ist der einzige Fall in der Philosophiegeschichte, daß ein Denker seine Größe nur mit dem anderen hat, der eine durch den anderen ist, Plato für uns empirisch wirklich, Sokrates in seiner geschichtlichen Wirkung auf Plato.

Das Grundverhältnis zu Sokrates hat für das Platonische Philosophieren vor allem drei Folgen:

Erstens: Plato band sein Denken an den Philosophen und nicht nur an eine abstrakte, allgemeine, freischwebende Wahrheit. Die Darstellung des Philosophierens ineins mit der Darstellung des Philosophen hält die Einheit von Denken und Existieren fest. Das ist die bleibende geschichtliche Konkretheit des Platonischen Denkens in dem Gehalt dieses Ursprungs (wenn auch von Plato ohne Bewußtheit der Geschichtlichkeit, vielmehr von ihm umgekehrt als Ergreifen des Allgemeinen interpretiert). Dadurch wird Plato möglich, was keiner bloßen Lehre möglich ist: die freie Unbefangenheit zugleich mit der geschichtlichen Bindung; das Wagen jedes Gedankens, weil er nicht in die Bodenlosigkeit führt, sondern immer wieder an dem einen Mann und seinem Wesen Halt hat. Daher bei Plato das Maß, die Begrenzung und die Aufhebung allen ins bloß Allgemeine geratenden Philosophierens. Aber zugleich geschieht das Einzigartige: Auch die Person des Sokrates wird nicht dogmatisiert. Vielmehr bleibt in der Liebe die Freiheit. Plato denkt weder im Gehorsam an eine fixierte Lehre noch in der Unterwerfung unter einen vergötterten Menschen, sondern allein in der Bindung an das sich noch grenzenlos weiter entfaltende Wesen einer Vergewisserung in der Gemeinschaft von Menschen.

Zweitens: Plato befreite sich in gewissen Zusammenhängen von der Notwendigkeit, selbst im eigenen Namen zu sagen, was er aus eigener Autorität vielleicht nicht wagen mochte. Er läßt es Sokrates sagen, den verklärten, wie Sokrates selbst noch wieder an der Grenze andere sprechen läßt, die Diotima oder die Berichterstatter der Mythen. In dieser Haltung liegt: Der Anspruch der Philosophie scheint zu groß, als daß einer es auch nur wagen möchte, sich selbst einen Philosophen zu nennen. Er wagt es eher, den anderen als den Philosophen zu zeigen und zu lieben, als es schon selbst zu sein (wie Kant, der sich wehrte, sich einen Philosophen zu nennen).

Drittens: In der Verdoppelung zu Sokrates–Plato wird die Isolierung des Einzelnen aufgehoben. Der Monolog, das Alleinsein, das Sich-auf-sich-Verlassen macht alles Wahre fragwürdig. »Die Wahrheit beginnt zu zweien« (Nietzsche). Die Nichtigkeit des Individuums bedarf, um ein Selbstsein zu werden, des Anderen. Der Mensch als er selbst vertraut sich erst mit dem Anderen. –

Wenn die Zweiheit und Einheit Sokrates–Plato in der Philosophiegeschichte ein einziges Faktum ist, so ist sie doch von allumgreifender Wahrheit. Zwar ist sie nicht wiederholbar, aber etwas, woran immer wieder anklingt, was im Philosophieren bewegt: die Liebe zum großen Menschen, die Liebe zum einzelnen Menschen; sie ist die Ermutigung im Wagnis des Philosophierens. Es bleibt zumeist anonym, aber ein Anklang ist in der Geschichte nicht selten zu spüren. Sokrates und Plato sind ein Urbild. Jeder Jüngling sucht vielleicht seinen Sokrates. Ein philosophierender Mensch wagt es nicht als er selbst, sondern »dichtet« den Philosophen in der Wirklichkeit des Besten oder der Besten, die ihm lebendig begegneten (solch wahres Dichten trifft die sich ihm offenbarende Wirklichkeit selbst). Und im Gegensatz dazu, welche wunderlich fremde Atmosphäre, welch falsches Licht, wo das Denken kommunikationslos zu werden scheint und wo die kommunikationslosen Denkgebilde sich übertragen als Redeweisen von Schulen und als literarische Manieren.

Sokrates und Plato sind nicht die Wiederholung des Gleichen, sie sind völlig verschieden. Obgleich Sokrates historisch schwer faßbar, Plato eine unbezweifelbare historische Realität ist, sind beide Realitäten doch zu vergleichen. Es ist Plato, der in der Reaktion auf Sokrates, in der Auffassung des Sokrates, mit Sokrates die Philosophie als Werk hervorbringt. Der Tod des Sokrates führt Plato zu tiefer Einsicht, aber dieser Tod macht ihm auch klar, daß er selbst einen anderen Weg der Verwirklichung des Philosophierens suchen soll als Sokrates ihn gegangen ist. Sokrates wagte, im Dienste der von der Gottheit gestellten Aufgabe, den Haß gegen sich am Ende immer mehr zu provozieren und wurde Märtyrer. Plato ist keineswegs bereit, auf gleiche Weise zu sterben. Während Sokrates in Athen stets auf der Straße war, vermag Plato sich grundsätzlich zurückzuziehen, der Gegenwart als einem Heillosen den Rücken zu kehren. Er findet die Worte im Staat: in bösen Zeiten sich verbergen und unterstellen unter ein Dach, bis Sturm und Regen vorübergehen. Sokrates ist gebunden an Athen, Plato bleibt zwar Athener, aber ist auf dem Wege zum Weltbürger, könnte auch außerhalb der Vaterstadt leben und wirken. Sokrates philosophiert ganz gegenwärtig, Plato durch Vermittlung, schulgründend, lehrend. Sokrates bleibt auf dem Markte, Plato bewahrt sich mit einer erlesenen Gesellschaft in der Akademie. Sokrates schreibt keine Zeile, Plato hinterläßt sein gewaltiges schriftliches Werk.

d) *Die Bedeutung der überlieferten Philosophie für Plato.* – Platos Werk ist sachlich erwachsen im Zusammenhang mit den alten und gegenwärtigen Philosophien. Es ist, als ob alle vorhergehenden griechischen Gedanken, aus vielen Quellen unabhängig von einander fließend, in Platos umgreifendes Bewußtsein münden. Aber diese Herkünfte sind bei ihm eingeschmolzen, weil in einen neuen Sinnzusammenhang aufgenommen. Wir studieren Plato zwar ohne beständige Rückblicke und Seitenblicke. Aber die Abhängigkeiten und deren Bedeutung müssen uns bewußt sein.

Plato eignete sich fortschreitend die gesamte philosophische Überlieferung an. Es gab den Kosmosgedanken der milesischen Philosophen (Thales, Anaximander, Anaximenes), des Anaxagoras und Empedokles. Es gab das Ethos des griechischen Adels, dann der sieben Weisen. – Es gab die bis heute gültigen Seinserhellungen des Heraklit und Parmenides. – Es gab die Verwerfung der Mythen als einer Befleckung der Götter und den Eingottesgedanken des Xenophanes. – Es gab die orphisch-pythagoreischen Seelenlehren, die Lehre von der Unsterblichkeit und die Wiederkehr in neuen Geburten. – Es gab die Ansätze von Wissenschaften in Geographie und Medizin, und es gab die große, Plato zeitgenössische, von Entdeckung zu Entdeckung schreitende Forschung in Mathematik und Astronomie. – Es gab die intellektuellen Radikalitäten des sophistischen Zeitalters, die Erfahrung der logischen Konsequenzen und Verirrungen. – All dies Vorhergehende ist wesentlich, um Plato zu verstehen. Seine Fülle ruht auf diesem Grunde. Die Weltauffassungen und Glaubensgehalte, die methodischen Denkversuche, die sichtbar gewordenen Gestalten der Denker und die fühlbar gewordenen Mächte, die bewußt gewordenen Situationen des Menschen und was an Fragen aufgetreten war, – alles hat Plato aufgegriffen und anverwandelt.

Die überlieferten Gedanken charakterisiert Plato in ihrer Gesamtheit einmal auf folgende Weise: Was diese Denker vortrugen, sind

Märchen (Mythoi), als wären wir Kinder. Der eine behauptet dies, der andere das, ohne Begründung: das Seiende sei drei; einiges liege im Kampf, anderes liebe sich dann wieder; es gebe zwei, Nasses und Trockenes, Warmes und Kaltes usw.; es sei nur Eines; das Seiende sei Vieles und Eines. Damit aber reden sie wie über unsere Köpfe hinweg. Ohne sich darum zu kümmern, ob wir ihren Ausführungen auch folgen, oder ob wir nicht mitkommen können, führt ein jeder seine eigene Sache durch. Es ist fraglich, ob wir den jeweiligen Sinn der Worte auch verstehen. Schwer zu entscheiden ist, ob mit alledem einer von ihnen recht habe oder nicht.

Diese Inhalte werden für Plato zum Anstoß. Er faßt sie auf, befragt sie, bringt sie in Bewegung, sie bedeuten etwas Anderes, geraten als Ganzes in die Schwebe. Man findet bei Plato diese überlieferten Gegenstände, zum Teil mit Namen, zum Teil ohne Namen. Platos Texte sind insofern auch eine Quelle für vorplatonische Philosophie.

Seine Anverwandlung vollzieht Plato nicht als der große synthetische Kopf, der alles in einem universalen Gebäude vereint. Seine Aufnahme der alten Gedanken ist vielmehr ein Tieferdringen, nicht in die schon bekannten Sachen, sondern in das Denken selbst und damit erst in die Sachen. Die überlieferten Gedanken werden von Plato aus der Wirklichkeit in die Möglichkeit gehoben. Die Handgreiflichkeit und die Ausschließlichkeit der Gedanken werden von ihm eingeschmolzen.

Vorplatonisch gab es das dichterische Aussprechen der Dinge. Es gab die Erfahrung von Erscheinungsfolgen in der Natur und im Menschenleben, und es gab die Weisheitssprüche. Es gab die objektivierende Erkenntnis, die die Dinge statt nach der alten Analogie personenhafter Wirksamkeit (durch Mythen) nach einer neuen Analogie mechanischer Wirkungen dachte (etwa in der Auffassung der Sterne als Löcher in der Himmelsschale, durch die das Außenfeuer durchscheint, bis zur Deutung der Dinge durch Druck und Stoß vielfach geformter kleinster unteilbarer Teile). Es gab die Entwürfe eines Totalwissens von Welt und Mensch in mehreren sich widersprechenden Gestalten. Diese und andere Wissensweisen verwandelte Plato, ohne sie in ihrem beschränkten Sinn preiszugeben, dadurch, daß er sie auffaßte, distanzierte, über sie verfügte und mit ihnen Gedanken vollzog, durch die er ihren Sinn überschritt. Er verwandelte sie in Versuche und brachte sie dadurch in Bewegung. Er befreite sich von den Fesseln alles Gedachten, das ausgesprochen war, als ob das Gedachte und Gesagte schon das Sein sei.

Er löste sich aus jeder Gefangenschaft, in der uns alles, was immer gedacht wird, halten möchte.

Mit dieser Befreiung ermöglichte er das innere Handeln im Denken. Er gab dem Denken mit seiner Freiheit auch erst seine existentielle Wirkensmacht. Mit der freien Verfügung über Denkbarkeiten drang er in das ursprüngliche Denken, das Denken selber, das nicht anders als im Medium der Verfügbarkeiten mitteilbar wird, aber ohne durch sie in neue Befangenheiten zu geraten.

Mit Platos Verfahren hat die Wahrheit selbst einen anderen Charakter gewonnen. Sie ist nicht mehr einfach als der Inhalt des Gesagten, als Gegenstand der Anschauung, als gebannt in Aussage, Behauptung, in die Sprache als solche. So war es bis dahin im Philosophieren. Plato gewinnt das Bewußtsein davon und wird dadurch auf eine bis dahin unerhörte Weise frei. So großartig die vorplatonische Philosophie in ihren ehernen Gebilden, in ihrer Nähe zum Ursprung, in ihrer unendlichen Deutbarkeit ist, – wir vermögen sie zu bewundern, nicht in sie einzutreten. Denn diese Philosophien sind in ihrer Radikalität doch wie neue vielfache Befangenheiten. Daher kann es uns geschehen, daß wir aufatmen, wenn wir von den Vorsokratikern zu Plato kommen, während unsere romantische Sehnsucht dorthin zurückblicken mag wie in eine verlorene Welt von Uroffenbarungen des Gedankens.

II. Die platonische Philosophie

Die Platonische Philosophie ist darstellbar in ihren Lehren: in der Ideenlehre, dem Gottesgedanken, der Seelenlehre, den Staatsentwürfen, dem Weltalldenken. Jedesmal wird ein umfassendes Ganzes getroffen, alle diese Ganzheiten beziehen sich aufeinander. Um aber auf den Ursprung zu kommen, von dem her all dies seinen Sinn hat, muß von uns jenes neue, durch Sokrates geforderte Denken umkreist werden. Wenn dieses der Natur der Sache nach nicht in unserem Wissen von ihm eingefangen werden kann, da es vielmehr seinerseits all solches Wissenwollen einfängt, weil umgreift, so ist es doch möglich, Platos dorthin zeigende Gedanken zu vergegenwärtigen. Von dorther wird der Antrieb fühlbar, der, unerschöpft bis heute, die eigentliche Kraft des Platonischen Denkens ist. In ihm – nicht in irgendwelchen Lehren, Gedankengebilden, Gestalten – sind die Platoniker der Jahrtausende vereint, ohne bis heute sagen zu können, was es eigentlich ist. Wir versuchen es darzustellen unter den Überschriften: Das Platonische Denken, – Die Frage der Mitteilbarkeit solchen Denkens, – Die Frage nach der Substanz dieses Denkens: dem Eros in Idee und Dialektik.

1. Das Platonische Denken

a) *Die Frühdialoge:* Sie bringen, noch in nächster Nähe zu Sokrates, das Geheimnis der Helligkeit des Denkens zur Darstellung, und zwar in der Frage nach der Arete (Tugend, Tüchtigkeit), was sie sei, ob sie lehrbar, ob sie Wissen, ob sie eine oder vielfach sei.

Die Frühdialoge kreisen philosophisch alle um dieses eine Thema (Jaeger), das der »Sorge um die Seele« entspringt.

Arete als Grundbegriff fand Plato vor. Das Wort meint jede Vortrefflichkeit, die aller Dinge und besonders die des Menschen. Es meint den Glanz agonaler Tüchtigkeit, die besondere Arete des Mannes, der Frau, der Lebensalter. Es meint dann das Sein und das Sollen in der sittlichen Arete, die besonderen Eigenschaften der Gerechtigkeit, Tapferkeit, Weisheit, Besonnenheit, Frömmigkeit, Liberalität und den Inbegriff aller Aretai. Es bedeutet die bürgerliche Arete und die persönliche. In den Raum dieser Bedeutungen gehören Platonische Sätze wie: die Arete eines jeden Dinges bestehe in dem, wodurch es seine Aufgabe erfülle.

Die Sophisten erheben den Anspruch, die Arete zu lehren, besonders die politische Arete. Sie wollen lehren, wie man zum Erfolg und zur Macht kommt. Sokrates meint dagegen, für jede Sache wähle man doch die Sachverständigen: für die Landwirtschaft, das Steuern des Schiffes, das Schuhmachen, die Tischlerei (wer etwas lernen solle, den schicke man zu solchen Sachverständigen). Wer aber sei sachverständig für die Erziehung, für die Arete im ganzen, wer für die Staatsangelegenheiten? Wer also sei sachverständig für das Allerwichtigste? Viele Aretai seien offenbar lehrbar. Daß aber keine Lehre der wichtigsten Arete möglich sei, das zeige sich darin, daß die großen und erfolgreichen, an Arete für Staatsangelegenheiten reichen Männer ihre eigenen Söhne nicht lehren können; daß einsichtsvolle Bürger nicht imstande sind, ihre Arete auf andere zu übertragen.

Wenn die Arete lehrbar ist, muß sie ein Wissen sein. Aber es gibt Aretai, die angeboren und nicht Wissen sind, wie die Tapferkeit. Es gibt andere, die durch Übung anzueignen sind, wie die der Handwerker. Wenn es ein Wissen der Arete gibt, so ist weiter zu unterscheiden, ob dieses Wissen für die Arete als Mittel nützlich ist oder ob es ein Wissen gibt, das selbst die Arete ist, derart, daß die Arete Wissen, das Wissen selbst das Sein des gut Handelnden ist. Die Lehrbarkeit dieses Wissens muß einen ganz anderen Charakter haben als die Lehrbarkeit eines Wissens, das Mittel zum Zweck ist. Soweit dies letztere reicht, haben die Sophisten nicht unrecht. Das erstere aber liegt als Wissen und als Lehrbarkeit auf einer anderen Ebene. Dieses Wissen, das nicht Mittel zu einem Anderen, sondern selber Zweck und Vollendung ist, das als Denken die Gegenwart des denkenden Handelns, des Menschen selbst ist, sucht Plato.

Dasselbe sei noch einmal in einer Abwandlung gesagt: Wir wissen etwas, wir können etwas (techne), jedesmal ein Besonderes. Die Frage ist dann: wozu dieses Wissen und seine Leistung? Denn dieses Ganze kann gut und schlecht gebraucht werden. Es kommt auf ein anderes Wissen an, das die Antwort auf die Frage »wozu gut?« durch sich selbst gibt, und zwar so, daß ein Weiterfragen nicht möglich ist, weil das Gute selbst vor Augen steht. In diesem Wissen ist die letzte Instanz gegenwärtig. In ihm wird die Antwort gehört auf die Fragen: in wessen Dienst, von woher, im Blick auf was ist etwas gut? nicht durch Bezug auf ein Anderes, sondern durch es selbst. Dieser Grundgedanke ist der Form nach einfach, dem Gehalte nach unendlich wesentlich, in der Verwirklichung so schwierig, daß er, ohne seinen letzten und ganzen Sinn im Ausgesagtsein zu erreichen, bei Plato immer wiederkehrt.

In den Frühdialogen kommt er in Abwandlungen zum Ausdruck, z. B. in der Frage: Was ist das uns Liebe (philon), das zuletzt das Liebe selbst ist? Würden wir immer weiter nach dem Wozu fragen, so müßte uns der Atem ausgehen, wenn wir nicht zu einem Anfang gelangen, der sich nicht mehr auf anderes Liebes bezieht, sondern wo das Fragen seinen Stillstand findet bei dem, was *das ursprünglich Liebe* ist, um dessentwillen wir auch erst alles andere für lieb erklären. Unser Bemühen ist nicht gerichtet auf die Mittel, die der Erreichung des Zwecks dienen, sondern auf den Zweck selbst, um dessentwillen all diese Mittel in Bereitschaft gestellt werden (Lysis).

Nehmen wir an, es gäbe einen Wundermann, der neben dem Zukünftigen auch alles Vergangene wüßte und alles Gegenwärtige, kurz, dem nichts verborgen wäre. Welches von allen Wissensfächern macht ihn glücklich oder tun es alle gleichmäßig: Brettspielkunst, Rechenkunst, Gesundheitslehre? Es zeigt sich, daß keines und daß nicht alle zusammen, daß Sachkunde überhaupt als solche nicht glücklich leben läßt. Glücklich leben ist nur möglich nach dem einen Wissen, dem *Wissen vom Guten.* Wenn dieses eine Wissen fehlt, dann ist es auch für uns vorbei mit dem wahren Nutzen all jenes einzelnen Fachwissens. Dieses eine Wissen ist auch nicht die Besonnenheit, auch nicht das Wissen des Wissens und der Unwissenheit, sondern allein das des Guten und Schlechten (Charmides).

Wissen und Können sind getrennt von ihrem Zweck. Der Verfertiger der Leier macht nicht die Musik. Der Jäger liefert für die Küche. Der Feldherr übergibt das Eroberte dem Staatsmann. Wir bedürfen eines Wissens und einer Kunst (techne), die, *was sie in ihren Besitz gebracht hat, auch zu gebrauchen weiß.* Oder anders: Wir bedürfen eines Wissens und Könnens, bei denen die Herstellungstätigkeit unmittelbar *zusammenfällt* mit dem Verständnis für den Gebrauch des Hergestellten. Selbst eine Kunst, die sich darauf verstände, uns unsterblich zu machen, würde uns nichts nützen ohne das Wissen vom rechten Gebrauch der Unsterblichkeit. Wenn wir aber das Wissen und Können ohne Koinzidenz mit ihrem rechten Gebrauch erwerben, so sind wir lächerlich wie Kinder, die nach Lerchen haschen: bei jeder Wissenschaft glauben wir, wir hätten die Erkenntnisse schon in den Händen, aber stets fliegen sie uns wieder davon (Euthydem).

In der fühlbaren Richtung auf den Zielpunkt, an dem das Suchen aufhören würde, ist dieses Denken in einem gewissen, unaussagbaren Sinne immer schon dort, aber in dem Sinne der Aussagbarkeit wechseln die Positionen. Die endgültige Antwort bleibt aus. Die Ausweglosigkeit (Aporie) für den bloßen Verstand ist der Charakter der Frühdialoge und hört im Grunde nie auf. Die Platonische Philosophie beginnt mit dem Sokratischen Arete-Denken. Sie bleibt bis zuletzt (der Altersvorlesung über das Gute) gebunden an dessen Sinn. Diese Wissensweise erweitert und erfüllt sich in der Folge über alles Wißbare hin, über Mensch, Staat, Welt. Was in den Frühdialogen schon da ist, das zeigt sich in dem anscheinend keine Grenzen des Wachstums kennenden gesamten Platonischen Philosophieren.

Im Wirbel der Sophistik wollte Sokrates und mit ihm Plato den Boden gewinnen durch das Denken selber. Das wird nur möglich mit einer neuen Dimension des Wissens.

b) *Der Sinn dieses Denkens:* Der damals wie heute geläufige Wissensbegriff meint ein Wissen von etwas. Es betrifft je einen Gegenstand. Ich weiß oder weiß es nicht. Erwerbe ich Wissen, so habe ich einen Besitz. Ich erwerbe es durch Arbeit meines Verstandes und Gedächtnisses. Ich kann es als Bescheidwissen weitergeben. Dies Wissen bedeutet als Können eine Macht durch Anwendung. Über das Gewußte kann ich verfügen, mit Hilfe des Wissens habe ich eine je beschränkte Gewalt über Anderes. Dieses Andere kann außer mir oder in mir sein. Es ist nicht ich selbst.

Plato hat dies Wissen im Auge und vollzieht es selber. Er rettet es gegenüber dem intellektuellen Wirbel, in dem alle Begriffe ihren Sinn wandeln, daher nichts Gleichbleibendes mehr identisch gemeint werden kann, vielmehr der Beliebigkeit Raum gegeben ist. Er geht auf

Begriffe, die einen festen definierbaren Sinn haben, allgemein gegenüber den vielen einzelnen Fällen, allgemeingültig für alle sind.

Das aber genügt nicht. Man hat die Leistung des Plato darin sehen wollen, daß er ein zwingendes beweisbares wissenschaftliches Wissen gefunden hätte. Das ist vielleicht richtig, aber für ihn nur eine Voraussetzung im Rahmen des geläufigen Wissensbegriffs. Das Entscheidende ist etwas Anderes. Das geläufige Wissen erweist sich als ein Wissen ohne Ziel und Sinn, weil ohne Endziel. Es stellt einen beschränkten Wissensbegriff fest, denn es fesselt an besondere Dinge. Es ist kein eigentliches Wissen, denn es ist zerstreut und nicht ursprünglich, denn es ist ohne Wurzel im Grunde.

Das Endziel würde nur erreicht, wenn über alle definierten Dinge hinaus ein Unbedingtes, wenn über alle nennbaren und mit neuem »Wozu?« befragbaren Zwecke der selbstgenügsame Endzweck, wenn über alles bestimmte Gute das Gute selbst erreicht würde. Wenn Plato allgemeine Begriffe in scharfen Bestimmungen sucht, so will er nicht beliebige Begriffsbestimmungen relativ richtiger Art, sondern er sucht mit ihrer Sprache unter der Idee jenes Unbedingten, nicht zu Überfragenden, nicht zu Überschreitenden eine Sprache jenes Unbedingten selbst. Daher scheitern alle endlichen Begriffsbestimmungen in Ausweglosigkeiten (Aporien). In diesen ist der Sinn des Zieles aber um so entschiedener gespürt, jedoch auch um so klarer nicht gewußt.

Gemessen an einem Wissen, das Sinn und Maß und das die Führung für die Entscheidung im inneren und äußeren Handeln bringt, ist geläufiges Wissen, durch das man im so Gewußten die Sache selbst zu haben meint, ein festgefahrenes, fälschlich mit sich zufriedenes, unvollendetes Wissen. Dieses gewinnt seine Wahrheit durch die Entschränkung, wenn es durch Wissen des Nichtwissens sich selber durchsichtig wird.

Das ursprüngliche Wissen wäre nicht nur, wie das geläufige, ein Wissen von etwas, sondern wäre eins mit der Wirklichkeit des Wissenden. Durch die reichste Entfaltung des Wissens von etwas soll das ursprüngliche Wissen dort zu sich selbst kommen, wo es nicht mehr ein Etwas zu wissen braucht, sondern im Wissen bei sich selber ist.

Solange Plato auf diesem Wege über das gültige Wissen zum ursprünglichen Wissen ist, kann er vom Inhalt des ursprünglichen Wissens selber keine Lehre bringen, wie es Lehren gibt in allen Wissensgebieten, die von etwas handeln. Es kann nicht als dogmatisches Ergebnis mitgeteilt, kein System dieses Wissens entworfen werden. Wohl aber wird ein sachlich geführtes Sprechen in Frage und Antwort (in Untersuchung) möglich, um einen Weg zu gehen (Methode), auf dem jene letzte Erleuchtung zur Führung gelangt, ohne Gegenstand zu werden. Erkennend und wissend zu leben, ist die höchste Möglichkeit des Menschen. Die Anweisung zum rechten Leben fällt zusammen mit dem Anspruch dieses Denkens.

Weil das Denken, das hier gewollt wird, über das gegenständliche Denken des geläufigen Wissensbegriffs hinausgeht, ist dieses immer in Bewegung bleibende Erkennen so schwer greifbar. Es hat jederzeit bestimmte logisch faßliche Erkenntnisinhalte vor Augen und geht mit ihnen über sie hinaus. Der Weg scheint beides zugleich zu erreichen – sachlich zwingendes Wissen im Aufweisen und Schließen und den Zugang zum Ursprünglichen, das als das Ewige gegenwärtig ist. Solches Denken ist für den bloßen Verstand, der nur die unmittelbar vorgewiesenen Inhalte begreift, undurchsichtig, während er selber, ohne Hintergrund und ohne Führung, sich in der Endlosigkeit des bestimmten Richtigen bewegt.

Dieses Denken beruht nicht auf der Erfindung einer Methode, die als eine Operationstechnik wiederholbar wäre, durch die dann wie in der wissenschaftlichen Forschung fortschreitend neue Ergebnisse durch Mitarbeit vieler gewonnen würden. Dieses Denken ist viel mehr selber ein Prozeß, dessen Vollzug sich in Plato sein Leben hindurch neuer Formen bedient, unendlich erfinderisch ohne eigentlichen Fortschritt stattfindet. In der Klarheit des Denkens soll sich offenbaren, was nicht schon diese Klarheit ist. Der Abschluß dieses Weges ist im Dasein nicht zu erreichen, aber im Erkennen aus dem Ursprung zieht das darin Offenbarwerdende zu sich hin.

Plato ist sich des Denkens, dessen Macht und Grenze, bewußt geworden. Um die Wahrheit wirklich werden zu lassen, muß die gegenständliche Festigkeit des Gedachten, nachdem sie ergriffen und dienstbar gemacht ist, aufgehoben werden; dann wird es nicht falscher Boden der Existenz in Gestalt rationaler Gewißheit, nicht Faulbett für uns, die wir forschen, aber nicht besitzen sollen, nicht Ausweichen für uns, die wir weitergehen sollen, nicht Schlupfwinkel für Selbsttäuschungen. Das ist der Sinn, daß Plato »alles Gegenständliche verdampfen läßt in seiner Methode« (Goethe).

c) *Die wesentlichen Charakterzüge dieses Denkens. Erstens: Es geht auf das Eine:* Die Arete ist eine, nicht viele. Die höchste Instanz ist eine. Als die Ideenlehre entworfen wird, heißt das Eine die Idee des

Guten. Dieses Eine aber ist weder als Arete, noch als höchste Instanz, noch als das Gute ein Allgemeinbegriff, unter den das Vorkommende als Fall subsumiert würde. Es ist nicht das Ziel, das als Zweck vor Augen steht. Es ist nicht ein Maßstab, an dem man richtig und unrichtig unterscheidet. Es ist vielmehr das, was alles begrifflich bestimmt Gedachte erst eigentlich erleuchtet, alle Zwecke in einem unbedingten, nicht weiter zu überfragenden Zwecke begründet, alles bloß Richtige erst wahr werden läßt. Es ist das schlechthin Führende, auf das hin zu denken und zu leben dem Dasein erst Sinn verleiht.

Wir vermögen es nicht wie bestimmte Begriffe in voller Genauigkeit zu kennen. Aber wenn wir auch alles andere noch so genau ohne es kennen, so bringt uns das keine Befriedigung. In all unserem Denken, dem genauen, das Höchstmaß an Genauigkeit mit Recht und unerläßlich erstrebendem Denken, sind wir gerichtet auf das, was wir nicht genau, das heißt nicht in der Form des bestimmten Verstandeswissens kennen, auf dies Unsagbare hin, dieses Eine, das, während es uns lenkt, noch offen bleibt, das zwar im klarsten Sagen berührt wird, aber nur im Durchbruch des Verstandesdenkens über alle faßlichen Wißbarkeiten hinaus erfahren werden kann.

Zweitens: Es ist eins mit dem Selbstbewußtsein: Wer besonnen ist, weiß, daß er besonnen ist. Besonnenheit und Selbsterkenntnis ist dasselbe. Sie allein ist ein Wissen sowohl des anderen Wissens wie ihrer selbst. Kein Seiendes hat eine natürliche Beziehung auf sich selbst, sondern nur auf ein Anderes. Das Denken im Selbstbewußtsein ist die einzige Ausnahme.

Dieses Selbstbewußtsein will mit sich selbst einstimmig sein. »Ich möchte lieber, daß meine Leier mißtönend wäre, daß die meisten Menschen mir widersprächen, als daß ich, ich einer, mit mir nicht im Einklang wäre und mir widerspräche.«

Nur wer mit sich einstimmig ist, kann mit anderen einstimmig sein. Die Gleichmäßigkeit der Stimmung in sich selbst zur Herrschaft zu bringen, das bedeutet, sich selbst befreundet zu werden und andere zu Freunden zu gewinnen.

Damit ist das Selbstsein das Eigene (oikeion), Ursprüngliche, Echte. Das für jeden Beste ist das für ihn am meisten Eigentümliche; dieses aber ist es nur im Guten. »Die Menschen sind ja bereit, ihre eigenen Hände und Füße abschneiden zu lassen, wenn sie ihnen schändlich zu sein scheinen, denn sie alle hängen nicht am Eigenen, wenn man nicht das Gute verwandt nennt und eigen, aber das Schlechte fremd.«

Drittens: Das neue Denken ist nicht wesentlich Erwerb von etwas Anderem, sondern Aufstieg des eigenen Wesens: Mit diesem Wissen verwandelt sich der Mensch. Das Aufsteigen im Selbstdenken vermöge eines Geführtwerdens von dem, was im Selbstdenken sich fühlbar macht, ist seit Plato der Grundzug philosophischen Denkens bis hin zu Kants Formulierung der Aufklärung als »Ausgang von der selbstverschuldeten Unmündigkeit«.

Daher ist kein Erkennen indifferent. Noch in seinen scheinbar gleichgültigsten Gestalten fragt es sich, ob es Moment des Aufstiegs wird oder nicht. Kein Wissen ist ohne Wirkung auf die Seele. Kenntnisse darf man nicht kaufen wie Nahrungsmittel. Diese trägt man in einem Gefäß fort und kann den Sachverständigen fragen, ob es gut ist, sie zu essen. Kenntnisse aber kann man nicht in einem anderen Gefäß heimtragen, sondern nur dadurch, daß man sie in die Seele selber aufnimmt, auf gut Glück, ob man sich dadurch Schaden oder Nutzen getan hat. Aus dem philosophischen Denken entspringt das Gewissen, das mich verantwortlich macht dafür, was ich gleichsam in mich hineinlasse, womit ich mich beschäftige. Was ich lese, arbeite, höre, sehe, welchen Wissensmöglichkeiten und Gefühlsmöglichkeiten ich mich hingebe, und wo ich mich zurücknehme, wie ich wähle und distanziere, nichts ist indifferent, alles wird eine Wirklichkeit in dem, was ich bin und werde.

d) *Zwei Sätze aus der Idee ursprünglichen Wissens:* Nur wenn dieser neue Wissensbegriff im Unterschied von dem geläufigen gegenwärtig ist, können zwei merkwürdige Urteile Platos verstanden und als wahr eingesehen werden.

Erstens: »Unwissenheit ist das größte Unheil.« Der fluchbeladene Mörder Dions wird von Plato zwar des Gesetzeshasses und der Gottlosigkeit beschuldigt, vor allem aber der »frechen Unwissenheit, dieser Wurzel allen Unheils für den Menschen«. Ist die Torheit bloße Unwissenheit, dann beschränkt sie sich auf leichtere Verfehlungen kindischer Art; sie ist nur Schwäche. Wenn die Unwissenheit aber verbunden mit dem Dünkel zu wissen, wenn sie dazu mit Macht gepaart ist, dann ist sie Quelle der schwersten Verschuldungen. Das vermeintliche Bescheidwissen ist das schlimmste Unheil. Unwissenheit ist es, zu wähnen, im endlos Wißbaren, in dem durch Lernen zum Besitz gewordenen Wissen schon das Wissen selbst zu haben. Das Wissen ist das Wissen im Nichtwissen unter Führung durch das Gute. Der Philosoph ist der Mensch, der mit seinem ganzen Wesen sich um Wissen bemüht, aber um das ursprüngliche Wissen, für das alles endliche Wissen ein Mittel ist. Der Erwerb des endlichen und beschränkten und als solches irreführenden Wissens hat Sinn und Wahrheit und ist unerläßlicher Weg unter Führung des ursprünglichen Wissens. Dieses Wissen ist ineins mit seiner immer heilvollen Auswirkung. Wo diese Auswirkung fehlt, ist auch kein Wissen. Wo die Wirkung unheilvoll ist, da ist der Grund die Unwissenheit des vermeintlichen Bescheidwissens in Gestalt des beschränkten Wissens.

Zweitens: »Niemand kann freiwillig Unrecht tun.« Denken wir an die Überwältigung durch Zorn und Lust, daran, daß wir etwas tun, obgleich wir wissen, daß es schadet, daß wir wollen, obgleich wir nicht wollen, so ist dies alles nach Plato unmöglich. Vielmehr nennt Plato »die Disharmonie zwischen Lust und Unlust einerseits und gegründeter Überzeugung andererseits die äußerste *Unwissenheit,* aber auch die größte und umfassendste, weil sie gleichsam die Masse unserer Seele beherrscht«. So sagt Plato in seinem letzten Werk, den Gesetzen, als er den Satz »Niemand kann freiwillig Unrecht tun«, den er seit den Frühdialogen oft wiederholt hat, noch einmal ausspricht. Der Satz kann nur Sinn haben, wenn das Wissen nicht als das endliche, sondern als das ursprüngliche Wissen gemeint ist.

Das *endliche Wissen* ist entweder gleichgültig, ohne Folgen, oder es hat Folgen in der technisch beherrschbaren Welt außer mir und in mir, ohne Verwandlung des so wissenden Menschen. Es ist, als ob dieses Wissen ihn gar nicht beträfe; daher ist es neutral gegen Gut und Böse, ist brauchbar und mißbrauchbar. Diese Erkenntnis wird »als Sklavin betrachtet, welche sich von allen anderen Seelenzuständen umherzerren und schleppen läßt«. Nur das *ursprüngliche Wissen* gibt diesem endlichen Wissen Führung und hebt damit seine Neutralität auf. Im ursprünglichen Wissen der Gerechtigkeit werde ich selber gerecht. Es ist nicht mehr ein Wissen, das ohne Folgen auch für sich bestehen könnte. Die Folgen aber sind das Wissen selbst. Wissen und Anwendung des Wissens sind nicht mehr trennbar. Weiß der Mensch, was recht ist, und tut das Gegenteil, so hat er in der Tat nicht gewußt.

Das Verhältnis von Wille und Wissen ist daher dieses: Der eigentliche Wille ist der wissende Wille. Ein Begehren im Überwältigtsein ist nicht Wille, sondern Unwissenheit. Nur der will, der das Gute will. Nur der handelt frei, der das Rechte tut. Das Gute und Rechte sind im ursprünglichen Wissen eins mit dem Wollen. Hier gilt nicht mehr die Vorstellung von Beherrschung der Triebe durch den Willen. Vielmehr ist im rechten Wissen, das zugleich der rechte Wille ist, das Nichtentsprechende erloschen und verschwunden. Weil es nicht mehr ist, ist es auch nicht mehr zu bekämpfen.

Der Satz, niemand könne freiwillig Unrecht tun, könne nicht wissend, gegen sein Wissen, das Böse vollziehen, gilt nur für dies eigentliche Wissen. Mit dem endlichen Wissen, das als solches noch Unwissenheit ist, kann ich absichtlich in bezug auf Zwecke der Lust, des Zorns, der Gewalt handeln oder ich kann unabsichtlich handeln aus dem bloßen Drang. Im endlichen Wissen von etwas kann ich auch gegen mein besseres Wissen etwas Schädliches tun, kann ich üble Folgen sei es in Kauf nehmen, sei es in meinem Bewußtsein verdrängen. Denn dieses Wissen, das ein Wissen von etwas ist, ist nicht das Wissen, das identisch ist mit der Wirklichkeit des Denkenden. Es bleibt als solches noch in jener Unwissenheit, die das größte Unheil ist.

Aus dem geläufigen Verstandeswissen ist der hohe Sinn des Platonischen Wissens nicht zu fassen. Das Geläufige ist, entweder festzuhalten an dem errechenbar Richtigen oder sich preiszugeben an das Dunkel, an das Gefühl, an die Antriebe, an das heute sogenannte Irrationale, das als solches begehrte. Das Rationale und das Irrationale sind eines wie das andere unverbindlich, ohne Verantwortung, weil ohne Führung der höchsten Instanz. Eines wird nur gegen das andere ausgespielt. Das Platonische Denken sucht das, was den nur scheinbar hellen Verstand durch ein ihn übersteigendes und erhellendes Wissen führt, und das, was im dunklen Irrationalen nur wahr ist, wenn es als ein Allgemeines hell wird. Beides ist das gleiche. Das philosophische Leben ist der Weg, ständig im Gegenständlichen des Verstandesdenkens darüber hinaus zu denken, und dort auf das zu treffen, was in der Erhellung des Dunkels, als das ich mir begegne, in meinem inneren Handeln mich zu mir selbst bringt. Das ist seit Plato die bewußte menschliche Aufgabe im Philosophieren. Sie ist weder durch bloßen Verstand zu lösen, noch durch bloße Gefühle, sondern allein im philosophisch erweckten ursprünglichen Denken selber.

Angesichts des Platonischen Denkens kann es scheinen: Alles entrinnt, indem das Höchste ergriffen wird. Zwei Fragen werden dringend: Kann solches Denken überhaupt mitgeteilt werden und wie? Plato bedenkt die Frage ausdrücklich. Die faktische Antwort erfolgt durch die Werkform des Dialogs, durch das Gewicht von Ironie und Spiel, durch die Methode der Dialektik. Die andere Frage ist: Was ist die Substanz dieses Denkens, oder die bewegende Kraft oder die im Suchen schon gegenwärtige Erfüllung? Die Antwort ist der Platonische Eros.

2. *Die Frage der Mitteilbarkeit*

Wenn das Wissen geschieden ist in das geläufige Wissen des Habens und Verfügens über etwas und in das ursprüngliche Wissen, das diesem geläufigen Wissen erst Sinn gibt, dann ist die Lehrbarkeit und damit die Mitteilbarkeit für beide Wissensweisen nicht die gleiche. Die Inhalte mathematischen, astronomischen, medizinischen Wissens, des handwerklichen Könnens sind lehrbar in einfacher, direkter Mitteilung. Das aber, was in ihnen die Wahrheit ist, die Wahrheit der Richtigkeit, das, woraus und woraufhin jenes lehrbare Wissen und das ganze Leben Sinn hat, das, dessen Maß nicht der Mensch, sondern welches das Maß des Menschen ist, wie ist das mitteilbar und lehrbar?

Die Wahrheit im Wissen, die den Gegenstand in seiner Aussagbarkeit und Definierbarkeit wohl als Weg, aber nicht als die letzte Form des Wissens zuläßt, wird vor die Frage gestellt: Kann sie überhaupt noch Sprache werden? Entrinnt sie nicht als »gegenstandslos« in das Unsagbare? Wahrheit aber, die aller Mitteilbarkeit sich entzöge, wäre nicht mehr Wahrheit. Wenn sie der direkten Mitteilung entzogen ist, so bleibt nur eine umwegige, indirekte Mitteilung. Wie diese sich vollziehen kann, ist durch Plato zu einer Grundfrage des Philosophierens geworden. Er hat diese Frage nicht abschließend beantwortet. Sie ist durch eine nur theoretische Einsicht weder einzusehen noch zu lösen. Sie ist als bewegende Frage zuerst von Plato in ihrer Radikalität aufgefaßt und umkreist worden.

Im Gastmahl bittet der auf dem Gipfel seines rauschhaften Erfolgs stehende Tragödiendichter Agathon den Sokrates, sich an seine Seite zu legen, »damit auch ich von der Weisheit genieße, ... offenbar hast du sie entdeckt und hältst sie«. Darauf Sokrates: »Schön wäre es, wenn die Weisheit aus dem Volleren ins Leere flösse, wenn wir einander berühren, ... denn ich glaube, viel herrliche Weisheit wird von dir auf mich überströmen, meine ist gering und zweifelhaft, sie ist wie ein Traum, deine aber ist glänzend, wie sie sich kundgab vorgestern vor dreißigtausend Hellenen.« Der Glanz der geläufigen jedermann zugänglichen Wahrheit (hier des Tragödiendichters) wird der verschwindenden Traumhaftigkeit der Philosophie gegenübergestellt. Das Gleichnis des Überfließens von einem Gefäß in das andere gilt nicht für die Wahrheit der Philosophie.

Geradezu spricht der alte Plato im Siebenten Brief von der Mitteilung der Wahrheit: »Es steht damit nicht so, wie mit anderen Lehrgegenständen: es läßt sich nicht in Worte fassen, sondern aus lange Zeit fortgesetztem, dem Gegenstande gewidmetem wissenschaftlichem Verkehr und aus entsprechender Lebensgemeinschaft tritt es plötzlich in der Seele hervor wie ein durch einen abspringenden Funken entzündetes Licht und nährt sich dann durch sich selbst.« Das Nichtgesagte und Nichtsagbare teilt sich im Sprechen indirekt mit, aber in der Weise des rückhaltlosen Sprechens, das in der umgreifenden Gemeinschaft stattfindet. Im Ruck eines Augenblicks leuchtet es zwischen Menschen auf, aber nur auf dem Grunde anhaltenden, das Leben verbindenden Umgangs.

Daher hat Plato die schriftliche Mitteilung gering geschätzt. Gerade das, worin die Wahrheit aufleuchtet: den wirklichen Umgang im Miteinanderdenken und den Augenblick des Funkens kann sie nicht vermitteln. Plato spricht im Siebenten Brief und im Phaidros aus, was von Jugend auf im Sinn seines Philosophierens lag, zur Schärfe gebracht durch die Enttäuschungen des Nichtverstandenwerdens. Jetzt sagt er: Das, worauf es in der Philosophie ankommt, läßt sich weder schriftlich noch mündlich (nämlich im Lehrvortrag) in befriedigender Weise mitteilen. Die schriftliche Mitteilung kann Sinn haben für die Wenigen, die auf einen kleinen Wink hin selbst imstande sind, das Wahre zu finden. Sie kann Erinnerung wecken für die, die Erfahrung haben. Die übrigen Leser aber werden zum Schaden der Sache entweder mit Verachtung gegen die Philosophie oder mit einem hohlen Selbstbewußtsein erfüllt, als wären sie im Besitz von hoher Weisheit. Daher kann die Schriftstellerei für den Philosophen nicht sein voller Ernst sein. Die Schriften sagen immer nur dasselbe; fragt man sie, so schweigen sie. Sie kommen unter die, die sie verstehen und die, für die sie nicht berechnet sind. Werden sie geschmäht, so brauchen sie immer den Beistand ihres Vaters. Eigentliche Mitteilung erfolgt nur von Mensch zu Mensch. Sie geht nicht an jedermann, sondern an die empfängliche Seele, die der Mitteilende wählt; da wird der Logos dem Lernenden in die Seele geschrieben, ist dann imstande, sich selbst zu helfen, wohl wissend zu reden und zu schweigen. Solche Seele trägt selber wieder Samen, nicht das Schriftwerk.

Von seinem Philosophieren sagt Plato: »Über die Hauptsachen gibt es von mir keine Schrift und wird keine geben. Denn in bestimmten sprachlichen Schulausdrücken darf man sich darüber wie über andere Lehrgegenstände gar nicht aussprechen.« Keineswegs will Plato sagen, daß er etwas Sagbares geheimhalte. Vielmehr erlaubt die Natur der Sache nicht die Lehrfixierung, ohne dabei die Sache selbst zu verlieren.

Nun hat Plato in scheinbarem Widerspruch zu solcher Auffassung sein in der Philosophiegeschichte einzig tiefes und großes Werk geschaffen. Er hat eine Lebensarbeit daran gewandt. Er hat auf das sorgfältigste, mit wunderbarer Selbstzucht geschrieben. Es ist kein Zweifel, daß ihm viel daran gelegen war. Aber seine eigenen Urteile zwingen dazu, das Werk nicht für etwas Anderes zu nehmen als das, als was er es gemeint hat: als Winke und Erinnerungen, nicht als Mitteilung der Sache selbst. Dann aber muß uns die Frage wesentlich sein: Wie hat Plato im schriftlichen Werk tatsächlich die Mitteilung versucht? wie hat er das Maximum möglicher wahrer Mitteilung erreicht?

a) *Der Dialog.* – Daß fast alle Werke Platos die Form des Dialogs haben, kann nicht zufällig sein. Mitteilungsform und Sache gehören zusammen. Es ist nicht etwa eine Philosophie da, für deren Mitteilung dann Plato als eine unter anderen Möglichkeiten die Form des Dialogs gewählt hätte. Sie ist die notwendige Erscheinung dieses Philosophierens, sofern es sich schriftlich mitteilen will. Wenn diese Philosophie als Lehre im Referat undialogisch mitgeteilt wird, ist sie kaum wiederzuerkennen.

Der Platonische Dialog bewegt sich in großer Mannigfaltigkeit der Form. Kaum zwei Dialoge sind in der Form ganz gleich (vielleicht Sophistes und Politikos oder Timäus und Gesetze). Plato nimmt kein Schema. Es ist eine Aufgabe des Lesers, diese Mannigfaltigkeit zu erspüren.

Die Gesamtheit dieser Dialoge macht uns vertraut mit einer versunkenen Welt außerordentlicher Menschen in ihrer geistigen Spontaneität. Wir sehen die vornehme Geselligkeit Athens, ihre Freiheit, ihre Urbanität und ihre Bosheit. Wir erleben den Reichtum der Stimmungen, den Ernst in der Heiterkeit, das Verschwinden des Lastenden und Beengenden. Wir sehen Szenen auf der Straße, im Gymnasion, bei Gastmählern, in der Landschaft, vor Gericht. Wir sehen im Gespräch die Gestalten von Staatsmännern, einfachen Bürgern, von Dichtern, Ärzten, Sophisten und Philosophen, von Knaben und Jünglingen.

In dieser Lebendigkeit wird wesentlich abgebildet das philosophische Gespräch. Manche Dialoge scheinen wie Abbildungen der Gespräche in der Akademie. Auch wenn sie wie eine Übersetzung von Lehrvorträgen in dialogische Form anmuten, bewahren sie die Stimmung der Leichtigkeit, als ob es gar keine Anstrengung sei, und zugleich die freie Stimmung, die sich nicht fangen läßt in Begriffen und Formeln und Dogmen, in denen sie sich vielmehr, sie beherrschend, unbefangen bewegt.

Solche Abbildung läßt sich der Dichtung vergleichen. Wie die großen Romandichter der Neuzeit (vor allem Dostojewski, auch Balzac u. a.) eine Welt zeigen, in der häufig philosophische Gespräche stattfinden, so auch Plato. Er verhält sich scheinbar wie der Dichter, der alles zeigt, was möglich ist, allem sein Recht gibt, nicht Partei ergreift, der zeigt, nicht richtet, der jedem jenseits von Gut und Böse sein Dasein läßt im Lichte von Gut und Böse zugleich.

Der große Unterschied aber ist, daß der Sinn des Werkes bei Plato nicht die Abbildung jener Welt ist, sondern die philosophische Wahrheit, die im Denken liegt. Da dieses Denken, um sich mitzuteilen, den begrifflichen Lehrvortrag als unzulänglich erfährt, läßt es alle Mittel der Vergewisserung – auch das Schreiben von Dialogen – ergreifen, nicht aber sich selber preisgeben, nicht auf die Führung verzichten. Der Dichter, sagt daher Plato, von ihm Abstand nehmend, sei auf dem Dreifuß der Muse nicht recht bei Sinnen. Er gerate, wenn er Menschen von entgegengesetzter Sinnesart darstelle, häufig mit sich selbst in Widerspruch, ohne zu wissen, ob die eine oder die andere Aufstellung wahr sei. Doch nach Platos Willen bleibt in seinem gedichteten Dialog die Führung durch den Bezugspunkt des einen und ewig Wahren. Dieses kann nur indirekt durch das Ganze, worin diskutiert, gelehrt, geprüft, gestritten, widerlegt wird, den Zeiger auf sich lenken.

Plato braucht die Dichtung, um die Wahrheit, in der das lehrmäßig Vorzutragende nur ein Moment ist, zu vergegenwärtigen. Will man rational eindeutig wissen, welche Position die Platos sei, – welcher Unterredner sie vertrete, so ist das, wie beim Dichter, verwehrt. Plato dichtet denkende Menschen, er läßt seine Dialogfiguren sprechen und spricht nicht selbst. Es ist zu eindeutig, wenn es heißt (Diogenes Laertius), Sokrates, der Fremdling aus Elea, Timäus, der athenische Gastfreund, seien in den Dialogen die Personen, die sagen, was Plato selber für richtig halte. Plato hebt wie der Dichter die Gedanken in die Ebene der Möglichkeit. Das gestattet ihm die Suspension der eigenen Stellungnahme. Aber verstanden ist der philosophische Dialog nicht in der ästhetischen Unverbindlichkeit, sondern erst in der Erfahrung des Anspruchs an den Ernst der Selbstverwirklichung im Lesenden. Denn der Dialog ist indirekte Mitteilung der Wahrheit in der philosophischen Gestalt des Denkens.

Das einzige Ziel bleibt dieses Denken der Wahrheit. Dabei ist der erste Schritt immer die Befreiung von der Handfestigkeit rational bestimmter, aber scharf entwickelter, endlicher Positionen, damit die Skepsis im bloßen Verstande, jedoch mit dem Sinne, durch den vollendet durchgebildeten Verstand aus höherer Quelle das Unbedingte des Wahren, den Gehalt und die Lenkung zu empfangen.

Die Platonische Reflexion auf den Dialog macht bewußt, was für alle menschliche Wahrheit gilt:

Der Einzelne findet keine Wahrheit. Er sucht den andern, dem er mitteilen und mit dem er sich seiner Sache versichern kann. Und zwar müssen im Gespräch je zwei, nicht mehrere zugleich sein. Die andern hören zu, bis der Gang des Gesprächs an die Punkte gelangt, wo er durch rechte Unterbrechungen vorangeht oder durch falsche Unterbrechungen gestört wird. Dabei gilt, was gesagt wird, durch seine eigenen geistigen Akte, nicht etwa durch die Abstimmung der Anwesenden. »Denn ich weiß für das, was ich sage, nur einen einzigen Zeugen aufzustellen: meinen Gegner selbst, mit dem ich die Unterredung führe, die große Masse aber lasse ich laufen; nur einen verstehe ich zur Abstimmung zu bringen, mit der großen Masse aber unterrede ich mich gar nicht.« Im Gespräch zu zweien findet das ständige Sichvergewissern statt, daß der Partner zustimmt, widerspricht, mitgeht, dabei aber in der Haltung des noch Offenseins der Sache: »Denn, was ich sage, sage ich nicht als ein Wissender, vielmehr suche ich mit euch gemeinsam.«

Der Dialog ist *die Wirklichkeit des Denkens selber.* Sprechen und Denken ist eins. Was ist Denken? »Ein Gespräch, das die Seele mit sich selbst hält über das, was sie erforschen will... sie fragt sich selbst, beantwortet die Frage, bejaht und verneint... die Meinung ist eine gesprochene Rede, nur nicht zu einem andern und laut, sondern stillschweigend und zu sich selbst.«

Gespräch ist der *Weg zur Wahrheit.* Wer sich daher auf einen Dialog einläßt, ist verloren, wenn er ein Gegner der Wahrheit ist. Die grundsätzlich wahrheitsfeindliche und daher antikommunikative Position macht das Gespräch zum Widersinn. Daher verwerfen Dogmatiker und Nihilisten das Gespräch als wirkliches Gespräch. Sie berauben das Gespräch seiner Natur. Alle Mächte, die Unwahrheit wollen, verwehren oder – wenn sie die Gewalt haben – verbieten die Diskussion mit dem Gegner.

Plato brachte mit Sokrates das Philosophieren *bewußt in die Situation von Frage und Antwort,* und darüber hinaus in den Dialog in allen seinen Möglichkeiten. Es soll Rechenschaft gegeben werden, und zwar in dem ganzen Umfang aller Weisen des Miteinander, in dem logische Gründe zwar eine große Rolle spielen, aber nicht das Letzte, zwar das Unumgängliche, aber nicht das Entscheidende sind.

Plato reflektiert auf *die Weisen des philosophischen Gesprächs, des Diskutierens,* das er zugleich darstellt. Er veranschaulicht, wie lange Reden gehalten werden, wie man nacheinander redet, wie man sich widerspricht, aneinander vorbeiredet, dann das nächste und klarste Verständnis im kurzen Wechselgespräch sucht, oder wie man gar nicht versteht, was Miteinanderreden eigentlich bedeutet.

Besonders der Unterschied der *langen Reden* und der in kurzen Sätzen vorangehenden Diskussion, der Volksreden und des wirklichen Gesprächs wird Thema (Protagoras, Gorgias, Staat). Lange Reden haben die Nachteile: es wird vergessen, was gesagt wurde; man weicht der Frage aus, worum es sich handelt. Das Gespräch dagegen erlaubt es, sich Schritt für Schritt des Einverständnisses zu vergewissern, in der Präzision von Frage und Antwort, in der Zwickmühle der Alternativen zu logisch zwingenden Ergebnissen zu gelangen. So kann man, statt sich von Zuhörenden richten zu lassen, selber Redner und Richter zugleich sein und eigentliche Einmütigkeit gewinnen. Sokrates bittet seine Partner, auf diese Methode einzugehen, und stellt zur Wahl, entweder solle der andere oder er selber fragen; einer müsse jeweils die Führung haben, und das solle dann abwechselnd geschehen. Wenn darauf einer empört sagt, im freien Athen solle er etwa nicht frei reden dürfen, so lange es ihm gefalle, antwortet Sokrates, dann habe auch er die Freiheit, nicht zuzuhören. Protagoras sagt: Hätte ich getan, was du verlangst, würde ich keinen einzigen überwunden haben und keinen Namen unter den Hellenen besitzen.

Der Platonische Dialog ist durch die Fülle der Abbildungen des Miteinanderredens, des Gelingens und des Scheiterns, durch den Aufweis der Bedingungen des Gelingens, der dazu gehörenden anständigen Formen für alle Zeit ein Spiegel und eine Erziehung für die geworden, die wirklich miteinander sprechen wollen.

Voraussetzung im Gespräch ist *Hörenkönnen.* Wer sprechen will, muß noch offen und überzeugbar und nicht im endgültigen Besitz der Wahrheit sein. Zu Philebus' Wort »Dabei werde ich bleiben«, sagt Sokrates: »Jetzt wenigstens versteifen wir uns doch wohl nicht darauf, daß meine These den Sieg davontrage oder die deinige, sondern wir müssen beide uns zu Bundesgenossen dessen machen, was sich uns als das Wahrhaftigste darstellt.« – Darum ist Voraussetzung die *Bereitschaft, sich widerlegen zu lassen,* wenn man nicht recht hat, aber auch gern zu widerlegen, wenn sonst jemand nicht recht haben sollte. – Nicht auf die Person kommt es an: »Ihr müßt euch, wenn ihr mir folgen wollt, wenig um den Sokrates kümmern, desto mehr aber um die Wahrheit.« – Voraussetzung des Gesprächs ist die *Überzeugung, daß Wahrheit sei,* daß es »im gemeinsamen Interesse aller Menschen liegt, daß die wahre Natur jedes vorhandenen Dinges offenbar werde«.

Durchaus verschieden sind die bloßen *Streitreden* mit dem Ziel des Sieges von den um *Wahrheit bemühten Reden* mit dem Ziel der Kommunikation. Plato zeigt die Methoden des geistigen Totschlagens im scheinbaren Miteinanderreden. Man geht auf den Effekt, sucht durch ein Schlußwort für sich den Vorteil, bemüht sich, die Lacher auf seine Seite zu bringen. Das Reden ist nur ein Mittel des Kämpfens geworden, die Sprache, an sich das Mittel zum Sichverstehen, ein Mittel, sich gegenseitig zu täuschen. Die logischen Kunstgriffe des Überrumpelns, die Eristik sind bewußt gemacht (und später von Aristoteles systematisiert).

Voraussetzung eines guten Gesprächs sind auch die *Manieren des Umgangs.* Wohlwollen gegen den Andern und Freimut sind notwendig. Nicht nur die logischen Formen, sondern die Weisen, wie sie im Gespräch zur Geltung kommen, sind Bedingung der gemeinsamen Wahrheit: In Sokrates ist dargestellt die Urbanität, das Ungehässige auch noch im heftigen Kampf, die Mitteilungsweise der Wahrheit in der Hülle von Fragen und die Möglichkeit im Spiel. Sokrates ist kein Pedant und kein Moralpathetiker, weil sein Ernst so groß ist, daß der bornierte Ernst jener Gestalten dagegen unernst wird.

Zu den schlechten Manieren gehört: sich unterhalten, als ob man Befehle erteile; Abspringen vom Thema; bei Widerlegung nichtsdestoweniger auf dem Eigensinn der anfänglichen Meinung verharren; unter allen Umständen recht behalten wollen; das Gespräch abbrechen: »mir liegt gar nichts an dem, was du sagst«, »ich verstehe dich überhaupt nicht«.

Zu einem rechten Gespräch gehört, den Partner zu dessen Gunsten in seinem besten Wesen zu sehen. »Am liebsten, wenn es möglich wäre, müßten wir unsere Gegner besser machen; wenn dies aber nicht angeht, so wollen wir sie in unserer Unterredung als Gebesserte erscheinen lassen, indem wir die Annahme machen, sie seien gewillt, sachgemäßer und regelrechter zu antworten als es jetzt der Fall ist.«

Da die Sachen zu verstehen notwendig ist, um den Dialog zu verstehen, so kann sich der Zug des Ganzen nur dem Leser mitteilen, der diesen Sachen sich zuwendet. Hält man sich an das scheinbar ohne dieses Sachverständnis Zugängliche, an die Schilderung von Personen und Situationen, an den Ton des Sprechens, so versteht man selbst diese nicht oder nur in einer ästhetischen Auffassung und damit auch falsch.

Aber das je besondere Sachverständnis ist nicht ausreichend. Wenn der Dialog das Gefäß für das Denken des Entgegengesetzten ist, so handelt es sich nicht nur um einfache logische Antithesen, die auf zwei Personen verteilt sind, sondern um Gestalten, die sich denkend begegnen und darin offenbaren. In der Dialogik werden einander herausfordernde und ergänzende Tendenzen als Momente fühlbar. Da jede Denkungsart sich nur in gedachten Sachen mitteilen kann, ist im Dialog die Sache selbst dramatisiert. Die entscheidenden Wendepunkte erhalten einen sich einprägenden Akzent.

In den großartigsten Dialogen ist Plato eine Beziehung von Szene, Situation, Personen zum Gehalt der vorgebrachten Gedanken auf unnachahmliche Weise gelungen. Er veranschaulicht zugleich, was gedacht wird. Der Eros, das Thema des Gastmahls, hat in jedem der Beteiligten eine und in Sokrates die vollendete Wirklichkeit. Die Unsterblichkeit wird im Phaidon vom sterbenden Sokrates mit den von Trauer überwältigten Jünglingen erörtert. Das Nichtsein, von dem der Dialog Sophistes handelt, gewinnt im Sophisten, der selber ein Nichtseiendes ist, zugleich seine Darstellung. Der Gedanke als Inhalt hat sein Beispiel am Tun und Verhalten des Sprechenden oder des Bekämpften. So erlaubt der Dialog, mit dem logischen zugleich den existentiellen Sinn des Gedachten gegenwärtig werden zu lassen: durch die Rückbeziehung des Dialoginhalts auf Menschen und Situationen.

Die eristischen Reden, die Tricks der scheinbar logischen Überwältigung des Gegners sind nur möglich, weil im Denken selber die Widersprüchlichkeit steckt. Der Dialog Platos zeigt die Grundwahrheit des Sichbewegens der Gedanken in Widersprüchen. Gegen die wahrheitswidrige Eristik hilft nicht die Sturheit festgehaltener Behauptungen, sondern die Kunst der Beherrschung der Widersprüche. Die Gefahr liegt schon in der Natur der Sache und kann nur durch ihre Erkenntnis bestanden werden. Wenn jemand ohne Kunst, die sich auf Reden (logoi) versteht, einer Rede getraut hat, daß sie wahr sei, und wenn sie ihm dann bald wieder falsch vorkommt, manchmal mit Recht, manchmal mit Unrecht, dann kann er, zumal wenn er sich mit Streitreden abgibt, am Ende glauben, ganz weise geworden zu sein mit der Einsicht, daß an keinem Dinge etwas Richtiges sei und auch an den Reden nicht, daß vielmehr alles von oben nach unten sich dreht und keine Zeitlang bei etwas bleibt. Solcher Weg führt in die Misologie, wie die Enttäuschung derer, die nicht lernen, sich mit Menschen zu begegnen, zur Misanthropie.

Die *Aufweisung von Widersprüchen* hat zwei für das gesamte Philosophieren wesentliche Folgen.

Erstens: Die Aufweisung von Widersprüchen macht als *»Reinigungskunst«* durch Widerlegungen das Nichtwissen bewußt und öffnet den Weg. Wer sich einbildet, wissend zu sein, der lehnt es ab, etwas zu lernen. Wenn er aber, während er sich einbildet, richtig zu urteilen, und doch nur in den Tag hineinredet, den Fragen ausgesetzt wird, dann geschieht dies: der Gefragte äußert sich bald so, bald wieder anders. Die dialektische Kunst rückt ihm eng aneinander, was sich widerspricht. Dadurch weist sie nach, daß die schwankenden Meinungen »zu gleicher Zeit auf das nämliche Objekt bezogen miteinander in Widerspruch stehen«. Auf diese Weise werden die Träger der Meinungen »von ihren großen und harten Wahnvorstellungen über sich selbst befreit, eine Befreiung, so schön, daß lieblicher keine zu künden ist, und zugleich für den, der sie an sich erfährt, so sicher wie keine andere«. Solche befreiende Reinigung führt ihn dazu, nur das zu wissen, was er wirklich weiß. Denn bei aller Aufweisung von Widersprüchen, gilt: »Die Wahrheit wird niemals widerlegt.« – Die Fähigkeit, der Widerlegung zugänglich zu sein, wird durch Bildung erworben und ist ein Zeichen der Vornehmheit, während man den der Widerlegung Unzugänglichen, mag er auch der Großkönig sein, für ungebildet und seine Seele für bis zur Häßlichkeit vernachlässigt halten muß.

Zweitens: Die Aufweisung von Widersprüchen bringt *das Denken* in die ihm selbst eingeborene *Bewegung*. Sie bewirkt in der dialogischen Darstellung die Suspension des Gedachten durch die Bewegung des Denkens. Während in einer Lehrschrift die Gedanken als gültige dargelegt, in einer Untersuchung Schritt für Schritt methodisch für den Leser hervorgebracht werden von dem Autor, der in ihrem Besitz ist, soll im Dialog sich die Wahrheit im Austausch und Fortgang des Gesprächs wie von selbst als ein Objektives zeigen, das in keiner einzelnen Position enthalten ist. Es wird im Dialog dargestellt, wie die

Wahrheit gesucht wird und wie das Denken sich vollzieht, dem sie offenbar werden kann. Es ist keineswegs so, daß eine auch direkt und dann besser in einer Lehrschrift darstellbare Wahrheit nun eigentlich überflüssigerweise in einen Dialog eingekleidet würde. Vielmehr ist im Dialog auch durch den Gegner etwas vorgebracht, das im Ganzen des Wahren einen unumgänglichen Sinn hat.

b) *Ironie und Spiel:* Wäre die Sokratische Ironie aufhebbar durch direkte Mitteilung, so brauchte sie nicht zu sein. Im Ironischen das Indirekte angemessen zu erfahren, fordert neben der Übung des rationalen Gedankens die Schule der philosophischen Sensibilität. In der Vielfachheit des Ironischen muß das Ineinander von Täuschung und Wahrheit, das Vieldeutige, daß Wahrheit nur werden kann für den, der recht versteht, ständig zu Mißverständnis verleiten. Es ist, als ob Plato sagen wollte: sie sollen mißverstehen, die nicht verstehen können. In der Leichtigkeit der Ironie scheint manchmal ein Ingrimm verborgen. Hier, wo in der Mitteilung die Rationalität aufhört, ist die Richtigkeit eines Verständnisses mit rationalen Argumenten nicht zu erzwingen. In der tiefsinnigen Ironie ist die Sorge um das eigentlich Wahre. Die Ironie soll uns retten vor dem Irrtum der Wahrheitsbemächtigung im gegenständlichen Wissen, im Werk, in der Gestalt, die zwar herrlich sind, aber unwahr werden im Augenblick, in dem wir sie als absolut nehmen.

Eine Zweideutigkeit der Ironie kann ihren tiefen Sinn schnell verloren gehen lassen. Sie wird der Weg zur Vernichtung ohne eigenen Gehalt, wird die Sprache des faktischen Nihilismus. Das Lächerliche tötet. Diese Ironie verfährt nach dem Prinzip des Gorgias: dem Lächerlichen durch Ernst, dem Ernst durch Lächerlichmachen zu begegnen. Von allem wird nur das Nichts offenbar. Diese Ironie ist nicht die sich verbergende Sprache des Eros, sondern Kampf um die Macht des Nichts. Sie richtet sich gegen jeden Ernst als solchen, ist der bodenlose Kampf eines lärmenden Nichtseins.

Die philosophische Ironie dagegen ist Ausdruck der Gewißheit eines ursprünglichen Gehalts. Ratlos vor der Eindeutigkeit des rationalen Redens und der Vieldeutigkeit der Erscheinungen, möchte sie das Wahre treffen, indem sie es nicht sagt, sondern erweckt. Sie möchte für die Verborgenheit des Wahren ein Zeichen geben, während die nihilistische Ironie leer ist. Sie möchte im Strudel der Erscheinungen durch wahre Enthüllung zum unaussagbar Gegenwärtigen in seiner Wahrheit führen, während die leere Ironie durch den Strudel in das

Nichts fallen läßt. Die philosophische Ironie ist Scham vor der Direktheit. Sie wehrt das unmittelbare totale Mißverstehen ab.

All das findet sich in den Platonischen Dialogen. Hier mag man das Ironische in drei Stufen sehen. Zunächst vollzieht Sokrates im Gespräch die Ironie, die ohne weiteres sichtbar ist in seinem unmittelbar falschen, den anderen irreführenden oder urban schonenden oder aggressiv schlagenden Sprechen. Eine höhere Stufe ist die ironische Grundhaltung des Sokrates zum Zwecke der Erzeugung des Wissens des Nichtwissens. Die dritte Stufe ist, daß Plato eine Gesamtatmosphäre des Schwebens entstehen läßt, in der die Ironie gesteigert ist zur absoluten Zweideutigkeit alles endlich Bestimmten. Nur in dieser Zweideutigkeit zeigt sich der Kern des Seins, in der totalen Ironie: daß nichts ist, was nicht auf diese Weise in die Schwebe gebracht wird. Gedanken und Mythen sind nur gleichsam Würfe des Seils dorthin, wo selbst der Name des Seins verschwinden muß. Die aussagende Philosophie ergeht sich nur in Möglichkeiten auf dem Wege. Sie ist ernst, aber nicht von dem finsteren Ernst des dogmatischen Besitzers der Wahrheit und nicht von dem grimmigen Ernst des nihilistischen Hohns, sondern von dem Ernst des Freiseins (Eleutherotes), der selber Spiel heißen kann. Diese totale Ironie, in die Plato sich selbst hineinnimmt, sei an zwei Beispielen gezeigt:

Die ironische Geringschätzung seines *eigenen Tuns als philosophischer Schriftsteller* vollzieht er in der Beurteilung von Schriftwerken: sie sind nicht der Same, womit es ihm ernst ist, sondern sie sind wie die Adonisgärtchen (Blumenkörbe beim Adonisfest), nur zum Spiel gepflanzt und schnell absterbend; wenn andere sich an anderen Ergötzlichkeiten erfreuen, so vertreibt er sich mit diesem Scherze die Zeit, um einen Augenblick die aufgehenden zarten Pflänzchen zu sehen. An dem geschriebenen Worte müsse notwendig das Spiel mitbeteiligt sein, und nie sei ein Wort, das recht ernst zu nehmen wäre, in gebundener oder ungebundener Form je geschrieben worden oder vorgetragen.

Die *ganze Beschäftigung des Menschen* gerät in ein zweideutiges Licht. »Freilich verdienen die Angelegenheiten der Menschen keine hohe Beachtung, und doch muß man sie ihnen widmen, wenn darin auch kein sonderliches Glück gelegen ist.« Ernst verdient nur das Ernsthafte. Das ist Gott. Der Mensch ist Gottes kunstvoll eingerichtetes Spielwerk, und dies zu sein, ist des Menschen Bestes. Darum sollten Mann und Frau nichts tun als nur die schönsten Spiele feiern. Wir sind ja doch größtenteils der Götter Puppenspiel, und von Wahrheit und Wirklichkeit haben wir nur ein winziges Stückchen. Als auf diese Worte hin der Vorwurf erhoben wird, er setze das Menschengeschlecht doch recht tief herunter, kommt die Antwort: verzeihe mir, »was ich eben gesagt, kommt von der Wirkung, die es auf mich hat, wenn ich dabei auf die Gottheit hinblicke«, unser Geschlecht soll also nicht so tief stehen, sondern einige Achtung verdienen. – In solcher Ironie aus der Enttäuschung am Menschen gilt also die Nichtigkeit eines Marionettenseins doch nur vor Gott. Auch dieser Aspekt wird wieder beschränkt und ohne Bestimmtheit ein offener Raum für den Menschen gelassen.

3. Idee, Dialektik, Eros

A. Die »Ideenlehre«

a) *Die höchste Instanz, das agathon.* – Plato hat von Anfang an jene höchste Instanz gesucht, um die zu wissen allem Denken und Tun erst Sinn verleiht. Sie heißt die höchste Wissenschaft (megiston mathema). Keine Mühe ist zu groß, um zu ihr zu gelangen. Sie ist das allein Wichtige. Ihr Gegenstand ist das Gute (agathon).

»Jede Seele strebt nach dem Guten und läßt um seinetwillen nichts ungetan in der Ahnung, daß ihm doch ein Sein zukomme, dabei aber doch schwankend, es in seiner wahren Bedeutung befriedigend zu erfassen und zu einer festen Überzeugung darüber zu gelangen.« Was das Gute sei, bringt ein Platonisches Gleichnis näher: Das Gute ist im Reich des Denkbaren wie die Sonne im Reich des Sichtbaren. Die Sonne selbst sehen wir nicht, aber wir sehen alles in ihrem Licht. Das Gute selber denken wir nicht, aber denken alles gleichsam in seinem Lichte. Was die Sonne im Bereiche des Sichtbaren im Verhältnis zu dem Gesicht (dem sonnenartigsten von allen Organen der sinnlichen Wahrnehmung) und zu dem Gesehenen ist, das ist das Gute im Bereiche des Denkbaren im Verhältnis zu der Vernunft (dem höchsten Vermögen des Menschen) und zum Gedachten. Wenn die Seele fest gerichtet ist auf das, worauf das Licht des Guten oder wahrhaft Seienden fällt, dann erkennt sie es und scheint im Besitze der Vernunft zu sein. Wenn sie aber auf das mit Finsternis Gemischte blickt, auf das Entstehende und Vergehende, dann wird sie stumpfsichtig und fällt dem bloßen Meinen anheim, bar aller Vernunft.

Wie das Gesicht wohl sonnenartig, aber nicht die Sonne ist, so ist wahre Erkenntnis wohl verwandt dem Guten, aber nicht das Gute selbst.

Wie die Sonne den Dingen nicht nur das Vermögen, gesehen zu werden, verleiht, sondern auch ihnen selber Werden, Wachstum und Nahrung gibt, ohne selbst ein Werden zu sein, so verleiht das Gute dem Erkennbaren nicht nur das Erkanntwerden, sondern auch sein Sein und Wesen, ohne selbst ein Sein zu sein. Denn es ragt an Würde und Kraft noch über das Sein hinaus (epekeina tes usias).

b) *Die Ideenwelt. Zwei Welten.* – Was ist nun das, was durch das Gute, durch das Überseiende sein ewiges Sein hat? Was ist dies, was wir im Licht des Guten denken? Es ist das Reich der Ideen, die als Urbilder werdelos über allem Werden stehen. Es ist der ewige Bestand eines Reiches der Wesenheiten: die Gleichheit und Andersheit an sich, – die Gerechtigkeit an sich, – die Schönheit an sich, – das Bett und der Tisch an sich, – und so alles, was wir als gültig, gesetzgebend, geformt vor Augen haben.

Undialektisch dargestellt gibt es die Welt des Seins (das Reich der unwandelbaren Ideen, ungeworden und unzerstörbar, es selbst, weder anderes aufnehmend, noch in anderes eingehend, dem Auge verborgen, Sache reinen Denkens) und des Werdens (das wandelbare, nie bleibende, erzeugt, in ständiger Bewegung, an einem Orte entstehend und da wieder verschwindend, erfaßbar nur durch Meinen im Bunde mit der Sinneswahrnehmung). Das dritte aber ist (Timäus) der Raum, der, keiner Vernichtung zugänglich, allem Entstehenden eine Stätte gewährt, ohne Sinneswahrnehmung in seinem ewigen Nichtsein erkannt wird durch eine Art unechter Einsicht (Bastardschluß, logismus nothos).

Raum und die Welt des Werdens in ihm ist das Gebiet, auf das wir uns beziehen, wenn wir sehend träumen und sagen: alles, was da ist, müsse doch an einem bestimmten Ort sein, was aber weder auf Erden noch irgendwo in der Welt sei, das habe überhaupt kein Sein. Diese Einbildungen übertragen wir infolge dieses Traumzustandes auch auf das Reich des nimmer schlummernden, wahrhaften Seins.

Das Reich der Ideen heißt der überhimmlische Ort (hyperouranios topos), der Ort der Gedanken (topos noetos). Es wird in Gleichnissen und Begriffen umkreist:

»Dort ist das farblose und gestaltlose und unberührbare, wesenhaft seiende Wesen nur für den Lenker der Seele, den Geist, schaubar. Sie erblickt dort die Gerechtigkeit selbst, die Besonnenheit, erblickt die Wissenschaft, nicht die, der ein Werden zukommt, nicht die, die immer eine andere ist, je nachdem sie an einem anderen der Gegenstände haftet, die wir jetzt seiende nennen, sondern die an dem, was das wesenhafte Sein ist, haftende Wissenschaft« (Phaidros).

»Jenes Wesen, welchem wir das eigentliche Sein zuschreiben, ist das Gleiche selbst, das Schöne selbst, und so jegliches, was nur ist, selbst« (Phaidon).

Wo der denkende Aufschwung zum Ziel gelangt, da steht vor dem geistigen Auge »ein Wunderbares, jenes Selbst, auf das alle früheren Bemühungen hinzielten, – ewig seiend und weder entstehend noch vergehend, weder zunehmend noch abnehmend, weiter nicht in gewisser Beziehung schön, in anderer häßlich... Auch wird sich dies Schöne nicht zeigen als ein Gesicht, oder als Hände oder von sonst etwas Körperhaftem, auch nicht als eine Art von Rede oder Erkenntnis, auch nicht als in etwas Anderem enthalten, sei es in einem lebenden Wesen oder sei es auf Erden oder im Himmel, sondern als ein mit sich selbst für sich selbst ewig eingestaltiges Sein« (Gastmahl).

Man könnte solche Sätze leer nennen, beschränkt auf negative Aussagen, Tautologien. Dagegen steht: ob man die Eröffnung eines Raumes erspürt durch Negationen jeder Weise von Bestimmtheit und Endlichkeit, – eines Raumes, in dem gegenwärtig wird, was jeder anderen Form der Mitteilung sich entzieht. Dann gelten die Worte der Diotima: »Auf dieser Stufe des Lebens ist, wenn irgendwo, das Leben für den Menschen lebenswert... Meinst du etwa, es sei ein nichtiges Leben, wenn ein Mensch dahin blickt und immerdar jenes anschaut und mit ihm zusammen ist?... Sagst du dies nicht, daß es ihm dort allein gelingen wird, mit seinem geistigen Auge nicht bloß Schattenbilder der Tugend (arete) zu erzeugen, sondern die wahre Tugend... Gebiert er aber die wahre Tugend und läßt er sie sich weiter entwickeln, dann ist es ihm beschieden, ein Gottgeliebter zu werden und unsterblich, wenn irgendein Mensch.«

Zwei Welten also kennt Plato: die Ideenwelt und die Sinneswelt, die Welt des Seins und die Welt des Werdens, die noetische (intelligible) Welt und die Erscheinungswelt.

c) *Die Beziehung der zwei Welten.* – Grundform dieses Platonischen Denkens ist der Schnitt (tmema), und zwar zwischen der werdenden Welt der zeitlichen Dinge und der ewigen Welt der bleibenden Ideen (dann aber der Schnitt zwischen der Ideenwelt und dem Jenseits ihrer, wo das sagbare Erkennen, das in der Ideenwelt sich bewegt, überspringt zum unsagbaren Berühren des Einen und Guten). Aus der Grundform der Trennung (chorismos) des durch einen Sprung getrennten Seins folgt die Frage, wie beide Welten sich aufeinander beziehen.

Die Beziehung der werdenden Dinge zu den Ideen wird gedacht: als Teilhabe (methexis) der Dinge an den Ideen, wodurch die Dinge überhaupt erst ihr Sein (zwischen eigentlichem Sein und Nichtsein) haben; – oder umgekehrt als Gegenwärtigkeit (parusia) der Ideen in den Dingen; – dann als Urbild, Vorbild (paradeigma) zum Abbild; – oder entsprechend als Nachahmung (mimesis) der Ideen durch die Dinge.

d) *Was die Idee sei.* – Wir möchten näher wissen, was die Idee sei, welchen Umfang die Ideenwelt habe, wie weit sie reiche. Sammelt man die vielen Wendungen, die Plato je nach Zusammenhang benutzt, so ergibt sich ein fast verwirrendes Bild (O. Becker). Plato bedient sich zu ihrer Bezeichnung der Hauptworte: Gestalt (eidos), Form (morphe), Gattung (genos), Wesen (usia), Einheit (monas, henas), – der fürwortlichen und beziehungswörtlichen Wendungen: »was«, »was es ist«, »selbst« (die Schönheit selbst, das Pferd selbst), »an sich«, – der Seinsausdrücke: das Seiende, das seiend Seiende (ontos on), – der Einzahl statt der Mehrzahl: das Pferd im Gegensatz zu die Pferde, das Schöne im Gegensatz zu den schönen Dingen, das Sein im Gegensatz zu den seienden Dingen.

Die Frage, wie weit die Ideenwelt reiche, ob alles, was auf irgendeine Weise ist, auch seine Idee hat, wird im Parmenides erörtert: die Ideen von Größengleichheit (isotes) und Artgleichheit (homoiotos), – die Ideen des Gerechten, des Schönen, – die Ideen des Menschen, der anderen Lebewesen, – die Ideen der hergestellten Gebrauchsgegenstände: Tisch, Bett, – die Ideen der Elemente, wie Feuer, Wasser, – die Idee von Kot, Schmutz und verächtlichen Dingen. Einmal werden die obersten Bedeutungsmomente als nur fünf entwickelt: Sein, Gleichheit, Andersheit, Ruhe, Bewegung (Sophistes).

Auch das Gute, das Jenseits des Seins heißt Idee. Aber dieser Name kann trügen. Es ist von allen anderen Ideen unterschieden wie eine schöpferische, das Sein selbst verleihende Macht von den ruhenden, wirkungslosen Vorbildern oder Mustern des Seienden.

e) *Welche vollziehbaren Vergegenwärtigungen liegen der Ideenlehre zugrunde?*

Der Sinn eines Gedachten ist als sich selbst gleich zeitlos. Der Inhalt des Pythagoreischen Lehrsatzes gilt zeitlos, seine Entdeckung und jedes folgende Denken seines Inhalts ist zeitlich. Auf dem Wege mathematischer Einsicht in das zwingend Gültige, das zeitlos ist, geht ein Sein auf als bestehendes, nicht fließendes Sein. Wir erfahren das Allgemeine, Gültige, dem wir uns, wenn wir es verstehen, nicht entziehen können und in dem wir eine Gewißheit kennen, die unerschütterlich ist.

Das, wodurch etwas Eines ist, und ist, was es ist, hat gedacht den Charakter des Beständigen: so der Begriff des Pferdes, aber kein einzelnes Pferd.

Das, was wir als bleibend erkennen, entnehmen wir nicht der Sinneswahrnehmung, sondern erfahren es an deren Leitfaden: Der Mathematiker bedient sich der sichtbaren Gestalten, während der Gegenstand seines Denkens nicht diese sind, sondern jene, deren Abbilder sie sind: das Quadrat an sich, die Diagonale an sich. Die Figuren dienen als Bilder, um mit ihrer Hilfe das zu erkennen, was niemand auf andere Weise erkennen kann als durch den denkenden Verstand (dianoia).

Wir bringen zur Sinneswahrnehmung des Werdenden und ständig sich Wandelnden etwas hinzu, jenes zeitlos Bestehende. Dies ist, wenn wir es mit Bewußtsein erkennen, in uns vorher schon da (später a priori genannt im Gegensatz zur Erfahrung a posteriori). Plato zeigt im Menon, wie man im Erkennen findet (am Beispiel der Mathematik), was man eigentlich schon weiß und nur gleichsam wiedererinnert, worin die »Einsicht der Urerschlossenheit des Seins im eigenen Grunde der Psyche sich ergreifend ausspricht« (Natorp).

Auf dem Wege des Hinausschreitens über das gegenständlich Faßliche geschieht die Vergewisserung dessen, wodurch alles ist und von woher es erleuchtet wird.

Philosophierend glauben wir die Dinge als Gleichnisse zu sehen. »Die Zeit ist das bewegte Bild der Ewigkeit.« Alle Bilder gehören in Zeit und Raum, das durch die Bilder erscheinende wahrhaft Seiende ist ohne Zeit und ohne Raum.

f) *Die fixierende Deutung der Ideenlehre.* – Gegenüber der Vielsinnigkeit der Ideenlehre ist es vergeblich, sie auf ein Prinzip zu reduzieren und als Ganzes zu deuten.

Vergeblich, den Sinn der Ideen zu fixieren: Sie sind nicht reale Gestalten, nicht objektive Bildungen, nicht wie sinnlich wahrnehmbare Dinge nun geistig schaubare Dinge, nicht Vorstellungen, nicht Ideale der Phantasie, nicht Begriffe und nicht gültige Ansprüche, – sondern nur dies alles auch.

Vergeblich, eine platonische Ideenlehre systematisch zu entwerfen. Einen Gedankenweg, eine Weise ihrer Vergegenwärtigung zum Lehrstück zu machen, ist sinnwidrig. Plato geht viele Wege.

Wir verstehen die Ideenlehre auch nicht als eine Entwicklung Platonischen Denkens, in dem sie aus Anfängen in mehreren Schritten zur Reife und zur Vollendung käme. Wohl entfaltet sich das Denken der Ideen in der Reihe der Dialoge durch vierzig Jahre. Aber es gibt keine zur Einheit gefügte Ideenlehre, sondern nur einen Komplex von Gedankenvollzügen, deren Ursprung in den frühesten Dialogen da ist, deren einzelne sich bis zuletzt wiederholen, während andere neu hinzukommen. Im Gang dieses Denkens spielt das Denken der Ideen für den denkenden Aufstieg zum eigentlichen Sein eine hervorragende Rolle, wandelt aber ihren Ausdruck je nach der Weise, wie dieser Aufstieg sich jeweils mitteilt. Sie wird, wenn sie sich als Lehre verfestigt hat und als solche dann unlösbare Probleme aufgibt, für Plato zum Gegenstand der Kritik. Er stellt sie dann in Frage: ob es nur Ideen von Gutem oder auch von Schlechtem gebe, wie die vielen Ideen zusammenhängen, wie sie sind und zugleich nicht sind. Die Ideen sind nicht nur Urbilder, Vorbilder, Gattungen, Einheiten. Sie werden schließlich als Formen alles Seienden zu Zahlen (als individueller Urformen, nicht als Quantitäten). Sie gliedern sich auf mannigfache Weise. In späteren Dialogen ist von ihnen gar nicht mehr die Rede, und in einem sehr späten (Timäus) sind sie in einfachster Weise, nämlich als Gestalten, auf die blickend der Demiurg die Welt hervorbringt, wieder da. Es scheint ein Weg von den Aporien (vor allem in den Frühdialogen) zur Ideenlehre und von ihr zum Unsagbaren. Der Rahmen wird immer weiter, der Raum offener und erfüllter zugleich, die Lösung ist niemals im Gang unseres Denkens fertig.

Historisch lebt die Ideenlehre fort in einer schönen, aber unzureichenden Simplifikation als der Gedanke eines Reiches ewiger Wesenheiten, als eine Welt von Urbildern aller Dinge, als das, was sich offenbart in den Visionen der Dichter und Künstler und in der Geltung mit sich gleichbleibender Begriffe. In der Dreiheit des Guten, Schönen, Wahren (Agathon, Kalon, Sophon), die Plato zuerst ausgesprochen hat, ist sie in die Sprachen als geläufige Redefolge eingegangen.

g) *Das Höhlengleichnis.* – Am eindrucksvollsten wird die Ideenlehre durch das berühmte Höhlengleichnis gegenwärtig (Staat, 7. Buch), das Gleichnis unserer menschlichen Situation und des Sinns des in ihr möglichen Erkennens und Tuns.

Die Menschen leben in einer unterirdischen Höhle, festgebannt an Schenkeln und Hals, immer an der nämlichen Stelle, mit dem Blick vor sich hin, durch die Fesseln gehindert, ihren Kopf zurückzuwenden. In ihrem Rücken führt ein langer Gang nach aufwärts. Von dort leuchtet in die Höhle ein Feuerschein. Zwischen dem Feuer und den Gefesselten läuft oben ein Weg, längs dessen eine niedrige Mauer errichtet ist. Hinter der Mauer tragen Leute bald redend, bald schweigend allerlei Gerätschaften und Bildsäulen vorbei, die über die Mauer hinausragen. Die Gefesselten sehen von allen diesen Dingen und von sich selbst die Schatten, die von dem Feuer auf die ihnen gegenüberliegende Wand geworfen werden. Sie halten nichts anderes für wahr als die Schatten der künstlichen Gegenstände und fassen die gehörten Worte als Worte der vorübergehenden Schatten auf.

Nun geschieht etwas Wunderbares. Den Gefangenen werden die Fesseln gelöst. Wird dann einer genötigt aufzustehen, den Hals umzuwenden, so geschieht das unter Schmerzen. Seine Augen sind geblendet von dem Glanze des Feuerscheins. Er ist nicht imstande, die Dinge zu erkennen, deren Schatten er vorher sah. Er glaubt, die vorher geschauten Schatten seien wirklicher und wahrer als das, was man ihm jetzt zeige. Sollte er den Feuerschein sehen, so würden die Augen schmerzen. Er würde sie abwenden und den Dingen zustreben, deren Anblick ihm geläufig ist. Und diese würde er für tatsächlich gewisser halten.

Aber nun wird ihm keine Ruhe gelassen. Gewaltsam wird er durch den steilen Ausgang aus der Höhle geschleppt. Er gelangt an das Licht der Sonne. Aber er fühlt nur Schmerzen, sträubt sich, kann völlig geblendet im Glanz der Sonne gar nichts erkennen. Er muß sich langsam gewöhnen. Dann sieht er die Dinge oben in einer Stufenfolge: am leichtesten und zuerst die Schatten, dann die im Wasser gespiegelten Abbilder, dann die wirklichen Gegenstände selber, dann in der Nacht die Erscheinungen am Himmel, das Licht der Sterne und des Mondes, dann am Tage das Sonnenlicht und die Sonne selbst. Nun sieht er nicht bloß Abspiegelungen, sondern alles selbst in voller Wirklichkeit. Und dann schließt er durch Folgerungen: daß wir der Sonne die Jahreszeiten verdanken, daß sie über allem waltet, daß sie in gewissem Sinne auch die Urheberin jener Erscheinungen sei, die er vordem in der Höhle sah. Er gelangt in einen Zustand, in dem er sich glückselig preist bei Erinnerung an jene erste Wohnstätte. Dort gab es Ehren und Auszeichnungen für die, die die Schatten der vorübergetragenen Gegenstände am schärfsten wahrnehmen und am besten erinnern und auf Grund dessen am besten das künftig Eintretende erraten können. Jetzt aber will er lieber alles ertragen, als wieder im Banne jener Trugmeinungen zu stehen und ein Leben jener Art zu führen.

Nun kehrt er, um auch die anderen zu befreien, in die Höhle zurück. Seine Augen, dort eingetaucht in Finsternis, sehen zunächst nichts. Daher wird er lächerlich, wenn er in der Deutung der Schattenbilder mit den Gefesselten wetteifern wollte. Sie sagen: sein Aufstieg nach oben sei schuld daran, seine Augen seien verdorben, der Versuch solchen Aufstiegs sei verwerflich. Und wenn er versuchte, sie zu entfesseln und hinaufzuführen, so würden sie ihn umbringen.

So schildert Plato. Die Bezüge dieses Gleichnisses sind erstaunlich reich: das Gleichnis der Welten und der zu ihnen gehörenden Erkenntnisweisen; – das Gleichnis der menschlichen Lebensarten und der doppelten, entgegengesetzt begründeten Blindheit; – das Gleichnis der Weisen der Wahrheit; – das Gleichnis des Übersteigens (Transzendierens) als Wesen des menschlichen Seins und Erkennens. Wir versagen uns die Wiedergabe dieser Deutungen, sowohl derer, die Plato selbst gibt, wie derer, die man erweiternd hinzugefügt hat. Das Gleichnis gilt manchen als steif, zu verwickelt, zu pedantisch. Das schulmeisterliche Durchdenken der Deutungen bis ins Detail kann wohl einen Augenblick so anmuten. Doch im ganzen ist das Gleichnis mit seinen Deutungen unvergeßlich. Es ist ein Wunderwerk philosophischer Erfindung, um Anhaltspunkte für Gedanken zu haben, die der direkten Aussprechbarkeit nicht zugänglich sind.

Einzelne Momente des Gleichnisses haben historisch fortgelebt: der Mensch als Höhlenbewohner – die Lichtmetaphysik des Mittelalters – das Hervorbringen allen Lebens durch die Sonne. Wir greifen drei Momente des Gleichnisses heraus, die das Platonische Philosophieren überall bestimmen: die Umwendung – die Erkenntnisstufen – die doppelte Richtung menschlichen Lebens.

h) *Die Umkehr.* – Des Menschen Einsicht ist gebunden an eine Umkehr (metastrophe, periagoge). Sie geschieht nicht durch ein Geben von außen her, nicht etwa durch ein Einsetzen von Augen (die sind schon da), nicht durch Einpflanzung eines Samens. Sondern so, wie in der Höhle die Umwendung der Augen nur mit dem ganzen Körper erfolgt, so muß das Wissen mitsamt der ganzen Seele aus dem Bereich des Werdens nach dem Sein sich umkehren. Erziehung (paideia) ist daher die Kunst, solche Umkehrung herbeizuführen. Wegen ihres göttlichen Ursprungs ist das Vermögen vernünftiger Einsicht immer schon da, in verborgener Kraft. Aber zum Heile wird sie erst durch die Umdrehung, sonst ist dasselbe Vermögen heillos.

i) *Die Stufenlehre.* – Das Erkennen geht einen Stufenweg. Vom sinnlich Wahrgenommenen geht es zum reinen Gedanken (in der Mathematik) – vom reinen Gedanken zur Idee (von mathematischer Erkenntnis zu dialektischer Wissenschaft) – von der Idee zum Jenseits des Seins (von den Ideen zur einen Idee des Guten).

Oder anders: Von sinnlicher Erfahrung geht es zur richtigen Meinung (doxa alethes). »Doxa wird zum Ausdruck des Emportauchens einzelner Wahrheit aus dem Urgrunde, des Hervorbrechens also je eines einzelnen Strahls aus dem Lichte des Überhimmels in das Dunkel, in dem die Psyche sonst in die Irre ging« (Natorp). Von der doxa geht es über die Wissenschaften zur höheren Stufe, auf der das reine Leuchten der Ideen stattfindet, und von dort zum Berühren dessen, wodurch erst die Ideen leuchten können und sind.

Die Stufen sind je nach dem Aspekt Stufen der Erkenntnis, Stufen des menschlichen Sichverhaltens in seinem gesamten Zustand, Stufen des Seienden. Ihr Weg ist zugleich Vertiefung der Erkenntnis – Selbstwerden in der Reinheit der Seele – Hingelangen zum Sehen des Höchsten.

Von den Stufen spricht Plato etwa im Staat (6. und 7. Buch), im Siebenten Brief, im Gastmahl. Ein Beispiel: Wo das Gute das Schöne heißt, ist es richtig, »daß man von den schönen Dingen beginnend jenes Schönen wegen immer hinaufsteige, gleichsam auf Stufen steigend, – von einem zu zweien und von zweien zu allen schönen Leibern, und von den schönen Leibern zur schönen Lebensführung, und von der schönen Lebensführung zu den schönen Erkenntnissen, bis man von den Erkenntnissen endlich zu jener Erkenntnis gelangt, welche die Erkenntnis von nichts anderem als jenem Schönen selbst ist, und man am Ende jenes Selbst, welches schön ist, erkenne. Und hier, wenn irgendwo, ist das Leben dem Menschen lebenswert, wo er das Schöne selbst schaut« (Gastmahl).

Auf den früheren Stufen uns aufhaltend, haben wir die Neigung, hier zu sprechen, als ob die oberen nicht da seien. Das Gespräch auf ihnen aber kann Wahrheit nur gewinnen durch Führung von den oberen her. Fehlt die Führung, so hat der Schein endlos schwankender

Mitteilung die Oberhand. Dann bleiben wir in Ratlosigkeit und Trotz, weil uns die innere Verwandtschaft zu dem Gehalt dessen fehlt, was alles führen muß, wenn Wahrheit sein soll.

Wir sind auf die oberen Stufen gewiesen, um aufsteigend sie zu beschreiten. Für sich bleiben die niederen Stufen im Unverständnis der Unwissenheit. Das hat zur Folge, daß, wer die unumgänglichen niederen Stufen überschreitet, um die höheren Gegenstände selbst zur Sprache zu bringen, und wer daher auf die ihnen entsprechende höhere Erkenntnisstufe sich einläßt, in eine wunderliche Lage gerät. Denn da hat immer der der niederen Stufe Verhaftete, hat »der Widerlegungskundige, wenn er nur will, gewonnenes Spiel und stellt den, welcher in Rede, Schrift oder Antwort seine Gedanken zum Ausdruck bringt, der Mehrzahl der Zuhörer als einen Stümper hin...« Denn auf den niederen Erkenntnisstufen muß das Wahre in Widersprüchen sich bewegen. »Dabei haben die Hörer mitunter gar keine Ahnung davon, daß eigentlich nicht das, was die Seele denkt, widerlegt wird, sondern die von Haus aus unzulängliche Natur jeder der niederen Erkenntnisstufen.«

k) *Zwei notwendige Richtungen des menschlichen Lebens.* – Für das Verhalten der denkenden Seele öffnen sich zwei Richtungen: aus der Erscheinungswelt hinaus in die ewige Welt (Phaidon), und dann aus der ewigen Welt her wiederum die Erscheinungswelt zu erblicken, zu begreifen und zu gestalten (Staat, Gesetze, – Timäus). Im Platonischen Philosophieren wird beides vollzogen: das Philosophieren auf das Sein hin und vom Sein her. Der Mensch ist »hier« in der Welt; er muß über die Welt hinaus »dorthin« blicken, um, indem er das Wesentliche berührt, selbst wesentlich zu werden. Dann aber folgt diesem Aufschwung des Gedankens der Wiedereintritt in diese Welt: der Abkehr von der Welt entspringt die Rückwendung an das mathematische und das mythische Begreifen des Weltalls (Staat, Timäus); die Abkehr aus dem Leben der Polis zu den ewigen Regionen verpflichtet zur Rückkehr in das staatliche Leben (Staat, Gesetze). Der Aufschwung Platos führt nicht zum Verlassen der Welt, nicht zur kommunikationslosen Ekstase, nicht zur Vergottung. Vergleicht man Plato mit Plotin, so ist zwar das Gemeinsame die Lösung aus der Weltbefangenheit. Während aber diese Lösung für Plotin sich selbst genug ist, ergreift Platos Philosophieren die Aufgabe in der Welt. Diese aber kann er nur erfüllen, weil er an jenem überhimmlischen Ort zu Hause ist, von dem Maßstäbe und Führung kommen.

B. Die Dialektik

Wir haben berichtet von den Ideen und haben Gleichnisse erzählt. Würden wir es dabei bewenden lassen, so entginge uns die eigentlich philosophische Anstrengung Platos. Bloße Behauptung genügt nicht, denn an entscheidenden Punkten ergeben sich dem Nachfragenden Schwierigkeiten. – So führt die Scheidung von Sein und Werden (chorismos, tmema) entweder zur Beziehungslosigkeit beider oder zur Frage nach der Brücke zwischen ihnen. Die Antworten führen wiederum zu unmöglichen Konsequenzen. – Gibt es Ideen von allem, was ist, so verliert die Idee den Charakter des Gutseins, weil sie Häßliches, Böses, Falsches mit einschließt. Gibt es etwas, das ohne Idee da ist, so hat dieses nach dem Grundgedanken überhaupt kein Sein. – Jede Idee soll selbständig sein, aber die Ideen beziehen sich aufeinander. Sie schränken sich ein oder sie bedürfen einander. Es ist die Frage nach der Gemeinschaft der Ideen.

Zur Lösung dieser Schwierigkeiten sollen wir philosophisch *denken.* Dieses Denken nennt Plato Dialektik. Sie ist aber nicht zuerst zur Lösung jener Schwierigkeiten da, sondern in ihren methodischen Operationen selbst wird die Sache überhaupt erst eigentlich gegenwärtig. Dialektik ist die denkende Bewegung des im Aufschwung zu höherer Erkenntnis sich verwandelnden Menschen. Dialektik nennt Plato daher die höchste Wissenschaft. Dialektik und Philosophie sind dasselbe, dort der Methode, hier dem Gehalt nach bezeichnet.

a) *Was Platonische Dialektik sei.* – Von der Dialektik wird oft kurz und einfach gesagt, was sie sei, aber auf verschiedene Weise:

Sie ist der Prüfstein, zu erkunden, wer fähig ist, unter Verzicht auf die Hilfe der Augen und jeder sonstigen Sinneswahrnehmung zum Seienden selbst im Bunde mit der Wahrheit vorzudringen (Staat).

Dialektik geht auf das Seiende, das immer sich durchaus Gleichbleibende (Philebos).

Alles andere Können und Kennen hat es nur gleichsam mit dem Einbringen der Beute zu tun, die dem Dialektiker zu übergeben ist zum Gebrauch (Euthydem).

Dialektik ist wie ein Schlußstein im Bau des Wissens; hier ist die Grenze für alles, was Wissen ist, erreicht (Staat).

Das Können der Dialektiker ist, über alles andere Können richtig Bescheid zu wissen (Philebos).

Die Dialektik ist die königliche Wissenschaft, die herrscherliche (basilike episteme) (Euthydem) – sie ist das Wissen des Wissens (episteme epistemon) (Charmides).

Im Aufstieg zum reinen Denken, im Innesein des Seins selbst, hat die Dialektik alle vorläufigen Festigkeiten – die ohne sie zu Dogmatismen würden – überwunden. Sie hat den offenen Raum gewonnen, in dem sie sich im Spiel der Gedanken bewegt und durch dieses Spiel das abgründige Geheimnis in der Frage nach dem Sein, die Frage selber aufhebend, berührt (vor allem im Parmenides).

Die Dialektik ist sowohl das Denken im Aufstieg wie das Denken im Sein selbst, also entweder Bewegung, die vorantreibt, oder Spekulation, die in kreisend verweilender Bewegung meditiert (besonders im zweiten Teil des Parmenides).

b) *Das Wesen der Dialektik an Beispielen.* – Das Wesen der Dialektik soll nun an Beispielen denkenden Operierens, die Plato sowohl vollzieht wie methodisch bewußt macht, deutlicher werden.

Erstens: Die Bewegung des Denkens entzündet sich an *Gegensätzen:*

Im sinnlich Wahrgenommenen treten, wenn man es denken will, sogleich die Widersprüche auf (so die Aporien der Bewegung). Die Widersprüche reiben sich »wie Feuerhölzer« aneinander und bringen das in der Erkenntnis Gesuchte zur Erscheinung (Staat). – »Ohne Kenntnis des Lächerlichen ist es nicht möglich, das Ernste wirklich zu verstehen, wie überhaupt bei Gegensätzen das eine Glied nicht ohne das andere sich erkennen läßt« (Gesetze). – Das Unedle ist zu kennen, wenn das Edle erkannt werden soll. Zwar ist im Handeln dem Unedlen kein Einfluß zu gewähren, aber kennenlernen muß man es, damit wir nicht aus reiner Unkenntnis uns lächerlich machen. »Denn beide, Tugend und Laster, gehören für die Erkenntnis notwendig zusammen, wie denn für das ganze Seinsgebiet Irrtum und Wahrheit gleichzeitig und verbunden miteinander in unermüdlicher Anstrengung erkannt werden müssen« (Briefe).

Gegensätze gehören zusammen in allen *sinnlichen Dingen,* überall in der Welt des Werdens, überall in der Zeit. Aber sie schließen sich aus. Denn kein Entgegengesetztes läßt es sich, solange es noch ist, was es war, gefallen, zugleich das Gegenteil zu werden. Es geht dabei unter. So entsteht das Entgegengesetzte aus dem Entgegengesetzten. So wandeln sich die sinnlichen Dinge. Aber die Gegensätze selber lassen sich nicht die Entstehung auseinander gefallen. »Niemals wird ein Begriff in sein Gegenteil umschlagen« (Phaidon).

Dann aber begreift Plato (im Parmenides) das Erstaunliche, daß *die Ideen selber* – nicht nur die sinnlichen Dinge – die Gegensätze in sich bergen.

Immer aber, ob im Sinnlichen oder in der Ideenwelt, gilt: was zunächst in Aporien endet, das wird dialektisch ein Mittel der Spekulation, um mit den Gegensätzen selber in die Tiefe zu dringen. Die Widersprüchlichkeit ist das erregende Moment. Es führt den Eristiker zur Zersetzung alles Gedachten bis zum Nihilismus. Es führt den Dialektiker als »Zugkraft zum Sein« (Staat).

Zweitens: Unterscheidung und Zusammenschau: Die bloße Aufzählung (bei der Frage nach einer Sache die Beibringung von Beispielen ins Endlose) schafft keine Erkenntnis. Die Erfassung des Wesens geschieht erst in der Zusammenschau (synopsis). Der Arzt sieht in vielen einzelnen Fällen die wiederkehrende Krankheitsform (ein eidos). Der Erkennende muß überall das Seiende als Gestalt (eidos) verstehen, indem er es aus vielen Wahrnehmungen als je Eines durch den Verstand (logismos) zusammenfaßt (Phaidros). Plato denkt noch nicht an die Abstraktion eines Allgemeinen aus vielen einzelnen Fällen, sondern an das Erblicken der Wesenseinheit. Durch diesen Blick »tritt die Verwandtschaft der einzelnen Wissensfächer miteinander sowohl wie mit der Natur des Seienden in klarem Zusammenhang hervor«. »Wer die Fähigkeit hat für den zusammenfassenden Überblick, der ist auch dialektisch beanlagt« (Staat). Aber die Wahrheit der Zusammenschau ist immer bedingt durch die Klarheit der Unterscheidungen (die synopsis durch die diairesis). Erst die Unterscheidung macht in Gegensätzen das Gedachte bestimmt. Daher Platos Entzücken an Unterscheidungen, Einteilungen, Gattung-Art-Verhältnissen, Unterteilungen, diesem Unterscheiden in allen Gestalten, das »eine Gabe der Götter an die Menschen« ist (Philebus). Erst diese Fähigkeit führt das Mannigfaltige zur Gattungseinheit (in der synagoge). Sie führt zur Bestimmung der Unterarten, indem die übergeordneten Gattungsmomente und der eigentümliche Unterschied heraustreten. Sie führt zur wechselseitigen Bestimmung und damit zur Einsicht in die Gemeinschaft (koinonia) der Ideen, unter denen die eine ein Bedeutungsmoment der anderen ist, so daß das Gefüge der Ideenwelt klar und der Denkende heimisch wird im Reich dieser ewigen Gestalten (eide).

Drittens: Die Voraussetzungen und das Voraussetzungslose: Wenn der Mathematiker am Leitfaden der sichtbaren Figuren das Unsichtbare in seiner Exaktheit durch den denkenden Verstand (dianoia) erfaßt, so geht er stets von Voraussetzungen aus (etwa dem Unterschied von gerade und ungerade, von den Weisen der Figuren, den dreierlei Arten von Winkeln usw.). Über diese Voraussetzungen nach oben kommt er nicht hinaus. Sie gelten ihm als selbstverständlich.

Anders die Dialektik. Sie erkennt das hypothetische Verfahren als solches. Sie denkt probeweise eine Voraussetzung, um zu sehen, was daraus folgt, z. B.: Wenn Tugend lehrbar ist, dann muß sie Erkenntnis sein (Menon). Dann aber denkt die Dialektik über alle Voraussetzungen hinaus zum voraussetzungslosen Anfang, ohne Bilder, allein auf Begriffe gestützt. Das Denken (logos) berührt den Anfang durch die Kraft der Dialektik, indem es die Voraussetzungen nicht als unbedingt Erstes und Oberstes ansieht, sondern als bloße Voraussetzungen, das heißt als Unterlagen, gleichsam Stufen und Aufgangsstützpunkte, damit es bis zum Voraussetzungslosen vordringend an den wirklichen Anfang (arche) des Ganzen gelange. Wenn es diesen erfaßt hat, steigt es wieder herab, an alles sich haltend, was mit ihm im Zusammenhang steht, ohne dabei irgendwie das sinnlich Wahrnehmbare, sondern nur die Begriffe (eide) selbst nach ihrem eigenen inneren Zusammenhang zu verwenden.

Das hypothetische Verfahren ist ein umwegiges Verfahren. Wollte der Mensch das Sein selbst erblicken, so müßte er fürchten, zu erblinden, wie das Auge erblindet, wenn es in die Sonne blickt. Daher ist es notwendig, zu den Begriffen (logoi) seine Zuflucht zu nehmen und an ihrer Hand das Wesen der Dinge zu erforschen. Das ist »die zweitbeste Fahrt«.

Bei diesem Verfahren lege ich einen Satz (logos) zugrunde, den ich für unumstößlich halte. Dann setze ich das, was mit ihm zusammenzustimmen scheint, als wahr, was nicht, als nicht wahr. Zum Beispiel beginne ich mit der Voraussetzung: Es gibt ein Schönes an sich, ebenso ein Großes usw. Die Folgerungen sind: Wenn etwas außer dem An-sich-Schönen schön ist, so darum, weil es an jenem Schönen teil hat. Wir lassen uns gar nicht ein auf blühende Farbe oder auf die Gestalt oder sonst etwas Derartiges – das verwirrt nur –, sondern wir halten uns »schlicht und einfach daran, daß nichts anderes es schön macht als die Gegenwart (parusia) oder Gemeinschaft (koinonia) jenes Schönen«. Wir beschränken uns auf die Behauptung, »daß alles Schöne durch das Schöne schön wird«.

Viertens: Das »Zwischen«: – Dialektik durch bloße Opposition bleibt aporetisch und dient nur als Zeiger. Dialektik durch Mittelbegriffe macht das Auseinanderfallende durch ein Band (desmos) begreiflich. Daher die Bedeutung des Zwischen (metaxy), in dem das Getrennte verbunden, das eine im andern anwesend ist oder das andere an ihm Teilhabe besitzt. Daher weiter die Bedeutung des Augenblicks (exaiphnes), des Übergangs, in dem Vergangenheit und Zukunft verbunden gegenwärtig sind. Daher weiter das Sein des Nichtseienden, das auf gewisse Weise doch Sein hat.

Sein und Nichtsein sind, statt letzter Gegensatz zu sein, in den Stufen überall, aber auf verschiedene Weise gegenwärtig: Das *höchste Gute* ist jenseits des Seins, vor Sein und Nichtsein. Die *Ideenwelt* ist in jeder Idee seiend, aber im Unterschied von der anderen Idee als Anderssein ist auch jede Idee nicht seiend, was im negativen Urteil des »ist nicht« ausgesprochen wird. Die *Welt des Werdens* ist einerseits Sein durch Teilhabe an den Ideen, andrerseits Nichtsein, sofern sie nur teil hat, nicht eigentlich ist. Die *Materie oder der Raum* ist radikal Nichtsein, aber als Möglichkeit des Werdens, des Zum-Sein-Kommens, auch ewige Möglichkeit zum Sein.

Plato zeigt die »Gigantomachie« um das Sein zwischen denen, die alles für Körper in Bewegung, die das Körpersein in Raum und Zeit und das Sein für identisch halten, und denen, die nur unkörperliche, nur denkbare Ideen für eigentlich wirklich halten. Jene lassen am Ende immer etwas übrig, dem sie keine Körperlichkeit beilegen können, so ihre Einsicht selber. Diese können eine bewegungslose Starre seiender Ideen nicht festhalten. »Wie kann man uns zumuten zu glauben, daß dem absolut Seienden wirklich weder Bewegung noch Leben zukomme, daß es also in ehrfurchtgebietender Heiligkeit bar der Vernunft, in regungsloser Ruhe verharre?«

So ist es mit dem Einen und Anderen (heteron), oder mit dem Einen und Vielen (hen und polla), auch mit dem einen Unwandelbaren und dem, was »groß und klein« ist, auch mit dem Einen und der Zweiheit (aoristos dyas), oder mit dem Begrenzten und Unbegrenzten (peras und apeiron), oder mit dem Guten und dem vielen Guten (in der Gütertafel), – immer ist das Verbindende, das Umgreifende, das, worin sie sich vereinigen, zu suchen, das Zwischen und die Zwischenglieder.

Fassen wir den Sinn der Dialektik zusammen:

Das *Widersprechende* wird Stachel der Bewegung, das Medium der *Gegensätzlichkeiten* wird entwickelt, aber in beiden die »Zugkraft zum Sein« erfahren. – Das *Unterscheiden und Verbinden* (diairesis und synopsis) ordnet die gemeinten Sachen, so daß jeder Sinn seine Schärfe durch den Ort in der Begriffspyramide oder in dem Begriffsstammbaum (in fortgesetzter dichotomischer Teilung) erhält; aber damit ist ein Werkzeug des Denkens zum Sein selbst hin gemeint. – Das *Denken aus Voraussetzungen* (hypothesis) und die Frage nach den Voraussetzungen eines Satzes will die Zusammenhänge der Konsequenzen entfalten, aber um damit den Aufstieg zu gewinnen über alle Voraussetzungen hinaus in das schlechthin Voraussetzungslose. – Das Denken des Entgegengesetzten sucht das *»Zwischen«*, um durch dieses in der

Helligkeit der Gliederungen vorzudringen in den Grund, woraus sie kommen, oder in das Umgreifende, das sie in sich birgt.

Von solcher Dialektik ist zu sagen: *Erstens:* Bei ihr liegt das eigentlich Gesuchte nicht in den herausgearbeiteten allgemeingültigen Sachverhalten selber; denn diese sind sich nicht genug, sondern Mittel des Aufstiegs. *Zweitens:* Sie ist nach Plato von größerer Sicherheit und Deutlichkeit (Exaktheit) als sogar die Mathematik (denn in dieser kommen ihre eigenen Voraussetzungen nicht zu vernünftiger Einsicht). *Drittens:* Für solche Dialektik gelten alle Künste, Fertigkeiten, Wissenschaften nur als Vorspiele. Die Unsinnlichkeit rein begrifflicher Bezüge gilt zugleich als Reinigung der Seele zum Weg in das Übersinnliche. Für den denkenden Menschen ist der Sinn dieses Tuns seine Umkehr. In dieser Umkehr aber ist das Ziel nicht der Mensch, sondern für den Menschen das Sein selbst, das Eine, Unveränderliche, das er denkend berühren, wenn auch nicht ergreifen kann.

Die Platonische Dialektik war der Gegenschlag gegen die zersetzende Dialektik. Daher Platos Festhalten an der unerläßlichen Voraussetzung wahrer Dialektik: an den bestimmten Begriffen, durch die wir im Sprechen mit Worten stets dasselbe meinen können. Denn unser identisches Meinen ist Bedingung des zwingenden Fortgangs der Konsequenzen und des Herrwerdens über die unbegrenzte Mannigfaltigkeit. Mit solchen Begriffen in die Dialektik der spekulativen Stufe zu gelangen und nicht in die eristische Dialektik der Zersetzung (mit der die Begriffe in beliebige, statt in methodisch beherrschte dialektische Bewegung geraten), das ist der Weg des Denkens der Wahrheit.

c) *Einwände gegen Platos Dialektik. – Erstens:* Es sind lauter *analytische Urteile,* die gelegentlich in naiver Direktheit auftreten, so: »Das Schöne ist nur durch das Schöne schön.« Mit solchem Denken wird nichts erkannt. Es gipfelt in Tautologien. Die Richtigkeit solcher Urteile wird um den Preis der Leerheit gewonnen.

Zweitens: Denkinhalt und Sein werden fraglos *identifiziert.* Zum Beispiel: »Das Nichtsein ist nicht«, also ist es auf gewisse Weise, denn es wurde ja durch das »ist« gedacht. Was notwendig gedacht werden muß, das hat, weil es richtig gedacht ist, darum schon die Realität seines Gegenstandes erwiesen.

Drittens: Indem Plato mit diesem Begriffsrealismus das wirkliche Sein denkt, *schiebt er zwischen Denken und Sein* ein *selbständiges Reich* der Ideenwelt. Dadurch *verschleiert* er sowohl die reale Erkenntnis der Dinge wie die metaphysische Seinseinsicht. Denn jene gründet sich auf Erfahrung, diese auf unmittelbares Innesein. Der Begriffsrealismus versäumt beide, weil er uns in einer leerlaufenden Begrifflichkeit die Seinssubstanz verlieren läßt.

Es ist merkwürdig: Diese Einwände sind richtig, aber erreichen nicht Platos eigentliches Denken. Sie sind richtig in bezug auf herausgegriffene Sätze und Entwicklungen, wenn man sie versteht als Lehrstücke eines objektiven Wissens. Aber sie erreichen Plato nicht, weil sie Platos Raum nicht betreten, daher den Sinn jener Gedanken nicht im Ganzen des Philosophierens vollziehen. Sehen wir näher zu:

Zum ersten Einwand: Wie Erkennen von Realitäten an Erfahrung gebunden ist, so ist Denken in bloßen Begriffen zwingend zwar unter je bestimmten Voraussetzungen, die logisch definierbar sind, ist aber gebunden an den Inhalt der Voraussetzungen, aus denen es herausholt, was in ihnen liegt, daher in Tautologien endet.

Die Logik bis zur modernen Logistik behandelt dies Feld durch Formalisierungen. Zum Beispiel wird die Vieldeutigkeit der Copula »ist« und der ihr entsprechenden Beziehungen zwischen Subjekt und Prädikat geklärt durch eine Zeichensprache, die die Vielheit des Beziehungssinns durch definierte Zeichen je eindeutig fixiert. Die Vieldeutigkeit der Wortsprachen hört auf.

Das alles aber beginnt schon bei Plato. Er ist sich der Vieldeutigkeit der Copula »ist« durchaus bewußt. »Das Gewordene ist geworden, und das Werdende ist werdend, und das Künftige ist künftig, und das Nichtseiende ist nicht seiend, – das alles sind ungenaue Bezeichnungen.« Plato gibt die Ausarbeitung logischer Formen des zwingenden Zusammenhangs von Deduktionen, das Herausstellen der jeweiligen Voraussetzungen, die Gliederung einer Begriffsmenge durch fortlaufende Zweiteilung von der allgemeinsten Gattung bis zum unteilbaren Einzelnen. Er stellt die Frage nach dem zwingend Richtigen überhaupt. Die Logik bis zur Logistik empfingen von ihm bis heute Weisungen. Das Ziel ist die Konstruktion zwingender Sachverhalte in Bedeutungen und Beziehungen ihrer Form nach.

Bei Plato aber ist dieses logische Bemühen im Dienst eines Anderen, ist selber schon dieses Andere. Die Frage ist: Hat Denken Sinn, das kein Erkennen ist? Kann solches Denken sinnerfüllt sein im Unterschied von logistischen Formulierungen? Ist darin ein Anderes verstehbar, was in den logistischen Operationen verschwindet?

Wenn wir uns klar werden über den Sinn von Sprache und Bedeutung, über die Gebundenheit unseres erfüllten Denkens an diese

Sprache, über die Vergeblichkeit oder vielmehr die begrenzte Möglichkeit der Übersetzung der Wortbedeutungen in Zeichensprache, dann kommen wir zur Einsicht: In den bei Plato zuerst methodisch auftretenden Logisierungen sind diese als ein Medium einer sie durchseelenden Intention gemeint, die verloren gehen kann bei Entfaltung des Mediums als solches in seiner Endlosigkeit logistischer Bestimmungen.

Ist der Zauber der Begriffsphilosophie durch Jahrtausende und ihre Nichtigkeit zugleich zu verstehen? Wird in ihrer »Leere« etwas erweckt, das, wenn die Leere unangemessen gedacht wird, stumm bleibt? Ist in Tautologien durch den Ort, an dem sie im Gedankenzusammenhang auftreten, durch den Augenblick, für den sie sprechen, etwas Unersetzliches zur Gegenwärtigkeit zu bringen? – aber so, daß der Satz ebensogut als wunderliche Nichtigkeit wie als ergreifender Anspruch erscheinen kann, wie Max Webers Wort vor seinem Tod: »Das Wahre ist die Wahrheit«?

Tautologie ist Stranden auf der Trockenheit logischer Leere. Das Denken kann scheitern in Zirkeln und Widersprüchen. Platos Philosophieren erregt die Hörfähigkeit für etwas, das, sei es in logischer Leere (Tautologie), sei es im logisch Verworfenen (Zirkel und Widerspruch) Sprache findet.

Dialektik ist die Logik mitteilbarer Denkbewegung. Diese Denkbewegung hält nicht fest am jeweiligen Denkinhalt. Sie ist als Bewegung selber der Inhalt. Sie ist das Denken im Unmitteilbaren, das in der philosophisch mitteilbaren Bewegung zur Erscheinung kommt.

Zum zweiten Einwand: Der Einwand lautet: Denken hat gegenständliche Bedeutung nur dann, wenn es durch Erfahrung auf Realität bezogen ist. Denken ist nicht Sein, sondern kann sich nur durch Umwege auf Sein beziehen. Denken, das als solches schon zu erkennen meint, ist trügerisch. So fragt Kant etwa, »ob ich durch einen Begriff eines Unbedingtnotwendigen noch etwas oder vielleicht garnichts denke«. Denken, das objektive Bedeutung hat, bedarf der Erfüllung durch Anschauung.

Bei Plato gibt es die Frage nach dem Verhältnis des Denkens zum Sein, des Erkennens zum Erkannten. Erkennen, sagt er, findet durch das Vermögen in uns statt, das dem wahrhaft Seienden verwandt ist. Plato hat die nur beiläufig berührte Frage in schöpferischer Naivität beiseite gedrängt durch die Tat des Denkens, zu sehen, was durch sie geschieht, und was sie bedeutet in der Bewährung. Aber in der Folge, entscheidend erst in der Neuzeit, wurde die Frage in die Mitte gerückt: Wie ist Erkennen möglich? Wie verhält sich das Subjekt zum Objekt? Wie beziehen sie sich aufeinander in der Spaltung? Was ist das sie Umgreifende? Wie können beide dasselbe sein oder, wenn nicht, wie kann das Subjekt überhaupt vom Objekt wissen? Was bedeutet Objektsein? Ist die Spaltung zu überwinden und wodurch? Diese sogenannten erkenntnistheoretischen Fragen nach Sinn, Weisen, Grenzen unseres Erkennens haben viele Antworten gefunden. Von einer Lösung kann keine Rede sein. Plato ist noch immer für jeden Erkenntnistheoretiker erleuchtend, mag er ihm folgen oder ihn bekämpfen.

Gegen den antiplatonischen Einwand ist die Frage: Wenn auch Erkenntnis der Dinge in der Welt auf Erfahrung und Anschauung angewiesen ist, könnte nicht doch ein Denken, ohne gegenständliche Bedeutung für Erkenntnis von Dingen in der Welt, Sinn und Gehalt haben? Liegt in der naiven Identifizierung von Denken und Sein eine hohe Wahrheit, die in jeder Erkentnistheorie, wenn auch verborgen, wiederkehrt?

Zum dritten Einwand: Der Einwand der Verschleierung durch Zwischenschiebung einer Begriffswelt zwischen uns und das Sein selbst setzt voraus, daß es eine bessere Einsicht ohne Mittel (Medium) oder eine Sprache ohne Gegenständlichkeit für uns gebe.

Wenn dieses Mittel etwa als Mathematik durch die Erfahrung der Meßbarkeiten auf die Realität stößt, so entsteht Physik, die Naturwissenschaft modernen Sinnes. Wenn dieses Mittel sich des Seins im Grunde durch existentielle Vollzüge, deren Erinnerung oder Vorbereitung, vergewissern soll, so entsteht Metaphysik.

Beide Male ist nicht Verschleierung, sondern der wirkliche Zugang gewonnen, wenigstens für Wesen unserer Art. Der unmittelbare Zugang ist die alles gegenständliche Erkennen überschreitende Erfahrung, die doch erst mitteilbar wird, wenn sie in jene Medien eintritt. Diese Medien verschleiern nicht, sondern machen in der Helligkeit denkenden Bewußtseins das offenbar, wovon wir nicht wissen, was es ohne solches Offenbarwerden eigentlich ist.

Plato hat zum erstenmal in großem Stil, nämlich mit der souveränen Beherrschung der Mittel und Möglichkeiten, die Seinsspekulation entfaltet. Er hat die Grundlagen aller späteren Metaphysik gelegt. Die geschichtliche Entwicklung hat nach ihm sich vielfach in Verfestigungen der Denkgestalten des Vordergrundes der Gedanken verlaufen. Dies geschah, weil eine eigene Erkenntnis (Ontologie und Theologie genannt) hier erwartet und dann in systematischen Doktrinen als Ergebnis der philosophischen Erforschung gelehrt wurde. Auch solche haben trotzdem nicht selten etwas bewahrt von dem Platonischen Transzendieren, dieser Musik in Denkformen zur Berührung des Seins.

Ist man sich dessen bewußt, so wird man keinen bestimmten Platonischen Gedanken als absoluten nehmen. Die bestimmten Gedankengänge sind Arbeiten am Werkzeug zur Mitteilung der Selbstvergewisserung des Seinsinnewerdens, – nicht aber selbstgenügsame gegenständliche Erkenntnis. In der Verwandlung dieser Werkzeuge zu Lehrstücken entsteht der Dogmatismus eines Scheinwissens, in dem die Kraft zum Aufschwung verloren geht. Plato selbst verleugnet nie die oft von ihm ausgesprochenen Grenzen des Wissens und Erkennenkönnens des Menschen, wie er nie die hohe Möglichkeit des Aufschwungs verleugnet. Sein Denken steht weniger zu der wissenschaftlichen Erforschung einer Sache in Analogie als in Analogie zu Meditationsübungen. Es reinigt die Seele durch Rationalität, es läßt in seinen Vollzügen das Sein selbst spüren. Es bleibt in Bewegung. Jede Antwort wird wieder zur Frage. Der Sinn dieser Wege ist die Vergewisserung dessen, dem ich vertraue, indem ich es suche, in dem ich schon bin, wenn ich auf dem Wege zu ihm bin.

Platos Philosophie wird keine Lehre, aber es handelt sich in ihr immer um dasselbe. Dieses Selbe entzieht sich der endgültigen, es einfangenden Aussage, aber es zeigt sich auf den erfinderisch beschrittenen Denkwegen auf eine je eigentümliche Weise. –

Die drei erörterten Einwände greifen an, was Plato selber wenigstens in Ansätzen weiß, und mit Denkmitteln, die Plato selber besitzt. Was Plato in seinem Scharfsinn entfaltet, ist ergiebig geworden in drei besonderen Denkrichtungen: als Logik (bis zur heutigen mathematischen Logik oder Logistik), als Erkenntnistheorie, als Seinsspekulation (Ontologie).

Bei Plato aber sind sie ein Ganzes, und das Platonische ist ihre untrennbare Zusammengehörigkeit zur Einheit. Sie sind ein Ganzes, dessen Trennung (in Logik, Erkenntnistheorie, Ontologie) zwar unumgänglich ist, aber nur im Übergang zur ursprünglichen platonischen Verbundenheit. Denn daß sie bei Plato verbunden sind, bedeutet nicht Unklarheit, sondern die Aufgabe, das nicht zu vergessen, was über jene drei Gebiete übergreifend, sie alle in sich schließend, das Entscheidende bleibt. Denn jeder der drei Ströme für sich versandet, weil er seinen eigenen Sinn nicht begreift. Jeder von ihnen trägt unsere philosophische Besinnung erst, wenn er wieder aus Platonischem Grunde fließt. Das Getrennte gehört zusammen in unserem Wahrheitsbewußtsein, das zugleich Seinsbewußtsein ist. Die Zerlegung macht scheinbar klarer. Rational entschiedener kommen die einzelnen Momente heraus, aber wenn jener Sinnbezug zum Grunde, der zugleich das Ziel ist, verlorengeht, so bleiben in der Logistik: das Bestehen von Begriffen, das nichts weiter ist als Widerspruchslosigkeit, und die Vergleichgültigung zu formalen Sachverhalten, – in der Erkenntnistheorie: endlos variierte Scheineinsichten in die Beziehung von Subjekt und Objekt, die nun beide als Objekte behandelt werden, – in der Seinsspekulation: die sei es langweilige, sei es bezaubernde Ontologie als ein Wissen vom Sein selbst, das ich nun kenne. Jedesmal wird Philosophie in gegenständliche Erkenntnis und Lehre verwandelt.

Die drei Einwände treffen mit den drei historischen Entwicklungen zusammen. Sie fordern gegen Plato ihre Trennung, oder sie greifen die eine durch die andere an. Sie bleiben alle in den Angreifbarkeiten, die sie aussprechen, mit Ausnahme der Logistik, die triumphiert als zwingend richtiges, aber völlig gleichgültiges und leeres Wissen.

Alle Einwände beruhen auf Voraussetzungen über Sinn und Möglichkeiten des Erkennens. Sie beschränken dieses auf das Verstandesdenken, geraten dabei in neue Verwirrungen, weil sie es selber nicht rein vollziehen. Hätte Plato diese ihre Voraussetzung, so hätte er die vorgeworfenen »Fehler« nicht begangen. Dann brauchte er auch nicht Plato zu sein; ein beliebiger Verstand würde dasselbe leisten. Und es würde keine Philosophie geben.

d) *Die Spannung im Sinne der Dialektik und im Platonischen Philosophieren überhaupt.* – Wenn das Gute und die Ideen nicht geradezu gelehrt werden können, so können sie doch im Denken der Dialektik einer reinen Seele gegenwärtig werden. Die Erleuchtung erfolgt im Denken selber, in einem anderen als dem geläufigen Verstandesdenken. Sie erfolgt im Überschreiten alles dessen, was im Gedanken zu klarer Bestimmtheit gefaßt wird. Jeder schon überschreitende Gedanke wird noch einmal überschritten, bis er im Scheitern bloßen Denkens, aber nur durch dieses Denken selber, sich erfüllt.

All dieses Denken will zu dem Punkt führen, wo plötzlich, im Augenblick, unerzwingbar und unbegreiflich, das Gute selbst, das eigentliche Sein für die Einsicht da ist. Aber wird die Erleuchtung plötzlich, »im Augenblick«, wirklich erreicht? oder bleibt sie selbst dort, bleibt sie immer in unserem Dasein nur Abglanz?

Daß das Gesuchte nicht Lehre werden kann und doch im Denken der philosophierenden Existenz erreicht werden soll, erregt den Leser Platonischer Dialoge zur höchsten Anspannung. Es ist in der Mitteilung des von Plato Gedachten eine unüberwindbare Schwierigkeit: als ob ein Versprechen getan würde und das Wort der Erfüllung ausbliebe. Dem entspricht Platos Erklärung, daß seine eigentliche Philosophie weder schriftlich noch mündlich mitgeteilt sei, sondern sich nur im Augenblick des erleuchtenden Funkens zwischen Zweien zur Gegenwart bringe.

Und doch ist davon die Rede. Das »Jenseits des Seins«, das »Gute«, die Idee aller Ideen, das Sein selbst – es sind Worte. Wenn wir wissen möchten, was es ist, werden wir entweder hingewiesen auf Erfahrungen, die mystisch heißen, eine Einigung mit dem Sein selbst, oder wir hören von Gedanken einer Spekulation, die mit Begriffen formal transzendiert in den Grund aller Gründe, oder es wird uns eine Bilderfülle gezeigt, Mythen und Gestaltungen, die in Chiffern mitteilen, was ist. Die Dialektik gibt all diesem die Struktur, indem sie es für das Denken zugleich aufleuchten und verschwinden läßt.

Der Abstand zwischen diesen Denkweisen von dem, was sinnlich oder rational faßlich und für jeden Verstand gleicherweise gültig ist, ist offenbar. Sie scheinen im ersten Fall (der mystischen unio) von etwas zu reden, das erfahren wurde in Gegenstandslosigkeit und sich daher jeder Mitteilung entzieht, im zweiten Fall Bewegungen abstrakter Begrifflichkeit zu vollziehen, die leer sind, im dritten Fall Bilder zu zeigen, die bloße Imaginationen bleiben. Und gerade all dieses, das in Augenblicken des Verständnisses (denn es ist nicht als Besitz festzuhalten, der bereitliegt, wenn man gerade will) durch dieses Verständnis die Fülle wird, ist die umgreifende Seinsmacht, die Wirklichkeit selber. Es ist bei Plato das ergreifend Sprechende, das alle Sprache überflutet. Was nichts zu sein scheint und auf der Ebene des Verstandes verschwindet, wird alles, aber nur in der Helle des Denkens.

Die Platonischen Dialoge erheben den höchsten Anspruch an uns. Denn es handelt sich um das, was alles trägt und erleuchtet. Es kann zwar zur Verführung des Schwärmens werden, die es als ein Gewußtes in die Rede fangen möchte, und es kann andererseits als die Leerheit scheinen, daß man am Ende nichts in der Hand hat. Aber diese Leerheit ist eine Folge unseres Abgleitens zum bloß rationalen und sinnlichen Leben, wenn wir das Sein verlassen zugunsten der bloßen transparenzlosen Realität unseres Daseins. Gelingt aber die Umkehr aus dieser Leerheit des Realismus in die Fülle, die aus dem Sein strahlt, dann erhellt es alles Gegenwärtige, läßt nichts fallen, sondern bringt es zu sich selbst. Und diese Umkehr ist gebunden an den Aufschwung in jenen Ort, der kein Ort ist, sich entzieht, als ob er nichts wäre, und wirkt, weil er alles ist.

C. Der Eros

Plato zeigte drei untrennbare Züge des Philosophierens: das Denken als Weg über das Wissen des Nichtwissens zum führenden Wissen, – die Mitteilbarkeit als Bedingung der Wahrheit, welche verläßlich und verbindend für uns wird, – die Dialektik der Souveränität eines Denkens, das alle Festigkeiten ebenso hervorzubringen wie einzuschmelzen vermag, in keinem Vorläufigen sich beruhigt, auf das Eine, Beständige, Ewige gerichtet ist.

In solchem Philosophieren wird die Freiheit zugleich mit der Freiheit des Andern im Aufschwung gewonnen. Diese Freiheit ist gehalten und erfüllt von der Liebe. Philosophisches Wissen ist liebendes Wissen, und Lieben ist Erkennen. Lehrbarkeit des Wissens geschieht in liebender Kommunikation. Plato ist der erste Philosoph der Liebe, dem die früheren objektivierenden Mythen vom Eros als kosmogonischem Eros zu bloßen Chiffern zurücktreten, wenn er zum Ursprung gelangt in der Wirklichkeit des Eros selber, das heißt in der Verwirklichung des philosophischen Menschen. Sogar das Wort Philosophie bedeutet Bewegung der Liebe, als philein zur sophia. Philosophie ist Liebe zur Weisheit, nicht Weisheit.

Platos Denken hat seinen Ursprung in der Liebe zu Sokrates. Keine Liebe hat je ein solches Denkmal gesetzt. Platos Eros ist wirklich gewesen und, von dorther erleuchtet, wurde er der Eros zu allem Edlen, das ihm begegnete.

Was aber Liebe sei, das wird von Plato in seiner Unergründlichkeit umkreist (vor allem im Gastmahl und im Phaidros), ohne anders als im Mythus getroffen zu werden. Er läßt die Liebe in vielen Gestalten und Möglichkeiten erscheinen, die doch gerichtet bleiben auf das Eine, auf die eigentliche, die unbedingte, zu reinem Aufschwung tragende Liebe.

Den Platonischen Erörterungen der Liebe dient die Geschlechtlichkeit als Ursprung, als Gleichnis, als Feind. Der Zauber des Lebensjubels ist Ursprung, weil das Erblicken der Schönheit die Rückerinnerung an das Ewige veranlaßt und der Aufstieg vom sinnlich Schönen beginnt, – ist aber Verführung, wenn die Geschlechtlichkeit sich genügt, sich isoliert, dadurch selber verdorben und erniedrigt wird. Fehlt der sinnliche Ursprung, dann bleibt der Eros aus im leeren Denken. Wird der sinnliche Eros sich selbst genug, so lähmt er den philosophischen Eros und wird blind für ihn. Platos Philosophieren kennt die gewaltige Macht der Geschlechtlichkeit. Es ist mit ihr im Bunde und im Kampfe. Philosophieren ist im Bunde mit ihr, wenn es aus Anlaß der Geschlechtlichkeit in ihr jenen Ursprung erreicht, aus dem auch die Geschlechtlichkeit stammt, – ist im Kampfe, wenn die sich verselbständigende Geschlechtlichkeit den Adel des Menschen erniedrigt und damit den Blick in die Wahrheit des Seins trübt. Die Seele ist nach dem Mythos (im Phaidros) ein Gefährt der Vernunft mit zwei Rossen, das eine gebändigt und scheu und gehorsam, kraftvoll zum Aufschwung, das andere widerspenstig, nur in die sinnlichen Begierden drängend, zügellos, niederdrückend. Die Vernunft muß mit beiden Rossen dorthin gelangen, wo alles Wissen sein Ziel und von woher es seine Führung hat, zum übersinnlichen Ort.

Philosophisches Denken ist der sich aufschwingende erotische Enthusiasmus. Aber wir machen mit ihm die Erfahrung unseres Schwankens im Auf und Ab. Wir fallen, wir bleiben uns aus, wir leben von neuem im Schwung der Liebe. Denn die Liebe ist wie die Philosophie: ein Zwischensein. Sie ist Haben und Nichthaben. Sie ist das Erfüllende im Nichterreichthaben. Der Eros ist im Mythos (im Gastmahl) der Sohn von Reichtum und Armut (porus und penia), »an demselben Tage ist er bald obenauf, solange ihm die Mittel zufließen, bald sinkt er wie tot dahin, lebt aber immer wieder auf vermöge der Natur seines Vaters, doch, was er gewonnen, zerrinnt ihm wieder...« Der Eros der Philosophie gehört zur Zeitlichkeit unseres Daseins und hat außer ihm keinen Ort. Götter philosophieren nicht und sie lieben nicht, denn sie wissen.

Der Eros kommt im Platonischen Denken zur Geltung einmal als Realität in der Vielfachheit seiner Erscheinungen, – dann als Gleichnis für den Aufschwung zum Ewigen, – dann als wirkliches Medium dieses Aufschwungs, – dann als Erhellung des Weges, – dann im Unterscheiden des wahren Eros von den Abgleitungen. Davon zu reden, soll erinnern und erwecken. Unter der Schärfe der rationalen Erörterungen wird durch Plato ein Spiegel hell: die Liebe, in der der Erkennende sich wiedererkennt oder nicht wiedererkennt. In ihn zu blicken, kann den Enthusiasmus bewirken, aus dem es erst sinnvoll ist, zu verstehen, zu erkennen, zu leben. Der Spiegel der Weisen der Liebe gibt es viele auf dem Wege. Ständig ist die Verwechslung möglich. Noch nah am Gipfel kann wieder alles verkehrt werden.

4. Besondere Gebiete Platonischen Denkens

Das Platonische Denken ist ständig erfüllt von sehr bestimmten Gedanken und greifbaren Anschauungen. Die Größe Platos liegt nicht weniger in dem Reichtum gedanklicher Entwürfe, dem Entdecken seitdem bestehender Probleme, der Erfindungskraft möglicher Lösungen als in den Grundantrieben des eigentlichen Philosophierens.

Die Darstellung Platonischer Gedanken gehört in den Sachzusammenhang, der für jede dieser Gedankengruppen ein besonderer ist. Solche Darstellung aber dürfte nicht vergessen, daß sie als solche schon vom Platonischen Sinn sich löst. Das als besondere Sache Reproduzierte wird zu einem Lehrstück. Das Zusammenbringen des sachlich Zusammengehörenden aus verschiedenen Dialogen erweckt den Schein eines Lehrsystems. Man übersieht, daß alle diese Gedanken als sachliche Mitteilung bestimmter gegenständlicher Inhalte sich selbst nie genug sind, sondern Funktionen des Weges des Eros, der den Aufschwung zu jenem Höchsten jenseits allen Seins im denkenden Leben findet. Es kommt auf jene Verewigung an, die das Heil der Seele heißt.

Wir werden nicht mehr dem Irrtum verfallen, irgendein systematisches Denkgebilde sei die Lehre Platos, als ob Plato nicht Herr seiner Gedanken sei. Wir werden die Erörterung Platonischer Sachprobleme philosophisch nicht überschätzen, als ob wir damit etwas Wesentliches für Platos Philosophie täten. Aber wir werden umgekehrt nicht leugnen, wie ergiebig diese Sachprobleme sein können, und nicht dem Fehler der Schwärmer verfallen. Die unerhört reichen Erfindungen Platos sind bewunderungswürdig. Hier gibt es die Anregungen zu sachlicher Untersuchung und zu zwingenden Korrekturen. Hier ist das wachsende Verständnis möglich nach dem Maße des eigenen Sachverstands. Logische Probleme zum Beispiel und Probleme der methodischen Begründung der Mathematik werden bei Plato noch heute studiert. Wir werfen nur einen kurzen Blick auf das, was Platonische *Theologie, Seelenlehre, Staatslehre, Kosmologie* heißt.

a) *Theologie:* Plato spricht von Gott. Was im »Staat« als das Gute der Sonne verglichen, die die lebenspendende Idee jenseits des Seins ist, was im »Parmenides« in der Dialektik des Einen berührt wird, was im »Timäus« der

Demiurg ist, der im Hinblick auf die Ideen die Welt hervorbringt aus dem Nichts des Raumes oder der Materie, das, so mag man sagen, bezieht sich auf dasselbe. Kombiniert man aber daraus eine Gotteslehre Platos, so geht der Gedanke verloren. Denn dieser gelangt jedesmal auf andere Weise an die Grenze, in gleichnishafter Anschauung, im denkenden Aufstieg der Dialektik der Begriffe, im Mythus der Weltschöpfung. Der Gedanke ist sinnvoll nur jeweils im Zusammenhang mit den Bedingungen, unter denen er gedacht wird. Werden die Grenzberührungen in den gemeinsamen Zusammenhang eines objektiven Erkenntnisbestandes von Gott gebracht, so ist ihr Gehalt, der im Denken als innerem Handeln lag, in einem vermeintlichen Wissen von etwas verschwunden. Dann ist aus Platonisch bewegter Theologie eine Lehrtheologie geworden. So ist es historisch in der Tat geschehen. Das Wort Theologie kommt bei Plato vor. Die Sache hat er geschaffen als der Begründer der Theologie des Abendlandes. Durch Aristoteles wurde das Wort zum Terminus. Diese Schöpfung der Philosophie wurde von den christlichen Kirchen und dem Islam angeeignet. Aber in den so verwirklichten Gestalten einer abschließenden Systematik in Dogmen blieb der Platonische Sinn oft kaum noch erkennbar.

b) *Seelenlehre:* Vor Plato war die Seele Name für ein Wesen innerhalb des Kosmos, oder für die Lebenskraft, war sie unsterblich als ein Schatten oder in Wiedergeburten oder in den Strafen der Hölle. Plato denkt die Seele darüber hinaus und vor diesen Mythen als das, was der Mensch als er selbst ist, sein vernünftiges Wesen. Er denkt sie in Strukturen von Dreiteilung (vernünftige, mutvolle, begehrliche Seele, analog den drei Momenten des Staatslebens: den herrschenden Philosophen, den Kriegermächten, der ernährenden arbeitenden Masse), oder in der Zweiteilung eines Lenkers mit zwei verschiedenen Rossen. Er bringt »Beweise« für ihre Unsterblichkeit aus ihrer Teilhabe an der Idee des Lebens, oder aus ihrem Wesen als Selbstbewegung. Er erzählt Mythen von den Schicksalen der Seele im Jenseits. Wieder darf man solche im Gang des Philosophierens vorkommenden Gedanken und Bilder nicht zu einer Seelenlehre (Psychologie) kombinieren, zu der sie reichen Stoff zu liefern scheinen. So aber ist es im Aneignen bloßer Lehrstücke durch die Späteren geschehen.

c) *Staatslehre:* Der Entwurf des besten Staates und der Entwurf der Gesetze für einen zweitbesten Staat sind ein Inhalt der zwei umfangreichsten Dialoge aus der Reifezeit und aus der Spätzeit. Sie zeigen, wie der philosophische Gedanke mit dem theologischen und politischen ineins gedacht wird. Diese Dialoge spannen den Gedanken zwischen Gott und den besonderen Realitäten des Staatslebens, sind ebenso reich an Erfahrungen, wie getragen von einer großen politischen Phantasie.

Aus dem einen höchsten Ziel, dem Heil des einzelnen Menschen, wird die Vollendung des Menschseins in der wahren Polis. Die Philosophie wird zur Erziehung der Regenten. Durch sie wird sie der Grund der Ordnung des Ganzen, in dem jeder an seinem Platz das Seine tut, während nur die Regenten (die Philosophen) den Sinn des Ganzen wissen. Die Erkenntnis des wahren Staats und der wahren Gesetze zeigt das Ziel durch den Blick auf das Urbild in der ewigen Welt der Ideen. Der Entwurf ist ein Abbild der Idee, nicht Programm zur organisatorischen Errichtung eines rechten Staatswesens. Diese könnte nur durch die schon zur Wahrheit hin erzogenen Philosophen erfolgen. Sie würden durch ihr vom Ewigen genährtes Ethos die Ordnungen erwachsen lassen, die in spielender Phantasie in den Dialogen durchdacht und vorweggenommen werden. Eine Verwirklichung müßte nicht mit der Einrichtung eines Staatswesens nach den fälschlich als Programm aufgefaßten Entwürfen, sondern mit der Erziehung der Herrscher durch Philosophie beginnen. Daher begann Plato in Syrakus den Staatsaufbau mit der Erziehung des Tyrannen Dionys zunächst durch Unterricht in Mathematik.

Die »Gesetze« endigen mit dem Gottesgedanken, erdenken eine Religionsstiftung (Kultstiftung) als koinzidierend mit der Staatsgründung. Die Religion ist eines mit der Philosophie, nämlich in der Gestalt, in der diese allen Menschen zugänglich ist durch die Bindungen, denen sie sich gläubig fügen, während sie in Gestalt der dialektischen Philosophie den allein zu solchem Wissen befähigten Regenten vorbehalten bleibt.

Solches Denken meint nicht das Programm zur Ausführung durch einen mächtigen Despoten, sondern den Leitfaden der Vergegenwärtigung des ethisch-politisch-theologischen Sinns der menschlichen Gemeinschaft. Ihm folgt, wer dem Ernst dieses Sinns in seiner faktischen Gemeinschaft sich hingibt, wer die Maßstäbe erfährt, die ihm das gegenwärtige Reale in seinem Wesen und Unwesen erleuchten.

d) *Kosmologie:* Was Plato am wenigsten zu interessieren schien, das Weltall und die Natur, die Realitäten der »Physiologie«, das hat er im Alter zum Gegenstand eingehender Analyse gemacht (Timäus). Ein Weltentwurf als Schöpfung durch den Demiurgen wird bis ins Detail durchgeführt. Das alles bringt Plato ausdrücklich als bloße Erzählung, wie es plausiblerweise wohl sein könnte, nicht als Erkenntnis.

Im ganzen dieser Weltauffassung sind zwei zusammengehörende Momente entscheidend: Die Welt ist nicht ewig, sondern vom Demiurgen geschaffen. Sie ist nicht auf Grund blind wirkender Ursachen hervorgegangen, sondern durch eine mit Vernunft und Wissen ausgestattete Ursache hervorgebracht. Der Gang der Dinge in der Natur unterliegt zwar auch einer blinden Kausalität, welche Notwendigkeit (Ananke) heißt (entsprungen dem Nichtsein des Raums oder der Materie), aber diese ist nur Mitursache, nicht alleinige Ursache. Sie ist untergeordnet dem vom Demiurgen ausgehenden zweckhaften Planen einer göttlichen Vernunft (oder: Die Kausalität ist der Teleologie unterworfen). Eine Atomistik nach Art des Demokrit (aber im Unterschied von diesem in mathematischen Figuren gedacht) verbindet sich mit dem Postulat eines allumgreifenden Gedankens zur Deutung der natürlichen körperlichen Realitäten. Daher ist eine geschaffene Weltseele die treibende Kraft des Kosmos, der erbaut ist aus kleinsten Teilen in den Formen der fünf regulären Körper.

Überschaut man, worauf wir im Platonischen Denken in bezug auf Theologie, Seele, Staat, Weltall hier nur hinwiesen und was bei ihm entfaltet ist in ungemein konkreten und differenzierten, in ebenso einfachen wie reichen, immer wieder überraschenden und erleuchtenden

Gedanken, so muß man staunen. Es ist wohl einzig in der Geschichte, daß ein Mann solche Fülle schöpferischer Einfälle mit unabsehbarer historischer Zeugungskraft gehabt und mit solcher Energie schlicht durchgeführt hat, und daß er dies alles aufnahm in einen übergreifenden, nie vollendeten Sinn, der ihm die Freiheit bewahrte, an keine seiner Schöpfungen, die sachliche Entdeckungen waren, zu verfallen.

III. Charakteristik und Kritik

1. Über Plato im ganzen

Der gleichbleibende Hintergrund, aus dem alles Bestimmte und Sichwandelnde sein Licht und auch seinen Schatten empfängt, ist nur zu umkreisen.

a) *Das Gleichbleibende.* – Durch die fünfzig Jahre, in denen Plato geschrieben hat, erfolgte die gewaltige Vermehrung der sachlichen Kenntnisse und Entdeckungen, die große Bewegung mathematischer und astronomischer Forschung (Erich Frank). Mit den politischen Umstürzen traten neue Interessen auf. Plato hörte auf alles und griff mit seinen Gedanken ein. In seinem Werk beobachtet man die Veränderungen der Dialogform. Aber gegen die Meinung, es seien bei Plato in der Tiefe ganz neue Ansätze erfolgt, steht der Gesamteindruck eines immer Gleichen.

Andeutungen in frühen Schriften werden später Thema. Übermut und Ironie sind noch in den spätesten Jahren lebendig. Eine gewisse Feierlichkeit der dogmatischen Entwürfe der Spätzeit ist in frühen Stimmungen vorweggenommen.

Es bleibt die Grundhaltung des Auf-dem-Wege-Seins: nicht Sophia, sondern Philosophie; nicht Wissen, sondern Wissen durch Nichtwissen. Es bleiben die Wege des Aufschwungs, die im Denken gegangen werden: das Werden zum Sein vermöge der Teilnahme am Sein. Es bleibt als Mitteilungsmittel die Form des Dialogs, das Philosophieren durch in der Realität dichtend verklärte Gestalten. Es bleibt die Aufgabe, denkend, nicht mystisch und nicht kultisch, zum Sein zu gelangen, im Denken Erfüllung und Grenzen zu finden, an den Grenzen die Zeiger auf das Jenseits allen Seins zu erfahren, es bleibt das Verstehen im Abbild, die Bedeutung der Mythen.

Das Gleichbleibende ist die philosophische Freiheit. Denken und Sprechen sind Ort des Gewahrwerdens, nicht Mitteilung feststehender

Wahrheiten. Denken und Tun des Menschen sind ein Spiel, zumal in der Mitteilung. An den andern geht der Anspruch, darin zu verstehen und sich durch sein Wesen zu entscheiden, ob er sich zum Narren halten läßt durch das Gesagte, oder ob in ihm der Funke entzündet wird.

Gleichbleibend ist, daß seine Lehre nie System wird. Die großartigen Lehrentwürfe bleiben Momente, werden aber nicht das Ganze dieser Philosophie. Das Gleichbleibende kann man das bleibend Wahre nennen, das sich grundsätzlich der gegenständlichen Erkenntnis, der direkten Aussage, der angemessenen Formulierung entzieht.

b) *In Plato ist zusammengehalten, was sich später trennt (Mensch und Staat, Philosophie und Wissenschaft, Philosophie und Dichtung):*

Mensch und Staat: Es kommt auf den Menschen an. Die Sorge um die Seele geht allem anderen vorher. Eine Umkehr ist für jeden Einzelnen notwendig. Sie wird gewonnen im philosophischen Denken. Plato begründet das Philosophieren des Menschen, der unabhängig denkend auf sich selbst steht in der Welt. Er vermag sich von allem zurückzuziehen, – aber er tut es aus Not, in wartender Haltung, vorbereitend.

Denn der Gedanke des wahren Menschen ist bei Plato eins mit dem Gedanken des wahren Staats. Mensch und Staat sind untrennbar im Willen zum Einen, zum Agathon, zur Führung durch die im Philosophieren berührte höchste Instanz. Platos Philosophieren ist ein staatliches, nicht weil er das partikulare Moment der Pragmatik der Macht als auch ein Problem im Auge hat, sondern den Menschen im ganzen. Dieser Staat aber ist nicht die Menge der Institutionen und Gesetze und Kompetenzen, sondern die Ordnung der Herrschaft der Wahrheit selber in der Ordnung der Menschen, hierarchisch gegliedert nach dem Maße ihres philosophischen Wissens. Der vollendete Staat brauchte keine Gesetze; diese sind vielmehr, weil sie immer dasselbe sagen, für die Vollendung ein Hindernis. Er würde getragen von den Weisen, die im Blick auf das ewige Sein für jeden Augenblick des Werdens das Wahre erkennen und nicht mehr der Gesetze bedürfen.

Dieser Platonische Blick auf die unlösbare Einheit von Mensch und Staat entspringt dem Bewußtsein, gegenwärtig einer heillosen Zeit ausgeliefert zu sein. Es kommt Plato darauf an, diese Zeit zu enthüllen, ihre Verwahrlosung, ihre Lüge zu sehen, aber die Möglichkeit des Heils zu suchen, dieses Heil in einer Welt des Denkens vorzubilden mit dem Ergreifen des ewigen Urbildes, dieses dann durch Erziehung zu verwirklichen und im Augenblick, der durch göttliche Fügung (theia moira) bestimmt wird, vermöge solcher Erziehung den Staat zu schaffen, durch den der Mensch wird. Der Staat ist die wahre oder unwahre Erziehung; wahr, wenn die Herrschenden die Philosophen sind, so daß alle Menschen Teil gewinnen an der Wahrheit im Maße dessen, was sie als das für sie Gehörige in der Ordnung des Ganzen an ihrer Stelle tun, die überwältigende Mehrzahl allerdings, ohne daß sie mit dem eigenen Erkennen in direkte Berührung des Agathon gelangte.

Bei Plato ist zusammengehalten die Leidenschaft für den wahren Staat mit einem überstaatlichen und außerstaatlichen Philosophieren, dem Polis und Welt versinken in das Nichtige. In seinem Staatsentwurf werden daher die Philosophen nur aus Pflicht regieren, abwechselnd, damit sie nach der die Muße unterbrechenden Tätigkeit des Handelns immer wieder zum Herrlichsten, der reinen Erkenntnis, zurückkehren. Weltverneinung und Staatsgründungswille widersprechen sich nicht, sowenig wie Menschenverachtung und Erziehungswille.

Philosophie und Wissenschaft: Plato wendet sich an wissenschaftliche Forschung, vor allem in Mathematik und Astronomie und in der Medizin, aber so, daß Wissenschaft aufgenommen ist in das Philosophieren. Platos wissenschaftliche Unbefangenheit ist eins mit seinem höchsten Anspruch an das überwindende Philosophieren. Daher konnte das Sachinteresse moderner Forscher sich so gut wie der Enthusiasmus des eigentlichen Philosophierens im Umgang mit Plato entzünden.

Bei Plato verlieren die Gedanken, Begründungen, Beweise, wenn sie herausgenommen werden, ihren Gehalt. Was bei Plato als Voraussetzung wirksam ist, wird als Ziel erreicht, indem der Ursprung schon Weg und Erfüllung bestimmt. Bloß logische Sätze bleiben als Gedanken in der Sphäre der Wissenschaften (der dianoia). Wie bei Anselm der Gedanke seinen Sinn hat in der Bewegung des Gebets, so bei Plato in der Stimmung, die in der dramatischen Bewegung der Gedanken sich als Abbild des Seins begreift.

Die Einheit des Zueinandergehörens bei Plato ist ein Zeiger für die Folgezeit: in die Verwahrlosung der Wissenschaften, wenn sie führungslos werden, und in die Unwahrheit der Philosophie, die die Wissenschaften umgeht (aus dem Nichts des bloß denkenden Bewußtseins oder aus dem Nichts der phantastischen Anschauung zu leben meint) spricht beschwörend sein hohes Denken.

Philosophie und Dichtung: Plato ist ein großer Dichter. Dichtung und Philosophie, heute als getrennte Sphären mit je eigenen Gesetzen aufgefaßt, sind in Platos Werk eine Einheit. Aber diese Einheit ist in ihrem Sinn nicht einfach zu fassen und ist nicht wiederholbar.

Wollte man Platos Werk als Dichtung in der Unverbindlichkeit ästhetischer Vergegenwärtigung genießen, so würde Platos Wahrheit verloren sein. Auf diese Wahrheit und ihre Verwirklichung kommt es ihm an. Von da ist zu verstehen, was in den Dialogen über Dichtung gesagt wird: Dichter schaffen aus einem göttlichen Wahnsinn, was sie selber nicht verstehen und beurteilen können. Dichter bringen viel Falsches. Dichter ahmen nicht nur das Gute und Schöne, sondern auch das Schlechte und Häßliche nach. In der Idee des besten Staates wird daher sogar Homer – wenn auch mit Ehren und bekränzt – aus dem Staate verwiesen. Unwillig kehrt Sokrates der Interpretation von Dichtungen den Rücken. Die einen bringen diese, die anderen jene Deutung von Dichterstellen vor. »Vernünftige Männer wollen von derartigen Unterhaltungen nichts wissen... Mit Beiseiteschiebung der Dichter müssen wir, auf uns selbst gestellt, die Wahrheit und uns selbst erproben.« Wenn Sokrates die Dichter prüft, übersetzt er, was sie sagen, in Prosa (»Denn ich bin nicht zum Dichter geboren«). Von größter Wirkungskraft ist die Musik. Nur rechte, das Ethos klärende und steigernde Musik wird in der Idee des besten Staates zugelassen.

Wenn Plato selber ein großer Dichter ist – als Darsteller der philosophischen und widerphilosophischen Lebensmächte, als Erfinder von Situationen, Szenen und Figuren, als Bildner der Dramatik des Gedankens, als Schöpfer von Mythen, so ist er dieses für sein Bewußtsein doch als philosophischer Denker, der alle Mittel zur Verfügung hat, um die Wahrheit mitteilbar zu machen bis an die Grenzen des Möglichen. Platos Philosophie ist nicht gebaut auf den Wahnsinn, der als ein göttlicher unberechenbar geschenkt wird, sondern auf das Denken. Wie Plato in sich selbst diesem Denken die Führung gibt, so beansprucht er die höchste Instanz der Prüfung und Beurteilung der Wahrheit im Dichterischen für die Philosophie. Nur auf sie ist Verlaß, aber nur in jener Höhe ihres Denkens, auf die unsere Darstellung hinzuweisen versuchte.

Nun wäre zu fragen: Ist die philosophische Wahrheit von der Dichtung zu trennen? Oder geht bei solcher »Reinigung« auch die Wahrheit selber verloren? Plato jedenfalls kann man nicht spalten in den Dichter und den Philosophen. Seine Wahrheit verschwindet mit dieser Trennung. Es würde bleiben: erstens eine Summe von Lehrstücken, die für sich genommen nie in ihrem Sinne zu fassen und zudem untereinander widersprüchlich sind, zweitens eine dichterische Anschaulichkeit, die für sich genommen ergötzlich oder ergreifend ist. Die Philosophie Platos muß in der Tiefe begriffen werden, aus der sie spricht. Als untrennbar Eines hat sie den Vorrang vor den Gestalten der Verharmlosung sowohl zu bloßer Wissenschaft wie zu bloßer Dichtung. Mit der Trennung der Philosophie als das, was dann noch Philosophie im engeren Sinne heißt, von der Dichtung würde die Kraft der Philosophie Platos ausgelöscht.

c) *Platos Größe.* – Wir möchten wohl Philosophie in der Vollendung sehen und in der Größe persönlicher Gestalt. Für Plato lag diese Vollendung in Sokrates. Seit Plato da war, gibt es den abendländischen Philosophen in der Zweiheit und Einheit von Sokrates und Plato. Platos Größe zu sehen, diese Wahrheit, die uns einzig und unüberbietbar erscheinen kann, fasse ich das schon Gesagte zusammen:

Erstens: Plato gewann die Unabhängigkeit im Denken *durch das Denken,* mit dem Wissen des Nichtwissens. Diese Macht des Denkens ist ihm aufgegangen in Sokrates, wurde im Einklang mit ihm entfaltet.

Er gewinnt die Schwebe in allen Lehren. Weil jedes Sagbare und damit gegenständlich Gedachte nicht an sich selbst den endgültigen Sinn hat, wird Plato *Herr seiner Gedanken.* Die Abhängigkeit vom Gedachten hat er radikal durchbrochen.

Er ergriff einen Sinn des Denkens in der *dialektischen Spekulation,* aber zugleich in ihrem Scheitern, sofern sie abschließbare und letzte Erkenntnis sein wollte. Er fand ihre Ergänzung durch die bewußte Sprache des *Mythus,* fand die Rechtfertigung des Mythus für die Philosophie und überwand doch alle Leibhaftigkeit des Mythus im Ernste seines Spiels.

In der Beweglichkeit des Rationalen zeigte sich ihm das Substantielle, das nicht naturgegeben, auch nicht zweckhaft zu wollen ist, aber im Denken selber an dessen Grenzen aus der Freiheit des denkenden Wesens Sprache gewinnt. Es kann gefördert, gehemmt oder verschüttet werden. In der Bodenlosigkeit des Denkens selber wird der Boden fühlbar.

Zweitens: Dieser Boden zeigt sich Plato in der durch kein Denken zu ergründenden *Wirklichkeit.* Entscheidend für alles Gelingen in der Welt ist ihm die göttliche Fügung (theia moira). Seine Freiheit des Selbstdenkens ist gegründet in geschichtlicher Gebundenheit. Daher vollzieht sich in Plato der Schritt in die reine Unabhängigkeit des

Denkens, die bei Sophisten unmittelbar zu einem noch bodenlosen Kosmopolitismus geführt hat, so, daß er zugleich Athener bleibt, der in der Anklage gegen seine Polis sich Grenzen setzt, die Vergangenheit mythisch im Kampfe Athens gegen die Atlantiker idealisiert, den Vorrang athenischen freien Geisteslebens nicht verleugnet, wenn er die Qualitäten Spartas oder Ägyptens würdigt. Es ist daher in Platos Philosophie eine Stimmung der *Ehrfurcht,* der Pietät, der Liebe zur Herkunft.

Drittens: Plato findet die Erfüllung des Philosophierens im philosophischen Leben, noch nicht wie die Späteren in der Beschränkung auf die Philosophie, in der das Individuum sich selbst genug ist, noch nicht in der Armut des stoischen Weisen, der stolz darauf ist, daß er weder dem Jubel verfällt noch dem überwältigenden Leid. Vielmehr lebt das Platonische Philosophieren im Eros, diesem beflügelnden Aufschwung zwischen Nichtsein und Sein, in Gefahren und Rückschlägen. Platos Philosophie ist die Philosophie des Lebens der Liebe, der Liebe als der das Wissen hervorbringenden, der das Dasein verzehrenden, von der Zugkraft des Seins zum Sein hingerissenen Macht. Der Aufschwung ist verläßlich nur in gemeinsamem Aufschwung, gebunden an das Nichtsagbare und doch allein ganz Gewisse. Von dieser Platonischen Wahrheit des philosophischen Eros einen Funken zu empfangen, ist seitdem der Ausgang allen wesentlichen Philosophierens. Wie einer liebt, was er liebt und erinnert, das ist er selbst; dadurch wird er des eigentlichen Seins ansichtig. Dante, Bruno, Spinoza haben diese Grundwahrheit bezeugt. Das Erzittern des Ursprungs im erwachenden Menschen bringt ihn in die ruhelose Bewegung unter dem Kriterium des Stachels des Ungenügens, wenn nicht dieser Aufschwung geschieht.

Viertens: Platos Größe bezeugt sich in der vielfachen Spiegelung: Ob man in ihm sah den Lehrer eines Systems, den wissenschaftlichen Forscher, den Dichter von Mythen, den herrscherlichen Staatsgründer, den das Heil verkündenden religiösen Propheten, so war etwas in ihm, das einen Augenblick wie alles dieses aussehen kann. Aber keine dieser Auffassungen fängt ihn ein und jede übertreibt. Er war allumgreifend in der Bewegung lebenwährenden Denkens, war wie das Leben selber voller Spannungen, zweideutig, erweckend, nur indirekt auf Weg und Ziel weisend, unruhestiftend.

In seiner philosophischen Grundhaltung und der ihr entspringenden Denkungsart ist Plato unüberbietbar. Hier ist ohne Grenze der bis heute nicht versagende Anspruch zu spüren, die Höhe Platos wenigstens zu erblicken. Anders liegt es mit den Inhalten – den Erfindungen, Vorstellungen, Entwürfen, konkreten Anschauungen und Zielsetzungen –, die er auf dem Wege braucht. Diese absolut zu setzen, ist gegen Platos eigene Denkungsart. Für unsere Aneignung ist wesentlich, daß wir nicht verschleiern, wo Grenzen der inneren Lebensverfassung, des politischen Bewußtseins, des Forschungswillens Platos sich zeigen.

Ein geschichtlich objektiver Maßstab liegt in dem, was nach Plato kam: Biblische Religion, – die religiös begründete Idee politischer Freiheit, – universale Wissenschaftlichkeit der Neuzeit. Wirklichkeiten, die er noch nicht kennen konnte, Quellen, die ihm noch nicht flossen, haben an den Tag gebracht, was bei Plato noch stumm ist und was eine für uns befremdende Stimmung in manche seiner Sätze bringt. Auch der größte Mensch ist gebunden in dem Umkreis seiner geschichtlichen Welt. Darin hat er seine Größe durch Hinauswachsen ins zeitlos Gültige, aber auch die Grenze durch sein historisches Kleid.

Bei Plato zeigen sich jene drei Grenzen seiner Denkweise am Maßstab der biblischen Religion, der politischen Freiheit, der modernen Wissenschaft. Diese Grenzen liegen nicht in der philosophischen Grundhaltung Platos, sondern zum Teil in den Materialien, mit denen er philosophiert, zum Teil in den Stimmungen, die in bezug auf bestimmte Realitäten bei ihm auftreten. Eine vierte Grenze wird an Platos eigenem Maßstab fühlbar, wenn sein Philosophieren zur Philosophie in Lehre und Schule wird.

a) *Am Maßstab biblischer Religion.* – Die biblische Religion bringt den Gedanken Gottes, der die Welt aus nichts geschaffen hat und sie mit dem Weltende im Gottesreich wieder verschwinden lassen wird. Damit wird eine neue äußerste Radikalität möglich: das Wissen erstens um die Unvollendbarkeit in der Welt, zweitens um die Geschichtlichkeit des Menschseins, drittens um das Böse im menschlichen Handeln und Erkennen, viertens um die unersetzliche Bedeutung und den Wert jeder Menschenseele. Sehen wir, wie Platos Denken in solchen Horizonten aussieht.

Erstens: Für Plato gibt es Vollendbarkeit in der Welt; das Denken hat an der Wirklichkeit selber teil; die Arete ist möglich. Irrtum und

Schuld sind ihrem Sinne nach Abweichungen infolge des Nichtseins der Materie, in der das Werden stattfindet. Sie sind grundsätzlich überwindbar. Vollkommenheit in der Welt ist als vollkommenes Abbild der ewigen Idee möglich. Das Unvollkommene gilt seiner Herkunft entsprechend als Nichtsein. Vernichtendes Leiden am Unheil, Verzweiflung in der Verlorenheit, Ausweglosigkeit des Weltseins als solchem sind Plato als möglicher Seelenzustand fremd. Er kennt weder den Abgrund des Nihilismus noch den Drang zur unmittelbaren Hilfe der Gottheit. Plato erträgt, geht in der Ruhe den Weg der Anähnlichung an das Göttliche. Er braucht nicht Hilfe, aber erwartet »göttliche Fügung«. Er sieht im totalen Ruin einen bloß zeitlichen, belanglosen Vorgang im Werden der unendlichen Zeit.

Doch läßt sich die andere Verfassung leise spüren. Platos politisches Denken findet in dem von ihm als heillos erkannten Athen statt. Das Leiden an diesem Unheil war ein Hauptmotiv seiner Philosophie. Er war nicht unbeteiligter Zuschauer, sondern stand bereit. Seiner Liebe zu Athen setzte er mehrere Male ein, wenn auch ironisch verkleidetes, Denkmal.

Zweitens: Plato weiß nicht um die Geschichtlichkeit. Er weiß nicht um die eine Geschichte, in der unwiderruflich, ewig entschieden wird, sondern er hat die Ruhe im Blick auf die unendliche Zeit, in der irgendwann einmal durch göttliche Fügung geschehen wird, was heute mißlingt. Nicht wurde er sich bewußt der einen, konkreten, geschichtlichen Zeit, in der kein Augenblick versäumt, jede Chance ergriffen, der Weg gegangen werden soll im Zusammenhang mit dem geschichtlich gegebenen Grunde, den bestimmten Voraussetzungen, als das Versuchen in das Unabsehbare hinein. Auch weiß Plato nicht um die Geschichtlichkeit des einzelnen Menschen, die das Einswerden von Zeit und Ewigkeit im Entschluß, in der Bindung an das geschichtlich Eine ist, das Übernehmen dessen, als was ich geworden bin und was ich getan habe, die Helle der verpflichtenden Erinnerung, die unbedingte Treue.

Aber das gilt für die bewußten Entwicklungen seiner Gedanken. Doch weiß Plato um den Augenblick, den Funken, der plötzlich nach langem Zusammenleben zwischen Menschen, als Einmütigkeit der Wahrheitsgewißheit, springt. Was Plato wirklich war in seiner Liebe zu Sokrates, ist ihm nicht als Geschichtlichkeit der Existenz zum philosophischen Bewußtsein gekommen. Er hat es wie den Eros überhaupt nur in seiner Allgemeinheit gedacht. In Platos Werk läßt sich die

Spannung zwischen dem dialogisch Konkreten und dem Allgemeinbegrifflichen als ein Ausdruck der Geschichtlichkeit auffassen.

Drittens: Das Böse in seiner unumgänglichen, furchtbaren Wirklichkeit wird Plato nicht bewußt. Darum kann seine Psychologie harmlos anmuten. Die plastische Klarheit seiner psychologischen Anschauungen bringt zwar Grundzüge der Realität in schöner Einfachheit vor Augen. In solcher Objektivierung aber weiß er nur von dem, was bewußt ist. Das Unbewußte ist identisch mit Unwissenheit. Die Selbstreflexion ist schnell am Ende, kennt nicht den Abgrund der Innerlichkeit, der sich erst der dialektisch verstehenden Erhellung öffnet. Plato bewahrt die distanzierte Vornehmheit gegen das eigene Innere, die Herbheit im Schweigenlassen des Beunruhigenden. Er dringt nicht unablässig ein in die Selbsttäuschungen, um sie, betroffen von der Unheimlichkeit im Grunde, nach Kräften aufzulösen; er kennt nur die Psychologie der Folgen der Unwissenheit.

Aber wieder spricht bei Plato gelegentlich leise das Andere. Er weiß nicht nur um eine von den Auslegern gern weginterpretierte böse Weltseele. Als im Gorgias das Böse als Nichtwissen gleichsam verdampft wird, steht Kallikles selbst in seiner Positivität des bösen Willens leibhaftig da. Im Philebos ist beiläufig von der Schadenfreude die Rede, der Freude sogar über das Leid der Freunde.

Viertens: In seinem Staatsentwurf sind Plato erstaunliche Möglichkeiten erschienen: die Aufhebung der Ehe, die Kindergemeinschaft, der Züchtungsgedanke, die Beurteilung der Sklaven, die Ausweisung aller älteren Menschen, weil unerziehbar, aufs Land bei einer neuen Staatsgründung, die Degradierung der überwältigenden Mehrzahl der Menschen zu wissenslosem Gehorsam und zur Ausschließung aus der Entfaltung im Aufschwung zum Agathon. – Chronische, unheilbare Krankheiten sollen nicht behandelt werden; »ich denke, es hat für den Menschen keinen Nutzen zu leben, wenn er körperlich elend ist; denn wer so lebt, muß notwendig auch ein elendes Leben führen«. In allen diesen Möglichkeiten verleugnet Plato, was schon im Altertum Philanthropia und Humanitas hieß.

Der Eros Platos ist in der sinnlichen Erscheinung und in der philosophischen Deutung durch Grenzen eingeschlossen, die ein Ungenügen in uns bewirken. Die griechische Selbstverständlichkeit der Knabenliebe und der Ausfall der Liebe zur Frau ist ein historisches Kleid der Platonischen Gedanken, das diese selbst zwar nicht ihrer Wahrheit beraubt, aber in begleitenden Stimmungen für uns einer inneren Überwindung des uns Fremden bedarf. Die philosophische Deutung geht so ausschließlich auf den Weg zur Idee unter Nichtbeachtung der geschichtlichen Existenz der Liebe zum Einen in der Zeit, daß Platonische Gedanken nicht ausreichen, die im Abendlande auf biblischem Grunde möglich gewordene Liebe der Geschlechter in ihrem metaphysischen Sinn wiederzuerkennen. Die Ansätze bei Plato zur Verteufelung der Geschlechtlichkeit überhaupt machen die Erfüllung des Sinnlichen selbst (wenn es das Pfand für immer wird) unmöglich. Das Sinnliche ist bloß Anlaß zum Aufschwung dadurch, daß es vernichtet, ist nicht die einmalige Wirklichkeit, die geadelt wird.

Der Eros Platos kennt nicht die Agape, die Liebe zum Menschen als Menschen, zum Nächsten. Daher kennt Plato auch nicht die Menschenwürde als Anspruch an jeden Menschen und seitens eines jeden Menschen.

b) *Am Maßstab politischer Freiheit.* – Das politische Denken Platos hat eine Grenze in dem Fehlen der Idee der politischen Freiheit, die in der europäischen Welt seit dem Mittelalter ihre weltgeschichtliche Wirklichkeit gewonnen hat. Sie lag außerhalb des Platonischen Gesichtskreises. Was in Solonischen Anfängen sich zeigte, wurde in der antiken Demokratie verschüttet und in der Folge nicht mehr zur Klarheit gebracht, auch nicht in den Gedanken von der gemischten Verfassung.

Platos großartige Erfindungskraft hat doch nicht vorweggenommen die Verfassungen der Freiheit in ihrer Bewegung und Chance durch die Formen der Gesetzlichkeit. Er erdenkt die Herrschaft der Philosophenkönige, deren Auslese und Erziehung. Er denkt nicht an eine Herrschaft auf Grund der Kommunikation aller, um jeweils das Rechte zu finden in den Geleisen einer Gesetzlichkeit, die ihrerseits in gesetzlich möglichem Sichverwandeln bleibt. Er denkt nicht an die Formen der Vermittlung, vor allem nicht an die Repräsentation, die die Verbindung des Willens aller mit dem Willen der Herrschenden und deren Auslese suchen. Er findet nicht die Möglichkeit, den Mangel der Gesetze, daß sie starr immer dasselbe sagen, zu überwinden: nämlich statt durch die von Plato gedachte Freiheit eines übermenschlichen Philosophenkönigs vom Gesetz, vielmehr durch die Korrigierbarkeit der Gesetze auf einem gesetzlichen Wege und die Korrigierbarkeit dieser Wege selber. Plato erdenkt nicht das Wagnis der Völker, im Miteinanderreden, durch den Versuch der Erziehung und Bildung aller, die politische Wirklichkeit so zu lenken, daß kein Einzelner, und sei er noch so groß, für sich allein dauernd entscheiden kann. In dieser Wirklichkeit wird nie vergessen, daß auch der Größte nur ein Mensch sei und der Kontrolle bedürfe.

Plato tritt nicht ein in reale Politik auf Grund der gegebenen Situationen, sondern er wartet auf die Möglichkeit des Sichdarbietens irgendeiner politischen Wirklichkeit als Material für das totale philosophische Bauen des wahren Staats durch die gründende Erziehung vom Ursprung her. Statt in der Wirklichkeit im Zusammenwirken der Gemeinschaft aus den konkreten Aufgaben Gesetze erwachsen zu lassen, vermöge der Gesetzlichkeit eines Rechtsstaats in seiner unabschließbaren Bewegung, entwirft Plato die Gesetze für einen unveränderlichen Staat. Der Sprung aus der Ewigkeit, deren Vergewisserung im Philosophieren gelang, in die Daseinswirklichkeit als einer einzigen, unwiderruflichen Geschichte bleibt aus. Plato erhellte tiefe Impulse, sah hohe Maßstäbe, aber verleugnete die Bindung an die raumzeitliche, hier und jetzt gegebene Realität als unumgängliche Aufgabe. Diese Grenze verwehrt, im Sinne Platos selber, die »Anwendbarkeit« seiner Gedanken. Aber diese Gedanken lassen den Raum erwachsen, in dem aus dem in Gott gegründeten politischen Ethos die politischen Impulse entspringen können.

Mit dieser Grenze Platonischen politischen Denkens hängt es zusammen, daß Plato, ungeschichtlich denkend, so leicht die gegenwärtige Aufgabe der konkreten politischen Realität preisgeben kann zugunsten eines Rückzugs des Philosophen aus der heillosen Welt. Das Ideal kann ihm, ohne geschichtliche Kontinuität, irgendwann einmal in der unendlichen Zeit durch »göttliche Fügung« (theia moira) wirklich werden. Die Zeit steht beliebig zur Verfügung. Plato erwartet ohne Termin irgendwann einmal die Verwirklichung des Vollendeten. Das übrige ist ihm gleichgültig. Er denkt nicht an die Beschränkung des menschlichen politischen Tuns auf das Mögliche: an die Erziehung der Öffentlichkeit im Miteinander durch das Ethos einer Demokratie. Er sieht wohl die Probleme, die auch an jede Demokratie Fragen bleiben. Aber er kennt in seiner Gestaltung des idealen Urbildes nur die autoritäre und totalitäre Lösung, die ihm unter der Hand auswächst zu grotesk inhumanen Möglichkeiten. Er meint sie nicht als absichtlich so einzurichtenden Staat, wenn er ihn im idealen Raum durch seine dialogischen Sprecher als absichtlichen entwerfen läßt. Er müßte scheitern am Ausbleiben der Philosophenkönige. Aber Plato hat Maßstäbe konsequent ausgearbeitet, die das politische Denken ungemein erregen, und die in gewissen Zügen der mittelalterlichen katholischen Kirche sogar eine teilweise Wirklichkeit gewonnen haben (Zeller).

Nur der persönliche Freiheitsgedanke der philosophischen Vernunft, nicht der politische Freiheitsgedanke kann sich auf Plato berufen.

c) *Am Maßstab moderner Wissenschaft.* – Der Name der Wissenschaft (episteme) hat bei Plato einen anderen Sinn als den der Wissenschaft unserer Zeiten. Zwischen beiden liegt ein Abgrund: für Plato ist es jenes eigentliche Denken, in dem der Mensch selber anders wird, sich anähnelt an das Göttliche, – für uns die zwingende Einsicht, zu deren Begreifen nichts weiter als Verstand erfordert ist und der Mensch außerhalb bleibt (das »Private« und »Persönliche« hat mit der Sache nichts zu tun), – bei Plato ist die tiefe Befriedigung; in der modernen Wissenschaft aber bleibt die unbeantwortete Frage: wozu? in dem endlosen Fortschreiten, das immer nur Stufen für Spätere schafft und als Erkenntnisinhalt unselig läßt, falls nicht das arbeitende Fortschreiten ins Unbestimmte als solches genug ist.

In der Schule der Akademie hat sich Plato für die zeitgenössischen, wissenschaftlichen Bewegungen der Mathematik, der Astronomie, der Medizin (in denen Ansätze moderner Wissenschaft stattfanden), nicht nur interessiert, sondern durch sein Fragen an ihnen teilgenommen. Er hat sie benutzt als Material seines Philosophierens. Ihre Ergebnisse verwendet er in dem wissenschaftlichen Mythus des Weltbaus im Timäus; ihre Verfahren waren ihm Leitfäden für das Üben rein begrifflichen Denkens als Vorbereitung zum Aufschwung in der Dialektik.

Platos Einwirkung auf Wissenschaften durch die Forderung der Konstruktion aus Voraussetzungen, der Einteilungsverfahren, besonders durch den vorantreibenden, in fragender Bewegung bleibenden Charakter seines Denkens überhaupt, koinzidiert aber keineswegs mit einem selbstverständlichen Interesse an wissenschaftlicher Erkenntnis. Vielmehr verachtet Plato die bloß empirische Einsicht.

Nicht die astronomische Erkenntnis hält er für wesentlich, sondern daß in ihr ein Abbild der Ideen wahrnehmbar wurde. Die Experimente, bei denen zwecks physikalischer Erkenntnis die Saitenlängen versucht und variiert wurden, verwarf er als unnütze Spielerei. Das »Retten der Erscheinungen« bestand für ihn in der deduktiven Auffindung etwa der mathematischen Formen, aus denen sich die Bewegungen der Sterne und die Tonhöhen begreifen ließen. Aber genauere Beobachtungen hielt er für überflüssig. Er kannte nicht den Willen zur

Exaktheit der empirischen Feststellung. Denn hier genügte das Ungefähre, da alles Empirische in seinem unbestimmten Werden ohnehin nie mehr als ein mehr oder weniger genaues, nie stimmendes Abbild der geistigen Figuren sein konnte (noch bei dem wissenschaftsfremden Hegel gilt die Platonische Haltung im Gedanken von »der Ohnmacht der Natur, dem Begriff zu genügen«).

Plato hatte auch nicht die Freude an der unendlichen Mannigfaltigkeit der Erscheinungen, die als solche kennenzulernen die ständige Lust der ionischen Wissenschaftler war, die in Demokrit und Aristoteles Gipfel erreichten. Der wissenschaftliche Geist unendlichen Fortschreitens in der Betroffenheit durch das Faktische war ihm fremd.

Daher war die Platonische Akademie keine Organisation wissenschaftlicher Forschung. Die Idee, alle Wissenschaften, die irgendwo zur Erscheinung gekommen waren, als zusammengehörig zu erkennen in einem Kosmos der Wissenschaften, der unabhängig von einer Philosophie zwingende Erkenntnisse als solche überall zu bewahren und methodisch zu fördern sucht, lag Plato fern. Was in Aristoteles' Schule als gewaltige Sammelarbeit und morphologische Ordnung der natürlichen und geistigen Realitäten betrieben wurde, hätte für Plato kein Interesse gehabt. Denn Platos Akademie war eine Schule des Philosophierens. Die Idee der Erziehung und der Ausbildung künftiger Staatsmänner war maßgebend. Man war bereit, die Chance einer philosophischen Staatsgründung, wenn die Gelegenheit sich bot, zu ergreifen. Aber bloße Gelehrsamkeit, wie sie in der alexandrinischen Zeit sich großartig entfaltete, war gleichgültig.

Wissenschaft und Philosophie sind nicht getrennt. Eine Wissenschaft, die nicht in das Philosophieren einbezogen ist, hat keinen Wert. Darin liegt die bleibende Wahrheit, daß das Interesse für wissenschaftliche Erkenntnis philosophischen Charakter hat und sich selbst nicht mehr wissenschaftlich begründen kann, und daß mit diesem Interesse in allen Wissenschaften geistigen Ranges eine philosophische Grundhaltung zum Ausdruck kommt. Aber der selbständige Wahrheitscharakter wissenschaftlicher Erkenntnis gegenüber philosophischer Einsicht ist Plato nicht klar geworden und blieb mit wenigen Ausnahmen außerhalb des Horizonts seiner Zeit.

d) *Am Platonischen Maßstab: Die dogmatische Tendenz.* – Die Unklarheit über Wissenschaft und Philosophie, über die wissenschaftlichen Möglichkeiten überhaupt, steht vielleicht im Zusammenhang mit einer Tendenz Platos, die zwar nie zum Siege kam, da sie doch in Platos

Philosophieren grundsätzlich überwunden war: der Neigung zum dogmatischen Abschluß.

Es ist der Umschlag aus der Schwebe des Gedachten in die Verfestigung zum gedachten Sein, aus dem Werkzeug spielenden Lesens der Chiffern zur veräußerlichten Objektivität des Erkannten, aus dem Versuchscharakter in das Ergebnis des Denkens. Plato hat in seinen klaren Aussagen über Schriftlichkeit, Lehrvortrag, Lehrbarkeit, Mitteilbarkeit dies angedeutet. Aber bei der schriftlichen Durchführung der Gedanken muß die Kraft solcher Andeutungen zugunsten des entschieden Behaupteten, Begründeten, Geforderten schwinden. Die Gedanken drängen zur Aufhebung des Dialogs in den Lehrvortrag (wie in den späteren Werken), obgleich immer noch ein Moment des Dialogischen, In-die-Schwebe-Bringenden, bleibt, das alles, was wir von Plato selbst haben, noch unterscheidet von dem, was er nach den Berichten in seiner Altersvorlesung »Über das Gute« gesagt haben soll (Wilpert). Der Einheitswille, der sich in gegenwärtiger Existenz verwirklichte durch die Freiheit unendlichen Denkens in bezug auf das eine führende »Gute«, verfestigt sich in die ontologische Seinskonstruktion. Das Philosophieren, das in Plato den Dogmatismus durchbrochen hatte, würde wieder auslaufen in einen neuen, anderen Dogmatismus.

Wenn Plato, der durchbrechende und befreiende Philosoph, in der Erscheinung seines Vortrags in diese Grenzen durch das Denken selber geraten ist, so nur in dem Maße als die Situation der Schule dies nahelegte. Er gründete eine Schule des Philosophierens, und darin erwuchs unausweichlich eine Schule des Lehrens. Das hätte nur anders sein können, wenn jeder Schüler ein Plato gewesen wäre. Nun aber wurde Plato überwältigt von den Ansprüchen der Schüler und von der Großartigkeit auch der losgelösten Lehrinhalte als solcher. Daher die Verwandlung der Stimmung von den sokratischen Frühdialogen über die klassischen Hauptwerke in ihrer herrlichen Freiheit zu den das Lehrmäßige in größerer Breite zulassenden, in ihrer souveränen Gedanklichkeit und in ihrer dialektischen Erfindungskraft immer noch ganz Platonischen späteren Werke. Es ist ein historisches Phänomen ersten Ranges, daß der schulfremdeste, indirekteste, in persönlicher Einmaligkeit wurzelnde Philosoph zugleich der erste wirksame Schulgründer war.

Die Grenze, in die Plato durch die Schule geriet, läßt sich als etwas Unausweichliches vielleicht durch einen Vergleich Platos mit Sokrates deutlich machen. Sokrates schrieb nicht und lehrte nicht. Von ihm wüßten wir nichts ohne Plato. Plato schrieb und lehrte und geriet damit in den Widerspruch zwischen dem Inhalt der Mitteilung und der Tatsache solchen Mitteilens. Liegt etwas an sich Unmögliches in der Natur der Sache des Philosophierens?

3. Platos Bedeutung für uns

Plato hat zum erstenmal den Menschen in der Situation des totalen Unheils gesehen, das durch sein Denken entsteht, wenn dieses falsch ist und sich selbst nicht versteht. Plato stellt daher die Aufgabe der totalen Umwendung. Wenn das Denken mit der großen sophistischen Bewegung den Weg der Aufklärung beschritten hatte, wenn dann vor seiner Kritik alles Überlieferte zerfallen mußte, und wenn dann sein Wesen und der gesamte menschlich gemeinschaftliche Zustand in das Chaos zu führen schien, dann mußte mit den Mitteln des zu solchem Verhängnis führenden Denkens durch das Denken selbst der rechte Weg gesucht werden. In Plato sehen wir die erste große Gedankenbewegung gegen die Gefahren und die Verfälschungen der Aufklärung, aber auf dem Wege gesteigerter Aufklärung, das heißt auf dem Wege der Vernunft zur Überwindung der Verstandesentgleisungen.

Der Kampf erscheint in der Platonischen Antithese des Sokrates gegen die Sophisten, einer immer wiederkehrenden Antithese, in erstmaliger geschichtlicher Gestalt. Es ist der Kampf der Philosophie gegen die Unphilosophie, des Ernstes der Bindung gegen die Willkür des Ungebundenen. Der Gegner der Philosophie, der mit dem philosophischen Denken zugleich ersteht und wie ein Proteus in endlosen Verwandlungen sie durch die Geschichte bis heute begleitet, wird von Plato zum erstenmal mit Bewußtsein gestellt. In diesem Ringen mit ihrem Gegner kommt die Philosophie erst zu sich selbst. Plato wird die Quelle der Philosophie in der Krisis, die nie aufhört, mag sie auch weggeredet und verleugnet werden.

Daß Sokrates von dem athenischen Gericht verurteilt wurde als Sophist, ist eine unheimliche Verkehrung. Sie kennzeichnet die Situation der Philosophie in der Welt. Für das verschleierte Bewußtsein waren beide dasselbe. Das Neue, die große Gegenbewegung und Wiedergeburt, hatte nur in dem einen Manne Gestalt, für das öffentliche Bewußtsein unsichtbar. Für die Öffentlichkeit war er vielmehr die Konzentration der verhaßten Sophistik. Er wurde von der Öffentlichkeit, in Abwehr gegen Erhellung und Forderung, verworfen als das leibhaftige Böse. Die Sophisten in ihrem Unernst sind der Menge ärgerlich und erträglich zugleich. Denn die Sophisten sind fügsam, umgänglich, dienstbar und vielleicht angenehm verführend. Aber wenn es ernst wird mit dem Denken, wenn ein Unbedingtes sich zeigt, das als ewige Wahrheit Anspruch macht an das Selbstdenken, dann wehrt sich etwas im Menschen gegen die Mühsal der verantwortlichen Selbsterleuchtung. Man will nicht wach werden, sondern weiterschlafen.

Aber hat Plato den Weg gewiesen? weist er ihn uns heute? Der Sinn seiner Mitteilung ist, die Notwendigkeit, den Weg zu finden, zum Bewußtsein zu bringen, und das Beschreiten des Weges aus der Kraft des Suchens zu veranlassen. Der Weg selbst wird nicht als eine in bestimmter Weise zu befolgende Anweisung ausgesprochen. Denn er kann nicht durch Zeigen eines angebbaren endlichen Zieles in der Welt gewiesen werden. Das ist das Erregende und Unumgängliche für die Selbstverantwortung des menschlichen Denkens (wenn Plato diese auch nur für Philosophenkönige beansprucht und gestattet).

Was immer Plato in Gedanken, Entwürfen, Bildern und Mythen entwickelt, vielleicht nichts davon ist derart, daß wir in concreto folgen können, ohne den Gesamtsinn seines Denkens zu verlieren. Wenn wir uns im Philosophieren mit Plato üben, so erfahren wir nicht Lösungen, sondern die Kraft, im je Konkreten unsere Lösungen zu finden.

Der philosophierende Leser Platos wird durch ihn vorangetrieben, zu überschreiten, was auch immer als Entwurf einer Lehre vorkommt. Aber im Überschreiten selbst ist eine eigentümliche philosophische Befriedigung. Es scheint stets nahe zu sein, worauf es ankommt, daher die Anziehungskraft Platos. Es ist nie endgültig da, daher die große Forderung, mit neuen Kräften sich ihm zuzuwenden. Außerordentliches scheint Plato zu verheißen. Um es zu erlangen, muß der Platoniker es aber aus sich selbst hervorbringen. Plato bringt das Philosophieren, das der Natur der Sache nach nie abgeschlossen und vollendet ist.

Plato ist wie der Stellvertreter des Philosophierens überhaupt. An seiner Wirklichkeit vergewissern wir uns, was Philosophie sei. Durch ihn prüfen wir den Wert unseres eigenen Denkens.

Er bewirkt den Sinn für das Wesentliche. Wir sollen in der kurzen Lebensfrist uns nicht in Endlosigkeiten und nicht in Sackgassen verlieren. Plato zeigt uns die einfachen Gedanken, die eine Unendlichkeit in sich bergen. – Wir sollen uns konzentrieren, um die ewige Quelle zum Fließen zu bringen. Plato lehrt uns, festzuhalten und der Zerstreutheit zu entgehen. – Seine Philosophie stellt die Forderung, die wir nie vergessen können, es sei denn um den Preis, uns selbst zu verlieren.

IV. Wirkungsgeschichte

Platos Ort in der Geschichte der Philosophie ist einzig: er steht am Übergang der Zeiten, zwischen den Vorsokratikern, ihrem aus der Tiefe geschöpften Seinswissen, ihrem machtvoll naiven Zugreifen, ihren monumentalen Visionen, und den Hellenisten, deren lehrhaften, interpretierenden, dogmatischen Philosophien, die den ohnmächtigen Individuen in der neuen Welt der bürokratischen Großstaaten dienten. Plato ist der einmalige Gipfel der Weitsicht und der Hellsicht. Er erfüllt den Augenblick, in dem gleichsam der Raum sich öffnet; bald scheint er sich wieder zu schließen.

Seit Plato sind die Philosophen in abendländischer Gestalt da. Die Vorplatoniker stehen in Analogie zu Philosophen Chinas und Indiens in der Achsenzeit. Mit Plato geht der Schritt darüber hinaus. Was ist das Neue? Es ist die Öffnung des Nichtwissens auf dem Wege über das Wissen, doch nicht im bloßen Ansatz eines kurz gesagten Tiefsinns, der zwar alles in sich birgt, aber nicht entfaltet, sondern im Beschreiten der Wege bestimmten Wissens, durch dessen Art und Inhalt und dessen je eigentümliche Grenzen erst das erfüllte Nichtwissen gewonnen wird. Dieses Philosophieren führt durch die Welt in ihrer unerschöpflichen Fülle zum Sein.

Plato hat der Philosophie den weitesten Umfang gegeben. Er läßt ihr neue Möglichkeiten offen, und er hat ihr die Idee der Einheit eingeprägt. Diese Einheit ist nicht die Synthese alles Wissens zu einem Ganzen, sondern Platos Wesen, das denkend auf das Eine der Transzendenz bezogen ist. Er eignete alles Vergangene an, wußte sich in der Kette der Philosophen und zugleich als den Begründer dessen, wodurch diese Kette erst ihren verbindenden Sinn erhält und eigentlich erst eine Kette wird. Durch ihn verwandelte sich die Philosophie im Rückblick auf Vorgänger und im Hinblick auf das geistig Gegenwärtige zu dem fortdauernden Leben. Alle Späteren sind hineingeboren in das, was Plato begonnen hat.

In Plato treffen sich und aus ihm kommen fast alle Motive des Philosophierens. Es sieht aus, als ob die Philosophie in Plato ihr Ende finde und ihren Anfang. Alles Vorhergehende scheint ihr zu dienen, alles Nachkommende sie zu interpretieren. Aber das Frühere ist trotzdem nicht Vorstufe, sondern selbständige Gewalt. Das Spätere ist nicht Entfaltung, sondern selbständige Erfahrung von Welt und Mensch und Gott. Doch für alles kommt der Augenblick, wo es sich in Plato spiegelt und geprüft wird.

Die Philosophie Platos kann aussehen wie eine Fülle bloßer Ansätze, die bis heute noch nicht restlos entfaltet sind, aber zugleich wie unüberholbar in der Grundhaltung. Daher ist sie ebenso ein Stachel für das selbständige, schaffende Denken, wie Vollendung, der sich hinzugeben eine tiefe Befriedigung wird.

Platonismus heißt die Aneignung und Verwandlung Platos bis heute. Wenn das Platonische Denken keinen greifbaren Boden hat, das Ganze vielmehr schwebt, das Entscheidende nicht gesagt ist, so muß man, um an ihm Teil zu gewinnen, gleichsam hineinspringen, mitvollziehen und erfahren, was dort geschieht, und sehen, was daraus im eigenen Wesen wird. Platos Philosophie kann nicht als objektive Lehre geradezu in Besitz genommen werden. In dieser Form verschwindet vielmehr die Macht seines Denkens. Denn dieses bringt nur hervor, was ihm entgegengebracht werden muß.

Darum gibt es zwei Wege des Platonismus: auf dem einen geschieht die Unterwerfung unter bestimmte Lehren und Anschauungen; auf dem andern wird durch den Umgang mit Plato die im Ernst gegründete philosophische Freiheit gewonnen. Auf dem ersten Wege, der historisch sichtbar ist, bleibt vielleicht ein Rest von dem nun verborgenen Leben, das auf dem zweiten kaum sichtbaren Wege eigentlich gedeiht.

Kennzeichen für den Verlust des Platonischen Geistes im Platonismus sind: der Mangel an Sinn für die indirekte Mitteilung, wenn Lehren rein gegenständlich und wörtlich genommen werden, – die Beschränkung auf Wissenschaftsgebiete oder auf das Religiöse oder auf das Staatliche, – die Preisgabe des Tmemas (des Schnittes) zugunsten von Stufenbau und Kontinuität, – die Verwandlung der Anähnlichung an das Göttliche in der Wirklichkeit dieses Lebens zur unio mystica (Henosis), einer Vereinigung mit der Gottheit, – und mit all dem der Verlust der Freiheit im Umgang mit Gedanken und Entwürfen und damit der inneren Unbefangenheit (der Eleutheriotes, der Liberalität).

Plato selber wurde im Platonismus nicht selten zur Autorität eines

Meisters, wurde eine Gestalt, die eher dem Pythagoras als dem wirklichen Plato gemäß ist. Was die Schule tat mit der Steigerung ihres Gründers zum göttlichen Plato, das besiegelte die Preisgabe der Platonischen Eleutheriotes.

Die Fülle der thematischen Inhalte ist so groß, daß es wenige spätere Philosophien gibt, in denen nicht irgendwo Plato gegenwärtig ist. Die thematische Begrenzung hat herausgegriffen: die Mythen von der Unsterblichkeit und den Höllenstrafen zu einer wörtlich genommenen Jenseitslehre; – den Entwurf des Weltalls und dessen Schöpfung zur Naturphilosophie, – die Ideenlehre zur Ontologie und Erkenntnisbegründung in der Zweiweltentheorie, – die Lehre vom Eros zum Fundament des Enthusiasmus, – die Staatsentwürfe zum politischen Programm.

Diese Begrenzungen führten zu Dogmatisierungen von Platonischen Teilpositionen. Versuchende Entwürfe, im Spiel als indirekte Sprachen gültig, wurden verwandelt in eine Geographie vermeintlich gekannter Welten. Möglichkeiten wurden zu Wirklichkeiten. Eine Erbaulichkeit illusionären Charakters trat an die Stelle des hellen philosophischen Eros.

Aber dagegen wandte sich der wissenschaftliche Impuls im Platonismus. Was Plato in deduktiven Konstruktionen dialektisch versuchte, was er von den Mathematikern forderte, so daß sie auf den Weg kamen, der in Euklid seine didaktische Vollendung fand, das wurde als Form zur metaphysischen Spekulation angeeignet, von Proklos bis Spinoza, und als reine Form von modernen Logikern im Blick auf Plato verwirklicht. Metaphysik und logisch-wissenschaftliche Erkenntnis konnten sich gleicherweise auf Plato beziehen.

Der Platoniker ist so wenig zu definieren wie der Christ. In der historischen Folge platonischen Denkens bewegen sich so heterogene Motive wie neuplatonische Mystik und Kantische Reinheit der Selbstvergewisserung der Vernunft, gnostisches Schwärmen und wissenschaftliche Schärfe. Allen aber scheint noch etwas gemeinsam zu sein gegen die, die wider Plato stehen oder gar nicht von ihm betroffen sind, die ihn als Dichter, Utopisten, politischen Reaktionär verwerfen oder preisen, oder die ihrerseits verwirklichen, was er selbst gezeichnet hat als die Beliebigkeit des Unernstes, als den Glauben an die absolute Realität der Handfestigkeit des Materiellen, als den Nichtglauben des Nihilismus.

Wir geben eine kurze Übersicht über die Wirkungsgeschichte Platos:

a) *Akademie:* Plato wirkte durch seine Schule, die Akademie. Zu seinen Lebzeiten trafen sich hier selbständige Persönlichkeiten, die von weither kamen, vor allem bedeutende Mathematiker. Zwanzig Jahre lang gehörte Aristoteles der Akademie an. Man hat sie für ein Lehr- und Forschungsinstitut gehalten als den realen Hintergrund der Platonischen Dialoge: in den Dialogen komme nur fragmentarisch vor, werde aber nie vollständig mitgeteilt (Ideenlehre, Dialektik, Mathematik), was in Vorlesungen als systematische Lehre vorgetragen wurde. Die Dialoge wären exoterische Schriften, denen die esoterischen Lehren der Schule zugrunde gelegen hätten. Glaubwürdiger ist, daß die Dialoge Abbilder und Idealbilder der schönsten in der Akademie stattgefundenen Gespräche sind, jener Freiheit und Schwebe des Denkens aus dem Ursprung tiefen Ernstes. In dem Kreis der Akademie sind die wirklichen Gespräche geführt worden, aus denen Plato die außerordentliche Erfahrung des gewissenhaften Dialogisierens, der Entgleisungen, der persönlichen Freundschaft im sachlichen Miteinander, der Weisen der Gegnerschaft und Fremdheit hatte, und vor allem die des Gelingens oder Mißlingens des Aufschwungs durch das Philosophieren.

Die Akademie als Schule wird viele Erscheinungen sich haben entfalten lassen, die dem Platonischen Geiste ungemäß waren. Die Schule kann im Sinne Platos nur gelingen, wenn alle ihre Glieder selbständige Menschen im unabhängigen Miteinander zwischen Lehrer und Schüler sind. Sonst entwickelt sich in den Schülern die Neigung zum dogmatischen Meinen bestimmter Thesen, zum parteilichen Abschluß gegen andere, zum gewaltsamen Behaupten unter Verlust kämpfender Kommunikation, zum Gehorsam und zur Schwärmerei. Was in der Natur jeder Schulbildung liegt, dieser dem Platonischen durchaus widrige Geist, triumphierte sogleich mit Platos Tod.

Speusippos und Xenokrates brachten eine Dogmatisierung Platonischer Gedankenchiffern unter Verlust selbständigen philosophischen Lebens. Aristoteles trat aus, gründete eine eigene Schule mit freier Forschung unter Verlust des Platonischen Geistes. In späteren Generationen hat die sogenannte akademische Skepsis etwas von der Eleutheriotes Platonischen Denkens in matter Weise ihrerseits dogmatisiert. Aber diese Schule bewahrte von ihrem Ursprung her einen Lebensfunken, etwas von uneingeschränkten Möglichkeiten, die wieder durchbrechen konnten. Die Schule bewahrte eine ungewöhnliche Beweglichkeit und die Kraft, edle Philosophengestalten mannigfacher Art hervorzubringen. Die Akademie hat fast ein Jahrtausend bestanden; als sie gewaltsam geschlossen wurde, stand sie noch in hohem Glanz.

b) *Aristoteles:* Durch die Geschichte von mehr als zwei Jahrtausenden geht die Frage nach dem Verhältnis von Plato und Aristoteles. Immer hat die Entscheidung dieser Frage den Sinn des Philosophierens bestimmt. Der Kampf zwischen Platonismus und Aristotelismus ist radikal gewesen. Aber es gab als Drittes den Glauben und den Versuch des Nachweisens, beide seien im Grund einig und eins.

Diese vereinigende Haltung fällt zugunsten Platos aus, wenn Aristoteles nur für logische Formen und für besondere Wissenschaften herangezogen wird. Sie fällt zugunsten des Aristoteles aus, wenn Plato als Vorläufer gilt, so daß Aristoteles in reinerer und klarerer Form bewahrt, was Plato in der Vereinigung von Denker und Dichter zwar schön, aber nur in Ansätzen gegeben habe, und mit Irrtümern, die Aristoteles in Ordnung brachte, im Sinne des Aristoteles selber, der sagte, Platos Stil sei aus Poesie und Prosa gemischt.

Wenn aber angesichts von Plato und Aristoteles für den Nachfolgenden die Wegkreuzung offenbar und also die Entscheidung für einen der drei Wege notwendig ist, so ist vom Platonischen Raum her zu sagen:

Für Aristoteles liegt das eigentliche Sokratisch-Platonische Denken außerhalb des Blickfeldes. Er, der so außerordentlich viel verstanden hat, versteht gerade dieses nicht, auch wenn er in der Jugend davon betroffen und von daher in der Stimmung, nicht in seinem Denken, sich dazugehörig fühlen kann. Aristoteles' Kritik, etwa an dem Satze, daß Tugend Wissen sei und niemand wissentlich Unrecht tun könne, oder an den Ideen, die außerhalb der Dinge selbständig existieren, ist für den Verstand stets plausibel und durchschlagend. Aber der Sinn der Platonischen Sätze ist darin verloren, also auch nicht getroffen.

Aristoteles ist der erste, der Platos Denken philosophiehistorisch einordnete: Es »folgte die Lehre Platos, die sich zwar großenteils der Lehre der Italiker (Pythagoreer) anschloß, doch daneben auch einiges Eigene hatte«, nämlich was von Kratylus und Sokrates kam. Gegen diese einordnende Denkungsart ist zu fragen, ob man Platonisches Denken überhaupt einem andern, übergreifenden, sachlich objektiv gewonnenen Maßstab unterordnen kann, wenn man es verstehen will. »Lehrstücke« aus Platos Werk mögen so behandelt werden, aber nicht Platos Philosophie. Nur aus Plato selbst kann der Maßstab für das Wesen der Philosophie gewonnen werden. Der überlegene Ort, von dem her Aristoteles einordnet, ist die Aristotelische Philosophie, eine bloße Verstandesphilosophie, die sich zur absoluten macht. Was sie nicht sieht, behandelt sie als nicht existent. Was sie beurteilt, denaturalisiert sie zunächst zu einem ihr selbst zugänglichen rationalen Sinn.

Die Größe des Aristoteles wird an anderem Orte in diesem Werke dargestellt. Hier war nur auf die Frage der Beziehung von Plato und Aristoteles hinzuweisen als auf einen Schicksalszug der abendländischen Philosophie.

c) *Neuplatonismus:* Der Neuplatonismus, begründet durch Plotin (ca. 203–270), ist die Gestalt, durch die Platonisches Denken unter Verlust seines ursprünglichen Sinns weiterwirkte. Platonismus ist durch mehr als ein Jahrtausend Neuplatonismus, nicht das Denken Platos. Der Zug von Aktivität in Plato ist verschwunden im Kontemplativen. Die Nüchternheit und Härte, das Entweder-Oder in Plato sind stumpf geworden, der Schnitt (tmema) ist in der Stufenlehre überbrückt, der kühle Eros in einer schwärmerischen, schließlich zauberischen Mystik verloren. Die Philosophie macht den Anspruch, Religion zu sein. Zwar wird die Unabhängigkeit der Philosophie bewahrt, der Philosoph aber zum »Hierophanten der ganzen Welt« (Proklos 410–485).

Plato dachte nicht daran, Religionsstifter zu sein. Aber er wurde es. Wie Proklos schließlich den Rahmen des Neuplatonismus ausfüllte mit allen Göttergestalten der Spätantike, eine griechische Theologie schuf, so füllte Origenes den Platonischen Rahmen mit biblischen und christlichen Gestalten und begründete mit Platos Hilfe die christliche Theologie. Proklos und Origenes sind darin verwandt, so daß der christliche Pseudodionysios Areopagita (um 500) seine Gedanken zum größten Teil der griechischen Theologie des Proklos entnehmen konnte.

Augustin ist Neuplatoniker. Er verwandelte Platos Demiurgen, der die Welt aus der Materie des Raums hervorbrachte, zum biblischen Weltschöpfer, der sie aus dem Nichts rief, – verwandelte die Ideenwelt zu den Gedanken Gottes, aus dem der Logos hervorgeht, – setzte an die Stelle der Selbstbefreiung durch Umkehr die Erlösung von der Erbsünde durch Gnade.

d) *Platonismus im Mittelalter, der Renaissance und der Aufklärung:* Der Platonismus des *Mittelalters* ist von Scotus Eriugena und der Schule von Chartres bis Meister Eckhart und Nicolaus Cusanus zu gutem Teile der Neuplatonismus, der von dem heidnischen Proklos über den christlichen Dionysios kam und der von Eriugena ins Lateinische übersetzt wurde. Seit dem 12. Jahrhundert kannte man den

Timäus, einen Teil des Parmenides, dann den Phaidon und den Menon. Erst seit dem 15. Jahrhundert wurden der Staat und alle übrigen Dialoge bekannt.

In der *Renaissance* wurde Plato im Kreise der Florentiner Akademie um Marsilius Ficinus enthusiastisch verehrt als der Mann, der die zwei Wege der Glückseligkeit (Jamblichus), den philosophischen und den priesterlichen, vereint habe. Für Ficinus war er der scharfsinnige Dialektiker, der fromme Priester und dazu der große Redner. Die mittelalterliche Überlieferung vereinte sich mit der neuen Kenntnis aller Dialoge ohne Bruch, ohne zur Erkenntnis des eigentlichen Plato zu gelangen. An dieser Bewegung nahmen später die englischen Platoniker teil: Cudworth (1617–1688), More (1614–1687). Der Eros und das Schöne traten in den Vordergrund zugleich mit den alten religiösen Gehalten.

Eine ganz andere Wirkung Platos – gegründet auf den Menon, Theätet und Sophistes – zeigte sich in Kepler und Galilei. Sie erfuhren hier Impulse für ihre neue, moderne mathematische Naturwissenschaft gegen Aristoteles.

Leibniz richtete zuerst den Blick mit Bewußtsein auf den wirklichen Plato, ihn unterscheidend von der über anderthalb Jahrtausende dauernden neuplatonischen Überlagerung: »Es gilt, Platon aus seinen eigenen Schriften zu verstehen, nicht aus Plotin oder Marsilius Ficinus, die dadurch, daß sie stets nur dem Wunderbaren und Mystischen nachgingen, die Lehre dieses großen Mannes verfälscht haben..., die späteren Platoniker haben die treffliche und gegründete Lehre des Meisters über Tugend und Gerechtigkeit, über den Staat, über die Kunst der Begriffsbestimmung und Begriffseinteilung, über das Wissen von den ewigen Wahrheiten und über die eingeborenen Erkenntnisse unseres Geistes in den Hintergrund geschoben... Denn die Pythagoreer und Platoniker, Plotin und Jamblichus, ja selbst Proklos waren völlig in abergläubischen Vorstellungen befangen und rühmten sich der Wunder... Wer aber unbefangen und gehörig vorbereitet an Platon selbst herantritt, der wird in ihm wahrhaft heilige Moralgebote, die tiefsten Gedanken und einen wahrhaft göttlichen Stil finden, der bei all seiner Erhabenheit doch stets die höchste Klarheit und Einfachheit bekundet.«

Die *Aufklärung* schuf sich ihren neuen Platonismus der Bildung und der Praxis. Shaftsburys (1671–1713) und Hemsterhuis' (1721–1790) ästhetischer Platonismus wurden für die deutsche Klassik bedeutsam. Franklin (1706–1790) fand im Platonischen Dialog das Vorbild des

Miteinanderredens, das er als Erzieher des öffentlichen Daseins in Amerika zur Geltung brachte.

e) Das *neunzehnte Jahrhundert* bis heute hat (von Schleiermacher bis Jaeger) eine kritisch-methodische Erkenntnis des historischen Plato gewonnen, wie sie vorher nie da war. Seine Wirklichkeit könnte nun unverschleiert wieder als sie selbst zur Geltung kommen. Oder wird auch diese historische Kenntnis wieder zerrinnen, wird sie in endlosen Quisquilien sich auflösen, und wird mit ihr selber auch Platos Wirkung vorläufig am Ende sein? Haben wir noch Kunde gewonnen von Platos Freiheit und Weite und Reichtum, von seiner Unbefangenheit und Klarheit, von ihm als dem Augenblick einer Höhe, die schon damals sogleich wieder verlassen wurde? Darf dies für uns eine bloße Kunde bleiben ohne Teilnahme unserer eigenen Wirklichkeit? Solche Kunde soll nicht sein. Sie würde selber zerrinnen und verschwinden.

AUGUSTIN

Quellen: Die *Werke* bei Migne. Deutsche Übersetzungen. – *Leben:* Possidius. *Literatur:* Portalié. Mausbach. Hertling. – Gangauf. Schmaus. – Scholz. Troeltsch. – Holl. Nörregard. Courcelle. – Hannah Arendt. Heinrich Barth. Jonas. – Marrou. van der Meer.

I. Leben und Schriften

1. *Biographie:* In Thagaste, einer unbedeutenden numidischen Stadt Nordafrikas, wurde Augustin 354 geboren als Sohn eines kleinen heidnischen Beamten, Patricius, und einer christlichen Mutter, Monica. In seiner Heimatstadt, dann in Madaura und Karthago erwarb er sich die antike Bildung. Er nahm teil am ungebundenen heidnischen Leben. 372 wurde ihm ein unehelicher Sohn, Adeodatus, geboren. Ciceros Hortensius erweckte 373 im Neunzehnjährigen die Leidenschaft zur Philosophie. Augustin schloß sich dem Manichäischen Denken an, durchschaute 382 endgültig dessen Unwahrheit. Als Lehrer der Rhetorik hatte er Erfolg in Karthago, Rom (382), Mailand (385). Hier wurde er unter dem Eindruck der großen christlich-römischen Persönlichkeit des Bischofs Ambrosius 385 Katechumene, gab 386 sein Lehramt der Rhetorik auf, lebte mit Freunden, seiner Mutter Monica und seinem Sohn auf dem Landgut eines Freundes in Cassiciacum bei Mailand dem philosophischen Denken. 387 wurde er von Ambrosius getauft. Kurz vor seiner Rückkehr nach Afrika starb seine Mutter in Ostia. Von 388 an blieb Augustin sein ganzes Leben in Afrika. Dort wurde er 391 vom Bischof Valerius in Hippo »wider seinen Willen« zum Priester geweiht und 395 Bischof. Von diesem wenig bedeutenden Sitz aus übte er seine weltweite Wirkung.

Als Knabe hatte Augustin den Rückschlag gegen das Christentum durch den Kaiser Julianus Apostata erlebt und dann dessen Wiederherstellung durch Theodosius bis zur Aufhebung der heidnischen Kulte. Aber Julian hatte noch kraftvoll die Alemannen bei Straßburg besiegt. Als Augustin auf der Höhe seines Lebens stand, eroberte Alarich Rom. Augustin starb während der Belagerung Hippos durch Geiserichs Vandalen im Jahre 430.

2. *Die Schriften:* Die zwölf Folianten der Augustinischen Werke sind wie ein Bergwerk. In den unergiebigen Gesteinsmassen finden sich die Goldadern und Edelsteine. Die Grenzenlosigkeit drängt sich auf in rhetorischen Breiten, endlosen Wiederholungen; aber darin gibt es die knappen, geschlossenen, klassischen Stücke. Das Werk insgesamt zu studieren, ist eine Lebensaufgabe für Spezialisten oder eine Meditation für Mönche. Es ist, als ob Augustin jeden Tag geschrieben hätte und nun der Leser ein ebenso langes Leben zum Lesen wie Augustin zum Schreiben brauche. In dem maßlosen Umfang sind die Fundmöglichkeiten unerschöpflich für den geduldigen Arbeiter, der sie uns zeigt.

Alle erhaltenen Schriften stammen aus der Zeit nach dem großen persönlichen Eindruck, den Ambrosius auf Augustin machte, und nach der Aufgabe des Rhetorenberufs infolge seiner Bekehrung. Die frühesten sind dem gemeinschaftlichen Philosophieren in Cassiciacum erwachsen. Die erste Gruppe sind philosophische Schriften, durchweg Dialoge, in denen zunächst Christus und Bibelzitate selten vorkommen. Aber seine christliche Überzeugung ist wirksam und endgültig. Auch nach der Taufe bis zum Antritt des Priesteramts (387–391) bleibt weitgehend der philosophische Stil. Nun folgen durch das ganze weitere Leben die unabsehbare Masse der Predigten und Briefe, die umfangreichen Bibel-Interpretationen (besonders Psalmen und Johannes), die Lehrschriften (über den Unterricht der Neulinge, über die christliche Lehre, das Enchiridion) und daneben die großen Werke, unter denen drei von besonderer Bedeutung sind: 1. Die Bekenntnisse (Confessiones, um 400); Augustin preist und dankt Gott durch seine Autobiographie, in der philosophische und theologische Gedanken als Mächte dieses sich unter Gottes Führung wissenden Lebens erscheinen. 2. Über die Dreieinigkeit (De trinitate), die tiefsinnige rein spekulative Schrift (etwa 398–416). 3. Über den Gottesstaat (De civitate Dei, 413–426), die große Rechtfertigung des Christentums nach Alarichs Eroberung Roms und zugleich eine Gesamtdarstellung des christlichen Glaubens und Geschichtsbewußtseins. Als besondere Gruppen gelten, wie früher die Streitschriften gegen die Manichäer, später die gegen die Pelagianer und gegen die Donatisten.

II. Von der Philosophie zur Glaubenserkenntnis

1. *Die Bekehrung.* – Augustins Denken ist gegründet in seiner Bekehrung. Dem Kinde waren zwar schon christliche Motive durch die Mutter Monica eingeprägt, während Erziehung und Zielsetzung zunächst vom Vater in der heidnischen Überlieferung bestimmt wurden. Dieses Leben brachte ihm die Lust des Daseins, die sinnliche Fülle – und die Schalheit. Der Neunzehnjährige erfuhr den mächtigen Impuls der Philosophie. Er drängte aus der Schalheit ins Wesentliche. Auf Erkenntnis kam es ihm an. Der Weg durch manichäisch-gnostisches Scheinwissen führte zur Skepsis. Plotin ermöglichte ihm den großen Schritt: zur Einsicht in die Wirklichkeit des rein Geistigen, zur Befreiung von der Bindung an die bloße Realität des Körperlichen. Doch, wenn die Einsicht ihn auch beglückte, es blieb das Ungenügen. Das Leben änderte sich nicht.

Entscheidend war erst die Bekehrung. Augustin war 33 Jahre alt. Sie erfolgte plötzlich nach langem Drängen und Zögern, in dem die christlichen Keime aus der Kindheit wieder aufgebrochen, aber noch ohne durchschlagende Wirkung waren.

Augustin schildert: Sein Zustand der Unentschiedenheit brachte ihn eines Tages in Verzweiflung. Der innere Sturm ergoß sich in einen Tränenregen.

Er ging in den Garten. Dort hörte er aus dem Nebenhaus die Stimme eines singenden Knaben: »Nimm und lies!« Wie einem übersinnlichen Befehl gehorchend griff er zu Paulus und traf auf die Stelle »... ziehet den Herrn Jesum Christum an und pfleget nicht des Fleisches in seinen Lüsten«. Beim Schluß des Satzes »strömte das Licht der Sicherheit in mein Herz ein«. Der Entschluß hatte sein Wesen bis in den Grund durchdrungen. Er war endgültig. Der Gott, für den die Mutter Monica ihn geboren hatte, hatte ihn heimgeholt. Die Welt war verblaßt. »Denn du hast mich bekehrt, so daß ich nun auch kein Weib mehr begehrte noch sonst etwas, worauf die Hoffnung dieser Welt gerichtet ist.«

In der Zeit unmittelbar nach der Bekehrung lebte Augustin im Kreis seiner Freunde auf einem Landgut in Cassiciacum bei Mailand. In dem Frieden der Abgeschiedenheit sind die Freunde in den täglichen Diskussionen im Medium antiker Bildung (sie lesen und interpretieren auch Vergil) dem Ernst der Wahrheitsfrage zugewandt. Noch einmal glaubt man in Augustins Denken etwas von der Kraft antiken Philosophierens zu spüren: von der Leidenschaft zur Reinheit der Seele. Aber man sieht die Verwandlung. Die Frühschriften Augustins zeigen die antike Philosophie in der Gestalt, in der sie die Kraft ihres Ursprungs verloren zu haben schien. Umständlichkeit, Weitschweifigkeit, logische Spielerei und rhetorische Künste, endlose Argumentationen und Streitereien, eine auf Cicero sich gründende Art des Umgangs mit griechischen Gedanken, das konnte Augustin nicht genügen, während er noch daran teilnahm. Dieses Philosophieren Augustins, wie ein Spiel mit Gedanken und Gefühlen spätantiken Denkens, hatte aber im Untergrund schon die vollzogene Bekehrung, die Entschlossenheit des christlichen Glaubens. Es ist, als ob die antike Philosophie in leer gewordene Sprache ausgegangen sei, in der der junge Augustin keinen ursprünglichen und daher befriedigenden Gedanken mehr zu denken vermochte, und als ob jetzt eine neue gewaltige, nunmehr grundlegende geistige Wirklichkeit da sei, gleichsam eine Blutzufuhr stattgefunden habe, ohne die das Philosophieren erloschen wäre. Das ihm Eigene, Neue und objektiv Originale kommt erst in dem Christen Augustin zur Geltung, nun jedoch im Raum des vernünftigen Denkens mit dem Willen zur Vertiefung dieses Denkens selber. Die Frühschriften Augustins zeigen schon beides. Die gewaltige Umschmelzung des Denkens aber steht noch bevor.

Die Bekehrung ist die Voraussetzung des Augustinischen Denkens. In der Bekehrung erst wird der Glaube gewiß, der durch nichts absichtlich erzwungen, durch keine Lehre mitgeteilt werden kann, sondern von Gott in ihr geschenkt wird. Wer nicht selber die Bekehrung erfahren hat, dem muß in all dem auf sie sich gründenden Denken etwas fremd bleiben.

Was bedeutet diese Bekehrung? Sie ist weder wie die einstige Erweckung durch Cicero, noch wie die beglückende Umwendung des Denkens in das Spirituelle durch Plotin, sondern ein dem Sinn und der Wirkung nach wesensverschiedener, einmaliger Vorgang: im Bewußtsein, durch Gott selbst unmittelbar getroffen zu werden, wandelt sich der Mensch bis in die Leiblichkeit seines Daseins hinein, in alle Triebe und Zielsetzungen. Darum war für Augustin nach vergeblichem asketischem Bemühen nun erst die sinnliche Begier erloschen. Mit der Denkungsart ist die Lebensweise selbst verwandelt. Und darum wurde weiter durch die Bekehrung für Augustin der Boden gewiß in der Kirche und in der Bibel, nicht durch Einsicht und guten Willen, sondern durch eine unerschütterliche Fraglosigkeit, die erfahren wurde als durch Gott selbst erwirkt. Es gilt nur noch der Gehorsam gegen Gott und dieser als Gehorsam gegen die Autorität der Kirche. Folge der Bekehrung war die Taufe. Mit ihr wurde für Augustin die Autorität unerschütterlich und das Zölibat endgültig.

Solche Bekehrung ist nicht die philosophische, täglich zu erneuernde Umwendung, nicht dieses Sichherausreißen aus dem Verkehrenden und Verschleiernden und Vergessenden, das der philosophierende Mensch unablässig vollzieht, sondern ein biographisch datierbarer Augenblick, der in das Leben einbricht und es neu begründet. Nach ihm kann jene philosophische Umwendung in täglicher Bemühung bleiben. Aber sie selber hat nun ihre Kraft aus einer radikaleren, absoluten Grundlegung, der Wesensverwandlung im Glauben selber.

Nach dem Leben in der Ziellosigkeit eines Suchens, das nicht findet, diesem Leben, das Augustin Zerstreutheit nennt, griff er zurück auf das, was in der Kindheit durch seine Mutter als das Heilige ihm begegnet war und was in faktischer Gegenwart die Gemeinschaft der Kirche bedeutete. Augustin griff zum Menschsein in der kirchlichen Gemeinschaft, die ihren Grund nicht in einem Allgemeinen, sondern in der geschichtlichen Offenbarung hat. Er ist nicht mehr als Einzelner und Weltbürger bestimmt durch stoischen Logos, sondern als Glied und Bürger des Gottesstaates durch den Logos, der Christus am Kreuze ist.

2. *Verwandlung eigenständiger philosophischer Gedanken in Elemente offenbarungsgläubigen Denkens.* – Die philosophische Leiden-

schaft verwandelt sich in Glaubensleidenschaft. Beide scheinen identisch und sind doch durch einen Sprung, die Bekehrung, geschieden. Der Sinn des Denkens ist ein anderer geworden. Die Erarbeitung des neuen Glaubens erfolgt in der Glaubenserkenntnis, die kein Ende hat.

Glaubenserkenntnis aber bedeutet das Erkennen des Glaubensgehalts als kirchlichen Glaubens. Die philosophische Dogmatik wird kirchliche Dogmatik.

Diese Bewegung im Philosophieren vom eigenständigen zum christlich-glaubenden Philosophieren ist, als ob noch vom gleichen die Rede wäre. Und doch ist alles wie von einem anderen, fremden Blut durchströmt. Einige Beispiele:

a) Von Anfang an ist Augustins Denken auf *Gott* gerichtet. Aber der räumlich leibhaftige manichäische Gott im Kampfe mit seinem teuflischen Gegengott erwies sich ihm als phantastisches Märchen. Das Eine des Neuplatonismus zündete zwar durch seine reine übergeistige Geistigkeit, aber ließ die Seele im Ungenügen vergeblichen, sich verzehrenden, sehnsüchtigen Denkens, für das es keine Wirklichkeit in der Welt, keine umgreifende Gemeinschaft durch Autorität als Garantie der Wahrheit gab. Ruhe fand Augustin erst im biblischen Gott, der in der Schrift ihn ansprach, durch seine Kraft das bis dahin zerstreute Leben einte, die Welt und ihre Leidenschaften versinken ließ, ihn in eine wirkliche, weltumfassende Gemeinschaft, die Kirche, aufnahm.

Nun wurden die alten philosophischen Gedanken, die an sich selber ohnmächtig waren, zu Mitteln des nie zum Abschluß kommenden Erdenkens Gottes, der selbst nicht durch diese Gedanken, sondern aus anderer Quelle lebendig gegenwärtig ist. Ein Weg, aber nur einer, ist das Denken, um in ihm zu bestätigen und zu erhellen, was als Glaube schon unzweifelhaft ist. Wohl lassen sich auch die Augustinischen Gottesgedanken wieder losgelöst als eigenständige philosophische Gedanken vollziehen. Aber so sind sie bei Augustin nicht gemeint, denn sie stehen unter Führung des Glaubens, der mit der Vernunft eins geworden ist. Augustin vollzieht alle Möglichkeiten, im Denken Gott zu berühren. Aber diese Gedanken werden zusammengehalten durch die Autorität, nicht durch ein philosophisches Prinzip.

Die Bewegung der Augustinischen Gottesanschauung bedeutete die Aneignung des biblischen Gottesgedankens durch das Philosophieren, das darin selber zu einer anderen Philosophie wurde. Die Frage ist, wie in dieser Metamorphose der biblische Gott selber im Lichte des Philosophierens nicht blieb, was er in den Gestalten der Schrift war.

Augustin bringt den Gehalt der Bibel auf eine einzige Ebene unter Verleugnung der Mannigfaltigkeit und der Widersprüche der der Entwicklung eines Jahrtausends angehörenden biblischen Texte. Er vollzieht reflektiert, was in der Bibel unreflektiert war. Er bildet fort zu neuen Anschauungen. Die Bibel ist der Leitfaden und dann der Halt, an den er, was er selber denkt, als dort vorgefunden bindet.

b) *Plotins Philosophie* macht sich Augustin zu eigen. Nach wenigen Veränderungen würde sie christlich sein, meint er. Keine andere Philosophie hat auf ihn solchen Einfluß gehabt. Stoiker und Epikureer beurteilt er stets ablehnend. Aristoteles wird selten genannt. Plato kennt er nicht, er hält ihn für eins mit Plotin.

Einmütig mit dem Plotinischen Denken ergreift Augustin den Sinn der Philosophie als Kümmern um Gott und die Seele, ergreift er das Denken, mit dem Ziel des wahren Glücks in der Erkenntnis der ewigen Dinge, als die Zügelung der Einbildungskraft, der Sinnlichkeit, um das Unsinnliche, Übersinnliche als ein ganz Unkörperliches zu berühren.

Einmütig ist er mit Plotin in bezug auf eine Grundstruktur des Gottesgedankens: In Gott hat alles seinen Grund. Er ist als *Wirklichkeit* Ursprung des Daseins der Dinge; er ist als *Logos,* als das intellektuelle Licht, Ursprung der Wahrheit der Dinge; er ist als das *Gute an sich* Ursprung des Gutseins aller Dinge. Auf ihn in diesem dreifachen Aspekt beziehen sich die drei philosophischen Wissenschaften der Physik, der Logik, der Moral. Ob eine Frage der Welt, der Erkenntnis, der Freiheit, immer kommt Augustin auf Gott.

Aufgenommen wurde aus Plotin das Weltdenken, die Stufenlehre, die Schönheit der Welt, in der das Schlechte, das Übel, das Böse nur eine Privation ist, ein Nichtsein in dem, was als Sein immer gut ist.

Aber radikal ist die Verwandlung des Sinns des Ganzen, in den das alles aufgenommen ist: Das Eine Plotins, jenseits von Sein, Geist und Erkennen, wird bei Augustin identisch mit Gott, der selber Sein, Geist, Erkennen ist. Die Plotinische Dreigliederung des überseienden Einen, des seienden Geistes, der weltwirklichen Seele wird bei Augustin zur innergöttlichen Einheit der Trinität, des einen Gottes in drei Personen. – Das Eine Plotins strömt aus über den Geist zur Weltseele und weiter bis zur Materie in der ewigen Gegenwart dieses Kreislaufs. Bei Augustin ist nicht ewige Emanation, sondern einmalige Schöpfung der Grund der Welt, die Anfang und Ende hat. – Das Eine Plotins ist ruhend, der Mensch wendet sich ihm zu. Der biblische Gott Augustins ist wirksamer Wille, der seinerseits dem Menschen sich zuwendet. Plotin betet nicht.

Beten ist das Lebenszentrum Augustins. – Plotin findet den Aufschwung in der Spekulation mit dem Ziel der Ekstase, Augustin in der durchdringenden Selbstdurchleuchtung mit dem Ziel der Erhellung des Glaubens. Plotin findet sich in der freien Verbindung von je einzelnen Philosophierenden, zerstreut in der Welt, Augustin in der Kirche als Autorität in der Gegenwart einer machtvollen Organisation.

3. *Die Entwicklung des Denkens Augustins.* – Die Entwicklung Augustins hat ihren einzigen Umschlag in der Bekehrung, aber so, daß der Sinn dieser Bekehrung ein Leben lang wiederholt und dadurch erst vollendet wird. In der Bekehrung liegt das Gleichbleibende, die Entwicklung ist die Ausbreitung ihres Sinns und die Einschmelzung des dem Sinn dieser Bekehrung Fremden. Darum ist Augustins Taufe nicht Vollendung, sondern Anfang. Noch waren die Geleise antiken Philosophierens ihm geläufig; noch war es mehr ein Wissen um die Kirche als die Erfahrung der Kirche als der katholischen; noch dachte er als ein Christ unter vielen, nicht als in verantwortlicher Vertretung der Kirche kraft des Amtes eines Priesters. Man kann als eine neue Epoche diesen Übergang in die Praxis (391) ansehen. Augustin nimmt zunächst Urlaub, um durch Bibelstudium sich besser vorzubereiten. In Augustins Schriften ist ein Prozeß des Hineinwachsens zu jener gewaltigen Totalität christlicher, katholischer, kirchlicher Existenz, die mit durch ihn im Abendland die geistige Macht eines Jahrtausends wurde.

Die Bewegung des Denkens wird bei Augustin durch die Aufgaben des Kampfes der Kirche in der Welt erzeugt. Die realen und geistigen Situationen des kirchlichen Lebens bringen jeweils das Thema. Die Glaubenserkenntnis kommt zu ihrer Schärfe in der Herausarbeitung gegen die heidnische Philosophie und gegen die Häresien. Mit der Klarheit wird die Vertiefung gebracht. Die Form des hellsten Sprechens bringt den Glauben selbst erst zum vollen Bewußtsein seines Gehalts. Das Wesen Gottes und die Natur des Bösen wird klarer im Kampf gegen die Manichäer; Freiheit und Gnade, Erbsünde und Erlösung werden klarer im Kampf gegen Pelagius und die Pelagianer; die Katholizität der Kirche als des einen corpus mysticum Christi und ihrer praktischen Konsequenz wird klarer im Kampf gegen die Schismatiker, hier die Donatisten. Und das Wesen dieser Kirche in ihrer ewigen Substanz wird klarer in der Rechtfertigung gegen die Angriffe der Heiden, die nach der Eroberung Roms durch Alarich den Vorwurf erheben, das Unheil sei durch das Verlassen der alten Götter bewirkt worden.

Aus dem seit der Bekehrung Gleichbleibenden erarbeitet Augustin seine neuen Gedanken. Dabei sehen wir ihn in wichtigen Dingen radikale Positionswechsel vollziehen: Sein Einsatz für Freiheit der Verkündigung und Überzeugung ohne Zwang weicht später seiner Forderung des Zwanges zum Eintritt in die katholische Kirche (coge intrare). Seine Lehre vom freien Willen geht fast ganz in der Gnadenlehre verloren. Ihm selber werden im Rückblick Irrtümer deutlich. Am Ende seines Lebens schrieb er die Retraktationen (Zurücknahmen). Darin faßt er die Gesamtheit seiner Schriften als ein Ganzes in zeitlicher Reihenfolge auf und vollzieht in Einzelheiten eine sachliche Selbstkritik aus kirchlich-dogmatischem Gesichtspunkt. Ausdrücklich entfernt er sich von seiner früheren Einmütigkeit mit Plotin. Einst hatte er mit diesem die Präexistenz der Seele angenommen; längst hat er diese Lehre verworfen.

Vor allem aber hat sich die Wertschätzung der Philosophie völlig gewandelt. Für den jungen Augustin hatte das rationale Denken ausdrücklich die größte Bedeutung. Die Dialektik ist die Disziplin der Disziplinen, lehrt lernen und lehren. Sie beweist und eröffnet, was ist, was ich will; sie weiß das Wissen. Sie allein will nicht nur, sondern vermag auch wissend zu machen. Jetzt ist die Beurteilung geringschätzend geworden. Das innere Licht steht höher. »Die in jenen Wissenschaften Unerfahrenen werden Wahres antworten, wenn sie gut gefragt werden, weil ihnen das Licht der ewigen Vernunft gegenwärtig ist, soweit sie es fassen können, wo sie die unveränderlichen Wahrheiten erblicken.« Er erkennt seine frühere Bewunderung der Philosophie als weit übertrieben. Wohl ist die Seligkeit nur in der liebenden Erkenntnis Gottes; aber diese Seligkeit gehört doch erst einem zukünftigen Leben an, und der einzige Weg dahin ist Christus. Die Geltung der Philosophie hat aufgehört. Das biblisch-theologische Denken bleibt das allein wesentliche.

III. Augustins Denkweisen

1. Existenzerhellung und Bibel-Interpretation

a) »Metaphysik der inneren Erfahrung«

Augustins Denkweise hat einen in seiner Fruchtbarkeit unabsehbaren Grundzug: er vergegenwärtigt ursprüngliche Erfahrungen der Seele. Er reflektiert auf die Wunder der Gegenwärtigkeit unseres Daseins.

Was immer in der Welt ihm vorkommt, die Dinge haben für ihn kein selbständiges Interesse. Er weiß sich im Gegensatz zum geläufigen Verhalten: »Und die Menschen gehen und bewundern die Höhen der Gebirge, die gewaltigen Wogen des Meeres, den breiten Fluß der Ströme, den Umfang des Ozeans und den Umlauf der Gestirne, auf sich selbst aber achten sie nicht.« Sein einziger, alles in sich hineinziehender Wille dagegen ist: Gott und die Seele begehre ich zu wissen (deum et animam scire cupio); – Dich möchte ich kennen, mich möchte ich kennen (noverim te, noverim me).

Augustin schreitet an alle Grenzen, um im Rückgeworfensein auf sich selbst im Inneren ein Anderes zu hören. Denn über das Innerste der Seele führt der Weg zu Gott. »Gehe nicht nach draußen, kehre in dich selber ein; im inneren Menschen wohnt die Wahrheit; und wenn du deine Natur in ihrer Wandelbarkeit erkannt hast, überschreite auch dich selbst.« (Noli foras ire, in te ipsum redi; in interiore homine habitat veritas; et si tuam naturam mutabilem inveneris, transcende et te ipsum.) Augustins Seelenergründung ist Gottesergründung, seine Gottesergründung ist Seelenergründung. Er sieht Gott im Grund der Seele, die Seele in Beziehung auf Gott.

Dieses Band wird nicht zerrissen zugunsten einer bloßen Psychologie. Man hat Augustin den ersten modernen Psychologen genannt, doch es handelt sich in dieser Psychologie, trotz aller Beschreibung wirklicher Erscheinungen, nicht um eine Wissenschaft erforschbarer empirischer Realitäten, sondern um die Durchhellung inneren Handelns, um die Gegenwärtigkeit in der Seele als den Ausgangspunkt unseres Wissens.

Das Band der Seele zu Gott wird auch nicht zerrissen zugunsten einer bloßen Theologie. Man hat Augustins spekulative Begabung gerühmt, doch alle metaphysischen transzendierenden Gedankenbewegungen sind bei ihm weniger Einsichten in ein Anderes als Erfüllungen des Aufschwungs seiner selbst. Man hat in ihm den großen Dogmatiker gesehen, der in der Dogmengeschichte einen hervorragenden Platz einnimmt, aber seine Dogmen sind noch nicht Sätze der späteren Theologie, sondern ursprüngliche Ergriffenheiten, die nur rational zur Sprache kommen. Windelband nannte diese Denkweise »Metaphysik der inneren Erfahrung«, mit Recht, weil es sich bei Augustin um die Erhellung der übersinnlichen Motive im Menschen handelt, mit Unrecht, wenn damit eine neue objektive Metaphysik der Seele gemeint wäre.

Nie vorher hatte der Mensch so vor seiner eigenen Seele gestanden, nicht Heraklit (»der Seele Grenzen kannst du nicht auskennen, so tiefen Logos hat sie«), nicht Sokrates und Plato, denen alles am Heil der Seele lag. »Ein unendlicher Abgrund ist der Mensch (grande profundum est ipse homo). Du hast seine Haare, o Herr, gezählt, aber leichter fürwahr ist, seine Haare als die Empfindungen und Neigungen seines Herzens zu zählen.«

All sein Betroffensein faßt er in den kurzen Satz: Ich bin mir selbst zur Frage geworden (quaestio mihi factus sum). Augustin hält sich oft an alltägliche Erscheinungen. Aber er beschreibt nicht indifferente Erscheinungen als solche (wie Phänomenologen), sondern richtet sich auf Wirklichkeiten, die Gewicht haben, die hinzielen an die Grenzen unserer Vermögen, unseres Denkens und an die Grenzen ihrer selbst. Er findet die wunderbar einfachen Sätze, die mit wenigen Worten sagen, was vorher niemals einem Menschen so bewußt geworden ist. Und er denkt in der Form fragenden Weitergehens, der Fragen, die den Raum öffnen und keineswegs einfach beantwortet werden. Einige Beispiele:

Erstes Beispiel: das Gedächtnis. – Unter den sogenannten psychologischen Erscheinungen beschreibt Augustin, wie uns aus unserem eigenen Inneren eine Welt zur Verfügung steht. Wir stellen uns vor Augen, was wir gesehen haben und was unsere Phantasie hervorbringt, unabsehbar. Ein weites, unermeßliches inneres Heiligtum steht mir offen. Es gehört zu meiner Natur. Aber solche Worte, meint Augustin, sind leicht gesagt. Mit ihnen wird nicht erfaßt, was er vergegenwärtigen möchte, das immer mehr ist als das, was ich von mir denke. Darum fährt er fort: Ich sage zwar »es gehört zu meiner Natur«, »aber dennoch fasse ich nicht ganz das, was ich bin. Also ist der Geist zu eng, um sich selbst zu fassen? Wo mag das sein, was er von sich nicht faßt? Gewaltige Verwunderung erfaßt mich.« Wenn Augustin von den Wogen des Meeres, den Strömen und den Gestirnen spricht, wundert er sich, »daß ich dies alles, während ich davon sprach, nicht mit Augen sah, und doch würde ich nicht davon sprechen, wenn ich nicht Berge und Fluten und den Ozean, von dessen Vorhandensein ich nur gehört habe, innen in meinem Gedächtnis in eben so gewaltiger Ausdehnung wie draußen in der Wirklichkeit erblickte«.

Zweites Beispiel: die Selbstgewißheit. – Augustin hat zuerst – in vielen Fassungen – den Gedanken ausgesprochen: Der Zweifel an aller Wahrheit scheitert an der Gewißheit des »ich bin«:

»Ob die Kraft, zu leben, zu wollen, zu denken, der Luft zukomme oder dem Feuer oder dem Gehirn oder dem Blute oder den Atomen, darüber zweifelten die Menschen ... Wer möchte jedoch zweifeln, daß er lebe, sich erinnere, einsehe, wolle, denke, wisse und urteile? Auch wenn man nämlich zweifelt, sieht man ein, daß man zweifelt ... Wenn also jemand an allem andern zweifelt, an all diesem darf er nicht zweifeln. Wenn es das nicht gäbe, könnte er überhaupt über nichts zweifeln.« Der Zweifel also beweist durch sich selbst die Wahrheit: ich bin, wenn ich zweifle. Denn der Zweifel selber ist nur möglich, wenn ich bin.

Nun ist die Frage, was in dieser Gewißheit liegt. Sie ist bei Augustin keine kahle Feststellung, sondern der Ausgang einer nie zum Abschluß kommenden Besinnung. Die Gewißheit, die im äußersten Zweifel sich herstellt, enthält mehr als den Punkt bloßen Seins. Die Selbstgewißheit zeigt mir nicht nur, daß ich bin, sondern *was* ich bin. In folgendem Dialog beginnt ein Fragen und Weiterfragen:

»Du, der du dich erkennen willst, weißt du, daß du bist? Ich weiß es. – Woher weißt du es? Ich weiß nicht. – Fühlst du dich als einfach oder vielfach? Ich weiß nicht. – Weißt du, daß du bewegt wirst? Ich weiß nicht. – Weißt du, daß du denkst? Ich weiß es. – Also ist es wahr, daß du denkst. – Weißt du, ob du unsterblich bist? Ich weiß es nicht. – Was möchtest du von all dem, was du, wie du sagtest, nicht weißt, am ehesten wissen? Ob ich unsterblich bin.

Du liebst also das Leben. Wenn du erfährst, daß du unsterblich bist, ist das genug? Es würde etwas Großes sein, aber es ist mir zu wenig. Du liebst also nicht das Leben seiner selbst wegen, sondern wegen des Wissens? Ich gebe es zu. – Wie aber, wenn dich das Wissen der Dinge selber unselig macht? – Das kann, glaube ich, auf keine Weise geschehen. Aber wenn es so ist, kann niemand glücklich sein, denn jetzt bin ich aus keinem anderen Grunde unselig als durch Unwissenheit der Dinge. Wenn das Wissen unselig macht, ist die Unseligkeit ewig.

Ich sehe, was du begehrst ... du willst sein, leben und erkennen; aber sein, um zu leben und leben, um zu erkennen.«

Diese Selbstgewißheit wird sich ihrer selbst, daß sie Denken ist, bewußt. Sie findet sich, wenn sie sich zu einem Objekt unter anderen macht, unter den Realitäten der Welt. Dann erkennt sie sich in ihrer Einzigkeit, indem sie sich unterscheidet:

»Auch der Stein ist, und das Tier lebt«, aber der Stein lebt nicht, und das Tier erkennt nicht. Wer aber erkennt, dem ist auch Sein und Leben in ihm das Gewisseste.

In der Selbstgewißheit finde ich die Wahrnehmung dessen, was über alle sinnliche Wahrnehmung und über alles Wissen von Dingen in der Welt hinausliegt:

»Wir besitzen noch einen anderen, über den leiblichen Sinn weit erhabeneren Sinn, den Sinn des inneren Menschen, kraft dessen wir das Rechte und das

Unrechte empfinden, das Rechte an der Übereinstimmung mit der übersinnlichen Form, das Unrechte an der Abweichung davon. Dieser Sinn bestätigt sich, ohne daß er der Schärfe des Auges bedürfte.«

In der Selbstgewißheit finde ich meinen allumgreifenden, unbändigen Willen zum Glücklichsein. Dieser Wille ist, wie der schon berichtete Dialog sagte, Liebe zum Leben, und dieses Leben wieder Liebe zum Erkennen. Diese Grundgewißheit wird reicher aussprechbar:

»Wir existieren, wir wissen um unser Sein, und wir lieben dieses Sein und Wissen. Und in diesen drei Stücken beunruhigt uns keine Möglichkeit einer Täuschung. Denn wir erfassen sie nicht wie die Dinge außer uns mit irgendeinem leiblichen Sinn. Sondern ohne daß sich irgendwie eine trügerische Vorspiegelung der Phantasie geltend machen könnte, steht mir durchaus fest, daß ich bin, daß ich das weiß und es liebe. In diesen Stücken fürchte ich durchaus nicht die Einwendungen: Wie aber, wenn du dich täuschtest? Wenn ich mich nämlich täusche, dann bin ich. Folglich täusche ich mich auch darin nicht, daß ich um dieses mein Bewußtsein weiß. Denn so gut ich weiß, daß ich bin, weiß ich eben auch, daß ich weiß. Und indem ich diese beiden Tatsachen liebe, füge ich auch diese Liebe als ein Drittes von gleicher Sicherheit hinzu. Denn da in unserem Fall der Gegenstand der Liebe wahr und gewiß ist, so ist ohne Zweifel auch die Liebe zu ihm wahr und gewiß.«

Auf die Frage, worauf sich die Liebe des Grundwillens richtet, war die Antwort: auf das Sein und auf das Wissen. Beides wird in seiner Uneingeschränktheit und Absolutheit ausgesprochen:

Der Gegenstand der Liebe ist das Sein. »So wenig es jemand gibt, der nicht glücklich sein möchte, gibt es jemand, der nicht sein möchte... Das Sein ist mit einer Art natürlicher Wucht so sehr eine Annehmlichkeit, daß nur deshalb die Unglücklichen nicht zugrundegehen wollen... Würde ihnen eine Unsterblichkeit verliehen, bei der auch ihr Elend nicht aufhörte, und ihnen die Wahl gelassen, entweder in solchem Elend immerdar oder überhaupt nicht und nirgends zu existieren, sie würden wahrlich aufjauchzen vor Freude und es vorziehen, auf immer in diesem Zustand als überhaupt nicht zu existieren.«

Weiter: Nicht nur mein Sein, sondern auch das Wissen als solches liebe ich ohne Einschränkung. »Welchen Widerwillen die menschliche Natur gegen die Täuschung hat, läßt sich schon daraus erkennen, daß jedermann Trauer bei gesundem Geiste der Freude in Geistesgestörtheit vorzieht.«

Der Grundgedanke brachte aus dem Zweifel an aller Wahrheit auf den Boden unzweifelhafter Gewißheit. Diese Gewißheit ist keine leere Gewißheit eines Seins überhaupt. Vielmehr liegt in der Selbstgewißheit auch die Erfüllung.

Die Augustinische Gewißheit aber – so denken wir – kann zusammensinken: zur Unbezweifelbarkeit einer bloßen gehaltlosen Seinsaussage,

– zur Brutalität der Liebe zum Leben, welcher Art es auch sei, – zur Leerheit der Wahrheit als bloßer Richtigkeit. Es kann scheinen, als ob in der Erhellung der Selbstgewißheit zusammenfielen das empirische Dasein mit der ewigen Existenz, die Lebensgier mit der Sorge um das eigentliche Heil, die bloße Richtigkeit mit der gehaltvollen Wahrheit. – Zwei Fragen sind daher an Augustin zu stellen: Woher kommt die eigentliche Erfüllung? Was bedeuten jene Nichtigkeiten?

Auf die Frage, woher die eigentliche Erfüllung kommt, die der Selbstgewißheit erst Gehalt gibt, oder die Frage: wo ist der Ursprung des Entgegenkommenden im Unterschied von der Leerheit, des Sichgeschenktwerdens im Unterschied vom Sichausbleiben, der Ruhe im Unterschied von der Verzweiflung der Bodenlosigkeit, ist die Antwort: allein in Gott. Das Sein, das Wissen vom Sein und die Liebe zum Sein und Wissen in der Selbstgewißheit stehen für Augustin von vornherein in Beziehung zu Gott. In der Selbstgewißheit als solcher liegt die Gottesgewißheit. Denn Gott hat den Menschen nach seinem Bilde erschaffen. Im Selbstbewußtsein erblickt Augustin das Bild der Dreieinigkeit.

Fragen wir nach der Bedeutung der im Zusammensinken der Selbstgewißheit bleibenden Nichtigkeiten, so ist die Antwort: Da Augustin alles im Blick auf Gott denkt, und ihm das von Gott Unabhängige gar nicht besteht, vermag sein Denken, weil alles von Gott geschaffen ist, auch allem einen Glanz zu geben, so auch noch den nichtigen Richtigkeiten als Abbild ewiger Wahrheit und noch der Lebensgier als der geringsten Liebe zum Sein. Nur in der Verkehrung der Rangordnungen liegt die Unwahrheit. Was Leerheit scheint und wird, wenn es sich auf sich selbst stellt, das ist Wahrheit im Abglanz dieser niederen Sphären. Augustin kennt nicht die ursprünglichen Fragen des Selbstmörders, kennt nicht die Verzweiflung am Leben im Nichtlebenwollen, kennt nicht den Willen zur Täuschung, nicht die bewußte Selbsttäuschung, nicht die mögliche Fragwürdigkeit des Sinns aller »Wahrheit«.

Diese Augustinische Geborgenheit ist eine andere als die philosophische Selbstgewißheit. Er lebt dorthin, wo »unser Sein den Tod nicht kennen wird, unser Wissen nicht den Irrtum, unsere Liebe keinen Anstoß«. Hier aber in der Zeit, wenn wir »so sicher festhalten an unserem Sein, Wissen und Lieben«, tun wir das zwar zunächst »nicht auf fremdes Zeugnis hin, sondern empfinden es in eigenster Person als wirklich vorhanden und erblicken es mit dem inneren, durchaus untrüglichen Auge« (also rein philosophisch). Aber wir »haben doch dafür noch andere Zeugen, Zeugen, in deren Glaubwürdigkeit kein Zweifel gesetzt werden darf«. In schroffem Nebeneinander also läßt Augustin stehen die Selbstgewißheit und die anderen Zeugen (die Autorität von Kirche und Offenbarung). Gehalt und Fülle des Selbst kommt ihm aus der Ebenbildlichkeit Gottes im Menschen und ist ihm gewiß durch die Garantie jener anderen Zeugenschaft.

Drittes Beispiel: Die Zeit. – Die Zeit, dies jeden Augenblick Gegenwärtige, zeigt sich Augustin als unergründliches Geheimnis, je mehr er sich fragend darin vertieft.

Wir sprechen von Vergangenheit, Gegenwart, Zukunft. »Ginge nichts vorüber, so gäbe es keine Vergangenheit; käme nichts heran, so gäbe es keine Zukunft; bestände nichts, so gäbe es keine Gegenwart.« Aber wunderlich: Vergangenheit und Zukunft sind nicht, jene nicht mehr, diese noch nicht, – und wäre die Gegenwart beständig gegenwärtig, ohne sich in die Vergangenheit zu verlieren, dann wäre sie keine Zeit mehr. Die Gegenwart, um Zeit zu sein, besteht darin, daß sie sofort in Nichtsein übergeht.

Gibt es etwa nicht drei Zeiten, sondern nur eine, die Gegenwart? Zukunft und Vergangenheit sind doch nur in der Gegenwart. Wenn ich Vergangenes erzähle, so schaue ich dessen Bilder in der Gegenwart. Wenn ich an die Zukunft denke, so sind mir mögliche Handlungen und vorschwebende Bilder gegenwärtig. Es gibt nur die Gegenwart und in der Gegenwart drei Zeiten. Gegenwärtig in bezug auf die Vergangenheit ist das Gedächtnis, gegenwärtig in bezug auf die Gegenwart ist die Anschauung und gegenwärtig in bezug auf die Zukunft ist die Erwartung.

Was aber ist die Gegenwart? Reden von kurzen und langen Zeiten betreffen Vergangenheit und Zukunft. Hundert Jahre, ein Jahr, ein Tag, eine Stunde, sie können nicht gegenwärtig sein. Immer ist, so lange sie dauern, in ihnen noch Vergangenes, Gegenwärtiges und Zukünftiges. Könnte man sich eine Zeit denken, die sich in keine kleinsten Teilchen mehr teilen läßt, so würde man diese allein Gegenwart nennen. Aber dieses Zeitteilchen geht so schnell aus der Zukunft in die Vergangenheit über, daß die Gegenwart keine Dauer hat. Sie ist nur wie ein Punkt, eine Grenze, ist, indem sie schon nicht mehr ist.

Wenn wir die Zeit messen, messen wir offenbar nicht die Gegenwart, die keine Dauer hat, sondern wir messen die Zeiten, die wahrnehmbar sind, indem sie vorübergehen. Dann aber messen wir, was entweder nicht mehr oder noch nicht ist. Mit welchem Maß messen wir die Zeit, die nicht ist?

Man hat gesagt, die Bewegungen der Sonne, des Mondes, der Sterne seien die Zeiten. Wenn aber diese Bewegung die Zeit ist, so jede Bewegung. Würden jene Himmelslichter feiern, könnte es die Drehung der Töpferscheibe sein. Aber in keinem Falle ist die Bewegung die Zeit, sondern mit der Zeit wird die Bewegung gemessen, die bald länger, bald kürzer sein kann. Bewegungen der Gestirne wie Drehung der Töpferscheibe sind Zeichen der Zeit, nicht selber die Zeit. Jetzt aber handelt es sich darum, nicht was Bewegung und was der

Tag ist, sondern was die Zeit ist. Mit ihr messen wir auch den Kreislauf der Sonne. Wir messen nicht nur die Bewegung, sondern auch die Dauer des Stillstands der Zeit.

So messe ich also, sagt Augustin, ohne zu wissen, womit ich messe. Ich messe die Bewegung des Körpers mit der Zeit, und doch messe ich die Zeit nicht? Womit messe ich die Zeit selbst? Ich messe Längen von Gedichten, der Versfüße, vergleiche sie, nehme eins als doppelt so lange dauernd als das andere wahr. Hieraus schließe ich, »daß die Zeit nur eine Ausdehnung sei, aber wovon, das weiß ich nicht«.

Der Geist ist es – so ist die letzte Antwort Augustins –, der selber die Ausdehnung der Zeit ist. Wenn ich ein Gedicht lese, messe ich die Silben, aber »nicht sie selbst, die bereits nicht mehr sind, sondern ich messe etwas, was sich meinem Gedächtnis eingeprägt hat«. Also messe ich in meinem Geist meine Zeiten. »Den Eindruck, den die vorübergehenden Dinge auf mich machen und der auch, nachdem sie vorübergegangen sind, bleibt, diesen mir gegenwärtigen Eindruck also messe ich, nicht das, was vorübergegangen ist.« »Der Geist übt eine dreifache Tätigkeit aus. Er erwartet, nimmt wahr und erinnert sich, so daß das von ihm Erwartete durch seine Wahrnehmung hindurch in Erinnerung übergeht.«

So scheint die Lösung gewonnen. Der Geist mißt sich selbst in dem, was ihm gegenwärtig ist. So vermag er das Vorübergehende zu messen. Aber es zeigt sich weiter, »daß wir weder die zukünftige noch die vergangene, noch die gegenwärtige, noch die vorübergehende Zeit messen, und dennoch die Zeit messen.«

Augustin denkt fragend. Die Frage: was ist die Zeit? wird beantwortet durch neue Fragen. Das Geheimnis wird nicht aufgelöst, sondern als solches zum Bewußtsein gebracht. »Was ist also die Zeit? Wenn mich niemand fragt, so weiß ich es; will ich es aber jemandem auf seine Frage hin erklären, so weiß ich es nicht.« »Ich forsche nur, ich stelle keine Behauptungen auf.« Augustin begehrt, »in diese so alltäglichen und doch so geheimnisvollen Dinge« einzudringen. Wir sprechen ständig von Zeit, von wann und wie lange, und dabei verstehen wir uns. »Es sind ganz gewöhnliche und gebräuchliche Dinge, und doch sind sie wiederum ganz dunkel.« Und nach langen Erörterungen bekennt er, »daß ich immer noch nicht weiß, was die Zeit ist, und wiederum bekenne ich, zu wissen, daß ich dieses in der Zeit sage... Wie also weiß ich dieses, wenn mir der Begriff der Zeit fremd ist? ... Vielleicht weiß ich gar nicht, was ich nicht weiß!«

Zur Frage, was die Zeit sei, wurde Augustin gedrängt durch die Erörterung des Einwands gegen die Schöpfung: Was tat Gott, bevor er Himmel und Erde schuf? Wenn er ruhte, warum ist er nicht in der Untätigkeit verblieben? Wenn es ein neuer Wille war, könnte man da noch von wahrer Ewigkeit sprechen, in der ein Wille entsteht, der vorher nicht da war? Wenn aber der Wille von Ewigkeit her war, warum ist dann nicht auch die Schöpfung ewig?

Diesen Einwand gegen den Schöpfungsgedanken löst Augustin auf: Gott hat mit der Schöpfung auch die Zeit geschaffen; es gab keine Zeit vorher. Die Frage ist sinnlos, weil das zeitliche Vorher für den nicht ist, der alle Zeit schuf, aber nicht in ihr ist. »Wo noch keine Zeit war, gab es auch kein Damals.« »Nie gab es eine Zeit, wo keine Zeit war.« Es konnte keine Zeit vorübergehen, bevor Gott die Zeit schuf. Die Zeit hat einen Anfang – so sagt es die Bibel –, aber vor diesem Anfang war keine Zeit, sagt Augustin.

Die Frage selber, was Gott vor der Schöpfung getan habe, ist dreist. Augustin will nicht witzeln, wie einer, der antwortete: »Höllen bereitete er für die, die so hohe Geheimnisse ergründen wollen.« Er will einsehen und weiß: wenn wir »einsehen, daß die Zeit erst mit der Schöpfung begonnen hat«, dann dulden wir nicht mehr das törichte Gerede, nicht diese Fragen der Menschen, die »in sträflicher Neugierde mehr wissen möchten, als sie verstehn«.

Was aber ist, so fragt Augustin doch selbst, die Ewigkeit vor aller Zeit? Einen Augenblick versucht er das ewige Wissen Gottes, das in unbewegter Gegenwärtigkeit ständig ganz ist, zu vergleichen mit der Weise, wie uns ein Lied gegenwärtig ist, das wir singen so, daß uns alles Vergangene und Zukünftige in ihm bekannt ist. Alle Jahrhunderte lägen so offen vor Gott wie vor uns das Lied, das wir singen. Aber nicht so schlecht wie wir das ganze Lied weiß der Schöpfer alle Zukunft und Vergangenheit: »Du weißt sie weit, weit wunderbarer und weit geheimnisvoller.«

Was die Ewigkeit sei, spricht Augustin aus durch ein Hinausgehen über die Zeit, sie der Zeit kontrastierend: »Gott geht von der hohen Warte der allzeit gegenwärtigen Ewigkeit allen vergangenen Zeiten voraus und überragt alle zukünftigen.« »In der Ewigkeit geht nichts vorüber, sondern in ihr ist alles gegenwärtig. Dagegen ist keine Zeit ganz gegenwärtig.« »Deine Jahre gehen nicht und kommen; unsere aber hienieden gehen und kommen. Deine Jahre bestehen alle zugleich ... Unsere Jahre werden erst dann alle Jahre sein, wenn unsere Zeitlichkeit vollendet ist.«

Und dann spricht Augustin die Ewigkeit dadurch aus, daß er hinzeigt auf das, wohin all unser Streben geht: nicht auf etwas, das künftig und vorübergehend ist, sondern zu dem, was vor uns liegt als das Unwandelbare. Jetzt, in »den Jahren des Seufzens«, »bin ich ganz aufgegangen in der Zeit, deren Ordnung ich nicht kenne. Meine Gedanken, das innerste Leben meiner Seele, zerreißen sich in stürmischem Wechsel.« Dort in der Ewigkeit ist Einheit, Unvergänglichkeit, Seligkeit, unbewegte Gegenwart.

Diese Ewigkeit spricht schon in der Welt; Gott leuchtet Augustin schon in ihr entgegen als etwas, das sein Herz trifft, »so daß ich erschaudere und erglühe, – erschaudere, insoweit ich ihm unähnlich, und erglühe, insoweit ich ihm ähnlich bin«.

Fasse ich zusammen: Die Zeit wird erst durch das fragende Erdenken, was sie sei, als Geheimnis ganz fühlbar. Aber ich denke es, um durch dies Geheimnis selbst mich des Sinns der Ewigkeit, Gottes Ewigkeit und der eigenen, in der die Zeit getilgt ist, zu vergewissern.

b) Bibel-Interpretation

Wenn Augustin im reinen Denken sich fragend vergewissernd bewegt, dann beruft er sich nicht auf Offenbarung. Es gelingen ihm die tiefsinnigen Spekulationen in der konkreten Daseinserhellung. Aber dieses Philosophieren meint und will Erhellung der Existenz und Erdenken Gottes nicht aus der bloßen Selbstgewißheit sein, sondern im Bewußtsein glaubender Interpretation der Bibel seine Wahrheit finden. Die Denkform dieser philosophischen Vergegenwärtigungen ist grundsätzlich auf Offenbarung bezogen. Die »Konfessionen« sind in der Form eines Gebets, ständig Gott preisend und ihm dankend, geschrieben. In vielen Texten vollzieht sich die Einsicht als Bibel-Interpretation oder wird bestätigt durch Bibelworte.

Die Grundmeinung des Glaubens, allein in der Bibel die Quelle der wesentlichen Wahrheit zu haben, verwandelt die Denkungsart. Die Meinung dieses Denkens gründet sich nicht mehr auf die Vernunft als solche und auf das, als was sich der Mensch in ihr geschenkt wird, sondern mit ihr auf die Bibel. Wenn Augustin sich auch vom Geländer der Bibel löst und frei im Raum der Vernunft seine Einsichten findet, so kehrt er doch alsbald an das Geländer zurück, an dem er zu den Antworten kommt auf die abgründigen unbeantwortbaren Fragen, die in jenem Raum der Vernunft sich ihm aufdrängten.

Die Bibel wurde der nie versagende Leitfaden zur Wahrheit. Der tatsächliche außerordentliche Gehalt dieses Depositums religiöser Erfahrungen eines Jahrtausends des jüdischen Volks in Verbindung mit den unhistorischen Interpretationsverfahren erlaubten es, hier durch produktives Verstehen einen unerschöpflichen Reichtum, eine nicht zu ergründende Tiefe zu finden. Die Bibel war die Sprache der Offenbarung, in der alle Wahrheit sich gründete. Der philosophische Gedanke der Transzendenz wurde erfüllt durch den biblischen Gottesgedanken, war aus der Spekulation zu lebendiger Gegenwart geworden. Die schönsten philosophischen Sätze erblaßten vor einem Psalmenwort.

Vernunft und Glaube sind nicht zwei Ursprünge, die, zunächst und auch dauernd getrennt, sich dann treffen. Vernunft ist im Glauben, Glauben in der Vernunft. Einen Konflikt, der durch Unterwerfung der Vernunft beendet werden müßte, kennt Augustin nicht. Ein sacrificium intellectus, das credo quia absurdum Tertullians ist ihm fremd.

Daher geschieht die glaubende Wahrheitsvergewisserung bei Augustin nicht durch Ausgang von eindeutigen Bibelsätzen, aus denen wie aus Dogmen deduziert würde. Vielmehr steht der Glaube als lebendig wirkende Gegenwart faktisch (nicht bewußt) der Bibel frei gegenüber als einer unergründlichen, erst noch zu verstehenden Tiefe. Die unphilologischen und unhistorischen Interpretationsmethoden, die schon vor Augustin entwickelt waren, erlaubten es, fast jeden Glaubenssinn in Bibeltexten wiederzufinden. Der sich selber noch dunkle Glaube begreift sich in der faktischen Freiheit des Selbstdenkens, das seine Gehalte in der Bibel wiederzufinden, ja, überhaupt erst zu finden meint. Daher sind Augustins Schriften (noch nicht die frühesten) durchsetzt mit Bibelzitaten. Darüber hinaus spricht er gern in biblischer Sprache, mit biblischen Sätzen und Worten, so daß die Grenze von Zitat und eigener Sprache unscharf wird. Andrerseits aber ist das Augustinische Denken wegen der Freiheit seiner Vollzüge in seinen bedeutenden Gehalten für uns verständlich, ohne daß wir teilnehmen an seinem Offenbarungsglauben. Dann ist es nachvollziehbar als unverlierbare Wahrheit im Raum der Vernunft, so die Erhellung der Innerlichkeit der Seele bis an die Grenzen, wo sie sich selbst überschreitet, so die Vergegenwärtigung der Zeit, des Gedächtnisses, der Unendlichkeit, so die Erörterungen über Freiheit und Gnade, über Schöpfung und Weltsein.

2. *Vernunft und Glaubenswahrheit*

Die Wahrheit ist nur eine. Sie ist »Gemeingut aller ihrer Freunde«. Der Anspruch eigener Wahrheit ist »vermessene Behauptung« und »Überhebung«. »Weil deine Wahrheit, o Herr, nicht mir, nicht diesem oder jenem, sondern uns allen gehört, hast du uns zu ihr berufen mit der furchtbaren Warnung, sie nicht ausschließlich für uns beanspruchen zu wollen, da wir sonst ihrer verlustig gingen. Jeder, der sie als sein alleiniges Eigentum ansehen will, wird von dem gemeinsamen Besitztum weg zu dem seinigen verwiesen, das ist von der Wahrheit zur Lüge.«

Daher will Augustin auch mit seinen Gegnern die Wahrheit suchen als gemeinsame. Das kann nur geschehen, wenn beiderseits die Anmaßung, schon in ihrem Besitze zu sein, beiseite gelassen wird. »Keiner von uns sage, er habe bereits die Wahrheit gefunden. So wollen wir sie suchen, als kennten wir sie beiderseits noch nicht; denn nur dann wird sie hingebend und friedfertig gesucht werden können, wenn beide Teile unter Ablehnung jedes verwegenen Vorurteils auf den Glauben verzichten, sie sei bereits gefunden und erkannt.« Hier geht Augustin durchaus auf dem philosophischen Wege. Er weiß: Wer Wahrheit will, bringt den Frieden, denn er geht mit dem Anderen auf das Gemeinsame, nicht auf Streit. Redet Augustin ehrlich? Ihm ist doch die Glaubenswahrheit gewiß, nur deren besondere Formulierung kann zweifelhaft sein. Oder redet er trotzdem ehrlich? Er will hier mit dem Anderen sprechen, um ihn zu überzeugen, nicht um ihn zu kommandieren. Dies, was für den Beobachter wie Ehrlichkeit und Unehrlichkeit aussieht, beruht auf der einen großen, immer wieder vollzogenen Umwendung Augustins: vom Suchen zum Gefundenhaben der Wahrheit, die eine ist, – aber auch auf der Verfassung, die im Gefundenhaben immer wieder denkendes Suchen wird. Dieser Widerspruch ermöglicht die schärfste Intoleranz und das bereitwillige Entgegenkommen. Er hebt die Kommunikation auf, indem er sie sich in Schranken vollziehen läßt, die allerdings ihren Sinn vernichten. Sehen wir die Erscheinung der grundsätzlich alles vorweg entscheidenden Umwendung näher an:

Die Frage ist, wie ich beim andern und bei mir selbst das böse Merkmal des Eigenen, also Ungemeinsamen, also der Lüge finde? Es ist nicht als gemeinsames, für alle gültiges Merkmal zu finden, sondern liegt in der Entscheidung der katholischen Autorität, die als die gemeinsame Wahrheit vorausgesetzt und beansprucht wird. Wenn von Augustin die Wahrheit in der gemeinsamen Freiheit der Vernunft mit dem Versuch, sich gegenseitig zu überzeugen, gesehen wird, so ist sie doch allein in Offenbarung, Kirche und Bibel da. Daher gelangt Augustin in der Praxis, entgegen seinen früheren Forderungen, sogar zur Anwendung von Gewalt gegen Andersgläubige. Die eigene Gemeinschaft allein ist die gemeinsame Wahrheit der Menschheit. Sie gilt, obgleich sie als eigene dieser Gemeinschaft und faktisch ausschließende da ist, doch nicht als Lüge. Die gegnerische Gemeinschaft dagegen ist gemeinsame Wahrheit nur als die ihr eigene und daher ausschließende und gilt daher als Lüge.

Dieselbe Umwendung von der Offenheit der Kommunikation zum Anspruch auf Gewalt der einzigen Autorität beobachten wir in folgender Gestalt: Augustin verwehrt es in frommen Gedanken, irgend etwas an Gottes Stelle zu setzen. Wir sollen die Glaubensautorität nicht im Vordergründigen sehen, gleichsam zu kurz greifen. Denn dann

»bleiben wir auf dem Wege stehen und setzen unsere Hoffnung (statt auf Gott) auf Menschen und Engel«. Stolze Menschen und Engel maßen sich an und haben ihre Freude daran, wenn andere ihre Hoffnung auf sie richten. Heilige Menschen aber und gute Engel »werden uns zwar aufnehmen, wenn wir ermüdet sind, dann aber, wenn wir gestärkt worden sind, verweisen sie uns auf den, in dessen Genuß wir so selig werden können wie sie«. Nicht einmal Jesus wollte für uns etwas anderes sein als Weg und verlangte, »daß wir an ihm vorübergehen sollen«. Nur allein Gott ist Autorität. Alles andere ist auf dem Wege und wird Vergötzung, wenn es statt Gottes genommen wird. Nun aber immer sogleich die Umwendung. Auf die Frage: wo spricht Gott? ist immer die Antwort: in der Offenbarung. Mit ihr bleiben wir nicht auf dem Wege, sondern gelangen durch Gottes uns ergreifende Liebe zu ihm im Glauben der Kirche, der wir uns im Gehorsam beugen.

Wieder anders sieht die Umwendung so aus: auf dem Wege geschieht ein selbständiges Vernunftleben in rationalen Bemühungen. Solche bedürfen, wenn Augustin sie selbst vollzieht, der Rechtfertigung. Er meint (in der Schrift De musica), er hätte dies Wagnis nicht unternommen, wenn nicht der Zwang, die Ketzer zu widerlegen, gebiete, »solchen kindischen Beschäftigungen des Sprechens und Erörterns soviel Kraft zu opfern«. Also das Denken ist Hilfsmittel für Glaubensschwache. Da bedarf es langsamer Wege, die von heiligen Männern im Fluge bewältigt und nicht des Betretens gewürdigt werden. Denn sie verehren in Glauben, Hoffen und Lieben »die wesensgleiche und unveränderbare Dreieinigkeit des einen höchsten Gottes. Sie sind nicht durch die flimmernden menschlichen Vernunftschlüsse, sondern durch das kräftigste und brennendste Feuer der Liebe gereinigt.« Aus solcher Geringschätzung des Denkens und der einzigen Hingabe an Glaube und Liebe, die kräftig sind ohne und über alles Denken hinaus, aus dieser Klarheit in bezug auf die Ursprungsverschiedenheit von Denken und Glauben erfolgt jederzeit die Umwendung vom Denken zum Glauben. Wenn die höchste Wahrheit ganz nur zu dem Glaubenden spricht, wenn kein Weiterdringen der Vernunft in ihrem unendlichen Suchen diese Wahrheit je erreicht, so ist doch auch kein Glaube ohne Vernunft. Daher sagt Augustin: Sieh ein, damit du glaubst; glaube, damit du einsiehst (intellige ut credas, crede ut intelligas). Auch Glauben ist Denken. Glauben selbst ist nichts anderes als mit Zustimmung denken (cum assensione cogitare). Ein Wesen, das nicht denken kann, kann auch nicht glauben. Darum: liebe die Vernunft (intellectum valde ama). Ohne Glauben aber erfolgt keine Einsicht. Die Jesaiasstelle (7, 9) gilt: wenn ihr nicht glaubt, seht ihr nicht ein (wie es in der Septuaginta heißt, in der Vulgata: wenn ihr nicht glaubt, bleibt ihr nicht). Die Einsicht aber beseitigt nicht den Glauben, sondern befestigt ihn.

Die erstaunliche Augustinische Umwendung geht also erst zum Zwingen des Andersgläubigen (was wir an die Spitze stellten). Vorher ging sie zum Hören Gottes selbst in seiner Offenbarung und ging sie zur Einheit von Denken und Glauben. Diese Umwendung ist die allgemeine Erscheinung der christlichen Welt, die in Augustin ihre größte Denkergestalt hat. Ist sie nur ein Irrtum, den wir mit aufklärenden Gedanken umfassender Vernunft schnell vertreiben können? Sind Jahrtausende lang Menschen hohen Ranges, die scharf und tief zu denken vermochten und herrliche Schöpfungen in Kunst und Dichtung hervorbrachten, durch einen bloßen Irrtum genarrt? Oder hat im Kleide des Offenbarungsglaubens die eigentliche Philosophie gewirkt? Wir beschränken uns hier darauf, näher zu sehen, was Augustin gedacht hat.

a) Erkenntnislehre

Erstens: Unsere Grunderfahrung im Denken ist, daß uns ein Licht aufgeht, in dem als allgemeingültig und notwendig erkannt wird, was zeitlos besteht, etwa daß die Winkel des Dreiecks zwei Rechte betragen, daß $7 + 3 = 10$ ist. Wir nehmen hier nicht etwas wahr, das auf unsere Sinne wirkte, und bringen es doch nicht hervor, als ob es unsere Schöpfung wäre, sondern finden es durch unser geistiges Tun, dem es sich zeigt. Es ist das Wunder der Wahrheit, daß es etwas gibt, was ich einsehe und was ich doch nicht in Zeit und Raum außer mir sehe. Wie komme ich endliches Sinnenwesen, das in Zeit und Raum lebt, zu solcher Wahrheit unsinnlichen, zeitlosen, unräumlichen Charakters?

Augustin antwortet mit Platonischen und eigenen Gleichnissen: Die Wahrheit *ruhte ungewußt in mir.* Aufmerksam gemacht, hole ich sie aus dem eigenen vorher verborgenen und immer noch unergründlichen Inneren. Oder: wenn ich sie einsehe, dann sehe ich sie in einem *Lichte,* das von Gott kommt. Ohne dieses Licht wäre keine Einsicht zu verstehen. Oder: es ist ein *innerer Lehrer,* und dieser selbst steht im Zusammenhang mit dem Worte, dem Logos, dem Wort Gottes, das mich belehrt.

Augustins Besinnung auf das Rätsel gültiger Wahrheit läßt ihn in dieser selber schon die Wirksamkeit Gottes erspüren. Was später in reichen Abwandlungen, komplizierten Unterscheidungen und Kombinationen entfaltet wurde, und was heute Erkenntnistheorie heißt, hat in Augustins mannigfach gewonnenen und scharfen Formulierungen seinen historischen Grund.

Aber ein Platonisches Moment hält Augustin stets fest: in der Wahrheitserkenntnis sehen wir das Erkannte zwar in göttlichem Lichte, schauen aber nicht Gott selber; und: unser Erkennen ist kein schwaches Abbild göttlichen Erkennens, sondern wesensverschieden vom göttlichen Erkennen.

Zweitens: Die Wahrheit, die wir erkennen, ist zwar eine, aber ihre Momente sind mehrere. *Erkenntnis* und *Wille* sind eins und getrennt.

In der Trennung ist Erkenntnis nichtig, in ihrer Einheit mit dem Willen erreicht sie erst ihren Sinn. Das Beweisenwollen Gottes erfolgt nicht durch bloßen Verstand. Augustin beklagt seinen Irrtum, daß er einst das Unsichtbare in gleichem Sinne gewiß haben wollte, wie sieben und drei die Summe zehn ergebe. Von Gott gibt es kein anderes Wissen in der Seele als durch die Weise, wie sie nicht weiß. Es gibt Rätsel über Rätsel: die Schöpfung der Welt, die Einheit von Seele und Körper. Aber das Denken soll ständig dahin vordringen: »Siehe ein, was du nicht einsiehst, damit du es nicht ganz und gar nicht einsiehst.« Die hohe Wahrheit öffnet sich nur dem, der mit seinem ganzen Wesen (totus) in die Philosophie eintritt, nicht nur der sich isolierenden Funktion des Verstandes. Voraussetzung für die Erkenntnis der Wahrheit ist die Reinheit der Seele, ist die durch ein frommes Leben erworbene Würdigkeit, ist die Liebe. Früher ist der Eifer, das Rechte zu tun, als die Begierde, das Wahre zu wissen. Gott schauen wird, wer gut lebt, gut betet, gut studiert. Dagegen wird solche Einsicht vernichtet durch den Hochmut des Geistes.

b) Offenbarung und Kirche

Die Wahrheit hat die Momente der Vernunft und Offenbarung. Beide sind eins und getrennt. Gott erleuchtet nicht nur die Verstandeskenntnis, sondern er gibt die Wahrheit selbst durch Offenbarung der gegenwärtigen Kirche und durch die Kirche der Bibel. Glaube ist kirchlicher Glaube oder er ist gar nicht. Von außen kommt, was im Innern geglaubt Aufnahme findet. Von dort her wird alles andere beurteilt. In dem Bewußtsein der Ohnmacht, des totalen Angewiesenseins der eigenen Bodenlosigkeit rettet die Ergriffenheit von etwas, das von außen eindringend in der tiefsten Innerlichkeit seinen glaubenden Widerhall findet. Es ist ein Erleiden der in der Welt wirksamen heiligen Gegenwärtigkeit, in der Gott selbst spricht. Es steht fest für Augustin, daß nur auf diesem Wege Gott zu finden ist. Es ist nicht die Grunderfahrung des Selbstseins als Sichgeschenktseins, sondern darüber hinaus noch einmal die Überwältigung dieses Selbstseins von außen, so daß es sich und dem, wodurch es sich geschenkt ist, nur dann vertraut, wenn die irdische Kirche die Bestätigung vollzieht. Die allgemein menschliche Grunderfahrung, bei wirklichem Ernst des eigenen Tuns doch mich ergriffen zu wissen von dem, was nicht ich selber bin, daher mit meinem Tun im Dienste zu stehen, nimmt bei Augustin die bestimmte historische Gestalt des Dienstes in dieser Kirche an.

Bei Augustin ist der große Vorgang auf dem höchsten kirchlich erreichten geistigen Niveau im Ursprung zu studieren. Die Möglichkeiten scheinen bei ihm manchmal noch weiter, noch offener, als sie sich später zeigten, nehmen dann aber auch schon bei Augustin selbst die ganz bestimmten Fassungen an, durch die auf den Geleisen der kirchlichen Macht, die längst gelegt waren, das Selbstbewußtsein dieser Macht sich verstand.

c) Aberglauben

Die Wissenschaften verachtet Augustin. Nur soweit sie nützlich sind für das Bibelverständnis, lohnt sich die Beschäftigung mit ihnen. Die Welt ist für Augustin ohne Interesse, außer daß sie als Schöpfung auf den Schöpfer weist. Sie ist der Ort der Gleichnisse, Bilder und Spuren.

Augustins Zeitalter hatte die Wissenschaften, deren Fortgang schon im letzten Jahrhundert vor Chr. aufgehört hatte, fast vergessen, obgleich die Bücher noch da waren. Nicht Barbareneinfälle, nicht materielle Nöte, nicht soziologische Beschränkungen haben den wissenschaftlichen Geist vernichtet, sondern einer jener großen historischen Prozesse, in dem die innere Verfassung des menschlichen Daseins fast aller jeweils Lebenden eine Wandlung zu erfahren scheint, ohne daß wir die Notwendigkeit solchen Geschehens begreifen.

In diesem Zeitalter sehen wir Augustin im Kampf mit dem Aberglauben und selbst dem Aberglauben verhaftet. Denn der biblisch bestätigte Aberglaube ist für ihn kein Aberglaube. Und das entscheidende Motiv gegen den Aberglauben ist nicht bessere, weil methodische Einsicht in die Realitäten der Welt und das, was als Realität in ihr vorkommen kann, sondern der Glaube an Gott und der Wille zum Heil der Seele. Darum beobachten wir bei ihm ein denkwürdiges Ineinander fast aller Motive.

Im Kampf gegen die Manichäer operierte er mit Gründen. Er wollte ihr vermeintliches Wissen vom Weltall, von den Sternen, von kosmischen Vorgängen, vom Kampf zweier kosmischer Mächte durch Gründe, die einsehbar sind, widerlegen. Sein Vorwurf war: »Hier ließ man mich blindlings glauben.« Er durchschaute die Grundlosigkeit ihres Scheinwissens.

In dieser Verwerfung des Scheinwissens als Aberglauben liegt die Macht des Gottesglaubens, die Abwehr gegen die Materialisierung der Transzendenz, die Abneigung gegen Geheimwissen und Zauberei, gegen die Wichtigtuerei. Diese Macht des Gottesglaubens wirkt für Redlichkeit und Offenbarkeit. Dann spürt Augustin, daß all dieses Weltwissen, mag es richtiges oder Scheinwissen sein, kein Heilswissen ist, das der Seele hilft. Daß er aber im Kampfe gegen dieses Scheinwissen mit Gründen operiert, das bezeugt einen Augenblick auch seinen Sinn für wissenschaftliche, das heißt logische, methodische und empirische Forschung, und für die Unterscheidung dessen, was wißbar und was nicht wißbar ist. Dieser Sinn aber ist nur in momentanen, schnell abbrechenden und gar nicht methodisch festgehaltenen Gedanken da. Er ist ganz unzuverlässig. Denn die zahllosen Behauptungen in bezug auf Realitäten in der Welt, über die eine Forschung allgemeingültig zu entscheiden vermag, welche Augustin aber auf dem Boden des christlichen Glaubens vollzieht, verfallen für uns aus sachlichen Gründen demselben Verdikt, das Augustin gegen das Scheinwissen der Manichäer fällt. Sein Gottesglaube verhindert ihn nicht, in anderen Zusammenhängen ein Scheinwissen zu behaupten wie sie.

Ich wähle ein Beispiel, das zugleich den Tiefsinn Augustins zeigt. Er bekämpft die Astrologie als für das Seelenheil gefährlichen Aberglauben. Er bringt zum Teil richtige Argumente, die auch heute gelten. Aber nun beobachtet er, daß nicht nur so viele Menschen diesem Aberglauben verfallen sind, dieser als solcher also eine Realität ist, sondern daß astrologische Voraussagen manchmal zutreffen. Wie ist das zu erklären? Augustins Antwort: Durch die Existenz der Dämonen. In den unteren Luftregionen leben böse Engel als Diener des Teufels. Sie bemächtigen sich der Menschen, die nach bösen Dingen lüstern sind, und geben sie dem Hohn und der Täuschung preis. »Dieser teuflische Hohn und Trug ist daran schuld, daß durch solche abergläubische und verderbliche Art von Weissagung gar manches Vergangene und Zukünftige nach dem wirklichen Verlauf angegeben wird.«

Der tiefere Sinn und der Realitätscharakter all dieses Unfugs liegt darin, daß dieser »Wahn als gemeinsame Sprache mit den Dämonen verabredet worden ist«. Dieser Aberglaube geht »auf ein verderbliches Übereinkommen zwischen Menschen und bösen Geistern zurück«. An sich haben diese wahnhaften Dinge nicht Kraft und Realität, sondern »weil man sich mit diesen Dingen abgab und sie bezeichnete, erlangten sie erst Kraft. Daher kommt für einen jeden aus ein und derselben Sache etwas Besonderes heraus je nach seinen Gedanken und Vermutungen. Denn die auf Trug sinnenden Geister besorgen für jeden gerade das, worin sie ihn schon an sich durch seine persönlichen Vermutungen verstrickt sehen.« Augustin vergleicht mit den von Menschen erfundenen Zeichen, den Ziffern und Buchstaben. »Wie sich die Menschen bezüglich dieser Bezeichnung nicht deshalb verstanden haben, weil diese Bezeichnung schon an sich eine bezeichnende Kraft besaß, sondern weil man sich eben bezüglich ihrer miteinander verstand, so haben auch jene Zeichen, durch die man sich die verderbliche Gesellschaft der Dämonen erwirbt, Kraft nur durch die Tätigkeit desjenigen, der sie beobachtet.«

Augustin nimmt die Existenz der Dämonen als selbstverständlich. Dies ist ihm kein Aberglaube (weil er durch die Bibel belegt wird). Dann aber erblickt er vermöge seiner Logik des »Bedeutens« das Wesen des Übereinkommens als Realität. An dieser Realität zweifelt er nicht. Aber der Unterschied von Realität und Irrealität ist nicht der von Wahrheit und Trug. Die Dämonen können in den Aussagen der Abergläubischen recht behalten. Die Realität des Truges aber hört auf, wenn die Wahrheit in der Lebenspraxis des an den einen Gott Glaubenden zum Siege kommt. Die Abwehr der Realität geschieht daher nicht durch Gründe, sondern durch die Wirklichkeit des Ethos. Aberglaube und Dämonenrealität und verdunkeltes Leben stehen ebenso in Zusammenhang wie Glaube und Wirklichkeit Gottes und das sittliche Leben. Nicht Gründe der Einsicht, sondern der Glaube selbst entscheidet. Aberglaube ist der Akt, in dem ich mit den Dämonen paktiere.

Nicht nur in der Astrologie in bezug auf die Wirkung der Sternkonstellationen, sondern bei allen Dingen, die Gott geschaffen hat, ergehen Menschen sich in abergläubischen Deutungen. Wenn ein Maulesel Junge bekommt, wenn etwas vom Blitz getroffen wird, dann »haben viele Menschen auf bloß menschliche Mutmaßungen hin gleich viele Deutungen schriftlich aufgezeichnet, als wären es regelrechte Schlußfolgerungen«. Der Unterschied solcher Mutmaßungen ist, ob sie auf der Linie des Aberglaubens oder auf der Linie der christlich-kirchlichen Autorität liegen. Wenn sie durch Bibelstellen, durch Kirchenautorität gegründet werden, so sind sie Wahrheit. Augustin bekämpft den Aberglauben der Astrologie durch den Offenbarungsglauben, aber mit dem Mittel des Aberglaubens an Dämonen.

Das gesamte Werk Augustins ist durchsetzt mit dem Aberglauben, den man »Volksfrömmigkeit« nennt. Er hat in der Zeit seiner praktischen Tätigkeit als Priester alles aufgenommen, was bestand, so Hölle, Fegefeuer, Märtyrerkult, Reliquien, Fürbitte. Er schreibt entzückt, daß »ganz Afrika voll von heiligen Leibern ist«. Er nimmt kritiklos teil am Wunderglauben. Er läßt praktisch an Bräuchen und Vorstellungen zu, was, sei es nützlich, sei es spontaner Ausdruck, religiös-abergläubischen Sinnes ist. Sein praktisches Denken sucht die Kräfte, die es ruft und anerkennt, nur zu mäßigen. Er kann eingreifen, und es entsteht dann eine Kritik im besonderen, die, weil sie nicht grundsätzliche Kritik ist, doch die Sache in ihrem ganzen Umfang bestehen läßt. Allem diesem aber kann man entgegenhalten Augustins wiederholte und großartige Bekämpfung des Aberglaubens: Aberglaube ist alles, worin ein Geschöpf als Gott verehrt wird.

Daß dieser hohe und wahre Maßstab nicht festgehalten wird, führt zu den Widersprüchen, die sich im einzelnen zeigen lassen, z. B.: der Märtyrer- und der Heiligenkult wird gerechtfertigt durch eine Unterscheidung: in ihm fände Verehrung (honorari), nicht Anbetung (colere) statt; dann aber wird das Wort colere doch an anderer Stelle gerade für die Verehrung der Heiligen gebraucht. Es ist ein Zeichen, daß praktisch in der Seele der Gläubigen und Augustins die Unterscheidung nicht festgehalten wurde (es liegt bei Augustin übrigens nicht anders als in fast der gesamten christlichen Geschichte, nicht anders als bei Luther und vielen Protestanten: sie bekämpfen den Aberglauben, den sie selbst vollziehen: Teufel, Hexenglaube, Wunder).

Bei seinen Argumentationen gegen den Aberglauben hat Augustin nicht selten den gesunden Menschenverstand, er benutzt auch aufklärerische Gedankengänge, aber nicht auf der Ebene gereinigter wissenschaftlicher Methoden, die er nicht kennt, sondern zufällig und ohne Grundsätzlichkeit. Sie sind kein entscheidendes Motiv. Entscheidend ist allein der biblische Gottesglaube und die Gefahr eines falschen Meinens für das Seelenheil.

Augustin ergeht sich, wo es sich um reale, wissenschaftlich erforschbare Probleme handelt, in umständlichen, unmethodischen, insofern leichtsinnigen Erörterungen. Brocken eines einmal angeflogenen Realwissens, rationalistische Argumentationen, Imaginationen befremden uns. Sie sind der dunkle Nebel, der sein Werk durchdringt. Aber diese Nebel zerstreuen sich immer dort, wo die eigentlich Augustinischen Gedanken in herrlicher Klarheit wie zu einem anderen Raum sich erheben.

3. *Gott und Christus*

Die Bewegung der Augustinischen christlichen Gottesanschauung hat zwei Richtungen. Die Bewegung läßt Gott immer tiefer, immer weiter, immer spiritueller werden, – sie greift hinaus über jede Vorläufigkeit, – sie läßt Gott immer unbegreiflicher, unerschöpflicher und immer ferner werden. Die andere Bewegung läßt Gott ganz gegenwärtig, leibhaftig anwesend sein in Christus: Gott ist Mensch geworden und in der Kirche als dem corpus mysticum Christi ganz nah. Es ist, als ob auf dem ersten Weg die Gottesanschauung unaufhaltsam weiter ins Unermeßliche wüchse, auf dem zweiten Wege sich gleichsam einhäuse.

Der Gott Augustins ist untrennbar von Christus, dieser einmaligen Gottesoffenbarung, von der die Kirche zeugt. Das ist der Sinn der Bekehrung: Gott nur auf dem Weg über Christus und die Kirche und das Wort der Bibel zu finden. Augustins Gottesdenken vollzieht sich zwischen dem unendlich fernen verborgenen Gott und dem durch Christusanschauung kirchlich offenbaren, gleichsam eingefangenen Gott. Geht man mit Augustin auf dem einen Weg, so wird man zurückgeworfen auf den anderen, wechselseitig.

In Augustin ist der große Atem des biblischen Eingottesgedankens, bei dem von Christus gar nicht die Rede ist. Und in Augustin ist die ihn überwältigende Kraft des Christusgedankens, in dessen leibhaftiger Enge und Nähe am Ende von Gott kaum noch die Rede ist.

Der Gedanke an den Menschen Jesus, den unermeßlich leidenden, auf die schrecklichste Weise sterbenden, den Menschen in seiner Niedrigkeit, in seiner Demut und seinem Gehorsam bis in den Tod, übersetzt sich in den Christusgedanken: Der eine allmächtige Gott nahm zur Errettung der Menschen Knechtsgestalt an. Seine Stärke vollendet sich in der vollkommensten Schwäche, seine einzige unveränderliche Wirklichkeit im Untergang an dieser Welt. Jesus, der Mensch, ist Vorbild für uns. Jesus, der Christus, ist der Logos, ist Gott selber, erlöst uns, wenn wir an ihn glauben. »Er nahm Knechtsgestalt an, ohne die Gestalt Gottes zu verlieren, die Menschheit anziehend, ohne die Gottheit auszuziehen, Mittler, sofern er Mensch ist, als Mensch auch der Weg.«

Die Spannung des gedanklich Unvereinbaren, des Gottesgedankens und Christusgedankens wird gelöst nicht in einer vollendbaren Einsicht, sondern in den christologischen und trinitarischen Spekulationen, die das Mysterium nicht begreifen, aber erhellen sollen.

Die behauptete Menschwerdung Gottes – »den Juden ein Skandal, den Griechen eine Torheit« – enthält einen hohen Sinn, den menschliche Vernunft sich zugänglich machen kann: die Auffassung des äußersten menschlichen Unheils, die Aneignung der tiefen jüdischen Leidenserfassung, die Sprache der Gottheit im Scheitern, – im entsetzlichsten Leiden das Erspüren des Opfers, das Menschen zugemutet wird, – das Durchschauen nicht nur der menschlichen Grenzen, sondern des untilgbaren Restes seines in jedem philosophischen Sich-auf-sich-selbst-Verlassen auch irrenden Stolzes, – die Demut der Seele, die der Transzendenz gewiß wird. Aber das alles geht aus vom Menschen Jesus. Es bedeutet nicht, daß Jesus auch Christus, Gott selber sei.

a) *Das philosophische Transzendieren.* – Im philosophischen Transzendieren vollzieht Augustin auf neuplatonischem Boden, zunächst aus der Leidenschaft des Glaubens an den biblischen Einen Gott, folgende Gedanken:

Da Gott nicht Gegenstand einer unmittelbaren Wahrnehmung ist, gibt es für die Erkenntnis nur den Weg des Aufstiegs zu ihm. Diesem dienen die »Gottesbeweise«. Augustin läßt sie nicht systematisch und nicht abstrakt zur Geltung kommen, sondern in einer erregenden Anschaulichkeit. Die Zweckhaftigkeit und Ordnung der Welt weist auf Gott. Das Unsichtbare wird aus der sichtbaren Schöpfung eingesehen. Alle Dinge, Himmel und Erde, Sonne, Mond und Sterne, Pflanzen und Tiere und der Mensch sprechen gleichsam: Gott hat uns geschaffen.

»Ich fragte den Himmel, die Erde, die Sonne, den Mond, und jeder sagte: ich bin nicht dein Gott, – ich fragte das Meer und die Abgründe und die Tiere, und sie antworteten: wir sind nicht dein Gott, frage über uns hinaus ... Und ich sagte allen: ihr habt mir von meinem Gott gesagt, daß ihr nicht er seid, sagt mir etwas von ihm; und sie riefen mit gewaltiger Stimme: er hat uns geschaffen.«

Gott ist überall verborgen, überall offenbar. Niemandem ist es erlaubt, zu erkennen, daß er ist, und niemandem, ihn nicht zu kennen. Atheismus aber, sagt Augustin, ist ein Wahnsinn.

Wodurch rufen Himmel und Erde und alle Dinge, daß sie geschaffen sind? Dadurch, daß sie sich verändern und sich wandeln. Nur im Sein, was »nicht geschaffen ist und dennoch ist, in dem ist nicht etwas, das vorher nicht war«. Darum rufen alle Dinge durch die Weise ihres Daseins: »Wir sind, weil wir geschaffen sind; wir waren nicht, bevor wir sind, so daß wir uns aus uns hätten schaffen können.«

Dies wissen wir dank Gott. Aber unser Wissen ist, dem seinen verglichen, Nichtwissen. Denn ihn selbst erkennen wir nicht. Für die Gotteserkenntnis gilt: »Wenn du ihn begreifst, ist er nicht Gott.« »Gott ist unaussagbar. Wir können leichter sagen, was er nicht ist, als was er ist.« »Alles kann von Gott gesagt werden, und nichts wird angemessen von Gott gesagt.«

Denken wir Gott, so denken wir ihn in Kategorien, ohne die kein Denken möglich ist. Da er aber in keiner Kategorie steht, können wir ihn nur denken, indem wir mit Kategorien, diese zerbrechend, gleichsam über sie hinaus denken. So formuliert Augustin, daß wir, wenn wir können, Gott so erkennen, daß er gut ist ohne die Qualität der Güte, groß ist ohne Quantität, über allem thront ohne örtliche Lage, alles in sich faßt, ohne es in sich zu enthalten, überall ganz ist ohne örtliche Bestimmtheit, ewig ist ohne Zeit, Schöpfer der veränderlichen Dinge ist ohne Veränderung seiner selbst.

Wenn jede Aussage unzutreffend ist, so ist die beste, die Einfachheit (simplicitas) von ihm zu sagen. Denn nichts kann in Gott unterschieden werden, nicht Substanz von Akzidens und nicht Subjekt von Prädikat. Daher ist die Identität des Ununterschiedenen, die Einheit der Gegensätze eine angemessene Aussageform, aber eine solche, in der nichts gesagt wird. Das Ende des Gotterdenkens ist Schweigen.

b) *Jesus Christus.* – Im philosophierenden Transzendieren wird alles Denkbare durchbrochen. Gott wird in seiner Wirklichkeit fühlbar dadurch, daß nichts gesagt wird. Gottes Wirklichkeit ist so, daß jede, auch die gewaltigste, Endlichkeit und Denkbarkeit vor ihm zu nichts zu werden scheint und als Nichts unfähig ist, von Gott eine Vorstellung oder Denkbarkeit zu bringen. Wenn so im Erdenken Gottes unserem endlichen Denken alles entzogen wird, ihm nichts bleibt, dann ist beides möglich: dies Sprechen des transzendierenden Philosophierens als angemessenen Ausdruck für die existentielle Überwältigung durch die einzige Wirklichkeit zu erfahren, oder dies Sprechen als das völlige Scheitern der Denkbarkeit Gottes, als Verschwinden des Seins Gottes für uns, in seiner Inhaltlosigkeit enttäuscht zu verwerfen.

Hier liegt der entscheidende Punkt. Der Mensch begehrt Leibhaftigkeit. Gott ist da in Christus. »Das Wort ward Fleisch.«

Augustins Denken vermag nun mit gleicher Leidenschaft beides: Er vollzieht den transzendierenden Aufschwung, der, weil er für die Erkenntnis nichts hat, im Schweigen endet, und er vermag im leibhaftigen Christus anzunehmen die sich offenbarende Gnade Gottes, der sich dem Menschen in Gestalt seiner Menschwerdung zuwendet, – für den, der dies zu glauben vermag.

Der Glaube ist: Gott wurde Mensch. Gott sprach als Mensch (er »hätte alles auch durch Engel« vollziehen können), weil nur so die Menschenwürde gewahrt wurde. Sie »wäre weggeworfen, wenn Gott den Anschein bestehen ließe, er wolle nicht durch Menschen dem Menschen sein Wort verkünden«.

Erstens nahm Christus »Knechtsgestalt« an (ohne die Gestalt Gottes zu verlieren), um Vorbild für den Menschen zu sein. »Unter den Niedrigen hat er sich gebaut eine niedere Wohnung aus unserem Staube, wodurch er die, die er sich unterwerfen wollte, vom Stolz heilte, ihre Liebe nährte, damit sie nicht in Selbstvertrauen weiter wankten, sondern zum Gefühl ihrer Schwäche kämen beim Anblick der schwachen Gottheit zu ihren Füßen.« Glaubend erkennen wir, »was seine Niedrigkeit uns lehren soll«: wir »erblicken den Demütigen in Demut«.

Humilitas ist das Wort, das mit Demut unzureichend übersetzt ist. Es schließt in seinen Sinn ein: was am Boden (humus) bleibt, niedrig, knechtisch, – schwach, – verzagt, – und sich in diesem allen selbst sehen und darin demütig (humilis) werden. Das Gegenteil, der Stolz (superbia) ist das Grundverderben des Menschen.

Der unheilbare Stolz soll durch Gottes Selbsterniedrigung zur verachtetsten Gestalt des Menschseins geheilt werden. »Welcher Stolz kann geheilt werden, wenn ihn die Demut des Gottessohns nicht heilt?« »Gott hat sich erniedrigt, und der Mensch ist noch stolz!«

Zweitens wurde Gott Mensch, um Gnadenmittel zur Erlösung des Menschen zu sein. Christus ist gestorben, aber an ihm ist der Tod gestorben. »Vom Tode getötet, tötete er den Tod.« In Gottes Tat schaut der Glaubende an den tiefsten, zur Errettung der Seele nach Adams Fall notwendigen Prozeß und erfährt die Wirkung dieser Tat. »In dem Menschen Jesus sollte die Gnade selbst gewissermaßen zur Natur werden.«

Indem Augustin beides – das Vorbild und die Gnade des göttlichen Aktes –, das rechte menschliche Sichverhalten und die Anschauung des göttlichen Tuns, – sich ineinander spiegeln läßt, erwachsen ihm die merkwürdigen, großartigen und absurden Sätze, die selber wieder sich überschlagen zu neuen Unlösbarkeiten.

Denn Leiden und Sterben Jesu, seine Kreuzigung und seine Auferstehung, Himmelfahrt und sein Eingang in das Reich Gottes sind zugleich das Leben, das der Glaubende lebt. »Wir wollen Dank sagen, daß wir nicht nur Christen geworden sind, sondern Christus. Denn wenn er das Haupt ist, wir die Glieder, so ist dieser ganze Mensch Christus, er und wir.«

Die Unlösbarkeiten – von Augustin als Abgründe des Menschseins erleuchtet – sind radikal. »Der sich erniedrigende Christus wurde am Kreuz erhöht; unmöglich konnte seine Erniedrigung etwas anderes sein als Hoheit.« Dem entspricht beim Menschen: »Die Demut ist unsere Vollkommenheit selbst.« Das Niedrigste wird zum Höchsten, die Demut zur Herrlichkeit des Menschen.

Aber nun: die gewollte Demut, die die Niedrigkeit erstrebt, sich an ihr teilnehmend erbaut, wird als solche sogleich zu neuem Stolz. Als mit sich zufrieden ist die Demut schon nicht mehr demütig. Zwinge ich mich asketisch zur Demut, so liegt in solcher Vergewaltigung meiner selbst schon der Stolz; die aktive Askese wird in der Macht über sich selbst zum Triumph des stolzen Selbstseins. Solche Paradoxien werden wir in Augustins Erdenken von Freiheit und Gnade zur Helligkeit gebracht sehen.

Werfen wir den Blick auf einige andere Folgen der Gegensetzung von humilitas und superbia:

Es handelt sich um eine Umwendung des natürlichen, vitalen, tätigen Selbstbewußtseins, das sich behauptet, in der Macht Würde, in der Haltung Vornehmheit will und das Niedrige verachtet, in eine radikal entgegengesetzte Lebensverfassung, die in der Welt unmöglich scheint.

Dann: In der Lebenswirklichkeit kann nur ein Selbstsein, das tätig im Stolze war, demütig werden, ohne passiv duldend nichts zu tun. Nur wer mit Selbstvertrauen in der Welt wagt und dadurch hervorbringt, kann erfahren, wie dieses Selbstvertrauen gar nicht auf sich selbst ruht, sondern angewiesen ist auf das, wodurch ich ich selbst bin.

Schließlich: Seitens der in der Welt durch ihre Artung, durch ihr Unglück, durch ihre niedrige Stellung Schlechtweggekommenen entsteht nicht nur immer der Haß gegen das Höhere, des Edlere, das Glücklichere, sondern im Kleide dieser christlichen Umwertung des Niederen in das Höhere nimmt dieser Haß Rache an dem Höheren. Eine Umfälschung der Werte ermöglicht es, daß die Ohnmacht sich Macht, der tiefe Rang sich den hohen Rang gibt (Nietzsche). Diese psychologischen Verstrickungen sind endlos und ein ergiebiges Feld einer entlarvenden, verstehenden Psychologie.

Aber all das kann nicht gegen die Wahrheit im Ursprung dieser Gedanken und Wirklichkeiten gewendet werden. Denn in jeder Überlegenheit, in jedem Gelingen, in jedem Triumph, im Mehrsein als solchem liegt etwas, das sich in Frage stellt. Es ist keine Freude im Sieg, wenn der Gegner nicht Freund wird. Was an Achtung vor dem Gegner, an Kampf ohne Haß, an Versöhnungsbereitschaft in der Welt ist, kann zwar selber dem sublimen Machtwillen entspringen, der immer noch mehr will, indem er vordringt in höhere Stufen des Seins, aber es kann auch nur wahrhaftig dem Bewußtsein der eigenen totalen Ohnmacht entspringen, jener Ohnmacht im Schein realer Macht, jener Demut, in der der Mensch sich selbst nie genug ist, sondern den andern, alle sucht, ohne die er nicht er selbst sein kann. Hier entspringen die Fragen der Ritterlichkeit, des Adels im Kampfe, der Solidarität. Eine undurchdrungene Welt des Ethos öffnet sich mit dem mythischen Christusgedanken, sofern hier die Quelle und das Vorbild menschlichen Tuns in einfachen Chiffern vor Augen gestellt wird.

c) *Trinität.* – Der Gottesgedanke des philosophischen Transzendierens gründet in der Vernunft, der Christusgedanke im Glauben an Offenbarung. Jenes Transzendieren geschieht in zeitindifferenten Vollzügen gerichtet auf das Zeitlose, dieser Christusgedanke im zeitlich bestimmten, geschichtlich entscheidenden Glauben an ein geschichtliches Ereignis (ein mythischer Glaube, der sich durch die historische Realität des Menschen Jesus vom Mythus unterscheiden möchte). Beides scheint unvereinbar. Die Ergriffenheit von philosophischen Gedanken erscheint leer von diesem Glauben her. Dieser Glaube erscheint absurd vom Philosophieren her. Daß der Glaube vernünftig werde, und im Philosophieren sich bestätige, daß Glaube und Philosophie dasselbe werden, dazu soll das Erdenken der Trinität durch Augustin helfen. Er hat die größte, lebenwährende Mühe auf diese Spekulationen gewendet und in seinem umfangreichen Werke über die Trinität niedergelegt. Aber in dieser Einheit von Philosophie und Glauben, die nicht Synthese ist, weil Augustin sie grundsätzlich nirgends trennt, wiederholt sich der Grundzug des gesamten Augustinischen Denkens. Die Trinität ist ein Mysterium der Offenbarung, das im Denken zu einer Wissensform des gesamten Seins wird, die schönsten Einsichten zu bringen scheint, aber wiederum im Schweigen des Nichterkennenkönnens endigt.

Die Tatsache, daß das Trinitätsdenken im Abendland durch Jahrtausende so außerordentliche Geltung und Wirkung hatte, verbietet es, nur eine Absurdität darin zu sehen, weil die Trinität keine wirksame Chiffer mehr ist. Wir fragen, welche Motive sich im Trinitätsdenken zeigen, und suchen uns einzudenken in das, was es in jenen Erfahrungen des glaubenden Denkens bedeutet haben mag.

Ein Motiv für die Trinitäts-Spekulation ist folgendes: Wenn Gott in Christus Mensch wird, so soll dies Geheimnis deutlich werden durch die Trinität: die zweite Person, der Logos, wird Mensch. Ohne Trinität ist der Gottmensch für das Denken nicht begreiflich. Mit einer seiner drei Personen, dem Sohn oder Logos, wird Gott Mensch und ist doch in drei Personen Einer. Der Einsatz der Glaubenserkenntnis steigert das Mysterium, in dem der Glaube zwar doch nicht begreift, aber sich deutlicher macht die Menschwerdung.

Ein anderes Motiv des Trinitätsdenkens ist der Wille, in Gottes Wesen einzudringen: Gott wird Person, ist aber mehr als Person. Denn Personsein ist Gestalt des Menschseins. Wäre Gott in diesem Sinne Person, so wäre er bedürftig nach anderen Personen, mit ihnen in Kommunikation zu treten. Die Unmöglichkeit, Gott als die eine absolute Person zu denken, ohne ihn herabzuziehen in die Ebene des menschlichen Personseins, drängt zu der anderen Unmöglichkeit, Gott in seiner Überpersönlichkeit als Einheit von drei Personen zu denken.

Das Eine der Transzendenz soll für das menschliche Denken nicht Leere bleiben, nicht Nichts. Es wird eingedrungen in ein inneres Leben der Gottheit, die Bewegung in ihr zu erblicken, den lebendigen Gott denkend zu erfahren. Es wird die Befriedigung einer Versenkung in Gott gesucht, als ob man sein inneres Wesen erschauen oder doch erdenken könnte. Etwa: Gott sei nicht der Einsame, der nach liebender Gemeinschaft sich sehne, daher ein Anderes schüfe, die Welt und den Menschen, sondern Gott lebe vielmehr in der Selbstgenügsamkeit der Gemeinschaft dreier Personen, die eine sind.

Nach der negativen Theologie des Philosophierens, die nur sagt, was Gott nicht ist, um nun indirekt, aber ohne Inhalt, seiner Überschwenglichkeit innezuwerden, statt des bloßen »Überseins« des unabschließbaren Transzendierens, soll das Positive der Gottheit zur Erscheinung kommen. Dies aber ist, gemessen an jedem möglichen Gedanken, Mysterium. Die Trinität ist in ihrer Undenkbarkeit und Unvorstellbarkeit ein Bild des absoluten Geheimnisses. Daher die gewaltige Kraft dieses Bildes auf Menschen, die in ihm Genüge fanden: dann ist es einfach da durch Autorität und Bibel-Interpretation, ist nicht nur Bild, sondern offenbart, wird jeden Augenblick bestätigt durch Kirche und Bekenntnis, ist Ausgang, nicht Ergebnis der Spekulationen. Die Frage nach den Motiven des Bildes ist wesenlos. Jede Spekulation aber dieses Geheimnisses, wenn sie es rational begreiflich macht, muß, außer daß sie eine Torheit ist, allein des Begreiflichkeitsanspruchs wegen schon eine Häresie sein. Alle Trinitäts-Spekulationen, die zu einem scheinbar klaren Ergebnis kommen, stehen daher als ebenso viele Häresien um die unbegreiflichen Formeln des Mysteriums.

Herkunft und Wirkung der Trinitäts-Spekulationen sind zum Teil verständlich durch ihre Aufzeigung des Dreischritts – der Dialektik – in allen Dingen, in der Seele, in jeder Realität. Der Dreitakt im Denken alles Seienden ist ein Abbild der Gottheit.

Das Bildsein wird wechselweise gedacht: Durch die Erscheinungen der Triaden in Seele und Welt, die uns Bilder werden, steigen wir auf zu Gott, – Gott in der Wirklichkeit seiner Trinität zeigt sich in den unendlich vielen Abbildern der Dreierverhältnisse des Seienden.

Zahllos sind die Augustinischen Triaden, zum Beispiel: *In der Seele:* Sein, Erkennen, Leben (esse, intelligere, vivere), – Sein, Wissen, Lieben (esse, nosse, diligere) – Gedächtnis, Erkenntnis, Wille (memoria, intelligentia, voluntas) – Geist, Kunde, Liebe (mens, notitia, amor). – *In der Beziehung zu Gott:* Gott ist Licht unseres Erkennens, Träger unserer Wirklichkeit, das höchste Gut unseres Handelns, – er ist Grund der Einsicht, Ursache des Daseins, Ordnung des Lebens (ratio intelligendi, causa existendi, ordo vivendi), – er ist Wahrheit der Lehre, Ursprung der Natur, Glück des Lebens (veritas doctrinae, principium naturae, felicitas vitae). – *In allem Geschaffenen:* Bestehen, Unterschiedensein, Übereinstimmen (in quo res constat, quo discernitur, quo congruit), – Sein, Wissen, Wollen (esse, nosse, velle), – Natur, Erkenntnis, Gebrauch (natura, doctrina, usus). – *In Gott selbst:* Ewigkeit, Wahrheit, Wille (aeternitas, veritas, voluntas-caritas).

Das Dreierdenken des Göttlichen reicht über die christliche Welt hinaus:

Die Dreiheit ist seit Plato geläufig geworden: Bei ihm ist im Sein des Guten die Einheit des Guten, Wahren, Schönen gedacht (Symposion), anders ist die Dreiheit von Gott (dem Demiurgen), der ewigen Ideenwelt, auf die er blickt, und des Kosmos des Werdens, den er hervorbringt. Bei Plotin ist die Dreiheit des überseienden Einen, des Ideenreiches und der Weltseele. Die christliche Trinität: Vater, Sohn-Logos, Pneuma (Heiliger Geist).

Man mag die Unterschiede herausheben: etwa daß die Ideen bei Plato und Plotin ein selbständiges Reich, im christlichen Denken Gedanken Gottes seien. Man mag eine Dreiheit des Übersinnlichen in sich (das Eine, die Ideen, die Weltseele, diese drei Plotinischen Hypostasen, – oder: Vater, Logos und Heiliger Geist) unterscheiden von der Dreiheit, die die Welt einschließt. Man mag auf die Gleichnisse hinweisen, durch die die Beziehungen der Drei gedacht werden (Zeugung des Sohnes, Hauchung des Geistes, – Ursprung der Welt im Überfließen oder Ausfließen des Seins ohne Verlust des Seins, als Schöpfung aus Nichts, als Hervorbringung durch planvolle Gestaltung). Man mag die Kategorien betonen, in denen die Beziehungen der drei Personen (Gleichheit, Unterordnung, Nebeneinander, Ineinander) gedacht werden (und dann eben die bloße Beziehung – Relation – für die leichteste, unbeschwerteste, also für die der Sache angemessene Kategorie halten). Es hilft alles nichts: keine Vorstellungs- und Denkweise hat einen Vorzug, manche haben eine eigentümliche Sprachkraft, alles in allem handelt es sich um Kombination und Permutation der Begriffe und Gleichnisse, mit denen Abendländer sich anderthalb Jahrtausende beschäftigt haben, um, in der Form eines denkenden Erkennens, die Meditation des Geheimnisses zu vollziehen, oder um sich wild mit der rabies theologorum zu bekämpfen. Augustin ist eine Fundgrube aller Möglichkeiten. Es ist ein historisch denkwürdiges Phänomen: diese wie eine große Musik gehörten Weisen formalen Transzendierens, die in dem Gehalt des ganzen Seins wieder zu erklingen scheinen. Alle Kategorien, alle sachlichen und sinnlichen Erscheinungen dienen als Material. Die Aufgabe war gestellt, von Augustin zum erstenmal gehört und dann immer von neuem abgewandelt: das Orchester der Gedanken zum einheitlichen Spiel zu bringen, aus all den verschiedenen Instrumenten es im durchsichtigen Aufbau eines Werkes zum Einklang zu bringen, die eine Melodie in unerschöpflichen Abwandlungen zu spielen, darin die logische Dramatik (bis zu den Geisteskämpfen um die Mittel und Grundmotive dieses Spiels) zu finden und dann wieder die Höhepunkte der Ruhe in stillen, vollendenden Sätzen zu haben.

Augustin vergißt nicht, was er eindringlich und immer wieder ausspricht: daß Gott unausdenkbar, unaussprechbar, der Eine ist, daß kein denkendes Vorstellen Gottes ihn erreicht, vielmehr jedes auch falsch ist. Das trinitarische Mysterium der Gottheit ist allein durch Offenbarung kund. »Wer begreift die allmächtige Dreieinigkeit? Und wer spricht nicht von ihr, wenn er sie dennoch zu begreifen vermeint?«

Alles Denken und Reden ist vergeblich, aber es ist unumgänglich. Daher sagt Augustin am Schlusse seines großen Werkes (De trinitate) über dieses: »Ich habe mit der Vernunft zu schauen verlangt, was ich glaubte (desideravi, intellectu videre, quod credidi) ... Es waren nicht viele Worte, weil es nur die notwendigen waren. Befreie mich, o Gott, von der Vielrederei (a multiloquio) ... Ich schweige ja nicht in meinen Gedanken, selbst wenn ich mit dem Munde schweige... Aber zahlreich sind meine Gedanken, die wie die Menschengedanken eitel sind... Gewähre mir, daß ich ihnen nicht zustimme, daß ich sie, auch wenn sie mein Ergötzen erregen, dennoch mißbillige.« Die in der Zeitlichkeit unüberwindbare Spannung, die Augustin in seinem Gottesdenken erfährt, kommt hier an ausgezeichneter Stelle zum Ausdruck: das Erkennenwollen, die Leidenschaft des Denkens und das Bewußtsein der Nichtigkeit solchen Tuns. Die autoritative Entschiedenheit seines Behauptens darf man augustinisch einschränken durch sein Sichzurückholen aus allen Gedanken zu Gott selbst. Man könnte meinen, daß Augustin spüre, wie sehr es ein Antasten Gottes, eine Zudringlichkeit sei, ihn und gar sein Inneres mit menschlichen Vorstellungen fassen zu wollen. Aber dem widerspricht die ungezügelte Lust, in der Breite aller möglichen Gedanken und Vorstellungen hinzudringen, wohin kein Mensch denkend gelangen kann, wenn auch nicht selten in der fragenden und der preisenden Haltung, in der stets ein leises Zurücknehmen anklingt.

4. Philosophische Gedanken in der offenbarungsgläubigen Klärung

In der Klärung des Offenbarungsglaubens entspringen philosophische Gedanken. Wenn Augustin das Philosophieren vom Denken des Offenbarungsglaubens nicht trennt, so ist die Frage, ob der Natur der Sache nach eine Trennung möglich ist, das heißt, ob Wahrheit der Gedanken auch dann bleiben kann, wenn der Christusglaube erloschen ist.

A. Freiheit

Die Selbstreflexion: Augustins ständige Gewissensprüfung erkennt Ansätze und Gefühle und Tendenzen, welche seinem bewußt Gewollten widerstreiten. So erkennt er die Selbsttäuschungen, z. B. in seiner Bitte an Gott um ein Zeichen, um seinen Aufschub dessen zu rechtfertigen, was sogleich geschehen sollte; oder in der Lust der Neugier, die sich als Wissenwollen ausgibt. Er erkennt die fleischlichen Ergötzungen der Sinne beim Singen des Psalters, die mehr die Ohren beglücken als daß der Inhalt wirkt. Beim Essen, das notwendig ist, meint er gegen die Begier kämpfen zu müssen, die sich damit verknüpft. Den Beischlaf kann er unterlassen, aber nicht die sexuellen Träume. Er tut etwas, was recht ist, zwar gern, aber auch damit die Menschen ihn lieben. Hinter allem steckt noch ein Anderes. Das menschliche Leben auf Erden ist ohne Unterbrechung die Versuchung durch Sinne, durch Neugier, durch Hoffart (den Trieb, gefürchtet und geliebt zu werden). Und wir merken es nicht. Noch genauer will er sich fragen: »Warum werde ich weniger erregt, wenn jemand anderes unrecht getadelt, als wenn ich getadelt werde? Warum werde ich von dem Schimpfe, der mich trifft, mehr gequält als von demselben, wenn er einen anderen mit derselben Unbilligkeit in meiner Gegenwart trifft? Weiß ich auch das nicht? Ist auch das noch übrig, daß ich mich selbst verführe?« Augustin beginnt die entlarvende Psychologie und merkt, daß er an kein Ende kommt. Daher ruft er Gott an: »Sehr fürchte ich meine verborgenen Fehler, welche deine Augen kennen, die meinigen aber nicht.«

Ich kann mich selbst nicht kennen und durchschauen. Wo immer ich mich durchforsche, stoße ich auf das nicht Begreifliche. So war es schon beim Gedächtnis: ich fasse nicht das, was ich bin; der Geist ist zu eng, um mich selbst zu fassen. So ist es auch im Durchschauen dessen, was in mir vorgeht: »Wenn auch kein Mensch weiß, was im Menschen zugeht, als nur der Geist des Menschen, der in ihm selbst ist (Kor. 4. 3), so gibt es doch etwas im Menschen, was selbst der Geist nicht weiß, der in ihm selbst ist; du aber, o Herr, du kennst ihn ganz genau, denn du hast ihn geschaffen.«

Spaltung des Wollens vom Entschluß: Die erregendste Selbstbeobachtung enthüllt ihm, daß der Wille nicht eindeutig will. Der Wille war ihm die Mitte der Existenz, war ihm das Leben selbst. »Wenn ich etwas wollte oder nicht wollte, dann war ich ganz sicher, daß nicht ein anderer als ich es wollte oder nicht wollte.« Und gerade hier im Mittelpunkt seines Wesens erfuhr er das Erschreckende (er schildert es als den Zustand vor seiner Bekehrung):

Er wollte und er konnte sich doch nicht entschließen: »Ich tat das nicht, was mir in unvergleichlich höherem Grade zusagte, und was ich gekonnt hätte, sowie ich nur wollte. Hier war Können und Wollen eins, das Wollen selbst schon Tun und doch geschah es nicht. Leichter gehorchte der Körper dem leisesten Willen der Seele als die Seele sich selbst.«

»Woher und warum dieser ungeheuerliche Sachverhalt? Der Geist befiehlt dem Körper und findet sogleich Gehorsam, der Geist befiehlt sich selbst und stößt auf Widerstand.« Warum? »Er will nicht ganz, deshalb befiehlt er auch nicht ganz ... Wenn er ungeteilt wäre, so brauchte er nicht erst zu befehlen ... Zum Teil wollen und zum Teil nicht wollen, ist aber kein ungeheuerlicher Sachverhalt, sondern eine Krankheit der Seele.« Sie wird nicht von der Wahrheit emporgezogen, sondern von der Gewohnheit herabgezogen. »Deshalb gibt es zwei Willen.« Nicht zwei Mächte, eine gute und böse, beherrschten ihn, vielmehr: »Ich war es, der wollte, ich, der nicht wollte ... Denn weder mein Wollen noch mein Nichtwollen war ganz und ungeteilt. Daher war ich uneins mit mir.« »Ich sagte in meinem Innern zu mir: bald wird es werden, bald, und mit dem Worte stand ich schon an der Schwelle des Entschlusses. Schon war ich daran, es zu tun, und tat es doch nicht; aber ich glitt auch nicht auf meinen früheren Standpunkt zurück, sondern blieb stehen und schöpfte Atem.« »Je näher der Zeitpunkt kam, da ich ein anderer werden sollte, desto größere Schrecken jagte er mir ein. Dieser hielt mich in der Schwebe ... Torheit und Eitelkeit, meine alten Freundinnen, flüsterten mir zu: du willst uns verlassen? Und: von diesem Augenblick wirst du dies und das in Ewigkeit nicht mehr tun dürfen?«

Die Umkehr, der Sprung, erfolgte plötzlich. Mit einem Schlage war die Entzweiung zu Ende. Es »strömte das Licht der Sicherheit in mein Herz ein«. Gott hat ihm geholfen.

Augustin hat zum erstenmal den Kampf des Willens mit sich selbst rückhaltlos gezeigt, das Zögern, die Entschlußlosigkeit, die Bedeutung des Entschlusses, der auf das Ganze des Lebens geht, unwiderruflich ist. Er zeigte an sich selbst den Menschen in seiner Schwäche. Ihn bekümmerte nicht das Unvornehme, das Würdelose. Er deckte es auf als zu unserem Menschsein gehörig. Und dann zeigt er die Unbegreiflichkeit der Gewißheit, diese Sicherheit des Wollens, das nun gar nicht anders kann. Der Wille wird Notwendigkeit. Daß er will, bedeutet das Erlöschen allen Zögerns, aller Unsicherheit, allen Zweifelns, aber auch aller Gewaltsamkeit des bloßen Sichzwingens. Dieser Wille ist die Ruhe im Gewählthaben, die nicht mehr wählt, sondern muß. Der freie Wille kann nicht anders und ist dadurch frei. Solange er unfrei ist, will er nicht eigentlich und kann noch auch anders wollen.

Was ist die Freiheit des Willens, der kann? Woher kommt sie? Was geschieht in dem Entschluß, der volle Gewißheit und unwiderrufliche Sicherheit des Wollens bringt?

Angewiesensein und Entscheidungsnotwendigkeit: Die Endlichkeit unseres Daseins hält uns in Abhängigkeit von der Umwelt, vom Zufall der Begegnungen, von den Chancen und Grenzen der Situationen. Wir sind überall angewiesen auf anderes. Wir sind in der Situation, entscheiden zu müssen (ob wir nun so oder so handeln, ob wir handeln oder nicht handeln) und durch unsere Entscheidung für diese verantwortlich zu sein.

Die Gewißheit in der Bekehrung macht Augustin in zwei Weisen der Entscheidung deutlich (H. Barth). Wenn ich eine Vielzahl von Möglichkeiten zur Prüfung und Wahl vor mir habe, so sind Wollen und Können nicht dasselbe. Ich entscheide und verwirkliche, soweit meine Verfügung reicht, über je Besonderes und Einzelnes. Anders, wenn die Entscheidung auf mein Wesen selber im ganzen geht. Dann werden Wollen und Können dasselbe, aber dieses Wollen kommt mir unbegreiflich zu. Ich kann es nicht als Wollen wollen, sondern will aus ihm. Meiner Entscheidung schaue ich nicht zu. Ich verfüge nicht über ihre Verwirklichung. Mich entscheidend bin ich schon entschieden. In dieser Entscheidung habe ich nicht mich in der Hand. Ich bin darauf angewiesen, daß Gott mich mir schenkt.

Wenn ich mir nun aber so meines Wesens im ganzen bewußt wurde, wenn ich, dann meine Freiheit preisgebend, mich selber als ein ewiges Sosein und Nichtandersseinkönnen auffasse und vor mir verzweifelnd erschrecke, so antwortet Augustin: das Verdorbensein durch die Erbsünde ist angewiesen auf die Gnade der Erlösung und gewinnt die Hoffnung im Glauben.

Herkunft der Freiheit: In der Freiheit unseres Handelns ist die Grunderfahrung: Ich will, aber ich kann nicht mein Wollen wollen. Ich muß ursprünglich erfahren, woraus ich will, ich kann diesen Ursprung nicht hervorbringen, nicht das Michentschließenkönnen. Ich liebe, aber wenn ich nicht liebe, kann ich keine Liebe in mir schaffen. Ich bin ich selbst, aber ich kann mir ausbleiben. Ich muß mir vertrauen, kann mich aber nicht auf mich verlassen. Glückliches Temperament, freundliche Charakteranlagen und andere Naturgegebenheiten sind kein fester Boden. Daher bin ich in meinem Willen, meiner Freiheit, meiner Liebe nicht schlechthin frei. Ich werde mir geschenkt, und als mir geschenkt kann ich frei sein und ich selbst werden. Ich habe mich nicht selbst hervorgebracht darin, daß ich mich hervorbringe. Nicht nur die äußeren Bedingungen meines Daseins, sondern auch mich selbst verdanke ich nicht mir selbst. Daher Augustins Satz: Was hast du, das du nicht empfangen hättest (quid habes, quod non accepisti)?

Es bleibt die Paradoxie: Gott ist es, der im Menschen die Freiheit hervorbringt, den Menschen nicht der Natur überläßt. Gott läßt aber damit die Möglichkeit einer Aktivität des Menschen gegen ihn, gegen Gott selbst zu. Gott läßt den Menschen frei; wenn dieser sich aber gegen Gott gewandt hat, so ermöglicht ihm erst Gottes Hilfe und Gnade, daß er mit seinen eigenen Handlungen doch zum Guten komme.

In der Freiheit zum Guten bin ich Gottes Werk. Meine Freiheit ist geschenkte Freiheit, nicht eigene. Ich kann mich meiner Freiheit nicht rühmen. Es ist Hochmut (superbia), wenn ich mir selbst verdanken will, was ich Gott verdanke. Gehörig ist die Demut (humilitas) in der Freiheit selbst. Wenn ich mir zuschreibe, was von Gott kommt, werde ich in meine eigene Finsternis zurückgeworfen. Hochmut ist es, wenn ich an mir selber als meinem Werk meine Freude habe. Demut ist die Stimmung, die die Wahrheit aller guten Handlungen bedingt.

Unmöglichkeit des Bewußtseins guten Handelns: Augustin kennt die unauslöschliche, weil in unserer Endlichkeit unumgängliche Verkehrung der Selbstzufriedenheit: Um gut zu handeln, muß ich das Gute sehen und mein Handeln als gut erkennen. Indem ich aber dieses Bewußtsein habe, vollziehe ich schon den Ansatz des Stolzes. Ohne Wissen werde ich nicht gut, mit Wissen bleibe ich es nicht rein. Und die Demut selber, ihrer bewußt, ist nicht mehr demütig, sondern wird sogleich zum Stolz der Demut.

Grund dessen ist die Selbstliebe des Menschen. Er gelangt nicht aus ihr heraus, es sei denn unbegreiflich durch die Hilfe Gottes, die ihn demütig werden läßt, ohne in das gewußte Demütigsein zu verfallen, die ihn das Gute tun läßt, ohne ihn stolz werden zu lassen, die ihn in der höchsten Freiheit sein Sichgeschenktsein von Gott erfahren läßt. Die Hilfe Gottes läßt ihn mit der Vollendung der Freiheit durch diese selber zu Gott gelangen.

Die großen Grundgedanken des Menschseins sind universellen Charakters. Das wäre in einer historisch-systematischen (problemgeschichtlichen) Darstellung der Grundfragen und Antworten der Philosophie zu zeigen. Hier sei für die eben berichtete sublime ethische Haltung auf eine Analogie hingewiesen. Tschuang-tse: »Keine schlimmeren Räuber als Tugend mit Bewußtheit ... wer sich selbst betrachtet, ist verloren« ... »Das schlimmste ist, von sich selbst nicht loskommen« ... »Vom großen Tao wird nicht gesprochen ... Große Güte brüstet sich nicht als Güte ... Das Tao, welches glänzt, ist nicht Tao.«

Gegen die Stoiker: Augustin kennt ihre Lehre:

Der Mensch ist in seiner Freiheit unabhängig, unter der Voraussetzung, daß er sich begnügt mit dem, worüber er Herr ist. Herr ist er nur über sich selbst und seine Vorstellungen und seine Entschlüsse. Daher geht ihn nur dies und nichts anderes eigentlich an. Er beschränkt sich auf sich selbst, ist sich selbst genug (Autarkie). Dabei zweifelt der Stoiker nicht, daß wir in der Tat Herr sind unserer Vorstellungen. Er meint dieses Herrseins in der Lenkung unserer Aufmerksamkeit, in der Verwirklichung unserer Vorsätze gewiß zu sein. Unsere Freiheit hat keinen Grund, sondern sie ist Grund. Sie ist identisch mit der Vernunft. Der Gegensatz zur Freiheit ist Zwang von außen. Ich kann daher um so freier sein, je mehr ich mich unabhängig von äußeren Dingen mache, je weniger Bedürfnisse ich habe, so daß ich auf möglichst wenig angewiesen bin. Frei bleibe ich, wenn ich in der Natürlichkeit der Anpassung an die äußeren Dinge lebe. Wenn dann aber trotz meiner Bedürfnislosigkeit der Zwang von außen – unumgänglich im Dasein – mich doch trifft, so brauche ich in meinem Inneren mich selbst nicht zu fügen. Unfrei werde ich nur, wenn ich mich dadurch erregen lasse. Daher ist Freiheit die unberührbare Seelenruhe (Apathie). Durch sie bleibe ich frei auch noch unter dem gewaltsamsten Zwang von außen, noch als Sklave unter der Folter, noch in der qualvollsten Krankheit. Und im äußersten Fall habe ich die Freiheit, mir das Leben zu nehmen.

In dieser stoischen Haltung sieht Augustin nichts als Selbsttäuschung. Keine Gemütsbewegung haben, sich nichts angehen lassen, das wäre der Tod der Seele. Aber diese Unbetroffenheit in Schmerz und Zwang und Folter ist zudem bloße Einbildung. Der Mensch kann sich nur vorlügen, daß er sie verwirkliche. Vor allem aber: in der Freiheit meines Entschlusses selber bin ich nicht frei durch mich selbst.

Gegen die Pelagianer: In diesem letzten Punkt stellte sich Augustin gegen Pelagius.

Für Pelagius ist der Mensch, als frei geschaffen, nun nach Gottes Willen unabhängig von Gott. Der Mensch hat die Freiheit der Entscheidung (libertas arbitrii). Er hat die Möglichkeit, zu sündigen oder nicht zu sündigen. Auch wenn er schon zum Sündigen sich entschlossen hat, bleibt die Möglichkeit der Umkehr und damit Freiheit bestehen. Wenn er will, kann er jederzeit noch den Geboten Gottes, dem Guten folgen, kann nach dem schlimmsten Leben jederzeit gleichsam von vorn anfangen.

Augustin dagegen sieht die Entscheidung im Entschluß des freien Menschen so: der Mensch kann von sich aus das Böse tun, nicht das Gute. »Das Gute an mir ist dein Werk und deine Gabe, das Böse an mir meine Schuld und dein Gericht.« Der Wille ist frei im Tun des Bösen (wenn auch nicht eigentlich frei, sondern frei zum Nichtseinkönnen), im Tun des Guten bedarf er Gottes. Es ist Augustins überwältigende Grunderfahrung in der Gewißheit der Bekehrung als Wesensverwandlung: »Du hast aus meines Herzens Grunde den Schlamm des Verderbens herausgeschöpft. Dies ist nichts anderes als: nicht mehr wollen, was ich will, und wollen, was du willst. Aber wo war denn in so langen Jahren mein freier Wille, und aus welcher tiefen und geheimnisvollen Verborgenheit wurde er jetzt in einem Augenblicke vorgezogen?«

Dogmatische Formulierungen: Daß Gottes Wille in seiner Unbegreiflichkeit gedacht wird als der alles umgreifende, auch die Freiheit des Menschen noch allmächtig bestimmende, erzwingt das Dogma von der *Prädestination* jedes einzelnen Menschen: zum Stand der Freiheit in der Gnade oder zum Stand der Unfreiheit im Bösen. Der Mensch selber vermag nicht zu ändern, wozu er bestimmt ist. Wie er sich selbst nicht geschaffen hat, so auch nicht seine Freiheit. Er ist in der Freiheit total abhängig von Gottes Willen, in seinem Wesen durch ihn vorherbestimmt.

In der Sprache der in Unterscheidungen und Komplizierungen reich entfalteten Dogmatik begegnen und bekämpfen sich Grundverfassungen der Frömmigkeit. Wir haben ihnen nicht nachzugehen. Wie aber der objektivierende Entwurf der Heilsgeschichte und der stets gegenwärtige Prozeß in der Seele des einzelnen Menschen sich gegenseitig spiegeln, sei kurz angedeutet.

Der *faktische Zustand des Menschseins,* der sich in dem dogmatisch in Begriffen ausgefeilten Mythus spiegelt, ist der, daß jeder Mensch ist, was er ist, durch geschichtliche Herkunft, durch biologische Artung, durch die Situationen, in denen er sich findet und in die er gerät. Er ist abhängig von den Werkzeugen, die ihm mitgegeben sind, von Gedächtnis und Denkumfang, von der Konstitution seines Temperaments, der Kraft seines Leibes. Er ist abhängig von dem, was ihm begegnet, dessen Erscheinen nicht in seiner Macht liegt, von den Menschen, die er leibhaftig sieht und spricht, von den Wirklichkeiten, die er wahrnimmt.

Dieser Zustand *allseitigen Angewiesenseins* ist aber zugleich so, daß der Mensch das Begegnende, die Gelegenheit, die Wirklichkeit sehen muß, darauf zu reagieren. Alles, worauf er angewiesen ist, ist zugleich eine Chance, die er ergreifen oder versäumen kann, ein Ruf, den er erfährt oder nicht, eine Sprache, die er vernimmt oder die ihm entgeht. Was ich bin und tue, ist ein Antworten. Die Sprache bleibt für mich stumm, wenn ich an das bloß Tatsächliche, an das Vitale, an die Lust und das Leid, an das Vergessen, an das Leben in bloßer Momentanheit ohne Horizont und ohne Umgreifendes verfalle. Die Sprache wird vernehmbar, und meine Antwort wird möglich, wenn in den Endlichkeiten der Zeit etwas spricht, das bei Augustin Gott heißt.

Der *dogmatisch ausgearbeitete Mythus* nun ist dieser: Die Erbsünde – der verdorbene Zustand des Menschen mit seinem Tode – ist Folge von Adams Fall. Was durch Adam verdorben ist, wird durch Christus wiederhergestellt. Durch ihn folgt nach der ersten Geburt die Wiedergeburt. Es folgen also in der Zeit einander Urstand, Fall und Erbsünde, Erlösung. Der Zustand der Erbsünde gehört zur Welt, die Erlösung zum Jenseits. Während aber die Menschen noch in der Welt sind, wird die Erbsünde, während ihre Folgen noch fortbestehen, für den Glaubenden zugleich schon in der Hoffnung auf das Jenseits aufgehoben. In diesen mythisch-dogmatischen Vorstellungen spiegelt sich die Antinomie von Angewiesensein und Freiheit unseres gegenwärtigen zeitlichen Daseins. Während umgekehrt dieses Dasein in seinem Sosein begriffen wird aus einer übersinnlichen Geschichte. Das sieht näher so aus:

Es folgen sich nach dem Sündenfall: *Erstens:* das *Gesetz,* das Gott aufstellt (die Zehn Gebote); der Mensch versucht, es zu erfüllen und macht die Erfahrung, es nicht zu können. Sein Ungenügen bringt ihn zur Einsicht in seinen Sündenzustand und in Verzweiflung. *Zweitens:* der *Glaube an Christus,* den Gott zur Erlösung sendet; der Mensch verzichtet auf seinen eigenen Willen im Glauben, erfährt das Eindringen der Gnade in seinen Sündenzustand. *Drittens:* die *Liebe* (caritas), durch die dem Menschen, dessen Glauben sie geschenkt wird, die eigentliche Heilung von der Sünde zuteil wird. *Viertens:* die *Erfüllung der Gebote* nicht mehr als vergebliche Erfüllung eines gesetzlichen Sollens, sondern als Folge der Liebe; jetzt ist der freie Wille da, der, weil er liebt, das Rechte ganz und gar tut, aber in dem Bewußtsein, sich nicht selbst zu erwirken, sondern von Gott erwirkt zu erfahren. – Dieses Nacheinander in der Folge der Zeiten ist zugleich ein Ineinander der je gegenwärtigen Seele. Denn diese vollzieht in der Zeit immer wieder die ganze Folge von der Verzweiflung bis zur Gnade in der Liebe. Die dogmatischen Formulierungen geraten zwar stets in das nur Objektive. Wir wundern uns über die Leidenschaft, die die Kämpfenden mit bestimmten einzelnen Sätzen verbinden. Der Sinn der Formulierungen, die als solche, zumal in ihrer stets bleibenden Widersprüchlichkeit, den Charakter von Chiffern haben, ist aber das Aussprechen dessen, was als innerer Vorgang nur in diesen Objektivierungen aussprechbar wird und durch solche Sprache selber erst zur Verwirklichung kommt.

Der Augustinische Prozeß läßt sich in eine einzige Antithese fassen. Die *Welt der Unfreiheit* des Willens ist das Sollen, dem der Wille nicht folgt, ist das Wollen, das nicht vollbringt, sind die guten Vorsätze, die vor der Leidenschaft dahinschwinden, ist das Wollen, das nicht wollen kann, ist das Hören der Forderung, die zwar sagt: du kannst, denn du sollst, aber die Schwäche des Nichtkönnens ist, die sich doch als Nichtkönnen nicht anerkennen kann. – Die *Welt der Freiheit* des Willens tut sich auf, wenn die Liebe keines Sollens mehr bedarf, vielmehr vollbringt, ohne sich gute Vorsätze zu machen, durch ihre Wirklichkeit die Leidenschaften sich auflösen läßt. Diese Wirklichkeit kann, was sie will, weil ihr liebender Wille selbst das Können ist.

Aber der Mensch hat nicht die Wahl zwischen beiden Welten, sondern in der Zeitlichkeit sind beide in ihm, aber so, daß die eine seinem absichtlichen Planen, die andere seinem Sichgeschenktwerden entspricht.

Kontrastierung zu anderen Gestalten der Freiheit: In der Geschichte begegnen uns andere Weisen des Freiheitsbewußtseins und dem entsprechend andere Weisen der Persönlichkeit. Wir sehen Augustin deutlicher, wenn wir an sie erinnern.

Es gab die *nördlichen Persönlichkeiten,* die sich auf die *eigene Kraft* verließen, stolz und unerschütterlich in den Tod gingen, durch ihr Sterbenkönnen sich bewiesen, was sie waren, und an Nachruhm dachten. Sie lebten in persönlicher Treue, kannten Götter, aber vermochten ihnen zu trotzen, und sahen den Untergang der Welt mitsamt der Götterwelt voraus.

Es gab die *jüdischen Propheten,* die sich als *Werkzeug Gottes* wußten. Sie erlitten es, sein Wort verkünden zu müssen. Sie nahmen es auf sich und blieben unerschütterlich. Sie ließen sich innerlich nicht überwinden durch Mächte der Welt, weder durch die eigenen Könige, noch durch die Priester, noch durch die Weltreiche, die die kleinen Völker ausnehmen wie Vogelnester. Nur Gott und das Bewußtsein, Gott zu gehorchen, machte sie frei gegen alles, was in der Welt vorkam, auch gegen die priesterliche, sich eigenmächtig auf Gott berufende Hierarchie (der historischen Vorbildung der katholischen Kirche). Darin gründete die menschliche Persönlichkeit des Abendlandes, die sich im Wahrnehmen dieser Propheten immer wieder ihre Kraft holte.

Es gab die herrliche Fülle der *griechischen Persönlichkeiten,* unter der *Idee des Maßes;* alle natürlichen Möglichkeiten des Menschen wurden in schönen und auch in maßlosen, erschreckenden Gestalten verwirklicht.

Es gab die *römische Persönlichkeit,* die ihre Unerschütterlichkeit aus der Hingabe an die res publica gewann, im *Opfer ihres Eigenen* sich bewährte, zweckhaft und fromm dachte zuerst in der Ordnung des eigenen Volkes und dann sich verwandelte in das Bewußtsein der Weltsendung des ewigen Rom als des Friedens und Heils aller Menschen in der imperialen Ordnung. Die römische Persönlichkeit des großen Willens war in der Armut an menschlichen Entfaltungen von gewaltiger Kraft.

Die *spätantike Persönlichkeit,* am eindrucksvollsten in Plotin, fühlte sich als *Glied des Kosmos,* wie fast alles griechische Denken. Noch wenn Plotin den einen Drang hatte zur Einung mit dem Einen, und wenn er damit die Welt überschreiten wollte, so war dies doch nur eine Rückkehr in den Weltgrund. Die Seele kehrt heim, gibt sich in ihrer Weltlichkeit auf, erweitert sich ins Unendliche und verschwimmt durch die einander übergeordneten Sphären zum Ursprung hin. Die Persönlichkeit geht auf in der Verwirklichung der spekulativen Mystik.

Man kann auf diese historischen Erscheinungen hinweisen, um darin Momente der Freiheit in der Persönlichkeit Augustins zu finden (mit Ausnahme der nördlichen und der griechischen Persönlichkeit). Aber allen gegenüber ist bei Augustin das entscheidend Andere. Erst Augustin hat den Gedanken der Freiheit, die nun Schönheit und Eigenständigkeit und Tragik verliert, in eine vorher nicht erfahrene Tiefe geführt, allerdings mit uneinheitlichen, sich überkreuzenden und widersprechenden Gedanken, einmal in ergreifenden Darstellungen, dann in schematischen Abstraktionen.

Dieses Neue erwächst dem biblischen Glauben, gründet sich in Paulus, aber es war keineswegs bei den früheren Kirchenvätern, gar nicht bei Origenes da. Es mag ein Moment des prophetischen Bewußtseins darin sein; aber die Propheten dienten unmittelbar Gott, Augustin Gott auf dem Wege über den Glauben an die Kirche. Es mag ein Moment von römischem Willen und Opfermut für das Ganze der Öffentlichkeit bei Augustin sein, aber der Römer diente der Res publica und dem Imperium, Augustin dem Gottesreich der Kirche. Es mag vor allem ein Moment Plotinischen Weltüberwindens in die reine Spiritualität durch Augustin übernommen sein. Aber der Unterschied ist gewaltig: Augustin drängt nicht in das gestaltlose Eine, sondern in den Bezug des Menschen zu Gott, als das Ich zum Du. Dieses philosophisch nie als Wirklichkeit erreichbare Grundverhältnis ist bei Augustin aber von philosophischer Wirkung: der Mensch ist radikaler, als es je in dem kosmischen Denken möglich gewesen wäre, aus der Welt herausgerissen, steht nun unmittelbar zu Gott. Die Welt ist nur seine Stätte, seine Weltverwirklichung die Bestimmung von Gott her. Der antike Philosoph bewährte sich in dieser Welt, zwar sich der Welt gegenüberstellend, in der er standhielt als Stoiker, sich aufgab im Grunde des Plotin, aber selber einsam, nur Ich und hingegebenes Ich. Augustin dagegen steht der Welt radikaler gegenüber und ihr grundsätzlich fern, weil er mit Gott ihr gegenübersteht in der Gemeinschaft der Geister. Er verschwindet nicht als Persönlichkeit im Einen, sondern ist Gott gegenüber, zu Gott drängend, selber Persönlichkeit. Er denkt sich als Persönlichkeit unsterblich in der Ewigkeit. Wenn das, wie ich Gott erfahre, das Maß des eigenen Wesens ist, dann muß das spekulativ gedachte und mystisch unbestimmte Eine einen ganz anderen Menschen zur Folge haben als der geglaubte persönliche Gott. Das wundersam leuchtende Unbestimmte im Selbstsein Plotins ist historisch gekennzeichnet durch das Verschwinden des Menschen Plotin vor unserem Blick. Er wollte sich nicht zeigen, er sprach nie von sich selbst. Anderthalb Jahrhunderte nach Plotin steht Augustin dagegen leibhaftig vor uns. Die Persönlichkeit ist da, die sich bis in die häßlichsten Winkel ihrer Seele zu zeigen wagt, um damit den Glaubensgenossen auf den Weg zu Gott zu helfen. Mit ihm wird das Sich-selbst-Denken selber zur metaphysischen Tiefe.

Allen Philosophen vor Augustin bleibt außer Sicht die Fraglichkeit der Freiheit und die Frage nach dem Grund ihrer Möglichkeit und nach ihrem eigentlichen Sinn. Augustin aber denkt sie mit fortwirkender Überzeugungskraft vermöge der Aneignung des Paulus.

B. Liebe

Die Universalität der Liebe: Augustin sieht im menschlichen Leben nichts, worin nicht Liebe ist. Der Mensch ist in allem, was er ist, zuletzt Wille, und das Innerste des Willens ist die Liebe. Liebe ist Streben zu etwas, das man nicht hat (appetitus). Wie das Gewicht die Körper bewegt, so die Liebe die Seelen. Sie sind nichts anderes als Willenskräfte (nihil aliud quam voluntates sunt). Liebe ist Begierde (cupiditas), wo sie nach dem Besitz des Geliebten drängt, sie ist Freude (laetitia), wo sie es besitzt, sie ist Furcht (metus), wo sie den Besitz bedroht sieht und wo sie das Widrige flieht, sie ist Trauer (tristitia), wo sie den eingetroffenen Verlust empfindet. Die Liebe geht allumgreifend auf Sachen und Personen, auf gedachte Dinge und leibhaftige Wirklichkeiten, auf alles, was für uns erst darum ist, weil es uns nicht gleichgültig ist.

Was im Menschen wirkt, tut die Liebe, auch das Schlechte. »Schändlichkeiten, Ehebrüche, Verbrechen, Morde, alle Ausschweifungen, wirkt sie nicht die Liebe?« Es gibt nicht den Ausweg, nichts mehr zu lieben. Denn das hieße »träge, tot, verächtlich, elend sein«. Es gilt nicht, die gefährliche Liebe zum Erlöschen zu bringen, sondern die Forderung: Reinige deine Liebe; lenke das »Wasser, das in die Kloake fließt, zum Garten hin«. »Liebet, aber sehet zu, was ihr liebet.« »Liebt, was liebenswert ist.«

Die wahre Liebe: Liebenswert ist das, worüber hinaus wir nichts Besseres finden. Das ist Gott. Alle rechte Liebe ist Gottesliebe. Und zu Gott gelangen wir nur durch Liebe.

Die Gottesliebe aber ist unerschöpflich, unbestimmbar, allbegründend, allumfassend. »Was liebe ich, wenn ich dich (Gott) liebe? Nicht Körpergestalt, noch zeitliche Anmut, nicht den Glanz des Lichts, noch die süßen Melodien, nicht der Blumen und wohlriechenden Gewürze lieblichen Duft, nicht Glieder, denen des Fleisches Umarmungen angenehm sind. Nicht Liebe ist dies, wenn ich meinen Gott liebe. Und doch liebe ich ein gewisses Licht, eine gewisse Stimme, einen gewissen Geruch, eine gewisse Umarmung, wenn ich meinen Gott liebe, nämlich das Licht, die Stimme, den Geruch, die Umarmung meines inneren Menschen. Wo meiner Seele leuchtet, was kein Raum faßt, wo erklingt, was keine Zeit raubt, wo duftet, was der Wind nicht verweht, und wo vereint bleibt, was kein Überdruß trennt. Das ist es, was ich liebe, wenn ich meinen Gott liebe.«

Will ich bestimmen, was in der Gottesliebe geliebt wird, so: das schlechthin Unvergängliche, Unwandelbare, – das Leben, das nicht stirbt, – das Gute, das nicht für ein anderes, sondern an sich selbst geliebt werden kann und soll, – das, in dessen Besitz jede Furcht, es verlieren zu können, aufhört, – daher die Trauer eines Verlustes ausbleibt und die Freude des Besitzes unstörbar ist.

Aber das alles ist negativ gesagt. Das höchste Gut selber wird nicht ausgesprochen, sondern als das, dem die Angst, die Sorge, die Ungewißheit, das Verlieren und Sterben in der Welt fern ist. Alle Gefahren der Liebe in der Welt sind hinfällig geworden. Sind nun etwa doch die Inhalte unserer Liebe in der Welt geblieben, befreit von ihren Mängeln und bestätigt von anderswoher? Oder was ist, wenn sie dies nicht sind, das Positive des als Gott Geliebten?

Nur überschwenglich, in identischen Sätzen, durch kein anderes wird es ausgesprochen: Gott lieben heißt ihn umsonst (gratis) zu lieben und nicht außerhalb Gottes einen Lohn zu suchen. »Erflehe von ihm dein Heil; und er wird dein Heil sein; erflehe es nicht als ein Heil anderswoher.« Daher: »Was wäre mir alles, was du mir gäbest, außer dir! Das heißt Gott umsonst lieben: Gott von Gott erhoffen; eilen, um von Gott erfüllt, von ihm gesättigt zu werden. Denn er genügt dir; außer ihm genügt dir nichts.«

Die Gottesliebe ist einzig, in dieser Welt und ewig. Glauben und Hoffen gehören nur zu diesem Dasein in der Zeit, Liebe aber bleibt:

»Denn auch, wenn einer zum ewigen Leben gelangt ist, und wenn die beiden andern Tugenden aufgehört haben, dann wird doch die Liebe (nämlich die Gottesliebe) noch vorhanden sein, und zwar in einem gesteigerten und gesicherten Grade.«

Die Verfassung des Menschen in wahrer Liebe: Das Wesen des Menschen liegt in seiner Liebe. »Wenn man fragt, ob einer ein guter Mensch sei, so fragt man nicht, was er glaubt oder hofft, sondern was er liebt.« »Ein guter Mensch ist nicht, wer weiß, was gut ist, – sondern wer es liebt.«

Wo Gottesliebe ist, da hat die Liebe den Gegenstand, auf den sie sich verlassen kann. Der von ihr erfüllte Mensch wird überall das Gute erblicken und das Rechte tun. Für ihn gilt: Liebe und tue, was du willst (dilige et, quod vis, fac). Denn wer Gott erblickt, wird, in der Liebe zu ihm, sich selbst so gering, daß er Gott nicht bloß dem Urteil nach, sondern in der Liebe selber dem Ich vorzieht. Hier wird es unmöglich zu sündigen. Aus jener Liebe kann der Mensch nicht abfallen zum Wohlgefallen an sich selbst.

Dies große Gut ist, wenn es einmal sichtbar wird, »mit solcher Leichtigkeit zu erreichen, daß das Wollen zugleich schon der Besitz des Gewollten ist«. Denn nichts ist für den guten Willen so leicht, als sich selbst zu haben, zu haben, was er wollte.

Die Weisen der Liebe: Wir sind in der Welt. Gott ist nicht sichtbar, sondern nur für den Glauben da. Unsere Liebe, die ihren Gegenstand gegenwärtig begehrt, ist, da sie in ihrer Mannigfaltigkeit auf Leibhaftiges in der Welt gerichtet bleibt, keineswegs reine Gottesliebe. Der Grundunterschied unseres Liebens liegt daher in der Richtung ihrer

Bewegung entweder auf Gott hin (caritas) oder zur Welt hin (cupiditas).

Der Sprachgebrauch ist nicht regelmäßig. Beide Richtungen heißen amor (appetitus), sofern der Antrieb zu dem noch nicht Erreichten gemeint ist. Caritas (auch dilectio) bedeutet immer die recht gerichtete Liebe. Cupiditas heißt immer die verkehrt gerichtete Liebe.

Caritas, die Liebe zu Gott (amor dei) liebt, was allein um seiner selbst wegen geliebt werden darf, während sie alles andere Gottes wegen liebt. *Cupiditas,* die Liebe zur Welt (amor mundi) will Zeitliches erlangen. Ohne Bezug auf Gott ist diese Liebe verkehrt, heißt libido, ist Liebe des Fleisches (carnalis cupiditas).

Die Bewegung der Liebe ist entweder auf dem Wege zum Begehrten, das ich nicht habe, oder ich bin angelangt am Ziel und im Besitz. Auf dem Wege liebe ich etwas eines anderen wegen; wo ich am Ziel bin, seiner selbst wegen. Dort auf dem Wege vermag ich etwas jenes anderen wegen zu gebrauchen (uti), hier am Ziel es seiner selbst wegen zu genießen (frui).

Da nun allein Gott seiner selbst wegen zu lieben ist, wahre Liebe nur Gottesliebe ist, so ist das frui nur an Gott, an allen weltlichen Dingen nur ein uti berechtigt. Daher ist das Wesen aller Verkehrung der Liebe: das, was zu genießen ist, gebrauchen zu wollen, und das, was zu gebrauchen ist, genießen zu wollen. Das heißt: Alle Liebe zu Menschen und Dingen in der Welt ist wahr nur, wenn sie Gottes wegen und nicht ihrer selbst wegen geliebt werden. Dagegen wäre es schlimmste Verkehrung, Gott zu gebrauchen, um Menschen und Dinge in der Welt zu genießen.

Ordnung der Liebe (ordo amoris): Wir sind in der Welt und lieben als Wesen in der Welt. Würden Gottesliebe und Weltliebe völlig getrennt, dann schlössen sie sich gegenseitig aus. Aber Weltliebe ist nur dann verwehrt, wenn in der Welt nicht uti, sondern frui stattfindet, das heißt wenn irgendeinem Wesen, das nicht Gott ist, eine Liebe allein seiner selbst wegen zuteil wird. Dann spricht Augustin von einem Beschmutztwerden der Seele durch die Liebe zur Welt.

Es kommt also darauf an, daß Gottesliebe und Weltliebe auf rechte Weise verbunden werden, auf die Ordnung der Liebe (virtus est ordo amoris). Diese Ordnung heißt, das uti und frui nicht zu vertauschen, nämlich alles in der Welt nur im Sinne des uti zu lieben, nicht seiner selbst wegen zu genießen. Es zeigt sich jedoch, »daß Gott uns schon in der Welt Güter gibt, die ihrer selbst wegen zu erstreben sind, wie Weisheit, Freundschaft, daß andere wegen irgend etwas notwendig sind, wie Lehre, Speise, Trank. Wir können gar nicht anders: Dieses frui ist cum delectatione uti. Wenn das Geliebte anwesend ist, bringt es die Freude daran notwendig mit sich. In den Retractiones nimmt Augustin ausdrücklich zurück: Er habe vom sichtbaren Körper gesagt, ihn lieben sei Gottentfremdung (alienari). Aber es sei keine Gottentfremdung, die körperlichen Gestalten zum Lobe Gottes zu lieben.

Diese Ordnung der Liebe liegt, anders ausgedrückt, darin, dem Gleichen und Ungleichen seinen rechten Platz anzuweisen. Alle Dinge in der Welt sind liebenswert: »Wie mit der Schönheit des Leibes, verhält es sich mit jeder Kreatur. Indem sie gut ist, kann sie sowohl gut als schlecht geliebt werden, gut, wenn man die Ordnung beobachtet, schlecht, wenn man die Ordnung verkehrt.« Sogar den eigenen Leib zu lieben, hat Augustin für gehörig erklärt. »Niemand haßt seinen Leib.« Etwas mehr zu lieben als den Leib, heißt noch nicht, den Leib zu hassen.

Was aber die Liebe in der Welt bedeutet, wie sie in der Erfüllung Befriedigung und doch nicht Erfüllung, weil Weiterdrängen ist, zeigt Augustin am Gleichnis des *Wanderns*. Die geliebten Wesen nehmen uns auf, wenn wir müde sind und ruhen wollen, erquicken uns, aber treiben uns weiter zu Gott, der allein bleibende Ruhe ist. Die Ruhe des Fußes beim Wandern, wenn wir ihn niedersetzen, läßt den Willen mit einer gewissen Befriedigung ausruhen und ist doch nicht das, wozu er hinstrebt. Nur wenn man den Ort der Ruhe nicht ansieht wie das Vaterland des Bürgers, sondern wie die Herberge des Wanderers, ist die Befriedigung wahr. Einkehr bei Freunden kommt der Bewegung zum Ewigen zugute.

Gottesliebe, Selbstliebe, Nächstenliebe: In der durch Gottesliebe geordneten Weltliebe haben Platz die Selbstliebe und die Nächstenliebe.

Die Selbstliebe ist recht und notwendig. Es ist unmöglich, daß, wer Gott liebt, nicht sich selbst liebt. Mehr noch: wer von Gott geliebt wird, liebt sich selbst. Sich selbst aber liebt auf rechte Weise der, der Gott mehr liebt als sich.

Die Nächstenliebe folgt nach Augustin der Selbstliebe. Denn wer ist dem Menschen näher als der Mensch? Wir stammen alle von Adam und sind verwandt durch die Herkunft. Uns alle spricht die Offenbarung durch Christus an, und wir werden eins im Glauben.

Aber die Liebe zum Nächsten ist wahre Liebe nur als caritas, nicht als cupiditas. Jene ist die Liebe von Seele zu Seele als heitere Helle der

Liebe (serenitas dilectionis), diese als Nacht und Schwindligwerden in Trieben (caligo libidinis).

Die Liebe ist in Gegenseitigkeit. Der Liebende »erglüht um so heißer, je mehr er die andere Seele von demselben Feuer ergriffen sieht«. Es gibt »keine stärkere Macht, die Liebe zu erwecken und zu mehren, als sich geliebt zu sehen, wenn einer noch nicht liebte, oder sich wiedergeliebt zu hoffen, wer zuerst liebt«. Die Liebe will je zwei verbinden. Aus dem allgemeinen Wohlwollen wird sie zur Freundschaft (amicitia): »Ich fühlte meine und des Freundes Seele zu einer geworden in zwei Körpern.«

Das sind bei Augustin seltene Sätze. Durchweg richtet sich die christlich-augustinische Liebe auf den Nächsten, jeden Nächsten als Menschen. In ihr wird nicht der Mensch als dieser Einzelne geliebt. Den liebt Gott, dessen Liebe widerscheint in der Selbstliebe. Die Nächstenliebe ist Anlaß und Weg zur Gottesliebe. Sie liebt auch den Sünder, auch den Feind. »Denn du liebst in ihm nicht, was er ist, sondern das, was du willst, daß er sei« (non quod est, sed quod vis, ut sit), nämlich das Liebenswerte, das er als Gottliebender ist.

Charakteristik: In der Geschichte der Philosophie der Liebe (Plato, Dante, Bruno, Spinoza, Kierkegaard) nimmt Augustins Denken einen wesentlichen Platz ein. Er trifft wie alle Philosophie der Liebe die Quelle dessen, worauf es dem Menschen ankommt, das Unbedingte, Einschränkungslose, Übergreifende, das, wovon alles abhängt, was Fülle und Sinn hat, das, woran alles sein Maß hat.

In Augustins caritas trifft zusammen: die Vollendung eines akosmistischen Liebesgefühls, – das Haben (frui), das nicht mehr begehrt, – das handelnde Helfen. Dies alles ist unpersönlich, vertretbar in der Gemeinschaft der Menschen im corpus mysticum Christi. In der Gottesliebe liegt: die Vergewisserung der Ewigkeit, aus der und in der alles ist, – das Ja zum Sein als Sein, nicht nur Vertrauen zu ihm, sondern das Innewerden des Seins, – ein gegenstandsloses Glück.

Kritische Fragen sind: 1. Ist hier ein ursprüngliches Innewerden der Fülle Sprache geworden oder der Ausweg aus trostlosem Elend zu einer galvanisierenden Selbststeigerung? (sagt doch Augustin, daß der uns eigentümliche Friede hienieden »nicht so sehr Freude in Glückseligkeit ist, als vielmehr Trost in Unseligkeit«.) – 2. Hat die in der Welt wirkliche Liebe bei Augustin die Tendenz, sich zu verwandeln in eine außerweltliche, daher in der Welt unwirkliche Liebe? Ist die in der Welt mögliche Liebe, die in geschichtlicher Gestalt quer zur Zeit die Gegenwart der Ewigkeit sein kann, versäumt zugunsten ungeschichtlich allgemeiner, unpersönlicher Liebe einer abgründigen Einsamkeit, die nur Gott kennt und doch nicht hat außer in der Kirche und der durch die Kirche garantierten Offenbarung? – 3. Beruht beides auf einem durchgehenden Zug Augustinischen Denkens, der die mögliche Erfahrung der Ewigkeit im Augenblick verwandelt zu einem Gegenstand in der Zukunft, zu einem Jenseits, zu einer erst gleichsam zukünftigen Zeit jenseits der Zeit? Ist die Struktur des Strebens nach einem Begehrten (wahr in der zeitlichen Tätigkeit auf ein zukünftiges Ziel in der Zeit hin) übertragen auf einen Bezug zur Ewigkeit, die dadurch erst für solches Vorstellen zukünftig geworden ist? Hat hier darum auch die Trennung des sittlichen Tuns von einem ihm erst folgenden Lohn oder einer folgenden Strafe einen Ursprung (gegen den philosophischen Satz, daß der Lohn des guten Handelns dieses Handeln selbst sei)? Ist damit überhaupt die Trennung von Welt und Jenseits erfolgt derart, daß es sich um zwei Realitäten handelt? Ist durch solche Trennungen die Einheit des Zeitlichen und Ewigen, diese eigentliche Geschichtlichkeit persönlicher Existenz, die mit dem biblischen Denken zum Bewußtsein gekommen ist, wesenlos geworden?

Diese Fragen sind Augustin gegenüber schwer zu entscheiden. Es kommen von ihm die Anstöße, die wir als die wahren meinen, und es geschieht ständig die Bewegung in jene Verengungen dadurch, daß, was helle Chiffer war, zur opaken Objektivität zusammensinkt. Jene Vorstellungen von Zukunft und Jenseits können zwar wahre Chiffern sein und dann ohne jene trennenden Folgen und ohne Materialisierung zur Realität bleiben, aber sie können leicht in diese geraten.

C. Weltgeschichte

Augustins Ansatz und Resultat: Weltgeschichte ist die Geschichte von Schöpfung und Urstand, von Adams Fall und der aus ihm folgenden Erbsünde im Menschengeschlecht, von der Menschwerdung Gottes und der Erlösung. Jetzt stehen wir in der unbestimmt langen Zeit bis zum Weltende, nach dem allein das Gottesreich und die Hölle bleiben werden.

Auf dem Wege ist die Geschichte als solche gleichgültig. Es handelt sich allein um das Heil jeder Seele. Nun aber sind die großen Realitäten des römischen Staates und der katholischen Kirche da. Die Heiden geben nach der Eroberung Roms durch Alarich (410) den Christen die Schuld am Unheil. Weil sie die alten Götter verlassen haben, haben diese ihrerseits Rom verlassen. Augustin unternimmt in seinem großen Werk vom »Gottesstaat« die Verteidigung. In dieser spielt eine Hauptrolle die Vergegenwärtigung der Weltgeschichte. Es sind zwei Staaten von Anbeginn, nämlich seit Kain und Abel, der weltliche Staat (civitas terrena), der auf Kain und die Sünde zurückgeht, und der Gottesstaat (civitas dei), der auf Abel und sein Gott wohlgefälliges Leben zurückgeht. Beide Staaten sind seit Christus offenbar geworden.

Alles menschliche Dasein ist zweifach. Es besteht einerseits von Adams Fall her auf Grund der natürlichen Zeugung eine Gesellschaft, in der die Menschen aufeinander angewiesen sind und seit Kain sich bekämpfen. Sie bilden Gemeinschaften, die Kriege führen. Sie ordnen das sündige Leben. Es besteht andererseits jeder Einzelne als Geschöpf Gottes, unmittelbar zu Gott. Diese Einzelnen finden sich zusammen in der Gemeinschaft des Glaubens. Sie sind einander Anlaß, in der Nachahmung das wahre gottgewollte Leben zu führen, dabei aber nicht aufeinander angewiesen, sondern nur auf Gott, das heißt auf Offenbarung und Kirche.

Der anschauliche Ausgang Augustins waren Kirche und Staat als katholische Kirche und römisches Imperium. Sein Resultat war die Vorstellung der gesamten Weltgeschichte als Kampf von Gottesstaat und Weltstaat.

Augustins Interessenbereich, Begründungs- und Deutungsweise: Alle bestimmten historischen Fragen werden bei Augustin durch Argumente aus der Offenbarung, nicht aus einer empirischen Untersuchung beantwortet: So ist die Dauer der Welt 6000 Jahre seit der Erschaffung Adams. Das wissen wir aus der Bibel. Entscheidend ist, daß Mensch und Welt nicht immer gewesen sind. Die Kürze der Zeit seit der Schöpfung macht, meint Augustin, den Ansatz nicht unglaubwürdig und ist an sich zudem gleichgültig. Denn wäre auch eine gewaltige Zahl von Jahrtausenden verflossen, sie würden doch als angebbare Zeit gegen die Ewigkeit nur sein wie ein Tropfen Wassers gegen den Ozean. – Warum die besonderen historischen Ereignisse eingetreten sind, darauf antwortet Augustin entweder, daß mit menschlichem Wissen Gottes Absicht nicht zu ergründen ist: Gott verleiht die Herrschaft dem Augustus wie dem Nero, dem Christen Konstantin und dem Apostaten Julian. Oder Augustin antwortet mit möglichen Deutungen: Konstantin hatte als christlicher Herrscher außerordentliche Erfolge, damit man sehe, daß die Verehrung der heidnischen Götter zu einer glänzenden Herrschaft nicht nötig sei. Andere christliche Herrscher blieben erfolglos, damit man das Christentum nicht als ein Mittel zur Sicherung gegen irdische Mißerfolge ansehe. Trotzdem ist es für die Menschheit das größte Glück, wenn solche, die in wahrer Frömmigkeit leben, zugleich die Kunst besitzen, Völker zu regieren. – Eine andere Deutung: Die römische Weltherrschaft war der verdiente Lohn für die Tugenden der Freiheitsliebe und Ruhmsucht, Tugenden zwar der Heiden, die kein höheres Vaterland kannten als das irdische. Dann aber war dieses Reich auch ein Beispiel für die Christen, wie sehr sie das himmlische Vaterland lieben und zu welchen Opfern für dieses sie bereit sein sollen.

Die reale politische Geschichte erscheint für menschliches Wissen durchweg als sinnlos, während der Glaube weiß, daß alles Unbegriffene durch Gottes Willen geschehen ist. Die Ereignisse des Weltstaats verdienen kein Interesse, werden aber beurteilt. Reiche sind, wenn die Gerechtigkeit fehlt, nichts anderes als große Räuberbanden; wie Räuberbanden, wenn sie stark werden, Reiche sind. »Das römische Reich ist nur gewachsen durch Ungerechtigkeit. Es wäre doch eben klein, wenn ruhige und gerechte Nachbarn durch kein Unbill zum Krieg herausgefordert hätten [Augustin macht sich also die römische Theorie der Gerechtigkeit der Kriege Roms zu eigen, die Ungerechtigkeit liegt bei den anderen] und so zum Glück für die Welt alle Reiche klein wären, einträchtiger Nachbarlichkeit sich erfreuend.«

Die Struktur der Weltgeschichte aber als die Reihenfolge der Zeitalter, in denen das Gottesreich durch diese Welt wandert, denkt Augustin am Leitfaden der Zahl der sechs Schöpfungstage: von Adam bis zur Sintflut, bis zu Abraham, bis zu David, bis zur Babylonischen Gefangenschaft, bis zu Christus, bis zum Weltende. – Wegen des Nichtwissens über den Gang der politischen Ereignisse wird Alarichs Rom-Eroberung gar nicht als endgültig angesehen. Rom hat schon viel Unheil überstanden und wird vielleicht auch dieses überdauern.

Die Gesamtanschauung beruht ihrem Sinn gemäß nirgends auf historischer Forschung, sondern allein ausdrücklich auf der Offenbarung durch die Bibel, für den modernen Leser aber auf der Spiegelung des Selbsterfahrenen in der Geschichte: der persönlichen Bekehrung und ihrer Folgen aus Glaubenserfahrung und Glaubenserkenntnis. Was im Kleinen, ist im Großen, wechselweise. Was zeitlich ausgestreckt, ist zugleich ineins gegenwärtig. Die großen christlichen Denker bezeugen die Einheit ihrer Geschichte mit der christlichen Geschichte.

Geschichtlichkeit: Dieser Glaubensinhalt macht das menschliche Dasein für das Bewußtsein zum erstenmal wesentlich geschichtlich (im

Gegensatz zum nur wiederkehrenden Naturdasein). Denn nun ist dem Menschen eine Vergangenheit verbindlich. Er ist, was er ist, durch diese Vergangenheit. Aber diese Vergangenheit ist die der Sünde, die, indem sie bezwingend zwar das Staatsleben notwendig und gültig macht, doch paradoxerweise mit diesem ganz und gar überwunden und vernichtet werden soll. Und dies durch den Gottesstaat, in dem die Einzelnen in der Glaubensgemeinschaft durch die Christusoffenbarung erst jenes andere zu überwindende geschichtliche Faktum überhaupt sehen. Weil der Einzelne als Kreatur sich auf Gott bezieht und dies nur vermöge der geschichtlichen Offenbarung in Wahrheit kann, begreift er, wie er als Mensch einerseits geschichtlich in der durch den Fall gegründeten Sündhaftigkeit stehen muß, die nach der Menschwerdung Gottes noch fortwirkt und in dem irdischen Staat zur Erscheinung kommt, und andrerseits durch den Glauben an die geschichtlich zu bestimmter Zeit geschehene Menschwerdung zum Heile gelangt. Beide Staaten sind geschichtlich gegründet, der eine im Sündenfall, der andere in der Offenbarung. Was verborgen von Anfang an war, das ist offenbar seit Christus geworden.

Die geschichtliche Doppelheit des Menschen in der Zeit hat mit den zwei Staaten zur Folge: die zwei Weisen der Liebe, hier die Gottesliebe, dort die Welt- und Selbstliebe, – und die zwei Weisen der Gleichheit der Menschen: hier in ihrem gemeinsamen Glauben, dort durch ihre sündige Vergangenheit.

Charakteristik der Augustinischen Geschichtsphilosophie: Man hat in Augustin den Anfang der abendländischen Geschichtsphilosophie gesehen. Er hat in der Tat die Frage nach Ursprung und Ziel unentrinnbar gestellt. Er hat den Sinn für die übersinnlich gegründete Geschichtlichkeit unseres menschlichen Wesens erweckt. Diesen Sinn hat er in seiner besonderen christlichen Gestalt ausgesprochen: Kirche und Staat hat er in ihrem auf die Zeitlichkeit beschränkten Wesen aufgefaßt und ihren Kampf formuliert. Er hat die große Spannung allen menschlichen Daseins zwischen wahrem Glauben und falschem Unglauben in ihrer geschichtlichen Erscheinung gedeutet.

Aber Augustin hat einen konkreten Entwurf der Weltgeschichte unter Befragung der Tatsachen nicht einmal im Ansatz gewollt. Daher sind die großen philosophisch gegründeten Entwürfe der Weltgeschichte der letzten Jahrhunderte aus einem anderen Ursprung entstanden, nicht etwa als »Säkularisierung« der Aspekte Augustins zu begreifen. Ihre Grundhaltung ist, im Sinne moderner Wissenschaft das

Empirische zu erforschen und dadurch auf Tatsachen und Grenzen zu stoßen, die das philosophische Bewußtsein erregen. Die hier entstandene neue Geschichtsauffassung hat einerseits das empirische Wissen der Weltgeschichte unermeßlich erweitert und kritisch gesichert und befindet sich auf einem noch heute nicht abzusehenden Wege. Andrerseits haben die spekulativen Entwürfe ihre geistig beschränkende Macht eingebüßt. Ob zum Beispiel Zyklen ewiger Wiederkehr oder einmalige lineare Geschichte, das sind nicht mehr zu entscheidende Alternativen. Seitdem der Anspruch eines – sei es metaphysischen, sei es wissenschaftlichen – Totalwissens hinfällig geworden ist, sind an die Stelle jener Alternative zweierlei Verfahren getreten:

Was in ihnen an kosmologisch feststellbarer *Tatsächlichkeit* getroffen wird, ist Frage der Forschung, die ihrem Wesen nach unabschließbar ist. Einlinige Einmaligkeit und kreisende Wiederkehr sind in bezug auf besondere Erscheinungen je zu prüfende und zu bewährende Gesichtspunkte, im ganzen außerhalb des menschlichen Erkennens, das in der Welt grenzenlos voranschreitet und über jede scheinbar abschließende Gesamtauffassung hinaus neue Perspektiven sich eröffnen sieht.

Was sie als *Chiffern* bedeuten, bezieht sich auf mögliche Existenz des Menschen. Dann haben beide, einmalige Einlinigkeit und sich wiederholender Kreis, für dieselbe Existenz in verschiedenen Zusammenhängen ihre mögliche ergreifende Bedeutung: die Linie für den Ernst der ewigen Entscheidung, der Kreis für den Ernst der ewigen Gegenwärtigkeit in der Wiederholung. Der Kampf der Chiffern beginnt in der Situation der Existenz, wenn sie an falscher, weil ins Nichts führender Stelle sich als absolute Gültigkeit behaupten wollen. Es ist nicht der Kampf eines abschließbaren Wissens im ganzen, das sich theoretisch für das eine oder andere entscheiden müßte. Eine solche Entscheidung im ganzen ist, wie sie wissenschaftlich unmöglich ist, so philosophisch sinnwidrig. Sie gehört einer abwegigen Gestalt der rationalistisch ins Leere führenden Philosophie pseudowissenschaftlichen Argumentierens an. Dieses trat leichter in Erscheinung, als die Klärung unseres gesamten Bewußtseins durch die universale moderne Wissenschaftlichkeit und die Wiedererweckung der eigentlich philosophischen Antriebe noch nicht erfolgt war.

IV. Charakteristik und Kritik

1. Die Persönlichkeit im ersten Gesamtaspekt

Die Persönlichkeit Augustins, obgleich fast leibhaftig vor uns, bleibt ein Rätsel. Dieser in seiner Zeit allumfassende, immer schaffende Geist, von unbändiger Leidenschaft getrieben, durchhellt ständig sich selbst, teilt diese Durchhellung mit dem Willen zur vollkommenen Offenheit mit und läßt uns doch am Ende fragend stehen. Sein Wesen scheint Züge von Adel und von Gewöhnlichkeit zu zeigen. Sein Denken bewegt sich in sublimsten Spekulationen und in rationalistischen Plattheiten, ist getragen vom hohen biblischen Gottesgedanken und versagt sich nicht dem Aberglauben. Die großen sachlichen Fragen sind in ihrer Dialektik zugleich Momente seines persönlichen Lebens. Er scheint sich ins Äußerste zu wagen und ist doch fast gefahrlos gebunden in der nicht wankenden Grundgewißheit. Sein Denken bewegt sich in gewaltigen Widersprüchen. Es ist stets aktuell auf seine gegenwärtige Erfahrung und zugleich auf das Eine, worauf alles ankommt, bezogen, wendet sich den gerade begegnenden Gegnern und den praktischen Aufgaben zu. Es erzeugt einen Strom von Schriften anläßlich der wechselnden Situationen und bringt damit im ganzen ein Werk hervor, das mit Recht von ihm selbst als ein großer Zusammenhang aufgefaßt wird und ein Gegenstand der Interpretation seit anderthalb Jahrtausenden ist.

2. *Vergleich mit Kierkegaard und Nietzsche*

Für uns Gegenwärtige ist ein Vergleich Augustins mit Kierkegaard und Nietzsche lehrreich. Sie alle sind ursprünglich Erschütterte. Sie denken aus ihrer Erfahrung des Menschseins leidenschaftlich, eruptiv, in einem unablässigen Schreiben durch ein Leben hindurch, in starken Wandlungen. Die Unmittelbarkeit ihres Denkens scheint auf der Bodenlosigkeit ihres persönlichen Wesens zu schweben, sie werden nicht Gestalt, sondern erscheinen in vielen Gestalten. – Sie alle denken durch Eindringen in das Ursprüngliche, mit einer Psychologie, die Existenzerhellung ist, mit Lehren, die ihre Funktion in einer Lebendigkeit der Denkvollzüge haben. Sie schreiben mit ihrem Blut. Daher das Erregende und Unnachahmliche in vielen ihrer Sätze. – Sie wagen die Widersprüche, weil sie sich keinem ursprünglichen Impuls versagen, vielmehr jedem folgen, aus dem Drang zur ganzen, umfassenden Wahrheit. Die Vielfachheit und Gegensätzlichkeit der Möglichkeiten in ihrem Denken ist wie das Leben selber. Sie denken jedoch mit einer Intensität, die stets systematisch wird unter Ausbleiben eines Systems. – Alle haben zur Sprache, ohne Absicht, aber mit nachträglicher Reflexion, eine Beziehung des Schaffens. Noch die Sprachlichkeit des Rhetorischen bei Augustin, wie Sprachmanieren bei Nietzsche, sind Vordergründe dieser Lust des Sprechens. – Sie alle haben ein Maximum von bewußter Selbstauffassung und Selbstkontrolle. Augustin schreibt die erste wirkliche Autobiographie und beschließt sein Schriftwerk mit einem kritischen Rückblick (wie Kierkegaard und Nietzsche). Sie bringen dem Leser nicht nur die Sache, sondern auch die Auffassung der Sache in der Reflexion über deren Bedeutung. Weil in ihnen allen die Sache persönliche Erscheinung geworden ist, ist die Selbstdarstellung dieser Persönlichkeiten selber zur Sache gehörig.

Alle Analogien zwischen diesen Denkern bezeugen die Tiefe der Erregtheit, die Fähigkeit zu äußersten Erfahrungen, die Gewalt der Persönlichkeit, die »Modernität« Augustins. Aber sie werden in den Hintergrund gedrängt durch den radikalen Unterschied: Augustins früh einsetzender Wille zum Mitwirken am Bau der Gemeinschaft, seine kluge Weltlichkeit, seine unermüdliche Kraft alltäglichen praktischen Wirkens. In allen Schriften Augustins herrscht eine andere Stimmung als bei jenen großen Erweckern: ein Maß und eine Verantwortlichkeit in aller Leidenschaft. Denn Augustin spricht im Namen und unter der Autorität der christlichen Glaubensgemeinschaft der Kirche. Das konnte er, so wie er es tat, in solcher Freiheit wohl nur in diesem Augenblick der kirchlichen Entwicklung. Kierkegaard und Nietzsche dagegen sind Einzelne, sind Ausnahmen, und wissen sich als solche. Augustin ist begründend, einer Weltmacht zugehörig, er dient der Kirche. Alles ist bei ihm auf eine einzige Wahrheit bezogen, er selbst ist aufgenommen in die Sicherheit der Überlieferung der Autorität. Kierkegaard dagegen steht einsam gegen die Kirche, ein Polizeispion im Dienste Gottes, wie er sich nennt. Nietzsche ist einsam, ohne Gott, grenzenlos fragend und fragwürdig, sucht vergeblich einen Halt in »ewiger Wiederkehr«, »Wille zur Macht«, »dionysischem Leben«. Augustins Einsamkeit wird zwar nicht auf menschlichem Wege, aber für ihn als Glied der Kirche aufgehoben.

3. Das kirchliche Denken

a) Größe und Grenze Augustins liegt in seiner Ursprünglichkeit des Denkens der kirchlichen Autorität. Aus dem Ungenügen an der Philosophie wurde er zum Christen im Sinne des Gehorsams gegenüber der Glaubensautorität der Kirche: »Ich würde dem Evangelium keinen Glauben schenken, wenn mich nicht die Autorität der katholischen Kirche dazu bewegte.«

Man fragt wohl, ob Augustin Philosoph oder Theologe sei. Solche

Scheidung gilt für ihn noch nicht. Er ist noch beides in einem, eines nicht ohne das andere. Er weiß sein Denken als frei erst durch den Glauben an Gottes Offenbarung. Für ihn gibt es nicht von vornherein das Problem von Autorität und Vernunft, von Glaube und Wissen als Feinden.

Der Weg Augustins führte ihn von der freien Philosophie, die er nur als leer und unselig erfuhr, zum Offenbarungsglauben, dessen Gehalt und Seligkeit in theologischer Dogmatik gedacht wurde. Aber im Unterschied von späterer Dogmatik steht Augustin noch im Werdeprozeß der Theologie. Er deduziert nicht aus dogmatischen Prinzipien. Denn er hat noch die Aufgabe, die dogmatischen Glaubensinhalte herauszuarbeiten, die noch unklaren Glaubensursprünge zu bestimmtem Glauben zu entwickeln. Oft ist sein Denken, ein Denken gleichsam im Stimmungsraum dieses Offenbarungsglaubens, ein selbständiges, philosophisches, ursprüngliches Denken. Und dies ist ein eindringendes, vergegenwärtigendes Denken. Es ist Philosophie.

Als Christ wurde Augustin der philosophische Denker, der Kirche und Bibel interpretierte. Mit der Vernunft, die er nicht preisgab, erarbeitete er die Glaubenserkenntnis. Das autoritäre Denken, das wir als dem philosophischen entgegengesetzt ansehen müssen, wird hier selber philosophisch, das heißt ursprünglich gedacht. Damit sind bis heute andauernde, immer nur scheinbar gelöste Fragen gestellt. Das Philosophieren, auch wenn es sich dieser Haltung entgegensetzt, das heißt aus einem Glauben denkt, der nicht Offenbarungsglaube und nicht Kirchenglaube ist, hat das dringendste Interesse daran, diesen anderen Glauben nach Kräften zu verstehen.

Das Prinzip der Autorität ist eine Sache größten Gewichts, wirksam in allen Zeiten, unbestimmt in der Gestalt, ob als Moment in der Bewegung oder ob als absolute Starrheit eines Bestandes, ob als lebendige Ergriffenheit oder als Gewohnheit der Tradition, ob als geistige Macht oder als inappellable Instanz, die kraft ihrer Gewalt entscheidet und die Durchführung der Entscheidung erzwingt, ob als Mysterium einer Kirche oder eines Weltreiches (der Staufe Friedrich II.), ob als Dogmatik einer Glaubenswelt oder ob als Prinzip der Legalität der Daseinsordnung. Die Geschichte lehrt, wie Autorität mit anderer Autorität in Kampf gerät, vor allem und maßlos in den christlichen Ländern der Erde. Man sieht, wie Glaubenskämpfer nicht miteinander reden können.

Ohne Autorität ist nicht möglich: ein gemeinschaftliches Leben, ein verbindender Geist, die Erziehung, die militärische Ordnung, der Rechtsstaat und die Geltung der Gesetze. Autorität ist unumgänglich. Ihr Verlust hat zur Folge die Entwertung der Menschen und ihre gewaltsame Ordnung durch den Terror des Nichts. Autorität ist durchbrechbar, während sie zugleich bewahrt und verwandelt wird, aber nur in der Reife des Einzelnen, der den Gehalt der Geschichte in sich zur Wirksamkeit hat kommen lassen. Entartete Autorität erzeugt Aufruhr, in dessen Chaos die Gründung neuer Autorität selten gelingt.

b) Bei Augustin beobachten wir: Die Autorität wird für ihn eine alles übergreifende Macht, weil sie als vom Schöpfer aller Dinge durch seine Offenbarung gestiftet geglaubt wird. Sie wird für Augustin zugleich zur Sicherung in der verläßlichsten Gemeinschaft, die nicht auf menschlichem Vertrag, sondern auf Gottes Menschwerdung beruht. Daher gehören alle Menschen zu ihr. Der Beweis für ihre Wahrheit ist, daß sie die Welt umfaßt, von Spanien bis zum Osten (der alte Gedanke des consensus gentium); Häretiker wie die Donatisten sind nur lokal. Dem Anspruch der Katholizität können nur Torheit oder Bosheit des Eigenwillens vergeblich widerstehen. Der Beweis darf verstärkt werden durch den Zwang, der alle unterwirft. Dieser Beweis der Katholizität ist zwar historisch widerlegt. Aber von ihm ist noch heute ein Rest in dem den katholisch Gläubigen beflügelnden Gemeinschaftsbewußtsein, mit dem er in allen Erdteilen seine Kirche und seinen Kultus wie eine Heimat wiederfinden kann.

Bei keinem Augustinischen Gedanken dürfen wir vergessen, daß er ihn denkt in der unerschütterlichen Gewißheit der Autorität der Kirche, die allein zu Christus und durch diesen allein wiederum zu Gott führt. Augustin vermag Sätze und Gedankenbewegungen ursprünglicher Selbstgewißheit und Gottesgewißheit großartig auszusprechen. Aber es liegt ihm seit der Bekehrung fern, in existentieller Unabhängigkeit – ohne Mittler und ohne Kirche – nur vor Gott zu philosophieren. Er ist geborgen und steht nicht mehr in der Möglichkeit der Verzweiflung: daß Gott nicht sei, oder daß er ein Wesen sei, gegen das die Seele im Trotz sich auflehnt wegen der Unerträglichkeit schuldloser Leiden, der Geisteskrankheiten, der mörderischen Verbrechen. Er ist nicht der Mensch als er selbst, mit dem als Menschen in freie Kommunikation zu treten wäre, sondern nur unter der Voraussetzung gemeinsam anerkannter Autorität, jener »anderen Zeugen« des gemeinschaftlichen Glaubens. Sein philosophisches Denken geht in das dogmatische, und beide sind gerechtfertigt nur im kirchlichen Denken.

Es wäre falsch (am Maße der Ketzer, Sekten, Protestanten, die es wagten, der Autorität der Kirche durch die höhere Autorität der ihnen jeweils unmittelbar aus der Bibel aufgehenden – zumeist vermeintlich allein wahren – Glaubenseinsicht zu trotzen), Augustin einen Mangel an Mut vorzuwerfen. Er hat genug Mut in seinem Leben bewiesen. Sein Autoritätsglaube war selbsterworben, nicht aufgezwungen. Er war nicht hineingeboren, sondern hatte ihn in der Bekehrung gewonnen, um in ihn hineinzuwachsen. Er war nicht Gewohnheit, sondern seine eigene, positive, erfüllende Wahrheit. Trotz gegen die Kirche wäre für Augustin Selbstvernichtung gewesen. Sie aufzugeben, war so unmöglich, daß es nicht einmal eine Versuchung werden konnte. Er kam nie in Konflikt, denn er war der geistig Mitschaffende dieser Autorität nach ihrer weltlichen Erscheinung. Über jeden Gegensatz, der einen Konflikt hätte abgeben können, war die Kirche übergeordnet. Auch seine radikalsten Gedanken waren von ihm immer noch im Raum der Kirche gemeint.

In Augustin ist in der Tat nicht eine Spur von Neigung zur Unabhängigkeit der antiken Philosophen. Er bedarf und will ein Anderes, von außen Kommendes, an das er sich halten kann. Dies Andere, die Kirche, hat seine Kraft in Augustin, weil er es nicht nur als fertig vorfindet, sondern sie selber denkend mitwirkend konstruiert. Es ist seine Freiheit, die in diesem Denken den Schwung des Wahrseins bringt.

c) Beide – *Kirchenglaube und philosophischer Glaube* – bekennen ihr Nichtwissen. Durch dieses hält sich der *Kirchenglaube* in allen Widersprüchen an die Realität der Kirche als leibhaftiger Gegenwart, der philosophische Glaube an den schlechthin verborgenen, in seiner Sprache durch die Welt immer zweideutigen, in seiner Existenz selbst zweifelhaften Gott. Der *philosophische Glaube* steht in der Leibhaftigkeit seiner je einmaligen, nicht katholischen, geschichtlichen Gegenwärtigkeit, durch die er der eigentlichen Wirklichkeit gewiß werden kann, für die es keine Garantie gibt außer in der Freiheit des Menschen selbst und ihrer kommunikativen Verwirklichung am Abgrund des Scheiterns in der Weltrealität.

Das Nichtwissen erfüllt sich *kirchlich* in der Leibhaftigkeit der einen Kirche, dem Reichtum ihrer Erscheinungen, oder *philosophisch* im Wagnis der existentiellen Geschichtlichkeit aus der Vielheit ihrer sich begegnenden Ursprünge, hingezogen zu dem schlechthin transzendenten, der allgemeingültigen Leibhaftigkeit entbehrenden Einen.

Augustin tat einst den Schritt aus materialistischer, manichäischer, skeptischer Haltung zur wundersamen Spiritualität Plotins, der Wirklichkeit des Geistigen als solchen. Aber sein Wesen brauchte das Greifbare auch für die transzendente Wirklichkeit. In der Schwebe des Nichtwissens zu leben, macht ihn verzweifelt. Er will nicht suchen, ohne zu finden. Aber dann genügt ihm im Überschreiten des Körperlichen nicht das Finden im reinen Geiste. Dieser selbst muß wieder leibhaftig werden. Er wird es durch die Autorität der Kirche und durch diese im Mensch gewordenen Gott Christus.

Alle Philosophie hat sich an eine verborgene und unorganisierte kleine Menschenwelt Einzelner gewendet; ihr war die Frage: wie muß der Staat aussehen, damit die Einzelnen gedeihen können? Augustin ist der Größte derer, die für alle denken wollen, die die Verantwortung des Denkens und ihres praktischen Handelns für die Gemeinschaft aller mit ihrem Wesen meinen übernehmen zu können.

Ist das Selbstpreisgabe der Philosophie oder ist es Aufschwung der Philosophie zur Katholizität? Bei Augustin ist keine Spur von Selbstmord gemeint oder vollzogen. Kein Gedanke ist von ihm verboten worden. Er hat für sein Bewußtsein kein sacrificium intellectus vollzogen. Aber die Katholizität des Denkens hat er nicht erreicht. Was er für katholisch hielt, ist historisch gespalten in viele Kirchen, und die Gesamtheit der christlichen Kirchen ist nur ein Bruchteil der Menschheit.

d) Augustin hat durch sein Denken wirksamen Anteil an den drei Charakteren der Kirchlichkeit, nämlich der *Macht*, den *Denkmethoden*, der *Magie*.

Erstens: Die Souveränität Gottes soll ohne Einschränkung in einer raum-zeitlichen Gestalt wirksam sein. Aus der Erfahrung der menschlichen Ohnmacht erwächst paradoxerweise die für ein Jahrtausend stärkste *Organisation menschlicher Macht*. Sie schließt alles aus, was ihr gegenüber selbständig sein möchte, mit dem Verdikt, es sei Auflehnung gegen Gott. Sie schließt, ihre Arme weit öffnend, alles ein, sofern es mit seiner Besonderheit sich als zu ihr gehörend bekennt.

Augustins Erdenken des Anspruchs der Kirche steigert sich, seitdem er Priester ist. Seine Lebenspraxis wird Boden und Auswirkungsfeld seines Philosophierens. Er steht in der machtvollen geistigen und politisch-realen Entwicklung der Institution, die das Abendland bis zum Beginn der Neuzeit beherrscht hat. Es ist die merkwürdigste Umwendung der Innerlichkeit. Aus der Weltverachtung wird Weltbeherrschung, aus der Kontemplation ein unbeugsamer Wille, aus der Freiheit tiefsten Besinnens der Zwang gewaltsamer Einigung, aus dem Wissen des Nichtwissens und seiner Spekulation ein Lehrbestand, aus der zeitlichen Bewegung des Suchens die Welt der Dogmen, die grundsätzlich unveränderlich, keinem Zweifel ausgesetzt, Voraussetzung, nicht Gegenstand weiter eindringenden Denkens sind.

Die eigene Unterwerfung erzeugt die Neigung zum Unterdrücken, das eigene Opfer die Neigung, vom andern das gleiche Opfer zu fordern. Dazu kommt bei der bleibenden Ungewißheit (da ihre Gewißheit in der tatsächlichen Allgemeinheit des Glaubens einen ihrer Gründe hat), daß es unerträglich ist, das Dasein anderer zu sehen, die die Kirche nicht einmal verneinen, sondern denen sie gleichgültig ist. Diese Unerträglichkeit und das Machtbewußtsein verstärken jenen Anspruch »an alle«.

Man hat gesagt, daß in diesem Kirchendenken eine Verschmelzung des Christentums mit dem Sinn der imperialen, ordnenden, juristischen und politischen Kräfte Roms stattgefunden habe. Der Ewigkeit des römischen Weltreichs, die die Heiden glaubten und selbst die Christen für die Zeit der Welt nicht für unmöglich hielten, entspräche die Ewigkeit der katholischen, römischen Weltkirche. Aber die Autorität der Kirche war im Vergleich zur Toleranz des römischen Imperiums gegenüber allen Lebens- und Glaubensformen (mit Ausnahme allein der sie selbst verneinenden christlichen) unermeßlich gesteigert und gültig bis in das Innerste der Seele dadurch, daß sie in Anspruch nimmt, Gott spräche allein durch sie. Dadurch ist auch der Staat verpflichtet, wie es Augustin denkt, der Kirche zur Durchsetzung ihrer Forderungen zur Verfügung zu stehen, z. B. gegen die Donatisten, gegen die Pelagianer. Es entwickelt sich die Vorstellung des christlichen Staats, der nicht in eigenem Namen, sondern im Namen Christi seine Gewalt hat und sie für Christus verwendet.

Zweitens: Der Glaube dieser Kirche will allen alles, will katholisch sein. Was immer menschenmöglich ist, so wirkt der tiefe Instinkt der *kirchlichen Denkmethoden* von früh an, das muß seine Rechtfertigung und zugleich Ordnung und damit Beschränkung erfahren: Praktisch hat der asketische Mönch und der weltregierende Kaiser, Ehelosigkeit und Ehe, Kontemplation und Weltarbeit, hat alles seinen Ort. Theoretisch entsteht das bewunderungswürdige Denkgebäude einer complexio oppositorum, das weltbeherrschend werden kann, weil alles in ihm einen Platz zu finden vermag und das nur in einem radikal ist: in dem Anspruch absoluter Geltung der kirchlichen Autorität selber. Nun ist diese allgemeine Form des kirchlichen Denkens nicht zu identifizieren mit dem eigentümlichen Denken Augustins. Dieses ist viel zu leidenschaftlich, um die Ruhe des systematischen Totalwissens anzustreben, viel zu sehr dem je Besonderen hingegeben, um das Ganze anders als in der unbegreiflichen Gotteinheit und Gottesliebe gegenwärtig zu haben. Aber Augustin hat durch seine vielen durchgeführten systematischen Ansätze und durch seine in alles sich erstreckende faktische Widersprüchlichkeit dem kirchlichen Denken die kostbarsten und wirkungskräftigsten Werkzeuge geliefert.

Drittens: Wenn die Kirche alle Menschen einschließen soll, so muß die *Leibhaftigkeit* ihrer Erscheinung allen Bedürfnissen Genüge tun. Augustin verstärkt durch sein kirchliches Denken die Geltung des *Aberglaubens.* Er hat durch seine Lehre, daß das Sakrament der Taufe schon beim Kinde die Reinigung und Wiedergeburt und ewige Seligkeit bewirkt (die dem ungetauft sterbenden Kinde versagt ist), die *magische* Auffassung der Sakramente gefördert.

e) Das Augustinische Leben bedeutet in seiner Weltentsagung zugleich den Willen, allen Menschen den Weg zum ewigen Heil zu zeigen, als Priester für sie zu wirken und kraft der Autorität der Kirche über sie zu herrschen.

Die Augustinische Weltbejahung – Gott sagte am Ende der Schöpfung, daß sie gut sei – gelangt nie dahin, in der Welt selbst den von der Transzendenz her erleuchteten gegenwärtigen Sinn als Erfüllung zu erfahren (außer in den kirchlichen Erscheinungen) und das in ihr entspringende Ethos zu entfalten. Er sieht wohl die glänzenden Tugenden des römischen Opfersinns und der edlen Ruhmbegier in der Hingabe an den Staat, aber sie bleiben für ihn in der Unseligkeit. Augustin sieht nicht und kennt nicht die menschliche Nähe und Treue: weder in der Liebe, noch in der Freundschaft. Auch der einzelne Mensch ist für ihn ersetzbar, zwar nicht vor Gott, aber für die anderen Menschen. Gemeinschaft ist nur durch den Glauben oder durch die Pflicht der gegenseitigen Hilfe. Jeder ist völlig einsam, weil er er selbst nur vor Gott, mit Gott, nicht erst er selbst mit und durch das andere menschliche Selbst ist. Einsamkeit ist aufgehoben nicht durch Kommunikation, sondern durch Gott. Selbstliebe geht der Nächstenliebe voran.

Die Kommunikation selber gerät unter die Bedingungen der Autorität. In einer frühen Schrift will er sich noch lieber zu denen halten, die überzeugen, als zu denen, die befehlen wollen. Wenn er einst mit den Manichäern sprach, verlangte er, daß beide Teile sich nicht im endgültigen Besitz der Wahrheit wissen dürfen, wenn das Gespräch einen Sinn haben soll. Von diesen Ansätzen einer anderen Möglichkeit ist nichts übriggeblieben.

f) In der Realität Augustins und der Kirche liegt eine ungeheure Frage. Denn durch sie ist nicht nur bezeugt, sondern auch verdorben der *Wille zur Wahrheit, die verbindet und Frieden bringt.* Bezeugt ist der große Wille in mächtigen Gestalten: Augustin hat den Denkraum geschaffen, in dem Gregor der Große, Anselm und Thomas möglich wurden. Verdorben ist der Wille, weil er heftigere und erbarmungslosere und tückischere Kämpfe in die Menschenwelt gebracht hat als je waren, und weil er, gespalten in sich selbst durch die »Konfessionen«, zu fanatischer Selbstvernichtung gelangte, und weil er nach außen erobernd in Kreuzzügen auftrat, und das alles immer und überall mit dem Selbstbewußtsein, allein im Besitz der einen Wahrheit, nämlich des einen Gottes gültiger Offenbarung zu sein. Damit wurden alle bösen Machttriebe als im Dienste Gottes stehend gerechtfertigt. Was daraus geworden ist, ist hier nicht zu schildern. Daß mit diesen Kräften sich solche Tiefe der menschlich möglichen Fragen, so manche edle Menschlichkeit, so echte, unbezweifelbare Frömmigkeit, ja, auch alles das verbunden hat, was diese bösen Kräfte zum Erlöschen bringen möchte, ist das Unheimliche unserer abendländischen Geschichte.

Von außen wird man nie ganz verstehen, was in dem Menschen echten Kirchenglaubens wirklich ist. Wohl ist die nach außen tretende Erscheinung für uns sichtbar. Wir sehen die Strukturen, die faktischen Methoden der Macht von den sublimen Formen, die die Seelen überwältigen, bis zu den groben Formen politischer Gewalt, wenn sie zur Verfügung steht. Wir sehen nicht, was der sich Opfernde im Tode einsam mit Gott erfährt. Es ist, von außen und psychologisch vergleichbar, so unzugänglich wie das enthusiastische Gehorchen und Sichopfern und Sterben so vieler Kommunisten. Wir stehen einer Macht gegenüber, die die Kommunikation abbricht, sich in sich zurückzieht, alles Sprechen unter der Voraussetzung der eigenen einzigen Wahrheit vollzieht und in entscheidenden Augenblicken die Gewalt gebraucht, die sie sonst demütig verwirft, und die dahin gelangen kann, daß sie ihre Feinde dadurch liebt, daß sie sie totschlägt, daß sie durch Bezug auf Gott das Äußerste, wie das Ausrotten von Völkern und Kulturen (Albigenser-Kriege) und die große Reihe anderer Gewaltakte auf sich nahm.

g) In allen großen Ansätzen Augustins meine ich philosophische Gedankenbewegungen zu sehen, sofern die ewigen Fragen des Philosophierens zur Geltung kommen. Nirgends sonst aber meine ich so erregend, so beunruhigend die Bewegung philosophischen Denkens aus einem philosophiewidrigen Prinzip in der christlichen Kirchlichkeit wahrzunehmen. Er lehrt, das Wirkliche in der Kirchlichkeit auch noch von unserer Ferne her zu sehen durch die Weise, wie er denkend in ihr sich bewegt.

4. Widersprüche bei Augustin

Zunächst eine Reihe von Beispielen gewichtiger Widersprüchlichkeiten:

a) Woher das Böse?
Augustin verwarf die zwei Urmächte der Manichäer. Denn Gott ist einer. Aber woher dann das Böse?

Das Böse ist das *Nichts.* Weil der Mensch aus Nichts geschaffen ist, ist er sündig. Aber dies Nichts, das keinen Einfluß haben soll (denn dann wäre es etwas), wird doch sogleich eine ungeheure Macht. Was Nichts ist, steht gegen Gott.

Das Böse ist die *Freiheit* des Menschen, die in Adams Fall, und seither in der Erbsünde wiederholend in jedem Menschen, sich gegen Gott wendet. Nicht Gott bewirkt das Böse, sondern der Mensch. Aber Gott hat es zugelassen.

Die Unveränderlichkeit Gottes verlangt das Nichtsein des Bösen. Angesichts dieses Gottes ist die manichäische Substantialität des Bösen selber eine böse Phantasie. Die übermächtige Realität des Bösen aber verlangt Anerkennung ihres Daseins und Erklärung ihrer Herkunft. Augustins Gedanken wollten, je nach Lage, beiden Ansprüchen Genüge leisten. Sie konnten es nur um den Preis des Widerspruchs. Gott ist einer und Ursache von allem, was ist. Gott darf nicht mit der Schuld am Dasein des Bösen belastet werden.

Man hat in unaufhörlichen Diskussionen diesen Widerspruch zur Schärfe und Deutlichkeit zu bringen und ihn aufzulösen versucht, ohne Ergebnis. Gegen den Aufweis des Widerspruchs – das Böse ist bloß Trübung des Guten, ist Mangel und Schatten, und das Böse ist eine Macht von überwältigender Wirkung – hilft man sich: Das Böse ist wohl an sich nichts, aber es ist nicht nicht. Denn es ist nichts, weil ihm keine göttliche Idee entspricht. Es ist nicht nicht, weil es getan wird. Weil Augustin das Böse als Folge einer ursprünglichen Handlung – Adams Fall – sehe, so – meinte man – lehre er keinen metaphysisch substantiellen Dualismus, wie die Manichäer, sondern einen ethischen Dualismus, der durch die gottgeschenkte Freiheit in die Welt trat und aufhören wird im Weltende und Gericht. Aber, sagen die andern, Gott habe die Freiheit so geschaffen, daß sie sich gegen ihn selber wenden konnte, ist also indirekt selber Urheber des Bösen; – und die Scheidung der Reiche bleibe in den ewigen Höllenstrafen bestehen, nachdem Gott das Weltgericht vollzogen habe. Die manichäisch-iranische Lehre der Scheidung von Licht und Finsternis sei in Umgestaltung in der Tat doch der christlichen Lehre eingefügt.

Durch Augustins Werk geht der Dualismus in mannigfachen Gestalten: Gott–Welt, civitas Dei–civitas terrena, Glaube–Unglaube, caritas–cupiditas, Sünde–Gnade.

b) Die *Weltstimmung* Augustins vollzieht sich in radikalem Widerspruch.

Die Welt ist Schöpfung Gottes, ist gut, ist schön wie ein Kunstwerk, die Disharmonien steigern die Schönheit. Selbst das Böse ist im Ganzen ein Element des Guten. Ohne Adams Fall nicht die Herrlichkeit des Erlösers, des Mensch gewordenen Gottes.

Und dagegen: Es ist die höchste Weisheit, durch die Verachtung der Welt nach dem Himmelreich zu streben – jenseits aller Zeitlichkeit. Denn hienieden, so hörten wir, ist unser Friede, sowohl der gemeinsame als der uns eigentümliche, nicht Freude in Glückseligkeit, sondern nur Trost in Unseligkeit.

Wenn aber das Ziel – das Sein bei Gott – allein und ganz im Auge ist, dann gilt: nichts in der Welt darf auf dem Weg uns fesseln, auch nicht Christus, denn »nicht einmal der Herr selbst verlangt, daß wir uns bei ihm aufhalten, sondern nur, daß wir an ihm vorübergehen sollen: An jenen zeitlichen Dingen vollends, die er bloß zu unserem Heile übernahm und ausführte, wollen wir nicht schwächlich haften, damit wir wie im Fluge bis zu dem vorzudringen verdienen, der unsere Natur vom Zeitlichen befreit und zur Rechten des Vaters gestellt hat.«

c) Die *Kirche* ist das Gottesreich, »wir sind seine Bürger«, »alle guten Gläubigen sind erwählt (electi)«. Der Gottesstaat ist die faktische Gemeinschaft der Gläubigen, das heißt der Heiligen. Die reale Gemeinschaft der Kirchenglieder aber schließt faktisch Unheilige und Ungläubige ein. Also wird von Augustin die unsichtbare im Unterschied von der sichtbaren Kirche gedacht. Die wahre Kirche als der ewige vom Anfang bis zum Ende durch die zeitliche Welt wandernde Gottesstaat ist unsichtbar, also als solche nicht identisch mit der sichtbaren Kirche. Dann ist es begreiflich, daß Heilige, Angehörige des Gottesstaats auch außerhalb der Kirche würden leben können.

Diese Unterscheidung wird verschärft mit der Durchführung des Prädestinationsgedankens. Gott in der Freiheit seines unbegreiflichen Ratschlusses hat die einen zum Stand der Gnade, die anderen zu Gefäßen seines Zorns bestimmt. Er läßt die zum Stande des Heils Erwählten auch außerhalb der sichtbaren Kirche sein, er läßt ewig Verworfene in der Kirche mitwandern. Erwählte, die außerhalb der sichtbaren Kirche in der unsichtbaren leben, sind unzerstörbar das, was sie dank Gottes Willen sind. Sie sind nicht angewiesen auf die sichtbare Kirche. Dagegen behauptet die sichtbare Kirche (und mit ihr Augustin), daß alle auf die Gnadenmittel dieser Kirche (die Sakramente) angewiesen sind. Diese sind unerläßlich. »Außerhalb der Kirche ist kein Heil«, und damit ist von Augustin wieder die sichtbare Kirche gemeint. Eine unabschließbare Diskussion mit immer neuen Unterscheidungen hat sich an diese Schwierigkeiten angeschlossen. Am Ende aller widerspruchsvollen Gedanken steht die Unerschütterlichkeit des Kirchenglaubens selbst, der sagt: die Kirche ist wirklich und doch unbegreiflich.

Diesem rationalen Widerspruch entspricht in Augustin eine innere Spannung, die nur als Widerspruch aussprechbar und doch sein Leben ist: Er hat im kirchlichen Denken völlige Gewißheit. Die Autorität der Kirche birgt ihn, stützt ihn, beruhigt, beseligt ihn. Aber in seinem Erdenken des ewigen unbegreiflichen Ratschlusses Gottes, der Prädestination jedes Einzelnen, unveränderlich entweder zum Stand der Gnade oder dem der Verworfenheit, überfällt ihn die Ungewißheit. Niemand, sagt er, kann seine Erwählung wissen. Man könnte meinen, Augustin verlasse sich nicht ganz auf die Garantien der Kirche. Die Ungewißheit der Erwählung – die Gewißheit der Kirchengliedschaft, eins schlägt ins andere um. Es bleibt die Unruhe, in der er weder durch Sicherheit (securitas) übermütig, noch durch Verzweiflung (desperatio) verhärtet werden will.

d) Augustins *Bibel-Interpretation* ist, wie es scheint, grundsätzlich widerspruchsvoll. Er denkt in der Bibel, was er dort findet, mit der Radikalität, die die Angriffe gegen die Grundlagen der Kirche ermöglicht. Er stellt aber jede Bibel-Interpretation unter die Autorität der Kirche, die die Bibel als solche beiseite zu schieben vermag. Die Frage nach der rechten Interpretation wird allein von der Kirche entschieden. Die Bibel ist Quelle – dann wird sie für die Kirche gefährlich. Die Bibel ist Mittel – dann bestimmt die Kirche ihren rechten Gebrauch. Die Bibel ist wörtlich zu nehmen; die Bibel ist mit dem Geiste aufzufassen.

Nichts ist leichter, als Widersprüche bei Augustin zu finden. Wir verstehen sie als einen Zug seiner Größe. Keine Philosophie ist ohne Widersprüche, – und kein Denker kann den Widerspruch wollen. Aber Augustin gehört zu den Denkern, die sich in Widersprüche hineinwagen, von der Spannung ungeheurer Widersprüche lebendig gehalten werden. Er gehört nicht zu den Denkern, die von vornherein auf Widerspruchslosigkeit ausgehen; vielmehr läßt er sein Denken an Widersprüchen stranden, wenn er Gott erdenken will. Augustin läßt die Widersprüche stehen, mehr noch: er treibt sie zum Äußersten. Er läßt die erregende Grenzfrage fühlbar werden, ob und wo wir auf Widersprüche stoßen müssen: nämlich immer dort, wo wir, vom Ursprung des Seins und dem unbedingten Wollen in uns ergriffen, gedanklich, daß heißt sprachlich, uns mitteilen wollen. Weil wir hier sogleich in rationale Widersprüche uns verstrickt sehen, wäre die Widerspruchslosigkeit hier der existentielle Tod und das Aufheben des Denkens selber. Weil Augustin die Widersprüche, die in der Natur der Sache liegen, ergriffen hat, geht von ihm bis heute die erregende Kraft aus. Weil er mit den Methoden kirchlichen Denkens das Maximum der Widersprüche – auch gegen die Natur der Vernunft – in sich aufgenommen hat, ist er den kirchlichen Bedürfnissen unter deren Autorität ohne System in einem höchsten Maße gerecht geworden.

Die befremdenden Widersprüche Augustins sind großenteils zu erklären und damit als unwesentlich zu erkennen aus der Tatsache, daß er sorglos auf verschiedenen Ebenen denkt. Sein kirchliches Denken, dann sein auf Bibel und Paulus gegründetes Freiheitsdenken (seine

Sünden- und Gnadenlehre), dann sein reines, vom Geländer der Bibel und der Kirche sich lösendes Denken haben nicht einen gemeinsamen Ursprung. Wenn man auf einer dieser Ebenen Augustins gesamtes Denken aufzufassen meint und darstellt, rückt das auf der anderen Gedachte ins Beiläufige und Störende.

Man muß ferner eine andere Unterscheidung seiner Denkungsart beachten, die er selber nicht bemerkt. Augustin denkt ursprünglich, ganz bei der Sache, die als solche ihm dann allein maßgebend ist. Augustin denkt aber auch geläufig, je nach der Situation, nach dem Gegenüber und aus der ihm gerade gegenwärtigen geringeren Kraft der Ursprünglichkeit. Es sind gewaltige Niveauunterschiede in seinem Denken, doch so, daß auf den niederen Ebenen vielleicht nicht völlig vergessen, aber doch oft unmerklich geworden ist, was auf den höheren gedacht wurde. Statt um Widersprüche handelt es sich dann um die Höhenunterschiede der Ebenen, auf denen Augustin sich mitteilt, für uns manchmal, als ob er hier und dort ein ganz Anderer wäre. Man kann ihn nicht verstehen, wenn man alles auf dieselbe Ebene nimmt. Die ständige Gegenwärtigkeit des Bibeltextes, das große Gedächtnis ermöglichen es ihm, manchmal allzu geläufig zu reden.

5. Die Werkform

Augustin denkt seit 391 in der Praxis des kirchlichen Lebens, täglich vor kirchliche Aufgaben gestellt, dies aber in dem Bewußtsein des weltumfassenden Raums, der die Kirche ist. Sein Denken ist nicht zerstreut, sondern bezogen auf diese Mitte, mag er noch so sehr in abseitige Besonderheiten geraten.

Diese Denkweise bringt die Werkform hervor. Die Fülle seiner Werke, Predigten, Briefe, Kampfschriften, Lehrschriften, Bibel-Interpretationen, Selbstbekenntnisse zieht hinein in dies ständig bewegte, veranlaßte, beanspruchte Denken.

Er denkt systematisch, aber hat nie ein System erdacht, an dem er festgehalten hätte. Wenn sein Denken ein System ist, so kann es das nur werden durch die Erfüllung der unendlichen Aufgabe, es herauszuarbeiten, so daß jeder Gedanke seinen Platz und Sinn erhielte. Es gibt bei ihm kein systematisches Hauptwerk, dem alle anderen dienen. Dieser Zustand seiner riesigen Werkmasse bedeutet auch äußerlich eine enorme Anregungskraft.

Die Schärfe seiner begrifflichen Bestimmungen entwickelt sich im

Kampfe. Die Auffassung der gegnerischen Positionen und des eigenen Willens fordern die Unterscheidungen, die den Sinn des Kampfes erst zur Klarheit bringen sollen. Diese Kämpfe selber und ihre Begrifflichkeit haben andere Stimmungen, wenn es sich um das Wesen der menschlichen Freiheit handelt (pelagianischer Streit), wenn es sich um das Wesen Gottes, der Transzendenz, handelt (gegen Manichäer und Neuplatoniker), wenn es sich um das Wesen der Kirche handelt (gegen die Donatisten). Es sind jedesmal andere Leidenschaften im Spiel: das Selbstbewußtsein, das Gottesbewußtsein, das Autoritätsbewußtsein. Aber alle beziehen sich auf einander, weil die Entscheidungen des einen Kampfes auch den Sinn des anderen mitbestimmen.

Augustin hat der lateinischen Sprache neue Verwirklichungen geschaffen: die Vollendung der Prägnanz der theologischen Sprache, die Biegsamkeit zum Ausdruck der seelischen Innerlichkeit, der Qualen und Spannungen, das Pathos des Glaubensaufschwungs.

6. Die Persönlichkeit

Dieser hintergründige Mensch, der den ehrlichen Drang hat, sich ganz zu offenbaren, hat doch nicht das Antlitz einer Persönlichkeit, die ganz und gar als sie selbst da ist.

Ein Gesichtspunkt kann folgendes Bild zeigen: Er ist ein chaotischer Mensch, darum begehrt er die absolute Autorität, – er neigt zum Nihilismus, darum bedarf er absoluter Garantie, – er bleibt in der Welt ohne wirkliche Bindung, weder an eine Frau, noch an Freunde, darum sucht er Gott ohne Welt. Solche Gegensatzpsychologie ist vielleicht auf einer Ebene klärend, aber auf ihr wird der Ernst Augustinischen Denkens nicht erreicht.

Ein verwandter Gesichtspunkt kann sagen: Ein Denken wie das Augustins ist nur nach diesem Jugendleben, nicht ohne ein solches, möglich und daher immer noch von diesem Leben als einem von ihm abgestoßenen bestimmt. Die Bekehrung gehört so wesentlich zum Sinn vieler seiner Gedanken, daß sie ohne sie ihre Wahrheit einbüßen. Wem solche Bekehrung fremd ist, kann bei Augustin nicht sein Vorbild finden.

Auch muß das Leben des in den katholischen Kirchenglauben Hineingeborenen und in ihm von früh an Erzogenen gleichsam natürlicher, ruhiger, frageloser sein als das Augustins. Sofern es sich in Augustin wiedererkennt, verschleiert es sich dessen Wirklichkeit und nimmt seine Gedanken nicht in ihrer Radikalität und Konsequenz, es sei denn, daß es das Dasein des Mönchs oder Priesters verwirklichte.

Die Paulinisch-Augustinische Einsicht in die Unmöglichkeit des Sich-sich-selbst-Verdankens braucht nicht die Stufe des Selbstbewußtseins zu verleugnen, auf der dieses Sich-sich-selbst-Verdanken doch gilt. Sie schließt nicht aus, sondern ein, daß wir im Vordergrunde wissen, wo wir über uns Herr sein können, wo wir Zutrauen haben dürfen zum Grund unserer Liebe, zu dem gottgeschenkten eingeborenen Adel (nobilitas ingenita der Pelagianer). Das kann ohne Übermut (superbia) bleiben, wenn es sich in unserem faktischen Wollen verwirklicht, ohne daß wir in der Reflexion davon zu wissen brauchen, und ohne daß wir fälschlich zum Besitz machen, wozu wir Vertrauen haben, aber was wir nicht durch uns selbst zu eigen haben.

In unserem Kampf um das Bild des Menschen, das in der Verwirklichung sich bewährt, ist das Bild Augustins nur *eine* Möglichkeit. Für Menschen wesenhafter Einheitlichkeit, die keine Bekehrung erfahren, aber die philosophische Umwendung lebenwährend erneuern, ist Augustin ein Gegenbild. Er erweckt, aber ist nicht in gleichem Sinne liebenswert wie das Vorbild und der Freund. Man muß verwerfen, wenn es sich um die Frage von Wegweisung und Lebenslenkung handelt.

In seiner Jugend spielen Freundschaften eine Rolle, die Atmosphäre des verbindenden Schwungs in Cassiciacum, wo Monica, sein Sohn Adeodatus und eine Reihe von Freunden leben und die Idee einer philosophischen Gemeinschaft auftaucht, – diese Idee selber schon wirkt wie eine leise Andeutung des Fremden: denn was darin gemeint war, erfüllt sich in der universalen Kirche. Es war nicht die Freundschaft gemeinsamen Philosophierens. Denn später wird vollends deutlich, daß Freundschaft für Augustin vielmehr der Einsamkeit der Selbstliebe vor Gott entspringt als bloßes Sichtreffen im gemeinsamen Glauben. Er hat die Freundesliebe als Leidenschaft gekannt, nicht die Treue. In seinem später entschiedenen Kirchenglauben gibt es zwar in der Freundschaft ein Gefühl des Verbindenden der objektiven Gemeinschaft. Aber Treue gibt es nur gegen Gott und die Kirche, sonst nur Einsamkeit.

Es sind in Augustin Züge von Inhumanität, die man zu leicht übersieht (ich wähle das Wort mit Bedacht; man könnte auch von Rücksichtslosigkeit gegen Frauen oder von kaltem Hinweggehen über menschliche Beziehungen reden):

Er selbst berichtet mit erstaunlicher Gleichgültigkeit ohne Schuldbewußtsein (um so auffälliger bei Augustins ständigen Anklagen gegen sich) von seinem Umgang mit Frauen: Seine langjährige Konkubine, die Mutter seines Sohnes, schickt er einfach weg, als seine Mutter Monica ihm die Chance einer gehörigen standesgemäßen Heirat eröffnet. Aber für die Zwischenzeit (bis das noch zu junge Mädchen das heiratsfähige Alter erreicht hat) nimmt er sich zunächst eine andere Konkubine. Wenn Augustin im Rückblick über Frauen spricht, so geht sein Entsetzen stets entweder auf seine Sinnlichkeit oder auf sein Trachten nach einer schönen, standesgemäßen Gattin (uxor): beides ist für ihn Weltlust. Bei dem jungen Augustin ist die Gewöhnlichkeit des Genießens und das Fehlen der Liebe im Verhältnis zu Frauen zu spüren.

Es scheint unmöglich, Augustins Verhalten zu den Konkubinen und die Art seiner berechnend in Aussicht genommenen Ehe (obgleich dies Verhalten durch alle Zeiten und heute millionenfach stattfindet und von vielen stillschweigend als selbstverständlich anerkannt wird) nicht für niedrig zu halten.

Augustin hält – wie schon heidnische Sekten und einige Stellen im Neuen Testament – die Geschlechtlichkeit für an sich böse. Er kennt das sich isolierende sinnliche Begehren in seiner Zügellosigkeit und dann die asketische Verneinung aller Sinnlichkeit. Es scheint wiederum unmöglich, Augustins Loslösung der Geschlechtlichkeit von der Liebe nicht für menschenunwürdig zu halten. Da Augustin entweder zügellos oder Asket ist, kennt er nicht die Achtung der Frauenwürde und verletzt sie in jeder seiner Beziehungen.

Seinen Aufschwung erfährt er einzig in der Gottesliebe. Das menschlich Einfache ist ihm fremd. An seine Stelle tritt das übermenschlich oder unmenschlich Großartige. Er versäumt das menschlich Mögliche um des menschlich Unmöglichen willen. Dieses sucht er dann aber in einer nicht endenden Unruhe, die seine tiefen Blicke und hellsehenden Gedanken hervorbringt, welche ihn uns so kostbar machen als großen Philosophen.

Im Kampf mit dem heidnischen Glauben hat Augustin in der Predigt zur Zerstörung der Götterbilder aufgefordert. In Karthago 401 sagt er: Gott will, daß der heidnische Aberglaube vernichtet werde. In Rom sind die Götterbilder zerschlagen. Er ruft: »Wie Rom, so auch Karthago.« Er wühlt dabei die Masse auf durch Erinnerung an die früheren Christenverfolgungen. Es scheint nicht gleichgültig, daß Augustins Gemüt auch einmal (nur die eine Stelle ist mir bekannt) an den Schändlichkeiten fanatischen Glaubens (heidnischer wie christlicher Art), in Erregung höhnend und hetzend, teilnehmen konnte. Von größter grundsätzlicher Bedeutung aber ist sein Schritt, der ihn von der Freiheit der Verkündigung zum Zwang führte (dem coge intrare). In der Praxis des Donatistenstreits verließ ihn die hohe Menschlichkeit christlicher Liebe zugunsten des Gewalt fordernden Einheitsgedankens der sichtbaren Kirche, ein Symptom jenes Prozesses, der die christliche Liebe hat so zweideutig werden lassen für das Urteil der gesamten, zumal auch der nichtabendländischen Menschheit.

Augustins Persönlichkeit ist den anderen größten Philosophen nur von fern verwandt. Man würde bei ihm nicht vom Adel der Seele sprechen können. Es ist erstaunlich, diese befremdenden Züge bei einem Manne zu finden, der in so vielen seiner Gedanken einzig tiefsinnig ist. Es ist quälend, die Antipathien gegen die von uns nur kurz berührten Seiten seiner Wirklichkeit nicht verscheuchen zu können und nicht verleugnen zu dürfen.

V. Historischer Ort, Wirkungsgeschichte und gegenwärtige Bedeutung

1. Historischer Ort

Augustin lebte kurz vor dem Ende der abendländischen Antike in ihrem Untergang. Noch bestand der römische Staat, standen Bauten und Kunstwerke, galten Rhetorik und Philosophie, gab es die öffentlichen Spiele und Theater. Afrika war eine relativ reiche Provinz, Karthago war eine Großstadt mit üppigem Luxus. Aber der Gesamtzustand war im Verfall. Weder waren die Probleme wachsender Unzufriedenheit innerlich zu lösen (die christliche Sonderkirche der Donatisten vereinte sich mit plündernden Rebellen, den Circumcallionen), noch blieb eine Widerstandsfähigkeit gegen von außen einbrechende Mächte (die Vandalen belagerten Hippo, als Augustin starb). Augustins Leben fällt in den Zeitraum des politisch-ökonomischen Untergangs der westlichen römischen Welt. Es ist, als ob durch ihn im letzten Augenblick der geistige Grund für eine ganz andere Zukunft gelegt wurde. Augustin ist im Verfall des Ganzen die letzte antike Größe. Das Vorhergehende reicht er, es verwandelnd, in seinem Werke einem neuen Jahrtausend dar, das er geistig entscheidend mitbestimmt hat.

Aber Augustin selber dachte und sah es nicht so. Er hat nicht den Untergang der antiken Kultur vorausgesehen. Diese war ihm ebenso fraglos selbstverständlich wie gleichgültig als die eine menschliche Kultur, die es gab. Wenn wir Augustin lesen, müssen wir die römisch-antike Welt vor Augen haben, nicht etwa die des Mittelalters. In der zunehmenden Not, in der wachsenden Gewaltsamkeit in allen Verhältnissen, in der Verzweiflung an der Welt verwirklichte Augustin eine mutige Haltung, mit der zu leben möglich war. Sie war nicht politisch, nicht ökonomisch, nicht in weltlichen Hoffnungen gemeint, sondern transzendent gebunden allein dem Heil der Seele im ewigen Gottesreich zugewandt. Damit vollzog Augustin abschließend, was in der Philosophie der vorhergehenden Jahrhunderte gesucht, begehrt war und erreicht schien, aber nun ganz anders, auf christlichem Boden, und unter Verwerfung der großen, reinen, unabhängigen Philosophie selber. Und damit wurde Augustin der schöpferische Denker, der, selber über die antike Welt nicht hinausdenkend, dem mittelalterlichen Selbstbewußtsein einer ganz anderen soziologischen und politischen Wirklichkeit den Grund und die geistigen Waffen bereitete. Augustin selber lebte und dachte noch nicht in der weltbeherrschenden Kirche des Mittelalters.

Philosophisch und christlich gehört Augustin einer gewaltigen Überlieferung an. Wirksame Größe ist nie vereinzelt aus dem Nichts erwachsen, sondern getragen von großer Überlieferung, die ihr die Aufgaben stellt. Sie ist neu, weil niemand sonst tat, was ihr gelingt. Sie ist alt, weil sie ergreift, was gleichsam auf der Straße liegt. Es ist falsch, ihre Originalität zu übertreiben, denn sie ist gerade groß im Aneignen des Wesentlichen, und sie ist getragen vom geistigen Ganzen, das vorher war und in dessen Zeitgenossenschaft sie steht. Es ist ebenso falsch, ihre Originalität zu unterschätzen, denn sie konnte nicht erwartet werden: die vorgefundenen Gedanken werden gleichsam eingeschmolzen und in ursprünglicher Lebendigkeit wiedererschaffen. Auch traditionelle Doktrinen der Kirche scheint eine neue eigene religiöse Erfahrung erst gewichtig zu machen. Augustin ist nicht das Sammelbecken aller antiken, philosophischen und christlichen Motive, wie es ein Systematiker wäre, sondern der erneuernd mit der Seele Schaffende, der aufgreift, was ihn bewegt, und dem er eine bewegte Gestalt gibt, die unabsehbar fortwirkend fruchtbar wird. Da er aber dies in der kirchlichen Praxis tut, fluten breite Stoffmassen mit, Durchschnittlichkeiten, die weder systematisch geordnet sind, noch lebendige große Impulse bedeuten.

Die geistige Entwicklung Augustins hat für das Abendland einen vorbildlichen Charakter gewonnen. Er vollzieht in persönlicher Gestalt, was der geistige Prozeß von Jahrhunderten war: den Übergang von der Philosophie eigenständigen Ursprungs zur christlichen Philosophie. In Augustin sind Denkformen der antiken Philosophen angeeignet zum gläubigen Denken angesichts der Offenbarung. In der Wende der Zeitalter, als die Philosophie ihre ursprüngliche Denkkraft verlor in bloßen Wiederholungen, ergriff Augustin im christlichen Glauben als seinem Grunde des Philosophierens die damals originale Möglichkeit. Noch erweckt in der Denkkraft der heidnischen Philosophie, brachte er dem christlichen Denken seine Selbständigkeit auf höchstem Niveau. Kein heidnischer Philosoph seiner Zeit und der folgenden Jahrhunderte läßt sich auch nur von fern neben ihm nennen.

Das lateinische christliche Denken vor Augustin (Tertullian, Lactantius) erreichte noch nicht den Umfang und die Tiefe einer eigenen philosophischen Welt. Was nach Augustin kam, zehrte von ihm. Augustin schuf die christliche Philosophie in ihrer unüberbietbaren lateinischen Gestalt.

Man hat mit Augustin die Theologie in ihrer dogmatischen Entwicklung vom Orient zum Okzident übergehen gesehen. Der spiritualistische Geist der östlichen christlichen Denker blieb wohl ein Moment, aber er bekam jetzt die Stärke realistischer Praxis. Im Abendland ist die große Spannung von Weltverneinung und Weltverwirklichung zur vorantreibenden Kraft geworden. Die Möglichkeit der Weltentsagung, verwirklicht im Mönchtum, das im Zeitalter Augustins sich im Westen ausbreitete und dem er selber zugetan war, lähmte nicht die Möglichkeit einer unendlich geduldigen Aktivität in der Welt. Der Sinn dieser Aktivität blieb zwar das Hinlenken aller Dinge zum ewigen Reich, aber nicht nur durch weltabseitige meditative Vertiefung, sondern durch praktische Arbeit in der Welt. Sie war die Leidenschaft des Kirchenmannes Augustin. Er schuf die Formeln und Gründe, mit denen diese Arbeit sich rechtfertigte. Gemessen am christlichen Orient ist hier der Weg beschritten, der die Aktivität mannigfacher Gestalt immer stärker werden läßt bis zum calvinistischen Berufsgedanken innerweltlicher Askese und bis zur Loslösung dieses Gedankens von dem spirituellen Sinn zu leerer Leistungshaftigkeit des modernen Lebens ohne Sinn.

2. *Wirkungsgeschichte*

Augustin war Abschluß des längst gegründeten und Ursprung des seitdem sich vollziehenden abendländischen christlichen Denkens, mit anscheinend unerschöpflicher Nachwirkung. Denn seine Wirkung ist das im Getroffensein von ihm zu neuem ursprünglichem Denken erregte Philosophieren.

Die Wirkung Augustins ist eine doppelte, die seiner alle Häretiker übertreffenden Originalität und die seines unbedingten, durch nichts in Frage zu stellenden Glaubens an die Autorität der katholischen Kirche.

Aus dem ersten Moment kamen die Impulse für die Häretiker. Denn weil Augustin den ganzen Umfang der Widersprüche in sich aufgenommen hatte, konnten sich auf seine Texte nicht nur entgegengesetzte Parteien der Kirche, sondern auch die tiefen, gegen die Kirche sich aufbäumenden Haltungen: der Mönch Gottschalk (9. Jahrhundert), Luther, die Jansenisten (17. Jahrhundert) berufen. Aus dem ersten Moment kamen auch bis heute die Impulse für ein freies, ursprüngliches Philosophieren. Aus dem zweiten Moment aber begründete sich mit Recht die Inanspruchnahme Augustins durch die Kirche fast in allen ihren großen geistigen und politischen Kämpfen. Beides ist begründet: das erste in den je besonderen Denkbewegungen und Sachen, denen Augustin die Kraft gab, das zweite in der beherrschenden Grundgesinnung Augustins. Augustin ist die Einheit der in der Natur christlichen, katholischen Denkens liegenden Polaritäten und Widersprüche. In Augustin liegt der Grund zu fast allem wesentlichen christlichen Denken so, als ob von den großen Kampfpositionen der Folgezeit her aus Augustin immer etwas Partikulares herausgenommen wäre unter Vernachlässigung des Ganzen. Gegner innerhalb der christlichen Welt konnten sich durchweg beide auf ihn berufen.

Geschichte des Augustinismus zu schreiben, das würde zu einer Geschichte des christlichen Denkens überhaupt. Will man sein Wesen fassen, um es im christlichen Denken der Folgezeit wiederzuerkennen, so befriedigt keine Formel: es ist die Tendenz zur Ursprünglichkeit innerer Vollzüge im Gegensatz zu bloß intellektuellen Operationen; – es ist die Radikalität des Durchdenkens; – es ist das Denken aus dem Glaubensgrunde, nicht das Denken der intellektuellen Ableitung aus vorausgesetzten Dogmen; – es ist das Denken, das sich keiner Methode und keinem System verschreibt; – es ist das Denken aus dem ganzen Menschen, das wieder den Menschen im ganzen in Anspruch nimmt.

Der Augustinismus hatte bis zum zwölften Jahrhundert allein die Herrschaft. Mit dem Aristotelismus und Thomismus des dreizehnten Jahrhunderts kam Gegnerschaft und Ergänzung. Thomas' Wirkung aber beschränkt sich auf die katholische Welt. Augustinus ist nicht geringer bei Protestanten als bei Katholiken.

Spricht man von Augustinismus in besonderen historischen Zusammenhängen, so meint man nicht das Ganze jenes ständig erwärmten existentiell-psychologischen Denkens (im Unterschied vom methodischen Denken rationaler Systematik und Deduktion), sondern einzelne Lehren: so die Prädestination und die ihr entsprechende Gnadenlehre (Luther, Calvin, Jansenisten) im Unterschied vom Semipelagianismus der Kirchenlehre, – oder die »Illuminationstheorie« des Erkennens im Unterschied von der Aristotelischen Abstraktionstheorie, – oder das Einssein von Theologie und Philosophie (das Verschwinden der Philosophie als unabhängiger Ursprung) im Unterschied von der Stufenlehre, nach der die Philosophie ein selbständig erforschbares Problemfeld wäre, das durch die Theologie überwölbt und ergänzt, nicht verdrängt würde.

3. Augustins Bedeutung für uns

Bei Augustin, wie kaum bei einem anderen, ist die christlich-katholische Glaubenswirklichkeit (nicht etwa Jesus und nicht die Christlichkeit des Neuen Testaments) zu studieren. An ihm vorzüglich lernen wir die mit dem christlichen Denken in die Welt gekommenen Grundprobleme kennen. Wir müssen wissen, soweit das möglich ist, auch wenn wir nicht daran teilhaben, wie der so Glaubende durch Gottes Offenbarung sich gerettet weiß. – Nicht in der schlechten Aufklärung von Reduktion der Kirche auf Priestertrug, Denkirrtümer, Aberglauben, sondern in der Fühlung mit den tiefen Motiven Augustins kann der Philosophierende, indem er seinen wahren großen Gegner findet, die Positionen klären, die in diesem Kampf angemessen sein könnten.

An Augustin studieren wir die Motive der Katholizität in ihrem tiefsten Sinn. Er kannte noch nicht das Unheil, das die Kirche als Institution der Macht und Politik in die Welt gebracht hat, kontinuierlicher, raffinierter, konsequenter und erbarmungsloser als die anderen Weltmächte vergänglicheren Charakters. Augustin nahm teil an der Errichtung der Kirche, die schon da war als verfolgte, eben erst staatlich anerkannte. Er vollzog mit dem Enthusiasmus des Außerordentlichen in statu nascendi, was kirchliches Bewußtsein in seiner relativ reinsten, freiesten, erfülltesten Form sein konnte. An ihm läßt sich auf höchstem Niveau der ewige Gegensatz einsehen, der durch die Kirche hell geworden ist: zwischen Katholizität und Vernunft, zwischen der geschlossenen Autorität und der Offenheit der Freiheit, zwischen der absoluten Ordnung in der Welt als Gegenwart der Transzendenz und den relativen Ordnungen in der Welt als Dasein im Sichvertragen des Vielfachen der Möglichkeiten, zwischen dem Lebenszentrum im Kultus und in der freien Meditation, zwischen der äußeren Gemeinschaft des Betens, in der jeder sich in seine Einsamkeit verschließt, in der er Gott findet, und der Einsamkeit vor Gott, die in der Kommunikation mit Menschen durch den unendlichen Prozeß liebenden Selbstwerdens ihrer Aufhebung zustrebt.

Dann aber ist uns wesentlicher: Aus Augustin gewinnen wir jene uns unerläßlichen Grundpositionen des Gottes- und Freiheitsdenkens, der Erhellung der Seele, und jene Grundvollzüge der Vergewisserung, die auch ohne Offenbarungsglauben ihre Überzeugungskraft bewahren. Mit seinem Denken treffen wir jenen innersten Seelenpunkt, der sich selber überschreitet, von dem her Führung und Sprache kommen, in dem sich Menschen als Menschen begegnen können, auch wenn Augustins Sinn in der Vollendung und Rechtfertigung der absoluten Einsamkeit der Seele vor Gott liegt. Augustin läßt uns teilnehmen an seiner Erfahrung der Grenzsituationen, der Hoffnungslosigkeit des Weltseins als solchen, der Verkehrungen des Menschseins und ihrer Ausweglosigkeit, – und dann ist dies alles aufgenommen nicht in eine Freiheit der Vernunft, die ihren Weg sucht ohne Garantie, in der bloßen Hoffnung auf Hilfe, wenn sie im Ernste tut was sie kann, sondern in die Gewißheit der Gnade, garantiert durch die kirchliche Autorität und ihrer einen ausschließlichen Wahrheit. Die Großartigkeit der Erscheinung Augustins für philosophierende Menschen liegt darin, daß wir von einer Wahrheit ergriffen werden, die so, wie sie uns ergreift, nicht mehr die christliche Wahrheit Augustins ist.

Für die unabhängige Philosophie bedeutet das Mitdenken mit Augustin: die Erfahrung der sachlichen und existentiellen Koinzidenz seiner Denkbewegungen mit ursprünglich philosophischen, und die kritische Frage, wie diese Denkbewegungen in Loslösung von dem christlichen Glaubensgrund vielleicht nicht mehr dasselbe, aber doch noch wahr und wirksam sind.

Es ist ein ständiges Befremdetsein im Umgang mit Augustin. Wenn wir in seinem Gottesbewußtsein das eigene wiedererkennen, so doch zugleich (wenn wir nicht einige Seiten aus seinem Text isolieren) in einer fremden Gestaltung, die uns entfernt und die Sache, die eben aus der Tiefe sprach, wieder unglaubwürdig macht.

Durch die Größe seines Denkens haben wir in Augustin das eindrücklichste Beispiel für diesen unumgänglichen Tatbestand: den ungeheuren Anspruch, daß der Mensch den Menschen über Gott belehren will, und daß er Zeugen der Offenbarung absolut setzt, die doch für menschliches Wissen ohne Ausnahme selber nur irrende Menschen waren. Wenn in diesem Anspruch auch die Liebe des Menschen zum Menschen wirksam ist, die den anderen an der Glaubensgewißheit teilnehmen lassen möchte, die den Verkündenden selber beglückt, so ist darin doch unumgänglich der Machtwille wirksam, dem ein Unterwerfungswille entgegenkommt, der in dem Hauptpunkt nicht mehr selber denken möchte.

Es ist eine unheimliche Atmosphäre der hochmütigen Demut, der sinnlichen Askese, der ständigen Verschleierungen und Umkehrungen, die durch die christlichen Gehalte wie durch keine anderen gehen. Augustin hat sie als erster durchschaut. Er kannte die Qual des Nichtstimmens, der falschen und verborgenen Motive, – das Dogma von der Erbsünde hat dieses Unheil für das Weltdasein absolut gemacht und gleichsam gerechtfertigt. Dieses Selbstdurchschauen ging weiter durch die christlichen Denker bis zu Pascal, bis zu Kierkegaard und Nietzsche.

Quellen: Ausgabe der *Werke* von Vorländer u. a. (in der Philosophischen Bibliothek). – Ausgabe der Berliner Akademie (für den Nachlaß) – Briefe: in der Akademieausgabe Bd. 10–13; bei Vorländer. – *Leben:* Berichte von Borowski, Jachmann, Wasianski.
Literatur: Interpretationen und Materialien: F. A. Lange. Liebmann. Cohen. Cassirer. – Riehl. Windelband Bd. II. Stadler. Laas. – Baumann. Benno Erdmann. Gradenwitz. von Glasenapp. – Bohatec. Troeltsch. – Scheler. Reich. Jaspers. Martin. – *Kommentar:* Vaihinger. – *Lexika:* Eisler. Ratke (in der Vorländerschen Ausgabe zur »Kritik der reinen Vernunft«). Register in allen Bänden der Vorländerschen Ausgabe. – *Leben:* Vorländer, Stavenhagen. – *Nachwirkung:* Rosenkranz. I. E. Erdmann.

I. Leben und Schriften

Lebensdaten. – Immanuel Kant (1724–1804) war das vierte Kind eines Sattlers in Königsberg. Vorfahren waren einst aus Schottland eingewandert. Er wurde im pietistischen Christentum erzogen. Später, als Erzieher in der Familie des Grafen Keyserling, hat Kant oft »mit Rührung an die ungleich herrlichere Erziehung gedacht, die er selbst in seinem elterlichen Hause genossen, wo er nie etwas Unrechtes oder eine Unsittlichkeit gehört oder gesehen«. Im Collegium Fridericianum (1732–1740) lernte Kant die alten Sprachen und erhielt die religiöse Information. Seit 1740 studierte er in Königsberg Philosophie, Mathematik, Theologie. Von 1747 an, durch den Tod seines Vaters gezwungen, sich selbst zu ernähren, war er Hauslehrer in verschiedenen Stellungen bis 1755. Jetzt an der Universität habilitiert, lebte er von seinen Vorlesungshonoraren. Nachdem er zweimal vergeblich sich um eine Königsberger Professur bemüht, 1764 eine ihm dort angebotene Professur für Dichtkunst abgelehnt, Berufungen nach Erlangen und Jena ausgeschlagen hatte, wurde er endlich 1770 Professor für Logik und Metaphysik in Königsberg. Eine Berufung nach Halle (1778), deren Annahme ihm, wie die früheren Rufe, beträchtlich höhere Einnahmen gebracht hätte, lehnte er wieder ab. 1796 gab er wegen Altersschwäche die Vorlesungen auf. Seit 1798 wurden die Alterserscheinungen schlimmer. 1804 starb er in seniler Demenz.

Kant war ungewöhnlich klein, mager, hatte eine eingedrückte Brust, die rechte Schulter stand höher als die linke. Er war zart, aber gesund. Den »kleinen Magister« nannte ihn Hamann. In dem Jahrzehnt seines tiefsten Schaffens spricht er in seinen Briefen sehr häufig von seiner Gesundheit. Beschwerden mannigfacher Art, Sorge für Diät begleiten sein Leben. In dem Jahrzehnt der endgültigen Ausarbeitung der weiteren großen Werke seit 1781 ist von der Gesundheit am wenigsten die Rede.

Kants Umwelt. – Königsberg war zu Kants Zeiten eine durch Handel und geistigen Verkehr weltoffene Stadt. Adel, Kaufmannschaft, Universität und Literaten trafen sich in geselligen Zirkeln. Die russische Besatzung von 1758 bis 1762 brachte ein aufgelockertes Leben. Kant wurde aus einem schüchternen

Handwerkersohn ein vollendeter Kavalier. Hamann schrieb damals, Kant werde durch einen Strudel gesellschaftlicher Zerstreuungen fortgerissen. Bedeutende Frauen erwiesen ihm Achtung. Er war befreundet mit zwei Engländern, die in Königsberg ihren Beruf hatten, mit Aristokraten, mit Menschen des praktischen Lebens. Sein Wissen, daß »Neigung nie die Distanz preisgeben« dürfe, formte die unerschütterlichen Beziehungen.

Unter seinen Freundschaften ist die mit Hamann bemerkenswert. Obgleich beide in Denkungsart und religiöser Gesinnung sich durchaus fremd waren, kam es zwischen ihnen nicht zum eigentlichen Bruch. Hamann kann an Herder schreiben: »mein armer Kopf ist gegen Kants ein zerbrochener Topf – Ton gegen Eisen«, aber sogleich fortfahren: »Alles Geschwätz über Vernunft ist reiner Wind; Sprache ihr Organon und Kriterion« (Hamann VI, 365). Kant seinerseits, als Hamann ihm Herders »Älteste Urkunde ...« verständlich machen soll, bittet: »aber wo möglich in der Sprache der Menschen. Denn ich armer Erdensohn bin zu der Göttersprache der anschauenden Vernunft gar nicht organisiert« (Brief 78).

Kant blieb Junggeselle. Zweimal konnte es scheinen, daß er auf dem Wege einer Liebe war. Er zögerte so lange, daß die Partnerinnen andere Bindungen eingingen. Später hat er gesagt: Als ich eine Frau brauchen konnte, konnte ich sie nicht ernähren.

Kant lebte ohne Haushalt, mit einem Diener, nahm seine Mahlzeiten, wenn er nicht eingeladen war, in Hotels, stets in einem geselligen Kreise. Erst 63jährig begann er mit Diener und Köchin im eigenen Hause zu wirtschaften. Ständig hatte er Mittagsgäste. Der Tageslauf von 5 Uhr morgens bis 10 Uhr abends war seitdem von bedachter Regelmäßigkeit. Es verwirklichte sich jetzt erst der Lebensstil und das berühmte Bild des alten Kant, der genau nach der Uhr lebt.

An seine Menschen und seine Welt fühlte Kant sich durch Neigung und Gewohnheit gebunden. Niemals vermochte er eine der glänzenden Berufungen nach auswärts anzunehmen. Er bittet, als er absagt, um Nachsicht für sein »Gemüt, was zu Veränderungen unentschlossen ist, die andern nur gering erscheinen«, darüber man »so wenig wie über das Glück Meister« sei (Brief 44).

Nicht einmal eine größere Reise hat Kant jemals gemacht. Nur einmal ist er eine kurze Strecke über die Grenze Ostpreußens hinausgekommen. Eine Quelle seiner großen Welterfahrung ist die ständige Lektüre und die Kraft seiner Phantasie. Ein durchreisender Engländer, der mit Kant von Rom sprach, hörte ihn von der Peterskirche so anschaulich reden, daß er meinte, Kant sei dort gewesen. Was aber Königsberg für seine Erfahrung bedeutet hat, sagt er selbst: »Eine große Stadt, der Mittelpunkt eines Reichs, in welchem sich die Landeskollegien der Regierung derselben befinden, die eine Universität (zur Kultur der Wissenschaften) und dabei noch die Lage zum Seehandel hat, welche durch Flüsse aus dem Inneren des Landes sowohl, als auch mit angrenzenden entlegenen Ländern von verschiedenen Sprachen und Sitten einen Verkehr begünstigt, – eine solche Stadt, wie etwa Königsberg am Pregelflusse, kann schon für einen schicklichen Platz zu Erweiterung sowohl der Menschenkenntnis als auch der Weltkenntnis genommen werden, wo diese, auch ohne zu reisen, erworben werden kann.«

Kants geistiger Lebensweg. – Trotz Armut und außerordentlicher Schwierigkeiten hatte der Erkenntniswille die Führung von Anfang an. Als Theologe inskribiert und vom Professor gefragt, warum er Theologie studiere, antwortete Kant: aus Wißbegierde. Später, als Professor riet er noch seinen Studenten, was er selbst getan hatte: man müsse von allen Wissenschaften Kenntnis nehmen, auch wenn man sie nicht zum Brotstudium wähle.

Von Professor Knutzen, einem freien Wolffianer, zurückgelenkt zu Leibniz, vertraut mit Newtons mathematischer Naturwissenschaft, verfaßte Kant mit 22 Jahren seine erste Schrift »Gedanken von der wahren Schätzung der lebendigen Kräfte« über ein Problem aus der Gedankenwelt von Descartes, Newton und Leibniz. Die Schrift bezeugt, wie Kant den Sinn seines Lebens spürt.

»Es steckt« – schreibt er – »viel Vermessenheit in diesen Worten: die Wahrheit, um die sich die größten Meister der menschlichen Erkenntnis vergeblich beworben haben, hat sich meinem Verstande zuerst dargestellt. Ich wage es nicht, diesen Gedanken zu rechtfertigen, allein ich wollte ihm auch nicht gern absagen ... Ich stehe in der Einbildung, es sei zuweilen nicht unnütze, ein gewisses edles Vertrauen in seine eigenen Kräfte zu setzen ... Wenn man in der Verfassung steht, sich überreden zu können, daß es möglich sei, einen Herrn von Leibniz auf Fehlern zu ertappen, so wendet man alles an, seine Vermutung wahr zu machen ... Hierauf gründe ich mich. Ich habe mir die Bahn schon vorgezeichnet, die ich halten will. Ich werde meinen Lauf antreten, und nichts soll mich hindern ihn fortzusetzen.«

In solchem Ton hat Kant später nie mehr geschrieben. Lessing, der die Schrift des unbekannten Jünglings zu Gesicht bekam (1751), schrieb das Epigramm: »Kant unternimmt ein schwer Geschäfte, der Welt zum Unterricht. Er schätzet die lebend'gen Kräfte, nur seine schätzt er nicht.«

Keineswegs ist Kant ständig in so hochgemuter Verfassung. Zwar sehen wir die energische Konzentration eines unablässig sich selbst überbietenden, in ungeahnte Tiefen dringenden Denkens, einen Gang fast ohnegleichen in der Philosophiegeschichte, nämlich ohne die schöpferische geistige Vitalität des Überfallenwerdens und Hervorbringens, und ohne die plötzlichen Krisen und Umkehrungen. Aber sein Leben war nicht frei von Resignationen. In der Zeit seiner frischesten Teilnahme an der Geselligkeit (1759), seines höchst erfolgreichen Magisterdaseins schrieb er an einen Freund:

»Ich meines Teils sitze täglich vor dem Ambos meines Lehrpults und führe den schweren Hammer sich selbst ähnlicher Vorlesungen in einerlei Takt fort. Bisweilen reizt mich irgendwo eine Neigung edlerer Art, mich über diese enge Sphäre etwas auszudehnen, allein der Mangel (Kant war gänzlich auf seine Vorlesungs-Einnahmen angewiesen), immer wahrhaftig in seinen Drohungen, treibt mich ohne Verzug zur schweren Arbeit zurück... Gleichwohl befriedige ich mich endlich mit dem Beifall, womit man mich begünstigt und den Vorteilen, die ich daraus ziehe und träume mein Leben durch.«

Kant hat verzichtet auf Abenteuer, Ungewißheiten, Ablenkungen, auf jeden Versuch, sein Leben auch nur durch einen Ortswechsel einmal auf einen neuen Grund zu stellen. Ist daher Kants Leben in seinem Pathos ein Leben des Erkennens, so doch keineswegs nur dieses. Sein Dasein hat er in unbeirrbarer Humanität gegründet. Er selbst hat ergreifend niedergeschrieben (etwa 1762), wie dies ihm zum Bewußtsein kam:

»Ich bin selbst aus Neigung ein Forscher, ich fühle den ganzen Durst nach Erkenntnis und die begierige Unruhe, darin weiterzukommen, oder auch die Zufriedenheit bei jedem Fortschritte. Es war eine Zeit, da ich glaubte, dies alles könnte die Ehre der Menschheit machen, und ich verachtete den Pöbel, der von nichts weiß. Rousseau hat mich zurecht gebracht.« Jener »verblendete Vorzug verschwindet. Ich lerne die Menschen ehren und würde mich viel unnützer finden als die gemeinen Arbeiter, wenn ich nicht glaubte, daß diese Betrachtung (Kant meint das Philosophieren) allen übrigen einen Wert geben könne, die Rechte der Menschheit herzustellen.«

Zahlreich sind Dokumente dieser Kantischen Gesinnung, in den Antrieben seiner Schriften und in persönlichen Bemerkungen. Noch 1797 schrieb er bei einem literarischen Streit: »Denn was sollen uns alle Bearbeitungen und Streitigkeiten der Spekulation, wenn die Herzensgüte darüber einbüßt?« Bis in die Gebärde geht dieser Sinn, als der senil Verfallene bei Eintritt des Arztes trotz dessen Verwehren sich mühsam aus dem Stuhl erhebt und sagt: »Soweit hat mich die Humanität noch nicht verlassen.«

Kants Vorlesungen. – Kant war Professor. Er las 14 bis 22 Stunden in der Woche. Der Kreis der Themen reichte von der Mathematik und Physik bis zur Logik und Metaphysik, ferner las er über physische Geographie, Anthropologie, Pädagogik, über natürliche Theologie. Einige dieser Vorlesungen kehrten regelmäßig wieder, vor allem die für eine breitere Hörerschaft berechneten über Geographie und Anthropologie.

Niemals trug Kant seine eigene Philosophie vor. Vielmehr las er der Sitte der Zeit entsprechend am Leitfaden von Autoren, z.B. Baumgarten, wobei denn manchmal die Wendung vorkam: Was der Autor sagt, ist falsch. Der Vortrag war, wie die Veröffentlichungen eines

Teiles seiner Vorlesungen aus Nachschriften zeigen, viel traditioneller und dogmatischer als in seinen Werken. Er wollte Kenntnisse vermitteln, zum Selbstdenken anleiten, die sittliche Gesinnung festigen.

Ein Hörer hat berichtet: Die Vorlesungen leiteten an zur »Einfalt im Denken und Natur im Leben« (Lenz). In der Magisterzeit der sechziger Jahre hatte Kant nach Herder, der ihn hörte, die »fröhliche Munterkeit eines Jünglings. Seine offene, zum Denken gebaute Stirn war der Sitz unzerstörbarer Heiterkeit. Scherz und Witz und Laune standen ihm zu Gebote. Sein lehrender Vortrag war der unterhaltendste Umgang. Nichts Wissenwürdiges war ihm gleichgültig. Immer kam er zurück auf unbefangene Kenntnis der Natur und auf den moralischen Wert des Menschen. Er zwang zum Selbstdenken, Despotismus war seinem Gemüte fremd.«

Besondere Ereignisse. – Einschneidende Schicksale fehlen in Kants Leben. Aber viele kleine Ereignisse, praktische Aufgaben, wenn er Dekan oder Rektor war, Fürsorge für Studenten und Freunde zeigen den gewissenhaften und sorgfältigen Menschen. Seine dabei gemachten Erfahrungen lassen sich gelegentlich wiedererkennen in der Wirkung auf seine Werke (ein Beispiel bei Gradenwitz). Berühmt ist sein Konflikt mit dem Ministerium Wöllner wegen seiner Vorlesungen über Religionsphilosophie (1794).

Eine ungnädige Kabinettsorder beschuldigte ihn, die Grundlehren der Heiligen Schrift und des Christentums herabgewürdigt und entstellt zu haben. Kant verteidigte sich und gehorchte der Anweisung, nicht mehr über Religionsphilosophie zu lesen: »So halte ich es für das Sicherste, hiermit als Eurer königlichen Majestät getreuster Untertan feierlichst zu erklären, daß ich mich fernerhin aller öffentlichen Vorträge, die Religion betreffend, es sei die natürliche oder nur geoffenbarte, sowohl in Vorlesungen als in Schriften gänzlich enthalten werde.« Dazu notiert er sich: »Widerruf ist niederträchtig. Schweigen im gegenwärtigen Falle ist Untertanenpflicht: und wenn alles, was man sagt, wahr sein muß, so ist darum nicht auch Pflicht, alle Wahrheit öffentlich zu sagen.« Den Ausdruck »als Eurer Majestät getreuster Untertan« habe er »mit Fleiß bestimmt, damit beim etwaigen Ableben des Monarchen vor meinem, da ich alsdann der Untertan des folgenden sein würde, ich wiederum in meine Freiheit zu denken eintreten könnte«. Tatsächlich hat Kant sich nach dem Tod des Königs wieder öffentlich geäußert. Kant hat also seine Lehrfreiheit einschränken lassen. Er wurde kein Märtyrer, sondern verhielt sich vorsichtig wie Spinoza. Schon 1766 hatte er an Moses Mendelssohn geschrieben: »Zwar denke ich vieles mit der allerklärsten Überzeugung und zu meiner großen Zufriedenheit, was ich niemals den Mut haben werde zu sagen; niemals aber werde ich etwas sagen, was ich nicht denke.« Wille zur Ruhe und Sicherheit war der Grund von Kants Leben. Er geriet in keinen sittlichen Widerspruch mit sich selbst. Wer dürfte anderes von ihm fordern!

Die Werke: Die Chronologie der Werke Kants zeigt folgendes Bild. Nach der ersten Arbeit des 22jährigen (1746) beginnt nach einer Unterbrechung von acht Jahren seit 1754 die Reihe der Veröffentlichungen. Aber es zeigt sich ein auffallender Einschnitt. Von 1770 bis 1781 erscheint so gut wie nichts. Obgleich bis dahin ein fruchtbarer und schon berühmter Autor, wird Kant so gut wie still. Denn erst in diesem Jahrzehnt erwächst die eigentlich Kantische Philosophie, deren erstes, für immer entscheidendes Werk, die »Kritik der reinen Vernunft«, 1781 veröffentlicht wird. Man unterscheidet daher die vorkritischen und die kritischen Schriften. Seit 1781 – Kant ist 57 Jahre alt – werden diese nun in schneller Folge ausgearbeitet: Prolegomena (1783), Idee zu einer allgemeinen Geschichte in weltbürgerlicher Absicht (1784), Grundlegung zur Metaphysik der Sitten (1785), Kritik der praktischen Vernunft (1788), Kritik der Urteilskraft (1790), Die Religion innerhalb der Grenzen der bloßen Vernunft (1793). Und dazwischen erscheinen noch zahlreiche gewichtige kleinere Abhandlungen. Kant selber hat den Unterschied seiner vorkritischen und kritischen Schriften für so groß gehalten, daß ihm die vorkritischen belanglos wurden. »Durch diese Abhandlung (Kritik der reinen Vernunft) ist der Wert meiner vorigen metaphysischen Schriften völlig vernichtet.« Bei dem Plan einer neuen Veröffentlichung seiner sämtlichen Schriften wollte er begonnen wissen mit der Schrift: Über die Formen und die Prinzipien der Sinnen- und Verstandeswelt (1770). Sie bedeutet einen wichtigen Schritt zur kritischen Philosophie, ohne schon diese selbst zu sein.

Es ist ein großartiges Gesamtbild. Kant war schon ein berühmter Philosoph, ein glänzender Autor, als er in vorgerücktem Alter zu den Grundgedanken kam, durch die er weltgeschichtlich wurde. Wäre er mit 50 Jahren gestorben, würde es für uns keine Kantische Philosophie geben. Er würde nur einer der rühmenswerten Aufklärer sein, wie Garve, Mendelssohn. Mehr als ein Jahrzehnt gilt der von keiner Eitelkeit abzulenkenden, hartnäckigen Erarbeitung. Dann beherrschte ihn die Sorge, das kurze Leben noch zu nutzen: dieses Unersetzliche, das ihm zugewachsen ist, in die Welt zu bringen. Der bescheidene Mann weiß doch, daß eine Gedankenwelt in seinen Kopf gekommen ist, die nur er mitteilen kann. Eile läßt ihn gegen die Form gleichgültiger werden. Diese Unruhe in der Ruhe charakterisiert den späten Kant, der, durchdrungen von seiner Aufgabe, verzehrt von seiner Sache, nach dem Jahrzehnt des Schweigens nun ein Jahrzehnt nach außen sichtbarer unerhörter Produktivität erfährt. Erst jetzt wird das Leben geordnet bis zur Pedanterie. Ohne strenge Behandlung seiner Kräfte wäre diese Leistung im Alter nicht möglich gewesen.

Aus seinem *Nachlaß* sind viele Notizen und Manuskripte bekannt geworden. Kant war nicht fertig. Er arbeitete fort, bis das Gehirn den Dienst versagte und auch dann noch. Seine Sache führte ihn ständig zu neuen Aussichten. Noch bis in die letzten Aufzeichnungen ist hier und da Kantischer Geist gegenwärtig, obgleich sein Schreiben nun verzerrte Gestalten annimmt: der Gedanke wird unterbrochen, das Gedächtnis versagt, die Sprache steht nicht mehr frei zur Verfügung, Gedanken werden eigensinnig festgehalten, die Aufnahmefähigkeit für Fremdes hört auf. Der Krankheitsprozeß führt zu einer unkantischen Verkehrung. Wohl ist es verständlich und notwendig, daß Kant den Weg zur Wahrheit endgültig gewonnen zu haben meint. Nicht notwendig ist es, daß, im Gegensatz zu nicht lange zurückliegenden eigenen Äußerungen, dies Bewußtsein die Form annimmt: der Buchstabe seiner Schriften sei wahr, und daß er im Gespräch Widerspruch schwer ertragen kann.

Die *vorkritischen* Schriften sind Ausdruck wissenschaftlicher Interessen, menschlicher Gesinnungen, von Welterfahrungen und logisch-metaphysischen Fragestellungen, die ihrer Substanz nach der Hintergrund auch des späteren kritischen Denkens bleiben.

Eine erste Gruppe von vorkritischen Schriften hat naturwissenschaftlichen Charakter. Darunter findet sich die berühmte »Naturgeschichte und Theorie des Himmels«. Kant als erster hat die Vermutung, daß die Milchstraße als eine gewaltige Ansammlung von Sonnen den fernen elliptischen Sternnebeln entspreche, deren einen man mit bloßem Auge in der Andromeda sieht. Andere Schriften betreffen Erdumdrehung, Erdbeben, Feuer, Winde. Naturwissenschaft bleibt eine Grundlage der späteren kritischen Philosophie.

Ein zweiter Bereich seiner Interessen umfaßt Welt- und Menschenkenntnis. Seit 1757 las Kant über physische Geographie. Seit 1772 löste sich die Vorlesung über Anthropologie davon ab. Er meint, daß »eine große Vernachlässigung der studierenden Jugend vornehmlich darin bestehe, daß sie zu frühe vernünfteln lerne, ohne genugsame historische Kenntnisse, welche die Stelle der Erfahrenheit vertreten können, zu besitzen«. In jenen Vorlesungen wollte Kant eine Erkenntnis »des Menschen als Weltbürgers« geben. Unter diesem Gesichtspunkt sammelte er eine Fülle von geographischen, historischen und alltäglichen Tatsachen auf der Grundlage der Menschenkenntnis durch »Umgang mit seinen Stadt- und Landsgenossen«, einer reichen Lektüre von Reisebeschreibungen, und unter Benutzung von Weltgeschichte, Biographien, ja »Schauspielen und Romanen«. Aus diesem weiten Erfahrungsbereich nährten sich dann einige vorkritische Schriften, wie die »Beobachtungen über das Gefühl des Schönen und Erhabenen«. Durch die kritische Philosophie wurde in die Auffassung dieses Stoffes neues Licht gebracht. Kants geschichtsphilosophische und politische Schriften haben dort ihre Wurzel. Viele Beobachtungen, Beispiele, Bemerkungen in seinen ethischen und religiösen Schriften stammen daher. Einen Rest dieser Vorlesungen hat er im Alter unter dem Titel »Anthropologie in pragmatischer Hinsicht« veröffentlicht. Diesen Hintergrund, das Interesse am Menschen, hat Kant auch durch seine kritische Philosophie unendlich vertieft. Aber er konnte bis zuletzt Sätze schreiben wie:

»Philosophie ist wirklich nichts anderes als eine praktische Menschenkenntnis.« Die philosophische, alle anderen Fragen umfassende Grundfrage blieb ihm: »Was ist der Mensch?«

Auch ein dritter Bereich, der logisch-metaphysische, war von Anfang an da. Schon 1755 schrieb Kant über die ersten Prinzipien der metaphysischen Erkenntnis. Seit 1762 wurden bedeutende logische Erörterungen veröffentlicht. Von ihnen ging der Weg unmittelbar zur kritischen Philosophie. Von diesem Weg und wohin er führt, haben wir sogleich zu sprechen.

Die Interessenbereiche und die Leistungen der vorkritischen Schriften bedeuten noch nicht die eigentlich Kantische Philosophie. Aber mit ihnen wurde er zu einem der glänzenden Philosophen der Aufklärung. Ihr gehörte er an mit seiner schriftstellerisch kultivierten Sprache, die er später aufgab zugunsten einer eindringlichen, dichten, nüchternen Sachsprache. Zur Aufklärung gehörte er mit seiner schönen Heiterkeit und Ironie, seiner unfanatischen Offenheit für Gedanken und Tatsachen, mit seiner Beweglichkeit scharfen Denkens, das die eigenen Produkte alsbald wieder in Frage stellt, mit seiner Neigung zur Erfahrung überall in der Welt und mit seiner Skepsis bei nie erlöschender Liebe zur Metaphysik.

II. Kants Weg zur kritischen Philosophie

a) Wir beobachten die *vorkritischen Schriften* Kants, um die Gedankenbewegungen zu sehen, die mitwirken, den Zustand des Geistes zu erzeugen, in dem die kritische Philosophie geboren werden konnte.

Die überlieferte Ontologie und Metaphysik ist Kant in der Schulzeit durch theologische Kategorien und Wolffsche Philosophie und durch Leibniz bekannt geworden. Er teilt ihre Grundgewißheit im ganzen, ihre Fragen und Probleme im einzelnen. In der Auseinandersetzung mit Vorgängern und Zeitgenossen aber ist ihm eines die Hauptsache: er will zweifelsfreie Gewißheit.

Seine erste Frage ist, *wie weit die Kraft der Logik reicht* (in seiner Habilitationsschrift »Eine neue Beleuchtung der ersten Prinzipien der metaphysischen Erkenntnis« [1755] unter Hinweis auf Crusius).

Kant denkt: Nichts ist ohne bestimmenden Grund. Gottes Existenz wird gedacht, weil das Gegenteil des unbedingt notwendig Existierenden, nämlich, daß überhaupt nichts ist, undenkbar ist. Diese Unmöglichkeit des Gegenteils ist aber nur der Grund für unsere Erkenntnis seines Daseins, nicht der Grund seines Daseins selber. »Er existiert; das genügt, um von ihm alles gesagt und begriffen zu haben.«

Hier ist das Denken zum grundlosen Grund oder Urgrund gelangt. Das Denken kann nicht zurückgehen hinter die absolute Wirklichkeit. Die Notwendigkeit des Daseins dieser Wirklichkeit kann nicht aus einem Grunde hergeleitet werden. Keine Denknotwendigkeit läßt mich einen Blick werfen über diese Wirklichkeit hinaus.

Dieser Gedankengang unterscheidet den Grund des Seins (oder des Werdens) von dem Grund des Erkennens. Jener ist der voraufgehend bestimmende, erzeugende Grund, dieser der nachfolgend bestimmende, nur erklärende Grund. Denken wir, daß Gott oder das absolute unbedingte Sein notwendig existiert, weil das Gegenteil undenkbar ist, so fehlt uns bei solcher Einsicht der voraufgehend bestimmende Grund des Seins des unbedingt notwendigen Seins.

Daher gibt es für das Dasein Gottes keinen erzeugenden Beweis. Möglichkeit und Unmöglichkeit haben keine Kraft, den Realgrund zu fassen. Möglichkeit heißt, daß zwei miteinander verbundene Begriffe sich nicht widersprechen. Der Begriff geht aus Vergleichung hervor. Wenn aber nichts gegeben ist, hat die Vergleichung keine Stätte. Daher kann nichts als möglich vorgestellt werden, wenn nicht, was in jedem möglichen Begriff real ist, Dasein hat, und zwar zuletzt unbedingt notwendiges Dasein. Ginge man davon ab, so wäre überhaupt nichts möglich, es würde nur Unmögliches geben. Beseitigt man Gott, wird nicht nur das ganze Dasein der Dinge, sondern auch ihre innere Möglichkeit selbst vernichtet. »Gott ist von allen Wesen das einzige, in dem das Dasein das erste oder identisch mit der Möglichkeit ist. Und es bleibt von letzterer kein Begriff, sobald man von seinem Dasein abgeht.«

In diesen Gedanken dringt Kant auf das Denken dessen, was vor allem als möglich Denkbaren liegt. Sein und Denken sind nicht dasselbe. Das Denken setzt Wirklichkeit voraus. Wirklichkeit ist nicht als logische Notwendigkeit zu begreifen.

Logische Notwendigkeit des Denkenmüssens ist nicht reale Notwendigkeit des Seins. Logische Verhältnisse dürfen nicht verwechselt werden mit realen Verhältnissen. Das Sein ist nicht aus logischer Notwendigkeit herzuleiten und zu konstruieren. Die gleiche Forderung, logische und reale Beziehungen nicht zu verwechseln, begründet der Aufsatz »Versuch, den Begriff der negativen Größen in die Weltweisheit einzuführen« (1763):

Widerspruch im Denken (logische Opposition) ist etwas grundsätzlich anderes als die Wirklichkeit widerstrebender Kräfte (Realrepugnanz). Einen Körper zu denken, der sich zugleich bewegt und nicht bewegt, ist ein Widerspruch. Jedoch ein Körper, der von zwei gleich starken Kräften nach entgegengesetzten Seiten zugleich bewegt wird, ist nicht in Widerspruch, sondern in Ruhe. Widerspruch bedeutet logische Aufhebung der Sache; das so Gedachte ist ein Unding. Aufhebung entgegenstrebender Kräfte ist möglich als Wirklichkeit der Ruhe. Die logische Negation ist keine Realität. Reale Gegensätze dagegen können sich miteinander verbinden, Lust und Unlust, Liebe und Haß. Begriffsanalysen sagen nur etwas über logischen Widerspruch, nicht über reale Gegensätze der Kräfte.

Ein weiteres Beispiel für die Einschränkung der Tragkraft des Logischen gibt »Die falsche Spitzfindigkeit der vier syllogistischen Figuren« (1762):

Nur die erste Figur der auf Aristoteles zurückgehenden Schlußlehre, die in den Schulen qualvoll gelernt wird, ist rein. Alle anderen sind vermischt und führen auf die erste zurück. Der zuerst einen Syllogismus in drei Reihen schrieb, sah ihn wie ein Schachbrett an und versuchte Umstellungen. Er wurde gewahr, daß ein vernünftiger Sinn herauskam. Aber er vergaß, daß damit nichts Neues in Ansehung der Deutlichkeit, sondern nur eine Vermehrung der Undeutlichkeit herauskam. »Es ist aber der Zweck der Logik, nicht zu verwickeln, sondern aufzulösen; nicht verdeckt, sondern augenscheinlich etwas vorzutragen.« Die Syllogistik aber der vier Figuren »macht es zu einem Rechte, Einsichten verwickeln zu dürfen«. Kant wundert sich, daß auf eine so unnütze Sache so viel Scharfsinn verwandt ist. »Allein das ist das Los des menschlichen Verstandes, entweder er ist grüblerisch und gerät auf Fratzen, oder er hascht verwegen nach zu großen Gegenständen und baut Luftschlösser.« Kant aber schmeichelt sich nicht, in wenigen Stunden »den Koloß umzustürzen, der sein Haupt in die Wolken des Altertums verbirgt und dessen Füße von Ton sind«.

Nach der Frage, wie weit die Kraft der Logik reiche, wurde für Kant die zweite Frage die nach dem Ursprung der Gewißheit selber. Mit dem Zeitalter der modernen Wissenschaften teilte Kant den leidenschaftlichen Willen zur Gewißheit der Erkenntnis. Die Mathematik war das Ideal. Sie war das Vorbild für die Philosophie. Seit dem 17. Jahrhundert orientierten sich die Philosophen an ihr. Viele waren selber große Mathematiker. Durch Kant erst trat ein Wandel ein. Auch bei ihm (obgleich er kein erfinderischer Mathematiker und wohl nicht einmal im Besitz der höheren Mathematik war) hatte die Mathematik ihren unbestrittenen Rang. Nur soweit Mathematik in ihnen enthalten ist, sind ihm Wissenschaften echte Wissenschaften. Aber für Kant wurde die Tragweite der Mathematik zur Frage, und damit fragte er nach dem *Unterschied philosophischer und mathematischer Erkenntnis.*

Schon in seiner ersten Schrift verweist der 22jährige die »lebendigen Kräfte« aus der Mathematik. In der Schrift über die Deutlichkeit der Grundsätze in der natürlichen Theologie und Moral (1763) wird der Unterschied von Mathematik und Metaphysik klar: Die grundlegenden Definitionen der Mathematik sind synthetisch, d. h. die Erklärung geschieht durch eine anschauliche Operation. In der Metaphysik sind die grundlegenden Definitionen analytisch, d. h. sie sind Tautologien, in denen der gemeinte Sinn nur deutlich wird. – Die Mathematik verknüpft gegebene Begriffe von Größen, die klar und sicher sind, um zu sehen, was hieraus gefolgert werden kann. Die Metaphysik zergliedert Begriffe, die als verworren gegeben sind. – Die Mathematik hat wenige unauflösliche Begriffe und unerweisliche Sätze, die Philosophie unzählige. – In der Mathematik entspringt mein Begriff der Objekte durch die Erklärung. In der Philosophie habe ich den deutlichen Begriff der Sache noch nicht, sondern muß ihn erst suchen. Das Verhältnis einer Trillion zur Einheit wird deutlich verstanden, dagegen hat man den Begriff der Freiheit aus ihren Einheiten, d. h. ihren einfachen und bekannten Begriffen, bis jetzt nicht verständlich machen können. Das heißt: Die Qualitäten, die das eigentliche Objekt der Philosophie ausmachen, sind unendlich viele. – Die Mathematik bedient sich der Zeichen, die Metaphysik braucht Worte. Daher muß man bei metaphysischer Erkenntnis stets die Sache selbst vor Augen haben. Diese kann nicht die Vorstellung der Sachen mit der klareren und leichteren der Zeichen vertauschen, sondern kann nur das Allgemeine in abstracto erwägen. Die Zeichen der Mathematik sind sinnliche Erkenntnismittel, die man benutzen kann mit der Gewißheit, in ihrem Gebrauch nichts außer acht gelassen zu haben. Dagegen helfen die Worte nur zur Erinnerung der allgemeinen Begriffe, deren Bedeutung man jederzeit unmittelbar vor Augen haben muß.

Es ist schwerer, durch Zergliederung verwickelte Erkenntnisse aufzulösen (in der Philosophie), als durch die Synthesis gegebene einfache Erkenntnisse zu verknüpfen und so auf Folgerungen zu kommen (in der Mathematik). Daher ist »die Metaphysik die schwerste unter allen menschlichen Einsichten; allein es ist noch niemals eine geschrieben worden«.

Die Methode der Philosophie steht in Analogie zu den Erfahrungswissenschaften: sie »sucht durch sichere innere Erfahrung, d. i. ein unmittelbares augenscheinliches Bewußtsein, diejenigen Merkmale auf, die gewiß im Begriffe von irgendeiner allgemeinen Beschaffenheit liegen«.

Kant vollzieht die Befreiung der Philosophie von der Mathematik unter gleichzeitiger Erkenntnis der einzigartigen Bedeutung der Mathematik. Obgleich Kant zwischen Mathematik und Philosophie damals noch nicht einen Unterschied der Art der Gewißheit sieht – in beiden erste unerweisliche Sätze und erweisliche Folgerungen –, so ist durch den Unterschied in der Art jener Unerweislichkeit der Grund der schließlichen Einsicht gelegt: Der Unterschied bedeutet, daß Mathematik und Philosophie verschiedene Aufgaben, andere Methoden und eine andere Art von Gewißheit haben. Die Orientierung an der Mathematik hört auf, sofern die Mathematik Vorbild zur Nachahmung sein sollte; sie bleibt, sofern in der Unterscheidung die Eigenständigkeit der Philosophie bewußt wird.

Kant stimmt Crusius zu, daß es außer dem Satz des Widerspruchs einen anderen Grund der Erkenntnis geben müsse: unmittelbar gewisse und unerweisliche Grundsätze, die ersten materialen Grundsätze der menschlichen Vernunft. Er widerspricht aber dem Satz des Crusius: »Was ich nicht anders als wahr denken kann, das ist wahr«, sofern dieser Satz einen Grund der Wahrheit aussprechen wolle. Denn er spricht gerade aus, daß kein Grund der Wahrheit angebbar, die Erkenntnis also unerweislich sei. »Das Gefühl der Überzeugung ist ein Geständnis, aber nicht ein Beweisgrund.«

Man sieht sogleich, wie weit jetzt Kants Zweifel geht. Nach der Unterscheidung des Logischen und Realen (und damit dem Erweis der Ohnmacht des bloßen Denkens) und nach der Vergewisserung einer für die Philosophie im Unterschied von der Mathematik zu suchenden eigenen Gewißheit ging Kants Weg keineswegs schon zum Bau dieser neuen Philosophie. Vielmehr gelangte er zunächst zum *Zweifel an der Möglichkeit einer Metaphysik überhaupt.* Die schöne Klarheit wurde zunächst zur Klarheit des Nichtwissenkönnens. Kants Gewißheitswille ineins mit seiner Redlichkeit weicht nicht aus. In den »Träumen eines Geistersehers erläutert durch die Träume der Metaphysik« (1766) vollzieht er die Abrechnung mit sich selber bis zum Spott auf Bestrebungen, an denen er teilgenommen hat. Was alles denkbar ist, das zeigte Kant an Swedenborgs Wahn. Er selber entwarf nun übermütig Denkbarkeiten, aber um zu bekunden, daß sie als solche nur Phantasien sind. Metaphysische Hypothesen seien so biegsam, daß sie jeder Erzählung angepaßt werden können. Er sagt von den »Luftbaumeistern der mancherlei Gedankenwelten«, jeder bewohne seine eigene, d. h. er träume. Denn das ist nach griechischem Wort (Heraklit) der Unterschied von Traum und Wachen: dort hat jeder seine eigene, hier haben wir alle eine gemeinschaftliche Welt. Swedenborgs Wahn stellt er in Parallele zum Wahn der Metaphysiker. Was aber das übersinnliche Anschauen betrifft, so »kann die anschauende Kenntnis der anderen Welt allhier nur erlangt werden, indem man etwas von demjenigen Verstande einbüßt, welchen man für die gegenwärtige nötig hat«.

Aber diese Gedanken mindern nicht den Ernst des Glaubensgrundes, aus dem Kant jederzeit lebte. Es wandelt sich nur, wie dieser Ernst sich ausspricht. Kant denkt an Sokrates und bekennt mit ihm: zunächst zwar: Wie viele Dinge gibt es doch, die ich nicht einsehe! dann aber: Wie viele Dinge gibt es doch, die ich alle nicht brauche! Es kommt auf die Wirklichkeit des Moralischen, nicht auf das Wissen vom Übersinnlichen an. In dieser Welt haben wir uns zu bewähren, auch um unser unerkennbares Schicksal vorzubereiten. Das aber sagt Kant in der heitersten, übermütigsten Sprechweise. Er schließt mit Voltaires Candide: »Laßt uns unser Glück besorgen, in den Garten gehen und arbeiten!« Metaphysik ist nicht nötig, um Moral und Glauben zu sichern. Es ist nicht nötig, Gottes Dasein zu beweisen, aber es ist nötig, von Gottes Dasein überzeugt zu sein (1763). Eine Trennung, die sich im protestantischen Glauben angebahnt hatte, die Trennung zwischen Dogmenbekenntnis und Lebenspraxis christlicher Liebe, setzt sich um in Kantisches Philosophieren.

Die Schrift über die Geisterseher war eine Abrechnung gewesen, aber nicht eine solche der Verzweiflung, sondern der Bereitschaft zum Wagnis des Denkens auf einem anderen Weg. Den aber hatte er noch nicht.

b) *Die Wende seit 1766:* – Man kann sagen, das Jahr 1766 etwa sei die Wende. Die Zeit von 1766 bis 1781 (Erscheinen der Kritik der reinen Vernunft) ist die Zeit der Geburt der Kantischen Philosophie. Es ist die Zeit, in der seine Publikationen fast aufhören. 1770 erscheint wegen Antritts seiner Professur die für solchen Akt verlangte Dissertation. Sie enthält einen ersten Schritt (die Lehre von der Subjektivität der Raum- und Zeitanschauung), aber noch nicht die neue Philosophie selber.

Die sechziger und ersten siebziger Jahre brachten das weltmännische Philosophieren, Kants Teilnahme an der Gesellschaft, die heitere und ironische Unruhe, die erbarmungslose Selbstkritik seiner Liebe zur Metaphysik, die große Beweglichkeit seiner Gesichtspunkte. Es ist, als ob Kant sich in einen Strudel stürze, darin zwar ständig Ansätze zur Ordnung und zum Gliederbau des Gedachten fände, aber beide doch wieder preisgäbe, eine Fülle neuer Erhellungen fände, ohne schon auf das feste Land zu gelangen.

Für die anderen war Kant auf der Höhe seines Lebens, im Besitz der vollen Souveränität seines Geistes, der eleganteste und eindrucksvollste philosophische Schriftsteller. Die Welt des dogmatischen Denkens beherrschte er, ohne sich ihr irgendwo zu unterwerfen, vielmehr um sie in skeptischer Reflexion zu zersetzen. Niemand ahnte, daß dies alles nur Vorspiel war.

Wir besitzen merkwürdige Aussagen Kants über seine Haltung in diesen Jahren:

Er habe sich in dem Gebiete der Philosophie der reinen Vernunft noch nirgends ansässig gemacht, habe keine großen Bücher darin geschrieben, sei daher nicht zu deren Verteidigung in die Notwendigkeit geraten, bei einerlei Meinung zu bleiben. Die kleinen Versuche, die er ausstreute, um nicht ganz müßig zu scheinen, habe er weiter gespielt. »Bloß von der Gemütsverfassung, in die ich mich versetzte und beständig erhielt« und »von der Länge der Zeit, welche hindurch ich das Gemüt zu jeder neuen Belebung offen hielt«, habe er für sein Philosophieren einen glücklicheren Ausgang, als alle seine Vorgänger ihn hatten, erwartet.

Weiter berichtet Kant, daß er lange Zeit geglaubt habe, »in der Absicht, dogmatische Einsichten zu erweitern«, etwas Eigenes beizutragen. »Denn der so dreist hingesagte Zweifel schien mir so sehr die Unwissenheit mit dem Tone der Vernunft zu sein, daß ich demselben kein Gehör gab.« »Ich glaubte noch immer die Methode zu finden, die dogmatische Erkenntnis durch reine Vernunft zu erweitern.« Aber »wenn man mit wirklichem Ernst die Wahrheit zu finden nachdenkt, so verschont man zuletzt seine eigenen Produkte nicht mehr. Man unterwirft, was man gelernt oder selbst gedacht hat, gänzlich der Kritik. Es dauerte lange, daß ich auf solche Weise die ganze dogmatische Theorie dialektisch fand. Aber ich suchte etwas Gewisses, wenn nicht in Ansehung des Gegenstandes, doch in Ansehung der Natur und der Grenzen der Erkenntnisart.« Kant ist die spekulative Möglichkeit metaphysischen Denkens nie gleichgültig geworden. 1763 hatte er noch wenigstens einen »einzig möglichen Beweisgrund für das Dasein Gottes« herausgearbeitet, den er später stillschweigend fallen ließ.

Offenheit, Skepsis und Geduld führen als solche nicht weiter. Sollte Kants negative Einsicht nicht nur Verzicht sein, so mußte er eine andere Gewißheit auf neuen Wegen metaphysischen Denkens finden.

Ein für Kant entscheidender Schritt war es, daß er in die skeptische Haltung selber Methode brachte: »Ich versuchte es ganz ernstlich, Sätze zu beweisen und ihr Gegenteil, nicht um eine Zweifelslehre zu erweisen, sondern weil ich eine Illusion des Verstandes vermutete, zu entdecken, worin sie stecke. Das Jahr 69 gab mir großes Licht.«

Kant entdeckte die Antinomien – die Welt ist endlich, ist unendlich; hat einen Anfang in der Zeit, hat keinen Anfang; alles geschieht nach kausaler Notwendigkeit, es gibt Freiheit als Anfang einer Kausalreihe usw. –, aber so, daß er bemerkte, wann sie auftreten: nämlich dann, wenn wir das Ganze oder wenn wir das Unbedingte in der Welt suchen, oder anders: die Unendlichkeit zum endlichen Gegenstand machen wollen. Hier fand er methodisch einen festen Punkt. Er wurde sich dessen sogleich bewußt. »Seit etwa einem Jahre«, schrieb er Sept. 1770, »bin ich zu demjenigen Begriff gekommen, welchen ich nicht besorge, jemals ändern, wohl aber erweitern zu dürfen, und wodurch alle Art metaphysischer Quästionen nach ganz sicheren und leichten Kriterien geprüft und, inwiefern sie auflöslich sind oder nicht, mit Gewißheit kann entschieden werden.«

Ein anderer Schritt führte zur Klarheit über Raum und Zeit, niedergelegt 1770 in der Dissertation.

Für Newton war der Raum etwas Absolutes, an sich wirklich, das sensorium dei. Für Leibniz war der Raum Erscheinung der raumlosen Wirklichkeit der Monaden in ihren Relationen. Weil der Raum nicht an sich ist, leugnet Leibniz die unendliche Teilbarkeit des Raumes, die Realität des leeren Raumes, die Wirkung in die Ferne (alles im Gegensatz zu Newton). Kant lehrte nun (mit Leibniz) die Erscheinungshaftigkeit des Raumes, aber (gegen Leibniz) nicht als unklare Erscheinung, sondern als die Klarheit der sinnlichen Welt. Und Kant lehrte die objektive Realität des Raumes (wiederum gegen Leibniz) als die reine Form der uns eigenen Sinnlichkeit, als Bedingung der Realität der Erscheinungen. Schon 1758 erkannte Kant mit Leibniz die Relativität des Raumes (»neuer Lehrbegriff von Bewegung und Ruhe«). 1768 erkannte er seine objektive Realität als Anschauungsform an den Symmetrieerscheinungen von links und rechts, Bild und Spiegelbild. Es sind Unterschiede im Wesen des Körpers, die lediglich räumlicher, nicht begrifflicher Natur sind. Die Welt von Raum und Zeit ist nicht die Wirklichkeit an sich selbst, aber keineswegs Schein, sondern Raum und Zeit sind Bedingung der objektiven Realität aller unserer sinnlichen Erfahrungen in der Anschauung.

Damit war der uralte Unterschied der sinnlichen und übersinnlichen Welt auf neue Weise konstituiert. Noch galt für Kant die alte Ontologie: die Formen des Denkens treffen das Sein selbst. Aber die Mathematik war für Kant jetzt auf den zu ihr gehörenden Bereich beschränkt und hier von durchherrschender Geltung: sie erkennt die notwendigen Formen aller sinnlichen Anschauung. Die Begriffe dagegen galten für Kant noch 1770 als etwas, das das Ansichsein erreicht. Wie die Formen der sinnlichen Anschauung die Welt, so treffen die Begriffe das Intelligible. Dem Erkennen bleibt der Zugang zur sinnlichen wie zur übersinnlichen Welt. Darum der Unterschied des mundus sensibilis und des mundus intelligibilis.

Daß das Denken die zureichende Quelle der Erkenntnis sei, diese uralte und unbestimmte Selbstgewißheit des philosophischen Denkens, ist Kant von Anfang an selbstverständlich. Was aber ist dieses Denken? Wo findet es seinen letzten Grund? Woher die Begriffe? Diese Fragen treiben voran.

In der Preisschrift (1764) sieht Kant die »unauflöslichen Begriffe« als Fundament der Erkenntnis. Aber was sind sie? Daß der Grund, aus dem wir Gottes Sein erkennen, nicht der Grund ist, durch den er ist, – allgemein, daß Erkenntnisgrund nicht Realgrund ist, hat Konsequenzen für die Ontologie: Logisch erkenne ich zum Beispiel nicht den Kausalzusammenhang. In ihm ist vielmehr ein Undurchdrungenes gegeben, das in den »unauflöslichen Begriffen« da ist. Diese Begriffe scheinen damals bei Kant einmal mit den Erfahrungsbegriffen gleichgesetzt, auf die das nur logische Denken warten muß, ohne sie hervorbringen zu können, dann wieder sind sie ihnen zur Ergänzung gegeben, um mit ihnen über alles sinnlich Erfahrbare hinaus das Übersinnliche ursprünglich zu denken.

Gleichzeitig mit dieser Schrift erschien Lamberts »Neues Organon«. Beide fanden sich auf demselben Wege und tauschten ihre Gedanken. Aus dem Willen zur Gewißheit fragten sie nach der Herkunft der Begriffe.

Beide stimmten überein, daß die Begriffe Formen seien, Verhältnisse aussprechen, nur in der Verarbeitung von erfahrbaren Inhalten ihre Funktion haben. Beide standen gegen Leibniz. Der Sache nach standen sie schon gegen die späteren konstruktiven Idealisten, sofern diese in den unauflöslichen Begriffen vielmehr das Bewußtsein der geistigen Funktion als solcher sahen und durch konstruierende Operationen der Akte des Geistes schon Seinserkenntnisse zu gewinnen meinten ohne Bewährung in der Erfahrung, vielmehr in der ganz anderen Erfahrung eines denkenden Bewußtseins selber.

Kant fühlte sich damals schon auf seinem endgültigen Wege (an Lambert 31. 12. 1765) mit »einigem Zutrauen« in die schon erworbene Einsicht. »Ehe wahre Weltweisheit aufleben soll, ist es nötig, daß die alte sich selbst zerstöre.« Doch diese Krisis macht ihm »die beste Hoffnung, daß die so längst gewünschte große Revolution der Wissenschaften nicht mehr weit entfernt sei«. Von sich selbst aber sagt er: »Ich bin nach so mancherlei Umkippungen, bei welchen ich jederzeit die Quellen des Irrtums oder der Einsicht in der Art des Verfahrens suchte, endlich dahin gelangt, daß ich mich der Methode versichert halte.«

Der Briefwechsel zwischen Kant und Lambert blieb stecken, weil Kant sich vor neuen Entdeckungen fühlte und zögerte, bis diese klar geworden seien. Dann erst wollte er schreiben und sie Lambert zur Kritik vorlegen. Dabei kam Kant auf einen völlig neuen Weg der Untersuchung und Herleitung der unauflöslichen Begriffe, während Lambert ihre Grundformen nur aus der Sprache suchte.

Wenn Kant und Lambert den Sinn des Denkens in der Verarbeitung erfahrbarer Inhalte, im Erkennen der Realität sahen, dann fing für Kant das Problem erst an. Er fragte *erstens:* Wie ist es dann überhaupt möglich, durch Begriffe des Denkens Zugang zu dem ganz Anderen, zur sinnlichen Welt zu gewinnen? Und *zweitens:* Wie ist es möglich, daß Begriffe, die wir hervorbringen, sich auf das Sein an sich beziehen und es treffen?

Diese Fragen standen noch auf dem Boden des Standpunkts der Dissertation (1770): Raum und Zeit sind nicht an sich, sondern Anschauungsformen. Die sinnlichen Vorstellungen stellen die Dinge nur vor, wie sie erscheinen, die intellektuellen Begriffe aber, wie sie an sich sind. Die von Kant vollzogene (nicht neue) Folgerung war zwar für die Reinigung der überlieferten Ontologie, die doch noch bestehen blieb, von großer Bedeutung: auf das Sein, wenn wir es denken, was es an sich sei, dürfen wir nichts Sinnlich-Anschauliches, nicht Raum und Zeit übertragen. »Wenn etwas gar nicht als ein Gegenstand der Sinne, sondern durch einen allgemeinen und reinen Vernunftbegriff als ein Ding oder eine Substanz überhaupt nur gedacht wird, so kommen sehr falsche Positionen heraus, wenn man sie den gedachten Grundbegriffen der Sinnlichkeit unterwerfen will.« »Die allgemeinsten Gesetze der Sinnlichkeit spielen fälschlich in der Metaphysik, wo es doch bloß auf Begriffe und Grundsätze der reinen Vernunft ankommt, eine gewisse Rolle« (an Lambert 2. 9. 1770).

Das war klar. Es schien alles in Ordnung. Wir dürfen und können mit Erfahrungsbegriffen der räumlich-zeitlichen Anschauung die Realität, mit reinen Begriffen die übersinnliche Welt erkennen. Aber dem keine Ruhe lassenden Kant erwuchs auf diesem Boden die umfassendere und grundsätzlichere Frage, die schließlich die Voraussetzungen des bisherigen Denkens überhaupt umwerfen sollte.

c) *Die neue Frage* lautete damals in der einfachsten Form: »Auf welchem Grunde beruht die Beziehung desjenigen, was man in uns Vorstellung nennt, auf den Gegenstand?« (21. 2. 1772). Die darauf versuchten Antworten führten Kant auf einen völlig neuen Weg. Nicht nur die Grenzen der Sinnlichkeit, sondern die des Denkens selber werden sich zeigen. Die alte Ontologie, dieses Denken in Begriffen, die unmittelbar reale Bedeutung haben sollen, wird fallen. Nicht nur die Begriffe anschaulicher Sinnlichkeit, sondern jede Art von Begriffen wird hinfällig, wenn es sich um das Sein selbst handelt. Aber Anschauung wie Begriff haben gegenständliche Bedeutung. Die Frage ist: Was für ein Gegenstand ist das? Und damit noch einmal die Frage: Wir schauen an in Raum und Zeit und wir denken in Begriffen; woher kommt die Übereinstimmung der durch Anschauung oder Begriff gegebenen Vorstellungen mit dem Gegenstand?

Mehrfache Antworten sind denkbar: die Vorstellung vom Gegenstande ist die Art, wie das Subjekt (passiv) von ihm affiziert wird, oder: die Vorstellung ist die Art, wie das Subjekt (aktiv) den Gegenstand denkend hervorbringt. »Allein unser Verstand ist durch seine Vorstellungen weder die Ursache des Gegenstandes (außer in der Moral in den guten Zwecken), noch der Gegenstand die Ursache der Verstandesvorstellungen (in sensu reali). Die reinen Verstandesbegriffe müssen in der Natur der Seele zwar ihre Quelle haben, aber doch weder insofern sie vom Objekt gewirkt werden noch das Objekt selbst hervorbringen.«

Für Kant zeigte sich hier ein außerordentliches Rätsel: die Beziehung zwischen Subjekt und Objekt, dieses Rätsel, über das wir alle hinwegleben und über das die Jahrtausende hinweggelebt haben. Das Ding, das ich erkenne, bin nicht ich; was ist es denn? Ich bin nicht, ohne Gegenstände vor mir zu haben, ohne Sinnlichkeit des Gegebenen; was bin ich denn ohne sie? Es gibt für mich keinen dritten Standpunkt außerhalb, von dem ich Subjekt und Objekt des Denkens vergleichen könnte. Ich vergleiche immer nur Objekte und zum Objekt gemachte Subjektivität.

Die neue Frage hatte bei Kant die wirksame Form angenommen: Wie ist die Übereinstimmung der Vorstellung mit der Wirklichkeit möglich? Oder genauer: Wie ist die Übereinstimmung unserer intellektualen Vorstellungen, die auf innerer Tätigkeit beruhen, mit Gegenständen möglich, die wir doch dadurch nicht hervorgebracht haben?

Kant meint, in der Mathematik sei dies wohl begreiflich. Denn hier sind die Objekte vor uns nur dadurch Größen, daß wir ihre Vorstellung erzeugen können, indem wir Eins etliche Mal nehmen. Aber ganz anders liegt es im Verhältnis der Qualitäten. Wir denken Kausalität, Substanz und andere Kategorien, wir denken Grundsätze wie: Nichts geschieht ohne Ursache; die Masse der Substanz wird weder vermehrt noch vermindert. Wie ist es möglich, daß wir Begriffe von Dingen bilden sollen, mit denen die Sachen notwendig übereinstimmen, daß wir Grundsätze entwerfen, mit denen die Erfahrung übereinstimmt, ohne daß sie aus der Erfahrung stammen? »Diese Frage hinterläßt immer eine Dunkelheit in Ansehung unseres Verstandesvermögens, woher ihm diese Einstimmung mit den Dingen selbst komme.«

Kant fragt die anderen Philosophen. Plato führt die Erkenntnis auf ein geistiges ehemaliges Anschauen der Ideenwelt zurück. Malebranche faßt Erkennen als das immerwährende Anschauen des Urwesens, als das Sehen der Dinge in Gott auf. Crusius (in Abhängigkeit von Leibniz) meint, Gott habe uns Regeln zu Urteilen und Begriffen so eingepflanzt, daß sie mit den Dingen harmonieren. Dieser deus ex machina scheint Kant das Ungereimteste, wenn man diese Frage beantworten wolle. Alle vorgebrachten Antworten überzeugen Kant nicht.

Die Frage selber muß grundsätzlicher gestellt werden. Das ist das Neue des Kantischen Denkens. Er lenkt die Frage in die Tiefe, weil er die Selbstverständlichkeit, die bis dahin unbefragt war, zur Frage macht: das Dasein der Beziehung von Subjekt und Objekt selber. Jene von Kant angeführten und bisher alle Denker, hatten den Standpunkt unseres natürlichen Bewußtseins nicht verlassen, auf dem – ob im Diesseits oder Jenseits, in Welterkenntnis oder Gotteserkenntnis – das Letzte, Unüberschrittene dieses ist, daß wir Objekte, Gegenstände vor uns haben, und daß diese real sind, daß wir sie sehen, hören und denken und erkennen, daß wir, sie meinend (intentional), auf sie gerichtet sind, und daß wir selber real sind, wie sie. Wohl hatte man nach der Übereinstimmung zwischen dem Gedachten und dem Gegenstand gefragt, aber nicht nach der Möglichkeit der Beziehung überhaupt zwischen dem Denkenden und dem Gegenstand, nach dem was beide selber sind und wozwischen eigentlich Übereinstimmung stattfinden soll.

Man nennt den natürlichen Standpunkt »naiven Realismus«. Ob die früheren Denker empirisch meinten, daß wir alles durch Erfahrung wissen, oder rationalistisch, daß wir die Grundwahrheit von den Dingen allein durch Denken erfassen, gemeinsam war ihnen, daß dem erkennenden Subjekt eine Welt von Sachen gegenübersteht, die es erkennt.

Wenn dann nach dem Grund der Übereinstimmung gefragt wurde, so war die empiristische Antwort: weil die Dinge selber durch unsere Sinnesorgane in uns gelangen, sich abbilden, in uns sich abdrücken. Zwar sind nicht alle Sinnesempfindungen real, sondern nur die, welche Kraft und Ausdehnung und Widerstand der Materie spüren lassen. Man unterschied seit Demokrit die primären und sekundären Sinnesqualitäten. Aber einmal begonnen, wurden alle Qualitäten fragwürdig. Die Antwort führte schließlich zur Frage nach der Realität der Außenwelt und einem vollkommenen Skeptizismus in bezug auf das Erkennen einer Realität.

Die Frage nach dem Grund der Übereinstimmung fand die rationalistische Antwort: Sie muß stattfinden, weil der Geist selbst die Erkenntnis erzeugt und weil das notwendig Gedachte auch wirklich ist. Auf die Frage aber, wie das Geisterzeugte, dessen Notwendigkeit noch kein Beweis für die Realität seines Inhalts sei, doch mit dieser Realität übereinstimme, mußte die prästabilierte Harmonie helfen: Gott hat es so eingerichtet, daß das, was wir notwendig denken, mit dem, was an sich selber ist, stets übereinstimmt.

Alle diese Fragen und Antworten ließ Kant zurück, indem er nach dem Subjekt-Objekt-Verhältnis selber fragte. Die Voraussetzung des bisherigen Denkens, das feste, bestehende, unüberschreitbare Verhältnis von Subjekt und Objekt, das als solches nicht zum Gegenstand der Frage, weil als solches gar nicht bewußt geworden war, machte Kant sich zur Frage. Das Subjekt-Objekt-Verhältnis ist nicht das absolute, allem vorhergehende Sein, nicht das Erste, sondern ein Zweites. Damit öffnete er einen Raum, den zu betreten in unabsehbare Möglichkeiten führt. Kant war sich wohl sogleich bewußt, daß er etwas schlechthin Neues tat. »Ich bemerkte, daß mir noch Wesentliches mangele (nämlich in der Dissertation), welches in der Tat der Schlüssel zu dem ganzen Geheimnis der Metaphysik« ist.

Die Frage nach Subjekt und Objekt ist praktisch alle Zeit von Mystikern beantwortet worden. Sie überschritten dies Verhältnis durch Erfahrungen, in denen es aufhörte. Ihre Sprache ist voll von tiefsinnigen Wendungen über das, was weder Subjekt noch Objekt, sondern über beide hinaus ist. Aber diese Erfahrungen waren nur möglich durch Veränderung des Bewußtseinszustandes dorthin, wo Ich und Gegenstand zugleich verschwinden. Darüber zu denken, bedeutete, von jener mystischen unio her und auf sie hin zu denken.

Daß das Dasein im Subjekt-Objekt-Verhältnis nicht absolut, sondern ein Zweites ist, lehrte Plotin: Das Eine ist ungeteilt eines, mehr als Denken, über das Denken hinaus. Das Zweite ist das intelligible übersinnliche Reich des Denkens in der Spaltung von Denken und Gedachtem und des Gedachten unter sich. Aber das ist bei Plotin nur Konstruktion des Übersinnlichen. Die Lösung des Problems ist für ihn die Ekstase. Auch in Indien ist das Rätsel bedacht, aber nur im Transzendieren der Meditation zu anderen Bewußtseinszuständen gelöst.

Ganz anders Kant. Er blieb in unserem natürlichen Bewußtseinszustand der Subjekt-Objekt-Spaltung. Indem er in dieser Verfassung über sie hinausdenken wollte, um sie zu begreifen, mußte er mit jedem Satz, wie wir sehen werden, in eine anscheinend, aber nicht wirklich unüberwindbare Schwierigkeit geraten. Er mußte, selbst in der Subjekt-Objekt-Spaltung stehend, gegenständlich reden von dem, was Bedingung des Gegenständlichen überhaupt ist. Indem er von der Bedingung aller Gegenständlichkeit in gegenständlichen Formen sprechen mußte, zog er das, was über die Spaltung hinaus liegen sollte, in sie hinein. Das bringt in sein gesamtes Philosophieren anscheinend einen Widersinn, in der Tat eine Spannung, die zu ihm gehört und die ihrerseits zu prüfen ist. Kant ist sich dessen nur selten bewußt geworden. Er hat es ignoriert. Er ist seiner Methode, die er faktisch vollzogen hat, selber nicht methodisch nachgegangen.

Wenn es aber gelingen sollte, die Grundbeziehung unseres Subjektseins zu den Objekten so aufzuhellen, daß wir uns darin der Eigentümlichkeit des Umgreifenden, in dem wir uns finden, wirklich bewußt werden, dann werden wir uns mit den Grenzen unseres Bewußtseins, d. h. unseres Denkens, im Bewußtsein selber des Anderen gewiß. Dann ist die Frage möglich, wie sich im Bewußtsein, das identisch ist mit Subjekt-Objekt-Spaltung, dieses Andere indirekt zeigt. Darauf hat Kant die reichsten Antworten gegeben. Er zwingt uns zwar, uns klar zu werden, daß wir gleichsam in einem Gefängnis der Subjekt-Objekt-Spaltung, in Raum und Zeit und in unseren Denkformen leben, aber er zeigt, wie dieses Bewußtsein zugleich zu einer Befreiung aus dem erkannten Gefängnis wird.

Kants Antwort auf die Frage nach dem Grund unseres Erkennens wird sein: Alle Dinge in der Welt erkennen wir, weil wir sie zwar nicht ihrem Dasein (als das sie uns vielmehr gegeben werden müssen), aber ihrer Form nach hervorgebracht haben. Darum gelten unsere Begriffe nur im Bereich möglicher Erfahrung. Darüber hinaus sind sie leer, weil ohne gegenständliche Bedeutung. Diese kann ihnen nur in der Erfahrung mit der Erfüllung durch Sinnesanschauung als Realität gegeben werden.

Diese Antwort selber aber ist nur ein Element in einer großen, umfassenden neuen Philosophie, die zwar erst durch sie möglich wurde, aber in ihr sich so wenig erschöpft, daß sie vor dem Gesamtgehalt dieser Philosophie zu einer bloß methodischen Unerläßlichkeit wird.

Diesem Werke wenden wir uns nunmehr zu. Nach der Kennzeichnung des Kantischen Weges vom vorkritischen zum kritischen Denken, dessen Schritte Symptome, nicht der Nerv der erwachsenden Philosophie sind, ist nun der vollendete Gedankenbau zu vergegenwärtigen. Dabei wird zunächst jene Unerläßlichkeit der Einsicht in unser gesamtes Erkennen so, wie sie sich Kant ergab, anzueignen sein.

III. Strukturen der Kantischen Erhellung des Erkennens

Kants Grundgedanken lassen sich auf mehrfache Weise reproduzierend entwerfen. Jeder der versuchten Entwürfe wollte vereinfachend die Sache klarer machen. Es ist nicht abzusehen, wie weitere Entwürfe möglich sind. Kants Denken ist wie eine Geburtsstätte solcher Möglichkeiten, die bisher unerschöpflich scheinen. Auch ich versuche einen Entwurf, mit dem ich Kants Denken in seinem wirklich Gesagten geradezu treffen möchte. Zunächst ist unser Thema das, was man Kants »Erkenntnistheorie« nennt.

Darin werden Gedanken und Beweise gegenständlich vorgetragen. Wir dürfen dabei den eben vergegenwärtigten grundsätzlichen Sinn dieses Denkens nicht vergessen, ohne daß wir jedesmal durch Einschränkungen und Rückgängigmachen ermüdend darauf hinweisen. Aber das nun Folgende ist doch ein Denken, dessen Faßlichkeit dann seinen Sinn verdirbt, wenn nicht das Unfaßliche, das mit ihm nicht selber bestimmt wird, zu gesteigerter Gegenwärtigkeit kommt.

a) *Die Spaltung*

Das Bewußtsein wird hell in der Spaltung von Subjekt des Denkens und Objekt des Gedachten. Wissend urteile ich vermöge einer Spontaneität, aber nicht in das Leere hinein. Denn meine Denkakte haben gegenständliche Bedeutung dadurch, daß sie anschaulich erfüllt sind von etwas mir Gegebenem, gegen das ich rezeptiv bin. Daher sind zwei Komponenten des Erkennens zu erörtern, Spontaneität und Rezeptivität oder Verstand und Sinnlichkeit.

b) *Sinnlichkeit, Raum und Zeit*

Wo immer ich anschaulich etwas weiß, ist mir etwas gegeben. Kant nennt es Sinnlichkeit. »Anschauung ist nie anders als sinnlich.« Was im äußeren Raum mir als leiblichem Subjekt begegnet, affiziert meine Sinnesorgane. Diese physiologische Realität ist für Kant nur das Gleichnis (und zugleich der Sonderfall) des Seins als Gegebenseins. Sinnlichkeit heißt schlechthin alles, was den Denkakt anschaulich erfüllt, die sinnliche Wahrnehmung im engeren Sinne, die Selbstwahrnehmung im »inneren Sinn«, das dunkle Seiende des im Denken Gedachten, aber nicht Durchdrungenen.

Ohne Sinnlichkeit ist keine Realität. Ob bei physikalischen Untersuchungen die Entscheidung über die Realität die Messungen geben, ob bei historischen die wahrnehmbaren Dokumente und Monumente, ob bei psychologischen die physiognomische Gegenwart des Ausdrucks, es ist jedesmal das Hinzunehmende, im Vollzug der Anschauung Gegenwärtige. Die methodische Funktion der Sinnlichkeit im Erkenntnisvorgang ist von ganz verschiedener Artung. Aber gleich bleibt, daß hier die Bezeugung der Realität liegt.

Sinnlichkeit ist nicht das System der Sinnesempfindungen. Dieses ist vielmehr eine physiologisch-psychologische Abstraktion für den Zweck der Erforschung der Sinneswahrnehmung. Sinnlichkeit im Kantischen Sinn ist die leibhaftige Gegenwart überhaupt, die allerdings nie ohne Empfindungen ist. Es ist naheliegend, aber irrig, die anschauliche Sinnlichkeit zu eng zu nehmen, da Kant in seinen grundsätzlichen Erörterungen nur am Leitfaden der mathematischen Naturwissenschaft deutlich macht, was Erkennen sei. Die Mannigfaltigkeit empirischer Forschung wird ihm nicht ausdrücklich Untersuchungsgegenstand.

Vergegenwärtigen wir uns einen Gegenstand: diesen Tisch hier. Er ist anschaulich unmittelbar gegeben. Ich empfinde Farbe, Licht und Schatten. Ziehe ich alles, was zur Empfindung gehört, ab, so behalte ich: Ausdehnung und Gestalt oder das Räumliche. Dieser Raum ist anschaulich und doch nicht sinnlich, wie die Empfindungen (Empfindungen gehören zu einzelnen Sinnesorganen, der Raum nicht). Was ich hier als Tisch vor Augen habe, ist aber noch mehr als Sinnesempfindung und Raum. Es ist zunächst die Gegenständlichkeit überhaupt, daß der Tisch nur in einem Akt des Gegenüberstellens da ist, worin Empfindung und Raum für mich Moment des Gegenstandes werden. Ferner hat dieser Gegenstand z. B. den Charakter der Substanz (in der Kraft des Widerstands). Wir haben also dreierlei: das Material der Empfindung, die Anschauungsform des Raumes, die Kategorie der Substanz, und zwar nicht koordiniert, sondern als ein Ineinander, in dem das Spätere das Frühere umfaßt. Mit solchen Erörterungen analysieren wir nicht den Tisch. Wir fragen vielmehr an ihm als Beispiel, was im realen Gegenstand überhaupt für die Erkenntnis liegt. Eine Analyse des Tisches würde seine realen Teile zeigen, die Analyse der realen Gegenständlichkeit zeigt drei Momente eines Ganzen: Empfindung, raum-zeitliche Anschauung, Kategorie. Sondern wir nun im Gedanken alles ab, was der Verstand durch seine Begriffe dabei denkt, ferner alles, was zur Empfindung gehört, so bleibt eine reine Anschauung als die bloße Form der Erscheinung übrig: der Raum. Entsprechend läßt sich die Zeit heraussondern. Raum und Zeit erweisen sich als diese einzigartigen reinen Formen und sind doch nicht Begriffe, sondern Anschauungen.

Empfindung, Raum und Zeit, Kategorie (z. B. Substanz) sind objektiv, im Gegenstand gelegen. Sind sie auch subjektiv, das heißt durch das wahrnehmende Subjekt bedingt? Entbehren sie etwa gar der objektiven Realität und sind sie nur subjektiv? Als subjektiv galten seit alters für eine bestimmte Richtung der Philosophie die Empfindungen. Sie seien, so war die Meinung, gebunden an die besondere Struktur der Sinnesorgane. Die Kantische Antwort wird sich uns erst langsam entwickeln können. Jetzt ist zunächst die Frage: Sind Raum und Zeit Realität an sich, die da ist, auch ohne daß Subjekte hinzukommen und sie erkennen, also absolute Realität? oder sind sie Formen der Anschauung, die aus dem Subjekt entspringen, das durch sie Gegenstände formt, und ohne die Gegenstände für es nicht möglich sind? sind sie also auf das Subjekt bezogene Realität?

Kant begründet das letztere auf zweifache Weise. *Erstens* macht die »Erörterung« des Raumes seine Einzigartigkeit deutlich: a) Der Raum kann nicht von Erfahrungen abgezogen sein, weil er jeder Erfahrung schon zugrunde liegt. Was ich als wirklich wahrnehme, nehme ich im Raume wahr. Er ist Bedingung, damit überhaupt ein Gegenstand für mich da sei. b) Der Raum ist eine notwendige Anschauung a priori. Man kann sich niemals eine Vorstellung davon machen, daß kein Raum sei; wohl aber kann man sich alle Gegenstände daraus wegdenken. c) Raumteile sind nicht vor dem Raum als dessen Bestandteile, woraus er zusammengesetzt wäre, sondern sind in ihm.

Raumteile sind nicht Exemplare des Gattungsbegriffes Raum, sondern Teile, die der eine Raum in sich enthält.

Zweitens folgt dieser Erörterung der »Beweis«: In der Geometrie erkennen wir a priori – nicht aus bloßen Begriffen, sondern mit den Hilfsmitteln der Konstruktion in der Anschauung – Zusammenhänge, die dann in der Wirklichkeit stimmen. Die Erkenntnisse der Geometrie sind nicht aus Erfahrung gewonnen, aber sie bewähren sich in der Erfahrung als richtig. Wie ist das begreiflich? Nur dadurch, daß das Subjekt in seiner Anschauungsform das erkennt, was es in der Wirklichkeit nur darum wiederfindet, weil es diese durch seine Anschauungsform zuvor und jederzeit schon gebildet hat.

Das Ergebnis ist: Der Raum kann keine Eigenschaft der Dinge an sich sein, sondern nur der Dinge, sofern sie für das Subjekt da sind, d. h. sofern sie Erscheinungen sind. Abstrahierte man von allen subjektiven Bedingungen der Anschauung, so bliebe auch kein Raum. Weil wir die besonderen Bedingungen der Sinnlichkeit nicht zu Bedingungen der Möglichkeit der Dinge an sich selbst, sondern nur ihrer Erscheinungen machen können, so gilt: Reale Dinge können uns nur im Raum vorkommen.

Wenn Dinge an sich uns im Raum erscheinen, so tun sie dies doch keineswegs notwendig für alle möglichen Subjekte. »Denn wir können von den Anschauungen anderer denkender Wesen gar nicht urteilen, ob sie an die nämlichen Bedingungen gebunden seien, welche unsere Anschauungen einschränken.« Nur »vom Standpunkt eines Menschen« ist vom Raum zu reden.

Für die Zeit werden Erörterungen und Beweise von Kant übereinstimmend vorgebracht. Nur *ein* Unterschied ist. Der Raum ist die Form der Anschauung nur aller äußeren Dinge, die Zeit die Form auch des inneren Sinns und damit aller Erscheinungen überhaupt. Dieser umfassenden Bedeutung der Zeit entspricht, daß sie selber nicht äußerlich anschaulich ist. Wir schauen die Zeit äußerlich an in räumlicher Gestalt, etwa in einer Linie, die wir ziehen.

Diese Auffassung von Raum und Zeit als Anschauungsformen der Dinge für uns, nicht als Realitäten an sich, heißt Idealismus. Als solcher war der Gedanke vor Kant da. Durch diesen Gedanken wurde vor Kant die Welt als unwirklich gedacht oder doch die Frage nach der Realität der Außenwelt gestellt. Kant erklärt solche Frage für einen »Skandal der Philosophie«. Er sagt: die Welt ist Erscheinung, nicht Schein. Das heißt: Raum und Zeit haben Realität, objektive Gültigkeit für alles, was uns äußerlich als Gegenstand und innerlich als Erfahrung unserer Subjektivität vorkommen kann; sie haben Idealität, weil alles, was uns vorkommt, nicht Dinge an sich sind. Kant drückt seinen Gedanken daher kurz so aus: Raum und Zeit haben empirische Realität, aber transzendentale Idealität. Dinge an sich können uns niemals vorkommen.

Der Charakter des Erscheinungsseins wird deutlich auch durch den Unterschied von der Subjektivität der Sinnesqualitäten. Das Material der Empfindungen ist subjektiv in dem Sinne, daß es, ohne Nachweisbarkeit ihrer Identität bei allen Subjekten, vielmehr bei jedem Sinnessubjekt möglicherweise in kleinen Abweichungen anders sein kann. Dagegen ist die Subjektivität von Raum und Zeit für alle nachweisbar identisch. Dort geschieht psychologische Einsicht in Subjektivität und Schein, hier kritische Einsicht in Erscheinung; dort methodologische Einsicht zwecks Aussonderung des Subjektiven aus der Naturerkenntnis, hier philosophische Einsicht zwecks Erkenntnis des Sinns der erkennbaren Gegenständlichkeit.

Daß Kant die Sinnenwelt in Raum und Zeit in ihrer eigenständigen Realität bestehen läßt, ist deutlich an seinem Gegensatz zur Leibniz-Wolffschen Philosophie. Diese hielt die Sinneserkenntnis für eine verworrene undeutliche Verstandeserkenntnis. Kant sah, daß der Unterschied von Sinnlichkeit und Denken mit dem von deutlich und undeutlich nichts zu tun hat. Es gibt deutliche sinnliche Anschauung und undeutlich Gedachtes und umgekehrt. Sinnes- und Verstandeswelt sind nicht gradweise durch Deutlichkeit, sondern grundsätzlich durch ihren je anderen Ursprung geschieden.

Die Kantischen Aufstellungen unterliegen heute der Kritik. Wir unterscheiden anders als Kant erstens die psychologisch zu untersuchende Raumanschauung, zweitens den physikalischen objektiven Raum und drittens den mathematischen Raum. Kant wußte nichts von den unanschaulichen Räumen der nichteuklidischen Geometrie. Er unterschied noch nicht den unmittelbar anschaulichen psychologischen Raum, der keineswegs euklidisch ist, von diesem euklidischen, dreidimensionalen, mittelbar anschaulichen Raum. Daß die euklidische Geometrie trotz apriorischer Entwicklung in der Realität zutrifft, gilt nur für die im astronomischen Sinn kleinen Räume unserer Erdenwelt, nicht für den Kosmos.

Wenn man jedoch meinte, mit all dem sei Kant widerlegt, so trifft diese Widerlegung nicht seinen philosophischen Grundgedanken von der Erscheinungshaftigkeit des sinnlichen Daseins in Raum und Zeit, sondern nur die besonderen Formulierungen. Denn alles, was als Realität erkannt wird, muß in irgendwelche apriorisch erkennbare mathematische Formen eintreten. Der Reichtum dieser Formen allerdings und die Weisen der Realität für uns sind heute in einem Maße entfaltet, das Kant und sein Zeitalter kaum ahnten.

c) *Denken*

Sinnesmaterial und Raum und Zeit waren das eine Moment unserer Erkenntnis, das andere das Denken. Gegenüber allem früheren Philosophieren und seinem eigenen, noch 1770 mit diesem übereinstimmenden Standpunkt hat Kant die Einsicht gewonnen: Nicht nur Raum und Zeit, auch alle Formen unseres Denkens lassen uns die Dinge nur erkennen, wie sie uns erscheinen, nicht wie sie an sich sind. Warum? Wie wir durch die subjektiven Anschauungsformen von Raum und Zeit erst eine geordnete Sinnlichkeit gewinnen, so haben wir durch die ursprünglichen Denkformen, die Kategorien, die erfahrbaren Dinge ihrer Form nach hervorgebracht. Wie wir alles, was für uns ist, gleichsam auffangen in Raum und Zeit, so auch in die Denkformen.

Was wir so auffangen, hat Realität als Erscheinung, aber ist nicht Wirklichkeit an sich. Wie es keine Welt an sich gibt, die räumlich und zeitlich ist, so auch kein Sein an sich, das gedacht und denkbar ist. Alles, was gedacht ist, ist als gedacht der Form nach auch von uns hervorgebracht. Die Unterscheidung von mundus sensibilis und mundus intelligibilis kann nicht in dem Sinne bestehen bleiben, daß jene uns die Erscheinung in Raum und Zeit, diese uns das Sein an sich im Gedachtsein zeige.

Was aber nicht an sich ist, kann, weil es vom Subjekt in Anschauungs- und Denkformen zwar nicht dem Dasein, aber der Form nach hervorgebracht ist, auch als Realität durch Erfahrung des Daseins erkannt werden.

Zur Begründung dieser Einsicht benutzt Kant die Unterscheidung analytischer und synthetischer Urteile:

Diese Unterscheidung dient Kant als Schlüssel zum Eindringen in das Wesen des Erkennens. Analytische Urteile machen nur deutlich, was wir mit einem Begriff als solchem eigentlich schon wissen. Zum Beispiel beim Urteil: »Alle Körper sind ausgedehnt« liegt im Begriff des Körpers schon die Ausdehnung enthalten, wie Gestalt, Undurchdringlichkeit. Das Urteil ist ein analytisches. Denn es erläutert und zergliedert, aber es erweitert nicht unsere Erkenntnis. Dagegen heißen synthetische Urteile solche, in denen das Prädikat etwas Neues hinzubringt, was aus dem Begriff als solchem allein nicht »herausgeklaubt« werden kann. Zum Beispiel: »Einige Körper sind schwer« ist nach Kant ein synthetisches Urteil durch Erfahrung, da der Begriff des Körpers als solcher die Schwere nicht enthält. Dieser Unterschied der analytischen und synthetischen Urteile, oder der Erläuterungs- und der Erweiterungsurteile, ist offenbar nicht ein Unterschied der Urteilsformen der formalen Logik (wie bejahender und verneinender Urteile), sondern ein Unterschied der Erkenntnisbedeutung der Urteile.

Die Evidenz der analytischen Urteile beruht auf den Sätzen der Identität und des Widerspruchs. Woraus erwächst die Evidenz der synthetischen Urteile?

An welchen Befunden wird die Zugehörigkeit eines Prädikats zu einem Subjekt erkannt, das nicht schon in diesem Subjekt selber mitgedacht ist?

Analytische Urteile liegen überall da vor, wo wir nur denken, nichts Neues erkennen, wo wir unklar Gewußtes deutlich machen. Synthetische Urteile dagegen finden sich überall in unserer Erfahrungserkenntnis. Durch Wahrnehmen und Beobachten erfahren wir, was zueinander gehört, was aufeinander folgt. Es sind Urteile nach der Erfahrung (a posteriori), nicht der Erfahrung vorhergehend (nicht a priori). Die synthetischen Urteile a posteriori sind Erfahrungsurteile.

Gibt es nun aber vielleicht auch synthetische Urteile a priori? Kant antwortet: ja, in der Mathematik und in den Naturwissenschaften. Nach Kant sind die mathematischen Urteile insgesamt synthetisch (z. B. $7 + 5 = 12$; die gerade Linie ist die kürzeste Strecke zwischen zwei Punkten), denn ihr Resultat ergibt sich nicht analytisch aus bloßen Begriffen, sondern synthetisch am Leitfaden der Anschauung oder des Zählens, das heißt durch die Konstruktion des mathematischen Begriffs a priori in Raum und Zeit. Nach Kant gibt es ferner in den Naturwissenschaften synthetische Urteile als Prinzipien, so z. B.: Alle Veränderungen haben eine Ursache.

Solche Grundsätze in den Naturwissenschaften sind notwendige und allgemeingültige Urteile. Ohne sie würden keine sicheren Erkenntnisse zu erreichen sein. Alles würde nur wahr sein, so weit bisher Erfahrung reicht, nur komparativ allgemeingültig sein. Naturwissenschaft als zwingende Erkenntnis ist nur möglich, weil solche Sätze wie das Kausalgesetz und das Gesetz der Erhaltung der Substanz gelten. Sonst würden zufälliges Entstehen und Vergehen, ursachloses Dasein und Geschehen, Wunder auftreten können. Erkenntnis würde aufhören, man könnte nur Geschichten erzählen. Doch so ist es nicht. Je weiter die Forschung kommt, desto allgemeingültiger erweist sich die universelle Beherrschung des erkennbaren Geschehens durch Naturgesetze. Was Voraussetzung der Forschung war, beweist sich durch den Erfolg der Forschung. Es gibt also nach Kant synthetische Urteile a priori in den Naturwissenschaften als deren Grundsätze (ob diese synthetischen Urteile a priori endgültig formulierbar sind, ob sie etwa mit dem Kausalgesetz und Substanzgesetz zureichend getroffen sind, und ob sie selber mit dem faktischen Gang der Erkenntnis in ihrer Formulierung sich wandeln, ist für den philosophischen Grundgedanken nicht entscheidend).

Wenn es nun synthetische Urteile a priori gibt, die nicht am Leitfaden der apriorischen Raumanschauung, wie die mathematischen Urteile, und die nicht a posteriori am Leitfaden der Sinnesanschauung, wie die Urteile aus Erfahrung, gewonnen sind, an welchem Leitfaden dann? Wo ist der Grund ihrer Wahrheit? Im Denken selber, sofern es nicht nur mit Begriffen formallogisch (analytisch) operiert, sondern die Gegenstände der Form ihrer Denkbarkeit nach hervorbringt. Das Denken konnte in der Mathematik die apriorisch gegebene Anschauung des Raums zur Konstruktion benutzen. Das Denken kann sich selber als die erzeugende Funktion begreifen und in ihr die Formen aller möglichen Gegenständlichkeit a priori erfassen, nämlich in den Kategorien aller Denkbarkeit überhaupt.

Damit ist der weite Horizont des Denkens eröffnet. Innerhalb dieses Horizontes liegt alles, was für uns ist, auch die Wahrnehmung. Das Beispiel des Tisches vor uns zeigte: In ihm liegt das Material der Empfindungen, die Anschauungsform des Raumes, die Kategorie der Substanz. In jeder Wahrnehmung also schon steckt Verstand. Das Denken ist nicht nur etwas nachträglich Hinzukommendes, sondern ist in jeder gegenständlichen Intention als kategoriale Form schon da. Der Verstand ist aktiv wirksam im Aufbau alles Gegenständlichen überhaupt, das uns vorkommen kann. Wir nehmen Substanz, Ursache denkend wahr. Diese Wahrnehmung selbst ist schon Denken. Das Gewühl der Empfindungen, die bloß unbewußten Reize und Reaktionen eines als Gegenstand der Biologie gedachten Organismus, würde vor dem Denken, ohne selbst zu denken, da sein. Daß wir nicht im Gewühl von Empfindungen, nicht in der Bewußtlosigkeit von Reizen und Reaktionen ertrinken, daß wir vielmehr Gestalt, Form, Ordnung, Beziehung sehen, ist durch Formung des Gewühls in den Kategorien entstanden. Weil darum der Verstand selbst durch die Kategorien die Erfahrungswelt überhaupt erst aufbaut, kann er in bewußter Forschung nachher erkennen. –

Bisher war vom Denken die Rede, das alles, was wir erkennen können, der Form nach hervorbringt. Alles, was für uns ist, ist gedacht. Auch sinnliche Anschauung ist erst als gedachter Gegenstand zur Wahrnehmung geworden und gewußt. Was ich nicht auf irgendeine, wenn auch noch so entfernte Weise gegenständlich denkend berühren kann, nicht auf irgendeine Weise »wissen« kann, das ist für mich, als ob es nicht wäre. Die Frage nach dem Sein wird zur Frage nach dem Gedachtsein. Erst im Transzendieren über das Gedachtsein wäre – aber wieder im Medium des Denkens – zum Bewußtsein zu bringen, was ist, ohne gedacht oder doch ohne angemessen gedacht zu sein.

Kants tiefer dringender Geist ist mit solcher Einsicht nicht befriedigt. Sie wäre Einsicht erst, wenn die Frage beantwortet wäre: Was ist Denken? – wenn in den Ursprung selber geleuchtet würde, aus dem kommt, was wir als die Erscheinung der Welt für uns erörtert haben.

Schon früh wurde Kant das Geheimnis des Denkens zur Frage. 1762 bemerkt er: jedes Denken sei Urteilen. Was ist nun »die geheime Kraft, wodurch das Urteilen möglich« wird? »Meine jetzige Meinung geht dahin, daß diese Kraft oder Fähigkeit nichts anderes sei als das Vermögen des inneren Sinns, d. i. seine eigenen Vorstellungen zum Objekt seiner Gedanken zu machen. Dieses Vermögen ist nicht aus einem anderen abzuleiten, es ist ein Grundvermögen.« Doch dies ist nur ein Ansatz. Denken ist Urteilen, das wird von Kant in zwar einheitlicher, aber sich fast unübersehbar modifizierender Weise immer neu entwickelt. Vergegenwärtigen wir nach Kant, was Denken ist:

1. »Denken ist die Handlung, gegebene Anschauung auf einen *Gegenstand* zu beziehen.« Gegenständlichkeit ist nicht, ohne gedacht zu sein; Denken nicht ohne Gegenständlichkeit. Bloße Anschauung wäre ein gegenstandsloses Gewühl von Empfindungen. Erst indem der Denkakt in es einschlägt, ist der Gegenstand da.

2. Der Gegenstand ist nur in der *Spaltung* des einen vom anderen. Der Gegenstand ist dieser Gegenstand (Identität) nur, indem er nicht ein anderer ist. Jeder Gegenstand ist ferner in sich selber »ein und anderes«, gedacht in Subjekt und Prädikat. Denken ist daher ständig trennen und verbinden.

3. Im Denken ist ein Gegenstand nur durch die *Einheit* der Handlung die Einheit des Gedachten. Denken heißt »Vorstellungen in einem Bewußtsein vereinigen«. »Urteile sind Funktionen der Einheit unter unseren Vorstellungen.«

4. In allem Denken ist das »ich denke«, das »alle Vorstellungen muß begleiten können«. Dieses Ich, das mit sich identisch ist, entspricht der Einheit des Denkaktes und der Einheit des Gedachten. In dem Kreis dieser Einheit bewegt sich alles Denken. Aus ihm herausfallen, das heißt in Verwirrung, Zerstreuung, in das Gewühl fallen.

Das Denken gewinnt Gültigkeit durch objektive Einheit. Den Grund dieser objektiven Einheit faßt Kant unter dem Terminus der »transzendentalen Apperzeption« in seiner der objektiven korrespondierenden obersten, unüberschreitbaren subjektiven Einheit. »Ein Urteil ist die Art, gegebene Erkenntnisse zur objektiven Einheit der Apperzeption zu bringen.«

Kant nennt diese begründende Funktion auch Synthesis. Die Synthesis bringt das Gedachte der Form nach hervor. Der Begriff ist das Ergebnis solcher Synthesis. Daher verwirft Kant das Zustandekommen der Begriffe durch Abstraktion eines Allgemeinen aus vielen Fällen als unwesentlich. Erst die konkrete Synthesis schafft den allgemeingültigen Gehalt des Gedachten.

5. Unmittelbar auf den Gegenstand geht nur die sinnliche Anschauung. Diese ist immer einzeln. Wird die Anschauung Gegenstand, so dringt in sie ein Allgemeines, die Kategorie. Darum ist kein gedachter Gegenstand nur unmittelbar, sondern immer schon vermittelt. Denke ich den Gegenstand ausdrücklich, dann auch unterscheidend und bestimmend, d. h. durch den Begriff. Gegenstandsein ist selber das Allgemeinste alles besonderen Allgemeinen, ist das gedachte Etwas überhaupt. Die Grundauffassung faßt Kant zusammen: »Da keine Vorstellung unmittelbar auf den Gegenstand geht, als bloß die Anschauung, so wird ein Begriff niemals auf einen Gegenstand unmittelbar, sondern auf irgendeine andere Vorstellung von demselben (sie sei Anschauung oder selbst schon Begriff) bezogen.«

Alles Gesagte faßt sich zusammen in der These: Der Verstand ist diskursiv, nicht intuitiv. Er läuft hin und her zwischen dem Getrennten, das er verbindet; – er geht den Umweg über die Vermittlung zum Unmittelbaren; – er erkennt durch Begriffe, die nie schon der Gegenstand selber sind.

d) *Ableitung der Kategorien aus den Urteilen*

Die Grundformen des Gedachten nennt Kant Kategorien, wie Substanz, Kausalität, und zwar konstitutive Kategorien, weil sie Formen der realen Gegenstände in der Welt hervorbringen (im Gegensatz zu den Reflexionsbegriffen, wie Identität und Verschiedenheit, Einstimmung und Widerstreit, Materie und Form, die mit dem Verhältnis von Begriffen zueinander zu tun haben).

Wenn er sich vergewissern will, welche Kategorien es gibt, so liegt das Material vor in den sprachlich formulierten Erkenntnissen, in den Sätzen, in ihren Worten. Über die Sprache nachzudenken, aus ihrer unerschöpflichen Fülle Denkbestimmungen zu finden, ist oft ein Weg gewesen, sich des Gehalts unseres wissenden Bewußtseins zu vergewissern. Nicht so Kant. Er geht, um die Grundkategorien und ihre weiteren Verzweigungen zu finden, nicht an das Wörterbuch, sondern an die Urteilsformen.

Wenn der Gegenstand nicht etwas Denkfremdes, sondern selber seiner Form nach durch Denken hervorgebracht ist, so ist Urteilsform und Kategorie eines der Zeiger auf das andere. Sie haben den gemeinsamen Ursprung im »ich denke« der »transzendentalen Apperzeption«. Wenn das Denken die Gegenstände konstituiert, so müssen die Grundformen des Urteilens der Leitfaden sein können, um die Grundformen der Kategorien zu finden. Dasselbe, was im Urteil die Einheit ausmacht, muß auch die Einheit im Objekt sein. So begründet sich Kant das Recht seiner Ableitung der Kategorientafel aus der Urteilstafel. Es ist der Grundgedanke, aus dem Prinzip des Denkens überhaupt in der Systematik der Urteilsformen die Grundmöglichkeiten des Denkbaren und daraus dann die alle Realität konstituierenden Kategorien zu gewinnen, die Formen alles dessen, was uns überhaupt in der Welt vorkommen kann.

Die Ausführung des Grundgedankens sieht so aus: Die Urteilsformen (nach Quantität: allgemeine, besondere, einzelne; nach Qualität: bejahende, verneinende, unendliche; nach Relation: kategorische, hypothetische, disjunktive; nach Modalität: problematische, assertorische, apodiktische) werden in der »Kritik der reinen Vernunft« als gegeben vorausgesetzt. Woher aber diese Tafel von zwölf Urteilsformen? Keineswegs hat Kant sie so, wie er sie ohne weiteres als gegeben aufstellt, in der Schullogik vorgefunden, sondern sie selber aus dem überlieferten Material konstruiert. Man kann fragen, ob nicht die Einheit des »ich denke«, wenn das Denken seine eigene Funktion zum Leitfaden der Konstruktion macht, die verschiedenen Einheiten der Urteilsformen hervortreiben müsse. Die Einheitsverhältnisse der Urteile müssen aus der einen Einheit des Denkens überhaupt entsprungen sein. Es ist in der Tat ein gründlicher Versuch gemacht worden, die faktisch vollzogene Ableitung aus der Einheit des »ich denke« bei Kant aus seinen Werken und Notizen im einzelnen nachzuweisen (Reich).

Die Kategorien werden nun aus den Urteilsformen so abgeleitet, daß ein Sprung von einem gedachten Urteils- in ein konstitutives Gegenstands-Verhältnis evident sein soll: Dem kategorischen Urteil »A ist B« entspricht das kategoriale Verhältnis von Substanz und Akzidenz, dem hypothetischen (wenn A ist, ist B) das Verhältnis von Ursache und Wirkung usw. Die Kategorien sind nun bei Kant folgende: Der Quantität nach: Einheit, Vielheit, Allheit; der Qualität nach: Realität, Negation, Limitation; der Relation nach: Substanz, Kausalität, Wechselwirkung; der Modalität nach: Möglichkeit – Unmöglichkeit, Dasein – Nichtsein, Notwendigkeit – Zufälligkeit.

Den Grundgedanken der Ableitung, der wesentlicher als die Ableitung selber ist, hat Kant in vielen Abwandlungen formuliert: »Dieselbe Funktion, welche den verschiedenen Vorstellungen in einem Urteile Einheit gibt, die gibt auch der bloßen Synthesis verschiedener Vorstellungen in einer Anschauung Einheit, welche, allgemein vorgestellt, der reine Verstandesbegriff heißt. Derselbe Verstand also, und zwar durch eben dieselben Handlungen, wodurch er in Begriffen, vermittelst der analytischen Einheit, die logische Form eines Urteils zustande brachte, bringt auch, vermittelst der synthetischen Einheit des Mannigfaltigen in der Anschauung überhaupt, in seine Vorstellungen einen transzendentalen Inhalt, weswegen sie reine Verstandesbegriffe heißen, die a priori auf Objekte gehen.«

Kant ist sich der Vollständigkeit seiner Tafeln und Urteile und der Kategorien gewiß. Sie liegen der Systematik in allen seinen großen Werken zugrunde. Sie haben sich bei ihm erstaunlich fruchtbar erwiesen trotz mancher Künstlichkeiten. Sie bleiben ein Gegenstand unseres Respektes.

Aber der Grundgedanke ist zu unterscheiden von der Ausführung. Die Aufstellung der zwölf Urteilsformen und die Ableitung der Tafel von zwölf Kategorien aus ihnen hat bis heute mit wenigen Ausnahmen nicht den Beifall der nachfolgenden Denker gefunden.

Sachlich stehen sie in Parallele zu anderen Kategoriensystemen, die zumal nach Kant in außerordentlicher Ausbreitung (am bedeutendsten in Hegels Logik) geleistet worden sind. Sämtlich sind sie ohne das Ergebnis geblieben, eine allgemein-verbindliche Übersicht und innere Strukturierung der Gesamtheit unserer Grundkategorien zum Besitz zu machen.

Im Grundgedanken Kants liegt aber das Entscheidende, das erhalten bleibt, auch wenn seine Tafeln nicht endgültig sind. Es ist nach Kant so, daß die Kategorien uns zwar nicht durch Erfahrung, aber nur bei Anlaß der Erfahrung bewußt werden. Daher bleibt es offen, wie aus Anlaß weiterer Erfahrung die Systematik auch anders, reicher, bewußter, nie ein für allemal fertig werden könnte. Sogar grundsätzlich kann das Offenbarwerden der Kategorien geschichtlich ins Unendliche fortsetzbar bleiben. Das wäre aber der Verzicht auf Kants Anspruch der endgültigen Vollständigkeit.

e) *Die zwei Stämme*

Ein Grundgedanke kehrt immer wieder: Unsere Erkenntnis ist zusammengewachsen aus zwei Stämmen, Sinnlichkeit und Verstand. Durch erstere werden Gegenstände gegeben, durch letzteren gedacht. Zur Rezeptivität tritt die Spontaneität des Subjekts. Zum a posteriori kommt ein a priori, zur Affektion die Funktion. Es ist jedesmal dasselbe. Kant spricht von zwei Ursprüngen, zwei Quellen, von dem Geburtsort und dem Keim des Erkennens.

Beide Ursprünge sind aufeinander angewiesen. Erst ihre Einheit bringt Erkenntnis. Das Grundphänomen der Spaltung in Subjekt und Objekt bedeutet, daß immer nur das Subjekt mit dem Objekt, das Objekt mit dem Subjekt Erkenntnis ermöglichen. Immer ist das Bewußtsein affiziert und rezeptiv, aber so, daß erst der ergreifende Denkakt die Affektion gegenständlich werden läßt. Immer ist das Bewußtsein denkend, aber so, daß erst anschauliche Sinnlichkeit dem Denkakt gegenständliche reale Bedeutung gibt.

Sinnlichkeit als solche ist unartikuliert, endlos, bedeutungslos. Nicht gegenübergestellt und darum nicht gedacht, bleibt sie ein gegenstandsloses Gewühl. Sie ist bloß Dasein, das noch nicht vor mir steht, das Unbestimmte, das in der Fülle seiner Unmittelbarkeit doch wie nichts ist. Sie ist eine Realität, die, weil unbestimmt, noch keine Realität ist. – Verstand aber, der nur denkt, ohne sich geben zu lassen, ist ohnmächtig zur Erkenntnis. Wir sind angewiesen auf Sinnlichkeit.

Der Verstand bedarf der Anschauung, um nicht bloß Denken zu sein, sondern Erkenntnis zu gewinnen. Die Anschauung bedarf des Verstandes, um nicht bloß subjektives Gewühl zu sein, sondern gegenständlich zu werden und damit objektive Bedeutung zu gewinnen. Kurz: »Anschauungen ohne Begriffe sind blind, Begriffe ohne Anschauungen leer.«

Beide, Anschauung und Verstand, haben ein ihnen eigentümlich zugehöriges apriorisches Moment. Die Anschauung ist nicht nur rezeptive

Sinnlichkeit, sondern hat apriorische Formen durch Raum und Zeit, so wie der Verstand die apriorischen Formen der Kategorien.

Das Apriorische, für sich gedacht, nennt Kant »rein«, die Erfüllung, durch die erst die Gegenstände sind, »empirisch«. Rein heißen daher Raum und Zeit, empirisch die Farbigkeit, Hörbarkeit, Tastbarkeit. Rein heißen die Kategorien wie Substanz, Kausalität, empirisch die wirklichen Dinge und einzelnen Kausalverhältnisse, die Körper und Bewegungen.

Nun ist im Kantischen Denken die Spaltung aus der Natur der Sache zweifach, gleichsam überkreuzt: Was als Subjekt (der Spontaneität des Denkens) dem Objekt (der Rezeptivität der Sinnlichkeit) gegenübersteht, das steht im Objekt selber sich als Form und Material gegenüber. Die Subjekt-Objekt-Spaltung ist einerseits unabtrennbar vom Gegenstandsein und liegt andrerseits zugleich in der Struktur des Gegenstandes selber.

Dieser ist aufgebaut aus dem Material der Anschauung und bestimmt durch die Form der Kategorie. Materie und Formen entsprechen Objekt und Subjekt, denn die Materie wird gegeben, die Form gedacht. Der Gegenstand selber läßt sich analysieren nach Material und Form, ohne an die Beziehung auf das Subjekt zu denken, durch das solche Gegenständlichkeit allein möglich ist. Das ist die Verbindung der beiden quer zu einander stehenden Gegensätze: Form ist durch die Spontaneität des Denkens des Subjekts, Materie ist durch die Rezeptivität der Sinnlichkeit des Subjekts. Es koinzidieren also einerseits: Subjekt, Form, a priori, rein; andererseits Objekt, Material, a posteriori, empirisch.

Dieses Denken Kants nennt man gern dualistisch. Zu Unrecht. Kant sagt von den »zwei Stämmen« Sinnlichkeit und Verstand, daß sie »vielleicht aus einer gemeinschaftlichen, aber uns unbekannten Wurzel entspringen«. Hier liegt ein Unableitbares. Kant spricht von dem »Geheimnis des Ursprungs unserer Sinnlichkeit«.

Er bezeichnet die Grenze aller Ableitungen: »Von der Eigentümlichkeit unseres Verstandes aber, nur vermittels der Kategorien und nur gerade durch diese Art und Zahl derselben Einheit der Apperzeption a priori zustande zu bringen, läßt sich ebensowenig ferner ein Grund angeben, als warum wir gerade diese und keine anderen Funktionen zu urteilen haben, oder warum Zeit und Raum die einzigen Formen unserer möglichen Anschauung sind.« Das Geheimnis des Ursprungs kehrt in neuer Gestalt wieder, wenn von der Einbildungskraft die Rede ist, die als das Mittelglied zwischen Verstand und Sinnlichkeit dem ersten die Anwendung auf letztere gibt; sie sei »eine verborgene Kunst in den Tiefen der menschlichen Seele, deren wahre Handgriffe wir der Natur schwerlich jemals abraten und sie unverdeckt vor Augen legen werden«.

Was bedeutet das, wenn Kant ausdrücklich und wiederholt von dem doppelten Ursprung unseres Erkennens, von den zwei Stämmen sagt, daß deren gemeinsame Wurzel ein Geheimnis sei?

Kant leitet nicht aus einem gedachten Einen als dem Ursprung aller Dinge die Spaltung von Subjekt und Objekt ab, sondern er erhellt, wie das Sein für uns in dieser Spaltung Gegenwart wird, und wie wir aus der Erhellung dessen, worin wir uns denkend finden, vielleicht denkend darüber hinausdringen, es überschreiten (transzendieren) können.

In der Erhellung dessen, worin wir uns finden, ist Kant dualistisch. Was er aber so als die zwei Quellen unseres Erkennens findet, das sind für ihn nicht zwei Prinzipien des Seins im ganzen, dieses ist vielmehr als die eine uns unbekannte Wurzel angesprochen. Dualistisch gedacht ist nur das Sein für uns in der Gestalt, durch die wir uns bewußt werden. Kant denkt nicht eine dualistische Metaphysik nach Art der Auffassung zweier Urmächte, etwa Gottes und der Materie. Er hat keine »dualistische Weltanschauung«. Sondern er denkt unumgänglich dualistisch zur Erhellung dessen, worin dann weiterhin Zeiger und Wege zur Einsicht gesucht und gefunden werden.

f) *Ausgang vom Bewußtsein statt vom Sein*

1. *Sein und Bewußtsein:* Geradezu das Sein zu erfassen, hat sich in der alten Metaphysik trotz glanzvoller und tiefer Aspekte möglicher Denkarbeiten als vergeblich erwiesen, wenn das Gefundene gültig für jedermann sein sollte. Kant hoffte festen Grund zu finden, wenn er ausging von dem, was sich jedermann zeigt, wenn er erkennen will. Das Sein bleibt zwar das eigentliche Interesse. Um es aber rein, täuschungslos, hell zu erfahren und zu fassen, muß die Stätte begriffen werden, an der es sich zeigt. Diese Stätte ist unser Dasein.

Unser Dasein ist Bewußtsein. Erhellung des Bewußtseins ist Erhellung unseres Denkens. Mein Dasein ist ein Sein, das weiß, um etwas und um sich selbst. Die Erhellung des Bewußtseins als des Denkens trifft ihrer Absicht nach nicht mich als dieses Individuum, sondern das »Bewußtsein überhaupt«, das »Ich«, das jedes Ich ist. Sein von Gegenständen aber heißt: ihr Sein ist, daß von ihnen gewußt werden kann.

Was ich im Dasein nicht wegdenken kann, ohne Dasein für mich aufzuheben, das ist die Denkform als Gegenstandsform aller Dinge. Es ist nichts für uns als nur unter der Voraussetzung der Denkformen. Mit ihrem Wegfall fällt alles Gegenständliche weg. Wir haben kein Bewußtsein mehr, können nicht mehr sprechen. Der Ursprung aller Gegenständlichkeit, diese eine Quelle des »ich denke«, macht auch Raum und Zeit erst hell. Allein das Kategoriale ist allumgreifend.

2. *Wovon sollen wir ausgehen in dem Raum des Denkens, aus dem wir denkend nicht hinausgelangen?* In diesem Raum finden wir, was das Denken schon hervorgebracht hat: die Sprache, Aussagen und Urteile; Denkfunktionen und Gegenstände; Subjektivität und Objektivität. An irgendeiner dieser Erscheinungen beginnt die Untersuchung oder die Erörterung, um zuletzt sich im Kreise zu bewegen, in den wir denkend durch das Denken selber eingeschlossen sind. Wollen wir das Denken denken, müssen wir es denkend tun; wollen wir das Erkennen erkennen, müssen wir es erkennend tun.

Wir können vom gleichsam Handgreiflichen ausgehen, aber um darin den Sinn, die Bezüge, den Hintergrund zu bemerken. Wir möchten von den bestimmten Faßlichkeiten bis in den ganzen Umfang des Sinns und Grundes unseres Denkendseins gelangen. Daher das Gewicht der Urteilslehre, der Sprachphilosophie, der Philosophie des Bedeutens überhaupt.

Kant geht aus von dem vorliegenden Erkennen. Wir urteilen mit dem Anspruch auf Richtigkeit des Behaupteten. In den Wissenschaften liegen solche Urteile in systematischem Zusammenhang vor. Kant fragt nach den Urteilen und ihrem Recht. Statt von den Gegenständen des Erkennens geht er von dem Vollzug des Erkennens in Urteilen aus. Aber es ist nur einer seiner faktischen Ausgangspunkte, wenn auch ein betonter.

3. *Der richterliche Prozeß:* Soweit dieser Ausgangspunkt maßgebend ist, fragt Kant nach der objektiven Geltung unseres Erkennens. Er setzt dann seine Aufgabe in die Rechtfertigung dieser objektiven Geltung. Er veranstaltet seine Gedankengänge unter dem Bild eines richterlichen Prozesses.

Es gibt seitens der Dogmatiker viele Behauptungen und Beweise, empirische, mathematische, metaphysische. Dagegen stehen die Skeptiker als Kläger und sagen: Es sind bloße Meinungen, durch Gewohnheit entstanden, praktisch im Leben brauchbare Glaubensweisen. In diesem Prozeß will Kant Richter sein. Er sieht: Beide Parteien setzen voraus, daß es Gegenstände an sich gibt, und daß das erkennende Subjekt hinzukommt, um sie richtig oder falsch zu erkennen. Die Schlichtung des Streites ist nicht durch einen Kompromiß möglich, vielmehr nur durch die Einsicht, daß die Voraussetzung beider Parteien falsch ist. Die bisher gedachten Theorien des Erkennens sind hinfällig: das Einströmen der Dinge selber durch Bilder in das Subjekt; das Abbilden der Dinge durch Entsprechungen; die durch den Schöpfer prästabilierte Harmonie zwischen objektivem Geschehen und subjektivem Denken. Kants Einsicht: wir erkennen die Dinge, weil wir sie der Form nach durch das Bewußtsein überhaupt hervorbringen, rechtfertigt die Geltung des Erkennens: wir erkennen, was wir selber als »Subjekt überhaupt« geschaffen haben. Die Frage der Übereinstimmung ist dann kein Problem mehr. Weder die dogmatischen Metaphysiker, noch die Skeptiker hatten recht. Der Prozeß wird zugunsten keiner der beiden Parteien entschieden. Der Prozeß hört auf, wenn die Einsicht der kritischen Philosophie erfolgt.

4. *Subjektsbegriffe:* Ist das Sein als Dasein Bewußtsein und ist dieses Bewußtsein Wissen, so ist alles, was wir wissen, nur in dieser Situation des Daseins, in der Subjekt-Objekt-Spaltung des Bewußtseins wißbar. Wir möchten näher sehen: Was ist das Subjekt, das erkennt, und das Kant nennt das Bewußtsein überhaupt, die Spontaneität des Denkens, die Einheit der Synthesis im Denkakt, die transzendentale Apperzeption?

Dieses Subjekt ist nicht das Individuum, sondern das »ich denke« als »Bewußtsein überhaupt«. Die Denkformen dieses Subjekts bringen die Gültigkeit des Gedachten hervor, nicht die Zufälligkeit des Meinens. Sie sind Ursprung der Gegenständlichkeit und des Wissens von diesen Gegenständen, wie es für jedes endliche denkende Bewußtsein ist. Sie heben das Gültige aus dem Strom des Werdens in der Mannigfaltigkeit der Subjekte als das dem allen gemeinsamen einen Bewußtsein überhaupt Zukommende heraus.

Daher ist das Subjekt des Bewußtseins überhaupt nicht das empirische psychologische Subjekt, das ich beobachten und erforschen kann. Es ist nicht für die Selbstbeobachtung, sondern in der Selbstgewißheit zugänglich. Es ist nicht gegenständlich als ein Anderes da, sondern im Vollzug gegenwärtig. Ich selbst bin als wissend dieses Bewußtsein überhaupt, das weiß, aber selber nicht als Gegenstand gewußt wird. Hier ist der von allem nur Gegenständlichen unterscheidende Punkt. Ich bin wissend so, daß sich Wissen und Sein nicht trennen, weil sie hier identisch sind.

Was ich psychologisch als meine Subjektivität beobachte, innerlich wahrnehme, das ist selber nur da vermöge der Intention des »ich denke« überhaupt, die mit dem inneren Sinn sich auf dieses Feld richtet.

Was ich äußerlich und innerlich wahrnehme, alles gehört gleicherweise zur Welt des Gegenständlichen, auch die Denkvorgänge, sofern sie psychologisch beobachtbare Erscheinungen mit sich bringen.

Es wäre falsch, das Dasein vollständig aufgeteilt zu sehen in die äußeren Dinge und in die innere (psychische) Subjektivität. Das ist richtig für alles, was ich beobachte, aber nicht für das, was Ursprung dieser Beobachtung ist, nicht für das »ich denke« des Bewußtseins überhaupt, dieses alles übergreifenden, dem sowohl das Äußere wie das Innere Gegenstand wird, ohne selbst Gegenstand zu werden. Es ist als von uns gedacht ein konstruierter Punkt, der der Beobachtung sich schlechthin entzieht, aber im Selbstbewußtsein gewiß ist.

In ihm als dem einen, allen gemeinsamen »ich denke« entspringt das Bewußtsein des Allgemeingültigen, das ich im Urteil erfasse, während die beobachtbare Subjektivität in ihrer Besonderheit die Verfälschungen jenes Allgemeinen, bloße Meinungen bringt, in denen doch immer noch als Form ein Allgemeines die Struktur des Verkehrten gibt. Das Bewußtsein überhaupt zeigt uns, worin wir alle als denkende Wesen übereinstimmen. Während in jeder Besonderheit der Subjektivität etwas Inkommunikables bleibt, verstehen wir uns in dem Allgemeinen des Bewußtseins überhaupt, Identisches meinend, selber mit einander und mit uns selbst identisch. Es wäre falsch, mich selbst zu identifizieren mit dem, als was ich für psychologische Beobachtung durch mich oder andere zur Erscheinung komme. Ich bin darüber hinaus dieses »ich denke« überhaupt, aus dem alle Helligkeit kommt, und dies in seinem Wesen so Geheimnisvolle.

Noch einmal: ich weiß im Vollzug des Wissens durch Selbstbewußtsein noch nicht von mir als einem besonderen Gegenstand. Im gegenständlichen Wissen von mir habe ich mein Dasein in psychologischer Betrachtung zu einem Objekt gemacht. Ich überschreite diese Objektivierung und kehre zurück zum vollziehenden Wissen in meinem Selbstbewußtsein, das, je eigentlicher es Denken ist, desto entschiedener psychologischer Betrachtung sich entzieht. Indem ich denke, weiß ich, daß ich bin; zwar nur dies, daß ich bin, weder wie ich mir in der Fülle des Mir-Gegebenseins als dieses psychologische Individuum erscheine, noch was ich an mir selbst zugrundeliegend bin.

Dieses Bewußtsein des Seins in dem »ich denke« ist ungemein merkwürdig. Das Bewußtsein meines empirischen Daseins in der Zeit ist ausdrücklich zu unterscheiden von dem Bewußtsein meines zeitlosen »ich denke«. Beide »sind«, aber auf radikal verschiedene Weise:

»Ich bin mir meines Daseins in der Zeit durch innere Erfahrung bewußt, und dieses ist einerlei mit dem empirischen Bewußtsein meines Daseins.« Hier bin ich mir »ebenso sicher bewußt, daß es Dinge außer mir gebe, als ich mir bewußt bin, daß ich selbst in der Zeit bestimmt existiere«.

Dagegen ist das intellektuelle Bewußtsein meines Daseins in der Vorstellung »ich bin«, welche als »ich denke« alle meine Urteile begleitet, etwas, das sowohl der äußeren wie der inneren Anschauung vorangeht. Es wird selber nicht Gegenstand etwa einer »intellektuellen Anschauung«, sondern bleibt in bloßer Selbstgewißheit, weil ohne zeitlich anschauliches Dasein nicht faßlich, auch zeitlos. Alle innere Anschauung ist (wie alle äußere Anschauung) an die Zeitbedingung gebunden. Gäbe es intellektuelle Anschauung, so müßte sie das Zeitlose im »ich denke, ich bin« erfassen. Das ist nicht möglich.

Wohl ist mit dem »ich denke« das Bewußtsein des eigenen Daseins (Existenz) verknüpft. Alles, was für uns ist, wird durch die Verknüpfung mit dieser Existenz selber gegenwärtig und damit selbst Existenz. Daher sagt Kant, wenn er vom gestirnten Himmel über mir und dem moralischen Gesetz in mir spricht: »Ich verknüpfe sie unmittelbar mit dem Bewußtsein meiner Existenz.« Aber diese Verknüpfung mit meiner Existenz als denkendem Subjekt besagt nichts über mein individuelles Subjekt. Die Selbstgewißheit des Daseins im »ich denke« erlaubt keine gültige Aussage über dieses Ich als Substanz, daher auch nicht über seine Unsterblichkeit, nicht über seine Einheit und Einzigkeit. Sie ist lediglich der Seinspunkt des »ich denke«.

Andererseits hat dieses »ich denke« die allumfassendste Bedeutung. Was als Sein sich zeigt und mitteilbar wird, muß im »Bewußtsein überhaupt« erscheinen. Ich erfasse die Grundmöglichkeiten des gültig wißbaren Seins, wie es für mich zugänglich wird, indem ich die Momente des Bewußtseins überhaupt erhelle.

Der Subjektsbegriff ist in der neueren Philosophie ein Hauptthema. Descartes gründete sein Denken auf die reine Selbstgewißheit des cogito sum. Locke dachte sich das Subjekt als ein Etwas, das ursprünglich ohne Inhalt ist, in das durch Erfahrung erst alles einströmt, als eine tabula rasa, die von außen beschrieben wird. Leibniz dachte das Subjekt als die Monade, die ursprünglich mit dem gesamten Weltgehalt erfüllt ist, der sich in ihr aus der Bewußtlosigkeit zum Bewußtsein, aus der Verworrenheit zur Klarheit bringt. Hume sah das Subjekt als ein Bündel von Vorstellungen, das durch die Zufälligkeiten der Erfahrung zustandekommt und sich mit dem durch Gewohnheit entstehenden Schein von Objektivierungen wie Ich, Substanz, Kausalität täuscht. Kant denkt tiefer als sie alle, indem er unterscheidet erstens das empirische Subjekt als Gegenstand psychologischer Beobachtung, zweitens das Bewußtsein überhaupt des »ich denke« als den Ursprung gültigen Erkennens, drittens den intelligiblen Charakter als Ursprung der Freiheit (von der später die Rede sein wird).

5. *Rückblick und Vorblick:* Haben wir das alles nun eigentlich begriffen? Wir haben bisher eine dogmatisierende Reproduktion dessen vorgetragen, was man Kants Erkenntnistheorie nennt. Es ist doch gar nicht selbstverständlich, wie Kant die Formen allen Erfahrungswissens ableitet. Es ist gar nicht wirklich einsichtig, wie das Subjekt das Objekt der Form nach hervorbringt. In unserem mitgehenden Begreifen war vielleicht ein guter Wille, der das Nichtbegreifen sich selber verbirgt. Das Nichtbegreifen bei den bisherigen Erörterungen muß aber selber klar werden. Wir möchten zum tieferen Verstehen des philosophischen Grundgedankens gelangen dadurch, daß wir das Nichtverstehen selber verstehen.

Ich erinnere an die unüberwindbare Grundschwierigkeit, die in der Natur der Kantischen Sache liegt. Er befragt die Subjekt-Objekt-Spaltung, aber jede Frage und jede Antwort muß innerhalb dieser Spaltung selber stattfinden. Denn immer wird vom Denkenden etwas gedacht. Will Kant über diese Spaltung hinausdenken in den Grund, aus dem sie erwächst, so kann er es nur durch Denkformen in Gegenständlichkeiten, die selber dieser Spaltung angehören. Das ist die Unumgänglichkeit und die Größe dieses Denkens, das nicht in mystischer Ekstase sich aufgeben will an inkommunikable Undenkbarkeiten. In der Helle des natürlichen Bewußtseins bleibend, gerät dieses Denken in Denkzusammenhänge, die in ihrer Denkbarkeit zwar ein Undenkbares verbergen, aber indirekt offenbar werden lassen und dadurch im Bewußtsein den Grund dieses Bewußtseins berühren.

Dies nun hat Kant selber nur gelegentlich ausgesprochen, nicht grundsätzlich zur Klarheit gebracht. Er hat mit seinem Reichtum gedanklicher Erfindungen das die Subjekt-Objekt-Spaltung in allen Richtungen erhellende Denken in der Tat vollzogen, aber nicht darauf reflektiert, wie er es eigentlich macht. Daher ist sein Werk eine Verschlungenheit von Denkbewegungen, die sich zwar auseinanderlösen lassen, aber nur als Ganzes die Kraft ihrer Sprache behalten. Sein Werk ist von größter Klarheit in jeder einzelnen Gedankenbewegung bei notwendiger begrifflicher Unklarheit im ganzen. Daher ist schließlich dies Werk, obgleich es in gedanklicher Disziplin in unermüdlicher Ausarbeitung ein Meisterwerk begrifflicher Entfaltung ist, wieder einzuschmelzen in den Ursprung und das Ziel dieses Denkens. Denn nicht einzelne, bestimmt zu fassende begriffliche Operationen sind das Entscheidende, sondern das, woraufhin diese alle zielen, ohne es im Begriff selbst zu erreichen. Es wird kein faktischer Abschluß erreicht. Dieser ist statt eines objektiven Gedankensystems vielmehr die Grundhaltung des Wissens in der Revolution der Denkungsart, die wohl durch begriffliche Operationen erreicht, aber nicht in endgültiger Klarheit fixiert werden kann.

Die Kantische Revolution der Denkungsart spricht sich aus in Problemstellungen, deren keine man als die letzte oder einzige nehmen darf. Kant bringt seine Sache in die Gestalt bestimmter Fragen und Antworten, bewahrt die überlieferte philosophische Weise des Problemdenkens, weil ohne sie weder die Selbstverständigung noch die Mitteilbarkeit vorankäme. Aber bei Kant sind – analog zu Plato und Augustin – die Probleme selber aufgehoben in einem umgreifenden Raum. In der Form seiner Problemstellungen können wir dorthin gelangen, woher die Fragen kommen und wohin sie über sich selbst und ihre Antworten hinaus zielen.

g) *Die transzendentale Deduktion*

Das Kernstück der Kritik, die »transzendentale Deduktion« behandelt die Beziehung von Subjekt und Objekt in solcher Verschlungenheit, daß in allem Faßlichen die Unfaßlichkeit des Ganzen als das Wesentliche durchleuchtet. Es spielen zugleich mehrere Fragen: Wie bezieht sich das Denken auf das Objekt? Was geschieht im Erkennen? Was ist die Realität des Objekts? Woher die Objektivität gültiger Urteile? Diese letzte Frage ist das ausdrückliche Thema: das Recht der Gültigkeit von Erfahrungsurteilen soll »deduziert« werden. Was aber ist Erfahrung? Alle diese Fragen sind verbunden in der einzigen, die nicht formuliert werden kann als die allumfassende, es sei denn in der völligen Unbestimmtheit: Was ist das Sein? und in der ebenso unbestimmten Antwort: wie es sich uns in der Erscheinungshaftigkeit unseres Daseins zeigt.

1. *Deduktion* heißt Ableitung, Begründung, Rechtfertigung. Kant meint die Begründung der objektiven Geltung der Begriffe a priori. Zunächst schließt er für sein Thema die »psychologische« oder »empirische Deduktion« aus, die die Vorstellungen als Wirkungen des Gemüts in Reaktion auf äußere Dinge entstehen läßt. Damit hat sich Locke befaßt, nicht Kant. Dann unterscheidet er die von uns schon berichtete »metaphysische Deduktion« der Kategorien aus den allgemeinen logischen Funktionen des Denkens (den Urteilen) von der »transzendentalen Deduktion«, d. h. der Erklärung der Art, wie sich Begriffe a priori auf Gegenstände beziehen können. Bei der transzen-

dentalen Deduktion handelt es sich nicht um empirische Tatbestände (quid facti), sondern um den Rechtsgrund der Gültigkeit (quid juris). Innerhalb der transzendentalen Deduktion unterscheidet Kant weiter eine objektive Deduktion, die die Gültigkeit der Begriffe a priori begreiflich machen soll – sie gibt die Antwort auf die Frage: Was kann der Verstand frei von aller Erfahrung erkennen? – und eine subjektive Deduktion, die den reinen Verstand selbst nach seinen Erkenntniskräften betrachtet – sie gibt die Antwort auf die Frage: Wie ist das Vermögen zu denken selbst möglich?

2. *Der Grundgedanke in Form einer alternativen Argumentation:* Wir skizzieren die kurze *Argumentation* Kants auf die Frage: Wie kommt es, daß unsere Erfahrungen mit unseren Begriffen von ihren Gegenständen übereinstimmen? Es gibt zwei Wege, auf welchen eine notwendige Übereinstimmung gedacht werden kann: entweder die Erfahrung macht diese Begriffe, oder diese Begriffe machen die Erfahrung möglich. Ein Mittelweg wäre die Behauptung einer prästabilierten Harmonie unseres subjektiven vom Schöpfer uns eingepflanzten Denkens mit den objektiven Gesetzen der Natur. Dieser Mittelweg scheidet für Kant aus: bei diesem würde es sich nicht mehr um erste Prinzipien a priori der Erkenntnis handeln, – es würde unseren Urteilen die Notwendigkeit mangeln, – es wäre totale Unbegreiflichkeit noch vor dem Versuch einer Einsicht.

Nach Ausschaltung dieses Mittelwegs bleibt die Alternative. Wählen wir nun die These, daß die Erfahrung erst die Begriffe ermögliche, so würde unbegreiflich sein, daß wir notwendige und allgemeingültige Urteile in bezug auf Gegenstände der Erfahrung besitzen. Denn dann würden alle Urteile nur gelten, soweit bisher Erfahrung reicht. So steht es auch in der Tat mit allen materialen Erfahrungsurteilen. Aber diese selber sind nur möglich auf Grund allgemeingültiger und notwendiger Urteile über die Gesetzlichkeit der Erfahrung überhaupt. Der Erforschung von Gesetzen geht voraus das Gesetz der Gesetzlichkeit überhaupt. Aus ihm kommt die umfassende Notwendigkeit, durch die alles, was mir vorkommt, in irgendwelchen Formen der Gesetzlichkeit steht, die ich aus Anlaß der Erfahrung, aber nicht durch Erfahrung allein entdecke. Denn diese Notwendigkeit ist das Apriori, dem alle Formen mir erscheinender Gegenstände entspringen. Von ihr her liegt der Sinn in allen Erfahrungsurteilen, der durch weitere Erfahrung nicht falsch, sondern ergänzt und in umfassendere Zusammenhänge aufgenommen wird. Weil es allgemeingültige und notwendige Erfahrungsurteile gibt, muß also die andere These gelten, die die Kantische, zunächst anscheinend widersinnige Entdeckung ist: Notwendige und allgemeingültige Erfahrungsurteile sind nur dann möglich, wenn unsere Begriffe, statt aus der sinnlichen Anschauung entnommen zu sein, die Gegenstände selber ihrer Form nach zuerst gebildet haben.

Diese Position sei wiederholt: Weil die Formen von Anschauung und Verstand alle Gegenstände ihrer Form (nicht ihrem Dasein) nach schon im ersten Akt des Bewußtseins hervorbringen, können sie in der nachfolgenden Forschung durch diesen selben Verstand auf dem Wege der materialen Erfahrung erkannt werden. Kant spricht den Gedanken auch so aus: »Die Bedingungen a priori einer möglichen Erfahrung überhaupt sind zugleich Bedingungen der Möglichkeit der Gegenstände der Erfahrung.« Dieser Hauptgedanke muß immer wiederkehren: »Die Vorstellung in Ansehung eines Gegenstandes ist alsdann a priori bestimmend, wenn durch sie allein möglich ist, etwas als einen Gegenstand zu erkennen.« Oder: Begriffe a priori sind Bedingungen, »unter denen allein etwas als Gegenstand überhaupt gedacht wird, denn dann ist alle empirische Erkenntnis der Gegenstände solchen Begriffen notwendigerweise gemäß, weil ohne deren Voraussetzung nichts als Objekt der Erfahrung möglich ist«.

3. *Ausdrücklich beschränktes Thema und faktische Weite:* Die »transzendentale Deduktion« ist der Mittelpunkt der Kantischen Kritik der Vernunft. In ihr verschlingt sich in einem fast unauflöslichen Gewebe, und zudem in zwei sehr verschiedenen Fassungen (der ersten und zweiten Auflage der »Kritik der reinen Vernunft«), worauf die ganze kritische Gedankenwelt ruht.

Ihr ausdrückliches Thema ist die Rechtfertigung der Geltung unserer Erfahrungserkenntnis. Ihr faktischer Inhalt geht weit darüber hinaus zur Erhellung des Wesens unseres denkenden Erkennens. Was das bedeutet, und wie Kant methodisch verfährt, soll nun näher erörtert werden.

h) *Analyse der Kantischen Methoden zur Erhellung des Ursprungs im Ungegenständlichen*

Würde man den Kantischen Gedanken in die Form fassen, die Welt sei durch die Subjektivität der menschlichen Geisteskonstitution oder Gehirnanlage hervorgebracht, so wären solche Sätze ein Unsinn. Man möchte es sich gern so einfach machen, um zu verstehen und das so Verstandene dann zu verwerfen. Aber selbst die eben mit Kantischen Worten berichtete kurze Fassung des Grundgedankens wird bei Kant in der Ausführung ungemein verwickelt und verschlungen. Kant weiß das und sagt, daß sie ihm »die meiste, aber«, wie er hoffe, »nicht unvergoltene Mühe gekostet«. Um besser zu verstehen, erinnern wir zunächst an die Art dieses Denkens überhaupt:

Kant weiß, daß sein Denken das natürliche Denken überschreitet, »transzendiert«. Er nennt seine Philosophie ausdrücklich »transzendental«. Der Gebrauch des Wortes im Sinne philosophischen Transzendierens hat eine lange Geschichte, die bis auf Augustin zurückgeht (Knittermeyer). Kant verwandelt seinen Sinn: »Ich nenne alle Erkenntnis transzendental, die sich nicht sowohl mit Gegenständen, sondern mit unserer Erkenntnisart von Gegenständen, insofern diese a priori möglich sein soll, beschäftigt.« Die alte dogmatische Metaphysik transzendierte denkend im Gegenständlichen zu einem übersinnlichen Gegenstand des Seins an sich oder Gottes. Kant transzendiert über das gegenständliche Denken gleichsam rückwärts zur Bedingung aller Gegenständlichkeit. An die Stelle der metaphysischen Erkenntnis einer anderen Welt tritt die Ursprungserkenntnis unseres Erkennens. Das eine Mal geht der Weg in den Ursprung aller Dinge, das andere Mal in den Ursprung der Subjekt-Objekt-Spaltung der Erscheinung. Der Abschluß ist nicht ein gewußter Gegenstand (wie in der alten Metaphysik), sondern ein Grenzbewußtsein unseres wissenden Daseins.

Beide Male wird transzendiert, wird das natürlich Gegenständliche überschritten. Darum ist dieses Kantische Denken von solcher Schwierigkeit. Es verschafft keine gegenständliche Einsicht, daher kein Ergebnis der nunmehr aussagbaren Sache, sondern nur die Möglichkeit, sich dessen zu vergewissern, was im Vollzug hell wird, der im Denken das Denken überschreitet.

Die Grundschwierigkeit ist: Kant will die Bedingungen aller Gegenständlichkeit zeigen, kann es aber nur im gegenständlichen Denken selber, daher in Gegenständen, die selber nicht Gegenstände sein dürfen. Er will das Subjekt-Objekt-Verhältnis, in dem wir denkend stehen, begreifen, als ob wir außerhalb stehen könnten, während wir immer darin bleiben. Er dringt an die Grenzen des Daseins allen Seins für uns, um an der Grenze den Ursprung des Ganzen selber zu erblicken, und muß doch innerhalb der Grenze bleiben. Er will mit der transzendentalen Methode transzendieren in Formen des Darinbleibens. Er denkt über das Denken, aber kann es nicht von einem Außerhalb des Denkens her, sondern nur, indem er schon denkt.

1. *Die vier Leitfäden der Gedankenbewegung:* Kants verschlungene Gedankenentwicklung hier zu reproduzieren, ist in Kürze unmöglich.

Aber wir können sie in ihrer Struktur zeigen. Wir finden, daß Kant *vier Wege* vergegenständlichender Verdeutlichung geht. Er spricht *»psychologisch«*, wenn von Bewußtsein, Handlung des Subjekts, Einbildungskraft die Rede ist, – *»logisch«*, wenn von Einheit, Form und Material, Urteil, Gültigkeit, – *»methodologisch«*, wenn von Voraussetzung der Erkenntnis, Bedingung der Möglichkeit, Erfahrungen zu machen, von Vorwegnehmen und Entwurf, von Erkennen dessen, was ich machen kann, – *»metaphysisch«*, wenn vom Ding an sich, das das Subjekt affiziert, von der Selbstaffektion im inneren Sinn die Rede ist.

Diese Unterscheidung der vier hält sich an überlieferte wohlbegründete »Fächer« oder »Disziplinen« der Philosophie. Weder eine Vollständigkeit der Auffassung Kantischer Begriffe noch eine Gleichwertigkeit der Beurteilung unter den vier Gesichtspunkten ist damit gemeint. Einige Begriffe lassen sich mehreren Fächern zuordnen. Die planmäßige Untersuchung der Kantischen Texte unter diesen Gesichtspunkten würde eine Klärung schaffen, aber auch die Unterscheidung in psychologische, logische, methodologische, metaphysische Gedanken als eine endgültige in Frage stellen.

Aber die durch sie von uns vorläufig beantwortete Frage beim Studium Kants bleibt: Durch welche Vollzüge oder Vergegenwärtigungen gewinne ich das Gemeinte zu eigen? Psychologisch nennen wir die Vergegenwärtigung des Erlebbaren, logisch die des Gedachten in Struktur und Sinn der Urteile, methodologisch die der Verfahren der Forschung beim Entdecken von Tatbeständen und Gesetzen, metaphysisch die Objektivierung eines gegenständlich gedachten Seins zu einem Sein an sich, dem absoluten unüberschreitbaren Sein.

Der philosophische Gedanke Kants ist als solcher aber nur in einem einzigen Akt zu vollziehen, um ihn aufleuchten zu lassen. Wenn jene vier Gedankenwege, Bilder, Leitfäden des Kantischen Gedankens für die Sache selbst gehalten werden, so handelt es sich um Abgleitungen. Abwehrend lassen sich die Positionen als vier Mißverständnisse formulieren. Sie haben alle einen Kantischen Grund und sind isoliert nicht mehr Kantisch.

Das *psychologische Mißverständnis* würde die Kantischen Gedanken so ausdrücken: Unsere menschliche Organisation hat die Eigenschaft, auf die Einwirkungen, die als Empfindungen in das Bewußtsein treten, mit dem synthetisierenden Verstande durch Schöpfung der Außenwelt als eines Gebildes unseres menschlichen Bewußtseins zu reagieren. (Dies wäre der Standpunkt für empirisch-psychologische

Untersuchungen der Sinneswahrnehmung, die aber selber schon Gegenständlichkeit überhaupt und Kategorien voraussetzen.)

Das *logische Mißverständnis* läßt sich in folgender Formel fixieren: Nicht Empfindung steht einem spontanen Verstand gegenüber, sondern Material einer umschließenden Form. Die Struktur der Gegenstände liegt in der Form-Material-Beziehung. Die Ausdrücke Form und Material – so ist hier die Meinung – bezeichnen deutlich die Sache, während alle anderen Ausdrücke die psychologische oder metaphysische Ableitung bringen. Eine geltende Form umfaßt das Material, damit sind Gegenstände da. Gegenständlichkeit ist aus dem Unsinnlichen einer hingeltenden Form und dem umschlossenen Material geboren. Absolut ist das Gelten, der logische Anspruch. Hierbei wird die Subjekt-Objekt-Beziehung verloren, das Ding an sich ein überflüssiger Begriff.

Das *methodologische Mißverständnis* sagt: Der Verstand nimmt durch seinen Entwurf vorweg, was er in der Erfahrung erkennt. Da er aber durch seinen vorwegnehmenden Entwurf die Erfahrung der Form nach selber geschaffen hat, findet er in der Erkenntnis nur wieder, was er selber gemacht hat. (Damit ist das Verfahren echten Erfahrungserkennens, das seine gedachten Entwürfe an der Erfahrung prüft, verwirft oder bestätigt, zum Grundwesen des Gegenständlichseins und alles Denkbaren gemacht.)

Das *metaphysische Mißverständnis* wäre etwa so: Die Dinge an sich wirken auf die transzendentale Apperzeption oder das »Bewußtsein überhaupt«. Aus dem Zusammenwirken entsteht in unserem empirischen Bewußtsein die Welt der Erscheinungen und der Erfahrung. Aus dem Faktum der Erfahrung erschließen wir jene zwei transzendenten Punkte als absolute Wirklichkeiten: dort das Ding an sich, hier die transzendentale Apperzeption.

Auf jedem der vier Wege kann ich in das Bewußtsein geraten, mich in der Totalität zu befinden, der alles angehören muß, was für mich wirklich und gültig ist. Und doch handelt es sich jedesmal um eine Partikularität der Auffassungsweise des Denkbaren für mich, jedesmal paradoxerweise um eine universale Partikularität.

An den Kant-Interpretationen läßt sich beobachten, daß die einzelnen der vier Wege je einen Vorrang oder gar Alleingültigkeit erlangt haben. Man kann diese einseitigen Auffassungen Kants schematisch gruppieren derart, daß sie sich gegenseitig unter die Begriffe mit den Worten abwertend klassifizieren, mit denen wir sie hier nennen. Der *»Psychologismus«* (oder Anthropologismus) bei Fries (psychologische Erfahrung ist die Grundlage der Philosophie), bei F. A. Lange (die anthropologische Organisation ist das Apriori), bei Herbart, – der *»Logizismus«* bei Lask (Vorrang des Material-Form-Verhältnisses), – der *»Methodologismus«* bei Cassirer (Beschränkung des Kantischen Gedankens auf eine Erkenntnistheorie, die das Verfahren der Naturwissenschaften durch seine Voraussetzungen rechtfertigt), – der *»Metaphysizismus«* bei Schopenhauer (die Welt als Vorstellung ist ein Traum), bei Paulsen (Vergegenständlichung des Dinges an sich).

Wer nun aber eine dieser scheinbar klaren Grundauffassungen als die richtige annehmen und dann den Kantischen Text danach interpretieren und korrigieren soll, der macht folgende Erfahrung: er gerät in eine Qual des Denkens, weil er nicht kann, was er soll; immer mischen sich entweder psychologische Vorstellungen ein, oder es wird der Sinn des Logischen oder der des Methodologischen oder der des Metaphysischen vordringlich. Für alles finden sich Kantische Sätze bis zu dem äußersten, daß die Welt »durch unser Gehirn« bedingt sei. Kant selber hat scheinbar alle Abgleitungen vollzogen. Daher sind die einseitigen Interpreten immer daran, Kant durch sich selbst, das heißt je durch den einen von diesen Interpreten als richtig behaupteten Leitfaden zu korrigieren.

Die vier Ausdrucksweisen sind nicht koordiniert und nicht einander fremd. Für den transzendentalen Gedanken bedeutet jede einzelne zugleich die andere. Ich kann den Gedanken nur denken, indem ich von einer zur anderen übergehe. Keine hat den Vorzug. Keine läßt sich streichen. Durch die Isolierung einer Ausdrucksweise wird eine scheinbar größere Faßlichkeit erreicht, aber um den Preis, den transzendentalen Gedanken zu verlieren. Gegenständlich ist zudem die einzelne Fassung gar nicht überzeugend. Man will ein scheinbar wissenschaftlich Erwiesenes zeigen und hat den philosophischen Gedankenvollzug verloren.

Es kommt darauf an, die Gedankenwelt der transzendentalen Deduktion in ihrer ganzen Weite festzuhalten, ohne in die bestimmte gegenständliche und jeweils einzelne Objektivierung von Gedankenreihen wie in Sackgassen zu geraten, indem man an ihnen festhält, als ob in ihnen schon das Ziel erreicht sei. Alle eigentümlichen Objektivierungen sind vielmehr als Werkzeuge oder als Momente der Verwirklichung des einen umfassenden Grundgedankens zu nehmen.

Die psychologische, logische, methodologische, metaphysische Vergegenständlichung führt zu dem gemeinsamen Irrtum: als Objekt zu verendlichen, was nur im philosophischen Vollzug transzendierend einsichtig werden kann. Diese Objektivierungen, als solche genommen und festgehalten, töten den philosophischen Gehalt, während sie unumgänglich sind, ihn im Ganzen zum Ausdruck zu bringen.

Die Deduktion in der Gesamtheit der zu ihr gehörenden Texte ist ein breites Vordringen ohne Geschlossenheit logisch beschränkter Gedankengänge, dann wieder ein Kreisen in sich, eine Aufnahme relativ geschlossener Gedankengänge, die für sich jedoch noch nicht den rechten Sinn und keinen Bestand haben.

Auf jedem der vier Wege scheint es möglich, etwas Bestimmtes, etwas Faßliches zu meinen. Hat man es ergriffen, glaubt man jeweils, Kant verstanden zu haben. Das Entscheidende aber ist, daß das, was Kant will, durch alle diese Ausdrucksweisen quer hindurchgeht, oder daß es ein virtueller, nicht geradezu faßbarer Punkt ist, der durch sie nicht getroffen, aber umkreist wird. Daher bedürfen alle Ausdrucksweisen einer Übersetzung, aber nicht in ein anderes direkt Sagbares, sondern in das Bewußtsein des Umgreifenden, in dem alle jene bestimmten Formulierungen erst ihren Sinn empfangen.

Philosophisch muß der je eigentümliche Ausdruck der vier Weisen in »transzendentaler« Bedeutung genommen werden. Dann wird der gegenständlich besondere Wortsinn so übersetzt, daß die Übersetzungen aus den vier Ausdrucksweisen sich in dem einen transzendentalen Gedanken treffen.

Dies nun wird von Kant überall *erstens* dadurch gefordert, daß er auf den Sprung zum Transzendentalen ausdrücklich hinweist. Er sagt:

Psychologisch ist die »empirische Einbildungskraft« nur möglich, wenn die »transzendentale« vorausgeht, – die »empirische Apperzeption« gründet in der »transzendentalen«, – das empirische Bewußtsein ist durch das transzendentale »Bewußtsein überhaupt« bedingt, die subjektive Gültigkeit durch die objektive Gültigkeit. Alles Psychologische weist zurück auf das, was aus der »Organisation des Subjekts« nicht begründet werden kann.

Im *Logischen* wird der Sprung von der formalen zur transzendentalen Logik gefordert.

Im *Methodologischen* geht der Sprung von dem partikular versuchenden Entwurf in den Verfahren der modernen mathematischen Naturwissenschaft, deren Richtigkeit durch beobachtende Messungen geprüft wird, zum totalen Entwurf alles möglichen Erkennbaren überhaupt im Ursprung des Denkens. Das Hypothetische des faktischen Forschungsverfahrens, das Kant vor Augen hat, gründet in der transzendentalen Bedingung der Möglichkeit aller Erfahrbarkeit überhaupt.

Die *metaphysische* Ausdrucksweise von einem Ding an sich, das ein transzendentales Subjekt affiziert, ist die ontologische Form, in der das »Transzendentale« gemeint ist: Der transzendentale Gegenstand ist das X, oder das, was unseren empirischen Begriffen überhaupt Beziehung auf einen Gegenstand, d. i. objektive Realität verschaffen kann, oder das, was dawider ist, daß unsere Erkenntnisse nicht aufs Geratewohl oder beliebig bleiben.

Zweitens wird der Sprung zum Transzendentalen dadurch gefordert, daß im Text ständig die Übersetzung der einzelnen Ausdrucksweisen ineinander stattfindet. Der Leser kann sich verwirren und schwindlig werden, bis gerade aus diesem Schwindel jene Klarheit erwächst, die in keiner der gegenständlichen Bestimmtheiten gefaßt werden kann.

Nur in der Verflechtung kommt zur Geltung, was allein transzendental zu verstehen ist. Da Kant fest im Sinne behält, was er eigentlich will, geht er den von uns geschilderten, von ihm selbst als solchen nicht ausdrücklich kenntlich gemachten Weg: Da jeder gegenständliche Ausdruck für das gegenständlich nicht mehr zu Greifende unangemessen ist, in jedem Augenblick aber nur gegenständlich gedacht werden kann, ergreift Kant die Reihe der vier gegenständlichen Ausdrucksmöglichkeiten, deren jede er durch die andere auch wieder rückgängig macht. Da er sie alle sich verflechten läßt, gelingt es ihm, dem verstehenden Leser jedes Festhaken an einem bestimmten Gedanken zu verwehren, ihn vielmehr zu veranlassen, vermöge des verschlungenen Gewebes der immer unangemessenen Vorstellungen indirekt das zu treffen, worauf es ihm ankommt.

2. *Die Bedeutung von Tautologie, Zirkel, Widerspruch:* Ein zweiter methodischer Grundzug – wiederum von Kant nicht grundsätzlich ausgesprochen, aber faktisch vollzogen – ist eine logische Unstimmigkeit des Ausdrucks, die aber ihren guten und notwendigen Sinn hat.

Was muß ich tun, wenn ich des Umgreifenden inne werden will? Ich muß mit dem Faßlichen über das Faßliche hinausschreiten; ich muß das Faßliche zusammenbrechen lassen, so wie Leitern, die ich nicht mehr brauche, wenn ich die Höhe erklommen habe.

Dieses Zusammenbrechenlassen geschieht *erstens* auf die bisher erörterte Weise, daß jeder bestimmte Leitfaden des Ausdrucks durch die anderen in der Verflechtung aller aufgehoben wird, so daß in dem Gewebe jeder Faden zwar notwendig ist, aber ohne selber den Sinn des Ganzen darstellen zu können.

Zweitens geschieht es dadurch, daß das so Gedachte in seiner logischen Form gegenständlich unhaltbar ist. Weil das Ungegenständliche, das im Ursprung alles Gegenständlichseins (der Subjekt-Objekt-Spaltung) erhellt werden soll, ohne gegenständlich faßlich zu sein, doch nur gegenständlich gedacht werden kann, muß das so Gedachte, um nicht als falscher Gegenstand sich zu verfestigen, formal scheitern in Tautologien, Zirkeln und Widersprüchen.

Tautologie bedeutet, dasselbe durch sich selbst auszusprechen; es ist nicht falsch, aber bringt keine Erkenntnis. *Zirkel* heißt, etwas in einem Gedankengang nicht durch ein anderes, sondern durch sich selbst begründen; er ist nicht falsch als nur dadurch, daß er eine Begründung vortäuscht. *Widerspruch* bedeutet, daß Sätze sich gegenseitig aufheben; er bedeutet Unhaltbarkeit.

Es gilt allgemein für das Philosophieren im transzendierenden Gedanken, daß die logischen Formen nicht adäquat zu fassen vermögen, was im Denken erzielt wird. Je intensiver die logische Bemühung, desto reiner kommt der die logische Form zerbrechende Gedanke zum Ausdruck. Ein gegenständliches, in sich widerspruchsfreies Denkgebilde als Konstruktion des Seins oder auch nur, wie bei Kant, als Konstruktion des Sichzeigens des Seins im Erkennen zu fordern, stellt eine unerfüllbare Aufgabe.

Jedes transzendierende Philosophieren ist zu befragen, welche Form logischer Unmöglichkeit der wesentliche Grundgedanke angenommen hat. Bei Kant richtet sich diese Frage an den transzendentalen Denkzusammenhang seiner Erkenntniserhellung. Zunächst einige Beispiele aus Kants faktischem Denken:

1. Kant gerät in offenbare *Widersprüche:*

Kant umkreist die Noumena (das Intelligible, das Ding an sich) durch Negationen. Dem Noumenon kommen nicht zu: sinnliche Qualitäten, Raum und Zeit, nicht Kategorien. Daher ist der Gedanke von ihnen kein erkennender Gedanke. Sein Inhalt ist gegenständlich nichts. Aber dieses Nichts figuriert doch als Etwas. Die Leere hat einen Inhalt.

»Ursache« ist eine Kategorie, gilt also nur für Erscheinungen. Das »Ding an sich« kann daher nicht Ursache sein. Kant aber nennt es Ursache der Erscheinungen und widerspricht damit sich selbst. Dieses näher dargelegt: Kant spricht von dem Ding an sich, das das Subjekt affiziert, oder von der »nichtsinnlichen Ursache« unserer Vorstellungen. Was unseren Sinn »affiziert«, dieses Etwas heißt »transzendentaler Gegenstand«. Ähnlich spricht Kant später von der Freiheit als »intelligibler Ursache«, die, obgleich selber nicht durch Erscheinungen bestimmt, »ihre Wirkungen erscheinen« läßt. Nun gelten Kausalität, Ding, Realität als Kategorien nur von Erscheinungen. Wird die Beziehung des Dinges an sich auf unseren Sinn und auf unser Erkennen unter die Kategorie der Ursächlichkeit gebracht, so wird von dem Ding an sich schon nicht mehr als einem »An sich«, sondern von ihm als Erscheinung gesprochen. Daher erhob gleich nach Lektüre des Kantischen Hauptwerkes Jacobi die Kritik: ohne das Ding an sich als Voraussetzung sei in das Kantische System nicht hineinzukommen, und mit jener Voraussetzung darin nicht zu bleiben.

Das Ding an sich ist für Kant als Ergänzung zur Erscheinung nicht zu entbehren, »denn sonst würde der ungereimte Satz folgen, daß Erscheinung ohne etwas wäre, was da erscheint«. Kant hat also mit dem Begriffspaar »An sich« und »Erscheinung«, das innerhalb der Erscheinungswelt gilt, wiederum das Verhältnis des »An sich« zur Erscheinung kategorial gedacht. Er muß das begrifflich nicht Faßbare zum Nachweis seiner Unfaßlichkeit dennoch begrifflich fassen. Schon das Verhältnis von »An sich« und »Erscheinung« unterliegt dem Einwand der Widersprüchlichkeit.

Von allen kategorialen Bestimmungen eines Gegenstandes befreit denkt Kant das Ding an sich oder das Noumenon als »Grenzbegriff«. Aber wenn ich die Grenze denke, bin ich auch über sie hinaus. Indem Kant zeigt, daß es unmöglich ist, die Grenze des Begriffs zu überschreiten, vollzieht er diese Unmöglichkeit.

Der Ausdruck »Ding an sich« ist kennzeichnender als der Ausdruck Noumenon, weil er den Widerspruch unmittelbar in sich selber trägt. Als »Ding« kann nur Erscheinung gedacht werden; »an sich« besagt, daß es nicht Erscheinung sein soll. Noumenon heißt das Gedachte, aber was darin gedacht ist, ist undenkbar.

Erscheinung und Ding an sich sind logisch als gegenständliches Wissen ein unhaltbarer, aber im Scheitern unumgänglicher Gedanke. Er verführt, wenn er als ein haltbares Etwas genommen wird, zu einer Verkehrung. Es entstehen zwei Welten, eine Vorderwelt und eine Hinterwelt, eine Weltverdoppelung. Dann kann es scheinen, daß beide für sich bestehen, eine sich auf die andere bezieht. Dann wird die zweite Welt, die Hinterwelt, zu einem Reich von Phantasmen, deren Inhalte alle aus dieser unserer Welt stammen. Aber es gibt für Kant nur eine Welt. Das im transzendierenden Denken Berührte ist keine andere Welt, sondern gar nicht Welt. Und es ist, sofern es ist, in dieser Welt als Nichtwelt gegenwärtig. Eine Zweiweltentheorie ist nicht Kantisch, sondern nur eine unvermeidlich widersprüchliche Ausdrucksweise.

Man kann bei Kant den widersprechenden Sinn der Worte, weil in ihnen vergegenständlicht wird, was kein Gegenstand ist, fast bei allen Grundbegriffen nachweisen. Auch der Gebrauch des Wortes »Gegenstand« selbst ist nicht eindeutig. Sein eigentlicher Sinn ist der durch die Einheit der Synthesis in kategorialer Form gedachte Gegenstand. Kant aber braucht das Wort »Gegenstand« auch für das weniger als Gedachte, für das, was im Gewühl der Empfindungen als Erscheinung ohne Denken auftritt. Und er braucht es für das mehr als Gedachte, für das in keiner Kategorie Faßliche, für das Ding an sich.

Es ist, sagt Kant, »eine Ungereimtheit, wenn wir die Dinge an sich nicht einräumen wollen«. Sie »liegen der Erscheinung zum Grunde«. Aber dann sagt er: das Ding an sich ist »etwas, von dem wir weder sagen können, es sei möglich, noch es sei unmöglich«. Es ist problematisch. Obgleich weder möglich noch unmöglich, »muß es gedacht werden«, als »ein X, von dem man gar nichts sagen kann«.

2. Wir beobachten in Kants Grundgedanken *Zirkel:*
Die Gültigkeit der Grundsätze des Erkennens soll erwiesen werden. Sie entspringt aus der die Einheit im Gegenstand hervorbringenden Funktion des

Denkens. Psychologisch schafft die empirische Apperzeption aus der Mannigfaltigkeit der Empfindungen durch empirische Synthesis subjektive, nicht gültige Einheiten. Transzendental schafft die transzendentale Apperzeption durch reine Synthesen aus der Mannigfaltigkeit des gegebenen Materials geformte Gegenstände objektiver Gültigkeit. Welcher Unterschied ist zwischen diesen beiden Einheitsfunktionen? Die Art der Gültigkeit der Verbindung. Die empirische Apperzeption schafft nur subjektiv gültige Einheiten, wie etwa die Verbindung eines Begriffs mit einem bestimmten Wort, die gewohnheitsmäßige Verbindung aus subjektiv zufälliger Erfahrung. Die transzendentale Apperzeption schafft »nach einer Regel« objektiv gültige Einheiten. Es besteht kein anderer Unterschied zwischen transzendentaler und empirischer Synthese. Was aber bedeutet das? Wir sind dabei, Kant in dem Beweis der Gültigkeit der Erfahrungserkenntnis zu folgen. Wir hören: diese ist gültig, weil sie durch die Bedingung transzendentaler Synthesis zur Einheit nach einer Regel zustande kommt. Der Charakter der transzendentalen Synthesis war ja aber selbst schon die Gültigkeit. Also kurz: Die Erfahrung ist gültig, weil ihre transzendentalen Einheitsmomente gültig sind. Oder: sie ist gültig, weil sie gültig ist. Geltung läßt sich nicht begründen, ohne Geltung vorauszusetzen.

Aber vielleicht haben wir nur eine Seite des Gedankengangs, der nicht als Beweis gemeint ist, herausgelöst. Die Sache, sagt man, liegt tiefer. Indem wir dahin folgen, geraten wir nur in eine andere Form gedanklichen Scheiterns:

Man kann interpretieren: die Begründung der Geltung sei nicht die wesentliche Absicht; die Unterscheidung subjektiver und objektiver gültiger Erkenntnis werde nur beiläufig erwähnt. Kant sei es vielmehr wesentlich darum zu tun, die Möglichkeit gültiger Erkenntnis dadurch zu begreifen, daß er darlege, nicht nur die Erkenntnis von Gegenständen, sondern die Gegenstände selbst in ihrer Gegenständlichkeit seien erst durch die transzendentale Synthesis des Verstandes, d. h. durch die Kategorien, möglich. Wenn diese Möglichkeit begriffen sei, so sei damit auch die Rechtfertigung der Geltung der kategorialen Synthese in der Erkenntnis die Folge.

Aber was heißt hier »möglich«? Wir kennen logische Möglichkeiten als Widerspruchslosigkeit eines Gedankengebildes, reale Möglichkeit als die Gesamtheit kausaler Bedingungen für ein Geschehen. Wir erwarten als möglich, was uns vorkommen oder begegnen kann, aber nicht muß. Diese Möglichkeiten aber können in der transzendentalen Deduktion nicht gemeint sein. Denn sie sind besondere faßbare Möglichkeiten. Es sind Möglichkeiten als Kategorien. In dem philosophischen Gedanken aber ist die transzendentale Möglichkeit gemeint. Mit diesem Zauberwort – einer Kategorie, die nicht mehr Kategorie sein darf, – sollen wir uns herausreißen aus der Gebundenheit an Kategorien, um sie alle in ihrem Ursprung zu erblicken. Zwar können wir nach Kant mit unserer Erkenntnis nicht in eine übersinnliche Welt transzendieren, wohl aber können wir uns des Ganzen der Gegenständlichkeit überhaupt in seinem Ursprung bewußt werden. Der dem Verstand zugängliche Gedanke muß sich dabei aber immer der Kategorien, so hier der der »Möglichkeit« bedienen, ohne den bestimmten Sinn irgendeiner Möglichkeit damit anwenden zu dürfen. Daher wird immer der Widerspruch zwischen jeder bestimmten Möglichkeit und der transzendentalen Möglichkeit bleiben.

Bei der Interpretation sind wir, um die Form des Zirkels zu vermeiden, in die des Widerspruchs gelangt.

3. Kants Grundgedanken sind *Tautologien:*
Nietzsche wirft Kant vor, er habe auf die Frage, wodurch Erkenntnis möglich sei, die tautologische Antwort gegeben: vermöge eines Vermögens, und diese Antwort habe er nur unter einem echt deutschen Gelehrten-Umstand und Tiefsinn versteckt. Nietzsche aber könnte sogar einen Kantischen Satz zitieren, der dies nicht versteckt, sondern offen ausspricht: »Die Möglichkeit der logischen Form alles Erkenntnisses beruht notwendig auf dem Verhältnis zu dieser Apperzeption als einem Vermögen.« Nietzsche bringt seinen äußerlich richtigen Einwand mit völliger Verständnislosigkeit für die Methode transzendierend sich erhellenden Philosophierens.

Wer nun aber meint, die vorgebrachten Widersprüche, Zirkel und Tautologien würden die Wahrheit des Kantischen Gedankens aufheben, muß schon stutzig werden, wenn er sieht, wie Kant gelegentlich selber die logischen Formen des unausweichlichen Widersinns bemerkt:

Tautologie: Kant spricht von dem Grundsatz, der »der oberste im ganzen menschlichen Erkenntnis ist«: das Mannigfaltige gegebener Anschauungen unter die Einheit der Apperzeption zu bringen. Dieser Grundsatz der notwendigen Einheit der Apperzeption, sagt er, »ist selbst identisch, mithin ein analytischer Satz«. Dieser Satz erhellt nur, durch Tautologie, daß die Einheit der Synthesis des in der Anschauung gegebenen Mannigfaltigen notwendig ist, damit sowohl die Identität des Selbstbewußtseins wie die Einheit des von ihm gedachten Gegenstandes sei. Es wird nichts erklärt, nichts abgeleitet, sondern auf dieses Urrätsel in der Subjekt-Objekt-Spaltung des Denkens durch den »analytischen Satz«, durch eine Tautologie hingewiesen.

Die *Widersprüchlichkeit* berührt Kant, ohne sie ausdrücklich als solche anzusprechen: Der Begriff der transzendentalen Synthesis führt den der Einheit mit sich. Die Einheit der Synthesis, die Einheit der transzendentalen Apperzeption, ist »der höchste Punkt, an den man allen Verstandesgebrauch, selbst die ganze Logik und, nach ihr, die Transzendentalphilosophie heften muß«. Von dieser Einheit sagt nun Kant: »Die Kategorie setzt schon Verbindung voraus. Also müssen wir diese Einheit (als qualitative Einheit) noch höher suchen, nämlich in demjenigen, was selbst den Grund der Einheit verschiedener Begriffe in Urteilen enthält.« Das heißt, da wir nur in Kategorien denken können und die transzendentale Einheit selber der Ursprung auch der Kategorie der Einheit ist, daß verborgen gesagt wird: die Einheit ist nicht die Einheit, und dieser Satz durch den Zusatz »qualitative« Einheit so ausgesprochen wird, daß doch wieder eine bestimmte, nicht quantitative Einheitskategorie benutzt wird.

Den *Zirkel* spricht Kant wieder geradezu aus: Er sagt: »Die logischen Funktionen der Urteile überhaupt (Einheit und Vielheit, Bejahung und Verneinung usw.) können, ohne Zirkel zu begehen, nicht definiert werden, weil die Definition doch selbst ein Urteil sein, und also diese Funktion schon enthalten müßte.«

Das »ich denke« ist »nichts weiter als ein transzendentales Subjekt... wovon wir abgesondert niemals den mindesten Begriff haben können; um welches wir uns daher in einem beständigen Zirkel herumdrehen, indem wir uns seiner Vorstellung jederzeit schon bedienen müssen, um irgend etwas von ihm zu urteilen«.

Von dem Grundsatz: »Alles was geschieht, hat seine Ursache« sagt Kant: »Er heißt Grundsatz und nicht Lehrsatz, ob er gleich bewiesen werden muß, darum, weil er seinen Beweisgrund, nämlich Erfahrung, selbst zuerst möglich macht, und bei dieser immer vorausgesetzt werden muß.«

Wir halten Widersprüchlichkeit, Zirkel und Tautologie für unumgängliche und wesentliche Formen jedes transzendierenden Denkens. Das heißt aber nicht, daß Tautologien und Zirkel und Widersprüche, als solche bloß eine billige Form vermeintlich tiefen Geredes, schon etwas bedeuten. Sie sind bei Philosophen, deren jedem sie zukommen, nicht von gleichem Rang und Wert.

Bei Hume etwa ist der Zirkel zu bemerken: Kausalität wird abgeleitet aus der Gewohnheit durch Wiederholen gleicher Erfahrung. Aber die Wirkung dieser Gewohnheit wird selber kausal gedacht. Die Kausalität wird durch Kausalität begriffen. Im Materialismus wird die Welt aus Funktionen des Gehirns erklärt, das Gehirn aber wiederum als Produkt der Welt. Ob wir einen Zirkel ablehnen oder annehmen, das muß einen Grund haben, der durch die logische Form des Zirkels als solchen nicht gegeben ist, sondern anderen Ursprung hat.

Die umfangreiche Kant-Literatur hat zahlreiche Widersprüche, Zirkel und Tautologien bei Kant aufgewiesen. Diese sind zu scheiden in die wenigen beiläufigen, unwesentlichen Entgleisungen und die in der Sache gelegenen, notwendigen Zirkel und Widersprüche. Für eine durchgeführte Kant-Interpretation kann diese Literatur die nützlichsten Dienste erweisen. Wo sie zu widerlegen meint, gibt sie Hinweise zu echtem Verständnis.

Kants Zirkel und Tautologien haben nun das Große, daß sie in ihrer Fülle die ganze Weite des philosophischen Bewußtseins öffnen. Die Gestalt des Zirkels etwa nimmt so viele Formen an, wie er psychologische, logische, methodologische, metaphysische Ausdrucksweisen braucht – im Unterschied von der Einlinigkeit und lastenden Starre des jeweils einen Zirkels falscher philosophischer Versuche. Die für die Erhellung des Erkennens notwendigen Zirkel sind zudem nur eine Gruppe. Sie erweitern sich im Fortgang zur Philosophie der Freiheit, des Schönen, der Geschichte und der Politik.

Zirkel, Tautologien und Widersprüche sind im Philosophieren nicht etwa vermeidbar. Sie sind das Kennzeichen des Unterschiedes zwischen philosophischem und wissenschaftlichem Erkennen. Das philosophische geht auf das Ganze, das nichts außer sich hat, das wissenschaftliche auf bestimmte Gegenstände, die anderen gegenüberstehen. Das philosophische will alle Voraussetzungen aufheben, um hinzugelangen zum Schweben im Ganzen, das wissenschaftliche hat seine zwingende Geltung durch Voraussetzungen in dieser Bestimmtheit der Erforschbarkeit von Einzelnem. Wenn aber das philosophische Denken sich zum Gegenstand macht, was das umgreifende Ganze und kein Gegenstand mehr ist und die Weite der Voraussetzungslosigkeit voraussetzt, so muß es in Zirkel, Tautologie und Widersprüche geraten, weil es das Ganze nur aus dem Ganzen selber, nicht aus einem Anderen, weil es sein Denken aus sich selber, nicht aus einem Vorhergehenden einsehen will. Jene formallogischen Fehler müssen auftreten, wenn gedacht werden soll, was nicht fähig ist, in angemessener Weise in diese Formen aufgefangen zu werden. Dieses Denken erzwingt ein In-sich-Kreisen und ein Sich-Widersprechen.

Nicht gegenständliche Erkenntnis, sondern Selbstgewißheit in der gegenständlichen Erkenntnis kann für den Kantischen Gedanken Ziel sein. Indem er sich selbst deutlich werden und sich aussprechen will, bedarf er der Begriffe. Er kann sie nur verwenden, indem er jedesmal einen logischen Fehler vollzieht, in dessen Vernichtung das Bewußtsein ihm hell werden kann und das Springen über den eigenen Schatten erreicht. Das Gefängnis der Gegenständlichkeit und der Erscheinungshaftigkeit kann nur begriffen werden, indem man darüber hinaus ist; in jedem Gedanken aber ist man wieder darin.

Darauf beruht die Unmöglichkeit, die Kantischen philosophischen Gedanken wie ein Ergebnis festzuhalten, analog einzelwissenschaftlichen Forschungsresultaten. Der Gedanke besteht nie als Resultat – die Resultate sind jene Zirkel, Tautologien und Widersprüche –, sondern nur im Vollzug des Seinsbewußtseins. Er ist darum – wie alle Philosophie – nicht wie zwingende Wissenschaft allgemein angenommen, nicht identisch von vielen verstanden. In der Welt vergeht dieser Gedanke, wenn jener Vollzug ausbleibt, und er als caput mortuum jener an sich so wunderlichen Sätze, die nur noch gelernt werden, besteht. Verstehen wir die Gedanken wörtlich, so können wir hersagen, was Kant gesagt hat, und uns endlos quälen mit Widersprüchen, Verwechslungen, die wir nicht machen sollen, – aber wir gewinnen weder eine zwingende Einsicht (oder reden sie uns schließlich nur ein) noch einen philosophischen Gehalt, der unser Seinsbewußtsein wandelt. Dazu bedarf es eines anderen: im philosophischen Verständnis solcher

Gedanken müssen wir uns herausreißen aus der Gebundenheit an den Einzelgegenstand und an den Einzelgedanken, um in einem Akt jenes Wissen von der Erscheinungshaftigkeit des Ganzen, sofern es gegenständlich, räumlich, zeitlich, gedanklich ist, zu vollziehen. Was ich darin philosophierend erfahre, ist der Gedanke, der die Zirkel, Tautologien und Widersprüche herstellt, um, während er diese Denkgestalten in den Flammen der logischen Vernichtung aufgehen sieht, durch sie sich selbst in der Seinssituation hell zu werden.

Der ursprüngliche Wahrheitsgrund ist der Aufschwung des philosophischen Seinsbewußtseins in die Weite der Gegenwärtigkeit alles dessen, was sich als Sein uns zeigt, oder ist die Anwesenheit der Tiefe, aus der alles ist, was für uns ist und was wir sind. Diese unfaßliche Wahrheit ist die Kraft, welche die Zirkel, Tautologien und Widersprüche, die sie hervorbringt, selber abzuwerfen zwingt. Sie reißt heraus aus dem Zusammenhang des jeweils partikular gegenständlich Gedachten, um zu sich selbst zu gelangen. Das allein ist der philosophische Akt. Wenn, wie bei Hume, der ganze Gedanke in der Sphäre wissenschaftlicher Argumentation bleibt, dann ist der logische Zirkel ein Fehler, der den Sinn hinfällig macht. Wenn aber ein philosophischer Aufschwung sich in Form eines Grundwissens gedanklich erhellt, dann kann dieses nur dadurch geschehen, daß die Einzelargumentation logisch sich selber aufhebt, um den Gehalt des philosophischen Vollzugs aufleuchten zu lassen.

3. Die phänomenologische, konstruierende, argumentierende Methode: Bei der Zergliederung von Kants in der Verschlungenheit faktisch gebrauchten Methoden ist (nach den Leitfäden und nach den logischen Formen des Scheiterns) auf einen dritten Gesichtpunkt hinzuweisen. Die Qualität der Evidenz beruht entweder auf phänomenologischer Vergegenwärtigung oder auf Konstruktion, die verborgene Strukturen und Prozesse unserer Vernunft gleichsam reproduziert, oder auf Argumentationen, die zwischen Möglichkeiten entscheiden durch Grund und Folge von Begriffen. Diese Weisen der Evidenz werden wechselweise und ineinander gebraucht, können daher als einzelne nicht entscheidend sein.

Das *phänomenologische* Verfahren führt zu intuitiver Gewißheit in bloßer Vergegenwärtigung. Zum Beispiel: Man kann sich nicht vorstellen, daß kein Raum sei. Was immer wir vorstellen, wird im Raum vorgestellt. Man kann jeden Gegenstand wegdenken, kann denken, daß keine Gegenstände im Raum angetroffen werden. Immer bleibt der Raum und ich als der Vorstellende. – Ein anderes Beispiel: Kant vergegenwärtigt, was wäre, wenn kein Denken, aber Empfindung wäre: ein Gewühl, alles in Verwirrung, weniger als ein Traum. Und er vergegenwärtigt, was wäre, wenn nur der Verstand seine Gegenstände bestimmte und keine Vernunft durch Ideen die Aufgabe der systematischen Einheit stellte: eine Endlosigkeit zerstreuter Gegenstände, ohne Bezug auf eine sie systematisch zum Ganzen bringende Einheit, daher ohne Möglichkeit der Wissenschaft.

Ein anderes Beispiel: In unseren ästhetischen Urteilen spricht ein Gefühl, das allein bestimmt ist durch die Schönheit ohne Interesse an der Realität, sei es an der Realität des Gegenstandes zum Gebrauch, sei es an der Realität der Handlung als einer guten.

Konstruierend entwirft Kant die Stufen der Formierung des Gegenstandes von der Synthesis der Apprehension in der Anschauung zur Synthesis der Rekognition im Begriff. Er zeigt den Prozeß des Auffangens aller für uns möglichen Gegenstände in Raum und Zeit und Kategorien.

Konstruierend setzt Kant zwischen Verstand und Anschauung die Funktion der Einbildungskraft. Überall sucht er das Mittlere zwischen dem von ihm Getrennten.

Konstruierend faßt Kant das Geschmacksurteil auf als »freies Spiel der Erkenntnisvermögen«. Er sieht dieses Spiel in der »Zusammenstimmung aller unserer Vermögen zu einem Erkenntnis überhaupt«.

Argumentierend verfährt Kant etwa bei der Erörterung der Möglichkeiten, wie sich das Erkennen auf den Gegenstand beziehen könne, und der Entscheidung zwischen ihnen durch Gründe.

Ein anderes Beispiel: Kant geht aus von dem Faktum der Wissenschaft und fragt, wie sie möglich sei. Aus dem Faktum, daß unsere mathematischen Erkenntnisse, etwa der geometrischen des Dreiecks, die wir im reinen anschauenden Denken finden, in der Erfahrung gelten, ohne aus der Erfahrung entlehnt zu sein, wird argumentierend geschlossen auf die vorhergehende (apriorische) Formierung aller uns in der Realität vorkommenden Gegenstände durch die Funktionen des mathematischen Verstandes.

Ein anderes Beispiel: Aus dem Faktum der auf Allgemeingültigkeit Anspruch erhebenden »Geschmacksurteile« schließt Kant, daß ihnen »dasjenige Subjektive, welches in allen Menschen (als zum möglichen Erkenntnis überhaupt erforderlich) vorausgesetzt« werden kann, zugrunde liegt.

In diesen Fällen wird das Faktum der Gültigkeit durch die Konstruktion des Ursprungs mit einer Argumentation gerechtfertigt.

Trennen wir die Verfahren, um sie in ihrer Eigentümlichkeit einzusehen, so bedeutet das keineswegs, Kant der Verwirrung zu bezichtigen. Vielmehr liegt die Tiefe seines ursprünglichen philosophischen Gedankens gerade in der Verschlungenheit des Verfahrens, oder besser darin, daß aus diesem Gedanken alle jene Seiten herausspringen, um ihn deutlich zu machen, während er selbst sich der Art der Deutlichkeit eines bestimmten partikularen Gedankens entzieht. Mit der Zergliederung der Methoden bleiben uns für sich allein philosophisch unwirksame

Stücke in der Hand. Der Grundgedanke selber läßt sich nicht durch eine Methode bestimmen. Man muß sich hüten, einen jener bestimmten Gedanken, die nur Aspekte sind, zur Hauptsache zu machen oder sie einzeln zu verwerfen. Denn erst in ihrem Zusammenspiel geht die Wahrheit dieser philosophischen Einsicht auf.

i) *Die Antinomien*

Als Kant sich notierte: »Das Jahr 69 gab mir großes Licht«, dachte er an die Methode der Entdeckung der Antinomien. Hier lag ein selbständiger Ausgangspunkt des auf Kritik sich gründenden transzendentalen Denkens. Die Antinomienlehre blieb ein selbständiges Hauptstück und ging als eine wirksame Form durch die weiteren kritischen Schriften Kants. Mit ihr hätte Kant sein Werk beginnen und dramatischer einführen können als mit der Frage: Wie sind synthetische Urteile a priori möglich?

Daß die Metaphysiker in ihren Hauptsätzen sich widersprachen, war bekannt. Neu war, daß Kant diese Widersprüche planmäßig aufsuchte, die Beweise entgegengesetzter Sätze mit gleicher Evidenz sorgfältig durchführte und dann fragte, wie dieser allumfassende Schein aus dem Wesen unseres Erkenntnisvermögens begreiflich sei.

Thesen und Antithesen sind folgende: Die ersten: Die Welt hat einen Anfang in der Zeit und ist dem Raum nach in Grenzen eingeschlossen. Dagegen: Die Welt hat keinen Anfang und keine Grenzen im Raum, sondern ist in Zeit und Raum unendlich. – Die zweiten: Eine jede zusammengesetzte Substanz in der Welt besteht aus einfachen Teilen; es existiert überall nichts als das Einfache oder das, was aus diesem zusammengesetzt ist. Dagegen: Kein zusammengesetztes Ding in der Welt besteht aus einfachen Teilen; es existiert überall nichts Einfaches. Die dritten: Die Kausalität nach Gesetzen der Natur ist nicht die einzige, aus welcher die Erscheinungen in der Welt insgesamt abgeleitet werden können. Es ist noch eine Kausalität durch Freiheit zur Erklärung derselben anzunehmen notwendig. Dagegen: Es ist keine Freiheit, sondern alles in der Welt geschieht lediglich durch Kausalität nach Gesetzen der Natur.

Beispiel eines Beweises: Die Welt hat einen Anfang in der Zeit. Nehmen wir das Gegenteil an: sie habe keinen Anfang. Dann müßte bis zu jedem gegebenen Zeitpunkt eine unendliche Reihe einander folgender Zustände verflossen sein. Unendlichkeit besteht aber darin, daß die Reihe niemals vollendet werden kann. Also ist eine unendliche verflossene Weltreihe unmöglich. Also ist ein Anfang der Welt die notwendige Bedingung ihres gegenwärtigen Daseins, wie zu beweisen war.

Allen diesen Beweisen ist eigentümlich, was schon den ersten charakterisiert. Sie beweisen nur indirekt, nämlich durch die Unmöglichkeit ihres Gegenteils. Unter Voraussetzung, daß die Alternative eine vollständige Disjunktion bildet, folgt aus der Unmöglichkeit des einen die Notwendigkeit des anderen. Da dies Verfahren gegenseitig abwechselnd gelingt, hat immer der recht, der das letzte Wort hat.

Kants Beweise – zu großem Teil Rekapitulation des historisch vorliegenden Denkens – sind im einzelnen der Kritik unterzogen worden. Man hat Fehler nachzuweisen geglaubt. Aber Kant selber hält sie ja für falsch. Daher fragt es sich bei der Kritik nur, ob eine andere Irrung als die von Kant erkannte vorliegt. Im Sinn des Ganzen wird dadurch nichts geändert.

Sehen wir uns den ersten Beweis, ihn zu prüfen, näher an. Man kann sagen: In diesem Beweis wird mit dem Wort »verflossen« die Zeitreihe der Weltzustände mit dem Strom der Zeit in die Zukunft hin (im Progressus) gedacht. Die Umkehrung dieser Richtung mache den Beweis falsch. »Niemals vollendet« gemeint als: im Rückgang ist nie ein Anfang zu erreichen, werde umgekehrt zu dem Satze: in jedem Jetzt ist die bisherige Reihe vollendet. Der Satz, daß der Anfang nie erreicht wird, wird widerlegt durch den ganz anderen Satz: daß der gegenwärtige Zeitpunkt erreicht ist.

Aber das ist Kants eigene Meinung. Er führt die Beweise durch, nicht als seine Beweise, sondern als die Denkungsart, die mit bloßen Begriffen operiert und dadurch sich in den unlösbaren Antinomien verwickelt. Das Identischsetzen der regressiven und progressiven Zeitreihe ist in solcher begrifflichen, der Anschauung fremden Abstraktion natürlich; der die falsche Umkehrung verwehrende Unterschied entsteht erst in der anschaulichen Operation des Fortgehens in der Zeit.

Der Beweis sieht, anders formuliert, so aus: Was ein Ende hat, muß einen Anfang haben. Nun hat die Zeitreihe der Weltzustände in jedem Zeitpunkt ein Ende des Bisherigen. Also muß die Welt in der Zeit einen Anfang haben. Wieder anders würde dieser Beweis lauten: Wenn die vergangene Zeit des Weltdaseins unendlich wäre, dann müßte schon alles, was möglich ist, geschehen sein. Es wäre kein Fortgang möglich als entweder nur Wiederholung, damit nur Anfang und Ende neuer Kreisläufe, oder der Tod in einem Endzustand, der längst eingetreten sein müßte.

Das Verfahren der indirekten Beweise von These und Antithese, welches Kant systematisch vor Augen stellt, hält er aber nicht für ein sophistisches Spiel, sondern für eine natürliche Antithetik unserer Vernunft. Daher sieht er seine Aufgabe darin, diese Antithetik sich voll entwickeln zu lassen, um sie im Ganzen zu begreifen als eine aus ihrem Ursprung notwendige Irrung und damit ihre Lösung zu finden. Diese skeptische Methode, die in einem glanzvollen Verfahren einen großen Teil überlieferter Metaphysik sich selber vernichten läßt, ist, sagt Kant, allein der Transzendentalphilosophie wesentlich eigen. Es gibt sie weder in der Mathematik, noch in der Experimentalphysik. Aber gerade diese skeptische Methode führt ihn auf den Boden gegründeter Gewißheit.

Wir haben also auf Kants Weg zu sehen: den *Ursprung der Antino-*

mien, die *Lösung der Antinomien,* und dann die Bedeutung dieser Einsicht für unser *Seinsbewußtsein im Ganzen.*

1. Angesichts der Antinomien, das heißt der nie überwundenen Streitigkeiten im überlieferten Denken des Ganzen der Welt erwächst Kant die Vermutung: hier stimmt etwas nicht, und zwar nicht infolge einzelner Irrtümer, sondern in der Denkbarkeit und Erkennbarkeit des Alls, in der Struktur unserer Vernunft selber.

Die Antinomien entstehen, wenn unser Denken vom anschaulich Gegebenen zu dem Nichtgegebenen, als Bedingung des Gegebenen nur Erschlossenen fortschreitet, und wenn zweitens die Reihe dieser nicht gegebenen Bedingungen als ein vollendetes Ganzes gedacht wird, das heißt wenn die Reihe der Bedingungen im Unbedingten ihren Abschluß gefunden haben soll, und wenn dann drittens dieses Ganze (die Totalität der Reihe, das Unbedingte) als ein Gegenstand durch den Verstand vor Augen gestellt und ihm objektive Realität gegeben wird.

In diesem Hinüberschreiten, wie Kant sagt, vom Verstand zur Vernunft liegt der Ursprung der Antinomien. Kant unterscheidet den Verstand, der in bestimmten Begriffen durch anschauliche Erfüllung Erfahrungserkenntnis findet, von der Vernunft, die durch Schlüsse über das in der Anschauung Erfüllbare hinaus auf die Totalität der Reihen, auf das Ganze der Welt geht. Im Verstand wird nur immer einzelne Erfahrungserkenntnis gewonnen, in der Vernunft liegt der Drang zur Vollständigkeit. Der Verstand ist das Vermögen der Kategorien bestimmter Gegenstände, die Vernunft das Vermögen der Ideen der ungegenständlichen, unbestimmten Totalität.

Die Vernunft hat recht mit dem Gedanken der absoluten Vollständigkeit der Reihe aller Bedingungen dessen, was wir gegenwärtig und anschaulich erfahren. Was sie sich aber vorstellt, ist nur Idee, nicht Gegenstand. Sie hat unrecht, wenn sie die Welt zum Gegenstand macht. Die Welt ist kein Gegenstand, sondern alle Gegenstände sind in der Welt. Aber die Welt ist eine wahre Idee.

Die Vollständigkeit der Erfahrung der Reihe ist sinnlich nicht möglich, weder in faktischer Erfahrung noch in der Einbildungskraft, sondern nur im Vernunftbegriff, dem kein Gegenstand entspricht, weil ihm die anschauliche Erfüllung fehlt. Die Forderung der absoluten Totalität ist aber nicht schon die faktische Gegebenheit oder Erreichbarkeit dieser Totalität, und bedeutet nicht einmal ihre Vorstellbarkeit.

Wenn daher vermöge eines natürlichen Zwanges unseres Denkens das Unmögliche versucht wird, den Inhalt der Vernunftidee in einem Verstandesbegriff gegenständlich zu fassen, so entsteht in den Thesen und Antithesen notwendig der Zwiespalt: wird die Totalität so gedacht, daß sie der Vernunfteinheit angemessen ist – etwa die Welt in Raum und Zeit als unendlich –, so ist sie für den Verstand zu groß. Wird sie für den Verstand angemessen gedacht – die Welt in Raum und Zeit als endlich –, so ist sie für die Vernunft zu klein. Die Vernunft muß es dem Verstande zu lang, der Verstand der Vernunft zu kurz machen. Zu klein ist nicht nur der Anfang in der Zeit, die Endlichkeit der Welt im Raum, sondern auch der einfachste unteilbare Teil. Zu groß ist nicht nur die Anfangslosigkeit der Welt, ihre Unendlichkeit und Unbegrenztheit im Raum, sondern auch die unendliche Teilbarkeit zu unendlich vielen Teilen.

Alle Beweise, die über die Erfahrbarkeit in sinnlicher Anschauung hinausgehen, wollen durch bloße Begriffe zur Erkenntnis objektiver Realität zwingen. Das aber geht nicht.

In den Beweisen, die den Irrtum des Verstandes, wenn er sich Vernunftideen zum Gegenstand macht, durch Antinomien offenbaren, treten Anschaulichkeiten auf: entweder als positive Anschauung vom Anfang und Ende der Dinge und Ereignisse in der Welt (endliche Formen übertragen auf das Ganze der Welt) oder die Aufforderung, etwas anschaulich zu vollziehen, was nicht vollziehbar ist (eine Grenze sich vorzustellen, über die hinaus kein Raum und keine Zeit sei). Dann wird aus der Unvorstellbarkeit der Schluß auf das Sein der Unendlichkeit gemacht. Die abwechselnde Benutzung und Verleugnung von Anschauung, und dann das anschauungslose Operieren mit Begriffen in formaler Syllogistik, bewirkt den Schein von Evidenz.

Der Gegenstand der Totalität der Welt, »die Welt« kann keiner Erfahrung je vorkommen. »Ihr bleibt« – so spricht Kant uns an – »immer unter Bedingungen, es sei im Raum oder in der Zeit, befangen, und kommt an nichts Unbedingtes. Das All in empirischer Bedeutung ist jederzeit nur komparativ. Das absolute All der Größe, der Teile, der Abstammung, der Bedingung des Daseins überhaupt geht keine mögliche Erfahrung etwas an.«

Alles, was es für mich als Realität gibt, kann mir nur zugänglich werden am Leitfaden der Zusammenhänge im »Kontext der Erfahrung«: des Regressus in Zeit und Raum, der Fußstapfen der Ursachen und Wirkungen, im Aufsteigen zu den Voreltern, im Fortgang durch die Geschichte. »Alle von undenklicher Zeit her vor meinem Dasein verflossenen Begebenheiten bedeuten doch nichts anderes als die Möglichkeit der Verlängerung der Kette der Erfahrung.«

Wenn ich von Dingen, die mir zugänglich werden, sage, daß sie vor meiner Erfahrung existieren als das unermeßliche Feld nie vollendeter Erfahrbarkeit, so »bedeutet das nur, daß sie in dem Teile der Erfahrung, zu welchem ich, von der Wahrnehmung anhebend, allererst fortschreiten muß, anzutreffen sind. Die Ursache der empirischen Bedingungen dieses Fortschritts ist transzendental und mir daher notwendig unbekannt.«

2. Die *Lösung* von Antinomien wird von Kant entschieden gegeben. Er läßt nicht zu, die Antwort gehe über unsere Kraft, wir müßten unsere Unwissenheit eingestehen, es sei undurchdringliche Dunkelheit.

Vielmehr muß nach Kant die Frage »schlechthin beantwortbar« sein, »weil die Antwort aus denselben Quellen entspringen muß, daraus die Frage entspringt«. Hier handelt es sich nicht um eine besondere Erfahrung, sondern um die Welterfahrung überhaupt. Da die Sache in der Erfahrung gar nicht gegeben werden kann, »müssen wir in unserer Idee selbst suchen, was sie ist«.

Der Schlüssel zur Auflösung der Antinomien ist die Einsicht in den Erscheinungscharakter unseres Daseins in der Welt. Alles, was uns vorkommt, ist Erscheinung, nicht Ding an sich, ist Phänomenon, nicht Noumenon.

In den überlieferten Spekulationen über das Ganze der Welt wurde der Satz zugrunde gelegt: »Wenn das Bedingte gegeben ist, so ist auch die ganze Reihe aller Bedingungen desselben *gegeben.*« Demgegenüber sagt Kant: »Wenn das Bedingte gegeben ist, ist uns dadurch ein Regressus in der Reihe aller Bedingungen zu demselben *aufgegeben.*« Das ist ein »Postulat der Vernunft«. Jener Grundsatz der dogmatischen Spekulationen wäre richtig, wenn die Welt Ding an sich und nicht Erscheinung wäre. Dann aber wären die Antinomien unlösbar.

Wenn aber die Welt Erscheinung ist, dann sind die Antinomien lösbar. Die Lösung geschieht in zwei Weisen: in der einen Gruppe sind Thesis und Antithesis beide falsch, es gibt ein Drittes; in der anderen beide richtig, die Thesis für das Reich des Intelligiblen, die Antithesis für die Welt der Erscheinung.

Die erste Gruppe: Ist die Welt das Sein an sich, so gilt die Disjunktion: sie ist entweder endlich oder unendlich. Ist die Welt aber Erscheinung, so ist sie an sich weder endlich noch unendlich, sondern sie »ist nur im empirischen Regressus der Reihe der Erscheinungen« und »gar nicht für sich selbst anzutreffen«. Sie ist niemals ganz gegeben, ist kein unbedingtes Ganzes, bleibt immer aufgegeben.

Statt der Hypostasierung der Welt zum Sein an sich bleibt die Idee der Welt als das regulative Prinzip zur Lenkung unseres Fortschreitens durch Erfahrung ins Unabsehbare. Die Idee »ist kein konstitutives Prinzip der Vernunft, den Begriff der Sinnenwelt über alle mögliche Erfahrung zu erweitern, sondern ein Grundsatz der größtmöglichen Fortsetzung und Erweiterung der Erfahrung, ein Prinzipium der Vernunft, welches als Regel postuliert, was von uns im Regressus geschehen soll, und nicht antizipiert, was im Objekte vor allem Regressus an sich gegeben ist. Daher nenne ich es ein regulatives Prinzip der Vernunft.«

Kant erlaubt auf Grund seiner Einsicht keine Aussage über die Welt im ganzen, nicht: die Welt ist endlich, und nicht: die Welt ist unendlich, und auch nicht: der Regressus geht ins Unendliche, sondern nur: die Regel des Fortschritts in der Erfahrung ist, daß wir nirgends eine absolute Grenze annehmen sollen. Uns ist der »Begriff von der Weltgröße nur durch den Regressus, und nicht in demselben in einer kollektiven Anschauung gegeben«.

Die zweite Gruppe: Für die Gegenthesen: es gibt Freiheit als Anfang einer Kausalreihe – alles ist durch Kausalgesetze notwendig bestimmt, gilt die Lösung: beides ist richtig. In der Welt der Erscheinungen gilt die uneingeschränkte Kausalnotwendigkeit ins Unendliche. Für das Bewußtsein des sittlichen Imperativs gilt die Freiheit (Anfang einer Kausalreihe durch mich), aber ohne Gegenstand einer Erfahrungserkenntnis werden zu können.

Daß der transzendentale Idealismus die Lösung der Antinomien erlaubt, ist für Kant wie das Gelingen eines Experiments. Der direkte Beweis für die Erscheinungshaftigkeit der Welt in der transzendentalen Deduktion wird durch den indirekten Beweis aus den Antinomien bestätigt.

Der Gedanke ist: Wenn die Welt ein an sich existierendes Ganzes ist, so ist sie entweder endlich oder unendlich. Nun ist nach den Beweisen der Thesis und der Antithesis sowohl das eine wie das andere falsch. Also ist es auch falsch, daß die Welt (der Inbegriff aller Erscheinungen) ein an sich existierendes Ganzes sei.

Die dogmatischen, zu Widersprüchen führenden Beweise sind nicht Blendwerk, sondern richtig unter der Voraussetzung, daß Erscheinungen Dinge an sich selbst sind.

Noch anders: Das Unbedingte kann ohne Widerspruch gar nicht gedacht werden. Wenn aber die Dinge Erscheinungen, nirgends unbedingt sind und sich nach unserer Vorstellungsart richten, so fällt der Widerspruch weg.

3. Kants Denkungsart dringt in alle Gegensätze der Antinomien ein, ohne einer Position zu verfallen, und zwar so, daß dieses Eindringen ihn zum Herrn über die Gedanken macht, deren Ursprung er durchschaut.

Anschaulich ist der regressus und progressus in der Reihe der Erfahrung, soweit er Schritt für Schritt sich durch sinnliche Gegenwart erfüllt. Anschauungslosigkeit, leeres in den Sätzen notwendig sich selbst widersprechendes Denken tritt auf, wo vom Unendlichen, vom Unbedingten, vom All als Gegenstand die Rede ist.

Die Form der Aufstellung notwendiger Antinomien und ihrer Lösung durch die Unterscheidung des Erfahrbaren und des Übersinnlichen ist für Kant das Mittel, um im Fortgang seiner kritischen Erhellung des Sittengesetzes, des Schönen, der Erkenntnis des Lebendigen jedesmal die Grundeinsicht zu bestätigen. Es zeigen sich für die Vernunft unlösbare Antithesen, die sich lösen mit dem Gedanken der Ungeschlossenheit der Welt.

k) *Der intellectus archetypus*

Unser Erkennen ist vielleicht nicht das Erkennen schlechthin, sondern eine Art des Erkennens. Da wir jedoch keine andere Art kennen, so ist das Eigentümliche unseres Erkennens, das mit dem Bewußtsein der Erscheinungshaftigkeit unseres Daseins verknüpft ist, nur durch eine kontrastierende Konstruktion eines anderen Erkennens zu gewinnen. Dadurch versuchen wir, trotzdem wir immer in unserer Erkenntnisweise bleiben und keine andere uns vorstellen können, unser Erkennen zum Selbstbewußtsein seiner Eigenart zu bringen. Kant geht zwei Wege. Er konstruiert ein Weniger als unser Erkennen, ein Gewühl von Anschauungen: damit wird unser Erkennen in seiner die Helligkeit gebenden Funktion deutlich. Er konstruiert ein Mehr, einen anschauenden göttlichen Verstand: damit wird unser Erkennen in der Endlichkeit seines Wesens deutlich.

Das Erste: Wenn jede einzelne Vorstellung der anderen ganz fremd und von dieser getrennt wäre, so würde niemals Erkenntnis entspringen. »Denn es könnten Erscheinungen so beschaffen sein, daß der Verstand sie den Bedingungen seiner Einheit gar nicht gemäß fände, und alles so in Verwirrung läge, daß z. B. in der Reihenfolge der Erscheinungen sich nichts darböte, was dem Begriffe der Ursache und Wirkung entspräche, so daß dieser Begriff also ganz leer und ohne Bedeutung wäre. Erscheinungen würden nichtsdestoweniger unserer Anschauung Gegenstände darbieten.« Sie würden aber nur als ein Gewühl von Erscheinungen unsere Seele erfüllen. »Ohne Objekt würde dies nichts als ein blindes Spiel der Vorstellungen, d. i. weniger als ein Traum sein«, oder »eine Rhapsodie von Wahrnehmungen, die sich in keinem Kontext nach Regeln eines durchgängig verknüpften Bewußtseins zusammenschicken würden«.

Und weiter: Ohne Einheit gegenständlich erfahrener Dinge wäre auch keine Einheit des Selbstbewußtseins, »nur dadurch, daß ich das Mannigfaltige der Vorstellungen in einem Bewußtsein begreifen kann, nenne ich dieselben meine Vorstellungen; denn sonst würde ich ein so vielfarbiges verschiedenes Selbst haben, als ich Vorstellungen habe, deren ich mir bewußt bin«.

Der Grund, daß unser Erkennen in die Helle gelangt, ist der »transzendentale Grund der Einheit«, der sowohl in mir, wie in dem, was mich affiziert, liegen muß.

Das Zweite: Unsere Erkenntnis ist angewiesen auf Anschauung. Um zu erkennen, muß die Spontaneität unseres Verstandes auf die Rezeptivität der Sinnlichkeit treffen. Wir bringen, was wir als Gegenstand vor uns haben und erkennen, der Form nach, aber nicht seinem Dasein nach hervor.

Nun denkt Kant einen anschauenden Verstand. Er ist nicht angewiesen auf Anschauung. Denn er bringt im Denken auch die Anschauung, das Dasein des Objekts hervor, das er erkennt. Denken und Anschauen sind in ihm eines. Er ist als schaffender Verstand urbildlicher Verstand (intellectus archetypus) im

Unterschied von unserem abbildlichen, auf das ihm Gegebene angewiesenen Verstand (intellectus ectypus). Der urbildliche Verstand gibt sich durch sein Selbstbewußtsein zugleich die Mannigfaltigkeit. Unser abbildlicher Verstand ist als das »ich denke« noch völlig leer, weil abhängig vom Dasein der Objekte. Der oberste Grundsatz, daß alle meine Vorstellungen unter der Bedingung der synthetischen Einheit des Selbstbewußtseins stehen müssen, gilt nicht für den anschauenden Verstand. »Derjenige Verstand, durch dessen Selbstbewußtsein zugleich das Mannigfaltige der Anschauung gegeben würde, ein Verstand, durch dessen Vorstellung zugleich die Objekte dieser Vorstellung existierten, würde eines besonderen Aktus der Synthesis des Mannigfaltigen zu der Einheit des Bewußtseins nicht bedürfen.«

Einen solchen urbildlichen Verstand zu denken, macht nicht nur unsere Angewiesenheit auf Anschauung als eine Eigentümlichkeit dieses endlichen Erkennens deutlich. Der Gedanke zwingt uns auch, nicht für alle Wesen, die Erkenntnisvermögen haben, unsere Anschauungsformen (Raum und Zeit) als selbstverständlich vorauszusetzen. »Denn es mag sein, daß einige Weltwesen unter anderer Form dieselben Gegenstände anschauen dürften; es kann auch sein, daß diese Form in allen Weltwesen und zwar notwendig ebendieselbe sei.« In diesem Falle aber »sehen wir diese Notwendigkeit doch nicht ein, so wenig wie die Möglichkeit eines höchsten Verstandes, der die Gegenstände in der bloßen (intellektuellen) Anschauung vollkommen erkennt«.

Die abbildliche, diskursive, spaltende und gespaltene Natur unseres Verstandes zwingt uns in die Trennung von Verstand und sinnlicher Affektion, von Form und Material des Gedachten, von Allgemeinem und Besonderem, von Möglichkeit und Wirklichkeit, von Mechanismus und Teleologie usw. Wir erkennen nur, sofern wir spalten, was nicht wieder für uns vollendet zusammengebracht werden kann, sondern seine letzte Einheit nur in der Idee als einem Übersinnlichen, d. h. im Sein an sich hat.

Daher müssen wir uns von unserem Erkennen sagen, daß wir niemals die Wahrheit in ihrer Totalität selbst, weil nicht das Sein an sich selbst ergreifen können, daß wir aber darum keineswegs Unwahrheit treffen, sondern objektiv gültig das Daseiende erkennen in der Erscheinung der Spaltungen. Wir erkennen vermöge des transzendentalen Wesens unserer Vernunft durch Anschauung und Denken so, wie uns alles, was ist, allein vorkommen kann.

l) *Rückblick und Zusammenfassung*

Ich fasse den Sinn des bisher Erörterten zusammen. Kant untersucht nicht, wie alle früheren, die Gegenstände, sondern unser Erkennen der Gegenstände. Er gibt keine Lehre von der metaphysischen Welt, sondern eine Kritik der Vernunft, welche diese Welt erkennen will. Kant gibt nicht eine Lehre vom Sein als einem gegenständlich gewußten, sondern Erhellung des Daseins als der Situation unseres Bewußtseins. Oder, in Kants Worten, er gibt keine »Doktrin«, sondern eine »Propädeutik«.

Er prüft, wie gesagt worden ist, das Instrument der Erkenntnis, zu sehen, was es leisten kann, in welchen Grenzen seine Urteile Geltung haben. Diese Prüfung ist selbst Erkenntnis, und zwar eine Erkenntnis unvergleichlicher Art. Daher ist der Ausdruck »Instrument der Erkenntnis« zweideutig: Es ist jedenfalls dies Instrument nicht vor, sondern nur in seinem Gebrauch zu untersuchen. Es ist nicht Instrument, das von der Sache, die es bearbeitet, getrennt wäre, sondern es ist die Form des in Kants transzendentaler Methode zur Helligkeit kommenden bewußten Daseins überhaupt. Philosophieren ist Dasein Erhellen, sagte damals Jacobi. Das Bewußtsein ist ein erkennbares Dasein. Schon in jeder Wahrnehmung, in dem bloßen Gegenstandsein als solchem ist Form des Erkennens.

Wissenschaft ist das planmäßige Fortführen dieses überall als Dasein gegenwärtigen Erkennens. Und Transzendentalphilosophie ist das Selbstbewußtsein dieses Erkennens. Doch damit ist es nicht genug.

Die Erfahrung beim ersten Lesen der Deduktion und der zugehörenden Abschnitte der Kritik (Schematismus und Grundsätze) ist: Es hält nicht ein einziger beweisender Gedankengang Schritt für Schritt durch mit entschiedenen Positionen, die auseinander und aufeinander folgen. Vielmehr ist eine Verflochtenheit des Denkens, dazu im Kreisen und Wiederholen, daß man zunächst in Verwirrung gerät. Wir haben analysierend zu zeigen versucht: das ist nicht Nachlässigkeit der Form, sondern Ausdruck der Tiefe schaffenden Denkens. Diese Verflochtenheit ist aus der Natur der Sache sinnvoll.

Wohl jeder spürt bei der Lektüre dieses Kernstückes der Kritik zuerst seinen inneren Widerstand und später das größte Interesse. Hier müssen die aus der Tiefe erhellenden Kantischen Gedanken gefunden werden. Nur Flachheit kann meinen, daß ein Irrlicht hier den Suchenden täusche.

Nun ist merkwürdig: Kant hat sich die Frage nach seinem eigenen Tun nicht systematisch gestellt. Er braucht nicht einmal den Ausdruck »transzendentale Methode«, sondern sagt »kritische Methode« und spricht von Transzendentalphilosophie. Daher ist die Frage, ob auf Grund der methodischen Erhellung sich der Kantische Grundgedanke übertragen läßt, aus der bewußtlos genialen Verflechtung in eine bewußte Verflechtung der klar herausgehobenen Fäden, der einzelnen Gedankenreihen.

Bisher ist niemandem die Übersetzung Kantischen Denkens in eine völlig klare, methodisch bewußte Form gelungen. Noch immer besteht die große Aufgabe.

Nur Bruchstücke sind aus dem Reichtum Kantischer Gedanken in unseren Bericht eingegangen. Dieser kann ein Hilfsmittel für die allein an der Quelle zu gewinnende Einsicht sein.

Offenbar ist die ungemeine Verwicklung der Gedanken, die in und um die transzendentale Deduktion sich finden, ein Zeichen, daß hier ein Knoten der Kantischen Philosophie liegt. Mehrere Ziele hängen in sich so zusammen, daß sie mit einem Schlage ergriffen, aber in der Darstellung gliedernd zerlegt werden müssen.

Die Ziele sind: Das Gegenständlichsein als solches zu durchhellen, als was und wie Gegenstände für uns sind, – das Erkenntnisvermögen als Bedingung dieser Gegenständlichkeit überhaupt zu begreifen, – die Rechtfertigung des Anspruchs notwendiger und allgemeingültiger Urteile, – die Begründung der Geltung dieses Erkennens nur innerhalb der Grenzen möglicher Erfahrung und das Durchschauen der Unmöglichkeit, darüber hinaus zu kommen, – die Ableitung von Grundsätzen aller Erfahrungswissenschaft, – das Bewußtsein der Erscheinungshaftigkeit des Daseins, in dem alle diese Momente zusammenkommen. Unter diesen sind zwei Punkte philosophisch von dem größten Gewicht:

Erstens: Was wir in Kategorien denken, hat objektive Gültigkeit, aber nur innerhalb der Grenzen möglicher Erfahrung, nicht darüber hinaus. Die Metaphysik im Sinne gegenständlicher Erkenntnis des Übersinnlichen oder als Ontologie, die das Sein im ganzen lehrt, ist unmöglich. Gegenüber den sich festfahrenden Positionen von Ontologien und Weltbildern gewinnt Kant die Schwebe befreiten Forschens in der Welt. Er vergewissert die Welt als unabsehbar ins Unendliche für die Erfahrung bereitliegendes Feld. Die Welt ist nicht geschlossen und nicht schließbar. Kant öffnet diese Erfahrbarkeit, läßt aber keine reale Erkenntnis zu, die nicht in Erfahrung sich erfüllt.

Zweitens: Der Kantische Gedanke befreit aus dem natürlichen Glauben an das Ansichsein der Welt als der einzigen und ganzen Wirklichkeit, befreit aus dem Gefängnis in der Gewußtheit von Daseiendem. Er verwehrt den dogmatischen Empirismus, der den Erfahrungsinhalt zum Sein an sich verabsolutiert. Mit der Einsicht in die Möglichkeit und Gültigkeit der Erfahrungserkenntnis wird auch deren Grenze erkannt und über die Grenze hinaus gefragt. Das philosophische Wissen um die Erscheinungshaftigkeit des Daseins hat ein Seinsbewußtsein zur Folge, das den gewohnten Realismus nicht aufhebt, sondern einschließt, aber hinter sich läßt.

Es gibt nicht die Welt, sondern unsere Wege in der Welt. Aus dem unserem Erkennen schlechthin unzugänglichen Sein kommt eine Offenbarkeit unseres Daseins, dem Dinge erscheinen und das sich selbst erscheint. Unser Verstand bringt alles, was uns erscheint und Gegenstand wird, der Form nach selber hervor. Aber er ist ein endlicher Verstand, muß alle Realität sich geben lassen. Er kann kein Stäubchen dem Dasein nach hervorbringen. Darum ist sein Erkennen schlechthin auf Erfahrung angewiesen.

Nun hat von jeher der Verstand durch reines Denken erkennend in den Grund der Dinge gelangen wollen. Dazu verführte ihn, daß die Widerspruchslosigkeit eines Gedankens durch seine Evidenz die Realität des Gedachten zu erweisen schien. Widerspruchslosigkeit aber ist zwar Bedingung der gegenständlichen Erkenntnis, ist jedoch nicht hinreichend. Widerspruchslose Gedanken können sich auf irreale, auf phantastische Dinge beziehen. Denn Widerspruchslosigkeit betrifft nur die Form, nicht den Inhalt der Erkenntnis. Darum sind die metaphysischen Urteile haltlos, weil ihnen die Erfüllung der Kategorien durch Anschauung fehlt. In ihnen wird die Logik der Widerspruchslosigkeit benutzt, um mit bloßen Begriffen auf Dinge zu schließen, die keiner Erfahrung zugänglich sind. Wenn die Logik nicht bloß zur Bewährung der Form der Widerspruchslosigkeit benutzt wird, sondern als Organ inhaltlicher Erkenntnis, so entsteht die große Täuschung. Es ist eine »Logik des Scheins«, von Kant Dialektik genannt. Sie vermag »mit einigem Schein zu behaupten oder anzufechten«.

So ist es geschehen mit Behauptungen über die Seele an sich, ihre Unsterblichkeit, über Freiheit, über die Welt im ganzen, über Gott. Kant hat das überlieferte Seinswissen aus den Angeln gehoben. Es gibt für unser Erkennen kein Sein an sich, aber die Welt der Erscheinungen ist nach allen Seiten ins Unendliche offen für Erfahrung, jedoch gebunden an die Bedingungen aller Erfahrung. Mit Schrecken nannte Mendelssohn Kant den Alleszermalmer.

Aber das ist nur der Anfang der Kantischen Philosophie. Nachdem Kant das Land der verläßlichen Verstandeserkenntnis durchreist hat, ist er nicht zufrieden, sondern sagt sogleich: »Es ist nicht genug, sich bloß dasjenige vortragen zu lassen, was wahr ist, sondern was man zu wissen begehrt.«

Der Boden, der mit Mathematik und Erfahrungswissenschaft abgemessen ist, ist ein solider, aber begrenzter Boden. »Dieses Land ist eine Insel und durch die Natur selbst in unveränderliche Grenzen eingeschlossen. Es ist das Land der Wahrheit, umgeben von einem weiten und stürmischen Ozean, dem eigentlichen Sitz des Scheins, wo manche Nebelbank und manches bald wegschmelzende Eis neue Länder lügt und, indem er den auf Entdeckungen herumschwärmenden Seefahrer unaufhörlich mit leeren Hoffnungen täuscht, ihn in Abenteuer verflechtet, von denen er niemals ablassen und sie doch auch niemals zu Ende bringen kann.«

Kant zeigt, daß der Schein metaphysischer Erkenntnis in der Natur unseres Erkenntnisvermögens liegt, und nachdem er durchschaut ist, doch bestehen bleibt als Schein, obgleich er dann nicht mehr betrügt. Wohl sah er die täuschenden Nebel zerrinnen, die glänzenden Eisberge schmelzen, aber indem er den Grund der Täuschung erkannte, entdeckte er in ihr die Verkehrung eines positiven Sinns, den als solchen zu vergewissern neue und wahre Aussichten in den übersinnlichen Grund aller Dinge eröffnet. Die Wahrheit der Vernunft, die über den Verstand hinausgeht und ihn zu führen bestimmt ist, wird, von ihrer Verkehrung befreit, den eigentlichen Gehalt der Kantischen Philosophie bringen. Die Erhellung der Struktur, des Sinns und der Grenzen unserer Erkenntnis ist nur der Eckstein der Kantischen Philosophie. Er trägt das Gebäude.

Kant wagt sich auf jenes stürmische Meer, es zu durchkreuzen und zu sehen, ob dort nicht doch die Herrlichkeit in Wahrheit zu erfahren sei. Kant hat nicht die gleichgültige Verachtung der Metaphysik wie ein positivistisch gesinnter Neukantianismus.

Wie geht der Weg Kants weiter?

Das Sichbewußtwerden alles Wissens in den Formen des Seins für uns fordert die Unterscheidung unseres gesamten wissenden Daseins von dem, was nicht als gegenständliche Erkennbarkeit in es eingeht. Während wir im Dasein durch unser Bewußtsein überhaupt Seiendes von Seiendem unterscheiden und Inhalte vor Augen haben, können wir den gesamten möglichen Inhalt des Bewußtseins überhaupt nur unterscheiden von etwas, das uns nicht im Sinne von Verstandeserkenntnis zugänglich ist. Wir können es denken als Grenzbegriff, nicht als Gegenstand. Indem Kant die Grenze all unseres Wissenkönnens denkt, bleibt das, was er jenseits der Grenze das Ding an sich, die intelligible Welt, die noumenale Welt nennt, etwas, von dem wir mit dem Verstande nicht wissen, ob es ist und ob es überhaupt möglich ist.

Wir können die Grenze nur denken, nicht über sie hinausgehen. Wie wir es auch anstellen, wir bleiben immer als Realität im Dasein, als Denken im Bewußtsein überhaupt. In beiden finden wir uns sogleich wieder, wenn wir meinen, sie überschritten zu haben. So geht es nicht weiter, sondern läßt uns ständig zurückfallen.

Was wir aber mit dem Verstand als ein gegenständlich Gewußtes nicht erreichen können, das ist doch unserer Vernunft gegenwärtig. Die Vermögen der Vernunft zeigt Kant erstens in der Wirksamkeit der Ideen (theoretische Vernunft), zweitens im sittlichen Handeln (praktische Vernunft), drittens im Schauen des Schönen (ästhetische Urteilskraft). Nach dem Kantischen Entwurf der Struktur des Verstandeserkennens haben wir nun diesen größeren Entwurf der Vernunft im ganzen zu zeigen. Am Ende werden wir zusammenfassend die Gegenwärtigkeit des Übersinnlichen vergewissern.

Auf diesen Wegen gilt ein methodisches Prinzip. Es hieß, daß wir, was wir als Grenzbegriff denken, nicht als Gegenstand erkennen. Darin liegt, was Kant allgemein ausspricht: Was ich nicht erkennen kann, das kann ich doch denken. Mit diesem Satz hat Kant in der Tat sich das Feld eröffnet, dessen Zugang durch ihn gänzlich verbaut schien. Was wir denken, aber nicht erkennen können, das hat einen unermeßlich weiten Gehalt. Dieses Denken reicht vom Spiel des Verstandes an seinen Grenzen bis zur Erhellung aller Vermögen unserer gegenwärtigen Vernunft. Was als Abenteuer für das Erkennen des Verstandes vergeblich ist, das wird in der Vernunft des Menschen auf andere Weise, aber nie ohne Verstand, zugänglich. Dieser Zugang öffnet sich, wenn jene täuschenden Wege durchschaut sind, um so klarer.

a) *Die Ideen*

Die Ideen haben, ohne einen Gegenstand zu gewinnen, eine positive Bedeutung für die wissenschaftliche Erkenntnis, die sie als ein sinnvolles Tun überhaupt erst möglich machen.

1. *Negation des Gegenstandes der Ideen:* In der Welt gehe ich an den Ketten der Ursachen weiter bis zur ersten Ursache oder zur *Welt* als eines sich schließenden Ganzen. In Vergewisserung des Subjekts der *Seele* gehe ich bis zu der Substanz, die allen ihren Erscheinungen zugrunde liegt, in persönlicher Identität beharrt, während ihre Zustände wechseln. Angesichts jedes Individuums wie des einen Weltganzen denke ich den Totalumfang *aller Möglichkeit des Seienden,* von der diesem einzelnen Seienden das je Besondere zukommt oder nicht zu-

kommt. Indem ich so die Welt, die Seele, das All des Seins denke, meine ich, einen Gegenstand vor mir zu haben. Ich gewinne diesenGegenstand jedesmal nur durch Übertragung von Kategorien, die für Erfahrungen in meinem Dasein gelten, auf Unendlichkeiten, die, weil unerfüllbar, sich der Erfahrung entziehen. Die Welt ist kein Gegenstand, sondern alle Gegenstände sind in der Welt. Die Seele ist kein Gegenstand, sondern wird dies nur durch die trügerische Anwendung von Kategorien wie Substanz, Dauer, Einheit auf etwas, das als vollendbare Erfahrung gar nicht vorliegt. Das Sein im Ganzen (Gott genannt) ist kein Gegenstand, denn ich habe mit dem All der Möglichkeiten gar nichts gedacht, was mir irgendwo vorkommen könnte. Ideen zeigen sich, wo ich im Fortgang der Verstandeserkenntnis den Abschluß zu einem Ganzen suche; sie täuschen, wenn der Abschluß in einem erkannten Gegenstand erreicht gedacht wird. Sie sind aufgegeben, aber nie gegeben.

In allen drei Ideen – Welt, Seele, Gott – entwickelt sich ein dialektischer Schein, der die Truggespinste der Metaphysik hervorbrachte, die in einer rationalen Kosmologie, Psychologie, Theologie vergeblich Gebäude ohne Boden erbaute. Die Ideen, denen in der Erfahrung nie ein adäquater Gegenstand gegeben werden kann, werden wie Gegenstände behandelt und vermeintlich erkannt. Diese Bewegung des Gedankens aber ist eine notwendige Illusion unserer Vernunft, keine willkürliche Sophisterei. Die Kritik kann nur leisten, daß der Schein nicht betrügt, kann ihn aber nicht zum Verschwinden bringen.

Dies negative Resultat der Kantischen Dialektik ist von ihm ungemein sorgfältig durchdacht und dargestellt. Nun aber denkt Kant weiter: Die Ideen der Vernunft sind uns doch aufgegeben durch die Natur unserer Vernunft selbst. Die Vernunft kann unmöglich selbst ursprüngliche Blendwerke enthalten. Sie müssen ihre zweckmäßige Bestimmung in unserer Vernunft haben. Die Ideen können nicht an sich eine Täuschung sein, sondern werden es erst durch jene Umkehrung, durch einen natürlichen Mißbrauch.

2. *Die positive Bedeutung der Ideen:* Erfahrungserkenntnis geht ins Endlose. Die synthetische Einheit der kategorial geformten Einzelerfahrung schafft den Gegenstand, aber sie bringt nicht den systematischen Zusammenhang dieser Gegenstände in einer Wissenschaft. Diese gewinnen wir erst mit Vorstellungen des Ganzen durch die Idee.

Beispiele: Wir denken die Kausalität einer Substanz, die Kraft genannt wird, finden vielerlei Kräfte, suchen sie auf wenige, schließlich auf eine einzige Grundkraft zurückzuführen.

Wir sehen die Mannigfaltigkeit der Gestalten der Pflanzen und Tiere, ordnen in Arten, Gattungen und Geschlechter und suchen sie auf ein einziges Prinzip, eine Urform zurückzuführen, aus dem sich alle herleiten.

Wir beobachten die Mannigfaltigkeit der seelischen Erscheinungen und bringen Zusammenhang in sie durch die Vorstellung eines mit persönlicher Identität beharrenden Wesens.

Wir sehen die Welt, indem wir die Bedingungen der Geschehnisse ins Unendliche verfolgen. Aber wir bringen systematischen Zusammenhang in die Endlosigkeit der Befunde durch die Vorstellung des Weltganzen.

Unsere gesamten Erfahrungen aller Wirklichkeiten denken wir in systematischem Zusammenhang durch die Vorstellung eines obersten Grundes der schöpferischen Vernunft, aus dem alle Gegenstände entspringen, Gott etwa »als Mathematiker«, als Schöpfer der Wirklichkeit.

Das heißt: Seele, Welt, Gott, eben begriffen als durch dialektischen Schein entstehende Täuschungen unserer Vernunft, sind Ideen. Statt sie zu erkennen, sind sie zu Prinzipien der Systematik des Erkennens geworden.

Wir gewinnen durch die Ideen Regeln unseres Fortschreitens in der Erkenntnis, aber nicht den Gegenstand der Idee. Die Ideen heißen daher regulative Prinzipien für den Fortgang der Forschung, nicht konstitutive Prinzipien für den Aufbau eines Gegenstandes. Der überfliegende (transzendente) Gebrauch der Ideen ist als Täuschung verwehrt, der einheimische (immanente) Gebrauch der Ideen ist unerläßlich für den systematischen Charakter des wissenschaftlichen Erkennens.

Das verhindert nicht, sondern verlangt sogar, daß wir die Ideen als Gegenstände denken, jedoch nur analogisch. In Analogie zu wirklichen Dingen werden sie vorgestellt, jedoch nicht als seiende Gegenstände, sondern als »Schema der Idee«. Dieses Schema kann durch keine Anschauung erfüllt werden, sondern nur durch den systematischen Fortschritt der Erkenntnis selber. Die Ideen treffen nicht auf eine zu ihnen gehörende Anschauung, sondern auf den Verstand, der mit seinen Kategorien die Anschauung formt. Die Kategorien werden in der Formung des Inhalts der Ideen zu Gegenständen unangemessen, nur analogisch gebraucht. Dieser an sich falsche Gebrauch ist unerläßlich als Schematik für unser an Gegenständlichkeit gebundenes Denken. Er ist wahr, wenn er in seinem Sinne begriffen wird. Er täuscht, wenn er undurchschaut die Erkenntnis in den Besitz eines Gegenstandes setzen will.

Der Fortgang in der Erfahrung steht durch die Ideen unter Prinzipien wie etwa: *erstens* dem der Gleichartigkeit des Mannigfaltigen unter höheren Gattungen, *zweitens* dem der Verschiedenheit des Gleichartigen unter niederen Arten, *drittens* dem der Verwandtschaft aller Begriffe durch Zwischenglieder

(der drei Prinzipien der Homogenität, der Spezifikation, der Kontinuität der Formen). Diese Prinzipien des Fortgangs sind nicht Erkenntnisse über das Sein der Dinge. Daher ist der in so vielen Gestalten wiederkehrende Grundsatzstreit zwischen Parteien gegenstandslos; z. B. bei der Charakteristik von Pflanzen, Tieren und Menschen, ob es etwa die verschiedenen Volkscharaktere, Rassenanlagen gebe oder die einerlei Anlagen der Menschheit. Die Beschaffenheit des Gegenstandes liegt für beide Parteien »viel zu tief verborgen, als daß sie aus Einsicht in die Natur des Objekts sprechen könnten. Es ist nichts anderes als das zwiefache Interesse der Vernunft, mithin die Verschiedenheit der Maximen der Naturmannigfaltigkeit oder der Natureinheit, welche sich gar wohl vereinigen lassen.« Es gibt Forscher, die mit Recht auf immer weiteren und feineren Unterscheidungen bestehen, die Mannigfaltigkeit ins Unabsehbare zur Geltung kommen lassen. Andere treibt ihre Neigung, das Gemeinsame und Verbindende zu suchen. Beide helfen dem Fortgang der Erkenntnis. Aber beide irren, wenn sie ihr Prinzip, das eine Maxime des Fortgangs ist, verwandeln in eine Erkenntnis der Sache im ganzen.

Wenn Kant den Sinn der Ideen erhellt, so muß er hinausgehen über die gegenständlich angemessene Faßbarkeit. Was hier im transzendentalen Erkennen sich vollzieht, ist wiederum nicht in Eindeutigkeit zu begreifen. Die Ideen haben bei Kant in der Tat eine dreifache, aber in sich zusammenhängende Bedeutung: die erste – die *methodologische* Bedeutung – ist die einleuchtendste: Ideen als Prinzipien des systematischen Zusammenhangs, als Schemata für die Lenkung des Fortgangs, als heuristische Funktionen (wofür die eben erörterten Prinzipien ein Beispiel waren). Die zweite Bedeutung kann man die *psychologische* nennen: die Ideen als Kräfte in der Subjektivität des Erkennenden, als Keime, die zur Entfaltung drängen. Die dritte Bedeutung ist die *objektive:* in den Ideen ist etwas gegenwärtig, das aus dem Ursprung aller Dinge entgegenkommt. Diese drei Bedeutungen seien näher umschrieben.

Erstens die *methodologische* Bedeutung: Um das Gemeinsame einer Tiergattung festzustellen, entwirft man schematische Zeichnungen, etwa die »des« Wirbeltiers. Bei einem solchen Schema stellt man nicht die Fragen: ist es richtig oder falsch? ist es real vorhanden, etwa als Urwirbeltier, sondern allein die Frage: ist es brauchbar? Es soll brauchbar sein zur Vergegenwärtigung dessen, was bei jedem Wirbeltier zu finden ist, und zur Entwicklung von Fragestellungen zum fortschreitenden, ins Unendliche gehenden Begreifen des Wirbeltiers. Die Ideen sind Gesichtspunkte, die wir an die Erfahrung heranbringen. Wir brauchen in der Wissenschaft, etwa auch aus ökonomischen Rücksichten, Systematik und dazu Ideen. Die Ideen haben eine wissenschaftlich-technische Bedeutung. Wir betrachten die Erfahrung, »als ob« in ihr etwas den Ideen Entsprechendes wirklich wäre.

Viele Stellen bei Kant behandeln diese methodologische Bedeutung der

Idee, die der eingehendsten Untersuchung fähig ist. Man wird, wenn man von Ideen hört, verlangen, daß ihre strukturbildende Kraft im Methodologischen nachgewiesen werde.

Zweitens die *psychologische* Bedeutung: Kant schreibt: »Niemand versucht es, eine Wissenschaft zustande zu bringen, ohne daß ihm eine Idee zum Grunde liege. Allein in der Ausarbeitung derselben entspricht das Schema, ja sogar die Definition, die er gleich zu Anfang von seiner Wissenschaft gibt, sehr selten seiner Idee; denn diese liegt wie ein Keim in der Vernunft, in welchem alle Teile noch sehr eingewickelt und verborgen liegen. Um deswillen muß man Wissenschaften nicht nach der Beschreibung, die der Urheber derselben davon gibt, erklären und bestimmen... Da wird sich finden, daß der Urheber und oft noch seine spätesten Nachfolger um eine Idee herumirren, die sie sich selbst nicht haben deutlich machen können. Es ist schlimm, daß nur, nachdem wir lange Zeit nach Anweisung einer in uns versteckt liegenden Idee rhapsodistisch viele dahin sich beziehende Erkenntnisse als Bauzeug gesammelt, es uns allererst möglich ist, die Idee in hellerem Lichte zu erblicken. Die Systeme scheinen wie Gewürme, durch eine generatio aequivoca aus dem bloßen Zusammenfluß von aufgesammelten Begriffen, anfangs verstümmelt, mit der Zeit vollständig gebildet worden zu sein, ob sie gleich alle insgesamt ihr Schema als den ursprünglichen Keim in der sich bloß auswickelnden Vernunft hatten.« Hierhin gehört auch Kants Satz, es sei »gar nichts Ungewöhnliches, durch die Vergleichung der Gedanken, welche ein Verfasser über seinen Gegenstand äußert, ihn sogar besser zu verstehen, als er sich selbst verstand, indem er seinen Begriff nicht genugsam bestimmte, und dadurch bisweilen seiner eigenen Absicht entgegenredete oder auch dachte«.

Man spricht bei Erkenntnissen nicht nur von ihrer Richtigkeit, sondern auch von ihrer Wichtigkeit. Der Wert von Wahrheiten kann bestimmbar sein, z. B. durch praktische materielle Verwertung, oder dadurch, daß eine Erkenntnis als Mittel für eine andere Erkenntnis verwertet wird, bei welcher dann wieder die Frage nach ihrem Wert auftritt ins Endlose. Bei aller Wissenschaft bleibt zuletzt das unbestimmbare Gewicht des Wertes der Wahrheit entscheidend. Man spricht, um dies Gewicht zu treffen, wohl von Tiefe und Flachheit, von wesentlich und unwesentlich, ohne diese Wertungen beweisen zu können. Sie treffen den Sinn von Wissenschaft und sind selber nicht wissenschaftlich. Was hier im Urteil wirkt, sind die Ideen. Wie sie als versteckte Keime in der Vernunft wirksame Kräfte bei der Forschungsarbeit sind, wie der Einzelne in ihnen lebt, ohne sie zu erkennen, so beurteilt er, ohne es recht begründen zu können, nach ihrem gefühlten Gegenwärtigsein in wissenschaftlichen Arbeiten deren Tiefe oder Flachheit, deren Bedeutung oder Gleichgültigkeit.

Es ist merkwürdig, daß wir in der Wissenschaft volle Durchsichtigkeit und Klarheit wollen, und daß doch, wenn diese bis zum Letzten gewonnen ist, unser Interesse erlahmt. Wir wollen Klarheit, aber wir wollen, daß sie der Ausdruck einer Idee sei. Diese Idee ist in der wissenschaftlichen Leistung das Dunkel, das ebensosehr Angriffen ausgesetzt, wie Bedingung ihrer produktiven Wirkung ist. Die Vernunft will nicht etwa Unklarheit, sondern Idee.

Sie sträubt sich gegen das Pathos, das das Dunkel als Dunkel sucht, ebensosehr wie gegen das Pathos bloßer Richtigkeit. Durch die Idee bleibt die Aufgabe und daher auch eine Unklarheit. Was absolut klar und damit erledigt ist, erweckt den Verdacht der Ideenlosigkeit, der bloßen Richtigkeit, die keinen weiteren Sinn hat. Richtigkeiten lassen sich ins Endlose häufen, sie müssen durch die Idee an ein Ganzes geknüpft sein.

Drittens die *objektive* Bedeutung: Zwar können die Ideen auf keinen ihnen korrespondierenden Gegenstand, der sie erfüllte, bezogen werden, so lehrt der negative Teil der Vernunftkritik. Aber die ideenhaften Gebilde können doch nicht einen bloß methodologisch-technischen Charakter, die ideenhaften Kräfte nicht nur einen subjektiven Charakter haben, so lehrt der positive Teil der Vernunftkritik (von Kant vor allem im »Anhang zur transzendentalen Dialektik« entwickelt). Denn diese Ideen führen tatsächlich unter Voraussetzung des Gegenstandes der Idee in der fortschreitenden Erfahrung auf systematische Einheit. Ihnen zu folgen, bringt auf Wege zur Erweiterung der Erfahrungserkenntnis. Aus der Natur der erfahrbaren Dinge kommt ihnen etwas entgegen, was ihnen durch gelingende Systematik und Vereinheitlichung entspricht. Daher dürfen wir die Ideen als »der Natur angemessen« betrachten. Sie führen »direkt und nicht bloß als Handgriffe der Methode ihre Empfehlung bei sich«. In der Tat, meint Kant, muß, wenn ein logisches Prinzip der Vernunfteinheit der Regeln stattfinden kann, ein transzendentales vorausgesetzt werden, »durch welches eine solche systematische Einheit, als den Objekten selbst anhängend, a priori als notwendig angenommen wird«. Die Vernunft könnte im logischen Gebrauch nicht verlangen, »die Mannigfaltigkeit der Kräfte aus einer Grundkraft abzuleiten, wenn es ihr freistände zuzugeben, daß es ebensowohl möglich sei, alle Kräfte wären ungleichartig, und die systematische Einheit ihrer Ableitung der Natur nicht gemäß«. Dann würde sie sich eine Idee zum Ziele setzen, die der Natureinrichtung ganz widerspräche. Wir müssen daher die systematische Einheit der Natur durchaus als objektiv gültig und notwendig voraussetzen. Kants Unterscheidung der technischen Einheit von der architektonischen Einheit bezeugt noch einmal die objektive Bedeutung der Ideen. Die technische Einheit ist eine empirisch gewonnene nach zufällig sich darbietenden Absichten, die architektonische dagegen eine apriorische, nach Ideen. Erst durch diese ist Wissenschaft möglich. »Ein ökonomischer Handgriff der Vernunft, um sich Mühe zu ersparen, ist sehr leicht von der Idee zu unterscheiden, nach welcher jedermann voraussetzt, diese Vernunfteinheit sei der Natur selbst angemessen, und daß die Vernunft hier nicht bettle, sondern gebiete.« Kant spricht daher von »der objektiven«, wenn auch »unbestimmten Gültigkeit« der Ideen, von der »objektiven Realität« derselben, »aber nicht, um etwas zu bestimmen«.

Wie sehr Kant in den Ideen etwas Objektives sah, dessen Art sicherzustellen der Sinn seiner Lehre war, zeigt sein Bekenntnis zu Plato: »Plato bemerkte sehr wohl, daß unsere Erkenntniskraft ein weit höheres Bedürfnis fühle, als bloß Erscheinungen nach synthetischer Einheit zu buchstabieren, um sie als Erfahrung lesen zu können, und daß unsere Vernunft natürlicherweise sich zu Erkenntnissen aufschwinge, die viel weiter gehen, als daß irgendein

Gegenstand, den Erfahrung geben kann, jemals mit ihnen kongruieren könne, die aber nichtsdestoweniger ihre Realität haben und keineswegs bloße Hirngespinste seien.«

Überblicken wir die dreifache Bedeutung der Idee, die psychologische, methodologische und objektive, so bemerken wir: immer, wenn man das Wesen der Idee fassen will, hat man sie zunächst in einer jener drei Bedeutungen. Will man diese genauer fassen, so schreitet man alsbald zur anderen Bedeutung hinüber und kann die drei Bedeutungen gar nicht voneinander trennen. Will man eine verstehen, so muß man alle drei verstehen. Die Idee ist zugleich subjektiv und objektiv.

Kants Gesamtentwurf des Erkennens, wie er bis hierhin gezeigt wurde, *zusammengefaßt:* Der Gliederbau des Erkennens hebt an mit dem Gewühl der Empfindungen der Sinnlichkeit, steigt auf zu den Anschauungsformen von Raum und Zeit, von da zu den Kategorien, die die gegenständlich bestimmte Form des Erkennbaren geben, und zuletzt zu den Ideen der systematischen Einheit des Erkennens im Fortgang seines Prozesses. In diesem Dasein des Erkennens, das als es selbst nicht vollendbar ist, sondern schwebend bleibt, bezeugt sich das Übersinnliche durch Vollzüge, nicht durch Inhalt eines Wissens. In der Erscheinungshaftigkeit des Daseins, in diesem Raum der universalen Gegenständlichkeit durch den Verstand, sind die Ideen der Durchbruch. Der Durchbruch wird zur Gegenwärtigkeit des Übersinnlichen im Ganzen des Erkennens.

Diesen Durchbruch zeigt Kant weiter in zwei theoretisch bedeutsamen Phänomenen: in der Erkenntnis des Lebendigen und in der näheren Ausführung der Funktion der theoretischen Idee unter dem Namen der »reflektierenden Urteilskraft«.

3. *Leben:* Lebendige Organismen sind das Dasein von Naturzwekken. Dieser Satz fordert die Klärung des Zweckbegriffs.

Sehe ich etwas, das nur durch eine Zweckvorstellung hervorgebracht sein kann – wie die Zeichnung eines Dreiecks im Sande –, so sehe ich die Spur eines Menschen. Wir unterscheiden solche Artefakte von Naturprodukten, und wir sehen in ihnen den Beweis, daß Menschen dort waren, wo wir diese Spuren finden. Denn nur beim Menschen begegnen uns in der Welt Zweckvorstellungen und ihre Verwirklichung durch einen Willen.

Nun sehen wir als natürliche Wirklichkeit die lebendigen Organismen, die Pflanzen und Tiere. Organische Wesen sind »Dinge als Naturzwecke«. Wir denken ihre Zweckmäßigkeit durch Übertragung unserer eigenen Zweckvollzüge auf den Grund der Wirklichkeit dieser Dinge, als ob ein Zweckgedanke sie hervorgebracht hätte.

Logisch formuliert Kant den Zweckbegriff: Zweck heißt der Gegenstand eines Begriffes, sofern dieser Begriff Grund der Wirklichkeit dieses Gegenstands ist. Zweckmäßig ist die Kausalität eines Begriffs in Ansehung seines Gegenstandes. Dieser kann als möglich nur gedacht werden durch den Begriff von ihm, der als Ursache ihm vorhergeht.

Was so abstrakt ausgesprochen ist, hat seine konkrete Erscheinung im Willen. Der Wille ist das Vermögen, sich selber durch Vorstellung der Zwecke zu bestimmen. »Zweckmäßig« nennen wir dasjenige, dessen Dasein eine Vorstellung desselben Dinges vorauszusetzen scheint.

Zweckmäßigkeit denken wir in der Natur in doppelter Weise: Sandboden ist zweckmäßig für Fichten, Schlick für Gras- und Getreidewuchs. So beurteilen wir die Nutzbarkeit der Dinge, und zwar beliebig, so daß, was eben als Zweck behandelt wird (Graswuchs), dann als Mittel betrachtet wird (Viehfutter), und endlos, weil nie ein Endzweck gefunden werden kann. Diese Zweckmäßigkeit ist eine äußere des einseitigen Zweck-Mittel-Verhältnisses. Sie ist nur für unsere Betrachtung, ist nicht eine objektive Zweckmäßigkeit. Anders wenn ein Naturprodukt, wie der lebendige Organismus, als objektiver Naturzweck betrachtet wird. Der Organismus ist das objektive Wesen, in dem alles zugleich Mittel und Zweck ist, so daß das Ganze eine in sich vollendete, in sich kreisende Zweckmäßigkeit ist. Wir denken es nicht als äußere, sondern als innere Zweckmäßigkeit.

Das Lebendige ist deutlicher aufzufassen. »Ein Ding existiert als Naturzweck, wenn es in sich selbst Ursache und Wirkung ist.« Es bringt sich selbst hervor: der Gattung nach durch Zeugung, dem Individuum nach durch Wachstum, bei Verletzungen durch Regeneration. Das Leben baut sich aus der Materie der Nahrung durch Stoffe auf, die sein eigenes Produkt sind. Ein organisches Produkt der Natur ist das, in welchem alles Zweck und wechselseitig auch Mittel ist. Nichts in ihm ist umsonst, nichts zwecklos.

Der Organismus in seiner Zweckmäßigkeit wurde von Descartes begriffen als Maschine. Schon Leibniz formulierte aber den radikalen Unterschied von menschlichen Maschinen: »Jeder organische Körper eines Lebewesens ist eine Art göttlicher Maschine oder natürlichen Automats, der alle künstlichen Automaten unendlich weit übertrifft. Denn eine durch menschliche Kunst gebaute Maschine ist nicht Maschine in jedem ihrer Teile. Die Maschinen der Natur jedoch, d. h. die lebenden Körper sind noch Maschinen in ihren kleinsten Teilen bis ins Unendliche. Das eben macht den Unterschied zwischen der göttlichen Kunst und der unsrigen aus.« Kant hält an dieser Unterscheidung fest:

Wo die Teile letzte Teile, endlich an Zahl, und als Teile leblose Materie sind, da liegt eine Maschine vor, die durch einen endlichen Verstand, wenn auch noch so kompliziert, erdacht, konstruiert, aus leblosem Stoffe hergestellt werden kann. Sie bedarf der Beaufsichtigung und Wiederherstellung durch den Konstrukteur. Eine Uhr ist als Gebilde von außen gemacht, einlinig wirksam, nicht in sich ein Ganzes von Zweck und Mittel, so daß es sich selbst helfen könnte. Ist es verletzt, muß es repariert werden. Dagegen ist im Organismus alles sich wechselweise Ursache und Wirkung, in seinem Betrieb und in seiner Form. Bis in die kleinsten Teile ist er immer noch Leben. Eine Maschine hat bloß bewegende Kraft, der Organismus bildende Kraft.

Aber bei Kant ist zugleich eine grundsätzliche Differenz zu Leibniz: Kant sagt nicht, daß der Organismus faktische Unendlichkeit der Zweck-Mittel-Beziehungen in Gegenseitigkeit sei, sondern daß wir ihn ins Unendliche erforschen können, ohne an ein Ende zu gelangen. Soweit wir ihn erforschen, ist er wie eine Maschine; wir erkennen ihn, als ob er eine Maschine wäre, hergestellt von einem göttlichen Verstande. Überall bedient sich das Leben derselben Kausalzusammenhänge, die wir durch Physik und Chemie im Leblosen erforschen. Aber nirgends sind diese Kausalzusammenhänge das Leben selber.

Daher sagt Kant, niemals werde der Newton des Grashalms kommen, d.h. der Forscher, der imstande wäre, das winzigste Leben aus leblosem Material herzustellen, denn er müßte wie ein Gott der Unendlichkeit Herr geworden sein, statt, wie bei allem Maschinenbau, einer zwar außerordentlichen, ins Unabsehbare zu steigernden, aber immer noch endlichen Vielfachheit Herr zu sein. Er müßte den Sprung vom Endlichen zum Unendlichen in der Wirklichkeit vollziehen, was einem endlichen Verstande unmöglich ist.

Das Lebendige ist für Kant ein Tatbestand, der Idee ist. Dieser sich widersprechende Satz will sagen: der Tatbestand ist ohne Idee nicht einmal als solcher festzustellen. Der Verstand mit seinen Kategorien faßt ihn nicht, sondern bringt ihn unausweichlich auf die Ebene von Tatbeständen, wie es auch die der anorganischen Natur sind.

Kants Vergegenwärtigung des Lebendigen steht daher im Gegensatz zu jeder Objektivierung des Lebens in einem gewußten oder grundsätzlich im Ganzen wißbaren Gegenstand, und zwar nach zwei Seiten: Das Ganze ist nicht als Maschine zu begreifen, obgleich alle biologische Erkenntnis maschinelle Antworten gibt. Aber das Ganze ist auch nicht als Entelechie, Lebenskraft, Naturfaktor, der zu dem Erbauer der Maschine wird, zu begreifen, obgleich unsere Erkenntnis ständig so denken muß, als ob ein planender Baumeister die Sache konstruiert habe. Vielmehr stehen wir ins Unendliche forschend dem Lebendigen gegenüber.

Diese biologische Forschung ist für Kant von der eigentümlichen Art, daß sie Zweckzusammenhänge findet, sie befragt, wie sie sich vollziehen und immer kausal-mechanische Antworten oder besser im umfassenden Sinne physikalisch-chemische (nicht nur im engeren Sinne mechanische) Antworten gibt. Den Zweck und die Zweckzusammenhänge können wir nicht im ganzen begreifen, aber wir begreifen sie, soweit wir sie als Maschine auffassen.

Aber das Lebewesen steht doch als Ganzes leibhaftig vor uns. Wenn wir es sehen und an seiner Existenz nicht zweifeln, so ist uns durch die Idee zugleich die Ursprungsverschiedenheit seiner Tatsächlichkeit gegenüber aller verstandesmäßig feststellbaren Tatsächlichkeit bewußt. Das hat zur Folge, daß wir gegenüber dem winzigsten Lebewesen, ob Wurm oder Insekt, diese Scheu empfinden, die von dem für den Verstand Unerschöpflichen, dem Wunder für den Verstand erzwungen wird. Sind wir aber von der Idee, durch die wir die Tatsache erst sehen können, verlassen, so haben wir einen vielleicht großen Besitz an Wissen vom Maschinenwesen, dessen sich das Leben bedient, und verwechseln dieses mit dem Leben selber. Aber wir haben das Leben so wenig im Besitz unserer Erkenntnis, wie die Kuh, die wir als Milchproduktionsmaschine technisieren. Und die Scheu geht uns verloren, weil dann für uns das nicht mehr da ist, dem unsere Scheu gilt.

Kant begriff, daß das Leben eine Idee ist. Seine Vergegenständlichung für den Verstand wird zu einer Täuschung, die das Leben selber verschwinden läßt. Dagegen ist das Leben für uns wirklich da als das in jedem lebendigen Individuum Unendliche der Zweckbeziehungen. Das Ganze ist im Organismus vollendet da, aber nicht erkannt. Es bleibt für die Erkenntnis gerettet, wenn diese im Bewußtsein der Idee, ins Unendliche fortschreitend, das Unendliche nicht verliert. Dann sind Kategorien wie Wachstum, Assimilation, Korrelation, Regeneration, Fortpflanzung, Vererbung, Reizbarkeit, Anpassung usw. nur besondere Fassungen der Idee des Lebens. Sie bedeuten Anweisungen, nicht schon Erkenntnisse. Sie werden vielmehr gerade durch die Erkenntnis im Reichtum erkannter Zusammenhänge immer rätselvoller. Nur die Umkehrung der Idee in ein grundsätzlich gegenständlich erkennbares Ganzes und gar Erkanntes verdirbt das Erkennen und macht blind für die Idee.

4. *Die reflektierende Urteilskraft:* Was Kant in den Ideen vergegenwärtigt hat, vollendet er durch eine Gedankenoperation, die das Wesen unseres gesamten Erkennens im Verhältnis zum Seinsursprung enthüllt.

a) *Die Einstimmung der Natur mit unserem Erkenntnisvermögen und das Dasein der Naturzwecke:* Gegenstand als durch Kategorien konstituiertes Objekt ist nur, was innerhalb der Grenzen möglicher Erfahrung erkennbar wird. Dies Objekt wird durch den Verstand als notwendig erkannt, weil es durch die Bedingungen aller Erfahrung bestimmt ist. Es hat den Objektivitätsvorrang, ist allein reales Objekt, das mit dem Verstand insbesondere kausal-mechanisch, im weitesten Sinne aber mathematisch erkannt wird. Im Bereich dieser Notwendigkeit ist kein Rätsel. Aber dieser Bereich selber läßt aufmerksam werden auf seine Grenzen. Was an diesen Grenzen auftritt, das ist entgegen jener Notwendigkeit *zufällig:*

Erstes Beispiel: Die Erfüllung der allgemeinen Notwendigkeit geschieht durch Erfahrung so, daß eine Mannigfaltigkeit der besonderen Naturgesetze sich zeigt. Daß aber unter Führung der Ideen sich ein systematischer Zusammenhang dieser besonderen Gesetze zeigt, ist durch die Aufgabe wissenschaftlicher Erkenntnis vorausgesetzt. Diese Voraussetzung ist nicht wie die der Grundsätze der Gesetzlichkeit überhaupt a priori erkannt, sondern nur durch die Aufgabe wissenschaftlicher Erkenntnis gefordert, die erst unter den Ideen systematischer Einheit einen Sinn erhält. Soweit die Bewährung der Ideen durch Auffindung solcher Systematik in der Natur stattfindet, spricht Kant daher von einer Angemessenheit der Natur an unser Erkenntnisvermögen, die selber empirisch ist, und von der niemand weiß, wie weit sie reicht. »Daß die Ordnung der Natur nach ihren besonderen Gesetzen bei aller unsere Fassungskraft übersteigenden, wenigstens möglichen Mannigfaltigkeit und Ungleichartigkeit, doch dieser wirklich angemessen sei, ist, soviel wir einsehen können, zufällig.« Darum wundern wir uns und sind eigentümlich befriedigt, wenn sich systematische Zusammenhänge zeigen, wenn wir eine unübersehbare Mannigfaltigkeit von Gestalten nach Gattungen und Arten übersehbar ordnen, wenn viele Naturgesetze sich in einem zusammenfinden, während Kausalität, Substantialität als ständig real bewährt uns gar nicht wundern und nicht ein besonderes Gefühl der Befriedigung auslösen, da sie selbstverständlich sind, wenn überhaupt Gegenstände für uns da sind. »Diese Zusammenstimmung der Natur mit unserem Erkenntnisvermögen wird vorausgesetzt, indem sie der Verstand zugleich objektiv als zufällig anerkennt. Denn es läßt sich wohl denken, daß die spezifische Verschiedenheit der empirischen Gesetze der Natur samt ihren Wirkungen dennoch so groß sein könnten, daß es für unseren Verstand unmöglich wäre, in ihr eine faßliche Ordnung zu entdecken.«

Würde, was möglich ist, unter den Erscheinungen eine so große Verschiedenheit des Inhalts, der Mannigfaltigkeit von existierenden Wesen und Regeln sich zeigen, daß der menschliche Verstand durch Vergleichung nicht die mindeste Ähnlichkeit der Gestalten, durch Zurückführung auf Prinzipien keinen Zusammenhang der Gesetze ausfindig machen könnte, so würde die Idee systematischer Einheit sich nicht bewähren. Der Fortschritt der Erfahrung durch Steigerung zugleich der Mannigfaltigkeit wie der Einheit des Wissens wäre nicht möglich, sondern es bliebe nur die Verschiedenheit des Wissens als zerfallender Endlosigkeit. Es gäbe keine Wissenschaft.

Wenn wir von dem Erkennen als einem Zweck reden, so wäre der Zweck unerreichbar. Daß wir faktisch voranschreiten, bedeutet daher eine Zweckmäßigkeit der Natur für unser Erkenntnisvermögen. Diesen Zweck legen wir der Natur gleichsam als Absicht bei, weil der Verstand ihr hierüber kein Gesetz vorschreiben kann, wie er es in den Kategorien und Grundsätzen aller Gegenständlichkeit, die uns vorkommen wird, vermag. Wir könnten von den Ideen keinen zweckmäßigen Gebrauch machen, wenn die Natur nicht selbst zweckmäßige Einheit in sich hätte. Es muß im Grund der Dinge liegen, was den Ideen entgegenkommt. Es ist wie eine Kommunikation zwischen den Ansprüchen des Erkennens unseres endlichen Verstandes und der Objektivität des Zusammenhangs der Dinge in der Natur, aber nur in dem Maße als die Natur entgegenkommt. Denn wir können nicht vorwegnehmend vom Ganzen die Koinzidenz unseres Erkenntnisvermögens mit der Natur der Dinge behaupten. Es könnte irgendwo eine Grenze sein, dort würde mit einem Riß der Einheitsidee auch die Erkenntnis aufhören. Vermöge der Ideen erwarten wir das Gegenteil, ohne es zu wissen. Soweit jedoch das systematische Erkennen gelingt, ist das Dasein dieses Erkennens selber ein Zeiger in den gemeinsamen Grund des Erkennens und der Dinge.

Zweites Beispiel: Die lebendigen Organismen, dieses Dasein von Dingen als Naturzwecken, sind eine Realität, die der Verstand mit seinen Kategorien nicht a priori denken kann. Nie würde der Verstand im Denken der Dinge durch seine Kategorien das Dasein von Lebewesen erwarten. Sehen wir die Natur unter den Gesetzen der Notwendigkeit gesetzlicher Abläufe, so sind alle Bildungen, die zweckhaft aussehen, zufällig. Diese Bildungen sind entweder durch Menschen hervorgebracht. Dann stammt ihre Gestalt aus einer zweckhaft denkenden Kausalität. Oder sie sind Naturprodukte. Dann sind sie aus dem Mechanismus des leblosen Naturgeschehens als Zufall unbegreiflich.

Beide Fragen, die aus der Einstimmung der Natur mit unserem Erkenntnisvermögen und die aus dem Dasein der Dinge als Naturzwecke, führen auf das Problem des Zufälligen. Zufall bedeutet Unbegreiflichkeit, weil totale Unbestimmtheit. Daher kann unser Denken den Zufall nicht stehen lassen. Wir befragen ihn, um ihn unter eine Regel zu bringen. Das Problem ist, ob sich eine Gesetzlichkeit des Zufälligen, eine Notwendigkeit des Zufälligen zeigt. Das müßte eine radikal andere sein als die Notwendigkeit des Naturgeschehens.

Im gesetzlich erkennbaren Naturgeschehen ist für dieses der Zufall ausgeschlossen. Nichts geschieht durch blindes Ohngefähr (in mundo non datur casus), ist ein Grundsatz der Naturerkenntnis. Aber jede Notwendigkeit ist eine bedingte, daher verständliche Notwendigkeit (non datur fatum).

Es gibt unbestimmte oder unzureichend bestimmte Ereignisse. Die Naturerkenntnis sucht durch Statistik auch in ihnen Regelmäßigkeiten. Sie berechnet das Zufällige, wenn es sich um eine große Anzahl von Fällen handelt. Dann findet sie das Wahrscheinliche und Unwahrscheinliche für den Einzelfall, das Gesetz der großen Zahlen für die Masse.

In der Kantischen Frage aber handelt es sich nicht um einzelne Ereignisse, nicht um Massen von Ereignissen, sondern um Tatbestände im Ganzen unseres Erkennens. Diese Zufälligkeit ist durch keine Erkenntnis des seine Gegenstände konstituierenden Verstandes aufzuheben. Dieses Zufällige ist unter kein Allgemeines zu bringen, sondern ist die Grenze des Allgemeinen.

b) *Bestimmende und reflektierende Urteilskraft:* Es ist eine andere Denkungsart erfordert, durch die wir die Gesetzlichkeit des Zufälligen uns verständlich machen. Diese entwickelt Kant durch seine Unterscheidung der bestimmenden (subsumierenden) und der reflektierenden Urteilskraft.

Die Unterscheidung spielt schon in der Ideenlehre der »Kritik der reinen Vernunft« eine Rolle (unter dem Namen des apodiktischen und hypothetischen Gebrauchs der Vernunft) und wird in der »Kritik der Urteilskraft« vertieft. Sie besagt: Entweder sind wir im Besitz des Allgemeinen (der Regel, des Gattungsbegriffes usw.) und subsumieren einen uns vorkommenden Fall darunter. Oder wir sind im Besitz der Erfahrung des Besonderen und denken es unter Annahme eines nicht gekannten Allgemeinen. Kant nennt das erstere Verfahren bestimmende, das zweite reflektierende Urteilskraft. Die bestimmende Urteilskraft des Subsumierens eines besonderen Falls unter das bekannte Allgemeine ist rational faßlich. Die reflektierende Urteilskraft aber meint ein nicht errechenbares Verfahren, aus dem auch erst Hypothesen zum methodischen Forschen entspringen.

Die reflektierende Urteilskraft ist die geistige Bewegung, die im Besonderen stattfindet, das sie im Lichte des Allgemeinen sieht, das sie nicht weiß, aber von dem sie geführt wird. Immer am Besonderen haltend, nicht abgleitend in das Bodenlose des Unsinnlichen und Undenkbaren, vollzieht sie Gedanken unter der Lenkung der Ideen. Sie gibt Prinzipien der Denkungsart an die Hand, aber keine neuen Gegenstände. Die Gegenstände der Ideen (bloße Schemata der Führung) werden nur relativ auf mein in der Welt fortschreitendes Erkennen gedacht.

Die reflektierende Urteilskraft hat nun bei Kant einen weiten Bereich. Er sieht sie nicht nur im Bereich des Erkennens (den Ideen aus der Einstimmung der Natur mit unserem Erkenntnisvermögen und der Erkenntnis des Lebendigen: in beiden Fällen wird die Zufälligkeit für die reflektierende Urteilskraft notwendig als Zweckmäßigkeit). Die reflektierende Urteilskraft ist auch im Anschauen des Schönen wirksam.

Der Grundzug ist derselbe: im Besonderen das Allgemeine, das nicht gewußt wird; im Zufälligen das Gesetzliche; im Empirischen das Zeichen eines aus dem Übersinnlichen Entgegenkommenden. Der Unterschied ist, daß die reflektierende Urteilskraft im Prozeß des Erkennens nur regulativ ist und keinen eigenen Gegenstand bestimmt, dagegen im Anschauen des Schönen konstitutiv wird für die Lust des Geschmacksurteils im Spiel.

c) *Der Umfang der Zufälligkeit:* Zufällig ist nicht nur die Einstimmung der Dinge zu unserem Erkenntnisvermögen, nicht nur das Dasein der Organismen. Schon an den Grenzen der Erhellung unserer Erfahrungserkenntnis steht das Zufällige: daß wir gerade diese zwei Formen der Anschauung (Zeit und Raum) und gerade diese Urteilsformen und Kategorien haben, ist für uns zufällig.

Zufällig ist, wie Kant nur kurz, aber entscheidend berührt, das Dasein der Dinge überhaupt. Notwendigkeit bedeutet Bedingtheit. Alles, was wir als Natur erkennen, steht in solcher Bedingtheit, die eine jeweils bestimmte ist. Unsere forschende Bewegung im Erfahrungsraum steht unter der Voraussetzung der Notwendigkeit. Aber er selber im Ganzen und in ihm die eben aufgezeigten Tatbestände sind zufällig.

Diese Zufälligkeit wirft vor dem Ganzen des Seins die letzte Frage auf: woher? und wozu? Eine Antwort, die die Notwendigkeit des Seins zeigte, ist nicht zu finden. »Die unbedingte Notwendigkeit, die wir, als die letzten Träger aller Dinge, so unentbehrlich bedürfen, ist der wahre Abgrund für die menschliche Vernunft... Man kann sich des Gedankens nicht erwehren, man kann ihn aber auch nicht ertragen: daß ein Wesen, welches wir uns als das höchste unter allen möglichen vorstellen, gleichsam zu sich selbst sage: Ich bin von Ewigkeit zu Ewigkeit, außer mir ist nichts, ohne das, was bloß durch meinen Willen etwas ist: aber woher bin ich denn? Hier sinkt alles unter uns, und die größte Vollkommenheit, wie die kleinste, schwebt ohne Haltung bloß vor der spekulativen Vernunft, der es nichts kostet, die eine so wie die andere ohne die mindeste Hindernis verschwinden zu lassen.«

Wohin immer wir denken, bleibt die Zufälligkeit gegenwärtig als Grenze. All unser Erkennen, sobald es sich in seinen Ableitungen absolut setzt und das Sein an sich zu haben meint, verschleiert diese Zufälligkeit. Mit ihr stehen wir vor jenem Abgrund. Jede Antwort, die wir geben, ist dialektisch. Sie steht sogleich als neue Frage da. Die Zufälligkeit ist aber das Signum, mit dem wir im Erkennen sowohl gewarnt wie ermutigt werden.

Wenn wir aber an dieser Grenze vor die Frage gestellt scheinen: Entweder totale Sinnlosigkeit des Zufälligen oder notwendiger Grund allen Seins, von dem her Sinn und Gehalt kommen, so erkennt Kant diese Alternative wieder als eine falsche Frage. Denn weil die Welt und alles, was wir im Raume möglicher Erfahrung erkennen, Erscheinung ist, ist eine abschließende Antwort nicht möglich. Wir gehen unseren Gang in der Welt. Wenn wir das Ganze, den Grund, den Sinn vor Augen stellen wollen, so erweist das Gedachte sich, sofern es ein Gegenstand wird, als zur Welt der Erscheinungen gehörig. Diese Welt überschreiten wir nicht durch Erkenntnis von etwas, sondern allein durch unseren Gang in ihr selbst, durch die Erfahrung der Ideen im systematischen Erkennen, durch das Spiel aller Erkenntnisvermögen im Schauen des Schönen, wirklich aber und entscheidend durch unsere Freiheit im sittlichen Handeln.

d) *Verstehen unserer gespaltenen Erkenntnisweise aus dem Kontrast zu einem intellectus archetypus:* Wie aber unser Erkennen hier scheitert, begreift Kant noch einmal durch die Kontrastierung unseres endlichen Denkens zum intellectus archetypus. Dieser war früher als der anschauende Verstand, der die Gegenstände, die er denkt, auch hervorbringt, der Kontrast zu unserem diskursiven Verstand, der angewiesen ist auf Anschauung, die ihm gegeben wird. Nun wird der intellectus archetypus als der Verstand gedacht, für den die Begriffe nicht getrennt sind, die wir nur getrennt denken können: Zufall und Notwendigkeit, das Allgemeine und das Besondere, Mechanismus und Teleologie.

1. Der Grund der Unterscheidung von Möglichkeit und Wirklichkeit liegt in der Natur unseres Erkennens, das in Verstand und Sinnlichkeit gespalten ist. Der anschauende Verstand hätte nur wirkliche Gegenstände. In ihm gibt es keine Begriffe, die bloß Möglichkeit zeigen und keine Anschauungen, die nur etwas geben, ohne es als Gegenstand erkennen zu lassen. Wir dagegen können in Gedanken haben, was gar nicht ist; und wir können uns etwas als gegeben vorstellen, ohne einen Begriff davon zu haben. »Die Sätze also: Daß Dinge möglich sein können, ohne wirklich zu sein«, daß aus der Möglichkeit nicht auf Wirklichkeit geschlossen werden könne, sind »richtig für die menschliche Vernunft«. Aber sie besagen nicht, daß dieser Unterschied in den Dingen selbst liege. Daher stellt unsere Vernunft einerseits die unablässige Forderung, irgendein Etwas (der Urgrund), an welchem Möglichkeit und Wirklichkeit nicht mehr unterschieden werden, müsse unbedingt notwendig existieren, andererseits aber hat unser Verstand für solche Idee schlechthin keinen Begriff. Notwendigkeit und Zufälligkeit gehen, wie alle anderen Spaltungen, unsere Erkenntnisweise, nicht die Dinge an sich selbst, an.

2. Unser Verstand denkt das Allgemeine, kann aber das Besondere daraus

nicht ableiten, sondern nur, wenn es erfahren wird, darunter subsumieren. Das Besondere ist zufällig. Der intuitive Verstand würde ohne Begriffe vom Allgemeinen zum Besonderen gehen; es würde keine Zufälligkeit angetroffen werden. Man kann den Gegensatz so aussprechen: unser Verstand gehe vom Analytisch-Allgemeinen, vom Begriff zum Besonderen, der intuitive aber vom Synthetisch-Allgemeinen, vom Ganzen zu den Teilen.

3. Unser Verstand trennt Mechanismus und Teleologie. Wir müssen die Organismen nach der besonderen Beschaffenheit unseres Verstandes so betrachten, als ob sie ihrer Möglichkeit nach absichtlich und als Zwecke erzeugt seien. Damit behaupten wir nicht, daß es eine solche Naturabsicht gebe, und leugnen nicht, daß »ein anderer (höherer) Verstand als der menschliche auch im Mechanismus der Natur den Grund der Möglichkeit solcher Produkte der Natur antreffen könne«. Wir sehen ein, daß »nicht anders als so könne und müsse gedacht werden: ohne doch zu behaupten, daß der Grund eines solchen Urteils im Objekt liegt«. »Es ist uns schlechterdings unmöglich, aus der Natur selbst hergenommene Erklärungsgründe für Zweckverbindungen zu schöpfen, und es ist nach der Beschaffenheit des menschlichen Erkenntnisvermögens notwendig, den obersten Grund dazu in einem ursprünglichen Verstande als Weltursache zu suchen.«

Es ist jedesmal dasselbe: der intellectus archetypus enthielte in einem, was für uns getrennt ist, so daß wir die Einheit auf keine Weise vollziehen können: Anschauung und Denken, Allgemeines und Besonderes, Möglichkeit und Wirklichkeit, Mechanismus und Teleologie. Unser Verstand ist es, der diese Schwierigkeiten der Spaltung in der Erkenntnis unumgänglich macht. Aber unsere Vernunft kann sie durchschauen, jedoch ohne sie aufzuheben.

Die Konstruktion des intellectus archetypus wandelt also seine Bedeutung je nach dem Zusammenhang, in dem durch seine Konstruktion das Faktum unseres Erkennens deutlich gemacht wird. Er ist der anschauende Verstand, der mit dem Anschauen die Dinge selber hervorbringt: hier ist er nur Kontrastkonstruktion zu unserem Erkennen. Dann ist der intellectus archetypus die gesetzgebende Vernunft, die der Grund der Angemessenheit der Natur zu unseren Erkenntnisvermögen auf den Wegen systematischen Fortschritts ist; und er ist der Grund der Einheit von Mechanismus und Teleologie in den Organismen: In diesen beiden Fällen ist der intellectus archetypus nicht bloß als Kontrast, sondern zugleich so gedacht, als ob er der Grund wäre für die Zweckmäßigkeit des Zufälligen.

In dieser Konstruktion wird noch einmal im Ganzen dieses Grundwissens vergegenwärtigt: die Schwierigkeiten liegen nicht in den Dingen an sich, nicht im Sein selbst, sondern in den Erscheinungen. Daß wir nur die Erscheinungswelt erkennen und uns alles, was ist, zugänglich wird nur in diesen Formen, die unser Erkenntnisvermögen erzwingt, das ist die immer von neuem sich ergebende These, deren Sinn nur reicher wird mit dem Durchschauen aller Strukturen, die ineins Strukturen unseres Denkens und der Erscheinungen sind.

Wir ergreifen in der Spaltung unseres Denkens zwar nicht Unwahrheit, aber auch nicht die Wahrheit selbst, zwar die Realität der Erscheinungen, aber nicht das Sein an sich. Daß wir nicht Unwahrheit ergreifen, bedeutet: wir müssen vermöge der Eigenschaften unserer Vernunft so anschauen und so denken. Es ist der Weg, auf dem das Sein erscheint, und zwar für uns objektiv gültig erscheint.

b) *Das sittliche Handeln*

1. *Der kategorische Imperativ:* Wir erkennen nicht nur Gegenstände, sondern wir handeln. Im Handeln wählen wir. Hier liegt ein unüberschreitbarer Ursprung. Beides, Erkennen und Wollen, kann nur in sich erhellt werden.

In unserem Willen sind wir uns eines Sollens bewußt. Das Sollen wird in Gesetzen vor Augen gestellt. Nach Gesetzen der Natur geschehen die Ereignisse, ohne Ausweichen notwendig. Nach sittlichen Gesetzen sollen Handlungen sich richten, richten sich aber oft nicht nach ihnen. Diese Gesetze geben sich kund in Imperativen.

Imperative sind von zweierlei Art. Die hypothetischen Imperative gelten unter Voraussetzungen eines Zwecks. Wenn du diesen erreichen willst, mußt du die geeigneten Mittel anwenden. Die kategorischen Imperative dagegen machen den Anspruch einer unbedingten Geltung. Die hypothetischen Imperative sind technisch, sind Imperative der Geschicklichkeit und der Klugheit, geführt von einem ihnen vorgeordneten Zweck; die kategorischen haben ihren Grund in sich selbst.

Die Reihe der Zwecke läßt weiter fragen: Was ist der Endzweck? Ist der Endzweck ein höchstes Gut (ein materialer Inhalt), so sind alle Imperative hypothetisch. Wenn es kategorische Imperative gibt, so muß im Willen selber die Unbedingtheit liegen. Diese kann nur die Form des Willens, das Gesetz seiner Gesetzlichkeit sein. Kants Einsicht ist: Es gibt eine Bedingung des guten Willens, die selber unbedingt ist, aus reiner Vernunft einsehbar, unabhängig von allen materialen Zwekken in der Welt, eine Gesetzlichkeit, die nur sich selbst voraussetzt.

Dieses Gesetz spricht sich aus in dem einen kategorischen Imperativ: »Handle so, daß die Maxime deines Willens jederzeit zugleich als Prinzip einer allgemeinen Gesetzgebung gelten könne.« Oder: »Handle so, als ob die Maxime deiner Handlung durch deinen Willen zum allgemeinen Naturgesetz werden sollte.«

Maxime heißt der subjektive Grundsatz, den ich bei meiner Handlung gebrauche. So können Maximen sein: Ich lasse mich in keinem Wagen mitnehmen, der mir nicht gehört (weil ich meiner Freiheit beraubt werde); ich stehe um 6 Uhr auf (um meine Tagesarbeit ergiebig zu gestalten). Oder andere: Wenn meine Liebe in der Ehe aufhört, lasse ich mich scheiden (weil ich meinem Glücke dienen will); wenn ein Vorteil sehr hohen Ausmaßes dadurch zu gewinnen ist, lüge ich; Verträge sehe ich als gültig an nur rebus sic stantibus und halte mich bei deren Veränderung zum Bruch für berechtigt. Solche Maximen sind indifferent technische – die erste Reihe –, oder sie sind wesentlich für die Grundgesinnung – die zweite Reihe. Maßstab der Prüfung ist im ersten Fall eine theoretische Kenntnis über die kausale Wirksamkeit der Mittel, im zweiten Fall aber der kategorische Imperativ.

Im Sinn des kategorischen Imperativs liegt ein Inhalt: »Handle so, daß du die Menschheit, sowohl in deiner Person als in der Person eines jeden anderen, jederzeit zugleich als Zweck, niemals bloß als Mittel brauchst.« Denn alles in der Welt, auch der Mensch, kann zum Mittel werden für das Handeln. Aber jedes Vernunftwesen als ein nach dem kategorischen Imperativ handelndes Wesen – und wir kennen als Vernunftwesen nur den Menschen – ist zugleich Zweck an sich selbst, kann daher zwar unter einschränkenden Bedingungen auch als Mittel, darf aber nie nur als Mittel benutzt werden.

Der kategorische Imperativ ist formal. Zur Anwendung in einer Situation bedarf er noch der »praktischen Urteilskraft«. Die Regel der Urteilskraft lautet: »Frage dich selbst, ob die Handlung, die du vorhast, wenn sie nach einem Gesetz der Natur, von der du selbst ein Teil wärest, geschehen sollte, sie du wohl als durch deinen Willen möglich ansehen könntest.« Kant spricht von »einem Menschen, der das moralische Gesetz verehrt und sich den Gedanken beifallen läßt (welches er schwerlich vermeiden kann), welche Welt er wohl durch die praktische Vernunft geleitet erschaffen würde, wenn es in seinem Vermögen wäre«. Der Sinn ist: Wenn du handelst, sei dir bewußt, daß die Welt nicht ist, wie sie ist, sondern daß du handelnd sie mit hervorbringst. Was eigentlich ist, erfährst du nicht durch Erkenntnis, sondern durch dein Tun.

2. *Die Prüfung des sittlichen Tuns:* Nun ist die Frage: Wie prüfe ich in konkreter Situation die meinem möglichen Handeln zugrundeliegende Maxime?

Durch den Verstand prüfe ich die Richtigkeit des in ihr verborgenen Gesetzes am Maßstab der Widersprüchlichkeit. Einige Handlungen – etwa der Selbstmord – »sind so beschaffen, daß ihre Maxime ohne Widerspruch nicht einmal als allgemeines Naturgesetz gedacht werden kann«. Das Recht zum Selbstmord würde die Verneinung des Lebens selber bedeuten. Andere Handlungen sind von der Art, daß in ihnen der Wille sich selbst widerspricht. Ein Depositum unterschlagen, das würde bedeuten: es gibt kein Depositum; eine lügenhafte Aussage: es gibt keine Aussage mehr.

Wenn ich das allgemeine Gesetz gedacht habe, folgt etwa das Handeln nach Prüfung des Tatbestands durch Subsumtion des besonderen Falls unter das gewußte allgemeine Gesetz? Nein, denn der gesamte materiale Inhalt unseres Tuns, die Güter und Zwecke und das Glück haben einen anderen Ursprung. Aber, indem ich diese Inhalte ergreife, erwächst aus der bloß relativen Verbindlichkeit die absolute durch die Einstimmung mit der Denkbarkeit eines allgemeinen Gesetzes. Diese Einstimmung ist die Einstimmung des Vernunftwesens mit sich selbst und den anderen Vernunftwesen.

Kann das allgemeine Gesetz etwa aus einer vorhergehend erfahrenen irrationalen, vernunftfremden, materialen Verbindlichkeit des Somüssens folgen? Nein, die Verbindlichkeit des Unbedingten ist als vernünftige nicht ohne den Gedanken, der sie begreift, prüft und bestätigt. Ohne den Gedanken der Vernunft bliebe die Verbindlichkeit eine Willkür des Getriebenseins, ein Gehorsam ohne Begreifen, eine Ausnahme ohne Rechtfertigung.

Die rationale Form des Sich-nicht-Widersprechens ist nur ein Abglanz der intelligiblen Notwendigkeit des Gesetzes. Wenn die im Wollen befolgte Gesetzlichkeit mit dem Naturgesetz verglichen wird, so ist das Naturgesetz nur »zum Typus eines Gesetzes der Freiheit gemacht«. Die Natur der Sinnenwelt wird zum Typus der intelligiblen Natur gebraucht.

Verbindlichkeit und Gesetz sind untrennbar. Ein individuelles Gesetz wäre ein Widersinn oder Ausdruck für die Form der allgemeinen Gesetzlichkeit in einem Handeln, das nur einmal vorkommt. Die Verbindlichkeit des Gesetzes spricht die Erfahrung seiner Notwendigkeit durch die Vernunft eines Wesens aus, das zugleich Sinnenwesen ist.

Jenen unbedingten Anspruch erfahre ich, indem ich ihn erprobe im Dasein, wo er in seiner reinen Formalität ein unerschütterlicher Ursprung meines Handelns werden kann. Er wird nicht durch solche Erfahrung bewiesen, sondern aus Anlaß der Erfahrung tritt er in seiner unerbittlichen, untäuschbaren Macht hervor, der ich mich nur entziehen kann, indem ich mich selber täusche. Nicht er bewährt sich, sondern ich bewähre mich an ihm.

Als Sinnenwesen fange ich an mit der Gewohnheit, den überlieferten Sitten, den Neigungen und den gedankenlosen Selbstverständlichkeiten. Da hinein schlägt wie ein Blitz der Gedanke der Vernunft. Was ich blind dahinlebend tat, wird hell. Aber der Gedanke muß für mich als Sinnenwesen seinen Inhalt gewinnen in der Wirklichkeit des Daseins, durch die er sich erfüllt.

Daher gilt beides: Das Sittengesetz »entlehnt nicht das mindeste aus der Erfahrung«, sondern gilt für Vernunftwesen a priori. Aber die Gesetze erfordern »durch Erfahrung geschärfte Urteilskraft, um teils zu unterscheiden, in welchen Fällen sie ihre Anwendung haben, teils ihnen Eingang in den Willen des Menschen und Nachdruck zur Ausübung zu verschaffen«.

Kants Philosophie hat eine neue Sprache gefunden für die Unbedingtheit des Sittlichen. Aber er will damit nur aussprechen, was jedermann als Vernunftwesen ungeklärt weiß und vollzieht. Daher spricht Kant von dem kategorischen Imperativ, der das Gesetz unseres Handelns bestimmt, als dem Ursprung, den jeder Mensch, weil Vernunftwesen, anerkennt. Wenn wir gegen das Gesetz verstoßen, so wollen wir in der Tat nie die subjektive Maxime dieses Verstoßes zum allgemeinen Gesetz werden lassen. Wir wollen nur zum Vorteil unserer Neigung eine Ausnahme in Anspruch nehmen.

3. *Der Aufstieg vom Psychologischen:* Wir vergegenwärtigen noch einmal den Sinn der sittlichen Freiheit, indem wir zu ihm aufsteigen von der psychologischen Erscheinung her. Unser Begehrungsvermögen ist gelenkt von Triebfedern, die sich gegenseitig beschränken. In sie tritt ein unsere Willkür, welche im Medium des Denkens vorzieht und nachsetzt, nach jeweiligen Zwecken, die sie sich setzt, die geeigneten Mittel sucht. Diese Willkür ist frei im negativen Verstande, an Gesetze nicht gebunden. Über die Willkür wird Herr der Wille, der frei ist in positivem Verstande, weil er die Gesetzlichkeit seiner selbst als Vernunft ist.

Unser Dasein lebt in der Spaltung: Einerseits die Triebfedern in ihrer Vielfachheit, die durch die Willkür ihre Wege gehen, mit der Gewalt der Leidenschaft im Augenblick, ihrem Zerrinnen und Wiederauftreten, – andererseits der Wille in seiner Einfachheit, der mit sich identisch bleibt, unbedingt gebietet, mit stiller Macht in der Helle seiner Vernunft der Gewalt des Augenblicks Herr wird.

Unsere Sittlichkeit ist moralische Gesinnung im Kampfe. Völlige natürlich gegebene »Reinigkeit der Gesinnungen« ist für den Menschen nicht möglich. Kant nennt es »eine windige, überfliegende, phantastische Denkungsart, sich mit einer freiwilligen Gutartigkeit des Gemüts, das weder Sporns noch Zügels bedürfe, für welches gar nicht einmal ein Gebot nötig sei, zu schmeicheln und darüber seine Schuldigkeit zu vergessen«. Es wäre das Verderben der menschlichen Sittlichkeit, sich auf das bloße Gefühl des Rechten zu verlassen. Kostbar sind zwar die guten Neigungen, die Kraft des Herzens, die schöne Seele. Aber auf sie ist erst Verlaß, wenn jene helle Verbindlichkeit sie trägt. Es ist eine Täuschung, sich auf das subjektive Gewissen, auf seinen Takt, seinen moralischen Sinn zu berufen. Berufen kann ich mich erst auf sie, wenn sie aus einem Vordenklichen in den Raum der Denkbarkeit getreten sind. Wir müssen uns zwar einlassen auf unseren »guten Stern« oder »die innere Stimme« im drängenden Augenblick. Oft sträubt sich gegen eine falsche Rationalität ein dunkles Gefühl des Rechten. Aber dann ist es Aufgabe, dieses Gefühl zum Sprechen, d. h. zum Verständnis zu bringen, darin es zu bestätigen und zu entflammen oder es als irrig aufzulösen.

Der Mensch als endliches Wesen kann nicht heilig sein. Nur für ein vollkommenes Wesen wäre das moralische Gesetz ein Gesetz der Heiligkeit, ohne Spaltung und ohne Kampf. Für jedes endliche vernünftige Wesen ist es ein Gesetz der Pflicht. Es ist schön, aus Liebe zu Menschen ihnen Gutes zu tun, oder aus Liebe zur Ordnung gerecht zu sein, aber das ist nicht genügend. Wir bedürfen dazu der moralischen Maxime unseres Verhaltens, die unserem Standpunkt, unter vernünftigen Wesen, als Menschen angemessen ist. Wir dürfen uns nicht anmaßen, uns mit stolzer Einbildung über den Gedanken von Pflicht wegzusetzen, und, als vom Gebote unabhängig, bloß aus eigener Lust das tun zu wollen, wozu für uns kein Gebot nötig wäre. »Pflicht und Schuldigkeit sind die Benennungen, die wir allein unseren Verhältnissen zum moralischen Gesetze geben müssen.«

Daher schreibt Kant die berühmten Worte: »Pflicht! du erhabener großer Name, der du nichts Beliebtes, was Einschmeichelung bei sich führt, in dir fassest, ... doch auch nicht drohest, ... sondern bloß ein Gesetz aufstellst, welches von selbst im Gemüte Eingang findet und doch sich selbst wider Willen Verehrung (wenngleich nicht immer Befolgung) erwirbt, vor dem alle Neigungen verstummen ... welches ist der deiner würdige Ursprung, und wo findet man die Wurzeln deiner edlen Abkunft ... von welcher Wurzel abzustammen die unnachläßliche Bedingung desjenigen Werts ist, den sich Menschen allein selbst geben können?«

Welches ist die Wurzel dieser edlen Abkunft? Kant sagt: Es ist das, was den Menschen über sich selbst (als einen Teil der Sinnenwelt) erhebt, was ihn an eine Ordnung der Dinge knüpft, die er nur denken kann. Es ist eine Ordnung, die die ganze Sinnenwelt und das Dasein des Menschen in der Zeit unter sich hat. Es ist die Unabhängigkeit von dem Mechanismus der ganzen Natur, doch so, daß diese Unabhängigkeit allein durch das der Vernunft eigene praktische Gesetz ist. Dadurch ist unser Dasein, sofern es zur Sinnenwelt gehört, dem Selbstsein unterworfen, das zur intelligiblen Welt gehört.

Vergeblich ist jede Ableitung aus einem andern. Kant verwirft die philosophischen Versuche, das Prinzip der Sittlichkeit zu begreifen, etwa aus der Erziehung (Montaigne), aus der bürgerlichen Verfassung (Mandeville), aus einer inneren Vollkommenheit (Stoiker), aus dem Willen Gottes als einem von außen kommenden (theologische Moralisten). Dagegen stellt er dieses eine: Die Autonomie der Vernunft gegen alle jene Prinzipien, die eine Heteronomie in sich schließen, – die »Idee der Würde eines vernünftigen Wesens, das keinem Gesetze gehorcht als dem, das es zugleich selbst gibt«.

Dieses Gesetz liegt in dem Willen selber, ist nicht gegeben, sondern hervorgebracht, nicht abgelesen, sondern getan. »Die Würde der Menschheit besteht in dieser Fähigkeit, allgemein gesetzgebend, obgleich mit der Bedingung, eben dieser Gesetzgebung zugleich selbst unterworfen zu sein.« Der kategorische Imperativ tritt dem Menschen nicht als fremdes Gebot gegenüber, dem er zu gehorchen hat, weil er ohnmächtig ist. Vielmehr ist es der Imperativ, den das Vernunftwesen sich selbst gibt als Vernunft überhaupt. Hier liegt der Punkt des Haltes der Vernunft durch sich selbst und zugleich durch mehr als sie.

Dieser Ursprung ist es, der im Menschen die Gefühle wirkt der Achtung vor dem eigenen Gesetz, der Ehrfurcht vor dem übersinnlichen Grunde und das Gefühl der Demütigung unserer sinnlichen Person unter ihn.

4. *Das Glück:* Durch den Ursprung, in dem verankert werden muß, was sittlichen Halt hat, hat Kant alle Vorstellungen von einem materiellen höchsten Gut, von einer leibhaftigen Seligkeit, von dem Glück in der Welt vom Thron ihrer Souveränität gestoßen. Kant stellt noch einmal die Frage so vieler Philosophen, was Glück sei.

»Glücklich zu sein ist notwendig das Verlangen jedes vernünftigen, aber endlichen Wesens und also ein unvermeidlicher Bestimmungsgrund seines Begehrungsvermögens«, so weiß Kant mit allen Moralisten. Da jedes endliche Wesen glücklich sein will, ist es sinnlos, diesen Willen zu fordern. Er ist da. Aber was ist dieses Glück? Der Begriff scheint klar: Glückseligkeit ist »die Befriedigung aller unserer Neigungen« der Mannigfaltigkeit, dem Grade, der Dauer nach. Sie ist »der Zustand eines vernünftigen Wesens in der Welt, dem es im Ganzen seiner Existenz alles nach Wunsch und Willen geht«. Aber es zeigt sich, daß dieser Begriff eine Unmöglichkeit trifft. Glückseligkeit, »obgleich jeder Mensch zu ihr zu gelangen wünscht«, ist doch von der Art, daß niemand »bestimmt und mit sich selbst einstimmig sagen kann, was er eigentlich wünsche und wolle«. Das hat folgende Gründe:

1. Alle Elemente des Glücks müssen erfahren werden. Erfahrung muß einen jeden durch sein Gefühl der Lust und Unlust lehren, worin er sein Glück zu setzen habe. Diese Erfahrung ist verschieden bei den Menschen und beim gleichen Menschen zu verschiedenen Zeiten und sie ist unabschließbar. Zugleich aber gehört »zur Idee des Glücks ein absolutes Ganzes, ein Maximum des Wohlbefindens in meinem gegenwärtigen und jedem zukünftigen Zustande«. Der Widerstand zwischen Unabschließbarkeit der Erfahrung und Idee der Vollendung des Glücks ist in der Zeit unaufhebbar.

2. Die Vorstellung eines Maximums des Glücks ist unmöglich. Denn die Summe des Glücks ist nicht zu schätzen, »weil nur gleichartige Empfindungen können in Summen gezogen werden, das Gefühl aber in dem sehr verwickelten Zustande des Lebens nach der Mannigfaltigkeit der Rührungen sehr verschieden ist«.

3. Die Natur des Menschen kann nirgendwo »im Besitze und Genuß aufhören und befriedigt werden«. Denn die Neigungen wechseln, wachsen mit ihrer Begünstigung und »lassen immer ein noch größeres Leeres übrig, als man auszufüllen gedacht hat«.

4. Das Glück ist nicht einfach Lust oder Unlust, sondern diese werden erst in der Reflexion darauf zum Glück und Unglück. Man ist glücklich oder elend nach Begriffen, die man sich von beidem macht. »Glück und Elend sind nicht empfunden, sondern auf bloßer Reflexion beruhende Zustände.« Der Mensch »entwirft die Idee eines Zustandes, und zwar auf so verschiedene Art durch seinen mit der Einbildungskraft und dem Sinn verwickelten Verstand, daß die Natur kein allgemein bestimmtes Gesetz annehmen könnte, um mit diesem schwankenden Begriff übereinzustimmen«.

Daher kann ein endliches Wesen, und sei es »das einsehendste und zugleich allvermögendste«, sich »unmöglich einen bestimmten Begriff von dem machen, was es hier eigentlich wolle«.

Das Ergebnis dieser Einsicht ist: die Glückseligkeit kann nicht Endzweck sein. Sie ist dies weder für unsere Erfahrung als faktischer Endzweck des Lebens in der Natur, noch kann sie für den Menschen als Vernunftwesen sein Endzweck sein. Vielmehr ist sie »die Materie aller seiner Zwecke auf Erden«. Wenn er aber diese Materie zu seinem ganzen Zwecke macht, so wird er »unfähig, seiner eigenen Existenz einen Endzweck zu setzen und dazu zusammenzustimmen«.

Aus dieser Situation der Vergeblichkeit des Glückswillens, der nicht erfahren und nicht wissen kann, was er eigentlich will, ist seit der Antike immer wieder der Gedanke der Sinnlosigkeit entsprungen. Bei jedem erreichten Glück die Enttäuschung: weiter nichts? Wir werden von unserer Natur zum Narren gehalten. Ein grenzenloser Drang kann unter der Peitsche des Begehrens nur seinen eigenen Widersinn erfahren. Kants Denken leugnet nicht die hier zugrundeliegende Erfahrung. Aber bei ihm ist der Wille, es solle eine Welt sein, begründet in dem Gedanken, der das Glück nicht verneint, sondern an ein anderes bindet. Die unendlich mannigfaltige und schwankende Welt des Glücks, an sich selbst bodenlos und ohne Endzweck, ist das Medium einer Verwirklichung, die unter anderer Bedingung und Führung steht als unter der Absolutheit eines leibhaftigen Glücks, in welcher Gestalt es sich auch zeige. Glück und Unglück erhalten Prägung und damit Transparenz dadurch, daß sie aufgenommen sind in einer anderen Ordnung, wo sie Boden und Sinn gewinnen.

Diese Ordnung aber durchschauen wir nicht. Daher bleibt für uns in der Zeit die Spaltung: Wir ringen um das Glück der Verwirklichung, aber stellen den Glückswillen unter die Bedingung des kategorischen Imperativs. Das Glück wird von Kant nicht verworfen, nicht verachtet, nicht für gleichgültig gehalten, sondern als Erfüllung der Verwirklichung bejaht. Aber das Glück in dieser Welt gibt in keiner seiner schwankenden Gestalten das letzte Maß. Es ist unter die Bedingung des ethischen Imperativs gestellt.

Da aber zudem das Glück in der Welt ohne Zusammenhang mit der durch sittliches Handeln erworbenen Würdigkeit verteilt ist, es nicht nur Guten gut und Bösen schlecht, sondern auch umgekehrt Guten schlecht und Bösen gut geht, so ist für Kant die Folge nicht Glückshaß und nicht Verzweiflung, sondern der Zeiger auf das Übersinnliche. Das höchste Gut wäre als Einstimmigkeit und Angemessenheit von Glückseligkeit und sittlichem Wert zu denken. Dies geschieht im Postulat der Unsterblichkeit, die, selber unvorstellbar und unbestimmbar, in einer Chiffer der Vollendung spricht.

5. *Die Kritik an Kants »Formalismus«:* Der Vorwurf des Formalismus sagt, Kant lehre nicht, was wir tun sollen, sondern gebe mit dem kategorischen Imperativ nur eine Formel. Dies gerade ist aber Kants ausdrückliche Absicht. Die Frage ist nur, ob die Formel wahr und wirksam sei.

Derselbe Vorwurf besagt, Kant verkenne die materialen Werte, aus deren Erfahrung die sittlichen Motive erst möglich werden, etwa in der aufsteigenden Rangordnung der sinnlichen Werte (angenehm und unangenehm), der vitalen (edel und gemein), der geistigen (schön und häßlich, recht und unrecht), und schließlich der Stufe des Heiligen oder Unheiligen. Kant verkenne, daß die sittlichen Werte keinen besonderen Bereich bilden, sondern nur in der Verwirklichung der anderen Werte beständen. Aber wenn so eine »materiale Wertethik« gegen Kant gesetzt wird (Scheler), so ist jener Ursprung, den Kant zum Sprechen gebracht hat, außer Sicht gekommen.

a) *Kants Lehre von Form und Material des Sittlichen:* Die konkrete Handlung ist materialerfüllt, der kategorische Imperativ ist formal. Der Inhalt des konkreten Sollens kommt nicht aus der Form des Unbedingten, sondern aus der Welt der Erscheinungen, aus dem Willen zum Glück, aus dem, was uns als ein Gut oder gar als höchstes Gut erscheint.

Das unbedingte Apriori meines sittlichen Tuns muß hell werden in der Erfahrung des Materialen meines empirischen Daseins. Der kategorische Imperativ ist leer, wenn er nicht in der Welt am Materialen seine Prüfungsfunktion vollzieht. Das moralisch Gültige ist in der Zeit nicht von vornherein in jedem Falle sicher und gewiß. Es setzt in der konkreten Situation das sachliche Wissen und die materiale Erfahrung voraus, um überhaupt an dem Leitfaden des Gesetzes der Gesetzlichkeit zur Klarheit kommen zu können.

Ein philosophischer Gedanke wie der vom kategorischen Imperativ muß nach seiner eigentümlichen Funktion aufgefaßt werden. Wird mehr von ihm verlangt, als er leisten kann und leisten will, ist er mißverstanden. Das Siegel, das der kategorische Imperativ auf die bestimmten Handlungen prägt, bedarf stets dieses Materials, das geprägt, bestätigt oder verworfen wird.

Aber rein und unbedingt bleibt der kategorische Imperativ gültig. Ihm wird nur genügt durch die Form der Gesetzlichkeit überhaupt. In der material unendlich vielfachen Welt unseres Handelns ist dies allein jenes Moment der vernünftigen Selbstgewißheit objektiv des Rechten, subjektiv des guten Willens. Hier liegt die unbedingte Zuverlässigkeit. Das Allgemeine als Einstimmung in der Zeitfolge (im Wesen des Lebens, im Sinne des Wollens, im Weltganzen als der Gemeinschaft der Geister) kann für uns im Denken nur verstanden werden als Gesetz.

b) *Die Frage nach dem Ursprung des Ethos:* Fragt man, ob das wahre Ethos – wie antikantische materiale Wertethik behauptet – nicht doch in der Erfüllung liegt, in dem, was vom Standpunkt des kategorischen Imperativs als das bloß Materiale alles umfaßt, die Lust des Augenblicks und die Liebe als Ewigkeit in der Zeit, so darf man kantisch antworten: Ja, aber unter der Bedingung des Siegels von jenem Ursprung her, der im kategorischen Imperativ Sprache gewonnen hat.

Fragen wir weiter: Sind die großen Entscheidungen, auch wenn sie unter der Bedingung des Siegels stattfinden, nicht zugleich die großen

Geschenke, die den Gehalt aller Sittlichkeit bringen? Hört hier nicht das formale Fragen und Bestätigen im Wesentlichen auf? Kann ich vielleicht verraten, was mir als das Ewige begegnet, ohne daß der kategorische Imperativ überhaupt zu Worte kommt oder eine Anwendbarkeit fände? Kann ich der Liebe ausweichen, ohne daß ein allgemeines Kriterium es mir bestätigt oder erlaubt? Könnte die tiefste Schuld dort liegen, wohin kein kategorischer Imperativ reicht? Dort, wo das Selbstwerden in der Geschichtlichkeit mich zu mir selbst erst bringt, indem der andere er selbst wird, wo Liebe nicht bloß ethisch, juristisch, praktisch ist, sondern aus tieferem Grunde sich bestätigt? Gibt es Verrat, der ethisch unfaßbar, aber metaphysisch wirklich ist? Ist, was hier seinen Ursprung hat, unerläßlicher Grund auch der materialen Wahrheit des Ethos, das im kategorischen Imperativ sich hell wird?

Wenn es so ist, dann bleibt die Wahrheit des kategorischen Imperativs doch unangetastet, unumgänglich, Ursprung der Vernünftigkeit, ohne die alles andere in Chaos und Verderben stürzt. Aber er wird nicht überbeansprucht, sondern in seiner reinen Form als Zeichen übersinnlich gegründeter Festigkeit bewahrt.

c) *Die allgemeine Form und der geschichtliche Gehalt:* Es ist eine oft stillschweigende Voraussetzung, es solle angegeben werden, was ein für allemal richtig zu tun sei, was ich jetzt und hier zu tun habe, um selber gut zu werden und mitzuwirken, daß in der Welt eine rechte Ordnung wirklich werde.

Kantisches Philosophieren, wo es mit Bewußtsein in der Helle der reinen Form sich bewegt, ist der Stachel, der auf dem Wege keine Ruhe läßt. Daß auf diesem Wege die Prüfung selber ein geschichtlicher Prozeß ist und unabschließbar, das ist von Kant nicht ausdrücklich ins Auge gefaßt. Wo er selber hineintritt in die systematische Aufstellung bestimmter sittlicher Grundsätze, da gibt er ein Beispiel für die geschichtliche Gestalt seines Denkens, entfernt sich vom Ursprung. Seine Beispiele verschleiern eher den Sinn der reinen Form des Unbedingten. Zwischen dem kategorischen Imperativ Kants und seinen konkreten sittlichen Forderungen liegt ein Sprung. Jener trifft einen ewigen Ursprung, diese sind zum guten Teil der Ausdruck eines zwar trefflichen, aber geschichtlich gebundenen Ethos des deutschen 18. Jahrhunderts.

d) *Gesinnungsethik, Erfolgsethik, Verantwortungsethik:* Die Kritik an der bloßen Form gewinnt eine neue Tiefe mit der Frage, was für Konsequenzen ein Ethos habe, das die Gesinnung als solche ohne Blick auf die Folgen des Tuns zum absoluten Motiv mache, also moralische

Gesetze aufstelle und ihnen folge, gleichgültig was dadurch in der Welt an Unheil angerichtet werde. Der Mensch, heißt es, sei nicht schon gut durch seine Gesinnung, sondern hafte für die Folgen seines Tuns. Gegen die Gesinnungsethik stehe eine Erfolgsethik. Die Gesinnungsethik sage etwa mit Storm: »Der eine fragt, was kommt danach? Der andere fragt nur: ist es recht? Und also unterscheidet sich der Freie von dem Knecht.« Man hört: tun, was recht ist und den Erfolg Gott anheimstellen, – oder: fiat justitia, pereat mundus. Dagegen kann man hinweisen auf das Unheil, das aus moralischer Gesinnung angerichtet werden kann für eine Seele in der realen Situation durch die blinde Einlinigkeit rationaler rigoroser Forderungen. Man zeigt die Erscheinung der Gewaltsamkeit, die mit offenbarer Lust am Fordern, Quälen, Herrschen moralisch beurteilt. Man kann Moralpathetiker schildern, die die niederträchtigsten Menschen sind, weil sie die Moral als Waffe im Kampf um amoralische Geltung und Macht benutzen. Ist Kant für die Simplizität der Unterscheidung von Gesinnungsethik und Erfolgsethik in Anspruch zu nehmen?

Es gibt Kantische Sätze von äußerster Schärfe. Die moralischen Gesetze »gebieten schlechthin, es mag auch der Erfolg derselben sein, welcher er wolle, ja sie nötigen sogar, davon gänzlich zu abstrahieren, wenn es auf eine besondere Handlung ankommt«. Was brauchen die Menschen »den Ausgang ihres moralischen Tuns und Lassens zu wissen, den der Weltlauf herbeiführen wird? Für sie ist's genug, daß sie ihre Pflicht tun.« – Kant betont: »Was Pflicht sei, bietet sich jedermann von selbst dar, was aber wahren dauerhaften Vorteil bringe, ist allemal, wenn dieser auf das ganze Dasein erstreckt werden soll, in undurchdringliches Dunkel eingehüllt und erfordert viel Klugheit.« – »Treue im Versprechen, Wohlwollen aus Grundsätzen (nicht aus Instinkt) haben einen inneren Wert. Ihr Wert besteht nicht in Wirkungen, die daraus entspringen, im Vorteil und Nutzen, die sie schaffen, sondern in den Gesinnungen.«

Und Kant hat sogar in einer kleinen Schrift dargelegt, daß Lügen unter keinen Umständen erlaubt sei (»Über ein vermeintes Recht, aus Menschenliebe zu lügen«). Nehmen wir dieses Beispiel der Lüge. Darf ich auf der Jagd gegen Raubtiere listig, betrügerisch sein, die Bestien täuschen und in Fallen locken, zu ihrem Schaden und meinem Nutzen? Kant würde bejahen, denn Tiere sind keine Vernunftwesen. Wie aber, wenn der andere Mensch, der im Besitz aller Gewalt ist, verbrecherisch mich oder geliebte Menschen vernichten will? Wenn er nicht nur die totale Gewalt hat, sondern dazu selber noch lügt? Wenn ich selber völlig ohnmächtig bin?

Kant sagt, daß das System der sich selbst lohnenden Moralität in einer Gemeinschaft auf der Bedingung beruht, daß jedermann tue, was er soll, daß aber die Verbindlichkeit aus dem moralischen Gesetze gültig bleibt, wenngleich andere sich diesem Gesetze nicht gemäß verhalten. Das gilt für Vernunftwesen. Darf man nicht fragen, wo es aufhört, den einzelnen Menschen als Vernunftwesen zu behandeln, weil die Gegenseitigkeit bis auf den letzten Rest aufgehoben ist? Ist ein Verhalten wie gegen wilde Bestien Menschen gegenüber erlaubt, die in Vollgewalt terroristischer Macht oder als deren Vertreter und Nutznießer handeln? Ist gegen sie die Waffe der List, des Versteckens, der Vortäuschung, der Lüge nicht nur erlaubt, sondern durch den kategorischen Imperativ selber gefordert? Sind Menschen als Menschen und Vernunftwesen anzusehen schon und nur darum, weil sie biologisch zur Gattung Mensch gehören und rational denken können? Wird nicht der kategorische Imperativ gelähmt, wenn er, statt selber zu sprechen, untergeschoben wird abstrakten Verboten wie »niemals lügen« und: jeder zoologisch zur Gattung gehörige »Mensch« ist Vernunftwesen und als Vernunftwesen zu behandeln, auch bei Gefahr oder Gewißheit der Folge des eignen Untergangs oder des Untergangs geliebter Menschen?

Die äußerste Grenze, den Menschen nicht mehr als Menschen zu behandeln, ist nur erreicht, wo er im Besitze gesetzloser Gewalt gegen mich ist. Aber wo ist die Grenze des Mangels an Gegenseitigkeit, an der nur juristische (oder nicht einmal diese), nicht mehr moralische Verpflichtungen zwischen Vernunftwesen gelten? Ist die volle Offenheit, die grenzenlose Geduld, das unausgesetzte Versuchen, das Verhalten uneingeschränkter Vernunftbereitschaft gebunden an die Voraussetzung der eigenen Kraft, an begünstigende Situationen, ohne die solche Offenheit des Gesamtverhaltens zu einer Form der schuldhaften Selbstvernichtung würde?

Man darf fragen: Ist wirklich die Pflicht in jedem Augenblick so klar, so eindeutig, wie Kant es mit Recht für die meisten Fälle voraussetzt? Ist der kategorische Imperativ nicht nur als Mittel der Prüfung und als Leitfaden zu dem Punkt des schlechthin Unbedingten gültig, sondern sollen auch schon die vielen konkreten Vorschriften und Verbote des sittlichen Lebens in ihrer rationalen Eindeutigkeit und Rigorosität gelten, als ob sie selbst der kategorische Imperativ seien?

Das sittliche Handeln ist nicht loslösbar von dem Material unseres Lebens in der Welt. Jedesmal wird in der Welt etwas getan und bewirkt. Der kategorische Imperativ entlehnt seine Unbedingtheit nicht aus der Erfahrung, aber er kann sie zur Geltung kommen lassen nur in der Erfahrung, die durch ihn geprüft wird. Das Gesetz kann nur angewandt werden im Blick auf die Welt. Die Folgen – nicht der Erfolg im Sinne von Vorteil und Nutzen – gehören zum Material, in dem der kategorische Imperativ das Rechte zu suchen hilft. Die wunderbare Unerbittlichkeit jenes Ursprungs der sittlichen Vernunft zu verwechseln mit der rationalen Rigorosität bestimmt formulierbarer Gebote und Verbote verdirbt jenen Ursprung selber, den Kant zum Bewußtsein gebracht hat. Kant meint jenen Ursprung, wenn er – vielleicht irrend – im besonderen von bestimmten sittlichen Gesetzen redet.

Darum gilt nicht der Gegensatz von Gesinnungsethik und Erfolgsethik. Die Gesinnungsethik selber fordert, im konkreten Handeln an die Folgen am Leitfaden des kategorischen Imperativs zu denken. Das Wahre ist ein Drittes, das Kant, der es offenbar meint, nicht ausdrücklich, Max Weber in Klarheit als »Verantwortungsethik« ausgesprochen hat.

Die Gesinnungsethik würde unsittlich, wenn sie verantwortungslos aus Abstraktionen eines vermeintlichen Guten, Richtigen, Heiligen die Absolutheit in deren einliniger Befolgung sieht. Sie ist dann auch psychologisch an der Einmischung unreiner Motive alsbald in ihrer Falschheit erkennbar.

Verantwortungsethik ist die wahre Gesinnungsethik, die ihren Weg in der Welt sucht, weder am bloßen Maßstab des Erfolges noch an dem bloß rationalen Grundsatz einer Gesinnung, sondern im offenen Raum der Möglichkeiten, gebunden an das Unbedingte, das sich nur durch Form des Gedankens im Handeln, nicht durch einen materialen Inhalt kundgibt.

6. *Die Freiheit:* Im sittlichen Tun wird *Freiheit vorausgesetzt.* Gibt es Freiheit?

»Es gibt keine Freiheit«, so lehrt die Erforschung der Natur und aller Realität. Denn nur soweit die Dinge unter der Notwendigkeit einer Naturgesetzlichkeit stehen, sind sie erkennbar. Daher bestätigt jede Erkenntnis die Voraussetzung.

»Es gibt Freiheit«, so lehrt dagegen das Faktum des Sollens. Ich kann mich nicht der Stimme entziehen, die in mir fordert, indem ich selbst mir sage, was recht und unrecht ist. Der kategorische Imperativ spricht das Prinzip dieser Einsicht der Vernunft in sich selber aus. Wenn ich soll, muß ich auch können. Also gibt es Freiheit.

Das Wissen um den unverbrüchlichen Lauf der Naturdinge und das

Bewußtsein der Verantwortung scheinen sich gegenseitig auszuschließen. Entweder hat die Natur keinen unausweichlichen Kausalzusammenhang: er wird durchbrochen durch Freiheitsakte. Oder Verantwortung ist eine Täuschung, Freiheit ein Schein. Dieser Schein ist nur als ein Phänomen innerhalb der Naturgesetzlichkeit nach Herkunft psychologisch zu erforschen. Diese alte Frage, daß das Naturerkennen nicht rechtfertigen kann, was das Freiheitsbewußtsein bezeugt, hat Kant tief bewegt.

Zur Lösung wurde ihm die Einsicht in den Erscheinungscharakter unseres Daseins. Die Kategorien haben als Grundsätze (wie die Notwendigkeit alles Geschehens unter dem Kausalgesetz) objektive Bedeutung im Raum möglicher Erfahrung. Diesen Raum durchdringen sie restlos. Es kann mir nichts gegenständlich erkennbar vorkommen außer in ihren Notwendigkeiten. Daß aber alles, was ich erkenne, Erscheinung ist, wird bewußt durch den Grenzbegriff, der selber keinen Gegenstand trifft, unter dem Namen des Ding an sich, des Noumenon, des Intelligiblen. Dies Unerkennbare aber ist gegenwärtig in unserer Freiheit. Freiheit gibt es in der Tat nicht, wenn ich sie gegenständlich, psychologisch, als einen erforschbaren Vorgang finden will. Soweit Forschung reicht, kommt Freiheit nicht vor. Freiheit ist nicht als Geschehen für das Erkennen da, sondern als Wirklichkeit durch meine Tat.

Das Gewebe der Kantischen Begriffe im Erdenken der Freiheit ergreift dieses Einfache. Durch sie wird es heller zum Bewußtsein gebracht. Dieses Gewebe wollen wir in einigen seiner Muster vergegenwärtigen.

a) *Die Lösung der Antinomie von Notwendigkeit und Freiheit:* Wir hörten von der Antinomie: jede Ursache hat weitere Ursachen ins Unendliche, und alles steht unter der Notwendigkeit der Kausalität; und dagegen: es gibt eine erste Ursache, die eine Reihe von vorn anfängt, d. h. es gibt Freiheit. Der erste Satz gilt für die Forschung in der Erscheinungswelt. Der zweite Satz dagegen hat Sinn nicht als These von einem Anfang der Reihe im Naturprozeß, sondern gleichsam quer zur Reihe.

Dieser Anfang, den wir, weil wir in unserem Handeln unter einem Sollen stehen, für die Möglichkeit dieses Handelns voraussetzen, steht »unter keinen Zeitbedingungen«. Freie Handlungen haben keinen zeitlichen Ursprung, sondern einen zeitlosen Vernunftursprung. Was ewig ist, wird in der Erscheinung der Zeit entschieden. »Das, was in der Erscheinung eines vernünftigen Wesens nur relativ anfängt, und der Zeit nach etwas anderes voraussetzt, hat in dem Dasein als Intelligenz seinen Grund in dem, was nicht anfängt, und der Zeit nach keinem vorhergehenden Zustand subordiniert ist.« Wo das, was ist, unter keinen Zeitbedingungen steht, da »geschieht nichts«, gibt es »keine Veränderung«, fängt nichts an. Erst in der Erscheinung fängt an, was in ihm selbst nicht anfängt.

Wie aber sind Freiheit und Dasein der Erscheinung zusammen zu denken? Wie verhalten sie sich zu einander? Der Gedanke verwickelt sich in Widersprüchlichkeiten, weil der intelligible Grund der Erscheinung (die in diesem Falle wir selbst sind) grundsätzlich nicht gegenständlich denkbar ist, also im Gedachtsein in jenes logische Scheitern gerät, das wir früher erörterten. Hier muß statt einer Analyse ein kurzer Hinweis genügen:

Die rational einfache Form der Lösung des Problems durch die Lehre von zwei Kausalitäten läßt sich zwar schnell erfassen, aber um den Preis, die Gegenständlichkeit einer zweiten Welt zu denken. Die Lehre lautet: Der Satz, eine jede Wirkung in der Welt müsse entweder aus Natur oder aus Freiheit entspringen, ist keine richtige Alternative. Vielmehr »kann beides in verschiedener Beziehung bei einer und derselben Begebenheit zugleich stattfinden«. Die Wirkung kann in Ansehung ihrer intelligiblen Ursache als frei und doch zugleich in Ansehung der Erscheinungen als notwendig durch den Gang der Natur angesehen werden. Die Kausalität der Wesen läßt sich »auf zwei Seiten« betrachten »als intelligibel als eines Dinges an sich selbst, und als sensibel als Erscheinung in der Sinnenwelt«. Daher werden Freiheit und Natur bei ebendenselben Handlungen zugleich angetroffen. Es wird also bei Kant mit der gleichen Kategorie von intelligibler und von empirischer »Kausalität« gesprochen.

Anders als in der Form von zwei parallelen Seiten desselben sieht das Problem aus, wenn die Wirkung des Intelligiblen auf die Erscheinung gedacht wird. Freiheit fängt in der Erscheinung eine Kausalreihe an, aber so, daß die Erscheinung, die aus früheren Zuständen hervorgeht vermöge Naturkausalität, doch aus dem Intelligiblen bewirkt wird durch Freiheitskausalität. Diese Wirkung des Zeitlosen im Zeitlichen – gedacht durch die Übertragung der Kausalkategorie über den Bereich der Erscheinungen hinaus – bedeutet: Im Intelligiblen selber ist keine Freiheit, sondern die Notwendigkeit der Vernunft. Erst in der Beziehung des zeitlos Intelligiblen auf das zeitlich Erscheinende ist Freiheit. »Zwischen Natur und Intelligiblem ein Drittes, die Freiheit.« »Die Idee der Freiheit findet lediglich in dem Verhältnis des Intellektuellen als Ursache zur Erscheinung als Wirkung statt.« Weder die Natur hat Freiheit, noch »können wir für reine Verstandeswesen, z. B. Gott, sofern seine Handlung immanent ist, einen Begriff der Freiheit angemessen finden«.

Dem entspricht ein Gedanke, mit dem Kant nur die Willkür, nicht den Willen frei nennt. »Der Wille, der auf nichts anderes als bloß aufs Gesetz geht, kann weder frei noch unfrei genannt werden.« Freiheit liegt dann nur in der Willkür, die recht oder unrecht entscheiden kann, nicht in der intelligiblen

Freiheit des Willens, für den es keine Wahl gibt, weil er den notwendigen Sollensgesetzen zeitlos zugehört. Die Freiheit kann nimmermehr darin gesetzt werden, daß das vernünftige Subjekt auch eine wider seine (gesetzgebende) Vernunft streitende Wahl treffen kann. »Die Möglichkeit, von dieser der inneren Gesetzgebung abzuweichen, ist eigentlich ein Unvermögen.«

Den Ursprung, der selber zeitlos ist, nennt Kant intelligiblen Charakter. Er ist die »Ursache meiner Handlungen als Erscheinungen«, aber nicht selbst Erscheinung, nicht kausal bedingt, sondern frei. Im intelligiblen Charakter »würde keine Handlung entstehen oder vergehen«. Kant meint aber nun, der empirische Charakter sei dem intelligiblen gemäß zu denken. Da ist mit einem Male von einer vielfachen Wirklichkeit intelligibler Charaktere die Rede – vorübergehend, der Ansatz einer unkantischen Metaphysik –, nicht mehr nur von dem intelligiblen Reich des Ursprungs der Freiheit in der unbestimmten Form des Grenzbegriffs. Schopenhauer griff hier eifrig zu und sagte: wir nehmen in unserem Handeln mit Schrecken oder Entzücken wahr, was wir ewig sind und was wir nicht mehr ändern können. Kant denkt in der Tat gar nicht so. Vielmehr ist jedes Vernunftwesen für ihn in jedem Augenblick fähig, von vorn anzufangen, trotz der Reihe der kausal überwältigend bestimmenden vorhergehenden Zustände. Es kann sich jederzeit zeigen, daß mein ewiges Sein ganz anders ist, als es sich bis dahin kundzugeben schien. Ist es überhaupt? Dieses Sein hat bei Kant einen völlig anderen Sinn als den des Realseins der Erscheinung. Ist es vielleicht an sich im Grunde der Vernunft vollendet und nur in der Erscheinung verschüttet? Kant geht kaum den Weg solcher Ausdrucksweisen. Mehr als zum Denken des übersinnlichen Ursprungs im Sinne Kants unerläßlich erforderlich ist, würde hier der vergegenständlichende metaphysische Weg beschritten, der so schnell zu Illusionen führt.

Schließlich aber spricht Kant es aus, daß unser Verstand schlechthin nicht zusammen denken kann, was für ihn radikal gespalten ist, intelligible Freiheit und erscheinende Notwendigkeit. Nur der intellectus archetypus, der anschauende göttliche Verstand vermöchte es.

So sind für uns jene paradoxen Wendungen möglich: Dasselbe sei in der Welt der Erscheinungen kausal verursacht, was als intelligibler Akt frei ist. Paradox darum, weil der Widerspruch in der Aussage entstehen muß, wie jedesmal, wenn wir denkend das gegenständlich Denkbare überschreiten.

Diesem Widerspruch gemäß erklären wir »vergangene freie Handlungen nach den Gesetzen der Natur des Menschen, aber wir erkennen sie nicht dadurch als bestimmt, sonst würden wir nicht verlangen, daß sie anders hätten geschehen sollen und müssen«.

Wenn nach Kant ohne Widerspruch faßbar sein soll, daß »alles unter einer Regel steht, entweder der Notwendigkeit oder der Freiheit«, entweder des Naturgesetzes, nach dem alles geschieht, oder des Sollensgesetzes, nach dem das Handeln geschehen sollte, aber zumeist nicht geschieht, so ist der radikale Unterschied im Gesetzesgedanken nicht zu übersehen. Vielleicht ist dem Menschen in der historischen Entwicklung seines Denkens zuerst das Sollensgesetz bewußt geworden. Jetzt ist umgekehrt das Naturgesetz nur ein »Typus«, um von dem Freiheitsgesetz zu sprechen.

Die Unerläßlichkeit der Erhellung der Freiheit auf dem Wege über gegenständliche Kategorien darf nicht dazu führen, daß ich mich in dem gewählten Leitfaden des erhellenden Gedankens verfange. Ich kann das Sein der Freiheit nicht im Wissen besitzen; hätte ich die Freiheit so, dann würde ich versäumen, sie durch die Tat zu verwirklichen. Ich kann auch nicht wissen, daß keine Freiheit ist; dächte ich es, so würde ich dadurch, daß ich sie verleugne, der Freiheit verlustig gehen. Die Bewegung des Gedankens, die im Infragestellen ergreift, das Ergriffene wieder in Frage stellt, ist die Form der philosophischen Vergewisserung der Freiheit.

b) *Die Freiheit ist nicht erfahrbar:* Können wir Freiheit »erfahren«? Ist sie durch eine Weise von Erfahrung gewiß? Es gibt, wenn eine Erfahrung, so nur die Erfahrung des Sollens, das Hören der Vernunft im Unbedingten des kategorischen Imperativs. Auch diese Erfahrung nennt Kant nur »gleichsam ein Faktum«. Freiheit selbst aber ist nicht erfahrbar, sondern nur vorauszusetzen. Der Begriff der Freiheit ist »für die theoretische Philosophie transzendent«, weil ihm »kein angemessenes Beispiel in irgendeiner Erfahrung gegeben werden kann«. Aber die Wirklichkeit der Freiheit ist Kant durch praktische Grundsätze in deren Gebrauch gewiß. »Es gibt etwas in der menschlichen Vernunft, was uns durch keine Erfahrung bekannt werden kann und doch seine Realität und Wahrheit in Wirkungen beweist, die in der Erfahrung dargestellt werden.« Wenn ich soll, muß ich können. Wenn die sittlichen Forderungen Sinn haben, muß es die Freiheit geben, sie zu erfüllen. In Anerkennung des Gesetzes bin ich mir der Voraussetzung des Gesetzes gewiß. Damit ist die Freiheit nicht durch theoretische Erfahrung bewiesen. »Denn wenn die Vernunft praktisch ist, so beweiset sie ihre und ihrer Begriffe Realität durch die Tat, und alles Vernünfteln wider die Möglichkeit, es zu sein, ist vergeblich.«

Wir haben von uns im inneren Sinn psychologische Anschauung. Auch in dieser kommt Freiheit nicht vor. Was ich als Erlebnis beobachten kann, ist Erscheinung. Daß wir keine Anschauung dessen haben, was wir an uns selber – als Freiheit – sind, macht eine Erforschung derselben unmöglich. Nur in einer späten Nachlaßstelle hat Kant eine andere Formulierung gebraucht: »Die Wirklichkeit der Freiheit können wir nicht aus der Erfahrung schließen. Aber wir haben doch nur einen Begriff von ihr durch unser intellektuelles inneres Anschauen (nicht den inneren Sinn) unserer Tätigkeit.« Kant steigert hier das unmittelbare Bewußtsein zur intellektuellen Anschauung, aber es ist dem Sinne nach dasselbe, was er in der »Grundlegung« schrieb: daß der Mensch »in Ansehung dessen, was in ihm reine Tätigkeit sein mag (dessen, was gar nicht durch Affizierung des Sinns, sondern unmittelbar zum Bewußtsein gelangt), sich zur intellektuellen Welt zählen muß, die er doch nicht weiter kennt«.

Die Erfüllung der Kausalitätskategorie kann, wenn von Freiheitskausalität die Rede ist, nicht durch Anschauung erfolgen, sondern nur durch Tun. Dieses Tun aber ist nicht anschaubar für eine Erkenntnis, denn es steht nicht unter Zeitbedingungen. Kants Gedanke lehrt uns, unserer selbst im Ernst bewußt zu werden. Er führt an die Grenze des Zeitlichen zum zeitlosen Sein, ohne uns in es eintreten zu lassen, außer durch die Praxis des Sittlichen.

c) *Nur für die Einsicht in die Erscheinungshaftigkeit allen erkennbaren Daseins ist Freiheit zu retten:* Die Lehre von der Erscheinungshaftigkeit des erkennbaren und erfahrbaren Daseins ist für Kant das Mittel, die Leugnung der Freiheit zu verwehren. »Sind Erscheinungen Dinge an sich selbst, so ist Freiheit nicht zu retten.« Denn dann ist »Natur die vollständige Ursache jeder Begebenheit«. Die Aufhebung der »transzendentalen Freiheit«, wie sie durch Scheidung von Sein an sich und Erscheinung zur Lösung der Antinomie gedacht wurde, würde »zugleich alle praktische Freiheit vertilgen«. Kant prägt immer wieder ein, »daß, da der durchgängige Zusammenhang aller Erscheinungen, in einem Kontext der Natur, ein unnachlässiges Gesetz ist, dieses alle Freiheit notwendig umstürzen müßte, wenn man der Realität der Erscheinungen hartnäckig anhängen wollte«.

Daher kann Kant von den beiden »cardines« (Angeln) der kritischen Philosophie reden: Raum und Zeit gehören nicht zur Beschaffenheit der Dinge an sich, sondern a priori zu der Sinnlichkeit des Subjekts; Freiheit, keineswegs unmittelbar durch den inneren Sinn bewußt, wird durch den Pflichtbegriff erwiesen. Durch Pflicht und Freiheit wird der Mensch sich gewiß, »nicht wie er erscheint, sondern wie er an sich ist«.

»Es sind natürlich zwei Angeln, um welche die kritische Philosophie sich dreht: erstlich die Lehre von der Idealität des Raumes und der Zeit, welche in Ansehung der theoretischen Prinzipien aufs Übersinnliche, aber für uns Unerkennbare bloß hinweist, indessen daß sie auf ihrem Wege zu diesem Ziel, wo sie es mit der Erkenntnis a priori der Gegenstände der Sinne zu tun hat, theoretisch-dogmatisch ist;

zweitens die Lehre von der Realität des Freiheitsbegriffs als Begriffes eines erkennbaren Übersinnlichen, wobei die Metaphysik doch nur praktisch-dogmatisch ist.

Beide Angeln aber sind gleichsam in dem Pfosten des Vernunftbegriffs von dem Unbedingten in der Totalität aller einander untergeordneten Bedingungen eingesenkt, wo der Schein weggeschafft werden soll, der eine Antinomie der reinen Vernunft durch Verwechslung der Erscheinungen mit den Dingen an sich selbst bewirkt und in dieser Dialektik selbst Anleitung zum Übergang vom Sinnlichen zum Übersinnlichen enthält.«

In der Freiheit liegt der Punkt, wo das Übersinnliche gegenwärtig in dieser Welt ist, wo wir es gleichsam mit Händen greifen können und doch nie als ein Etwas in der Welt erkennen. Hier ist »die herrliche Eröffnung, die uns durch reine praktische Vernunft vermittelst des moralischen Gesetzes widerfährt, nämlich die Eröffnung einer intelligiblen Welt«. Allein der Begriff der Freiheit verstattet uns, daß wir nicht außer uns hinauszugehen brauchen, um das Unbedingte und Übersinnliche zu dem Bedingten und Sinnlichen zu finden. Denn es ist unsere Vernunft selber, die sich durchs unbedingte praktische Gesetz als zur übersinnlichen Welt gehörig erkennt.

Wo immer über diese Gedanken gestritten wird, können die Partner nur im Gegenständlichen sprechen. Ob wir uns verstehen, hängt davon ab, wie wir im Gegenständlichen den transzendierenden Gedanken vollziehen oder am Gegenständlichen stranden, an irgendeinem Ding an sich, das nicht mehr Grenzbegriff, sondern nur noch ein Ding ist.

Im Verständnis von Kants Erdenken der Freiheit ist der entscheidende Unterschied in der Haltung dieser: ob ich mit Kant, im Transzendieren über alles Gegenständliche, mich vergewissere in einem Seinsbewußtsein, dessen Grund in der Freiheit liegt, – oder ob ich wieder ein Sein an sich, ein Gegenstandsein an sich, eine Wirklichkeit an sich zu wissen behaupte und in solchem Denken die Freiheit verliere.

d) *Falsche Weisen, die Freiheit begreiflich zu machen:* So geschieht immer wieder eine Erleichterung durch Gestalten eines falschen Wissens, wenn ich Kants Gedanken, statt sie auf der Ebene transzendierenden Philosophierens mit paradoxer Widersprüchlichkeit zu halten, scheinbar begreiflich mache im immanenten Wissen. Wir dürfen redlicherweise uns nicht aus der Widersprüchlichkeit der unerläßlichen Ausdrucksweise herausreden durch Gedanken wie folgende:

1. Die Freiheit wird fälschlich gedacht als Möglichkeit durch Lücken in der Naturkausalität. Denn für alles, was uns als erkennbare Erscheinung vorkommen kann, gelten lückenlos die Naturgesetze, die wir unabschließbar immer weiter eindringend erkennen. Aber wir irren, wenn wir die Voraussetzung (welche sich ständig durch das Erkennen selbst bestätigt), daß alles Erkennbare lückenlos unter Naturgesetzen stehe, verabsolutieren zu der Behauptung: Alles, was wirklich ist, ist Natur und als solche erkennbar. Vielmehr ist das Grundfaktum, daß wir durch unsere Gegenwärtigkeit als er-

kennende und handelnde Vernunftwesen mehr sind als alles Erkennbare. Wir sind wirklich als etwas, das nie Gegenstand psychologischer oder naturwissenschaftlicher Erkenntnis werden kann, obgleich die Erscheinung unserer Wirklichkeit ins Unabsehbare psychologisch erforschbar bleibt.

2. Die Freiheit wird fälschlich gedacht als ein Naturgeschehen eigener Art. Man spricht von Zufall und Willkür als einem im einzelnen nicht voraussehbaren Element des Geschehens. Von Epikur, der seinen Gedanken von der zufälligen Abweichung von Atomen aus ihrer gradlinigen Bewegung mit der Willensfreiheit in Zusammenhang brachte, bis zu den modernen Vorstellungen von einem unvoraussagbaren, nur statistisch zu fassenden Springen im Atomaren, das Freiheit genannt wird, hat man eine Befriedigung darin gefunden, die Freiheit objektiv zu retten. Aber das, wovon hier die Rede ist, hat mit Freiheit nichts zu tun. Zufall oder Willkür als Grenze der Naturerkenntnis treffen nicht Freiheit, sondern ein Element der Erscheinungswelt. Auch hier ist in der Fesselung an ein Objekt die Freiheit verloren.

3. Das Übersinnliche wird fälschlich als eine Unzahl individueller intelligibler Charaktere der Freiheit und dagegen als ein bloß allgemeines Gehorchen gegenüber dem einen gültigen Vernunftgesetz gedacht. In beiden Fällen geht die Wirklichkeit der Freiheit verloren, einmal an eine dinghafte Realität eines vielfachen Übersinnlichen, das andere Mal an ein unwirkliches, bloßes »Gelten«.

4. Der Sinn der Freiheit wird noch nicht getroffen dadurch, daß ich vorausnehmend in die Zukunft greife, sie entwerfe und bewirke, als ob sie die Ewigkeit bringe, auch nicht dadurch, daß ich in die Vergangenheit blicke und sie als die bleibende, gleichsam ewige Wirklichkeit denke. In beiden Fällen ist die Zeit nicht überwunden zur Wirklichkeit der Freiheit hin, sondern diese wieder hineingenommen in eine fälschlich absolute Wirklichkeit der Zeit. Die wirkliche Freiheit liegt quer zur Gesamtheit dieser Zeitlichkeit, die im Gegenwärtigen Vergangenheit und Zukunft eint.

e) *Die Vieldimensionalität der Freiheit:* Kants Philosophie der Freiheit entfaltet sich gedanklich in Strahlen von einer Mitte her. In der »transzendentalen Freiheit« wird diese Mitte als bloße Möglichkeit in widerspruchsloser Denkbarkeit gezeigt, und dadurch der Raum offen, in dem die Flamme der Freiheit sich entzünden kann. Diese Freiheit leuchtet gleichsam in verschiedenen Dimensionen:

Schon in der Spontaneität des Verstandes liegt Freiheit: »Freiheit ist eigentlich nur die Selbsttätigkeit, deren man sich bewußt ist. Der Ausdruck ›ich denke‹ zeigt schon an, daß ich in Ansehung der Vorstellung nicht leidend bin, daß sie mir zuzuschreiben sei.« Darum heißt das »Selbstbewußtsein a priori« schon Freiheit.

Obgleich der Verstand Selbsttätigkeit ist, ist er doch an die sinnlichen Vorstellungen gebunden. Die Vernunft hingegen zeigt unter dem Namen der Ideen eine so reine Spontaneität, daß sie über alles, was Sinnlichkeit liefern kann, hinausgeht. Sie erst vermag Sinnenwelt und intelligible Welt zu unterscheiden und dadurch »dem Verstande selbst seine Schranken vorzuzeichnen«.

Freiheit hat ihren entscheidenden Platz im sittlichen Handeln, der Wahl unter Führung des Sollens in der Verwirklichung.

Freiheit nimmt schließlich im »freien Spiel« des Schauens des Schönen die Vollendung vorweg.

c) *Das Schauen des Schönen*

Das Schauen des Schönen, von Kant »Geschmacksurteil« genannt, erfüllt mit einer Lust, die, als ein bewegter Zustand der Seele, im Verweilen sich vertieft und steigert.

1. *Geschmacksurteil und logisches Urteil:* Das Geschmacksurteil ist, verglichen mit dem logischen Urteil, immer einzelnes Urteil, nicht allgemeines. Sein Prädikat ist nicht ein Begriff, sondern das Gefühl der Lust und Unlust. Man kann es nicht begründen, sondern muß es selber versuchen. Wenn jemand beweisen will, warum ein Gedicht, eine Malerei schön sei, »halte ich mir die Ohren zu«.

Das Geschmacksurteil ist »ohne Interesse« an der Realität des Gegenstandes. Dadurch unterscheidet es sich von der Lust des Angenehmen und von der Billigung des Guten. Unabhängig von sinnlichem Reiz und von ethischer Befriedigung nimmt das Geschmacksurteil sein Objekt nur als Anlaß der freien Bewegung eines Wohlgefallens.

Aber dieses Objekt ist als Gegenstand eines allgemeinen Wohlgefallens vorgestellt. Es mutet jedem zu, seine Schönheit als gültig zu erfahren, aber so, daß sich die allgemeine Regel, für die es ein Beispiel wäre, nicht angeben läßt. In ihm liegt eine »Gesetzmäßigkeit ohne Gesetz«, die sich nur im einzelnen Urteil, d. h. im es selber versuchenden Geschmacksurteil erfahren läßt. Diese Allgemeingültigkeit ist also ursprünglich verschieden vom logischen Erkenntnisurteil.

Der schöne Gegenstand wird wahrgenommen in der Form der Zweckmäßigkeit ohne Vorstellung eines Zweckes. Stelle ich mir die Vollkommenheit eines Gegenstandes als seine Angemessenheit für einen Zweck vor, so ist diese Vollkommenheit nicht Schönheit, und Schönheit ist nicht eine dunkel und verworren wahrgenommene Vollkommenheit. In der Schönheit ist eine helle Wahrheit vor Augen, aber gar keine Erkenntnis eines Objekts.

2. *Freies Spiel der Erkenntniskräfte:* Kant fragt sich, was die Allgemeingültigkeit einer Lust bedeutet. Sie ist ein freies Spiel aller Erkenntniskräfte, der Einbildungskraft und des Verstandes. Im Zusammenspiel der Erkenntnisvermögen findet ihre Einhelligkeit statt, indem kein bestimmter Begriff die Einbildungskraft auf eine Erkenntnisregel

einschränkt und doch die Einbildungskraft nicht regellos ist. Sie ist die Einheit von Freiheit und Gesetz.

Diese Freiheit ist von der moralischen Freiheit und von dem Freiheitsbegriff der theoretischen Spekulation unterschieden. Während diese beiden sich auf reale und bestimmte Kausalität beziehen, ist die ästhetische spielende Freiheit die vollkommenste, weil ungebunden durch Interesse und Realität. In ihrer Unendlichkeit ist sie die Gegenwärtigkeit des ganzen Seins. Die Unerschöpflichkeit aus dem Grunde des Seins wird in der Leibhaftigkeit dieses Gegenstandes fühlbar. Daher ist sie sogleich verloren, wenn ein bestimmtes, durchschaubares Gesetz das Spiel des Schauens lenkt, etwa ein wenn auch noch so verwickeltes mathematisches Gesetz. Die Unbestimmtheit und Unbestimmbarkeit, die Unendlichkeit des Zusammenspiels machen das Wesen dieser Freiheit aus.

3. *Die Gültigkeit des Geschmacksurteils:* Wenn das Geschmacksurteil Geltung für jedermann haben soll, so ist das nur möglich, wenn etwas in allen Menschen als Vernunftwesen, die als Sinnenwesen das Schöne schauen, gemeinsam ist. Dieses Gemeinsame nennt Kant den Gemeinsinn. Er ist »die Wirkung aus dem freien Spiel unserer Erkenntniskräfte«, »die Stimmung der Erkenntniskräfte zu einer Erkenntnis überhaupt«.

4. *Die Übersinnlichkeit im Geschmacksurteil:* Kant betont die Ungewißheit der richtigen Subsumtion im Geschmacksurteil. Hier, wo Begründung aufhört, wo das Gefühl der Lust selber das einzige Prädikat des Urteils ist, da entspringt eine neue ursprüngliche Verantwortung im Spiel: durch Teilnahme am Allgemeingültigen das Übersinnliche zu gewahren.

Das Geschmacksurteil ist keine beiläufige Fähigkeit (wie die des Weinkenners), sondern enthält die Gegenwärtigkeit unseres ganzen Wesens. Denn es vollzieht sich im Zusammenspiel aller Vermögen unserer Vernunft. Sie ist als bloße Form des Spielens ohne wesentlichen materialen Inhalt, aber diese Form selber ist der Gehalt in der Leibhaftigkeit der sinnlichen Erscheinung.

Das freie Spiel im Geschmacksurteil läßt mich als sinnliches Vernunftwesen dessen inne werden, worin alles, was für mich Sein ist, vorkommt (im Spiel der Erkenntnisvermögen überhaupt), darin aber der unbekannten Wurzel der beiden Stämme (Sinnlichkeit und Verstand) und dadurch eines noch Tieferen: Der Bestimmungsgrund des Geschmacksurteils liegt »vielleicht im Begriffe von demjenigen, was als das übersinnliche Substrat der Menschheit angesehen werden kann«. Denn »im Übersinnlichen liegt der Vereinigungspunkt aller unserer Vermögen a priori«. Daher die philosophische Einsicht, daß im Geschmacksurteil »nicht Regel und Vorschrift, sondern nur, was nicht unter Regeln und Begriffe gefaßt werden kann, d. i. das übersinnliche Substrat aller unserer Vermögen, zum subjektiven Richtmaß dienen«.

5. *Die ästhetische Idee:* Dieses Richtmaß in Gestalt der sinnlichen Leibhaftigkeit des Schönen nennt Kant die »ästhetische Idee«. Sie ist die nicht auf Begriffe zu bringende Vorstellung der Einbildungskraft in ihrem freien Spiel. Ideen nennt Kant auf einen Gegenstand bezogene Vorstellungen, die doch nie eine Erkenntnis desselben werden können. Eine theoretische Vernunftidee konnte keine Erkenntnis werden, weil sie einen Begriff (vom Übersinnlichen) enthält, dem niemals eine Anschauung angemessen gegeben werden kann. Eine ästhetische Idee kann keine Erkenntnis werden, weil sie eine Anschauung ist, der niemals ein Begriff Genüge tut.

6. *Das Genie:* Wenn Kant vom Schönen spricht, unterscheidet er zunächst nicht Natur und Kunst. Dann aber trifft sein Blick den großen Unterschied: Das Schauen des Schönen ist entweder das am Gegenstand verweilende, kontemplative freie Spiel, oder es ist im Spiel schöpferisch das Hervorbringen des Schönen in Kunst und Dichtung. Von ihnen werden Gegenstände geschaffen, die das Schöne mitteilbar machen.

Der Schöpfer solcher Werke heißt Genie. Der Begriff des Genies ist von Kant eingeschränkt auf diese Schaffenden. Genie stellt hin, was dann für die Anschauung leibhaftig da ist, den Gegenstand, der das unendliche Spiel unserer Einbildungskräfte ermöglicht, dem kein Begriff genugtut. Genie ist eine Gabe der Natur, durch das die Natur im Werk die Regel gibt, die als Regel unbestimmbar, unnachahmbar und unwiederholbar ist. Es ist die Natur in der Vernunft, sofern sie die Vollendung ihrer Erscheinung im Spiel antizipiert.

Das Genie ist original. Da es aber auch originalen Unsinn gibt, ist es vielmehr das Vermögen, die Regel hervorzubringen: es ist exemplarisch. Die Natur des Genies ist die Einheit aller Vermögen des Gemütes im schöpferischen Hervorbringen, ist das Vermögen der Darstellung ästhetischer Ideen. Diese Natur ist selber »das übersinnliche Substrat«, »in Beziehung auf welches alle unsere Erkenntnisvermögen zusammenstimmend zu machen, der letzte, durch das Intelligible unserer Natur gegebene Zweck ist«. Eine Notiz aus dem Nachlaß lautet: »Man muß nicht sagen: Die Genies. Es ist die Einheit der Weltseele.«

Das Genie bleibt bei Kant zweideutig. Einmal ist es Ursprung, hat sein Eigenrecht, schafft die Form. Dann ist es wieder Stoff, muß beschnitten und geschliffen werden. Einmal schafft es aus dem Grunde des übersinnlichen Substrats das Richtmaß, dann wieder wird sein Werk gerichtet vom »Geschmack«. Einmal gibt durch das Genie die Natur die Regel (»wo Geist hervorleuchtet, da wird man vor alle Fehler schadlos«), dann wieder gewinnt der Geschmack sein Recht über das Genie. Das Genie ist Natur als Einheit aller Gemütsvermögen (Einbildungskraft, Verstand, Geist, Geschmack) im übersinnlichen Substrat, dann wieder ist es Stoff, der der Form durch Schule bedarf. Einmal: »Manche Abweichung von der gemeinen Regel steht dem Genie wohl an«; es schafft das Unnachahmliche, das Genie ist privilegiert. Aber dann: »Zucht des Genies« ist gefordert: »Klarheit und Ordnung macht die Ideen erst haltbar.« »Eher ist vom Genie zu opfern als vom Geschmack.«

7. *Einheit von Natur und Freiheit:* Kant denkt im Genie die Einheit von Natur und Freiheit, die im Moralischen so radikal gespalten ist. Aber diese Einheit ist nur in der Unverbindlichkeit des Spiels, das seine eigene, andere Verbindlichkeit hat durch Regel und Idee, die unendlich in der Darstellung zur Geltung kommen. Wäre die Natur als das Leben unserer psycho-physischen Daseinsrealität gemeint, so wäre eine Naturalisierung der Freiheit vollzogen und die Freiheit verloren. Es ist aber eine Natur, die der Kunst die Regel gibt, und diese Natur ist unser übersinnliches Wesen, das hier als Ganzes seine eigene, unersetzliche Sprache findet, aber nur im Spiel.

8. *Begrenzung des Geniebegriffs:* Kant verwehrt die Verallgemeinerung des Geniebegriffs. Der Einfallsreichtum und die systematische Kraft der theoretischen Ideen des Forschers, die ethische Persönlichkeit des Staatsmannes, der erfinderische Techniker und andere Gestalten haben ihre eigentümliche Größe. Kant würde aber nicht von einem genialen Forscher, Feldherrn, Staatsmann, Techniker reden, nicht von einem »Genie des Herzens«. Nur in bezug auf den Forscher hat Kant ausdrücklich diesen Unterschied, der im Sinn des Hervorgebrachten liegt, bestimmt: Das Genie ist wesensverschieden vom »großen Kopf«. Dieser findet, was »auch hätte können gelernt werden« und was von da an gelernt werden kann. Kant sieht den wesentlichen Unterschied des Werkes, das, wenn es einmal geschaffen ist, bis in alle seine Gründe

nachgedacht und eingesehen werden kann, und des Werkes, das durch Anschauung unendlich zu denken gibt und unerschöpflich ist wie die Welt selber. Was in der Wissenschaft erworben wurde, ist identisch wiederholbar, Schritt auf dem Wege eines unendlichen Fortschreitens. Das Kunstwerk ist nicht wiederholbar, stets einmalige Vollendung. Forscher und Dichter haben wesensverschiedene Begabung: »Talent zu Einfällen ist nicht Genie zu Ideen.«

Kant sieht ebenso entschieden den Unterschied zwischen einem ästhetischen Spiel und der ethisch verbindlichen Handlung in der Welt. Jeder Mensch soll moralisch sein, nicht jeder Mensch kann Genie sein und braucht es nicht zu sein: der Geniebegriff gestattet das Verständnis für das je Unersetzliche des freien Spiels des ganzen Seins, unangesehen der Moral des Schaffenden.

9. *Schönheit und Sittlichkeit:* Das Schauen in Kunst und Dichtung bedeutet: Im freien Spiel ist der ganze Mensch gegenwärtig und ist am Ursprung. Die Freiheit des Spiels hat aber, gemessen an jenem Interesse, den Charakter der Unverbindlichkeit. Das Spiel ist zwar unendliche Befreiung, aber nicht in der Wirklichkeit. In der Befreiung von Genuß oder Moralität oder logisch bestimmter Erkenntnis, die alle in die besondere Realität bannen, gewinnt der Mensch in diesem Spiel seine großartige Liberalität. Diese aber ist zweideutig.

Kant kann einmal die Zusammenhanglosigkeit von Geschmack und Moral behaupten: Virtuosen des Geschmacks seien »gewöhnlich eitel, eigensinnig und verderblichen Leidenschaften ergeben«, – und in anderem Zusammenhang: »Die wahre Propädeutik zur Gründung des Geschmacks« ist »die Entwicklung sittlicher Ideen und die Kultur des moralischen Gefühls« (denn im übersinnlichen Substrat liegen ineins die ästhetischen Ideen und der Ursprung der Sittlichkeit).

Die sittliche Bedeutung des Schönen ist der Gipfel der Kantischen Einsicht:

Das Naturschöne ist Wirklichkeit. Wenn auch nach Kant das Interesse am Schönen der Kunst keinen Beweis für eine dem Moralisch-Guten anhängende Denkungsart gibt, so ist doch ein unmittelbares Interesse am Schönen der Natur »jederzeit das Kennzeichen einer guten Seele«. Das aber beruht auf dem »Interesse« an der Wirklichkeit der Naturschönheit als einer Chiffer des übersinnlichen Ursprungs.

Das Kunstschöne gewinnt schließlich aber selbst die Bedeutung, daß »das Schöne Symbol der Sittlichkeit« ist. Die exemplarischen Schöpfungen des Genies sind unersetzlich. Denn durch die Kunst erwächst die Liberalität der Denkungsart, geschieht die Erziehung zur Gemeinschaft vermöge der Mitteilbarkeit der schönen Form, bereitet das Bewußtsein des übersinnlichen Substrats vor zur Aufnahme sittlicher Ideen.

d) *Kants philosophische Erhellung des Übersinnlichen*

Unser Denken hat Boden, Ausgang, Medium im *Verstandesdenken.* Dieses ist zusammenfassend zu charakterisieren:

Verstandesdenken bedarf der sinnlichen Anschaulichkeit, bevorzugt für seine Vorstellungen den Raum, während die Zeit ihm indirekt, etwa durch eine im Raum gezogene Linie, anschaulich wird. Was vom Verstande gedacht wird, steht in einem äußerlichen Zueinander, wie Punkte im Raum. Teile sind für ihn Außereinander und Elemente eines summierenden Aufbaus. Sie ziehen sich an oder stoßen sich ab, wie Körper im Raum. Veränderung ist Verschiedenheit durch andere Gruppierung der Elemente oder ist Bewegung im Raum.

Der Verstand braucht, um denken zu können, mindestens zwei Bezugspunkte. Was er denkt, ist die Beziehung zweier Punkte oder Kreise im Urteil: Subjekt und Prädikat. Die Schlußformen sind Umgruppierungen des Gedachten, die sich in räumlichen Kreisen veranschaulichen lassen. Die gehörige Form der Beziehungen ist das im syllogistischen Denken Eingefangene. In den Begriffen werden Gattungen gedacht, definierbare Identitäten, in Unterordnungsverhältnissen des Weiteren und Engeren. Die Dinge sind Fälle, die subsumiert werden und austauschbar sind. Das Individuum ist dem Verstande unzugänglich.

Für das Machen des Verstandes gilt das einlinige Zweck-Mittel-Verhältnis: Für diesen Zweck muß ich dieses Mittel anwenden.

Der angemessene Gegenstand des Verstandes ist das Leblose, die Materie, die mechanische Kausalität. Der Verstand erfaßt die Maschine, nicht das Leben. Ihm entgeht die Innerlichkeit der Seele und die Bewegung des Geistes. Will er diese denken, so denaturiert er sie in seine Verstandesformen, in denen sie sterben. Er kann sie nur in Beziehungen denken, die ihnen selbst unwesentlich sind.

Nun ist das Merkwürdige: Dieses Verstandesdenken ist zwar unumgänglich, ist die Bedingung aller Bestimmtheit und Klarheit. Aber die ihm entsprechende Welt ist die farblose Öde der Maschinerie, die Bewegung der Elemente und ihrer Kombinationen, die mechanische Kausalität, das Machen, der Zufall.

Von jeher hat menschliches Denken das Verstandesdenken vollzogen und überschritten. Die reine Herausarbeitung des Verstandesdenkens bringt Klarheit des Gehaltlosen, das Überschreiten Unklarheit der Gehalte. In der Trennung liegt ebenso Täuschung wie in der Vermischung. Die Bestimmtheit des Verstandes schließt in einsehbare Grenzen ein. Die Preisgabe des Verstandes läßt in Schwärmerei verfallen.

Kants Philosophieren ist eine neue Gestalt des philosophischen Denkens, das mit dem Verstande über den Verstand hinausgeht, ohne ihn zu verlieren. Daher bleibt ihm unumgänglich die in Kategorien konstituierte Objektivität der Dinge. Es ist der Vorrang des gegenständlich Bestimmten, Faßlichen, Endlichen, anschaulich Erfüllten vor dem, was Aufgabe und Weg mit den Mitteln einer Indirektheit wird. In der Vernunft ist der Verstand nur ein Glied. Die Scheidung der Denkungsarten bedeutet ihr Aufeinanderangewiesensein auf dem Weg zur Wahrheit im Ganzen.

So zeigte Kant im Erkennen des Verstandes selber, wenn es Wissenschaft wird durch systematische Forschung, schon die Führung durch die Ideen. Er zeigte die für den bloßen Verstand unbegreifbare Tatsächlichkeit des Lebens. Er zeigte, was aus anderem Ursprung in der Freiheit sittlichen Tuns wirklich und was durch das Schauen des Schönen im Spiel der Erkenntniskräfte gegenwärtig wird.

Das Hinausgehen über den Verstand mit dem Verstand selber erlaubt nicht einem losgelösten Vermögen, ohne Verstand sich zu vollziehen. Aber aus anderen Ursprüngen gewinnt der Verstand Funktionen, die er aus sich allein nie fände. Das Hinausgehen über den Verstand vollzieht sich als »reflektierende Urteilskraft«, die sich selbst das Gesetz gibt, ohne damit einen Gegenstand zu bestimmen. In ihrer Bewegung wird gedacht der göttliche anschauende Verstand, der göttliche zwecksetzende Verstand, die Vereinigung aller unserer Vermögen im übersinnlichen Substrat der Menschheit, unser intelligibles Sein der Freiheit, aber dies alles indirekt, ohne Objekt zu werden. Von diesem Überschreiten des Verstandes sagt Kant: »Ich schreite eigentlich nicht zu einem anderen Dinge, sondern einer anderen Art des Vernunftgebrauchs über.«

Der Verstand ist die »Richtigkeit« des Bewußtseins überhaupt. Dieses ist zwar Bedingung, aber nicht zureichend für Wahrheit. In der Idee, im Sittlichen, im Schönen sind Gegenwärtigkeiten, die über die Richtigkeit hinaus erst Wahrheit bringen. Jedesmal ist der Sprung: vom richtigen Erkennen zur wesentlichen Wahrheit, – vom technisch richtigen Handeln zum sittlichen Tun, – vom richtigen Geschmacksurteil zum Erfassen der ästhetischen Idee, – jedesmal von einem Bedingten zum Unbedingten, von einer Endlichkeit zur Unendlichkeit, vom Endlosen zum gehaltvoll sich Schließenden.

Dieses Hinausgehen über den Verstand bedeutet nicht das Dasein zweier Welten. Wir können nicht abwechselnd einmal zu dieser, dann zu jener gehen. Wir können nicht bei der einen sein, während wir die andere verlieren. Vielmehr ist nur eine Vernunft, die in die Irre gerät, wenn sie sich nur spaltet, statt sich im Trennen zugleich zusammenzuhalten. Es ist nur ein All, in dem wir uns finden. Bei Kant ist Wahrheit nur im Ganzen.

1. *Der Vernunftglaube:* Im Erkennen, im Schauen des Schönen, entscheidend im sittlichen Handeln erwächst das »Bedürfnis der Vernunft«, zu ihrer eigenen Vollständigkeit zu gelangen. Im Erkennen steht am Ende die Idee, ein »als ob«, im Schauen des Schönen das »Spiel der Erkenntniskräfte«, im sittlichen Handeln die Frage nach dem Sinn meines Tuns. Jedesmal ist die Gegenwärtigkeit des Übersinnlichen, aber nicht für unser Wissen, das beweisend erkennt. Das einzige Prinzip, zur Gewißheit aus Vernunft zu gelangen, ist das ihrer eigenen Ergänzung zur »Vollständigkeit«.

Darum ist der formale Grundzug des »Vernunftglaubens«, daß der Vollständigkeitsanspruch nicht nur als Bedürfnis empfunden, sondern erfüllt wird. »Gläubig ist derjenige, welcher seiner Vernunft einräumt, was zu ihrer Vollständigkeit, es sei im theoretischen oder im praktischen Erfahrungsgebrauch, unentbehrlich notwendig ist, ob sie es gleich nicht beweisen kann.« Ohne diesen Glauben ist es »unmöglich, selbst den Erfahrungsgebrauch der Vernunft, es sei im theoretischen oder praktischen, sich selbst genug tuend zu machen«. Die Vernunft selber hat ihren Grund im Vernunftglauben, den sie erzeugt. Die Vernunft vollzieht denkend, was ihre eigene Voraussetzung ist, was zu ihrer Vollständigkeit gehört, und was sie dazu bedarf.

Im Mittelpunkt des Ergänzungsbedürfnisses der Vernunft steht das Sittliche. Das sittliche Handeln würde zwar unter den gleichen Normen stehen und seine eigene Würde haben, auch wenn kein Gott wäre und keine Unsterblichkeit, aber es würde im Ganzen des Alls sinnlos bleiben. Es würde ohne Grund und Ziel, ohne Glauben und Hoffnung sein. Daher entspringen dem sittlichen Handeln die »Postulate«, daß Gott sei und Unsterblichkeit (die »Postulate der praktischen Vernunft«).

Wenn mit den Postulaten eine Metaphysik aus praktischer Wurzel entspringt, so kann es sich doch nicht um theoretisches Wissen handeln, das durch Schlüsse aus dem Praktischen für die Erkenntnis zwingend gewonnen würde. Sie sind nur der im sittlichen Tun mitgewußte Sinn, der sich im theoretischen Medium als Postulat ausspricht. »Der Grund des Fürwahrhaltens ist hier bloß subjektiv, nämlich ein notwendiges Bedürfnis der Vernunft, das Dasein eines höchsten Wesens nur vorauszusetzen, nicht zu demonstrieren.«

»Ein jeder Gebrauch der Vernunft, der nicht mit den Prinzipien des

Erfahrungsgebrauchs zusammenstimmt, ist Wahn, z. B. himmlische Einflüsse zu empfinden, auf das Geisterreich Einfluß zu haben.« Aber: »Die sittliche Vollkommenheit, obgleich sie nicht ganz erreicht werden kann, ist doch kein Wahn... Gott ist doch kein Wahn.«

Ein Glaube, der auf theoretisches Urteil geht, heißt doktrinaler Glaube. Zu einem solchen doktrinalen Glauben gehört die Lehre vom Dasein Gottes als Voraussetzung einer Ordnung der Dinge nach Zwecken, als Voraussetzung des Daseins der Dinge als Naturzwecke (der Organismen). Der doktrinale Glaube ist aber »etwas Wankendes«. Denn die »objektive Bedeutung« der Ideen heißt nie, daß ihr Inhalt gegenständlich gewußt wird, sondern nur, daß sie im systematisch fortschreitenden Erkennen, soweit dies gelingt, gültig sind. Anders für Kant der moralische Glaube: Ich bin sicher, »daß diesen Glauben nichts wanken machen könnte, weil dadurch meine sittlichen Grundsätze selber umgestürzt würden«. Daher darf es nicht heißen: »Es ist gewiß, daß ein Gott sei«, sondern: »Ich bin moralisch gewiß, daß er sei.«

Kant sieht, wie wesentlich für meine sittliche Existenz und meinen Glauben es ist, daß ich weiß, *wie* ich weiß und *was* ich weiß. Ich erkenne, was ist, durch das, was ich tue. Es gibt »keinen theoretischen Glauben an das Übersinnliche«. Daher der Satz: »Sorget ihr nicht dafür, daß ihr vorher, wenigstens auf dem halben Wege, gute Menschen macht, so werdet ihr auch niemals aus ihnen aufrichtig gläubige machen.« Es ist der menschlichen Natur gemäßer, »die Erwartung der künftigen Welt auf die Empfindungen einer wohlgearteten Seele, als umgekehrt ihr Wohlverhalten auf die Hoffnung der anderen Welt zu gründen«.

Dagegen ist das Wissen täuschend: »Wissen blähet auf (wenn es Wahn ist), aber das Wissen bis zu den Grenzen desselben macht demütig.« Daher: »Ich mußte das Wissen aufheben, um zum Glauben Platz zu bekommen.«

Mehr noch: Der Wille zum Wissen dort, wo der Glaube tragen muß, ist selber Unglaube. Wir neigen zum Wissen, um uns daran zu halten. Wir möchten leibhaftig haben, was nur durch das, was wir sind und tun, aus unserer Freiheit gegenwärtig wird. Wir möchten es bequem haben: »Abergläubisch zu werden, dazu haben die Menschen einen natürlichen Hang.« Es sind nur wenige Gläubige, »die aus moralischem Interesse eines Vernunftglaubens fähig sind. Sie wollen bar haben, entweder an Erkenntnissen oder den Vorteilen des Lebens.«

Aber ist es nicht doch ein großes Unheil unserer menschlichen Lage, daß wir Gottes Dasein weder beweisen noch erkennen können, daß Gott vielmehr so verborgen ist, daß, wer ihn leugnet, nicht zu ihm durch bloßes Denken gezwungen werden kann, oder daß er angewiesen ist auf Gehorsam, der glaubt, weil ihn eine Offenbarung beansprucht? Wäre es nicht unausdenkbar herrlich, wenn Gott selbst sich zeigte und wir seiner gewiß wären? Und geht nicht all unser Sehnen dorthin? Kant antwortet:

»Würden Gott und Ewigkeit mit ihrer furchtbaren Majestät uns unablässig vor Augen stehen (denn was wir vollkommen beweisen können, gilt in Ansehung der Gewißheit uns soviel, als wovon wir uns durch den Augenschein versichern)«, dann würde »die Übertretung des Gesetzes freilich vermieden, das Gebotene getan werden«. Aber der Stachel bliebe äußerlich, die Gesinnung brauchte sich nicht durch Vernunft emporzuarbeiten. Es »würden die mehrsten gesetzmäßigen Handlungen aus Furcht, nur wenige aus Hoffnung und gar keine aus Pflicht geschehen, ein moralischer Wert der Handlungen würde also in einen bloßen Mechanismus verwandelt werden, so wie im Marionettenspiel alle gut gestikulieren, aber in den Figuren doch kein Leben anzutreffen sein würde. Nun, da der Weltregierer uns sein Dasein nur mutmaßen, nicht erblicken oder klar beweisen läßt, dagegen das moralische Gesetz in uns uneigennützige Achtung fordert, kann wahrhafte sittliche Gesinnung stattfinden. Also möchte es wohl damit seine Richtigkeit haben, daß die unerforschliche Weisheit, durch die wir existieren, nicht minder verehrungswürdig ist in dem, was sie uns versagte, als in dem, was sie uns zuteil werden ließ.«

Der Vernunftglaube ist sein eigener Ursprung. »Ein jeder Glaube, selbst der historische, muß zwar vernünftig sein (denn der letzte Probierstein der Wahrheit ist immer die Vernunft), allein ein Vernunftglaube ist der, welcher sich auf keine anderen Data gründet als die, so in der reinen Vernunft enthalten sind.«

Gegen alle Gefahren stellt Kant »das Prinzip der Selbsterhaltung der Vernunft«. Es ist das Fundament des Vernunftglaubens, in welchem »das Fürwahrhalten eben den Grad hat als beim Wissen, aber von anderer Art ist«. Es hat seine Kraft durch die Vollständigkeit und Selbstergänzung der Vernunft.

Dagegen steht das »Prinzip der Selbstpreisgabe der Vernunft«. Ohne den reinen Vernunftglauben »wird der Vernunftgebrauch entweder Allwisserei (Pansophie) oder Misologie, Selbstmord der Vernunft«. Es ist der Verzicht auf den Vernunftglauben dadurch, daß die Vernunft »Unabhängigkeit von ihrem eignen Bedürfnis zur Maxime macht«. Diese Maxime heißt Unglaube. Der Vernunftunglaube ist »ein mißlicher Zustand des menschlichen Gemüts, der den moralischen Gesetzen zuerst alle Kraft der Triebfedern auf das Herz, mit der Zeit sogar ihnen selbst alle Autorität benimmt, und die Denkungsart veranlaßt, die man Freigeisterei nennt, d. i. den Grundsatz, gar keine Pflicht mehr zu erkennen«.

2. *Interpretation der religiösen Dogmen »innerhalb der Grenzen der bloßen Vernunft:* Der uralte Antrieb zur Metaphysik ist unauslöschlich und gerechtfertigt. Noch im Irren des Denkens ist er wahr. »Diese

über die Natur hinausreichende, auf bloßen Begriffen a priori beruhende und darum Metaphysik genannte Wissenschaft ist gleichsam das Indien, was dem Menschen weit größere und herrlichere Besitze verspricht, als das kümmerliche Sinnenvaterland, in welchem er hier von der Natur despotisiert, zuletzt nach beständiger Täuschung durch vorgespiegelte Erreichung eines Endzwecks nichts als den Tod vor sich sieht.«

In der Religion aber liegen die großen Anschauungen, Symbole und Dogmen vor, in denen Menschen Befriedigung fanden. Kant wendet sich der christlichen Dogmatik zu, um sie nach seinen philosophischen Prinzipien anzueignen. Die spekulativen Dogmen »übersteigen zwar gänzlich das Vermögen der menschlichen Vernunft«, weil wir von Gegenständen im Übersinnlichen nicht wissen können. Aber »jene Vernunftideen« haben Sinn, wenn sie »auf die Bedingungen des praktischen Gebrauchs eingeschränkt« werden. Das heißt: sie haben keine Erkenntnisbedeutung, aber existentielle Bedeutung. Kant interpretiert solche Ideen: mythische Vorstellungen, religiöse Dogmen. Er spricht von Gnade, vom Reich Gottes, vom Ende aller Dinge. Er geht die Grunddogmen biblischen Denkens durch.

Kant »spielt«, wie er sagt, hier »mit Ideen, die die Vernunft sich selbst schafft, wovon die Gegenstände (wenn sie deren haben) ganz über unseren Gesichtskreis hinaus liegen«. Er verwirft und bejaht, aber durch Argumente, die an praktische Impulse appellieren. Was gegenständliche Realität betrifft, so können alle diese Inhalte nur gedacht werden, »als ob« es so wäre. Darum sind sie aber nicht nichtig, sondern Schöpfung der Vernunft aus ihrem praktischen Bedürfnis, karg in den reinen Postulaten, bildhaft und gegenständlich in Mythen und philosophischen Spekulationen.

Bedenklich werden sie erst, wenn in ihnen die Vernunft »sich selbst und was sie will, nicht versteht«. Dann will sie »lieber schwärmen, als sich, wie es einem intellektuellen Bewohner einer Sinnenwelt geziemt, innerhalb der Grenzen dieser eingeschränkt zu halten«.

Wenn nun Kant die biblischen Vorstellungen, Gestalten, Dogmen »innerhalb der Grenzen der bloßen Vernunft« auslegt, so ist sein Ausgangspunkt: An den Grenzen der Vernunft steht das Unbegreifliche und das Geheimnis. Das Unbegreifliche aber ist nicht das Unvernünftige, sondern das durch Vernunft als Grenze der Vernunft Erfahrene und in das Licht der Vernunft Aufgenommene. Die eine sich selbst durchhellende Vernunft löst nicht die Probleme, sondern läßt die Geheimnisse stehen. Sie erlaubt sich deren Versinnlichung und gedankliche Fassung, sie wagt das Denken über das Erkennbare hinaus in »Analogien«, sie bewegt sich in dem Spiel der Bilder. Aber Wahrheit gewinnen diese doch nur durch ihre Funktion in der sittlichen Verwirklichung des Menschen. Durch die sittliche Vernunft, nicht durch eine logische Erkenntnis wird, was als Bild und Gedanke sich anbietet, geprüft, um dann angeeignet oder verworfen zu werden. Mit ihnen zu leben, ist für Kant nur möglich in Gestalt der Vernünftigkeit selber. Nicht der Verstand vermöge logischen Nachdenkens ist Richter über dogmatische und mythische Gestalten, wohl aber ist die Vernunft im ganzen die Stätte, worin sie wirken und ethisch geprüft werden durch das Wesen des darin lebenden vernünftigen Menschen. Glaube ist Hoffen im Scheitern der Vernunft am Unbegreiflichen, aber Hoffen durch die Vernunft selber und keine andere Garantie, die von außen käme. Die Vernunft begreift das Sein nicht an sich selbst, sondern das Sein, wie es dem endlichen Wesen in seiner Vernunft zugänglich wird. Daher ist bei Kant – trotz formaler Anerkennung der Möglichkeit der Offenbarung, deren Wahrheit jedoch nur durch Vernunft wahrgenommen würde – das Religiöse kein eigener Ursprung. Seine Schrift über die Religion ist kein Teil im systematischen Ganzen der kritischen Philosophie. Aber das Religiöse, wie es seine Kindheit trug, weht ihn gleichsam an. Er steht in der Reihe der Philosophen vom Charakter Lessings, die den Gehalt der Religion vernünftig auslegen, »entmythisieren«, wenn der Mythus sich als Erkenntnis gibt, aber den Mythus ergreifen in seinem Wesen und dadurch zur Aneignung zubereiten.

3. *Das All:* Kant führt den Weg nicht zu einem Prinzip des Seins, aus dem alles, was ist, abgeleitet würde. Vielmehr erhellt er die Vernunftursprünge und läßt durch sie deutlich werden, wie und worin wir uns finden, und was wir sollen.

Die natürliche Vorstellung ist durchaus anders und nicht Kantisch. Für sie ist das All ein einziges ungeheures Ganzes, Gott und die Welt, oder nur die Welt. Darin sehen wir uns als ein Resultat, nicht als Ursprung. Das Denken in Weltbildern ist die Weise, das All zu erkennen. In Weltbildern, die historische Wandlungen erfahren und unter sich grundsätzlich verschieden sind, sehen wir, was ist. Dabei ist ein Weltbild jeweils selbstverständlich und als Weltbild nicht bewußt, sondern als das Sein selbst gemeint. Indem wir alle Dinge vom Sternenreich bis zur Erde, vom Dasein der leblosen Materie bis zum Leben und den

Menschen, diesen in seiner Geschichte und seinen Werken kennen, haben wir das Sein selbst, das All der Realität, die Welt.

Aus dieser Weise des Grundwissens will Kant herausgelangen zu einem anderen Grundwissen, das zugleich umfassender und bescheidener ist. Kant zeigt das All, wie es auf dem Boden unseres eigenen Daseins erscheint, in Urspaltungen, in der Vergewisserung durch gegenwärtige Erfahrung, im Suchen des Einen. Ich fasse das bisher von uns Dargestellte zusammen:

1. Die gesamte Welt als das All des Erkennens ist *Erscheinung*. »Ding an sich« ist kein Ding, sondern ein Zeichen an der Grenze, um die Erscheinungshaftigkeit alles gewußten Seins zum Ausdruck zu bringen. Aber, obgleich nur Grenzbegriff, ist es nicht nichts. Dies Noumenon (so genannt im Gegensatz zum Phänomenon) ist gegenwärtig in unserer Freiheit, in den Ideen, im Spiel des Schauens des Schönen. Aber was Erscheinung ist, ist nicht Schein. Als Erscheinung wird es durch Forschung ins Unabsehbare gültig erkannt. Und als Erscheinung weist es in einen Grund.

Erscheinung und Noumenon sind eine Urspaltung, die wir zwar philosophisch denken, aber im Denken nicht selber angemessen zum Gegenstand gewinnen. In der Erscheinung selber wieder erweist sich alles in Spaltungen, von Sinnlichkeit und Verstand, von Sein und Sollen, von Natur und Freiheit, und offenbart sich in Antinomien.

2. Was immer für uns ist, muß gegenwärtig sein. In dem Bewußtsein meines Daseins bin ich gleichsam der Knotenpunkt, in dem alle Dualismen, so vor allem die beiden ursprungsverschiedenen Seinsweisen von Natur und Freiheit verknüpft sind. Das spricht Kant in der »Kritik der praktischen Vernunft« aus: »Zwei Dinge erfüllen das Gemüt mit Bewunderung und Ehrfurcht, der bestirnte Himmel über mir und das moralische Gesetz in mir.« Warum diese? »Beide darf ich nicht als in Dunkelheiten verhüllt oder im Überschwenglichen, außer meinem Gesichtskreis suchen und bloß vermuten; ich sehe sie vor mir und *verknüpfe sie unmittelbar mit dem Bewußtsein meiner Existenz.*« Wie geschieht das? »Das erste fängt von dem Platze an, den ich in der äußeren Sinnenwelt einnehme, und erweitert die Verknüpfung, darin ich stehe, ins unabsehlich Große mit Welten über Welten, überdem noch in grenzenlose Zeiten. Das zweite fängt von meinem unsichtbaren Selbst an und stellt mich in einer Welt dar, die wahre Unendlichkeit hat, mit welcher ich mich nicht wie dort in bloß zufälliger, sondern allgemeiner und notwendiger Verknüpfung erkenne.« Was ist die Folge für mein Seinsbewußtsein? »Der erstere Anblick einer zahllosen Weltenmenge vernichtet gleichsam meine Wichtigkeit als eines tierischen Geschöpfes, das die Materie, daraus es ward, dem Planeten (einem bloßen Punkt im Weltall) wieder zurückgeben muß, nachdem es eine kurze Zeit (man weiß nicht wie) mit Lebenskraft versehen gewesen. Der zweite erhebt dagegen meinen Wert als einer Intelligenz unendlich durch meine Persönlichkeit, in welcher das moralische Gesetz mir ein von der Tierheit und selbst von der ganzen Sinnenwelt unabhängiges Leben offenbart.«

3. Da mein Sein in der Welt nicht eines, sondern gespalten, das All zerrissen ist in Natur und Freiheit, alles zerrissen ist, suche ich das Eine. Gibt es kein Eines? Wenn das Sein selbst, d. h. der übersinnliche Grund der Einheit aller unserer Vermögen und der Einheit alles dessen, was uns vorkommt mit dem, was wir tun, die Einheit von Natur und Freiheit, von der Spaltung nicht betroffen ist, so ist das Eine in dieser Unbetroffenheit uns fühlbar, jedoch nicht erkennbar. An der Stätte, die wir sind, und wo wir stehen, spricht das Eine nur durch die Spaltungen, aber auch durch die Weise, wie ihre Aufhebungen sich andeuten.

Daher geht durch das Kantische Philosophieren überall die Suche nach dem »Mittleren«, so zwischen den Kategorien und der Sinnlichkeit in der Einbildungskraft, zwischen dem Allgemeinen und Besonderen durch die reflektierende Urteilskraft, zwischen Vernunft und Verstand durch das Schema der Idee, zwischen Natur und Freiheit in dem Schauen des Schönen. Dieses Mittlere wird überall durch Vollzüge gefunden, aber selber wieder nur als die Weise der Gegenwärtigkeit dessen, was an sich uns verborgen bleibt.

Zum Beispiel: Zwischen Natur und Freiheit ist eine Kluft ohne Übergang, gleich als ob es zwei verschiedene Welten wären. Es soll doch aber die Freiheit auf die Natur Einfluß haben, »nämlich der Freiheitsbegriff soll den durch seine Gesetze aufgegebenen Zweck in der Sinnenwelt wirklich machen, und die Natur muß folglich auch so gedacht werden können, daß die Gesetzmäßigkeit ihrer Form wenigstens zur Möglichkeit der in ihr zu bewirkenden Zwecke nach Freiheitsgesetzen zusammenstimme. Also muß es doch einen Grund der Einheit des Übersinnlichen, welches der Natur zum Grunde liegt, mit dem, was der Freiheitsbegriff praktisch enthält, geben, wovon der Begriff, wenn er gleich weder theoretisch noch praktisch zu einem Erkenntnisse desselben gelangt, dennoch den Übergang von Denkungsart nach den Prinzipien der Einen zu der nach Prinzipien der Anderen möglich macht.«

Wo immer Dualitäten von Kant fixiert sind, tritt bei ihm die Frage nach dem Verbindenden, und zwar als die Frage nach dem Mittleren auf. Dieses Mittlere ist da in der Gegenwart des Einzelnen und als das Eine des Übersinnlichen, das in jener Gegenwart sich zeigt. Für das Wissen, das die Dualitäten als unausweichliche Positionen betritt, durch die Klarheit entsteht, erscheint dieses Mittlere wie ein Versinken ins Bodenlose oder wie das Aufdecken der verborgenen Wurzel, aus der alles ist. Das Mittlere zu denken, hebt die Dualitäten nicht auf. Dieses Denken des Mittleren ist ein Eindringen zur Erhellung, nicht zur Lösung des Rätsels. Das erkannte Verbindende, das gewußte Mittlere würde nichtig sein.

Können wir Kantisch das All denken als das Eine des Übersinnlichen, das sich spaltet, im Erkennen und Tun des Menschen diese Spaltung vollendet, um gerade darin die Umkehr zu finden und zu sich zurückzukehren? Nein, denn dieses wäre ein metaphysischer Gedanke objektiver, nicht kritischer Art, der Form nach Plotinisch, nicht Kantisch. Das Ganze des Seins selbst würde im Bild dieses Gedankens zu einem Prozeß gemacht, in dem an bestimmtem Ort der Mensch vorkommt.

Solche Gedanken gehören für Kant zum Spiel. Er bleibt auf dem Standpunkt des Menschen, tritt auf keinen illusionären Standpunkt außerhalb, von dem aus der Mensch wie ein Gott das Ganze übersehen oder Gottes Gedanken nachdenken könnte. Kant täuscht sich durch keine Überschreitung des dem Menschen Möglichen. Er desertiert nicht aus dem Menschsein.

V. Die Kantische Vernunft

Die Vernunft ist nicht wie ein Charakter des Menschen, der als dieser oder jener Charakter angeboren ist, sondern der Charakter des Menschseins schlechthin, der nur ein einziger oder gar keiner sein kann. Es ist der intelligible Charakter. Dieser ist in der Erscheinung die Denkungsart, die aus sich selbst sich hervorbringt, und der Wille, der sich an durch die eigene Vernunft als unabänderlich vorgeschriebene Grundsätze bindet. Diese Denkungsart muß in der Zeit durch Freiheit sich erst herausarbeiten.

a) *Die Revolution der Denkungsart*

Philosophie ist für Kant »Revolution der Denkungsart«. Was von jeher die Umwendung durch die Philosophie war und von den Anfängen an »Weg« hieß, ist bei Kant in neuer Gestalt und vielleicht radikaler als zuvor »Weg« geworden, und zwar als Bewegung bis zur Revolution und als unendliche Aufgabe nach der Revolution. Der Weg, den Kant in seinem Leben ging, ist selber ein Zeugnis des Philosophierens des Weges, das es fand.

1. *Kants Weg:* Wir schilderten Kants Weg zur kritischen Philosophie. Die Substanz des Gehalts, gegründet in der biblischen Überlieferung, war von Anfang an die gleiche. Aber auf seinem philosophischen Wege hat Kant sie verstanden, eingeschmolzen und in neuer Gestalt zum Wesen des Philosophierens selber werden lassen. Kants Weg bleibt trotz der Dokumente im ganzen ein Geheimnis. Aber diesen Weg zu erspüren, ist unerläßlich, um den Grund und das Ziel dieses Denkens und seine Weite nicht aus dem Auge zu verlieren zugunsten vermeintlicher Positionen Kants, die man dann für das Wesen seiner Philosophie erklärt.

Man kann bestimmte Punkte als wesentlich aufzeigen: In der Dissertation von 1770 ist »die transzendentale Ästhetik« der späteren »Kritik der reinen

Vernunft« (1781, die Lehre von der Subjektivität und Apriorität der Anschauungsformen von Raum und Zeit) vorweggenommen. Es fehlt aber noch völlig der Gedanke von der Subjektivität der Denkformen als konstituierender Funktion der Objektivität der gesamten Erfahrungswelt. Aber so groß dieser Gedanke ist, und so sehr er die gesamte spätere Philosophie Kants trägt, in ihm allein als einer bloßen denkoperativen Umdrehung ist das Neue noch nicht getroffen.

Daher ist ein Jahrzehnt nötig, um Kant in jene Bewegung seines gesamten Denkens zu bringen, in dem wirklich alles umgegossen wird in eine neue Denkungsart, die nicht nur ein bestimmter Gedanke ist. Die aufzeigbaren Denkschritte der vorkritischen Schriften sind zwar Operationen selber schon kritischer Art in je besonderen Fassungen von Problemen, aber nicht Elemente jener anderen totalen Kritik, aus der die spätere Philosophie erwuchs. Was vorkritisch gewonnen wurde, blieb zu gutem Teil später bewahrt, aber war noch nicht die Philosophie. Aus allen jenen einzelnen Gedanken ist das Neue nicht abzuleiten. Die transzendentale Methode, die Kant die kritische nennt, ist nicht das Ergebnis einer Reihe von Entdeckungen. Es ist ein Sprung. Wohin er gelangt, das ist im ganzen vielleicht notwendig auch noch unklar, aber Ursprung erstaunlicher Klarheiten. Der Sprung ist zeitlich nicht lokalisierbar. Als er getan ist, ist nur die Frage, wie er sich durchsetzt.

In der Tat meint man von der unerhörten Kraft der Kantischen Philosophie in den vorkritischen Schriften noch nichts zu spüren. Ihnen fehlt jene durch die Begrifflichkeit selber erzeugte belebende Aura des späteren Werks, fehlt, daß mit klaren Begriffen in eine unabsehbare Tiefe geleuchtet wird. Damit erst erwächst der durch Gewicht und Unerschöpflichkeit seiner Gehalte ausgezeichnete Stil der großen kritischen Werke.

Die neue Weise des Denkens wurde Kant nicht zuteil durch eine Offenbarung, nicht durch einen entscheidenden Einfall, nicht in einem bestimmten Jahr, nicht durch sein schöpferisches Genie, sondern durch eine Grundhaltung (die er selbst beschrieben hat), durch die den Einfällen die Chance gegeben wurde. Es ist ein systematisches Vorgehen, dem die notwendigen Schritte des Gedankens geschenkt wurden. Es ist ein zunächst partikulares Vorgehen, das sich in einem Ganzen findet, in dem zur Verwunderung Kants das eine das andere trägt. In einer unendlich beziehungsreichen Gedankenwelt wird der Raum abgezeichnet, in dem und über den hinaus unabsehbare Möglichkeiten sich auftun.

Wenn man die »Umkippungen« prüft, von denen Kant spricht, diese gedanklichen Neuorientierungen, so bleibt doch: *Erstens:* nicht gedankliche Bewegungen, die sich einfach rational mitvollziehen lassen, sind das Maßgebende, sondern das Motiv, das sie ermöglicht und das sich nicht in jenen rationalen Operationen allein, wenn auch nur durch sie verstehen läßt. *Zweitens:* es ist nicht nur eine rationale Einsicht als

Position, sondern eine neue Gestalt des Grundwissens, etwas nun selber Unerschöpfliches, ins Unendliche Explizierbares.

Daher war Kant in der Fülle seines Gewinns sich dessen Charakters als eines ins Unabsehbare produktiven Philosophierens gewiß. Das ließ ihn für alle, die ihn verstehen, zum erzeugenden Denker werden. Daher vermochte er vor dem Ende auf der Höhe seines Denkens zu sagen: Wenn wir gerade recht anfangen könnten, müssen wir abtreten.

Der Weg Kants ist zunächst nur sein Weg zu dieser Philosophie, dann aber diese Philosophie selber als Weg, der der Natur der Sache nach nicht ans Ende gelangt. Der Zugang zur Kantischen Philosophie ist vielleicht gebunden an die Auffassung des Weges, auf dem er zu ihr kam.

2. *Revolution der Denkungsart im Sittlichen:* Revolution der Denkungsart ist das Wesen der Vernunft selber. Was in der philosophischen Denkungsart geschieht, hat sein Vorbild und seinen Widerhall im Sittlichen. Der Mensch hat seinen Charakter, dessen er sich als Vernunftwesen bewußt wird, »nicht von der Natur«, er »muß ihn jederzeit erworben haben«.

Die Gründung kann »gleich einer Art der Wiedergeburt« sein, wenn »eine gewisse Feierlichkeit der Angelobung, die der Mensch sich selbst tut, sie und die Zeit, da diese Umwandlung in ihm vorging, gleich einer neuen Epoche ihm unvergeßlich« macht. Das geschieht »nicht nach und nach, sondern gleichsam durch eine Explosion, die auf den Überdruß am schwankenden Zustand des Instinkts auf einmal erfolgt«. Der Ursprung ist der Entschluß, dieser aber im Ganzen des eigenen Lebens. »Fragmentarisch ein besserer Mensch zu werden, ist ein vergeblicher Versuch.« Die Gründung eines Charakters liegt in der »absoluten Einheit des inneren Prinzips des Lebenswandels überhaupt«.

Kant meint: »Vielleicht werden nur wenige sein, die diese Revolution vor dem dreißigsten Jahre versucht, und noch wenigere, die sie vor dem vierzigsten Jahre fest gegründet haben.«

Die Revolution der Denkungsart wird unterschieden von der Reform. Daß jemand ein guter Mensch »nach dem intelligiblen Charakter« werde, »das kann nicht durch allmähliche Reform, solange die Grundlage der Maximen unlauter bleibt, sondern muß durch eine Revolution in der Gesinnung im Menschen bewirkt werden, ... gleich als durch eine neue Schöpfung und Änderung des Herzens«. Auch die Reform hat ihren Ort: »Die Revolution ist für die Denkungsart, die allmähliche Reform aber für die Sinnesart notwendig. Die einzige unwandelbare Entschließung kann in der Zeit nur als Unendlichkeit des Fortschritts wirklich werden.«

3. *Was auf dem Weg erreicht werden will:* Die Umwandlung der Denkungsart ist unermeßlich schwierig. Jedesmal wird nach einer klaren gegenständlichen Einsicht das scheinbar Unmögliche verlangt, durch eine Dialektik das Gegenständliche zu transzendieren. Es ist, als ob man ins Leere falle.

Das wäre eine bloße Wunderlichkeit, wenn es eine Willkür Kantischen Denkens wäre. Die Gegner werfen ihm vor, daß er zur Subjektivierung, zur Phänomenologisierung, zur Aufhebung der Objektivität verleite, oder daß er einen Anspruch erhebe, unvollziehbare Gedanken zu vollziehen. Das Neue bei Kant, sagen sie, sei ein totaler Irrweg. Aber ihnen ist zu antworten: dieses Neue, aus der Natur unserer Vernunft selber zum Bewußtsein gekommen, ist doch nur eine neue Weise der Bewußtwerdung uralten Grundwissens.

Wer es vollzieht, hält es für die Bedingung des menschlichen Wahrseins schlechthin, darf sich aber nicht darüber täuschen, daß es andere Mächte gibt, die dieses Grundwissen nicht verstehen. Das neu geformte Kantische Grundwissen bringt die Situation des Menschen zur Klarheit: wir vermögen die Grenzen jeder Denkungsart zu erfassen. Wir finden die Selbsterziehung zu dem theoretisch schwebenden Seinsbewußtsein, in dessen Raum die praktische Unbedingtheit des sittlichen Tuns möglich ist und seinen Sinn versteht.

Der Weg führt nicht in ein Land, in dem alles wohl angebaut, gewußt und übersehbar ist. Die Ordnung der Kantischen Systematik ist nur eine Ordnung aller Wege, nicht Erfüllung in der Vollendung. Kant führt in den Raum stets sich selbst hervorbringenden Lebens, in das Geheimnis der schöpferischen Quellen der Vernunft. Wer dorthin gelangt, muß selber dabei sein und tun, was Kant nicht für ihn tat. Kant gibt ihm die Chancen.

Die »neue Wissenschaft« ist und verlangt Außerordentliches. »Meine Schrift«, sagt Kant (11. 5. 81), »kann nicht anders als eine gänzliche Veränderung der Denkungsart in diesem Teile menschlicher Erkenntnisse hervorbringen.« »Es ist gar nicht Metaphysik, was ich in der Kritik bearbeite, sondern eine ganz neue und bisher unversuchte Wissenschaft, nämlich die Kritik einer a priori urteilenden Vernunft.« Kant nennt sein neues Denken eine »Metaphysik der Metaphysik«. Es handelt sich um eine Umdrehung des Denkens, die Kant für seine die Erkenntnis betreffenden Formulierungen in Analogie zu dem großen Astronomen eine Kopernikanische Wendung genannt hat: statt daß, wie nach aller bisherigen Auffassung, sich die Begriffe nach den Gegenständen richten, richten sich vielmehr die Gegenstände nach den Begriffen.

Aber die Umwendung ist mehr. Das neue Denken hat einen allumfassenden Charakter. Denn es erhellt die gesamte Vernunft. Es gibt nichts, dessen Sinn nicht von da betroffen würde und in der Weise seines Gedachtwerdens eine andere Gestalt und eine andere Atmosphäre forderte. Darum ist gleich in den ersten Entwürfen nicht nur vom Erkennen die Rede, sondern von Moral und Geschmack und von den letzten Zwecken der Menschheit. Dann konzentriert sich in den siebziger Jahren die Arbeit auf die Grundlage, die in der »Kritik der reinen Vernunft« als das erste Buch der neuen Denkungsart an die Öffentlichkeit tritt, dem dann schnell alle die Werke folgen, die der ursprünglichen Konzeption Genüge tun.

b) *Die Weite des Kantischen Frageraums*

Philosophieren will in der Zeit das anfänglich dunkle Ganze zur Klarheit bringen, muß daher trennen, nacheinander denken und das Ganze in dieser Bewegung erwachsen lassen.

Wenn das denkende Bauen von Anfang an in sich haben muß, was doch erst gesucht wird, so muß ich am Anfang mit meinem Wesen selbst mich gleichsam hineinschwingen oder den Sprung vollziehen. Mit einem Schlage wird Gegenwart, was doch im Denken erst wächst, indem es klar wird.

In dem entfalteten Spiel zwischen Frage und Antwort ist der Anfang daher nicht der Gegenstand, sondern der Weg. Die erste Klarheit beginnt mit der Frage. Was gefragt wird, bestimmt den Sinn des Philosophierens. Kants berühmte Grundfragen, an verschiedenen Stellen wiederholt als drei oder als vier Fragen, die die ganze Philosophie umfassen, lassen sich auf folgende Weise entwickeln:

1. Unser natürliches Verhalten ist: Was ich als Sein denke, steht mir als Gegenstand gegenüber. Ich nehme dieses Sein als das, als was es sich gibt, wenn ich es weiß. Sein ist Gewußtsein. Es ist an sich selbst, wie es für mich ist. Das gilt als selbstverständlich, ohne daß ich mir diese Selbstverständlichkeit bewußt mache, also auch ohne daß ich nach ihr frage. Der große Schritt ist, daß diese natürliche Haltung sich ungewiß wird. Das geschah in der modernen Philosophie seit Descartes. Kant treibt dieses Fragen in die Tiefe: Wie kommt das denkende Subjekt zum gedachten Objekt? Wie beziehen sich beide aufeinander? Da ich doch nicht als Denkender der Gegenstand bin, den ich denke, wie verhält sich das Denken zum Gedachten? Kants erste Grundfrage ist: *Was kann ich wissen?*

2. Ich handle, weil ich etwas will. Warum will ich etwas? Etwa um zu leben oder weil es mir Lust macht oder mein Interesse ist? Aber was ist das? Ich frage, ob das Leben, ob die Lust, ob das Interesse sich lohnt, frage nach

dem Sinn und Zweck und nach dem Endzweck, der allem erst den Sinn geben würde. Das heißt, ich frage, ob ich, gleichsam genarrt von Zwecken, ohne Endzweck, zufällig dies und jenes will, oder ob ich unbedingt, weil ohne einen weiter zu erfragenden Grund, wollen kann, ob ich nicht vorläufig, sondern endgültig, nicht zufällig, sondern eigentlich will, nicht weil ein anderer es sagt, sondern weil es mir selbst unbedingt verpflichtend geboten ist. Kants zweite Frage ist: *Was soll ich tun?*

3. Die Folgen des Handelns nach dem unbedingten Gesetz koinzidieren keineswegs mit dem, was ich als mein Glück begehre. Die Welt ist voller Unrecht, Sinnlosigkeit und Zufall. Da meinem Verstande nur gewiß ist, was ich innerhalb der Grenzen möglicher Erfahrung weiß, und da mir aus anderem Ursprung meiner praktischen Vernunft gewiß ist, was ich tun soll, so bleibt eine tiefe Unbefriedigung. Das Ganze des Seins ist weder vom Wissen noch vom Wollen ergriffen. Das Sein ist für mich zerrissen. Die Einheit, die Angemessenheit des im Zeitdasein Getrennten aneinander kann nur im Übersinnlichen liegen. Kants dritte Frage lautet: *Was darf ich hoffen?*

4. Diesen Fragen hat Kant an zwei Stellen eine vierte hinzugefügt: *Was ist der Mensch?* Er sagt: Im Grunde könnte man die drei ersten Fragen auf die letzte beziehen. Die nach Kants Worten umfassende, die andern in sich schließende vierte Frage bedeutet: Kant geht nicht aus von Gott, dem Sein, der Welt, nicht vom Objekt, nicht vom Subjekt, sondern vom Menschen als der Stätte, an der allein dies alles für uns gegenwärtig wird. Im eigenen Dasein ist alles zu bewähren, was wahr ist, durch Erfahrung oder durch Tun. Keineswegs aber bedeutet der Vorrang der vierten Frage, daß das Seinserkennen durch das Menschenerkennen zu ersetzen sei. Vielmehr ist das Sein das, worauf es ankommt, das aber vom Menschen nur durch sein Menschsein zu berühren, zu ergreifen, fühlbar zu machen ist. Die Frage bedeutet nicht, daß Kant eine endgültige Antwort geben könne, was der Mensch sei. Der Mensch ist nicht subsumierbar unter ein anderes, ist in seinem Wesen nicht Art einer Gattung, die noch andere uns bekannte Arten enthielte. Er ist der wirkliche Raum des uns Möglichen. Kant könnte wie Sokrates bei Plato sprechen: Ich weiß nicht, was der Mensch ist, ob er ein noch wunderlicheres Wesen als Typhon sei. Wir sind Menschen und werden uns dessen bewußt, und fragen nach uns. Wir finden Antworten auf dem Wege des nie überschauten Menschseins.

Alles Bestimmte ist Problem eines im Umgreifenden Vorkommenden. Wir vermögen zu transzendieren, aber gelangen nicht in die Transzendenz. Wir bleiben Menschen. Wir umgreifen nicht noch einmal das Umgreifende, das wir sind, aber erfahren es als Umgriffenes.

Die Frage, was der Mensch sei, ist Antrieb des Kantischen Philosophierens von Anfang an. Schon in vorkritischer Zeit schrieb er: »Wenn es irgendeine Wissenschaft gibt, die der Mensch wirklich bedarf, so ist es die, welche ich lehre, die Stelle geziemend zu erfüllen, welche dem Menschen in der Schöpfung angewiesen ist, und aus der er lernen kann, was man sein muß, um ein Mensch zu sein.« Aber diese Frage hat nicht wie die drei ersten Fragen eine Antwort in einem bestimmten Werke durch Kant gefunden. Seine »Anthropologie«, die er im Alter als seine jahrzehntelang über das Thema gehaltenen Vorlesungen herausgab, ist nicht die Antwort auf die vierte Frage, die dem Kantischen Sinne entspräche. Sie behandelt die Anthropologie »in pragmatischer Hinsicht«, ist von hohem Interesse, aber enttäuschend, wenn man die Größe der Kantischen Frage bedenkt. Auf diese vierte Grundfrage ist die Antwort nur das Ganze des Kantischen Werks.

Die Gesamtheit dieser vier Fragen steckt »das Feld der Philosophie in ihrer weltbürgerlichen Bedeutung« ab. Für die »Philosophie in ihrer schulmäßigen Bedeutung« hat Kant seine Fragestellungen im Zusammenhang systematischer Begrifflichkeit jeweils viel bestimmter gefaßt, wie etwa: Wie sind synthetische Urteile a priori möglich? Aber die großen Grundfragen haben für den Gehalt des Philosophierens und dieser bestimmten Fragen jederzeit die Führung. Denn alles »Schulmäßige« hat nur Sinn, wenn es dem »Weltbürgerlichen« dient.

Was bedeutet das Fragen als philosophisches Fragen? Wir sind geneigt, die Antworten aufzufassen als Antworten, wie sie in den Wissenschaften gegeben werden: durch sie weiß ich über etwas Bescheid; oder als Angaben wie technische Vorschriften: nach ihnen kann ich etwas machen. Mit philosophischen Fragen und Antworten liegt es grundsätzlich anders.

Das ist zu beobachten in der Reaktion auf Kantisches Fragen und Antworten. Ein Beispiel ist Liebmann (der Kantianer, der mit seinem Ruf »zurück zu Kant« den Neukantianimus einleitete): Das »Ding an sich«, sagte er, sei eine Antwort auf eine Frage, die sich nicht stellen lasse. Das letzte Ziel des Philosophierens sei kein Begriff, sondern eine unbeantwortbare Frage, ein letztes Rätsel. Für dieses soll ein Gefühl die Lösung und die Erfüllung schaffen, durch welches der Anlaß zur Frage fortfalle. Diese Kritik Liebmanns trifft etwas Wahres, nämlich daß unbeantwortbare Fragen einen Sinn haben können. Während aber dem Philosophieren diese unbeantwortbaren Fragen zur Bewegung seines eigentlichen Denkens werden – wie es bei Kant und wenigen Großen stattfindet –, sollen sie hier abbrechen im Gefühl. Das wäre in der Tat ein Verzicht auf Philosophie, ein Ausweichen ins gestaltlose Nichtdenken. Das von Liebmann und nach ihm von vielen anderen bei Kant gesuchte Denken bleibt diesseits der Philosophie im endlichen Erkennen wissenschaftlicher Gegenstände. Diese Interpreten behandeln Kantische Begriffe wie solche wissenschaftlichen Begriffe und müssen darum den Sinn schon von »Grenzbegriffen«, wie des Dinges an sich, verfehlen. Auf diesem Wege verschwindet der Interpretation die Kantische Philosophie, indem sie sich verwandelt in ein Begriffsgeklapper mit den fatalen Widersprüchen und Unstimmigkeiten, die in natürlicher Konsequenz die moderne Logistik, die sich für Philosophie hält und Kant auf ihren Boden zieht, zur Verwerfung Kants geführt hat.

In philosophischen Fragen überschreite ich jeden Gegenstand, jedes bestimmte Dasein, jede bestimmte Weltvorstellung, lasse keine vorgezeichnete Architektur der Welt, keinerlei bestimmten Inhalt meines Handelns und meiner Zwecke vorweg als gültig zu. Alles wird in die Schwebe gebracht durch die über jede Besonderheit hinausschreitende Grundfrage. Aber dieses Überschreiten jedes besonderen Gegenständlichen soll dieses keineswegs als nunmehr gleichgültig liegen lassen, als ob anderswo das eigentliche Sein wäre. Denn nur im Gegenständlichen ist mir das Sein, wenn ich denken will, zugänglich. Es soll mit dem Überschreiten vielmehr gesucht werden, was wir Quelle oder Ursprung nennen, aus dem, obgleich er selbst nie Gegenstand wird, doch alle Gegenstände, alle Rahmen des Gegenständlichen, alle Horizonte, in die ich trete, erst als besondere möglich werden.

Ich bin nicht nur da mit Gegenständen in einer Umwelt. In mir ist ein Übergreifendes: die Vernunft, die weiß, will, nach Anfang und Ende fragt, und in diesen Fragen berührt, was Grund allen Daseins, Subjektseins und Objektseins ist. Als abhängiges Dasein ein Nichts in der Endlosigkeit, bin ich doch als unabhängige Vernunft die weltüberwindende Möglichkeit, diese Welt ins Auge zu fassen, in ihr ins Unendliche vorzudringen und über sie hinaus zu fragen.

Gegen die These, das Letzte des Philosophierens sei die Frage, und zwar die Frage, auf die keine Antwort möglich ist, steht der Einwand, solches Fragen sei sinnlos. Was nicht beantwortet werden könne, das könne auch nicht gefragt werden. Dieser Einwand überträgt die Forderung wissenschaftlicher Erkenntnis auf das Philosophieren. Daß die Frage keinen deutlichen Sinn durch exakt definierbare Begriffe hat (wie es in Wissenschaften mit Recht verlangt wird), das gehört dem transzendierenden und damit philosophischen Charakter solcher Fragen zu.

Die Deutlichkeit der philosophischen Frage hat einen anderen Sinn. Es kommt darauf an, wie die Frage entwickelt wird, was im Antworten und Nichtantworten geschieht, wie die Frage Ursprung einer Bewegung des Denkens wird, in der Vernunft sich verwirklicht durch ein mit diesem Denken selber identisches inneres Handeln. Damit wird kein Gegenstand erkannt, aber das Seinsbewußsein verwandelt. Die philosophische Frage ist so wenig wie die Antwort in der Denaturierung zu wissenschaftlicher Gegenständlichkeit noch von Belang. Sie haben ihren Gehalt durch das, wozu die Frage führt, auch wenn eine einsichtige Antwort ausbleibt, oder vielmehr durch dieses Ausbleiben. Denn hier ist ein radikaler Unterschied zwischen dem bloßen Nichtwissen des Verstandes und der Erhellung unseres Verstandes an seiner Grenze durch die Vernunft. Das Nichtwissen des Verstandes bleibt im Verstand nur negativ, läßt unsere Seelenverfassung leer. Das Nichtwissen der philosophischen Vergewisserung überschreitet den Verstand, verwandelt unser Seinsbewußtsein und läßt uns denkend reicher werden in Bereitschaft.

c) *Kants Skepsis*

Kants Stimmung war kaum je die skeptische. In den überlieferten Gehalten war sein Gemüt von früh an befriedigt. Aber doch genügte ihm das nicht. Er wollte erkennen. Er gab sich nicht zufrieden, weil ein Glaube durch Fürwahrhalten einen guten Charakter erwies, oder weil berühmte Männer ihn für wahr gehalten hatten. Er fragte nach den Gründen dessen, was im Glauben als Erkenntnis sich aussprach. Als solche Erkenntnis wurden ihm viele für gewiß gehaltene Sätze, und zwar solche von den wesentlichsten Inhalten wie Gott und Unsterblichkeit, fragwürdig. Auf diesem Wege schien Kant, im Grunde seines Wesens unerschüttert, zu einem heiter gelassenen Skeptiker sich zu entwickeln. Aber das war nicht sein Ziel. Er wollte gerade nicht die Skepsis wiederholen, die jederzeit das bequeme Ausruhen der Vernunft war. Er wollte auf dem Wege über die Skepsis zur eigentlichen Gewißheit gelangen. Dies aber versuchte er nicht durch eine Gewißheit über die Methode, auch nicht durch Gewißheit über einzelne Fragen in der Welt, auch nicht durch Gewißheit einer Offenbarung, sondern vermöge eines Wissens um das Ganze unseres vernünftigen Daseins, um die Möglichkeiten und Grenzen der Vernunft in ihrer vieldimensionalen und doch in sich verbundenen Totalität.

Auf dem Grunde der ihn von jeher tragenden Überzeugung wurde Kant sich im Denken gewiß. Mit seiner »Kritik der reinen Vernunft« hatte er den Boden gewonnen, dessen Festigkeit ihm über jeden Zweifel erhaben war.

Ich »überrede mich kühnlich, daß dieses Buch alle Bearbeitungen in diesem Fache in einen neuen Weg leiten werde und daß die darin vorgetragenen Lehren eine Beharrlichkeit hoffen können«. Er ist gewiß, die Grenzen der Vernunft nach sicheren Prinzipien so abgesteckt zu haben, »daß man künftig mit Sicherheit wissen könne, ob man auf dem Boden der Vernunft oder der Vernünftelei sich befinde«. Schon 1773 schreibt er mit Zuversicht, er habe die Hoffnung, »der Philosophie auf eine dauerhafte Art eine andere und für Religion und Sitten weit vorteilhaftere Wendung zu geben«. Er kann schon damals sagen, er sei in der Absicht, eine so lange »umsonst bearbeitete Wissenschaft umzuschaffen, so weit gekommen, daß ich mich in dem Besitz eines

Lehrbegriffs sehe, der das bisherige Rätsel völlig aufschließt«. Er glaube nicht, »daß es viele versucht haben, eine ganz neue Wissenschaft der Idee nach zu entwerfen und sie zugleich völlig auszuführen«.

Durch das gesamte Werk Kants geht die Begründung der Objektivität als Allgemeingültigkeit. Diese Objektivität wird in der Subjektivität gefunden, aber nicht weniger die Subjektivität von der Objektivität bestimmt. Daher ist bei Kant alles, weil in der Erscheinungswelt unseres Daseins durch die Subjektivität unserer Vernunft bedingt, auch subjektiv, – aber, weil aus dem Ursprung kommend, auch objektiv.

Um sich durch das Wort Subjektivität nicht täuschen zu lassen, ist zunächst alle private Subjektivität als die Mannigfaltigkeit des Individuellen auszuschließen. Kants Subjektivität ist eine gemeinschaftliche, daher kommunikative und öffentliche. Diese Subjektivität ist das Subjekt des »Bewußtseins überhaupt« des Erkennens, und sie geht bis zu der Subjektivität der empirischen Geselligkeit und ihrer Regeln, die in der Mitteilbarkeit der Gefühle ihren Sinn haben.

Die Bezogenheit von Subjektivität und Objektivität wechselt daher ihren Sinn. Da für die Form des Sprechens vom Gültigen die Objektivität der Natur unter Gesetzen der Maßstab bleibt, so tritt in der Kantischen Darstellung aller Weisen der Objektivität eine Spannung ein, so daß scheinbar hin und her und widersprechend behauptet wird, z. B. die Subjektivität und die Objektivität der Ideen, des Schönen, der Naturzwecke. Der Sinn und die Weise der Allgemeingültigkeit der darin auftretenden Urteile weichen voneinander ab als grundsätzlich verschiedene, außer dem, daß sie alle in der Einheit der Vernunft begründet sind. Die »Subjektivierung« bedeutet bei Kant keine Herabsetzung, sondern die Erhellung der jeweiligen Weise der Subjekt-Objekt-Beziehung. Sie bedeutet nicht Skepsis, sondern Sicherung der je eigentümlichen objektiven Gültigkeit.

Dies für den Leser im Anfang Verwirrende, daß eben subjektiv hieß, was dann objektive Geltung beansprucht, ist zu begreifen: *Erstens* aus der Interpretation der Erscheinungshaftigkeit des Daseins, die an allen Stellen schließlich zum Zeiger auf das Übersinnliche wird, *zweitens* aus Kants Willen zum Abschreiten aller Weisen der Vernunft. So findet er z. B. das Besondere der reflektierenden Urteilskraft, die im höchsten Maße zu subjektivieren scheint, während sie die Eigentümlichkeit neuer Objektivitäten erst recht herausstellt: die wunderbare Einstimmung der Natur der Dinge mit unseren Erkenntnisvermögen, des freien Spiels aller Vermögen des Gemüts im Anschauen des Schönen, die Erfahrung des Erhabenen, die Objektivität des Daseins der Dinge als Naturzwecke in den lebendigen Organismen.

Alle Gewißheit ist in Urteilen. Urteil ist der Akt, in dem wir uns des Seins gültig bewußt werden, indem zwei Getrennte zur Einheit gebracht sind. Urteil nennt Kant aber nicht nur den im Satz sich aussprechenden Denkakt. Er kennt das Erfahrungsurteil, in dem auf Grund der Wahrnehmung ein Gegenstand gültig erkannt wird; er kennt das Urteil des Handelns, das sich als Imperativ des Sollens klar wird; er kennt das Geschmacksurteil im Anschauen des Schönen, das überhaupt nicht im gedachten Satz, sondern dadurch zum Ausdruck kommt, daß das Prädikat dieses Urteils ein gültiges Gefühl der Lust und Unlust ist (ein allgemeingültiges Gefühl statt eines allgemeingültigen Begriffs). In allen drei Richtungen sind die subjektiven Urteile (ohne allgemeine Gültigkeit) von den objektiv gültigen Urteilen zu unterscheiden: so die ästhetischen Sinnesurteile des Angenehmen von ästhetischen Reflexionsurteilen, die bloßen Wahrnehmungsurteile von Erfahrungsurteilen, die technischen und pragmatischen Imperative von dem kategorischen Imperativ.

d) *Negative und positive Bedeutung des Philosophierens*

Es gibt ein zweifaches Pathos bei Kant, das des Erkennens als des fortschreitenden forschenden Wissens in der Welt, und das der Freiheit als der in der Verwirklichung gewiß werdenden Gegenwart eigentlichen Seins. Er verlangt, beides nicht zu verwechseln, nicht wissen zu wollen, wo ich durch Schein-Wissen mich betrüge und meine Freiheit zerstöre.

Daher spielt in diesem Denken eine so große Rolle die kritische Abwehr. Kant kann sagen: »Die ganze Philosophie der reinen Vernunft hat es bloß mit diesem negativen Nutzen zu tun.« Dort, wo die Täuschung aus der Natur der Vernunft selber unvermeidlich ist, vermag die kritische Erhellung zu bewirken, sich durch die Täuschungen nicht betrügen zu lassen, auch wenn ihr Schein nicht aufzuheben ist, so wenig wie Sinnestäuschungen, die, wenn ich sie erkannt habe, doch fortbestehen, auch wenn sie nun nicht mehr betrügen.

Die philosophische Begriffsbildung als transzendentale Einsicht ist nicht mehr Ontologie (deren »stolzen Namen« Kant für sein Denken ausdrücklich verwirft), sondern Kritik. Sie bringt die Scheidung und Grenzbestimmung unserer Vermögen, durch die unser Bewußtsein und Tun konstituiert wird in den Weisen, in denen Sein uns gegenwärtig sein kann.

Welterkenntnis ist unser einziges Erkenntnisfeld, aber Welterkenntnis ist nicht Seinserkenntnis. Statt Seinserkenntnis (Ontologie) ist Transzendentalphilosophie möglich: Kant transzendiert nicht in ein Jenseits, sondern an die Grenze allen Daseins. Es ist nicht ein Transzendieren in einen anderen Raum, aber doch ein Transzendieren, weil ein schlechthin anderer Erkenntnisvollzug als bei allem Erkennen in der Welt.

Von diesem Kantischen Denken ist in falscher Interpretation ein doppelter Abweg möglich: Die Rückgleitung in die Welt, als ob es sich bei Kant nur um Rechtfertigung der Gültigkeit wissenschaftlicher Erkenntnis, um Erkenntnistheorie, handle, – oder die Rückgleitung in die alte Metaphysik (etwa die, daß die Welt Traum und Schein sei). Dort wird die Transzendenz, hier die Welt verloren. Bei Kant aber ist eins nicht ohne das andere, die Welt nicht Schein, sondern Erscheinung, die Welt nicht Ansichsein, sondern als Erscheinung Sprache der Transzendenz.

Aber wir haben die Neigung, unsere Schranken zu durchbrechen. Wir wollen das Wahre sinnlicher, wirksamer, vollendeter haben, als uns verstattet ist. Dann berauschen wir uns im ergriffenen Absoluten, versäumen die uns mögliche Erkenntnis, verflüchtigen uns selbst in der Intensität des Scheinbaren.

Die sinnliche Leibhaftigkeit des Unsinnlichen tilgt die Kraft der Freiheit. Daher haben die Regierungen, meint Kant, um passive Untertanen zu haben, gern erlaubt, die Religion mit dem »kindischen Apparat« und »Zubehör« reichlich versorgen zu lassen. Dann nimmt man dem Untertan die Mühe, aber zugleich auch das Vermögen, seine Seelenkräfte über die Schranken auszudehnen, die man ihm willkürlich setzt, und wodurch man ihn behandeln kann.

Was eigentlich ist, ist nicht als Gewußtes, sondern als Getanes, und nicht als nur objektive Handlung, sondern diese nur ineins mit der Gesinnung, aus der sie getan ist. Ich erkenne nicht, was eigentlich ist, sondern werde dessen gewiß durch meine Freiheit.

Die einzige und eigentliche unversöhnliche Gegnerschaft zu Kant liegt in der Haltung, welche die Vernunft, weil sie Grenzen hat, nicht nur in diesen halten, sondern vernichten möchte durch die unvermeidlich mit geistiger Gewaltsamkeit verbundene Befriedigung an widervernünftiger Objektivierung. Die Vernunft gibt sich preis, verzichtet auf sich selbst. Diese von jeher mächtige Gegnerschaft gegen die Vernunft faßt Kant ins Auge unter den Titeln Schwärmerei, Fanatismus, Dogmatismus.

Schwärmerei nennt Kant eine nach Grundsätzen unternommene Überschreitung der Grenzen der menschlichen Vernunft. Theoretische Schwärmerei ist das Ergreifen vermeintlicher Erkenntnisse über die Grenzen der Erfahrung hinaus. »Über die Grenzen der Sinnlichkeit hinaus etwas zu sehen, d. i. nach

Grundsätzen träumen (mit Vernunft rasen) zu wollen«, ist ein Wahn. – Moralische Schwärmerei ist die Begründung der sittlichen Handlung statt auf die menschliche Gesinnung im Kampfe, auf den Besitz vermeintlicher Heiligkeit und Reinigkeit der Gesinnungen, auf diese »windige, überfliegende, phantastische Denkungsart«, die aus Herzensaufwallungen statt aus Pflicht handelt und darüber ihre Schuldigkeit vergißt. – Religiöse Schwärmerei ist die Meinung, Wirkungen der Gnade von denen der Tugend unterscheiden oder durch die ersteren wohl gar die letztere in sich hervorbringen zu können, und schließlich auf den übersinnlichen Gegenstand Einfluß zu haben. Wenn unsere Unwissenheit bei Bewegungen des Gemüts zum Moralischen hin »bisweilen gestehen muß: der Wind wehet, wohin er will, aber du weißt nicht, woher er kommt«, so können wir doch keine himmlischen Einflüsse in uns wahrnehmen. Die religiöse Schwärmerei ist der moralische Tod der Vernunft, ohne die doch gar keine Religion stattfinden kann.

Daß es keine Gespenster gibt, ist für Kant im Zusammenhang der transzendentalen Vergewisserung unseres Erkenntnisvermögens und dessen, was uns vorkommen und nicht vorkommen kann, zwingend gewiß: »Eine Substanz, welche beharrlich im Raume gegenwärtig wäre, doch ohne ihn zu erfüllen«, – ebenso auch eine besondere Grundkraft unseres Gemüts, das Künftige im voraus anzuschauen, oder mit anderen Menschen (so entfernt sie auch sein mögen) in Gemeinschaft der Gedanken zu stehen, – »das sind Begriffe, deren Möglichkeit ganz grundlos ist, weil sie nicht auf Erfahrung und deren bekannte Gesetze gegründet werden kann«. Ohne die Möglichkeit der Erfahrbarkeit – d. h. sie mit den Methoden der Erfahrung zu sichern – sind sie eine willkürliche Gedankenverbindung, die, obgleich sie keinen Widerspruch enthält, »doch keinen Anspruch auf objektive Realität, mithin auf die Möglichkeit eines solchen Gegenstandes machen kann«.

Kants Philosophie scheint arm. Sie scheint alles zu nehmen, was dem metaphysischen Bedürfnis des Menschen lieb war, und dazu die Möglichkeit des Glücks in der Welt. Aber sie ist von unvergleichlicher Kraft durch die kritische Disziplin, mit der sie mich auf die Grenze des Daseins stellt, um im Dasein recht zu leben. Kants Erhellung der Vernunft erhebt den Anspruch, in der Welt und bei uns selbst ganz gegenwärtig zu werden, zu tun, was uns möglich ist, und dies nicht zu versäumen durch befriedigende Täuschungen. Die Grenzen der Vernunft in der bestimmten Weise Kants zum Bewußtsein zu bringen, fordert, in der Bescheidung des uns gegebenen Daseins zu leben, von den Grenzen der Vernunft her aber diese selber immer weiter werden und tiefer sich erfüllen zu lassen.

Daher der Satz Kants: Man könne »nicht Philosophie, sondern nur Philosophieren lernen«. Und: »Eben darin besteht Philosophie, seine Grenzen zu kennen.«

Die in uns verborgene Forderung, das, worauf es ankommt, sinnlichleibhaftig zu haben, kann uns die Ohnmacht der unsinnlichen Vernunft fühlbar werden lassen. Aber Kant sieht in der Vernunft, die ihn durch das Sittengesetz, die Ideen, das Leben, das Schöne stets die Beziehung zu Gott erfahren läßt, das Gegenteil: hier sieht er die eigentliche Macht, hier ist sie wirklich da. »Vielleicht gibt es keine erhabenere Stelle im Gesetzbuch der Juden als das Gebot: Du sollst dir kein Bildnis machen noch irgendein Gleichnis... Eben dasselbe gilt auch von der Vorstellung des moralischen Gesetzes. Es ist eine irrige Besorgnis, daß, wenn man sie alles dessen beraubt, was sie den Sinnen empfehlen kann, sie alsdann keine andere als kalte leblose Billigung und keine bewegende Kraft bei sich führen würde.« Daß das Unsinnliche kraftlos sei, ist nicht wahr. Wo es wirklich gegenwärtig ist, ist es vielmehr umgekehrt. Denn da, wo die Sinne nichts mehr vor sich sehen und die unauslöschliche Idee der Sittlichkeit dennoch übrigbleibt, ist die Kraft unüberwindlich.

Die Welt ist nicht in sich geschlossen. Es gibt ein Reich der Geister, d. h. vernünftiger, sich innerlich berührender Wesen, aber nur als ein in der Zeit zu verwirklichendes Reich der Freiheit, nicht als ein wißbares Reich im Jenseits und nicht als objektive Institution im Diesseits, sondern nur als unsichtbare Kirche. Auf sie gründet sich die Hoffnung in dieser Welt. Das Heilvolle wird erwirkt von dieser großen unorganisierten und unorganisierbaren Gemeinschaft.

e) *Die Endlichkeit des Menschen und die Grenzen der Vernunft*

Ist diese Kantische Vernunft selbstmächtig im Vernunftstolz, wenn sie in sich die oberste Instanz findet, selber hervorbringend sich selbst und damit den Menschen? Das ist der theologische Vorwurf gegen Kant. Darauf ist zu antworten: *Erstens* aus der Vernunft in ihrem ganzen Umfang, wie Kant sie meint: keineswegs darf an ihre Stelle ein bloßer Verstand und ein Meinen treten. *Zweitens* aber und vor allem: die Kantische Vernunft ist im Hervorbringen sich bewußt, daß sie hinnimmt: nicht nur als Verstand die Erfahrung der Sinnenwelt, sondern auch als Vernunft im eigentlichen Sinne die Objektivität der Ideen und das Übersinnliche an den Grenzen. Diese Vernunft ist nicht sich selbst genug, obgleich sie in der Welt, in der zeitlichen Erscheinung unseres Daseins, die unumgängliche Bedingung verläßlicher und echter Vergewisserung ist. Denn die Vernunft weiß, gerade als Vernunft, die Endlichkeit des Menschen, und sie erfährt ihre eigenen Grenzen.

1. *Die Endlichkeit des Menschen:* Der Mensch ist endlich, weil er überall auf anderes angewiesen und nirgends absolut vollendbar ist.

Unser Verstand ist diskursiv, nicht intuitiv, bringt seinen Gegenstand der Form nach, aber nicht dem Dasein nach hervor, ist angewiesen auf Erfahrung und kann diesen ins Unendliche gehenden Prozeß des Erkennens nicht abschließen.

Unser Wille ist bedürftig, weil in seiner Befriedigung abhängig von der Existenz des Gegenstandes. Unsere physischen Bedürfnisse machen uns endlich.

Kein Mensch kann sich auf sich allein stützen. Jeder ist angewiesen auf die anderen. Wir sind Menschen nur durch Gemeinschaft mit Menschen. Es gibt keine mögliche Selbstgenügsamkeit des Einzelnen.

Für endliche, aber vernünftige Wesen ist Zufriedenheit mit ihrem ganzen Dasein nicht ein ursprünglicher Besitz, welcher ein Bewußtsein unabhängiger Selbstgenügsamkeit voraussetzen würde. Daher ist unser Verlangen, glücklich zu sein, ohne es je endgültig und ganz sein zu können.

Endlichkeit ist Zeitlichkeit. Solange Zeitlichkeit ist, gibt es kein Stehenbleiben. Statt der Unendlichkeit einer vollendeten ewigen Gegenwart ist unser Dasein der Vernunft ein ins Unendliche gehender, nie vollendeter Fortschritt. Uns »vernünftigen, aber endlichen Wesen ist nur der Progressus ins Unendliche möglich«.

Alle Charaktere unserer Endlichkeit gipfeln darin, daß für uns als vernünftige Sinnenwesen die Spaltung unaufhebbar ist zwischen Naturgeschehen und Freiheit. Die Notwendigkeit der Naturgesetze hat nicht den mindesten Zusammenhang mit der Notwendigkeit der Sollensgesetze, was die Folgen der einen oder der anderen betrifft. Zwischen unserem Glücke als einem als Teil zur Welt gehörenden Wesen und den Folgen unserer Handlungen des dem Gesetz folgenden guten Willens ist kein angemessenes Verhältnis. Daher ist gespalten unsere Neigung zum Glück von unserer Pflicht zur Befolgung des Sittengesetzes. Unsere Sittlichkeit bleibt in der Endlichkeit ein Ringen mit uns selbst und der Welt. In der Spaltung sind wir fähig der Autonomie der Vernunft, nicht aber der Autokratie eines ungespaltenen heiligen Wesens.

Heiligkeit »wäre die völlige Angemessenheit des Willens zum moralischen Gesetze, eine Vollkommenheit, deren kein vernünftiges Wesen der Sinnenwelt in keinem Zeitpunkt seines Daseins fähig ist«. Unsere Sittlichkeit ist nicht Heiligkeit unseres Seins, sondern Befolgung des Sollens. Nur ein göttlicher Verstand, »dem die Zeitbedingung nichts ist«, sieht in der für uns endlosen Reihe der Handlungen »das Ganze der Angemessenheit mit dem moralischen Gesetze in einer einzigen intellektuellen Anschauung des Daseins vernünftiger Wesen«.

Die moralischen Gesetze müssen von uns endlichen Wesen als Gebote vorgestellt werden: Unsere Vernunft kann die Notwendigkeit des Sittlichen nicht durch ein Sein (Geschehen), sondern nur als Seinsollen ausdrücken. In einer ungespaltenen intelligiblen Welt wäre kein Unterschied weder zwischen Sollen und Tun, noch zwischen dem Werte der Handlungen guten Willens und den glücklichen oder unglücklichen Folgen dieses Handelns in der Realität.

Das Ringen des endlichen sittlichen Wesens geht im guten Willen um die »Tugend«, die ihr eigener Zweck und auch ihr eigener Lohn ist, »wobei sie als Ideal so glänzt, daß sie nach menschlichem Augenmaß die Heiligkeit selbst, die zur Übertretung nie versucht wird, zu verdunkeln scheint«. Das aber ist »gleichwohl eine Täuschung«, weil wir darin »die subjektiven Bedingungen der Schätzung einer Größe für die objektive der Größe an sich selbst zu halten verleitet werden«.

Weil uns »in Ansehung der Heiligkeit nichts als Fortschritt ins Unendliche übrig« bleibt, ist uns »eine mit Demut verbundene Selbstschätzung« gehörig. Eine Verkennung der Endlichkeit war die stoische Denkungsart, die Vollendung der Tugend »als in diesem Leben völlig erreichbar« vorzustellen. Unter Menschen können uns zwar Beispiele, aber nicht Urbilder der Idee der Tugend vorkommen. Nur die Idee ist uns innere Führung. Wir haben kein anderes Richtmaß unserer Handlungen »als das Verhältnis dieses göttlichen Menschen in uns, womit wir uns vergleichen«. »Das Ideal aber in einem Beispiele realisieren wollen, wie etwa den Weisen in einem Roman, ist untunlich und hat überdem etwas Widersinnisches und wenig Erbauliches an sich, indem die natürlichen Schranken, welche der Vollständigkeit der Idee kontinuierlich Abbruch tun, alle Illusion in solchem Versuche unmöglich und dadurch das Gute, das in der Idee liegt, selbst verdächtig und einer bloßen Erdichtung ähnlich machen.«

Daß wir vernünftige endliche Wesen sind, gibt auch die Antwort auf die Frage, ob der Mensch von Natur gut oder böse sei. Durch seinen *intelligiblen* Charakter ist der Mensch gut. Die Erfahrung zeigt aber den Hang zum Bösen so früh, als der Mensch von seiner Freiheit Gebrauch zu machen beginnt. So ist der Mensch »seinem *sensibelen* Charakter nach als böse zu beurteilen, ohne daß sich dieses widerspricht«.

Zusammengefaßt: Unser Wesen vollzieht sich überall in Spaltungen. Diese halten die Vernunft in Bewegung, derart, daß in der Zeit diese Bewegung selber die Gegenwärtigkeit der Wahrheit ist, die Wahrheit aber nicht als Vollendung zum Besitze wird. Unser Verstand ist angewiesen auf die Sinneswelt, unsere Vernunft auf den Verstand. »Wo der Verstand nicht folgen kann, wird die Vernunft überschwenglich.« Wo im Anschauen des Schönen die Vollendung im Spiel erfolgt, da nur um den Preis, daß unsere Wirklichkeit nicht darin ist. Was immer wir tun, etwas anderes fehlt, ist zur Ergänzung notwendig, und diese Ergänzung ist selber wieder ungenügend.

2. *Die Grenzen der Vernunft:* Die Vernunft kann sich selber erhellen, aber nicht begreifen, woher sie kommt. Sie kann sich auch nicht aus

einem ersten gegebenen oder vollzogenen oder erfahrenen Prinzip ableiten.

a) *Die Unableitbarkeit der Grundvermögen:* »Alle menschliche Einsicht ist zu Ende, sobald wir zu Grundkräften oder Grundvermögen gelangt sind; denn deren Möglichkeit kann durch nichts begriffen, darf aber ebensowenig beliebig erdichtet und angenommen werden.« Wenn die Grundvermögen der Vernunft erkannt werden, so sind die theoretischen durch die Erfüllung in der Erfahrung bewährt, jedoch ist die Grenze des Begreifens das Faktum, daß es zwei Anschauungsformen (Raum und Zeit), und daß es eine bestimmte Zahl und gerade diese Urteilsformen und Kategorien gibt. Im Praktischen ist das moralische Gesetz, aber nur »gleichsam ein Faktum«, a priori bewußt, apodiktisch gewiß, wenn es auch durch keine Erfahrung bewiesen werden kann.

b) *Die Unbegreiflichkeit der Freiheit:* Die Freiheit ist durch das moralische Gesetz postuliert, aber unbegreiflich. Wie Freiheit möglich sei, d. h. wie man sich diese Art von Kausalität positiv vorzustellen habe, ist theoretisch nicht einzusehen. Kein menschlicher Verstand wird sie jemals ergründen, aber auch keine Sophisterei sie der Überzeugung selbst des gemeinsten Menschen jemals entreißen.

Was Freiheit sei, verstehen wir in praktischer Beziehung, wenn von Pflicht die Rede ist. Aber was ihre Kausalität sei, das verstehen zu wollen, ist vergeblich. Wie der Determinismus des Naturgeschehens »mit der Freiheit, nach welcher die Handlung sowohl als ihr Gegenteil in dem Augenblick des Geschehens in der Gewalt des Subjekts sein muß, zusammen bestehen könne: das ist, was man wissen will und nie einsehen wird«.

Unauflöslich ist es, wie ein Gesetz unmittelbar Bestimmungsgrund eines Willens sein könne. Unbegreiflich ist die Wirkung des Gesetzes aufs Gefühl, wie es die Selbstliebe und das Wohlgefallen an sich einschränkt, ein Gefühl der Achtung erzeugt und »demütigt«.

Immer wieder steht Kant verwundert und ergriffen vor dieser Grenze: Wie ist es möglich, »daß die bloße Idee einer Gesetzmäßigkeit überhaupt eine mächtigere Triebfeder für die Willkür sein könne als alle nur erdenklichen, die von Vorteilen hergenommen werden?« Das kann weder durch Vernunft eingesehen noch durch Beispiele der Erfahrung belegt werden. Das Gesetz gebietet unbedingt. »Wenn es auch nie einen Menschen gegeben hätte, der diesem Gesetze unbedingten Gehorsam geleistet hätte«, so würde doch »die objektive Notwendigkeit, ein solcher zu sein, unvermindert und für sich selbst einleuchten«.

Wenn Kant den Sinn des kategorischen Imperativs formuliert, fügt er hinzu, es sei nicht zu beweisen, wie ein solcher Satz a priori möglich sei und warum notwendig. Nie habe er vorgegeben, einen solchen Beweis in der Hand zu haben. Einsichtig sei nur der analytische Satz: Wenn Sittlichkeit nicht eine chimärische Idee ohne Wahrheit ist, dann liegt in ihr notwendig die Autonomie des Willens. Woher dann aber die Gewißheit? Es gibt keine andere als die praktische, durch die Tat.

»Die Sittlichkeit von aller Beimischung des Sinnlichen und allem unechten Schmuck des Lohns oder der Selbstliebe entkleidet« sieht jede »nicht ganz für alle Abstraktion verdorbene Vernunft«. Etwas anderes wäre es, »die praktische unbedingte Notwendigkeit des moralischen Imperativs« zu begreifen. »Wir begreifen aber doch seine Unbegreiflichkeit.«

Haben wir die Grenze der Einsicht in das Moralische bestimmt, so sind uns zwei Irrwege verwehrt: *erstens* daß die Vernunft in der Sinnenwelt nach der obersten Bewegungsursache und einem begreiflichen empirischen Interesse herumsucht und damit sich selbst nicht mehr versteht, und *zweitens* daß sie im leeren Raum transzendenter Begriffe unter dem Namen der intelligiblen Welt kraftlos ihre Flügel schwinge, ohne von der Stelle zu kommen, und sich unter Hirngespinsten verliere.

c) *Die Unbegreiflichkeit der Umkehr aus dem radikal Bösen:* Die tiefste Grenze der Vernunft ist die Unbegreiflichkeit des radikal Bösen und der Umkehr aus ihm. Radikal böse nennt Kant die dem sinnlichen Vernunftwesen mit dem ersten Bewußtwerden seiner Freiheit eingeborene Maxime: dem sittlichen Gesetz folgen zu wollen nur unter der Bedingung, daß es dem eigenen Glücke förderlich sei. Es ist die Umkehr der wahren Maxime: das Glück zu ergreifen nur unter der Bedingung, daß die Handlung das sittliche Gesetz nicht verletze.

Der Vernunftursprung des radikal Bösen ist uns unerforschlich, weil das Böse uns selbst zugerechnet werden muß und doch ursprünglich in uns da ist. Und »wie es möglich sei, daß ein natürlicher böser Mensch sich selbst zum guten Menschen mache, das übersteigt alle unsere Begriffe«. Aber wir sollen uns umwenden, folglich müssen wir es können.

An dem Ort dieser Unbegreiflichkeit steht der Mythus vom Sündenfall einerseits, von der Gnade andererseits. Die Vernunft leugnet nicht die Möglichkeit der Gegenstände dieser religiösen Vorstellungen. Aber sie kann sie nicht in ihre Maximen zu denken und zu handeln aufnehmen. Sie soll sich selbst verdanken, was sie tut. Jede Abwälzung auf ein anderes würde sie schwächen. Nichts darf ihre äußerste Anspannung erleichtern. Aber sie weiß um ihre Grenze und wird sich der Unbegreiflichkeit bewußt.

Daher bestreitet sie nicht nur nicht jene übersinnliche Möglichkeit der Hilfe durch Gnade, sondern denkt sie als Ergänzung ihres Mangels. Sie rechnet sogar »darauf, daß, wenn in dem unerforschlichen Felde des Übernatürlichen noch etwas mehr ist, als sie sich verständlich machen kann, dieses ihrem guten Willen auch unerkannt zu statten kommen werde«, ohne sich solche Ergänzung als ihren Besitz zuzueignen. Man kann diesen Glauben der Vernunft den (über die Möglichkeit) »reflektierenden« nennen, »weil der dogmatische, der sich als ein Wissen ankündigt, ihr unaufrichtig oder vermessen vorkommt«.

Für uns bleibt Vernunft auf sich selbst angewiesen. Soll sie alles sich selbst verdanken? Ja, was ihre Anstrengung angeht, – nein, was die unbegreifliche Grenze ihrer selbst betrifft. Wenn sie alles tut, was sie kann, hofft sie auf Ergänzung, aber nicht als Bedingung, um die sie sich kümmern dürfe, denn sie kann sie weder erkennen, noch erzwingen. »Diese Gnadenwirkung zu erwarten, bedeutet, daß das Gute nicht unsere, sondern die Tat eines anderen Wesens sein werde, wir also sie durch Nichtstun allein erwerben können, welches sich widerspricht.«

d) *Für und gegen Vernunft:* Gibt es eine höhere Instanz über die Vernunft, einen tieferen Ursprung des Wahren? Ist dies der Mythus, ist es die Offenbarung? Hier scheiden sich die Geister. Die einen verlangen gläubige Hinnahme gegenüber dem geschichtlich bestimmten Auftreten der Autorität dieser Übervernunft, die im Denken nur zu erhellen, nicht zu prüfen ist. Die anderen kennen keine höhere Instanz als die Vernunft, aber die Vernunft in ihrem ganzen Umfang. Diese kann zwar nur hinnehmen, aber allein durch ihre eigene Spontaneität. Sie bleibt das unumgängliche und im Zeitdasein durch nichts zu überbietende Medium der Prüfung. Sie verwehrt überall den blinden, d. h. gedankenlosen oder den Gedanken einschränkenden Gehorsam.

Vernunft, seit alters der hohe Anspruch unabhängiger Philosophie, hat durch Kant eine unerhörte Tiefe gewonnen. Kant scheint in der Gesamtbewegung seines Denkens mehr zu wissen, als er aussagend kundgeben kann: Daher das Merkwürdige, daß hellsichtige Menschen vor diesem Philosophieren mit dem Staunen der Ehrfurcht standen wie vor einem Geheimnis, wo doch dieses Denken bis zur äußersten Helle, Durchsichtigkeit und Genauigkeit drängt. Andere dagegen verwarfen Kant wegen seiner Widersprüche und weil er sie ganz im Stiche ließ; denn es schien ihnen, daß er mit seinen Gedanken stets wieder nimmt, was er erst gab.

Im Unterschied vom System der Ursprünge und Grenzen der Vernunft hat Kant die Wirklichkeit der Politik nicht in umfangreichen Schriften behandelt. Aber die zahlreichen kleinen Abhandlungen und die Hinweise in seinen großen Werken bezeugen durch ihre Kontinuität, daß Kants Interesse für Politik nicht beiläufig war. Das Wesen einer Philosophie, deren erste und letzte Frage die nach dem Menschen ist, muß politisch sein. Kant ist in der Tat ein politischer Denker höchsten Ranges gewesen.

Kants Philosophie ist für alle Menschen gemeint, sie zu lehren, den Platz, der dem Menschen im All gegeben ist, recht auszufüllen. Seine Politik erdenkt das Heil der Menschen in der Welt, gegen Utopien und gegen Ideologien, für das, was in der menschlichen Situation das Mögliche und Rechte ist.

Kant erzeugt in seinem politischen Denken die Idee der Verwirklichung der Vernunft. »Der Mensch ist durch seine Vernunft bestimmt, in einer Gesellschaft mit Menschen zu sein und in ihr sich durch Kunst und Wissenschaften zu kultivieren, zu zivilisieren und zu moralisieren.« Das heißt: der Mensch ist nicht schon, was er ist, sondern muß sich zu dem machen, was er sein soll. Sein tierischer Hang, »sich den Anreizen der Gemächlichkeit passiv zu überlassen«, mag groß sein. Seine vernünftige Aufgabe ist, »tätig, im Kampf mit den Hindernissen sich der Menschheit würdig zu machen«.

Diese Verwirklichung der Vernunft ist von zwei sich gegenseitig fordernden Polen her bestimmt: der Ordnung aller und der Erfüllung jedes einzelnen. Einerseits ist die Bestimmung des Menschen die »weltbürgerliche Gesellschaft« (oder: »Das Reich Gottes auf Erden: das ist die letzte Bestimmung«). Andererseits verlangt die Würde des Menschen eine solche Form dieser Gemeinschaft, daß er als Mensch nicht Menschen unterworfen sei, sondern daß er als Einzelner seine Freiheit behaupte: »Der Mensch, der abhängt, ist nicht mehr Mensch.« »Kein Unglück ist erschrecklicher als sich einem Geschöpfe von seiner Art überliefert zu sehen, das ihn zwingen könnte, sich seiner eigenen Willkür zu begeben und das zu tun, was jenes will.«

Quellen: Idee zu einer allgemeinen Geschichte in weltbürgerlicher Absicht, 1784. – Beantwortung der Frage: Was ist Aufklärung? 1784. – Kritiken gegen Herder, 1785. – Mutmaßlicher Anfang der Menschengeschichte, 1786. – Was heißt: Sich im Denken orientieren? 1786. – Kritik der Urteilskraft § 65,

§ 82-84, 1790 – Über den Gemeinspruch: Das mag in der Theorie richtig sein, taugt aber nicht für die Praxis, 1793. – Das Ende aller Dinge, 1794. – Zum ewigen Frieden, 1795. – Metaphysische Anfangsgründe der Rechtslehre, 1797. – Der Streit der Fakultäten (darin der zweite Abschnitt), 1798. Ferner: Anthropologie in pragmatischer Hinsicht abgefaßt, 1798. – Aus dem Nachlaß (15, 2. Hälfte): Zur Anthropologie.

a) *Die Grundgedanken*

1. Der Anblick der Geschichte scheint trostlos. Sie zeigt keine Regel. Das Handeln der Menschen sieht zugleich instinktlos und planlos aus. »Man kann sich eines gewissen Unwillens nicht erwehren, wenn man ihr Tun und Lassen auf der großen Weltbühne aufgestellt sieht; und bei hin und wieder anscheinender Weisheit im einzelnen, doch endlich alles im großen aus Torheit, kindischer Eitelkeit, oft auch aus kindischer Bosheit und Zerstörungssucht zusammengewebt findet.«

Kant fragt: Ist es nicht möglich, daß bei all den Kriegen, den Wirkungen und Gegenwirkungen der Menschen im Großen, überall nichts herauskomme; daß es bleibe, wie es von jeher gewesen, daß die Zwietracht unserer Gattung so natürlich ist, daß am Ende sich eine Hölle von Übeln, in einem noch so gesitteten Zustand, verbreite, und diese schließlich alle bisherigen Fortschritte durch barbarische Verwüstung wieder vernichten wird? Die mögliche Sinnlosigkeit der geschichtlichen Ereignisse wird auch durch christliche Wirklichkeit nicht aufgehoben. Kant sieht die kirchliche Gewaltsamkeit und jetzt dazu noch das Nachlassen des christlichen Glaubens. Wenn das Christentum »statt seines sanften Geistes, mit gebieterischer Autorität bewaffnet würde«, wenn die »liberale Denkungsart« des Christentums verschwände und damit das, was bisher »immer noch durchgeschimmert« hat (und sich im Zeitalter der Aufklärung in einem desto helleren Lichte zeigte), dann würden Abneigung und Widersetzlichkeit gegen das versagende Christentum zur herrschenden Denkart. Der Antichrist »würde sein (vermutlich auf Furcht und Eigennutz gegründetes) obzwar kurzes Regiment anfangen«. Es würde »das (verkehrte) Ende aller Dinge« in moralischer Rücksicht eintreten.

2. In der menschlichen Gesellschaft als solcher sieht Kant unauflösliche Antinomien:

a) Natur und Kultur sind in ständigem Widerstreit. Beispiele solcher Unstimmigkeiten sind: Der Mensch stirbt oder wird altersschwach, wenn er grade soweit gekommen ist, zu den größten Entdeckungen vorbereitet zu sein. Dem Sinn dessen, was ein Mensch unternimmt, genügt zur Verwirklichung nicht die ihm zur Verfügung stehende Lebensdauer. Was gelingt, ist fragmentarisch, und es ist keine Sicherheit, ob das Erworbene in der Folge der Zeiten dauert. – Die Ungleichheit unter den Menschen ist von der Kultur nicht abzuwenden. Sie ist Quelle des Guten und so vieles Bösen. – Der Mann mit 17 Jahren ist physisch fähig, die Gattung fortzupflanzen, im kultivierten Zustand aber noch ein Kind, das 10 Jahre warten muß, bis es soweit ist, eine

Frau und Familie ernähren zu können. Der Zwischenraum wird gewöhnlicherweise mit Lastern ausgefüllt, – und so fort.

b) Der Mensch ist ein Geschöpf, das einen Herrn nötig hat. Aber die, welche Herren vorstellen, haben, weil Menschen, ebensowohl einen Herrn nötig. Wo ist der Herr, dem er sich unterworfen fühlen muß, um fähig zu sein, gut zu regieren? – »Der Mensch muß zum Guten erzogen werden; der aber, welcher ihn erziehen soll, ist wieder ein Mensch.« Er soll dasjenige bewirken, was er selbst bedarf. Immer bleiben es Menschen, die den Menschen hervorbringen sollen. Sie sollen leisten, was sie selber bedürfen: regieren, erziehen.

c) Der Einzelne kann mit dem Erfolg, eine Gemeinschaft zu bewahren, gut handeln nur, wenn der Andere gut handelt. Es ist ein Kreis der Gegenseitigkeit. »Der erste Anreiz zum Bösen ist der, daß man sich, wenn man auch gut sein wollte, von anderen nicht eben ein solches versprechen kann. Niemand will allein gut sein. Unter lauter gütigen, ehrlichen Leuten würde der Bösewicht seine Bosheit ablegen.« Das Gute kann im Einzelnen nur vom Allgemeinen erzeugt werden, aber das Gute kann nicht allgemein werden ohne den Einzelnen.

d) Der Mensch hat als Einzelner den Anspruch, Selbstzweck und Erfüllung zu sein. Aber der Sinn des Menschen wird nur im Gang der Geschichte durch das Ganze der Gattung erfüllt. Die Zeiten und die Einzelnen sind Stufen des Fortgangs und vielleicht des Fortschritts.

3. *Die Grundfrage:* Wenn Kant das Unheil im Gesamtaspekt der Geschichte und in den unlösbaren Antinomien der menschlichen Gemeinschaft erörtert, so ist das nicht sein letztes Wort, vielmehr der Ansatz seines politischen Denkens. Die Unheilssicht bleibt unüberwunden bestehen, aber erzeugt erst, und dies immer von neuem, die Grundfrage nach dem Sinn der Geschichte und möglichen Politik.

Gegenüber dem Eindruck völliger Regellosigkeit der Ereignisse weist er auf die in seiner Zeit entdeckte Statistik: Was an einzelnen Subjekten regellos in die Augen fällt, könnte doch für die ganze Gattung unter Regeln stehen. Eine solche Regelmäßigkeit lehren die Tafeln über die jährliche Zahl der Ehen, Geburten und Todesfälle. Obgleich hier jeder Einzelfall, wie die tägliche Witterung, unberechenbar unregelmäßig ist, ist im Ganzen dieselbe Regelmäßigkeit wie in dem Wechsel der Witterung über das Jahr. Aber sogleich weist Kant auch auf die Grenze solcher Statistik. Sie ergibt mit den aufgezeigten Regelmäßigkeiten noch keinen Sinn und keinen Zweck des Geschehens. Vielmehr bleibt trotz ihrer bestehen: Im Gang der Ereignisse ist weder ein Instinkt sichtbar, wie bei den Tieren – etwa dem Bau des Bibers –, noch ein verabredeter Plan, wie etwa vernünftige Weltbürger ihn sich machen könnten.

Daher geht die Frage weiter nach Zweck und Sinn in den geschichtlichen Ereignissen. Zweckmäßigkeit sehen wir doch in den Organismen.

Die Natur des Lebendigen zeigt in der wunderbaren Mannigfaltigkeit der Lebensgestalten ein Dasein von solcher Zweckmäßigkeit, daß die religiöse Andacht darin die Herkunft aus Gottes Schöpferwillen erblickt. Aber »was hilfts, die Herrlichkeit und Weisheit der Schöpfung im vernunftlosen Naturreiche zu preisen, wenn die Geschichte des menschlichen Geschlechts ein unaufhörlicher Einwurf« gegen den Sinn in der Schöpfung bleiben soll, wenn »der Anblick dieses großen Schauplatzes der göttlichen Weisheit uns nötigt, unsere Augen von ihm mit Unwillen wegzuwenden und, indem wir verzweifeln, jemals darin eine vollendete vernünftige Absicht anzutreffen, uns dahin bringt, sie nur in einer anderen Welt zu hoffen«.

Dieser Frage stellt Kant die Gegenfrage, »ob es wohl vernünftig sei, Zweckmäßigkeit der Naturanstalt in Teilen und doch Zwecklosigkeit im Ganzen anzunehmen?« Die Organismen, dieses Dasein von Dingen als Naturzwecken, zeigen eine Zweckmäßigkeit in Teilen des Alls. Dem blinden Ungefähr der Geschichte stellt Kant daher die Frage, ob in ihm eine »Naturabsicht« verborgen sei und am Ende ein Sinn darin liege, auch wenn sich dieser uns im Ganzen der Geschichte nicht enthülle. Aus dieser Frage entspringt Kants historische und politische Denkungsart.

Diese Denkungsart ist einfach in der Gesinnung. Aber sie in klaren Begriffen zum Bewußtsein zu bringen, ist schwer. Die Gedanken bleiben in allen Spannungen, die in der Natur der Sache und daher in der Kantischen Philosophie liegen. Bestimmte Sätze, aus Kants politischem Denken herausgenommen und für sich fixiert, stehen in Widerspruch zueinander. Diese Widersprüchlichkeiten finden bei Kant im Zusammenhang ihre Auflösung, aber ohne daß diese in einer synthetisch abschließenden These oder Gesamtanschauung sich rundet. Wir dürfen jedoch versuchen, die Einfachheit der Gesinnung in der dialektischen Einfachheit dieses Denkens wiederzuerkennen. Wir folgen dabei den einzelnen Momenten.

4. *Natur und Freiheit:* Kant fragt in dem widersinnigen Ganzen menschlicher Dinge nach Naturabsicht, »aus welcher von Geschöpfen, die ohne eigenen Plan verfahren, dennoch eine Geschichte nach einem bestimmten Plan der Natur möglich sei«, nach dieser Naturabsicht, die Anfang und Fortschritt des Menschseins bewirkt.

Vom »mutmaßlichen Anfang der Menschengeschichte« gibt es keine Erfahrung. Kant konstruiert (mit dem Bewußtsein, »eine bloße Lustreise« zu wagen) am Leitfaden von 1. Moses, Kap. 2–4.

Der Anfang wird gemacht mit dem fertigen Menschen, der stehen und gehen, auch sprechen kann. Was geschieht nun? Das Denken des Menschen durchdringt das Gegebene, erweitert den Horizont und läßt Möglichkeiten ins Unabsehbare entstehen: 1. Denkend überschreitet der Mensch die zunächst bei ihm noch wie bei den Tieren alles Leben lenkenden Instinkte. Den Nahrungsinstinkt erweitert die Kenntnis der Nahrungsmittel durch Analogie über seine Schranken. Erfolg oder Schaden läßt das Vermögen entdecken, sich seine Lebensweise auszuwählen und nicht gleich anderen Tieren an eine einzige gebunden zu sein. Den Instinkt zum Geschlecht, der bei dem Tier bloß auf einem vorübergehenden periodischen Antrieb beruht, verwandelt das Denken, indem es den Gegenstand des Triebes den Sinnen entzieht, dadurch den Reiz für die Einbildungskraft verlängert und vermehrt, und indem es durch Mäßigung den Überdruß der Sättigung einer bloß tierischen Begierde verhütet. Weigerung war das Kunststück, um von der Begierde zur Liebe zu kommen. – 2. Denkend betrachtet der Mensch sich selbst als Zweck der Natur und alles andere, was nicht Vernunftwesen ist, als Mittel. »Das erste Mal, daß er zum Schafe sagte: Den Pelz, den du trägst, hat dir die Natur nicht für dich, sondern für mich gegeben, ihm ihn abzog und sich selbst anlegte, ward er eines Vorrechts inne, welches er über alle Tiere hatte.« Zugleich damit aber tritt der Gedanke auf, daß er so etwas zu keinem Menschen sagen dürfe. In dem Anspruch, selbst Zweck zu sein, liegt der Grund für die unbeschränkte Gleichheit des Menschen. – 3. Denkend gewinnt der Mensch die überlegte Erwartung des Künftigen und das Wissen vom Tod, einen Vorzug, der zugleich ein unversieglicher Quell von Sorge, Bekümmernissen und von Furcht ist.

Für das Überschreiten der Instinkte ist der Anfang, er mag noch so klein sein, entscheidend, darum wichtiger als die ganze unabsehliche Reihe von darauf folgenden Erweiterungen der Kultur. Aber mit dem ersten Schritt steht der Mensch auch wie an einem Abgrund. Statt des einzigen Gegenstands, der ihm durch den Instinkt vorgeschrieben war, ist ihm nun eine Unendlichkeit eröffnet. »Und aus diesem einmal gekosteten Stande der Freiheit war es ihm unmöglich, in den der Dienstbarkeit unter Herrschaft des Instinkts wieder zurückzukehren.«

Mit all diesen Schritten ist der Mensch aus dem tierischen Zustande, dem Paradies, das ihn ohne seine Mühe versorgte, herausgetrieben. Er ist in die weite Welt gestoßen. Oft mag ihm die Mühseligkeit den Wunsch nach dem Paradies – in ruhiger Untätigkeit und beständigem Frieden sein Dasein zu verträumen – ablocken. »Aber es lagert sich zwischen ihn und den eingebildeten Sitz der Wonne die rastlose und zur Entwicklung der in ihn gelegten Fähigkeiten unwiderstehlich treibende Vernunft, und erlaubt es nicht, in den Stand der Rohigkeit und Einfalt zurückzuführen.« Der Schritt aus dem Paradies ist der Übergang aus der Rohigkeit tierischer Leitung durch Instinkt zur Leitung durch die Vernunft, aus der Vormundschaft der Natur in den Stand der Freiheit.

Der Fortschritt zum Besseren für die Gattung ist dies für das Individuum zunächst nicht. Für dieses gibt es jetzt erst Laster, die dem Stand der Unwissenheit fremd waren. Der erste Schritt des Menschen ist sittlich ein Fall und physisch der Erwerb einer Fülle von Übeln. »Die Geschichte der Natur fängt also vom Guten an, denn sie ist das Werk Gottes; die Geschichte der Freiheit vom Bösen, denn sie ist Menschenwerk.«

Es besteht – darin habe Rousseau recht – ein unvermeidlicher Widerstreit der Kultur mit der Natur. Dieser Widerstreit aber ist der Weg, der gegangen werden muß, um alle Kräfte und Anlagen des Menschen zur Entfaltung zu bringen und zur vernünftigen Freiheit fortzuschreiten. Rousseau habe daher nicht recht mit der Forderung, dorthin zurückzukehren. Wohl ist durch den Schritt von der Natur zur Kultur eine Schwächung erfolgt, ist die Zivilisierung nur durch Ungleichheit und wechselseitige Unterdrückung gewonnen, ist durch naturwidrige Erziehung eine nur vermeinte Moralisierung entstanden. Aber das Unheil, das Laster, das Böse werden Mittel und Stachel zum Besseren.

Der Fortgang von diesem Anfang ist die Geschichte. Kant möchte die »Naturabsicht« in diesem Fortgang erspüren. Er begreift zunächst, daß Geschichte einem Wesen, das die Anlage der Vernunft hat, notwendig zukommen muß.

Den »Plan der Geschichte« sucht Kant nach Analogie der Zweckmäßigkeit des organischen Lebens zu sehen. Die teleologische Naturlehre setzt voraus: daß alle Naturanlagen eines Geschöpfes bestimmt sind, sich einmal vollständig und zweckmäßig auszuwickeln. Die eigentümlichen Naturanlagen des Menschen sind auf den Gebrauch seiner Vernunft abgezielt. Während die Naturanlagen der Tiere sich im Individuum vollständig entwickeln, kann die Naturanlage des Menschen, die Vernunft, nur in der Folge der Generationen, in der Gattung, zu voller Entwicklung gelangen. Denn die Vernunft, ein Vermögen, die Regeln und Absichten des Gebrauchs aller seiner Kräfte »weit über den Naturinstinkt zu erweitern«, bedarf der Versuche, der Übung und des Unterrichts. Die Natur tut nichts überflüssig. Wenn sie dem Menschen statt des Instinkts die Vernunft gab, so entsprach dem ihre übrige Ausstattung des Menschen. Sie gab ihm nicht Hörner, Gebiß und Klauen zur Verteidigung, sondern Hände, sich Waffen anzufertigen. Daher die erstaunliche größte Sparsamkeit bei Ausstattung des Menschen im Vergleich zu den Tieren. Der Sinn dieser Tatsachen scheint offenbar. Die Natur wollte, indem sie dem Menschen die Vernunft gab, daß er alles aus sich selbst hervorbringen solle. Sie wollte, daß der Mensch »keiner anderen Glückseligkeit oder Vollkommenheit teilhaftig werde, als die er sich selbst, frei vom Instinkt, durch eigene Vernunft verschafft hat«. Das aber vermag kein Individuum, sondern nur die Gattung des Menschen in der Gesamtheit ihrer Geschichte. Daher scheinen »die älteren Generationen nur um der späteren willen ihr mühseliges Geschäft zu treiben. Dies ist notwendig, wenn man einmal annimmt, eine Tiergattung solle Vernunft haben, und als Klasse vernünftiger Wesen, die insgesamt sterben, deren Gattung aber unsterblich ist, dennoch zu einer Vollständigkeit der Entwicklung ihrer Anlagen gelangen.«

Kant begreift »die Naturabsicht« weiter durch eine Kausalität, die mit zweckhafter Wirkung hinausgreift über den bewußten Willen dieser vernünftigen Wesen.

Das Mittel der Entwicklung aller Anlagen ist nicht etwa von vornherein der gute Wille der Vernunft, sondern eine Kausalität, die, ob der Wille gut oder böse ist, notwendig dies Resultat zur Folge hat. Der Kampf der Menschen gegeneinander, so unerwünscht dem guten Willen, dieser »Antagonismus« in der Gesellschaft wird die Ursache einer gesetzmäßigen Ordnung derselben. Der Mensch hat eine Neigung, sich zu vergesellschaftlichen (weil er sich erst in einem solchen Zustand als Mensch fühlt), aber auch den Hang, sich zu vereinzeln (weil er in sich zugleich die ungesellige Eigenschaft antrifft, alles bloß nach seinem Sinne richten zu wollen). Dieser Zustand einer ungeselligen Gesellschaft erweckt nun alle Kräfte des Menschen. Er überwindet seinen Hang zur Faulheit, getrieben durch Ehrsucht, Herrschsucht, Habsucht, »sich einen Rang unter seinen Mitgenossen zu verschaffen, die er nicht wohl leiden, von denen er aber auch nicht lassen kann«. Ohne jene Ungerechtigkeit, woraus der Widerstand aller gegen alle entspringt, »würden in einem arkadischen Schäferleben, bei vollkommener Eintracht, Genügsamkeit und Wechselliebe, alle Talente auf ewig in ihren Keimen verborgen bleiben. Die Menschen, gutartig wie die Schafe, die sie weiden, würden ihrem Dasein kaum einen größeren Wert verschaffen, als dieses ihr Hausvieh hat. Dank sei also der Natur für die Unvertragsamkeit, für die nicht zu befriedigende Begierde zum Haben, oder auch zum Herrschen. Der Mensch will Eintracht, aber die Natur weiß besser, was für seine Gattung gut ist, sie will Zwietracht. Er will gemütlich leben; die Natur will aber, er soll sich in Arbeit und Mühseligkeit stürzen, um dagegen auch Mittel auszufinden, sich klüglich wieder aus den letzteren herauszuziehen.«

Auch die gegenwärtige Erfahrung zeigt ein Weniges von dieser letzten Naturabsicht: a) Jetzt sind die Staaten noch in einem so künstlichen Verhältnis zu einander, daß keiner in der inneren Kultur nachlassen kann, ohne gegen die anderen an Macht und Einfluß zu verlieren. Die ehrsüchtigen Absichten dienen zur Förderung des Guten, das ihnen an sich fremd ist. – b) Bürgerliche Freiheit kann nicht eingeschränkt werden, ohne daß der Nachteil in allen Gewerben fühlbar wird und wieder die Kräfte des Staats in äußeren Verhältnissen herabsetzt. – c) Die Aufklärung erweist sich den Staaten als nützlich. Da sie durch diesen Nutzen erzwungen wird, muß sie aber (und mit ihr ein gewisser Herzensanteil, den der aufgeklärte Mensch am Guten, das er vollkommen begreift, zu nehmen nicht vermeiden kann) nach und nach bis zu den Thronen hinaufgehen.

Die »Endabsicht der Natur« wird von Kant als die Vernunft des guten Willens gedacht. Diese steht nicht am Anfang. Die Natur erzwingt den guten Willen, aber so, daß sie die Lagen schafft, in denen er sich selbst hervorbringt.

»Alle Ergötzlichkeit, die das Leben angenehm machen kann, selbst seine Einsicht und Klugheit, und sogar die Gutartigkeit seines Willens sollten gänzlich sein eigenes Werk sein.« »Es scheint der Natur gar nicht darum zu tun gewesen zu sein, daß er wohllebe; sondern daß er sich des Lebens und des Wohlbefindens würdig mache.« Eine durch Leidenschaften und Triebe abgedrungene Zusammenstimmung zu einer Gesellschaft kann sich endlich in ein moralisches Ganze verwandeln.

Diese Gedanken, so einfach sie ausgesprochen sind, scheinen – sich selber widersprechend – ständig von Natur zur Freiheit zu gehen und dann wieder die Freiheit zu einem Mittel der übergreifenden Naturabsicht zu machen. Nur wer kantisch zu denken gelernt hat, kann den Mißverständnissen entgehen, denen die unmittelbare Auffassung solcher Texte erliegt. Denn es ist ein Sprung der Denkungsart zwischen dem spekulativen Erspüren einer Naturabsicht und dem Sichbewußtwerden des guten Willens, zwischen theoretischem Wissen und politisch denkendem Handeln, zwischen Kausalität und Freiheit.

Der Mensch kann die Geschichte wie einen Naturprozeß betrachten oder, selber in ihr stehend, sie aus eigener Freiheit mithervorbringen. Er gewinnt ein Wissen von der Geschichte, und er stellt Forderungen an seine eigene Freiheit. Die Theorie der Geschichte macht das freie Tun selber zu einem Moment. Die Forderung an die Freiheit in der geschichtlichen Handlung macht das theoretische Wissen zu ihrem Material oder zum Raum einer Orientierung in der geschichtlichen Situation. Die Wechselseitigkeit von Sein (Geschehen) und Sollen (Freiheit) bringt in die Philosophie der Geschichte und Politik die unaufhebbare Spannung: Was ich theoretisch denke, ist selber ein Faktor des Tuns, trägt daher eine Verantwortung schon im Denken. Und was ich tue, ist angewiesen auf den Raum meines Denkens und selber wieder Gegenstand jenes Denkens. Die Geschichte bietet den doppelten Aspekt: das Geschehen ohne den Plan des Menschen durch Naturabsicht (Vorsehung) und das Geisterreich der Vernunftwesen als Gemeinschaft der Gewissen.

Kant will in seinem geschichtsphilosophischen Denken begründen sowohl die historische Kausalerklärung wie den Appell an die Freiheit. Er vermischt beides nicht, wenn er sie in jeder wesentlichen Geschichtsauffassung als voneinander untrennbar erkennt. Aber dieses Denken hat zwei Quellen. Es denkt *erstens* im Sinne der »Kritik der teleologischen Urteilskraft« eine Zweckmäßigkeit als Naturabsicht. Dadurch macht es sich die erstaunlich einander zu Hilfe kommenden Ereignisreihen – soweit sie reichen – objektiv verständlich. *Zweitens* denkt es im Sinne der praktischen Philosophie die Freiheit, die dem Menschen seiner selbsterkannten Pflicht zu folgen gebietet. Diese Freiheit ist in den »mutmaßlichen Anfang« der Geschichte als der Bruch gegenüber der Natur hineingesehen. Sie bestimmt den Fortschritt.

Die Geschichte, der Weg zwischen Anfang und Ende, ist zugleich Geschehen und freies Handeln. Weil sie beides ist, übersieht der Mensch nicht die Folgen seines Tuns, ist aber auch nicht ausgeliefert an einen ohne ihn stattfindenden Prozeß. Die Idee des Zieles ist selber ein Faktor, der zu ihm hintreibt. Der Weg ist ein Fortschritt, der der Freiheit in der Verantwortung des Handelns jedes Einzelnen entspringt, aber im Medium der zum Teil begreifbaren Naturnotwendigkeiten. Diese werden aufgefaßt, als ob sie aus einer verborgenen Absicht zu dem drängen, was durch Freiheit verwirklicht wird.

5. *Begrenzung der geschichtlichen Aspekte:* Die Bahn der Menschengeschichte ist uns, sagt Kant, so wenig bekannt, wie die der Sonne im Weltall. Sein Bild der Geschichte ist, im Schema einer Idee gesehen, das Geschehen der menschlichen Dinge vom Ursprung zum Ziel. Der Ursprung kann nur konstruierend gemutmaßt, das Ziel nur als Idee entworfen werden. Alles, was als wirkliche Geschichte unserer Erfahrung zugänglich ist, liegt dazwischen.

Kants theoretische Geschichtsphilosophie stellt Fragen an die Geschichte, ob sie Spuren entdecke, die auf einen Gang hinweisen, der dem Menschen zu Hilfe kommt. Kant behauptet nie, die »Naturabsicht« oder »Vorsehung« erkennen zu können. Aber er hält die Frage nach ihr für ein Recht der Vernunft, die, in der Realität der Geschichte forschend, sieht, wie weit die Tatsachen einem versuchten Sinnentwurf entsprechen und wie weit nicht. Kant macht solche Voraussetzung eines Entwurfs nicht zur vermeintlichen Erkenntnis des wirklichen Geschehens im ganzen. Wie Kant jede Auffassung der Gesamtgeschichte wieder in ihrer Begrenzung und Unangemessenheit sieht, machen wir an einigen von ihm begrifflich gefaßten Gesichtspunkten ausdrücklich deutlich.

a) *Der Fortschritt:* Kant behauptet nicht, den Fortschritt als allumfassende Tatsache der Geschichte im ganzen zu erkennen und den weiteren Fortschritt voraussagen zu können.

Drei Möglichkeiten denkt er durch: *Erstens:* Die Vorstellung, das menschliche Geschlecht sei in kontinuierlichem Rückgang; es reibe sich selbst auf, es werde immer ärger, der Jüngste Tag stehe vor der Tür. *Zweitens:* Die Vorstellung, das Gute werde mehr. Das aber müßte durch Freiheit geschehen, die wiederum eines größeren Fonds des Guten bedürfen würde, als der Mensch hat. *Drittens:* Die Vorstellung, alles bleibe, wie es ist; geschäftige Torheit sei der Charakter der Gattung; der Mensch lege sich die hoffnungslose Bemühung auf, den Stein des Sisyphus bergan zu wälzen und wieder zurückrollen zu lassen; er lasse das Gute mit dem Bösen durch Vorwärts- und Rückwärtsgehen abwechseln; das Spiel unserer Gattung auf diesem Globus sei ein bloßes Possenspiel, ohne größeren Wert als den anderer Tiergeschlechter, nur daß diese es mit weniger Kosten und ohne Verstandesaufwand betreiben.

Zwischen diesen drei Möglichkeiten kann, meint Kant, die Erfahrung keine Entscheidung fällen. Auch wenn die Erfahrung uns jetzt einen langen faktischen Fortschritt zeigen würde, könnten wir gerade jetzt am Umwendungspunkt stehen und die Epoche des Rückgangs beginnen. Eine Erfahrung für eine Strecke beweist nichts im ganzen.

Der Fortschritt kann sich nicht auf Gut und Böse beziehen. Denn das Gute und das Böse sind nicht Substanzen, deren Quantität mehr oder weniger würde. Das Gute ist für jeden Menschen jederzeit möglich. Handlungen der Freiheit sind nicht Naturvorgänge und daher nicht wie diese vorauszusagen. Der Fortschritt, nicht des Einzelnen, sondern der Menschheit, kann, sofern er beobachtet wird, nur einen Fortschritt der objektiv guten Handlungen, nicht der Gesinnung, einen Fortschritt der Legalität, nicht der Moralität, einen Fortschritt der bürgerlichen Verfassung, nicht des Wertes des Menschen zeigen.

Wenn eine Gewißheit über Fortschritt im ganzen durch Erfahrung unmöglich ist, so ist doch die Fortschrittsidee für unsere Freiheit praktisch von Bedeutung als regulatives Prinzip, so in der Idee der bürgerlichen Verfassung. Ich kann nicht erkennen, was werden wird, wohl aber das voraussagen, woran ich, es hervorbringend, teilnehme. Der Fortschrittsgedanke gibt keine Antwort auf die Frage nach dem, was sein wird, aber wohl auf die Frage, was ich will. Der Wille unter Führung von Ideen kann verwirklichen. Die Ideen werden durch keine vorhergegangene Erfahrung erwiesen, sondern durch sie soll hervorgebracht werden, was dann erst Gegenstand auch der Erfahrung wird.

Der Fortschrittsgedanke, nicht als Erkenntnisinhalt, vielmehr für die Erkenntnis in der Schwebe der drei Möglichkeiten bleibend, ist als praktische Idee die Öffnung des Raums für die Unabhängigkeit des guten Willens. Dieser darf sich, ohne zureichendes Wissen, als mitwirkender Faktor auf dem Wege zum politisch Besseren bewußt sein. Er braucht nicht unter Verzicht auf Weltverwirklichung, diese überspringend, nur in dem Postulat der überzeitlichen Unsterblichkeit Ruhe zu suchen.

Der Beobachter wird zwar immer wieder angesichts des Weltlaufs,

»wenn er die Übel überschlägt«, mit der Vorsehung unzufrieden werden. Aber »es mögen noch soviel Zweifel gegen meine Hoffnungen aus der Geschichte gebracht werden«, solange diese Zweifel nicht zur Gewißheit des absoluten Unheils werden, darf ich die Pflicht nicht vertauschen gegen »die Klugheitsregel«, auf das unmöglich Scheinende nicht hinzuarbeiten. Die Ungewißheit, ob »für das menschliche Geschlecht auf das Bessere zu hoffen sei«, kann dem Willen keinen Abbruch tun. Das Erspüren der »Naturabsicht« oder »Vorsehung« stärkt, ohne Gewißheit der Erkenntnis zu bringen, das Vertrauen, auch wenn »eine so mühsame Bahn auf unserer Erdenwelt« vorgezeichnet ist. Wir dürfen nicht »die Schuld aufs Schicksal schieben« und »unsere eigene darüber aus dem Auge setzen und die Selbstbesserung versäumen«.

b) *Unser Standpunkt und der Standpunkt der Vorsehung:* Wenn Kant bei der versuchenden Betrachtung des geschichtlichen Ganges der Dinge meint annehmen zu dürfen, »daß die Natur selbst im Spiele der menschlichen Freiheit nicht ohne Plan und Endabsicht verfahre«, wenn er denkt, wie sie, über alle menschlichen, immer endlichen Zwecke hinausgreifend, sie aufnimmt in ihren Zusammenhang, und wenn er in seinen Entwürfen Schemata dieser Idee der Vorsehung vor Augen stellt, so schärft er doch auf das entschiedenste ein: der uns mögliche Standpunkt ist nicht der Standpunkt der Vorsehung, auch dann nicht, wenn wir mit unserer Spekulation ihn betreten möchten. Das Ganze, das dem Blick der Vorsehung offen liegt, können wir in concreto nicht wissen und nicht ergreifen, sondern nur ins Unabsehbare erhellen.

Der Gang der Dinge scheint vielleicht darum »so widersinnisch«, weil wir zu Unrecht mit unserem Urteil den Standpunkt der Vorsehung betreten. Wir vermögen Naturkausalität und Freiheit nicht ineins zu bringen. Wir vermögen frei handelnden Wesen zwar vorherzusagen, was sie tun sollen, aber nicht vorherzusagen, was sie tun werden. Der Standpunkt der Vorsehung dagegen, nicht unserer, vermag die freien Handlungen mit dem Naturgeschehen und der Ordnung aller Dinge unter dem Endzweck als ein und dasselbe zu sehen.

c) *Letzter Zweck und Endzweck:* In der Idee sollen durch Vollendung menschlichen Daseins Natur und Freiheit einswerden. Aber sie sind nicht eins und sind in der Welt als einsgeworden nicht vorzustellen und nicht zu denken.

Vielmehr ist »das Befremdende«, daß in den Stufen des Fortschritts der Mensch, der in seiner Menschenwürde nie nur Mittel sein darf, zum Mittel späterer Generationen und alle Menschen Mittel für das Ziel des Ganzen werden – in der Naturabsicht, nicht im Plan der Menschen. Und der Zustand des Ganzen ist als irgendwann erreichbar und vollendet unmöglich (Kant verwirft jeden Chiliasmus), denn in der Zeit ist nichts Bleibendes. Kant läßt die Welt auch hier sich nicht schließen. Sie ist offen ins Unendliche, insofern sie Zeit und Raum ist.

Weil die Vollendung nur Idee, nicht mögliche Realität ist, ist die Welt nach menschlichem Plan als Ganzes nicht richtig einzurichten wie eine Maschinerie. Weil aber die Vollendung eine Idee ist, erwächst durch sie die Aufgabe, nach ihrem Maßstab im ständigen Einrichten unserer Welt im besonderen so zu handeln, als ob wir der Vollendung näherkämen. Und weil die Freiheit quer zur Zeit selber zeitlos ist, ist die ständige Gegenwart des Reiches der Geister dort, wo der gute Wille aus Gesinnung moralisch handelt und sich darin mit allen guten Geistern in einer zeitlich nicht begründbaren Verbindung findet.

Das höchste Gut in der Einheit des in der Welt sich verwirklichenden unsichtbaren Geisterreichs nennt Kant den »Endzweck«; das in der Zeitlichkeit der Geschichte als Ziel einer Vollendung unter der Idee ins Unendliche Gesuchte nennt er den »letzten Zweck«.

Das höchste Gut, »die Existenz vernünftiger Wesen unter moralischen Gesetzen« ineins mit der ihr angemessenen Glückseligkeit, ist allein unter der Herrschaft des Urwesens möglich. Dieser Endzweck ist ein Postulat unserer praktischen Vernunft und nur mit der Idee der Unsterblichkeit zu erfüllen.

In der Welt dagegen gibt es nicht den Endzweck, sondern nur »den letzten Zweck«. Er ist das, »was im Menschen durch die Natur befördert werden soll«. Dieser letzte Zweck ist entweder ein Zweck, der durch die Natur selbst befriedigt werden kann: Glückseligkeit; oder es ist »die Tauglichkeit und Geschicklichkeit zu allerlei Zwecken«, d.h. Kultur. Diese ist der »letzte Zweck« des Menschen in der Natur.

Der »letzte Zweck« aber läßt durchaus unbefriedigt. Denn immer bleibt die Frage: wozu? Erst vom Menschen als vernünftigem Wesen, als moralischem Wesen kann nicht weiter gefragt werden, wozu er existiere. Ohne diesen Menschen als vernünftiges Wesen überhaupt »würde die ganze Schöpfung eine bloße Wüste, umsonst und ohne Endzweck sein«. »Was der Mensch selber tun muß, um Endzweck zu sein, unterscheidet sich von allem, was Natur und was Kultur als letzter Zweck der Natur leisten.«

Der letzte Zweck ist nicht der Endzweck des Menschen. Das heißt: Die Geschichte steht unter einer ihr übergeordneten Bedingung. Oder anders: Der gesamte Geschichtsprozeß, in sich nicht vollendbar, kann nicht der Endzweck des Menschen sein, oder: Die Geschichte ist nicht die Gottheit.

Die Sinngebung erfolgt aufsteigend: »Wenn man das Leben schätzt nach dem, was man genießt, es sinkt unter Null. Schätzt man es nach dem, was man tut, so hat man doch immer nur Mittel zu dem unbestimmten Endzweck. Es bleibt also nichts übrig als der Wert, den wir unserem Leben selbst geben durch das, was wir nicht allein tun, sondern auch so unabhängig von der Natur zweckmäßig tun, daß selbst die Existenz der Natur nur unter dieser Bedingung Zweck sein kann.«

Der Endzweck liegt nicht in der Zukunft, denn er ist als übersinnlich unabhängig von Zeitbedingungen. Er ist in der Gegenwärtigkeit des guten Willens. Er wird zwar im Bilde einer Zukunft vorgestellt, aber ohne daß diese Zukunft gegenständliche Realität hätte. Der »letzte Zweck« dagegen ist das Glück in der Welt. Er ist endlos und unmöglich.

Das Glück in der Welt ist das Material der Welterfahrung, in der der gute Wille Weltwirklichkeit gewinnt. Die Verwandlung allen Glücks in das Übersinnliche dadurch, daß es Material des guten Willens wird, damit das Durchdrungensein des Glücks von der Ewigkeit, bringt dorthin, wo Glück nicht mehr nur Glück ist. Da ist nicht mehr der letzte Zweck, sondern der Endzweck.

Die Grundgedanken seiner politischen Geschichtsansicht hat Kant in konkreten Aspekten gezeigt: *erstens* in der Konstruktion der Idee der »bürgerlichen Gesellschaft«, *zweitens* in dem Aufzeigen des Wegs der Aufklärung als des Weges dorthin, *drittens* in der Auffassung seines eigenen Zeitalters.

b) *Die Idee der bürgerlichen Gesellschaft*

Die Gründung, Bewahrung und Entwicklung der bürgerlichen Gesellschaft ist die höchste Aufgabe der Menschengattung.

Die Entstehung der menschlichen Gemeinschaft ist der Beobachtung und der Vorstellung unzugänglich. Der Mensch geht nicht der Gemeinschaft vorher. »Es ist mit diesen Staatsschöpfungen wie mit der Weltschöpfung zugegangen; kein Mensch war dabei zugegen, weil er sonst sein eigener Schöpfer hätte sein müssen.« Aber der Staat ist nicht vollendet. Es ist ein Traum, seine Vollendung zu hoffen. Sie ist Aufgabe.

1. *Die »republikanische« Verfassung:* In der bürgerlichen Gesellschaft soll die größte Freiheit, daher ein durchgängiger Antagonismus ihrer Glieder, verbunden sein mit der genauesten Bestimmung der Grenzen dieser Freiheit. Freiheit darf nur so weit reichen, als sie mit

der Freiheit der anderen zusammen bestehen kann. Das ist nur möglich durch Recht, hinter dem eine Gewalt steht, die, selber geführt von Rechtsformen, ihm Nachachtung verschafft. Daher ist die bürgerliche Verfassung ein Verhältnis freier Menschen, die doch unter Zwangsgesetzen stehen. Nur in einem durch solche Verfassung gesicherten allgemeinen Zustand kann die Absicht unserer Menschengattung verwirklicht werden: die Entwicklung aller Anlagen.

In diesen Zustand zwingt die Not, welche Menschen in ungebundener Freiheit sich gegenseitig zufügen. Dieselben Leidenschaften tun im Gehege der bürgerlichen Vereinigung die beste Wirkung, »so wie Bäume in einem Walde, eben dadurch, daß ein jeder dem andern Luft und Sonne zu benehmen sucht, einander nötigen, beides über sich zu suchen und dadurch einen schönen graden Wuchs bekommen; statt daß die, welche in Freiheit ihre Äste nach Wohlgefallen treiben, krüppelig, schief und krumm wachsen. Alle Kultur und Kunst, die schönste gesellschaftliche Ordnung, sind Früchte der Ungeselligkeit, die durch sich selbst genötigt sind, sich zu disziplinieren.«

Diese Aufgabe ist die schwerste. Daß der Mensch ein Tier ist, das einen Herrn nötig hat, beruht darauf, daß er seine Freiheit mißbraucht in Ansehung anderer seinesgleichen. Er wünscht ein Gesetz, hat aber die »Neigung, wo er darf, sich selbst auszunehmen«. Ein Herr muß ihm den eigenen Willen brechen und ihn nötigen, einem allgemeinen Willen zu gehorchen. Aber dieser Herr wird immer wieder ein Mensch sein, also wird jeder derselben wieder seine Freiheit mißbrauchen, wenn nicht ein Herr über ihm steht, der Gewalt hat. Er soll als Oberhaupt gerecht sein und ist doch ein Mensch, der es nicht ist. Die vollkommene Auflösung dieser Aufgabe ist unmöglich; »aus so krummem Holze, als woraus der Mensch gemacht ist, kann nichts ganz Grades gezimmert werden.« Nur die Annäherung an die Idee der durch Gewalt zwingenden und doch gerechten Führung ist uns auferlegt.

In der Wirklichkeit der Verfassung müssen zusammen bestehen Freiheit und Gesetz. Dazu muß die Gewalt da sein, die das Gesetz gegen den Mißbrauch der Freiheit behauptet. Eine solche Verfassung nennt Kant die republikanische. Wo Gesetz und Freiheit bestehen, aber ohne Gewalt, da ist Anarchie; wo Gesetz und Gewalt ohne Freiheit, da Despotismus; wo Gewalt ohne Freiheit und Gesetz, da Barbarei.

Nur die republikanische Verfassung verdient den Namen einer bürgerlichen Verfassung. In ihr stehen die Bürger unter Gesetzen, die sie sich selbst gegeben haben, und die durch unwiderstehliche Gewalt Nachdruck und Dauerhaftigkeit gewinnen. »Die beste Verfassung ist die, wo nicht die Menschen, sondern die Gesetze machthabend sind.« Die Erhaltung einer solchen einmal bestehenden Staatsverfassung ist das höchste Gesetz einer bürgerlichen Gesellschaft.

Die Idee, die Kant zum Maßstab dient, liegt nicht in der Unterscheidung der Regierungsformen von Monarchie, Aristokratie, Demokratie. Vielmehr ist entscheidend die Regierungsart: ob sie republikanisch oder despotisch oder barbarisch ist. »Es ist an der Regierungsart dem Volke ohne alle Vergleichung mehr gelegen als an der Staatsform.« Die Regierungsart heißt die Konstitution. Ein monarchischer Staat kann in Kants Sinn republikanisch, ein demokratischer despotisch sein, und umgekehrt. Die Idee einer Konstitution ist, daß »die dem Gesetz Gehorchenden auch zugleich, vereinigt, gesetzgebend sein sollen«. Sie ist »die ewige Norm für alle bürgerliche Verfassung überhaupt«.

Die republikanische Regierungsart hat zum Prinzip die Trennung der ausführenden (exekutiven) Gewalt von der gesetzgebenden (legislativen). Im Despotismus dagegen vollzieht die Regierung eigenmächtig Gesetze, die sie selbst gegeben hat. Die »Demokratie im eigentlichen Verstande ist notwendig ein Despotismus«. Denn in ihr gründet eine exekutive Gewalt, »mit der alle über und allenfalls auch wider einen, mithin alle, die doch nicht alle sind, beschließen«. Das ist ein Widerspruch des allgemeinen Willens mit sich selbst und mit der Freiheit. In einem anderen Sinn sagt Kant jedoch: »Alle bürgerliche Verfassung ist eigentlich Demokratie«, nämlich wenn das Volk in den Formen der Gewaltentrennung (der legislativen, exekutiven, richterlichen) regiert.

Solche Regierung fordert das repräsentative System. Nur im repräsentativen System ist eine republikanische Regierungsart möglich. Ohne sie wird alles despotisch. »Keine der alten sogenannten Republiken hat dieses gekannt, und sie mußten sich darüber auch schlechterdings in den Despotismus auflösen.« »Alle Regierungsform, die nicht repräsentativ ist, ist eigentlich eine Unform, weil der Gesetzgeber in einer und derselben Person zugleich Vollstrecker seines Willens sein kann.«

2. *Glück und Recht:* Der Zustand der republikanischen Verfassung ist, »daß ein jeder seine Glückseligkeit selbst besorge und ein jeder die Freiheit habe, mit jedem andern in Verkehr zu treten. Das Amt der Regierung ist nicht: diese Sorge der Privatperson abzunehmen.« Das Rechtsprinzip, nicht das Glückseligkeitsprinzip bestimmt die Regierung der bürgerlichen Gesellschaft (der republikanischen Verfassung). Das Rechtsprinzip wird gedacht in der Idee eines Gesellschaftsvertrags. Es geht auf das »öffentliche Heil«, das »die gesetzliche Verfassung ist, die jedem seine Freiheit durch Gesetze sichert«.

Auf den »immer veränderlichen Wahn, worin jemand seine Glückseligkeit setzt«, kann die bürgerliche Gesellschaft nicht gegründet werden. Vielmehr bleibt in ihr jedem vorbehalten, worin er seine Glückseligkeit setzen will. Die Macht hat kein Recht, das Volk wider seinen Willen glücklich zu machen, sondern hat nur zu sorgen, daß es als gemeines Wesen existiere. »Wenn die oberste Macht Gesetze gibt, die zunächst auf die Glückseligkeit (die Wohlhabenheit usw.) gerichtet sind: so geschieht dieses nicht als Zweck, sondern als Mittel, den rechtlichen Zustand, vornehmlich gegen äußere Feinde, zu sichern.«

Man nennt Beispiele von guten Regierungen, die für das Glück ihrer Untertanen sorgten (Titus, Marc Aurel); aber ihre Nachfolger (Domitian,

Commodus) taten das Gegenteil. »Es kommt nicht auf gute Regierung, sondern Regierungsart an.« Wo Herrscher sich um das Glück der Untertanen kümmern, werden diese wie unmündige Kinder, die nicht unterscheiden können, was ihnen wahrhaftig nützlich oder schädlich ist. Wie sie glücklich sein sollen, hängt bloß vom Urteil des Staatsoberhaupts ab. Und daß dieses es auch wolle, ist bloß von seiner Gütigkeit zu erwarten. »Es ist der größte denkbare Despotismus.«

Das Rechtsprinzip ist innerhalb des gemeinen Wesens unbedingt. Das Prinzip der Glückseligkeit dagegen ist erstens eigentlich gar keines Prinzips fähig, und zweitens richtet es, wenn es dem Rechtsprinzip untergeschoben wird, Böses an im Staat (wie in der Moral). Dies Böse ist die Folge auch, wenn das Glückseligkeitsprinzip in guter Meinung aufgestellt wird, und zwar sowohl beim Herrscher wie beim Untertan: »Der Souverän will das Volk nach seinen Begriffen glücklich machen und wird Despot; das Volk will sich den allgemeinen menschlichen Anspruch auf eigene Glückseligkeit nicht nehmen lassen und wird Rebell.«

3. *Kein Recht im »Widerstandsrecht« und in der Tyrannis:* Kant denkt den Rechtsbruch und seine Folgen durch, wenn er vom Volk und wenn er vom Souverän ausgeht.

Zunächst das Volk: Rebellion ist das höchste Verbrechen, weil es die Grundfeste der obersten gesetzgebenden Macht zerstört. Das Verbot der Rebellion ist unbedingt. Würde das Widerstandsrecht zur Maxime erhoben, so wäre alle rechtliche Verfassung unsicher, das Recht selber aufgehoben. Denn bei der Rebellion kann niemand entscheiden, auf wessen Seite das Recht sei. Keiner von beiden kann Richter in eigener Sache sein. Es gibt keine übergeordnete Instanz.

»Der Ursprung der obersten Gewalt ist für das Volk in praktischer Absicht unerforschlich: d. i. der Untertan soll nicht über diesen Ursprung als ein noch in Ansehung des ihr schuldigen Gehorsams zu bezweifelnden Rechts, werktätig vernünfteln.« Daher: »Ein Gesetz, das so heilig ist, daß es praktisch auch nur in Zweifel zu ziehen schon ein Verbrechen ist, wird so vorgestellt, als ob es nicht von Menschen herkommen müsse.« Das ist die Bedeutung des Satzes: »Alle Obrigkeit ist von Gott«, welcher sagt: der jetzt bestehenden gesetzgebenden Gewalt ist zu gehorchen, ihr Ursprung mag sein, welcher er wolle. Der Untertan kann Beschwerde vortragen, aber keinen Widerstand entgegensetzen. Denn für einen Widerstand ist kein Rechtsgesetz möglich. »Die Rechtmäßigkeit würde sich selbst widersprechen. Wer soll denn in diesem Streit zwischen Volk und Souverän Richter sein?« Kant ist hier von dem Pathos des unbedingten Rechts ergriffen. Ein Monarch kann freiwillig die Krone ablegen. Aber es ist niemals das mindeste Recht, ihn wegen der vorigen Verwaltung zu strafen. »Unter allen Greueln der Staatsumwälzung durch Aufruhr ist selbst die Ermordung des Monarchen noch nicht das Ärgste. Die formale Hinrichtung ist es, was die mit Ideen des Menschenrechts erfüllte Seele mit einem Schaudern ergreift, das man wiederholentlich fühlt, sobald und so oft man sich diesen Auftritt denkt, wie das Schicksal Karls I. oder Ludwigs XVI. Es wird als Verbrechen, das ewig bleibt und nie ausgetilgt werden kann, angesehen. Mord ist Ausnahme von der Regel. Diese Hinrichtung ist Umkehrung der Prinzipien. Eine solche Anmaßung des Volks ist noch ärger als selbst der Mord.«

Kant demonstriert die Situation des Rechts und der Rebellion an anderen historischen Beispielen. »In der Verfassung von Großbritannien, wo das Volk mit seiner Konstitution so groß tut, finden wir doch, daß sie von der Befugnis, die dem Volk, im Fall der Monarch den Kontrakt von 1688 übertreten sollte, zusteht, ganz stillschweigt; mithin sich gegen ihn, wenn er sie verletzen wollte, weil kein Gesetz hierüber da ist, insgeheim Rebellion vorbehält.« »Auf diesen Fall ein Gesetz, wonach bei Verletzung des Vertrags Umsturz berechtigt wäre, auszusprechen, wäre ein klarer Widerspruch: eine öffentlich konstituierte Gegenmacht (kein Recht im Staate kann durch einen geheimen Vorbehalt, gleichsam heimtückisch, verschwiegen werden).« Es wäre noch ein drittes Staatsoberhaupt nötig, welches zwischen Souverän und Volk entschiede. Kant bemerkt zur Revolution von 1688: Jene Volksleiter – oder Vormünder – haben, »besorgt wegen einer Anklage, wenn ihr Unternehmen etwa fehlschlüge, dem von ihnen weggeschreckten Monarchen lieber eine freiwillige Verlassung der Regierung angedichtet, als sich des Rechts der Absetzung desselben angemaßt«, wodurch offenbarer Widerspruch der Verfassung mit sich selbst entstanden wäre. Es sei, sagt Kant weiter, »kaum zu bezweifeln, daß, wenn jene Empörungen, wodurch die Schweiz, die Vereinigten Niederlande oder auch Großbritannien ihre jetzige Verfassung errungen haben, mißlungen wären, die Leser der Geschichte derselben in der Hinrichtung ihrer jetzt so erhobenen Urheber nichts als verdiente Strafe großer Staatsverbrecher sehen würden«. Da Kant diese Empörungen und da er insbesondere die Französische Revolution nicht verwirft, letztere sogar enthusiastisch bejaht, so will er mit seiner Erörterung der Ungültigkeit jedes Widerstandsrechts nur Klarheit schaffen: hier handelt es sich nicht um Recht: »Der Ausgang ist ungewiß, die Beurteilung des Rechts aber gewiß.«

Nicht nur für das Volk, auch für den Souverän ist das Rechtsprinzip als das für den Bestand des Gemeinwesens unbedingte Prinzip gültig. Hobbes hatte gesagt, das Staatsoberhaupt sei durch den ursprünglichen Vertrag dem Volke gegenüber zu nichts verbunden. Gegen Hobbes stellt Kant den Satz: Das Volk hat »gleichfalls seine unverlierbaren Rechte gegen das Staatsoberhaupt, obgleich diese keine Zwangsrechte sein können.« Hier liegt der entscheidende Punkt. Hobbes' Satz würde zwar »richtig sein, wenn man unter Unrecht diejenige Läsion versteht, welche dem Beleidigten ein Zwangsrecht gegen denjenigen einräumt, der ihm unrecht tut«. Aber Hobbes' Satz, »so im allgemeinen ist er schrecklich«. Denn er verleugnet die Rechte des Volkes.

Wie nun aber, wenn ein Recht des Volkes besteht, das jedoch von allem anderen Recht sich dadurch unterscheidet, daß keine Zwangsgewalt es sichert, und wenn dieses Recht, da nach Kant auch die Herrscher nur Menschen sind, von diesen verletzt und bis zum Übermaß vernichtet werden kann? Kant antwortet:

In jedem gemeinen Wesen muß der Gehorsam unter dem Mechanismus der Staatsverfassung nach Zwangsgesetzen zusammen bestehen mit dem »Geist der Freiheit«. Dieser verlangt, »durch Vernunft überzeugt zu sein, daß dieser Zwang rechtmäßig sei«.

Der nicht widerspenstige Untertan muß annehmen können, sein Oberherr wolle ihm nicht unrecht tun. »Nur aus Irrtum oder Unkunde« sei es zu jenem Unrecht gekommen. Daher muß dem Staatsbürger, und zwar mit Vergünstigung des Oberherrn selbst, die Befugnis zustehen, seine Meinung über das, was von den Verfügungen desselben ihm ein Unrecht gegen das gemeine Wesen zu sein scheint, öffentlich bekanntzumachen.

Würde man annehmen, der Oberherr könne nicht irren und nicht unkundig sein, dann würde man ihn mit himmlischen Eingebungen begnadigt und über die Menschheit erhaben vorstellen. Also ist die Freiheit der Feder das einzige Palladium der Volksrechte. Diese Freiheit ihm absprechen, heißt: dem Bürger (nach Hobbes) allen Anspruch auf Recht in Ansehung des obersten Befehlshabers nehmen, und dem Souverän alle Kenntnis entziehen von dem, was er abändern würde, wenn er es wüßte.

Das Prinzip dieses Rechtes zur Beurteilung der Maßnahmen und Gesetze der Regierungen aber ist: »Was ein Volk über sich selbst nicht beschließen kann, das kann der Gesetzgeber auch nicht über das Volk beschließen.«

Der Mensch lebt in Gemeinschaft durch den Rechtszustand. Dieser ist jedoch nie in seiner Vollkommenheit erreicht. Er kann durch Tyrannei bis an die Grenze der Rechtlosigkeit geraten. Er kann durch Rebellion in seiner Existenz bedroht werden. Für das Volk ist aus keinem Rechte das Recht zum Widerstand und zur Revolution durch Gewalt zu begründen. Für den Souverän ist aus keinem Recht zu begründen, daß er sich außerhalb des Rechtes stellt. Beide sollen gehorchen. Kant versteht, daß mit der Rebellion und mit der Tyrannis wie mit dem Kriege das Gemeinwesen selber als Ganzes in Frage gestellt ist. Hier hören alle Begründungen als unzureichend auf. Hier wird nicht aus dem Rechtsprinzip gehandelt. Die Naturkausalität und in ihr vielleicht die Vorsehung fällt die dem Menschen nie völlig durchsichtigen Entscheidungen. Das Rechtsprinzip ist suspendiert. Eine Rechtsinstanz ist nicht mehr da. Im Kampfe wird der Himmel angerufen, daß er sein Urteil fälle, oder die bloße Gewalt ergriffen, daß sie sich durchsetze. Es bleibt ein Etwas, das selber nicht rechtlich begründet, sondern das den Rechtszustand faktisch ermöglicht. Daher sagt Kant: »Wenn eine Revolution einmal gelungen und eine neue Verfassung gegründet ist, so kann die Unrechtmäßigkeit des Beginnens die Untertanen von der Verbindlichkeit, der neuen Ordnung der Dinge sich als gute Staatsbürger zu fügen, nicht befreien.«

Für die Regierung gibt es die Alternative zweier Prinzipien, um zu wählen, welches von beiden im Konfliktsfalle die letzte Entscheidung habe: das Prinzip des Rechts oder das Prinzip praktischer Menschenerfahrung. Entweder gibt es ein Staatsrecht, das verbindende Kraft hat, ohne Rücksicht auf Wohl- oder Übelbefinden. In diesem Falle gibt es auch »eine Theorie des Staatsrechts, ohne Einstimmung mit welcher keine Praxis gültig ist«. Oder es gibt nur Menschen mit ihren Leidenschaften und ihrer Passivität, durch Gewöhnung an ihren Zustand angepaßt. Obgleich sie Ideen von Recht im Kopfe haben, sind sie unfähig und unwürdig, nach diesen Rechten behandelt zu werden. Dann gibt es keine Theorie des Rechts, sondern nur eine auf Erfahrung gegründete Regierungspraxis. Eine »oberste, bloß nach Klugheitsregeln verfahrende Gewalt« darf und muß die Menschen in Ordnung und Untertanenschaft halten.

Diese Denkungsart nennt Kant einen Verzweiflungssprung. Wo er getan wird, da gilt aber: »Wenn einmal nicht vom Recht, sondern nur von der Gewalt die Rede ist, darf auch das Volk die seinige versuchen und so alle gesetzliche Verfassung unsicher machen.« Beschwörend sagt Kant: »Wenn nicht etwas ist, was durch Vernunft unmittelbare Achtung abnötigt (wie das Menschenrecht), so sind alle Einflüsse auf die Willkür des Menschen unvermögend«, sie zu »bändigen«. Aber »wenn das Recht laut spricht, dann zeigt sich die menschliche Natur nicht so entartet, daß seine Stimme von derselben nicht mit Ehrerbietung angehört werde«.

Kant fordert die Wahrhaftigkeit in der Auffassung des Sinnes der bürgerlichen Verfassung und die Anerkennung ihrer Größe und Härte. Er spricht vom Recht und nur an der Grenze von dem anderen, was, ohne Recht zu sein, die Geschichte bewegt. Dieses kann durch Vorsehung oder Naturabsicht aus dem Bösen und dem Unheil den Fortschritt entspringen lassen. Darum hat für Kant die Frage nach Krieg und Frieden die erregende Bedeutung, die sie in den Mittelpunkt seines politischen Denkens gelangen läßt.

4. *Krieg und Frieden:* Der Krieg ist das größte Übel.

Materiell: Verwüstungen, ungeheure Kosten schon durch die ständig vermehrte Rüstung im Frieden, gewaltige Schuldenlast nach dem Kriege. Moralisch: »Verderbnis der Sitten«, »Zerstörung alles Guten«, »das größte Hindernis des Moralischen«. Der Freiheit selbst wird Abbruch getan. Durch die Besorgnis äußerer Gefahr werden freiheitswidrige Forderungen gerechtfertigt. Der Staat hat »zur Besoldung tüchtiger Lehrer kein Geld übrig, weil er alles zum Kriege braucht«.

Aber Kant sagt auch etwas ganz Anderes, scheinbar Entgegengesetztes: Auf den Gang der Geschichte gesehen, ist im Kriege der Sinn einer Naturabsicht zu denken. »Der Krieg, ein so großes Übel er auch ist, ist zugleich die Triebfeder, aus dem rohen Naturzustand in den bürgerlichen überzugehen.« »Wir müssen der Tierheit Gewalt antun, aber der Antrieb dazu lag doch in der Tierheit. Das Böse der Menschheit ist gut in der Tierheit.«

So ist es noch heute: »Auf der Stufe der Kultur, worauf das menschliche Geschlecht noch steht, ist der Krieg ein unentbehrliches Mittel, diese weiter zu bringen und nur nach einer (Gott weiß wann) vollendeten Kultur würde ein immerwährender Friede für uns heilsam und auch durch jene allein möglich sein.« Unter dem Schein äußerer Wohlfahrt ist die Menschheit verdorben. Wir sind durch Kunst und Wissenschaft kultiviert, wir sind durch gesellschaftliche Artigkeit und Anständigkeit zivilisiert bis zum Überlästigen. Aber wir sind noch nicht moralisiert. Denn jetzt gehört die Idee der Moralität bloß zur Kultur, läuft bloß auf das Sittenähnliche in der Ehrliebe und auf äußere Anständigkeit, d. h. auf Zivilisierung hinaus. »Alles Gute aber, das nicht auf moralisch-gute Gesinnung gepfropft ist, ist nichts als lauter Schein und schimmerndes Elend.«

Will ich den Frieden nur aus dem Glücksbedürfnis, um das Leben zu genießen, so kann ich ihn nie erreichen. Ein »immerwährender Friede, der reine Genuß eines sorgenfreien, in Faulheit verträumten oder mit kindischem Spiel vertändelten Lebens« ist leere Sehnsucht. Der Antagonismus der Kräfte ist dazu da, bloßes Dasein in seiner Wertlosigkeit ebensowohl wie das »schimmernde Elend« zu ruinieren, weil es auf unwahrem Grunde ruht. Wo die Idee des gesetzlichen Zustands der Freiheit nicht wirklich auf dem Boden der Moralität steht, da wird durch den Krieg der Mangel in den Voraussetzungen aufgedeckt. Die Gesellschaft erntet die Früchte ihres Tuns, ihrer Lebensverfassung, ihres Zustandes. Die einzige Möglichkeit, die ihr außer dem Untergang bleibt, ist, den Zusammenhang ihres Unheils zu begreifen, sich von der Not zur Idee ihrer Aufgabe zwingen zu lassen und dadurch in sittlicher Freiheit voranzuschreiten.

Nach solchen Erörterungen mag ein Leser denken, es sei nur ein Schritt zur Verherrlichung des Krieges, vielleicht noch mehr, wenn folgende Sätze aus der »Kritik der ästhetischen Urteilskraft« dazu kommen:

»Was ist das, was selbst dem Willen ein Gegenstand der größten Bewunderung ist? Ein Mensch, der nicht erschrickt, der sich nicht fürchtet, also der Gefahr nicht weicht, zugleich aber mit völliger Überlegung rüstig zu Werke geht. Auch im allergesittetsten Zustande bleibt diese vorzügliche Hochachtung für den Krieger; nur daß man noch dazu verlangt, daß er zugleich alle Tugenden des Friedens, Sanftmut, Mitleid und selbst geziemende Sorgfalt für seine eigene Person beweise: eben darum, weil daraus die Unbezwinglichkeit seines Gemüts durch Gefahr erkannt wird. Selbst der Krieg, wenn er mit Ordnung und Heiligachtung der bürgerlichen Rechte geführt wird, hat etwas Erhabenes an sich und macht zugleich die Denkungsart des Volkes, welches ihn auf diese Art führt, nur um desto erhabener, je mehreren Gefahren es ausgesetzt war. Dahingegen ein langer Frieden den bloßen Handelsgeist, mit ihm aber den niedrigen Eigennutz, Feigheit und Weichlichkeit herrschend zu machen und die Denkungsart des Volkes zu erniedrigen pflegt.«

Nicht der Krieg ist es, der diese Erhabenheit hervorbringt, sondern das Ethos des Menschen kann sich im Zustand des Krieges so zeigen, daß die Überlegenheit des Menschen über sein Leben offenbar wird.

Kant hat keineswegs eine Gesinnung, die das Soldatendasein als etwas an sich Großes sieht, oder die gar militaristisch einen Zauber im Kriege, den besten Sinn des Menschen im Kriegstod, das Heldentum in der Macht als solcher erfährt. »Die Kriegsehre«, so verlangt er, »nicht mehr mit der Achtung anzusehen und daraus einen wichtigen Punkt der Geschichte zu machen! Es sei denn, daß sie etwas in Ansehung des Fortschritts des menschlichen Geschlechts bewirkt hat.« Solchen Fortschritt und daher Kriegsehre sieht Kant z. B. nicht bei Cäsar. »Cäsar ist ein schlecht denkender Fürst, nicht daß er die Macht an sich zog, sondern daß er sie, so er sie hatte, nicht selbst in die Hände eines vernünftig eingerichteten gemeinen Wesens gab.«

Wenn aber der Krieg zu den Mitteln der Naturabsicht (Vorsehung) gehört, und wenn der sittliche Zustand heute nicht die Stufe erreicht hat, die den Krieg unmöglich macht und zugleich entbehren kann, muß er dann nicht begehrt werden, um der Naturabsicht im Ganzen zu dienen? Alle Gedanken Kants gehen auf das Gegenteil, auf das Erdenken der Bedingungen ewigen Friedens als des regulativen Prinzips, dem im politischen Handeln wie in dem gesamten, auch dem privaten sittlichen Dasein zu folgen Pflicht ist. Jene falsche Folgerung gegen Kant ist nur möglich, wenn seine spekulative Ergründung der Naturabsicht verwechselt wird mit Erkenntnissen, die als Mittel zur Anwendung in der Hand des planenden Menschen werden können. Aber der Mensch steht nie auf dem Standpunkt der Vorsehung, deren Sinn er spekulativ denkend umkreist. Nicht als Vorsehung kann er handeln, sondern nur als Mensch.

Für die Vernunft ist es Pflicht, zu handeln unter der Idee des ewigen Friedens. »Die Vernunft verdammt schlechterdings den Krieg als Rechtsgang.« Es ist »nicht die Frage, ob der ewige Friede ein Ding oder Unding sei, sondern wir müssen so handeln, als ob das Ding sei«, und müssen hinwirken auf diejenige Verfassung, die die tauglichste ist, ihn herbeizuführen und dem heillosen Kriegführen ein Ende zu machen. »Und wenn dies letztere, was die Vollendung dieser Absicht betrifft, auch immer ein frommer Wunsch bliebe, so betrügen wir uns doch gewiß nicht mit der Annahme der Maxime, dahin unablässig zu wirken.« Diese Pflicht als betrüglich anzunehmen, würde bedeuten, »lieber aller Vernunft zu entbehren und sich seinen Grundsätzen nach mit den übrigen Tierklassen in einen gleichen Mechanismus der Natur geworfen anzusehen«.

Die spekulativen Konstruktionen der Absicht der Vorsehung dienen dazu, die Voraussetzungen deutlich werden zu lassen, unter denen Frieden allein möglich ist. Die Unerbittlichkeit dieser Voraussetzungen bringt Kant ans Licht. Werden sie nicht erfüllt, so ist der Krieg gewiß. Und wenn er gewiß ist, so wird die spekulative Einsicht nur zur Erinnerung, den möglichen Sinn der Vorsehung im Entsetzlichen des Kriegs nicht zu vergessen. Nicht aber verringert sie das sittliche Bemühen, alles zu tun, um jene Voraussetzungen zu schaffen, die den Krieg unmöglich machen würden. Es ist unmöglich, geradezu den Krieg abzuschaffen. Das Ethos des Menschen ist zu verwandeln, so daß es keinen Krieg mehr geben wird. Daher vollzieht Kant aus der Idee vom ewigen Frieden zwei Betrachtungsweisen.

Erstens sieht er aus der Naturabsicht den Zwang, der zu ihm führen muß. Wie der Kampf aller gegen alle in die bürgerliche Gesellschaft gezwungen hat, so liegt in dem Zustand der ständig drohenden und wirklichen Kriege derselbe Zwang für die Staaten: »Die Natur treibt durch Kriege, durch die Not zu dem, was den Menschen die Vernunft auch ohne viel traurige Erfahrung hätte sagen können, nämlich: aus dem gesetzlosen Zustand der Wilden hinauszugehen und in einen Völkerbund zu treten, wo jeder, auch der kleinste Staat, seine Sicherheit hat.« Dasselbe, was beim Übergang des ungebändigt freien Menschen zur Gesellschaft vor sich ging, muß sich bei den ungebändigt freien Staaten wiederholen.

Zweitens aber sieht Kant, daß der Zwang der Naturabsicht nicht automatisch wirkt, sondern erst durch die Freiheit des Menschen. Die Voraussetzungen des Friedens müssen allen Bürgern klar sein. In seiner Schrift »Zum ewigen Frieden« hat Kant mit einem Ernst, der im Kleide spielender Ironie sich entfalten kann, diese Voraussetzungen in eindringlicher Kürze gezeigt. Er wählt die Form damaliger Friedensverträge, unterscheidet Präliminarartikel, Definitivartikel, Geheimartikel. Unter den Präliminarartikeln findet sich u. a.: »Es soll kein Friedensschluß für einen solchen gelten, der mit dem geheimen Vorbehalt des Stoffs zu einem künftigen Kriege gemacht worden.« »Es soll sich kein Staat im Kriege mit einem andern solche Feindseligkeiten erlauben, welche das wechselseitige Zutrauen im künftigen Frieden unmöglich machen müssen.«

Unter den Definitivartikeln ist entscheidend: »Die bürgerliche Verfassung in jedem Staate soll republikanisch sein.« Kant weiß, daß bei den Staaten der Zustand ihrer bürgerlichen Gesellschaft und ihre äußeren Verhältnisse voneinander abhängig sind. Die Voraussetzungen des echten Friedenswillens sind nur in einem freien Rechtsstaat möglich.

Folgt daraus, daß die republikanische Verfassung durch Zwang allen Völkern auferlegt werden sollte? Ein Artikel lautet: »Kein Staat soll sich in die Verfassung und Regierung eines anderen Staates gewalttätig einmischen.« Denn das Völkerrecht kann nur auf Föderalismus freier Staaten gegründet sein. Das gilt aber nur für Staaten, die schon in einem bürgerlich-gesetzlichen Zustand sind. Nur dieser gibt die erforderliche Sicherheit. Der Staat ohne bürgerlich-gesetzliche (republikanische) Verfassung benimmt den anderen (wie der einzelne Mensch dem anderen im bloßen Naturzustand) die Sicherheit. Er verletzt sie schon, indem er neben uns ist, durch die Gesetzlosigkeit seines Zustandes. »Ich kann ihn nötigen, entweder mit mir in einen gemeinschaftlich-gesetzlichen Zustand zu treten, oder aus meiner Nachbarschaft zu weichen.« Denn das Postulat ist: »Alle Menschen, die aufeinander wechselseitig einfließen können, müssen zu irgendeiner bürgerlichen Verfassung gehören.«

Der allgemeine Friedenszustand kann nur gesichert werden durch einen Rechtszustand, der alle Staaten verbindet, und hinter dem eine Gewalt steht, die dessen Gesetzen, den Verträgen die Befolgung durch möglichen Zwang garantiert. Kant, der weiß, daß die Idee des ewigen Friedens eine »Idee« ist (so daß der Leser Kants nicht weiß, ob er diese Idee als realisierbar in der Zeit sieht oder nicht, wohl aber, daß er eine

»Annäherung an die Idee« für möglich und für die Pflicht der Vernunftwesen hält), durchdenkt die unermeßlichen Schwierigkeiten, wobei manche keineswegs absolute Geltung beanspruchenden Vorschläge auftreten.

Das Völkerrecht wird in seiner Fragwürdigkeit gezeigt, solange keine Instanz da ist, es mit Zwangsgewalt durchzusetzen:

Im Begriff des Völkerrechts läßt sich bei einem »Recht zum Kriege« nichts denken. Denn es soll ein Recht sein, »nach einseitigen Maximen durch Gewalt zu bestimmen, was Recht sei«. Den Menschen, die so gesinnt sind, »geschieht ganz recht, wenn sie sich untereinander aufreiben« und also den ewigen Frieden »in dem weiten Grabe finden, das alle Greuel der Gewalttätigkeit samt ihren Urhebern bedeckt«.

Wenn ein Volk sagt: Es soll unter uns kein Krieg sein, denn wir wollen uns selbst eine oberste gesetzgebende, regierende und richtende Gewalt setzen, die unsere Streitigkeiten friedlich ausgleicht, – das läßt sich verstehen. Wenn aber dieser Staat sagt: Es soll kein Krieg zwischen mir und anderen Staaten sein, obgleich ich keine oberste gesetzgebende Gewalt erkenne, die mir mein, und der ich ihr Recht sichere, – so ist gar nicht zu verstehen, worauf ich dann das Vertrauen zu meinem Rechte gründen wolle.

Trotz »Völkerrecht« bleibt es dabei: Die Art, wie Staaten ihr Recht verfolgen, ist nicht der Prozeß bei einem Gerichtshofe, sondern der Krieg. Durch den Sieg wird aber nicht das Recht entschieden. Nach dem Dankfest des Siegers ziemte auch diesem wohl ein Bußtag, »den Himmel im Namen des Staates um Gnade für die große Versündigung anzurufen, die das menschliche Geschlecht sich noch immer zuschulden kommen läßt, sich keiner gesetzlichen Verfassung im Verhältnis auf andere Völker fügen zu wollen, sondern stolz auf seine Unabhängigkeit lieber das barbarische Mittel des Krieges zu gebrauchen«.

Den eigentlichen Widerstand halten die Staaten durch ihren Anspruch auf Souveränität aufrecht. Wie die Menschen in der Gründung der bürgerlichen Gesellschaft der tollen Freiheit der Wilden die vernünftige Freiheit des Gesetzesstaates vorgezogen haben, so, sollte man denken, müßten die Staaten eilen, aus dem rohen Naturzustande der gesetzlosen Gewalt herauszukommen. Statt dessen setzt aber vielmehr jeder Staat seine Majestät gerade darin, gar keinem äußeren gesetzlichen Zwange unterworfen zu sein. Die Bösartigkeit der menschlichen Natur läßt sich im freien Verhältnis der Völker unverhohlen blicken. Innerhalb der bürgerlichen Gesellschaft ist sie durch den Zwang der Regierung verschleiert. Das Wort »Recht« sollte daher redlicherweise aus der Kriegspolitik ganz verwiesen werden. Aber kein Staat war bisher so kühn, sich hierfür öffentlich zu erklären. Denn »noch werden Hugo Grotius, Pufendorf u. a. (lauter leidige Tröster) immer treuherzig zur Rechtfertigung eines Kriegsangriffs angeführt«, obgleich ihr Rechtskodex nicht die mindeste gesetzliche Kraft haben kann, weil Staaten als solche nicht unter einem gemeinschaftlichen äußeren Zwange stehen. Noch niemals aber gab es ein Beispiel, daß ein Staat durch Argumente mit Zeugnissen jener Männer wäre bewogen worden, von seinem Vorhaben abzustehen. Doch beweist diese Huldigung, die jeder Staat wenigstens den Worten nach dem Rechtsbegriffe leistet, daß eine schlummernde moralische Anlage im Menschen anzutreffen ist, die doch einmal über das böse Prinzip in ihm Meister werden könnte.

Das Vertrauen zu meinem Rechte kann ich nur gründen auf »das Surrogat des bürgerlichen Gesellschaftsbundes, nämlich den freien Föderalismus«. Ein Bund besonderer Art, ein Völkerbund, ginge nicht auf irgendeinen Erwerb der Macht des Staates, sondern lediglich auf Sicherung der Freiheit eines Staates für sich selbst und andere verbündete Staaten, ohne daß diese doch einem Zwange unter öffentlichen Gesetzen unterworfen wären. Solch Friedensbund wäre unterschieden von einem Friedensvertrag. Er sucht alle Kriege, nicht bloß einen zu beenden. Er wäre anstelle der positiven Idee einer Weltrepublik nur das negative Surrogat eines den Krieg abwehrenden Bundes, aber mit beständiger Gefahr, daß die feindselige Neigung doch einmal durchbricht.

Wir müssen verzichten, Kants Gedanken über Bundesstaat (Völkerstaat), Staatenbund (Völkerbund), Bündnis einzelner Staaten, Friedensvertrag zu berichten. Wie die Idee des ewigen Friedens zu konkreten Gestaltungen führt, das sagt Kant weder voraus, noch gibt er ein eindeutiges Programm (das immer nur ein Schema der Idee, nicht ihre wirkliche Darstellung sein könnte). Kant denkt an einen Föderalismus, nicht an einen Weltstaat, zumal »übergroße Staaten, wie es mehrmals ergangen ist, der Freiheit noch gefährlicher werden können, indem sie den schrecklichsten Despotismus herbeiführen«. Er denkt an die Möglichkeit des Ausgangs solchen Föderalismus von einer Mitte: »Denn wenn das Glück es so fügt: daß ein mächtiges und aufgeklärtes Volk sich zu einer Republik (die ihrer Natur nach zum ewigen Frieden geneigt sein muß) bilden kann, so gibt diese einen Mittelpunkt der föderativen Vereinigung für andere Staaten ab, um sich an sie anzuschließen und so den Freiheitszustand der Staaten gemäß der Idee des Völkerrechts zu sichern und sich durch mehrere Verbindungen dieser Art nach und nach immer weiter auszubreiten.«

Daß die Erwartung eines bestimmten Programms für die Weltfriedensordnung durch Kant nicht erfüllt wird, beruht auf dem Ernst und der Tiefe seines politischen Denkens: Die weltbürgerliche Gesellschaft ist eine Idee. Sie ist, weil unerreichbar, kein konstitutives, sondern ein regulatives Prinzip. Das heißt, wir sollen ihr als der Bestimmung des Menschengeschlechts mit allen Kräften folgen, nicht ohne gegründete Vermutung, daß eine natürliche Tendenz zu ihr uns hilft.

Kant bezieht sich auf den Abbé Saint Pierre, der nach Beendigung des Spanischen Erbfolgekriegs 1714 seinen berühmten und als utopisch verlachten Traktat vom ewigen Frieden schrieb. Aber der Unterschied ist radikal: Jener Abbé dachte an eine Organisation der Fürsten und deren guten Willen. Kant denkt an den Willen der Völker, setzt eine »republikanische« Regierung voraus und zieht die Schlüsse aus der Not. Der Abbé entwirft ein Programm, das die Staatslenker annehmen sollen. Kant entwirft den Weg, auf dem die sittliche Forderung mit der Naturnotwendigkeit zusammentrifft. Der Abbé geht geradezu auf die Einrichtung des ewigen Friedens. Kant erdenkt im Rahmen seiner Geschichtsphilosophie die Voraussetzungen des ewigen Friedens.

Den Gang vom Naturzustand des Kriegs bis zum Friedenszustand unter allen Menschen der Erde sieht Kant in Stufen. Von der Stiftung des gesetzlichen Zustandes in der je eigenen bürgerlichen Gesellschaft geht es zur Idee des Völkerrechts im Verhältnis der Staaten zu einander und schließlich zur Idee des Weltbürgerrechts, sofern Menschen und Staaten als Bürger eines allgemeinen Menschenstaates anzusehen sind.

Dies Weltbürgerrecht hat Kant nur in einem Punkt berührt. Auf der begrenzten Erdoberfläche können sich die Menschen nicht ins Unendliche zerstreuen. Sie müssen sich neben einander dulden und das Recht der Oberfläche zu einem möglichen Verkehr benutzen. Das setzt das Hospitalitätsrecht voraus: dieses ermöglicht, den Verkehr mit den alten Einwohnern zu versuchen, ob sie miteinander in friedliche Verhältnisse kommen, die zuletzt öffentlich gesetzlich werden und so das menschliche Geschlecht einer weltbürgerlichen Verfassung immer näher bringen.

Kant brandmarkt die Inhospitalität der handeltreibenden Staaten unseres Weltteils, die koloniale Ausbeutung: »Die Einwohner rechneten sie für nichts.« Da es aber mit der unter den Völkern der Erde durchgängigen Gemeinschaft so weit gekommen ist, daß die Rechtsverletzung an einem Platz der Erde an allen gefühlt wird: so ist die Idee eines Weltbürgerrechts keine phantastische Vorstellungsart des Rechts, sondern eine notwendige Ergänzung des ungeschriebenen Kodex des Staats- und Völkerrechts zum öffentlichen Menschenrecht überhaupt und so zum ewigen Frieden.

5. *Bedeutung geschichtsphilosophischer Einsicht für das Handeln:* Daß der Mensch, wenn er den Krieg als mögliches Mittel der Naturabsicht denkt, doch den Krieg als solchen nicht wollen darf, ist ein großes Beispiel der notwendigen Abwehr des Mißverständnisses der Kantischen politischen und geschichtsphilosophischen Konstruktionen:

Kant denkt die Naturabsicht, die die Willensakte des Menschen, auch das Böse, gebraucht, um herbeizuführen, was in keines Menschen Plan gelegen war. Diese Naturabsicht aber ist nicht ihrerseits im ganzen zum Plan des Menschen zu machen. Denn der Standpunkt der Vorsehung ist nicht der Standpunkt des Menschen. Die konstruktiven Entwürfe einer möglichen Naturabsicht haben aber zwei Seiten:

Die einen sind zugleich »Schemata der Idee«, die uns führen soll (wie die »republikanische Verfassung«, der »ewige Friede«). Werden Spuren der Naturabsicht in der Geschichte entdeckt, die auf diese Ziele auch ohne Bewußtsein des Menschen hinwirkt, dann ist solche, wenn auch ungewisse Erkenntnis dem Menschen förderlich. »Es scheint, wir könnten durch unsere eigene vernünftige Veranstaltung diesen für unsere Nachkommen so erfreulichen Zeitpunkt schneller herbeiführen.«

Keineswegs meint Kant, daß wir aus der Geschichte die Erfahrung gewinnen, aus der wir ableiten, was getan werden soll. Im Gegenteil: die Erfahrung beweist nichts für das Gesollte, das die Vernunft aus sich selbst erkennt. Die Vernunft erhebt den Anspruch an sich, zu verwirklichen, was keine bisherige Erfahrung beweist, sondern was durch ihre Verwirklichung erst zum Gegenstand der Erfahrung werden kann.

Die anderen Entwürfe sind Konstruktionen der Mittel, denen sich die Vorsehung bedient. Diese sind nicht Erkenntnisse des wirklichen Geschehens, daher nicht wie Naturerkenntnisse für technische Zwecke anzuwenden. Wir Menschen sind darin mitwirkende Kräfte durch das, was wir sollen und sogar durch das, was wir nicht sollen.

Weil die Naturabsicht als ein Wissen des Ganzen gedacht wird, dürfen wir nicht ein solches Wissen des Ganzen für uns in Anspruch nehmen. Wir können eine vermeintlich im Ganzen erkannte Naturabsicht nur unter radikaler Selbsttäuschung zum menschlichen Plane machen.

Kants Gedanken scheinen bei oberflächlicher Auffassung im konstruierten Plan der Naturabsicht die Freiheit zum Gegenstand der Erkenntnis und zum Mittel der planenden Vorsehung zu machen. Aber solche Gedanken sind bei Kant ausdrücklich nicht Erkenntnis, sondern versuchender Entwurf zweckmäßigen Naturgeschehens (nach dessen Analogie sie konstruiert werden).

Müßten wir erst das Ganze wissen, um im Besonderen zu tun, was recht ist? Dann könnten wir nie anfangen. Müssen wir von der Geschichte im ganzen einen Glauben haben, um sinnvoll handeln zu können? Einen solchen Glauben brauchen wir nicht als einen bewiesenen oder beweisbaren, als wahrscheinlichen oder unwahrscheinlichen Erkenntnisinhalt. Wissen vom Ganzen, das mit dem Anspruch des Wissens sogleich Scheinwissen ist, würde den Gang der Verwirklichung stören. Gerade durch den Verzicht auf das nicht mögliche Wissen finde ich den rechten Weg, ohne ihn in der besonderen Realität endgültig als den rechten zu kennen, sondern in der Offenheit, in der Kommunikation mit anderen, in der Korrigierbarkeit, unter Führung der immer gewiß bleibenden Ideen.

Der Ernst des Handelns, die Klarheit des Urteils hier und jetzt, die Entschiedenheit der Forderung der Idee stehen im Zusammenhang mit der Freiheit des Spiels im Entwerfen geschichtsphilosophischer Möglichkeiten.

Es wäre widersinnig, wenn wir das, was in der Naturabsicht für möglich gehalten wird, unsererseits, als ob wir die Vorsehung sein könnten, tun wollten. Grenze unseres Willens ist, daß wir nie das Ganze wissen. Nur »von der Vorsehung können wir einen Erfolg erwarten, der aufs Ganze und von da auf die Teile geht«. Menschen dagegen »gehen mit ihren Entwürfen nur von den Teilen aus«. Sie müssen bei ihnen stehen bleiben und »können aufs Ganze als ein solches, welches für sie zu groß ist, zwar ihre Idee, aber nicht ihren Einfluß erstrecken«.

Die Vorsehung setzte (in der Konstruktion des Menschen) das Gute wie das Böse als Mittel ihrer Endabsicht ein. Wir dürfen das Böse nicht als Mittel einsetzen. Für uns liegt alles Planen, alles Streben nach Macht, sofern wir vernünftig und damit sittlich sind, innerhalb und unter dem Maße der sittlichen Forderung.

Kants Philosophie steht gegen die Totalisierungen, die mit den Gedankengebäuden des deutschen Idealismus begannen und über den Marxismus in die Praxis totalen Wissens und totaler Planungen führten. Dem Kantischen Denken eignet die Freiheit, daher die Fähigkeit zum Ernst der Praxis mit dem Bewußtsein ihrer Grenze, zur Orientierung an der Wirklichkeit unter Führung der Ideen.

Welche Bedeutung hat geschichtsphilosophische Einsicht, wenn sie als Erkenntnis nicht anwendbar ist? Sie kann ermutigen, sie kann im politischen Handeln trotz allen Unheils Vertrauen erzeugen.

Kant stellt die Aufgabe, Geschichte unter dem Gesichtspunkt der Bedeutung der Ereignisse für die Annäherung an die Idee zu schreiben. »Die Geschichte der Staaten muß so geschrieben werden, daß man sieht, was die Welt von einer Regierung für Nutzen gehabt hat. Die Revolutionen der Schweiz, Hollands, Englands sind das wichtigste in der späteren Zeit.« »Im Weltganzen hinterläßt ein Monarch keine Spur, wenn er nicht zu dem System desselben etwas beigetragen hat, oder gar ist seine Spur ein verhaßtes Überbleibsel.«

Dann aber ist durch Kant die Aufgabe gestellt, die Geschichte zu schreiben am Leitfaden einer erdachten Naturabsicht, um Spuren zu entdecken, die auf sie hinweisen. Der Einsicht und dem guten Willen der handelnden Menschen kommt – das ist die Hoffnung, die durch die Wahrnehmung der Spuren genährt wird – die Naturabsicht zu Hilfe, die selbst die Teufel zwingt, daß sie ihr dienen.

Dies Vertrauen wird gestärkt durch die Beobachtung, daß das Gute die Folge zu haben scheint, Dauerndes zu begründen. Es hat den Charakter, wenn es einmal da ist, sich fernerhin selbst zu erhalten, herrschend zu machen, während das Böse sich selbst zerstört. Zwar geht alles zugrunde, am Ende durch Naturkatastrophen. Innerhalb dieses

Naturgeschehens aber hat das Gute, das quer zur Zeit im Übersinnlichen gegründet ist, zugleich relativ dauerhafte Folgen in der Zeit.

Es sind bei Kant zu trennen *erstens* die hypothetischen Konstruktionen einer Naturabsicht, – *zweitens* der Glaube an den Sinn in der Geschichte, der aus moralischen Quellen entspringt und durch Hinweise aus der Erfahrung genährt, aber nie bewiesen wird, – *drittens* die Entwürfe institutioneller Möglichkeiten und gültiger Maximen unter den Ideen der bürgerlichen Gesellschaft und des ewigen Friedens.

Die Vermengung des Sinns dieser Gedanken wird verwehrt durch die Klarheit der Spannung von Natur und Freiheit, von Sein und Sollen.

c) *Der Weg der Aufklärung*

Kant sieht unser historisches Dasein als den Bruchteil einer Bahn, die ihren Anfang und ihr Ende der Erfahrung nicht zeigt. Der Anfang kann durch Vermutungen konstruiert, die Richtung auf das Ziel durch notwendige Ideen erleuchtet werden. Der Weg wird beschritten durch Aufklärung. »Aufklärung ist der Ausgang des Menschen aus seiner selbst verschuldeten Unmündigkeit.« Unmündigkeit ist die Unfähigkeit, sich seines Verstandes ohne Leitung eines anderen zu bedienen. Selbstverschuldet ist sie durch Mangel an Mut und Entschließung und durch Bequemlichkeit. Daher ist der Wahlspruch der Aufklärung: sapere aude! Habe Mut, dich deines eigenen Verstandes zu bedienen!

Viele Menschen bleiben gern unmündig. Ein Buch hat für sie »Verstand«, ein Seelsorger hat für sie »Gewissen«, ein Arzt beherrscht für sie die »Diät« – so brauchen sie sich nicht selbst zu bemühen. Ihre Vormünder, die die Oberaufsicht gütigst auf sich genommen haben, sorgen für sie. Die meisten halten den Schritt zur Mündigkeit für gefährlich. Die Unmündigkeit aber gewinnen sie lieb. Satzungen und Formeln sind ihre Fußschellen. Würde man sie ihnen abnehmen, würden sie sich doch nicht bewegen können, weil sie an freie Bewegung nicht gewöhnt sind. »Daher gibt es nur wenige, denen es gelungen ist, durch eigene Bearbeitung ihres Geistes sich aus der Unmündigkeit herauszuwickeln und dennoch einen sicheren Gang zu tun.«

Aufklärung zu verwirklichen, ist schwer. Leicht ist Aufklärung nur für den Menschen, dessen Vernunft nicht passiv ist, sondern der sich selbst nach dem Gesetze der praktischen Vernunft führt, und der nicht zu wissen verlangt, was über seinen Verstand ist. Da aber das Bestreben zum letzteren kaum zu verhüten ist, und es nie an solchen fehlen wird, welche diese Wißbegierde befriedigen zu können versprechen, so muß das bloß Negative (welches die eigentliche Aufklärung ausmacht) in der Denkungsart herzustellen sehr schwer sein.

Aber die Aufklärung schreitet voran. Einige Selbstdenkende – sogar unter den eingesetzten Vormündern des großen Haufens – verbreiten, nachdem sie selbst die Unmündigkeit abgeworfen, um sich den Geist des Selbstdenkens und damit eine vernünftige Schätzung des eigenen Werts. Das Publikum klärt unausbleiblich sich selbst auf. Aber es geht nur langsam. Eine Revolution kann wohl einen persönlichen Despotismus abwerfen, aber niemals eine wahre Reform der Denkungsart zur Folge haben. Andere Vorurteile werden die alten ersetzen, da die Denkungsart so plötzlich nicht anders wird.

Kants Pathos des vernünftigen Denkens ist seine Philosophie selber, mit der er sich in der großen geschichtlichen Bewegung weiß. Diese Philosophie ist *politische* Philosophie, sofern sie selber ein Element der Politik sein will, und ist politische *Philosophie,* sofern dies politische Denken sich auf dem Wege der freien vernünftigen Selbsteinsicht bindet an das Höchste, das im Übersinnlichen auf praktischem Grunde erfahren und spekulativ gedacht wird. In diesem Denken liegt die Spannung zwischen dem Bewußtsein augenblicklicher Ohnmacht und der großen Zuversicht, die die Zeichen des Ganges der Vernunft deutet.

Die Rolle der Philosophie im Politischen ist durch den Begriff dieser Philosophie vorgezeichnet. Aus ihm folgt ihre Aufgabe als »Ratgeben«, und die Forderung der »Publizität«.

1. *Die Rolle der Philosophie*

Gründung, Führung und Verwaltung einer bürgerlichen Verfassung geschieht durch die politischen Menschen: Sie brauchen »richtige Begriffe von der Natur einer möglichen Verfassung«, dann »eine durch viele Weltläufte geübte Erfahrenheit« und schließlich »den zur Annehmung beider vorbereiteten guten Willen«. Diese Menschen sind nicht Philosophen im Sinne derer, die durch ihren Beruf sich mit Forschung und Denken schulmäßig beschäftigen.

Die Rolle der Philosophen im Gemeinwesen ist nach Kant nicht die der Aktion, sondern des Rates. Daß Könige philosophieren oder Philosophen Könige werden (Platos Forderung), das erwartet er nicht; er wünscht es nicht einmal, »weil der Besitz der Gewalt das freie Urteil der Vernunft unvermeidlich verdirbt«. Aber Könige oder königliche Völker (das sind solche, die sich selbst nach Gleichheitsgesetzen beherrschen) sollen die Philosophen hören, weil dies zur Erleuchtung ihres Geschäftes unentbehrlich ist. Daher dürfen sie die Philosophen nicht verstummen lassen, wozu genügt, daß sie ihnen das Sprechen nicht verbieten. In die Artikel zur Begründung des ewigen Friedens hat Kant daher einen einzigen »Geheimartikel« aufgenommen: »Die Maximen der Philosophen über die Bedingungen der Möglichkeit des öffentlichen

Friedens sollen von den zum Kriege gerüsteten Staaten zu Rate gezogen werden.« Warum geheim? Weil es »verkleinerlich zu sein scheint, wenn die Autorität bei Untertanen (den Philosophen) Belehrung sucht«. Daher besteht die stillschweigende Aufforderung nur darin, sie frei und öffentlich reden zu lassen. In der Ordnung der Gewalt steht die Philosophie gegenüber Juristen und Theologen auf einer niedrigen Stufe. Daher hieß sie früher auch »Magd der Theologie«. »Man sieht aber nicht recht, ob sie ihrer gnädigen Frauen die Fackel vorträgt oder die Schleppe nachträgt.«

Der Vorzug der Philosophen ist es, daß sie der Natur ihrer Sache nach nicht Rotten und Klubs bilden, und daß sie keine Klasse oder Korporation sind; sie haben daher keine Macht. Sie machen »unter dem Volk nicht durch unter sich genommene Abreden (als ein Klerus), sondern als Mitbürger Entwürfe«. Sie »beweisen auf unverdächtige Art, daß es ihnen um Wahrheit zu tun ist«. Daran nimmt das Volk Interesse »durch das allgemein gefühlte Bedürfnis der notwendigen Anbauung seiner moralischen Anlage«. Es ist daher ratsam in einem Gemeinwesen, »nicht bloß den hergebrachten frommen Lehren, sondern auch der durch die Philosophie erleuchteten praktischen Vernunft Gehör« zu schenken, d. h. »den (auf menschliche Art) Weisen«, den Philosophen den Weg freizugeben.

Diese in der Ironie mit tiefem Ernst vorgetragenen Gedanken über den Ort der Philosophie im Gemeinwesen werden erst ganz verständlich, wenn das Wesen der Philosophie klar ist. Kant hat es großartig und schlicht ausgesprochen.

a) *»Man kann niemals Philosophie, höchstens nur Philosophieren lernen.«* Damit sagt Kant, daß man eine Philosophie zwar lernen kann, wie der Gelehrte historisches Wissen lernt. Aber historische Kenntnis einer Philosophie bezeugt nicht das eigene Urteil aus Einsicht. Man hat sich »nach fremder Vernunft gebildet«, ist »ein Gipsabdruck«, urteilt daher nur so viel als gegeben war. Wer daher nicht nur historisch über Philosophie gelehrt sein kann, sondern philosophieren will, der muß »alle Systeme nur als Geschichte des Gebrauches der Vernunft ansehen« und als Objekte zur Übung gebrauchen.

In diesem Sinne schreibt Kant schon 1765 für seine Hörer: Der Student soll nicht Gedanken, sondern Denken lernen. »Der den Schulunterweisungen entlassene Jüngling war gewohnt zu lernen. Nunmehr denkt er, er werde Philosophie lernen, welches aber unmöglich ist, denn er soll jetzt Philosophieren lernen.« Lernen kann er historische und mathematische Wissenschaften, das, was als eine in einem gewissen Maße schon fertige Disziplin uns vorgelegt wird. »Um Philosophie zu lernen, müßte allererst eine wirklich vorhanden sein. Man müßte ein Buch vorzeigen und sagen können: Seht, hier ist Weisheit und zuverlässige Einsicht.« Es wäre ein Mißbrauch des Lehramtes, »wenn man, anstatt die Verstandesfähigkeit der anvertrauten Jugend zu erweitern und sie zur künftig reiferen eigenen Einsicht auszubilden, sie mit einer dem Vorgeben nach schon fertigen Weltweisheit hintergeht, woraus ein Blendwerk von Wissenschaft entspringt«.

Nun ist aber Kants Ziel die *eine* Philosophie, »das System aller philosophischen Erkenntnis«. Er versteht darunter objektiv »das Urbild der Beurteilung aller Versuche zu philosophieren«. »Auf diese Weise ist Philosophie eine bloße Idee von einer möglichen Wissenschaft, die nirgends in concreto gegeben ist.« Man nähert sich ihr auf mancherlei Wegen, »bis der einzige, sehr durch Sinnlichkeit verwachsene Fußsteig entdeckt wird«. Dann erst wird es gelingen, das bisher verfehlte Nachbild dem Urbilde gleich zu machen, so weit als es Menschen vergönnt ist.

Kant ist nun aber der Überzeugung, den einzigen Fußsteig entdeckt zu haben und dem Urbild der Philosophie nahegekommen zu sein. Er kann schreiben, »daß vor dem Entstehen der kritischen Philosophie es noch gar keine gegeben habe. Um über diese scheinbare Anmaßung absprechen zu können, kommt es auf die Frage an: ob es wohl mehr als eine Philosophie geben könne?« Es gab verschiedene Arten zu philosophieren. »Es mußte viele Versuche dieser Art, deren jeder auch um die gegenwärtige sein Verdienst hat, geben, aber da es doch, objektiv betrachtet, nur eine menschliche Vernunft geben kann: so kann es auch nicht viele Philosophien geben, d. i. es ist nur ein wahres System derselben aus Prinzipien möglich... Wenn also jemand ein System der Philosophie als sein eigenes Fabrikat ankündigt, so ist es ebensoviel, als ob er sagte: Vor dieser Philosophie sei gar keine andere noch gewesen... Wenn also die kritische Philosophie sich als eine solche ankündigt, vor der es überall noch gar keine Philosophie gegeben habe, so tut sie nichts anderes, als was alle getan haben, tun werden, ja tun müssen, die eine Philosophie nach ihrem eigenen Plane entwerfen.«

b) Kant unterscheidet *Philosophie als »Schulbegriff« und als »Weltbegriff«.*

Philosophie als Schulbegriff ist der Begriff »von einem System der Erkenntnis, die nur als Wissenschaft gesucht wird, ohne etwas mehr als die logische Vollkommenheit zum Ziel zu haben«. Der nach dem Schulbegriff Philosophierende ist ein bloßer Vernunftkünstler (nur Philodox, nicht Philosoph). Er strebt bloß nach spekulativem Wissen, ohne darauf zu sehen, wieviel das Wissen zum letzten Zweck der menschlichen Vernunft beitrage. Er gibt Regeln für den Gebrauch der Vernunft zu allerlei beliebigen Zwecken, nur eine Lehre der Geschicklichkeit.

Dieser Benennung der Schulphilosophie als Philosophie liegt der »Weltbegriff der Philosophie« jederzeit zugrunde. »In dieser Absicht ist Philosophie die Wissenschaft von der Beziehung aller Erkenntnis auf die wesentlichen Zwecke der menschlichen Vernunft, und der Philosoph ist nicht ein Vernunftkünstler, sondern der Gesetzgeber der menschlichen Vernunft.« »Was nützt Philosophie, wenn sie nicht die Mittel des Unterrichts der Menschen auf ihr wahres Beste lenkt.«

Die Philosophie nach dem Weltbegriff, die die Wissenschaft von den letzten Zwecken der menschlichen Vernunft ist, ist allein »der hohe Begriff«, der »der Philosophie Würde gibt, d. i. einen absoluten Wert«. Unsere vielen Zwecke sind noch nicht die höchsten. Endzweck kann nur ein einziger sein. Er ist »die ganze Bestimmung des Menschen, und die Philosophie über dieselbe heißt Moral«. Daher »verstand man auch bei den Alten unter dem Namen des Philosophen jederzeit zugleich und vorzüglich die Moralisten«. Selbst »der äußere Schein der Selbstbeherrschung durch Vernunft« ist noch jetzt der Grund, jemanden bei seinem eingeschränkten Wissen, nach einer gewissen Analogie, einen Philosophen zu nennen.

Philosophie im Weltbegriff ist die, die »alle Menschen angeht«. Sie »übersteigt nicht den gemeinen Verstand« und wird »nicht nur von Philosophen entdeckt«. In dem, was Menschen ohne Unterschied angelegen ist, gibt es keine parteiische Austeilung der Gaben durch die Natur, »und die höchste Philosophie kann es in Ansehung der wesentlichen Zwecke der menschlichen Natur nicht weiter bringen als die Leitung, welche sie auch dem gemeinsten Verstande hat angedeihen lassen«.

Kant hat 1781 »einen Plan, nach welchem die gänzliche Veränderung der Denkungsart«, seine »Metaphysik von der Metaphysik« auch »Popularität bekommen könne«. »Denn in der Tat [schreibt er 1783] muß jede philosophische Schrift der Popularität fähig sein, sonst verbirgt sie unter einem Dunst von scheinbarem Scharfsinn vermutlich Unsinn.« Dann aber hat Kant (1796), obgleich er anerkennt, »daß jede philosophische Lehre müsse zur Popularität (einer zur allgemeinen Mitteilung hinreichenden Versinnlichung) gebracht werden können«, dies für das System seiner Kritik des Vernunftvermögens selbst als einer »Ausnahme« eingeschränkt: »Dieses kann nie populär werden, sowie überhaupt keine formelle Metaphysik; obgleich ihre Resultate für die gesunde Vernunft (eines Metaphysikers, ohne es zu wissen) ganz einleuchtend gemacht werden können.« Hier muß auf »scholastische Pünktlichkeit«, auf »Schulsprache« gedrungen werden, »weil dadurch allein die voreilige Vernunft dahin gebracht werden kann, vor ihren dogmatischen Behauptungen sich erst selbst zu verstehen«.

c) Philosophie, die den Weltbegriff und Schulbegriff in sich vereint, ist *Weisheitslehre als Wissenschaft.* Das ist der hohe Sinn, in dem die Alten das Wort verstanden. Philosophie bedeutete »eine Anweisung zu dem Begriffe, worin das höchste Gut zu setzen, und zum Verhalten, durch welches es zu erwerben sei«. Es wäre gut, sagt Kant, dieses Wort bei seiner alten Bedeutung zu lassen. Philosophie wäre »eine Lehre vom höchsten Gut, sofern die Vernunft bestrebt ist, es darin zur Wissenschaft zu bringen«. Denn »Wissenschaft ist die enge Pforte, die zur Weisheitslehre führt«. Wissenschaft hat ohne Weisheit keinen Sinn, Weisheit ist nicht wirklich ohne Wissenschaft.

Wissenschaft vermag »den Weg zur Weisheit, den jedermann gehen soll«, kenntlich zu bahnen und vor Irrwegen zu sichern. Diese Wissenschaft wird jederzeit von der Philosophie aufbewahrt, an deren »subtilen Untersuchungen das Publikum keinen Anteil, wohl aber an den Lehren zu nehmen hat«. Denn diese können nach einer solchen Bearbeitung erst recht hell einleuchten.

Die Wissenschaften sind für sich in ihrem Werte fragwürdig, weil sie sich nicht selbst in ihrem Wert begründen. Philosophie allein hat »Würde, d. i. einen inneren absoluten Wert«. Sie gibt allen anderen Erkenntnissen erst einen Wert. »Denn Wissenschaft hat einen inneren wahren Wert nur als Organ der Weisheit.« Weil erst durch Philosophie die Wissenschaften Ordnung und Zusammenhang erhalten, schließt sie gleichsam den wissenschaftlichen Zirkel.

d) Kants kritische Philosophie wurde von der überlieferten Philosophie als Zerstörung empfunden. Seine Erwiderung war: der Verlust betrifft nur die Schulen. Die Wahrheit der wissenschaftlichen Philosophie habe zwar in der Tat in Ansehung des spekulativen Gebrauchs einer irrenden, sich selber täuschenden Vernunft nur einen *negativen Nutzen.* Sie befreit aber durch ihre Grenzsetzungen (die »Disziplin der reinen Vernunft«) von den endlosen Blendwerken, *um Raum zu schaffen für das Positive:* sowohl für den sicheren Gang der Wissenschaft wie für den Glauben, den Vernunftglauben. Diese Philosophie erkennt, wie der Dogmatismus immer am Ende zum Skeptizismus und zum Unglauben, die Kritik aber zur Wissenschaft und zum Glauben führt.

Den Sinn der kritischen Philosophie, die noch nicht alle Philosophie ist, hat Kant bescheiden so bestimmt: »Der größte und vielleicht einzige Nutzen aller Philosophie der reinen Vernunft ist also wohl nur negativ; da sie nämlich nicht als Organon, zur Erweiterung, sondern als Disziplin, zur Grenzbestimmung dient, und, anstatt Wahrheit zu entdecken, nur das stille Verdienst hat, Irrtümer zu verhüten.«

Wenn diese Philosophie dem Dogmatismus vernichtend entgegentritt, so will sie keineswegs »dem dogmatischen Verfahren der Vernunft in ihrer reinen Erkenntnis als Wissenschaft« entsagen. Sie soll systematisch und schulgerecht sein. Daher rühmt Kant »die strenge Methode des berühmten Wolff« und dessen »Geist der Gründlichkeit«, dessen Philosophie er doch in den Prinzipien verneinte.

e) Der negative Nutzen der kritischen Philosophie ist nur ein Moment der ganzen Philosophie. Mathematiker, Naturkundige, Logiker sind »doch nur Vernunftkünstler«. »Es gibt noch einen *Lehrer im Ideal,* der alle diese ansetzt, sie als Werkzeuge nützt, um die wesentlichen Zwecke der menschlichen Vernunft zu befördern. Diesen allein müßten wir den Philosophen nennen.«

Aber: »In solcher Bedeutung wäre es sehr ruhmredig, sich selbst einen Philosophen zu nennen und sich anzumaßen, dem Urbilde, das nur in der Idee liegt, gleichgekommen zu sein.« Den »Eigendünkel solcher Selbstschätzung« will Kant durch die Aufstellung des Maßstabes abschrecken. Ein Weisheitslehrer zu sein, würde bedeuten, die Meisterschaft in Kenntnis der Weisheit zur Wirklichkeit zu bringen. Aber Philosophie als Weisheit bleibt ein Ideal, »in dessen Besitz, unter dem angemaßten Namen eines Philosophen, zu sein, nur der vorzugeben berechtigt ist, der auch die unfehlbare Wirkung desselben (in Beherrschung seiner selbst, und dem ungezweifelten Interesse, das er vorzüglich am allgemeinen Guten nimmt) an seiner Person, als Beispiel, aufstellen kann, welches die Alten auch forderten, um jenen Ehrennamen verdienen zu können«. Nie ist zu vergessen: »Der praktische Philosoph, der Lehrer der Weisheit durch Lehre und Beispiel, ist der eigentliche Philosoph.«

2. *Publizität*

Der Rat der Philosophen findet statt, indem die Herrscher das öffentliche Sprechen nicht verbieten und nicht unter Zensur stellen. Kant beschreibt und fordert zugleich den politischen Ort für die Wirksamkeit des philosophischen Denkens.

Die Publizität ist für die Verfassung des gemeinschaftlichen Lebens entscheidend, weil Mitteilbarkeit und unbeschränktes Sichmitteilen das Wesen der Vernunft ist. Philosophie versteht und erzeugt den Mitteilungswillen. Vernunft erstickt ohne die Luft der Kommunikation.

Mitteilbarkeit gehört zu allen Formen der Vernunft. Begriffe sind mitteilbar, Empfindungen nicht. Die Beurteilung einer moralischen Handlung läßt sich »durch bestimmte praktische Vernunftbegriffe allgemein mitteilen«. Die Beurteilung des Schönen erfolgt ohne Begriff im »Geschmacksurteil« unter »der Idee eines gemeinschaftlichen Sinnes«, der »gleichsam an die gesamte Menschenvernunft sein Urteil« hält.

Nur durch Mitteilung ist Erweiterung und Prüfung der Vernunft möglich. Sie ist Bedingung der Humanität. Die Humanität besteht in »Kommunikabilität«. Wenn Kant in der Kultur der Geselligkeit die Funktion des Geschmacks beobachtet, so sagt er, daß »Empfindungen nur soviel wert gehalten werden, als sie sich allgemein mitteilen lassen, wo denn, wenngleich die Lust nur unbeträchtlich, doch die Idee von ihrer allgemeinen Mitteilbarkeit ihren Wert beinahe unendlich vergrößert«.

Unter die »Maximen des gemeinen Menschenverstandes« hat Kant neben das »Selbstdenken« und »Mit sich selbst einstimmig denken« gesetzt: »An der Stelle jedes andern denken.« Das ist das Prinzip der »erweiterten Denkungsart«, die über »die subjektiven Privatbedingungen des Urteils« sich wegsetzen kann.

Die Freiheit der Mitteilung ist Bedingung der Freiheit des Denkens selbst. Ohne Mitteilung bleibt das Denken in der Enge des Einzelnen und in der Irre des Subjektiven. Daher: »Die äußere Gewalt, welche die Freiheit, seine Gedanken öffentlich mitzuteilen, den Menschen entreißt, nimmt ihnen auch die Freiheit zu denken.« Vormünder wollen »vorgeschriebene, mit ängstlicher Furcht vor der Gefahr einer eigenen Untersuchung begleitete Glaubensformeln aller Prüfung durch Vernunft entziehen«. Durch »frühen Eindruck auf die Gemüter« mit Fernhalten aller anderen Mitteilung wollen sie alles verbannen, was durch Vernunft erschüttern könnte.

Die Freiheit des Denkens aber hat sich selbst zu schützen gegen den »gesetzlosen Gebrauch der Vernunft«, der unter dem Namen des Genies seinen falschen Anspruch erhebt. »Wenn die Vernunft – verführt von solchen Ansprüchen – dem Gesetz nicht unterworfen sein will, das sie *sich selbst* gibt, muß sie sich unter das Joch der Gesetze beugen, die ihr *ein anderer* gibt; denn ohne ein Gesetz kann gar nichts, selbst nicht der größte Unsinn, sein Spiel lange treiben.« Also ist die unvermeidliche Folge der erklärten Gesetzlosigkeit im Denken, daß zuletzt die Freiheit selber eingebüßt wird.

Der Gang der Aufklärung entspringt der Freiheit der Vernunft und erzeugt sie im Ganzen des sittlich-politischen Zustandes:

Erstens die Volksaufklärung: Sie fordert, »von seiner Vernunft in allen Stücken öffentlichen Gebrauch zu machen«. Der Offizier, der Geistliche haben in ihrem Beruf zu gehorchen und nicht zu vernünfteln. Aber als Gelehrte haben sie die Freiheit, über Fehler im Militärwesen, über die Verbesserung des Symbols öffentlich zu sprechen. Daß sie in der Ausübung ihres Berufes dem Auftrag gehorchen, darin liegt nichts, was ihrem Gewissen zur Last gelegt werden könnte, nur mit einer Grenze: wenn der Geistliche in dem, was er vertreten soll, etwas der inneren Religion Widersprechendes antreffen sollte, wird er sein Amt mit Gewissen nicht verwalten können, sondern es niederlegen. Im »Geschäfte« ist Einfügung erforderlich, im öffentlichen Sprechen der Vernunft jede Einschränkung widervernünftig.

Zweitens die Aufklärung der Regierung: Anzufangen ist »von dem, was allgemeinen Einfluß hat, das ist von der Regierung«.

Das Ganze ist in lebendiger Bewegung und voll Gefahr. »Die Gesellschaft ist die Büchse der Pandora, wo alle Talente und zugleich Neigungen entwickelt ausfliegen; aber auf dem Boden sitzt die Hoffnung.« Dem Staate aber, der nur herrschen und der Gefahr entgehen will, sind die Philosophen stets anstößig.

Die Publizität ist im Staatswesen insbesondere Bedingung des Rechts. Ohne sie kann die Verwirklichung der Gerechtigkeit nicht gelingen. Jeder Rechtsanspruch muß die Fähigkeit der öffentlichen Kundbarmachung haben, im Einzelnen wie im Grundsätzlichen. Der Bürger darf voraussetzen, daß der Oberherr ihm kein Unrecht tun wolle. Das Unrecht, das ihm widerfährt, geschieht nach dieser Voraussetzung aus Irrtum oder Unkunde gewisser Folgen von Gesetzen. Er muß daher das Recht haben, seine Meinung über das, was ihm ein Unrecht gegen das gemeine Wesen zu sein scheint, öffentlich bekannt zu machen. »Also ist die Freiheit der Feder das einzige Palladium der Volksrechte.« Schranken dieser Freiheit sind nur solche, die die Vernunft sich selbst gibt: Hochachtung für die Verfassung, worin man lebt; die liberale Denkungsart. Durch die Öffentlichkeit »beschränken sich auch die Federn ineinander von selbst, damit sie nicht ihre Freiheit verlieren«.

d) *Das eigene Zeitalter*

Philosophie gilt als das Selbstbewußtwerden ihrer Zeit. Aber erst seit zweihundert Jahren (nach Ansätzen in der Antike) denkt der Philosoph bewußt über seine Zeit und seine Philosophie in ihr nach. Im Bewußtwerden der eigenen Unbedingtheit wird ihm Gegenwartsverstehen zum Zukunftswillen aus geschichtlicher Herkunft. Er durchdringt das Faktische mit der eigenen Verantwortung.

Bei Kant ist dieses geschichtliche Bewußtsein im Zusammenhang mit den politischen Ereignissen gewachsen. Die große Wende war die Französische Revolution. Schon in den letzten Jahren vor ihrem Ausbruch hatte Kant geschichtsphilosophische Schriften veröffentlicht. Sein Denken befähigte ihn, das Ereignis in einem großen Sinne aufzufassen. Jetzt begann sein unausgesetztes politisches Denken, die Erregtheit, in der er die Nachrichten begehrte, ein neuer Ton, obgleich die Sache des geschichtlich-politischen Daseins von ihm unverändert in den gleichen

Antinomien gedacht wurde. Die Französische Revolution war ihm Zeichen für die Wirklichkeit menschlichen Fortschritts, ein philosophisches Ereignis.

Der Basler Friede (1795) war äußerer Anlaß für seine Schrift »Zum ewigen Frieden«. Kant hatte die Konflikte mit dem Ministerium wegen seiner Religionsschriften hinter sich. Er war nach Friedrichs II. Tod vorsichtig geworden, begann diese Schrift gleich mit der clausula salvatoria, daß in seinen Meinungen »nicht Gefahr für den Staat zu wittern« sei. Das Ganze ist ein Meisterwerk des klaren Aussprechens unter dem Druck möglicher Gefahr. Im Gewande undurchdringlicher Ironie verbirgt sich der tiefe Ernst. Er macht seine Aussagen auf »gut Glück«, spricht von »Träumen«, bringt die Bedeutung des philosophischen Rats in den »Geheimartikel«. Die Vorsicht hat weiter zur Folge, daß die wesentlichsten politischen Urteile Kants in seinen Nachlaß-Notizen zu finden sind.

Wir wenden uns den Kantischen Aspekten des Zeitalters zu:

1. Das gegenwärtige Zeitalter ist das der *Aufklärung.* Das heißt, wir leben heute nicht in einem aufgeklärten Zeitalter, sondern in einer Zeit, die zur Aufklärung drängt. Noch aber fehlt viel, daß die Menschen imstande wären, sich ihres eigenen Verstandes zu bedienen.

Aufklärung verlangt Kritik, um im Selbstdenken der Vernunft die Wahrheit einzusehen, daher: »Unser Zeitalter ist das eigentliche Zeitalter der Kritik, der sich alles unterwerfen muß. Religion durch ihre Heiligkeit und Gesetzgebung durch ihre Majestät wollen sich gemeiniglich derselben entziehen. Aber alsdann erregen sie gerechten Verdacht wider sich, und können auf unverstellte Achtung nicht Anspruch machen, die die Vernunft nur demjenigen bewilligt, wer ihre freie und öffentliche Prüfung hat aushalten können.«

»Wird der Hang zum freien Denken entwickelt, so wird dieses allmählich zurückwirken auf die Sinnesart des Volkes (wodurch dieses der Freiheit zu handeln nach und nach fähiger wird) und endlich sogar auf die Grundsätze der Regierung.«

2. Dieses Zeitalter ist das des *Absolutismus.* Daher erwartet Kant die entscheidende Wirkung von den Fürsten. Er rühmt (1784) dieses Zeitalter als »das Zeitalter der Aufklärung oder das Jahrhundert Friederichs«, der in Religionsdingen den Menschen nichts vorschreibt, der selbst den hochmütigen Namen der Toleranz von sich ablehnt. Ein Fürst, der »selbst aufgeklärt« ist, »verdient von der dankbaren Welt und Nachwelt als derjenige gepriesen zu werden, der zuerst das menschliche Geschlecht der Unmündigkeit, wenigstens von Seiten der Regierung, entschlug und zudem frei ließ, sich in allem, was Gewissensangelegenheit ist, seiner eigenen Vernunft zu bedienen«.

Dieser Fürst sagt: »Räsonniert, soviel ihr wollt, und worüber ihr wollt, nur gehorcht!« Das kann er, einmal weil er, selbst aufgeklärt, sich nicht vor Schatten fürchtet, dann aber weil er ein »wohldisziplinierte zahlreiches Heer zum Bürgen der öffentlichen Ruhe zur Hand hat«. Ein Freistaat kann jenen Grundsatz noch nicht wagen. Kant sieht hier »einen befremdlichen, nicht erwarteten Gang menschlicher Dinge; sowie auch sonst, wenn man ihn im großen betrachtet, darin fast alles paradox ist. Ein größerer Grad bürgerlicher Freiheit scheint der Freiheit des Geistes des Volkes vorteilhaft und setzt ihr doch unübersteigliche Schranken; ein Grad weniger von jener verschafft hingegen diesem Raum, sich nach allen seinem Vermögen auszubreiten.« Kant erfaßt, was später durch Tatsachen noch deutlicher wurde: die geistige Freiheit etwa im politisch autoritären Deutschland der Wilhelminischen Zeit und die Bedrohung geistiger Freiheit durch die Demokratien, wie Tocqueville sie erkannte. Aufklärung scheint leicht, ist aber »eine schwere und langsam auszuführende Sache«. Denn daß die Vernunft sich selbst gesetzgebend sein muß, ist nur für den wahrhaft vernünftigen Menschen leicht zu verwirklichen, der, zufrieden seinem wesentlichen Zwecke angemessen zu werden, »das, was über seinen Verstand ist, nicht zu wissen verlangt«. Diese Freiheit wirklicher Vernunft und politische Freiheit sind aufeinander angewiesen. Die Gefahr ist, daß für die Bestrebung, das, was über den Verstand ist, wissen zu wollen, stets solche da sind, »welche diese Wißbegierde befriedigen zu können versprechen«. Daher ist das bloß Negative der eigentlichen Aufklärung in der Denkungsart (zumal der öffentlichen) so schwer zu bewahren.

Kants Hoffnung sind aufgeklärte Fürsten: »Wenn drei wohlgesinnte und gut instruierte (mächtige) Regenten zugleich in Europa herrschen werden, wenn ihrer Regierung von eben solchen nur ein paar Zeugungen durch gefolgt wird, welcher Fall sich einmal ereignen kann: so ist die Erfüllung da. Vor jetzt leben wir in der unsichtbaren Kirche... Die Zurückhaltung ist jetzt noch nötig; alsdann aber Offenherzigkeit, die aber gütig ist.«

3. Der *gegenwärtige Zustand* ist noch im Argen:

»Unsere Zeiten sind mit Barbarei angesteckt... die Ehre der Fürsten wird in ihrem Heldengeist gepriesen... Man rechnet einem ganzen Staat, wenn er sich nur vergrößern kann, die Ungerechtigkeit für keinen Schimpf an... Man glaubt, der selbst Gesetze gibt, sei an kein Gesetz gebunden. Die Fürsten haben keinen Begriff von Rechten, die ihnen im Wege stehen, sondern reden höchstens von Gütigkeit.« »Es ist noch immer etwas Barbarisches an den Staaten, daß sie sich in Ansehung ihrer Nachbarn keinem Zwang eines Gesetzes unterwerfen wollen.« »Kein Staat tut etwas vor das Weltbeste, sondern bloß vor sich selbst.«

Aber das gegenwärtige Zeitalter drängt einem Wendepunkt zu. Wie sieht es jetzt aus?

»Wir haben nur vor zweihundert Jahren die Gemeinschaft mit anderen Weltteilen jenseits der Meere eröffnet... Wir haben nur seit hundert Jahren das System der bürgerlichen Verfassung eines großen Staates an England... Wir sind in Ansehung des Völkerrechts noch Barbaren... Wir haben noch kein System der Vereinigung der Religionen... Vornehmlich noch kein Erziehungssystem. Neue Epoche.« – »Jetzt ist der wichtigste Zeitpunkt, da die Kräfte der Staaten am meisten innerlich auf das Wohlleben und äußerlich auf den Anfall und Verteidigung angespannt, die Armeen aber in die größeste Disziplin bei der größesten Menge gesetzt sind. Es ist keine Erholung anders möglich, als daß sie eine andere Gestalt annehmen. Die Weisheit muß den Höfen aus den Studierzimmern kommen.«

4. Wende und Fortschritt erwartet Kant von allmählichen *Reformen, nicht* von *Revolutionen.* Denn weil die Aufklärung von der gesamten Bevölkerung erst noch zu verwirklichen ist, kann von unten her, von einer unaufgeklärten Bevölkerung nichts Heilvolles geschehen.

Für die wahre republikanische Verfassung, mit Teilung der Gewalten und repräsentativer Regierungsform, bietet unter den Staatsformen der Monarchie, Aristokratie, Demokratie die Monarchie die größte Chance, »wie etwa Friedrich II. wenigstens *sagte* [von Kant unterstrichen]: Er sei bloß der oberste Diener seines Staates.« Kant formuliert: »Je kleiner das Personale der Staatsgewalt (die Zahl der Herrscher), je größer dagegen die Repräsentation derselben, desto mehr stimmt die Staatsverfassung zur Möglichkeit des Republikanismus, und sie kann hoffen, durch allmähliche Reformen sich dazu endlich zu erheben.« Das ist in der Aristokratie schwerer als in der Monarchie. Demokratie vollends macht sie »unmöglich, weil alles der Herr sein will«. In der Demokratie ist nicht anders als »durch gewaltsame Revolution zu der einzigen vollkommen rechtlichen Verfassung zu gelangen«. Das »repräsentative System« macht allein »eine republikanische Regierungsart« möglich. Ohne dieses System wird jede Regierungsart, bei jeder Verfassung, despotisch und gewalttätig. Da keine der alten sogenannten Republiken dieses repräsentative System gekannt hat, mußten sie alle sich »in den Despotismus auflösen, der unter der Obergewalt eines Einzigen noch der erträglichste unter allen ist«.

Die Worte haben bei Kant je nach Zusammenhang einen bestimmten Sinn, z. B. hält er »republikanische« Regierungsart auch durch einen Monarchen für möglich; und er kann schreiben: »Alle bürgerliche Verfassung ist eigentlich Demokratie.«

Trotz seiner konservativen, reformistischen Denkungsart ist Kant für die Französische Revolution. Es ist jedoch wesentlich, warum er ihr zustimmt, nämlich nicht wegen der unmittelbaren faktischen Folgen, nicht wegen der »Taten und Untaten«, sondern wegen der bei ihrem Ursprung sich zeigenden Gesinnung. »Es ist bloß die Denkungsart der Zuschauer, welche sich bei diesem Spiele großer Umwandlungen *öffentlich* verrät, und eine so allgemeine und doch uneigennützige Teilnehmung selbst mit Gefahr, diese Parteilichkeit könne ihnen sehr nachteilig werden, dennoch lautwerden läßt, so aber einen Charakter des Menschengeschlechts im ganzen und zugleich einen moralischen Charakter desselben wenigstens in der Anlage beweist, der das Fortschreiten zum Besseren nicht allein hoffen läßt, sondern selbst schon ein solches ist.« Wofür aber geschah der allgemeine Enthusiasmus? Für den Willen zu einer »republikanischen« Verfassung, welche, indem sie den Rechtsstaat herstellt, nicht mehr kriegssüchtig ist. Auch wenn der Gang der Dinge zunächst scheitert, ja, ins Gegenteil umschlägt, ist das Fortschreiten, das im Ursprung sich zeigte, nicht rückgängig zu machen. »Denn ein solches Phänomen in der Menschheitsgeschichte vergißt sich nicht mehr.« Jene Begebenheit wird »bei Veranlassung günstiger Umstände in Erinnerung gebracht und zu Wiederholung neuer Versuche dieser Art erweckt werden«. Endlich zu irgendeiner Zeit muß die beabsichtigte Verfassung diejenige Festigkeit erreichen, welche die Belehrung aller durch öftere Erfahrung bewirken wird.

5. Wenn *nach der Zukunft gefragt* wird, insbesondere danach, ob das menschliche Geschlecht (im großen) zum Besseren beständig fortschreite, so überlegt Kant grundsätzlich die *Möglichkeit einer wahrsagenden Geschichte.* Sie ist möglich, »wenn der Wahrsager die Begebenheiten selber macht und veranstaltet, die er zum voraus verkündigt«. Wenn »unsere Politiker« sagen, man müsse »die Menschen nehmen, wie sie sind«, so sollte das richtig heißen, »wozu wir sie gemacht haben durch ungerechten Zwang, durch verräterische Anschläge, nämlich halsstarrig und zur Empörung geneigt«. Dann freilich ist die Unheilsprophezeiung »jener vermeintlich klugen Staatsmänner« wahr: wenn die Zügel des Zwangs ein wenig nachlassen, ereignen sich die traurigen Folgen. So sagen Geistliche das Kommen des Antichrists voraus, indem sie alles tun, ihn einzuführen, nämlich, statt ihrer Gemeinde sittliche Grundsätze ans Herz zu legen, ihr Observanzen und historischen Glauben zur Pflicht machen. Sie klagen über Irreligiosität, die sie selber gemacht haben.

Nun ließe sich das Fortschreiten der Gattung zum Besseren mit Sicherheit vorhersagen, wenn man dem Menschen einen unveränderlich guten, obzwar eingeschränkten Willen beilegen dürfte. Denn die Vorhersage träfe etwas, das er selbst machen kann. »Bei der Mischung des Bösen aber mit dem Guten in der Anlage, deren Maß er nicht kennt, weiß er selbst nicht, welcher Wirkung er sich davon gewärtigen könne.«

Aus der Erfahrung der Geschichte ist nichts zu beweisen und nichts vorauszusagen. Aber aus der Erfahrung einer Begebenheit, welche auf das Dasein einer Ursache zum Fortschreiten zum Besseren überhaupt hinweist, darf ein Schluß sowohl auf die vergangene Geschichte wie auf die Zukunft gewagt werden. Als ein solches »Geschichtszeichen«, welches auf die Tendenz der menschlichen Geschichte im ganzen weist, sieht Kant die Französische Revolution.

Kant drängte zu günstigen Voraussagen aus dem Wesen der Vernunft und den Zeichen der Naturabsicht im ganzen. Aber er legte sich durch realistische Einsicht stets Zügel an. Trotzdem kann es ihm geschehen, daß er sogar für die nächste Zukunft voraussagt. In den Jahren nach dem Basler Frieden schreibt er: »Die Nachwehen des gegenwärtigen Krieges können dem politischen Wahrsager das Geständnis einer nahe bevorstehenden Wendung des menschlichen Geschlechts zum Besseren abnötigen, das schon jetzt im Prospekt ist.« Aber Kant hat, wie fast alle, die bestimmte und nahe Voraussagen wagen, geirrt. Es folgten die Napoleonischen Kriege.

e) *Kants politische Denkungsart*

Wenn Kant die Geschichte gelenkt denkt von der Naturabsicht, so ist es, als ob ein Entgegenkommen aus dem Gang der Dinge zum vernünftigen Zielwillen stattfinde. Der Mensch glaubt durch seine Freiheit zu verwirklichen, was an sich notwendig geschieht. Es ist die Paradoxie des Glaubens, der seine Aktivität mit der größten Wucht einsetzt, weil er sich eins weiß mit dem Geschehen im Ganzen, sei es als Vorsehung, Naturabsicht, Gesetz der Geschichte gedacht.

Das aber ist nicht Kants Haltung. In seiner Konstruktion der Naturabsicht versucht er etwas, aber weiß es nicht. Er denkt gleichsam die Gedanken der Vorsehung, aber weiß, daß menschliches Denken sie nicht erreichen kann. Denn das menschliche Denken ist, wie Kants Philosophie es bis in den Ursprung erhellt hat, ein grundsätzlich anderes.

Seine Konstruktionen sind aber für Kant kein bloßes Spiel, oder sie sind ein ernstes Spiel, in dem zum Ausdruck gebracht wird die »Zufriedenheit mit der Vorsehung und dem Gange menschlicher Dinge im ganzen, der nicht vom Guten anhebend zum Bösen fortgeht, sondern sich vom Schlechten zum Besseren allmählich entwickelt; zu welchem Fortschritt denn ein jeder an seinem Teile, so viel in seinen Kräften steht, beizutragen durch die Natur selbst berufen ist«. Kant glaubt »die Anordnung eines weisen Schöpfers und nicht etwa die Hand eines bösartigen Geistes« zu spüren. Sein Denken stärkt das Vertrauen in das scheinbar Sinnlose der Ereignisse.

An den Menschen zu glauben, ist Voraussetzung, um an den Sinn der Geschichte zu glauben, und daher sittlich-politisch handeln zu können. Ohne diesen Glauben bleibt die bloß empirische Betrachtung vor der Sinnlosigkeit im ganzen stehen.

Glaube an den Menschen bedeutet nicht Liebe zur Realität des Menschen, sondern zur Idee des Menschen. Den Menschen in seiner Idee lieben, heißt aber nicht ein Wesen zu lieben, das weniger oder mehr als Mensch, also nicht mehr Mensch ist, heißt auch nicht, ihn in seiner je eigenen gesamten Realität zu lieben. Kant meint den Menschen, die Idee des Menschen in jedem Menschen, nicht eine sogenannte Elite. Aber er meint nicht jeden Einzelnen als solchen.

Kant stellt ausdrücklich die Frage: »Ist das menschliche Geschlecht im ganzen zu lieben?« oder ist es ein Gegenstand, mit Unwillen zu betrachten, dem man zwar (um nicht Misanthrop zu werden) alles Gute wünscht, aber von dem man lieber seine Augen abwendet? Seine Antwort ist, daß er »die Ziererei mit der allgemeinen Menschenliebe« verwirft. Diese Liebe könne nur eine Liebe aus Wohlwollen, nicht aus Wohlgefallen sein. Denn was böse ist, kann man nicht vermeiden zu hassen, »nicht gerade um Menschen Übles zuzufügen, aber doch so wenig wie möglich mit ihnen zu tun zu haben«. Die Gattung können wir »doch wenigstens in ihrer beständigen Annäherung zum Guten lieben, sonst müßten wir sie hassen oder verachten«.

Die *Grenzen* des geschichtlich-politischen Denkens Kants liegen in der Natur der Sache (und sind von Kant als solche ausdrücklich gezeigt): im Wesen der nicht durchdringbaren Vorsehung oder Naturabsicht, im Charakter des Spiels der Entwürfe solcher Absicht, in unserer geschichtlichen zeitlichen Situation, in der es für alles Absehbare im ganzen keine Vollendung gibt. An der Grenze bleibt überall das Geheimnis. Aber was Kant nicht weiß, öffnet ihm durch die Form des Nichtwissens den Raum für eine vernünftige Gegenwärtigkeit des Nichtgewußten.

Nicht aber wird eine Grenze bestimmt durch die Redensart: »Das mag in der Theorie richtig sein, taugt aber nicht für die Praxis.« Entschieden hält Kant an der Wahrheit der »Theorie«, nämlich der philosophischen Vergewisserung fest, durch die allein Praxis wahr werden kann.

Aus dem Kantischen Philosophieren folgen für die politische Auffassung und Zielsetzung folgende *Grundsätze:*

1. Vernünftige Politik beschränkt sich auf Daseinsfragen in der Zeit. Sie schafft die realen Bedingungen, unter denen sich die Anlagen des Menschen, die Gehalte seiner Freiheit entfalten können. Diese Beschränkung auf die untere Ebene, die allein der Politik zugänglich ist, ist aber nur aus dem Ernst der moralischen Unbedingtheit möglich. Die Schwärmerei des Zuvielwollens in der Politik ist verbunden mit dem moralischen Verderben. Nur der Ernst der sittlichen Vernunft entgeht der Verwechslung der Daseinsfragen mit dem, was durch sie ermöglicht wird, und dem, was ihre Führung begründet.

2. Der Mensch ist in jeder, auch in seiner größten Gestalt, Mensch, bedarf daher der Kontrolle. Diese ist nur in der Gegenseitigkeit und in der Öffentlichkeit zu verwirklichen. Zwar hat jeder Mensch die Menschenwürde, aber es ist im politischen Handeln und im Einrichten der immer wieder zu modifizierenden Ordnungen mit der Bosheit aller Menschen zu rechnen.

3. Politischer Fortschritt ist in der Legalität, nicht in der moralischen Gesinnung. Die Grundbedingungen der Legalität sind Vertrag und Vertragstreue und die legal gelenkte Macht, die solche Vertragstreue erzwingen kann und selbst bewährt.

4. Wir Menschen sind gehalten, vernünftig zu planen, aber mit dem Wissen um die Grenze des Wissens und darum die Grenzen des vernünftigen Planens.

Kant verleugnet nie die Notwendigkeit der Erfahrung. Die geschichtsphilosophischen Entwürfe des Ganzen sind Momente in einer offenen Denkweise. Die ihnen entsprechende Erfahrung kann nicht abgeschlossen werden, denn die menschliche Wirklichkeit in der Zeit, wie sie durch den Menschen selbst hervorgebracht wird, gelangt nie in die Vollendung. Wir stehen darin, orientieren uns, handeln unter Ideen. Aber weder erkennen wir den einen notwendigen Gang der Geschichte, noch sehen wir einen Endzustand rechter und bleibender Ordnung menschlicher Zustände vor uns.

Da die Erfahrung nie eine endgültige ist, ist aus der Erfahrung allein nicht zu lernen, was ich tun soll:

»Denn nichts kann Schädlicheres und eines Philosophen Unwürdigeres gefunden werden, als die pöbelhafte Berufung auf vorgeblich widerstreitende Erfahrung.« Diese widerstreitende Erfahrung würde gar nicht existieren, wenn zu rechter Zeit nach den Ideen gehandelt würde. »Die Idee ist ganz richtig, welche das Maximum zum Urbilde aufstellt, um nach demselben die gesetzliche Verfassung der Menschen der möglich größten Vollkommenheit immer näher zu bringen. Denn welches der höchste Grad sein mag, bei welchem die Menschheit stehen bleiben müsse, das kann und soll niemand bestimmen, eben darum, weil es Freiheit ist, welche jede angegebene Grenze übersteigen kann.«

Daher ist beides: die *Offenheit der Erfahrung* und *die Unbedingtheit der Idee.* So setzt die »republikanische Regierungsart« im Volk eine Gesinnung voraus, die sie wiederum ständig erzeugt: die Unbedingtheit des Rechtsgedankens. In Analogie zum kategorischen Imperativ liegt im Recht die oberste Entscheidungsinstanz, die sich nicht aus einem Glückswillen und nicht aus Zweckmäßigkeiten, sondern unter Umständen gegen sie begründet.

Diese politische Grundhaltung beschränkt sich auf reale Ermöglichung. Während sie sich auf den Weg der offenbleibenden weiteren Erfahrung begibt, ist sie sittlich motiviert aus dem Übersinnlichen. Während sie die Erscheinung in ihrem schwebenden Charakter hält, ist sie im Handeln getragen von der sittlichen Unbedingtheit. Während sie auf zeitliche Vollendung, auf die Zauberei eines vorgespielten absoluten Heils in der Welt verzichtet, erfährt sie bis in jeden Gedanken hinein die politische Verantwortung.

Weil im Gang der Dinge das Endziel nicht mit einem Schlag zu gründen ist, vielmehr im ganzen alles langsam, Schritt für Schritt, geht, denkt Kant zwar *sittlich revolutionär* (nur durch eine Umwendung im Einzelnen wird auf dem Wege der Aufklärung seine neue Denkungsart begründet), aber *politisch evolutionistisch,* nicht revolutionär.

Kant ist Realist gegenüber den Tatsachen und Idealist in dem Anspruch der Idee an den handelnden Menschen.

Er treibt als Realist die Skepsis bis zum äußersten, um den echten Grund der Gewißheit offenbar werden zu lassen, die täuschungslos in dieser Realität doch mit Vertrauen handelt. Die Entmutigung durch Tatsachen erweckt den Mut, diese Tatsachen im Gang der Dinge zu ändern.

Er ist »Pessimist« in bezug auf den einzelnen Menschen und die bestimmte Realität, ist »Optimist« in bezug auf das Ganze.

Das historisch-politische Denken Kants hat seine Ruhe durch die Denkungsart seiner Philosophie. Wenn es auch ohne diese Philosophie verständlich scheint, so doch nur in den verständigen Vordergründen, nicht in der Kraft des diese tragenden Grundwissens.

Kants Bewußtsein der Weisen der Gewißheit, seine Forderung, jedes Schema eines Totalwissens in der Schwebe zu lassen, aber in der Situation durch praktische Gewißheit entschieden zu sein, seine Untäuschbarkeit durch Spekulationen unkritischer Begründung, seine Klarheit, die sich nicht an falsche Rangordnungen verliert, all dies vereinigt sich in seiner politischen Denkungsart, die das Konkrete durchdringt, die

Motive reinigt; es wird aber nicht zu einer Wissensmasse, die technisch-rational anwendbar ist.

f) *Einwände*

1. *Widersprüche:* Im politischen Denken Kants lassen sich, wie überall in seiner Philosophie, Widersprüche aufzeigen. Die Frage ist, ob diese in den Fundamenten des Denkens liegen oder die unvermeidliche Form im Ausgesprochensein seiner Wahrheit sind.

Widersprüche treten dann auf, wenn die Ebenen Kantischen Denkens auf eine einzige, die des Verstandesdenkens, nivelliert werden. Im Politischen ist das Denken der Erfahrbarkeit und das Denken der Freiheit so untrennbar aufeinander angewiesen, daß die Widersprüche immer dann entstehen, wenn vom Leser das eine dem anderen untergeschoben wird. Die Widersprüche sind ein Schein, der im Ganzen dieser philosophischen Denkungsart verschwindet. Sie aufzusuchen, hinzustellen und aufzulösen, die Verschiedenheit ihres Sinns, die Arten ihrer Unausweichlichkeit zu zeigen, fordert eine eingehende Analyse, die zum Teil in unserer Darstellung versucht wurde. Ich glaube mich überzeugt zu haben, daß sehr wenige wirkliche, zu korrigierende Widersprüche übrigbleiben.

Kants Denken wird nirgends zum Kompromiß. Er hebt die Gegensätze und Widersprüche nicht auf zugunsten eines ruhigen, absinkenden Mittleren. Was er als das Mittlere seiner philosophischen Dualismen denkt, ist ein die Gegensätze nicht verflachendes, sondern ihren Ursprung erhellendes Denken.

Denn Kant denkt nicht in der Form der sich rundenden Dialektik, sondern er denkt aufschließend dialektisch. Die Widersprüche werden zur höchsten Spannung gebracht. Wo sie aufgehoben werden, geschieht es im Übersinnlichen oder im Schauen des Schönen oder in der unendlich organisierten Spannung des Lebendigen, und hier überall niemals im Wissen, sondern in der »reflektierenden Urteilskraft«.

2. *Kants politischer Glaube:* Kant erwartet und hofft und ergreift tätig denkend den Fortschritt in die Zukunft. Obgleich er nicht weiß, ist er aus moralisch-praktischem Motiv gewiß: »Da das menschliche Geschlecht beständig im Fortrücken in Ansehung der Kultur ist, werde ich annehmen dürfen, daß es auch im Fortschreiten zum Besseren in Ansehung des moralischen Zwecks seines Daseins begriffen sei. Ich stütze mich auf meine angeborene Pflicht, so auf die Nachkommenschaft zu wirken, daß sie immer besser werde (wovon also auch die

Möglichkeit angenommen werden muß).« Gegen diesen praktisch begründeten Glauben sind Einwände möglich, deren Abwehr deutlicher machen kann, was Kant eigentlich meint:

a) Die Tatsachen der Geschichte – das sinnlose Hin und Her des Geschehens – widerlegen den Fortschrittsglauben. Kant antwortet: Nur wenn die auf Tatsachen der Geschichte gegründeten »Zweifel gegen die Hoffnung beweisend wären, könnten sie mich bewegen, von einer dem Anschein nach vergeblichen Arbeit abzulassen«. »So lange dieses nur nicht ganz gewiß gemacht werden kann«, vertausche ich nicht die Pflicht, am Fortschreiten mitzuwirken, »gegen die Klugheitsregel, nicht aufs Untunliche hinzuarbeiten«. »So ungewiß ich immer bleiben mag, ob für das menschliche Geschlecht das Bessere zu hoffen sei, so kann dieses doch nicht der Maxime, daß es tunlich sei, Abbruch tun.«

b) Glaube ist nicht Wissen; der in Konstruktionen vom Ganzen ausgesprochene Glaube läßt daher solches Wissen unbrauchbar sein in der politischen Wirklichkeit. Kants Antwort: In unserer menschlichen Situation können wir das Ganze des Ganges der Geschichte weder theoretisch einsehen noch praktisch planen. Wir können es nur in der Idee gegenwärtig haben. Das den Glauben konstituierende Denken dient nicht einer Anwendbarkeit, sondern der Vergewisserung. Es hat nicht die Nützlichkeit eines verfügbaren Wissens, sondern die Wirksamkeit für meine Haltung im ganzen, aus der das bestimmte politische Denken und Handeln entspringt.

Weisheit nennt Kant die »praktische Vernunft in ihren dem Endzweck aller Dinge, dem höchsten Gut, völlig entsprechenden Maßregeln«. Diese Weisheit aber wohnt allein bei Gott. Menschliche Weisheit kommt nicht weiter als der Idee nicht entgegenzuhandeln. Aber auch diese Weisheit-Sicherung gegen Torheit – »ist mehr ein Kleinod, das wir ergreifen möchten, als ein Besitz, den wir ergriffen hätten«. Denn die Geschichte zeigt die sich verändernden, »oft widersinnigen Entwürfe«, so daß »man wohl ausrufen kann: arme Sterbliche, bei euch ist nichts beständig, als die Unbeständigkeit«.

Wir handeln. Aber wir können mit unseren Entwürfen »nur von den Teilen ausgehen«. Auf das Ganze, welches für uns »zu groß ist«, richten sich zwar unsere Ideen, aber erstrecken dorthin nicht unseren Einfluß. Vielmehr können wir »einen Erfolg, der aufs Ganze und von da auf die Teile geht«, nur von der »Vorsehung« erwarten. Das heißt: Wir müssen im Planen und Handeln den Gang der Dinge offen lassen. Fälschlich ist »oft der gegenwärtige Plan für den besten« und »der gegenwärtige Zustand für die Ewigkeit gehalten worden«. Das ist,

»als ob die Ewigkeit und mit ihr das Ende aller Dinge schon jetzt eingetroffen sein könne«. Daher ist es für Menschen ratsam, »den Erfolg ihres Handelns der Vorsehung zu überlassen«. Denn wie dieser »nach dem Verlauf der Natur ausfallen dürfte, bleibt immer ungewiß«.

c) Der von Kant behauptete Fortschritt in der Moralität des Menschen, nicht nur im Besitz der Kulturgüter, der Staats- und Rechtsformen, widerspricht dem Sinn der Moralität selber, der einen zeitlosen Charakter hat.

Wenn manche Sätze Kants die Behauptung des Fortschritts in der Moralität bringen, so sind sie doch zu deuten nach dem Satz: Der Fortschritt zum Besseren ist »nicht ein immer wachsendes Quantum der Moralität in der Gesinnung, sondern Vermehrung der Produkte ihrer Legalität in pflichtmäßigen Handlungen«. Wenn Gewalttätigkeit von seiten der Mächtigen weniger, die Folgsamkeit in Ansehung der Gesetze mehr werden, wenn mehr Zuverlässigkeit im Worthalten sein wird und endlich sich dies auch auf die Völker im äußeren Verhältnis gegeneinander bis zur weltbürgerlichen Gesellschaft erstreckt, so wird »dabei die moralische Grundlage im Menschengeschlecht nicht im mindesten vergrößert; als wozu auch eine Art von neuer Schöpfung (übernatürlicher Einfluß) erforderlich sein würde«. Der Fortschritt der Moralität im ganzen ist zu verstehen als Fortschritt in der Legalität, in den Lebensordnungen und Lebensformen, in den Gleisen, die sich durch den allgemeinen Zustand für den Einzelnen ergeben. Der Fortschritt der Moralität vollzieht sich im einzelnen Menschen, jederzeit und immer von neuem ursprünglich in der »Revolution der Denkungsart«.

d) Es ist die Kritik an Kant möglich: er habe nicht nur in bezug auf die Zukunft einen unbegründeten Optimismus (nach der Weise der Aufklärung), sondern verleugne mit der Verabsolutierung des Zukunftsziels die von ihm so tief begriffene Erscheinungshaftigkeit des zeitlichen Daseins.

Dagegen ist zu sagen: Kant begründet seinen Optimismus allein auf das praktische Motiv, die Pflicht, für die Besserung in der Zukunft zu wirken. Seine Denkungsart ist das Kennzeichen der Unbedingtheit des in der Freiheit erfahrenen Sollens und des darin gegründeten Mutes im Nichtwissen. In allem, was in der Realität gegen die Möglichkeit der Verwirklichung der Vernunft spricht, ist kein Beweis der Unmöglichkeit zu finden. In jeder Situation bleibt das »Trotzdem«, und zwar nicht nur im Blick auf Transzendenz, sondern auch im Blick auf die zeitliche Zukunft.

Weiter ist zu erwägen: Kant spricht nicht von der Möglichkeit des totalen Menschenverderbens und des Weltuntergangs, wie es das indische Denken tut, und wie die Erwartung des nahen Weltuntergangs durch Jesus und die ersten Christen gemeint ist, und wie heute in der Realität des Menschendaseins die Folgen der Wasserstoffbombe drohen. Angesichts dieser Möglichkeiten würde Kant seine Grundposition gewiß behaupten. Er würde uneingeschränkt trotzdem zu tun verlangen, was im ganzen in bezug auf seinen Erfolg nicht wißbar ist, weil nur so vernünftiges Dasein sinnvoll möglich bleibt. Aber Kant würde bei Vergegenwärtigung der Situation vielleicht noch deutlicher scheiden: die Zukunftshoffnung als reale zeitliche Erwartung und den Sinn des Menschen, der quer zur Zeit sich vergewissert. Seine Zukunftshoffnung würde sich auf die Grundidee der föderativen Weltordnung unter dem Rechtsgedanken beschränken als die einzige Idee, die in der Welt die Bedingung der Möglichkeit zeigt, den Frieden zu finden und den Krieg zu vermeiden, der den Untergang des Ganzen bringt, und den Raum zu schaffen für die Verwirklichung allein desjenigen Menschlichen, das nicht die Zerstörung des Menschseins selber in sich schließt. Wenn diese Hoffnung aber scheitert, so bleibt allein jenes »quer zur Zeit«, das im Chiffercharakter auch der Kantischen Postulate sich zeigt. Wenn aber der aktiven Hoffnung in der Zeit der Friede gelingt, dann hat auch diese Verwirklichung ihren Wert allein durch die ewige Gegenwärtigkeit dessen, was die Zeit in der Zeit überwindet. Die Überwindung des vernichtenden Untergangs gelingt nur dem Menschen, dessen Dasein diesen Sinn erfüllt. Erfüllt er ihn nicht, so ist auch sein Dasein wertlos. »Wenn die Gerechtigkeit untergeht, so hat es keinen Wert mehr, daß Menschen auf der Erde leben.« Ob sie aber untergegangen ist, darüber würde Kant keinem Menschen das Recht zum Urteil im ganzen geben. Wenn aber dies furchtbare Urteil möglich schiene, so bleibt die Frage: Wie aber steht es mit den zehn, mit den zwei Gerechten in Sodom und Gomorrha? Darauf gibt Kant so wenig eine Antwort, wie er das totale Urteil zulassen würde.

g) *Vergleiche*

Lessing dachte einmal die Geschichte als einen Erziehungsprozeß, in dem die Seelen zur Reinheit und vollendeten Vernunft gelangen. Die Geschichte ist ein Totalprozeß, in dem eine unabsehbare Reihe der Wiedergeburten jede Seele mitkommen läßt. Kant dagegen denkt die Rechtsordnung durch Staatsverfassung und Völkerbund als ein in der

Unendlichkeit liegendes Ziel, unter dessen Idee eine Besserung der Zustände, nicht der moralischen Gesinnung stattfindet.

Hegel denkt den Gang des Geistes in der Geschichte als die Bewegung der Totalität, dessen Sinn ihm ein einzig gegenwärtiges Jetzt ist, ohne Vergangenheit und Zukunft. Kant ist die Entwicklung der Geschichte wesentlich als das Hervorbringen der bürgerlichen Verfassung als Grundlage der Möglichkeit für die Entfaltung aller Anlagen des Menschen bei gleichbleibender Menschenartung.

Hegel macht aus Kants »Naturabsicht«, die aus dem zweckhaften Handeln der Menschen etwas anderes hervorgehen läßt als was diese zunächst meinten, die »List der Idee«, die sich der Menschen und ihrer Leidenschaften als Mittel bedient. Seine Betrachtung erfolgt aus dem bedingungslosen Ja zu dem, was wirklich geschah und geschieht. Kant will mit dem Gedanken nicht Erkenntnis des Geschichtsverlaufs im ganzen, sondern durch Hinweis auf ein Entgegenkommendes, dessen Spuren sich dem Geschichtsbetrachter vielleicht zeigen, die Ermutigung zum Handeln bei schärfstem Urteil über die Realitäten.

Hegel entwarf eine großartige, inhaltlich erfüllte Weltgeschichte. Kant gab keine empirisch erfüllte Gesamtansicht. Er stellte nur die Aufgabe, an einem Leitfaden der Vernunft die Spuren einer Naturabsicht im Faktischen der Geschichte zu entdecken. Die von Kant gestellte Aufgabe ist von Hegel nicht erfüllt worden. Denn in Hegels Darstellung ist der Charakter kritischen Versuchens verschwunden. Auch fehlen bei Hegel die Zukunft und der Appell an die Freiheit.

Marx scheint eher Kant ähnlich, aber ist ihm durch drei entscheidende Positionen entgegengesetzt: *erstens* durch die Beschränkung auf die vermeintlich erkannte ökonomische Dialektik, – *zweitens* durch die Preisgabe historischer Forschung (die nach den Gegeninstanzen ihrer jeweiligen Voraussetzungen in den Fakten der Geschichte sucht) zugunsten eines Herbeiholens empirischer Bestätigungen seines Grundgedankens, unter Vernachlässigung anderer Tatsachen, – *drittens* durch die Weise der Forderung einer einmaligen gewaltsamen Umwälzung (Diktatur des Proletariats), die wie durch einen magischen Vorgang die Vollendung der menschlichen Zustände in der Zeit zur Folge haben soll. – Zwar ist die Verbindung von Wissen und Wollen Kant und Marx gemeinsam, aber Kants kritische Selbstbegrenzung des Wissens und damit zugleich des Umfangs möglicher Willensplanung unterscheidet ihn radikal von dem Totalwissen und der Totalplanung marxistischen Denkens. Der Sinn des Revolutionären ist bei Marx ein absichtlich herbeizuführender und als notwendig erwarteter Gewaltakt und die ihm folgende Regierung durch totalitäre Diktatur, bei Kant eine Umwendung der Denkungsart, die, immer von neuem im Einzelnen vollzogen, den Fortschritt ins Unabsehbare schrittweise (evolutionär) herbeiführt.

Kierkegaard, der gleichzeitig mit Marx das neue Bewußtsein der Krisis der Gegenwart aussprach, verwirft die Geschichtsphilosophie für unser Tun. Denn sie lenkt ab von der Aufgabe, selbst zu sein. Marx und Kierkegaard gehen, beide von Hegel her, entgegengesetzte Wege. Marx findet das Heil des Menschen in der Gesellschaft, Kierkegaard im Einzelnen. Kants Gedanken enthalten beide Möglichkeiten. Sein Blick auf das Ganze des Geschehens und sein Anspruch an sittliche Entscheidung erfüllen beide ihren Sinn unter kritischer Begrenzung. Die Späteren (Kierkegaard, Marx u. a.) haben im Glanz ihrer bedeutenden geistigen Gebilde – nach verschiedenen Richtungen gleichsam explodierend – die Grundhaltung kritischer Vernunft verloren, die die Bedingungen der Stetigkeit im Aufbau menschlicher Wirklichkeit erfüllt.

Die klare, nach allen Seiten offene, das Wissen in seiner Gewißheit sowohl begreifende wie begrenzende Denkweise Kants hat, wie überall, so auch im geschichtsphilosophisch-politischen Gebiet entgegengesetzte Mißverständnisse erfahren.

W. v. Humboldt schrieb über Kant an Schiller: »Ein manchmal wirklich zu grell durchblickender Demokratismus ist nun meinem Geschmack nicht recht gemäß: so wenig als gewiß auch dem Ihrigen.« Marxisten dagegen verwerfen ihn als »bürgerlichen« Denker, der konservativ, mutlos, königstreu den revolutionären Gedanken umbog in den evolutionären.

Der eine sagt, Kant sei gegen Elite, halte die Unterschiede der Menschen nicht für groß; der andere, das Denken Kants sei ganz auf die Wirksamkeit von oben unter Geringschätzung des Durchschnitts der Bevölkerung gerichtet.

VII. Kant-Kritik

Niemand hat Kant angeeignet, ohne ihm an wesentlichen Stellen zu widersprechen. Niemand hat ihn verstanden, ohne Sätze von ihm zu korrigieren. Kant-Verständnis bedeutet zwar in der Tiefe eine unvergleichliche Einigkeit, im Vordergrunde aber kritische Erörterung. Diese Weise der Kritik geschieht unter der Voraussetzung, daß Kant im ganzen einen wahren neuen Weg beschritten hat. Der Kritiker hat die Revolution der Denkungsart durch Kant in sich wiederholt, ist ein anderer geworden, und fragt jetzt, wie er jeden Satz verstehen soll aus dem Ursprung, in den er durch Kant selbst mit einem Sprunge der Denkungsart gelangt ist.

Bevor wir solche Kant-Kritik versuchen, werfen wir einen Blick auf die uneigentliche Kant-Kritik. Diese geschieht erstens dort, wo Kant im ganzen verworfen wird als etwas durchaus Fremdes.

Als Beispiel der Kantfeinde, die es bis heute gibt, mag Friedrich Schlegel dienen. Er sagt: Kants Denken sei unsystematisch, verzwickt und konfus. Er sei ein »oszillierender Mensch, eitel, ohne die gewaltige, durchgreifende Kraft eines Spinoza oder Fichte«. Etwas »Eklektisches« sei in ihm, er »kleistre und flicke«, überall sei er »auf halbem Wege stehengeblieben«. Seine Kritik sei »scholastisierte Behutsamkeit«, er selbst ein »genialischer Pedant«. Politischer und ästhetischer Sinn mangle ihm, die Moral behandle er wie ein »Algebraist«.

Der grundsätzlich feindliche Kant-Kritiker steht unter dem stillschweigenden Motiv: er müsse Kant vernichten, wenn er nicht selbst vernichtet werden solle. Das heißt: es gibt Mächte, Lebensformen, Weisen des Grundwissens, die eine Aneignung des Kantischen Philosophierens ausschließen. Verständnislose Einwände auf diesem Boden sind:

1. Man nennt Kant einen »Rationalisten« und sagt, er lasse nur gelten, was der Verstand einsieht, liege in den Fesseln der logischen Gesetze und verwickle sich dabei in Widersprüche, die sein Denken durch sein eigenes Prinzip vernichten. Gegen ihn wird das Recht der Intuition, der Visionen, das Wissen vom Ganzen, das Gefühl und das Genie gesetzt.

Gegen solche Haltung hat Schiller anläßlich einer ohnmächtig bösartigen Kant-Kritik Schlossers an Goethe geschrieben (9. 2. 1798): »Sie und wir anderen wissen doch auch, daß der Mensch in seinen höchsten Funktionen immer als ein verbundenes Ganzes handelt. Deswegen aber wird uns doch niemals einfallen, die Unterscheidung und die Analogie, worauf alles Forschen beruht, in der Philosophie zu verkennen, so wenig wir dem Chemiker den Krieg darüber machen, daß er die Synthesen der Natur künstlicherweise aufhebt. Aber diese Herren Schlosser wollen sich auch durch die Metaphysik hindurch riechen und fühlen, sie wollen überall synthetisch erkennen, aber in diesem anscheinenden Reichtum verbirgt sich am Ende die ärmlichste Leerheit und Platitüde, und die Affektation solcher Herren, den Menschen immer bei seiner Totalität zu behaupten, das Physische zu vergeistigen und das Geistige zu vermenschlichen, ist nur eine klägliche Bemühung, ihr armes Selbst in seiner behaglichen Dunkelheit glücklich durchzubringen.«

2. Man nennt Kant einen »Rigoristen« und sagt, er fordere das Unerfüllbare. Er kenne nur die Pflicht in Gehorsam und Dienst durch Vertilgung des Reichtums lebendiger Kräfte zugunsten des formalen Tuns. Diese Philosophie ende mit der unendlichen Aufgabe, bleibe im Sollen. Der vermeintliche Durchbruch Kants durch die Verstandeswelt als unsere einzige gegenständlich angemessene Welt sei nur ein Bewußtsein der Grenzen und lasse gänzlich leer.

Dieses Philosophieren halte vom Sein selbst fern, trenne von der Erfüllung, lasse das Dasein zur Endlosigkeit des vergeblichen Progressus werden.

Dagegen ist zu sagen: Kant scheidet, aber zeigt die Erfüllung, wie sie im Zeitdasein endlicher, sinnlicher Vernunftwesen allein sein kann. Denn auf dem Wege selber wird schon die Erfüllung erfahren, und zwar im theoretischen, praktischen und ästhetischen Bereich. Im theoretischen Wissen ist die Idee die unendliche Aufgabe, der sich anzunähern mit jedem Schritte eine Erfüllung erfahren läßt. Es ist nicht auf der einen Seite die Leere des bloß Richtigen, auf der anderen das Ziel, das nie erreicht wird. Vielmehr liegt zwischen beiden die Erfüllung der Welterfahrung: das Innewerden der objektiven Bedeutung der Idee im methodischen Fortschritt. Im Sittlichen liegt die unendliche Aufgabe im Gehorsam gegen das selbst erkannte Sollen. Aber jede sittliche Tat bringt im Endlichen die Gewißheit des Angehörens an das Reich der Geister. In der Tat selber liegt schon die übersinnliche Wirklichkeit, die allerdings in der Reflexion auf sie sofort fraglich wird, als höchstes Gut in zeitlicher Anschauung nur Hoffnung ist. Das Zeitdasein ist nicht zu überspringen durch ein Wissen des Besitzes, den ich nun hätte, sondern nur im Tun selbst, das im geschichtlichen Augenblick als Freiheit die Zeit tilgt. In der ästhetischen Idee schließlich erfahre ich antizipierend die Vollendung in gegenwärtiger Anschauung, aber nur im Spiel.

3. Man sagt, Kant verspreche und enttäusche. Dogmatische Metaphysiker sagen: Er nimmt alles und gibt nichts. Dogmatische Positivisten sagen: Er scheut vor seiner eigenen Radikalität zurück; was er in der »Kritik der reinen Vernunft« befreiend erkannt hat, nimmt er in der »Kritik der praktischen Vernunft«, in den alten Fesseln gefangen, wieder zurück. Allgemein: Er habe nicht den Mut zur Konsequenz seiner eigenen Gedanken.

Dagegen ist zu sagen: Im Verkennen der großartigen begrifflichen Dialektik, die aufreißt, um die Verbindung im Übersinnlichen und deren Anzeichen in der Wirklichkeit der Vernunft selbst zu spüren, geht Kants Philosophieren verloren. Indem man sich eine partikulare, runde Gedankenbildung Kants herausnimmt, sie für die Hauptsache, für das Eigentliche erklärt, den Vordergrund von der Tiefe löst, durch die er erst Halt und Sinn hat, ist man nicht mehr bei Kant.

4. In einer traditionellen, philosophisch nichtigen Neutralität, mit der Voraussetzung einer allgemeingültigen wissenschaftlichen Philosophie, denkt man: Wo Widersprüche gezeigt werden, da hat Kant geirrt; wo moderne Wissenschaft seine Sätze nicht mehr richtig findet, da ist Kant überwunden. Scheinbar ganz im Kantischen Sinne hält man sich an Widerlegung durch Widersprüchlichkeit und durch Erfahrung. Das Ergebnis ist die heutige durchschnittliche Weltmeinung der Fachvertreter der Philosophie, daß Kant seine Geltung verloren habe.

Die Kant-Kritiker wenden die formale Logik auf die transzendentale an. Dieses Verfahren scheint zunächst nicht gegen Kants Intention zu verstoßen. Er hat mit Recht die formale Logik als conditio sine qua non der Richtigkeit jedes Verstandesdenkens angesehen, wenn auch nicht als zureichend für die Wahrheit gedachter Inhalte. Die Forderung, daß ein Widerspruch nicht einfach bestehen bleiben dürfe, sondern aufgelöst werden müsse, ist daher selber kantisch.

Als aber Kant das Erörtern von zahlreichen Widersprüchen seitens seiner Kritiker erfuhr, spürte er etwas von der Eigentümlichkeit des Widersprüchlichen in der Philosophie, wenn er es auch nicht grundsätzlich durchschaut hat. »An einzelnen Stellen läßt sich jeder philosophische Vortrag zwacken.« Und er weist den Weg zum Ganzen: »Auch scheinbare Widersprüche lassen sich, wenn man einzelne Stellen, aus ihrem Zusammenhang gerissen, gegeneinander vergleicht, in jeder Schrift ausklauben, die demjenigen, der sich der Idee des Ganzen bemächtigt hat, sehr leicht aufzulösen sind.«

In unserer Darstellung wurde auf Widersprüche, ihren Sinn und ihre Unausweichlichkeit aufmerksam gemacht. Das transzendentale Denken kann sich nicht mitteilen, ohne im Wortgebrauch und im unmittelbaren Vorstellungssinn der Sätze Widersprüche zu vollziehen. Es fragt sich, wie der Widerspruch aufgelöst wird. Dies gelingt im transzendentalen Denken, nach Kants Verfahren, nicht allein durch eine logische Operation. Es setzt Begriffe vom Übersinnlichen voraus, die keinen gegenständlichen, wohl aber gehaltvollen Sinn haben.

Zum Beispiel bei der Auflösung der Antinomien: Die einander entgegengesetzten und scheinbar beiderseits bewiesenen Sätze über das Weltganze (unendlich – endlich, anfangend in der Zeit – ohne Anfang in der Zeit; – überall kausal-gesetzlich notwendig – ursprüngliches Beginnen aus Freiheit) waren in Kants Auflösung entweder beide falsch oder beide wahr. Das erstere, wenn wir uns in der Welt erfahren, die als Welt nicht Gegenstand, weder endlich noch unendlich, aber selber Idee ist, unter der wir ins Unendliche fortschreiten sollen, ohne für unser Wissen die Welt sich rundend abschließen zu lassen, – das letztere, wenn wir die Kausalität für die Erscheinung, die Freiheit für das Übersinnliche gelten lassen. Nach dem Satz des Widerspruchs muß von zwei Gegensätzen, die eine vollständige Disjunktion sind, einer falsch und einer wahr sein. Hier wird diese Alternative überschritten durch Begriffe von einem Ungegenständlichen. Die Gewißheit ist für Kant zwingend, aber doch nur, wenn er das Transzendieren vollzieht.

So ist es überall bei den Operationen mit der transzendentalen Methode. Es werden Begriffe gedacht, die, weil zugleich gegenständlich und ungegenständlich, einen unausweichlich zweideutigen Sinn haben. Solche Begriffe lassen sich nicht als einfach definierbare Klötze behandeln, die einer formalen Verstandesoperation als gleichbleibender Sinn zur Verfügung stehen. Vielmehr kommt es auf die Vollzüge an, durch die ihr Inhalt erst gegenwärtig wird, oder auf die Anschauung, durch die ihr Sinn erst da ist, oder dasselbe mit Kantischen Worten: Es kommt auf die Führung des Verstandes durch die Ideen der Vernunft an. Dagegen werden die bloß formalen logischen Operationen, ob sie widersprechend sind oder Widersprüche aufzeigen, in der Kantischen philosophischen Sprache unwahr, weil die Begriffe hier nicht die formallogisch notwendige Eindeutigkeit haben können. Verfährt man so, dann entsteht statt des gehaltvollen transzendentalen Denkens Kants eine leere Begriffschieberei.

Es gibt eine zweite Weise uneigentlicher Kant-Kritik, die historisch von großer Bedeutung ist, die Kritik durch die deutschen Idealisten seit Fichte. Sie beginnen mit höchster Bewunderung, lassen sich ergreifen, nützen Kantische Denkfiguren, aber wollen sich selbst als etwas ganz anderes. Sie sind mit Kant in der Grundgesinnung von vornherein so wenig einig, daß sie diese nicht einmal verstehen. Sie sehen bei Kant Schwierigkeiten, weil sie ihre eigenen Prinzipien für absolut erklären, und »überwinden« Kant.

Fichte als Beispiel: Nach der ersten Ergriffenheit bemerkt er: »Es ist überhaupt nichts schwerer, als die Kantischen Ideen deutlich darzustellen« (27. 9. 1790). Dann deutet er sich sein Nichtverstehen und sein im Ursprung der Gesinnung faktisch anderes Denken: »Meiner innigen Überzeugung nach hat Kant die Wahrheit bloß angedeutet, aber weder dargestellt, noch bewiesen.« Er bezeugt »die wundervollste Verehrung für den sonderbar einzigen Mann, den nach abgelaufenen Jahrtausenden unser Zeitalter hervorbringen mußte«. Doch »Kant hat nach meiner Überzeugung das System nicht dargestellt; aber er hat es in Besitz.« Daher muß etwas Neues geschehen: »Ich habe mich überzeugt, daß nur durch Entwicklung aus einem einzigen Grundsatze Philosophie Wissenschaft werden kann... ich glaube ihn gefunden zu haben und habe ihn bewährt gefunden.« Aber warum, fragt Fichte sich, hat Kant die Wahrheit nicht mitgeteilt? »Dieser wunderbare einzige Mann hat entweder ein Divinationsvermögen der Wahrheit, ohne sich ihrer Gründe selbst bewußt zu sein; oder er hat sein Zeitalter nicht hoch genug geschätzt, um sie ihm mitzuteilen; oder er hat sich gescheut, bei seinem Leben die übermenschliche Verehrung an sich zu reißen, die ihm über kurz oder lang doch noch zu Teil werden mußte, oder er hat seinem Zeitalter das Verdienst des Selbstforschens mit Fleiß überlassen und mit dem bescheidenen Verdienst, ihm den Weg gewiesen zu haben, sich begnügen wollen. Noch keiner hat ihn verstanden. Keiner wird ihn verstehen, der nicht auf seinem eigenen Wege zu Kants Resultaten kommen wird« (10. und 11. 1793).

Fichte bringt seine Schriften an die Öffentlichkeit. Kant spürt den fremden, für ihn unwahren, widervernünftigen Geist dieser Spekulationen. Er kann sich nicht mehr darauf einlassen, diese im einzelnen durchzudenken. Da aber von Fichte und von der Öffentlichkeit dieses, was Kant für Unsinn und für praktisch ruinös halten muß, als Entwicklung Kantischer Philosophie behauptet wird, fühlt sich der Greis veranlaßt zu einer denkwürdigen öffentlichen Erklärung (1799): »Es ist genug, mich von allem Anteil an jener Philosophie loszulassen.« Sein eigenes philosophisches Werk schützend, vielmehr den Sinn des Philosophierens selbst behauptend gegen die faktisch gegen es erwachsende Denkungsart, erklärt er, »daß die Kritik allerdings nach dem Buchstaben zu verstehen, und bloß aus dem Standpunkte des gemeinen, nur zu solchen abstrakten Untersuchungen hinlänglich kultivierten Verstandes zu betrachten ist«. Auf Grund seines in langen Jahrzehnten mit Gewissenhaftigkeit, mit der ganzen philosophischen Verantwortung kontinuierlich als ein Ganzes hervorgebrachten Werkes spricht er gegen die schnellen, wechselnden und sich bald verwandelnden, mit dem Anspruch der Genialität auftretenden Eruptionen der jungen Leute seine Überzeugung aus, daß »das System der Kritik, auf einer völlig gesicherten Grundlage ruhend, auf immer befestigt und auch für alle künftigen Zeitalter zu den höchsten Zwecken der Menschheit unentbehrlich ist«.

Fichte antwortet nicht öffentlich, aber schreibt in einem Briefe (28. 7. 1799): »Es ist ein gerechtes und weises Gericht, daß Männer, die durch Halbheit ein gewisses Ansehen bei den Zeitgenossen erworben, sich zuletzt noch kräftig prostituieren müssen. So ergeht es jetzt Kanten. Daß der letztere denn doch nur ein Drei Viertelskopf ist, geht aus seiner neuesten Erklärung sonnenklar hervor.«

Wir versuchen nun aus der von uns am Anfang charakterisierten Grundhaltung eine Kant-Kritik:

Kant hat drei Positionen, die in der Natur seines Denkens selber gegründet sind, und von ihm mit großer Energie festgehalten werden. Sie zeigen sich fragwürdig, da in ihnen zwar Wahrheit, aber nicht eindeutige Wahrheit zu finden ist. Jedenfalls liegen hier ungelöste Schwierigkeiten: 1. Kants Philosophie behauptet für sich den Charakter der Wissenschaft mit dem Anspruch der Gültigkeit für jedermann, wie ihn mathematische oder physikalische Erkenntnisse erheben. – 2. Dieses Philosophieren meint, grundsätzliche Erkenntnisse a priori in der Materie der Naturwissenschaften selber und zwingende Erkenntnisse in bezug auf den Inhalt des Sittengesetzes zu gewinnen (Metaphysik der Natur und Metaphysik der Sitten). Kant nennt diese Erkenntnis, im Unterschied zur Kritik, »Doktrin«, und meint sie, wenn er nach Abschluß seiner dritten und letzten Kritik schreibt: »Ich werde ungesäumt zum Doktrinalen schreiten.« – 3. Dies Philosophieren beansprucht Vollständigkeit im System; es ist durchdrungen von einer Vielfachheit der Systematiken.

Wer auf Kantischem Boden an Kant Kritik übt, kann sich auf seinen eigenen Anspruch an den Leser stützen, »den Autor besser zu verstehen, als er sich selbst verstand, da er noch seine Ideen umschweifte und auch verfehlte«, während der Leser durch das im ganzen vorliegende Werk sie nun leichter und sicherer ergreifen kann. Widerspricht ein Kritiker aus dieser philosophischen Haltung, so in der Absicht, aus Kants Denkungsart selber die Modifikation der Formulierung zu finden. Auch wo wir mit dem Einspruch an die Wurzeln des Kantischen Systems zu treffen scheinen, handelt es sich um eine positive Deutung dessen, was in den vielleicht abgleitenden Sätzen steckt.

a) *Der Wissenschaftscharakter*

Kant hat den Anspruch erhoben, mit seiner Philosophie zum erstenmal den »sicheren Gang einer Wissenschaft« gewonnen zu haben.

Er vergleicht seine neue Methode mit dem Sprung, der einst aus vielfachem Erfahren zur Mathematik als Wissenschaft, aus vielerlei Beobachten zur modernen Naturwissenschaft geführt hat. Mit dem ersten Sprung ist das von ihnen her nunmehr ständige Fortschreiten der Wissenschaft im Unterschied von dem vorhergehenden Wechsel trüben Meinens ermöglicht. In diesem Sinne ist Kant überzeugt, eine »ganz neue Wissenschaft« zu bringen. Er vergleicht sein Verfahren (wenn bei ihm die Antinomien des Weltdenkens ihre Lösung finden durch die Erkenntnis der Erscheinungshaftigkeit der Dinge in Raum und Zeit) mit dem experimentellen Verfahren der Naturforscher. Er sieht die Wissenschaftlichkeit in der Lösung jeden Widerspruchs. »Eigentliche Wissenschaft kann nur diejenige genannt werden, deren Gewißheit apodiktisch ist.« Und diese Gewißheit nimmt Kant für seine Philosophie in Anspruch. Oft hat er es wiederholt: »Metaphysik muß Wissenschaft sein, sonst ist sie gar nichts.« Hier gelten nicht Mußmaßungen. Seine neue »Metaphysik der Metaphysik« wäre vergeblich, wenn sie »die fruchtlosen Versuche durch Klagen über die Schranken unserer Vernunft und Herabsetzung der Behauptungen auf bloße Mutmaßungen mäßigen« wollte. »Denn wenn die Unmöglichkeit derselben nicht deutlich dargeboten worden, und die Selbsterkenntnis der Vernunft nicht wahre Wissenschaft wird, worin das Feld ihres nichtigen und fruchtlosen Gebrauchs sozusagen mit geometrischer Gewißheit unterschieden wird, so werden jene eitlen Bestrebungen niemals abgestellt werden.« Diese Wissenschaft aber ist positiv die Erhellung des gesamten Vernunftgebrauchs.

Meine Interpretation möchte Kant »nach dem Buchstaben« verstehen und aus dem »Gliederbau« des Ganzen. Wenn das geschieht, so fällt die Unterscheidung Kantischer Sätze in richtige und falsche dahin zugunsten der Auffassung ihres Sinns im Ganzen. Es kann nur positiv interpretiert werden: durch Aufweisung des Gehalts jedes Satzes (nicht negativ durch Ausschaltung vieler Kantischer Sätze zugunsten einer jeweils herausgegriffenen, in der Tat immer nur vordergründigen Gedankenlinie).

Dies Interpretationsprinzip ist ein Ärgernis für jeden, der in der Philosophie wie in den Wissenschaften gegenständlich und bestimmt wissen will. Es scheint gegen Kants eigenen Anspruch apodiktischer Wissenschaft für seine Philosophie zu stehen. Indem wir alles, was Kant gesagt hat, aufnehmen, scheinen wir an dieser so fundamentalen Position ihm zu widersprechen. Dieser Schein ist zunächst begründet, aber vielleicht aufhebbar dadurch, daß wir herausheben, wie eigentümlich Kant seine Philosophie als Wissenschaft bestimmt.

Die Philosophie erweist sich für Kant als Wissenschaft durch »Methode und System«. Sie »kann nicht stückweise zusammengebracht werden, sondern ihr Keim muß in der Kritik vorher völlig präformiert sein«. Diese Wissenschaft ist »von so besonderer Art, daß sie auf einmal zu ihrer ganzen Vollständigkeit und zu demjenigen beharrlichen Zustand gebracht werden kann, daß sie nicht im mindesten weiter gebracht und durch spätere Entdeckung weder vermehrt noch auch nur verändert werden kann«.

Kants fortschreitende Arbeitsweise konnte ihm als übereinstimmend mit wissenschaftlicher Forschung erscheinen. Nicht die ursprüngliche Gegenwärtigkeit des Gehalts, sondern dessen Übersetzung in die Deutlichkeit des Gedankens forderte im Versuchen, Verwerfen, im neuen Versuchen den Fortgang eines Bauens. Denn nicht die glückliche Formulierung einer tiefen Einsicht durch einen aphoristisch denkenden Philosophen genügte ihm, sondern nur die Klarheit eines Gedankenbaus im ganzen, den, wenn er fertig ist, zu durchschreiten durch die operativen Vollzüge zur bewußten Gegenwärtigkeit des Seinsbewußtseins im ganzen bringt. Für ein solches Werk war die langdauernde, alles zu allem in Beziehung setzende Arbeit erforderlich; wie dann das Verständnis seitens des Lesers wiederum eine lange Arbeit erfordert. Daß Kant sich von Anfang an des Gehalts im ganzen bewußt war, brachte ihn jahrelang in die Täuschung, er werde in Kürze zum Abschluß gelangen. Daß die Entfaltung unter Führung der Idee im Gliederbau sich denkend verwirklicht, brachte ihn in die Täuschung, eine Forschungsarbeit in bezug auf einen Gegenstand zu leisten.

Kant lebte noch in der Jahrtausende alten Überlieferung, in der das Denken und das Erkennen der Dinge als Wissenschaft galt, wenn nur ein methodisches Verfahren stattfand. Die gewaltige Denkarbeit der Philosophie war Wissenschaft als rationales Tun überhaupt gewesen. Immer beanspruchte sie Allgemeingültigkeit für alle, trat als die eine Wahrheit auf. Gerade Kants Denken aber hat erst die unerbittlichen Forderungen zum Bewußtsein gebracht, die nach Kant (keineswegs in Wahrheit schon bei Descartes) zum Selbstbewußtsein der modernen Wissenschaft und damit zu einer Verwandlung des methodischen Bewußtseins auch der Philosophie geführt haben. Kant steht philosophisch an der weltgeschichtlichen Grenze. Darum gehört er noch der alten philosophischen Welt an, indem er die neue begründet.

Stellt man Alternativen auf etwa von Wissenschaft und erbaulichem Reden, von zwingender Wissenschaft und unverbindlichem Meinen, dann hat Kants Denken keinen Platz auf der einen oder anderen Seite oder gar dazwischen.

Das Philosophieren mit transzendentaler Methode ist nicht Wissenschaft wie andere Wissenschaften, weil diese Methode keinen Gegenstand hat, und weil sie der Bestimmtheit eines angebbaren Verfahrens nicht zugänglich ist. Aber es hat einen der Wissenschaft vergleichbaren Charakter, sofern die gewonnene Einsicht nicht nur zwingend zu sein beansprucht, sondern für den Verstehenden in einem vielleicht zu bestimmenden Sinne auch wirklich in Analogie zur Wissenschaft als »zwingend« erfahren wird.

Diesen Sinn haben wir bei unserer Darstellung der Kantischen Erkenntniserhellung zu zeigen versucht. Weil kein Gegenstand zu ergreifen ist, erfolgt ein zwingendes Scheitern des bloßen Verstandes, das sich in der Vielfachheit der faktischen Denkwege und Vorstellungen (psychologisch, logisch, methodologisch, metaphysisch, – in den Formen von Tautologie, Zirkel und Widerspruch, im phänomenologischen, konstruierenden, argumentierenden Vorgehen) durch ein die Wahrheit des ursprünglichen Denkens offenbarendes Ineinander zeigt. Damit wird der Mitdenkende »zwingend« herausoperiert aus dem Gefängnis der Erscheinungshaftigkeit des Daseins. Das Herausoperieren ist zwar nicht zwingend einsehbar als Erkenntnis einer Sache, aber zwingend zu erfahren als gedankliche Erhellung, die mein neues Seinsbewußtsein begründet. In keiner dieser beiden Weisen zwingend ist aber das, »wohin« herausoperiert wird. Die Erfüllung der Vernunft hat in jedem Falle andere Quellen als die Vernunft selbst: in den Wissenschaften durch methodische Erfahrungen oder anschauliche Konstruktionen, in dem Tun der sittlichen Praxis und im Schauen des Schönen durch das Übersinnliche.

Eine Analogie zur zwingenden Wissenschaft liegt darin, daß diese Kantische Methode des Transzendierens ihrem Sinne nach ohne persönlichen Einsatz, als reine Vernunftfunktion der Vernunft, die sich selbst versteht, ungeschichtlich sich vollzieht. Es ist hier die Möglichkeit, durch allgemeine Gedankengänge, die sich nur als Vernunft an Vernunft wenden, indem sie in reiner Form ohne besonderen Inhalt gedacht werden, Menschen als Vernunftwesen in ihrer endlichen Daseinssituation durch ein formales Grenzbewußtsein in gegenseitigem, unpersönlichem und ungeschichtlichem Verstehen miteinander zu verbinden. Dies allgemeine Denken wird vollzogen gleichsam wie das in den auf Gegenstände gerichteten Wissenschaften. Die Weise aber und das Feld der

Kommunikation, die wir dort miteinander finden, liegt tiefer als alle Verbindung in wissenschaftlichem Erkennen.

Aber trotz allem bleibt für uns unausweichlich, daß Kants Anspruch auf den Wissenschaftscharakter seiner Transzendentalphilosophie nicht zu halten ist, wenn man unter Wissenschaft das versteht, was die moderne Wissenschaft wissen will und mit Erfolg leistet: die methodische, allgemeingültige, zwingende Erkenntnis partikularer Gegenstände. Schon äußerlich spricht gegen Kants Anspruch, daß seine Einsicht sich keineswegs als gültig für alle durchgesetzt hat, wie es bei jeder eigentlich wissenschaftlichen Erkenntnis geschieht.

b) *Der Weg zur Doktrin*

Der Wissenschaftscharakter der Kantischen Philosophie zeigt eine neue Zweideutigkeit bei der Frage des Übergangs von der »Kritik« zur »Doktrin«.

1. Kant nennt seine Kritik »Traktat von der Methode«, nicht System der Wissenschaft selbst. Sie ist »Propädeutik« für ein »künftiges System der Metaphysik«. Daher unterscheidet er Kritik von Doktrin und schreibt in der Vorrede zur dritten Kritik (der »Kritik der Urteilskraft«): »Hiermit endige ich mein ganzes kritisches Geschäft. Ich werde ungesäumt zum doktrinalen schreiten.« Für die Doktrin gibt es zwei Gebiete, die »Metaphysik der Natur« und die »Metaphysik der Sitten«.

Was ist Doktrin? Im Kantischen Sinne die Entwicklung des a priori zu gewinnenden Wissens von Natur und Sittlichkeit in konkreter Bestimmtheit. Kant erwartet »eine Erkenntnis a priori, mithin Metaphysik« von Gegenständen, sofern sie uns a posteriori gegeben werden, wenn wir »aus der Erfahrung nichts weiter nehmen, als was nötig ist, uns ein Objekt zu geben«, in unserem äußeren Sinn den Begriff der Materie, im inneren Sinn die empirische Vorstellung eines denkenden Wesens. Der Sache nach ist dieser Schritt zur Doktrin aber nur der letzte der Reihe, die schon anfängt, wenn Kant aus dem Ursprung des »ich denke« (der transzendentalen Apperzeption) die Gliederungen in Kategorien und Grundsätze findet.

Solche Gliederungen sind vielfache (und jede von bedeutendem Gewicht): die »Vermögen des Gemüts« (Denken, Wollen, Fühlen), die Anschauungsformen (Raum und Zeit), die Urteils- und Kategorientafel, die drei Ideen, die Systematik der Zeitschematismen und der Grundsätze, die Systematik der Reflexionsbegriffe.

Grundsätze, die nach Kant a priori von aller Naturerkenntnis gelten, sind

z. B.: Alle Anschauungen sind extensive Größen. In allen Erscheinungen hat das Reale, was ein Gegenstand der Empfindung ist, intensive Größe, d. i. einen Grad. Bei allem Wechsel der Erscheinungen beharrt die Substanz. Alle Veränderungen geschehen nach dem Gesetz der Verknüpfung von Ursache und Wirkung.

2. Nun sind folgende Tatsachen merkwürdig. Kant hat sich im Alter die größte Mühe gegeben, die »Doktrin« zu entwerfen. Nachdem schon die Metaphysik der Natur da war, suchte er in vielen Aufzeichnungen (des Opus postumum) nach dem »Übergang« von dieser Metaphysik der Natur zur Physik. Aber dieses ganze große Bemühen hat im Vergleich mit den kritischen Werken immer nur geringes Interesse erweckt. Schon in den kritischen Werken selbst haben die Zahl der Kategorien, die Vielfachheit der Grundsätze nie als solche fesseln können. Man griff einzelnes heraus (wie die Grundsätze über Substanz und Kausalität), nahm die ganze Reihe nicht ernst.

Gegen Kants Versuch spricht äußerlich, daß seine Bemühungen um eine doktrinale Metaphysik durch die Naturwissenschaften nicht anerkannt sind. Ihre philosophische Bedeutung hat für die Aneignung von Kants Philosophie der Vernunft kein Gewicht. Nach beiden Seiten waren diese Bemühungen Kants vergeblich. Dieser Tatbestand kann nur durch die Kant-Kritik aufgehellt werden. Diese würde, wenn sie recht wäre, zugleich die Substanz seiner Philosophie retten gegen die modernen kritischen Versuche, die mit dem Nachweis von Irrtümern im Besonderen das Ganze dieses Denkens vernichten möchten.

3. Bei seinem Schritt vom a priori zum a posteriori braucht Kant ein »Zwischenglied«. Beim Übergang von den Kategorien zur Erfahrung, für die die Grundsätze gelten (oder beim Übergang von den reinen Formen zur Erfahrung durch die Sinnlichkeit) ist das Zwischenglied das »Schema der Einbildungskraft«, das unter den Anschauungsformen der Zeit steht; das letzte Zwischenglied ist das der Vorstellung des Gegebenen als Materie überhaupt.

Die Gliederungen sind ohne ein Moment des a posteriori nicht möglich. Kant spricht das in der Form aus, daß hier Grenzen der Ableitung liegen, Geheimnisse, warum gerade diese und so viele Formen auftreten. Wir dürfen den Grundtatbestand so aussprechen: in jeder Besonderheit und Bestimmtheit des Erkennens ist ein Moment des a priori, aber umgekehrt liegt von der ersten Gliederung an (aus dem einen Ursprung a priori) in jeder schon ein Moment des a posteriori.

4. Kant ist sich der Fragwürdigkeit der transzendentalen Ableitung

des Besonderen aus dem Allgemeinen bewußt. Er will sie beheben durch die Unterscheidung seines transzendentalen Denkens, das selber in der Erkenntnis der Bedingungen des Gegenständlichen schon Grundzüge des Inhalts dieses Gegenständlichen vorwegnimmt, von dem bloß logischen Denken, das aus dem Allgemeinen das Besondere nicht finden, sondern nur das Gegebene unter das Allgemeine subsumieren kann. Kant sagt, daß das transzendentale Denken durch »eine ganz besondere Art«, nicht nur »durch einen Rang in Ansehung der Allgemeinheit« ausgezeichnet sei.

Die bloße Allgemeinheit würde das a priori vom Empirischen nicht kenntlich unterscheiden. Wo soll man in der Reihe einer solchen Unterordnung (»da man das, was völlig a priori, von dem, was nur a posteriori erkannt wird, nicht unterscheidet«) »den Abschnitt machen, der die obersten Glieder von dem letzten unterschiede? ... Gehört der Begriff des Ausgedehnten zur Metaphysik ... auch der des Körpers? ... und der des flüssigen Körpers? ... wenn es so weiter geht, so wird alles in die Metaphysik gehören«. Eine Grenze kann daher nicht durch den Grad der Unterordnung des Besonderen unter das Allgemeine bestimmt werden, sondern nur durch »gänzliche Ungleichartigkeit und Verschiedenheit des Ursprungs«.

Bei dieser gänzlichen Ungleichartigkeit des Ursprungs meint Kant, nun gerade aus diesem heraus eine »Metaphysik« als Doktrin entwickeln zu können, bei der jene Frage, wo der Abschnitt zwischen a priori und a posteriori zu machen sei, verschwindet. Kant-Kritik wird sich nicht zufrieden geben damit, daß Kant durch die besondere Art transzendentalen Denkens dies leisten könne im Unterschied von einer Rangordnung des Allgemeinen und Besonderen, bei der kein Abschnitt zu finden ist zwischen a priori und a posteriori.

Es ist schon auffallend, daß Kant bei dieser Erörterung wie selbstverständlich die alten Begriffe philosophischer Disziplinen für seine eigene auf dem Boden der Kritik zu errichtende doktrinale Metaphysik wieder einführt: so für die Entwicklung der Begriffe, die sich »auf Gegenstände überhaupt beziehen, ohne Objekte anzunehmen, die gegeben wären«, den Namen Ontologie (den er doch als einen stolzen und anmaßenden Namen verschmäht hatte); für die Begriffe, die sich auf die Natur als den Inbegriff gegebener Gegenstände beziehen, den Namen der rationalen Physiologie u. s. f.

Sachlich aber ist zu sagen: Wenn Kant alles Gegenständliche unter der Bedingung seiner Ermöglichung durch das »ich denke« der transzendentalen Apperzeption sieht, so scheidet sich für ihn in allem Erkannten das a priori von dem a posteriori. Wenn er dann aber aus dem »ich denke« zunächst die Kategorie, dann die Grundsätze der Naturerkenntnis ableitet, so verknüpfen sich zwei sinnverschiedene Gedankengänge: erstens das Erhellen der Erscheinung der Objektivität im Sinne der transzendentalen Deduktion durch die gegenständlichen Vorstellungen, die als Leitfaden, und die Operationen, die als Mittel der Vergegenwärtigung dienen, – und zweitens die Ableitung bestimmter Grundsätze des Naturerkennens in vermeintlich eindeutiger und allgemeingültiger Weise.

Die transzendentalen Gedankengänge als Erhellung der Grundsituation des Bewußtseins überhaupt und der Weisen seiner Objektivität sind von philosophischer Überzeugungskraft. Aber die überzeugende These von der Bedingtheit aller Objektivität durch Subjektsformen des »ich denke« überhaupt begründet nicht die bestimmte Ableitung und vollständige Systematik des in der Erfahrung Vorkommenden. Kant selbst sagt: Wir werden der Formen des a priori nicht durch Erfahrung, aber anläßlich der Erfahrung gewiß. Daraus folgt, was Kant nicht folgert: daß zukünftige Erfahrung noch Anlaß werden kann, neuer apriorischer Formen bewußt zu werden. Wo der Anlaß der Erfahrung noch nicht da war, kann auch das a priori faktisch noch nicht erkannt werden.

Wenn nach geschehener Erfahrung dann auch eine Ableitung versucht wird, so ist dabei doch immer das Moment des die Formen erfüllenden a posteriori gegenwärtig. Kant hat am Leitfaden Newtonscher Physik gearbeitet. Heute gibt es eine viel umfassendere Physik, von der die Newtons nur ein Element ist.

Umgekehrt ist im Aufstieg zu den ersten Kategorien und Grundsätzen niemals das schlechthin »Reine« erreicht, d. h. das, was nur a priori ist. Vielmehr steckt, wie in jedem Erfahrungsbegriffe ein a priori, so schon in der ersten Gliederung des »ich denke« auch ein a posteriori. Die ersten Schritte aus dem »ich denke« zum Konkreten und Besonderen werden nicht allein durch die Selbsterhellung der Vernunft erkannt, sondern, veranlaßt durch Erfahrung, als reine apriorische Formen erst herausgearbeitet.

Daher ist die Kantische Philosophie, auch wenn die Grundeinsicht zu voller Überzeugung gelangt ist, im Besonderen ihrer doktrinalen Ableitungen korrigierbar und widerlegbar, ohne daß dadurch die philosophische Grundeinsicht betroffen würde.

Für Kant, der mit so großer Strenge den Menschen an die Erfahrungswissenschaft verwiesen hat, der einsah, daß keine Erkenntnis ohne Anschauung, und keine reale Erkenntnis ohne faktische sinnliche Anschauung objektive Bedeutung gewinnen kann, der uns anwies auf das andere, das wir nicht hervorbringen, sondern das uns entgegenkommt, – für ihn, könnte man meinen, müßte doch alle Doktrin den empirisch forschenden Wissenschaften zur Entscheidung überlassen bleiben, die Philosophie aber auf Kritik zu beschränken sein.

So hat Kant es nicht gehalten. Auf seine Philosophie hat er einen Schatten fallen lassen, im Alter mehr als früher, dadurch, daß er eine ausgebreitete Doktrin durch apriorische Konstruktion entwickelte. Aus der Kritik, wie er sie versteht, fließen ihm Erkenntnisse bestimmter und inhaltlicher Art in bezug auf die Natur und unser Sollen. Die Kritik ist dann nicht nur Erhellung unseres Bewußtseins der Erscheinungshaftigkeit des Daseins, nicht nur das Betreten der Grenzen und der Ursprünge dessen, was uns Sein ist, sondern ihm fließen aus der Kritik Sätze, die statt erhellender Funktion vielmehr gegenständliche Erkenntnisfunktion beanspruchen und Aussagen machen in bezug auf Erfahrung, die von keiner Erfahrung sollen widerlegt werden können, weil diese vielmehr in ihnen begründet ist: Die allgemeinen Gesetze der Natur, die wir als Subjekt überhaupt der Natur vorschreiben, sollen philosophische Doktrin sein, die besonderen Gesetze, die nur durch Erfahrung gefunden werden können, Sache der einzelnen empirischen Wissenschaften. In der Tat aber sind alle Gesetze theoretischen Charakters Versuche auf dem Wege der Forschung ins Unendliche, die ihre Geltung erst durch Erfahrung erhalten. Sie sind unabsehbar in ihrem Sinn wieder aufhebbar (im Sinne des Bewahrens, Beschränkens und Erhöhens) in umfassendere, empirisch gegründete Einsicht. Nach Kants doktrinalen Gedanken müßte es sinnlos sein, daß Gauß sich durch geodätische Messungen überzeugen wollte, ob in der Realität die drei Winkel eines Dreiecks wirklich gleich zwei rechten Winkeln seien, oder daß Chemiker im 19. Jahrhundert höchst mühevolle Versuche machten, um nachzuweisen, ob die Substanz der Masse nach stets gleich bleibe oder nicht. Als alle diese Versuche zunächst nur bestätigten, daß Kants Grundsätze richtig seien, wurde die Suggestion der Möglichkeit apriorischer Ableitung, die von Kant ausging, verstärkt. Aber es erwies sich, daß jene Kant-widrigen Wege methodisch sinnvoll waren. Denn heute gelten jene vermeintlich absoluten Gesetze keineswegs mehr absolut. Innerhalb bestimmbarer Bezirke der Erfahrung gelten sie, in umfassenderen (zum

Kleinsten und zum Größten hin) haben sie anderen Gesetzen Platz gemacht. Kants kritische Philosophie hat sich als umgreifend wahr erwiesen gegen seine eigenen doktrinalen Konstruktionen. Kants Philosophie behält immer Recht gegenüber den Verabsolutierungen bestimmter Naturerkenntnisse, mögen sie von Naturforschern ausgehen, oder von ihm selber auf doktrinalem Weg fixiert werden.

5. Das mag noch etwas deutlicher veranschaulicht werden: Während Kants Konstruktionen der Materie und der Kraft hinfällig sind, ist keineswegs hinfällig, was er philosophisch von der Idee der Welt und den Antinomien dachte. Die philosophierenden Naturforscher, die in der Kritik des Besonderen recht haben, haben unrecht, wenn sie damit die Kantische denkende Grundhaltung der Welt gegenüber verwerfen. Wenn Kant Sätze wie: »die Welt ist endlich«, »die Welt ist unendlich« verwirft zugunsten des Satzes: wir sollen in der Welt ins Unendliche forschen, die Welt ist als Ganzes kein Gegenstand, sondern eine Idee, so behält er recht. Wenn dagegen das als endlich errechnete Weltall Einsteins oder der Anfang der Welt vor fünf Milliarden Jahren gesetzt wird, so bleibt Kants Forderung in jedem denkenden Wesen mit Recht bestehen: darüber hinaus zu fragen und zu forschen.

Wenn das Weitergehen ins Unendliche hinfällig würde als Vorstellung im euklidischen Raum, so wird die Richtung des »ins Unendliche« gewandelt – etwa in der heute gültigen Vorstellung des sich expandierenden Weltalls. Wenn der Anfang in einer endlichen Zeit bestimmt wird, so bleibt die Frage nach dem Vorher oder nach den Voraussetzungen oder den Bedingungen des Anfangs (oder man denkt in grundsätzlich anderem Sinn eine Schöpfungsmetaphysik Augustinischen Stils, wenn die Frage abgewehrt wird mit der These: Vor dem Anfang war keine Zeit, war nichts). Über einen etwa endlichen Raum hinaus wird nach mehrdimensionalen Räumen zu fragen möglich, über Kausalität und Statistik hinaus nach weiteren umfassenderen Relationen. Aber, wiederum im Sinne Kants, gelten in der Welterkenntnis keine Spekulationen, weder metaphysische noch mathematische. Was in spekulativen Entwürfen gedacht wird, erhält allein dadurch Bedeutung, daß es zu bestimmten Beobachtungen und damit zum Fortschreiten der Erfahrung Anlaß und Mittel gibt. Es hat niemals an sich eine naturwissenschaftliche Erkenntnisbedeutung (auch nicht, wenn Einstein am Ende seines Lebens so etwas wie eine Weltformel mathematisch entwickelt, die zu keinen Beobachtungen oder Verifikationen führen kann) und niemals kann es zu einer Erkenntnis des Weltganzen führen.

6. *Wir fassen zusammen:*

a) Die Auffassung der Kantischen Kritik als universaler Vernunfterhellung – also mit einem radikal anderen Ziel als dem der Doktrin, nämlich dem der philosophischen Bewußtseinsverwandlung – ist nicht von Kant selbst ausgesprochen und festgehalten – obgleich in seinen Bemerkungen über Philosophie dahingehende entschiedene Äußerungen vorkommen.

b) Die Doktrin beginnt schon in der Kritik, ja, geht hinauf bis in ihre ersten Ursprünge. Die Kantische Kritik dringt um so tiefer, je weniger sie sich den Differenzierungen, welche der Anfang der Doktrin sind, überläßt.

c) In jeder Weise der unser Seinsbewußtsein erhellenden Kritik liegen Ansätze, die für unsere Aneignung der Wissenschaften relevant sein müssen. Auch wenn keine vorwegnehmende Doktrin aus der Kritik folgen würde, würde doch der Sinn der Wissenschaft, ihre Grenzen, und würden Prinzipien ihres Denkens in einer mit ihr selbst wachsenden unabschließbaren Entfaltung durch die Kritik bestimmt werden.

d) Nimmt man den Sinn der transzendentalen Deduktion zum Maßstab (bei ihr ist von bestimmten Kategorien nicht die Rede; hier ist die größte Weite, weil die Frage nach der Möglichkeit des Objektseins und aller Erfahrung überhaupt), so erfolgt alsbald eine zweifache Verengung: vom gegenständlichen Erkennen überhaupt zum naturwissenschaftlich Objektiven, von diesem zur mathematischen Naturwissenschaft.

Kant vollzieht im Sinn seiner transzendentalen Deduktion viel Umfassenderes – sowohl im Blick auf mögliche Formen a priori wie im Blick auf mögliche Anschauung –, als was sie in der Verengung auf mathematische Naturwissenschaft in Form der Newtonschen Physik bleibt. In der Aneignung Kants muß man sich zwar zunächst mit ihm an diesen Leitfaden halten, so wie er ihn versteht, aber dadurch jenen Raum gewinnen, den er geöffnet hat.

7. *Kant und Hegel,* den in der Gesinnung des Philosophierens Unvereinbaren, ist doch gemeinsam eine unkritische Haltung, bei Hegel von vornherein im ganzen (bei ihm sind Kritik und Doktrin eines), bei Kant (der Kritik und Doktrin trennen will) erst einsetzend an der Stelle, wo er zur Doktrin schreitet und doch nicht zur Klarheit der Überzeugungskraft gelangt. Hegels Philosophie läßt sich auffassen als Entfaltung einer ursprünglichen Seinskritik in der Erfüllung durch den

Stoff der Welt. Kants Philosophie bleibt nicht nur Kritik, sondern ist bezogen auf eine in alle Daseinsbereiche vordringende Konstruktion des Wirklichen. Seine Absicht, der wissenschaftlichen Forschung ihren Raum und ihre Grenzen und ihren Sinn zu zeigen, wird ergänzt und verfälscht durch eine faktische Ausführung der Doktrin, beginnend mit der Metaphysik der Natur und der Metaphysik der Sitten. Während aber bei Hegel von vornherein die Doktrin, das heißt seine inhaltliche, mit der Welttotalität erfüllte Lehre, herrschend ist, steht bei Kant im Vordergrunde und bleibt das philosophisch Wirksame die Kritik, der gegenüber die von ihm entwickelte Doktrin kein wesentliches Gewicht gewinnen kann.

c) *Die Forderung des Systems*

Noch einmal steht der Wissenschaftscharakter der Philosophie zur Frage, wenn es sich um den Sinn des »Systems« handelt.

1. Kant spricht vom »Gliederbau« des Ganzen und fordert vom Leser, ihn gegenwärtig zu haben, wenn er das Besondere bedenkt. Für die Auffassung der Kantischen Gedanken ist Voraussetzung, das Eine zu spüren, das sich in dem Gliederbau zur Vergewisserung bringt. In das Ganze der Kantischen Vernunfterhellung muß man sich gleichsam hineinschwingen, um den Sinn jedes einzelnen Gedankens im Bezug auf dieses Ganze zu fassen.

»Reine Vernunft ist eine ihr selbst so durchgängig verknüpfte Sphäre, daß man keinen Teil derselben antasten kann, ohne alle übrigen zu berühren.« Es ist »nichts außer derselben, was unser Urteil innerhalb berichtigen könnte«. Wie bei dem Gliederbau eines organisierten Körpers, »kann der Zweck jedes Gliedes nur aus dem vollständigen Begriff des Ganzen abgeleitet werden«. Daher ist eine Kritik der Vernunft »niemals zuverlässig, wenn sie nicht ganz und bis in die mindesten Elemente vollendet ist«. In dieser Sphäre muß man »entweder alles oder nichts bestimmen«.

Die Vollständigkeit des Ganzen ist Kants Absicht von Anfang an: Das Feld der Vernunft muß »übersehen werden können, weil es in uns selbst a priori liegt« (24. 11. 1776). Kant macht die Erfahrung, wie die Gedanken, aus verschiedensten Anlässen und Ursprüngen gewonnen, sich erstaunlich zusammenfügen, einander ergänzen, bestätigen und tragen. Erst beim Ausarbeiten der neuen Wissenschaft, sagt er, habe er ihre große Ausbreitung bemerkt, »die eine solche Mannigfaltigkeit der Abteilungen erforderte und zugleich, welches wunderbar ist, aus der Natur derselben alle Objekte, auf die sie sich erstreckt, ableiten, sie aufzählen, die Vollständigkeit beweisen kann« (17. 8. 1783). (Schon Anfang der siebziger Jahre meinte Kant, das Ganze zu überblicken, meinte, das Buch in drei Monaten herauszugeben; aber es dauerte bis zur Veröffentlichung der ersten Kritik noch neun Jahre, bis zum Abschluß der dritten und des doch damals schon im ganzen Entworfenen noch zwanzig Jahre).

2. Nun ist unsere Frage an das gesamte Gedankenwerk Kants, wie er diese Ganzheit zur Geltung gebracht, den Gliederbau gezeigt, das System erbaut hat. Die Antwort muß sein: Kant hat Systematiken entworfen, festgehalten, aber nicht aus einem Prinzip abgeleitet und ineinander verwoben. Man kann Schichten der Systematik unterscheiden: die Einteilung seiner Werke koinzidiert nicht mit dem tiefer gelegenen System (z. B. koinzidieren die dichotomischen Einteilungen der »Kritik der reinen Vernunft«: Elementarlehre – Methodenlehre, Ästhetik – Logik, Analytik – Dialektik nicht mit dem wesentlichen Bau der Erkenntnis in der Dreiteilung: Anschauungsformen, Kategorien, Ideen). Man kann die verschiedenen Ordnungselemente nebeneinanderstellen, zeigen, wie sie benutzt werden. Man kann unter Bevorzugung der letzten Kritik ein Schema vorziehen, das Kant wesentlich war: Natur, Freiheit und das Vermittelnde der »reflektierenden Urteilskraft« im Schauen des Schönen und in der biologischen Erkenntnis. Man sieht Kants Systematiken und seine bloßen Ordnungsformen für die Darstellung. Man sieht seine offenbar große Befriedigung schon an jeder Ordnung und erst recht an der Vollständigkeit des Systems. Nie aber gewinnt man »das System«. Das ist ein Faktum. Es anzuerkennen und nicht über eine je besondere Systematik zu vergessen, scheint uns entscheidend, um Kants Weite und Tiefe nicht zu verlieren, nicht seine große Vernunft preiszugeben. Aber Kant selbst hat dieses Faktum nicht zum Prinzip erhoben. Kants Systemwillen zu untersuchen in der Fülle seiner Systematiken, ist von größtem Interesse. Diese Systematiken zu beherrschen, ist Ergebnis des Studiums seiner Werke, aber um dadurch erst zu der unvergleichlichen Erfahrung eigentlich Kantischen Denkens in der befreiten Lektüre zu gelangen, die in ihrer Kontinuität nun erst die beziehungsreiche Gegenwärtigkeit des Kantischen Grundwissens verstehen läßt.

3. In keiner der bestimmten Formen ist der Gliederbau Kants vollendet er selbst. Wohl aber gilt die Idee des Gliederbaus überhaupt, um die Kant gleichsam »herumirrt«. Wie alle Ideen Kants ist auch diese nicht gegeben, sondern aufgegeben. Ihre Verwirklichung liegt auf dem Wege ins Unendliche. Hier aber – für das System der Vernunft – will Kant sie vollenden und glaubt, sie vollendet zu haben. Die Überzeugung, die Wahrheit der Idee für immer und unverrückbar gefaßt zu haben, verwandelt sich in die Meinung, die bestimmte Gestaltung des

Gliederbaus, den er, der Vernunft nachdenkend, errichtet hat, sei abgeschlossen und endgültig. Die Idee aber führt überall, auch in der transzendentalen Erhellung des Ganzen der Vernunft, mit jeder Gestaltung nur zum Schema auf dem Wege. Sie bleibt gleichsam schwebend in ihren Kreisen, sie läßt aufsteigen, sie läßt in die Tiefe dringen. Aber sie ist in keiner Gestalt vollendbar. Die bestimmten begrifflichen Aufstellungen sind korrigierbar anläßlich weiterer Erfahrung des Erkennens, Handelns, Schauens, durch die die Vernunft sich in ihrem zeitlos ewigen Ursprung, in der Zeit voranschreitend, vergewissert. Wir würden sagen: Die Idee ist für immer wahr, hier liegt in der Tat im Grunde das Entweder-Oder der Überzeugung, – aber die Gestaltung der Idee unterliegt der Diskussion. Die gemeinsame Überzeugung in der Idee ist die selber nicht zureichend formulierbare Voraussetzung einer sinnvollen Diskussion und ermöglicht eine unabsehbare Verwandlung in allen Vordergründen, Besonderungen, Schematen ihrer Gestaltung.

Keine der ausdrücklichen Systematiken Kants kann das Ganze der Vernunft treffen. Es sind Kristallisationsformen, die wieder durchbrochen werden und der Ergänzung bedürfen. Es sind Schemata, deren Benutzung zu neuen Perspektiven und Vergewisserungen führen kann.

Darum ist es unmöglich, das Kantische »System« darzustellen, ohne daß auch wesentliche Gedanken, weil sie in die gewählte Form des Systems nicht passen, verloren gingen. Bei Kant handelt es sich ständig um Systematik, nicht um das System schlechthin.

Dies wurde von den folgenden Idealisten als der große Mangel angesehen, den sie korrigieren wollten durch eine einzige, allumfassende Systemkonstruktion aus einem Prinzip. Uns scheint es gerade der Vorzug des redlichen Kant, in der Tat vollzogen zu haben, was die Natur der Sache fordert. Kant selber aber ist sich mit dem Wachsen seines Werks darüber nicht klar geblieben. Er kannte noch nicht den Gegner, dem er selbst die Bahn ermöglicht hatte. Im hohen Alter verwechselte er die Endgültigkeit der Grundhaltung seiner Vernunft mit einer vermeintlichen Endgültigkeit der Begriffsform seiner Philosophie. Seine Kraft, schon brechend in seniler Zerstörung, konnte dem großen Gegner, den er in der ihm huldigenden Jugend spürte, nur noch die Absage zurufen: »Gott bewahre uns nur vor unseren Freunden; vor unseren Feinden wollen wir uns wohl selbst in acht nehmen.« Aber Kant vermochte nicht mehr, die Wahrheit seiner Sache noch einmal in der Größe einer Polemik, die der Kraft des zauberischen Geistes dieser genialen Jugend entsprochen hätte, zur strahlenden Geltung zu bringen.

d) *Grenzen Kantischer Philosophie*

Kants Philosophie entwirft keine Vision der Welt. Sie schafft keine Symbole. Sie ist von einer nicht zu überbietenden Kargheit. Dieser Verzicht erst läßt die einzige Kraft des Formalen zur Geltung kommen: die Ursprünge zu erwecken, die Wege zu öffnen, die letzten Maßstäbe zur Wirksamkeit zu bringen, alle zu ermöglichen.

Diese Philosophie gerät nie in die Nähe der Dichtung (wenn man nicht ausdrückliche Gleichnisse, die nie Gedanken zu sein beanspruchen, dahin rechnen will), sondern ist Kritik, das heißt, sie setzt Grenzen, weil sie unterscheidet; dadurch macht sie den Raum frei; sie bestätigt und rechtfertigt, was ohne sie da ist, aber durch sie reiner bewußt und ermutigt wird.

Daher genügt diese Philosophie nicht sich selber (wie eine Dichtung, als deren Analogon manche Philosophie, wie etwa die Schopenhauers, auftritt). Ihr Denken befriedigt nicht durch sich, sondern befragt und reinigt und bereitet vor. Kritische Philosophie ist Transzendentalphilosophie, nicht Philosophie der Transzendenz.

Die Grenzen, die diese Philosophie setzt, sind die Sache ihres Denkens. Die Grenzen sind die Grenzen der Formen. Kant verzichtet auf die Fülle, weil er die »Formen« rein zum Bewußtsein bringen will. Formen sind aller erfüllten Philosophie überlegen durch das, was mit ihnen auf den sie Denkenden dadurch wirkt, daß er selber hervorbringt. Sie wirken auf die nicht objektiv werdende Innerlichkeit, auf die Freiheit. Formen haben die Kraft der Erweckung. Daher bedürfen sie als Gedankenbildung der Ergänzung durch die Wirklichkeit: durch die Existenz des Einzelnen, und dann durch die forschende Wissenschaft, durch die historische Anschauung, durch das schauende Vergegenwärtigen in Dichtung und Kunst. Auf dem Wege unserer geschichtlichen Bewegung sind die philosophischen Gedanken des Vernunftglaubens Orientierungen und Vergewisserungen und Mittel kritischer Prüfung, aber sie sind nicht inhaltliche Programme.

Die Größe im Denken der Grenzen und die Kraft der Form bedeutet: diese Kraft hat nur die Vernunft Kants, nicht das in Lernbarkeit übersetzte Wissen von Kantischen Begriffen. Die Kant-Scholastik ist dürftiger als jede andere.

Die Größe Kantischen Denkens zu fassen, setzt eine Grundentscheidung der Existenz selber voraus. So viele Menschen bleiben bei Kant unzufrieden, als ob sie keine Nahrung erhielten und als ob gar die Luft zum Atmen ihnen genommen werde. Sie sind unbereit, aus Kantischer Vernunft im Ernst mit dem bildlosen Gott zu leben. Sie drängen zum Inhaltlichen, Leibhaftigen, Materialen, das sie als Übersinnliches ergreifen möchten, verlassen Kant und wenden sich zornig gegen ihn.

Aber es könnte in solcher Kant-Kritik eine Spur von Wahrheit sein, die sich in der Weise solcher Kritik selbst mißversteht, weil ihr Kants Denken aus dem Blickfeld verschwindet. Dieser Wahrheit fragen wir nach.

Grenzen, die den Raum öffnen, können zu beschränkenden Grenzen werden, wenn der Raum nicht offen bleibt. Die einzigartige Kraft der Grenzsetzungen und der Form des Vernünftigen kann bei der Durchführung der Philosophie im Werk auch zum Versäumen dessen werden, was Philosophie darüber hinaus vermag. Die Forderung der Ergänzung durch Wirklichkeit kann im Gesamtwerk, wenn es verglichen wird mit anderen Philosophien, als ein Verzicht auf Weltfülle, auf Symbole erscheinen. Zwischen dem bildlosen Gott und der Breite der Erfahrbarkeit und dem Schauen des Schönen gibt es die unermeßliche Welt der Chiffernsprache und in ihr den Kampf um den geschichtlichen Sinn der je eigenen Existenz. Es gibt die Möglichkeiten der Existenzerhellung, die über die Erhellung der Vernunft, ohne sie rückgängig zu machen oder auch nur zu beschränken, hinausgeht. Bei Kant lassen sich faktische Grenzen fühlbar machen, die nicht die Grenzen sind, die er kraft seiner Vernunft zur Einsicht bringt. Dadurch wird hingewiesen auf etwas, das bei Kant nicht zu finden ist, und das, wo es in anderer Philosophie gefunden wurde, Kant nicht widerlegt, sondern ergänzt, und zwar in der reinigenden Vernunft seines eigenen Denkens.

1. Kants geschichtliches Bewußtsein wird nicht ausdrücklich. Er scheint immer nur um das Zeitlose sich zu bemühen, als Naturgesetz und Freiheitsgesetz, als das Genie, welches das Zeitlose im Schaffen der Kunstwerke hervorbringt, als das übersinnliche Substrat der Menschheit.

Aber die Gesetze der Natur und der Freiheit beziehen sich auf die zeitliche Erscheinung. Das Schaffen der Werke der Dichtung und Kunst ist nicht nur Folge einer Naturgabe des Genies, die ihrem Wesen nach jederzeit gleich wäre; vielmehr ist diese Natur der Ursprung des jeweils in geschichtlicher Zeit sich verstehenden Menschen im Spiel seiner von ihm geschaffenen Bilder; sie entspringt der Geschichtlichkeit der Menschheit und des je einzelnen Menschen.

Das Bewußtsein, daß in der Zeit etwas Ewiges entschieden wird, die

Paradoxie des geschichtlichen Bewußtseins der Existenz, ist zwar bei Kant fühlbar, schlägt aber nicht durch in Sätzen, die dieses Bewußtsein auch selbstbewußt machten.

Die Fülle der geschichtlichen Wirklichkeit interessiert Kant durch das, was ihm an Tatsachen durch Reisebeschreibungen, Berichte, Geschichtsbücher bekannt wird. Durch seine geschichtsphilosophischen Schriften, durch seine Anthropologie ist Kant aber wieder auf das Zeitlose gerichtet: er meint den Gesamtgang der Geschichte und darin mehr die Zukunft als die Vergangenheit; er meint in den vielen Erscheinungen das bleibende Wesen des Menschen.

Er ahnt nicht die gewaltige Entfaltung historischer Anschauungen, historischen Wissens, das seit Hegel und seit der »Historischen Schule« sich entfaltet hat und ausschließlich auf die Vergangenheit bezogen bleibt. Sofern dieses historische Wissen abglitt zu bloß gegenständlichem Wissen und ästhetischem Anschauen des Vergangenen, zu dem bildhaften panoramischen Zusehen, erfolgte der Gegenschlag gegen solchen »Historismus« in Kierkegaard und Nietzsche. Kant wäre ihnen Helfer für die Existenz gegen den Unernst der beliebigen Anschauung des Gewesenen an allen Orten und zu allen Zeiten. Was aber in den historischen Wissenschaften zu einer hinreißenden Gegenwärtigkeit gebracht wurde und was dadurch im Zusammenhang mit der geschichtlichen Existenz des Einzelnen die Fragen aufwarf, die philosophisch und existentiell bis heute offen sind, das blieb außerhalb von Kants Horizont.

2. Das Rätsel des »ich denke« (daß ich denkend bin) steht in der Mitte Kantischen Philosophierens, wird aber zu keiner Lösung geführt. Kants »ich denke«, das »alle unsere Vorstellungen muß begleiten können«, ist noch keineswegs das »ich bin« des existentiellen Bewußtseins (sondern nur das des Bewußtseins überhaupt), ist auch nicht das empirische »ich bin« in der Mannigfaltigkeit seiner Erscheinung.

Wenn Kant in der sittlich handelnden freien Persönlichkeit den Zugang zum intelligiblen Charakter fand, so war dieser doch nur das unpersönliche, allgemeine Sein des vernünftigen guten Willens.

Wenn Kant dann dem Sein des »ich denke« Realität zuschrieb, so gab er ihm doch entweder eine Realität vor allen Kategorien (hinzufügend, die Realität dieses »ich denke« sei noch nicht Kategorie der Realität) oder eine empirische Realität als Erscheinung (hinzufügend, daß das reine »ich denke« dieses Sein als Realität noch nicht enthalte).

In der Sprechweise Kantischen Philosophierens, nicht in der Substanz seiner Denkungsart gibt es nur die alte Unterscheidung des Allgemeinen und des Individuellen (der Anschauung); es fehlt aber die Unterscheidung des Allgemeinen und des geschichtlich Persönlichen (des Gesetzes und der Existenz). Daher fällt dem Kantischen Allgemeinen ein Pathos zu, das es nur durch die von Kant gelegentlich ausgesprochene Ineinssetzung mit dem Persönlichen gewinnt. Was hier im »ich denke« als dem abstraktesten und wesentlichsten Mittelpunkt der Vernunftkritik offen bleibt, kann sich bei Abgleitungen verschließen in rationalistischen Verengungen.

3. Von Liebe ist bei Kant kaum, und wenn, dann unangemessen, die Rede. Es ist, als ob Kant den ganzen Umfang der Vernunft erspüre und aufhelle, aber nicht, in welchem Sinne Vernunft Liebe sei, und wie Vernunft in der Liebe wirke. Das blieb außerhalb seines philosophischen Gesichtskreises.

4. Wie Kant, entgegen fast seinem gesamten Philosophieren, über das Ganze unseres Lebens urteilen kann, zeigen seine Gedanken über das »Mißlingen aller philosophischen Versuche in der Theodizee« (1791). Entsprungen aus der Redlichkeit, mit Vernunft nicht begreifen zu wollen, was über alle Vernunft hinausliegt, nicht in fälschliches Wissen und nichtige Deutungen verfallen zu mögen, enthalten sie Urteile, die keineswegs aus Vernunft notwendig sind, sondern den Charakter eines unwillkürlichen Bekennens des tiefsten Ungenügens haben.

Die alten Gründe, welche die Anklagen gegen die Güte Gottes wegen des Zweckwidrigen, und zwar des Übels, des Bösen und der Ungerechtigkeit in der Welt, rechtfertigen wollen, werden von Kant widerlegt:

a) Man sagt: Das Übergewicht des Übels werde fälschlich angenommen, weil doch jeder Mensch, so schlimm es ihm auch ergehe, lieber leben als tot sein wolle. Gegen diese »Sophisterei«, sagt Kant, stehe die Antwort jedes Menschen von gesundem Verstande, der lange genug gelebt und über den Wert des Lebens nachgedacht habe, wenn er gefragt werde, ob er wohl das Spiel des Lebens noch einmal durchzuspielen Lust hätte. Jeder wird nein sagen.

b) Der Rechtfertigung, das Übergewicht der schmerzlichen Gefühle über die angenehmen könne von der Natur eines tierischen Geschöpfes, wie der Mensch sei, nicht getrennt werden, ist zu erwidern: Warum hat dann der Urheber unseres Daseins uns überhaupt ins Leben gerufen, wenn es für uns nicht wünschenswert ist?

c) Man hat behauptet, der künftigen überschwenglich großen Seligkeit müsse ein mühe- und trübsalvoller Zustand des gegenwärtigen Lebens vorhergehen, in dem wir durch den Kampf mit den Widerständigkeiten jener künftigen Herrlichkeit würdig werden sollten. Dagegen sagt Kant: Es kann schlechterdings nicht eingesehen werden, daß diese Prüfungszeit, der die meisten unterliegen und in welcher auch der Beste seines Lebens nicht froh wird, durchaus die Bedingung der dereinstigen Freuden sein müsse. Dieser Knoten wird durch die Berufung auf die höchste Weisheit nicht aufgelöst, sondern durchhauen.

Von allen Theodizeen sagt Kant, daß die Vernunft schlechthin unvermögend sei, das Verhältnis der durch Erfahrung gekannten unerträglichen Welt zur höchsten Weisheit einzusehen. Kein Sterblicher kann je begreifen, wie die Kunstweisheit (etwa in organischen Wesen) mit der moralischen Weisheit des Welturhebers zusammenstimmen möge. Kant findet das letzte mögliche Wort allegorisch im Hiob ausgesprochen: den Machtspruch der praktischen Vernunft, die Unbegreiflichkeit und die Gründung des Glaubens auf die Moralität, und Gottes Billigung der Redlichkeit Hiobs und Verwerfung der unredlichen, über alles menschliche Wissen hinausgehenden Rechtfertigung Gottes seitens der theologischen Freunde.

Kant denkt nicht einen Augenblick daran, das Sittengesetz und Gott in Frage zu stellen, weil beide nicht in der theoretischen, sondern praktischen Vernunft begründet sind. Wenn er aber in seiner Redlichkeit alle Gedanken der Theodizee mit Recht verwirft, so gerät er dabei, ohne notwendige Zusammengehörigkeit, in Urteile über die Lebensbejahung des Menschen, die die Kraft der Erfahrung der Liebe vergessen haben.

5. Kant hat die Zeit als Anschauungsform unseres gesamten Welt- und empirischen Selbstbewußtseins und damit die Erscheinungshaftigkeit unseres Daseins begriffen. Daher dachte er, was wir eigentlich sind, als Freiheit quer zur Zeit. Daß aber in der Durchführung des Gedankens die Unsterblichkeit als Postulat auftritt zur Ergänzung der Unvollendung in diesem Dasein oder als Notwendigkeit für die Angemessenheit von Tugend und Glückseligkeit, und daß die irdische Vollendung des gemeinschaftlichen Daseins als Zukunft durch Annäherung an die Idee das letzte Wort blieb, das führt zu Zweideutigkeiten. Zwar sagt Kant, daß Unsterblichkeit uns auf keine Weise vorstellbar ist, während die praktische Vernunft auf dem Grunde sittlichen Handelns nicht an ihr zweifelt. Aber die Unsterblichkeit wird als zukünftig gedacht und damit vorgestellt. Der Unterschied eines rationalen Postulats, einer Chiffer, eines methodisch bewußten Erhebens des Gedankens über die Zeit, so daß alles, was Zukunft und Vergangenheit heißt, zum Symbol für das andere wird, ist (wohl unvermeidlich) von Kant nicht jeden Augenblick in den Sätzen festgehalten und ist doch der Sinn seines Denkens. Zwar spricht er von Fortschritt nicht der Moralität, sondern nur der Legalität. Aber die Idee, unter der politisch zu handeln unsere Pflicht ist, bleibt nicht in jedem Augenblick nur Idee;

es leuchtet etwas aus der realen Zukunft in der Zeit. Zwar denkt er »das Ende aller Dinge«, gewinnt wieder ein »quer zur Zeit«. Aber die Vorstellungen des realen Endes in der Zeit und des zeitlosen Endes jeder Zeit fließen ineinander. Die kritische Frage ist, ob die Gründung Kants auf den guten Willen, unverlierbar und wahr, der Ergänzung bedarf durch das, was als Liebe nicht nur »Neigung«, sondern selbst »Unsterblichkeit«, selber Vernunft und die Kraft aller Vernunft ist.

Die zuletzt aufgezeigten Grenzen Kantischen Philosophierens liegen nicht im Sinn seines Denkens, sondern in dessen Verwirklichung durch eine notwendig immer begrenzte Persönlichkeit. Kant ist zu ergänzen, aber so, daß dadurch erst die Wahrheit und Kraft seiner Philosophie ganz zur Geltung kommen.

e) *Kants Denkungsart*

Kant ist wahrhaftig und daher sorgsam als Empiriker und in Auffassung der Stringenz von Behauptungen. Sein Wille zum Wissen will reine methodische Wissenschaft, um Richtigkeit (für den Verstand) und Wichtigkeit (durch die Idee der Vernunft) zu erreichen.

Die Freude am Erkennen der Natur, der Welt und Geschichte ist untrennbar verbunden der sittlich-metaphysischen Überzeugung, die sich des Übersinnlichen vergewissert.

Kant will in der Welt als der einzigen dem Menschen zugänglichen Stätte wirken. Er stellt sich nicht außerhalb der Welt, weder als ein Weiser noch als ein Heiliger. Wenn er mit fleißiger Arbeit »die Akten« der Schulphilosophie verbessert, so doch nur um dadurch der Weltphilosophie zu dienen. In keiner Abseitigkeit findet er ein Genügen, sondern erst in dem, wodurch die Philosophie der Aufgabe des menschlichen Geschlechts, jedem Menschen als Menschen zu Hilfe kommt.

Mitteilbarkeit ist ihm die unerläßliche Bedingung für den Wert des Geistigen. Sie selber ist an sich schon unendlich wertvoll. Verstehen, Kommunikation, Friede sind sein Anliegen, aber in der Bewegung des Lebens, nicht in der Zufriedenheit des Tiers auf der Weide, nicht in der Ruhe »faulender« Friedlichkeit. Vielmehr kommt es auf die Verbindung und Entfaltung aller menschlichen Möglichkeiten in der umfassenden Vernunft an, der Kant einen Begriff gab, den sie nirgends in der Aufklärung hatte. –

Die innere Verfassung, aus der diese Motive kamen und die sie erzeugte, ist diese:

Kant hat eine Ruhe, die all die Beweglichkeit des Gedankens, die

Biegsamkeit der Formulierungen, die Spannung auch polar entgegengesetzter Motive gelassen zusammenzuhalten vermag. Seine Redlichkeit will sich bewußt auf den Standpunkt eines jeden anderen versetzen. Seine existentiellen Gewißheiten sind nicht in Formeln starr geworden. Diese bezeugen vielmehr in ihrer bewegten Entfaltung das Bleibende des Sinns, aus dem er lebt und denkt.

Kants Weltoffenheit wendet sich auch den fernliegenden Dingen zu. Sein Sinn für Geist und Rang respektiert auch das ihm Fremdeste: »Weil die Philosophie alles brauchen kann, was der Literator oder der schwärmende Originalgeist liefert, so schätzt der Philosoph alles, was eine gewisse Seelenkraft in ihrer Größe beweist. Überdem ist er gewohnt, die Standpunkte verschieden zu nehmen, und mißtraut selber seinem Urteil über das Vorzüglichste, weil er die Unbegreiflichkeit des Ganzen vor Augen hat. Daher Philosophie demütig macht, oder vielmehr sich nach der Idee und nicht im Vergleich mit anderen zu messen.«

Kants Humanität läßt keinen philosophischen Hochmut aufkommen, obgleich die Helle und Weite seines Denkens und die Kraft seiner Präzision ihn allen seinen Zeitgenossen gefährlich überlegen machte.

Schelling, der Kants Denkungsart von Anfang an faktisch verleugnet hatte, der 1799 im Briefwechsel mit Fichte ihn gar niederträchtiger Motive bezichtigte, war doch der einzige, der 1804 bei Kants Tod ein diesem Großen angemessenes Wort aus seiner hellsichtigen Empfindlichkeit für den Rang und seinem Sinn für menschliche Größe zu sagen begehrte und vermochte in einer denkwürdigen Huldigung.

Schelling spricht von der »unendlichen Redlichkeit und Aufrichtigkeit«, von der »klaren Einfalt« des Kantischen Geistes, von »der Reinheit eines wahrhaft unabhängigen Gemüts«. Er sieht das »Bild seines Geistes in seiner ganz abgeschlossenen Einzigkeit«.

Ein solcher Denker »verachtete leeren Dunst und Scheinmacherei«, »gelangte absichtslos zu seinen Resultaten«, vermochte »den philosophischen Horizont so rein aufzuhellen«.

Schelling bemerkt »den kecken Schwung seines Geistes«. Und: »Sein Geist war überhaupt nicht von der schweren, tiefsinnigen Art, sondern von der leichten und heiteren Gattung.« Kant war »gewissermaßen philosophe malgré lui« und »möchte, nur als Philosoph betrachtet, in seiner wahren Genialität notwendig verkannt werden«.

»Für ein geistig und moralisch aufgelöstes und zerflossenes Zeitalter könnte Kant wohltätig wirken, sich an der Rigidität eines so herrlichen Geistes in seiner Kohäsion wieder zu erhöhen.«

»Ewig« wird Kant »als eines der wenigen intellektuell- und moralischgroßen Individuen leben, in denen der deutsche Geist sich in seiner Totalität lebendig angeschaut hat.« (Wäre es doch so gewesen, wie es nach Schelling hätte sein sollen!)

f) *Über Kant-Interpretation*

Ein Kant-Verständnis läßt sich nicht vorschreiben. Jeder, der zugleich ursprünglich und im Strom des geschichtlich Gewordenen philosophieren möchte, muß sich von neuem unbefangen in Kant vertiefen und sehen, was ihm dabei aufgeht, und was dadurch in ihm entsteht. Dafür aber gibt es Richtlinien.

Es ist notwendig, sich der Kantischen Gedanken im Referat zu bemächtigen. Aber damit besitzt man nur Voraussetzungen für das Verständnis, nicht das Verständnis selbst. Es hat sich gezeigt, daß niemandem die richtige referierende Reproduktion des Gebäudes des Kantischen Denkens gelingt. Daher ist der zweite und wesentliche Schritt, sich zu vergewissern, was Kant denkend faktisch getan hat, mit Methoden, die ihm vielleicht selbst nicht zum vollen Bewußtsein gelangt sind. Man möchte in die philosophische Grundhaltung Kants dringen, die im Ganzen des Werks ihren Ausdruck gefunden hat.

Die referierende und historisch interpretierende Arbeit ist lehrreich, auch wenn sie Kants Philosophie selbst nicht erreicht. Martin fand bei Kant mit Recht die alten überlieferten Kategorien der Ontologie. Nun aber ist philosophisch entscheidend, in welchem Sinne von Kant mit ihnen operiert wird. Denn sie kommen bei ihm sämtlich in einem verwandelten Sinn vor. Die Ontologie hat er ausdrücklich als unmöglich verworfen. Aber die überlieferten Begriffe hat er zum Aussprechen seines neuen, sie verwandelnden Sinnes so ergiebig benutzt, daß es lohnend ist, das bis in die Besonderungen klar zu sehen. Nur darf man diese Mittel der Strukturierung, obgleich Kant mit ihnen auch der überlieferten Weise des Denkens von Sachverhalten angehört, nicht schon für die Kantische Philosophie und diese selber gar für eine neue Gestalt der alten Ontologie halten. Ein Beispiel: Kant macht von dem Begriff der Analogie Gebrauch, um die Gültigkeit von Gottesvorstellungen zu denken. Das tut er beiläufig – mehr in seiner Lehrtätigkeit als in seiner eigenen Philosophie; es ist ein überlieferter, nicht zentraler Gehalt seiner Philosophie. Aber auch dies tut er nicht im Sinn der Analogie des Seins, der von Aristoteles stammt, nämlich im Sinne des Gedankens, daß alle Weisen des Seins doch Sein seien, aber nicht als Gattung, unter die sie als Fälle zu subsumieren sind, sondern als Analogie des zugleich ursprünglich Verschiedenen. Im Denken der Bedingungen allen Erkennens und jeder Gestalt der Vernunft in der Subjekt-Objekt-Spaltung, in dem großen Zug der Gedanken seiner Kritiken ist diese Analogie des Seins von Kant nicht gedacht. Vielmehr beschränkt sich die »Analogie« bei Kant auf das menschliche Denken des Seins der Gottheit. Kant läßt sie zu, ohne daß er hier ursprünglich und wesentlich interessiert wäre. Nur eine falsche Gewichtsverteilung könnte diesen Kantischen Erörterungen einen zentralen Platz in seinem Denken geben. Kant hat die Ontologie völlig preisgegeben zugunsten des Sichvergewisserns der Wahrheit und Wirklichkeit in unserer menschlichen Situation.

Kant-Kritik setzt Kant-Interpretation voraus, in drei Stufen:

1. In bezug auf Tatsachenbehauptungen hat eine Kritik recht, wenn sie sich bei Kant, der wie jeder Denker an den wissenschaftlichen Stand seiner Zeit gebunden war, als falsch erwiesen. So ist es in bezug auf manche naturwissenschaftliche Sachen. Aber das ist unerheblich für den Kantischen Sinn im ganzen und ist korrigierbar.

2. In bezug auf logische Stringenz begrifflicher Zusammenhänge ist der Aufweis von Widersprüchen zwingend. Aber es ist die Frage, wo das Unstimmige selber im Sinne einer Logik des Transzendierens eine andere Notwendigkeit und damit Stimmigkeit hat.

3. In bezug auf den Standpunkt des Ganzen ist zu fordern die Klarheit darüber, was ein »Standpunkt« in der Philosophie sei. Es zeigt sich, daß die Subsumtion einer Philosophie unter einen Totalbegriff, durch den das Subsumierte zugleich charakterisiert und kritisch verworfen wird, darum unangemessen ist, weil ein philosophischer Standpunkt nicht definierbar, das heißt nicht eindeutig geradezu aussprechbar ist. Wäre er in dieser Form zu fassen, dann müßte es einen anderen Standpunkt geben, von dem her er so eindeutig überblickt würde, ein Standpunkt, der selbst nicht durch eine rationale, in Sätzen fixierbare Position gekennzeichnet und auch nicht eine rationale Voraussetzung wie in wissenschaftlich bestimmten Untersuchungen wäre. Das wäre aber kein definierbarer Standpunkt. Denn philosophische »Standpunkte«, für die dies Wort so ungehörig ist, sind von der Art, daß wir darin stehen, aber sie nicht von außen übersehen und ordnen können. Sie sind, wenn wir sie verstehen wollen, unendliche Aufgabe.

VIII. Kants historische Stellung, Nachwirkung und Bedeutung für heute

1. Aufklärung heißt der geistige Prozeß des Abendlandes, in dem der Glaube an die Vernunft zu einem natürlichen Wissen der Welt, der Moral, des Staats, der Religion drängt, dem Dasein zugewandt, mit dem Enthusiasmus des Fortschritts und der Zukunftsperspektiven. Diese Aufklärung ist getragen von dem Freiheitswillen im Denken und in der Politik. Sie wagt die Unabhängigkeit des Menschen, macht ihn in der Humanitätsidee zum Selbstzweck.

Kant ist als Gipfel und Vollender der Aufklärung, dieser Epoche der Geistesgeschichte, nicht zutreffend aufzufassen. Er ist es so, wie Plato der Gipfel sophistischer Aufklärung als ihr Überwinder war. Auch Kant ist ein Überwinder der Aufklärung zugunsten eines unabschließbaren Prozesses des in der Umwendung eigentlich zu sich selbst kommenden Menschen.

Sofern die Aufklärung zum Positivismus des Wissens, zur konstruktiven Metaphysik auf dem rational-dogmatischen Boden von Leibniz, zum politischen Liberalismus von Locke und Montesquieu, zum kultivierten Gefühlsleben von Platonikern und Romantikern wurde, ist sie universale abendländische Erscheinung geblieben. Kant bedeutet allem diesem gegenüber nicht Verneinung, sondern Begrenzung und Durchbruch. Keineswegs hat sein Denken das Abendland, keineswegs auch nur die deutsche Bildung durchdrungen. Wohl gehen viele philosophische Bewegungen, in Deutschland fast alle, von ihm aus oder orientieren sich an ihm als Gegner. Wohl sind besondere Probleme aus seinem Werk überall erörtert. Trotzdem schwankte die Schätzung zwischen höchster Bewunderung und völliger Verwerfung.

Die Substanz der Aufklärung in ihren besten Gestalten ist noch nicht das Kantische Denken, ist wohl sein Boden, aber birgt es selber nicht in sich. Stimmungen, Gesinnungen, Wissenschaften, alles war schon da, als das neue Kantische Denken kam und diesen seinen Voraussetzungen Begrenzung, Sinn und Rechtfertigung gab, indem es neue Horizonte öffnete.

2. Daß Kant seine philosophische Methode nur beiläufig und unvollkommen (etwa in der treffenden Unterscheidung der mathematischen und philosophischen Erkenntnis) zum Bewußtsein gebracht hat, ist merkwürdig. Das Wissen darum ist für das Kant-Verständnis wesentlich. Sein Bewußtsein, eine Metaphysik der Metaphysik zu schaffen, blieb doch in einer großartigen Unbewußtheit in bezug auf die Formen und Methoden seines Denkens.

Daraus ist es begreiflich, daß sofort nach Kant die jungen Enthusiasten und Eroberer durch ihn entfesselt wurden. Sie kannten nicht die Bändigung, welche in der Kantischen Methode selber lag. Vielmehr verwandelten und verkehrten sie die klaren Vollzüge transzendentalen Denkens in spekulative Konstruktion, in intellektuelle Anschauung, in das Nachdenken der Gedanken Gottes vor der Schöpfung und in der Schöpfung. Sie vollzogen die verhängnisvolle Verwandlung von Vernunft in Geist und die Verwechslung beider. Kants Grenzsetzungen wurden überschritten. Kant wurde Anlaß zu einem Denken, das die Kantische Vernunft überspülte. Seine philosophische Grundhaltung war von Anfang an verlassen. Kant war der Ausgang für den deutschen Idealismus der Fichte, Schelling, Hegel.

Fichte war sich bewußt, durch Kant die Revolution seines Denkens zur eigentlichen Philosophie gewonnen zu haben. – Der junge *Schelling* sah entzückt in Kant die Morgenröte, fügte aber sogleich hinzu: jetzt muß die Sonne aufgehen. Was Kant getan habe, deutete er 1804 mit einem damals üblich gewordenen Vergleich: Französische Revolution und Kantische Philosophie seien zusammengetroffen. »Beide waren in den Augen ihrer Anhänger gleich gewichtige Umwälzungen, dort in einer realen, hier in einer idealen Revolution.« Beide erhoben sich über alle Abhängigkeit von der Erfahrung. Jetzt scheint mit der Ebbe der Revolution auch die des Kantischen Systems eingetreten zu sein. Beiden war der bloß negative Charakter und die unbefriedigende Auflösung des Widerstreits zwischen Abstraktion und Wirklichkeit gemeinsam. Er war für die Revolution in der Praxis wie für Kant in der Spekulation unüberwindlich. – *Hegel* konstruierte eine sachliche Entwicklung von Kant zu Fichte über Schelling zu sich selber, unter deren bezwingender Suggestion die Philosophiegeschichtsschreibung bis heute steht.

In der Tat haben diese Denker von Anfang an die Kantische Grundhaltung verlassen. Deren entscheidende Positionen wurden stillschweigend preisgegeben oder ausdrücklich verworfen: statt der Vieldimensionalität der Vernunft die Ableitung aus einem Prinzip; statt des Bewußtseins des endlichen, diskursiven, menschlichen Verstandes der Anspruch, den intuitiven Verstand zu besitzen. Statt Erhellung der Vernunft als der Stätte, an der das Sein sich zeigt, die Seinserkenntnis selber. Statt Bescheidung der absolute Anspruch des Denkens der Gedanken Gottes.

Als Kant 1804 starb, war er von vielen vergessen. Der neue von genialen Menschen getragene Zauber hatte die Gemüter erobert. Er begann mit der Unwahrheit unkritischen Überschreitens der Grenzen und blieb darin. Die Gemeinschaft im Abfall von Kant ließ dann sich gegenseitig abstoßende Verwirklichungen faszinierender Werke zu: die penetranten Konstruktionen Fichtes, die gnostischen Visionen Schellings, das großartige System allen Seins in einem System der dialektischen Sinnverstehbarkeiten durch Hegel.

3. Nach dem sogenannten Zusammenbruch des deutschen Idealismus, dem fast plötzlichen Versagen des Zaubers in der Mitte des 19. Jahrhunderts, begann eine zweite Bewegung auf dem Grunde Kants. Die Situation war diese: Die positiven Wissenschaften hatten triumphiert, die Naturwissenschaften und die Geschichtswissenschaf-

ten. Die philosophische Bildung hatte einen tiefen Sturz getan. An die Stelle des kritiklosen Zaubers trat ein ebenso kritikloser, aber platter und geistig verwahrloster Materialismus. Aus dem Rest eines philosophischen Geistes kam der Ruf: zurück zu Kant. Naturforscher glaubten bei Kant die Philosophie für ihren Empirismus zu finden (Helmholtz). Die akademische Philosophie, auf der Suche, sich außer der Lehre der Geschichte der Philosophie noch eine Aufgabe im wissenschaftsabergläubischen Zeitalter zu retten, meinte bei Kant die Philosophie der Wissenschaften zu finden, die Erkenntnistheorie. Sie ließ jetzt die Philosophie zur Magd der Wissenschaften werden.

Bei der außerordentlich hohen Bewertung Kants wurde nun durch Kant-Philologie, Editionen, Entdeckungen neuer Texte, Publikationen aus dem Nachlaß und durch sachliche Interpretationen im einzelnen viel geleistet, das für immer nützlich und dankenswert ist.

Zu Beginn des 20. Jahrhunderts begann eine Unzufriedenheit mit diesem »Neukantianismus«, während die Gesinnung akademischer philosophischer Scheinforschung dieselbe blieb. Daher war die Folge keineswegs ein tieferes Eindringen in Kants Philosophie, sondern gleichsam eine Repetition der nachkantischen Philosophie. Es wurde versucht mit Fries, Fichte, Schelling, Hegel. Einen Augenblick konnte es scheinen, als ob sich Hegel als der Vollender wieder durchsetzen sollte im »Neuhegelianismus«. Aber es waren ohne Ausnahme Versuche ohne philosophische Ursprünglichkeit; zuletzt traten Epigonen der Epigonen auf. Der Abgrund zwischen Kant und den Idealisten blieb unerkannt (mit einziger Ausnahme von Ebbinghaus, dessen vor Jahrzehnten in Aussicht stehendes Kantbuch, das eine Neuinterpretation des ganzen Kant hätte bringen sollen, leider ausgeblieben ist).

4. Zwei Schlagworte galten im Neukantianismus: »Es muß zu Kant zurückgegangen werden« (Liebmann) und »Kant verstehen heißt über Kant hinausgehen« (Windelband). Beides war in einem unangemessenen Sinn gemeint. Zurückgehen: als ob bei Kant feststehende Wahrheiten zu finden seien, die man, gesondert von falschen Sätzen, wieder zur Geltung bringen müsse. Hinausgehen: als ob man weiter käme als Kant, tiefere Einsicht gewinne als er. Beide Sätze wären jedoch wohl zu vereinen durch einen besseren Sinn: »zurück« hieße nicht zurück, sondern in den Ursprung gelangen; »darüber hinaus« hieße nicht besser wissen, sondern in die Kantische Bewegung gelangen, das erzeugende Denken zu neuer Wirksamkeit in sich kommen lassen.

Kant erscheint wie der Knotenpunkt moderner Philosophie. Sein

Werk ist unendlich an Möglichkeiten wie das Leben selbst. Es ist bewußt erdacht in rationaler Präzision und doch voller Unbewußtheit, übergriffen von Ideen, die Kant wiederum als ein Stück seiner Lehre zu begreifen suchte. Es ist nicht abzusehen, was durch ihn noch erweckt werden kann.

Die Kant-Aneignung hat bisher zweimal in einem je großen Zuge stattgefunden, im Idealismus und im Neukantianismus. Beide Aneignungen sind heute zu übersehen als Mißverständnisse Kants, die in den Dienst einer anderen Lebensverfassung gestellt wurden. Er selber steht unverwandelt, diesen Aneignungen überlegen da. Zum drittenmal ist die Frage nach ihm zugleich eine Schicksalsfrage des Philosophierens. Was Kant sei und was er dachte, ist keineswegs eindeutig und objektiv endgültig zu wissen. Er hat sich als der erzeugende Denker erwiesen, der mehr blieb als das Erzeugte. Er wurde nicht aufgenommen in ein Größeres, nicht überwunden, nicht herabgesetzt zu einer Möglichkeit neben anderen.

Kants Schritt ist einzig in der Weltgeschichte der Philosophie. Seit Plato ist im Abendland kein Schritt getan, der in der herben Luft des Denkens so umwendende Folgen hat.

Ich habe mir vorgesetzt, auf die Gefahr hin, daß der Leser nicht sogleich allem zu folgen vermag, begreiflich zu machen, worum es sich handelt. Die Kantdarstellung ist die schwierigste dieses Buches. Hat man Kant angeeignet, soweit das überhaupt möglich ist, so ist es wie nach der Besteigung eines höchsten Berges: man übersieht alle anderen Berge, und nun wird es leicht, sich zurückzufinden und diese anderen besser kennenzulernen. Die Aufgabe, dem Bergsteiger, der die Kantischen Werke selber in die Hand nimmt, Orientierungen zu geben, ist groß. Man möchte die einfachsten Sätze finden, die wesentlichen Gedankenführungen auf die entscheidenden Schritte beschränken, die Ausdrucksweisen versuchen, die vielleicht in der Kürze zünden. Mag dies noch so oft mißlingen, es muß schließlich doch gelingen. Denn die tiefsten philosophischen Gedanken sollen allgemein mitteilbar werden. Nur dann haben sie Bestand, wenn Völker sie sich aneignen.

Wer aber verstehen will, muß Geduld haben. Er muß dasselbe in anderer Gestalt, bei Wiederholung, wiedererkennen. Irgendwann, plötzlich geht ihm ein Licht auf. Es handelt sich nicht um einen mathematischen Gedanken, der mit komplizierten Operationen erzwungen werden kann, sondern es handelt sich um eine mit dem Denken selber zu vollziehende geistige Umwendung. Es handelt sich nicht darum, etwas als einen Gegenstand zu begreifen, sondern im Gegenständlichen etwas Ungegenständliches zu vollziehen. Wohl ist dazu das Lernen einer philosophischen Sprache und das Begreifen partikularer Klarheiten notwendig. Aber diese haben nur Sinn, wenn eines Tages der Ruck erfolgt: der Ruck einer Einsicht, die nicht mystisch, nicht moralisch, nicht von Offenbarungscharakter ist, aber im vernünftigen Denken mit dem Denken das Denken selber transzendiert.

Kant verständlich zu machen, ist, seitdem diese Philosophie aufgetreten, oft versucht worden. Man kann zwar sagen: das Werk ist durch sich verständlich, die Herrlichkeit der Quelle übertrifft jede Interpretation. Das bleibt wahr, auch wenn man sogleich hinzufügt, erst mit der Weise der interpretierenden Übersetzungen werde solche Philosophie zum Allgemeingut. Kant selbst aber hat erwartet, daß der von ihm gebahnte »Fußsteig« durch die Späteren »zur Heeresstraße« gemacht werde.

Schwer ist es schon, auf den Fußsteig zu gelangen. Es war immer so: man verstand nicht und wurde ärgerlich; oder man verstand nicht und merkte doch, dort sei das für all unser gegenwärtig mögliches Philosophieren Entscheidende zu verstehen; oder man verstand, als ob man verstehe, und verbaute durch seine Interpretation noch den Zugang zum Fußsteig. Es ist, als seien durch verzwickte Veranstaltungen falsche Wegweiser aufgestellt, die vom Eingang in dieses Kantische Denken wegführen. Oder als sei ein Felsblock über Kants lebendige Kraft getürmt, der erst gehoben werden muß, damit sie wachsend ihren Segen verbreite. Ich wäre zufrieden, wenn es mir gelungen wäre, meinen Zeitgenossen fühlbar zu machen, daß der Felsblock noch da liegt.

Wir werden von Kant mitgenommen auf den Weg, von einem Denker, der sich am Wegrande für seine Rast ein Haus erbaut hat, in dem weder er noch wir wohnen bleiben sollen. Das Haus, das System, ist als Mitteilungsform unerläßlich, um sich zu besinnen auf den Weg. Aber nun gibt es zwei Arten von Kantianern: die im Haus der Besinnung Wohnung nehmen für immer, und die mit Kant nach der Besinnung auf dem Wege mitgehen.

Kant ist der schlechthin Unumgängliche. Ohne ihn bleibt man in der Philosophie kritiklos. Aber keineswegs ist Kant die ganze Philosophie. Wohl eröffnet er in der Bildlosigkeit und Anschauungslosigkeit die weitesten Bereiche, aber er erfüllt sie nicht. Wohl ist er durch die von ihm gefundenen Formen von unvergleichlicher Kraft für das Sichselbst-Ergreifen des Menschen; aber er selbst bleibt gestaltlos, weil das, was er ist und zu sagen vermochte, über alle bloße Gestalt hinausliegt.

Aus dem Ursprung denkende Metaphysiker

ANAXIMANDER · HERAKLIT · PARMENIDES · PLOTIN
ANSELM · SPINOZA · LAOTSE · NAGARJUNA

Nachdem Kant die kritische Wende gebracht hat, und nachdem die Methoden moderner wissenschaftlicher Erkenntnis klar geworden sind, scheint Metaphysik fragwürdig. Daher werden diese Spekulationen, Anschauungen und Konstruktionen von vielen verworfen. Sie führen zu Bildern vom All des Seins, die, wenn sie als eine erweisbare Objektivität für alle gelten sollen, einer Prüfung nicht standhalten.

In der Tat kann eine gegenwärtige Metaphysik, wenn sie redlich ist, nicht mehr in ihrer Form und Meinung den gleichen Charakter haben wie die alte. Wer heute die kritische Klarheit Kants, und wer den Bereich zwingender wissenschaftlicher Einsicht überspringt, der muß sich verwirren. In unserer geistigen Situation wird eine Metaphysik alten Stils, als Seinswissen, als Verkündigung dessen, was im Ganzen und im Grunde ist und geschieht, in einen Zauber geraten, der undurchschaut faktisch am Gängelbande von Denkformen alter Metaphysik läuft, aber ihren Ernst verloren hat. Solches Denken in vorgedachten Formen, ohne diese mit dem unerläßlich gewordenen methodischen Bewußtsein zu kennen und zu durchdringen, wird zu existenzloser Künstlichkeit. Eine wunderlich erregende Scheinlebendigkeit von Schatten trinkt gleichsam das Blut sich heute nichtig fühlender Menschen, die sich begierig an solche Denkfiguren preisgeben, als ob sie darin zu sich kämen. Es ist ein Spuk, der verführt und dann verschwindet. Er ist nicht Wirklichkeit, die in der Existenz des sie Denkenden selbst hell wird.

Sollen wir also auf Metaphysik verzichten? Es wäre, auch wenn wir es wollten, unmöglich. Daß Menschen von jeher metaphysische Bilder entworfen haben, war nicht Unwahrheit. Uns fesseln diese Visionen von Welt und Transzendenz, wo wir ihren in der Persönlichkeit des sie Denkenden wirklich gewordenen Ernst sehen. In ihren schönsten Gestalten haben sie eine eigentümliche Geschlossenheit. Keine wird widerspruchslos. Aber ihre Verbindlichkeit beruhte schon in ihrem Ursprung nicht auf einer zwingenden Erkenntnis wie die der Wissenschaften. Als bloße Objektivität sind diese Visionen vielmehr unverbindlich wie Dichtungen. Aber sie sind nicht Dichtungen, sondern mit der Subjektivität des Denkenden verbindliche Wahrheit. Sie bedeuten den Glaubensraum einer sich darin bewußt werdenden Existenz. Als solcher aber kann jede große Metaphysik ihrem Gehalt und ihrer Form nach bleibende Wahrheit sein, die unter der nunmehr neuen Voraussetzung des methodischen Bewußtseins über die Art dieser Wahrheit angeeignet und wiederholt werden möchte. Die großen Metaphysiker bringen uns weder den wissenschaftlichen Geltungsanspruch einer Erkenntnis noch die ästhetische Unverbindlichkeit eines geistigen Genusses – oder doch beides nur in verkehrender Aneignung –, sondern Möglichkeiten transzendierender Vergewisserung des Unbedingten.

Wenn Metaphysik nach dieser Wende nicht mehr im gleichen Erkenntnissinn gedacht werden kann, wie er vordergründig von den großen Metaphysikern gemeint war, wenn vielmehr die eigentliche Wahrheit dieser Metaphysik als die Erfahrung eines eigenständigen Denkens aufgefaßt wird, dann braucht diese ihre Wahrheit uns nicht verloren zu sein. Es ist vielmehr die Frage, wie sie gegenwärtig zu wiederholen ist. In diesem Buch beantworten wir diese Frage nicht. Ob es eine neue Metaphysik geben wird, ist ohnehin nicht durch Voraussage, sondern nur durch die Tat ihrer Schöpfung zu beantworten. Hier vergegenwärtigen wir die Gedanken der Alten.

Für die Aneignung alter Metaphysik bleibt aber die Aufgabe unumgänglich, sich keinem ihrer Systeme zu unterwerfen. Die Denker dieser bezwingenden Visionen des Gedankens zeigen uns das Sein in einer je eigentümlichen Gestalt, an diese gebannt und ihr nicht überlegen. Dadurch gewähren sie eine eigene Befriedigung. Sie sind schöpferisch in der Bildung des Gedachten, nicht aber (in dem großen Sinne wie Plato, Augustin, Kant) schöpferisch in der Erzeugung der Gedanken der ihnen Folgenden. Die Nachfolger der einzelnen hier darzustellenden Metaphysiker breiten deren Gedanken nur aus, komplizieren die vergleichsweise festen, in ihrer Eigentümlichkeit eindeutigen Gestalten oder verunstalten sie. Wir aber können, unschöpferisch zwar in der Bildung neuer Visionen, jede einst wirklich gewordene Metaphysik als eine Möglichkeit in uns selber wiedererkennen und sie als solche aneignen. Wir können wie die Menschen von jeher die Sprache der Transzendenz hören. Aber wir hören sie nun in ihrer Vielfachheit und müssen methodisch bewußt (im formalen Transzendieren des reinen Gedankens, im Erhellen existentieller Bezüge zur Transzendenz, im Lesen der Chifferschrift) ihres Sinns uns vergewissern, wenn wir nicht im Schein von Visionen, die als vermeintlich gewußte Realität fixiert werden, den Grund des Seins und uns selbst vergessen wollen.

Heute darf eine historische Darstellung der metaphysischen Visionen sie nicht nur als rationale systematische Bilder wie einen Lernstoff reproduzieren. Sie müssen vielmehr in ihrem Ursprung und Ziel verstanden werden. Dann enthüllt sich der Inhalt dieser Metaphysiken als das, was er wesentlich schon immer war, nicht als ein Erkenntnisgegenstand, sondern als Gedankenwelt, die sprechend ist für mögliche Existenz, aber sprachlos wird als vertrockneter lernbarer Inhalt. Solche wiederholende Erweckung metaphysischer Möglichkeiten soll also nicht Metaphysik zerstören, sondern in der Form des methodischen Bewußtseins ihre Verwandlung vorbereiten.

Es ist ein radikaler Unterschied in den Weisen der Erörterung von metaphysischen Problemen. Die bloße Sacherörterung, als ob es sich um Erkenntnisgegenstände nach Art der wissenschaftlichen handle, führt durch intellektuelle Operationen mit Begriffen, ihrer Vieldeutigkeit, ihren Unterscheidungen und Kombinationen in das Endlose, aber ohne Fortschritt. Die nur sachlich-objektiv gemeinten und in existentieller Unverbindlichkeit vollzogenen Problemerörterungen sind als solche führungslos. Aber sie lassen historisch den Schein entstehen einer fortschreitenden, einmal unterbrochenen, dann sich wiedergewinnenden Entwicklung einer wissenschaftlichen Metaphysik. Man spricht, als ob es erforschbare Probleme und ihre Lösungen gäbe, daher einen sachlichen Maßstab, an dem das Treffende und Verfehlende der historisch vorliegenden metaphysischen Gedanken allgemeingültig wie in den Wissenschaften beurteilt werden könne.

Gegen diese innere Führungslosigkeit steht das begründende, sich im Wissen wiederfindende metaphysische Seinsbewußtsein. Die ihm entspringenden eigentlich metaphysischen Erörterungen werden in scheinbar denselben Formen, in den Fragen und möglichen Antworten, den Gründen und Gegengründen, in Entscheidung oder Offenlassen, geführt von dem Grundwissen. Sie wiederholen das immer Gleiche im besonderen Material, sehen alle Dinge im Lichte dieses Grundwissens, vertiefen dieses im Spiel der begrifflichen Modifikationen, indem sie in den Denkfiguren die sprechendsten Chiffern hervorbringen. Wer erwartet, nach Art gegenständlicher Erkenntnis zu einem Resultat zu kommen, sieht sich enttäuscht. Wer den Sinn solcher Spekulation mitvollzieht, gewinnt die Gehalte nicht als die Resultate einer wissenschaftlichen Untersuchung.

Der Unterschied von Metaphysik als Gegenstand einer Erforschung von Sachverhalten und Metaphysik als Gehalt existentiellen Aufschwungs besagt aber nicht, daß jene Sachverhalte nicht als Werkzeug dieses denkenden Aufschwungs Bedeutung hätten. In der Tat ließe sich (mit den Methoden der Problemgeschichte) dieses Werkzeug als Begriffsapparatur entwerfen: der Kategorien und ihrer Verzweigungen, der Denkfiguren. Es würde bei einem solchen Versuch jeweils ein Ganzes von Möglichkeiten, ihren Kombinationen und Permutationen sich darstellen. Man würde eine rational beherrschbare Unendlichkeit konstituieren, in der dann bestimmte Philosophen zu »Fällen« würden, durch die einzelne Figuren konsequent durchentwickelt würden. Die historisch wirklichen Fälle zeigen unter solchem Aspekt sich zum Teil einheitlich, die meisten als vermischte, die man auflösen kann, oder als konfus durcheinander gebrachte Eklektizismen, in denen keine Linien zu ziehen sind. Denn diese Eklektizismen können alle Möglichkeiten beliebig berühren und wieder vergessen.

Formulieren wir zusammenfassend den Gegensatz intellektueller und existentieller Metaphysik: Die Metaphysiker vollziehen ein Spiel rationaler, dem Grund allen Seins sich zuwendender Akte. Das geschieht entweder als bloße geistige Beschäftigung (und wird damit zur Spielerei), die zufällig ergriffene Positionen festhält, schulmäßig motivierte Parteiungen ergreift, rationale Folgen mit dem Anspruch einer Sachforschung endlos variiert (akademische Metaphysik), – oder es wird getragen durch führendes Grundwissen, das als Stimmung des Gedankenwerks unmittelbar überzeugt, weil es zur Rationalität auch deren Erfüllung bringt. Jene Spielerei ermüdet oder beschäftigt wie jede Funktion unser intellektuelles Vermögen. Dieses Spiel dagegen hat den Ernst eines Gehaltes. Das Denken ist hier Vergewisserung des Grundes von allem durch ein Tun, das dem Gebet analog ist. Diese Meditation bringt in Berührung mit dem Grund des Seins. Sie befestigt das Grundwissen, das den so denkenden Menschen jeden Tag zu tragen vermag (die Metaphysik der großen Philosophen).

Die großen Metaphysiker sind im Denken zur Ruhe gekommen, da sie aus jenem Grundwissen lebten, das sich zeitlos hell wurde. Dieses Grundwissen entfaltet sich wie ein musikalisches Thema aus wenigen Motiven unendlich reich, kreist in sich, wird Gestalt in wundersamen Denkgebilden. Aus ihnen spricht die Grundstimmung ihres Seinswissens in einmaliger geschichtlicher Erscheinung, die gültig für alle wird, die sie verstehen.

Vielleicht gibt es im Abendland nur zwei reine Metaphysiker unter den Großen (abgesehen von den nur fragmentarisch bekannten Vorsokratikern), die eigenständig, frei von kirchlicher Form der Religion sind: Plotin und Spinoza. Wenige gibt es auch, die unter der substantiellen Voraussetzung der kirchlichen Religion, ganz in ihr stehend, doch derart ursprünglich philosophieren, daß sich ihnen die dogmatischen Gehalte als Folge ergeben: rein und groß Anselm, Eckhart, Cusanus. *Anselm* dachte in der Frühe, in einer Zeit des Übergangs, in der zwar die Trennung von Glauben und Wissen schon zur weltlichen Gewalt des Glaubens führte, aber ohne daß Anselm davon betroffen wäre; vielmehr konnte er noch in wunderbarer Naivität wahrhaft philosophieren. *Eckhart,* unter dem Druck und im Wagnis und in der Unklarheit darüber, wo der reale Konflikt mit der Autorität eigentlich auftritt, dachte frei in der Zeit kirchlicher Herrschaft, unter der er in Verdacht als Ketzer geriet. *Cusanus,* in einer Zeit der Auflösung, die denkerisch jede Freiheit ließ, gelangte zu einer neuen Naivität des Umspannens aller Wahrheit.

Erst mit dem Ernst solcher Metaphysik gewinnt der Philosoph den Boden, der für ihn die durch Kirche, Kultus, heilige Orte, Zeiten, Gegenstände und Bücher, Riten und Dogmen bestimmte Religion überflüssig machen kann, ohne daß er sie darum für sich verwerfen oder gar für alle und allgemeingültig bekämpfen müßte. Ein Philosophieren, das den Menschen auf den Boden seiner eigenen Vernunft und der unmittelbaren Beziehung zur Transzendenz stellt, – wird in seiner Begrifflichkeit vom kirchlich theologischen Denken angeeignet, das heißt für die Konstituierung der eigenen kirchlichen Dogmatik benutzt (so z. B. das Denken Plotins). Dann werden die Gedanken unter die Bedingungen der kirchlichen Autorität gestellt, als zu ihr gehörig beansprucht, oder die Philosophie wird von dieser Seite als der eigentliche Feind verworfen (so Spinoza), mit der äußersten Leidenschaft, sogar der Verdächtigungen und Beschimpfungen, wenn möglich mit physischer Gewalt bekämpft. Denn schlimmer als Ketzereien, schlimmer als andere konkurrierende Religionen ist die echte philosophische Unabhängigkeit, die aus der der menschlichen Vernunft eigenen Gottesgewißheit durch die Wirklichkeit Gottes existiert. Solchen Gegner behandelt man von der Seite kirchlich autoritärer Religion entweder, als ob er nicht da wäre, oder man verwandelt sein Denken in ein bloßes Verstandesgebilde, dessen Gründe man widerlegen kann. Man schiebt ihm unter, was er nicht ist und nicht denkt.

Den der kirchlichen Religion fremden (Plotin, Spinoza) und den christlichen Metaphysikern (Anselm, Eckhart, Cusanus) ist gemeinsam die glaubwürdige Geborgenheit des Lebens im spekulativ Gedachten, das ihnen die Wirklichkeit der Transzendenz zur Gegenwart bringt. Ihre Spekulationen sind nicht eine beiläufige Beschäftigung in der Muße, nicht ein interessanter Gegenstand unter anderen, nicht untersuchende Forschung. Sie vollziehen ein Grundwissen, das sie darlegend sich und der Welt zum Bewußtsein bringen. Einige kennen den großen Augenblick der Inspiration (Anselm, Cusanus), die nichts als reiner Gedanke ist, in dem die Transzendenz sich zeigt. Dieser Gedanke, in keinem Satz zureichend formulierbar, wird in der Folge rational entfaltet. Es ist ein der Zeitlichkeit zugehöriges, dem Gehalt nach ewiges Seinswissen.

Weil das Ewige und Ungeschichtliche der Sinn dieses Denkens ist, es sich selber über alle Geschichte erhebt, ist die Verwandtschaft der Metaphysiker nicht an einen Kulturkreis, nicht an das Abendland gebunden. Ich wähle aus Asien Laotse und Nagarjuna.

Die Werkform der Metaphysiker ist die Abhandlung, der Vortrag, der jeweils knappe Entwurf des Ganzen in einer bestimmten Figuration, der Spruch, der Dialog, der Brief, manchmal eine längere Lehrschrift. Ihr Werk ist nicht System, das als Konstruktion alles Seinswissens das Sein selber und seine gesamte Erscheinung einfangen möchte. Ihre Gedankenwelt läßt sich daher nur scheinbar als System angemessen darstellen. Der Versuch solcher Reproduktion ist zwar nützlich für das Verständnis, tut aber der Sache Gewalt an. Sie selber breiten aus, wiederholen, versuchen an neuem Material, und das alles aus einer Mitte, die nicht im System erreichbar ist, und die in ihrer Vollständigkeit und Intensität überall und nirgends im Werk da ist.

Quellen: Diels. – Übersetzung: Diels. Nestle. Capelle. Grünwald. – *Literatur:* Burnet. Jäger. H. Fränkel.

Anaximander (ca. 610–546) war Bürger von Milet, der größten Handelsstadt Ioniens. Dort hatte man viel Kunde aus den Räumen des Mittelmeers und des vorderen Orients. Man besaß ein Erfahrungswissen und technisches Können, das in Seefahrt, Handelsverkehr, kolonialen Unternehmungen, in Tempelbauten oder etwa im Bau des Tunnels auf Samos durch Eupalinos zur Geltung kam. Von Anaximander soll die Gründung einer Kolonie am Schwarzen Meer (Apollonia) geführt worden sein. Er soll in Sparta den von ihm aus Babylon eingeführten Gnomon (Sonnenzeiger) demonstriert haben. Im Alter von 64 Jahren, als sein Werk vollendet war, erlebte er den Einbruch der Perser, das Ende der ionischen Freiheit.

Anaximander ist der erste, der eine Erdkarte (geographia) gezeichnet und einen Himmelsglobus (sphaera) konstruiert hat; – der erste, der den einfachen und anschaulichen, aber dem unmittelbar wahrnehmenden Sinne widerstrebenden, damals ungeheuren Gedanken faßte, daß die Erde frei im Weltenraum schwebe und daß die Sterne und die Sonne auf ihrer anderen Seite sich bewegen, wenn sie von ihrem Untergang am Horizont bis zu ihrem Wiederaufgang gelangen; – der erste, der mit einer ebenso radikalen wie konstruktiven Kraft der Vorstellung die Welt in ihrer Gestalt und ihrem Geschehen als Ganzes vor Augen brachte. Aber er war auch der erste, der eine metaphysische Vision im Überschreiten aller sinnlichen Anschaulichkeit in Begriffen vollzog; – und der erste, der das im Denken über alles Seiende hinaus in den Grund hin Erreichte das Göttliche nannte, dieses also mit Hilfe des Denkens fand, nicht als in überlieferten religiösen Vorstellungen gegeben hinnahm; – und er war der erste Grieche, der Prosa schrieb als die gehörige Form zur Mitteilung solcher Einsichten. Dies alles – gewaltige, folgenreiche Neuerungen des menschlichen Bewußtseins – geschah still, ohne Kampf gegen andere.

Ausgang war ihm das Erfahrungswissen, das gegenüber primitivem Bewußtsein schon beträchtlich war. Dies wurde ihm zum Material vorwegnehmender Entwürfe. Die Erdkarte beruhte auf dem Gedanken der proportionalen Verkleinerung. Der Entwurf wurde gewonnen durch eine erdachte geometrische Vorstellung, die mit den geringen und zerstreuten realen Kenntnissen der ionischen Seefahrer ausgefüllt, daher durch bessere Kenntnisse schon bald überwunden wurde. Die Größe lag im Ansatz des Ganzen und im Finden des Prinzips einer Darstellung. Ebenso wie die bewohnte Erde wurde von Anaximander die Welt im Ganzen konstruiert vermöge seiner inneren Anschauungskraft, noch ohne Beweise, nach dem unausgesprochenen Prinzip, daß sie überall so sein müsse, wie die Dinge in räumlicher und zahlenmäßiger Anschauung unserer sinnlichen Nähe sind. Die Erde gleicht der Gestalt eines Zylinders, dessen Höhe ein Drittel des Durchmessers seiner Grundfläche ist, einem Säulenstumpfe ähnlich. Wir leben auf der einen Grundfläche. Die Erde schwebt im Mittelpunkt der Welt, daher ruhend, weil kein Grund wäre zu ihrer Bewegung. Um sie liegt der Himmel als Kugel (nicht mehr als Schale), und zwar in drei Kreisen, zunächst dem Sternenkreis, dann in weiterem Abstand dem Mondkreis, dann im weitesten dem Sonnenkreis, in Abständen von 9, 18, 27 Erddurchmessern. Es gibt kein absolutes Oben und Unten.

Diese Welt ist entstanden. Nach der Trennung des Heißen und Kalten wurde ein Teil des kalten feuchten Inneren durch die Hitze der Flammensphäre in Dampf verwandelt, der die Flammensphäre zersprengte in Ringe. Diese Ringe haben in der Umhüllung durch den Dampf Atemlöcher, durch die die Flammen durchscheinen. Das sind die Sterne, der Mond und die Sonne. Auf der Erde war zuerst alles feucht. Die Sonne wirkte trocknend. Die Verdunstungen erzeugten Wind. Das Zurückbleibende war das Meer, das immer kleiner wird und zuletzt einmal austrocknen muß. Finsternisse der Gestirne entstehen dadurch, daß die Mündung eines Feuerluftloches vorübergehend verstopft wird; der Mondwechsel ist die Folge eines langsamen Sichschließens und Wiederöffnens des Durchbruchs (Burnet).

Lebewesen entstanden aus der Feuchtigkeit. Die ersten waren von stachligen Rinden umgeben. Einige wanderten auf das Trockene, die Rinde fiel ab, sie änderten ihre Lebensform. Der Mensch ist aus andersartigen Lebewesen entstanden. Denn, wenn er von Anfang an so geboren würde, wie er es jetzt wird, wäre er niemals am Leben geblieben. Er allein bedarf im Unterschied von den Tieren, die alsbald ihren Unterhalt durch sich selber finden, der lange währenden Fürsorge durch die Eltern. Ursprünglich, meint Anaximander, sei der Mensch dem Fische ähnlich gewesen.

Welten wie die unsere gibt es unendlich viele, und zwar erstens nebeneinander, die gleich weit von einander entfernt sind, und zweitens nacheinander, die in periodischer Wiederkehr einander folgen. Unsere Welt ist wie jede andere entstanden und wird zugrunde gehen. Aber aus dem Untergang folgt die Neuerstehung.

Solche Anschauungen werden als die des Anaximander berichtet. Nur ein Satz ist, in indirekter Rede eingeleitet, wörtlich, aber ungewiß in welchem Umfang wörtlich, überliefert, und zwar von ganz anderem Inhalt. Dieses ehrwürdige Denkmal lautet: Anaximander hat »als Ursprung (arche) der seienden Dinge das Unendliche« (apeiron) angenommen; »aus denen aber die seienden Dinge ihre Entstehung haben, in die geschieht ihr Untergang gemäß der Notwendigkeit.

Denn sie geben einander gerechte Sühne und Buße für ihr Unrecht gemäß der Anordnung der Zeit.« Dieser Satz spricht eine Vision metaphysischen Denkens aus. Man weiß nicht, ob er ein Spruch oder – wahrscheinlicher – Fragment einer längeren Darlegung ist. Seine Deutung kann wohl nicht zureichend gelingen durch die bestimmte Begrifflichkeit späterer Zeiten, ist aber für uns an diese als an unser Denken gebunden und unter Heranziehung der Berichte über Anaximander zu versuchen.

1. *Was sind die seienden Dinge (onta)?* Alles, was ist: die Ereignisse und Zustände in der Polis, die Sterne, das Wasser, die Erde, die Menschen und Tiere, die Gesamtheit der gegenwärtigen Dinge.

2. *Was ist das Apeiron?* Der Sinn des Wortes ist: unendlich, unbegrenzt, unbestimmt. Das Apeiron ist also unanschaulich. Das Altertum hat das Apeiron Anaximanders verstanden als den Stoff, aus dem die Welten werden und in den sie zurückkehren, wie bei dem älteren Thales alles aus dem Wasser entsteht. Dieses war anschaulich gegeben in der Welt. Anaximander tat den Sprung zum Denken des nicht nur Unanschaulichen, sondern des als ein Bestimmtes Undenkbaren. Aristoteles deutet: Das Eine kann nicht eines von dem sein, was aus ihm wird (wie das Wasser). Es darf nicht ein Einzelnes sein, – wäre es ein Einzelnes, so könnte daraus nicht alles werden. Es muß alles umgreifen (periechein), kann nicht umgriffen sein (periechomenon). Es darf ferner nicht endlich sein. Denn dann hätte das Werden ein Ende. Damit das Werden nicht aufhört, muß der Grund des Werdens unendlich sein, ein unerschöpflicher Vorrat. Er ist der Ursprung von allem, der selber keinen Ursprung hat. Dieses Apeiron nennt Anaximander daher unsterblich und unzerstörbar. Es ist gegenüber allen Dingen in der Welt (den onta), die im Kommen und Gehen vergänglich sind, unvergänglich.

3. *Wie verhalten sich die seienden Dinge (der Welten) zum Apeiron?* Simplicius berichtet: Anaximander »schrieb die Entstehung der Dinge nicht irgendeiner Veränderung der Materie zu, sondern sagte, daß die Gegensätze in dem Substrat, welches ein unbegrenzter Körper sei, ausgeschieden worden seien«. Die Gegensätze scheiden sich aus: das ist der Ursprung der seienden Dinge. Wie das gegensatzlose, unvergängliche Apeiron zu den Gegensätzen kommt, scheint nicht weiter zu erfragen. Die Gegensätzlichkeit im Seienden ist als solche unüberschreitbar. Ich stehe fragend schon darin. Ich begreife nicht besser, wenn ich unterscheide eine »ewige Bewegung«, die zu den Gegensätzen führt, von der Bewegung in der gewordenen, nun sich ständig wandelnden Welt. Herauskommen aus dem und Zurückgehen in das Apeiron wäre zu unterscheiden von dem Hervorgehen der Dinge aus einander. Das Apeiron – ob es nun mit späteren Begriffen als Stoff, dem jedoch keine Form entgegengesetzt wäre, oder als der leere Raum, dem jedoch keine Energie Erfüllung brächte, oder mit früherer Anschauung als Chaos aufgefaßt wird – ist entscheidend als das gedacht, woraus die Gegensätze entspringen und das selbst nicht gegensätzlich ist. Mit dem Gegensatz von Heiß und Kalt entsteht die

Welt. Wenn die Gegensätze einander auslöschen, hat die Welt aufgehört zu sein. Das Ganze der schon in Gegensätzen seienden Dinge (der onta) heißt die Physis. Physis ist das, was keines der entgegengesetzten Dinge ist, sondern sie in sich begreift.

4. *Was ist das Unrecht der Dinge?* Die Gegensätze tun ihrem Wesen nach einander Abbruch. Nachdem sie ausgesondert sind, treiben sie sich gegenseitig hervor und vernichten sich wieder: das Heiße und das Kalte, Luft und Wasser, Licht und Nacht. Die Vorherrschaft des einen ist Unrecht gegen das andere. Dafür müssen sie sich gegenseitig Ersatz leisten. Aber an diesem Streit ist nicht beteiligt das Apeiron.

Man hat gemeint, in dem Gedanken die Vorstellung von der Schuld der Individualisierung zu finden, von dem Sündenfall des Zum-Dasein-Kommens (Nietzsche, Rhode): des Menschen größte Schuld ist, daß er geboren ward (Calderon). Das entspricht nicht der Grundstimmung dieses Denkens, aber es könnte eine Spur sogar dieses Gedankens berührt sein. Nicht zwar das Werden der Welt (von der Geburt des Menschen wird in diesem Sinn überhaupt nicht gesprochen) wird als Schuld gefaßt, wohl aber ist innerhalb des Weltgewordenseins vermöge der Gegensätze die Schuld unausweichlich.

5. *Wie verhält sich das Apeiron zur Welt?* Dies müßte deutlich werden durch sein Eingreifen in das Weltgeschehen. Denn das Apeiron »steuert alles«. Man könnte dazu in Beziehung setzen das Gleichnis, das Anaximander wählt für den Kampf der Dinge, die sich eins auf Kosten des anderen hervortreiben und wieder ausgleichen müssen, nämlich die Gerechtigkeit (Dike), den Grundgedanken der Polis. In der Polis wird Recht gesprochen und vom Richter die Buße festgesetzt. Schon Solon lehrte am Leitfaden dieser Wirklichkeit eine umfassendere Dike, die nicht mehr abhängig ist von der menschlichen Rechtsprechung, denn sie geschieht auf jeden Fall in der Länge der Zeit, die warten lassen kann. Die Macht der Dike ist unentrinnbar. Anaximander erkennt diesen Ausgleich im ganzen Weltgeschehen: die Dinge alle liegen miteinander im Streit, wie die Menschen vor Gericht. Die Buße erfolgt »gemäß der Anordnung der Zeit«. Aber die Zeit ist nicht selber der Richter, sondern sie führt das Gericht herbei. Die Zeit ist nicht das Apeiron, aber dieses steuert in den Ereignissen der Zeit. Anaximander hat zuerst im Abendland die Welt als eine Rechtsgemeinschaft, als eine Ordnung der Dinge gedacht (Jäger).

6. *Was ist Notwendigkeit?* Man meint bei Anaximander den Gedanken zu finden dessen, was erst später als Weltgesetz, als Naturgesetz, als Notwendigkeit des Geschehens deutlich wird. Die Dinge haben bei Anaximander ihr Entstehen und Vergehen »gemäß der Notwendigkeit« (anders übersetzt: »nach der Schuldigkeit«, »wie es bestimmt ist«). Keineswegs ist hier der deutliche Gedanke eines erforschbaren Naturgesetzes, wohl aber der Sprung zu einer Abstraktion, welche in der Folge jenen bestimmten Gedanken hervorbringen konnte. Wohl sind in dieser Notwendigkeit Norm- und Kausalgesetz, Bestimmung und Schicksal, Gerechtigkeit der Buße und Automatismus des Geschehens nicht getrennt; wohl aber ist sie allen mythischen Vorstellungen, der persönlichen Willkür übermenschlicher Mächte und dem Zufall überlegen. Und sie bewahrt, was in jenen späteren Scheidungen verlorengeht: die meta-

physischen Visionen dessen, was als Notwendigkeit bei Spinoza, über jede Kategorie hinaus bis zu Nietzsches »Schild der Notwendigkeit«, und was als Vorsehung, und was als Schicksal für jedes bestimmt zufassende Denken ungreifbar und im rationalen Gedachtsein zur unlösbaren Frage wird.

7. *Was sind,* bei dieser Gesamtanschauung vom Apeiron, *die Götter?* Anaximander hat das Apeiron selber göttlich genannt. Ferner berichtet Cicero: »Anaximanders Ansicht war, daß es Götter gebe, die entständen, und daß diese die unzählbaren Welten seien.« Nichts weiß man davon, ob Anaximander gegen den überlieferten Glauben — wie später Xenophanes, Heraklit, Plato, alle gegen die Homerische Götterwelt – sich aufgelehnt habe. Mit der gleichen, nüchternen Gelassenheit, die überall seinem alles umwendenden Denken eignet, hat er auch das Göttliche in neuer Weise erblickt, aber in zwei Gestalten: als das Apeiron und als die Vielheit der Welten.

Von allen Interpretationen gilt: In Anaximanders Gedanken liegt eine Bedeutungsfülle unentfaltet, deren Möglichkeiten weiter reichen als die begrifflich bestimmte Interpretation, die ihm stets entweder zuviel zuschiebt oder zuwenig läßt. Was man, verführt von den verborgenen Möglichkeiten, hineinlegt und herausliest, kann in einigen Fällen mit Gewißheit als falsche Auslegung erkannt werden, in vielen als mögliche, in wenigen als eindeutig gewisse.

Anaximander ist die erste gerade noch erkennbare historische Denkerpersönlichkeit, obgleich nur wie ein Schatten seiner selbst. Er tat den Schritt dorthin, wo Philosophie und Wissenschaft in abendländischer Gestalt möglich wurden. Die uns bekannten Inhalte seiner Gedanken sind heute nicht mehr ein unerläßliches Element des Philosophierens, aber jene Grundverfassung im Denken spricht uns an in ursprünglicher Großartigkeit. Er ist der erste Philosoph des Abendlandes von unvergeßlicher geistiger Physiognomie.

Der große Eindruck Anaximanders auf uns geht aus vom Ganzen seines Denkens. Es ist wie ein Erwachen der abendländischen Vernunft, wie ein Verdampfen der Nebelschleier. Es wird hell. Sogleich zeigt sich ihm mit der neuen Denkungsart überall das Einfachste, woran vorher niemand denken konnte. Ist der Sprung getan, dann liegt dem Zugriff bereit, was zu erfassen die Welt für den Menschen völlig verändern mußte. Das Erregende ist der Anfang als solcher. Jetzt geschieht die Distanzierung des Menschen gegenüber sich selbst und der Welt, erwächst die Souveränität des Denkens, das ohne Einschränkung, auch gegen Gewohnheit, Überlieferung und Augenschein, das zunächst scheinbar Absurdeste und Ehrfurchtsloseste zu denken wagt. Das Denken stellt sich unter die Instanz der Einsichtigkeit allein, und dadurch erreicht es das Tiefste.

Die bewunderungswürdig einfachen Schritte von so radikaler Bedeutung gelingen in dreifacher Abstraktion: zunächst vom unmittelbaren Augenschein zu dem, was bei dem in der Phantasie vorgenommenen Standpunktwechsel vorstellbar wird und bei realem Standpunktwechsel sich der Wahrnehmung zeigen müßte (das Schweben der Erde im Weltraum, kein absolutes Oben und Unten, die proportionale Verkleinerung der Erdoberfläche zu einer Karte); – dann von allen diesen Vorstellungen zu dem, was im bestimmten Gedanken doch unanschaulich bleibt (Notwendigkeit, Gerechtigkeit, Umschlagen der Gegensätze), – und von diesem noch einmal weiter zu dem, was, in bestimmter Form undenkbar, vor allen Gegensätzen liegt.

Die Kraft dieses Denkers ist gleichmäßig gegenwärtig: in dem sinnlichen Hier und Jetzt, in dem technischen Denken, in dem handgreiflichen Überzeugen durch Erfindung von Hilfsmitteln der Anschauung, in der Fähigkeit zu konkret durchkonstruierter, wenn auch nicht verifizierbarer Anschauung mit primitiv-mathematischen Mitteln und in der Spekulation unanschaulichen Hineindenkens in den Grund allen Seins. Er umspannt mit gleicher Energie die Spekulation und die Welt, Metaphysik und Erfahrungsdenken. Es ist dieselbe Denkungsart, die die Erdkarte und den Himmelsglobus herstellt, die Erde im Weltraum schweben läßt, das Werden der Welten anschaulich konstruiert und alle seienden Dinge im Grunde des Apeiron denkt und in diesem das Göttliche faßt. Der Geist eines großen Philosophen ist ein ganzer. Man darf kein Moment herausnehmen. Anaximander vollzieht in all den Richtungen seines Denkens das Eine. Es ist die Unabhängigkeit des Denkens, die die in der ionischen Polis genossene Unabhängigkeit des persönlichen Daseins im denkenden Zugreifen und Sichzeigenlassen der Dinge bewährte. Wir spüren unser eigenes abendländisches Denken, wie es hier anfangend und sogleich machtvoll in einem Vorbild großer Art erschien, ein Wunder des doch ganz Selbstverständlichen und Natürlichen. Anaximander ist ganz in der wirklichen Welt gegenwärtig, mit Maß, mit Beobachtung, mit Vernunft, die die menschliche Vernunft schlechthin ist. Er denkt mit dem Mut zu Entwürfen, die sich werden prüfen lassen, ein alloffener Denker in herrlicher ionischer Unbefangenheit.

Dieses umfassende, aus dem Mythischen mit einem gewaltigen Ruck herausbrechende Denken ermöglichte in der Folge ganz verschiedene geistige Bewegungen: die reine Spekulation eines Parmenides und Heraklit, – die kosmischen Anschauungen weltfrommen Geborgenseins, – die naturwissenschaftliche Forschung.

HERAKLIT UND PARMENIDES

Beide lebten um 500, Heraklit in Ephesus (Kleinasien), Parmenides in Elea (Unteritalien). Die Welt der Griechen hatte, seit »die Meder kamen«, in Kleinasien die Freiheit verloren und stand von da an im ganzen unter der furchtbaren Bedrohung, die erst durch die Perserkriege endgültig abgewehrt wurde. Die Polis Anaximanders war anders geworden. Sie lebte nicht mehr ungestört frei im offenen Raum des Mittelmeers und wurde im Innern zur Volksherrschaft und Tyrannis gedrängt. Elea war eine Kolonie von kleinasiatischen Griechen, die vor den Medern geflüchtet waren. In dieser Situation dachten Heraklit und Parmenides, räumlich auf das weiteste getrennt an die beiden Grenzen der griechischen Welt; aber beide wurzelten philosophisch im ionischen (kleinasiatischen) Grunde.

HERAKLIT

Quellen: Diels. – Übersetzung: Diels. Snell. Nestle. Capelle. – *Literatur:* Reinhardt. Gigon.

Heraklit, geboren aus altem Adel, trat die ererbten Rechte eines Opferkönigs (basileus) an seinen jüngeren Bruder ab. Von den Ephesern aufgefordert, ihnen Gesetze zu geben, lehnte er ab mit der Begründung, die schlechte Verfassung habe schon Macht über die Stadt bekommen. Seine Schrift legte er im Tempel der Artemis von Ephesus nieder.

Diese Schrift, von der etwa 130 Fragmente erhalten sind, bestand aus scharf formulierten, eindrucksvollen Sprüchen. Sie waren nicht Glieder eines systematischen Gedankenbaus, sondern einer Denkungsart, deren Einheit in dem Gehalt solcher Sätze sich kundgab. Deren Anordnung ist nicht wiederherstellbar. Ihre Knappheit erregt den Leser zur unabschließbaren Deutung. Daher hieß Heraklit im Altertum der Dunkle.

Der Stil ist feierlich, verkündend. Er spricht wie einer, der sich des Außerordentlichen, noch nie Dagewesenen eines Denkens bewußt ist, das nunmehr alles für immer erleuchtet.

1. *Der Logos.* – Heraklit will die »Worte und Werke auseinandersetzen«, indem er »jedes Einzelne seiner Natur nach zerlegt und sagt, wie es sich verhält«. Im Blick auf das Ganze sieht er, was ist und was

er tut, den »Logos, der immer ist« – »Alles geschieht nach diesem Logos.« In dem einen Wort liegt, was alles durchdringt, und was Heraklit verkündet. Was der Logos sei, ist weder in ein anderes Wort zu übersetzen, noch als Begriff zu definieren. Logos kann bedeuten: Wort, Rede, Inhalt der Rede, Sinn, – Vernunft, Wahrheit, – Gesetz, – das Sein selbst. Es bedeutet bei Heraklit ohne Definition dieses alles zugleich und nichts ausschließlich. Der Logos ist als das Umgreifende unbestimmt und unendlich bestimmbar (wie die großen Grundworte der Philosophie).

Das allgegenwärtige Wesen des Logos ist *Einssein der Gegensätze.* Man »muß verstehen, wie das Auseinandergetragene im Sinn zusammengeht« (wie das Unstimmige in sich übereinstimmt): »die gegenstrebige Vereinigung wie bei Bogen und Leier«. »Wo das widereinander Strebende zusammengeht, da ist die schönste Fügung« (Harmonie). Mit stiller Macht waltet sie: »Unsichtbare Fügung ist stärker als sichtbare.«

Das Einssein der Gegensätze spricht Heraklit abstrakt aus: »Ganzes und Nichtganzes, Einträchtiges-Zwieträchtiges, Einklang-Zwieklang, und aus Allem Eins und aus Einem Alles.« Dann aber veranschaulicht er dies Gegensätzlichsein. Es ist unmittelbar zu sehen: »Kaltes wird warm, Warmes kalt, Feuchtes trocken, Trocknes feucht.« Lebendes und Totes, Waches und Schlafendes, Junges und Altes, »dieses ist umschlagend in jenes und jenes in dieses«. Lust entsteht aus dem Gegensatz: »Krankheit macht Gesundheit angenehm, Hunger Sattheit, Mühe Ruhe.« »Im Wechsel liegt Erholung« (anders übersetzt: »Wandelnd ruht es«).

Gegensätzlichkeit ist Leben, der Wechsel notwendig, um zu leben: »Ermüdung bringt es, in derselben Anstrengung und in derselben Botmäßigkeit zu verharren.« »Auch der Gerstentrank zersetzt sich, wenn man ihn nicht umrührt.« Der Wunsch, jeglicher Streit möchte verschwinden, ist lächerlich. »Es gäbe keine Harmonie, wenn es nicht Hoch und Tief gäbe, und kein Lebewesen, wenn nicht die Gegensätze Weiblich-Männlich wären.«

Wir kennen alles nur durch Gegensatz: Recht würden wir nicht kennen, wenn es das Ungerechte nicht gäbe.

Je nach Gesichtspunkt läßt sich dasselbe entgegengesetzt ansehen: »Beim Kreisumfang ist Anfang und Ende gemeinsam.« »Der Walkerschraube Weg, grad und krumm, ist ein und derselbe.« »Der Weg hinauf-hinab ein und derselbe.« Meerwasser ist lebenerhaltend (für Fische) und tötend (für Menschen).

Im Grund der Dinge ist alles eines: »Unsterbliche: Sterbliche; Sterbliche: Unsterbliche; denn das Leben dieser der Tod jener und das Leben jener der Tod dieser.« »Derselbe ist Hades und Dionysos«, der Tod und der Lebensjubel, beide ineins gefeiert am tobenden Fest. »Wir sind, und wir sind nicht.«

Der Logos ist das Miteinander der Gegensätze im Kampf. Wer den Logos vernommen, der weiß aber trotzdem: »Alles ist eins.« In der Welt der

Gegensätzlichkeiten, also in der gesamten Welt und unserem Dasein gilt: »Der Krieg ist der Vater aller Dinge, aller Dinge König.«

Heraklit unterscheidet nicht ausdrücklich die Weisen, wie Gegensätze aneinander gebunden sind, die Formen, in denen sie ineinander umschlagen, den Sinn, in welchem von der Identität der Gegensätze geredet werden kann. Ihn führt die große Anschauung alles Seienden in Gegensätzlichkeiten, dann der Gegensätzlichkeit als Einheit des Gegensätzlichen und schließlich aller Gegensätzlichkeiten als der einen umgreifenden Einheit in der Gottheit. Nicht eine methodisch auch nur in Angriff genommene Logik der Gegensätze (einer Dialektik) ist sein Thema, sondern die große Vision, daß überall ein und dasselbe ist.

Einssein der Gegensätze ist der eine Grundzug des Logos. Der andere ist: der Logos ist der Ursprung des *Gesetzes* (Nomos). Logos und Nomos werden im vernünftigen Denken (phronein) praktisch ergriffen. In ihm liegt das Weise (sophon).

Wir gehen nun den Wegen nach, auf denen Heraklit den allumfassenden Logos erkennt.

Der Logos ist das *Wesen der Welt und der Seele:*

Die von den Milesiern entwickelten kosmologischen Vorstellungen werden Heraklit zum Material, den *Logos in der Welt* anzuschauen. Ohne selbständiges Forschungsinteresse sucht er nur das Walten des Logos und Nomos in ihr wiederzuerkennen. So ist ihm das *Feuer* nicht nur einer der Zustände neben Wasser und Luft (in denen Naturphilosophen die Substanz der Dinge begriffen), sondern Symbol und Wirklichkeit von Welt, Leben, Seele. Das Feuer ist Ursache der Weltregierung, heißt selber vernunftbegabt (phronimon). »Das Weltall steuert der Blitz«, das ewige Feuer. – Die *Seele* ist Feuer. Je mehr sie es ist, desto mehr ist sie Vernunft. Die trockene Seele ist weise, die feuchte (betrunkene) taumelt. Wir atmen den göttlichen Logos ein und werden dadurch vernünftig.

Im Grunde der Welt ist die Ruhe (das ewige Feuer), die Welt selber Bewegung. Sie ist der unaufhaltsame beständige Wechsel. Alles fließt, und nichts bleibt. Man kann nicht zweimal in denselben Fluß steigen, nicht zweimal eine »identische vergängliche Substanz berühren, sondern durch das Ungestüm ihrer Umwandlung zerstreut sie sich und sammelt sich wiederum und naht sich und entfernt sich«. Der ständige Fluß aber steht unter dem Gesetz des Logos. Es heißt Gerechtigkeit (Dike). »Helios wird seine Maße nicht überschreiten; sonst werden ihn die Erinyen, der Dike Schergen, ausfindig machen.«

Der Logos ist *verborgen* und *kann offenbar werden:*

Er ist verborgen, obgleich alles nach ihm geschieht. »Das Wesen der Dinge (physis) liebt es, sich zu verbergen.« Nach dem Logos ist alles, was geschieht, geordnet, auch dann, wenn er verkannt und gegen ihn gehandelt wird. Aber der Vernunft des Menschen kann der Logos offenbar werden. Er wird nicht aufgedeckt durch vieles Wissen, sondern durch eigentliches Wissen. Und dies geschieht allein auf dem Wege über sich selbst. »Den Menschen ist es eigen, sich zu erkennen und zu denken (phronein).« Von sich sagt daher Heraklit: »ich durchforschte mich selbst« (andere Übersetzung: »ich suchte mich selbst«). Solche Erkenntnis findet aber sich selbst nicht als ein nunmehr Gekanntes: »Der Seele Grenzen kannst du nicht ausfindig machen, und ob du jegliche Straße abschrittest; so tiefen Logos hat sie.« In solchem Suchen findet ein Wachsen dessen statt, was erkennt und was erkannt wird. »Der Seele ist der Logos eigen, der sich selbst mehrt.«

Der Logos ist *das Gemeinsame* (xynon).

Erstens: »Gemeinsam ist allen das Denken.« Dieses ist Wachheit: »Die Wachenden haben eine einzige und gemeinsame Welt, doch im Schlummer wendet sich jeder von dieser ab an seine eigene.« Zweitens: »Der Krieg ist das Gemeinsame, und Recht ist Streit, und alles Leben entsteht durch Streit und Notwendigkeit.«

Die Gemeinsamkeit wird hell im Denken und im Handeln. Im Denken begreifen wir gemeinsam, im Handeln verwirklichen wir gemeinsam. Im Denken steht das Gemeinsame des Logos gegen das sich absondernde Einzelne (idion). Im Handeln steht das Gemeinsame des Gegensätzlichen durch Kampf gegen die Absonderung in das Kampflose.

Bei Heraklit wie bei den meisten Vorsokratikern sind *die Götter* nichts Ursprüngliches, sondern Wesen innerhalb der Welt. »Diese Weltordnung (kosmos), dieselbe für alle Wesen, schuf weder einer der Götter noch der Menschen, sondern sie war immerdar und ist und wird sein ewig lebendiges Feuer.« Wenn aber nicht von Göttern, sondern von Gott die Rede ist (was in der Sprache der griechischen Philosophie der Gott, das Göttliche, die Götter heißt), dann spricht Heraklit von Gott wie vom Logos, vom Kosmos, vom Feuer. Aber noch darüber hinaus deutet sich eine andere, größere, die *wesentliche Gottesanschauung* Heraklits an: »Eins, das allein Weise, will nicht und will doch mit dem Namen des Zeus genannt werden.« Es steuert alles. Von diesem Weisen (sophon) aber heißt es: »Von allen, deren Worte ich vernommen, gelangt keiner dazu, zu erkennen, daß das Weise etwas von allem Abgesondertes ist« (kechorismenon). Hier ist der Gedanke der Transzendenz als des schlechthin anderen, und zwar im vollen Bewußtsein des Unerhörten, erreicht.

Dem entspricht die häufige Betonung des Abstandes von Gott und Mensch, den dieser stolzeste der Denker rücksichtslos ausspricht: »Menschliches Wesen hat keine Einsichten, wohl aber göttliches.« »Der schönste Affe ist häßlich, verglichen mit dem Menschen; der weiseste Mensch wird gegen Gott gehalten wie ein Affe erscheinen in Weisheit, Schönheit und allem anderen.« Gottes Macht ist allgegenwärtig: »Was da kreucht, wird von Gottes Geißelschlag gehütet.« Niemand entrinnt. »Wie kann einer sich bergen vor dem, was nimmer untergeht« (wie etwa die Sonne untergeht).

Der Abstand von Gott und Mensch: beide haben eine grundsätzlich verschiedene eigentlich unvergleichbare Anschauung aller Dinge: »Für Gott ist alles schön und gut und gerecht; die Menschen aber haben das eine als ungerecht, das andere als gerecht angenommen.«

Nicht gelten hier noch, wie sonst in der griechischen Religion, Menschen und Götter als gleichen Geschlechtes (unterschieden nur durch Sterblichkeit und Unsterblichkeit). Der Mensch ist etwas ganz anderes als Gott, etwas Wesensverschiedenes.

2. *Die Verkündigung des heilvollen Weges im Kampfe.* – Die Welt- und Gottesvision Heraklits ist nicht nur gelassene Kontemplation dessen, was ewig ist, sondern selbst in der Welt Kampf gegen Falschheit und Unheil, und Verkündigung des heilvollen Weges.

Daher entwirft Heraklit die Aspekte der falschen Welt. Die meisten Menschen (die polloi) verstehen den Logos nicht. Ihnen »ist verborgen, was sie im Wachen tun, gerade so wie sie, was sie schlafend erfahren, vergessen«. Mit dem Logos, mit dem sie doch ständig verkehren, entzweien sie sich. Das, worauf sie täglich stoßen, scheint ihnen fremd, sie verfallen der Täuschung. Auch Heraklits Lehre hilft ihnen nicht. »Sie verstehen es nicht, auch wenn sie es vernommen... Anwesend sind sie abwesend.« »Sie erkennen es nicht, auch wenn sie es erfahren; aber sie bilden es sich ein.«

Was durch Menschen geschieht, geschieht zwar vermöge dieser Täuschung, aber doch gemäß dem verborgenen Logos. »Die Schlafenden sind Werker und Mitwirker an den Geschehnissen in der Welt.« Daher der zweifache Aspekt der Menschenwelt, zunächst: »Die Lebenszeit ist ein Knabe, der spielt, hin und her Brettsteine setzt: Knabenregiment.« »Kinderspiele sind die menschlichen Meinungen.« Dann aber: Was dem Nichtwissenden Zufall und Sinnfremdheit ist, das ist in der Tat verborgene Ordnung: »Ein Haufen aufs Geratewohl hingeschütteter Dinge ist die schönste Weltordnung.«

In der Vergangenheit des Logos, bewußtlos dem Logos gehorchend, findet das jeweils angemessene Benehmen statt: »Säue baden im Kot, Geflügel in Staub oder Asche.« »Esel würden Häckerling dem Golde vorziehen.« »Ein blöder Mensch pflegt bei jedem sinnvollen Wort (Logos) erschreckt dazustehen.« »Hunde bellen die an, die sie nicht kennen.«

Heraklits Einsicht in das Leben als das im Kampf Gemeinsame ist in der Praxis *sein* Kampf. Alles in seiner Umwelt scheint er anzugreifen: das Leben, »wie wir es überkommen haben«, die faktische Religion, die bisher für groß gehaltenen Männer und Lehren, den politischen Zustand seiner Vaterstadt, die Triebhaftigkeit der gedankenlosen Menschen:

1. *Gegen die Religion, wie sie ist:* »Reinigung von Blutschuld suchen sie, indem sie sich mit neuem Blut besudeln, wie wenn einer, der in Kot getreten, sich mit Kot abwaschen wollte.« »Sie beten zu den Götterbildern, wie wenn einer mit Gebäuden Unterhaltung pflegen wollte.« Er »droht den Nachtschwärmern, Magiern, Bacchen, Mänaden und Mysten mit der Strafe nach dem Tode und dem Feuer. Denn die Weihung in die Mysterien, wie sie bei den Menschen im Schwange sind, ist unheilig.«

Oft aber zeigt Heraklit auf die Wahrheit im Religiösen. »Heilmittel nannte er die schimpflichen Bräuche der Mysterien.« »Bei den Opfern sind zwei Arten zu unterscheiden. Die einen werden dargebracht von innerlich gereinigten Menschen, bei einigen wenigen, die anderen aber sind materiell.« »Wenn es nicht Dionysos wäre«, dem der phallische Kult gilt, »so wäre es ein ganz schamloses Treiben«. Und ganz positiv: »Die Sibylle, die mit rasendem Munde Ungelachtes und Ungeschminktes und Ungesalbtes redet, reicht mit ihrer Stimme durch tausend Jahre, denn der Gott treibt sie.« Und schließlich: »Der Herr, dem das Orakel in Delphi gehört, sagt nichts und verbirgt nichts, sondern er zeigt (bedeutet).«

Fraglos ist für Heraklit die Unsterblichkeit. »Der Menschen wartet, wenn sie gestorben, was sie nicht hoffen und wähnen.« »Größeres Todesgeschick erlöst größeren Lohn.« »Wächter werden dort wach der Lebendigen und der Toten.«

2. *Die für groß gehaltenen Männer* sind durchweg von Heraklit verworfen. »Homer verdient aus den Preiswettkämpfen herausgeworfen und mit Ruten gestrichen zu werden und ebenso Archilochos.« Hesiod, Pythagoras, Xenophanes, Hekatäus, sie alle zeigen nur, daß man durch Vielwisserei nicht Vernunft hat. Pythagoras insbesondere hat aus vielen Schriften zusammengelesen und eine eigene Weisheit gemacht, Ahnherr der Schwindler. Was ist ihre Vernunft? »Volkssängern glauben sie und zum Lehrer haben sie den Haufen, denn das wissen sie nicht: die Vielen sind schlecht, wenige nur gut.«

3. *Der politische Zustand seiner Stadt* erregt den Zorn Heraklits. »Recht täten die Ephesier, sich Mann für Mann aufzuhängen, sie, die Hermodorus, ihren wertvollsten Mann, hinausgeworfen haben mit den Worten: Von uns soll keiner der wertvollste sein, oder, wenn schon, dann anderswo und bei anderen.« Dagegen: »Einer gilt mir zehntausend, falls er der Beste ist«, und: »Gesetz heißt auch dem Willen eines Einzigen folgen.« Grimmig ruft er: »Möge euch nie der Reichtum ausgehen, Ephesier, damit eure Schlechtigkeit an den Tag kommen kann.« Politische Grundwahrheit aber ist: »Kämpfen soll die Bürgerschaft für ihr Gesetz wie für die Mauer.«

4. Kampf gilt der *Triebhaftigkeit des Einzelnen.* Was ist das Glück? »Bestände es in körperlichen Genüssen, so müßte man die Ochsen glücklich nennen, wenn sie Erbsen zu fressen finden.« »Für die Menschen wäre es nicht besser, wenn ihnen alles zuteil wird, was sie wollen.« Die Triebe sind mächtig. »Gegen das Herz anzukämpfen, ist schwer. Denn was es auch will, erkauft es um die Seele.« »Überhebung soll man löschen mehr noch als Feuersbrunst.« »Eigendünkel nannte er fallende Sucht.«

Heraklits Philosophie steht im Kampf gegen das Falsche, aber gibt Anweisung für das Leben im Wahren. An die Menschen geht die Forderung des den Logos kündenden Philosophen: wach zu werden, »man soll nicht handeln und reden wie Schlafende«. Wir sollen dem Verborgenen, das alle verbindet, wissend folgen, nicht in das Eigene versinken und nicht nur bewußtlos vom Logos uns bestimmen lassen; sollen dem Allgemeinen uns öffnen und wissend an ihm teilnehmen; sollen die Gemeinschaft in der Tiefe des Logos finden, die schon ist, aber im Entdecktwerden erst das Einigende, Gemeinschaftsstiftende wird.

Die Anweisung zum wahren Leben zeigt auf drei Punkte: 1. die Teilnahme am Logos des Kampfes, 2. am Logos des Wissens und 3. die Beziehung auf den Grund des Wissens.

a) »Man soll wissen, daß der Krieg gemeinsam ist.« »Die einen erweist er als Götter, die anderen als Menschen, die einen macht er zu Sklaven, die anderen zu Freien.« Während der Sieger frei, der Besiegte Sklave ist, wird der im Kriege Fallende unsterblich. Denn »eins ziehen die Besten allem anderen vor: den ewigen Ruhm den vergänglichen Dingen«. Die im Kriege Gefallenen werden »von Göttern und Menschen geehrt«.

b) »Die größte Vollkommenheit (arete) ist: besonnen denken (phronein); das Wahre zu sagen und handeln nach der Natur (physis), auf sie hinblickend, ist Weisheit.«

c) Dies vernünftige Denken liegt nicht in der Vielwisserei. Denn solche zerstreut und hält ab vom eigentlichen Wissen. Aber die Verwerfung der Vielwisserei als Lebensprinzip bedeutet keineswegs Verzicht auf Kunde: »Vieler Dinge kundig müssen weisheitsliebende Menschen sein.«

Das vernünftige Denken liegt auch nicht im Ausgedachten und Konstruierten. Vernunft offenbart sich in dem leibhaftig Gegenwärtigen. Daher wendet sich Heraklit gegen die Weltkonstruktionen der Milesier. »Ich ziehe vor alles, wovon Gesicht und Gehör Kunde gibt.« Vielleicht ist es Trotz und nicht bloß Rückfall in schlechteres Naturwissen, wenn er sagt: Die Sonne hat, wie sie erscheint, die Breite eines menschlichen Fußes, die Sonne entsteht neu an jedem Tag. Aber auch für ihn steht Wahrnehmung im Dienst: »Schlimme Zeugen sind dem Menschen Augen und Ohren, sofern sie Barbarenseelen haben.«

Der Weg des Wissens hat eine Lenkung durch Mehr-als-Wissen. »Aus Mangel an Zutrauen (aus Glaubenslosigkeit, apistia) entzieht sich der Erkenntnis das meiste des Göttlichen.« »Wenn einer nicht erhofft das Unverhoffte, wird er es nicht finden, da es unaufspürbar ist und unzugänglich.« Dahin trifft der ergreifende Satz: »Sein Ethos (seine Wesensart) ist dem Menschen sein Dämon«, das heißt nicht ein bloß natürlich Gegebenes, sondern darin ein Mehr. Es ist nicht der Dämon als ein Fremdes und Äußeres, das am Gängelbande führt, sondern Dämon als ich selbst, der ich eigentlich bin, und der ich mich doch nicht als solchen kenne und weiß.

Aller Sinn des Wissens vom Logos und Nomos faßt sich in einem zusammen: »Wenn man mit Vernunft (nus) reden will, muß man sich stark machen mit dem allen Gemeinsamen, wie eine Polis mit dem Gesetz und noch viel stärker. Nähren sich doch alle menschlichen Gesetze von dem einen, göttlichen; denn dieses gebietet, soweit es nur will, und reicht aus für alle und ist sogar noch darüber.«

3. *Charakteristik.* – Heraklit erblickt den Logos, die Einheit der Gegegensätze, den Fluß der Welt, die transzendente Gottheit und sieht den möglichen Aufschwung des Menschen zur Weisheit.

Nicht Forschung ist das erste, sondern das Eine, worauf alles ankommt, nicht Wissen von der Welt ist das Ziel, sondern den Menschen auf den rechten Weg zu bringen.

Alles geschieht gemäß dem Logos. Er ist verborgen, solange der Denker ihn nicht zeigt. Die Frage aber, warum er verborgen ist, wird nicht gestellt, auch nicht die Frage, warum die Welt sei und nicht nur das reine, gegensatzlose, friedvolle Feuer, dieser Ursprung, diese ewige Vernunft. Wenn die Antwort überliefert ist: Infolge des Gegensatzes von Sattheit und Bedürftigkeit entstehen und vergehen im Umschlag von Weltbildung und Weltbrand (ekpyrosis) alle Dinge gemäß einem ewigen Kreislauf, so scheint diese der eigenen Denkungsart Heraklits unangemessen (und ist auch durch ein wörtliches Fragment Heraklits nicht gegeben): auf das Ganze würde die Gegensätzlichkeit angewendet, die doch nur innerhalb der Welt, in der der Kampf ist, gilt.

Das Heraklitische Denken ist keine systematische Konstruktion, sondern eine in Sprüchen formulierte denkende Anschauung. Entwürfe werden innerhalb einer umfassenden Denkweise je in kurzen Sätzen gezeigt. Bei Heraklit eine widerspruchslose Konstruktion des Seins im ganzen zu suchen (die auch, wo sie beabsichtigt wurde, noch keinem Philosophen gelungen ist), wäre verfehlt. Bei ihm geschieht eine stoßweise Erhellung, die mit dem Bewußtsein tiefster Einsicht auftritt.

Mit seinem Fragen sind sogleich die Antworten da. Die Fragen werden nicht entwickelt, sondern die Antworten verkündet.

Das Ethos Heraklits nährt sich denkend im Grund des Seins, im Logos, im Sophon. Dieses Denken ist Forderung. Es will erwecken, aber rechnet nur auf wenige oder niemanden. Wenn der Logos das Gemeinsame ist, das offenbar werden kann, so ist in Heraklit die Spannung, einerseits des Willens, im Verkünden den Logos dem Menschen bewußt zu machen, den Menschen dadurch zu bessern im gemeinschaftlichen Leben, und andererseits des Verzichts, in einsamer Ohnmacht, angesichts der Vielen, die unveränderlich sind, die denkende Anschauung des Logos nur in der eigenen stolzen Lebenswirklichkeit zu vollziehen.

4. *Nachwirkung.* – Heraklit hat nichts von einem Stifter, er gründet keine Gemeinschaft, er wendet sich an alle, an die wenigen, an einzelne, an niemanden. Im Altertum wurde er verehrt, aber mit dem Respekt, der sich fern hält. Sokrates – so erzählt die Anekdote – habe auf Euripides' Frage nach Heraklit geantwortet: »Was ich verstanden habe, ist vortrefflich, – ich bin überzeugt, auch was ich nicht verstanden habe – aber es bedarf eines delischen Tauchers.«

Auf Heraklit beriefen sich die Stoiker. Hegel bewunderte ihn. Karl Marx' früheste Arbeit galt ihm. Lassalle schrieb ein Werk über ihn. Nietzsche pries ihn über alles.

Zwei Denkformen haben, ohne ausdrückliche Verbindung mit dem Namen Heraklits, eine außerordentliche Wirkung gehabt, die Dialektik des Gegensätzlichen und der Logosgedanke.

1. Gegensätzlichkeit als Prinzip spielt seit Anaximander eine große Rolle. Die Pythagoreer und Parmenides nehmen sie auf. Nur bei Heraklit ist sie die allbeherrschende Denkform geworden. Auf ihn und auf die Nachfolger des Parmenides geht alle Dialektik im Abendlande zurück. Heraklit läßt noch die Weisen der Gegensätzlichkeit, methodisch unentschieden, nebeneinander und ineinander spielen: Widerspruch, Gegensatz, Zerspaltenheit, Polarität, Spannung, – dann: Ganzes – Teil, Einheit – Vielheit, Eintracht – Zwietracht, dann: Leben – Tod, Wachen – Schlaf, Tag – Nacht. Er unterschied nicht Weisen des Umschlags von Gegensätzen ineinander, Weisen der Umkehrung, der dialektischen Bewegung im Logischen und Realen. Er kommt bis zu Wortspielen, um die Figur der Gegensätzlichkeit mit allen Mitteln, die sich ihm anbieten, zum Ausdruck zu bringen. Was Heraklit in universaler Anschauung berührte, geht nun durch die Geschichte des Philosophierens und ist bis heute nicht in methodischer Klarheit vollendet vor Augen gebracht.

Auf Heraklit bezogen schreibt Aristoteles: Auch die Natur strebt wohl nach dem Entgegengesetzten und bringt hieraus und nicht aus dem Gleichen den Einklang hervor, wie sie z. B. das männliche mit dem weiblichen Geschlechte paart. Die Malerei mischt auf dem Bilde die weiße und schwarze, die gelbe und rote Farbe, die Musik mischt hohe und tiefe, lange und kurze Töne und bringt dadurch eine einheitliche Harmonie zustande; die Schreibkunst mischt Vokale und Konsonanten.

Hegel sagte, er habe jeden Satz des Heraklit in seine Logik aufgenommen. In der Tat findet sich bei Hegel eine Kategorienlehre des Gegensätzlichen in einer erfüllten Dialektik, die mit Hilfe des inzwischen durch zwei Jahrtausende vollzogenen Philosophierens in Denkfiguren reich ausbreitet, was in Heraklits Denken zuerst stattfand.

2. Die Stoiker (seit dem 3. Jahrhundert) nahmen den Logos Heraklits als die alldurchdringende Weltvernunft und das Schicksal. Philo (ca. 25 vor bis 50 nach Chr.) sah im Logos die bei Gott wohnende Vernunftkraft, den ersten Sohn Gottes, den zweiten Gott, den Mittler zwischen Gott und Mensch: das Wort, den ewigen Gedanken Gottes, der die Welt geschaffen hat. Im Johannes-Evangelium (zweite Hälfte des ersten Jahrhunderts) und von da an in der christlichen Theologie ist der Logos persönlich, fleischgewordenes Wort Gottes, von Ewigkeit her; in Jesus zur Welt gekommen, ist Christus die zweite Person Gottes. Heraklit hatte den Logos konzipiert als einen durchbrechenden, raumerweiternden, offen machenden Gedanken. In diesen historischen Verwandlungen wurde er fixiert und zu einer philosophischen Lehre objektiviert.

PARMENIDES

Quellen: Diels. – Übersetzungen: Diels. Nestle. Capelle. Grünwald. – *Literatur:* Reinhardt. H. Fränkel. Riezler. Nebel. Reich.

Parmenides war Bürger von Elea in Unteritalien, aus vornehmem und reichem Hause. Seine Zeit liegt um 500. Von seinem Werk in Hexametern sind etwa 130 Verse erhalten.

Die Einführung des Gedichtes berichtet die Himmelfahrt des Denkers: Sonnenmädchen führen ihn, den Jüngling, in schneller Fahrt auf dem Wagen, der, von Pferden gezogen, in den Achsen knirscht, aus der Nacht in das Licht, dann auf der Grenze zwischen beiden durch das Tor, das Dike ihnen öffnet, schließlich vor die Göttin, die ihn voll Huld empfängt. Aus ihrem Munde erfährt er die Wahrheit: »Nun sollst du alles erfahren, sowohl der wohlgerundeten Wahrheit (aletheia) unerschütterliches Herz wie auch der Sterblichen Schein-Meinungen (doxa).« Dementsprechend gab die Dichtung in zwei Teilen die Mitteilung der Göttin. Erhalten sind beträchtliche Fragmente aus dem ersten Teil und manche Berichte über den zweiten Teil.

1. *Das Sein.* – Der große Grundgedanke ist: »Notwendig ist zu sagen und zu denken, daß das Seiende ist (eon emmenai). Denn Sein ist (esti gar einai), das Nichts aber ist nicht.« »Nichtsein kannst du weder er-

kennen noch aussprechen.« »Denn es ist unmöglich, daß dies zwingend erwiesen wird: es sei Nichtseiendes.« Formallogisch gefaßt: Das Sein ist oder es ist nicht; sein Nichtsein, jedes Nichtsein ist undenkbar; also das Sein ist und das Nichtsein ist nicht.

Das sind die, zumal in den Versen der griechischen Sprache, wundersam ansprechenden oder durch Leerheit erstaunenden Sätze. Sie zeugen von tiefer Ergriffenheit und sagen doch nur Tautologien. Zum erstenmal im Abendland wundert sich ein Denker, daß Sein ist, daß es unmöglich ist, zu denken, daß Nichts sei. Das Selbstverständlichste ist das Rätselvollste, aber auch Klarste. Sein ist und Nichts ist nicht, das ist für Parmenides eine Offenbarung des Denkens durch das Denken selber.

In der Form scheinbar trivialer Sätze gibt sich das Grundwissen kund, das dies Leben des Philosophen trägt: die Gegenwärtigkeit des Seins. Parmenides errichtete dem Pythagoreer Ameinias ein Heroon, weil er durch ihn die Ruhe (hesychia) gefunden habe. Diese Ruhe darf man auf die Seinsgegenwärtigkeit in jenem Grundwissen beziehen.

Vergeblich, das Sein in diesen Sätzen ergründen zu wollen durch eine Meinung, die etwa noch dahinter stecke. Es läßt sich durch kein anderes ausdrücken. Es ist besinnlich anzueignen. Wohl aber ist mit Parmenides weiter zu denken, was dieses Sein sei. Denn auf diesem Wege, dem wahren Wege (im Gegensatz zum falschen und unmöglichen Wege, das Nichtsein zu denken) zeigen sich viele Merkzeichen (semata) des Seins. Sie ergeben sich im Denken selber, notwendig:

Es ist *ungeworden.* Kein Ursprung ist zu erfinden. Denn woher sollte es gewachsen sein? Nicht aus Seiendem, denn dann wäre ja anderes Sein vorher gewesen. Nicht aus dem Nichtseienden, denn dann wäre kein Grund und kein Zwang, früher oder später aus dem Nichts zu beginnen und dann zu wachsen. Aus Nichtseiendem kann nur Nichtseiendes hervorgehen. Daher muß Sein entweder ganz und gar sein oder überhaupt nicht. Wenn es einmal geworden wäre, dann wäre es eigentlich nicht. Es ist auch nicht erst in der Zukunft. In ihm ist vielmehr das Werden ausgelöscht und das Vergehen abgetan. Es ist *unvergänglich.* Es war nicht und wird nicht sein, sondern ist ganz und gar jetzt.

Das Sein ist *Eines,* überall sich gleich, von gleicher Kraft, zusammenhaltend. Dem Sein ist Sein untrennbar nahe. Es ist kein Stärkeres und kein Geringeres, vielmehr ist es überall ganz von Sein erfüllt und nicht teilbar. Es ist Sein (on, so zuerst von Parmenides gebraucht), nicht Vielheit von Seiendem (onta, wie vor Parmenides gesagt wurde).

Es ist *einzig.* Denn es ist nichts und wird nichts sein außerhalb des Seins.

Es ist *ganz.* Es ist äußerste Grenze, daher vollendet nach allen Seiten (tetelesmenon). Das heißt: Es ist nicht erst noch zu beenden, ist insofern nicht ohne Ende (ateleston), oder es ist nicht noch zu vollenden. Es ist vergleichbar einer Kugel. »Unbeweglich liegt es in den Grenzen gewaltiger Bande ohne Ursprung, ohne Aufhören. Als Dasselbe in Demselben verharrend ruht es für sich und so verharrt es standhaft an Ort und Stelle.« Daher ist es unbedürftig und unzitternd.

Die Zeichen (semata) des Seins sind bei Parmenides nicht die bildhafte Ausschmückung eines abstrakten Gedankens. In ihnen als dem notwendig zu Denkenden ist mit dem Gedanken vielmehr das Sein selber da. Daher geht Parmenides mit diesen »Zeichen« nicht etwa den Weg zu einer Zeichensprache, wie es später die Mathematik und Logistik tun, sondern zur gedanklichen Chiffernsprache, die der metaphysischen Spekulation eigen ist.

Der leerste Gedanke bedeutet das Ungeheuerste. Aber als der leere Gedanke, der vom Verstande leicht und schnell gedacht ist, bedeutet er eben nichts mehr. Seine Bedeutung kommt zum Ausdruck im logischen Zwang des Denkens der Semata, sofern mit ihm zugleich die Seinsvision vollzogen und die Ruhe im Sein erfahren wird. In eins mit dem Zwang der Widersprüchlichkeit und Identität sind die Semata anschauungslose Bilder des Gedankens. Es ist nicht leere Identität, wohl aber ist das Gesagte, nur als logische Form verstanden, gegenständlich leer. Es ist ein denkendes Tun, das in der Naivität (nicht Primitivität) schaffenden Anfangs damals wie heute möglich, aber nicht in der gleichen Grundverfassung wiederholbar ist. Eins wurde im anderen, das Logische im Sein, das Sein im Logischen gesehen und denkend vollzogen. Dies Logische ist noch nicht leer, weil noch nicht als logisch gemeint. Daher ist aber auch die Vision nicht Bild, sondern unablösbar von dem zwingenden Gedanken. Es ist in ihm ein Ton, der im logischen Zwingen wie ein Befehl ist, und es ist darin der Jubel der Gewißheit im Grund aller Dinge. Die Begründung des Unbegründbaren ist die Form einer prophetischen Offenbarung.

Ergriffen vom Sein, das heißt vom Erkennen, daß das Sein ist, und daß es notwendig ist und die Semata zeigt, die zu ihm gehören, muß aber auch Parmenides diese Semata doch in den Formen denken, die später Kategorien heißen. Seine Ergriffenheit drängt ihn darüber hinaus zu *Bildern*, die *den mythischen analog* sind, so vor allem: Das Sein ist durch die Moira daran gebunden, ein Ganzes und unbeweglich zu sein. Die machtvolle Notwendigkeit (Ananke) hält es in den Banden der Grenze. Die Dike hat weder zum Werden noch zum Vergehen das Sein, es in den Fesseln lockernd, freigegeben, sondern sie hält es fest.

Die denkende Seinserfahrung des Parmenides ist so gewaltig, daß sie den Denkenden selber verwandelt. Er tritt in eine andere »Welt«, die nicht mehr Welt ist. Er weiß, daß *sein Weg* führt »weit ab von dem Pfade der Sterblichen«, und daß es ein glückliches Los ist, auf ihn zu gelangen durch Themis und Dike, im Gegensatz zum bösen Los der unwissenden Menschen. Der Bericht der Himmelfahrt aus dem Dunkeln ins Helle ist nicht poetische Beigabe des Gedankens, sondern sinnlich-bildliche Gestalt des Gedankens selbst: Die Wahrheit wird zuteil, göttliche Mächte helfen, den Weg zur Göttin zu führen, die die reine Wahrheit mitteilt, der eigene Wille zur Wahrheit ist selber dieses göttlichen Charakters. Es ist kein langsamer, langer Weg, sondern eine schnelle und plötzliche Fahrt. Der Übertritt erfolgt durch das von Dike gehütete Tor.

Man darf und muß das Bildliche mit dem Gedanklichen zusammenbringen und ineins setzen. In Versen wird auch der Gedanke selber mitgeteilt, nicht künstlich und äußerlich, sondern wesentlich. Mehr als sonst ist hier der Gedanke, wenn überhaupt, nur in der Form, in der der Philosoph ihn gab, verständlich.

Die Herkunft der *Seinsgewißheit im Denken* ist Parmenides in der Reflexion darauf bewußt: »Dasselbe ist Denken und Sein«, und »Dasselbe ist Denken und das, worauf der Gedanke zielt« (andere Übersetzung: Dasselbe ist Erkennen und das, weswegen das Erkennen ist). »Denn nicht ohne das Seiende, in dem es als Ausgesprochenes ist, kannst du das Denken antreffen.« Notwendigkeit des Denkens ist Gewißheit des Seins des Gedachten.

Dieses Denken aber ist nicht Jedermannsdenken. Das Denken steht, so meinen wir, doch dem Sein gegenüber. Aber Parmenides ist sich seines Denkens (des eigentlichen Denkens des Nus) bewußt im Unterschied vom zerspaltenden und unterscheidenden Denken und fordert daher für seine Gedanken: »Erschaue mit dem Nus, wie durch den Nus das Abwesende anwesend ist mit Sicherheit; denn er wird das Seiende von seinem Zusammenhang mit dem Seienden nicht abtrennen.« Im Nus ist also das Sein selber, als Ganzes, gegenwärtig. Daher ist das Abwesende mitanwesend.

Die Größe des Seinsgedankens des Parmenides geht verloren, wenn man begehrt, ihn zu erfüllen durch das, was ihm nicht eigen ist. Am Maßstab gedanklich differenzierten Reichtums der Kategorien und am Maßstab anschaulichen Reichtums der Welt ist das Sein des Parmenides so arm, daß es verschwindet. Denn das Denken dieses Seins ist, entsprungen aus dem Recht hinreißenden Transzendierens, auf das Bildlose und das kategorial Undifferenzierte (oder Transkategoriale) gerichtet, aber derart, daß die Transzendenz bei Parmenides nicht anderswo, sondern ganz gegenwärtig ist. Nicht aber ist sie gegenwärtig in der Fülle, die die Fülle der sinnlichen, zeitlichen Welt ist. Vielmehr zeigt sich die Kraft der radikalen Trennung in dem Ernst der ganz anderen Fülle des Seins selbst und in der Belanglosigkeit der Meinungswelt.

Der Sinn des »Denkens« des »Seins« des Parmenides wird durch Kontrastierungen deutlicher:

Daß dieses Sein vergleichbar ist einer Kugel, und daß es in den Banden der Grenzen (peirata) liegt, das ist der schärfste Gegensatz zum Apeiron des Anaximander. Daß das Sein nicht Apeiron, sondern Peras ist, entspricht der Forderung der Denkbarkeit. Was gedacht wird, ist bestimmt und hat darum Grenze. Die Kraft der gedanklich zwingenden Überzeugung ist die Einsehbarkeit durch eine logische Operation. Was Sein ist, ist denkbar. Nur Denkbarkeit ist Sein. Das Denken hat selber schon absoluten Charakter.

Damit steht Parmenides auch im Gegensatz zu Heraklit, dessen Logos göttlich ist und, eingeatmet von sterblichen Wesen, als menschliches Denken nur Widerhall, nicht selber absolut ist.

2. *Die Welt des Scheins.* – Das Gegenbild des Grundgedankens, an dem Parmenides alles gelegen ist, ist die Scheinwelt. Aber ihr wendet er trotzdem nicht geringe Mühe zu. Die Göttin teilt dem Parmenides zuerst die Wahrheit mit, dann die Scheinmeinungen der Sterblichen. In den letzteren baut Parmenides in der Tat mit den Materialien der ihm überlieferten Philosophie des Kosmos und des Wissens von den Erscheinungen die Scheinwelt, ohne daß er selbst neue Beobachtungen machte.

Die Entstehung der Welt und die Entstehung der Scheinmeinung (doxa) ist dasselbe. Der Ursprung des Scheins liegt in der Spaltung des Einen, und diese ist verknüpft mit der Namengebung. Zwei Gestalten benannten die Menschen, das Licht und das Dunkel. Sie sonderten das ätherische Flammenfeuer und die lichtlose Nacht. Jenes milde, leicht, mit sich selber überall identisch, diese dicht und schwer.

Damit aber gingen sie in die Irre. Das alles ist bloßer Name, von den Sterblichen in ihrer Sprache festgesetzt, überzeugt, es sei wahr, wie Werden und Vergehen, Sein und Nichtsein, Verändern des Orts und Wechsel der leuchtenden Farben und alles andere: »So also entstand dies nach dem Schein und ist noch jetzt und wird von nun an in Zukunft wachsen und dann sein Ende nehmen. Und für diese Dinge haben die Menschen einen Namen festgesetzt, einen bezeichnenden für jedes.«

Wie das Bild der Welt im einzelnen bei Parmenides ausgestaltet war, ist nur spärlich überliefert. Da war von den Ringen die Rede, wie bei Anaximander, gefüllt mit Feuer, von Sonne und Mond, von der Erde und dem Leben. In der Mitte aber ist die Göttin, die alles lenkt. Zuerst ersann sie den Eros. Sie regt überall die grausige Geburt und Paarung an.

Warum bleibt es nicht bei der einen Wahrheit? Warum ist überhaupt die Welt des Scheins und nicht nur Sein? Wir finden keine Antwort bei

Parmenides außer der Beschreibung des Irrens. Wir müßten die Antwort auf dieses Warum im Sinne des Parmenides konstruieren: Der Schein entsteht durch das Sein selber, das in ein Wandlungsgeschick eintritt und mit den erwachsenden Weisen des Halbseins – des Seins, das zugleich Nichtsein ist, – was doch nicht sein kann, – die Weisen des Scheins zugleich entstehen lasse. Dann ist das Ganze des Seins verloren, das Abwesende nicht mehr anwesend, die Gegenwärtigkeit losgelöst von Vergangenheit und Zukunft. Mit der Scheinwelt zugleich ist der Schein der Meinungen, mit diesen die Scheinwelt entstanden.

Warum, kann man weiter fragen, hat sich Parmenides so eingehend auf die Scheinwelt eingelassen? Die Göttin sagt am Anfang zu ihm: »Du wirst trotzdem auch diese kennen lernen, und zwar so, wie das ihnen – den Menschen – Scheinende auf eine wahrscheinliche Weise sein müßte.« Und nach Abschluß der wahren Seinslehre wiederholt sie: »Diese Welteinrichtung (diakosmos) teile ich dir als eine wahrscheinliche mit, so ist es unmöglich, daß dir irgendeine Ansicht der Sterblichen jemals den Rang ablaufe.« Bei dem Rang und der Tiefe des Denkens des Parmenides ist es ausgeschlossen, daß er die Kunde des Scheins bringe, sozusagen die Unphilosophie, um unter allen Umständen den Menschen überlegen zu sein. Vielmehr wird der Schein selber philosophisch in seiner ihm eigenen Notwendigkeit begriffen und so von der Wahrheit her zugleich durchschaut und überblickt. Die Doxa muß auf eine Weise gedacht werden, die nicht identisch ist mit der Weise des Denkens der taumelnden Sterblichen. Sie muß so gedacht werden, daß sie von dieser falschen Weise des Meinens nie überholt werden kann, weil dieses philosophische Denken, ungefesselt an den Schein, gleichsam die Wahrheit des Scheins aus dem Grunde seiner Entfaltung zeigt, den Schein mit Wissen um den Schein.

Nicht in Fragmenten, aber in Berichten finden wir einen Hinweis, wie Parmenides das Denken des Scheins mit seinem Grundgedanken zusammengebracht hat: Er lehrte nicht nur den Satz: Denken und Sein ist dasselbe, sondern auch den erst durch Empedokles berühmten, über Plotin bis Goethe wiederholten weiteren Satz: Gleiches wird nur durch Gleiches wahrgenommen und erkannt. So habe Parmenides gelehrt, daß der Tote zwar das Licht und die Wärme und die Stimme nicht wahrnehme wegen des Mangels an Feuer, dagegen wohl das Kalte und das Schweigen. Alles, was ist, habe eine Erkenntnis (gnosis). Der Mensch erkenne erstens mit dem Nus das Sein, zweitens mit der Mischung seines Wesens den Schein, drittens als Leiche das Nichtsein.

3. *Die Entscheidung.* – Parmenides fordert Entscheidung (krisis) zwischen den beiden Wegen, der Wahrheit (dem Denken des Seins) und dem Irren (dem Denken des Nichtseins). Da aber das Denken des Nichtseins unmöglich ist, wird es auch nicht vollzogen. Der große, allverbreitete, alle Menschen ins Unheil bannende Irrtum ist vielmehr ein Drittes, die Halbheit, die Mischung von Denken des Seins und Denken des Nichts. Die »nichts wissenden Sterblichen« gehen auf diesem Wege, »auf dem sie einherschwanken, Doppelköpfe. Denn Ratlosigkeit steuert in ihrer Brust den hin und her schwankenden Sinn. Sie aber treiben dahin stumm zugleich und blind, die Verblödeten, unentschiedene Haufen, denen das Sein und Nichtsein für dasselbe gilt und nicht für dasselbe, und für die es bei allem eine gegenstrebige Bahn gibt.« Das durchschnittliche Meinen, das sich selber dessen nicht bewußt ist, wird hier auf seinen Sinn, vielmehr Unsinn gebracht mit Formeln, die sich bei Heraklit finden (ist dabei Heraklit gemeint, worüber die Philologen nicht einig sind, so gäbe es keinen stärkeren Ausdruck der Verachtung gegen ihn als diesen, nämlich dadurch, daß Heraklits Formeln, die das Unerhörte bringen wollen, das die Menge nicht begreift, gerade als deutlich gemachte Sprache dieser Menge aufgefaßt werden). Die Göttin warnt: »Es soll dich nicht vielerfahrene Gewohnheit auf diesen Weg zwingen, walten zu lassen das blicklose Auge und das dröhnende Gehör und die Zunge.«

Was Parmenides als seine eigene Grunderfahrung des Denkens mitteilt (gleich am Anfang in Bild und Wirklichkeit der Himmelfahrt), die Umwendung des ganzen Wesens durch die Umwendung des Seinsbewußtseins, das fordert er nun von jedem und kündet es als das Heil. Das aber ist nun dem Parmenides als Philosophen – dem »wissenden Manne« – eigen, daß dieser Weg im Denken logisch erzwungen werden soll: »Mit dem Denken bring zur Entscheidung die streitreiche Prüfung.«

4. *Die unlösbaren Schwierigkeiten dieses Philosophierens.* – Die Schwierigkeiten dieses Philosophierens sind nicht durch die Trümmerhaftigkeit der Überlieferung bedingt, sondern liegen in der Natur der Sache.

Der Jüngling wird von den Sonnenmädchen (göttlichen Mächten) auf dem Wagen zur Göttin geführt, aus der Welt der Nacht in die Welt des Lichts, an den Grenzen beider durchgelassen von der Dike, die das Tor öffnet. Er gelangt dorthin, wo er erfährt: Was ihm offenbar wurde, das Licht, der Tag gehört zu Wahrheit und Sein, was er hinter sich ließ, das Dunkel, die Nacht gehört zum Meinen und Schein, zum Nichtsein. Aber mehr noch: der Unterschied von Licht und Nacht ist selber zum Schein gehörig. Aus dem Kreise des Scheins, im Schein bleibend, hört er, was auch diesen Aufschwung ins Licht zum Schein macht.

Am Anfang der spekulativen Philosophie steht sogleich die Unmöglichkeit: das eigene Unternehmen wird in den Bahnen, auf denen es sich vollzieht, durch den Sinn der erlangten Wahrheit vernichtet. Die Philosophie scheitert und verschwindet, indem sie zu ihrer Wahrheit gelangt. Sie spricht sich aus um den Preis, ihre schon erlangte Wahrheit wieder zu verlassen.

Dasselbe anders ausgesprochen: Denken wir etwas, so müssen wir ein und anderes, Unterschied und Beziehung denken. Dieses Denken ist für Parmenides Ursprung des Scheins durch Trennung und Namengebung. Was aber als Wahrheit gedacht wird, muß trennungslos als eines gedacht werden, wird aber, weil gedacht, sogleich in Trennungen gedacht: Parmenides denkt das Sein, das dem Nichts gegenübersteht. Das Nichts aber ist undenkbar und soll, weil trügerisch, nicht gedacht werden. Die Forderung an den Menschen ergeht, sich zu entscheiden zwischen zwei Wegen; also wurden beide unterschieden und gedacht. Wo aber unterschieden wird, da wird nicht das Sein gedacht, sondern da sind wir schon im Bereich der Doxa.

Gegen diesen Einwand ist die Deutung möglich: Der Gegensatz von Sein und Nichts ist absolut. Wenn er begriffen wird, ist er kein Gegensatz mehr, denn das Nichts ist nicht, nur das Sein ist. Mit dem wahren Gedanken des einen, vollendeten, gegensatzlosen Seins verschwindet das andere. Mit dem Beschreiten des wahren Wegs wird begriffen, daß es der einzige ist, daß es einen anderen in der Tat nicht gibt. Wo Parmenides das Sein denkt, da ist keine Entscheidung mehr. Die Forderung des transzendierenden Denkens zwingt über die Gegensätzlichkeit hinaus ins Gegensatzlose.

Welche Deutung aber auch gegen den Einwand ausgesprochen werde, der Einwand ist nicht widerlegt. Daß er aber nicht widerlegt ist, zerstört nicht die Philosophie, sondern macht ihren Sinn deutlicher. Sein Gehalt ist nicht als eine für den Verstand zwingende Erkenntnis von etwas zu retten. Darum hat der Einwand erst recht, wenn der philosophische Sinn verlassen ist. Dieser philosophische Sinn wiederum ist nur ineins mit der Existenz des Denkenden in dem Gedanken zu gewinnen und zu bewahren.

5. *Nachwirkung.* – Die Nachwirkung des Parmenides ist außerordentlich. Das kann verwundern angesichts der Logizität seines Denkens. Aber was leer scheint, war nicht nur für ihn selbst die höchste Erfüllung, sondern ist für jeden Späteren die Aufforderung, diese Gedankenformen, die in der Mitteilung zu reinen Formen gelangt sind, zu erfüllen.

Die historisch greifbare Wirkung des Parmenides hat andere Gründe: Die von ihm entwickelten Denkmittel werden selbständig und nutzbar, während ihr ursprünglicher Sinn in den Hintergrund tritt oder verloren wird:

1. Parmenides wollte denkend Fuß fassen jenseits des Ursprungs der Welt, jenseits dessen, was als arche (Ursprung, Prinzip) schon auf vielfache Weise gedacht war. Aber, was er dachte, wurde aufgefaßt *als eine neue Weise dieses arche-Gedankens.* Man suchte die Ansprüche Parmenideischen Seinsdenkens zu erfüllen, indem man auf alte Weise, aber unter Aufnahme der »Semata« des Seins, den Ursprung der Welt dachte: in den Elementen (Empedokles), in den unendlich verschiedenen kleinsten Teilen (Anaxagoras), in den Atomen (Demokrit).

2. Parmenides hat nicht den Satz des Widerspruchs formuliert, ihn aber zuerst mit einer Schärfe angewandt, die die Macht des zwingenden Denkens in Alternativen fühlen läßt. Während aber Parmenides darin das Sein selbst, die wesentliche Wahrheit offenbar werden lassen wollte, wurde sein Verfahren zum Mittel zwingenden Denkens von beliebigen Richtigkeiten. Es erwuchsen *Logik* und Dialektik.

So löste sich aus dem ursprünglichen Ganzen später erstens die Logik, die das Formale im zwingenden Denken heraushebt, zweitens die metaphysische Spekulation, die sich methodisch als Spiel versteht, das tiefen Ernst mitteilbar macht, drittens das ästhetische Bild von Sein und Welt in Denkfiguren, die unverbindlich in intellektueller Spielerei in endlosen Variationen gezeichnet werden.

3. Daß *Denken Sein* ist oder *Sein Denken,* ist zuerst von Parmenides bewußt gedacht. Nur bei Geltung dieses ist die Gewißheit möglich, im reinen Denken nicht nur über ein Gedachtes nachzudenken, nicht nur in bezug auf Sachverhalte logische Operationen nach Regeln zu vollziehen, sondern mit dem Denken im Sein selber zu stehen. Denken ist die Wirklichkeit, in der das All des Seins als es selbst gegenwärtig ist. Das Sein selber denkt.

Erst durch die Schärfe dieser These wurde in Gegenwendung zu ihr die Frage möglich, ob nicht Sein und Denken vielmehr getrennt gedacht werden müssen, um dann ihre Beziehung zu erkennen (in voller Klarheit erst bei Kant). Dann wird das Denken unfähig, das Sein selbst zu fassen. Das Denken erreicht in gültiger Erkenntnis nur einen Bereich der Erscheinung des Seins, der sich für es öffnet, das Sein selber aber wird eher im Scheitern des Denkens als im Denken eines Gedachten berührt. Denken ist nicht mehr das Sein, sondern eine menschliche Aktivität in bezug auf das Sein. Der Gedanke, daß das

Sein selber Denken sei, wird zu einer Chiffer, aber ist nicht mehr leibhaftige Wirklichkeit.

Im Parmenideischen Denken konnte eine glaubende Denkhaltung sich einnisten, die in der Gewißheit des Gedankens die gleichsam leibhaftige Gegenwart des Seins, in dem gültigen Gedanken die absolute Wahrheit zu haben meinte. Sie zog die Konsequenz der Gewaltsamkeit für die Verwerfung jedes anderen, Wahrheit beanspruchenden Gedankens. Wenn aber dem Denken die selbsterkannten Grenzen seines Sinnes, seine verschiedenen Methoden, seine je bestimmten Erkenntnismöglichkeiten bewußt werden, dann verschwinden auch Gewaltsamkeit und Fanatismus, die aus jener Denkhaltung geboren werden.

4. Parmenides operiert mit den *Abwandlungen des Wortes Sein.* Für unsere nachträgliche logische und sprachliche Besinnung bedient er sich des Allgemeinsten, nämlich der Kopula »ist«, die faktisch oder dem Sinne nach in jeder Aussage steckt. Er bedient sich der allgemeinsten Kategorie; denn, wovon immer die Rede ist: es ist, indem es gedacht wird, eine Weise des Seins. Seit Parmenides sind die Worte, die bis dahin und weiter in jedem Sprechen, in jedem Satz ohne Bewußtsein gebraucht werden, von eigenem Gewicht: griechisch: estin, einai, onta, on, usia, – lateinisch: est, esse, existentia, essentia, – deutsch: Ist, Sein, Seiendes, Dasein, Sosein, Wesen.

Sobald nun die Aufmerksamkeit auf diesen Worten nur in ihren Allgemeinheiten liegt, werden sie formal in ihrer Leerheit gedacht. So sind sie zwar ein Moment des Parmenideischen Denkens, es selber aber hat als diese bloße Allgemeinheit seinen Sinn verloren. Denn das Mittel, dessen sich ein Denker bedient, ist nicht dieses Denken selber. Es ist es am wenigsten, wenn der Denker sich dieses Mittels gar nicht als Mittel bewußt ist, sondern mit ihm ganz in der Sache selber steht, in der großartigen Naivität des Anfangs. Es ist in der Spekulation die Paradoxie, daß das Leerste das Gehaltvollste sein kann. Sobald in der allgemeinsten Form »Sein« nicht diese Denk- und Sprachform entscheidend ist, sondern die unbestimmte Betroffenheit von allem, was im Sein liegt, dann ist die abstrakteste Frage nach dem Sein die gewaltigste.

Das zeigt sich sogleich darin, daß das Nichts auftritt, das von nun an keine Ruhe mehr läßt. Parmenides sagte, daß es nicht denkbar sei und schlechthin nicht sei. Plato erdachte, in welchem Sinne das Nichtsein doch auf gewisse Weise sei. Die Frage, warum aber das Sein sei und nicht Nichts, gelangte zu ihrer eindringlichsten Formulierung bei Schelling: Warum ist überhaupt etwas und nicht Nichts?

Um den Seinsgedanken zu erfüllen, wurde schulmäßig gedacht und entwickelt, in welchen Grundweisen das Sein ist, und was das Sein als Sein sei. Für dieses Denken, nachdem es durch Jahrtausende sich entfaltet hatte, wurde seit dem 17. Jahrhundert der Name *Ontologie* gebraucht. Parmenides' Denken ist der Anfang der »Ontologie«, in deren dogmatischer Lehrausbreitung aber sein philosophisch erregender Sinn zugleich verloren geht.

5. Parmenides nennt das Sein nicht *Gott.* Was er aber als die Zeichen des Seins erdacht hat, das wurde ein Feld von Kategorien, die in der Folge auf Gott übertragen wurden, wenn seine Eigenschaften gedacht werden sollten.

Von Parmenides her kamen die Denkmotive, die geeignet waren, den bildlosen Gott zu denken, im reinen Denken sich der Transzendenz zu vergewissern. Seine »Ontologie« gab der »Theologie« die Mittel an die Hand.

6. Die Unterscheidung von Wahrheit und Meinung, von Sein des Seins und Schein der Welt wurde später fixiert in der sogenannten *Zweiwelten-Theorie.* Das wurde möglich, sobald der Schein des Weltseins sein natürliches eigenes Gewicht an Wirklichkeit erhielt, der Schein zur Erscheinung wurde, und dann das Sein zu einem Jenseits, zu einem anderen Sein, zu einer zweiten Welt, einer »Hinterwelt« wurde. Damit verwandelte sich das einheitliche Sein und Grundwissen des Parmenides in den Dualismus zweier Wirklichkeiten, der in vielen Abwandlungen durch die abendländische Geschichte geht.

Überall wurde Parmenides der Ausgangspunkt durch die Radikalität seiner Sätze und die Schärfe seines Anspruchs. Das Denken selber in seiner Eigenmacht war bewußt geworden, zwang mit den Konsequenzen, gelangte in seine Möglichkeiten, und damit auch an die Grenzen und in sein eigenes Scheitern, das Parmenides nicht kannte, aber durch seinen ungeheuren Anspruch herausforderte.

Parmenides hat sein Denkmal durch Plato erhalten. Diesem war unter allen Vorsokratikern nur Parmenides von jener Größe, die er im Theätet ausspricht: »Parmenides erscheint mir, mit Homer zu reden, zugleich ehrwürdig und furchtgebietend. Es trat mir an ihm eine mit hohem Seelenadel verbundene Tiefe des Geistes entgegen. Ich fürchte, daß wir seine Worte nicht verstehen und noch weit mehr unfähig sind, ihren wahren Sinn zu ergründen.« Nietzsche dagegen spürt das Außerordentliche, das er zu verstehen meinte, aber in der Tat nicht verstand. Er spricht von dem »Typus eines Propheten der Wahrheit, aber gleichsam aus Eis und nicht aus Feuer geformt«, von »völlig blutloser Abstraktion«, von einer »durch logische Starrheit fast in eine Denkmaschine verwandelten Natur«. »Nur in den verblaßtesten, abgezogensten Allgemeinheiten, in den leeren Hülsen der unbestimmtesten Worte soll jetzt die Wahrheit, wie in einem Gehäuse aus Spinnfäden, wohnen.«

VERGLEICH VON HERAKLIT UND PARMENIDES

1. *Die gemeinsame Situation:* Heraklit und Parmenides kennen die vorhergehende Philosophie: das Hesiodische Denken im Mythus und die philosophische Befreiung vom Mythus, das vielerlei Wissen und die kosmologischen und kosmogonischen Konstruktionen der Milesier, den Pythagoreischen Glauben an Seele und Seelenwanderung und den

Monotheismus in der Aufklärung des Xenophanes; sie nehmen teil an der errungenen Unabhängigkeit des Denkens und kennen den Anaximander. Sie stehen in der gleichen geistigen Situation. In dieser ergreifen sie eine neue Aufgabe auf Grund einer Erschütterung des griechischen Menschen, in Analogie zu den damals starken religiösen Bewegungen, vielleicht im Zusammenhang mit den Folgen der persischen Eroberung der kleinasiatischen Griechenstädte. Sie suchen Ruhe im Denken des eigentlichen Seins.

2. *Das gemeinsame Neue in dieser Zeit:* Mit verschiedenen Mitteln tun sie im Grunde dasselbe: Parmenides mit der logischen Identität und der Ausschaltung des Widersprechenden, Heraklit mit der Dialektik des Umgreifens der Widersprüche. Beide erfahren die Tragkraft des reinen Denkens, ohne Bestimmung durch sinnliche Erfahrung und leibhaftige Anschauung, die sie nur als Sprache zur Vergegenwärtigung benutzen. Beide vollziehen in ständiger Rationalität ein nicht bloß rationales Operieren. Sie entdecken die Möglichkeit des alles Wissen in der Welt überschreitenden, die Welt selber von anderswoher durchdringenden Denkens. Dies Denken ist ihnen die absolute Wahrheit.

Beide dachten in äußerst durchgeformter Sprache, auf das Einfache gerichtet, auf das allein Wesentliche sich besinnend. Sie lebten in der Zeit des strengen Stils der Plastik und der Anfänge der attischen Tragödie.

Parmenides wählt als Mitteilungsform den Hexameter der epischen Dichtung, Heraklit die Form der alten Weisheitssprüche. Die Feierlichkeit der Dichtung des Parmenides entspricht der Würde der Prosa Heraklits. Beide fanden darin einen neuen Stil. Sie wählten nicht nur ein überliefertes Kleid. Nie gab es Dichtung wie die des Parmenides. Keine Spruchweisheit ist schon die Form Heraklits.

3. *Einheit und Gegnerschaft beider:* Im Altertum galten sie als Gegner. Die Gegnerschaft wurde in die Form gebracht: Parmenides lehrt das Sein, Heraklit das Werden. Das klingt, als ob beide auf die gleiche Frage (was ist eigentlich?) entgegengesetzt geantwortet hätten: der eine, es sei das ewig gleiche unveränderliche Sein, der andere: es sei der ständige Fluß der Dinge (panta rhei). Aber entgegen diesem Schema zeigen beide sowohl das Sein wie das Werden. Dem Sein (on) des Parmenides entspricht der Logos (oder das Sophon oder der Gott) des Heraklit, dem ungewordenen und unvergänglichen Sein der immer gleichbleibende Logos; der Trennung von Wahrheit und Schein bei Parmenides entspricht die Verborgenheit des Logos bei Heraklit. Par-

menides erfaßt durch die Einsicht (noein) das Ganze des Seins zugleich, im Anwesenden das Abwesende als mitanwesend; Heraklit nimmt mit dem besonnenen Denken (phronein) teil am Kampfe der Gegensätze, in denen der eine Logos gegenwärtig ist und steuert. Die Gegnerschaft ist nicht von der Art, daß im Gedachten sachlich beide sich ausschließen müßten. Was sie denken, ist vielmehr gegenseitig eine Entsprechung, die auf verschiedene Weise das denkt, was immer ist. Der eine denkt das Sein in logischer Identität und transzendenter Ruhe der sich gleichbleibenden Vollendung, der andere in logischer Dialektik und transzendenter Ruhe des sich gleichbleibenden Nomos. Der eine erfaßt den Sinn in der Identität, durch die der Widerspruch vernichtet wird, der andere den Sinn im Widerspruch, der durch die Einheit der Gegensätze aufgehoben wird. Ein Kampf beider muß erst auftreten, wenn die Formeln den Anspruch der Absolutheit gegen einander erheben.

Die geistige Physiognomie beider ist allerdings ungemein verschieden. Bei Heraklit fällt das Gewicht auf die Trennung im Kampf, auf die Aufgabe, in Gegensätzen das Sein zu ergreifen, im Kampf die Ruhe zu finden, im Denken das Maß zu gewinnen und den Nomos zu hören. Bei Parmenides liegt von vornherein das Gewicht auf der Ruhe des mit sich identischen Anschauens im Denken.

Haben Heraklit und Parmenides sich gekannt und ihr Denken im Kampf um so schärfer herausgearbeitet? War einer der Ältere und wurde nur er von dem Jüngeren bekämpft? Oder wußten sie, obgleich Zeitgenossen, nichts von einander? Es gibt keine zwingende Antwort auf diese Fragen. Für Hegel war aus sachlichen Gründen Parmenides der erste; so denken auch Zeller, Reinhardt. Seit Bernays (vorher schon Steinhardt) gilt Heraklit als der erste, denn eine Stelle heftigster Polemik seitens des Parmenides spricht das Verworfene mit Worten Heraklits aus. Wilamowitz dagegen sagt: Sie haben nichts von einander gewußt. Das Sichnichtkennen ist selbst in unserem verkehrsreichen Zeitalter möglich (Nietzsche hat von dem dreißig Jahre älteren Kierkegaard nichts gewußt). Gewiß ist nur, daß Heraklit und Parmenides ungefähr gleichzeitig gelebt haben, vielleicht mit einer Differenz, die aber kaum einige Jahrzehnte erreicht haben kann. Für unsere historische Auffassung sind sie zwei von einander unabhängige, aber parallele Gestalten, die durch Gemeinsamkeiten und Gegensätze sachlich unlösbar verbunden sind. Wenn wir sie zusammen sehen, zeigen sie uns das Wesen ihres Denkens erst deutlich.

4. *Das reine Denken:* Beide bewegen sich in dem neu gewonnenen Raum des reinen Denkens. Dieses reine Denken ist am Maßstab gegenständlichen und bestimmten und empirischen Denkens unverständlich. Es scheint in seinen Sätzen im Grunde nichts gesagt. Wird aber gegen solches Unverständnis dann dieses Denken gerühmt und seine Feier-

lichkeit in Denkfiguren ahnungerweckend wiederholt, in ihm etwas behauptet, das man wohl das enthüllte Antlitz der Notwendigkeit oder die Erhellung des Schicksals nennen möchte, oder wird darin der Heroismus des Aushaltenkönnens und die Ruhe durch Erblicken des Seins gesehen, dann wird mit solchen nicht ganz unwahren Sätzen zu schnell und glatt der Sinn als vollendet ausgesprochen und dadurch unwahr. Denn in diesem Philosophieren begann, was nie vollendet sein kann als objektiver Besitz und stets vollendet sein muß als existentielle Wirklichkeit. Vielleicht waren jener Heroismus und jene Ruhe damals in jenen Denkern wirklicher als heute. Aber ihre Mitteilbarkeit sowohl wie ihre Bewährung im Denken, im Tun und täglichen Sichverhalten ist in niemals abgeschlossener Bewegung.

5. *Prophetie und Herrscherwille:* In der Erscheinung dieser beiden Großen scheint ein ihnen gemeinsamer Zug uns zu verwehren, die Wahrheit, die sie fanden, für mehr zu halten als einen außerordentlichen, aber in dieser Gestalt unwiederholbaren und durchaus unvorbildlichen Ansatz. Dieser gemeinsame Zug ist: ihre Selbstgewißheit tritt prophetisch auf. Wenn sie sich nicht auf die Autorität Gottes berufen, sondern auf die Kraft ihrer Einsicht, so ist diese doch in der Sache so total und in der Ergriffenheit von ihr so überwältigend, daß Parmenides sie der Göttin in den Mund legt. Heraklit beruft sich zwar auf keine Offenbarung, legt aber sein Werk im Artemistempel zu Ephesus nieder. Beide begründen ihre Wahrheit nicht durch Gottes Stimme, sondern durch die Überzeugungsmacht des Gedankens. Nicht Gehorsam gegen ein göttliches Wort, sondern Offenbarwerden im Denken selber ist das Entscheidende. Um so gewaltiger ist ihr sie über alle Menschen erhebendes Selbstbewußtsein. Vermöge der ihnen zuteil gewordenen Einsicht, die, unerhört in ihrer Welt, mit unerschütterlicher, nicht mehr fragender Gewißheit da war, nahmen sie die Haltung geistiger Gewaltherrscher an. Sie wußten ihr eigenes Wesen als Sprache des Seins. Durch ihren Mund sprach die Wahrheit selber, eingegeben von der Göttin (im Bilde des Parmenides), eingeatmet von der alldurchdringenden Weltvernunft (in der Vorstellung Heraklits). Sie sahen den unüberbrückbaren Abstand zwischen ihrer Einsicht in den Grund der Dinge und der gewohnten Denkungsart aller anderen Menschen. Daher setzten sie sich in eine Distanz zu den Menschen, die, trotz des beschwörenden Wirkungswillens in ihren Schriften, sie die Kommunikation zu allen anderen abbrechen ließ. Sie verlangten Gehorsam, nicht Freundschaft. Sie verwirklichten die Lebensform des einsamen

aristokratischen Denkers, steigerten den Sinn ihrer adligen Herkunft in einer aristokratischen Welt durch den neuen Anspruch ihrer geistigen Überlegenheit. Die Selbstgenügsamkeit der eigenen Seinsvergewisserung barg in sich die Forderung, alle anderen nach Recht und Schuldigkeit durch die allein von ihnen erkannte Wahrheit beherrschen zu sollen.

Mit maßlosem Stolz blicken sie auf die anderen. Heraklit nennt viele große Namen, ausnahmslos mit der heftigsten Verwerfung. Parmenides nennt keine Namen, scheint aber mit einer kaum überbietbaren Verachtung sogar den Heraklit (wenn Bernays recht hat) und den Anaximander (wenn Reich recht hat) erledigt zu haben. Das Sichabschließen, die Stimmung »gegen«, die wütende Polemik durchdringt beider Werk. Es ist despotischer Geist in ihnen. In der Größe ihrer Einsicht verkannten sie doch das Wesen solcher Einsicht selber.

Diese Verführung ist ein Moment ihrer Nachwirkung in unserem Zeitalter geworden. Durch die Mimikry vorsokratischer Wirklichkeiten, in die Nietzsche geriet, wurde das bloße Nachdenken des Gedachten mit erfindenden Umdeutungen zu dem schaurigen Selbstbewußtsein, wie es – wenn auch auf dem Boden einer geistigen Erkrankung – Nietzsche kundgab (dessen andere, eigentliche Größe hiervon nicht betroffen wird). Was eine einmalige, geschichtlich zu respektierende Weise maßlosen Selbstbewußtseins war, führt in der Nachahmung zu dem Anspruch einer vermeintlich gleichen Art von Gewißheit, die nun aber faktisch unmöglich geworden ist. Am Nietzscheschen Ursprung ein einmaliges echtes Unheil, wird es in der Nachfolge nur noch ruinös.

6. *Ich fasse das geschichtliche Urteil zusammen:* Was vor Heraklit und Parmenides liegt, ist für uns historisch interessant, ist durch die darin für uns fühlbaren Haltungen ergreifend, aber als Inhalt, soweit wir von ihm Kunde haben, nur Vergangenheit. Erst mit Heraklit und Parmenides haben wir Texte, mit denen wir noch heute unmittelbar zu philosophieren vermögen. Sie bringen in ihrer Einfachheit unerschöpfliche Gedanken. Ihr Gehalt spricht an wie eine unendliche Aufgabe. Hier gibt es Sätze, so gegenwärtig und ewig, wie nur große Philosophie ist.

Trotzdem sind diese beiden, die frühesten noch gegenwärtig durch ihre Texte wirksamen Philosophen, sogleich auch Verführung. Während Anaximander eine das Denken verwandelnde Umwälzung des Verhaltens zu den Dingen brachte und darin allumfassend jede Möglichkeit anlegte in einer vollkommenen universalen Unbefangenheit, ergriffen diese beiden allein das metaphysische Denken in einer unerhörten Steigerung und Ausschließlichkeit. So gerieten sie in eine neue, in ihrer Weise großartige und gefährliche Befangenheit. Denn ihre Spekulation war zwar tiefer und klarer als alle Ansätze vorher, auch als die Anaximanders. Aber die Befangenheit zeigte sich in der verständnislosen Verachtung von allem, was durch geistiges Gewicht und produktive Möglichkeiten die Zukunft trug. Es wurde nur als Vielwisserei oder als Scheinwissen abgetan, vergeblich: und dies zu unserem Heil. Denn wir vermögen in unserem zeitlichen Dasein nur auf dem Wege über die Verwirklichung dessen, was dem Menschen aufgegeben ist, nicht unter stolzem Beiseiteschieben von Politik und Wissenschaft, nicht unter Umgehen der Welt existentiell das zu erreichen, wohin Heraklit und Parmenides unvergeßlich gewiesen haben.

Quellen: Plotin: Enneaden. Leben Plotins von Porphyrios. – Übersetzungen: Müller. Harder. Bréhier. – *Literatur:* Richter. Kirchner. Dodds. Kristeller. Oppermann. Nebel. Huber. – Mögliches Portrait Plotins und über das Zeitalter: Rodenwaldt. Alföldi.

I. Leben und Werk

Plotin (ca. 203–270) lebte im Zusammenbruch der antiken Zivilisation, als sie gerade noch einmal den letzten Glanz antiker Schönheit kannte, im Übergang zur Welt der Spätantike, die bald mit Diokletian und Konstantin sich konstituierte.

Man weiß nicht gewiß, wo Plotin geboren wurde, aus welchem Lande, welchem Volke, welcher soziologischen Gruppe er stammte. Er selbst berichtete nie von seiner Herkunft, seinen Eltern oder seinem Vaterlande. Erst hundert Jahre später hieß es, er sei in Lyko, einer Stadt Ägyptens, geboren. Der Name Plotinus ist römisch, er sprach und schrieb griechisch, »machte öfters Verstöße gegen die Aussprache«.

Mit 28 Jahren kam er nach Alexandria, der Philosophie wegen, unbefriedigt, bis er Ammonios Sakkas hörte. »Den suchte ich«, sagte er nach der ersten Vorlesung und blieb 11 Jahre bei ihm. Mit 39 Jahren ging er im Feldzug des Kaisers Gordianus mit nach dem Osten, um indische Weisheit kennenzulernen. Mit 40 Jahren – als Philippus Arabs Kaiser war – kam er nach Rom. Hier veranstaltete er Zusammenkünfte, in denen philosophische Texte gelesen und erörtert wurden, fand Schüler und Anhänger. »Wenn er sprach, drang das Licht des Geistes hindurch bis in sein Antlitz, ein leichter Schweiß trat auf die Stirn. Das meiste sprach er mit Begeisterung ... Von sophistischem Prunk war er weit entfernt, seine Rede glich einer freundschaftlichen Unterhaltung.«

Plotin »schien sich zu schämen, daß er in einem Körper wohne«. Als Amelius sein Portrait malen lassen wollte, verweigerte er es mit den Worten: »Ist es denn nicht genug, das Schattenbild zu tragen, mit dem die Natur uns umgeben hat? Und du achtest es gar der Mühe wert, ein Schattenbild des Schattenbildes folgenden Zeiten als etwas Sehenswürdiges zu hinterlassen!«

26 Jahre lebte er in Rom, hatte reiche Freunde, deren Landgüter ihm zum Besuch offen standen, trat in Beziehung zum Kaiser Gallienus und dessen Gattin Salonina. Mit deren Hilfe wurde ein Projekt erwogen, in Campanien eine Philosophenstadt – Platonopolis – unter Führung Plotins zu bauen. Der Plan zerschlug sich. Vornehme Männer und Frauen brachten, wenn sie dem Tode nahe waren, ihre Kinder zu ihm, damit er sie erziehe und ihr Vermögen verwalte. »Deshalb war ihm sein Haus angefüllt mit Knaben und Jungfrauen.« Er wurde bei Zwistigkeiten als Schiedsrichter angerufen, hatte aber nie einen Feind.

Im Jahre 268 änderte sich Plotins Lage von Grund aus. Der Ermordung des Kaisers Gallienus folgte der Zerfall seiner Schule. Einige der bedeutenden Schüler verließen Rom. Vor allem aber wurde Plotin, längst an der tödlichen Lepra leidend, nun schwer krank. Er wurde heiser und blind, Hände und Füße eiterten. Die noch gebliebenen Schüler mieden ihn, denn er hatte »die Gewohnheit, sie alle aus dem Munde nahe zu begrüßen«. Tatsächlich wurde er auf einem Landgut des Freundes Zethos in Campanien isoliert. Man brachte ihm die Nahrungsmittel. Nur der Arzt besuchte ihn. Auf Körperpflege legte er wenig Wert. Er starb zwei Jahre nach Gallienus im Alter von 66 Jahren.

Schon in der Biographie des Porphyrius werden von Plotin geheimnisvolle Dinge berichtet, im Stil der Heiligenlegenden: Plotin besaß eine überlegene Kenntnis der Geister. Er erkannte aus vielen, wer der Dieb war. Er sagte Knaben voraus, was aus ihnen werden würde. Ein Olympius suchte durch Zauberformeln den schädlichen Einfluß der Gestirne auf Plotin herniederzuleiten. Plotin merkte es, und die Wirkungen fielen auf Olympius zurück. Ein ägyptischer Priester wollte im Tempel der Isis den Dämon Plotins zur Erscheinung bringen. »Da nun der Dämon zur Erscheinung gerufen wurde, erschien ein Gott. Glücklich bist du, sagte der Ägypter, der du einen Gott zum Dämon hast und keinen Schutzgeist aus niedrigem Geschlechte.« Als zum Sterbebett Plotins im letzten Augenblick ein Freund kam und Plotin zu ihm sagte: er wolle versuchen, sein »Göttliches in uns« hinaufzuführen zum Göttlichen im All, da glitt eine Schlange unter das Bett hindurch und schlüpfte in ein Loch an der Wand, Plotin war tot (die Schlange ist eines jener Tiere, die wie der Seelenvogel die Seele darstellen, die aus dem Zimmer des Sterbenden entweicht). Plotins eigene Schriften aber bezeugen gegen diese Legenden, wie gleichgültig er an allem Zauber vorüberging. Doch schon bald nach seinem Tode wurde seine Philosophie hineingerissen in die magische und theurgische Denkungsart und sein Dasein mit entsprechenden Legenden überkleidet.

Das Werk: Mit zwei anderen soll sich Plotin das Versprechen gegeben haben, die Lehre des Ammonios geheimzuhalten. Die anderen hatten das Schweigen gebrochen. Erst spät, mit 49 Jahren, auf dringendes Bitten der Schüler begann Plotin seine Aufzeichnungen. Diese Niederschriften hat nach dem Tode Plotins Porphyrius gesammelt. Er hat sie in sechs Gruppen zu je neun Schriften zusammengestellt, also je sechs Neunergruppen (Enneaden). Die Schriften sind aus einem Zeitraum von 17 Jahren. Die chronologische Folge steht nach den Angaben des Porphyrius für große Gruppen fest.

Einige dieser Schriften sind Lehrschriften, andere sind kurze bewegende Vorträge; einige wirken geformt im Aufbau, andere bleiben lange Erörterungen im kritischen Hin- und Herwenden; einige bringen plastisch die gedanklichen Visionen, andere stellen Fragen über Fragen, bringen Möglichkeiten und lassen fast alles unentschieden. Auch dieser »untersuchende« Stil bringt noch das meditative Tun zum Ausdruck, das Dabeisein der denkenden Seele im Reiche des Wesentlichen. Keine der Schriften entbehrt die Plotinische metaphysische Grundstimmung. Nicht selten gewinnt die Diktion den Ton der Weihe. Indem Plotin sich an das logische Vermögen spekulativen Erkennens wendet, beschwört er die Seele, sich ihrer ewigen Heimat zu erinnern. Er bezieht sich auf Erfahrungen, auf das Schauen des Schönen, auf die Freiheit des Handelns, auf die Bewegung dialektischen Denkens, schließlich auf inkommunikable ekstatische Vereinigung mit dem Einen. Seine Wahrheit liegt nicht in den Abstraktionen eines Schemas, sondern in der Kraft der jeweils konkreten Erörterung. Er schreibt, wie er spricht (Bréhier), und wird gesprochen haben, wie er schreibt. Daher die ungemeine Eindringlichkeit der Texte.

Porphyrius berichtet: Hatte Plotin »eine Betrachtung in sich selbst von Anfang bis zu Ende vollendet und ging dann an das Niederschreiben des Durchdachten, so schrieb er seine Gedanken so schnell hin, als ob er sie aus einem Buche abschriebe. Hatte er etwas geschrieben, so konnte er es nicht noch einmal überlesen, das erlaubte ihm nicht die Schwäche seiner Augen. Er machte keine schönen Buchstaben, teilte die Silben nicht ordentlich ab, achtete nicht auf die Orthographie, sondern war bloß mit dem Sinn beschäftigt.« Dies Zustandekommen der Texte bedeutet die Grenze für eine philologische Wiederherstellung.

Die Form der Plotinischen Mitteilung entspricht dem Gehalt seines Philosophierens. Er hat niemals ein »System der Philosophie« geschrieben. Er gibt mit einer Fülle einzelner Erörterungen oft das Ganze in besonderen Zusammenhängen.

II. Beschreibung des Plotinischen »Systems«

Es ist zweckmäßig, zu Anfang im Schema den Bau eines Ganzen zu vergegenwärtigen. Dieses Schema kehrt wieder in fast allen Schriften Plotins, ohne doch das Wesentliche zu sein. Es zu wissen, erleichtert, die eigentlich philosophischen Akte Plotins zu verstehen. Ich erzähle:

a) *Das Eine und die Materie:* Die Welt ist das Seiende. Sie ist nicht in sich gegründet, sondern ein Zwischensein, ausgebreitet zwischen dem Überseienden und dem Nichtseienden.

Das *Überseiende* ist das Undenkbare, daher Unsagbare. Es wird das Eine genannt, aber um sogleich zu sagen, daß es weder die Eins als Zahl, noch das Eine gegenüber dem Anderen, noch die Einheit einer Vielheit ist, sondern das Eine, das auch als Eines sich dem Gedachtwerden entzieht, da das Denken des Einen sogleich die Zweiheit und die Vielheit wiederherstellt.

Das *Nichtseiende* ist die Materie. Sie kann sowenig wie das Überseiende gedacht werden. Daher gelten von ihr wie vom Überseienden dieselben negativen Aussagen: unbestimmt, gestaltlos, ohne Qualität und ohne Quantität.

Sie ermangelt jeder Form, steht in keiner Kategorie. Im Gegensatz aber zum Einen heißt das Nichtsein der Materie maßlos, unbegrenzt, nirgends feststehend, alleidend, stets bedürftig. Es ist von gänzlicher Armut. Die Tiefe (bathos) jedes einzelnen Daseins ist die Materie, diese Tiefe ist gänzlich dunkel.

Das Seiende ist aus dem Übersein und durch das Nichtsein. Es ist aus jenem Einen, aus dem der Strom des Seienden entspringt, der hinfließt und die Daseinsformen absinkender Stufen zeugt bis hin zum Nichtseienden. Und alles Seiende ist dadurch, daß dieses Nichtseiende ist. Im Sein muß Nichtsein sein, damit es Seiendes sei. Die Materie, obgleich sie nicht ist, ist nicht nichts. Sie ist aber als Sein des Nichtseins Lüge. Diese Lüge ist in allem Seienden gegenwärtig.

b) *Stufenreihe des Seienden:* In der Stufenreihe des Seienden, die zwischen dem Übersein des Einen und dem Nichtsein der Materie liegt, steht in der Mitte die *Seele*. Diese ist nach oben auf das Eine gerichtet durch das Mittelglied des *Nus* (den *Geist*, die intelligible Welt der reinen Formen), nach unten auf die Materie durch das Mittelglied der *Natur* (die Welt der Körperlichkeit). So ergeben sich fünf absteigende Prinzipien: Das Eine, der Geist, die Seele, die Natur, die Materie. Das Seiende umfaßt die mittleren drei Stufen: Geist, Seele, Natur.

Die Seele sieht *im Aufblick* des vernünftigen Erkennens die zeitlose, in sich ruhende Welt der Formen, die in ihrer Vielheit eine geschlossene Totalität (den Geisteskosmos) bildet. Diese Formen heißen Ideen. Sie sind die Urbilder alles Seienden, sind als solche das wahre Seiende, während alles Spätere als Abbild dieses Seienden ein Sein nur der Erscheinung hat.

Die Seele wird *im Hinabblicken* die Kraft, die als Weltseele der Natur im Ganzen das Leben gibt, mit den Einzelseelen aber der Vielheit des Daseins je seine lebendige Einheit schafft. Die Seelen treten ein in die Natur, die räumlich und zeitlich ist. Damit werden sie selbst zu einem Teil räumlich und zeitlich. Mit ihrem eigentlichen Sein aber bleiben sie oben, zeitlos, unsterblich. In der Ausbreitung des Daseins der Natur wird die Seele mit Hüllen bekleidet, schließlich vor sich selbst verborgen, wo sie am tiefsten sinkt, aber unzerstörbar in ihrem innersten Wesen.

c) *Die Kategorien:* Vergegenwärtigen wir die Formen gegenständlichen Seins, so bleiben nur zwei Stufen übrig, die Kategorien der intelligiblen und der sinnlichen Welt (des Geistes und der Natur). Die Seele als Mittelglied hat keine eigenen Kategorien. Sie ist und erkennt nur im Blick auf die beiden anderen Welten über und unter ihr. Sie erkennt das Reich des Geistes mit den intelligiblen Kategorien: Sein, Identität und Andersheit, Bewegung und Ruhe (entnommen Platos »Sophistes«); sie erkennt das Reich der Natur in den sinnlichen Kategorien: Raum, Zeit, Qualität, Quantität usw. (den Kategorien des Aristoteles). Das Eine und die Materie aber lassen sich von keinen Kategorien in Besitz nehmen, denn sie liegen jenseits des Denkbaren.

Wenn das Seiende in Stufen gedacht wird, so ist es leicht, nach der Methode der Mittelglieder immer neue Stufen anzusetzen. So ist es im späteren neuplatonischen Denken geschehen, mit einer unübersehbar werdenden »Geographie« der Sphären, Reiche und Kräfte. Plotin dagegen setzt ausdrücklich auseinander, daß es nicht mehr als die drei Hypostasen des Einen, des Geistes und der Seele gebe. Die Natur berücksichtigt er bei solcher Betrachtung des eigentlichen Seins nicht mehr. Er hat auch kein Interesse, den Naturerscheinungen in ihrer besonderen Realität nachzugehen. Die Materie aber ist nur die letzte Grenze der Zeugungen des Einen.

Das bedeutet: Bei Plotin gibt es nicht zwei Mächte, wie in dualistischen Lehren. Licht und Finsternis, Geist und Materie, das Gute und das Böse sind nicht zwei selbständige Ursprünge im Kampf miteinander. Vielmehr ist, wenn Plotin das Eine und das Andere denkt, die Materie der Gegenwurf zum Logos des Geistes, nicht zum Einen des Überseins. Für Plotin gibt es nur das Eine und den ewigen Prozeß des Hinabfließens in den Zeugungen des Seienden und der Umkehr zum Einen.

d) *Geist, Seele, Natur:* Sie sind die drei mittleren Bereiche, die Bereiche des Seienden:

Der *Geist (Nus),* im Ganzen des Seins das Zweite, ist das wahrhaft Seiende. Zeitlos ist er das Leben der reinen Formen (Urbilder oder Ideen). Er ist Denken, daher stehen im Geist Denken und Gedachtes sich gegenüber, hier aber so, daß Denken und Gedachtes (Denken und Sein) identisch sind. Der Geist denkt die Idee nicht als ein Fremdes, sondern als sich selbst. In der Spaltung ist er Selbstbewußtsein. Da aber dies Sichselbstdenken in der Spaltung von Denken und Gedachtem sich vollzieht, ist im Geist das Eine und das Andere: der Geist ist Einheit in der Vielheit.

Der Geist wird gepriesen als schön und das Schönste von allem. Er wohnt in einem reinen Licht. Er umfaßt alles Seiende, von dem auch die schöne Welt der Natur eine Abschattung ist. Er wohnt in seiner leuchtenden Herrlichkeit, weil nichts Ungeistiges noch Dunkles noch Maßloses in ihm ist. Er führt ein seliges Leben.

Die *Seele* ist Abbild und Erzeugnis des Nus. Indem die Seele auf den Nus blickt, erzeugt sie ihrerseits die Natur, den Kosmos. Sie ist der Weltschöpfer, das belebende Prinzip in der zeitlichen Welt, selber aber immateriell und unteilbar.

Als Weltseele ist sie Ewigkeit in gebietender Ruhe. Sie wird Einzelseele in Gestirngöttern, Dämonen, Menschen, Tieren und Pflanzen. Als Weltseele und in den Gestirngöttern ist die ganze Seele unsterblich. Denn in den kreisenden Bewegungen verknüpft sie Anfang und Ende zu zeitloser Gegenwart. In den anderen Einzelseelen ist ein unsterblicher und ein sterblicher Teil. Sie sind eingegangen in das Endliche, damit in das zeitliche Dasein geraten, das immer wird und vergeht. In den Hüllen dieser Zeitlichkeit sind sie mit diesen sterblich.

In der Seele ist alles gegenwärtig, in ihrem Wahrnehmen die Natur, in ihrem Denken der Nus, im dialektischen Transzendieren allen Denkens und in der Ekstase das Eine. Die Materie aber ist gegenwärtig im Nichtsehen und Nichtdenken, so wie wir in die Finsternis der Nacht blicken, im Sehen nicht sehen.

Die *Natur* ist die sinnliche, in Raum und Zeit ausgebreitete Welt, das

Körperliche, Sichtbare, Hörbare, Tastbare. Sie ist nicht etwa die Materie, die selber vielmehr unkörperlich, unwahrnehmbar, undenkbar ist. Die Stoffe und alle Körper sind schon geformte und durch die Form ins Seiende gezogene Materie.

Wie die Natur beiher entsteht mit dem Schauen der Seele, so ist die Natur selber wieder ein nun unbewußtes Schauen, in dem die Fülle ihrer lebendigen Gestalten erwächst, durchwirkt vom Logos der Seele. Die Natur hat zwar nicht Vorstellungen und Begriffe, aber ein Schauen in sich selbst. Sie schafft wie der Künstler nach Ideen, aber ohne gewußtes Bild. Das Gewordene ist das Ergebnis ihres in Schweigen versunkenen Schauens. Die schaulustige Natur schafft, wie der Geometer Figuren zeichnet, aber sie zeichnet nicht, sondern Umrisse der Körper treten von selber heraus ins Dasein. Ihr verstehendes Bewußtsein verhält sich wie das Bewußtsein des Schlafenden zu dem der Wachenden. Die Natur ist eine schlafende Seele. Diese Seele hat alle Wesen, ihnen Leben einhauchend, hervorgebracht, alle, die die Erde und das Meer ernährt, die in der Luft sind, und die göttlichen Gestirne am Himmel und die Sonne.

Die einzelnen Dinge werden und vergehen, je nachdem die Seele ihnen Leben spendet oder sie verläßt. Die Welt im ganzen aber hört nicht auf, weil Geist und Seelen ewig leuchten.

e) *Abstieg und Aufstieg:* Nun ist die Frage: Warum der Abstieg vom Einen? warum sind der Geist, die Seele, die Natur, die Materie? Plotins Antworten, obgleich reich an Formulierungen, geben keine Lösung, sondern eine Anschauung des Rätsels.

Das Eine ist unbewegt sich selbst genug. Wenn ein Zweites nach ihm sein soll, so muß es zustande kommen, ohne daß jenes Eine sich hinneigt oder es will oder überhaupt sich regt. Das nach ihm ist ungewollte Folge. Es irren die, die sagen, »irgendeinmal hätte sein Schöpfer den Entschluß gefaßt, es hervorzubringen«. Das »Abbild ist so lange da als das Urbild«. Plotin läßt die Welt nicht durch den Demiurgen Platos im Blick auf die Ideen aus der Materie hervorbringen, auch nicht durch den Gott der Bibel aus Nichts schaffen, auch nicht durch Entwicklung aus dem Potentiellen in ewiger Gegenwärtigkeit wie bei Aristoteles da sein. Wodurch sie bei Plotin ist, das hat man später Emanation genannt. Er selbst hat dafür keinen Begriff, sondern trifft das Rätsel nur in einer Fülle von Bildern:

Nach dem Einen ist das Andere wie ein rings aus ihm hervorbrechender Glanz, wie das Licht um die Sonne, oder wie das Feuer Wärme ausstrahlt, oder wie um das Eis Kälte ist, oder wie um wohlriechende Essenz der Duft. Je weiter entfernt, desto schwächer wird die Ausstrahlung, bis sie sich verliert in die Finsternis, in das Leere, ins Nichts.

Andere Bilder bringen das All vor Augen wie aus einer Quelle hervorgeströmt, die sich in die Flüsse ergießt, ohne selber erschöpft zu werden. Oder es ist wie das Leben eines gewaltigen Baumes, welches das All des Baumes durchwirkt, indem der Anfang festgegründet in der Wurzel bleibt und nicht zerstreut wird. Oder das Eine wird verglichen mit der Mitte, um die die Kreislinie sich bewegt.

Eine andere Bildergruppe ist das Gleichnis des Zeugens, Schauens und Liebens: Zeugen ist nicht Schaffen aus Nichts und nicht Machen aus einem Stoff, sondern der geheimnisvolle Vorgang der Fortpflanzung des Lebens, in dem das Spätere ebenso selbstständig wird wie das, woraus es entstand. Im Verhältnis von Vater und Sohn ist der Sohn nicht abhängiges Kunstwerk, nicht ein hergestelltes Etwas, sondern eigenständig, er selbst, und doch entsprungen, nicht durch sich selbst entstanden. Plotin nennt das Eine den Vater, den Nus den Sohn, die Weltseele den Enkel. – Zeugen aber geschieht im Schauen. Alles Seiende ist ein mitfolgendes Resultat des Schauens. So erzeugt das Eine den Nus. Indem es stillesteht, damit es sehe, wird es Nus und seiend. Oder anders: das durch Überfließen Gewordene wandte sich zu dem Einen und wurde erfüllt und wurde so Nus. Indem das Schauen jeweils auf die frühere Stufe als Vorbild blickt, zeugt es im Schauen das Spätere als Abbild, welches wieder schaut und als vom Schauen gezeugtes Schauen den Reigen fortsetzt. Abstieg und Rückkehr ist in einem vollzogen, im Schauen nach oben die Rückkehr, im Zeugen der Abstieg. – Schauen ist Lieben. Die Liebenden gehören unter die Schauenden, die nach den Ideen streben. So sind auch in den Tieren, wenn sie zeugen, die bewußtlosen Begriffe in ihnen das Bewegende. Das Zeugen, die Tätigkeit des Schauens, ist ein Drang nach Erzeugung vieler Formen, nach Erfüllung des Alls. Alles Erzeugte aber sehnt sich nach dem Erzeuger und liebt ihn.

Weil das Eine vollkommen ist, nichts sucht noch bedarf, so floß es gleichsam über. Seine Überfülle brachte die Welt hervor. Aber das Heraustreten aus dem Einen bedeutet keinen Verlust (wie die Sonne trotz Ausstrahlung unverändert bleibt). Auch die weiteren Stufen erfahren in dem Verhältnis zu den ihnen folgenden keine Minderung an sich selbst.

Wohl aber gilt für das Nacheinander der Stufen überall: Das Erzeugende ist einfacher als das Erzeugte, alles Erzeugte schlechter als das Erzeugende. Was Prinzip ist, bedarf des nach ihm Folgenden nicht, wohl aber umgekehrt. Nichts ist von dem vor ihm Liegenden, dem Höheren abgeschnitten. – Warum, fragen wir, muß das Erzeugte stets schlechter sein als das Erzeugende? Der Gegengedanke wäre: aus dem Ursprung könne das Folgende wachsen, mehr werden, besser werden, das Erzeugen gehe in die Höhe, statt abwärts. Diese Frage wird von Plotin nicht gestellt. Die Antwort aber wird gegeben durch alle seine Gleichnisse. Das ausstrahlende Licht ist weniger als der Ursprung.

Der Übergang von Stufe zu Stufe hat je einen eigenen Charakter. Wenn das Eine in ewiger Stille bei sich selbst bleibt, aber etwas gleichsam um es herum geschieht, wie geht das vor sich?

Das Eine ist nicht Geist. »Wie kann es da den Geist erzeugen? Nun, in dem Gerichtetsein auf sich selbst erblickte es sich selbst, und dies Erblicken ist der Geist.« Der Geist soll nicht aus dem Einen, sondern aus dem Geist selber abgeleitet werden. Der Geist, denkend, »hebt an als Eines, bleibt aber nicht wie er anhub, sondern wird unvermerkt, gleichsam schlaftrunken, zur Vielheit. Er entfaltet sein Selbst, da er alles besitzen will.«

Vom Nus geht der Schritt weiter zur Weltseele und zur Natur. Die Weltseele, auf die Urbilder in den Ideen des Nus schauend, erzeugt die Welt ohne

Planen und Machen, geräuschlos und mühelos. Nichts entzieht sich ihr. Jederzeit gewinnt sie die Herrschaft zurück über die einander widerstrebenden Dinge. Denn sie bleibt alles.

Der Prozeß wird von Plotin als ein notwendiger gedacht. Was für eine Notwendigkeit ist das? Plotins Antwort: Es war unmöglich, daß das All ruhig im Intelligiblen stehenblieb, solange noch ein Anderes in der Stufenreihe der Dinge entstehen konnte. Es liegt in einer jeden Natur, das unter ihr Stehende zu bewirken. Allein das Allerkraftloseste, die Materie, hat keine Stufe nach sich. Wie alle Wesen, wenn sie zu ihrer Reife und Erfüllung kommen, zeugen und sich nicht zufrieden geben, in sich selbst zu verharren, sondern ein Anderes hervorbringen, so das Eine. Denn wie sollte es, »das Vollkommenste, das erste Gute bei sich selbst stehen bleiben, gleichsam mit sich kargend oder aus Schwäche?«

Wenn Plotin das Sein als ungewollten Nebenerfolg des Überseins durch eine Notwendigkeit entspringen läßt, so meint er mit solchem Begriff wie mit jedem Begriff und jedem Bild einen Bezug auf das durch Begriff und Bild Unerreichbare. Keineswegs wird etwa eine Notwendigkeit gedacht, die über dem Einen und Ersten stände. Denn dann würde diese Notwendigkeit das Ursprüngliche und das über das Übersein des Einen Mächtige sein. –

Dem Abstieg entspricht der Aufstieg. Dieser war in jedem zeugenden Akt schon gegenwärtig als das Hinaufblicken zur höheren Stufe, in der Liebe des Erzeugten zum Erzeuger.

Ist nun der Aufstieg in dem Sinne gemeint, daß alle niederen Stufen am besten wieder aufgehoben würden? Ist ein Fall geschehen, der wieder rückgängig gemacht, ein Böses, das wieder gut gemacht werden soll, so daß am Ende das Eine in unendlicher Seligkeit und Selbstgenügsamkeit allein ist? Keineswegs. Wenn das Sein des Überseins allein und alles wäre, so wäre ja alles gestaltlos in ihm verborgen geblieben, und es bestände nichts von dem Seienden.

Die Welt als Übergang liegt also zugleich im Licht und im Dunkel. Die Welt ist schön, herrlich, göttlich, weil sie vom Einen herkommt. Sie ist Schattenbild, Abglanz, voll Mangel und unvollendet, weil überall entstellt durch die ordnungslose Materie, die Unwahrheit des Seins des Nichtseins. Soweit die Formung geht durch das Sein, ist Schönheit, Wahrheit, Güte; soweit die Materie der Rest von Ungeformtheit in jedem, auch dem besten Seienden ist, ist sie der Grund des Häßlichen, des Unwahren, des Übels.

Daher ist bei Plotin beides möglich und wahr: die Ergriffenheit vom Sein der Welt als Offenbarung des Einen im Abglanz auf allen Stufen des Seins (das Eine mußte überfließen aus seiner Fülle) und die Sehnsucht, weltfrei zu werden, aus dem Sein als Schattenbild mit den Störungen durch die Materie des Nichtseins zurückzukehren zum eigentlichen Sein und darüber hinaus zum Einen, nicht mehr Hülle und Schein zu sein, sondern Fülle und Sein zu werden (so daß Plotin auch sagen kann, es wäre besser gewesen, der Geist hätte nicht sein Selbst entfaltet; denn dadurch wurde nach dem Einen das Zweite und damit weiter die ganze Stufenreihe und der Kreislauf der Welt).

Wird Plotins Denken als gedachtes »System« vorgetragen, wie ich es eben tat, so wirkt es wie eine Erzählung in Begriffen und Bildern. Vor den logischen Zusammenhängen und anschaulichen Gleichnissen ersteht aber die Frage: woher weiß er das alles? Es ist doch nirgends aus seinem Grunde gezeigt, sei er empirisch, sei er logisch. Sind es nicht Märchen, die kein Erkennen bringen? Das System ist ausgedacht. Es läßt sich anders ausdenken.

Gegen diesen Vorwurf ist zunächst zu sagen: Die Erzählung des Systems ist angesichts Plotins eine Entstellung. Dieses runde Bild im ganzen findet sich so nicht bei ihm. Alle seine Züge sind zwar da, aber in je anderen Zusammenhängen und Abwandlungen. Wie in diesen die eigentliche philosophische Einsicht sich vollzieht, davon sagt Plotin:

Wir sollen *verweilen,* wo uns das Eine zur Gegenwart wird, das nichts ist von all dem, was nach ihm ist, sollen staunen und ausruhen und hinblicken. Wir sollen es gewahren in den Dingen, die nach ihm sind als Abglanz von ihm.

Wir sollen *beten.* Auf die Frage, wie aus dem Einen das Seiende werde und nicht vielmehr jenes in sich selbst verharre, beginnt Plotin: »In der Weise nun soll davon gesprochen werden, daß wir Gott selbst anrufen, indem wir uns mit der Seele strecken zum Gebet, wenn wir allein ihm allein gegenübertreten.« Man konnte deuten: Plotin rufe Gott im Gebet an, daß er ihm die Erkenntnis gebe. Aber davon ist nicht die Rede. Nicht will er mit dem Gebet um ein Anderes bitten, sondern durch das Gebet in diesem selbst, allein mit dem Einen, jene Gegenwart gewinnen, aus der allein sinnvoll gesprochen werden kann von dem, wonach hier gefragt wurde. Das Erste dieses Erkenntnisweges ist nicht eine Voraussetzung in einem Satze, aus dem Konsequenzen gezogen werden, sondern ein Schauen, das Ursprung und Ziel der Gedanken bleibt. Es wird nicht ein Objekt vor Augen gestellt und untersucht. Vielmehr versteht sich eine über Subjekt und Objekt übergreifende Erfülltheit in den Objektivitäten als Erscheinungen.

Wir sollen den Weg nehmen *über Vorstellungen, die überschritten werden,* und sollen über die Dinge der Welt zu dem gelangen, was kein Gegenstand ist. »Dann rufe Gott an, daß er komme. Er aber möge kommen und seine reiche Welt mitbringen.« Wir sprechen vom Einen, aber sagen es nicht aus. Wir haben es nicht durch Erkenntnis, haben es aber doch nicht überhaupt nicht.

Wir sollen von *Erfahrungen unserer eigenen Wirklichkeit* ausgehen. »Auch wenn wir das Eine den Grund nennen, sagen wir nicht etwas von ihm aus, sondern nur was uns zukommt, weil wir etwas von ihm her haben, während jenes in sich selbst ist. Die wir es gleichsam von außen umkreisen, dürfen nur unsere eigenen Affektionen interpretieren wollen, indem wir ihm bald nahe stehen, bald weiter von ihm abfallen.« Noch beim Ersten, Einen gilt: »Man muß es, so gut es geht, durch ein in uns Ähnliches bezeichnen. Denn es ist auch in uns etwas von ihm, oder vielmehr es gibt keinen Punkt, wo es nicht ist für diejenigen, welchen vergönnt ist, an ihm teilzuhaben.« Wie auch immer wir die Wesenheit des Einen denkend bezeichnen: »wir sagen mit diesen Bezeichnungen gar nichts über sie aus, sondern suchen sie nur vor uns selbst nach Möglichkeit begreiflich zu machen.« Wir reden von den Wirkungen des Einen, wie die Begeisterten, die »wissen, daß sie ein Höheres in sich tragen, ohne zu wissen, was es ist«.

Diese Erfahrung, von der Plotin ausgeht, ist nicht etwa als ein psychisches Phänomen erkennbar, vielmehr wird sie selbst erst hell in den objektivierenden Gedanken, die das nicht erreichen, wovon sie entzündet sind, aber es umkreisen so, daß sie von dort her allein ihren Sinn haben. Es handelt sich nicht um psychologische Erkenntnis von Erlebnissen oder Zuständen, sondern um die Erhellung meiner, des Denkenden, im Sein selbst.

Wie Plotin nicht das Eine selbst erkennt, sondern die Affektionen seiner selbst im Einen, so verwirft Luther die theologia gloria (gegenständliche Gotteserkenntnis) zugunsten der theologia crucis (der Offenbarung Gottes, die uns den Weg zu ihm zeigt), so durchschaut Kant die Nichtigkeit aller metaphysischen Erkenntnis, um das Bewußtsein des Intelligiblen im freien Handeln zu vertiefen. Es ist eine Analogie zwischen übrigens wesensverschiedenen Positionen.

Hat man Plotins Ausgangspunkt vergegenwärtigt, so werden von daher die *Methoden* seiner philosophischen Akte klar, nach denen wir in unserer weiteren Darstellung den Gehalt seines Denkens zu begreifen versuchen:

1. Plotin vollzieht Gedankenoperationen, die alles Bestimmte und Gegenständliche und jede Gestalt des Faßlichen überschreiten: von der Vielfachheit des Seienden zum Einen Sein, von den vielen Göttern zu Gott, vom Geist zu dem, was Ursprung des Geistes ist, vom Erkennbaren zum Unerkennbaren, vom Sein zum Übersein. Was immer ein Seiendes ist und was denkbar ist, alles wird überschritten zu dem, was über ihm und vor ihm ist (zum epekeina panton).

2. Das Überschreiten geschieht durch eine Folge von Erkenntnisstufen. Im Überschreiten wird das, wohin überschritten wird, gegenwärtig. Eine ab-

schließende Erfahrung, die unaussagbar bleibt, wird Bezugspunkt, auf den hin die Abstufungen der Wesentlichkeiten erfolgen. Er heißt Einung mit dem Einen. Dorthin führt in Stufen alles Erkennen.

3. Das Transzendieren im ganzen gliedert sich in spekulative Operationen am Leitfaden vieler bestimmter Kategorien, an denen in Abwandlungen das grundsätzlich immer Gleiche vollzogen wird. Vom Leben wird der Blick gelenkt auf das eigentliche Leben, von den Formen zu den ewigen Formen, von den Bewegungen zur ersten Bewegung, vom vielerlei Schönen zur Schönheit an sich. Am Leitfaden des Zugänglichen führt der Weg zum zunächst Unzugänglichen. Dabei ist das Transzendieren in Kategorien durchsetzt mit Gleichnissen, um im Abbild auf das Urbild zu lenken. »Von der Art, wie der Schatten des Guten ist, muß man sich das Urbild denken.« Gehen wir denkend auf den Kosmos des Geistes zu, so finden wir ihn umspielt von diesen Schatten. Und haben wir ihn erreicht, dann: »Wer den Geisteskosmos erschaut, muß nach dem Schöpfer fragen, der einen so herrlichen Sohn zeugte.«

4. In allen Methoden wirkt ein einziger Antrieb: der Drang der Seele zu ihrem Ursprung. Dahin zu gelangen, ist ihre Seligkeit. Sie findet ihn im Schauen, in der Liebe; – in der Erinnerung an ihre Herkunft; – im Reinwerden. Sie steht vor den Möglichkeiten des Aufschwungs oder des weiteren Abfalls. Das philosophische Denken bringt sie vor die Alternative. Es macht ihr nicht nur den Weg frei. Es zeigt ihn, es erfüllt sie mit der Seligkeit der liebenden Schau des Erkennens.

Werkzeug (aber auch Symbol) des Ganzen dieser Denkungsart ist das systematische Bild des Alls, das zu Anfang im Schema reproduziert wurde. Es selber ist im Prinzip immer gleich, aber in Darstellung und Erscheinung wandelbar. Es bringt den Rahmen, von dem die mannigfachen Gedankengänge, genährt von überlieferten Weisen der Spekulation, aufgenommen werden.

Das *Kriterium der Wahrheit* bei diesem Philosophieren finden wir nicht schon in einer bloß rationalen Evidenz des Gedankens. Wo immer wir stehen, leben wir im Sehnen, Schauen, Lieben zum Höheren. Weil hier ein absolutes Bewußtsein seiner gewiß ist, weil es sich um Erhellung im Selbstverstehen, nicht um Erklärung aus einem Anderen handelt, ist die Aneigung der Wahrheit solchen Denkens nicht schon logisch-gegenständlich möglich, sondern in diesem Medium mit der eigenen Existenz erst da, wo Einstimmung und wo Widerstreit mit Erfüllungen eigenen möglichen Existierens fühlbar wird. Das Verstehen ist stets zugleich ein Selbstverstehen, sei es durch Einklingen, sei es in Entgegensetzung. Das rein gegenständliche Betrachten ohne Prüfung der Wahrheit, das Erzählen als Geschichte und als Lehrstück bleibt außerhalb, ohne Berührung und ohne den Ansatz eines Verstehens.

Plotin vollzieht mit Plato zwei Schritte des Transzendierens. Der erste überschreitet das sinnlich Wahrnehmbare und ergreift das nur Denkbare, aber nicht Sichtbare. Ein sichtbares Dreieck ist nie exakt dem gedachten gleich. Die mathematische Wahrheit trifft Gegenstände einer idealen Welt. Diese ideale Welt umfaßt jedoch mehr als die mathematischen Gestalten, nämlich alles Denkbare und als Gedachtsein Existierende. Diese ideale Welt des Gedachten, das notwendig zu Denkende, ist die unendliche Welt der Urbilder, von denen die sinnliche Welt endlose Abbilder zeigt.

Sinnliche wie geistige Welt sind beide immanent, sofern wir mit ihnen im Wahrnehmbaren oder Denkbaren bleiben. Der erste transzendierende Schritt zur Geisteswelt, zum Intelligiblen, das heißt nur Denkbaren schafft erst den Ausgangspunkt für den zweiten: für das Transzendieren sowohl über das Sichtbare wie über das Denkbare hinaus. In der Welt des Denkbaren findet Plotin noch keine Ruhe, sondern sucht für diese selber den Grund. Er fragt: woher? Aber diese Frage findet keine Antwort mehr durch einen erfüllbaren Gedanken. Alles Denkbare gehört wieder der Geisteswelt an, über die transzendiert werden soll. Es ist der Schritt eines Denkens, das sogleich kein Denken mehr ist, sondern als Denken scheitert in dem Gedanken: es ist denkbar, daß es gibt, was nicht denkbar ist. Das Denken drängt an die Grenze, die es nicht überschreiten kann, die es aber dadurch, daß es sie denkt, zu überschreiten auffordert.

Wohin gelangt Plotin? Zum Undenkbaren. »Das *Erste* heißt es, weil es das Einfachste ist, und selbstgenugsam, weil es nicht aus mehreren besteht... Es ist nicht in einem Andern... Wenn es nun weder von einem Andern ausgeht, noch in einem Andern sich befindet, noch irgendeine Zusammensetzung ist, so kann notwendigerweise nichts über ihm sein.« Es heißt *das Eine.* Es heißt *das Gute.* Die Seele drängt dorthin: »Und solange es noch etwas gibt, das höher ist als das Zugegene, hebt sie sich hinauf, über das Gute jedoch vermag sie nicht hinauszudringen.«

Wohin das Überschreiten erfolgt, das wird so zwar benannt: das Erste, das Eine, das Gute. Aber es ist nicht dies, was solche Worte besagen. Plotin fordert daher: »Verfahre so: sprichst du ›das Gute‹ aus, so denke nichts weiteres hinzu; denn setzt du etwas hinzu, so wirst du es um soviel, als du hinzugesetzt hast, vermindern.« Das heißt: die Benennung macht es nicht denkbar. Es ist vielmehr das, »von welchem schon die Aussage, daß es Eines sei, falsch ist«. Durch negative Aussagen muß jede Denkbarkeit von dem Undenkbaren ferngehalten werden. Daher heißt es von ihm, es sei unbedürftig, das Unabhängigste, für sich selbst seiend, nicht vermischt, entrückt aller Zufälligkeit und aller Zusammengesetztheit. Die negativen Aussagen sprechen aus, was es nicht ist. Es ist nicht Sein, nicht Seiendes, nicht Denken, nicht Selbstbewußtsein, nicht Leben, nicht Bewegung. Was immer wir denken, es ist zu sagen, jenes sei dies nicht.

Die immer wiederholte Forderung ist: tu alle anderen Dinge fort, wenn du das Eine aussagen oder seiner innewerden willst. Und wenn du alles fortgetan hast, dann suche nicht danach, was du ihm etwa noch beilegen könntest, sondern danach, ob du vielleicht etwas noch nicht von ihm fortgetan hast in deinem Denken. Auch das Sein wird von ihm nur »unter dem Zwang der Wörter« ausgesagt. Man darf es streng genommen auch weder »jenes« noch »dieses« nennen. Es ist nicht von Anderem unterschieden, und in ihm selbst liegen keinerlei Unterscheidungen. Wenn wir aber hören, es denke nicht, es sei nicht Geist, denn, weil unbedürftig und auf nichts anderes bezogen, brauche es nicht zu denken, denke auch sich selber nicht, habe also kein Selbstbewußtsein, denn es sei in ihm keine Spaltung und Vielheit, so kommt doch offenbar alles darauf an, das so im Denken nicht Gedachte nicht als das Nichts, sondern als die überwältigende Fülle zu berühren.

Denn vor allem Negativen stutzen wir. »Sollen wir«, fragt Plotin, »mißtrauisch werden und argwöhnen, es sei *das Nichts?*« und antwortet: »Gewiß ist es nichts von dem, dessen Urgrund es ist.« Nur darum kann nichts, weder Sein noch Denken noch Leben, von ihm ausgesagt werden, weil es über all das erhaben ist. Es ist, was es nicht ist, nicht darum nicht, weil es weniger, sondern weil es mehr ist als das, was es nicht ist. Daher wendet Plotin das »nicht« um in ein Positives. Weil das Eine mehr ist, schließt es das, was es nicht ist, in sich ein, schließt es nicht aus. »Es ist dennoch nicht gleichsam bewußtlos, sondern alle seine Inhalte sind in ihm, ... es ist Leben in ihm ..., es ist selbst Sichselbstdenken, gewissermaßen vermöge eines Selbstbewußtseins, es bedeutet ein Denken in immerwährendem Stillestehen – anders als beim Denken des Geistes.« Daß sein Nichtsein den überwältigenden Reichtum bedeutet, drückt Plotin auch so aus: »Es ist nicht notwendig, daß derjenige, welcher etwas gibt, dies auch habe (im Sinne, daß er es selber sei) ... das Gebende ist das Höhere, das Gegebene das Geringere...

Ist nun der Geist Leben, so hat der Gebende wohl Leben gegeben, ist aber selber schöner und höheren Wertes als das Leben ..., des Geistes Leben ist ein Abglanz von jenem und nicht das Leben jenes.«

Was nicht gedacht werden kann, kann auch nicht gesagt werden. Es ist daher ein ständiges *Sagen und Widerrufen,* wenn von jenem undenkbar Einen die Rede ist. Wird es das ganz Verschiedene genannt, so wird es schon in der Verschiedenheit gedacht, ist nicht Transzendenz, weil durch ein Gedachtsein wieder in die Immanenz hineingenommen. So sind die Wendungen: es steht außerhalb aller Kategorien, ist »jenseits von allem«, ist ein ganz Anderes, ist ein »Mehr als«, ein »Über«, die Ergänzung von allem, – sämtlich wieder zurückzunehmen. Es ist sinnvoll, im Transzendieren diese Wendungen auszusprechen, aber nur um sie scheitern zu lassen.

Eine Weise des Rückgängigmachens ist Plotins Satz: Was vom Einen gesagt werde, das gelte nicht von diesem selber, sondern in Beziehung auf uns, nicht an sich, sondern von uns her. »Es ist nicht gut für sich selbst, sondern das Gute für die anderen Dinge.« Wenn wir »es die Ursache nennen, so sagen wir damit nicht etwas aus, was von ihm, sondern was an uns geschieht«. Es ist also ein ursächliches Verhältnis, in dem die Ursache nicht Ursache ist, sondern nur von der Folge her so erscheint. Es ist daher auch die Beziehung zu uns eine Beziehung, die keine Beziehung ist als nur eine von uns aus so gesehene. Auch diese Weise des Rückgängigmachens macht sich selber rückgängig, indem wieder mit größter Entschiedenheit von dem Einen als dem, wovon alles andere ist und lebt, gesprochen wird. »Alle Wesen verlangen nach ihm, gleich als ahnten sie, daß sie ohne jenes nicht sein könnten.«

Vom Einen spricht Plotin daher aus dem Innersten der Seele, hingerissen, aber im Erkennen verzichtend. In unerschöpflicher Erfindungskraft bringt er paradoxe Sätze: Das Erste verliert nichts, da es als Ursache nicht in der Folge aufgeht, – da es werden läßt, ohne zu müssen, – da es nur überfließt, ohne daß die Fülle geringer würde. Das Eine verharrt in vollkommener Ruhe, wendet sich nicht herab zu dem, was nach ihm ist. Es hätte ihm auch nicht daran gelegen, wenn jenes nicht geworden wäre. Es bleibt ungeteilt in sich, hat nichts verloren und bedarf nichts. Das Gewordene aber wendet sich ihm zu und schaut auf dasselbe und wird von ihm erfüllt.

Wie anders zeigt sich uns Plotins Denken, wenn wir ein Schema des Alls – das System – objektiv als eine Sache erzählen, und wenn wir teilnehmen an dem transzendierenden Gedanken selber! Erst im wirklichen Gang der Gedanken und Vergegenwärtigungen entschleiert sich das Grundrätsel des Daseins auf die eigentümlich Plotinische Weise, aber ohne daß eine Antwort erfolgt, die als Wissensinhalt Bestand hätte.

Das Eine, die letzte Transzendenz, nennt Plotin auch *Gott*. Durch die Gottheit wird alles Sichtbare, alles Denkbare, der Geist, alles, was wir sind und was wir erfassen können, ein Untergeordnetes. Dieses Überschreiten jeder Immanenz, jeder Herrlichkeit und Größe in der Welt und allen Geistes zur Gottheit hin ist gar nicht selbstverständlich und noch weniger die Radikalität, mit der bei Plotin die Transzendenz vor jeder Denkbarkeit, jedem Näherbringen, jeder Faßlichkeit und Leibhaftigkeit geschützt wird. Es ist gar nicht selbstverständlich, hier alle Tiefe und Macht und die alleinige Mitte zu sehen.

Gott aber heißt bei Plotin auch der Geisteskosmos (der Nus), auch die Weltseele; die Gestirne sind ihm Götter, und dazu gibt es die Dämonen, die die Atmosphäre erfüllen. Das Göttliche ist bei ihm etwas, das der griechischen Überlieferung entsprechend einer Vielheit zugesprochen wird. Innerhalb des Göttlichen wie innerhalb des Seienden erfolgt erst jenes Überschreiten. Und erst in diesem Überschreiten wird Plotin ergriffen von dem, um das all sein Denken geht, das er aber nicht denken und sagen kann, dem der Name Gott als einer unter anderen zukommt. Dieser Name wird nicht ausdrücklich rückgängig gemacht, obgleich diese Gottheit nicht mit all den Göttern auf eine Stufe gestellt werden darf. Kein Philosoph hat mehr als Plotin im Einen gelebt. Aber dieses Eine ist nicht der lebendige Gott der Bibel, ist nicht bewegt von Zorn, ist nicht Bringer der Gnade und der Erlösung. Plotins Gott wird unendlich geliebt, aber er liebt nicht wieder. Durch ihn ist alles, aber nicht vermöge seines Willens. Es gibt keinen Kultus und keine Gemeinschaft für diesen einen Gott. Die Seele flieht mit dem Einen in ihr zum Einzig-Einen. Die Gottheit wird gefunden, unter Voraussetzung des sittlichen Lebens, im Philosophieren vermöge einer spekulativen Dialektik, welche jede gedankliche oder gar sinnliche Fixierung verbietet. Beten ist das philosophierende Sichhinbewegen zur Gottheit.

Auf Gott, das Eine, kommt alles für uns an: »Wir sind im höheren Sinne, wenn wir uns zu ihm hinrichten, ihm fern sein bedeutet Sein geringeren Grades. Das Leben hienieden ist Heimatlosigkeit, Verbannung.« Aber dieser Gott wendet sich nicht als ein persönliches Wesen liebend zu uns. »Jenes verlangt nicht nach uns, daß es etwa um uns wäre, aber wir nach ihm, so daß wir um es sind.« Wie viele der großen Philosophen (Aristoteles, Spinoza) kennt Plotin keine Liebe Gottes zum Menschen, sondern die alles wesentliche Leben gründende Liebe des Menschen zu Gott.

IV. Die Erkenntnisstufen

Das Überschreiten bis hin zum Unüberschreitbaren erfolgt in den Erkenntnisstufen. Plotin unterscheidet Wahrnehmung (aisthesis), Verstand (logismos), Vernunft (nus). Die Wahrnehmung denkt noch nicht. Der Verstand erkennt unterscheidend durch Beweise und Schlüsse, durch Reflexion und auf Umwegen. Die Vernunft schaut die Einheit des Unterschiedenen, das Viele im Einen, ohne Reflexion geradezu. Über alle drei Stufen hinaus aber liegt, was nicht mehr Denken ist. Es ist mehr als Denken, jenseits des Denkens: die Einung mit dem Einen, in der jeder Gegenstand und ich selbst verschwinde, erfüllt von dem Grund allen Seins, selbst zu diesem geworden.

Das Denken nimmt also eine Zwischenstellung ein zwischen Weniger und Mehr als Denken. Was ist Denken? Es geschieht, indem es sich und das Gedachte auseinanderhält, und indem es das Gedachte von anderem Gedachten unterscheidet. Mit dem Denken muß Mannigfaltigkeit sein.

In dieser Zwischensphäre zwischen sinnlicher Gebundenheit und der Einheit jenseits des Denkens unterscheidet Plotin den bloßen Verstand und die Vernunft (Geist, Nus). Der Verstand vollzieht seine Operationen auf dem Umwege über Reflexionen und Schlüsse, er macht Dinge mit Werkzeugen. Die Vernunft dagegen schaut: sie erfaßt in der Vielheit die Einheit unmittelbar. Wie die Ägypter in der Bilderschrift die Dinge selber sehen, so erfaßt das Schauen seine Gegenstände in einem einzigen Akt, nicht durch diskursives Denken. Wie der Schöpfer das All nicht durch Ausdenken des Einen nach dem Anderen planend hervorbringt, nicht wie ein Werkmeister mit Hand und Werkzeug es herstellt, sondern auf einen Schlag im ganzen, so schaut der Mensch, wenn er über das Verstandesdenken hinaus in den Dingen das Wesen ergreift.

Entscheidend für Plotin ist nun, daß auch im scheinbar Höchsten, im denkenden Schauen des Geistes, im Denken der ewigen Formen oder Wesenheiten das Ziel nicht erreicht ist. Denn, wo Geist (Nus, Vernunft) ist, da ist schon Denken. Erst durch die Andersheit ist der Geist möglich. Das Eine des Geistes, Abbild des unterschiedslosen Einen, ist nur, indem er zugleich Denkendes und Gedachtes ist, und indem seine Gegenstände unterschieden als die einen und die anderen sind. Er ist also stets schon in der doppelten Zweiheit des Denkenden und Gedachten, und des Einen und des Anderen. Scheidet man mit der Spaltung und der Andersheit die Zweiheit aus, dann ist das Eine nur Schweigen. Eine unmittelbare Selbsterfassung des Einen wäre »ein einfacher, ganz und gar identischer Bewegungsakt und hätte nichts Denkmäßiges an sich«.

Schauen aber nennt Plotin einmal das Schauen der Wesenheiten im Gegenständlichen, dann die das Denken überschreitende Einung im gegenstandslosen Einen. Dies wird nicht mehr mit dem Denken geschaut, sondern das Denken selber wird überschritten und verlassen. Von dieser Einung heißt es darum auch, daß sie nicht mehr Schauen sei.

Hinausgelangen über das Denken, über den Geist, über das Sein, hingelangen zum Einen, das ist die höchste Möglichkeit. Für das Verständnis Plotins ist dies der Angelpunkt, zu verstehen, was er von hierher zu sagen vermag. Beispiele seiner Schilderungen:

1. »Oft wenn ich aus dem Schlummer des Leibes zu mir selbst erwache und aus der Außenwelt heraustretend bei mir selber Einkehr halte, schaue ich eine wundersame Schönheit: ich glaube dann am festesten an meine Zugehörigkeit zu einer besseren und höheren Welt, wirke kräftig in mir das herrlichste Leben und bin mit der Gottheit eins geworden. Steige ich dann nach diesem Verweilen in der Gottheit zur Denktätigkeit herab, so frage ich mich, wie es zuging, daß ich jetzt herabsteige, und daß überhaupt einmal meine Seele in den Körper eingetreten ist, obwohl sie doch das war, als was sie sich trotz ihres Aufenthaltes im Körper eben noch offenbarte.«

2. Die Einung ist verglichen der Erfahrung der Adepten, die die Götterbilder hinter sich lassen und im innersten Heiligtum (dem Adyton) eins mit dem Göttlichen werden. Da ist Schauen und Geschautes eins, ist vollkommene Einfachheit, kein Gegenstand und kein Ich. »Der Schauende ist ein anderer geworden, nicht mehr er selbst und nicht sein eigen.« Nun, aus dem Adyton zurückgekehrt, begegnen ihm zuerst wieder die Götterbilder, die er hinter sich gelassen hatte. »So werden diese die zweiten Schauungen.«

3. »Dort aber ist das wahrhaft Liebenswerte, mit dem der, welcher es ergriffen hat und wirklich besitzt, vereint bleiben kann, da es von außen nicht mit Fleisch und Blut umkleidet ist. Wer es geschaut hat, weiß, was ich sage, wie nämlich die Seele dann ein anderes Leben empfängt und es keines anderen mehr bedarf. Im Gegenteil, man muß alles andere ablegen, in diesem allein stehen und dies allein werden ... Dort schauen wir jenen und uns selbst, uns selbst als reines Licht, unbeschwert, leicht, Gott werdend oder vielmehr seiend.«

Wenn er wieder in dieses Dasein getreten, trägt der, der eins mit dem Sein war, »wenn er sich an seinen Zustand im Augenblick der Vereinigung erinnert, ein Abbild von jenem in sich«. Will er aber dann sprechen, so spricht er von einem Unterschiedenen, wo doch schlechthin Eins ohne Andersheit war, »weshalb denn auch die Schau so schwer zu beschreiben ist«. Diese Schwierigkeit ist die, »daß man des Einen gar nicht auf dem Wege des wissenschaftlichen Erkennens oder des reinen Denkens innewerden kann, sondern nur vermöge einer Gegenwärtigkeit, welche höherer Art ist als Wissenschaft«. Darum ist es weder sagbar noch schreibbar. »Wir reden und schreiben nur, um zu ihm hinzuleiten, aufzuwecken und gleichsam den Weg zu weisen. Denn nur bis zum Wege reicht die Belehrung, die Schau muß dann selbst vollbringen, wer etwas sehen will.« Was in angemessener Weise unmöglich gelingen kann, versucht Plotin in immer neuer Eindringlichkeit auszusprechen. Am ehesten läßt sich sagen, was in der Einung nicht ist:

Der Schauende war mit dem Geschauten eins. Es waren nicht zwei, nicht er selbst und das Eine. Es war »also eigentlich nichts Geschautes, sondern sozusagen Geeintes«. Dort ist die Vereinigung nicht mit einem Götterbild oder einem Gleichnis, sondern mit ihm selbst. Es ist nicht mehr Schauen.

Dieses »Schauen« ist so wenig wie das Geschaute noch ein Denken. Eins mit dem Einen denke ich nicht, wie das Eine nicht denkt. Daher ist dies »Schauen« größer als Vernunft, vor der Vernunft, über der Vernunft. Hier verschmäht die Seele das Denken, das sie sonst so liebt. Mit dem Denken gesättigt, an den intelligiblen Ort des Nus gelangt, läßt sie dies alles fahren.

Dieses Schauen ist auch nicht mehr Leben, ist nicht Bewegung, sondern Stillestehen. Dort regt sich nichts, nicht Zorn und Begierde. In der Abgeschiedenheit wird die Seele durch nichts abgelenkt, auch nicht zu sich selbst hingewandt. »Die Seele ist dort nicht einmal Seele, weil auch jenes nicht lebt, sondern über dem Leben steht.«

Die Seele, eingegangen in die Vollendung des Einen, »merkt nichts mehr davon, daß sie in dem Körper ist. Sie nennt sich selbst auch nicht irgendwie anders, nicht Mensch, nicht lebendes Wesen, nicht ein Seiendes, auch nicht Alles.«

Was nicht mehr Schauen, nicht Denken, nicht Leben ist, nennt Plotin ein Aussichtreten (ekstasis), ein Sichselbsthingeben, ein Einfachwerden (haplosis).

Es ist ein Schauen nicht mehr in Teilen und im Nacheinander, sondern »Erschauen mit einem Schlage« und im ganzen. Es ist »nicht zu erblicken mit sterblichen Augen«. Gotterfüllt steht der Schauende gelassen »in einsamer Ruhe und ohne Wandel da, mit seinem Wesen nirgends abweichend und sich nicht einmal um sich selbst herum drehend, überall feststehend und gleichsam Stillstand geworden«. »Nicht mehr er selbst noch sich selbst angehörend, gelangt er zugleich dort an, und jenem angehörend ist er eines mit ihm, niemandem mitteilbar, außer wem es vergönnt gewesen, selbst zu schauen.« So wird vom Unaussprechlichen gesprochen, und weiter auf vielfache Weise:

1. *Die dorthin treibende Kraft:* Der Geist (Vernunft, Nus) schaut kraft des Denkens, was in ihm ist, kraft eines intuitiven Aufnehmens das, was jenseits von ihm liegt. Darin erfährt die Seele das *Liebesverlangen,* in dem sie, den Geist überschreitend, trunken wird in einer Weise, die besser ist als ehrbarer Ernst. Die Seele schaut das Eine, indem sie den Geist, der in ihr ist, gleichsam verwirrt und so zum Verschwinden bringt. Dann gelangt sie dorthin.

2. *Plotin vergleicht:* Unser Auge kann in dunkler Nacht oder bei geschlossenen Lidern ein Licht sehen, das nicht fremdes Licht, sondern ein eigenes Leuchtendes ist, das in ihm selber hervorspringt. Es sieht nicht sehend und gerade dann sieht es am eigentlichsten, denn es sieht Licht, während die anderen Dinge zwar lichtartig sind, aber nicht Licht. »So wird auch der Geist, indem er sich selbst vor den anderen Dingen verhüllt und sich nach innen zurückzieht, nichts sehend schauen und zwar nicht ein anderes Licht in einem andern, sondern das, welches an sich selbst rein ist und ihm selbst plötzlich aufleuchtet.«

3. *Es verschwinden Ort und Zeit:* Wenn der Geist schaut ohne zu sehen, wenn es mit einem Schlage in Erscheinung tritt, so weiß er nicht, woher, von draußen oder drinnen. Und wenn es fortgegangen ist, sagte er: es war also drinnen und doch wieder nicht drinnen. Man darf nicht forschen woher. Denn es gibt hier kein Woher. Denn es kommt nicht und es geht nicht, sondern es erscheint bald, und bald erscheint es nicht. Es kam wie einer, der nicht kommt, denn es wurde gesehen nicht wie ein Gekommener, sondern wie ein vor allem schon Gegenwärtiger. Man darf es nicht erjagen wollen, sondern soll in Ruhe warten, bis es erscheint, indem man sich vorbereitet zum Schauen, wie das Auge den Aufgang der Sonne erwartet. Wunderbar also wie jener, ohne zu kommen, da ist, und wie er nirgends ist; und doch gibt es nichts, wo er nicht ist! Die Seele im Dasein verschließt sich, nicht das Eine. – Nur aus der Erinnerung an das zeitlose Sein, an dem sie ständig teilhat, weiß die Seele darum und in den Augenblicken getilgter Zeit, die doch nicht Augenblicke sind als Glieder der Zeit. – Dorthin gelangt, findet die Seele keinen »Ort«, sondern raumlose Gegenwart. »Er (Gott, das Eine) hebt sie so hoch, daß sie weder an einem Orte sind noch sonst irgend, wo ein anderes in einem anderen ist.« Das Eine ist im Nirgend. – »Für das, was nicht irgendwo ist, für das gibt es nichts, wo es nicht wäre ... Bleibt es aber keinem Dinge fern und ist doch nicht irgendwo, so muß es überall sein, auf sich selber bestehend. Es ist allerwärts als Ganzes, und kein Ding hat es und doch hat es *jedes,* nämlich *es* hat jedes.«

Wie all unser Denken unwillkürlich am Leitfaden räumlicher Bilder erfolgt, die seine Begleitung bleiben auch dort, wo sie nicht irreführen, so auch hier. Plotin weist ausdrücklich darauf hin: Wir setzen zuerst einen Ort, einen

Raum, dann führen wir jenes Eine in diesen in unserer Vorstellung vorhandenen Raum hinein. Dann fragen wir, woher es hierhin gelangt sei, in der Voraussetzung, es sei gleichsam aus der Höhe oder Tiefe hierher geworfen worden. Nun gilt es aber unseren Blick auf das Eine völlig frei zu halten von jedem Raum, es in keinerlei Raum anzusetzen, weder als seit ewig in ihm ruhend noch als erst dahin gekommen, vielmehr den Raum wie alle anderen Bestimmungen als später anzusetzen und zwar als das Allerspäteste. Indem wir so das Unräumliche denken, umgeben wir es nicht ringsum mit etwas. In unserem denkenden Vorstellen zwar wird alles gleichsam räumlich und hat seinen Ort, aber der Raum gehört nur zur letzten Stufe, zur Stufe der Natur.

4. »*Eine Täuschung findet dort nicht statt.* Oder wo sollte die Seele etwas Wahreres als das Wahre treffen? Was sie also sagt, das ist sie, und sie sagt es später, sie sagt es schweigend, und indem ihr wohl ist, täuscht sie sich nicht, daß ihr wohl ist. Auch sagt sie das nicht, weil der Körper ein Wohlgefühl empfindet, sondern weil sie das geworden ist, was sie damals war, als sie glücklich wurde.«

Was Plotin als die Vollendung zeigt, als Ursprung und Ziel, das ist ihm die Wirklichkeit schlechthin, die höchste Stufe, die nicht mehr Sein, sondern vor allem Sein ist. Die Seele erfährt, was sie eigentlich ist. Sie versteht ihren gewöhnlichen Bewußtseinszustand als Herabgestiegensein. Dort aber, in der Teilnahme am Ursprünglichen, kennt sie jene tiefe Befriedigung: sie hat alles, was ist, überschritten, sie erfährt, was kein weiteres Ziel über sich hinaus hat. Plotins Schriften sind ein unüberbotenes Zeugnis für diese ursprüngliche Erfahrung. Diese Erfahrung ist durch das philosophische Denken ebenso verstanden wie hervorgebracht. Es handelt sich bei ihm *nicht um ein Erlebnis,* das als Vorkommnis in der Zeit genossen wird, sondern um den Ursprung allen Sinns in jedem Moment des Daseins, um das absolute Bewußtsein, das das endliche Bewußtsein prägt. In der Wirklichkeit war als vollendet erfahren, was in der Welt bei erhaltener Zweiheit von Liebendem und Geliebtem, von Schauendem und Geschautem, als Ziel ersehnt wird, von dem her das unvollendete Sehnen seine Richtung erhält. Es bekommt seinen Sinn dadurch, daß im Augenblick die Wirklichkeit, die stets gegenwärtig ist, zwar entschleiert da sein kann, jederzeit aber von näher oder ferner berührt wird.

Jener Zustand scheint aufzutreten als ein psychologisch zu beschreibender, aber er liegt in seinem Wesen außerhalb der psychologisch beschreibbaren Erlebnisse.

Es ist nicht eine Bewußtseinstrübung wie der Rausch, nicht eine sinnliche Euphorie, die wieder verschwindet. Es ist vielmehr ein Schauen, das die denkende Anschauung des Geistes zwar voraussetzt, aber nur in deren Überschreiten, nicht im Zurücksinken unter sie sich erfüllt. In hellstem, überhellem Bewußtsein ist der feste Glaube der Zugehörigkeit zu der höheren Welt nicht mehr als Glaube, sondern als Wirklichkeit dieser Welt selber gegenwärtig.

Es ist auch nicht ein schlafähnlicher oder Traumzustand, aus dem ich zum normalen Bewußtsein erwache, so daß ich von diesem Wachbewußtsein her jenen abnormen, sich selbst undurchsichtigen Zustand deute. Vielmehr ist es umgekehrt. Jener Zustand erfährt sich selber als Erwachen aus der gewöhnlichen Trübung des Daseins zu einem anderen Dasein, in dem ich über mich als zeitlich-räumlich und denkend erfahrenes Dasein hinausgelange, das also selber kein Zustand dieses Daseins mehr ist.

Und doch tritt er auf oder wird beschrieben als ein Erlebnis oder als ein Zustand, der je zu einer bestimmten Zeit, zählbar wie oft, auftritt. Das ist befremdend. Es ist dann die Paradoxie eines Zustandes in der Zeit, der seinem Wesen nach aus aller Zeit hinausgetreten ist, oder eines Erlebnisses, das alles Erleben transzendiert. Die Mitteilung, Plotin habe viermal solches erfahren, stammt immerhin nur von Porphyrius. Plotin selber spricht nur von »oft«. Was nach Porphyrius eine seltene und anomale zuständliche Erfahrung scheint, das ist bei Plotin das Wirkliche, Natürliche, allem Dasein erst Sinngebende.

Die Weise dieses Erlebens, wenn sie auch in der eigenen Sinndeutung alles Erleben transzendiert, wird uns unvermeidlich auch eine psychologische Frage, wenn solche Erlebnisse zeitlich lokalisiert sind. Dann fragen wir nach ihrer Art, ihren Parallelen, ihren möglichen Ursachen. Bei Plotin nun ist keine Spur zu finden von abnormen psychischen Zuständen, nichts von Schilderung abgegrenzter Erlebnisse, der dazu gehörigen Sensationen und Visionen, nichts von dem widerwilligen Verhalten gegenüber einem kommenden Ungeheuren, nichts von dem Auffälligen für die Umgebung des Ekstatikers. Auch kennt er keinerlei künstliche Maßnahmen, sie herbeizuführen, weder physische noch meditationstechnische.

In der Geschichte aller Kulturen spielen ekstatische Zustände und mystische Erlebnisse eine große Rolle. Sie sind ein Feld psychologischer Beobachtung, auf dem einige Grundformen der Erfahrung immer wiederkehren. Im Vergleich zu diesen Erfahrungen wirkt Plotins Überschreiten des Denkens anders. Seine Schilderungen bringen nur ein Minimum psychologischer und gar keine psychopathologischen Phänomene. Seine Entwicklungen wirken durch die Einfachheit und Schlichtheit dessen, was er aus der Tiefe zum Sprechen bringen möchte. Was Plotin schildert, ist der sinnvolle Gipfel seines gesamten Denkens. Es ist als Zustand etwas, das nicht isoliert und fremd, sondern als vollendende Verifikation seines denkenden Lebens stattfindet. Würde es als zeitlich lokalisierbare besondere Erfahrung fehlen, so würde es doch als wirksame Konstruktion der Endvollendung dessen bleiben, was im Transzendieren durch Lieben und Schauen, eingebettet in zeitliche seelische Vorgänge, ständig gegenwärtig ist.

Würde es sich aber bei Plotin, was möglich ist, auch um psychologisch faßbare Erlebnisse handeln, dann wäre die Frage, ob diese Plotinischen, auch sonst vorkommenden Erlebnisse von seinem Philosophieren her erst mit einem Sinn begabt werden, den sie sonst nicht hatten. Denn psychologisch universelle und abnorme Zustände können sowohl als gleichgültig vernachlässigt werden wie durch die Sinngebung im Zusammenhang eines Lebens eine außerordentliche Bedeutung gewinnen. Daher bleibt nach psychologischer Feststellung von Zuständen immer noch die Frage nach der Sinngebung, die durch psychologische Beobachtung und Erfahrung noch nicht beantwortet ist. Ob überhaupt ein Sinn ist, das ist psychologisch nicht entscheidbar. Das psychologisch ähnliche, von außen zu beobachtende Erlebnis birgt in sich, was aus anderer als psychologischer Herkunft dieses Erlebnis entweder sinnlos bleiben oder eine existenzdurchdringende Gewißheit und Gewalt gewinnen läßt. Bei Plotin erhalten die die Welt transzendierenden und doch in der Welt sich erfüllenden Wirklichkeiten des Liebens und Schauens ihren Sinn aus der Sinngebung jener ekstatischen Erfahrung. Die Deutung erfolgt in dem Kreise, in dem das Höchste, sei es nun wirklich erfahren oder nur konstruiert, aus der wirklichen Erfahrung der Existenz in der Welt, und diese wiederum von jenem Höchsten her den Sinn erhält.

Die Erkenntnisstufen werden in der vollziehbaren Erfahrung vergegenwärtigt. Die Reihe geht vom Tiefsten, dem Wahrnehmen noch der Finsternis im Nichtsehen des Dunkels, bis zum Höchsten, dem Einswerden mit dem Einen. Handelt es sich also um eine Stufenfolge des Subjektiven, von der sinnlichen Wahrnehmung bis zur unio mystica, nicht um eine Stufenfolge des Seins vom Nichtsein bis zum Übersein? Diese Alternative von Subjektivem und Objektivem besteht nicht für Plotin. Auf allen Stufen gilt: Gleiches wird durch Gleiches erkannt. Der Mensch ist der Möglichkeit nach alles. Daher erscheint in der Vergegenwärtigung seiner *Erkenntnisstufen* die Reihe der *Seinsstufen* vom Nichtsein der Materie bis zum Übersein des Einen.

Die Ekstase als wirklicher Vollzug in gegenwärtigem Bewußtsein ist das Korrelat zu dem Einen, das jenseits alles Denkbaren denkend konstruiert wird. Die Stufen des Seins sind das Korrelat zu den Vollzügen, die als untere Stufen zur Ekstase ebenso stehen, wie die Stufen des Seins zum Überseienden. Wie im begrifflichen Denken das Eine nicht selbst, sondern erst in seinen Ableitungen gedacht wird, wie im Gleichnis des Kults im Tempel die gestaltlose Gottheit des Adyton erst auf dem Rückwege in den Götterbildern sich zeigt, so wird die Ekstase der Henosis (Unio) erst in Liebe und Schauen, das in der Welt sich vollzieht, zugänglich für ein anschauend erinnnerndes und vorbereitendes Sichvergegenwärtigen.

V. Das spekulative Transzendieren

Philosophieren geschieht im Denken. Das Denkbare ist das Zwischenreich, an dessen Grenzen auf das Undenkbare zu treffen ist. Wird diese Grenze in den Augenblicken der Einung mit dem Einen überschritten, so doch auf dem Wege über das Denken, und, solange das Zeitdasein bleibt, mit der folgenden Rückkehr in das Denken.

Nur diesen Sinn hat für Plotin das Denken. Daher sucht er kein Wissen von den Dingen dieser Welt um ihrer selbst wegen, sondern allein um in ihnen zu transzendieren. Um aber diesen Sinn zu erfüllen, verlangt er die Breite des Denkens in der Welt. Der Philosoph soll »nicht das Göttliche auf einen Punkt verengen. In der Fülle der Ausbreitung hat Gott selbst sich aufgezeigt.« Für den Menschen ist es nicht möglich, beim Einen zu verweilen. Daher bringt das ganze in der Sprache niedergelegte Werk der Philosophie die Übung an Denkoperationen und die Sammlung von Bildentwürfen und das Konstruieren des Seinsganzen. Alle werden zu Leitfäden, dorthin zu gelangen und in der Rückkehr von dort gegenwärtig zu bewahren, worauf allein es ankommt.

Es lassen sich drei Ansätze Plotins darstellen, deren Folgen sich in seiner metaphysischen Vergegenwärtigung verflechten: *Erstens* eine ihm eigentümliche Kategorienlehre (die Vorbereitung), *zweitens* die Wege kategorialen Transzendierens (die Methoden des im Undenkbaren scheiternden Denkens), *drittens* das Denken in Bildern des Alls (das Ausruhen in gegenständlicher Kontemplation).

a) *Kategorienlehre:* Was ich denke und als Gegenstand vor mir habe, das »ist«. Das Selbstverständliche scheint das »Sein«. Was Sein »ist«, diese Frage biegt vom gegenständlichen und selbstverständlichen Denken zurück auf den Sinn des Seins in allem Gedachten und Denkbaren. Dies ist der Weg der Seinserhellung ohne neue Gegenstandserkenntnis. Plotin gibt Aristoteles recht in der These, »daß das Seiende nicht synonym sei in allen Dingen«. Das Seiende einzuteilen, in sich zu unterscheiden, dienen die Kategorien. Sie sollen jeweils eine Weise des Seins oder eine Gattung des Seins charakterisieren, z. B. Substanzsein, Eigenschaftsein, Qualitätsein, Quantitätsein usw. Die Aussage, etwas sei (oder der Sinn des Seins), hat nicht überall identische Bedeutung. Es ist die Frage, ob es ein Ganzes von Kategorien gibt, die aus einem Prinzip entwickelt in sich zusammenhängen und als Glieder oder Arten des einen Seins gedacht werden können.

Was man Plotins Kategorienlehre nennen kann, ist äußerlich ein Aggregat. Er findet von Platon her, ausgearbeitet bei Aristoteles, umgestaltet bei den Stoikern, Kategorienlehren vor. Nur einen Punkt hebt er bei seiner Systematik auf eine ihm eigene Weise hervor. An den Vorgängern (außer Plato) übt er eine radikale Kritik: »Über das Intelligible sprechen sie ihrer Einteilung gemäß nicht; sie wollten also nicht alles Seiende einteilen, sondern haben das vorzugsweise Seiende übergangen.« Plotin denkt als Stufen des denkbaren Seienden nur zwei, das sinnliche und das intelligible Sein. Das intelligible Sein ist das vorzugsweise Seiende, das urbildhafte Sein, das sinnliche dagegen ein zweitrangiges, ein abbildhaftes Sein. Alle Kategorien sind zu befragen, für welches Sein sie gelten, für das sinnliche oder das intelligible, ob sie für beide Stufen gelten, ob sie in einer verwurzelt auf die andere übertragbar, oder ob sie eigentümlich für eine Stufe und unübertragbar sind.

Nur diese zwei Stufen des Seienden stehen bei Plotin in Kategorien. Sie sind umgriffen von dem kategorial Unfaßlichen des Nichtseienden und des Überseienden. Auch die Seele hat keine eigene Kategorie, sie nimmt die Mittelstellung ein, in der als einem Ganzen sich alles, vom Übersein bis zum Nichtsein, begegnet. Indem Plotin diese Mittelstellung denkt und die Seele zur Darstellung bringt, braucht er natürlich Kategorien. Es ist die Frage, ob dabei andere Kategorien auftauchen als die in der sinnlichen und intelligiblen Welt vorkommenden.

Plotins Kategorienlehre ist ein Zusammennehmen aus Plato und Aristoteles. Der intelligiblen Welt gehören die fünf Kategorien des Platonischen »Sophistes«: Sein, Dieselbigkeit und Andersheit, Bewegung und Ruhe; der sinnlichen Welt die zehn Aristotelischen Kategorien (vor allem Substanz, Quantität, Ort und Zeit, Tätigkeit und Leiden, Relation).

Die Scheidung der Kategorien in die der sinnlichen und übersinnlichen Welt kreuzt bei Plotin eine andere: die der Kategorien, die in der Sache selbst liegen (wie Bewegung, Ruhe, Quantität, Qualität usw.), von den subjektiven Kategorien (den Kategoremata), nämlich den Kategorien der Relation.

Die beiden kategorialen Welten stehen nicht parallel nebeneinander. Die Kategorien der sinnlichen Welt sind verschwunden in der intelligiblen und dorthin nicht übertragbar, dagegen sind die der intelligiblen Welt auch in der sinnlichen, jedoch nicht in gleicher Weise, sondern in dem Unterschied wie dem von Urbild und Abbild.

In der intelligiblen Welt sind die Grundkategorien Dieselbigkeit und Andersheit. Dieselben Kategorien kommen auch in der sinnlichen Welt vor, jedoch mit dem Unterschied, daß sie hier die Trennung des Vielen von einander, die Entfremdung bedeuten, während im Intelligiblen ihr Gegensatz nicht nur logisch aneinander gebunden ist, sondern beide wiederum eins sind.

Der Grund der Verwandlung der gleichen Kategorie in der sinnlichen Welt zum Abbild des intelligiblen Urbildes sind Zeit und Raum und die Materie. – Die intelligiblen Kategorien bestehen zeitlos und raumlos, in der Einheit der Gegensätze. Daher gibt es dort keine Trennung der Dinge in sich isolierende und gegenseitig störende. Mit der Räumlichkeit kommt die Trennung, mit der Zeitlichkeit das Entstehen und das Vergehen. – In der sinnlichen Welt ist die Materie das Moment des Ungeformten, das die geformten Gestalten durchbricht, des Zertrennenden, das ihre Einheit löst. Was in der sinnlichen Welt ist, wird nicht nur gedacht, sondern muß wahrgenommen werden. Gedachtsein und Sein sind nicht mehr identisch.

b) *Das kategoriale Transzendieren:* Diese Plotinische Kategorienlehre ist selber eine Weise seines Transzendierens vom Sinnlichen zum Intelligiblen. Dieses Transzendieren ist aber selber nur der erste Schritt innerhalb seiner Kategorienlehre. Mit ihm bleibt er noch im Denkbaren.

Wenn der nächste und endgültige Schritt erfolgt im Transzendieren zum Undenkbaren, wenn also das Undenkbare gedacht werden soll, so muß die Orientierung im Denkbaren dieses selbst zum Boden des Abstoßens werden lassen. Das Hinausschreiten über das Denkbare kann nur mit den Mitteln der durchschauten Denkbarkeiten geschehen. Im Überschreiten muß das Denkbare scheitern, aber nicht im Stammeln, sondern in den dialektischen Methoden der Spekulation.

Die Orientierung im Denkbaren durch die Plotinische Kategorienlehre reicht ihm daher nicht aus. Er benutzt vielmehr, was in seiner Kategorienlehre nicht ausdrücklich systematisiert, aber aus der überlieferten Philosophie von ihm angeeignet war, die Kategorien: Form und Material, Wirklichkeit und Möglichkeit, Grund, Leben und andere. Aus dem Plotinischen Reichtum solcher Spekulationen seien einige Beispiele berichtet:

Einheit: Was in der Welt vorkommt, ist jeweils ein aus Vielen Eines. Dies Erstaunliche, was das Ding zu Einem macht, muß etwas Ursprüngliches sein. »Alles Seiende ist durch das Eine seiend. Denn was sollte es auch sein, wenn es nicht Eins wäre? Weder ein Heer, noch ein Chor, noch eine Herde ist ohne Einheit, auch ein Haus oder ein Schiff gibt es nicht, ohne daß sie das Eine haben. Ebenso auch die Körper der Pflanzen und Tiere, deren jeder eine Einheit bildet.« Wenn die jeweilige Einheit verloren geht, so ist dies alles nicht mehr, weder Heer, Chor, Herde, noch Haus, Schiff, noch Pflanze, Tier. »Die Gesundheit ist dann vorhanden, wenn der Körper zur Einheit geordnet worden, desgleichen Schönheit, wenn die Natur des Einen die Teile zusammenhält; ferner Tugend der Seele, wenn diese zur Einheit geführt und zu einer Harmonie geeint worden ist.«

Das Staunen am jeweils Einen, durch welches alles Seiende – das an sich vieles ist – je ein Ding ist, die Unbegreiflichkeit dieses Einen aus dem Vielen führt Plotin zu dem transzendierenden Sprung: dieses jeweils Eine ist durch ein absolut Eines, durch ein Prinzip der Einheit. Alles, was ist, ist jeweils Eines und dies nur durch das Eine der Transzendenz.

Kein Eines in der Welt des Seienden ist das Eine. Vielmehr gibt die je besondere Weise des Einsseins den Dingen ihren Rang an Wirklichkeit. »Von den Dingen, die eins genannt werden, ist ein jedes in der Weise eins, wie es seinem Wesen nach ist.« So ist die Seele Eine, je nachdem sie in höherem Grade und wahrhaft ist, aber sie ist von dem Einen verschieden und nicht das Eine selbst. Und die Dinge stehen in der Weise ihrer Einheit dem Einen näher oder ferner. »Das Diskrete, wie z. B. eine Herde, liegt ferner ab von dem Einen, das Kontinuierliche steht ihm näher, die Seele steht ihrerseits noch in engerer Gemeinschaft mit ihm.« Die Dinge haben teil am Einen, sind nicht es selbst. »Erfaßt man aber das Eine der Pflanzen, d. i. das bleibende Prinzip, und das Eine des Tieres und das Eine der Seele und das Eine des Alls, so erfaßt man jedesmal das Mächtigste und das Wertvollste.«

Ist Plotin im Überschreiten aller Weisen von Einssein in der Welt und im Denkbaren hingelangt zum Einen selbst (hen), so wird dieses befragt. Hier erst beginnt die spekulative Dialektik: Was mit der Kategorie der Einheit gedacht wird, soll die Transzendenz selber sein. Das Eine aber hat, gedacht, jeweils schon als Kategorie einen bestimmten Sinn: Das Eine steht gegenüber dem Anderen, – dann: das numerische Eins steht gegenüber der Zahlenreihe – dann: die Einheit, die Vieles zu Einem macht, steht diesem Vielen gegenüber. In jeder dieser Weisen eines bestimmten Sinns wäre das Eine nicht mehr das transzendent gemeinte Eine. Denn in keinem der Fälle wäre es das absolute Eine, vielmehr immer sogleich auch nicht Eines, weil verbunden mit dem Anderen, mit der Reihe der Zahlen, mit der Vielheit des Mannigfaltigen. Daher hebt Plotin jeden bestimmten Sinn des Einen auf, um es nur als einen Namen (hen) übrigzubehalten für das, dessen Gedachtwerden in jedem Sinne scheitern muß.

Das Eine als das absolut Eine muß hinausliegen über das Eine und Andere, über die Zahlen, über die Vielheit, muß jenes Eine sein, das Ursprung aller Weisen des Einen, auch der Zahl Eins ist. Vom Ursprung zu sprechen, führt sogleich in eine bestimmte kategoriale Erscheinung des Einen. Diese wird daher als Ausdrucksmittel benutzt, die es ständig zu überschreiten gilt.

Die Form dieses transzendierenden, die bestimmte Denkbarkeit aufhebenden Gedankens zeigt sich auf den geschichtlichen Höhepunkten der Spekulation immer wieder. Kant denkt die Einheit der transzendentalen Synthesis als Prinzip aller kategorialen Formung, und sagt dann: diese Einheit ist nicht die Kategorie der Einheit, sondern das, was auch diese Kategorie »Einheit« möglich macht. Ebenso werden wir bei Plotin aufgefordert, mit einer Kategorie (Einheit) zu denken, was selbst nicht in einer Kategorie steht. Im bloßen Namen des Einen ist die Kategorie aufgehoben, der Name aber vielleicht erfüllt durch die Klarheit dieses Aufgehobenseins. – Plotin transzendiert von dem Gegensatz der Dieselbigkeit (tautotes, auch als »Einheit« zu übersetzen) und der Andersheit (heterotes) zur Einheit, die beide begründet. Schelling wird sprechen von der Einheit der Einheit und des Gegensatzes, Hegel von der Identität von Identität und Nichtidentität (Unterschied). Das in der Tat nicht Denkbare wird umkreist mit Formulierungen: das Eine und das Andere sind nicht je für sich, sondern das Eine im Anderen bei sich selbst, – in gegenseitig sich durchleuchtender Klarheit sind sie ein Ganzes, – Denken und Gedachtes, Subjekt und Objekt sind nicht geschieden. Es ist eine reiche Welt logischen Denkens, zumal in weiterer Gliederung der Bestimmungen, das seinen Sinn überall in dem einen Ziel findet, zu scheitern an der Undenkbarkeit, die doch das einzig Wesentliche berührt.

Form und Material: Der formlose Marmor gewinnt eine Form als Statue durch den Künstler. In Analogie dazu wird alles wahrnehmbar Seiende gedacht als ein je Ganzes aus begrifflich faßlicher Form und der durch sie geformten Materie. Auch in jedem Gedachten, noch in mathematischen Figuren und Zahlen, wird eine Differenz zwischen der Form und dem Material einer Anschauung unterschieden. Der Gegensatz zeigt sich universal. In allem Seienden und Denkbaren liegen beide Momente, und zwar in Stufenfolgen derart, daß, was einmal Form ist, für eine andere Form zum Material wird (der Marmor ist schon geformte Materie und wird selber wieder Material für die Form des Künstlers). Mit dem Kategorienpaar Form-Material transzendiert Plotin in zwei Schritten:

Erstens: Vom Sinnlichen zum Intelligiblen: Alles Seiende ist Form und Material. »Die Tiefe jeden Dinges ist seine Materie, weshalb sie denn auch gänzlich dunkel ist.« Aber das Seiende ist entweder intelligibel, ewig, zeit- und raumlos, oder es ist sinnlich, entstehend und vergehend in Raum und Zeit. Daher gibt es zwei Materien. Das Dunkle ist verschieden in der intelligiblen und der raum-zeitlichen, sinnlichen Welt. »Verschieden die Materie, so wie auch die an beiden haftende Form verschieden ist.« Denn die göttliche Materie, die das Bestimmte der Form in sich aufnimmt, hat selbst bestimmtes und denkendes Leben. Die irdische Materie aber wird zwar zu einem bestimmten, wird aber nicht selbst lebendig und denkend, sondern ist nur ein geformtes Totes. In der intelligiblen Welt ist die Materie ohne Rest geformt, in der sinnlichen dagegen bleibt sie zum Teil formwidrig. Die intelligible Materie ist das Unbestimmte derart, daß es sich nur darbieten will dem, was über ihm steht, in der sinnlichen Welt hat es einen widerstrebenden Zug. In der intelligiblen Welt ist die Materie alles zugleich, es gibt nichts, in das sie sich nicht verwandeln könnte, denn sie hat alles in sich. Die sinnliche Materie ist der Reihe nach alles mögliche und jedesmal nur ein einzelnes. Jene ist ewig stets dieselbe, diese in immer neuen Gestalten.

Der wesentliche Unterschied zwischen der urbildlichen, intelligiblen und der abbildhaften sinnlichen Materie ist: »Dort oben ist auch die Quasi-Materie Form, wie ja auch die Seele Form ist, und doch im Verhältnis zu einem Andern Materie.«

Form und Materie sind in der intelligiblen Welt gleich ewig. Sie sind beide entstanden, insofern sie einen Ursprung haben, unentstanden, insofern ihr Ursprung nicht in der Zeit liegt.

Zweitens: Über das Form-Material-Verhältnis hinaus: Über die Form gelangt Plotin zu dem, was nicht mehr Form ist, weil ohne alle Materie, das Eine des Überseins. Über das Material gelangt er zu dem, was nicht mehr Material, weil ohne alle Form ist, zum Nichtsein der Materie. Plotin überschreitet das Form-Material-Verhältnis, indem er das Verhältnis löst.

Dieses doppelte Transzendieren ist ein gemeinsames. Beide Male ist der Schritt des Denkens ein Ende des Denkens, ein Nichtdenken. Beide Male ist das Nichtdenkbare unsagbar, gestaltlos. »Was ist dies Nichtexistierende? Wir müssen schweigend davongehen und dürfen unsere Meinung ungewiß lassend nicht weiterforschen.« Dieser Satz kann nach beiden Seiten gelten.

Wo ich denke, denke ich in Form und Material. Transzendierend soll die reine Form und das bloße Material im Nichtdenken gedacht werden. Was so gedacht wird, liegt außerhalb alles Seienden. Aber es wird im äußersten Sichabstoßen das Überseiende und das Nichtseiende genannt.

Da jedoch alles Seiende wurzelt in diesem, das nicht ein Seiendes ist, kann das Nichtseiende in beiden Fällen nicht Nichts sein. Das Nichtseiende der Materie ist nicht Nichts (kein ouk on, sondern me on). Plotin schreibt: »Das Nichtseiende ist aber keineswegs das unbedingt nicht Seiende, sondern nur etwas anderes als das Seiende, so nichtseiend wie ein Bild des Seienden oder noch viel mehr nicht seiend.« So heißt es von der Materie. Auch das Überseiende, das Eine heißt nicht seiend (me on). Das »Über« besagt die Richtung des Transzendierens, ist dem Inhalt nach ebenfalls eine Negation des Seienden: »Dies Wunder vor dem Geist ist das Eine, weil es nicht seiend (me on) ist.« Dieselbe Denkoperation führt in den äußersten Gegensatz.

Das Eine wird erfaßt im Überschreiten des Denkens durch Mehr-als-Denken, in der Erfüllung durch Ekstasis, Haplosis, Henosis. Die Materie aber wird weder durch sinnliche Wahrnehmung, noch durch Denken, sondern durch ein Weniger-als-Denken, ein »unechtes Denken« (Plato) berührt, wie wenn das Auge die Finsternis sieht.

Der entscheidende Unterschied ist, was in dem entgegengesetzten Transzendieren ich selber bin. Der Materie gegenüber denke ich, als Nichtdenken, mit dem Unbestimmten in mir das Unbestimmte außer mir und bin mir verloren. Dem Einen gegenüber wird das Nichtdenkenkönnen mein Aufschwung über alles Denken.

Für Plotin gibt sich wahre Transzendenz nur im Einen und im Aufschwung kund, – nicht von der anderen Seite her, die nur als Nichtsein, Mangel, Beraubung charakterisiert wird. Die analogen formalen Bestimmungen im scheiternden Denkversuch könnten den Gedanken zulassen, daß die eine Transzendenz sich uns auf beiden Seiten, in dieser äußersten Polarität sich verbergend, zeige. Bei Plotin ist dies aber nicht ausdrücklich so gedacht.

Möglichkeit und Wirklichkeit: Es wird unterschieden das logisch Unmögliche (Widersprüchlichkeit) von dem real Unmöglichen (wegen Mangels der Voraussetzungen in der Wirklichkeit) und entsprechend: logische und reale Möglichkeit. Was logisch möglich ist, ist darum noch nicht real möglich. Die reale Möglichkeit wird gedacht als passive Materie, die aufnehmen kann, was sie gestaltet, oder als gebundene Kraft, oder als noch ruhendes Vermögen; diese realen Möglichkeiten sind also selber schon Wirklichkeit, sind noch nicht verwirklichte Wirklichkeit.

Nun wird scheinbar transzendiert, wenn das All des Seins als das All der Möglichkeiten gedacht wird, aus dem das Wirkliche entsprungen ist. Dabei ist die Voraussetzung, daß alles Wirkliche auch möglich, aber nicht alles Mögliche auch wirklich sei. Auch Plotin kann in einem ersten Schritt so denken: »Das Oberste war jenseits des Seins. Es ist nur die Möglichkeit (dynamis) zu allem, erst das Zweite (der Geist) ist dann alles.«

Plotins spekulativ transzendierender Schritt führt aber zu einer radikal anderen Antwort auf die Frage nach dem Ersten: Das Eine ist selbstgenugsam, vollendet, in sich nicht gespalten. »Denn man wird doch nicht sagen, daß es eins der Möglichkeit nach, eins der Wirklichkeit nach gäbe. Es wäre lächerlich, auf dem Gebiete des wesentlich Wirklichen durch eine Sonderung von Möglichkeit und Wirklichkeit mehrere Naturen schaffen zu wollen.« Das heißt: im Ursprung jenseits des Seienden sind Möglichkeit und Wirklichkeit eins. Ein logisches Verhältnis (Möglichkeit und Wirklichkeit) dient als Gleichnis für ein Unergründliches (wie sonst anschauliche Verhältnisse als Gleichnis dienen). Will das Bewußtsein des Unergründlichen sich in einem Gedachten aussprechen, so wird die für uns im Denken des Seienden unumgängliche Trennung von Möglichkeit und Wirklichkeit verwehrt und der logisch widersinnige Satz von der Identität von Möglichkeit und Wirklichkeit gedacht (für den Cusanus das Wort possest fand).

Nur von uns her, aus dem Weltdasein auf den Ursprung blickend, sehen wir diesen in dem Aspekt, die vorhergehende Möglichkeit für das folgende Dasein der Welt zu sein. Als ob wir einen Standpunkt außerhalb betreten könnten, von dem her wir den Ursprung und den Prozeß des Hervorgehens der Welt erblickten, denken wir gar, daß in jenem Ursprung eine Wahl aus dem All der Möglichkeiten stattfände, durch die unsere Welt wirklich wird. Das tut Plotin nicht, aber er erlaubt sich, die Aspekte von uns her auszusprechen. »Während das Oberste in seiner eigenen Wesensart beharrt, gewinnt eine zweite Wirkungskraft (energeia) selbständige Existenz.« Was von allem Seienden gilt: »Die Wirkungskraft (energeia) jeden Dings ist teils in seinem Sein beschlossen, teils tritt sie aus seinem Sein nach außen«, gilt gleichnisweise auch vom Hervorgang des Geistes und damit alles Seienden aus dem Einen.

Aber was immer Plotin so denkt, das liegt im Schatten jenes eigentlichen Transzendierens, das hier in der Identität von Möglichkeit und Wirklichkeit das Denken scheitern läßt. Nur auf dem Weg dorthin und bei der Rückkehr von dorther treten die Weisen der Denkbarkeiten auf.

Grund: Was immer gedacht wird, ist den Fragen unterwerfbar: warum? wodurch? woher? wozu? »Grund« ist die Kategorie der Antworten auf solche Fragen.

Wird das Sein im ganzen nach seinem Grund befragt, so lautet Plotins Antwort: im Jenseits des Seins. Wird dann noch einmal die Frage gestellt: woher ist dieses Jenseits des Seins? so antwortet Plotin: Das Sein und der Grund des Seins sind dasselbe, wo es im Ursprung ist. Ein Weiterfragen ist sinnwidrig. Das heißt: Die Kategorie »Grund« wird zur Form des Transzendierens durch den Gedanken: Grund seiner selbst.

Dieser Gedanke ist für den Verstand ein Widerspruch oder ein Zirkel. Denn Grund ist nicht mehr Grund, wenn er identisch sein soll mit dem, was er begründet. Durch das Abschneiden der Fragen »woher« und »warum« stößt dieser Gedanke, transzendierend, auf das unbegründete Sein, das eben darum nicht mehr Sein, sondern Grund des Seins ist. Dieser Grund des Seins darf nicht gedacht werden als eine Sache, die erkennbar wäre. Dann hätte sogleich wieder der Verstand recht, der jede Sache nach ihrem Grund befragt. Da der Verstand für alles, was für ihn, das heißt denkbar ist, selbstverständlich voraussetzt, daß es gegenständlich ist, so muß er das Abschneiden der Frage verwerfen. Entweder muß er den Gegenstand leugnen, und das tut er angesichts einer Vergegenständlichung des Undenkbaren mit Recht, – oder er muß weiter nach seinem Grunde fragen. Der Verstand kennt kein Ende seines Fragens, was auch immer der Gegenstand sei, der ihm dargeboten wird, oder den er erzeugt.

Der Gedanke des Undenkbaren ist nur im Scheitern des Verstandes vollziehbar. Dieser Satz ist selber eine Tautologie. Um was es sich handelt, geht nicht dem Verstand, sondern durch das Scheitern des Verstandes der Vernunft auf und wird, während es für den Verstand nichts ist, aus anderem Ursprung erfüllt. Der transzendierende Gedanke, eine verstandesmäßige Unmöglichkeit, setzt zwei: Sein und Grund des Seins, um zu sagen, daß sie nicht zwei, sondern eines sind. Dies zu erhellen, wird der Gedanke mit anderen Kategorien – Zufall, Notwendigkeit, Freiheit, Selbstsein – umkreist:

»Was seinen Grund in sich hat«, ist nicht zufällig, eben weil es seinen Grund in sich hat. Man darf auch nicht sagen, es sei notwendig, denn es ist frei, weil durch sich. Aber Freiheit eignet ihm wiederum nicht, weil es Grund der Freiheit, nicht frei, sondern mehr als Freiheit ist. Es liegt jenseits jener Seinsweisen, die wir in Zusammenhängen des Seienden als zufällig, als notwendig, als frei denken. Es ist es selbst. Für all dies gibt Plotin eindrucksvolle Formulierungen:

Zufall: Vom »Einen«, dem »Ersten« darf man nicht sagen: »es traf sich eben so.« Das Erste kann nicht zufällig sein, denn der Zufall »herrscht in dem Abgeleiteten und Vielen«. Er »kommt von einem Andern und erscheint erst in der Welt des Werdens«.

Das Erste, das nichts außer sich, nichts vor sich vorhergehend hat, könnte zufällig genannt werden am Maßstab einer vorhergehenden, denkbaren Notwendigkeit, sei es eine Naturgesetzlichkeit oder ein vernünftiger Plan. Dieses Vorhergehende aber ist ja erst die Folge jenes Ersten.

Wenn von der Zufälligkeit des Ersten die Rede wäre, so wäre es nur im Zerbrechen der Kategorie »Zufall« sinnvoll. Der »Zufall« des Seins des Ersten wäre nicht eine jene Gesetzlichkeiten störende Zufälligkeit, sondern das seinerseits ihnen Vorausgehende und sie Bedingende. Das durch eine logische, in Denkbarkeit verwandelnde Betrachtung als zufällig, weil unableitbar Gedachte wäre an sich selbst das Gehaltvolle, die Quelle der Notwendigkeit wie der Freiheit, wäre die Zufälligkeit des Ganzen der Naturgesetze und der Gesetze der Freiheit.

Zufall ist das kategoriale Zeichen der Unbegreiflichkeit am Maßstab irgendeiner Notwendigkeit oder Vernünftigkeit. In der Welt aber ist Zufall der Ausdruck für die Unbegreiflichkeit als Ausbleiben eines im Endlichen doch geforderten Erkennens. In der Transzendenz wird er das Zeichen für ein Maximum im Seinsgehalt des Unbegreiflichen.

Notwendigkeit: Wird nun das Eine im Gegensatz zum Zufall als Notwendigkeit gedacht, so würde der Satz lauten: Es ist nicht zufällig kein Anderes, als was es ist, sondern weil es mußte. Mit dieser Bestimmung aber wäre es auf umgekehrte Weise dessen verlustig gegangen, wodurch es das Erste ist.

Es mußte nicht sein, weil es vielmehr der Ursprung alles dessen war, was sein mußte. Es mußte nicht, sondern alles andere, auch die Notwendigkeit, mußte auf es warten.

Sagt man, das Erste sei nicht Herr seines Werdens, so gilt dies schon darum nicht, »weil es nicht einmal geworden ist«. Aber man darf in keinem Sinne von »dieser ersten Natur sagen, sie sei nicht Herr dessen, was sie sei; sie habe, was sie sei, nicht von sich selbst; sie tue oder tue nicht, was sie zu tun oder nicht zu tun gezwungen sei«. Denn sie »wird nicht durch Notwendigkeit zurückgehalten, sondern ist selbst die Notwendigkeit und das Gesetz des andern«. Wollte man nun sagen, also habe sich die Notwendigkeit selbst zur Existenz verholfen, so ist auch das zu verneinen: Sie existiert nicht einmal, da alle Existenz erst nach dem Ersten um dieses Ersten willen zur Existenz gekommen ist. Das Erste ist, was es ist, nicht weil es nicht anders kann, sondern weil es das Beste ist. »Das Gute« – so ist schließlich die Formel – »hat sich selbst geschaffen. Denn wenn das Wollen von ihm stammt und gleichsam sein Werk ist, so hat es sich selbst zur Hypostase verholfen. Folglich ist es, was es selbst wollte.« Ist also das Erste die Freiheit?

Freiheit: Freiheit, so scheint es, ist die Kategorie, die dem Ersten angemessen ist. Freiheit aber ist eine Kategorie, die selber eine Unbegreiflichkeit in sich schließt, so daß sie im Unterschied von allen das Gegenständliche und Erkennbare ermöglichenden Kategorien das Prinzip einer ganz anderen Kategoriengruppe ist. Darauf beruht es, daß Plotin von der Freiheit des Ersten anders spricht als von den übrigen Kategorien, daß er aber auch diese Kategorie der Freiheit schließlich zurücknimmt, um das Undenkbare und Allbegründende entschieden vor schlechthin jeder Bestimmung zu bewahren.

Der *erste Schritt* ist, aufsteigend von unserer Freiheit die vollkommene Freiheit des Ersten zu denken: Wir wissen uns frei, jedoch in einer Spaltung unserer selbst. Wir sind etwas Zusammengesetztes, nicht ursprünglich Substanz (usia), »darum auch nicht Herren unserer eigenen Substanz ... etwas anderes ist die Substanz, etwas anderes wir ... die Substanz beherrscht uns... Aber da wir das, was uns beherrscht, gewissermaßen selbst sind, so dürfen wir Herren unserer selbst genannt werden.« Der Schritt geht von unserer Freiheit zur Freiheit des Einen. »Was gänzlich ist, was es ist, und nicht ein anderes es selbst und ein anderes seine Substanz, bei dem ist das, was es ist, auch das Beherrschende und wird nicht mehr auf ein anderes bezogen.« Es ist ohne Spaltung vollkommen frei. Von diesem Einen heißt es: »Es ist unmöglich, ihn zu begreifen, ohne daß er selbst sein will, was er ist. Er fällt mit sich selbst zusammen, indem er selbst sein will und das ist, was er will.«

Der *zweite Schritt* ist nun, zwar dieses aufsteigende Denken zuzulassen, nicht aber die positiven Aussagen von der Freiheit des Einen. Wie es nicht möglich ist, ein zutreffendes Prädikat vom Einen auszusagen, so auch nicht die Aussage, es sei frei. Wie alles Aussagbare, auch das Schöne, Ehrwürdige, das Denken, das Sein später ist als es selbst, so ist auch der freie Wille und die Freiheit ein Späteres. Denn Freiheit bedeutet bereits die Einwirkung auf ein anderes, bedeutet, daß anderes existiert, und daß die Einwirkung, wenn frei, ungehindert geschieht. Das Eine aber muß außer aller Beziehung gesetzt werden.

Diese beiden Schritte wiederholen sich: Unser Freiheitsbewußtsein liegt im Streben zum Guten. Wenn Freiheit Streben zum Guten ist, kann man nicht dem die Freiheit absprechen, das »am meisten das Gute erlangt«. Es wäre noch ungereimter, das Gute selbst – das Eine – der Freiheit zu berauben, weil es in sich bleibt, ohne das Bedürfnis zu fühlen, zu einem andern hin sich zu bewegen. Dann aber, wenn wir so das Eine selbst, seine Freiheit an sich als auf sich selbst bezogen denken wollen, verschwindet das, was wir als unsere Freiheit kennen. Wir wählen uns angesichts von Vorbildern und Maßstäben. Dagegen das Eine kann nicht so gedacht werden. »Wenn wir voraussetzen, daß es sich wähle, was es werden will, und daß es ihm gestattet sei, seine eigene Natur in etwas anderes zu verwandeln, so dürfen wir doch nicht annehmen, daß es etwas anderes werden wolle.« Denn: »Wo nicht zwei wie eins sind, sondern eins ist – da gibt es mit Recht auch nicht das sich selbst Beherrschende.« »Das Gute ist das Wollen seiner selbst, so daß es sich selber wählt, weil ja auch ein anderes nicht vorhanden war, zu dem es müßte gezogen werden.«

Was wir als Wahl und Wollen unserer selbst vollziehen, das muß seinen Grund in jenem Ersten haben, ist aber nicht selbst in diesem Ersten. Das Erste ist »die ihrer selbst wahrhaft mächtige Kraft, die das ist, was sie will«, aber sogleich weiter: »oder vielmehr, was sie will, abwirft in das Seiende, während sie selbst größer ist als alles Wollen und das Wollen hinter sich läßt«.

Es selbst: Das Eine, das »sich gleichsam selbst schafft«, »sich gleichsam auf sich selber stützt und gleichsam auf sich selbst schaut«, ist das, »was nichts anderes hat, sondern es selbst allein ist«. »Alles Andere ist sich nicht selbst genug zum Sein, dies aber ist, was es ist, auch in seiner Isolierung.« Es ist, wie es übervernünftig ist, auch mehr als frei, mehr als selbstherrlich. Was für uns endliche Vernunftwesen eine Formel des Bösen ist (Richard III: »Ich bin ich selbst allein«), das ist im Transzendieren gedacht als Jenes über allem, das Quelle des persönlichen, liebenden, freien Lebens ist, aber selber nicht dieses, sondern mehr als dieses und sein Grund. Hier für den Ursprung gilt: »Alles ist so aus einer Quelle hervorgegangen, die nicht überlegte, sondern auf einmal ganz den Grund und das Sein darbietet.« Von diesem Ersten heißt es: »Er selbst der Grund seiner selbst, durch sich selbst und um seiner selbst willen; denn er ist ursprünglich er selbst und überwesentlich selbst.« »Er selbst«, »es selbst«, das ist das letzte Wort.

Die Formeln für dieses Sein, das allein und ganz es selbst ist, aber jeder Bestimmung, daher jedes Prädikats in seiner Aussage entbehrt, sind Tautologien: »Es ist, was es ist« (wie Jahwe sagt: »Ich bin, der ich bin«), d. h. es hat keine Bestimmung, da alle Bestimmung ein Einzelnes, Folgendes, Späteres betrifft. »Was also nicht aus sich herausgetreten ist, sondern unentwegt sich selber angehört, von dem kann man im vorzüglichsten Sinne sagen: es ist, was es ist.« Es ist einzig in seiner Art, aber nicht dadurch daß andere Arten neben ihm ständen, »sondern dadurch, daß es dies selbst ist und gleichsam sich selber gefällt und nichts Besseres hat als sich«.

Solch transzendierender Gedanke erhellt in der menschlichen Existenz jenen Funken des Selbst, der in allem Zerfließen als er selbst sich weiß, dadurch, daß er es in einem Sein denkt, das über alles Sein hinaus ist, unberührt von allem kommenden und verschwindenden Sein, nicht verfallen an jenen zeitlosen Bestand intelligibler Kategorien, sondern Grund auch dieser. Gleiches wird durch Gleiches erkannt. Darum: »Wenn ein jedes sich selbst zu etwas macht, so wird es klar, daß jenes in erster Linie und ursprünglich ein solches ist, durch welches auch das übrige durch sich selbst sein kann.« –

Alles Fragen nach dem Grund des Einen denkt in der zerbrechenden Kategorie des Grundes, was grundlos ist. »Es ist nicht gekommen, damit du fragest: Wie ist es gekommen? Welch ein Geschick hat es herbeigeführt? Denn vorher war doch wohl nicht das Geschick noch der Zufall.«

Leben: Leben sieht Plotin in Pflanze, Tier und Mensch. Das Glücklichsein kommt dem zu, der in höherem Grade lebt: Im Seienden ist das Beste das wirkliche und vollendete Leben. Die Frage, was dies sei, weist auf den übersinnlichen Ursprung. Leben, in dieser Welt zwar erfahren und gesehen, hat seine Herkunft im Intelligiblen. Will ich Leben begreifen, muß ich es transzendieren dorthin: das vollkommene Leben, das wahrhafte und wirkliche, liegt in jener intelligiblen Natur, alles andere Leben ist unvollkommen, nur ein Schattenbild des Lebens, nicht vollendet, nicht rein. Dies vollkommene Leben ist das Leben des Nus, ist selber Gedanke. Wie ein Gedanke dunkler ist als der andere, so ist auch das Leben in Abstufungen nach abwärts dunkler. Das »helle und erste Leben aber und der erste Geist sind eins. Ein erster Gedanke also ist das erste Leben, und das zweite Leben ein zweiter Gedanke, und das letzte Leben ein letzter Gedanke.«

Wenn zum ursprünglichen Leben transzendiert wurde, so sieht der philosophische Blick, wie die »Lebensenergie sich überall hin erstreckt und es keinen Ort gibt, wo sie fehlt«. Das Seiende ist vom Leben durchdrungen, es ist nicht tot, aber das Leben verliert sich absteigend bis zum Toten. Tot ist, was nichts anderes mehr schaffen kann, so schon der letzte Begriff, der an der sichtbaren Gestalt erscheint und keinen anderen Begriff mehr hervorbringt, so vor allem die Materie: wenn sie ihre Bestimmung empfängt, so wird sie doch »nichts Lebendes oder Denkendes, sondern eine Art geschmückter Leichnam«.

Weil das wahre Leben das erste Leben, das immaterielle Leben der Seele im Nus ist, stirbt es nicht. Aber das Leben gehört zu dem Seienden, d. h. zu dem Zwischensein zwischen Übersein und Nichtsein. Daher hebt das Leben sich selbst auf, aber nach den zwei entgegengesetzten Richtungen: zum Mehr-als-Leben im Einen des Überseins und zum Totsein im Nichtsein der Materie. Daher die Zweideutigkeit des Todes, die im Transzendieren aufgehoben wird: mehr und weniger als Leben zu sein, die Tiefe des Todes im Übersein und der leere Tod als Nichtsein. Das Leben steigert sich zur Vollendung in dem, was über dem Leben Ursprung des Lebens ist; es wird zu nichts im Tode.

Eine Systematik des spekulativen Transzendierens wäre methodisch zu entwickeln. Statt dessen müssen wir uns auf einige Gesichtspunkte beschränken, durch die der Sinn dessen, was in den Beispielen mitgeteilt wurde, deutlicher werden kann:

Plotins Unterscheidung der Kategorien der Sinneswelt und der Geisteswelt (der Kategorien des Sensiblen und Intelligiblen) erlaubt ihm das Pathos, im intelligiblen Kosmos der ewigen Formen denkend zu Hause zu sein. Diesen Geisteskosmos der Ideen denken wir nicht als ein Anderes, Fremdes, sondern im Denken des Intelligiblen ist er selber gegenwärtig. Der intelligible Kosmos ist nicht Gegenstand für uns, sondern wir nehmen denkend an ihm teil. Nach dem Grundsatz, daß im Denken das Sein gegenwärtig ist, also im reinen Denken das Sein selbst getroffen wurde, gilt die logische Struktur als Seinsstruktur. Das Denken der Kategorien trifft das Wesentliche des Seins.

Aber dies alles geschieht in der Vorhalle. Das eigentliche Transzendieren, das, was bei Plotin nicht Lehrstück (wie die Unterscheidung zweier kategorialer Welten), sondern Denkvollzug ist, ist etwas grundsätzlich Anderes, nämlich der Wille, über beide Kategoriengruppen, über die sinnliche Welt und den Geisteskosmos hinaus zum Überseienden und Nichtseienden zu gelangen.

Die dabei von Plotin faktisch angewandten, wenn auch nicht zu vollem methodischem Bewußtsein gelangten Wege sind: Einzelne Kategorien werden unwillkürlich verabsolutiert (die Einheit, der Grund, die Möglichkeit, das Leben usw.) und gewinnen dadurch für den Augenblick eine über ihren Sinn hinausgehende Vertiefung, als ob sie seien. Die Bestimmtheit und qualitative Eigentümlichkeit der Kategorie wird aufgehoben durch ihre Verwandlung in den letzten Grund von allem. – Da jedoch, als objektiv gedacht, die Kategorie die bestimmte Kategorie bleibt, sie als solche nur eine unwahre Verabsolutierung ist, so nimmt das Denken in ihr eine Gestalt an, in der ein innerer Widerspruch das Gesagte wieder zerstört, oder die, daß entgegengesetzte Kategorien als identisch gesetzt werden. Die Kategorien im festen Bestand des Geisteskosmos geraten in eine Schwebe (oder in eine Selbstüberwindung durch Selbstzerstörung) dadurch, daß sie zu Leitfäden der zum Einen transzendierenden Vollzüge werden.

Welche Kategorie auch immer im Denken der Transzendenz zur Anwendung kommt, sie ist als bestimmte Kategorie unanwendbar, als unbestimmt werdende nicht mehr denkbar. »Selbst wenn wir sagten, es sei das Gute und sei das Einfachste, werden wir, solange wir nicht einen Stützpunkt für unser Denken haben, nichts Klares und Deutliches sagen, obwohl wir die Wahrheit sagen.« Dieser »Stützpunkt« für unser Denken ist aber ebenso Bedingung der Klarheit des gegenständlich werdenden Gedankens wie Grund seiner spekulativen Unwahrheit.

Was gesagt wird, wird wieder zurückgenommen. Plotin sagt, bei einem jeden Satze müsse das »gleichsam« hinzugenommen werden. »Der Überredung wegen« werden die Namen gebraucht, »und man darf immerhin in den Ausdrücken etwas von dem strengen Denken abweichen.« Wenn man nicht schweigend davongeht, so bleibt für das Reden nichts anderes übrig: »So nämlich müssen wir von Gott reden, da wir nicht von ihm reden können, wie wir möchten.«

Wenn man den sich überschlagenden und schließlich in nichts sich auflösenden Gedanken folgt, so kann man meinen, es sei, weil gegenstandslos, darum auch sinnlos und leeres Gerede. Dazu ist zu sagen, daß es sich um Wege handelt, deren Sinn in einer Erfüllung liegt, die über das Denken hinausgeht.

Das Bewußtsein der Transzendenz kann ohne gegenständliches Wissen in Gedankengängen sich erhellen, ohne die Transzendenz zu erkennen. Auf der Grenze stehend zwischen Welt und Transzendenz geht der Denkende über das Grenzbewußtsein hinaus dadurch, daß er mit logischen Mitteln, wenn auch für den bloßen Verstand nur formal, das Bewußtsein der Überschwenglichkeit, Tiefe, Unergründlichkeit der Transzendenz sich erfüllen läßt, während die Nichtabsolutheit schlechthin jedes Denkbaren immer von neuem, immer bezwingender deutlich wird. Das dunkle Grenzbewußtsein verwandelt sich in ein helles, das formale in ein wirkliches und wirksames.

Im Gegenständlichen denke ich immer wieder ein Sein. Dies ist niemals das letzte Sein. Ich schreite darum fort. Im Aufstieg von einem zum anderen, von jedem Erreichten zu seinem Grunde kann ich mit dem Verstande keinen Anfang und Ursprung finden. Ich müßte ein Letztes fixieren und die drängende Frage willkürlich abschneiden. Nur wenn ich, statt in dieser Reihe von Gegenstand zu Gegenstand endlos aufzusteigen, einen Sprung mache im Transzendieren vom Gegenständlichen zum Nichtgegenständlichen, kann ich ohne Fixierung eines Gegenstandes in den Ursprung, im Denken träumend, hineingrübeln. Das tut Plotin: Sein Erstes ist kein Gegenstand, kein Denkbares, ein Prädikatloses. Es steht nicht als Glied am Anfang einer Reihe. Es zu denken, heißt, es nicht zu denken. Daher der Weg über jeweils einzelne Kategorien und daher jedesmal die Notwendigkeit des Sprungs dorthin, wo das Denken aufhört. Der Gedankenweg des Verstandes führt ins Endlose. Aber das transzendierende Denken gelangt in den Ursprung oder an das Ziel, wo es Ruhe findet.

Die Dialektik des Denkens, das Nichtdenken werden soll, vollzieht ein Sichüberschlagen des Denkens zum Nichtdenkenkönnen; ein Denken, das sich als Denken transzendiert, indem es sich aufhebt; ein Nichtdenken, das, indem es nicht Etwas denkt, nicht nichts denkt, sondern das Nichts, das nicht seiend oder überseiend ist. Diese sich stets wieder selbst aufhebende Dialektik ist ein spezifisches Denken, nichtssagend, solange Gegenständlichkeit und Anschauung Bedingung eines Sinns sind, wesentlich für die Erhellung des Bewußtseins von Sein und Grenze.

Diese spekulative Dialektik vollzieht im Scheitern der Aussage ein sinnvolles Scheitern. Der Sinn liegt einmal darin, den Raum zu öffnen für das, was allem Empfangenwerden durch die Denkbarkeit sich entzieht, dann aber darin, die Denkbarkeiten selber so zu denken, daß wir zugleich von ihnen befreit werden, so daß wir die Neigung verlieren, im Gedachten ein Absolutes, ein Letztes, ein Unübersteigbares zu meinen.

Alles spekulative Denken mußte von jeher und wird immer als logisches Gebilde scheitern, wenn man ein Wissen von Etwas erwartet, eine Ableitung, das Begreifen aus einem Andern, das Bestimmen in Kategorien. Aber all dieses Denken gewinnt seine Sprachkraft gerade durch das, was im Scheitern hervorgeht. Dies aber ist nicht in Lehrstücken aufzubewahren, sondern in Gestalt der Gedanken der schöpferischen Metaphysiker, die je einmal ist, im Referiertsein und Analysiertwerden aber Glanz und Kraft verliert. Dieses Referieren und Analysieren ist wiederum notwendig, um mit den Werkzeugen umgehen zu lernen, deren Beherrschung erst jene wundersame Sprache hören läßt.

In der Geschichte der Philosophie kehrt ständig wieder die formale Technik des Darüber-hinaus-Denkens. Man will, was auch immer denkend erreicht ist, doch weiterdringen, jede Position überbieten, immer wiederholend: aus dem Vordergründigen in den Urgrund, aus dem Abgeleiteten zum Ursprung. Dies hat zwar schon als bloße Operation etwas Ergreifendes, wird aber schnell fade, wenn es zu formaler Funktion wird. Es zieht sich ein Wüstenland durch die Philosophiegeschichte, in dem die billige Wiederholung der formalen Operation stattfindet, und daneben zieht sich ein Sumpfland, in dem unter Ermattung der Form mit Bildern über Bilder hinaus ins Bildlose hin gesprochen wird, aber immer wieder nur in den Bildern selber. Dann vervielfachen sich die Stufen, vermehren sich die Mittelglieder, werden die Vorgänger vermeintlich überboten, und es wird die Realisierung ins Leibhaftige vollzogen. Dagegen wirkt Plotin einfach, er ist weder von intellektueller Spielerei noch von gnostischer Leibhaftigkeit verdorben. Er erfüllt das echte spekulative Transzendieren. Er denkt die spekulative, nicht als psychologischer Zustand sich besondernde Ekstase.

c) *Transzendieren in Bildern des Alls:* Die Bewegung des Transzendierens gewinnt ihr verweilendes Betrachten in den Entwürfen der gleichsam plastischen Abbildung des Einen, des Geistes, der Natur. Die Bewegungen, die dorthin führten, treten zurück. Nicht in der suchenden Bewegung, sondern im Sehen wird gegenwärtig, was in Stufen übereinander geordnet ist. Dann ist die Erzählung mythischer Vision von gedanklicher Erhellung nicht getrennt. Wie das Bildliche zum Gleichnis für das gedanklich Unsagbare wird, so wird der Gedanke selber zum logischen Mythus. Diese Plotinischen Entwürfe sind Dichtungen der Wahrheit, mit der philosophischen Verantwortlichkeit für ihren Wahrheitscharakter gemeint, von einer gedanklichen Verbindlichkeit methodisch durchleuchtet. Diese Entwürfe sind der ständige Hintergrund der Philosophie Plotins. Den Plotinischen logischen Mythus zur Hauptsache zu machen (wie in unserer anfänglichen Darstellung des Plotinischen Systems), würde den anderen wesentlicheren Pol dieses Denkens in den Schatten treten lassen: die sublimen Formen spekulativen Transzendierens, den Aufschwung der Seele auf den Wegen des Denkens.

Auch die altüberlieferten Mythen und Mysterien sind Plotin nicht gleichgültig. Wie bei Plato ist die Befangenheit im Mythus überwunden zur souveränen Fähigkeit des Denkens in Mythen, das es erlaubt, überlieferte Mythen anzueignen. Dies spielt bei Plotin eine geringe Rolle, aber es geschieht (und wurde bei den Neuplatonikern zu der trügerischen und leer werdenden Entfaltung gebracht).

Wir vergegenwärtigen noch einmal, wie Plotin, gleichsam erzählend, von dem Einen, von dem Geisteskosmos, von der Natur spricht:

Das Eine: Es »ist gleichsam ein Wachen, ohne daß das Wachende ein anderes ist, ein immerwährendes Wachen und transzendentes Denken... Das Wachen aber liegt hinaus über das Sein und den Nus und das vernünftige Leben... Es war immer und ist nicht geworden... Es ist nicht so, wie es eben wurde, sondern wie es selbst es wollte.«

Das Eine ist nicht Denken, sondern ist vor dem Denken. »Es ist nicht einmal.« Nichts kann von ihm ausgesagt werden. Denn »alles hat es den Dingen nach ihm abzutreten«. Darum »ist bei ihm nichts von dem, was den anderen Dingen innewohnt, auch das Sein nicht, auch das Denken nicht. Es ist ein Anderes als alles.« Es ist nicht Sein, sondern Ursprung des Seins, nicht Fülle, sondern Ursprung der Fülle, nicht Eins mit dem Anderen, sondern Einheit vor dem Ein und Anderen.

Der Geisteskosmos: Der Geist ist etwas Anderes als das Denkvermögen in uns. Denn dieses läßt die Denkakte auseinandertreten zu einer Bewegung in der Seele, die erkennt. Da der Geist aber die Ursache dieser Erkenntnis ist, kann man »den Geist sehen gleichsam sinnlich und greifbar, wie er über der Seele thront als ihr Vater«. Er ist der Geisteskosmos »als stillstehende, unerschütterliche Bewegung«.

Der Geist trägt alles in sich und ist alles. Jedes in ihm ist Alles, jedes Einzelne ist das Ganze. »Weder ist er geschieden wie die Gedanken noch ist das, was in ihm ist, ineinander verflossen.«

Der Geist gibt sich nicht zufrieden, als Einheit zu existieren, ohne sich dem Anderssein zu öffnen. Er ist an jeder Stelle vielgestaltig. Dort ist die Welt der ewigen Formen, der Urbilder von allem, was Sein hat. Daher ist er wesensverschieden vom Abbild. »Dort oben ist alles Himmel; das Meer, Tiere, Pflanzen und Menschen, alles was zu jenem oberen Himmel gehört, ist himmlischer Art.«

Der Geist steht nicht still. Stände er still, so dächte er nicht. »Dort oben ist das Leben, das der Geist durchwandert, – sofern es Leben ist, immer dasselbe, sofern es aber immer ein anderes Leben ist, nicht dasselbe.« – Dort oben gibt es für die Schau keine Ermüdung, noch ersättigt sich der Schauende. »Unerschöpflich ist dort alles. Unerfülltheit gibt es freilich in dem Sinne, daß die Erfüllung keinen Überdruß an dem Erfüllenden weckt.« – Es ist zeitloses Leben, das Eine in ewiger Bewegung, gleichsam quer zur Bewegung des zeitlosen Werdens vom Einen bis zur Materie, und Urbild der zeitlichen Bewegung.

Dort sehen die Seelen alles und »sehen sich selber in den anderen; denn alles ist dort durchsichtig, und es gibt kein Dunkles, Widerständiges, sondern ein jeder und jedes ist für jeden sichtbar bis ins Innere hinein; denn Licht ist dem Lichte durchsichtig«. Dort ist »die eigentliche Freundschaft, das Einssein aller Dinge und ihr niemaliges Geschiedenwerden«.

Den Geisteskosmos, diese Welt der ewigen Ideen, »mag man vergleichen mit einer lebendigen Kugel von mannigfachem Inhalt, oder ihn denken als ein Ding, das leuchtet von lebendigen Antlitzen, die nach allen Seiten blicken, oder ihn vorstellen als die Gesamtheit der lauteren Seelen, die an einem Orte versammelt sind«. Aber »immer, wenn man ihn sich so vorstellt, steht man selber außerhalb als ein anderer; es gilt aber vielmehr selber jener zu werden und so sich selber zum Gegenstand des Schauens zu machen«.

Die Götter sind so unermeßlich schön, »weil der Geist in ihnen in höherem Grade Wirkungskraft übt«. Sie denken immer das Rechte, sind keinem Leiden unterworfen, von beständiger Ruhe und lauterer Reinheit. Sie wissen und kennen alle Dinge, alles, was der Geist sieht. Sie durchmessen das ganze Gefilde dort oben und genießen dabei die Ruhe, das »mühelos leben«.

Die Natur: Die Welt des Nus ist sich selbst genügender Geisteskosmos. Die sinnliche Welt ist im Blick auf den Geisteskosmos, von ihm her, geprägt. Was im Geist in Einheit die Vielfachheit des sich ergänzenden Mannigfaltigen ist, das ist in der Sinneswelt der Zerfall in die Vielen, die sich stören und bekämpfen. Wenn in der Geisteswelt die Andersheit eins mit ihr selbst ist, so ist in der Sinneswelt das Andere das Fremde, Dunkle, Isolierte und Isolierende. Diese Sinneswelt aber erstrahlt im Glanze des Plotinischen Transzendierens:

Die Welt ist ewig. Sie fließt aus dem Ursprung, der dadurch nicht vermindert wird. Weil der Urgrund unverändert, ganz bleibt, sich nicht zerteilt, deshalb bleibt auch die Welt, sowie das Licht ist, solange die Sonne ist.

In der Welt ist alles Abbild und als solches herrlich durch sein Urbild. »Welches andere Feuer wäre ein besseres Abbild des dortigen Feuers als das Feuer hier? Welche Weltkugel ist genauer und in ihrem Umschwung regelmäßiger nach der Insichabgeschlossenheit jener Welt des Intelligiblen? Was gibt es nächst jener für eine andere Sonne, die besser wäre als diese sichtbare?« »Wäre nicht das Überschöne, so könnte es nichts Schöneres geben als diese Welt.«

In der Natur ist das Schauen, alles was ist durchdringend, die bewegende Kraft. Alles Natürliche strebt nach dem Schauen: die Natur in den Pflanzen und auch die Natur der die Pflanzen erzeugenden Erde. Durch die Kraft des Schauens wird alles erzeugt. Dieses Schauen in der Natur ist aber kein begrifflich denkendes Schauen. Es verhält sich mitunter etwa wie das Bewußtsein des Schlafenden zu dem des Wachenden.

VI. Abfall und Aufschwung

Der Weg des Philosophierens ist Schauen und spekulative Dialektik, und in beidem die Reinigung der Seele. Nicht schon ein Erkennen von Sein und Welt (in Denkoperationen und Bildentwürfen), sondern in ihm der Aufschwung der Seele ist der Sinn der Philosophie. Die Seele hat die Möglichkeit, hinabzugleiten oder hinaufzugelangen.

In dem gegenwärtigen Dasein bewegt die Seele der Drang über alles hinaus dorthin, wo die völlige Einung stattfindet. Es gilt von hier wegzueilen und mit Unwillen die Fesseln zu fühlen, die uns an dieses Dasein binden. Wenn die starke Liebe dorthin die Seele ergreift, »legt die Seele jede Gestalt, die sie hat, ab, auch das Intelligible«. Nur wenn die Seele von dem Vorhandenen sich freimacht, wird ihr das Eine plötzlich als gegenwärtig offenbar.

Kein Wille aber kann die unmittelbare Einung mit dem Einen durch Veranstaltung herbeiführen. Sie kommt wie ein Geschenk. Es geradezu ergreifen, das ist »nur ein Fliegen wie im Traum«. Damit verschließt man sich nur die Möglichkeit, Gott zu werden. Möglich ist dies der Menschenseele »nur insoweit der Geist sie hinaufführt; über den Geist hinauswollen, das bedeutet Absturz ins Außergeistige«.

Daher ist hier im Dasein die Bescheidung notwendig. Nur auf dem Wege des Schauens des Einen in den Nachbildern der geistigen Urbilder und über sie hinaus in spekulativer Dialektik der sich selbst aufhebenden Gedanken ist Philosophieren möglich. Wir sind gebunden an den Weg des Aufstiegs der erkennenden Seele in der Welt. Wer das Eine schauen will, muß »die schon mehr nach außen stehenden Götterbilder anschauen«. Vor dem Einen als dem Ersten »muß man Halt machen und nichts mehr über dasselbe sagen, sondern erforschen, wie die Dinge nach ihm geworden sind«. Die Größe des Einen ist in dem zu schauen, »was nach ihm und um seinetwillen ist«.

Wer in der Vollendung war, sagt Plotin, weiß, wohin seine Sehnsucht zieht. Dort war die Flamme entzündet, die erlischt, wenn der Mensch wieder herabsinkt. »Warum bleibt nun der Mensch nicht dort? Weil er noch nicht gänzlich von hier ausgewandert ist«, weil er noch »belästigt ist von der Unruhe des Körpers«.

Wenn aber in diesem Dasein die Begegnung mit dem Einen gewonnen ist, so stehen Sehnsucht und Bescheidung miteinander in Spannung. Die Grundverfassung der Seele ist verwandelt. Sie weiß um das Entscheidende. Doch, wenn sie dort ist und selber geworden ist, wonach sie strebt, würde sie »dies mit nichts von allem vertauschen, auch wenn ihr jemand den ganzen Himmel böte, da es nichts Besseres mehr gibt und nichts in höherem Grade gut ist. Denn höher steigt sie nicht, und alles andere würde nur die herabsteigende sehen.« Hier in dieser Welt fällt von dorther ein Schatten des Nichtigen auf alle Dinge. »Wenn sie mit jenem vereint ist und überhaupt nicht schaut, fürchtet sie kein Unglück. Wenn auch alles um sie herum zugrunde ginge, so geschieht ihr dies gerade nach Wunsch, damit sie mit diesem allein sei.« Im erinnernden Wissen um dies ist die ganze Welt verändert. »Alles andere, woran sie sich früher erfreute, Herrschaft, Macht, Reichtum, Schönheit, Wissenschaft: alles dies sieht sie geringschätzig an und sagt es.«

Plotins Metaphysik ist ineins spekulative Erkenntnis und Aufschwung der Seele. Das Wissen Plotins um die Transzendenz ist untrennbar von seinem Bewußtsein der Freiheit seiner selbst. Die Seele ist nicht in einem endgültigen Zustand. Sie ist gefallen. Sie kann tiefer fallen und kann zurückkehren.

Denkt man allein das Seinsschema der Plotinischen Vision, dann steht alles, was ist, im ewig gegenwärtigen Kreislauf von Abstieg und Aufstieg, in einer unentrinnbaren Notwendigkeit des Ganzen zwischen dem Übersein des Einen und dem Nichtsein der Materie. Freiheit scheint darin ein Fremdkörper zu sein. Warum von dem Ganzen der Allseele sich eigenwillige Einzelseelen trennen, warum außer dem notwendigen Abstieg in Kreisen ein Abfall der Einzelseele erfolgt, das liegt im Ganzen der Weltvision nicht begründet.

Umgekehrt aber verstehen wir den Sinn des Denkens dieser Weltvision erst aus dem Freiheitsbewußtsein. Das Bewußtsein der Schuld am eigenen Unheil wird zum Gedanken einer präexistentiellen Wahl. Die in der Freiheit erfahrene Möglichkeit des Steigens oder Sinkens durch die eigene Aktivität erzeugt die Weltvision als Interpretationsmittel des Lebenssinns. Die Freiheit, die im objektiven Schema Fremdkörper scheint, ist vielmehr ein Ursprung des Denkens dieses Schemas selber. Es hat Wahrheit und Sinn in der Funktion für die Freiheit.

Das Bewußtsein der Nichtendgültigkeit des gegenwärtigen Seelenzustandes versteht sich, das Dasein transzendierend, aus seiner Herkunft: ich bin nicht aus dem Nichts, sondern durch eigenen Willen vor meiner Zeit in diesen Zustand geraten; ich erkenne noch den Grund dieses Willens in Motiven, die ich in meinem jetzigen Sein erfahre, und die ich mit mir selbst nicht identifiziere, von denen ich mich befreien möchte, wenn ich mich im Aufstieg weiß.

Daher hat die Seinsvision Plotins zwei ständig in einander übergehende, aber sinnverschiedene Aspekte. Erstens den der ewigen Gegenwart des Ganzen in seinem ständigen, nichts ändernden, aber lebendig bewegten Kreislauf des Alls und zweitens den des zeitlichen Geschehens des Abfalls und Aufstiegs der einzelnen Seelen durch eigene Schuld und

Freiheit. Wir müssen Plotins Philosophie denken in der Spannung zwischen der Ewigkeit des Überseins und Nichtseins, des Geistes und der Welt einerseits und der Zeitlichkeit des übersinnlichen Schicksals der Einzelseele andrerseits.

Gnosis und christliche Theologie haben im Denken von Weltschöpfung und Weltuntergang das Sein in die Zeitlichkeit gerissen, damit die Lehre von der Ewigkeit der Materie und der Ewigkeit der Welt bekämpft. Plotin dagegen hat die Zeitlichkeit als das Zwischengebiet der Natur aufgehoben in das Überzeitliche. Die Bewegung des zeitlosen Ganzen ist nur gleichsam Bewegung, die Bewegung in der Natur ist zeitliche Bewegung. So ist auch die Seele, in die Natur getreten, als Leib mit diesem Leib in die zeitliche Bewegung geraten. Als sie eintrat in die Körperlichkeit der Welt, begann für sie das Schicksal. Aber etwas in der Seele, ihr Kern, bleibt zeitlich unbewegt, unberührbar, ihr ewiges Sein. Dieses wird vergessen, aber nicht getilgt. Die Seele in der Hülle des Leibes vollzieht ihr Schicksal. Und dieses Schicksal ist entscheidend bestimmt durch die Erinnerung an jenen Kern, an sein Wiedererwachen. Keine Entscheidung ist endgültig. So tief die Seele fallen mag, ihr Wesen kann nicht erlöschen. Die Umkehr bleibt möglich. Die zur Verfügung stehende Zeit ist bei der Ewigkeit der Welt endlos.

Schicksal und Chancen der Seele sind nun näher zu vergegenwärtigen.

a) *Notwendigkeit und Freiheit:* Im Übersein als dem Ursprung von allem ist nicht von Notwendigkeit und Freiheit zu reden. In allem, was nach ihm kommt, ist Notwendigkeit. Aber auch Freiheit? Freiheit heißt im geläufigen Sinn: was ohne Zwang und mit Wissen geschieht und was in unserer Macht steht. Jedoch zeigt Plotin: Das bloße Geschehen, ohne Zwang seiner Natur gemäß, ist noch nicht frei: sonst brennt auch das ungehinderte Feuer frei. Was mit Wissen geschieht, ist auch noch nicht frei, wenn ich nur zusehe dem, was ohne mich geschieht. Was in meiner Macht steht, ist auch nicht frei, wenn es nicht mit richtiger Überlegung und richtigem Streben geschieht. Auch die Tat ist nicht frei, denn sowohl die Bedingungen und Situationen des Tuns als auch die Erfolge des Handelns sind nicht in unserer Macht.

Aber es gibt Freiheit: »Der freie Wille liegt nicht in der Tat, sondern in der von aller Praxis freien Vernunft. Die Freiheit in den Handlungen und der freie Wille werden nicht auf das Handeln, sondern auf die innere Betätigung, auf das Denken und das Schauen der Tugend selbst bezogen.« Es ist allein die Vernunft (Nus), die »keinen Herrn über sich« hat. Sie ist nur als Freiheit möglich. »Allen, die nach der Vernunft und einem vernunftgemäßen Streben ihr Leben führen, wohnt die Freiheit inne.« »Die Seele wird frei, wenn sie durch die Vernunft ungehindert zum Guten strebt. Die Vernunft ist frei durch sich selbst.« Freiheit ist für Plotin unantastbar: »Gott hat uns die keinem Herrn unterworfene Tugend gegeben.« Der Begriff der Freiheit trifft das, »was die selbsteigene Entscheidung über sich hat«, und was unterschieden ist von »dem Seienden, das einem anderen dient«. Freiheit ist das Beste. Das Beste geht von uns aus. »Es ist unsere Natur, wenn wir allein sind.«

Freiheit kann aber nicht bedeuten: sich selbst schaffen. »Denn es ist unmöglich, daß etwas sich selbst schaffe und zur Existenz verhelfe.«

b) *Zweifache Schuld und zweifache Freiheit:* »Es gibt für die Seele eine doppelte Schuld.« Die eine liegt im Beweggrund zum Herabsteigen aus der übersinnlichen Heimat, die andere in den Missetaten, die die Seele hier in der Welt begeht. Die Seele sühnt die erste Schuld durch die Leiden, die sie in dieser Welt tragen muß. Sie sühnt die zweite Schuld in der Wiedergeburt infolge der Seelenwanderung in anderen Inkarnationen. Dem entspricht eine zweifache Freiheit, die der vorzeitlichen Wahl und die ihres Handelns in der Welt.

Das Geheimnis der vorzeitlichen Wahl: »Was hat es bewirkt, daß die Seelen Gott den Vater vergaßen? ... Der Anfang des Bösen war für sie der tollkühne Hochmut und die Werdelust und das erste Anderssein und das Verlangen, sich selbst anzugehören. Da sie also ihrer Selbstherrlichkeit froh waren, verloren sie die Erkenntnis, daß sie selbst von dorther stammen.« Sie sahen weder Gott noch sich selbst. Sie ehrten sich selbst nicht, aus Unkenntnis ihres Ursprungs, sondern sie ehrten das Andere und bewunderten alles mehr als sich selbst.

Die Freiheit innerhalb der Verkörperung: Gegen den stoischen Determinismus und gegen die Astrologen behauptet Plotin entschieden unsere Freiheit. Die Vorsehung lenkt zwar alle Dinge. Aber »die Vorsehung darf nicht derart sein, daß wir nichts sind«. Der Seele fällt als Schuld zur Last, was man der Vorsehung aufbürden möchte. Wenn die Vorsehung auch in der Folge das, was die Seele tut, zu einem Glied des Ganzen und damit zum Guten wendet, so ist doch »die Tat der getroffenen Wahl der Seele beizumessen«. Der Mensch ist nicht bloß das, als was er hier im Leibe ist. Er ist freier Ursprung, der aber nicht außerhalb der Vorsehung steht.

c) *Das Böse:* Die Freiheit selber ist für Plotin nicht böse. Nicht durch etwas, das ihr selber entspringt, sondern durch ein anderes wird sie böse. Wir sind nicht Ursprung des Bösen, sondern das Böse ist vor uns. »Was bei den Menschen Böses eindringt, das dringt nicht mit ihrem Willen ein, sondern es gibt ein Entrinnen vor dem Bösen für die, welche es vermögen, aber nicht alle vermögen es.« Dieses andere, das selbst das Böse ist, ist die Materie.

Gegen die, die meinen, die Materie sei nicht böse, »man dürfe das Böse in nichts anderem suchen, sondern müsse es in die Seele selber verlegen«, sagt Plotin: Die Seele ist ihrem Begriff nach Leben, soweit von guter Art. Sie ist nicht aus sich heraus böse.

Das Böse ist eine Schwäche der Seele. Schwäche der Seele ist nicht dasselbe wie die der Körper, wenn auch beide den Namen Schwachheit erhalten. Die Ursache aber dieser Schwäche liegt nicht in der Seele an sich, sondern in der an den Leib gebundenen Seele, der in die Körperlichkeit der Welt hinabgefallenen Seele. Und hier ist ihre Schwäche nicht durch Wegnehmen von irgend etwas, sondern durch die Anwesenheit von etwas Wesensfremdem, der Materie.

Das veranschaulicht Plotin: Es gibt für Materie und Seele im Raum nur einen einzigen Platz. Der Platz für die Seele ist getrennt nur, sofern sie nicht in der Materie weilt. Die Seele hätte gar nicht in einen Werdeprozeß eintreten können, wenn sie nicht infolge der Anwesenheit der Materie ins Werden geraten wäre. Es ist ein Einheitliches aus Seele und Materie entstanden. Die Seele tritt an der Materie als an einer Unterlage auf. Die Materie, die bei der Seele weilt, bettelt sie gleichsam an und fällt ihr lästig, sie möchte in ihr Inneres eindringen. Das durch die Strahlung der Seele kommende Licht wird von der Materie finster und kraftlos gemacht. Die Materie hat der Strahlung der Seele Gelegenheit zur Erstrahlung geboten, denn sie wäre nicht herabgekommen, wenn keine Materie da gewesen wäre. Das ist der »Fall« der Seele: in die Materie zu kommen und dort sich zu schwächen, von der Materie veranlaßt zu werden, böse zu sein.

Die Folgen der Zuwendung zur Materie entspringen der Materie: die Freiheit ist beschränkt. »Ohne Körper ist sie ihre eigenste Herrin, frei und außerhalb der kosmischen Ursachen, – in den Körper hinabgezogen, ist sie nicht mehr in allen Stücken ihre eigene Herrin. Zufällige Umstände leiten größtenteils ihre Umgebung.« Durch Zusammensetzung mit dem Leibe sind die Begierden heftiger, ist das Urteil stumpfer, sind die Stimmungen wirksam, anders wenn wir gesättigt, anders wenn wir hungrig sind. Durch den materiellen Leib ist die Seele leicht erregt zur Begierde, leicht geneigt zum Zorn, sie ist vorschnell im Beistimmen, sie ergibt sich gern trüben Vorstellungsbildern, gleichwie unter den Geschöpfen die schwächsten so leicht vergehen unter dem Winde oder der Sonnenglut.

Dem Einwand, die Seele hätte der Materie Herr werden sollen, antwortet Plotin: Die Seele ist nicht in einem reinen Zustand, daher das Vermögen des Herrwerdens beschränkt.

Aber das Vermögen, der Materie Herr zu werden, ist da. Freiheit ist nicht vernichtet. Daher gibt es nach dem Urbösen, dem ersten Bösen der Materie, ein zweites Böses durch Nachgiebigkeit der Seele. Das erste Böse ist das Unmaß der Materie, das zweite Böse ist das, was durch Verähnlichung oder Teilhabe an der Materie in Ungemessenheit gerät. Das erste Böse ist die Finsternis, das zweite Böse ist das Verfinsterte. Daher gehorcht die Seele infolge des zweiten Bösen der Materie, vermag aber aus ihrer Freiheit das zu leiten, was aus der Materie kommt. »Die schlechtere Seele ist gezwungen, zu begehren oder zu zürnen, wird niedrig in der Armut, weichlich im Reichtum, tyrannisch im Besitz der Macht... Die gute leistet unter allen diesen Umständen Widerstand.« Wir können handeln »durch äußere Einflüsse bedingt, wie einem blinden Anstoß gehorchend«. Dann ist die Seele nicht frei. »Wenn sie dagegen der Vernunft als dem reinen leidenschaftslosen und eigentlichen Führer in ihrem Willen folgt, so ist ein solcher Wille allein frei.« Plotin sagt beides: »Unfreiwillig sind die Menschen schlecht, insofern als die Sünde etwas Unfreiwilliges ist.« Und dann: »Die Handelnden handeln selbst, darum sündigen sie auch selbst.«

Die Seele ist durch den Fall niedriger geworden. Im Leibe, in die Materie hinabgesunken, durch die Materie angefüllt, bleibt sie, auch wenn sie von ihrem jetzigen Leibe im Tode geschieden ist, in der Materie liegen, »bis sie einmal hinaufsteigt und irgendwo den Blick abwendet von dem Schlamm«. Infolge schlechten Lebens findet die Seele ihre Wiederverkörperung in schlechterer Gestalt: wer ungerecht getötet hat, wird in einem anderen Dasein wieder getötet, gewiß seitens des Täters ein Unrecht, dem aber, dem es widerfährt, zu Recht. Alles hängt zusammen. Was ich tue, muß ich leiden. Was ich einst selber verübt, das muß ich jetzt erdulden. »Denn man glaube ja nicht, daß jemand zufällig Sklave ist, daß er zufällig in Gefangenschaft gerät. Wer seine Mutter getötet hat, wird selbst ein Weib, um dann von seinem Sohne getötet zu werden, und wer ein Weib geschändet hat, wird ein Weib werden und dasselbe Schicksal erleiden.« Doch die Seelenwanderung ist bei Plotin beiläufig. Sie spielt sich nur in der unteren Sphäre, im Naturdasein ab.

d) *Die zwei Seelen:* Absturz und Aufstieg der Seele wird gesehen durch die Grundanschauung von den zwei Seelen, der einen, ewigen, unzerstörbaren, die als rationale Seele im Intelligiblen bleibt, und der andern, werdenden, leidenden, jener ersteren sich nähernden oder entfernenden leiblich gebundenen Seele in der Welt, die vermöge der Seelenwanderung durch viele Daseinsformen zu gehen vermag. Die zweite hängt sich gleichsam unten an die erste, wie ein Schattenbild jener; sie wird durch eine Art Einstrahlung in den Körper wirklich, baut sich den Leib und vollzieht durch diesen den Verkehr mit der Sinnenwelt. Wir sind ein Doppelwesen, ein göttlicher Teil, dem sich ein tierischer gesellt hat. Wir tragen das Tier mit uns.

Die Seele als übersinnliche und reine Seele tritt zwar in die Hüllen des räumlich-zeitlichen Daseins. Aber alles Schlechte trifft das letztere, nicht die erstere. Die Seele ist unzerstörbar und wechselt nur ihr Gewand. »Die wechselnden Seelen werden Körper bald in dieser, bald in jener Form, und wenn sie es kann, tritt die Seele aus dem Werden heraus und bleibt im Verein mit der Weltseele.«

Aber die zweite Seele, in dieser Welt, gerät in Unreinheit. Plotin schildert: »Nehmen wir eine häßliche, zügellose und ungerechte Seele, eine Seele voll Unruhe, voll feiger Furcht, voll kleinlichen Neides, immer nur in niedrigen und vergänglichen Gedanken sich ergehend, stets hinterlistig auf Seitenpfaden schleichend, eine Freundin unreiner Genüsse, in ihrem Leben nur von körperlichen Einflüssen abhängig, eine Seele, die am Häßlichen ihre Lust findet: werden wir dann nicht sagen, daß sie kein reines Leben, keine reine Empfindung mehr hat, sondern durch die Vermischung mit dem Schlechten ein verschwommenes, vielfach vom Tode durchdrungenes Leben führt, nicht mehr das sieht, was eine Seele sehen soll, nicht mehr imstande ist, bei sich selbst zu bleiben, weil sie stets zum Äußerlichen, Irdischen und Dunklen hingezogen wird?«

e) *Die zweifache Sehnsucht:* Die Seele gelangt in die Welt, damit in das Üble, insofern Nichtseiende, jedoch nicht ins schlechthin Nichtseiende. In der entgegengesetzten Richtung aber gelangt sie nicht zu einem anderen, sondern zu sich selbst. Sie ist sie selbst, indem sie mit dem Einen umgeht. Nur ihr Urgrund erblickt den Urgrund, das Gleiche das Gleiche.

Von doppelter Sehnsucht getrieben, bewegt sich die Seele hinab und hinauf. Ist sie am Ziel der Reise beim Einen, so fällt sie wieder heraus. Herausgefallen erweckt sie von neuem in sich den Drang nach oben. »Wie ein singender Reigen um den Anführer geschart, sich doch einmal, nach außen zu schauen, umdrehen mag, wenn er sich aber nach innen zurückwendet, dann erst schön singt und eigentlich um ihn geschart ist, so sind auch wir immer um jenes, blicken aber nicht immer zu ihm hin; aber wenn wir zu ihm hinsehen, dann sind wir am Ziel und kreisen um es ohne Mißklang im wahrhaft gotterfüllten Reigen.«

Die der Seele eingeborene doppelte Sehnsucht zum Sinnlichen und Übersinnlichen –, ihre Selbstvergessenheit im Fall, ihre Wahl zwischen den beiden Richtungen, das erkennt Plotin wieder in alten Mythen: Der Fall der Seele wird verglichen mit dem Blick des jungen Dionysos in den Spiegel, bei dem ihn die Titanen zerreißen. – Die Verbindung mit dem Körper ist der Lethetrank, durch den die Seele ihr eigentliches Selbst vergessen hat. – Die Seele läßt sich hinreißen von der Natur; die Natur ist die Pandora, zu deren herrlicher Ausschmückung sich alle Götter vereinigen. In der eigenen Schönheit ihrer Natürlichkeit das Göttliche suchend, ist die Seele der Narziß, der, um das Scheinbild zu umarmen, in den Abgrund stürzt. – Die Seele, von doppelter Sehnsucht ergriffen, zur sinnlichen und zur ewigen Schönheit, ist geführt von einer zweifachen Aphrodite, die eine von Uranus, die andere von Zeus erzeugt. – Die Seele ist in der Welt wie Odysseus, der die sinnliche Schönheit der Circe verläßt und zum Himmel strebt. Und sie ist dem Herakles zu vergleichen, der teils bei den Göttern, teils im Hades wohnt.

Der Aufschwung geschieht im Schauen. Nur aus Unfähigkeit zum Schauen, aus Schwäche, unbefriedigt, greift die Seele zur Handlung, und zum machenden Hervorbringen, um dadurch zu erreichen, was ihr Geist nicht vermochte. So »wenden die Knaben von trägem Geist, unfähig zur Wissenschaft, sich der Technik und Handfertigkeit zu«.

Schauen aber ist Lieben und Zeugen und Schaffen: Die Seele sieht durch das Auge die sichtbaren Gestalten des Schönen. Liebend erblickt sie im Bild das Bildlose, gewinnt im Blick dorthin die Ruhe und Vollendung. Im Blick auf das Höhere entspringt gleichsam von selbst, lautlos das Abbild des Urbildes; die Liebe wird zeugend.

Die zweifache Richtung der Sehnsucht bringt aber in die Liebe die Zweideutigkeit: Schönheit leitet die fleischliche Zeugung. Die sinnliche Liebe, an sich schlechter als die himmlische Liebe, ist noch gut, sofern sie in sich die Vernunft hat durch das Schauen des Schönen und den Willen zur zeitlichen Fortdauer; sie wird erst schlecht im Verfall, in der Perversion ohne das Bild des Schönen, ganz hingewandt zum nur Sinnlichen.

f) *Die Seelenverfassung in der Welt:* Die eine Seele, die ewige, gelangt zu sich in ihrer Reinheit schon in der Geisteswelt. »Dort denkt sie; dort ist sie ohne Affektionen. Dort ist auch erst ihr wahrhaftes Leben; denn das jetzige Leben ohne Gott ist nur ein Nachhall von Leben.« Das ist das Leben der Götter und göttlicher, seliger Menschen, abgeschieden von allem, was hienieden ist. Noch über dies selige Leben hinaus aber geht die »Flucht des Einen zum Einen«.

Weil zwei Seelen sind, ist das Außerordentliche möglich: die vollkommene Unbetroffenheit der einen Seele von allem Übel in der Welt. Darum kann Plotin sagen: Armut und Krankheit ist für die Guten nichts – denn die aus der Selbstvergessenheit zu sich zurückgekehrte Seele wird von ihnen nicht berührt. Für die Schlechten aber sind Armut und Krankheit wie alle Übel nützlich, denn sie strafen und bessern. Wie es für den Bösen, d. h. die an die Materie verfallene, selbstvergessene Seele, nichts Gutes gibt, vielmehr überall das Übel sie plagt, so gibt es für den Guten kein Übel, kein Unheil. Die Seele, die erwacht ist zum Einen, erträgt geduldig alle Beschwerden der Welt, sie fügt sich »in das Naturgesetz des Alls«. Plotin hat in der letzten Zeit seines Lebens, in der schweren Krankheit, seine ergreifende Abhandlung über die Glückseligkeit geschrieben.

Die Seele, in die Welt »gefallen«, »gestürzt«, »geworfen«, führt, sich ihres Ursprungs und Ziels bewußt geworden, ein Leben, dessen Wesen in Gleichnissen veranschaulicht wird:

Die Seele »betritt diese Welt mit ihrem Dämon *wie in einem Schiffe* auf einen Schicksalsplatz gestellt. Indem nun der Umschwung wie ein Wind den Fahrenden umhertreibt, entstehen die vielerlei Schauspiele, Veränderungen und Zufälle.«

Die Seele spielt die ihr zuteil gewordene *Rolle im Weltdrama* (dies große Gleichnis bei Plato, den Stoikern, Calderon, bei den Indern): »In den Dramen gibt der Dichter die Worte, die Schauspieler aber haben von sich aus die gute oder schlechte Art des Spiels. In dem wahrhaften Gedicht der Welt dagegen ist die Seele die Schauspielerin und ihre Rolle empfing sie vom Schöpfer. Wie die Schauspieler ihre Masken empfangen und Kleider, die Prachtgewänder wie die Lumpen, so empfängt auch die Seele ihre Schicksale nicht willkürlich, sondern ihrem Charakter gemäß. Und indem sie dieselben sich anpaßt, ordnet sie sich in das Drama ein und in die Gesamtvernunft. Dann trägt sie ihre Taten als eine Art Gesang vor. Stimme und Gestalt des Schauspielers erhöhen entweder die Schönheit der Dichtung, oder er macht mit seiner schlechten Stimme das Drama zwar nicht anders als es ist, erweist sich aber selbst als Stümper. Der Dichter aber entläßt ihn als Kunstrichter mit verdientem Tadel, und während er den guten Schauspieler in ehrenvollen

Rollen und noch schöneren Dramen verwendet, so den schlechten in geringeren. Nur spielen diese Schauspieler auf einem größeren Theater als auf einem gewöhnlichen, denn der Schöpfer stellt ihnen das All zur Verfügung.«

Daß das Leben jeweils wie das Spiel einer Rolle im Drama ist, bestimmt die innere Haltung des Einsichtigen: Niemand kann sich beklagen, wie er in seiner Besonderheit geboren ist. Auch die anderen lebenden Wesen, die geringer sind als der Mensch, aber zum Schmuck der Erde dienen, tadelt kein vernünftiger Mensch. Man fragt nicht bei den Pflanzen, weshalb sie keine Empfindung haben, nicht bei den Tieren, warum sie keine Menschen sind. Die Frage wäre so töricht wie die, weshalb die Menschen nicht dasselbe sind wie die Götter. »Denn es durfte nicht alles gleich sein.« Die Verschiedenheit der Menschen ist nicht zu tadeln, wie ein Drama nicht zu tadeln ist, »weil nicht lauter Helden darin auftreten, sondern auch Sklaven und plumpe Leute«.

Die uns zugewiesene Rolle sollen wir gut spielen. Dazu gehört, die Situation in der Welt zu sehen und zu erfüllen. Aus der gewaltigen Verschiedenheit der Menschen hat jeder für seine Rolle die Folgerungen zu ziehen. Zum Beispiel: Menschen, die wie unvernünftige, reißende Tiere sind, wollen die anderen vergewaltigen. Diese nun »sind wohl besser als ihre Überwältiger, lassen sich aber doch von den Schlechten besiegen, eben weil sie in gewissen Stücken auch selber schlecht sind und keineswegs wirklich gut«. Es ist Aufgabe unserer Rolle, um das eigene Dasein zu kämpfen. Die sich »aus weichlichem und schlaffem Leben wie gemästete Lämmer zur Beute der Wölfe werden ließen«, werden für ihre Trägheit durch furchtbare Leiden gestraft. Denn weil die Gewalt in der Welt die Oberhand hat, »darf selbst ein Gott nicht für die unkriegerischen Leute kämpfen. Denn aus Kriegen, sagt das Gesetz, müssen diejenigen gerettet werden, die sich tapfer zur Wehr setzen, nicht die, welche beten.« Auch wo Arbeit notwendig ist, ernten nicht die Betenden die Früchte ein, sondern die, welche den Acker bestellen. Es wäre lächerlich, alles andere im Leben nach seiner eigenen Meinung, auch gegen den Willen der Götter, zu tun, und dann sich von den Göttern retten lassen zu wollen. Denn man hat das nicht selbst getan, wodurch man nach dem Befehl der Götter sich retten soll. Es herrschen die Schlechten durch das unmännliche Wesen der Beherrschten. Gewalt und Krieg aber sind so lange notwendig, als die Menschen nicht in Wahrheit das Eine schauen und nicht gut sind. Denn den Frieden unter Unvernunft und allerlei Lastern zu erhalten, verwehrt die Vorsehung.

Wenn Plotin sagt: Kämpfen, nicht beten! will er dann etwa das Handeln in der Welt vor das Betrachten setzen? Keineswegs. Aber es kommt darauf an, erstens dieses Betrachten in seiner eigentlichen Wahrheit zu vollziehen, nämlich so, daß Plotins Satz gilt: das Handeln sei das Schwächere gegenüber dem Schauen; zweitens aber, vermöge solchen Schauens seine Rolle im Ganzen so gut als möglich zu spielen, im Wissen um die Rolle ihr entsprechend zu arbeiten und zu kämpfen. Doch der ernste Mensch wird nicht verwechseln. Ernstlich bemüht er sich um ernste Dinge, um Schauen, Lieben und Aufschwung zum Einen. Seine Rolle spielend kämpft er und läßt sich vom Schlechten nicht beherrschen. Aber dieses Spiel der Rolle ernsthaft betreiben, das tun nur Menschen, »die Ernsthaftes nicht verstehen und selber Spielwerk sind«.

g) *Die Philosophie ist Aufschwung zum Einen:* Den Weg hinauf zu finden und ihn schon zu gehen, vermag die Philosophie. Sie bringt eine Erkenntnis, die als solche schon die Seele nach oben trägt.

Der Aufschwung der Seele findet statt zunächst durch die Weise des Lebens selber, durch die Reinigung der Seele (die Katharsis durch philosophische Lebensführung). »Ohne wirkliches Gutsein ist das Sprechen von Gott bloßes Reden.« Das Ethos ist Voraussetzung und dann wieder die Folge des philosophischen Denkens. Der Philosophierende sucht die Flucht aus der Materie, aus dem Leibe, aber nicht räumlich anderswohin, sondern durch das Handeln und Verhalten der vernünftigen Seele in der Welt selber. Auf andere Weise gibt es keine Flucht aus der Welt.

Unter Voraussetzung ethischer Praxis wird die Seele gereinigt durch die Dialektik. Aber lehrbar ist nur der Weg. Ihn zu gehen, ist Sache des Einzelnen. »Wir sprechen und schreiben, indem wir den Geist von den Begriffen aus zum Schauen erregen. Denn bis zum Weg und zur Reise geht das Lehren; das Schauen aber ist schon ein Werk dessen, der den Entschluß gefaßt hat, zu schauen.«

Darum ist der Inhalt der Lehre an sich noch niemals die Vollendung. Die Lehre vom Einen bringt nur »Analogien, Negationen, Kenntnisse seiner Wirkungen und mancherlei Grade des Aufsteigens«. Und sie bringt für die in der Welt sich findende Seele wesentlich zwei »Beweisführungen«: sie zeigt den Unwert der jetzt von ihr hochgeschätzten Dinge und sie erinnert die Seele an ihren Ursprung und Wert. Diese Beweisführungen sind nicht zwingend für den Verstand. Sie können nur gelingen, wenn die Seele selbst das ist, was sie untersucht.

Nicht jede Seele aber ist in der leiblichen Gebundenheit gleicherweise fähig, dies ihr eigentliches Wesen sich im Einen offenbar werden zu lassen. Sie muß wissen, »ob sie die Kraft zu einer solchen Untersuchung hat, ob sie ein zum Sehen befähigtes Auge hat. Denn wenn ihr die Dinge fernliegen, wozu dann? Sind sie ihr innerlich verwandt, so kann sie sie finden.« Dies hat Plotin eindringlich begriffen: Was Philosophie lehrt, das verstehen wir nicht schon ausreichend mit unserem Verstand, sondern nur mit unserem eigenen Wesen. Erst die Erinnerung an ein Unvordenkliches, und die Weise, wie wir uns täglich zu uns selbst verhalten, läßt uns den Sinn dessen aufgehen, was gedacht dann wiederum den Denkenden steigert. In der Zeit wird die Seele wach für das, was in ihr bereit lag. Sie ist, was sie in ihrer Verkörperung ist, nicht durch ein Schon-so-Sein, das sie nur erkennen müßte, sondern durch die Freiheit, die ihre Möglichkeit ergreift. Verleugnen des Verstehens im Grund des Seins bedeutet die Behauptung der eigenen Wesenslosigkeit. Was leer ist im Trotz eines Soseins, das vermag darum die Philosophie nicht zu verstehen, weil der Aufschwung verweigert wird.

Bezugspunkt des denkenden Aufschwungs bleibt das Höchste: »die Gegenwärtigkeit (parusia), die das Wissen übertrifft«. »Man muß alle irdischen Hüllen ablegen, in diesem allein stehen und dies allein werden.« Wir müssen »eilen, von hier fortzukommen und unwillig sein über unsere Fesseln«. Darum die immer wiederholte Forderung: »So gehe denn und kehre ein in sein Inneres, wer es vermag. Er lasse draußen, was der Blick des Auges erschaut, er sehe sich nicht um nach dem, was ihm vormals als Glanz schöner Leibhaftigkeit erschien. Denn wenn man die leibliche Schönheit erblickt, muß man im Bewußtsein, daß sie nur Schemen und Schattenbilder zeigt, zu dem flüchten, dessen Abbild sie ist.«

VII. Gegen den Materialismus und gegen die Gnosis

Unsere Natur als Sinnes- und Verstandeswesen will entweder leibhaftig und gegenständlich denken oder gar nicht denken. Dann hat sie die Wahl, entweder Transzendenz zu leugnen – das geschieht durch den Materialismus – oder die Transzendenz zu vergegenständlichen zu einem leibhaftigen Objekt und mit diesem die wirkliche Welt zu entwerten, – das geschieht in der Gnosis. Plotin hat seine Philosophie gegen beide zu verteidigen.

Gegen den Materialismus für die Transzendenz:
Es gibt Leute, sagt Plotin, die die Materie für das eigentlich und allein Seiende halten, aus dem alles wird. Schuld daran ist der Augenschein: sie halten die Körper für das Seiende. Das Kommen und Gehen der körperlichen Gestalten sehen sie mit Besorgnis an. So kommen sie zu der Meinung, das diesen Körpern im Wechsel zugrunde liegende Bleibende sei das Seiende. Dieses Bleibende sei die Materie.

Gegen das »Bleibende« als Merkmal des Seins: Man durfte nicht das irgendwie Bleibende für das Seiende halten, sondern mußte zuerst zusehen, welche Eigenschaften dem wahrhaft Seienden zukommen müssen. Der Schatten z. B., obgleich stets zugegen bleibend bei dem sich verändernden Gegenstand, ist nicht in höherem Grade als jener. Wenn das Bleibende Merkmal des Seienden sein soll, so müßte man den Raum in höherem Grade als die Körper für das Seiende halten, weil der Raum nicht vernichtet wird.

Gegen den Vorrang der im Sinnlichen erschlossenen Materie: Man hat die Materie als das Wirkliche begriffen, indem man zwar vom sinnlich Wahrnehmbaren ausging, die Materie selber aber nicht sinnlich wahrnehmbar fand. Alles Wahrnehmbare soll nur vergängliche Erscheinung der unwahrnehmbaren Materie sein. »Das Allerwunderbarste ist, daß diejenigen, die alles durch sinnliche Wahrnehmung auf seinen wahren Bestand hin prüfen, die Behauptung aufstellen, das Seiende sei nicht durch sinnliche Wahrnehmung zu fassen.« Entweder geben sie Merkmale der unsichtbaren Materie an, die den Charakter sinnlicher Wahrnehmbarkeit haben. Wenn sie etwa der Materie Widerstandskraft beilegen, dann haben sie unrecht, denn auch dies ist eine sinnliche Qualität, wie Sichtbarkeit, Hörbarkeit. Oder: sie wollen durch Vernunft die Materie begreifen, aus der sie dann das Dasein der Vernunft erklären möchten. Das aber ist »eine wunderliche Vernunft, welche die Materie sich selber voranstellt und ihr das Seiende beilegt statt sich selber«. Eine so nach ihrer Ansicht nicht seiende Vernunft verdient keinen Glauben.

Die nicht wahrnehmbare Materie wird in Atomen oder Elementen (die eine schon geformte Materie sind) gedacht. Aber durch Kombination aus Atomen kann die Fülle der Dinge in ihren Qualitäten nicht genetisch begriffen werden. Was mit ihnen unvergleichbar ist, kann aus ihnen nicht abgeleitet werden: so nicht das Leben, die Seele, der Geist. Was selber ein Ganzes als Einheit ist, kann nicht als Aggregat der Elemente begriffen werden, so z. B. die Empfindungseinheit der Seele. Was schlechthin ohne Körper ist, kann nicht aus dem Körperlichen entstehen, wie Denken, Gedächtnis.

Insbesondere ist die Erklärung der Entstehung der Dinge aus dem Aggregat von Atomen durch Zufall nicht haltbar. »Aus der ungeordneten Bewegung der Atome oder Elemente Ordnung, Vernunft und die leitende Seele hervorgehen zu lassen, ist ungereimt und unmöglich.« Die Welt ist nirgends aus der Materie allein begreiflich. »Denn die Materie formt sich nicht selbst, noch legt sie sich selbst Seele bei. Es muß also etwas geben, das den Reigen des Lebens führt.« Es würde gar nichts werden, sondern alles würde stillstehen in der Materie, wenn es nichts gäbe, was sie bildet und gestaltet. »Wahrscheinlich würde auch nicht einmal die Materie überhaupt sein, und dies gesamte All würde sich auflösen, wenn es jemand der zusammenhaltenden Kraft des Körpers anvertraute.«

Die Kritik Plotins an den Materialisten geht also diesen Weg: Sehe ich in der sinnlichen Gegenwart, im Körperlichen das Sein schlechthin, so muß ich, wegen der endlosen Wandelbarkeit der Erscheinungen ein Zugrundelegendes, Dauerndes denken. Denke ich so die Materie, dann ist sie aber nicht sinnlich wahrnehmbar. Ich tue etwas durch mein Denken, aber so, daß ich dieses Tun aus dem, was ich denke, nicht begreifen kann. Aus der Materie allein ist weder die körperliche Erscheinung in ihrer Mannigfaltigkeit, noch die Seele, noch das Denken, das die Materie denkt, zu begreifen.

Beschwörend wendet sich Plotin gegen unsere Neigung, in der Materie die Wirklichkeit des Seins zu finden. »So suche also nicht mit sterblichen Augen zu erblicken ein Ding wie das Eine, den Geist, die Seele.« Die geläufige Meinung, alles Sein seien die Sinnendinge, ist zu durchbrechen. Denn das, dem man so am meisten Sein zuschreibt, hat am meisten Nichtsein. Wer diese Umwendung aus der vermeintlichen absoluten Realität der Dinge zum Aufschwung im Geiste nicht findet, der wird »des Gottes bar und ledig bleiben gleich den Schlemmern, die an den Festen sich vollfüllen mit unerlaubten Dingen, weil sie meinen, jene seien einleuchtender als das Schauen des Gottes, dem es das Fest zu feiern gilt. Denn auch bei diesen heiligen Festen (des Philosophierens) veranlaßt der unsichtbare Gott den Zweifel an seiner Existenz bei Leuten, die nur das für einleuchtend halten, was sie mit fleischlichen Augen erblicken.«

Gegen die Gnosis für die Schönheit der Welt:
Wer das Übersinnliche leibhaftig denkt und nun, Leibhaftigkeit gegen Leibhaftigkeit stellend, die Wirklichkeit der Welt selber verwirft, ist Gnostiker. Ihn macht das sinnliche Anschauen des Übersinnlichen blind vor der echten Sinnlichkeit, während nur das geistige Erdenken des Übersinnlichen auch den Glanz im Sinnlichen als ein Widerstrahlen von dorther zu sehen vermag. Plotin, der der Natur in der Stufenfolge des Alls zwar ihren seinsfernen Platz anweist, rechtfertigt die Natur und erblickt in ihr die Schönheit der Erscheinung.

Die Welt ist nicht das Sein. Wer die Natur der Welt tadelt, kann das nur, »weil er das Gesetz der Stufenfolge vom Ersten bis zum Letzten nicht kennt«. Daher bedeutet das Urteil, die Welt sei schlecht, weil sich so viel Widriges in ihr befindet, erstens, daß man der Welt zu viel Wert beilegt, zweitens, daß man für den ihr eigenen Wert, das Abbildsein, den Blick trübt. Falsch ist das Verlangen, die sinnliche Welt solle sein wie die intelligible; wahr aber ist es, zu erkennen, daß es kein schöneres Abbild der intelligiblen Welt geben kann.

Ein einzelnes Seiendes recht zu sehen, dafür ist der Blick auf das Ganze Voraussetzung. Im Geisteskosmos dort oben »sind alle Dinge alles, hier unten nicht«. Hier in der Welt dürfte nicht alles gleich sein. Denn dann wäre die Weise des Weltseins, die Gliederung und Ordnung des Ganzen im Außereinandersein der Teile, unmöglich. Darum ist das Ganze der Welt vergleichbar einem lebendigen *Organismus*. Und darum sollte man nicht fragen, ob etwas geringer sei als ein anderes, sondern ob es, so wie es ist, recht an seinem Platze ist.

In einem allbeseelten Organismus »kann nicht alles Auge sein. Anderes tun die Füße, anderes die Augen, anderes das Denken. Man darf nicht das gleiche verlangen für das, was nicht gleich ist. Dem Finger kommt nicht das Sehen zu. Jedes hat sein eigenes Geschäft.« Auch das Unvollkommene hat seine Stelle. Es ist falsch, wegen der Teile das Ganze zu tadeln, wie wenn man von dem gesamten Organismus des Menschen ein Haar oder eine Zehe betrachten wollte, ohne dabei auf den ganzen Menschen, diesen göttlichen Anblick, zu sehen.

Der Bau des Weltalls gleicht dem des Organismus: Bei jedem lebenden Wesen sind die oberen Teile, Gesicht und Kopf schöner, die mittleren und unteren ihnen nicht gleich. Nun befinden sich die Menschen in der Mitte, oben der Himmel und die Götter in ihm, unten die Stufenfolge der Lebewesen bis zum Leblosen. Die Vernunft will nicht, daß alles gut sei, gleichwie ein Künstler nicht alles an einem Tier zu Augen macht. Demgemäß macht dann die Vernunft nicht alles zu Göttern, sondern teils Götter, teils Dämonen, dann Menschen und Tiere der Reihe nach, nicht aus Neid, sondern mit Vernunft, welche intellektuelle Mannigfaltigkeit in sich hat.

Das Bild der Welt gleicht einem *Gemälde*, in dem Licht und Schatten sind, und die Schatten zur Schönheit beitragen. Sie ist nicht Einförmigkeit, sondern Harmonie des Ungleichartigen. So ist im Weltall auch das Schlechte notwendig. Würde es fehlen, so wäre das Ganze unvollkommen.

Die Welt zeigt alles in *Wechsel und Veränderung*. Jedes einzelne Seiende ist dem *Untergang* unterworfen. Ein Ding beschränkt und verdrängt das andere. Alle stehen in gegenseitigem Vernichtungskrieg. Die Vielfachheit vermöge räumlicher Trennung bewirkt Feindschaft und ermöglicht Freundschaft. »Der Teil genügt nicht sich selbst, wird durch einen andern erhalten und ist gleichwohl dem, durch den er erhalten wird, feindlich. Durch sein Zugrundegehen verschafft das eine dem andern sein Entstehen.« Jeder behauptet sich infolge des Willens zum Leben. Die Folgen sind Schmerz, Leiden, Tod. »Die Lebewesen fressen sich gegenseitig auf, so daß stets Krieg ist, der wohl schwerlich je ein Ende oder einen Stillstand erreicht.«

Dieses Weltgeschehen ist zu begreifen: Es müssen nicht nur Unterschiede, sondern Gegensätze sein. Wie Harmonie ist aus entgegengesetzten Tönen, so stimmt das All mit sich überein, während die Teile vielfach streiten. Die Vernunft ist eine nur aus widerstreitenden Begriffen. »Denn wenn die Vernunft nicht die Vielheit in sich schlösse, so würde sie keine Totalität und überhaupt nicht Vernunft sein.« So muß, weil Gutes ist, auch Schlechtes sein, muß, weil Gesetz und Ordnung sind, auch das Gesetzlose und Ordnungslose sein.

Nur das einzelne Seiende geht unter. Die Welt als Ganzes ist ewig. »Vielleicht ist das gegenseitige Sichauffressen notwendig, um die Geschöpfe miteinander wechseln und sich ablösen zu lassen, die ja, auch wenn man sie nicht töten wollte, sowieso nicht ewig bleiben können. Wenn andern ein Nutzen durch sie erwuchs, was ist da zu klagen?« Was »ins Sein gekommen ist durch den Untergang von etwas anderem«, dem »bringt die Vernichtung nichts Schlimmes und an die Stelle des vernichteten Feuers tritt anderes Feuer«.

Wie die Weltgestalt dem Organismus, so gleicht das Weltgeschehen dem *Drama*. Der Tod ist ein Wechsel der Lebenserscheinung. Es ist so, wie auf der Bühne der ermordete Schauspieler seinen Anzug wechselt und mit einer anderen Maske wieder auftritt, in Wahrheit aber nicht gestorben ist. »Die gegeneinander gerichteten Waffen der sterblichen Menschen deuten uns an, daß alles menschliche Leben ein Spiel ist, und zeigen uns, daß der Tod nichts Schlimmes sei, daß man durch Sterben im Krieg und Kampf ein wenig vorwegnimmt, was im Alter geschieht, daß man schneller abtritt, um schneller wiederaufzutreten. Und wie auf den Bühnen der Theater, so muß man auch die Morde betrachten, die verschiedenen Arten des Todes, die Eroberungen und Plünderungen von Städten, alles als Veränderungen und Wechsel der Szenen, als bloße Darstellungen von Jammer und Wehklagen. Denn auch hier ist es nicht die innere Seele, sondern der äußere Schatten des Menschen, welcher klagt.«

Das Ganze dieses Weltgeschehens durchwaltet ein Gesetz. Alles in der Welt ist aus der Vernunft und daher gut, alles ist aber auch durch Vernunft geformte Materie und daher schlecht. Weil die Materie noch irgendeine Gewalt des Nichtseins hat, alles in Raum und Zeit zerteilt ist, darum sind allgegenwärtig jene Notwendigkeit und der Zufall, die das Maßlose und Mißratene erwirken. Aber auch dieses alles wird wieder Materie für die Vernunft der Vorsehung, die das, was nicht von ihr gewollt wurde, doch, wenn es einmal entstanden ist, eingliedert und verwendet im Vernunftzusammenhang des Ganzen. »Das aber ist der Beweis der höchsten Macht, auch das Schlechte gut gebrauchen zu können.«

Die überwältigende Lenkung der Vorsehung geschieht durch ihr Nichthandeln, das umfassender, tiefer und mächtiger wirkt als Handeln. Die Fähigkeit, mit eigener Hand etwas zu bewerkstelligen, gehört zu einem, der Mangel hat. So haben auch unter Menschen »ganz und gar gottselige Wesen allein daran genug, in sich selber stille zu stehen und das zu sein, was sie sind. Vielgeschäftigkeit wäre für sie nicht ohne Gefahr, denn dabei bewegten sie sich aus sich selber heraus.« Gottselig in diesem Sinne ist das Weltall. Ohne zu wirken, vollbringt es gewaltige Dinge, gerade indem es in sich selbst verharrt. Zur Entstehung gelangt ist das Weltall nicht auf Grund einer Überlegung. Während ein menschlicher Künstler nicht aus sich selber schafft, sondern von außen an einem Material arbeitet, geht die Weltseele nicht darauf aus, etwas hervorzubringen. Aus ihrem Sein kommt ohne Überlegung durch Mehr-als-Überlegung, von selber, die Welt. »So hat denn der Geist, indem er ein Stück von sich in die Materie dargab, still und ohne Erschütterung das All gewirkt«, diese Mischung aus Geist und Notwendigkeit (ananke). Die Weltseele »regiert dies All auf leichteste Weise, gewissermaßen durch ihr bloßes Zugegensein«.

Auf das Ganze blickend sagt Plotin: »Es ist doch um vieles besser, daß die Wesen und die Menschen so leben, als wenn sie von Anfang an gar nicht entstanden wären. Denn dann würde eine Verödung des Lebens eintreten. So aber ist ein reiches Leben im All vorhanden, das unaufhörlich schönes und wohlgestaltetes Spielzeug hervorbringt.«

Diese schöne Welt läßt Plotin sprechen: »Mich hat Gott geschaffen, und ich bin von dorther gekommen, vollkommen unter allen lebenden Wesen, ausreichend für mich selbst und mir selbst genug, ohne etwas zu bedürfen, weil alles in mir ist: Pflanzen und Tiere, viele Götter, Scharen von Dämonen, gute Seelen und durch Tugend beglückte Menschen. Denn nicht bloß die Erde ist geschmückt mit allen Gewächsen und allerlei Tieren, und nicht bloß bis zum Meer ist die Kraft der Seele gegangen, während die ganze Luft, der Äther und der Himmel ohne Seele wären, sondern dort sind alle guten Seelen, welche den Sternen das Leben geben. Alles aber in mir strebt dem Guten zu, und alles Einzelne erreicht es je nach seinem Vermögen.«

a) *Widersprüche:* Plotin gebraucht Begriffe, die einen zweifachen Sinn haben, einen faßlichen und einen zum Aussprechen des Unfaßlichen, so das Schauen, das Eine, das Gute, das Sein, das Erste usw. Sollen sie das Undenkbare denken, was über und vor dem Sein ist, so heben sie sich auf und müssen rückgängig gemacht werden. Diese Struktur ist, unumgänglich und sachgemäß, die Form des denkenden Scheiterns in Widerspruch, Tautologie und Zirkel, um im Denken zu sagen, was nur vollziehbar ist im Überschreiten des Denkens. Beispiele:

1. Das Eine soll nur durch Negation aller Bestimmungen getroffen werden, jedoch wird ihm eine Fülle von Bestimmungen, wie schon »das Eine« selber, beigelegt, oft mit dem Worte »gleichsam«. – Ebenso wird der Materie jede Bestimmung abgesprochen, dann doch von ihr gesprochen, und dies wiederum im Widerspruch: die Materie ist einmal das Widerspiel der Idee, das schlechthin Gestaltlose, und dann doch als letztes Derivat noch »gleichsam Idee«.

2. Ein Widerspruch entsteht, wenn die Individualität einmal im Gegensatz zur Idee, dann selber als Idee aufgefaßt wird. Durchweg herrscht der Gedanke: Nur die allgemeinen Formen sind Ideen, es gibt keine Idee des Individuums; es gibt die Idee des Menschen, aber nicht die des Sokrates. Dann aber heißt es: »Die individuellen Menschen unterscheiden sich voneinander nicht nur durch die Materie, sondern durch zahllose Unterschiede der Form. Sie verhalten sich nicht zueinander wie die Bildnisse des Sokrates zu ihrem Original.« Ihr Unterschied entspringt vielmehr aus verschiedenen Urformen. »Vielleicht gibt es so viele Formen, wie es verschiedene Einzeldinge gibt, und zwar soweit als die Verschiedenheit nicht bloß auf einem Zurückbleiben hinter der Idee beruht.« »Die in den Formkräften dann notwendige Unendlichkeit braucht uns nicht zu schrecken.«

3. Eine in der Natur der Plotinischen Philosophie gelegene Widersprüchlichkeit erwächst aus dem Gegensatz der zwei Richtungen, des Hinab und Hinauf.

Die Welt ist Verderben und die Welt ist wunderbare Schönheit. Plotin beruft sich auf Plato: Dieser habe die gesamte sinnliche Welt und die Gemeinschaft der Seele mit dem Körper als Unheil erfaßt, als Fesselung oder als Grab der Seele, als Verlust ihres Gefieders. Und Plato wiederum habe im »Timäus« die Welt einen glückseligen Gott genannt. Denn ihr sei die Seele verliehen, damit sie vernunftbegabt sei.

Das Hinabgehen der Seelen in die Welt hat daher einen doppelten Aspekt. Jede einzelne ist gesandt, damit das Weltall vollkommen sei; aber jede einzelne ist auch schuldig durch ihren Akt der Freiheit. Die Seele ist hinabgeschickt, um Triebkraft zu sein der schönen Welt, und die Seele ist hinabgefallen durch vorzeitliche Wahl, was besser nicht geschehen wäre. Das ist der Eigenwille im Ursprung, der tollkühne Hochmut und die Werdelust.

Die Einheit von Notwendigkeit und Freiheit liegt sowohl im Ganzen der

Weltbildung, wie im Schicksal der einzelnen Seelen: »Jede Seele hat ihre eigene Zeit: ist diese gekommen, dann steigt sie herab wie auf den Ruf eines Herolds und dringt in den Körper ein, der geeignet ist, sie aufzunehmen.« Weder freiwillig steigt sie herab noch gezwungen. Die Freiheit ist nicht als freie Wahl zu verstehen, sondern »gleicht« eher etwa einem natürlichen Triebe, sei es zur Begattung, sei es zur Ausführung heldenhafter Taten. »Ohne Widerspruch ist die Freiwilligkeit und wiederum die Unfreiwilligkeit des Abstiegs.« »Nach ewigen Gesetzen ihres Wesens« ist notwendig, was sie doch frei, wenn auch »wider Willen« tut. Was die Seele auf sich nimmt, schlägt dem Leibe zum Gewinn aus. Man kann »ihr Herabsteigen ein Herabschicken durch Gott nennen«.

4. Ein Widerspruch liegt auch im Begriff des Bösen. Einmal: Das Böse ist nur das weniger Gute, das, was weniger Seinsgehalt hat, bis hinab zur Materie, die das schlechthin Böse, weil das Nichtsein, ist. Dann aber wird aus dem Weniger eines bloß Negativen das Böse als ein Positives. Das Böse ist einmal nur der Schatten des Guten, zur Harmonie des Ganzen gehörig, nur Mangel, nichts aus sich selber, und dann ist das Böse als wirksame und verführende Macht, der zu folgen im Menschen das »zweite Böse« ist.

5. Widerspruchsvoll ist auch die Vorstellung des Göttlichen. Gott ist das Eine, und es sind die vielen Götter. Plotins allbeherrschender Gedanke ist der des Einen, und Plotin preist die Vielzahl der Götter.

Alle diese Widersprüche erscheinen sinnvoll im Ganzen der Seinsvision Plotins. Wo er selbst sie bemerkt, hebt er sie auf durch die Stufenlehre oder durch das Wissen um die Unangemessenheit des Sagens. Sie aufzuweisen, ist mehr Erhellung als Kritik der Philosophie Plotins.

b) *Empirisches Wissen und mythische Vorstellungen:* Die Weltindifferenz Plotins läßt kein Interesse an wissenschaftlicher Naturerkenntnis aufkommen. Einzelwissen, Kenntnis und Forschung sucht er nicht, da es ihm nur auf das Eine ankommt. Daher übernimmt er, ohne zu fragen, die mythischen Vorstellungen seiner Zeit und deren wissenschaftliche Barbarei. Er kennt Dämonen und Liebeszauber.

Für Plotin charakteristisch ist aber seine natürliche Verständigkeit. Er hat manche kritische Zweifel in Beziehung auf Krankheitsauffassungen, auf Astrologie, dämonologische Therapeuten und dergleichen. Gegen die Zauberärzte wendet er sich, die »die Krankheiten verdinglichen als dämonische Wesen«, und gegen die Masse, die sich »von den Wunderkräften der Zauberer imponieren läßt«: »Wer klar denkt, dem können sie nicht einreden, daß die Krankheiten nicht ihre Ursachen haben sollen in Überanstrengung, in Zuviel oder Zuwenig an Nahrung, in Fäulnisvorgängen.«

Aber sowohl mythisch-magische Vorstellungen wie verständige Einsicht haben es nur mit der untergeordneten Welt der Natur zu tun, die für den Weisen kein Gewicht hat. Es handelt sich um materielle Einwirkung auf die körperlich gebundene Seele. Wer sich überhaupt lieber durch sinnliche Erfahrungen führen läßt als durch Philosophie, für den sind etwa auch Orakel da. Aber die Erhebung zur Wahrheit geschieht nur durch Denken, d. h. durch Versenkung in die eigene Tiefe von Seele und Nus, nicht durch Götter. Daher kann Plotin für die magischen und astrologischen Vorstellungen und Akte so wenig Interesse haben wie für empirische Forschungen und Erkenntnisse. Diese Wissens- und Vorstellungssphären nehmen insgesamt einen niedrigen Rang ein. Aber für die Denkungsart in diesen unwesentlichen Bereichen gilt, daß »die Art des Philosophierens, welchem wir nachgehen, auch eine Schlichtheit des Charakters verbunden mit reinem und klarem Denken auszeichnet«.

Plotin hat das Interesse an wissenschaftlicher Weltorientierung und am Staat fallen lassen. Ungeschichtlich, ewig gegenwärtig ist der Strom des im Einen entspringenden, zum Einen zurückkehrenden Weltprozesses. Ihn zu denken, bringt in einer einzigen gewaltigen Chiffer des Seins die sich darin vergewissernde Seele zum Aufschwung. Plotin ist der reinste und ausschließlichste Metaphysiker.

c) *Der existentielle Sinn:* Wir möchten die Philosophie Plotins tiefergreifend charakterisieren. Seine wunderbare Ruhe gewinnt er dadurch, daß die Seele sich bewußt wird, im Kern unberührbar, unverderblich, unsterblich zu sein. Bringt die Seele ihre Reinheit sich zum Bewußtsein und zur Auswirkung, so ist sie unbetroffen von allem in der Welt.

Diese Unbetroffenheit ist möglich, weil die Seele sich anderswo zu Hause weiß. In den Ursprung von allem schauend, gewinnt sie die Befriedigung in der Anschauung der Harmonie des Ganzen.

Diese Befriedigung aber ist die des Zuschauens. Die Seele ist doppelt, getroffen von den Leiden und unbetroffen als sie selber, als Glied der Welt hineingerissen in die Qualen, als Zuschauer unbeteiligt. Für den Charakter dieser Unbetroffenheit nimmt Plotin den Satz auf: der Weise sei glücklich, auch dann noch, wenn er im glühenden erzenen Stier des Phalaris langsam verbrannt werde. Die Harmonie des Ganzen wird nicht gestört durch die Disharmonie im Einzelnen: Plotin spricht von den »Männern, welche Gottes Freunde sind, die mit Geduld die Beschwerden der Welt ertragen, wenn ihnen aus dem Umschwung des Alls ein notwendiges Übel zustößt. Denn nicht auf die Wünsche des Einzelnen, sondern auf das Interesse des Ganzen muß man sein Augenmerk richten.«

Solche Befriedigung scheint fragwürdig. Die Harmonie wird nur grundsätzlich im Ganzen und in den vielen Schönheiten innerhalb der Welt gesehen, keineswegs aber in begreifender Deutung des besonderen Unheils. – Wird nicht dem Menschen Unmögliches verlangt? Ist der von Leid Überwältigte einverstanden mit einer Harmonie des Ganzen, die er als Harmonie in der Tat gar nicht kennt? Für wen ist die konkrete Harmonie, die dieses gegenwärtige entsetzliche Leiden verlangt? Gerät der Harmoniegläubige nicht in die Unredlichkeit, sich solche Harmonie illusionär vorzustellen?

Bei körperlichen Qualen ist wohl eine Gelassenheit möglich, aber bedingt oder unmöglich durch die individuelle vitale Konstitution und jedenfalls um so weniger, wenn die Schmerzen der Kreatur nur dadurch enden, daß sie durch diese Heftigkeit das Bewußtsein nehmen. Auch der »Weise« würde die moderne Technik der Erleichterung der Schmerzen und des Todeskampfes nicht ablehnen. – Ganz anders die Qualen durch eine Lebenskrise der Verzweiflung, in der alles wie nichts erscheint, oder durch ein untilgbares Schuldbewußtsein, oder durch unaufhebbar scheinende Einsamkeit, oder durch den Verrat eines Freundes. – Der Selbstmord verliert seine abgründige Frage. Plotin kennt nur den aus Zorn, wo die Seele unrein durch ihren Affekt ihr Dasein verläßt. Die verharmlosende Tendenz zeigt sich bei der Frage: Ob jemand sich das Leben nehmen dürfe, wenn er den Ausbruch des Wahnsinns merke? »Nun, vielleicht trifft er den Weisen und Tugendhaften nicht«, sollte er ihn aber doch treffen, so setze man den Selbstmord unter die »notwendigen«, das heißt durch den Naturlauf erzwungenen Dinge, für die man sich unter Umständen, nicht schlechthin zu entscheiden hat. – Die geistigen Erkrankungen in ihrer Realität werden für Plotin nicht zur Frage. — Vollends ist es eine fragwürdige Gelassenheit des Betrachtenden, die Qualen der Unschuldigen, das Töten von schuldlosen Menschen, zumal von Kindern, hinzunehmen als Moment der Harmonie des Ganzen, und die ungeheuren, ständig wiederkehrenden, durch nichts in den besonderen Zusammenhängen zu rechtfertigenden Ungerechtigkeiten ruhig hinzunehmen.

Wird Plotin blind für die jedem Harmoniegedanken schlechthin widersprechenden Realitäten? Er will das Böse als positive Macht nicht kennen, das Böse soll nur Mangel, nur Nichtsein sein (und doch sieht er sich gedanklich zur Anerkenntnis eines positiv Bösen gedrängt). Gegen die Plotinische Ruhe in der Harmonie empört sich das Bestehen auf den Leiden und den Ungerechtigkeiten, die nicht weggeredet werden sollen.

Die große Polarität des Überseins und des Nichtseins, darin der Form und des Materials, des Geistes und der Natur, bedeutet auf der einen Seite Form, Helle und Klarheit, Schönheit der Gestalt, Ordnung und Vernunft, auf der anderen Seite die Tiefe (bathos), das Dunkle, das Unergründliche, die Formwidrigkeit und Ordnungslosigkeit, das unendliche Chaos. Auf der einen Seite ist Wille, Aufschwung, Disziplin, auf der anderen Gegebenwerden, Absinken, Verführung durch das Gesetzlose, Zerfließende und Erniedrigende. Dieser vieldeutige Gegensatz hat in den Religionen auf beiden Seiten das Unbegreifliche als das Göttliche zu erfahren gedrängt. Bei Plotin aber wird die Materie, in ihrer Degradierung zum Nichtsein, eindeutig als wertwidrig und negativ gedacht, nicht als eigene göttliche Macht, nicht als göttlicher Gegengott und Teufel. Die leise Andeutung der Unentbehrlichkeit der Materie als Boden, als Echo, als Mutter der Formen läßt bei Plotin niemals die Zweideutigkeit aufkommen, in der die Götter der Nacht ihre Geltung gewinnen. Damit aber hängt vielleicht zusammen, daß Welt und Leben bei Plotin nicht nur harmonischer und durchsichtiger werden, sondern auch matter und unheroischer: in dieser Philosophie der Beruhigung ist das Wagnis aufgehoben, das schon im Ergreifen der Transzendenz selber liegt, das Sokratische Wagnis, im Nichtwissen unbedingt zu leben auf das Vertrauen hin, daß diese Transzendenz sei, was keine Erfahrung und kein Beweis in der Welt sichern kann. In den Gedanken Plotins liegt eine Tiefe, die genügen kann nur um den Preis, daß etwas unerweckt bleibt, das erst Sprache gewinnt, wenn der Mensch der Erschütterung der Existenz in seiner geschichtlichen Wirklichkeit sich bis ins Äußerste wirklich aussetzt, nicht die Augen schließt, nicht vergißt.

Der *Tod* ist seiner Unerbittlichkeit beraubt, wenn nur ein Szenenwechsel durch ihn stattfindet. Dann geht das Gewicht verloren, das auf diesem gegenwärtigen Leben als dem einmaligen, einzigen liegen kann. Die ewige Seele ist in dieses Leben nur als in eine ihrer in der Zeitfolge vielfachen Rollen eingetreten, in ihrem Kern unberührbar. Lebt sie schlecht, so hat sie die Chancen ihrer Reinigung durch neue Daseinsformen, in die sie nach dem Tode eintritt. Weil die Seele einerseits intangibel ist, andrerseits in dem Rollenwechsel der Seelenwanderung sich bewegt, haben Leben und Tod ihren Ernst verloren.

Wenn die Wirklichkeit unseres Weltdaseins und wenn der Tod so unwesentlich geworden sind, dann werden auch die besonderen Umstände des Lebens gleichgültig. Ob körperliche Schmerzen, ob seelische Qualen, ob Verlust der Daseinsbedingungen in der Welt, ob »Zerstörung der Vaterstadt«, ob Tod der Nächsten, alles versinkt im wesenlosen Scheine. In der Welt ist nichts mehr absolut wichtig. Nur wer der Weisheit entbehrt, läßt sich im Ernst auf die Welt ein.

Die Grenzsituationen, die den Menschen erwecken, aber, auch wenn sie dem Erweckten mit der Entschiedenheit seiner Existenz die Transzendenz zur Wirklichkeit werden lassen, im Zeitdasein nicht aufhören, der reale Stoß zu bleiben, der immer wieder alles in Frage stellen kann, werden verschleiert, oder sie verschwinden durch die Seinsanschauung im Ganzen. Da grundsätzlich alle durch sie entstehenden Fragen gelöst sind, verlieren sie ihre Wirkungsmacht. Es ist ein in sich geschlossener Kreis: Der Harmonieglaube hebt die Grenzsituationen auf, – das Unfühlbarwerden der Grenzsituationen macht den Harmonieglauben möglich.

Es gibt keine eigentliche Gefahr mehr mit der Erfahrung der weltlos gewordenen Transzendenz, die in der Spekulation immer von neuem vergewissert wird. Es ist eine schöne, vorwegnehmende, die Welt nicht durchdringende, sondern sie unbegriffen erleidende Geborgenheit. Daher die Ruhe Plotins, das stille Leuchten seines Wesens. Da ist kein Hadern und keine Verzweiflung.

Diese Grundverfassung Plotins hat zur Folge, daß das Individuum und auch das eigene gleichgültig wird. Die Ruhe wird gewonnen, indem ich als ich selbst verschwinde, so wie die Einsicht in der Tiefe der unio mit dem Einen dadurch gewonnen wird, daß Gegenstand und ich verschwinden.

Wenn Plotin auch einmal die Ursprünglichkeit der Form des einzelnen menschlichen Individuums behauptet, so ist doch durchweg sein kategoriales Denken auf den selbstverständlichen Vorrang des Allgemeinen gerichtet: Das Individuum ist der Erkenntnis unerreichbar, aber auch nicht wichtig. Denn die Materie ist das Prinzip der Individualisierung (schon als die intelligible Materie ist sie das Prinzip der Mannigfaltigkeit der ewigen Formen). Mit Plato denkt Plotin, »die Seinseinheit werde ins Unendliche zerstückelt«, und die unterste Art, die sich nicht mehr weiter in Arten zerlegen läßt, sei unendlich, ins Unendliche entlassen, und hier dürfe man sie auf sich beruhen lassen. Das Individuum hat kein Interesse, weil es kein Sein im Sinne des Allgemeinen, des Eidos, sondern Unendlichkeit durch die Materie hat.

Weil der Einzelne kein Gewicht hat, bleibt Plotin das Bewußtsein der Geschichtlichkeit aus. Obgleich er verlangt, daß der Mensch in der Welt an seinem Platz seine Rolle spiele, so ist dies doch gemeint als ein Tun ohne innere Beteiligung: die Welt wird ihrer Bedeutung als einer einmaligen Verwirklichung beraubt. Plotin ergreift nicht sein Schicksal mit dem Bewußtsein, nur als geschichtliches Wesen Substanz zu gewinnen. Es gibt für ihn nicht das Gewicht einer absoluten Entscheidung in der Zeit, die als geschichtliche Erscheinung Gewißheit eigentlichen Seins werden kann. Was geschieht, kann die Seele, die an sich unsterblich ist, in neuen Daseinsformen abbüßen; alles ist rückgängig zu machen.

Daher hat auch Plotins Freiheitsbewußtsein seinen ursprünglichen Ort nicht im Handeln in der Welt. Er kennt nicht jene Einheit von Ewigkeit und Zeit im geschichtlichen Bewußtsein in der paradoxen Formel: in der Zeit wird entschieden, was ewig ist; das Weltliche ist zugleich Erscheinung und unendlich wichtig; es ist das einzige Medium, in dem sich zeigt, was ist; es gibt keine Flucht aus der Welt. Dagegen ist die Welt für Plotin nur ein Schauplatz, mein Leben nur eine Rolle. Es gibt keine Entscheidung von dem Gewicht der Ewigkeit. Es ist nur Aufstieg und Abstieg, aber in immer bewahrter Möglichkeit. Darum ist bei Plotin in der Welt nichts, nur die Reinheit der Seele ernst, – und diese Reinheit liegt in jenem für die Welt verschwindenden Inneren, das sich in inkommunikabler Ekstase erfüllt.

Weil der Einzelne kein Gewicht hat, muß auch die Liebe bei Plotin, gerichtet auf das Eine, so großartig und zugleich unkonkret anmuten. Unsere Liebe soll auf das Einfache und Schlechthinnige gerichtet sein, nicht auf etwas Teilweises und Zufälliges. Es kommt darauf an, das Schöne überhaupt, »nicht bloß Schönes in seiner bestimmten Gestaltung« zu sehen. Daß das »Zufällige«, »Teilweise«, »Bestimmte« die Erscheinung sein kann der Existenz, die nur als geschichtliche in der alles einschmelzenden Treue wirklich wird, das ist Plotin fremd. Der unpersönliche Eros zum Einen beraubt Ehe und Freundschaft ihres Gewichtes. Plotins Liebe wird nicht durch existentiellen Entschluß in der Unvertretbarkeit des Geschichtlichen zur Substanz der Seele, sondern bleibt der die ewigen Formen schauende Eros in den Stufen von der Zeugungskraft der Natur bis zur Einung mit dem Einen.

Es ist darum für Plotin charakteristisch, daß er jede Erscheinung geschichtlicher Substanz des Einzelnen und seiner Gemeinschaft ablehnt. Er will für sich selber seine Eltern und seine Herkunft nicht kennen und nicht sagen. Er will keine Frau als Einzelner lieben; denn »im Himmel gibt es keine Ehen«. Auch des ihm gleichgültigen staatlichen Seins ist er sich nicht als eines geschichtlichen bewußt. Er kennt nicht das Pathos politischen Handelns als eines je einmaligen, durch die Freiheit des Einzelnen mitbestimmten Geschehens.

Indem Plotin dem Einzelnen in seiner individuellen Unvertretbarkeit kein Gewicht gibt, die Liebe aus der Wirklichkeit ins Transzendente lenkt, den Ernst der geschichtlichen Entscheidung außer seinem Horizont hält, ein unberührbares ewiges Selbst der Seele jenseits von aller Weltwirklichkeit, von dieser getrennt, bewahrt, werden ihm Transzendenz und unsterbliche Seele zu punktuellen Abstraktionen, deren vieldeutiger Sinn als Chiffern erst durch mögliche Existenz in der Welt erfüllt werden kann.

Wenn Plotins Vision des harmonischen Ganzen, wenn seine Gelassenheit im Spiel der zeitlichen Rollen, wenn sein leidenschaftlicher Wille zur Reinheit der Seele, wenn seine Erfahrung der Transzendenz durch das Denken zum Undenkbaren hin, um in höchsten Augenblicken das Einswerden mit der Transzendenz vorwegzunehmen, wundersam ansprechen als offenbare Wahrheit, so doch zugleich unauflösbar zweideutig: Diese endgültige Ruhe kann auf uns wirken wie ein seliger Tod in diesem Leben selber.

Hinreißend vollzieht Plotin den Aufschwung zum Einen, von der Einheit der Dinge in der Welt zum Einen selbst in der Transzendenz, von der Einheit in der Schönheit des lebenden Einzelwesens über die erhabene Schönheit des Weltalls und über die Schönheit der Seele hinaus in den Grund des Einen selber. Aber dies ist ein kontemplatives Tun. Es fehlt der Antrieb eines anderen Sinns des Einen oder doch des Sinnes, in dem jene Kontemplation erst praktische Wirkungskraft erhielte; des Einen in der geschichtlichen Erfüllung des Lebens der einen Idee, der ich diene, der einen Liebe, mit der ich ich selbst werde oder verlorengehe; des Einen der Transzendenz, das allein in der Praxis und nur schwebend in den gedachten Chiffern sich gewiß wird. Um aus der Möglichkeit in die Wirklichkeit zu gelangen, muß ich existentiell Einer werden, damit objektiv begrenzt in der Zeitlichkeit, die durch das Eine geschichtlich wird. Für Plotin ist das Eine der Lebenspraxis nur das Eine, das not tut, der Aufstieg zum Einen; »das Ziel muß eines und nicht vieles sein, denn sonst würde man ja nicht das Ziel, sondern Ziele suchen«.

Plotins Philosophie zeigt ihre Beschränkung, wenn das Handeln in der Welt wesentlich wird, der Einzelne Gewicht erhält, die Geschichtlichkeit selber als die Gegenwart des Ewigen spricht, wenn die Grenzsituationen ernst bleiben.

IX. Historische Stellung und Nachwirkung

Plotin verstand sein Denken als das des Ammonios Sakkas, seines Lehrers in Alexandria. Aber dessen Gestalt spielt in Plotins Schriften keinerlei Rolle, und wir wissen von ihm so gut wie nichts. Man spürt in Plotins Philosophieren nicht den Blick auf den großen Lehrer, sondern auf Plato. Plotin spricht weiter von Aristoteles, von Vorsokratikern und von Stoikern. Er denkt in den Formen der philosophischen Schulüberlieferung, deren Sinn er faktisch sprengt, aber ohne Zerstörungswillen, vielmehr ergriffen vom Übersinnlichen, das er in der vollkommenen Transzendenz rein und mit allen Folgen zur Geltung kommen läßt. Mögen alle besonderen Gedanken Plotins überkommenes Erbgut (platonisch, aristotelisch, stoisch) sein, und mag sein Werk wie eine Kombination solcher Elemente anmuten können, in der Tat sind sie verwandelt aus dem neuen Ursprung des in dieser Unablässigkeit durch die frühere griechische Philosophie nie vollzogenen Transzendierens. Im Unterschied von Heraklit und Parmenides arbeitet Plotin mit den Begriffen der inzwischen ausgebreiteten griechischen Philosophie. Er ist nicht Schöpfer, sondern Umschöpfer von Begriffen zu einer neuen großen, geschlossenen Einheit. Und er ist sich bewußt der Wiederholung der Alten, besonders Platos. »Diese Gedanken sind nicht neu und nicht jetzt, sondern schon längst ausgesprochen, wenn auch nicht klar und deutlich, vielmehr sind die jetzigen Gedanken Auslegungen jener.«

Zu Plato weiß sich Plotin in nächster Nähe. Denn Plato hat die Gedanken von der Transzendenz des Einen klar gedacht (durch das »Jenseits des Seins«, durch die Entfaltung der Gedanken der negativen Theologie und der Ableitung der Welt als Miteinander von Einheit und Sein in der ersten und zweiten »Hypothese« des Dialogs »Parmenides«). Aber der Unterschied zu Plato ist groß. Was Plato als ein Moment seines bewegten Philosophierens spielend und erfindend vollzieht, wird bei Plotin zum Einzigen und Absoluten. Wenn Plato das Philosophieren als ein Ähnlichwerden mit dem Göttlichen bei stets bewahrter Distanz versteht, so Plotin als Einung mit dem Göttlichen unter Aufhebung der Distanz. Platos Schnitt zwischen Transzendenz und Welt wird bei Plotin übersprungen. Plato vollzieht im menschlichen Dasein die Richtungen des Transzendierens, Plotin lebt in der einen Transzendenz. Plato erdenkt zwecks spielender Erzählung einen Weltbaumeister, Plotin läßt alles aus dem Einen sich hervortreiben. Obgleich Plotin für seine entscheidenden Gedanken wörtlich Plato benutzt, sind wir bei ihm in einen anderen Ursprung getreten zur Begründung einer alles durchdringenden metaphysischen Lebensverfassung.

Plotin ergriff in unvergleichlicher Hingabe den Gottesgedanken, der von Xenophanes als solcher ausdrücklich gemeint, von Parmenides (ohne Gott genannt zu werden) und von Plato gedacht, bei Aristoteles zu einer Konstruktion und in der Stoa zur Weltgöttlichkeit abgesunken war. Es ist der philosophische Gottesgedanke.

Wenn Plotin das Weltbild des Stoikers Poseidonius (etwa 135–50) benutzte (der selber die Naturanschauung des Platonischen »Timäus« aufgenommen hatte), so ist doch das Wesentliche, daß dem Poseidonius das Eine in seiner Transzendenz fehlt. Poseidonius denkt stoisch-materialistisch: die Weltvernunft ist das Pneuma und feuerartig, vom selben Stoff wie der menschliche Geist. Plotin dagegen transzendiert den Geist so gut wie die Materie. Das, was jederzeit die Kenner Plotins am tiefsten ergriff, wäre auch nicht im Ansatz bei Poseidonius zu finden gewesen.

Es gab eine Gedankenwelt, die mit Mysterien, orphischem Denken, orientalischen Erfahrungen zusammengebracht wird. Für die Jahrhunderte, zu denen historisch Plotin gehört, heißt sie Gnosis: Die Seele hat eine himmlische Heimat, aus der sie gefallen ist. Sie ist in Hüllen gekleidet, die sie ihr selbst verbergen. Aus dem Schein, aus dem Unreinen, aus dem Bösen dieses Daseins sehnt sie sich zu ihrer Heimat zurück. Das wahre Leben ist das, durch welches sie den Rückweg findet. Die Welt ist gleichsam eine Geographie der Orte, die seelisch bedeutsam sind, der Stufen, in denen sie im Abfall mit fremdem Stoff bekleidet, im Aufstieg wieder von ihm befreit wird.

Dieses Schema ist ein Hintergrund des Plotinischen Denkens. Aber Plotin steht zur Gnosis in Gegensatz: jede Materialisierung der Stufen, die Himmelfahrt der Seele unter Führung des vom jenseitigen Gotte gesandten Erlösers, heraus aus dieser von einem bösen Wesen geschaffenen Welt, ist ihm fremd; er will ein reines Philosophieren und die Selbstbefreiung der einzelnen Seele; die Herrlichkeit dieser Welt wird von ihm nicht angetastet; eine gnostische zeitliche Seinsgeschichte verwirft er ebenso wie die gnostische und ihr folgende neuplatonische Vermehrung der phantastisch werdenden Zwischenstufen.

Die These vom Durchbruch orientalischen Denkens in die griechische Philosophie durch Plotin ist (abgesehen von dem unbestimmten Charakter so allgemeiner historischer Begriffe wie orientalisch und griechisch) zu verwerfen: In Plotin ist wirksam die Würde der menschlichen Persönlichkeit, die im Denken sich ihrer Unabhängigkeit vergewissert. Er ist bewegt vom Enthusiasmus für die Schönheit des Kosmos. Er lebt in der Verehrung des »göttlichen Plato« und der alten Philosophen von Parmenides und Heraklit bis zu Aristoteles. Von jeher hatte die Erfahrung orientalischen Geistes die Griechen bewegt. Sie eigneten sich an, indem sie verwandelten, sie gaben *dem* Sprache, was ohne sie nach dieser Seite hin stumm geblieben wäre. So war es auch bei Plotin, der von jung an ein brennendes Interesse an orientalischer und indischer Weisheit hatte.

Sieht man das philosophische Leben dieser Jahrhunderte, wird man Dodds zustimmen: Nach Kenntnis der theosophischen Träume Philos, des giftigen Fanatismus Tertullians, der liebenswürdigen Frömmigkeiten des Porphyrius, der unsäglichen Faseleien der Mysterien spreche Plotin den Leser als wirklicher Denker an. Er habe Gnostik und Theurgie verworfen und entschlossen den Herrschaftsanspruch der Vernunft erhoben, als des Instruments der Philosophie und des Schlüssels zur Struktur der Realität.

Plotin strahlt durch Wesen und Leistung in seiner Überzeitlichkeit. Wenn in der Kunst der Zeit des Gallienus eine »Renaissance« zugleich das Ende der antiken Klassik war, so ist doch ein gewaltiger Abstand zwischen dieser plastischen Kunst und der Höhe Plotinischer Philosophie. Jene Kunst kann nur noch historisch interessieren, Plotin ist eine ewige Gestalt des Abendlandes.

Man würde mißverstehen, wollte man Plotins Haltung als Müdigkeit deuten und in Zugehörigkeit zu seinem Zeitalter verstehen, das man als zum Untergang bereit auffaßt. Sein Leben und sein Denken sind vielmehr eines der großen Beispiele der durch nichts zu hemmenden Kraft der Philosophie. Aber was er dachte, kann so wirken, daß es auch müden Menschen hilft, ihr Erlahmen an der Welt zu vermindern.

Die *Nachwirkung* Plotins ist bis zur Gegenwart außerordentlich. Er ist der Vater aller »spekulativen Mystik«, durch keinen der Späteren überboten. Diese Nachwirkung ist merkwürdig sowohl durch Tiefe wie durch Entstellungen.

Der *»Neuplatonismus«* gilt als durch Plotin begründet. Plotin lebte im dritten Jahrhundert, Jamblichus im vierten, Proklos im fünften, Damascius und Simplicius im sechsten. Doch »die Wirkung des originalen Plotintextes auf die Neuplatoniker ist bemerkenswert gering, spärlich sind die wirklichen Zitate« (Harder). Die Nachfolger Plotins denken nicht mehr aus dem Geiste Plotins. Wiederherstellung heidnischen Götterglaubens, Steigerung der Persönlichkeiten der Philosophen zu Heiligen, Gründung einer philosophischen Religion, kultische Einrichtungen sind das Interesse. Einerseits ergeht man sich in zügelloser Phantastik, andererseits entwickelt sich eine durch ihre Leistungen noch heute schätzenswerte philosophische Gelehrsamkeit und eine zuweilen außerordentliche Denkschulung.

Außerdem wurde Plotin von den *christlichen* Denkern angeeignet, an der Spitze durch Augustin. Damit wurde der philosophische Ursprung getilgt. Plotins Transzendenz des Einen war der Vernunft offenbar, der christliche Gott offenbarte sich durch Christus. Nicht philosophische Vergewisserung als solche, sondern Glaube an die einmalige Offenbarung war Grund der neuen Glaubenserkenntnis. Das Übersein Plotins sank ab zum Sein, der Geisteskosmos stieg auf zu Gedanken Gottes. Beides fiel ineins und wurde Persönlichkeit. Die drei Hypostasen Plotins (das Eine, der Geist, die Weltseele) wurden ersetzt durch die Trinität, das Hervorgehen alles Seienden bei Plotin durch die geheimnisvollen intertrinitarischen Beziehungen und durch die Schöpfung der Welt.

Im Neuplatonismus gewann die Verwandlung Plotinischen Denkens ins Greifbare die gedankenreichste Gestalt bei Proklos (410 bis 485). Proklos wurde in den Schriften des christlichen Pseudo-Dionysius Areopagita (um 500) aufgefangen und durch diese ein Element des gesamten mittelalterlichen Denkens. Plotin selber kam seit der Renaissance (Marsilius Ficinus) (1413–1499) zu neuer Wirkung.

Das folgenreichste Mißverständnis war die Identifizierung von Plotin und Plato. Plato wurde in der Denkgestalt Plotins gesehen, schrittweise neu entdeckt und schließlich seit hundert Jahren als er selbst sichtbar, womit zugleich erst die eigentümliche Größe Plotins erkannt werden konnte.

ANSELM

Quellen: Werke. – Biographie: Eadmer. – Texte zur Geschichte des ontologischen Gottesbeweises: Daniels.
Literatur: Hasse. von den Steinen. Karl Barth.

I. Biographie und Werk

Biographie: Anselm wurde geboren 1033 in Aosta, in einem Alpental im burgundisch-lombardischen Grenzgebiet. Sein Vater Gundulph und seine Mutter Ermenberga waren von altem Adel. Mit dem Vater zerfallen, verließ er seine Heimat, führte durch Jahre ein Wanderleben in Frankreich, bis er 1060 im Benediktinerkloster Bec (in der Normandie) Mönch und Schüler des Abtes Lanfranc wurde. 1063 wurde er Prior, 1078 Abt des Klosters, 1093 Erzbischof von Canterbury. Während seines Kampfes um das Recht der Kirche mit den Königen Wilhelm II. und Heinrich I. mußte er zweimal ins Exil gehen, lebte in Rom, Lyon und anderen Orten, bis, nach Beendigung des Streites, seine Rückkehr nach Canterbury erfolgte (1106), wo er 1109, 75 Jahre alt, starb. Er war gleich groß als Mönch durch Frömmigkeit wie als Kirchenfürst durch mutige Behauptung kirchlicher Rechte und wie als Denker durch Ursprünglichkeit, Tiefe und Klarheit.

Das Werk: Es ist zum überwiegenden Teil während seines Lebens im Kloster Bec entstanden. Diese Schriften handeln von Gott (Monologion, Proslogion), von Gott und dem Menschen (De veritate, De libero arbitrio, De casu diaboli). Als Erzbischof durchdachte er die großen dogmatischen Fragen (im Kampf mit Roscellin: De fide trinitatis, 1093, anläßlich der Synode von Bari mit den Griechen: De processione Spiritus Sancti, im Exil: Cur deus homo und De conceptu virginali et originali peccato, schließlich in den letzten Jahren vor seinem Tode über das Zusammenstimmen von Prädestination und freiem Willen). Dazu kommen zahlreiche Predigten und Briefe.

Die Situation der Zeit: Die allermeisten Menschen Europas lebten damals in Dörfern, gebunden in den Schranken, die Natur und Verkehrsarmut und Bildungslosigkeit auferlegten. Über dieser Masse wirkte die abendländische katholische Kirche segenbringend, ordnend, prägend, dank den Mönchsorden. Sie hatte einen überweltlichen Charakter. Von relativ wenigen ausgezeichneten Männern vertreten, besaß sie eine großartige Einheitlichkeit in Sprache (lateinisch), Wissen und Glauben. Während der einfache Mann nie aus seiner engsten Heimat herauskam und keinen Blick in die Weite kannte, schufen die Mönchsorden ein über die Länder hinweg gelenktes, ungemein bewegtes Leben. Ein Mann wie Anselm konnte in Italien geboren, in Frankreich Mönch, in England Erzbischof von Canterbury werden.

Die Normannen, Träger französischer Lebensart und Sprache, setzten 1066 nach England über und errichteten, nun die Normandie und England umschließend, einen Staat, der straffer, mächtiger, einheitlicher unter Wilhelm dem Eroberer war als irgend ein anderes politisches Gebilde jener Zeit. Es war ein barbarisches Volk, energisch und grausam. Die Großen konnten nicht lesen und schreiben, waren mit ihrer gesamten Bevölkerung der Kirche zugetan. Die Geistlichen allein kannten Überlieferung und Lehre, stellten die Männer, die die Gesellschaft organisierten und lenkten. Die Eroberer enteigneten alles Land und setzten normannische Adlige als neue Grundherren ein. Dieser Adel sprach französisch, die Geistlichen schrieben lateinisch, das Volk redete die verachtete Sprache der Unterdrückten, aus der später das Englische wurde.

II. Anselms philosophischer Grundgedanke

a) *Darstellung des Gedankens.* – Toren sagen: es ist kein Gott. Gläubige glauben, daß er sei. Ist der reine Gedanke – ohne Trübung durch Torheit und ohne Glaubensgehorsam – fähig, die Gewißheit von Gottes Sein zu gewinnen? Ja, sagt Anselm und vollzieht dieses denkende Tun:

Denke: Gott ist ein Wesen, über das hinaus ein größeres nicht gedacht werden kann (quo maius cogitari non potest).

Wenn nun der Tor sagt: es ist kein Gott, denn der Gedanke vom Größten ist nur ein Gedanke im Verstande; sein Inhalt ist nicht, weil er gedacht ist, auch Wirklichkeit, – so ist zu antworten:

In der Tat ist es überall in der Welt zweierlei: entweder nur im Verstande oder auch in der Wirklichkeit zu sein. So hat ein Maler ein Bild, das er in der Vorstellung hat, noch nicht wirklich gemacht. Aber anders im Gottesgedanken. Der Tor muß eingestehen, daß wenigstens im Gedanken ein Ding ist, so groß, daß etwas Größeres nicht gedacht werden kann. Dieses Eingeständnis genügt. Denn ein Ding, über das hinaus ein Größeres nicht gedacht werden kann, kann nicht nur im Verstand sein. Warum nicht? Weil dann das größte Ding, das auch wirklich ist, größer wäre als das größte, das nur gedacht und nicht wirklich ist. Wäre das Größte nur im Verstand, dann wäre das Größte, das dazu auch wirklich wäre, größer als das nur im Gedanken Vorhandene.

Wenn das Größte so gedacht wird, daß es nur im Verstand und nicht in Wirklichkeit ist, also ein noch Größeres gedacht werden kann, das auch in Wirklichkeit ist, dann entsteht der Widerspruch. Es wird das Größte gedacht, das noch nicht das Größte ist. Dann soll es zwar das Größtdenkbare sein, ist es aber nicht, weil ein Größeres, nämlich das auch Wirkliche, denkbar ist. Also existiert kraft der Einsicht reinen Denkens das, über das hinaus kein Größeres gedacht werden kann, sowohl im Verstande wie in Wirklichkeit.

Diese Gewißheit ist ohne Zweifel. Sie ist vollkommene Gewißheit, weil unmöglich, das heißt nicht ohne Widerspruch, gedacht werden kann, das Größte, über das hinaus nichts Größeres denkbar ist, sei nicht.

Wiederholen wir in Abwandlungen den gleichen Gedanken:

Wenn das Größte, über das hinaus ein Größeres nicht gedacht werden kann, als nicht existierend gedacht wird, dann ist es nicht das Größte.

Daß das, über das hinaus ein Größeres nicht gedacht werden kann, auch wirklich existiert, das ist so wahr, daß von ihm nicht einmal gedacht werden kann, daß es nicht sei.

Habe ich wirklich in meinem Gedanken das, über das hinaus ein Größeres nicht gedacht werden kann, so schließt gerade dieser Inhalt, obwohl er zuerst nur im Gedanken zu sein scheint, sein Sein ein.

Es kann ein Sein gedacht werden, dessen Nichtsein nicht gedacht werden kann. Das aber, wovon das Nichtsein undenkbar ist, kann auch wirklich nicht nicht sein. Es ist.

Wenn ich von Sein, über das hinaus Größeres nicht denkbar ist, denke, es sei möglich, daß es nicht sei, so habe ich von vornherein nicht das Größtdenkbare gedacht.

Sobald ich das Größte, was sich denken läßt, als etwas bloß in meinem Gedanken Vorhandenes denke, so verschwindet es mir auch im Gedanken; es bleibt nicht mehr das Größte.

Entweder muß ich den Gedanken fahrenlassen, oder ich muß seinen Inhalt als wirklich denken.

b) *Interpretation.* – Anselms Grundgedanke ist kein mathematisches Rechenexempel mit der Kategorie der Quantität. Er kann in seiner Losgelöstheit irrtümlich wie als Beweis genommen werden in bezug auf einen Gegenstand, den man erschließt, wie etwa die niemals sichtbare Rückseite des Mondes; dann ist solcher Beweis sofort widerlegt, da er keine mögliche Bewährung in der Erfahrung hat. Da der Gedanke Anselms in diesem Sinne gegenstandslos ist, kann er wie ein logischer Trick wirken, dessen Kniff durchschaut werden muß. Solches Mißverstehen dessen, worum es sich bei Anselm handelt, ist durch Beachtung aller Umstände, die den Sinn des Gedankens erst völlig deutlich machen, abzuwehren.

1. *Stille der Innerlichkeit, nicht Mystik:* Anselm beginnt die Darlegung seines Gedankens mit der Forderung, in die Stille der Innerlichkeit zu gehen: Fliehe deine Beschäftigungen, – wirf deine lastenden Sorgen ab und lasse zurück deine mühevollen Ablenkungen, – verbirg dich vor deinen tumultuarischen Gedanken, – werde frei für Gott und ruhe ein wenig in ihm, – tritt ein in die Kammer deines Geistes, schließe alles aus außer Gott, und bei verschlossener Tür frage nach ihm.

Das ist mehr als Aufforderung zur bloßen Aufmerksamkeit, mehr als Anweisung zu bloß ruhiger Gedankenarbeit. Es wird auf den Weg gewiesen, auf dem bei tiefster Konzentration, in Verborgenheit, in Abkehr von der Welt, vom Leben und von Sorgen, nicht nichts ist, sondern Gott erfragt und gewiß werden kann.

Vergleichen wir aber Anweisungen der Mystiker, so ist der entscheidende Unterschied, daß von Anselm keine Vorbereitungen für eine Technik der Meditation getroffen werden, nicht Meditationsstufen stattfinden, nicht Visionen, nicht Ekstasen das Ziel sind. Es handelt sich um reines Denken. Es handelt sich auch nicht um ein pathetisches Erleben, nicht um einen Gefühlsrausch, sondern um nüchterne, wenn auch hinreißende Klarheit in dem, worauf alles ankommt.

2. *Das Einsichtige und der leere Gedanke:* Was hier Denken ist, das eigentliche Denken, dessen war Anselm sich gegen das bloß rationale, entleerte Denken bewußt, wenn er sagt: Das Denken ist zu unterscheiden vom bloßen Reden. »Anders wird ein Ding gedacht, wenn der es bezeichnende Laut gedacht wird, anders, wenn das Ding selbst eingesehen wird.«

So kann nur auf die erste Weise des bloß redenden, den Lautsinn denkenden Menschen die Nichtexistenz Gottes gedacht werden, niemals aber auf die zweite Weise des wirklichen Denkens. Wer einsichtig denkt, daß Gott ist, vermag nicht zu denken, daß Gott nicht ist. Wer diese Worte »Gott ist nicht« spricht, kann nicht denken, was er sagt.

So ist es mit dem Gedanken, daß etwas sei, über das nichts Größeres denkbar sei. Wenn ich den Gedanken verstehe, so kann ich nicht zugleich meinen, das so Gedachte sei nicht. Das Nichtsein kann ich nur nicht verstehend sagen.

Daher genügt nicht der bloß formelle Satz der Undenkbarkeit der Nichtexistenz des Höchsten, über das hinaus nichts Höheres gedacht werden kann. Er ist als Verstandessatz leer. Er bleibt bezogen auf seinen Grund und seine Erfüllung und erzeugt erst so die Einsicht.

Die Bedeutung des Anselmschen Gedankens kann nur dann bestehen, wenn es ein Denken gibt, das weder auf Erfahrung noch auf vorher definierte Begriffe sich stützt, sondern als Denken selber, in Begrifflichkeiten transzendierend, bei der Wirklichkeit ist. Dann ist das formale Tun ursprünglich erfüllt durch ein »Wissen um«, das Antrieb und Ziel zugleich ist. Der Gedanke ist ein existentieller Zirkel der Denkenswirklichkeit, der sich im formal-logischen Zirkel ausspricht.

3. *Ein einziger Gedanke nur in bezug auf Gott sinnvoll:* Der Gedanke, in dem die Gewißheit, daß Gott sei, allein daraus erwächst, daß sein Nichtsein nicht gedacht werden kann, ist ein einziger Gedanke, der nur in Hinsicht auf Gottes Existenz vollzogen werden kann. Es gibt

keinen Gegenstand, bei dem der Schluß aus dem Wesen auf die Existenz gilt, außer Gott. Von allem anderen kann gedacht werden, daß es nicht sei. Bei allem anderen muß erst Erfahrung in der Welt das Dasein beweisen. Der Anselmsche Gedanke aber ist weder abgeleitet aus allgemeinen Vordersätzen noch aus Welterfahrung.

Als ein bloßer allgemeiner Gedanke, also in rationaler Losgelöstheit, wurde er aufgefaßt schon von dem Zeitgenossen und Gegner Anselms, Gaunilo. Anselm sagte gegen Gaunilo, daß der Gedanke von Gott als dem, über den hinaus Größeres nicht denkbar ist, keineswegs gilt von Gaunilos »schönster Insel«, über die hinaus eine schönere nicht denkbar sei: zu der schönsten Insel gehöre auch ihre Existenz. Denn aus Gaunilos Gedanken der schönsten Insel folge nicht, daß diese Insel auch existieren müsse. Gott ansprechend, sagt Anselm: »Von allem, was es gibt, du allein ausgenommen, kann gedacht werden, daß es nicht sei. Du allein von allen Dingen hast also im wahrsten Sinn und darum von allen am meisten das Sein.«

Daher läßt sich der Gedanke nicht loslösen von seinem Gehalt zu einer allgemeinen syllogistischen Form mit dem Obersatz: Jedes Ding, das in seiner Art als das vollkommenste gedacht wird, hat auch Existenz. Dieser Zusammenhang von Gedachtsein und Sein gilt nur Gott gegenüber. Nur hier gilt: Wer Gott denkt, kann ihn nur als seiend denken. Damit ist jedes Seiende, das auch als nicht seiend gedacht werden kann, etwas Anderes und Geringeres an Sein als Gottes Sein.

Das Sein Gottes, seine Existenz, sein Dasein, wie auch immer man es nennen mag, ist nicht die Weise der Realität von irgend etwas, von irgendwelchen Dingen in der Welt, von einer Insel (Gaunilo) oder von hundert Talern (Kant). Es allein ist das Sein, vermöge dessen es unmöglich ist, daß es nicht sei und daß nichts ist, – und das als solches im Denken gewiß ist.

Diese Unmöglichkeit des Nichts zeigt sich dem Denker nur hier als Undenkbarkeit. Sie zeigt sich dem Denken, das selbst Sein ist, wenn auch geschaffenes Sein. Es wird als Ebenbild des schaffenden Denkens der Gottheit dieses notwendigen Seins Gottes durch sich selbst inne.

4. *Kein Gegenstand:* Das, worüber hinaus ein Größeres nicht gedacht werden kann (quo maius cogitari nequit), ist in seinem eigentlichen Sinn festzuhalten. Es ist nicht, wie Gaunilo es wiedergibt, größer als alle Dinge (maius omnibus). Denn dann wäre es bloß ein Ding. Wenn Gott das höchste der Wesen genannt wird, dann ist sein Nichtsein nicht so unmöglich zu denken, wie es Anselm meint. Als höchstes in

der Reihe ist es nicht das Höchste, worüber hinaus sich nichts Höheres denken lasse. Denn das, was in der Reihe das höchste Wesen genannt wird, braucht nicht das höchste Wesen schlechtweg zu sein.

Das von Anselm Gemeinte wird in der Funktion des Gedachtwerdens kein Gegenstand. Daher ist nach Anselm Gott nicht bloß das, worüber hinaus Größeres nicht gedacht werden kann, sondern *auch größer als alles, was gedacht werden kann.* Das ist entscheidend: Anselm verbindet mit dem Gedanken an die notwendige Existenz des Größten die gedankliche Vertiefung in dies Größte durch Vertiefung in die Undenkbarkeit dieses Größten. Diese mit der Denkbarkeit des Höchsten verknüpfte Undenkbarkeit steht gegen den Hochmut eines Verstandes, dem Denken und Sein, Denkbarkeit und Wirklichkeit zusammenfallen.

Der Maler verwirklicht das Bild, das er in der Vorstellung hat. Der Denker aber bringt Gott nicht hervor, indem er ihn denkt, sondern vergewissert sich seiner Wirklichkeit. Dieses Sichgeben Gottes im Denken steht gegen den Hochmut einer Macht über Gott, der meint, Gott sei von seinem Denken abhängig.

5. *Die Operation mit der Widersprüchlichkeit:* Anselms Gedanke operiert mit der Undenkbarkeit des Widerspruchs. Das Wort »Widerspruch« braucht er nicht, den logischen Satz formuliert er nicht, so wenig wie Parmenides. Er sagt nur im Gedanken selbst, es sei unmöglich, die Nichtexistenz zu denken. Der Widerspruch wird als Funktion benutzt von einem Gedanken, dessen Gehalt über Widersprüchlichkeit und Widerspruchslosigkeit unendlich hinausgeht.

Wenn das formale logische Denken transzendierend benutzt ist, wird es dadurch nicht zu einem logischen Beweis, wie er von endlichen Gegenständen möglich ist. Daher bleibt in der Form der Mangel (gemessen an der logischen Stringenz des Denkens in bezug auf endliche Gegenstände), der jedem transzendierenden Denken eigen ist, das heißt dem Denken, das mit endlichen Mitteln das Unendliche berühren will. Hier ist es der Mangel der Alternative: Gott ist oder Gott ist nicht. Dadurch gerät Gott in die endliche Gedankenform von Gegenständen, die in Aussagen durch das »ist« und »ist nicht« getroffen werden. Wenn der Widerspruch benutzt werden soll, um transzendierend zu beweisen, so muß er dabei seinen eigentlichen Sinn, der nur im Bereich der Endlichkeit unseres Denkens liegt, verlieren. Er wird zum Symbol, in dem die Unmöglichkeit der Nichtexistenz Gottes hell werden soll.

Cusanus benutzte den Widerspruch umgekehrt, um in seinem transzendierenden Denken gerade mit ihm, in der coincidentia oppositorum – Gott ist, und er ist nicht – die Gottheit zu erreichen.

Solche methodischen Erwägungen über logische Formen des Transzendierens liegen Anselm in der Kraft seines ursprünglich erfüllten Denkens fern. Wir können seinen Gedanken uns daher nur aneignen dadurch, daß wir sehen, wie er in der Methode, deren volle Bewußtheit erst viel später auftritt, in wundersamer Reinheit durchgeführt ist. Wir können Anselm verstehen, mit ihm die Funktion des Widerspruchs in seinem Gedanken vollziehen, um das jederzeit gegenwärtige Geheimnis des Denkenkönnens überhaupt, in dieser Form spielend, zu erfahren als Medium des Transzendierens.

6. *Der Gedanke als Anrede an Gott im ursprünglichen Philosophieren:* Anselm trägt seinen Gedanken nicht vor wie eine Sache, über die er wie über einen Gegenstand der Wissenschaft redet, sondern als eine Anrede an Gott, als Gebet: »Lehre mein Herz, wo und wie es dich erfragt.« »Dich zu schauen, bin ich geschaffen und noch habe ich nicht getan, wozu ich erschaffen bin.«

Keineswegs ist die Einkehr in die Innerlichkeit durch eigene Macht schon erfolgreich. »Ich strebte nach Gott und stieß auf mich selbst.« »Erleuchte uns, zeige uns dich selbst.« »Lehre mich, nach dir zu fragen, und zeige dich dem Fragenden; weil ich weder nach dir fragen kann, wenn du es nicht lehrst, noch dich finden, wenn du dich nicht zeigst. Fragen will ich nach dir in Sehnsucht, Sehnsucht haben im Fragen.« Gebet und Anruf stehen nicht nur am Anfang und Ende, sondern durchdringen den Gedankengang selber. Es ist keine nur logische Sachentwicklung im bloßen Zuschauen.

Der Titel der Schrift, in der der Gedanke vorgetragen wird, ist daher sinngemäß: Proslogion, Anrede an Gott; sie sollte vorher heißen: Fides quaerens intellectum, der Glaube, der Einsicht erfragt. Dieser Titel ist fallen gelassen. Die Voraussetzung der Schrift ist der Glaube, zwar nicht ein dogmatischer Glaubenssatz (auch nicht eine logische Voraussetzung, aus der abgeleitet würde), aber ein Grundzustand oder eine Verfassung oder das Sein oder das Wesen des Menschen. Aus diesem heraus versucht Anselm, »seinen Geist zur Betrachtung Gottes zu erheben«, zu fragen, um »einzusehen, was er glaubt«.

In diesem Sinn aber hat Anselm schon in einer früheren Schrift (Monologion) ein Beispiel gegeben für das Nachsinnen über den Erkenntnisgehalt des Glaubens (ratio fidei). Jetzt will er offenbar mehr.

Er will »ein einziges Argument finden, das zu seiner Begründung keines anderen bedarf als seiner selbst, und das allein zu dem Beweise ausreicht, daß Gott wahrhaft ist«. Die Titeländerung ist wesentlich. Die glaubende Anrede an Gott, nicht ein bestimmter christlicher Glaube ist ihr Boden.

Für Anselms Bewußtsein ist es zwar der christliche Glaube, von dem er ausgeht. In dem Gedanken seines »Gottesbeweises« ist aber ein weiterer Raum fühlbar (und keine Rede von Christus): nur noch der Glaube als Erfülltheit durch das Umgreifende, ohne Gegenstand; der Ursprung in der Gegenwärtigkeit des Seins, in der der glaubende Mensch sich findet.

Daher liegt in der Schrift scheinbar ein Widerspruch, dessen Merkwürdigkeit ihren Sinn kennzeichnet. Anselm beginnt: »Ich verlange ja nicht nach Einsicht, um zum Glauben zu kommen, sondern ich glaube, um zur Einsicht vorzudringen. Denn auch das glaube ich, daß ich, wenn ich nicht zuvor glaube, niemals zur Einsicht gelange.« Am Schluß des »Beweises« aber heißt es: »Was ich durch deine Gnade (te donante) zuerst glaubte, das sehe ich durch deine Erleuchtung (te illuminante) nunmehr so ein, *daß, wenn ich, daß du bist, nicht glauben wollte, ich es doch nicht vermöchte, es nicht einzusehen.*«

Anselms Gedankengang fordert am Anfang jenen ersten Satz, ermöglicht am Schluß diesen zweiten. Aber dieser zweite Satz besagt, daß Anselm in seinem Gedanken, nachdem er da ist, mehr sieht als eine bloße Interpretation der ratio fidei.

Der Gedanke des Widerspruchs wird im Erdenken des Seins Gottes zur Kraft des Seinsoffenbarens. Das formalste Denken spricht den tiefsten Gehalt aus. Das scheinbar einfachste Verfahren des bloßen Verstandes wird Träger einer den Denker hinreißenden Einsicht, die als Einsicht mehr als Einsicht, die Glaube ist. Das war nur möglich, weil sich das Denken in Anselm nicht auflöste zu einem nur noch intellektuellen Vorgang. In solchem Gedankenvollzug selber war durch die Gegenwart dessen, über das hinaus Größeres nicht gedacht werden kann, der Glaubensgehalt mit der Gewißheit unausweichlichen Einsehenmüssens da.

Glaube müssen wir auch diese Einsicht nennen. Nicht nur der christlich-autoritäre Glaube, von dem Anselm ausging, ist Glaube. Der Unterschied des schnell auszusprechenden abstrakten Gedankens, der nur formell gedacht, nur geredet wird, von dem einsichtigen Denken dieses Gedankens, mit dem er erfüllt ist vom ursprünglichen menschlichen Seinsbewußtsein, bedeutet den Unterschied von Verstandeserkenntnis (als welche der Gedanke keine Gültigkeit hat) von der Glaubenseinsicht (welche dem denkenden Menschen überhaupt durch Erleuchtung Gottes – te illuminante – zugänglich ist). Diese Glaubenseinsicht ist die Vernunft, die ohne Autorität durch sich selber, sich geschenkt im Umgreifenden, Gottes gewiß ist. Wie Anselms Einsicht in den Glauben an Gottes Existenz nicht die Interpretation eines dogmatischen Satzes, nicht Interpretation der Texte der Offenbarung ist, so ist Beten im Philosophieren nicht wesentlich christlich, sondern Ausdruck des schlechthin menschlichen Lebens in bezug auf die Transzendenz. Es ist das Denken, das eins wird mit der Existenz des Denkenden.

Haben wir also zweierlei Glauben, den christlichen Glauben und den Vernunftglauben? Nicht in Anselms Meinung, wohl aber in der Wirklichkeit seines Denkens. Bei Anselm konstituiert sich die Eigenständigkeit des Philosophierens, des philosophischen Glaubens, ohne ein Bewußtsein der Selbstgenügsamkeit, der Trennung oder gar der Gegnerschaft gegenüber dem fraglos gewissen christlichen Glauben.

Das war möglich in diesem Zeitalter, als der allein wahre und der einzige gekannte Glaube der christliche war, noch ganz unbetroffen von der Vielfalt anderer Glaubensweisen. Die Berührung mit dem Islam durch die Kreuzzüge hatte erst nach Anselm geistig die außerordentlichen Folgen. Die eine christliche Kirche war noch der einzige Träger allen höheren Geistes, aller Bildung, aller Überlieferung, ständig bezeugt durch die großartigsten Persönlichkeiten. Es gab nichts anderes. Es war kein Anlaß, sie in Frage zu stellen. Auch die Ketzer zogen nur einzelne Dogmen, nicht den Grund des Ganzen in Zweifel.

7. *Die Bedeutung in der Biographie Anselms:* Daß der Grundgedanke Anselms nicht etwa ein rationaler Einfall war, sondern im Zusammenhang eines Denkerlebens der Höhepunkt und dann die Grundlegung, spricht er mit diesen Worten aus:

»Als ich auf dieses Problem öfter und mit Eifer meine Gedanken richtete und es mir bisweilen schien, als könne ich schon fassen, was ich suchte, bisweilen aber das Problem sich der Sehkraft des Geistes ganz und gar entzog, da wollte ich endlich voll Verzweiflung von der Frage Abstand nehmen... Als ich aber jenen Gedankengang von mir weisen wollte, da fing er mehr und mehr an, obwohl ich nicht wollte und mich gegen ihn wehrte, mit einer gewissen Rücksichtslosigkeit sich aufzudrängen. Als ich nun an einem gewissen Tage, gegen seine Aufdringlichkeit mit Gewalt mich wehrend, schon müde wurde, da bot sich eben bei dem Widerstreit der Gedanken so von selbst dar, woran ich verzweifelt war, daß ich mit Begier jenen Gedanken erfaßte, den ich ängstlich mich bemühte zurückzuweisen...«

Anselms Biograph (Eadmer) berichtet: »Dieser Gedanke ließ ihn nicht schlafen, noch essen, noch trinken und, was ihn noch mehr bedrückte, er störte seine Andacht bei der Matutin und sonst. Er meinte, solche Gedanken seien vielleicht Versuchungen des Teufels, und war bemüht, sie ganz aus seinem Geiste zu verbannen. Aber je heißer er danach rang, sie bestürmten ihn nur um so mehr. Und eines Nachts, während er wachte, geschah es: Gottes Gnade erstrahlte in seinem Herzen, und der Gegenstand seines Forschens lag offen vor seinem Verstand, und sein ganzes Inneres war mit unermeßlichem Freudenjubel erfüllt.«

Daß ein philosophischer Grundgedanke dem Denker nach Zeiten innerer Spannung als ein Geschenk zuteil und ihm als solches bewußt wird – in einer gewissen Analogie zu prophetischen Offenbarungs- und Bekehrungserfahrungen –, ist nicht nur bei Anselm bezeugt. Parmenides schon errichtete aus Dank ein Heroon; Cusanus erzählt von seinem Grundgedanken, daß er ihm als eine »Erleuchtung von oben« auf der Reise bei seiner Rückkehr aus Konstantinopel gekommen sei; Descartes von dem seinen, daß er ihm im Winterquartier in Neuburg aufging, wofür er durch eine Wallfahrt dankte. Wir werden Gedanken, die so große Philosophen auch für ihr eigenes Bewußtsein in ihrer Biographie mit solchem Gewicht versehen, schon darum nicht leichtnehmen dürfen.

8. *Gaunilo gegen Anselm:* Anselm behauptete zu seinem Grundgedanken erstens, daß er nur im eigentlichen Denken (intelligere), nicht im leeren Sprechen wahr sei, und zweitens, daß er seine Gewißheit durch die Unmöglichkeit des Sichwidersprechenden (im cogitare) habe.

Der Mönch Gaunilo ist mit beidem einverstanden, aber entwickelt aus diesen Voraussetzungen seine Einwände gegen Anselm. Ein Denken mit dem Bewußtsein von der Wirklichkeit seines Gegenstandes sei nicht cogitare (Denken), sondern intelligere (Einsehen). Wenn Anselm das Denken in diesem bestimmten Sinne als intelligere nehmen würde, dann würde er nicht unterscheiden zwischen dem bloßen Haben im Gedanken und dem Einsehen der Wirklichkeit des Gedachten. Denn in dem intelligere fällt beides zusammen.

Dagegen Anselm: Das Nicht-denken-Können (im Sinne von cogitare) führe erst zum eigentlichen intelligere. Denn bei allen endlichen Dingen schließe die unmittelbare Einsicht (intelligere) in die Wirklichkeit nicht aus, das Nichtsein dieser Wirklichkeit denken zu können. Nur in dem einzigen Fall des einsehenden Denkens (intelligere) des

Höchsten sei die Einsicht seiner Wirklichkeit (intelligere) begründet im Nicht-denken-Können (cogitare) seines Nichtseins. Gaunilo fordert, Anselm hätte zeigen müssen, daß der Gedanke des Höchsten ein solcher sei, welcher unmittelbar die Gewißheit einer Existenz in sich schließe. Anselm sagt, daß diese Einsicht der Wirklichkeit Gottes gar nicht unmittelbar sei, sondern ihre Gewißheit auf dem Wege des cogitare, im Denken der Unmöglichkeit des Nichtseins, habe.

Hat Anselm nicht, so läßt sich fragen, mit dem Nicht-denken-Können des Widersprechenden das Formalste des endlichen Denkens, das an sich Leerste benutzt zur Einsicht in das Unendliche? So wäre es nur, wenn das Unendliche, die Gottheit, dabei als ein Gegenstand, ein Ding unter anderen, in den Bereich endlichen Erkennens gezogen würde. Aber für Anselm ist die Widersprüchlichkeit nur der Hebel, durch den das Denken über das endliche Denken emporgehoben wird zur Einsicht in die Wirklichkeit Gottes, die radikal verschieden ist von der Einsicht in alle wirklichen Dinge in der Welt.

Gaunilo bezweifelt nicht die Wirklichkeit Gottes, aber er bestreitet, durch einen Gedanken beweisenden Charakters diese Wirklichkeit einsehen zu können. Er sagt so: Es ist unmöglich, vom Höchsten eine angemessene Vorstellung zu haben. Aus dieser Unmöglichkeit folgt, daß ich es mir als wirklich vorstellen muß, nicht, daß es auch in Wirklichkeit sei. Aus der Wirklichkeit in der Vorstellung folgt noch nicht die Wirklichkeit in Wirklichkeit. Erst sei die Wirklichkeit selber zu erweisen, dann folge, daß diese das Höchste sei.

Gaunilo sagt schließlich, es sei gar nicht möglich, diese zu bestreiten. Jedoch dieses Bestreiten, antwortet Anselm, findet ja jederzeit statt durch die Toren, die Gottes wirkliches Sein leugnen. Sie können zwar nicht eigentlich einsehen, was sie sagen; aber sie sollen durch Denken (cogitare) dazu gebracht werden können, die Nichtigkeit ihrer Rede zu durchschauen und auf den Weg zum intelligere zu gelangen.

Die Argumentationen Gaunilos haben einen gemeinsamen Charakter: Sie scheinen im frommen Glauben zuverlässiger als die des philosophierenden Anselm. Aber sie bewegen sich im Verstandesdenken und ziehen in dieses auch die Unterscheidung des cogitare und intelligere hinein; denn Gaunilos intelligere bezieht sich in der Tat nur auf die Wirklichkeit endlicher Dinge. Damit läßt sich Gaunilo auf das Eigene des Anselmschen Gedankens gar nicht ein. Denn Anselm erreicht sein intelligere auf dem Wege des cogitare.

Gaunilo läßt das philosophische Denken zerbrechen, um auf der einen Seite die leere Formalistik richtiger oder unrichtiger Bedeutungszusammenhänge zu haben (bei denen Anselms Bedeutungen ausfallen), auf der anderen Seite die unbezweifelte, unmittelbare gedankenlose Gottesgewißheit. Aber die Rationalität zwingender, doch leerer Bedeutungszusammenhänge und der gedankenlose Glaube in der Unmittelbarkeit sind beide unfähig zur denkenden Vergewisserung und zum denkenden Aufschwung des Philosophierens. Jene Rationalität fällt in das gleichgültige Denken des Richtigen, dieser gedankenlose Glaube in den blinden Gehorsam vor unerkannter Autorität. Die Trennung erstickt das freie, wirkliche Philosophieren. Sie leuchtet stets dem gesunden Menschenverstand ein, und zwar sowohl dem der Gottlosigkeit wie dem des Autoritätsglaubens. Wo diese beiden zur letzten Instanz werden, stirbt die Philosophie.

c) *Geschichte des Anselmischen Grundgedankens.* – In Anselm wird die abendländische Philosophie von neuem geboren. Er steht wie Parmenides am Anfang. Aber der historische Unterschied beider ist dieser: Parmenides, selbst ungebunden durch geschichtliche Glaubensvoraussetzungen, bewirkte sogleich den großen Gang des Philosophierens; Anselm dagegen, gebunden an den Glauben der Kirche, erfaßte seine eigene Denkertat nicht in ihren Konsequenzen. Der eigentliche philosophische Impuls kam durch ihn zunächst noch keineswegs zur weiteren Auswirkung. Er wurde überspült durch den für Jahrhunderte wachsenden Strom spezifisch christlichen Glaubensdenkens.

Anselms Vergewisserung der Wirklichkeit Gottes konnte nie mehr in gleicher Weise, wohl aber in neuer Ursprünglichkeit wiederholt werden. Er hat seine Überzeugungskraft bis heute nur für den mitdenkenden Leser des Anselmschen Textes, nicht in einer aus dem Ganzen herausgenommenen nackten rationalen Form. Solcherweise wurde der Grundgedanke Anselms in einen einfachen rationalen Beweis verwandelt, mit dem Gott als Gegenstand in den Bereich endlichen Erkennens geriet. In solcher Form (wobei jedoch Reste Anselmischer Substanz noch mitschwingen) ist er bejaht worden von Bonaventura, Duns Scotus, Descartes, Leibniz, Hegel, verworfen von Thomas, Kant.

Thomas (Texte bei Daniels) referiert und widerlegt den Gedanken Anselms:

Hat man Gott einsichtig erkannt, so kann nicht eingesehen werden, daß gedacht werden könne, er sei nicht. Thomas bestreitet den Satz, daß nicht jemand denken könne, Gott sei nicht. Er kann nämlich denken, es gebe nichts dergleichen, über das hinaus nichts Größeres gedacht werden könne. Daher geht Anselms Satz faktisch von der Voraussetzung aus, es gebe etwas, über das hinaus ein Größeres nicht gedacht werden könne. Da Anselm dies voraussetzt, beweist er es nicht.

An anderer Stelle: Durch die Einsicht, was dieser Name Gott bedeutet, hat man nach Anselm zugleich, daß Gott ist. Es bedeutet dieser Name das, worüber hinaus ein Größeres nicht gedacht werden kann. Größer ist das, was in Wirklichkeit und in der Einsicht ist, als das, was nur in der Einsicht ist. Daher folgt aus der Einsicht in die Bedeutung des Namens Gott die Einsicht, daß er auch in Wirklichkeit ist. Darum ist, daß Gott ist, durch sich erkannt. Dagegen sagt Thomas: Zwar ist Gott an sich sein Sein. Uns aber, die wir nicht wissen, was Gott ist, ist nicht an sich selbstverständlich, daß er ist. Daß er wirklich ist, das kann nicht behauptet werden, wenn nicht tatsächlich etwas gegeben ist, über das hinaus ein Größeres nicht gedacht werden kann.

Was bedeutet die Stellung des Thomas? Anselm und Thomas sind einig in der Gewißheit, daß Gott das ist, über das hinaus ein Größeres nicht denkbar ist. Aber woher diese Gewißheit? Entweder durch etwas von außen, durch die Wirklichkeit der Welt, die auf Gott als Schöpfer schließen läßt. Anselm leugnet das nicht. Thomas hält diesen Weg für den einzigen der natürlichen Einsicht. – Oder durch die Bürgschaft von innen, durch das Denken als Denken, das existierende Denken; so Anselm, aber das leugnet Thomas. – Oder von außen durch die Garantie einer Autorität; darin würden wieder beide einig sein.

In dem entscheidenden Differenzpunkt stehen sich gegenüber zwei Weisen des Denkens. Ein Denken, das mit der eigenen Existenz selbst vollzogen wird, daher nicht leer, sondern, als sich selber hell, schon auf die Wirklichkeit Gottes gerichtet ist. Indem ich wirklich denke, ist Gott wirklich für meine Einsicht. Es ist ein aus allen Zerstreuungen und Ausbreitungen sich zurücknehmendes, sich in das einzig Eine versenkendes Denken, ein Denken, in das der Denkende sich selbst und das Sein mit hineingenommen hat. Anselm geht von keinem Tatbestand, sondern von Gedanken aus und will aus dem reinen Gedanken im reinen Denken das Sein Gottes erweisen.

Ganz anders Thomas: Unser Denken ist auf die Sinne angewiesen. Unsere Begriffe gewinnen wir durch Abstraktion von der Sinnfälligkeit. Wir steigen auf mit den Begriffen bis zu Gott. Aber der Boden bleibt die sinnliche Welt. Von der Welt können wir auf Gott schließen, vom Sichtbaren auf das Unsichtbare, durch das das Sichtbare ist. Im reinen Gedanken finden wir keine Wirklichkeit. Der Verstand bedarf der sinnlichen Anschauung, um zur Wirklichkeit zu kommen.

Thomas denkt daher die überlieferten antiken Gottesbeweise. Er bringt sie in eine klare Ordnung, die als Lehrstück bis heute fortwirkt. Sie gelten ihm als zwingend für den bloßen Verstand, auch ohne Glauben, allein durch natürliche Einsicht. Da unser Denken immer ausgehen muß von unserer Erfahrung, so können alle Schlüsse nur aus der sinnlichen Anschauung in der Welt erfolgen.

Diese Schlüsse gelten am Leitfaden der Frage nach dem Grunde: Aus der Tatsache der Bewegung wird auf den ersten unbewegten Beweger, aus der Reihe der Ursachen wegen der Unmöglichkeit eines unendlichen regressus auf eine erste Ursache, aus der Zufälligkeit und bloßen Möglichkeit aller Weltdinge auf ein notwendiges Sein als Grund aller Wirklichkeit geschlossen (via causalitatis). – Eine weitere Gruppe von Schlüssen sieht die Unterschiede der Vollkommenheiten in der Welt. Aus ihnen wird geschlossen auf die höchste Vollkommenheit als den Grund aller Vollkommenheit. Durch Steigerung der Vollkommenheiten kommt der Gedanke zu Gott (via eminentiae). Insbesondere wird aus der Zweckmäßigkeit in der Welt auf ihren Grund geschlossen: Naturerscheinungen, die kein Bewußtsein und Wissen haben, wirken doch zweckmäßig; das ist nur möglich, wenn ein erkennendes Wesen sie lenkt: Gott als die zwecksetzende Ursache. – Alle Beweise aber erhalten ihre Einschränkung durch die alten Gedanken der negativen Theologie. Sofern in den Beweisen Gott Bestimmungen beigelegt werden, sind ihm diese vielmehr wieder fernzuhalten. Gott kann nicht durch Bestimmungen erfaßt werden (via negationis).

All die Gottesbeweise kannte Anselm, wiederholte sie selber, hielt sie für richtig. Aber sie genügten ihm nicht. In der Hingerissenheit, ergriffen vom Denken als Denken, fand er den Grundgedanken, den er als solchen sein Leben lang bewahrte. Dieser aber war für Thomas ein Trugschluß, den er beiläufig erledigte, so einfach, daß man staunt, über Anselm sowohl wie über Thomas. Was bedeutet das?

Thomas denkt mit dem natürlichen Verstande, der für ihn empiristisch und rationalistisch ist. Oder er denkt das Mysterium, die Offenbarung empfangend. Diese Scheidung kennt Anselm nicht. Weil er die Offenbarung vernünftig versteht, vollzieht er auch ohne Offenbarung die reine Vernunft in seinem Grundgedanken der Gottesgewißheit.

Thomas' Gottesbeweise fordern kein anderes Denken als das des alltäglichen Verstandes. Was Thomas auf diesem Wege erfaßt, das ist für jedermann, ohne weiteres, ohne den Grund der Existenz, ist für den gesunden Menschenverstand überzeugende Realität (in der Tat allerdings, wie seit Kant durchschaubar ist, trügerisch). Dieser im Grunde bodenlose Durchschnittsverstand kennt weder das Spiel des Denkens in der spekulativen Mystik noch die gegenstandslose Vergewisserung von Wirklichkeit durch denkende Existenz. Er meint leibhaftig zu wissen und hat die Gewißheit von Realität. In dieser Realität, in Stufen aufsteigend, meint er die Realität Gottes durch Beweis zu erschließen. Die Dürftigkeit dieses Verfahrens und seiner Gehalte wird überwölbt durch den Glanz des wunderbaren Mysteriums der Offenbarung und ihren in der Theologie denkerisch ergriffenen Sinn.

Anselms Grundgedanke dagegen gehört weder in den Bereich des natürlichen Verstandes, den Thomas abgrenzt, noch in den Bereich der Offenbarung. Er liegt dazwischen und hat keinen Ort bei Thomas. Denn er ist ursprüngliche Philosophie, erfülltes Denken kraft eigener Existenz. Anselm hat das tiefe Vertrauen in die Einheit von Denken und Glauben im Ursprung der Vernunft, das heißt der Philosophie. Im Zeitalter des Thomas hatte sich mit viel größerer Energie als zu Anselms Zeiten die Gefahr des Denkens für die Autorität gezeigt. Thomas suchte diese Gefahr zu beschwören, indem er einerseits das Denken des gesunden Menschenverstands freigab, aber seine Grenzen zeigte, andererseits es ergänzte durch das Denken des Mysteriums der Offenbarung. Jene Freigabe erfolgte um den Preis der Unterwerfung unter das Mysterium. Das große Philosophieren Anselms hatte nun keinen Platz mehr. Es ist, als ob es zwischen den beiden handfesten Greifbarkeiten hindurchfallen sollte. Es könnte scheinen, als ob Thomas die ungeheure Gefahr für kirchliche Autorität gespürt hätte, die im Anselmischen Philosophieren lag. Aber davon ist bei Thomas nichts zu bemerken, sondern nur die völlige Verständnislosigkeit des bewunderungswürdigen Theologen für das, was ihn in seiner so weiten, so durchgearbeiteten, so glanzvollen Welt, die doch kirchlich beschränkt war, nichts anging. Dem Bewußtsein des Thomas ist das erfüllte Denken, das Denken als Vollzug der Existenz, selbst entschwunden. Im Denken des Anselm steht an dieser einen Stelle die Seele philosophisch unmittelbar zu Gott, statt vermittelt durch Realitäten oder vermittelt durch Offenbarung.

Ist Anselm verstiegen? Dieses mehr oder weniger scharf zu behaupten, finden sich zusammen der Thomismus und der gesunde Menschenverstand, der naive Realismus und der ausgearbeitete Rationalismus autoritär gegründeter Gläubigkeit. Dieses gemeinsame Urteil ist noch in der milden Fassung Gilsons ausgesprochen: »Nach unserem Gefühl ist der heilige Anselm vom gesunden Weg abgewichen... von der Erfahrung hinweg zu der bloßen Notwendigkeit des Begriffs.«

Ich übergehe die Bejahungen des Anselmischen Gedankens durch Bonaventura, Duns Scotus, Hegel, die in mannigfachen Abwandlungen etwas vom

Anselmischen Geist spüren lassen, übergehe auch Spinoza, der Anselms Grundgedanken einfach zur ersten seiner Definitionen machte, aus denen er seine Denkgestalten erbaut: »Unter Ursache seiner selbst verstehe ich das, dessen Wesenheit die Existenz in sich schließt, oder das, dessen Natur nur als existierend begriffen werden kann.« Statt dessen werfe ich einen Blick auf Descartes und Leibniz, die beide den Gedanken Anselms bejahen, aber zu einem Beweis objektiv zwingenden Charakters herabsetzen, seinen Gegenstand wie einen Sachverhalt behandeln, dessen Auffassung sie verbessern wollen.

Descartes: Er hält den Anselmischen Beweis für richtig. Dem höchsten Sein, Gott allein kommt es zu, daß zu seinem Wesen das Dasein gehört. Nur im Falle Gottes ist der Gedanke zwingend: Das Dasein läßt sich von der Wesenheit Gottes ebensowenig trennen, wie von der Wesenheit des Dreiecks, daß die Größe seiner drei Winkel zwei Rechte beträgt, oder wie von der Idee des Berges die Idee des Tales. Das ist eine Notwendigkeit, die nicht mein Denken den Dingen auferlegt. Die Notwendigkeit der Sache selbst, nämlich des Daseins Gottes, bestimmt mich dazu, dies zu denken. Denn es steht mir nicht frei, Gott ohne Dasein zu denken, wie es mir freisteht, mir ein Pferd mit oder ohne Flügel vorzustellen.

Nun will Descartes den Gedanken Anselms verbessern. Anselms Folgerung ist richtig und zwingend aus der Idee des höchsten Wesens, der Vollkommenheit. Voraussetzung ist, daß ich diese Idee habe. Daß ich sie habe, ist für Descartes ein Tatbestand. Dieser Tatbestand ist der letzte Grund des Anselmischen Beweises. Die Idee des vollkommensten Wesens, schon eines Wesens, das vollkommener ist als ich, kann nicht aus mir stammen und nicht aus dem Nichts kommen. Sie muß eine Ursache haben, die ihr entspricht. Ich, der ich diese Idee habe, könnte nicht dasein, wenn es kein solches Wesen gäbe. »Die ganze zwingende Kraft des Beweisgrundes liegt darin, daß ich anerkenne, daß ich selbst mit dieser meiner Natur – insofern ich nämlich die Idee Gottes in mir habe – unmöglich existieren könnte, wenn nicht Gott auch wirklich existierte.« Mit dem Dasein als solchem, das sich als endliches und unvollkommenes Dasein bewußt wird, ist vermöge des Maßstabs des Unendlichen und Vollkommenen Gottes Dasein gewiß.

Die Idee des unendlichen, vollkommenen Gottes ist als eingeborene Idee bei Descartes verfestigt, als ob die Idee ihren Gegenstand erreicht hätte. Bei Anselm blieb die Idee in der Bewegung: nicht das summum esse, sondern das quo maius cogitare non potest ist der Sinn, nicht ein Gegenstand, sondern eine Aufgabe. Die Festigkeit des Objekts Gottes ist bei Descartes wie ein Übergegangensein ins Unendliche, das ich nun habe; bei Anselm aber ist das ständig bleibende Übergehen. Dort, bei Descartes, ist ein jenseitiges Gottsein, bei Anselm die Gegenwärtigkeit Gottes, ohne Gegenstand zu werden.

Obgleich Descartes den Beweis auf die Ebene objektiv zwingender Einsicht zieht, weiß er doch, wie schwer der Gedanke zu vollziehen ist. »Ich würde sicherlich nichts eher und leichter erkennen als Gott, wenn nicht mein Geist durch Vorurteile verdunkelt würde und die Bilder der körperlichen Dinge mein Bewußtsein gänzlich einnähmen.« Ist das gemeint wie bei jedem schwierigen, etwa mathematischen Gedanken, oder macht sich hier ein Bewußtsein Anselmischen Ursprungs geltend?

Leibniz: Er will wie Descartes noch eine Voraussetzung des ontologischen Beweises zu seiner endgültigen Stützung hinzubringen. Descartes sah die eingeborene Idee Gottes, die selber nur von Gott stammen könne. Leibniz denkt zum ontologischen Beweis, der für sich allein ihm noch nicht gültig scheint, folgende Voraussetzung: den Gedanken, daß Gott oder das vollkommene Wesen möglich sei. Ist dieser Gedanke möglich, dann ist sein Gegenstand auch wirklich. Er ist aber möglich. Denn nichts kann die Möglichkeit dessen hindern, was keine Schranken, keine Verneinung und folglich auch keinen Widerspruch kennt. Dies allein genügt, um die Existenz Gottes a priori zu erkennen.

Descartes und Leibniz nehmen den Anselmischen Beweis in den Zusammenhang anderer Beweise. Sie verwandeln ihn in eine Sache unter anderen, lösen ihn von der Existenz, das heißt von jenem Denken, das in seinem Vollzug die Wirklichkeit und nicht nur einen logischen Zwang, vielmehr im logischen Zwang mehr als diesen erfährt. Sie bemühen sich in charakteristischer Weise, den Beweis zu verbessern, ihm eine Voraussetzung zu geben, auf Grund deren er dann erst seine volle Gültigkeit erhält. Solange (wie bei Descartes und Leibniz) noch etwas von der Anselmischen Substanz da ist, ist die Einzigkeit Gottes und der Zusammenhang mit der eigenen Existenz gegenwärtig. Ohne das wird der Gedanke als logisch objektivierter schließlich vollends leer und nichtig. Das ist von Kant begriffen, der den Anselmischen Beweis nicht im Original, sondern nur in der rationalen Objektivierung kannte. In der denaturierten Form eines rationalen Beweises nannte Kant den Anselmischen Gedanken den ontologischen Gottesbeweis und widerlegte ihn.

Kant: Er hat wie Anselm den Sinn für die Einzigkeit des Gedankens gegenüber den vielen Gottesbeweisen: »Soll die absolute Notwendigkeit eines Dinges im theoretischen Bewußtsein erkannt werden, so könnte dies allein aus Begriffen a priori geschehen, niemals aber aus einer Ursache, in Beziehung auf ein Dasein, das durch Erfahrung gegeben ist.«

Seit Kant ist einsichtig, daß alle Beweise für das Dasein Gottes aus Tatbeständen der Welt, weil sie sich in der Ebene der Realität halten, welche die der Erfahrung von Gegenständen in der Welt ist, hinfällig sind. Wenn Thomas mit den antiken Denkern vom Veränderlichen auf ein Unveränderliches, vom Bewegten auf den unbewegten Beweger, vom vollkommenen auf das allervollkommenste Sein, vom Relativen auf das Absolute schließt, so ist der Ausgangspunkt ein Tatbestand, der vermöge begrifflicher Auffassung eine Ergänzung fordert durch etwas, das nicht Tatbestand, sondern als ein Begriff erschlossen ist und grundsätzlich als Tatbestand niemals vorkommen kann.

Kant erkennt, daß in allen diesen Beweisen am Ende immer das geschieht, was im denaturierten ontologischen Beweis getan wird: der Schluß von einem Begriff auf die Wirklichkeit seines Gegenstandes. Dieser ontologische Beweis ist in der Tat der Nerv aller Gottesbeweise.

Aber den von ihm so genannten ontologischen Beweis verwirft Kant. Sein Einwand ist, daß aus dem Begriff nicht auf die Wirklichkeit geschlossen werden kann.

»Denke ich mir ein Wesen als die höchste Realität (ohne Mangel), so bleibt noch immer die Frage: ob es existiere oder nicht.« Wie kann ich mich der wirklichen Existenz vergewissern? Wäre von einem Gegenstande der Sinne die Rede, würde ich auf den Kontext meiner Erfahrung verwiesen sein; durch diese würde mein Denken eine mögliche Wahrnehmung mehr gewinnen. Wollen wir dagegen die Existenz durch die reine Kategorie allein denken, so »können wir kein Merkmal angeben, sie von der bloßen Möglichkeit zu unterscheiden«.

Anders ausgedrückt: Unser Bewußtsein von Existenz gehört in jedem Falle zur Einheit der Erfahrung. Erst aus dem »Verhältnis zu meinem ganzen Zustande des Denkens«, nämlich daß die Erkenntnis eines Objekts auch durch Erfahrung der Wahrnehmung möglich sei, kann seine Existenz sich erweisen. Wenn wir von einem Gegenstand der Sinne reden, würden wir die Existenz des Dinges mit dem Begriff des Dinges nicht verwechseln. Wenn wir dagegen ein Objekt des reinen Denkens vor uns haben, wenn wir es ausstatten mit allen Vollkommenheiten, wenn es in sich ohne allen Widerspruch ist, so haben wir doch kein Mittel, es als wirklich zu erweisen. Es entsteht kein Widerspruch dadurch, daß wir es als nicht wirklich denken. Denn das Wirklichsein gehört nicht zu den Prädikaten eines Begriffs, sondern zu dem Verhältnis eines Dinges zu unserem Dasein im Kontext unserer Erfahrung. »Hundert wirkliche Taler enthalten nicht das mindeste mehr als hundert mögliche Taler... Aber in meinem Vermögenszustande ist mehr bei hundert wirklichen Talern, als bei dem bloßen Begriffe derselben (d. i. ihrer Möglichkeit).«

Kant verwirft hier radikal die Möglichkeit, sich im Denken als solchem des Seins zu vergewissern. Denn Denken ist an sich gegenstandslos (bloße Möglichkeit) und bedarf, um gegenständliche Bedeutung zu gewinnen, der Ergänzung. Aus einer Idee kann man das Dasein des ihr entsprechenden Gegenstandes nicht »ausklauben«. Der ontologische Beweis muß entweder das Dasein in den Begriff hineinnehmen (»das allerrealste Wesen«): dann müßte der Gedanke selbst das Ding sein, was unmöglich ist, – oder man müßte das Sein, das man doch erst beweisen will, voraussetzen: dann hätte man eine »elende Tautologie«.

Diese ganze Kritik Kants bleibt in der Kategorie des Seins als empirischer Realität. Er hat die Existenz Gottes, wie Anselm sie meinte, auf der Ebene gesehen, auf der sie bei Descartes und Leibniz liegt, sie dazu auch des Anselmischen Restes beraubt, der bei jenen vielleicht noch spürbar ist. Kant bewegt sich mit diesem kritischen Gedanken ausschließlich im Bereich von Begriffen, die dem Gottesgedanken in der Tat durchaus unangemessen sind. Er handelt von Realität im Sinne empirischer Realität, nicht im Sinne transzendenter Wirklichkeit. Was in der geläufigen philosophischen Sprache längst geschehen war, hat Kant mit der Klarheit des Grundsätzlichen verworfen: die Übersetzung der Transzendenz in Leibhaftigkeit, in ein irgendwo und irgendwann Realsein.

Wenn Kant alle Gottesbeweise und zuletzt den sogenannten ontologischen Beweis verwirft, so dürfen wir über seine einzelnen Argumente hinaus noch fragen: warum?

Das philosophische Motiv Kants ist dabei die Wirklichkeit des Transzendenten selber. Von ihr kann ich nicht wissen wie von Dingen in der Welt. Ich kann sie nicht wissend zum Besitz gewinnen und dann wie ein anderes haben. Es ist gleicherweise ein Fehler, Gott durch Objektivierung nach der Weise der Realität in der Sinnenwelt zu fassen, wie ihn nach der Weise mathematisch und logisch zwingenden Denkens zu erweisen.

Bei Kant ist die Frage nicht anders als bei Anselm: wie ich mich der Wirklichkeit Gottes vergewissere. Anselm weist auf den meditativen Weg transzendierenden Denkens, Kant auf den praktischen Weg sittlichen Handelns. Anselm kennt die philosophische Erfahrung inneren Handelns als eines denkenden Tuns zum Gewißwerden der Existenz Gottes. Kant kennt die Reflexion auf die Erfahrung des sittlichen Tuns des Menschen, der den Sinn seines Tuns nur versteht vermöge der praktischen Postulate der Freiheit und der Existenz Gottes. Kants Gottesgewißheit, die entscheidend in der Wirklichkeit sittlichen Handelns gegründet ist, tritt bei ihm in allen Bereichen der Vernunft an der Grenze auf: als Ding an sich, als der geschaffene Grund der Erscheinungswelt; als übersinnliches Substrat der Menschheit im Schauen des Schönen; als die Einheit aller unserer Vernunftvermögen im Intelligiblen; als Ursprung der Ideen. Auch entwickelt Kant aus seinem Denken das »transzendentale Ideal«, die »Materie aller Möglichkeit«, aber ausdrücklich nur als Darstellung des »fehlerfreien Ideals«, nicht als Erkenntnis des wirklichen Gottes. »Die Notwendigkeit, die Unendlichkeit, die Einheit, das Dasein außer der Welt (nicht als Weltseele), die Ewigkeit, ohne Bedingungen der Zeit, die Allgegenwart, ohne Bedingungen des Raumes, die Allmacht usw.« sind ihm lauter a priori erdenkbare Prädikate der Transzendenz. Den »gereinigten Begriff derselben« herauszuarbeiten, »den eine jede Theologie so sehr nötig hat«, hält Kant für eine philosophische Aufgabe. Aber der Gedanke vermag all dem keine Wirklichkeit zu geben. Denn der letzte Grund existentieller Einsicht, die allen diesen Grenzgedanken erst Gewicht gibt, ist nicht Theorie, sondern sittliche Praxis.

Zwischen Anselm und Kant ist eine über alle historischen Mittelglieder hinweggehende Verwandtschaft. Hinweis darauf ist schon, daß es für beide nur *einen* wesentlichen Beweis gibt. Dieser eine ist die Gegenwärtigkeit und nicht ein bloß Gedachtes. Unser Denken geht in mehrere Richtungen, die Gegenwärtigkeit ist nur eine. In den berühmten Worten Kants von den zwei Dingen, die das Gemüt mit immer neuer Bewunderung und Ehrfurcht erfüllen, dem bestirnten Himmel über mir und dem moralischen Gesetz in mir, sagt er: »Ich sehe sie vor mir und verknüpfe sie unmittelbar mit dem Bewußtsein meiner Existenz.«

In dem Bewußtsein ihrer Existenz, die ihnen im Denken hell wird, werden beide Gottes gewiß. Bei Kant, der den ontologischen Beweis verwirft, heißt sein »moralischer« Gottesbeweis nicht Beweis, sondern Postulat. Weil die Gewißheit von Gottes Dasein sich nicht auf einen gegenständlichen Verstandesbeweis gründet, sagt Kant nach dem zu Gott führenden Gedanken nicht »er ist gewiß«, sondern »ich bin gewiß«.

Anselm und Kant ergreifen den einen Ursprung der rational aussprechbaren, aber nicht nur rational beweisbaren Gewißheit. Beide vollziehen nicht ein Denken über etwas, sondern als Existenz ein Denken, in dem für sie wirklich wird, was sie denken. Ob Gegner oder Anhänger des Anselmischen Beweises, ob Thomas oder ob Descartes und Leibniz, sie gehören alle zusammen gegenüber dem Denken eines Anselm und Kant.

Aber diese sind wieder unterschieden in der Grunderfahrung. Zwar erreichen beide im Denken das Sein, aber Anselm im Denken als solchem, das nicht cogitare, sondern durch das cogitare ein intelligere ist, Kant im Denken des Handelns unter unbedingtem Gesetz. Für Kant liegt im denkenden Innewerden des Gesetzes, dem ich folgen soll, mehr als das Gesetz, die Gottheit. Für Anselm liegt im Denken des Wesens, über das hinaus nichts Höheres gedacht werden kann, mehr als Gedanke. Beiden wird Wirklichkeit in ihrer Existenz gewiß.

Gemeinsam ist Anselm und Kant: Gott wird nicht zum Besitz des unbeteiligten Wissens, er ist nur in der glaubenden Vernunft gegenwärtig. Die Gewißheit ist in der nie aufhörenden Bewegung unserer Existenz in der Zeit. Die Gewißheit ist Anselm zugänglich nur mit der Reinheit des Herzens, in der der Gedanke erst wahrhaft vollziehbar ist. Die Besinnung ist bei Anselm meditativ und führt zurück in den christlichen Glauben. Sie ist bei Kant reflexiv und führt zurück in die vernünftige Existenz sittlichen Handelns.

Die Frage nach Gott findet bei beiden Antwort, aber nicht durch eine bloß rationale Erkenntnis, sondern erst durch die Existenz, die sich denkend ausspricht. Die Kantischen Widerlegungen der Beweise von Gottes Wirklichkeit bedeuten den Zeiger auf den Ernst der Existenz, durch den allein, in immer wiederkehrender Unruhe der Bewegung, die Ruhe der Gewißheit möglich wird.

Solche Gedanken, die wie die technische Gottesvergewisserung im Denken aussehen können, sind doch für den, der sie zuerst vollzieht, ein Ereignis: sie haben gefunden, was seitdem unvergeßlich ihr Leben trägt. Solche Gedanken werden dann verbreitet in einer rationellen Simplifikation, werden wirkungslos in solcher Direktheit, werden ein bloßes Lehrstück. Aber sie bleiben unerschöpflich durch das in ihnen verborgene Motiv, oder durch den Funken, der immer wieder zünden kann, wenn er auf eine zur Flamme der Gottesgewißheit bereite Seele trifft.

Kant bewegte sich im gleichen Raume philosophischer Tiefe wie Anselm. Nur darum hat er die simplifizierte logische Form abgelehnt, in der der Gedanke ihm begegnete. Kant hat den Gedanken nur in seiner letzten rationalen Verwahrlosung genommen und so mit durchschlagender Kraft verworfen. Aber die Frage ist, ob er im Sinne Anselms ohne Ableitung im Raum Kantischen kritischen Denkens möglich bleibt: die Sprachkraft der logischen Gedankenform als Transzendieren mit dem Gedanken über den Gedanken in der Haltung des Gebets.

III. Charakteristik des Anselmischen Denkens

a) *Anselms ursprüngliche Philosophie als christliches Denken:* Anselms Philosophieren ist von strahlender Kraft. Es ist nicht Vorstufe, sondern Vollendung, aber Vollendung der Frühe, noch unbetroffen von den Zerrissenheiten infolge der Reflexion und der Realitäten späterer Zeit.

Sein Denken behandelt die *Wahrheit,* den *freien Willen,* das *Böse,* und die Dogmen vom *Gottmenschen* (cur deus homo) und von der *Trinität.* Der Glaube soll vernünftig einsehbar werden. Wenn Kant über die Religion innerhalb der Grenzen der bloßen Vernunft schreibt und Anselm die Vernunft in den Glaubensgehalten sucht (nach dem Augustinischen Prinzip: credo ut intelligam), so ist der Unterschied beider der, daß der eine vor der Zerrissenheit in Glauben und Vernunft, Theologie und Philosophie denkt, der andere nach der Zerrissenheit. Bei beiden ist der Wille der eigenständigen Vernunft und der hohe Begriff von Vernunft wirksam, bei beiden das Wissen darum, daß die Wirklichkeit der Vernunft ihren Grund nicht in sich selbst hat.

Anselm ist der erste große originale Denker des Mittelalters. Zwar ist seine Philosophie vorbereitet und bedingt in der Kontinuität christlichen Denkens. Das aber ist der Boden der Kraft, durch die er faktisch eigenständig, wie Augustin, zu philosophieren vermag. Er erfaßt im Denken selber den Glaubensursprung, wie Augustin, so daß er beide Formulierungen kennt: glauben, um den Glaubensgehalt einzusehen, – einsehen, um des Glaubens sich zu vergewissern. Der scheinbare Widerspruch vom Primat des Glaubens und der selbständigen Macht der Einsicht ist das Zusammengreifen der Momente dieses ursprünglichen Philosophierens.

Aus der Breite der auf das menschliche Grundwissen und die großen Dogmen sich beziehenden kristallklaren Erörterungen hebt sich das eigentlich Philosophische heraus: im Abstraktesten selbst das Erfüllende zu finden; die Reinheit des Gedankens als wirkende Macht; die Kraft des Einfachen; die Ergriffenheit der Existenz vom Gedanken; das Schlichte, Ursprüngliche, Ungeschichtliche, von dem alles andere unendlich vertieft wird; – und die Nichtigkeit der Gedanken, wenn sie vom bloßen Verstand wie endliche Sachverhalte behandelt werden.

Philosophisch steht Anselm an einem Anfang, der zugleich unüberbietbar und unwiederholbar ist. Wir atmen eine Luft, vergleichbar der Reinheit bei Parmenides und Heraklit. Es ist einer der seltenen Augenblicke, in denen auf dem Boden biblischen Glaubens dessen Tiefe im philosophischen Denken ohne Selbsttäuschung und ohne Zauberei hell wurde.

b) *Was Denken bei Anselm ist:* Was Denken und Erkennen bedeute, wird im Mittelalter in einem Begriffsfelde gedacht, auf dem man den Gegensatz der Auffassungen den Realismus (die Allgemeinbegriffe, universalia, sind wirklich, realia) und den Nominalismus (die Allgemeinbegriffe sind Namen, nomina) nennt (das Folgende unter Benutzung von Hasse).

Die Sache hat sich entfaltet im Anschluß an Sätze bei Porphyrius und Boethius. Boethius meint, angesichts der Sätze bei Plato und Aristoteles über die selbständige Existenz der Ideen, getrennt von den Dingen, oder ihrer Existenz nur in den Dingen: er wolle nicht entscheiden, ob sie nur in unserem Verstand existieren (Worte oder Namen seien), oder ob sie objektiv existieren (real seien), ob im letzteren Falle Plato oder Aristoteles recht habe, ferner ob sie unkörperlich oder körperlich seien.

Die Lösung des Problems wird durch die Jahrhunderte von den Denkern in entschiedenen Antithesen oder in Vermittlungen gegeben. Die einseitigen Standpunkte sind: 1. Eigentlich wirklich sind die Universalia; die einzelnen Dinge sind Darstellungen des einen in ihnen allen identischen Allgemeinen. 2. Eigentlich wirklich sind nur die Individuen. Die Allgemeinbegriffe sind Worte, die selber nur Wirklichkeit haben als hörbare, sichtbare Sinnlichkeiten, die etwas bedeuten.

Bei den beiden einseitigen Lösungen tritt dann ein neues Grundproblem in entgegengesetzter Form auf: 1. Wenn das Allgemeine das Wirkliche ist, dann ist die Frage: woher die Individuen? (die Frage nach dem principium individuationis). 2. Wenn die einzelnen Dinge, die Individuen, das Wirkliche sind, dann ist die Frage: woher das Allgemeine? (die Existenz des Allgemeinen als Namen, Zeichen, Bedeutungen, als entstanden durch Abstraktion).

Gegen die aus den Einseitigkeiten erwachsenden Unlösbarkeiten stellte sich die vermittelnde Totallösung. Sie unterschied zunächst den göttlichen und menschlichen Geist. Der göttliche Geist schaut die Universalien als Urbilder (exemplaria) in ihrer Einfachheit. Der menschliche Geist geht vom sinnlich Anschaulichen aus und gelangt zu dem Allgemeinen. Daher haben in bezug auf den menschlichen Geist die Universalien drei Weisen der Existenz: ante rem (an sich, im göttlichen Geist), in re (in den Dingen, verbunden mit den Individuen), post rem (im menschlichen Geist, als Abstraktion).

Was so im simplifizierten Schema verzeichnet wird, enthält ein dauerndes, heute wie jederzeit wesentliches Problem, das in den Fragen formuliert wird: was ist eigentlich? wie verhält sich mein Wissen zum wirklichen Gegenstand? was ist der Sinn gegenständlicher Erkenntnis?

Ist das Allgemeine wirklich, dann treffe ich im Erkennen die Sache selbst. Ist es nicht wirklich, dann ist es nur ein Mittel für die Technik meines Erkennens, durch das ich nie die Sache selbst, nie die Wirklichkeit erreiche, sondern nur in bezug auf sie das Spiel der unwirklichen Bedeutungen vollziehe, durch dessen Folgen ich zwar eingreifen kann in den Gang des Geschehens, die Natur mir unterwerfen kann, aber nur so, daß ich blind bleibe in bezug auf das Wesen und auf das Ganze, da mir in diesem Tun die Erkenntnis der Wirklichkeit selbst fehlt.

Auf dem Boden des sogenannten Nominalismus ist das Methodenbewußtsein der modernen Wissenschaften entsprungen. Was diese eigentlich erkennen und was nicht, ist bis heute die große, nie endgültig beantwortete, aber immer klarer gewordene Frage. Sie ist zu erörtern bei der Darstellung der Philosophie großer Forscher.

Daß diese Wissenschaften, die es im Mittelalter noch nicht gab, die aber dort schon ihre Ansätze hatten, mit der Wirklichkeit selbst nichts zu tun haben, dagegen wandte sich von jeher der natürliche Sinn des Erkennens. Gerbert von Aurillac (um 1000) schrieb schon von der Einteilung der Naturdinge in Gattungen und Arten: Diese Kunst der Teilung in Arten und das Zusammenbringen in Gattungen ist nicht durch menschliche Veranstaltungen, sondern vom Schöpfer aller Künste in der Natur der Dinge hervorgebracht und dort von den Erkennenden gefunden.

Wir haben hier die Frage nach dem Verhältnis von Erkenntnis und Wirklichkeit, nach der Art von Wirklichkeit, die sich dem wissenschaftlichen Erkennen erschließt, nicht zu verfolgen. Bei Anselm und den großen mittelalterlichen Denkern, die einen Unterschied von Philosophie und Wissenschaft nicht kennen, in ihrem Philosophieren aber das Wesentliche im Auge haben, das auch heute keiner Wissenschaft zugänglich ist, ist die Frage von vornherein anders und von größtem Ernst für den Glauben und das Heil.

Die nominalistische Denkungsart gilt Anselm als kein eigentliches Denken. Denn Denken ist nicht, was seine Begriffe für leer, bloßes Reden (flatus vocis) erklärt. Gegen diese Denkungsart, die selber glaubenslos oder dem Glauben gefährlich ist, wendet sich Anselm: Diese Menschen, sagt er, sind so sehr in sinnlichen Vorstellungen (imaginationibus corporalibus) befangen, daß sie sich von ihnen nicht losmachen können. Sie können, was die Vernunft in ihrem eigenen reinen Lichte betrachten soll, nicht sehen.

In Anselms dogmatischen Kämpfen gegen Roscellin spielte die Verwerfung der nominalistischen Denkungsart eine wesentliche Rolle. Wenn ein Denker Gott für ein universale, ein abstractum erklärt, die drei Personen aber: Gottvater, Christus, Heiligen Geist, für Individuen, so denkt er nominalistisch und hat drei Götter. Wenn aber das Allgemeine, Gott, selber Wirklichkeit ist, dann ist Gott einer und sind die drei Personen Gestalten des Einen: dieser Gedanke ist »realistisch«, weil er die Wirklichkeit der Universalien behauptet. Die gläubige Dogmatik scheint »realistisches« Denken zu fordern. Wessen Denken nicht begreift, sagt Anselm, wie mehrere Menschen in ihrer

Art (species) *ein* Mensch sind, der kann erst recht nicht fassen, daß in dem geheimnisvollsten Wesen die drei Personen, obzwar jede Gott, doch nur *ein* Gott sind.

Anselm spricht von den »modernen Dialektikern«, welche nichts für wirklich gelten lassen, außer was sie sich vorstellen können (imaginationibus comprehendere), – und von Leuten, welche von der Menge der Bilder, die sie erfüllen, so erdrückt werden, daß sie sich nicht zu der Einfachheit des Gedankens (intellectus) erheben können.

Anselm kennt das Denken als das Natürlichste, das nicht in die Leerheiten des bloßen Sprechens und in die Fesselung durch Vorstellungen versinkt, sondern den Aufschwung erfährt zum Wesentlichen. Er kennt die Ruhe aus der Identität von Gedanken und Wesen beim eindringenden Denken, das nicht technisches Mittel, nicht Reflexion, nicht ein Umspielen der Dinge, sondern durch einen Vollzug bei der Sache selbst, ja, diese Sache selber ist.

Solches Denken gelangt dorthin, wo die Wahrheit die Wirklichkeit ist, und vollzieht sich dort, bei Gott. Im Geschaffenen ist die Wahrheit gespalten: in die Dinge und die Erkenntnis dieser Dinge, in das Sein der Dinge und das, was sie sein sollen. Daher sucht alles Geschaffene noch sein Sein, ist es noch nicht; es ist im Werden der Vergänglichkeit, als Finden und Verlorengehen. Aber daß dies so ist, ist nur möglich durch die Wirklichkeit der Wahrheit, auf die sich alles bezieht, die wirklich ist, ohne sinnfällig zu sein. Sie ist aber nicht subjektives Gebilde, sondern objektive, für das Denken, nicht durch das Denken, existierende Wirklichkeit.

Die Andersartigkeit dieses philosophischen Denkens gegenüber dem an Sinne und Endlichkeit gebundenen Verstandesdenken ist so groß, daß es von diesem Verstandesdenken her nur als nichtig und absurd erscheint. Es setzt voraus, daß das eigentliche Sein selber Sein des Denkens, Denkendsein ist, und daß unser Denken nicht bloß abstraktes, sondern auch konkretes Denken ist, das hingelangt in das Denkendsein im Grund aller Dinge. Nur bei dieser Voraussetzung kann das Denken des Menschen jenen hohen Charakter gewinnen, selbst wirklich zu sein in einem anderen Sinne als dem des realen Geschehens in der Zeit. Schwindet mir diese Voraussetzung und damit das eigentliche Denken, so versinke ich in das Dasein, das nur für anderes, für den ist, der es denkt, sich selbst aber nicht weiß und darum, weil es sich nicht recht bewußt wird, sich auch nicht in der Hand hat.

Im Denken wird das Sein selbst gegenwärtig, aber nicht im entleerten Gedanken, nicht im bloßen Sprechen und Meinen, sondern im substantiellen Denken, dem der Denkgehalt als solcher real ist.

Ich scheine zu versinken entweder in das Denken ohne Leben (in das beliebige Plätschern mit Worten und Abstraktionen) oder in das gedankenlose Leben (das »Erleben«). Aus beidem erhebt sich das eigentliche Denken. Dies ist das Sichverwandeln des Daseins durch das mit dem Denken sich vollziehende innere Handeln. Es gelangt zum Aufschwung, der das Sein selbst berührt. Es ist ein Leben, das dem unendlichen Sein näher kommt, in dem es denkend immer schon ist. Die je gegenwärtige sinnliche Gewißheit ist menschliches Leben erst durch das denkend in ihr gefundene und verwirklichte Sein.

Nur aus der Wirklichkeitsbedeutung des Denkens ist Anselm zu verstehen. Die Selbstgewißheit des durch Gott gehaltvollen Denkens ist bezeugt durch die Wirkung des Denkens in der Existenz. Die logischen Formen, wie sie in den Spaltungen des endlichen Denkens für Menschen nicht nur der Weg, sondern auch die Mitteilungsform bleiben, gewinnen im eigentlichen Denken einen über sich selbst hinaus weisenden Sinn.

So ist auch die Form der Widersprüchlichkeit zu beurteilen. Der Widerspruch wird Anselm zum Hebel des Denkens, um aus dem cogitare zum intelligere zu bewegen, und um durch das cogitare das intelligere zu sichern. Er ist als solcher ein zwingendes Moment, das aber seinen Dienst getan hat, wenn das Ziel erreicht ist. Für Anselm gilt der Widerspruch als unerträglich. Er wird nicht verschleiert durch Motive anderen Ursprungs, die sich verbergen, wenn sie sich um den offenbaren Widerspruch herumdrücken. Er wird auch nicht hingestellt als etwas, dem man sich als von Gott kommend zu unterwerfen habe im Glauben an das Absurde. Vielmehr ist er gültig auf dem Wege, vernichtet das, worin er sich zeigt, aber so, daß er hinbewegt zu jenem Ort, wo weder Widerspruch noch Nichtwiderspruch ist, wohin das endliche Denken hinüberschwingt, um im eigentlichen, unendlichen Denken gewiß zu sein bei der Wahrheit, die Wirklichkeit ist.

c) *Die Autorität:* Der Mensch kann jederzeit nur leben unter Autorität. Will er dies nicht, so wird er nur einer um so äußerlicheren Gewalt verfallen. Die Täuschung, frei von aller Autorität zu sein, läßt in den absurdesten und vernichtendsten Gehorsam stürzen. Der Anspruch der total freien Meinung jedes Einzelnen macht dumm und bewirkt irgendeine totale Unterwerfung. Der Mensch hat nur die Wahl, welche Autorität er zu ergreifen vermag, das heißt welcher Gehalt ihm der Grund seines Lebens wird. Es gibt keinen Standpunkt, von dem aus alle Autorität zu überblicken wäre, als ob man außerhalb stehe. Außerhalb stehen bedeutet: im Nichts stehen und blind sein. Die Wahl der Autorität aber geschieht nicht durch Absicht, sondern durch Bewußtwerden und Läuterung der Autorität, in der ich faktisch schon lebe, durch Erwecken der verschleierten Autorität, durch Erinnerung des Grundes, aus dem ich bin. Ich kann diesen Grund nicht tief genug suchen, wenn ich mich dessen vergewissere, was mir unbedingt gilt.

In Anselm erblicken wir die Bindung an Autorität und die Freiheit der Vernunft zu ihrer Aneignung. Er weiß, daß der leere Verstand zu nichts kommt. Aber er weiß auch, daß der Glaube nicht genügt: »Es scheint mir Nachlässigkeit zu sein, wenn wir, nachdem wir im Glauben befestigt sind, nicht auch trachten, das Geglaubte zu verstehen.«

Anselms Autoritätsglauben ist noch geborgen in der Kirche. Die Autorität für das Denken liegt ihm bei den katholischen Vätern. Er ist bemüht, daß das, was er selber denkt, »vor allem mit dem vom heiligen Augustin Geschriebenen zusammenhängt«.

Anselm konnte sich der geschichtlichen Eigentümlichkeit seines Zeitalters nicht bewußt sein: daß in einer noch barbarischen Welt allein die Kirche, kraft des von den Mönchen in den Orden gebrachten ehrfurchtgebietenden Opfers, alles geistig Große, alle gedankliche Leistung, die Männer höchster Bildung und Menschlichkeit, die Lehre und den Unterricht, ja, das bloße Lesen und Schreiben brachte. Hier ist noch die Identität von Geist und Macht, die umfassendste abendländische Organisation, die Kraft des Geistes gegen die bloße Gewalt, die absolute Gewißheit. Eine Infragestellung dieser Mönche und der Kirche hätte damals bedeutet, alles in Frage zu stellen, wodurch Menschen leben.

Daher die großartige Selbstgewißheit Anselms, die er als Mönch, als Abt, als Erzbischof zugleich kraft des Amtes besaß, mitwirkend an der Überlieferung des allein Wahren durch ständiges Neuhervorbringen, und an seiner Einprägung in die Welt, erschreckend vor der Bodenlosigkeit des beliebigen Denkens. Daher verlangt er im Konfliktsfalle Unterwerfung unter die kirchliche Instanz. Mit Roscellin sollte man sich auf der Synode in gar keine Verhandlung einlassen, sondern sogleich Widerruf verlangen. Nach erfolgtem Widerruf suchte Anselm ihn zu überzeugen durch seine Schrift über die Trinität. Roscellin aber, in der Situation zwischen Märtyrertod oder Heuchelei, hat, wie er später sagte, aus Todesfurcht die letztere gewählt.

Anselms Denken ist das freie Denken eines Kirchenmannes, den die

Wirklichkeit der Gottesherrschaft durch die Kirche zugleich demütig und todesmutig und mächtig im Kampf gegen König und Welt werden läßt. Man könnte diese Haltung eine großartige Naivität nennen, wenn sie nicht die sublimierte Bewußtheit wäre, der angesichts der in der Tat einzigen Chance dieses Zeitalters nur das eine fehlt: der Zweifel an der Legitimität der von der Kirche beanspruchten Gottesherrschaft, an der sittlichen Höhe der faktischen kirchlichen politischen Gewalt. Es war ein Übergang, nur einmal in wirklicher Redlichkeit ohne Aberglaube und ohne Zauberei, ohne Hilfe demagogisch geweckter Masseninstinkte möglich, wie Platos politisches Unternehmen in Syrakus. Daß es einmal da war in solcher menschlichen Kraft, Reinheit und Größe, ist beflügelnd für immer, wenn auch die konkrete Lösung bei jeder Wiederholung fragwürdig und gewaltsam würde.

Es war die Zeit der romanischen, zur tiefsten Besinnung führenden Frömmigkeit, sichtbar in der Baukunst, eine Zeit, in der es scheinen konnte, daß der Platonische Gedanke – die Philosophen als Herrscher – wirklich würde. Zwar versagte auch schon damals die Koinzidenz von Anspruch und Wirklichkeit; aber noch war in Wahrhaftigkeit ohne Einschränkung der Glaube möglich, sie würde sich ganz verwirklichen. Daß der Höhepunkt – das elfte Jahrhundert – zugleich schon Krise war, ist historisch selbstverständlich. Denn in der Zeit ist jedes Reifwerden schon Sterben. Alle Geschichte ist Übergang. Das Hohe kann nicht bleiben. Jederzeit tritt es auf, in irgendeiner Gestalt, und in jeder Zeit versinkt es. Aber sehr selten ist das Hohe in der Wirklichkeit der Institutionen, so daß Gottesherrschaft und Weltherrschaft, Höhe des Geistes und der Macht, Anspruch und Diesem-Anspruch-Genügen sich treffen. Es ging bergab, als Anselm lebte. Im Augenblick des höchsten Griffes wurde die Kirche schon böse Gewalt. Was aber in der Idee bezwingend groß, im Augenblick durch Annäherungen wirklich war, was die Menschen enthusiastisch, aber mit der disziplinierenden Kraft des Maßes ergriff, das verliert nicht durch Scheitern an Substanz. Es besteht für die Erinnerung im ewigen Raum des Geistes. Es wirkt fort dadurch, daß in neuer Welt (in der unter anderen Bedingungen dem der Transzendenz verbundenen Menschen sein nun gegebener Aufschwung aus seiner Ursprünglichkeit möglich wird) dies, was einst war, angeschaut werden kann und zur Orientierung dient.

SPINOZA

Quellen: Werke (Ausgabe der Heidelberger Akademie, von Gebhardt). – Übersetzungen: Gebhardt, Baensch. – *Leben:* Jelles, Lucas, Colerus u. a. (gesammelt von Gebhardt: Spinoza, Lebensbeschreibungen und Gespräche). – *Portrait:* Altkirch. –
Literatur: Gebhardt. Kuno Fischer. Freudenthal. J. E. Erdmann. von Dunin-Borkowski. Leo Strauß. – (Zur Nachwirkung: Baeck. Grunwald. Vernière.)

I. Leben und Werke

Spinoza (1632–1677) stammte von spanischen, nach Portugal vertriebenen Juden. Seine Eltern waren von dort nach Amsterdam emigriert. Er wuchs auf in der großen Überlieferung jüdisch-spanischer Kultur, in deren Philosophie, in dem Studium der Bibel hebräischer Sprache, des Talmud, der Kommentatoren, und in der Lektüre spanischer Literatur. Als er 15 Jahre alt war, galt er als künftiges Licht der Synagoge.

Konflikte mit den jüdischen Gelehrten und praktische Vernachlässigung der Synagoge hatten die Ausstoßung Spinozas aus dem Judentum zur Folge. Er war 24 Jahre alt. Man hatte versucht, ihn beim rechten Glauben zu halten, ihm ein Jahresgehalt angeboten, wenn er die Synagoge bisweilen besuchen wolle. Spinoza lehnte ab. Als ein Fanatiker einen Mordversuch auf ihn machte, verließ er Amsterdam, fand Zuflucht bei einem Freunde und wurde nun durch den »großen Bann« der Synagoge getroffen. Da dieser Bann auch bürgerliche Folgen hatte, protestierte Spinoza. Daß aber die Initiative zur Abkehr von der jüdischen Synagoge bei Spinoza gelegen hatte, bezeugt er durch den Titel seiner verlorenen Verteidigungsschrift »Apologie, um sich zu rechtfertigen für seine Lossagung von der Synagoge« (Gebhardt).

Seine Schwestern bestritten Spinoza die väterliche Erbschaft unter Berufung auf den Bann. Er ließ sein Recht, das ihm als Holländer zukam, gerichtlich feststellen. Dann aber verzichtete er freiwillig auf alles bis auf ein Bett. Über seine Geschwister hat er sich nicht geäußert außer zuletzt, als er sie in seinem Testamente nicht bedachte: »Sie haben sich nicht danach benommen.« Faktisch, aber lautlos, ohne Klage und Anklage, war er mit seiner Familie zerfallen.

Wovon lebte Spinoza?

Sein Unabhängigkeitswille verlangte, auch ökonomisch auf sich selbst stehen zu können. Er lernte, optische Gläser zu schleifen, die damals etwas Neues waren und sehr begehrt wurden. Er erreichte darin eine Meisterschaft. Aber er lebte nicht davon, sondern Freunde unterstützten ihn. Oft wurde ihm Geld angeboten. Manches lehnte er ab. Von Simon de Vries nahm er es an. Zwar verweigerte er, als dessen Erbe eingesetzt zu werden, da nach Recht und Natur das Vermögen dessen Bruder zukomme. Als dieser Bruder nach Simons Tod ihm 500 Gulden jährlich geben wollte, setzte er den Betrag auf 300 herab. Jan de Witt hatte ihm schriftlich eine Pension von 200 Gulden geschenkt. Als später die Erben Schwierigkeiten machten, sie weiterzuzahlen, brachte er ihnen die Schenkungsurkunde, auf alles verzichtend. Daraufhin erfüllten sie ihre Verpflichtung. Spinoza war in seiner Lebensführung ungemein bedürfnislos. »Der Rock macht nicht den Mann. Wozu eine kostbare Hülle für ein wertloses Ding.« Aber ärmliche Kleidung und Haushalt waren bei ihm nicht verkommen, sondern geordnet und sauber. In einem Punkt nur gab Spinoza Geld aus: er hinterließ eine erlesene und wertvolle Bibliothek.

Der äußere Gang von Spinozas Leben nach dem Bann war ein stilles, bescheidenes Dasein in gemieteten Zimmern an verschiedenen Orten Hollands: 1656–1660 in einem Landhaus zwischen Amsterdam und Ouverkerk, seit 1660 in Rijnsburg bei Leiden, seit 1663 in Voorburg beim Haag, seit 1669 im Haag, zunächst in Pension bei einer Witwe, dann seit 1671 im Haus des Malers Heinrich van der Spyk, wo er seinen Haushalt selbst besorgte. Hier starb er 1677 an Tuberkulose, 45 Jahre alt.

Sein Schicksal hat Spinoza nicht gewollt, aber als unumgänglich ergriffen: es bedeutete die Lösung aus jeder Gemeinschaft des Glaubens, der Herkunft, des Volkes, der eigenen Familie. Von den Juden ausgestoßen, wurde er nicht Christ. Aber er war holländischer Staatsbürger und dies mit dem Willen, seine Bürgerpflichten als seine eigene Sache zu erfüllen und seine Bürgerrechte zu behaupten.

Der holländische Staat war erwachsen im Kampf gegen spanische Unterdrückung durch Konstituierung seines politischen Eigenrechtes. Dies geschah nicht aus völkischen, sondern aus politischen Freiheitsmotiven, die sich in religiöser Unbedingtheit rechtfertigten. Als im Kriege gegen Spanien seit 1568 unter Führung der Oranier der Staat entstand und sich behauptete, war die Wehrkraft entscheidend. Nachdem im Westfälischen Frieden (1648) der Staat anerkannt war und sich in Sicherheit glauben durfte, schienen militärische Organisation und einheitliche Führung nicht mehr den Vorrang haben zu müssen. Daher siegte jetzt die Partei der Republikaner (das holländische Patriziat, die Regentenpartei) gegen die Oranier. Die Republikaner bewirkten unter Jan de Witt zwanzig Jahre lang eine blühende, friedliche Entfaltung. Die Militärlasten wurden leichter, der Staat wurde außenpolitisch durch Bündnisse gesichert. Im Gegensatz zur faktischen Intoleranz der Oranischen Partei waren die Republikaner für wirkliche religiöse Freiheit. Dieser schöne Zustand hatte mit einem Schlag ein Ende, als Ludwig XIV. mit dem englischen König Holland überfiel. Jan de Witt erschien als Landesverräter und wurde vom Pöbel ermordet (1672). Die Partei der Oranier kam wieder zur Macht, aber der Geist der Republikaner behielt einen beträchtlichen Einfluß.

Spinoza nahm teil an der Politik. Der Theologisch-Politische Traktat (1670) ist nicht nur als eine philosophische Untersuchung, sondern auch zum Zwecke politischer Wirkung im Einverständnis mit der Politik seines Freundes Jan de Witt und der Republikaner gedacht und veröffentlicht (Gebhardt). Jan de Witts Macht als primus inter pares einer Aristokratenpartei war auf die öffentliche Meinung angewiesen. Der Geist der Regierung mußte im Geist der Bevölkerung seinen Widerhall finden. Zu ihm gehörte die Freiheit des Gewissens und die Unabhängigkeit des Staats gegenüber der Orthodoxie der Kirche. Für beide wollte Spinozas Traktat wirken.

Nach der Ermordung de Witts bemühte sich in dessen Sinn die Partei der Republikaner (Regentenpartei) um die Wiederherstellung des Friedens. Mit Wissen und Willen dieser Partei ging Spinoza nach Utrecht in das Hauptquartier des Prinzen Condé, um den Frieden zu fördern, vielleicht nur ausgenutzt von einem Zwischenträger, der den vermuteten Wunsch Condés erfüllen mochte, den berühmten Juden zu sprechen. Es wird berichtet, wie frei und sicher Spinoza am Hofe auftrat. Da er aber Condé gar nicht zu sehen bekam, kehrte er ohne Ergebnis heim.

Der Pöbel hielt ihn für einen Spion. Spinozas Hauswirt bekam Angst vor einem gewaltsamen Einbruch in sein Haus. Spinoza antwortete: »Macht Euch darüber keine Sorge. Ich bin unschuldig, und es gibt viele unter den Großen, die wohl wissen, warum ich nach Utrecht gegangen bin. Sobald Ihr einigen Lärm an Eurer Tür hört, werde ich zu den Leuten hinausgehen, auch wenn sie mit mir verfahren sollten wie mit dem guten Herrn de Witt. Ich bin ein aufrechter Republikaner, und das Wohl der Republik ist mein Augenmerk.« So handelte Spinoza als Holländer.

Die Partei der Oranier siegte. Sie brachte (nach der auch für Spinoza selbstverständlichen antiken Klassifikation der Staatsformen) eine Monarchie gegenüber der Aristokratie der Regentenpartei. Spinoza entwarf in einem nachgelassenen politischen Traktat die Idealtypen der Monarchie und Aristokratie. Bei beiden suchte er das Bestmögliche zu erdenken. Sein Tod unterbrach die Niederschrift, als er mit dem dritten Typus, der Demokratie, beginnen wollte.

Spinoza war nicht Holländer durch uralte Abkunft, sondern durch politisches Recht. Da er nicht mehr dem Judentum angehörte, was blieb ihm, außer der Sicherung durch das Recht, im politischen Dasein seines Staats? Nichts als das Menschsein des Einzelnen, der auf sich selbst steht und allein dadurch sich jedem Menschen als Mensch verbunden weiß, nämlich durch die Selbstgewißheit der Vernunft. Um den Preis der erzwungenen, nicht gewollten Bodenlosigkeit in dieser Welt gewann Spinoza den anderen Boden in der ewigen Wahrheit, die dem Menschen als Menschen zugänglich ist. Sein Denken wurde eine Zuflucht der Ausgestoßenen, die ganz auf sich stehen sollen. Es wurde eine Orientierung für jeden Menschen, der Unabhängigkeit sucht. Die Selbstgewißheit der Vernunft fand er in der Philosophie, die sein Leben erhellte und führte. Als jemand, der ihn zum katholischen Glauben bekehren wollte, ihm vorwarf, daß er seine Philosophie für die beste halte, antwortete er: »Ich erhebe nicht den Anspruch, die beste Philosophie gefunden zu haben, sondern ich weiß, daß ich die wahre erkenne.«

Die faktische Bodenlosigkeit, in die Spinoza geraten war, konnte nur unter der politischen Sicherung durch einen Rechtsstaat, durch persönliche Beziehungen rein menschlicher Art aufgehoben werden, die keine anderen Voraussetzungen als das Menschsein selber fordern. So geschah es. Spinoza hatte Freunde, vielfachen Umgang, einen ausgebreiteten Briefwechsel. Im Kreise der Collegianten, einer Gesellschaft in Glaubensfreiheit sich begegnender Christen, war er willkommen. Er begehrte philosophische Gemeinschaft. »Es gehört zu meinem eigenen Glück, mir Mühe zu geben, daß viele andere dieselbe Erkenntnis haben wie ich, und daß ihr Erkennen und Wollen mit meinem Erkennen und Wollen völlig übereinstimmt.« Niemandem und nirgends drängte er seine Lehre auf. Aber was er sagte, wirkte überzeugend. Und man konnte sich dem Adel seines persönlichen Wesens nicht entziehen, nicht einmal die Feinde, die, indem sie ihn verwarfen, ihn zugleich widerwillig verehrten. Gern ging er mit einfachen Menschen um. Seiner Wirtin, die ihn fragte, ob sie in ihrer Religion wohl selig werden könne, antwortete er: »Eure Religion ist gut. Ihr braucht nach keiner andern zu suchen, wenn Ihr nur ein stilles und gottergebenes Leben führt.« Trotz guter Freunde mußte auch er erdulden, daß andere ihn mißverstanden, daß man ihn ausnutzte, sich von ihm trennte, und daß schließlich Leibniz kam, um den merkwürdigen Juden zu sehen, den er später ganz verleugnete.

Spinozas Unabhängigkeitswille ist nicht leicht richtig aufzufassen. Er will nichts anderes als das Wahre denken und leben, das heißt für ihn: in Gott sein. Diese Unabhängigkeit in der Selbstgewißheit hat einen unpersönlichen Charakter. Denn diese Weise des Selbstwerdens denkt nicht an die eigene Person. Man sieht bei diesem Manne, der ganz als er selbst da ist, keine Bemühung um sich. Es scheint keine Selbstreflexion bei ihm zu geben, auch keinen Stolz und keine Gewaltsamkeit. Niemals kommt es auf ihn an. Nach seinem Tode sollte nach Spinozas Willen die »Ethik« ohne seinen Namen erscheinen. Denn die Wahrheit ist unpersönlich. Es ist gleichgültig, wer ihre Sätze zuerst formuliert hat. Hier gibt es keinen Besitzwillen, wenn es mit der Wahrheit ernst war (ganz anders bei Forschern in den Wissenschaften und der Mathematik, die für ihre Leistungen als bloße Leistungen mit Recht Priorität in Anspruch nehmen).

Seine Briefe schloß Spinoza mit einem Siegel »caute«. Er war in der Tat vorsichtig, um Ruhe zu haben. Er überlegte, wem er seine Lehre mitteilte und seine Handschriften zu lesen gab. Er verschob den Druck. Das meiste erschien nach seinem Tode. Er wollte nicht Märtyrer werden: »Ich lasse jeden nach seinem Sinne leben, und wer will, der möge immer für sein Glück sterben, wenn ich nur für das Wahre leben darf.« Darum lehnte er auch den Ruf an die Universität Heidelberg ab (1673), obgleich man ihm völlige Lehrfreiheit zusicherte: »Ich habe Bedenken, in welche Grenzen die Freiheit zu philosophieren einzuschließen ist... Ich zögere nicht aus Hoffnung auf ein höheres Glück, aber aus Liebe zu einer Ruhe, die ich mir auf andere Weise nicht bewahren zu können glaube.« So schrieb er an den kurpfälzischen Minister.

Spinoza war weder ein einsamer Sonderling, noch ein handelnder Staatsmann. Er ergriff keinen anderen Beruf als den, seine Gedanken systematisch zu entwickeln und zu Papier zu bringen. Sonst war er der auf sich stehende Mensch, der, was auch immer an ihn herantrat, auf die natürlichste Weise vernünftig behandelte, so als Staatsbürger, so in seiner Hilfsbereitschaft, und immer in frommer Gesinnung.

Seine ruhige Würde scheint ebensosehr eingeborenes Wesen wie Ergebnis seiner Philosophie zu sein. Daß aber seine Ruhe nicht Apathie, sein Wesen nicht kühl, sein Temperament nicht erloschen war, zeigt eine Reihe von Anekdoten. Bei der Ermordung Jan de Witts brach er in Tränen aus. Er verfaßte ein Plakat an den Pöbel, beginnend: ultimi barbarorum, wollte hinausgehen und es anschlagen. Als sein Hauswirt ihn einschloß, damit er sich nicht der Gefahr aussetzte, auch getötet zu werden, besann er sich.

Von den erhaltenen Portraits zeigt das in Wolfenbüttel den edlen

Sephardim. Aber auch dies Bild vermag nur eine Ahnung zu erwecken von dem Adel dieser reinen Seele, den wir in seinem Werk wie in seinem Leben wahrnehmen.

Werke: Zu seinen Lebzeiten veröffentlicht sind nur die didaktisch referierenden, in mathematische Form übersetzenden »Prinzipien der Cartesischen Philosophie« (1663) unter seinem Namen und der Theologisch-Politische Tractat (1670) anonym. Unmittelbar nach seinem Tode erschienen in einem Bande: Ethik. Politischer Tractat. Über die Verbesserung des Verstandes. Briefe. Compendium der hebräischen Grammatik. 1852 wurde aufgefunden: Tractat über Gott und den Menschen und sein Glück.
Über die Abfassungszeiten: Aus der Zeit vor dem Bann ist nichts erhalten. Das älteste Dokument ist der 1852 aufgefundene kurze Tractat (vor September 1661, wahrscheinlich zwischen 1658 und 1660 entstanden), die früheste Fassung von Spinozas Gedankenwelt. Zu den ältesten Schriften gehört die nie vollendete, für Spinozas Gesinnung wichtige Abhandlung über die Verbesserung des Verstandes. – 1662–1663 wurde die Schrift über die Prinzipien der Philosophie des Descartes verfaßt. – Das Hauptwerk, die »Ethik«, entstand im ersten Entwurf schon 1662–1665. Es enthielt drei Bücher. Später wurden es fünf. Bis zum Tode hat Spinoza die Handschrift verbessert. Der Theologisch-Politische Tractat wurde 1665 begonnen und 1670 veröffentlicht. – Kurz vor seinem Tode schrieb Spinoza den unvollendeten Politischen Tractat.

II. Philosophie und Lebenspraxis

Philosophie erwächst dem Leben Spinozas als das einzige Mittel, durch das er sein Ziel findet. In seiner frühen Schrift über die Verbesserung des Verstandes wird er sich durch folgende Besinnung auf seinen Weg klar:

Alles enthält nur insofern Gutes oder Schlimmes in sich, als die Seele davon bewegt wird. Was das Leben gewöhnlich bietet, erweist sich als eitel und wertlos. »So beschloß ich endlich nachzuforschen, ob es irgend etwas gebe, das ein wahres Gut sei, und von dem allein die Seele ergriffen werde, und durch das ich eine beständige und vollkommene Freude für immer genießen könne.« »Ich beschloß endlich«, sagt Spinoza, denn zunächst schien es nicht ratsam, für etwas noch Ungewisses das Gewisse zu opfern. Gewiß scheinen Reichtum, Ehre, Sinnenlust. Aber nicht gewiß ist, daß in ihnen das höchste Gut zu finden sei. Denn der Sinnenlust folgt Verwirrung und Abstumpfung des Geistes. Reichtum verlangt nach immer noch mehr. Ehrsucht zwingt, sich nach den Begriffen der Menschen zu richten, was sie meiden, auch zu meiden, was sie suchen, auch zu suchen. Wenn ich ernstlich um das Neue, das eigentlich Gute mich bemühen will, muß ich alle diese Dinge aufgeben. Denn sie nehmen so sehr in Anspruch, daß der von ihnen ergriffene Geist an ein anderes Gut nicht denken kann. Der Weg des Suchens des wahren Guten bedeutet also Preisgabe eines seiner Natur nach ungewissen Gutes für ein zwar ebenfalls zunächst noch ungewisses Gut, das aber nicht ungewiß seiner Natur nach ist. In der Fesselung des Lebens an fragwürdige vergängliche Güter, in dieser Gewißheit, ins Nichts zu versinken, ist es aber sinnvoll, den neuen Weg als ein wenn auch ungewisses Heilmittel zu wählen.

Die erste Frage ist, woran Glück und Unglück liege, und die Antwort: in der Beschaffenheit der Gegenstände, die wir lieben. Es gibt zwei Arten von Gegenständen. Bei der Liebe zu vergänglichen Gegenständen und solchen, die nicht jeder in gleichem Maße zu eigen gewinnen kann, geraten wir in Neid, Furcht und Haß. »Aber die Liebe zu einem ewigen und unendlichen Ding nährt die Seele mit reiner Freude und ist frei von aller Unlust.« Die Erfahrung lehrte Spinoza jedoch, daß aus solcher Einsicht der Geist zwar sich von den endlichen Dingen abwenden, aber sie doch nicht abtun kann. Die Pausen der Befreiung wurden häufiger und länger, dies aber entscheidend erst, als er eine zweite Einsicht gewonnen hatte, nämlich, daß Gelderwerb, Sinnenlust und Ehre nur so lange schädlich seien, als sie ihrer selbst wegen erstrebt würden. Denn sobald sie bloß als Mittel erstrebt werden, werden sie ein Maß innehalten und durchaus nicht schaden. Diese ungewaltsame, natürliche Haltung ist für Spinoza charakteristisch. Das höchste Gut, das sich ihm zeigt, vernichtet nicht alles andere. Es ist nicht jenseits zu erwarten, sondern hier in der Welt zu ergreifen und zu verwirklichen.

Was ist das höchste Gut? Spinoza schreibt in seiner Jugend die Antwort kurz: die Erkenntnis der Einheit, die den Geist mit der gesamten Natur verbindet, und ihrer teilhaftig werden in Gemeinschaft mit anderen Menschen. Wenn alles als Mittel zu diesem Ziele und nur soweit es als Mittel dazu nötig ist, ergriffen wird, so ergibt sich:

Man muß so viel von der Natur verstehen als nötig ist, um die höchste mögliche Natur des Menschen zu erlangen.

Man muß eine solche Gesellschaft bilden, wie sie erforderlich ist, damit möglichst viele Menschen so leicht und sicher als möglich dorthin gelangen.

Man muß eine Moralphilosophie und Erziehungslehre finden, die dorthin führen.

Man muß die Heilkunde fördern für die Gesundheit, die kein geringes Mittel zum Ziel ist.

Man muß die Mechanik verbessern, um das Schwierige leicht zu machen, sich dadurch viel Zeit und Mühe sparen.

Man muß die Mittel finden, den Verstand zu reinigen, damit er die Dinge glücklich, ohne Irrtum und möglichst vollkommen erkenne.

Es sind also alle Wissenschaften auf einen einzigen Zweck zu richten, auf das eine Ziel, jene höchste menschliche Vollkommenheit zu erreichen.

Vorläufige Regeln für das Leben auf diesem Wege sind:

Man rede nach der Fassungskraft der Menge, und tue alles, was nicht an der Erreichung des Zieles hindert. Dadurch macht man die Menschen geneigt, der Wahrheit ein williges Ohr zu leihen.

Man genieße Vergnügen in dem Maße, als es zur Erhaltung der Gesundheit ausreicht.

Man suche nur soviel Geld oder andere Dinge zu erwerben, als erforderlich ist, um Leben und Gesundheit zu erhalten.

Man beobachte die Landessitten, sofern sie unseren Zielen nicht widerstreiten.

Unsere Darstellung der Philosophie Spinozas wird folgenden Gang gehen:

Das höchste Gut ist gewonnen, wenn in der Vision dessen, was ewig ist, die philosophische Einsicht gegenwärtig wird (die *metaphysische Totalvision*). Diese vergewissert sich durch das Wissen von der Weise dieser Einsicht *(Theorie des Erkennens)*. Durch beides wird bewußt, *was der Mensch ist*.

Diese Einsicht zu vollziehen, ist Freiheit und hat Freiheit in der Lebenspraxis zur Folge (die ethische Erhellung von *Knechtschaft unter den Affekten* und *Freiheit durch Erkennen*).

Die persönliche Freiheit des Einzelnen ist nicht genug. Wir leben nicht vereinzelt, sondern in der realen Welt des Miteinander, in dem alle auf alle angewiesen sind. Das Miteinander, das vom Menschen begründet ist, soll vom Menschen gemeistert werden. Dieses gemeinschaftliche Leben vollzieht sich im *Staat* und im Glauben der *Offenbarungsreligion*. Spinoza denkt jederzeit *politisch* und *theologisch* unter den von der Philosophie erkannten Maßstäben.

III. Die metaphysische Vision

Um Spinozas Lebenspraxis und sein Urteil in ethischen, wissenschaftlichen, politischen und theologischen Fragen zu verstehen, ist die Grundverfassung zu vergegenwärtigen, die allem vorhergeht. Sie ist nur in der metaphysischen Vision zu verstehen, die sein Leben vom Anfang seines Bewußtwerdens bis zum Ende beherrscht.

Die begriffliche Totalvision ist bei Spinoza mit einem Schlage fast vollendet da. Auf die Frage, wie Spinoza zu ihr gekommen sei, ist nur die Antwort möglich: durch Erhellung seines Gottesbewußtseins, das, ihm eingeboren, durch biblische Überlieferung im Kinde erweckt, das einzige wurde, worauf allein ihm alles ankam.

a) *Substanz, Attribut, Modus*

Um dieses Gottesbewußtsein auszusprechen und alles, was ist, von ihm durchleuchten zu lassen, gebraucht Spinoza seine Grundworte, die im ersten Augenblick befremden können. Auf die Frage: was ist? gibt er die Antwort: die Substanz, ihre Attribute und Modi.

Substanz: Der Ursprung muß sein, was selbst keines Grundes mehr bedarf. Wenn es gedacht wird, weist es nicht über sich hinaus. Vor ihm steht das Fragen, woher es sei, still. Die Substanz ist das, was kein Anderes als seinen Grund voraussetzt, durch den es wäre. Das heißt: die Substanz ist der Grund, der selbst der Grund seiner selbst oder Ursache seiner selbst (causa sui) ist. Der Begriff der Substanz darf daher nicht den Begriff eines anderen Dinges außer sich setzen. Vielmehr ist Substanz, was in sich ist und nur durch sich begriffen wird.

Von jedem Dinge in der Welt können wir denken, es sei möglich gewesen, daß es nicht existiere. Vom Ursprung aber, der Substanz, und nur von ihr, gilt: sie ist nicht denkbar, ohne daß sie zugleich als existierend gedacht wird. »Unter Ursache seiner selbst verstehe ich das, dessen Wesenheit die Existenz in sich schließt, oder das, dessen Natur nur als existierend begriffen werden kann.« Es wäre ein Widersinn, die Substanz als nichtexistierend zu denken. Denn das wäre der Gedanke, daß nichts sei. Dies kann ich zwar leicht als den billigsten scheinbaren Gedanken aussprechen: es sei möglich, daß nichts sei. Aber es denkend wirklich zu vollziehen, ist unmöglich.

Daß das Sein ist – bei Spinoza: daß die Substanz ist –, das ist für ihn nicht nur ein Gedanke überhaupt, sondern sogleich der überwältigende, alles umgreifende, unendlich erfüllte Gottesgedanke, der in allem, was zu denken und zu erfahren ist, seine Bestätigung findet, wo immer dem Gedachten und Erfahrenen auf den Grund geblickt wird.

Attribut: Was wir von der einen Substanz wissen, wissen wir durch ihre Attribute Denken und Ausdehnung (cogitatio und extensio). Alles was wir erfahren, ist entweder das eine (von innen) oder das andere (von außen). Sie heißen Attribute einerseits »im Hinblick auf den Verstand, der der Substanz eine solche gewisse Natur zuerkennt«. Andrerseits drückt Attribut das Wesen der Substanz aus (exprimit) oder erklärt es (explicat). Die Attribute sind in ihrer qualitativen Bestimmtheit mehrere (Denken und Ausdehnung), aber jedes ist wie die Substanz unendlich und nur aus sich begreifbar. Doch die Attribute sind nur in ihrer Art unendlich, nicht wie die Substanz absolut unendlich. Denn die Substanz hat nicht nur diese zwei, sondern unendlich viele uns unbekannte Attribute.

Modus: Modi heißen die Einzeldinge, *diese* Denkungsweisen und *diese* Körper. Sie sind »das, was in einem andern ist, durch das es auch begriffen wird«. Die Substanz und ihre Attribute sind ewig und unendlich, die Modi zeitlich und endlich »auf gewisse und eingeschränkte Art«. Da die Substanz Gott heißt, sagt Spinoza: »Die besonderen Dinge sind nichts anderes als die Affektionen der Attribute Gottes, oder die Modi, durch die Gottes Attribute in gewisser und bestimmter Weise ausgedrückt werden.«

Was ist, läßt sich also in dem einen Satz aussprechen: Es gibt nur die Substanz oder ihre Attribute und die Affektionen der Attribute. Und: »Alles, was ist, ist in Gott, und nichts kann ohne Gott sein noch begriffen werden.«

b) *Gott*

Die Substanz denken heißt Gott erkennen. Der Gottesgedanke Spinozas hat näher folgende Momente:

Erstens: Gott existiert. – Warum ist das Denken der Substanz oder Gottes eines mit der Erkenntnis, daß sie existiert?

Daß etwas existiert, ist mit unserem Dasein gewiß. Aber unser Dasein ist vergänglich, ist als je einzelnes nicht notwendig, sondern zufällig. Wir können denken, daß es nicht sei. Daß es ist, muß seinen Grund haben. Grund kann in anderer Existenz gefunden werden und der Grund dieser wieder in anderer und so fort ins Unendliche, ohne je einen Grund zu erreichen, der der Grund schlechthin wäre. Dieser kann nur in einer notwendigen Existenz liegen, das heißt einer solchen, die nicht zufällig durch anderes, sondern durch sich selbst existiert. Solche Existenz aber ist notwendig nur, wenn es nicht möglich ist, zu denken, daß nichts sei. Wenn nichts sein könnte, so wäre das Sein nicht notwendig.

Wir wiederholen den Gedanken: Versuchen wir zu denken, daß die bloß endlichen Wesen, die wir sind, und denen wir in der Welt begegnen, notwendig existierten, so »würden endliche Wesen vermögender sein als schlechthin unendliche Wesen«. Nur unendliche Wesen, nicht endliche, können notwendig existieren. Daher der Schluß: »Entweder existiert überhaupt nichts, oder das schlechthin unendliche Wesen existiert auch notwendig.«

Noch einmal: Bloße Existenz des nicht Notwendigen ist undenkbar. Wir endliche Wesen aber, zufällige, existieren. »So können wir der Existenz keines Dinges gewisser sein als der Existenz des schlechthin unendlichen oder vollendeten Wesens, das heißt Gottes.«

Diese Gewißheit ist für Spinoza die klarste, entschiedenste, größte, die es überhaupt gibt. Ist die Substanz einmal ernstlich gedacht, so muß der Zweifel schwinden. »Wollte also jemand sagen, er habe eine klare und unterschiedene, das heißt wahre Idee von der Substanz und zweifle gleichwohl daran, ob eine solche Substanz existiere, so wäre das wahrhaftig gerade so, als ob er sagte, er habe eine wahre Idee und sei gleichwohl zweifelhaft, ob sie nicht falsch sei.«

In diesem Grundgedanken der Existenz Gottes müssen wir zwei Momente unterscheiden: erstens den Ausgang vom Dasein der endlichen Dinge, und zweitens die Idee der schlechthin notwendigen Existenz der unendlichen Substanz an sich selbst. Jener Ausgang ist nur ein Leitfaden, um von dem, was im alltäglichen Bewußtsein selbstverständlich ist (unserem Dasein), durch die Frage nach dem Grund dieses Daseins (bei der Vergeblichkeit des endlosen Weitersuchens in der Welt) zu dem Gedanken der notwendigen Existenz zu gelangen. Dieser Gedanke aber, die Idee der Substanz oder Gottes, ist für Spinoza nicht gewiß als ein erschlossener, sondern an sich selbst. Der Gottesgedanke bedarf keiner Begründung oder Ableitung. Er geht vielmehr allem vorher. Er ist durch sich selber klar und gewiß. Daher verwirft Spinoza die Gottesbeweise, die aus dem Dasein der Welt auf Gott schließen. Wenn Theologen, die mit solchen Beweisen operieren, Spinoza des Atheismus beschuldigten, so wandte er sich aus seiner ursprünglichen Gewißheit von Gottes Existenz gegen sie. Er ist verwundert und meint, es sei umgekehrt: wer so schlechte Beweise brauche, sei Gottes nicht gewiß.

Zweitens: Gott ist unendlich. – Die Substanz, die notwendig existiert, ist unendlich. Wäre sie es nicht, so wäre sie nicht aus sich allein, weil in bezug auf anderes. Sie wäre auch nicht das vollkommene Sein, das darin liegt, daß sie alle Wirklichkeit ist. Die Substanz oder Gott heißt daher schlechthin unendlich (absolute infinitum). Sie hat unendlich viele Attribute: »Je mehr Wirklichkeit oder Sein ein Wesen hat, desto mehr Attribute hat es auch, die Notwendigkeit oder Ewigkeit und Unendlichkeit ausdrücken, und folglich ist nichts klarer, als daß das schlechthin unendliche Wesen notwendig in seinem Begriff zu bestimmen ist als ein Wesen, das aus unendlichen Attributen besteht.«

Auch jedes Attribut ist unendlich, aber nicht schlechthin, sondern nur in seiner Art (in suo genere infinitum).

Wir Menschen kennen nur zwei Attribute: Denken und Ausdehnung. Gäbe es aber nur diese zwei Attribute, so wäre die Substanz nicht schlechthin unendlich. Die Unendlichkeit Gottes duldet keine Einschränkung. Der menschliche Geist zwar kann in seiner Erkenntnis Gottes zu keinem Attribut Gottes gelangen außer zu diesen zwei. Kein anderes Attribut kann er erschließen oder begreifen. Die Unendlichkeit der Zahl der Attribute, die er notwendig denken muß, bezeugt die Transzendenz der Gottheit. Mit der klarsten Gotteserkenntnis steht diese Erkenntnis doch zugleich vor dem Überwältigenden der Unfaßlichkeit der Gottheit mit ihren unendlich vielen Attributen.

Drittens: Gott ist unteilbar. – In Gott oder der Substanz ist keine Trennung. So ist in ihm keine Trennung von Möglichkeit und Wirklichkeit. Was er schaffen konnte, hat er auch geschaffen. In dem unendlichen Verstande Gottes ist nichts, was nicht in Wirklichkeit existierte.

Insbesondere sind in Gott Freiheit und Notwendigkeit eins und untrennbar. »In Wahrheit handelt Gott mit derselben Notwendigkeit, mit der er sich selbst versteht.« Das heißt: »Wie aus der Notwendigkeit der göttlichen Natur folgt, daß Gott sich selbst versteht, mit derselben Notwendigkeit folgt auch, daß Gott Unendliches auf unendliche Weise wirkt.«

Freiheit Gottes ist nicht die Willkür einer Willensfreiheit, die die Menschen für sich zu besitzen meinen, sondern das Wirken ohne äußeren Zwang, ohne Abhängigkeit von Mangel und Bedürfen, von Zwecken und einem noch zu erreichenden Guten, vielmehr allein aus dem eigenen Wesen. Diese Freiheit ist identisch mit der Notwendigkeit.

Die Auffassung Gottes als Persönlichkeit sieht die Freiheit Gottes in seiner Willkür, sieht seine Macht darin, daß er kann, was er will. Spinoza erwidert: diese Macht wäre gerade Begrenzung seiner Macht, sie wäre nicht die Unendlichkeit seines zugleich freien und notwendigen Wirkens, sondern die Bestimmtheit einer Wahl zwischen Möglichkeiten, ein Hineingleiten in das Endliche.

Das unendliche Wirken Gottes aber ist unteilbar allgegenwärtig. »So ist für uns ebenso unmöglich zu begreifen, daß Gott nicht wirkte, als daß Gott nicht wäre.«

Viertens: Gott ist einzig. – Gäbe es mehrere verschiedene Substanzen, so wäre das Unterschiedene nicht mehr Substanz, weil begrenzt durch anderes. Darum kann es in der Natur der Dinge nicht zwei oder mehrere Substanzen geben, sondern nur eine einzige. Auch kann eine Substanz nicht von einer anderen hervorgebracht werden. Daher: »Es ist vollkommen klar, daß Gott einzig ist, das heißt, daß es in der Natur der Dinge nur eine, und zwar schlechthin unendliche, Substanz gibt.«

Aber diese Einheit und Einzigkeit Gottes hat nicht den Sinn der Zahl Eins. Wenn wir eine Wesenheit erkennen, so sprechen wir erst im Hinblick auf ihre Existenz von einem oder mehreren Exemplaren. Wir »begreifen die Dinge unter der Zahl nur, nachdem wir sie unter eine gemeinsame Gattung gebracht haben«. Daher »kann man kein Ding eines oder einzig nennen, außer nachdem man ein anderes Ding begriffen hat, das mit ihm übereinstimmt«. Da aber Gottes Wesenheit und Existenz eines und dasselbe sind, können wir von ihm als Einem nicht angemessen reden. »Da wir von seiner Wesenheit keine allgemeine Idee bilden können, so hat, wer Gott Einen nennt, von Gott keine wahre Idee oder redet uneigentlich von ihm.« »Nur sehr uneigentlich kann Gott einer oder einzig heißen.«

Schon in diesem ersten, Gott scheinbar bestimmenden Gedanken überschreitet Spinoza, wenn die Einheit und Einzigkeit Gottes wie Einheit und Einzigkeit von Dingen in der Welt gedacht werden könnte, solche Bestimmungen. Dabei ist unumgänglich der Widerspruch in den Formulierungen. Spinoza nennt Gott einzig und nimmt es zurück als uneigentlich gesagt. Und doch bleibt die Kraft des Wortes »Gott ist einzig« für den endlichen Menschen.

Fünftens: Gott ist unbestimmbar und unvorstellbar. – Spinozas philosophischer Wille ist es, die Größe Gottes rein und seine Wirklichkeit als die einzige eigentliche Macht, die ohnehin ist, auch für sein Bewußtsein in sich zur Geltung zu bringen. Daher ist er unermüdlich in der Abwehr falscher Gottesgedanken. Gott ist nur zu denken. Alle Verendlichungen, Bestimmungen, Vorstellungen trüben das Gottesbewußtsein. Daher unterwirft Spinoza alle Gottesgedanken der Kritik, die solche Bestimmungen vollziehen. Sie tasten die Wahrheit Gottes an. Sie nehmen eine endliche (weltliche) Wirklichkeit für Gottes allumgreifende unendliche Wirklichkeit. Sie setzen etwas anderes als Gott an Gottes Stelle.

Das tut die Menge. Sie dichtet Gott menschliches Vermögen an. Das zeigt sich daran, »daß Gott als Mensch oder nach dem Ebenbilde eines Menschen vom Volke begriffen wird«. Hätten Dreiecke und Kreise Bewußtsein – so variiert Spinoza die alten Gedanken des Xenophanes –, würden sie Gott dreieckig oder kreisförmig vorstellen. Eine solche

Irrung ist auch die Vorstellung von der Gottmenschheit Jesu. »Wenn einige Kirchen behaupten, Gott habe menschliche Natur angenommen, so habe ich ausdrücklich bemerkt, daß ich nicht weiß, was sie damit sagen. Ja, offen gestanden, scheint mir, was sie sagen, gerade so unsinnig, als wenn mir jemand sagen wollte, der Kreis habe die Natur des Quadrats angenommen.«

Sie stellen sich Gottes Vermögen als freien Willen etwa so vor: Gott kann, was er will. Er hat sein Recht auf alles, was ist; er soll die Macht haben, alles zu zerstören und ins Nichts zurückzuführen. Sie sehen Gottes Vermögen wie das Vermögen von Königen. Dagegen verlangt die Reinheit des Gottesgedankens des Spinoza: »Niemand wird das, worauf ich hinaus will, richtig begreifen können, wenn er sich nicht sehr davor hütet, Gottes Vermögen mit dem menschlichen Vermögen oder dem Rechte von Königen zu verwirren.«

Der eigentliche Grund des Irrens ist, daß Gott nicht vorgestellt, sondern nur gedacht werden kann. Im Denken ist er für Spinoza das Klarste und Gewisseste. Jede Vorstellung aber beschränkt ihn. »Auf Ihre Frage, ob ich von Gott eine so klare Idee habe wie vom Dreieck, antworte ich: ja. Fragen Sie mich aber, ob ich von Gott eine so klare Vorstellung habe wie vom Dreieck, so antworte ich: nein. Denn Gott können wir nicht vorstellen, wohl aber erkennen.«

Darum ist die Vorstellung Gottes als einer Persönlichkeit schon eine solche Beschränkung. Gott hat weder Verstand noch Willen, sondern das Attribut des Denkens, aus dem Verstand und Wille als Modi erst hervorgehen. Er hat nicht Bewegung und Ruhe, sondern das Attribut der Ausdehnung, aus dem die Modi der Bewegung und Ruhe entspringen. Verstand und Wille wie Bewegung und Ruhe sind als hervorgebrachte Natur eine Folge Gottes, nicht aber er selbst.

»Persönlichkeit« ist eine Gott herabsetzende, weil ihn uns angleichende Vorstellung auch aus folgendem Grunde. Nur endliche Wesen haben etwas anderes sich gegenüber, und stellen sich sich selber gegenüber im Selbstbewußtsein. Sie bestimmen sich selbst und bestimmen Zwecke, die sie zu den ihren machen. Gott in seiner Unendlichkeit läßt solche Wesen als seine Folge entstehen, aber ist selber an keine solche Bestimmtheit gebunden, sondern steht über ihnen. Gott begehrt nichts, leidet keinen Mangel, setzt sich keine Zwecke. »Man darf nicht sagen, daß Gott von jemandem verlangt und ebensowenig, daß ihm etwas mißfällig oder angenehm sei. Das sind alles menschliche Attribute, die bei Gott nicht Platz haben.«

Das biblisch gegründete, in der Vernunft sich vergewissernde Bewußtsein der überwältigenden Gegenwart der Wirklichkeit Gottes in allem, was ist, verwehrt in Spinoza das Antasten Gottes durch gottwidrige Vorstellungen. Aus der Ruhe seines Gottinneseins verwirft Spinoza alle trübenden Faßlichkeiten leibhaftiger Realisierungen Gottes in Kulten und Offenbarungen zugunsten der helleren und gewisseren, weil absolut gewissen Faßlichkeit Gottes im Denken der Erfahrung seiner ewig gegenwärtigen Wirklichkeit.

Aber Offenbarungen und Kulte und Kirchen und die ganze Vorstellungswelt vom Göttlichen treten in der Menschheit auf. Die große Menge hängt an ihnen. Auch das begreift Spinoza, weil mit unserem endlichen Wesen zusammenhängend, als notwendig. Und er spricht diesen Vorstellungen nicht alle Wahrheit ab. Vor allem bekämpft er sie nicht, außer in ihren Folgen an Intoleranz und Gewalt. Darüber später bei Spinozas Philosophie der Politik.

Sechstens: Ferne und Nähe Gottes. – Spinoza denkt die äußerste Differenz und die nächste Nähe von Gott und Welt.

Die Differenz kommt in Sätzen wie folgendem zum Ausdruck: »Der Verstand und der Wille, die Gottes Wesenheit begründen, müßten von unserem Verstand und Willen um Himmelsweite verschieden sein und könnten in nichts außer im Namen damit übereinstimmen, nicht anders als der Hund, das Himmelszeichen, und der Hund, das bellende Tier.«

Die Nähe kommt zum Ausdruck in den Sätzen: daß alles Gottes Folge ist, daher Gott in allem ist. Gott ist von der Welt nicht getrennt; er ist nicht ihre in sie übergehende Ursache (causa transiens), sondern inbleibende Ursache (causa immanens).

Mit der radikalen Distanz der Substanz und der Modi vereinigt sich also der Grundgedanke: daß alle Dinge durch Gott und in Gott sind, und daß Gott in ihnen ist. Gott ist aber wiederum so entschieden das Andere, daß die Dinge nichts Gemeinsames mit ihm haben können, weil sie ganz und gar Modi und nicht Substanz sind.

Gott ist das schlechthin Andere in der unendlichen Weite seines Seins, doch er ist in seinen Folgen der Welt und uns gegenwärtig. Die Ferne ist die durch sich seiende Substanz. Die Nähe spricht sich aus darin, daß diese Substanz durch ihre zwei Attribute, die wir kennen, die Natur ist, in der wir uns finden.

Die radikale Differenz von Gott und Welt hat ihr Zeichen darin, daß von den unendlich vielen Attributen der Gottheit uns nur zwei zugänglich sind; die Nähe darin, daß diese zwei uns ganz gegenwärtig sind als Attribute und Modi der göttlichen Substanz. Die unendlich vielen Attribute bedeuten die Transzendenz, die zwei bekannten Attribute dagegen die Immanenz Gottes. Unser menschliches Denken gründet im unendlichen Modus der Denkweisen, und diese im Attribut der Substanz Gottes. Unser Denken ist radikal verschieden von Gottes Denken, aber als Modus dieses Denkens sein Ausdruck.

Man nennt Lehren, die die Immanenz Gottes in der Welt behaupten, Pantheismus. Ist Spinoza Pantheist? Solche Schemata versagen vor der großen Philosophie. Spinoza ist Pantheist nur sofern die Welt in Gott ist, nicht insofern Gott erschöpft wäre mit diesem Sein in der Welt. Im Gegenteil, dieses Sein in der Welt verhält sich zu Gottes eigenem Sein, wie das Sein von zwei Attributen zu unendlich vielen Attributen.

Zusammenfassung: Die Gottheit Spinozas. – Der Gott Spinozas hat keine Geschichte und bewirkt keine übersinnliche Geschichte. Geschichte ist nur in der Welt der Modi, und diese Welt ist als Ganzes so ewig wie die Substanz, nämlich als ihre ewige Folge, in der die Einzeldinge entstehen und vergehen, während das Ganze bleibt. Die Unveränderlichkeit Gottes ist so wie in den Höhepunkten der Bibel gedacht.

Der Gott Spinozas ist ohne Persönlichkeit, weil ohne alle Bestimmungen, ohne alle Vorstellbarkeiten. Er ist in seiner Unendlichkeit für den klaren Gedanken das Gewisseste und allein und überall Wirkende. Er ist dies auch da, wo er nicht erkannt wird.

Der Gott Spinozas erscheint wie ein logisches Etwas, das doch mit Mitteln gedacht wird, die die endliche Logik überschreiten (denn Spinozas Denken geht von Grundsätzen und Definitionen aus, die logisch unhaltbar sind).

Aber dieses geschichtslose, persönlichkeitslose, logische Etwas hat die gewaltige Macht, die alles trägt und begründet, was Spinoza denkt und tut. Wenn wir fragen: Wie ist das Leben möglich mit dem Gottesgedanken, der jede Vorstellung verwehrt, alle kategorialen Bestimmtheiten der Aussagen von Gott wieder zurücknimmt, keine Offenbarung kennt, der Gott so hoch über alles setzt, was Zweck, Gebot, Gut und Böse heißt, so daß er jenseits von allem zu verschwinden scheint? – so ist Spinozas Leben und seine Urteilsweise und seine konkrete Einsicht die Antwort.

Man hat Spinoza des Atheismus beschuldigt, da seine Substanz »aller gotteswürdigen Prädikate unfähig« sei. Hegel hat dagegen angesichts des allumschließenden Gottesdenkens Spinozas, dem die Welt verschwinde, die Benennung dieser Philosophie als Akosmismus für wahrer befunden als die des Atheismus. Spinozas Denken ist auf keine dieser Weisen zu subsumieren. Es durchbricht sie.

Darum sind eher die merkwürdigen Urteile über ihn wahr: »Spinoza ist ein gotttrunkener Mensch« (Novalis). »Hier vielleicht ist Gott aus nächster Nähe gesehen worden« (Renan). »Das Unendliche war sein Anfang und Ende« (Schleiermacher).

c) *Die zwei Attribute*

Wenn im metaphysischen Gedanken durch Begriffe ausgesprochen wird, was ist, so entfaltet sich aus dem Ursprung die Konstruktion. Bei Spinoza auf dem Boden der Begriffe von Attribut und Modus. Nimmt man diese Konstruktion wie ein Wissen von Gegenständen in der Welt, so ergeben sich bloß rationale Erweiterungen ohne metaphysischen Gehalt, und Einwände, die den Gehalt nicht berühren können, aber gegen die Konstruktion sich richten, als ob diese eine Welterkenntnis sei. So ist es geschehen in bezug auf die beiden Attribute Denken und Ausdehnung.

Tschirnhaus fragte Spinoza: Warum erkennen wir nicht mehr als zwei Attribute? Spinoza kann dies nicht ableiten, sondern nur konstatieren.

Tschirnhaus fragte weiter: Wenn es unendlich viele Attribute Gottes gibt, gibt es dann durch sie auch Wesen, die nichts von Ausdehnung wissen, denen also Ausdehnung so fremd und unvorstellbar wäre, wie uns die ihnen gegenwärtigen Attribute Gottes? Spinoza gibt keine Antwort.

Tschirnhaus fragte schließlich: Gibt es uns gänzlich unbekannte Welten (modi), die den uns unbekannten unendlich vielen Attributen entspringen? Spinoza verweist zur Antwort auf sein Scholion zu Lehrsatz 7 im zweiten Buch der Ethik. Wir sehen nach. Dort ist davon die Rede, daß die Ordnung und Verknüpfung der Ideen dieselbe ist wie die Ordnung und Verknüpfung der Dinge, weil alle Attribute nur zu einer einzigen Substanz gehören. »Mögen wir daher die Natur unter dem Attribut der Ausdehnung oder unter dem Attribut des Denkens oder unter irgendeinem anderen Attribut begreifen: immer werden wir eine und dieselbe Ordnung finden.« Je nach Aspekt müssen wir die Ordnung der ganzen Natur allein durch das Attribut des Denkens erklären, oder sie allein durch das Attribut der Ausdehnung erklären, »und dasselbe gilt von den anderen Attributen. Darum ist Gott die Ursache der Dinge, wie sie an sich sind, sofern er aus unendlich vielen Attributen besteht. Klarer kann ich dies gegenwärtig nicht auseinandersetzen.«

Das ist keine Antwort auf Tschirnhausens Frage. Man kann dem schweigenden Spinoza weiter zusetzen und fragen: Müssen wegen der Koinzidenz der Ordnungen durch die eine Substanz nicht alle Attribute in allen Erscheinungen gegenwärtig sein? Da aber nur zwei für uns da sind, sind die anderen in anderen Welten von Modi da? Wenn das nicht so ist, warum ist dann nur die Welt der zwei Attribute da, in der wir selber Modi sind, und in welcher Gestalt sind die unendlich vielen Attribute Gottes wirklich? Wenn es aber die Vielheit der Welten gäbe, die in ihren Modi aus wesensverschiedenen anderen Attributen erscheinen (sich ausdrücken, sich explizieren), gibt es dann Hinweise auf ihre Existenz? Gibt es etwa auch Welten, denen das Attribut des Denkens fehlt, so wie unserer Welt die unendlich vielen Attribute außer den zweien fehlen?

Alle diese Fragen hat Spinoza weder gestellt, noch, wo sie anklingen, beantwortet. Warum nicht? Weil ihm der Gedanke der unendlichen Attribute nur als angemessener Ausdruck für die Transzendenz Gottes dient, nicht um sich in Phantasien anderer Welten zu stürzen. Die unendlich vielen Attribute sind ihm der Ausdruck einer Grenze unseres Wissens, nicht Zeiger auf eine Erforschungsmöglichkeit. Überhaupt geht Spinozas Denken nicht auf das Unbekannte und Unerkennbare, sondern allein auf das Gegenwärtige. Darum kann ihm Gottes Sein zugleich das ganz Andere im Dunkeln des Unendlichen und das ganz Helle in dem sichersten Wissen sein.

Die zwei Attribute lassen die Frage nach der Weise ihres Nebeneinanders aufwerfen. Haben Denken und Ausdehnung einen Rangunterschied? Bei Spinoza haben sie keinen. Spinoza spricht gegen die, welche die »ausgedehnte Substanz« von der göttlichen Substanz fernhalten, sie für Gottes unwürdig erklären, sie darum für eine bloße Schöpfung Gottes, für eine geschaffene Substanz halten.

Zwar verneint Spinoza die Körperlichkeit Gottes. »Manche erdichten Gott, als ob er wie ein Mensch aus Körper und Geist bestünde.« Körperlichkeit kommt Gott nicht zu. Unter Körper »versteht man jegliche Größe, lang, breit und tief, durch irgendeine Figur begrenzt. Es ließe sich aber nichts Widersinnigeres von Gott als dem schlechthin unendlichen Wesen sagen.«

Aber etwas ganz Anderes ist es, »die körperliche oder ausgedehnte Substanz selbst von der göttlichen Natur ganz und gar fernzuhalten und sie als Schöpfung Gottes zu erklären«. Das ist falsch. Denn es kann außer Gott keine Substanz geben und außer ihm keine begriffen werden. Daher muß die ausgedehnte Substanz vielmehr eines von den Attributen Gottes sein.

Um dies richtig zu verstehen, muß man den Sinn vom Attribut festhalten: die Substanz ist auch im Attribut der Ausdehnung unendlich und nicht teilbar. Wenn man ihre Endlichkeit und Teilbarkeit annimmt, sie also mit den Modi verwechselt, dann erst ergeben sich solche Widersinnigkeiten, die es unmöglich machen, sie für Gottes Attribut zu halten. Ebenso wird falsch argumentiert, wenn man sagt, die körperliche Substanz, weil teilbar, leide,

Gott aber könne nicht leiden. Nein, erst die Modi leiden, nicht die unteilbare, unendliche ausgedehnte Substanz. Während die Modi als Affektionen der Substanz endlich, teilbar, besonderes sind, kann die körperliche Substanz (im Attribut der Ausdehnung: die Materie) nur überall dieselbe sein, unendlich, unteilbar, einzig. Es ist widersinnig, sie als aus endlichen Teilen zusammengesetzt, als vielfältig zu begreifen. Darum ist sie der göttlichen Natur nicht unwürdig. »Alles ist ja in Gott und alles, was geschieht, geschieht allein durch die Gesetze der unendlichen Natur Gottes und folgt aus der Notwendigkeit seiner Wesenheit.«

Wenn man also sagt, Spinoza habe, weil er Gott Ausdehnung beilege, ihn naturalisiert, so ist das falsch, sobald der Sinn des Attributs der Ausdehnung in Spinozas Sinn festgehalten wird.

Man könnte weiter fragen, ob die Gleichartigkeit aller Attribute nicht doch durch einen Vorrang des Denkens gestört werde. Denn, so scheint es, alle anderen Attribute müssen gedacht werden, nur das Denken denkt sich selber. Darum scheinen wie die Ausdehnung so alle übrigen uns unbekannten Attribute dem Denken als einem einzigartigen Attribut gegenüberzustehen. Auch solche Frage stellt Spinoza nicht. Das uns bekannte andere Attribut ist nur die Ausdehnung. Sie hat bei Spinoza keinen niedrigeren Rang als das Denken.

Alle diese Argumentationen gegen Spinoza haben die Bedeutung, fühlbar zu machen, um was es sich bei Spinoza nicht handeln kann. Zugleich aber wird man zugeben müssen, daß Spinoza diesen Einwänden Raum gegeben hat durch seine Methode zwingenden Beweisens, soweit sie sich unausweichlich im Raum endlicher Bestimmtheiten bewegt. Wenn Spinoza solchen Einwänden gegenüber sich ratlos oder doch schweigend verhält, so entsteht der Schein begründeter, unüberwundener Einwände, weil er diese aus der Kraft eines Gottesbewußtseins, das er expliziert, für unwesentlich hält.

Wesentlich ist nur dies, daß mit dem Aussprechen der Ausdehnung als Attribut Gottes die Entgöttlichung und Entheiligung der Welt aufgehoben wird. Keine Seite der Wirklichkeit ist ohne Gott oder gegen Gott.

d) *Die Modi*

Die Einzeldinge zusammen (omnia) sind die Welt. Sie sind die Modi. Wie sich für Spinoza die Welt konstituiert, von der Substanz her durch die Attribute Denken und Ausdehnung zu den Modi, ist nun näher zu sehen.

Die Einzelwesen sind endliche. Der Zusammenhang dieses Endlichen, in dem eines durch das andere ist, geht ins Endlose. Die endlichen Einzelwesen gehören dem Zusammenhang alles Endlichen an, der selbst als endlos unendlich ist. Diese Unendlichkeit ist Folge der Unendlichkeit Gottes, aber selber gegründet in einem dritten Unendlichen, den unendlichen Modi, die nicht die Unendlichkeit Gottes und nicht die Endlosigkeit der Einzeldinge sind, sondern zwischen beiden stehen. Sie heißen: der unendliche Verstand (intellectus infinitus), entsprechend dem Attribut des Denkens, Bewegung und Ruhe (motus et quies), entsprechend dem Attribut der Ausdehnung, und das Weltganze (facies totius universi). Im Weltganzen sind die Einzeldinge (res particulares).

So denkt Spinoza die Folge von der Substanz als der natura naturans zur natura naturata als der Gesamtheit der Modi, und in dieser von den unendlichen Modi zu den besonderen Dingen, in denen die beiden Attribute der Substanz als Ideen und Körper zum Ausdruck kommen. Auf der einen Seite geht die Folge vom Denken (der cogitatio als Attribut) zum unendlichen Verstand (als unendlichem Modus) zu den Ideen als endlichen Modi des Denkens (modi cogitandi), – auf der anderen Seite vom Raum (extensio als Attribut) zu Bewegung und Ruhe (als unendlichem Modus) zu den endlichen Modi der Körper. Beides zugleich ist die Folge von der Substanz über das Weltganze (unendlicher Modus: facies totius universi) zu den einzelnen Dingen, die wir je nach ihrem Aspekt als Ideen und als Körper sehen.

Das Ganze der Welt oder der Natur ist »ein einziges Individuum, dessen Teile, das heißt alle Körper, in unendlichen Weisen wechseln, ohne irgendeine Veränderung des ganzen Individuums«.

Der Zusammenhang in der Natur wäre zu erkennen in der Weise, wie jeder Teil mit seinem Ganzen zusammenhängt, und in welcher Weise er mit den übrigen Teilen zusammenhängt. Aber diese Erkenntnis »ist mir unkund, weil zu ihr erforderlich wäre, die ganze Natur und alle ihre Teile zu erkennen«. Daher ist nur die Überzeugung überhaupt zu gewinnen, »daß ein jeder Teil der Natur mit seinem Ganzen übereinstimmt und mit dem übrigen zusammenhängt«. Diese Überzeugung aber gründet in der metaphysischen Vision oder im Gottesgedanken.

Der Grundzug dieser Anschauung der Welt ist entsprechend den zwei Attributen der Substanz: Wir begreifen in der Natur nur Körper und Weisen des Denkens (modi cogitandi). Und: Alles ist Ausdehnung *und* Denken. Wo Denken ist, da ist Ausdehnung, und wo Ausdehnung, da ist Denken. Denken und Ausdehnung wirken nicht aufeinander, aber da beide in den Attributen der einen Substanz wurzeln, ist »die

Ordnung und der Zusammenhang der Ideen derselbe wie die Ordnung und der Zusammenhang der Dinge«. Der Körper und seine Idee, die Idee und ihr Körper sind ein und dasselbe Ding, unter dem einen oder dem anderen Attribut betrachtet.

Wiederum entstehen nicht geringe Schwierigkeiten, wenn man dieses Weltbild Spinozas als Gegenstand der forschenden Erkenntnis begründen wollte. Ist Denken und Körper im Verhältnis von Denken und Gedachtem gemeint oder als eine Parallele zweier unabhängiger Ereignisfolgen? Für beides gibt es bei Spinoza Hinweise. Aber obgleich Spinoza klar die Unendlichkeit der Forschung in der Welt unterschieden hat von dem metaphysischen Grundwissen vom Sinn des Weltseins (dort die grundsätzlich bleibende Unkunde, hier die im ganzen endgültige Überzeugung), sind seine Sätze nicht widerspruchslos. Insbesondere bleibt unklar, was in der Erforschung der Beziehung von Seele und Körper faktisch möglich ist und in welchem Sinn jener Parallelismus zweier von einander unabhängiger, aber koinzidierender Zusammenhänge besteht. Mit Unrecht, aber doch veranlaßt durch Sätze Spinozas, hat sich die sogenannte Theorie des psychophysischen Parallelismus in der psychologischen Forschung des 19. Jahrhunderts auf ihn berufen. In der Aneignung Spinozas ist jedenfalls das in seinen Gedanken ausgesprochene Weltbewußtsein als Moment der Vision des metaphysischen Seins zu trennen von Gedanken, deren Sinn in der forschenden Erfahrung einer Bewährung oder Widerlegung unterliegt.

e) *Die Zeit; die Notwendigkeit*

Die Welt ist unter den Aspekten von räumlicher Ausdehnung und Denken gesehen. Das darin sich aussprechende metaphysische Weltbewußtsein ist jedoch vielleicht wesentlicher in Begriffen spürbar, die im systematischen Bau nicht im Vordergrunde stehen:

1. Die Dinge in der Welt und wir selbst sind der *Zeit* unterworfen. Spinoza kommt es auf Ewigkeit an. Die Zeit gehört nicht dem Sein selbst, der Substanz, sondern nur den Modi. Was in der Zeit Dauer ist, ist im Sein selbst Ewigkeit. Daher können wir unter dem Begriff der Dauer nur die Existenz der Modi erklären; die Substanz können wir nur unter dem Begriff der Ewigkeit denken. Dauer der Modi können wir kleiner und größer denken, die Substanz läßt nichts derart zu. »Im Ewigen gibt es kein Wann, kein Vorher, noch Nachher.« Die Dinge philosophisch erkennen, heißt, sie in ihrer Ewigkeit erkennen. Wenn wir aber »Dauer und Größe abstrakt, von der Substanz losgelöst, begreifen und sie von der Weise trennen, in der sie von den ewigen Dingen herkommen, dann entsteht Zeit und Maß; die Zeit nämlich, um die Dauer, das Maß, um die Größe in solcher Weise zu

bestimmen, daß wir sie möglichst leicht vorstellen«. Aber alle Vorstellungen und alles Erkennen der endlichen Dinge kann das philosophische Erkennen durchdringen und übergreifen: »Es liegt in der Natur der Vernunft, die Dinge unter einer gewissen Art der Ewigkeit wahrzunehmen.«

2. Wenn Spinoza alles in Gott und von Gott her sieht, die Dinge in ihrer Ewigkeit erkennt, so erreicht er seine vollkommene Ruhe im Gedanken der *Notwendigkeit.*

Mit der Kategorie »Notwendigkeit« überschreitet er die bestimmten Notwendigkeiten, die wir in der Welt erkennen: Die Notwendigkeit der Naturgesetze als Regeln des zeitlichen Auseinander-Hervorgehens der einzelnen, endlichen Modi ist der Leitfaden zu jener anderen Notwendigkeit im ewigen Hervorgehen aller Dinge aus Gott, d. h. aus der Substanz und ihren Attributen.

Die Notwendigkeit der kausalen Beziehung der Modi wird durch Erfahrung ins Endlose erkennbar und nirgends vollständig erkannt. Die Notwendigkeit des ewigen Hervorgehens oder Seins aller Dinge wird intuitiv erkannt und im logischen Gedanken gewiß und aussprechbar.

Die Naturgesetze der endlosen Modi mögen Gleichnis sein für das Naturgesetz der ewigen Notwendigkeit, sie sind aber nicht dasselbe. Jene bedeuten äußere Notwendigkeit oder Gezwungenheit, diese innere Notwendigkeit oder Freiheit.

Die Erfahrung der Notwendigkeit ist die Seligkeit Spinozas. Er kann sie immer wieder mit der Ruhe seines Gottesgedankens aussprechen: Aus Gott folgt notwendig Unendliches auf unendliche Weise. Alles, was ist, steht in dieser Notwendigkeit. Denn »alles ist ja in Gott, und alles, was geschieht, geschieht allein durch die Gesetze der unendlichen Natur Gottes und folgt aus der Notwendigkeit seiner Wesenheit«. Diese Notwendigkeit und dieses Folgen sind zeitlos; es »folgt auf dieselbe Weise, wie aus der Natur des Dreiecks in Ewigkeit folgt, daß seine drei Winkel gleich zwei Rechten sind«. Darum ist causa und ratio hier dasselbe (denn wo mit Kategorien über Kategorien hinausgedacht wird, löst sich die Bestimmtheit der Kategorie auf). Der Gedanke dieser Notwendigkeit läßt logischen Zwang, kausale Verursachung, Vorsehung und Schicksal hinter sich und kann sie alle als wieder verschwindendes Gleichnis verwenden.

Die Notwendigkeit Gottes ist Freiheit, aber nicht die beschränkte Freiheit der Willkür. Darum ist es Widersinn und Verleugnung der

Freiheit, zu sagen, Gott könne bewirken, daß aus der Natur des Dreiecks nicht folge, daß seine Winkel gleich zwei Rechten sind.

Diese Haltung zur Notwendigkeit und die Ruhe in der Notwendigkeit hat Nietzsche aufgenommen: »Schild der Notwendigkeit! Höchstes Gestirn des Seins – das kein Wunsch erreicht, das kein Nein befleckt, ewiges Ja des Seins, ewig bin ich dein Ja: denn ich liebe dich, o Ewigkeit!«

f) *Sprung zwischen Gott und Welt und die Frage nach ihrer Einheit*

Der tiefste Sprung in diesem Seinsganzen ist der zwischen der Substanz und ihren Attributen einerseits und den Modi andererseits, im herkömmlichen Sprachgebrauch zwischen Gott und Welt. Der Sprung liegt zwischen dem Unendlichen und dem Endlichen:

Das Unendliche ist in sich, das Endliche stets durch anderes Endliches; jenes ist causa sui, dieses durch anderes Endliches verursacht; das heißt: jenes schließt die Existenz in sich, dieses hat seine Existenz durch andere Existenz; jenes wird aus sich selbst begriffen, dieses aus einem anderen. Das Unendliche ist unbegrenzt, das Endliche durch anderes begrenzt; jenes ist unbedingt, dieses bedingt. Und alles, was ist, ist entweder das eine oder das andere, »ist entweder in sich oder in einem anderen«. Durch-sich-selbst-Sein und Durch-anderes-Sein bedeutet den absoluten Sprung zwischen Gott und den Dingen der Welt.

Nur das Endliche ist individualisiert, das Unendliche dagegen einzig. Wo daher Individualisierung ist, da ist auch Endlichkeit. »Alles, von dessen Natur mehrere Individuen existieren können, muß notwendig zur Existenz eine äußere Ursache haben.« Unendlichkeit und Einzigkeit gehören ebenso zusammen wie Endlichkeit und Individualisierung.

Das Unendliche schließt in seiner vollkommenen Positivität alle Bestimmungen aus. Die »Bestimmungen« des Unendlichen, die Attribute, sind selber unendlich und daher nicht bestimmende Prädikate, sondern Ausdruck. Jede Bestimmung ist Einschränkung, daher Verneinung (omnis determinatio est negatio) und gehört zur Endlichkeit. Im Unendlichen gibt es keine Negation, sondern nur Positivität. Ihm Prädikate zuzusprechen, ist nur in der Form möglich, sie ihm abzusprechen (in der Weise der negativen Theologie).

Das ist die Größe eines solchen Denkens wie das des Spinoza: Wir pflegen das Positive und Konkrete im Bestimmten zu sehen, das uns in endlichen Gestalten gegenwärtig wird. Das Umgreifende droht uns leer zu werden. Da wir in ihm nichts haben, was uns greifbar wäre, meinen wir, es sei nichts. Sein hat das, was wir bestimmt vorweisen, ergreifen, unterscheidend denken können. Spinoza bewegt sich zwar in diese Mannigfaltigkeit hinein wie wir, aber aus einem Andern, aus Gott her. Gott allein ist ihm das ganz Positive, und alles Konkrete als Modus ist an Gott gemessen ein durch Negation Bestimmtes. Als endliches Wesen muß auch Spinoza in der Fülle des endlich Mannigfaltigen leben, als Vernunftwesen vermag er es, ganz und gar durchdrungen von jenem Einen her, das Negative durchleuchtet vom und aufgehoben im Positiven zu sehen. Gott und die Welt, ein und alles (hen kai pan) war daher das Wort, das, aus der Antike stammend, die Spinozagläubigen vereinte.

Jedes einzelne Endliche ist verursacht durch anderes Endliches, ins Endlose (durch causa transiens). Aber das Endliche im Ganzen ist verursacht durch Gott (durch causa immanens). Wenn daher alles, was ist, in Gott ist, so ist die Frage: Sind in ihm die unendlichen Attribute anders als die endlichen Einzeldinge? Sie sind gleicherweise in Gott, denn sonst wären sie gar nicht. Sie sind aber verschiedenerweise in Gott, weil die Beziehung der endlichen Einzeldinge (der Modi) zu Gott nicht nur die direkte ist, sondern die indirekte auf dem Wege über die endlichen Zusammenhänge. Das spricht Spinoza so aus: »Die Idee eines tatsächlich existierenden Einzeldings hat Gott zur Ursache, nicht sofern es unendlich ist, sondern sofern es betrachtet wird als affiziert durch eine andere Idee eines tatsächlich existierenden Einzeldings, deren Ursache Gott ebenfalls ist, sofern es durch eine andere dritte Idee affiziert ist und so fort ins Unendliche.«

Das Verhältnis der Substanz zu den Modi oder Gottes zur Welt ist die uralte, nie lösbare Frage der Metaphysiker, die doch, jeder auf seine Weise, zu meinen scheinen, sie gelöst zu haben. Warum, wenn die Gottheit in ihrer Vollendung ist, ist überhaupt die Welt?

Man kann das Schema einer Begriffsapparatur entwerfen, in dem die Denkmöglichkeiten geordnet sind: Entweder wird ein Übergang von Gott zur Welt gedacht – oder beide werden in einen solchen Gegensatz gebracht, daß die Welt verschwindet als Schein (wobei die Frage bleibt: woher der Schein?) – oder Gott und Welt werden als ein und dasselbe gedacht. Im ersten Fall wird die Welt gedacht als Schöpfung (durch den Willensentschluß Gottes) aus der Materie oder aus dem Nichts. Oder es wird ein Überfließen gedacht aus dem Einen in absteigendem Seinsgrad. Oder es wird eine Entwicklung gedacht in aufsteigender Entfaltung. Im zweiten Fall ist die Welt eine Phantasmagorie, ein Schein, ein Traum, wie ein Zauberer eine Massenhalluzination erregt. Sie ist nur dadurch, daß Wesen in radikaler Täuschung sie sich einbilden. Sie ist nicht durch die Gottheit, sondern durch einen Irrtum. Im dritten Fall ist die Welt selber Gott. Die Frage: Woher die Welt? hört auf, weil die Welt sich nicht nur als göttlich, sondern in ihrer Ganzheit als Gott selbst zeigt. Es gibt keine Gottheit in der Transzendenz, und es ist keine Welt außer Gott.

Es ist unangemessen, irgendeinen der großen Metaphysiker in ein solches Schema an einen bestimmten Ort zu stellen. Die im Schema gegebenen Antworten sind sämtlich von jener Bestimmtheit, die in der Erkenntnis von endlichen Gegenständen möglich und gefordert ist. Der Metaphysiker späterer Zeiten aber ist Herr dieser ganzen Apparatur. Er denkt nicht endliche Gegenstände, sondern denkt transzendierend. Daher werden gegen seine Aussagen jederzeit Einwände erhoben von der logischen Analyse, die mit definierten Begriffen umgeht, weil, wenn im äußerlichen Denken aufgefaßt, sich Widersprüche zeigen. So ist es auch bei Spinoza.

Alle Positionen jenes Schemas scheint er zu verwerfen: die Schöpfung, denn Gott hat weder Verstand noch Wille; – das absteigende Überfließen, denn die Beziehung ist ewig, die Zeitlichkeit gibt es nur in der Reihe der Modi; – die Entwicklung aufwärts, denn was ist, ist ewige Gegenwart und kein Fortschritt gewesen. – Verwerfen müßte Spinoza auch die Deutung, die Welt sei Schein. Denn er erklärt sie nicht nur aus menschlicher Vorstellungsweise, sondern als ewige Notwendigkeit einer Existenzweise, die da ist.

Ausdrücklich verwirft Spinoza die Einheit von Gott und Welt als einer Substanz, deren Teile die Einzeldinge wären. Gott ist nicht Weltstoff, aus dessen Teilung die Dinge entstehen, sondern als Substanz unteilbar, während die Einzeldinge nicht Substanz, sondern nur Modi sind, teilbar, entstehend und vergehend.

Aber wie denkt dann Spinoza? Vergeblich suchen wir die präzise Fragestellung und die eindeutige Antwort bei ihm. Er spricht in Gleichnissen, die alles, was ist, als Folge des einen, der Substanz, begreifen sollen. Es gibt nicht zwei Seinsweisen, Gott und Welt, nach deren Beziehung gefragt wird, sondern das eine Sein, das sich ausdrückt, sich expliziert, notwendige Folgen hat. Alles folgt nach Spinoza in Ewigkeit so notwendig wie aus dem Begriff des Dreiecks folgt, daß die Winkelsumme zwei Rechte beträgt. Es ist aber nicht dieselbe Folge, sondern auch dies ist nur ein Gleichnis: »wie« die mathematische Folge, so ist die metaphysische Folge.

Eine erklärende Ableitung der Welt aus dem Ursprung Gottes ist unmöglich und auch von Spinoza nicht geleistet. Indem er aus der Ursprünglichkeit seines Gottinneseins denkt, ist der Inhalt seines ausgesagten Gedankens Hinführen zu diesem Ursprung.

Wenn es vergeblich ist, aus einem Ursprung, wie auch immer er in einer Bestimmtheit gedacht wurde, auszugehen, um alles aus einem zu begreifen, dann bleibt das Denken zum Ursprung hin. Dies aber gelingt mit Erfolg nur, wenn der Denkende schon im Ursprung ist.

Wo im philosophischen Selbstmißverständnis der Gedanke die Welt aus ihrem Grunde ableitet, da ist er in die Denkform der Hypothese zur Erklärung der Erscheinungen geraten. Solche Hypothese hat ihren methodischen Sinn nur dort, wo durch die Möglichkeit ihres Widerlegens und Bestätigens mit ihr der Weg unabschließbaren Fortschreitens der Erkenntnis in der Welt eröffnet wird. Metaphysik als Hypothese der Welt im ganzen ist sinnlos. Die Ableitung hat im metaphysischen Denken einen anderen Sinn: der Ausdruck des Geheimnisses selber zu sein. Es ist ein Hinsprechen zum Geheimnis, es zu erhellen, nicht zu ergründen.

Aber darf man Spinozas Gedanken so deuten? Er betont doch die zwingende Kraft seines alle Widersprüche ausschließenden, durch Widerlegung von Widersprüchen sich beweisenden Denkens. Die Behauptung von Widersprüchen in seinem Denken und ihre sinnvolle Deutung scheint gegen seine eigenste Intention zu gehen. Auf diesen Einwurf ist zu antworten durch Darlegung von Spinozas Theorie des Erkennens und der Erkenntnisstufen. Durch sie erst wird der philosophische, zwar gedachte, aber nicht mit der Rationalität des Verstandes zu vollendende Sinn seiner metaphysischen Vision logisch angemessen verstanden. Darüber im nächsten Abschnitt.

Spinozas Grundriß des Seins ist ungemein einfach: Substanz, Attribute, Modi – und ungemein nüchtern in solchen Begriffen gedacht, auch wenn für die Substanz Gott und für die Modi die Welt substituiert sind. Aber die Einfachheit täuscht: Es ist ein Denkgebilde nicht nur voller Schwierigkeiten der Weise des Erkennens selber und der Einstimmigkeit der Sätze, sondern auch von beträchtlicher Verwicklung in der Gliederung und Ausbreitung der Gedanken. Und die Nüchternheit täuscht: Es ist kein kühles, sondern ein durchglühtes Denken, das Spinozas Leben in sich aufnimmt und zur reinen Flamme werden läßt in Gottes alldurchdringender Gegenwart.

Substanz, Attribut, Modus sind Worte uralter philosophischer Überlieferung, deren Bedeutung mannigfach variiert. – *Substanz* ist lateinische Übersetzung des griechischen hypokeimenon (des Darunterliegenden, Zugrundeliegenden). Substanz wurde aber auch Übersetzung des griechischen usia (Seinsheit, Wesenheit), und dieses wurde wiederum unmittelbar mit essentia übersetzt. Dazu kamen Reihen weiterer Worte, die in gleichem Sinne oder zwecks Unterscheidung gebraucht wurden. Eckhart übersetzte Substanzen als »selbstende Wesen«, Leibniz Substanz als Selbststand. Verfolgt man solche Herkünfte im philosophischen Sprachgebrauch, so beobachtet man historisch geschehene Sinnverschiebungen, nicht in der einen einzigen Verzweigung, sondern in einem vielfachen Hin und Her. Geht man auf den etymologischen Ursprung, so gerät man an eine anfängliche Anschaulichkeit (wie bei der Substanz auf das unter der unmittelbaren Erscheinung Zugrundeliegende) oder auf eine Symbolik. Das alles ist interessant, aber entscheidend ist in der Philosophie die Prägung des Wortsinns durch die großen neuen, ursprünglichen Gedanken und die Befestigung solchen Sinns nicht durch eine immer unzureichende Definition, sondern durch den Gebrauch des Wortes in den Gedankenbewegungen. Die Sprache ist durch die Darbietung möglichen Wortsinns ein Material zur Mitteilung der Gedanken. Dabei kann es geschehen, daß das Wort eine neue, nie vorher in ihm gedachte Sinnfülle erhält: wie die Idee bei Plato, die Vernunft bei Kant, die Existenz bei Kierkegaard und wie die Substanz bei Spinoza: diese ist weder die Materie, noch das Zugrundeliegende, noch das Dauernde, noch all das andere, was das Wort bedeutet hat, sondern das neue Urwort für den philosophischen Gottesgedanken. – *Attribut* heißt das Beigelegte oder die Eigenschaft. In diesem Sinne war auch der Sprachgebrauch von göttlichen Attributen geläufig. Spinoza übernahm ihn und erfüllte ihn mit einem anderen Inhalt. – *Modus* heißt die Weise, sei es eines Seins oder Geschehens oder des Bewußtseins oder der Denkfiguren, oder heißt auch der Zustand. Für Spinoza wird Modus der Begriff für das gemeinsame Wesen aller endlichen Dinge.

Bei philosophischen Begriffen ist, soweit sie in den allgemeinen Sprachgebrauch übergehen, zu beobachten, wie sie ihren spekulativen Sinn verlieren, zu einer Handgreiflichkeit oder Anschaulichkeit oder zur endlich bestimmten Vorstellung zurückkehren, so die Substanz zur Materie, die Essenz zu einer sublimierten Stofflichkeit, der Modus zur Art und Weise von irgend etwas, das Attribut zur Eigenschaft als Merkmal von Dingen usw. Es kommt im Verständnis der philosophischen Gedanken darauf an, daß diese geläufigen Weisen des Sinns klar bewußt, aber ferngehalten werden von dem, was am Leitfaden auch solcher Anschaulichkeiten in der Spekulation ergriffen wird.

IV. Theorie des Erkennens

Woher weiß Spinoza, was er sagt? Er antwortet durch Klärung der Weisen unseres Wissens in einer Theorie der Stufen des Erkennens. Erst dadurch wird auch die Gewißheit, mit der Gott im Denken als die eine und alleinige Wirklichkeit gegenwärtig ist, ihrem Charakter nach bewußt.

a) *Die Erkenntnisstufen*

Die drei Stufen sind im frühen Traktat: *Erstens* der Wahn in Meinung und Vorstellung, nur genährt vom Hörensagen oder durch vereinzelte Erfahrungen. *Zweitens* der wahre Glaube. *Drittens* klare und deutliche Erkenntnis.

An einem Beispiel wird es veranschaulicht. Bei der Aufgabe: 2 : 3 = 4 : x, wird x gefunden, indem ich durch Autorität gelernt habe, daß ich die zweite und dritte Zahl multiplizieren und durch die erste dividieren muß, und daß ich die Erfahrung des Stimmens mache bei Wiederholung und Proben (erste Stufe), – oder ich finde x, indem ich aus der Regel der Proportion den einsichtigen Schluß mache (zweite Stufe), – oder indem ich aus der Anschauung der Proportion selbst die vierte Zahl »sehe«. Im ersten Fall ist der arithmetische Satz keine Wahrheit für mich, sondern bloß gemeint, im zweiten Fall ist er erschlossen, im dritten Fall eine geschaute Wahrheit: »Klare Erkenntnis aber nennen wir diejenige, welche nicht durch vernunftgemäße Überzeugung, sondern durch Gefühl und Genuß der Dinge selbst geschieht: sie geht den andern weit vor.«

Die drei Stufen werden in den späteren Schriften weiter charakterisiert. *Erste* Stufe: Wir nehmen Einzeldinge wahr, durch die Sinne, verstümmelt, verworren, – es sind »Erkenntnisse aus unsicherer Erfahrung«. Bei Zeichen und Worten erinnern wir uns an entsprechende Dinge und stellen sie vor in ebenso ungewisser Erkenntnis. Hier ist alles Meinung und Vorstellung. – *Zweite* Stufe: Wir haben Gemeinbegriffe (notiones communes) als adäquate Ideen der Dinge, klar und deutlich. Wir operieren mit ihnen in der zweiten Erkenntnisgattung, der Vernunft (ratio). – *Dritte* Stufe: Das anschauende Wissen (scientia intuitiva) schreitet fort »zur adäquaten Erkenntnis der Wesenheit der Dinge«.

Zwei Unterscheidungen sind in dieser Erkenntnistheorie wesentlich: die Unterscheidung von *Vorstellung* (imaginatio) vom *Verstand*, und dann die Unterscheidung von *Vernunft* und *Verstand*.

1. »Es gibt vieles, an das wir keinesfalls mit der Vorstellung, sondern nur mit dem Verstande gelangen können.« Substanz, Ewigkeit und alle metaphysischen Begriffe sind nicht vorstellbare Gegenstände. Man gerät in verwirrende Begriffe und Unlösbarkeiten, »weil man nicht unterschieden hat zwischen dem, was wir nur verstehen, aber nicht vorstellen können, und dem, was wir auch vorstellen können«.

Das zeigt Spinoza z. B. an der Größe. Sie kann auf zweierlei Weise begriffen werden: abstrakt und oberflächlich, sofern wir sie vorstellen, dann ist sie endlich, teilbar, hat Maß, – oder im ewigen Wesen, sofern wir sie im Verstande erfassen, dann ist sie unendlich, Substanz, unteilbar. Das Unendliche wird in der Vorstellung als größer oder kleiner gegenüber anderem Unendlichen und selber als teilbar begriffen, im Verstande aber so, daß es in keinerlei Teile geteilt werden kann und selber unvergleichbar ist.

»Wenn jemand sich bestrebt, derartiges mit Begriffen, die lediglich Hilfsmittel der Vorstellung sind, zu erklären, dann tut er gar nichts weiter, als wenn er sich Mühe gäbe, aus seiner Vorstellung heraus wahnwitzig zu sein.« Durch Vorstellungshilfen wird die Erkenntnis des Verstandes verwirrt. Wir entfernen uns vom Sein, indem wir es in Vorstellung verwandeln. Durch Vorstellungen betrachtet wird zum Ding, was jenseits aller Dinghaftigkeit steht. Als Beispiel dafür bringt Spinoza: Man denke, die Dauer sei aus Augenblicken zusammengesetzt; das sei aber dasselbe, wie die Zahl aus einer bloßen Zusammenzählung von Nullen zusammenzusetzen. »Alle Begriffe, durch die die Menge die Natur zu erklären pflegt, sind bloß Vorstellungsweisen, und zeigen nicht die Natur irgendeines Dinges, sondern bloß die Beschaffenheit der Vorstellung an.«

2. Durch die Unterscheidung der zweiten und dritten Erkenntnisgattung ist im Denken selber (das immer von der Vorstellung unterschieden bleibt) ein Unterschied gelegen, der, aus der Überlieferung entnommen, bei Spinoza seine eigentümliche Form hat: der Unterschied von ratio (Vernunft) und intellectus (Verstand). Die ratio der zweiten Erkenntnisgattung erkennt auf dem Umweg, vermittelt durch Schlüsse. Der intellectus der dritten Erkenntnisgattung erkennt unmittelbar. Erst wenn wir eine Sache anschauen, ist sie uns gegenwärtig, sind wir gleichsam mit ihr vereinigt. Daher weist die ratio mit Schlüssen und Begründungen nur den Weg, der erst in der unmittelbaren Anschauung sein Ziel erreicht.

Im Sprachgebrauch gelten Verstand und Vernunft als Worte für das gleiche. Sie zu unterscheiden, ist dem Philosophen wesentlich, weil dadurch eine grundsätzlich andere Gewißheit getroffen wird: entweder im logischen Schlußverfahren, indirekt, diskursiv, oder im logischen Erblicken, unmittelbar, anschaulich. Diese Anschauung ist nicht die sinnliche Anschauung in Raum und Zeit, und ist nicht das Erlebnis in Gefühlen und Bewegungen des Gemüts, sondern eine unsinnliche, helle Anschauung in zeitloser Gegenwärtigkeit.

Wir meinen durchweg, daß wir sinnliche Anschauung brauchen, nicht nur (wo es richtig ist) um einen realen Gegenstand zu haben, sondern auch um überhaupt Wirklichkeit zu erfahren, und daß das Denken leer wird, wenn es die Stützpunkte oder Erfüllungen durch sinnliche Anschauungen verläßt. Was der Philosoph hier von einer anderen, übersinnlichen Anschauung sagt, gilt als Phantasie, mystische Fiktion, Absurdität.

Nun steht Spinoza im Zusammenhang der philosophischen Denker, die nicht etwa übersinnliche Erlebnisse kundgeben, sondern im Denken selber nicht die Leerheit der Abstraktionen erfahren, aber der allem vorhergehenden Wirklichkeit sich vergewissern, die ihrerseits erst Ursprung auch aller Realität ist, welche nur der sinnlichen Erfahrung zugänglich ist.

Dieses Erkennen (der dritten Erkenntnisgattung) kann aber im Modus des Menschseins, das an Vorstellungen und an endliches Denken, darum an Sprache gebunden ist, nur durch die Formen der Vernunft (in der zweiten Erkenntnisgattung) mitteilbar und überhaupt sich selbst klar werden. Daher ist die Rationalität das ständige Medium für das, was mehr als Rationalität (nämlich das intuitive Erkennen des intellectus) ist. Ohne dieses »mehr« ist die bloße Rationalität endlos und leer. Die Fülle in der Rationalität, die der Gehalt der in den rationalen Bewegungen sich vollziehenden Meditation ist, ist nur dadurch, daß in ihr die Gottesgegenwärtigkeit zum Ausdruck kommt. Sie ist, frei von aller sinnlichen Erfahrung, doch nicht durch sich, sondern durch die Erfahrung des intellectus als einer zeitlosen, ständig gegenwärtigen Quelle Sprache der Wahrheit, die die ewige Wirklichkeit ausspricht.

Es ist Spinozas Anliegen, die Quellen unserer Einsicht nicht zu verwechseln. Wir machen Erfahrung in der *Welt der Realitäten* ins Endlose, werden hier nie fertig, bleiben stets in Bezügen, d. h. im »Relativen«. Wir machen Erfahrung in der *Wirklichkeit,* stets ganz gegenwärtig, stehen in der Vollendung, bleiben im Selbstgegenwärtigen, Absoluten. Wenn diese letztere Erfahrung in die Zeit tritt, wird sie in Gedankenbewegungen expliziert, die ihren Sinn haben, dorthin zurückzuführen, woher sie kamen.

Diese höchste Erkenntnis ist Gotteserkenntnis, ist »nicht als Folge aus etwas anderem, sondern unmittelbar«. Denn »Gott ist die Ursache aller Erkenntnis, die allein durch sich selbst und durch nichts anderes erkannt wird«. Und »wir sind von Natur aus so mit ihm vereinigt, daß wir ohne ihn nicht bestehen und begriffen werden können«.

Der Ursprung des Erkennens, aus dem Spinoza denkt, ist dort, wo Gott wirklich gegenwärtig ist. Das ist schon in seinen frühesten Schriften mit der größten Entschiedenheit ausgesprochen. In dem holländisch geschriebenen ältesten Traktat wird verstand (intellectus) und reeden (logos, ratio) unterschieden. Dort wird auch schon die praktisch entscheidende Folge solchen Unterschieds ausgesprochen: die Befreiung von den uns versklavenden Affekten bewirkt der rechte Gebrauch von Verstand und Vernunft. »Ich sage: unser Verstand, weil ich nicht meine, daß die Vernunft allein die Macht hat, uns von diesen allen zu befreien.« »Da die Vernunft keine Macht hat, uns zu unserem Glück zu verhelfen«, so bleibt nun die letzte und höchste Erkenntnisweise, die »durch eine unmittelbare Kundgebung des Gegenstandes selbst an den Verstand entsteht«. »Wenn dieser Gegenstand herrlich und gut ist, wird die Seele notwendig mit ihm vereinigt.«

Es ist eine Analogie zu den historischen Lehren vom »inneren Licht« – vom »Geiste«, durch den der Offenbarungsgläubige die Bibel versteht, – von der Kontemplation in höchster Stufe, von der die Mystiker sprechen, – dann aber auch zu den Ideen Kants und seiner reflektierenden Urteilskraft, durch die alles Forschen des Verstandes erst Sinn und Systematik hat.

Die Unterscheidung der zweiten und dritten Erkenntnisgattung ist maßgebend für Spinozas Denken. Da aber die zweite im Dienste der dritten steht und wieder das Feld der Mitteilung für das in der dritten Gesehene ist, so kann Spinoza auch wieder Vernunft und Verstand vereinigen in Wendungen wie »Verstand oder Vernunft«. (Wenn wir an Kants Sprachgebrauch denken, so ist er umgekehrt. Soweit sich überhaupt vergleichen läßt, nennt Kant Verstand, was Spinoza Vernunft nennt, und Vernunft, was bei Spinoza Verstand heißt.)

b) *Ideen*

Unter Idee versteht Spinoza »einen Begriff, den der Geist bildet, weil er ein denkendes Ding ist«. Die Ideen aber sind zugleich objektive Wesenheiten (es gibt sie in Gott): sie »sind dasselbe und werden sein, auch wenn weder ich noch irgendein Mensch jemals an sie gedacht hätten«. Es ist dem Alltagsdenken fremd, was Spinoza hier vergegenwärtigt. Die Ideen sind als sie selber adäquat oder inadäquat, sind von vornherein Einheit von Idee und Wille, sind als adäquate handelnd, als inadäquate leidend, und besitzen als adäquate eine vollkommene, jedem Zweifel widerstehende Gewißheit.

Adäquate und inadäquate Ideen: Unter adäquater Idee versteht Spinoza »die Idee, sofern sie in sich ohne Beziehung auf den Gegenstand betrachtet wird«. Dann hat sie »alle Eigenschaften der wahren Idee«. Diese sind »innere Merkmale«, während das »äußere Merkmal die Übereinstimmung der Idee mit ihrem Gegenstand (der Idee mit ihrem Ideat) auszuschließen ist«. Aber eine Folge der Wahrheit ist: »Eine wahre Idee muß mit ihrem Gegenstand übereinstimmen.«

Unter inadäquaten Ideen versteht Spinoza verstümmelte (unvollständige) und verworrene Ideen. Unser Geist schließt als Modi des Denkens in sich auch Liebe, Begierde und alle Affekte. Diese aber gibt es nur, wenn es im selben Individuum Ideen eines gewünschten, geliebten usw. Dinges gibt. Eine reine Idee dagegen kann es geben, auch wenn kein andrer Modus des Denkens vorhanden ist. Es gibt Ideen ohne Gemütsaffekte. Der menschliche Geist hat immer, wenn er, in der gemeinsamen Naturordnung stehend, Dinge von außen, in zufälliger Begegnung wahrnimmt und von ihnen bestimmt wird, und wenn er sich selbst in den Körperaffektionen begreift, verworrene, inadäquate Ideen. Nur wenn der Geist von innen bestimmt wird, so wenn er mehrere Gegenstände zugleich betrachtet, ihre Übereinstimmungen, Unterschiede und Gegensätze versteht, kann er adäquate Ideen haben.

Was im Gehalt des reinen Denkens der Ideen liegt, wird deutlich durch Spinozas Unterscheidung von Gemeinbegriff (notio communis) und Allgemeinbegriff (notio universalis).

Allgemeinbegriffe sind Gattungsbegriffe, wie Pferd, Mensch, Hund. Wir denken sie als unvollständige Begriffe, bei denen jeder Denkende eine andere begleitende Vorstellung hat, nämlich als das nur Allgemeine an den Dingen. Allgemeinbegriffe sind auch Ausdrücke wie Wesen, Ding, Etwas. Sie entstehen dadurch, daß der beschränkte menschliche Körper nur eine bestimmte Anzahl von Vorstellungsbildern zugleich deutlich in sich bilden kann. Wird die Grenze überschritten, so verwirren sich die Bilder und sie werden gleichsam unter einem Attribut wie dem des Wesens, des Dinges, des Etwas zusammengefaßt. »Diese Ausdrücke bezeichnen Ideen, die im höchsten Grade verworren sind.«

Gemeinbegriffe dagegen sind die allen Menschen gemeinsamen, die wirklich gemeinschaftlichen Begriffe, die vollständig und die Grundlage des reinen Denkens sind. Sie treffen das den Dingen in ihrem Gehalt Gemeinsame im Gegensatz zu der verstümmelnden Abstraktion des Allgemeinen. Zu diesen Gemeinbegriffen gehören Ausdehnung und Denken und im höchsten Maße Gott. »Der menschliche Geist hat eine adäquate Erkenntnis der ewigen und unendlichen Wesenheit Gottes.«

Idee und Wille: Idee und Wille sind bei Spinoza ein und dasselbe. Wille ist nicht schon die Begierde, sondern das Vermögen, zu bejahen und zu verneinen. Bejahung und Verneinung aber gehören der Idee. »Es gibt im Geiste keine Wollung oder keine Bejahung und Verneinung außer der, die die Idee, sofern sie Idee ist, in sich schließt.« Die Idee ist nicht ein ruhendes Bild, »gleichsam wie ein stummes Gemälde«, sondern wirkt als Bejahung und Verneinung. Die adäquate Idee leidet nicht, sondern drückt eine Handlung des Geistes aus.

Die geläufige Unterscheidung von Verstand und Wille (und der ihr folgende Gegensatz von Intellektualismus und Voluntarismus in den Grundanschauungen) gilt bei Spinoza nicht. Im reinen Denken liegt das reine Wollen und umgekehrt. Der Gedanke, der nicht wirkt, ist kein Gedanke; der Wille, der nicht hell im reinsten Gedanken ist, ist kein Wille. Nur verworrene, leidende Gedanken und Antriebe bleiben übrig, wo jenes Eine, das zugleich Idee und Wille ist, verschleiert ist.

Darum eignet dem Willen die Notwendigkeit wie dem Gedanken, und dies im höchsten Maße in Gott, der von jeder Trübung frei ist. Daher »handelt Gott mit derselben Notwendigkeit, mit der er sich selbst versteht«. Gott hat nicht die Willkür eines Despoten, etwa mit der Macht, alles zu zerstören und ins Nichts zurückzuführen, sondern die Freiheit der Notwendigkeit.

Spinoza wendet sich gegen Bacon und Descartes, die die Freiheit des Willens behaupten, und daß der Wille weiter reiche als der Verstand. Es gibt keinen Willen, sagt er, der Ursache des Willensaktes wäre. Vielmehr müssen die besonderen Willensakte eine je eigene Ursache haben. Nicht der Wille ist, wie Descartes meint, Ursache des Irrtums. Die inadäquate Idee ist selber die leidend wollende Unwahrheit.

Gewißheit: Die wahre Idee schließt die Gewißheit ein. Wer eine wahre Idee hat, weiß zugleich, daß sie wahr ist. Denn wer eine adäquate Idee hat, hat sie zugleich mit dem Wissen von ihr, oder: »Wer eine Sache wahrhaft erkennt, hat zugleich von seiner Erkenntnis eine adäquate Idee.« Die Idee ist ja nicht das Haben eines stummen Bildes, sondern der Akt des Verstehens selbst. »Wie könnte denn jemand wissen, daß er etwas versteht, wenn er es nicht zuvor versteht?« Dieses Zuvor-Wissen ist die wahre Idee. Es kann nichts Klareres und Gewisseres geben als sie, die die Norm der Wahrheit ist. »Wie das Licht sich selbst und die Finsternis offenbart, so ist Wahrheit Norm ihrer selbst und des Falschen.« Die Wahrheit erleuchtet sich und den Irrtum, wie das Wachen den Traum.

Die falsche Idee dagegen schließt keine Gewißheit ein, sondern höchstens den Mangel an Zweifel. »Gesetzt, ein Mensch hänge noch so sehr am Falschen, so werden wir doch niemals sagen, daß er dessen gewiß sei. Denn unter Gewißheit verstehen wir etwas Positives und nicht den Mangel an Zweifel.«

Die Ideen, die Spinoza als Modi des Denkens wie selbständige Gebilde, als Teile des unendlichen göttlichen Verstandes (des modus infinitus) auffaßt, darf man nicht identifizieren mit dem, was wir gewöhnlich als Begriff oder als Vorstellung meinen. »Die Idee besteht weder in dem Vorstellungsbilde eines Dinges noch in Worten. Denn die Wesenheit der Worte und Vorstellungsbilder besteht in bloßen körperlichen Bewegungen, die den Begriff des Denkens nicht im mindesten in sich schließen.«

c) *Beziehung auf Gott*

Im Erkennen der Dinge gibt den Leitfaden entweder die Erfahrung oder das reine Denken der adäquaten Ideen. In der Erkenntnis der

Einzelmodi ist die Erfahrung maßgebend. Diese Erkenntnis geht, da die Existenz der Einzelmodi aus der Existenz anderer begriffen wird, ins Endlose. In der Erkenntnis aus reiner Vernunft dagegen ist allein das Denken maßgebend. Diese Erkenntnis ergreift, ohne Erfahrung in der Welt, das Sein selbst. Die Notwendigkeit des Denkens schließt die Existenz des Gedachten ein, oder: das notwendig zu Denkende *ist* auch, oder: Denken und Sein sind identisch. Dies gilt aber nur von der Substanz, dem ewigen Sein Gottes, und dem, was ewig aus ihr folgt. Daher zeigen die Einzeldinge als solche nicht die Notwendigkeit des Gedankens. Wohl aber ist das Dasein der Modi im ganzen wieder als notwendig begriffen, und jedes Einzelding, soweit es unter einer gewissen Weise der Ewigkeit (sub quadam specie aeternitatis) gesehen wird. Erfahrung erkennt die Dinge als wirklich »mit Beziehung auf eine gewisse Zeit und einen gewissen Ort«. Wenn der Geist aber diese Dinge unter dem Gesichtspunkt der Ewigkeit begreift, so weiß er sie als notwendig.

Die Einzeldinge sind nicht ohne Gott und können ohne Gott nicht begriffen werden. Gleichwohl gehört Gott nicht zu ihrer Wesenheit. Daher der zweifache Aspekt der Einzeldinge: ihre Erforschbarkeit ohne Ende und Vollendung und das grundsätzliche Wissen von ihrer Seinsweise als vollendete Einsicht.

Spinoza begreift die Dinge, »sofern sie als in Gott enthalten sind und aus der Notwendigkeit der göttlichen Natur folgen«. Da Sein, Ewigkeit, Notwendigkeit, Wahrheit mit Gott dasselbe sind, spricht Spinoza die Sätze aus: »Alle Ideen sind wahr, sofern sie sich auf Gott beziehen« und: Wenn der Geist die Dinge unter dem Gesichtspunkt der Ewigkeit erkennt, »weiß er, daß er in Gott ist und durch Gott begriffen wird«, und: »Unser Geist, sofern er die Dinge wahrhaft begreift, ist Teil des unendlichen Verstandes Gottes.«

Wenn alles in Gott ist und in Gott begriffen wird, so muß man *»die Ordnung zu philosophieren einhalten«*. Spinoza, der von vornherein alles Erkennen auf Gotteserkenntnis gerichtet hat, leugnet die rechte Erkennbarkeit der Einzeldinge ohne Gotteserkenntnis. Gott ist das Erste, Ursprüngliche. Die Wissenschaften von Dingen in der Welt werden ziellos und sinnlos in ihren endlosen Richtigkeiten. Sie alle sind Wege der Gotteserkenntnis und haben dadurch Sinn.

Daher wendet sich Spinoza gegen die Verkehrung der Ordnung des Erkennens. »Die göttliche Natur, die sowohl der Erkenntnis nach als der Natur nach eher ist, haben sie für das Letzte in der Ordnung der Erkenntnis gehalten, die sogenannten Sinnesgegenstände aber für das überhaupt Erste. So ist es gekommen, daß sie in der Betrachtung der Naturdinge an nichts weniger gedacht haben als an die göttliche Natur, und wenn sie nachher ihren Sinn auf die Betrachtung der göttlichen Natur gerichtet haben, dann haben sie an nichts weniger denken können als an ihre ersten Einbildungen, mit denen sie die Erkenntnis der Naturdinge überbaut hatten. Kein Wunder, wenn sie sich auf Schritt und Tritt widersprechen.«

d) *Spinozas Darstellung seiner Einsicht nach geometrischer Methode*

Spinoza hat seine Philosophie in der Ethik »more geometrico« dargestellt. Nach dem Vorbild Euklids beginnt er mit Definitionen und Axiomen, läßt dann die Lehrsätze folgen und deren Beweise, und schließlich Anmerkungen (Scholien). Außerdem gibt es noch Einleitungen und Anhänge.

Spinoza war überzeugt, daß seine Gedanken von rational zwingender Gewißheit seien. Er kann reden von »philosophischer oder mathematischer Gewißheit«. Und bei Gelegenheit der Verwerfung falscher Gottesvorstellung sagt er: »Die Wahrheit wäre dem Menschengeschlecht auf ewig verborgen geblieben, hätte nicht die Mathematik, bei der es nicht auf Zwecke, sondern um Wesenheiten und Eigenschaften der Figuren geht, den Menschen eine andere Wahrheitsnorm gezeigt.« Daß aber Spinoza die mathematische Form der Darstellung gewählt hat, wird ihm fast einmütig als Fehler vorgeworfen. Man kann ihm einwenden:

Es ist offenbar, daß die ganze Philosophie Spinozas in den unbewiesenen, unmittelbare Evidenz beanspruchenden Definitionen und Axiomen steckt. Insofern ist die geometrische Darstellung ein großer Kreis, der herausholt und mit Anschaulichkeiten erfüllt, was ursprünglich zugegeben sein muß. Er beweist nur, was vorausgesetzt wurde. Zweitens aber sind die Grundbegriffe selber nicht von dem eindeutig klar denkbaren Charakter der geometrischen Definitionen und Axiome (oder gar nach den modernen Regeln eines mathematischen Axiomensystems gebaut), sondern von der Zweideutigkeit oder der rationalen Undenkbarkeit oder der Fülle, die metaphysischen Begriffen von jeher eignen. Spinozas Grundbegriffe in ihrem spekulativen Charakter, der faktisch die rationale Undenkbarkeit einschließt, sind nicht Begriffsbestimmungen zu eindeutig zwingenden Operationen, sondern Widersprüche in sich zu Operationen metaphysischer Vergewisserung.

Die Beweise Spinozas lassen gleichgültig, wenn man sie als zwingende Beweise für den Alltagsverstand auffaßt und dann in der Tat als nicht zwingend erfährt. Die Beweise haben ihre Kraft als Form der Vergegenwärtigung. Spinoza beweist in der zweiten Erkenntnisgattung (von ihm gegen seine eigene Unterscheidung auch Verstand oder Vernunft genannt), das heißt nicht aus Wahrnehmung und Vorstellung, und nicht aus dem anschauenden Wissen der dritten Erkenntnisgattung. Aber nur wenn dieses letztere führend gegenwärtig ist, haben die Beweise einen Sinn. Die Beweise als solche sind mit Gegenständen, Gegensätzen, Widersprüchen beschäftigt. Aber darin vollzieht sich Erinnerung oder Vorbereitung des anschauenden Wissens, die zeitlose die Welt transzendierende Gotteserkenntnis, der Appell an die Motive zur rechten Lebensverfassung. Es genügt nicht, die einfachen Verstandesoperationen mit den definierten Begriffen zu vollziehen. Man versteht erst im Ergriffensein von den Gehalten, deren Träger sie sind.

Man kann urteilen, diese Methode sei für Philosophie unangemessen. Descartes hat ausdrücklich für die Philosophie diese Methode abgelehnt. Er weist darauf hin, daß in der Mathematik die Prinzipien als Ausgangspunkte einfach und einsichtig seien, in der Philosophie aber das Ziel, auf das im Denken hingegangen werden müsse (nur als absichtliche Spielerei hat Descartes einmal die mathematische Methode als Darstellungsform benutzt). In der Tat ist die Unangemessenheit zuzugeben, wenn ein anderer in dieser Darstellungsform Spinoza folgen wollte (wie Schelling vergeblich es in seiner Jugend gelegentlich tat).

Aber es bleibt der große Eindruck dieses einmaligen Werks. Er liegt darin, daß bei Spinoza das Gleichnis der Mathematik für die Erkenntnis der ewigen Dinge (die rationale Kraft des Zwingenden als Weg und Gleichnis für die Intuition in der dritten Erkenntnisgattung) die wirksame Meditationsform wurde. Spinoza sucht nicht, sondern ist Gottes gewiß. Er forscht nicht mehr, sondern stellt dar, was ewig ist, die festen und bleibenden Verhältnisse. Daher ist es dem Sinn dieser Philosophie angemessen, daß er als Entfaltung des Grundwissens auftritt durch Herausholen alles dessen, was in den Grundbegriffen als dem ursprünglichen Ausdruck der Intuition liegt. Es handelt sich nicht mehr um Entdecken, sondern um Klärung, nicht um Fortschreiten, sondern um wiederholende Vertiefung. Die Folge der Beweise hat den Charakter meditativer Klärung der Unergründlichkeiten des Anfangs.

Man sträubt sich gegen die Lektüre der Beweise. Mit Unrecht, sofern ihr Durchdenken die meditative Vergegenwärtigung des inneren Zusammenhangs des Begriffsgebäudes bedeutet, das als Ganzes nicht ein Ergebnis hat, sondern die Erhellung von Seinsbewußtsein und Lebensverfassung ist. Mit Recht, sofern die ständigen Verweisungen auf frühere Sätze eine technische Unbequemlichkeit für das fortlaufende Lesen sind (Gebhardt hat bei seiner Übersetzung durch Fallenlassen der geometrischen Form und Einfügung der Sätze, auf die Spinoza verweist, eine zusammenhängende Lesbarkeit gewonnen, allerdings im Grunde unbefriedigend, weil unter Weglassen vieler Beweise und Preisgabe der ausdruckskräftigen geometrischen Form Spinozas).

Spinoza war sich über die Weise seines Denkens klar, wenn er die drei Erkenntnisgattungen zeigte. Aber wenn er ständig in die zwingend logische Rationalität zurückzugleiten scheint, so ist auch darin noch der Grundgedanke wirksam: das Wesen des Menschen ist Erkennen, im Erkennen ist Gott selbst gegenwärtig; die reinste Form des Erkennens, die Klarheit schlechthin, ist die mathematische.

Doch selbst wenn er von »philosophischer oder mathematischer Methode« spricht, hat Spinoza Philosophie und Mathematik nicht identifiziert. Er hat das Abbild der mathematischen Form gewählt, um seine Vision auf die ihrem Wesen angemessenste Weise mitteilbar zu machen. Er hat die Mathematik als Gleichnis gewählt, weil er den stärksten Anspruch auf die allgemeingültige einzige Wahrheit seines philosophischen Wissens erhebt. Die Zeitlosigkeit logischer und mathematischer Verhältnisse ist ihm das schönste Symbol für die Zeitlosigkeit des eigentlich Wahren und Wirklichen, das sich überall nur sub specie aeternitatis zeigt. Dann ist das Denken zeitlos gültiger Sätze das Gleichnis für metaphysische Grunderfahrungen des Begreifens der Dinge »unter dem Gesichtspunkt der Ewigkeit«. In der Rationalität selber wird der Denker sich dessen gewiß, was diese Rationalität als solche nicht herzugeben vermöchte.

e) *Mystik, Rationalismus, Spekulatives Denken*

Angesichts der Beschreibung der Erkenntnisstufen und ihrer höchsten, des intellectus, der im Denken selber (der ratio) der unendlichen Wirklichkeit sich vergewissert und sie erfährt, tritt die Frage auf: gibt es das überhaupt? sind es nicht Fiktionen? sind die Beispiele von mathematischer unmittelbarer Anschauung nicht täuschende Hinweise? Es handelt sich um etwas ganz anderes: um die Denkungsweise, in der nichts gegenständlich faßbar und doch in Vereinigung mit dem Gegenstand die vollendete Gewißheit sein soll, nicht durch Gefühl, sondern durch Denken.

Dürfen wir den Mut haben zur Selbstbejahung unserer Denkerfahrung und ihrer einzigen Gewißheit in dieser alle Rationalität rational übersteigenden Vergewisserung? Mancher, der zu ihr neigen möchte, verliert den Mut. Denn die irrende Verwandlung dieser Gewißheit in ein Wissen von etwas, das man hat und sagen kann wie ein Wissen von Gegenständen in der Welt, wie von Dingen, die man sinnlich greifen, und Denkbarkeiten, die man logisch bestimmt fassen kann, macht alles falsch: auf dieser Ebene gilt nicht mehr und bleibt nicht, was durch philosophische Vergewisserung existentielle Gegenwärtigkeit im Denken sein konnte.

Wir erinnern uns Kants und sehen vom Neukantianismus den Spinozismus als unkritischen Dogmatismus verworfen. Kant selber hatte keine Beziehung zu Spinoza; er hat ihn kaum studiert. Aber Kants Kritik hat Bestand nur gegen jene Wissensentgleisungen, die ohnehin das Philosophische, das in Spinozas Denken geschieht, schon verloren haben.

Daß Spinoza, dem Kantisches kritisches Denken fremd war, in seinen Formulierungen zum Mißverständnis Anlaß gab, ist nicht zu bezweifeln. Aber damit ist das Wesentliche dieses Philosophierens noch nicht in Frage gestellt. Man kann sich diesem Denken verweigern. Dann aber muß man auf das Verständnis Spinozas (und aller ursprünglichen Metaphysiker) verzichten. Dem Sichverweigernden bleibt die Frage, woraus er lebe. Denn mit sinnlicher Erfahrung und Rationalität allein kann er keinen Sinn erreichen, der das Leben trägt, sondern muß sich auf die bloße Vitalität, wie alles Lebendige, gründen und damit die Möglichkeiten des Menschseins preisgeben. Oder er findet den Sinn durch Offenbarung – ohne, gegen oder über der Vernunft. Dieser Offenbarungsglaube ist die einzige Gegenposition auf der Ebene, die Spinoza betritt, und ist sein eigenes Problem (darüber später).

Weder Mystik noch Rationalismus: Man hat Spinozas Philosophie mystisch genannt, zu Unrecht, sofern unter Mystik entweder das Erlebnis der unio mit der Gottheit (im Verschwinden von Ich und Gegenstand) oder die Erfahrung übersinnlicher leibhaftiger Visionen gemeint ist. Spinoza kennt solche Erlebnisse nicht und verwirft ihren Wahrheitscharakter. Nur eine Analogie zur Mystik ist sein reines Denken, in dem die Vereinigung mit der Gottheit durch dieses Denken selber, in der dritten Erkenntnisgattung, stattfindet.

Man hat Spinoza einen Rationalisten genannt. Nirgends mehr als bei ihm hat das Denken solch gewaltigen Anspruch erhoben, hat das philosophische Denken diese Höhe der Beglückung erreicht. »Selig aus

Verstand«, sagte Nietzsche. Jedoch gibt es bei Spinoza nicht die »Seligkeit« des Rationalisten, dem es Vergnügen bereitet, alles verständig zu erklären und überall »nichts weiter als...« zu sehen, sondern die des Denkers, der auf der Leiter der Stufen, ständig von neuem hinaufklimmend und wieder herabsteigend, sich von dorther die Welt und sich selbst erleuchtet und hier in der Welt den Ausdruck für die Mitteilung seiner Einsicht zu gewinnen sucht, diese Seligkeit, die im amor intellectualis dei ihre Vollendung und Begründung erreicht. Wenn man Spinoza einen Rationalisten nennt, hat man vergessen, daß seine Philosophie in der dritten Erkenntnisgattung intuitiv gedacht ist und mit den Mitteln der zweiten (der ratio) sich ausspricht, aber in ihnen sich weder erschöpft, noch zuletzt entscheidend begründet.

Descartes und Malebranche, an die manche begrifflichen Positionen Spinozas erinnern (Descartes: cogitatio und extensio; Malebranche: Erkennen aller Dinge in Gott) hatten den Glauben der Kirche im Hintergrund ihres Bewußtseins; sie bejahten ihn als Autorität ohne Einschränkung. Ihr Denken konnte nicht den philosophischen Ernst des Spinoza gewinnen, denn es ging bei ihrem Philosophieren keineswegs um alles, worauf es dem Menschen ankommt. Bei Pascal dagegen wurde der autoritäre Glaube in seine unerwarteten und von anderen zumeist verschleierten Konsequenzen getrieben und das Denken entwertet. Von allen diesen unterscheidet sich Spinoza. Bei ihm steht nichts im Hintergrund, ist das Denken vielmehr der Gipfel der menschlichen Kraft, und im Denken selber die Gottheit. Solches Denken mußte in jedem Zuge seines Atmens anders sein als das jener autoritätsgläubigen Denker. Es war bei ihm der vollkommene Ernst, der die vollendete Ruhe ermöglichte, und jene Reinheit persönlichen Daseins, die mit einer Philosophie nichts zu tun hat, die den Glauben schon anderswo besitzt und ihr eigenes Tun, des philosophischen Kerns beraubt, im wissenschaftlich fragwürdigen und für den Glauben belanglosen Erörtern von Sachverhalten versanden läßt.

Was Spinoza denkend tut: Was im reinen Denken Spinoza gegenwärtig wird, ist nicht ein Operieren mit abstrakten oder undeutlichen Begriffen. Spinozas Erfahrung des Denkens, die in seinem Werk sich kundgibt, ist vielmehr, daß ihm mit der Helligkeit des Denkens ineins die Substanz allen Seins gegenwärtig ist und wirkt.

Das Denken des Alltags bleibt im Dunkel befangen. Es bewegt sich in Abstraktionen, Schematen, Typen und in Worten. Schon die Wahrnehmung wird von ihnen beherrscht. Im Sehen wie im Begriff ist es gleichsam blind, weil beherrscht von Vorprägungen und Vorurteilen.

Spinoza will befreien zum eigentlichen und erfüllten Denken und gründet in der erlangten Freiheit der Erkenntnis das ganze Leben und alle Einsicht.

Aus Verschleierung, Verkehrung, Vergessenheit, aus dem Denken, das als endloses Denken sinnlos, weil ohne Ziel und ohne Erfüllung bleibt, immer wieder auf anderes weist, daher sich verliert und, wenn es sich bewußt wird, verzweifelt ist, will alle große Philosophie herauskommen. Es genügt aber nicht, negativ nur absehen zu lernen von Vorurteilen und Vorprägungen, um »die Sachen selbst« zu sehen: man pflegt dann nur zu zerstören und nichts zu sehen als Gleichgültigkeiten. Es kommt darauf an, positiv in das erfüllte Denken zu gelangen, dorthin, wo aus der Substanz des Seins gedacht wird.

In der Geschichte der Philosophie haben die Stufenlehren des Erkennens davon gesprochen. Spekulation hat auf Grund inneren Handelns dieses Denken verwirklicht. Was Plato in den Abwandlungen seiner Idee von Ideen, was Kant von Ideen und von reflektierender Urteilskraft sagt, was durch das Mittelalter als die Stufung von ratio zum intellectus geht, alles weist darauf hin. Wie es getan wird, ist eine weitere Frage.

Bei Spinoza ist in einer großartigen Einfachheit und Sicherheit dieses Philosophieren getan und davon geredet. Denn ohne Selbstbewußtsein des Tuns gelingt keine Wahrheit der Spekulation.

Wer Spinoza liest, dem ist oft zunächst zumute, als ob er, der Leser, gar nicht verstände, oder als ob das alles Unsinn sei. Diese Haltung bleibt in jenem Dunkel des Alltags und will vielleicht trotzig gar nicht heraus. Andere springen hinaus in mystische Schwärmerei, die den Boden in der Welt verliert und nicht wiedergewinnen kann, sondern weltlos im Anderswo lebt, während ihre Träger ihr Dasein in der Welt zufällig fortleben. Spinoza gehört zu denen, die im Denken den Boden nicht verlieren. Sein Denken, das hinausführt über die Welt, bewahrt die Welt. Wie bei Kant die Idee nicht ohne den Verstand ist, den sie führt, so ist bei Spinoza das führende Denken nicht ohne das geführte, wenn auch die Führung in einem Grunde gewonnen wird, der im reinen Denken ganz offenbar wird. Denn »wir brauchen die Erfahrung nicht für das, dessen Existenz von seinem Wesen nicht unterschieden wird. Ja, es kann uns keine Erfahrung jemals etwas darüber lehren.«

Aber wir sind, als endliche Modi, Wesen von Geist und Körper, im Naturzusammenhang, daher gebunden an Ort und Zeit, die wir in der reinen Einsicht überschreiten, aber nicht einen Augenblick verlassen.

Über das Transzendieren mit Kategorien: Wenn der Gottheit alle Bestimmungen abgesprochen werden, wenn sie ohne Zwecke nur aus Gründen wirkt, wenn sie Notwendigkeit ist, so ist doch mit solchen Aussagen immer schon zugleich wieder eine Bestimmung vollzogen.

Denke ich, so bestimme ich unausweichlich in Kategorien. Denke ich mit Spinoza Notwendigkeit, Grund, Ursache, Folge, so habe ich ebenso in Kategorien gedacht, wie wenn ich in den von Spinoza verworfenen Kategorien Zweck, Wert, Willkür denke.

Die Methoden, in Kategorien über Kategorien hinaus zu denken, sind mehrere:

1. Denkt Spinoza Notwendigkeit, so *vergleicht* er. Die verglichene Notwendigkeit ist eine bestimmte, die im Vergleich getroffene soll die unbestimmt allumfassende sein. Verglichen wird mit der mathematischen Notwendigkeit des zeitlosen Folgens, aber die ewige Notwendigkeit ist nur *wie* die mathematische, nicht mit ihr identisch. Verglichen wird mit der Notwendigkeit der Ursache in der zeitlichen Kraft des Wirkens, aber die ewige Notwendigkeit ist als allumgreifende Macht nur *wie* die Kausalkraft, nicht mit ihr identisch. Das Absolute in bestimmten Kategorien, also unterscheidend, zu denken, würde es, ebenso wie es durch Vorstellungen geschieht, verkehrt vor Augen bringen. Daher darf die kategoriale Bestimmtheit nur als Vergleich aufgefaßt werden.

2. Eine andere Methode vollzieht die *Identifizierung* unterschiedener oder entgegengesetzter Kategorien. Spinoza sagt: causa sive ratio, intelligere sive agere, deus sive natura und so fort. Damit sollen Wirkungsursachen mit logischem Grunde, Denken mit Handeln, Gott mit der Natur identisch gedacht werden. Es ist leicht, solche Identifizierungen als »Fehler« aufzuweisen. Bei Descartes etwa, der dieses sive in größtem Umfang gebraucht, um darin viele scholastische Unterscheidungen untergehen zu lassen (z.B. notiones sive ideae, intellectus sive ratio, est sive existit usw.), liegt in den Identifizierungen nur eine Einebnung zugunsten neuer Begriffe, wobei der Verlust wesentlicher Einsicht als ein negatives Moment des Cartesischen Denkens zu beurteilen ist. Bei Spinoza liegt in solchen Identifizierungen eine transzendierende Kraft (wenn nicht eine Lässigkeit das von ihm selber wesentlich Unterschiedene in seinem Sprachgebrauch wieder zusammenfließen läßt, wie ratio und intellectus).

Diese Methode, unterschiedene und entgegengesetzte Kategorien als identisch zu setzen, geht so vor sich: In der Unterschiedenheit und Entgegensetzung sind sie bestimmt denkbar, in der Identifizierung wird der Sinn in der rationalen Undenkbarkeit unbestimmt und doch vermöge der Herkunft aus dem Unterschiedenen nicht leer. Er lenkt vielmehr den Zeiger auf den gemeinsamen Grund. So wird eine Stellvertretung für die Bestimmung des Unbestimmbaren geschaffen. Die Sätze sind unwahr (weil in sich widersprechend) als Behauptungen eines Soseins, wahr als Transzendieren über die Bestimmungen.

Spinoza hat die Methode kategorialen Transzendierens verwirklicht, aber nicht zu klarem Bewußtsein erhoben. Daß er causa und ratio nicht unterschieden hätte und infolge einer Verwechslung zu Irrtümern gekommen sei, wäre ein wunderlicher Vorwurf. Den Unterschied hat er klar erfaßt. Daß er in dieser Klarheit die Identifizierung vollzog, ist die schöpferische philosophische Naivität. Sie ist bei ihm möglich, weil er nicht transzendierend, sondern ursprünglich in der Transzendenz denkt. Er geht nicht denkend auf Gott zu, sondern kommt denkend im Erkennen der Dinge von ihm her. Er weiß, daß jede Bestimmung Verendlichung ist (omnis determinatio est negatio), und weiß, daß das Denken in Bestimmungen vor sich geht. Aber alle Bestimmungen sind ein Leitfaden, durch ihre Aufhebung dorthin zu gelangen, wo das in der Sprache sich ausdrückende Denken (das zu den Modi gehört) im eigentlichen Denken des Bestimmungslosen aufgehoben ist.

Warum aber hat Spinoza die Kategorien Substanz, Notwendigkeit, Grund, Ewigkeit bevorzugt und dagegen Zweck, Willkür verworfen? Es sollte doch, wenn in Kategorien transzendiert wird, dieses Transzendieren in allen Kategorien möglich sein. Das können wir wieder nur als die großartige Naivität Spinozas verstehen, der sein Seinsbewußtsein und seine Lebensverfassung und seinen Willen in der einen Kategoriengruppe bestätigt, in der anderen gestört sieht. Über die Methode des Transzendierens hinaus werden ihm Kategorien selbst, statt Symbole im Denken zu bleiben, zu Wirklichkeiten. Es ist bei ihm wie bei allen ursprünglichen Metaphysikern. Wenn wir mit methodischem Bewußtsein das Transzendieren in Kategorien vollziehen und dann in der Tat in allen Kategorien diese Möglichkeit finden, so gehen wir von der Methode aus und treiben ein Spiel ohne Wirklichkeit oder setzen uns in den Besitz des Denkhandwerks, das dann zur Verfügung steht, wenn wir es brauchen. Im wirklichen Transzendieren ist auch der Gehalt der Wirklichkeit der Transzendenz gegenwärtig, vor aller Methode in dieser sprechend. Dann ist das Denken nicht mehr Spiel, sondern in realer Situation ein Mittel der Erhellung der Wirklichkeit selber. Nicht weil er Methoden erfindet, sondern weil die Wirklichkeit Gottes in seinem Denken da ist, ist Spinoza so eindrucksvoll.

V. Der Mensch

Von dem, was aus Gott notwendig folgt: aus dem Unendlichen Unendliches auf unendliche Weisen, will Spinoza nur das erklären, »was uns zur Erkenntnis des menschlichen Geistes (mens) und seiner höchsten Seligkeit wie an der Hand zu geleiten vermag«. Was der Mensch sei, als was er sich bewußt ist, wenn er wahr, das heißt in Gott denkt, das muß sein Tun und Leben führen.

a) *Der Mensch ist nicht Substanz, sondern Modus*

Die Substanz oder Gott ist das Wesen, das notwendige Existenz in sich schließt. Die Wesenheit des Menschen aber schließt ihre Existenz nicht notwendig in sich. Vielmehr kann es auf Grund der Naturordnung »ebensowohl geschehen, daß dieser und jener Mensch existiert, als daß er nicht existiert«. Daher gehört »das substantielle Sein nicht zur Wesenheit des Menschen«. Auch kann die Substanz nur eine sein. Der Menschen aber sind viele. Daher ist der Mensch wiederum keine Substanz.

Daß Menschen nicht Substanzen sind, erweist sich weiter daraus, »daß sie nicht geschaffen, sondern nur gezeugt werden, und daß ihre Körper schon vordem existierten, wenn auch in anderer Weise geformt«.

Spinozas Sinn ist, den Menschen in unendlicher Distanz von Gott und zugleich in nächster Nähe zu ihm zu wissen. Alle geschaffenen Dinge können ohne Gott nicht sein und begriffen werden, aber die Natur Gottes gehört nicht zu ihrer Wesenheit. So auch die Menschen. Die Substanz oder Gott ist unendlich viel seiender oder mächtiger als alle Modi, und daher auch als der Mensch. Aber beides ist wirklich: Gott ist das ganz Andere, unendlich Ferne mit seinen unendlich vielen Attributen, und Gott ist in uns gegenwärtig, nahe, aber nur mit zwei Attributen.

Diese Spannung zwischen der Ferne und der Gegenwärtigkeit Gottes, die im Denken Spinozas zugleich die Ruhe ist (des In-Gott-Seins bei unendlicher Distanz zu Gott), hört auf, wenn man, gegenständlich argumentierend, eine Lehre Spinozas nach der einen oder anderen Seite festlegen will. – 1. Einmal meint man Spinoza beim Wort zu nehmen und ihn zur Konsequenz zu zwingen: Im Menschen sind zwar nur zwei Attribute, aber schon durch diese zwei ist er doch ein Teil Gottes. Dann aber müssen, da in Spinozas Gott alle Attribute in gleichgeordnetem Zusammenhang wirken, auch alle anderen unendlich vielen Attribute Gottes zugleich mit diesen zweien in uns Menschen da sein, ohne daß wir sie kennen. Nach dieser Lehre ist der Mensch ein Teil der göttlichen Substanz, die Nähe Gottes ist Identität mit uns. – 2. Ein andermal aber hebt man heraus, daß Spinoza das Substanzsein des Menschen zugleich mit dem aller Modi radikal leugnet. Unser nicht substantielles Modussein wird als absolute Ferne zu Gott ausgelegt.

Beides scheint in Widerspruch zu einander zu stehen. Einmal hebt Spinoza die unendliche Differenz zwischen Gott und Mensch auf, das andere Mal läßt er den Menschen zum substanzlosen Modus versinken, dem nicht mehr die geschaffene Ursprünglichkeit eines selbständigen Seins zukommt.

Solche vielfach zu modifizierenden Einwände machen aus den Begriffen Spinozas eine gegenständlich bestimmte, als ein Modell verdinglichte Apparatur. Der Sinn jener Begriffe ist darin verloren gegangen. Denn dieser ist nur zu fassen als intuitive Einsicht, die im Medium der Rationalität sich ausspricht, aber so, daß sie in der höheren Erkenntnisgattung ihre Erfüllung und daran die Kontrolle finden muß.

b) *Menschliches und göttliches Denken*

Der ungeheure Abstand göttlichen und menschlichen Denkens liegt darin, daß das Menschliche vermöge seines Ursprungs in diesem seinem bestimmten Modus nur zu zweien der Attribute Gottes gelangen kann. »Wollte ein Mensch etwas begreifen, das in den tiefsten Grundlagen unserer Erkenntnis nicht enthalten ist, so müßte sein Geist notwendig weit vorzüglicher sein und den menschlichen Geist weit überragen.«

Auch unser Erkennen der Modi in der Welt ist zwar auf Gott bezogen, aber nicht göttlich. Gott denkt Unendliches auf unendliche Weise. Der Mensch denkt Endliches auf endliche Weise. Aber der menschliche Geist, obgleich nicht Teil der Substanz Gottes, ist doch ein Teil des unendlichen Verstandes Gottes als des unendlichen Modus. Wenn wir etwas begreifen, sagen wir, Gott habe jene Idee, aber »als Gott, nicht sofern er unendlich ist, sondern sofern er durch die Natur des menschlichen Geistes erklärt wird«. Wir sagen weiter, Gott habe jene Idee, sofern er zugleich mit dem menschlichen Geiste auch die Idee eines anderen Dinges hat. Das heißt aber, der menschliche Geist begreife dies andere Ding nur teilweise oder inadäquat.

c) *Der Mensch ist Geist und Körper*

Wie alle Dinge, so ist auch »die Wesenheit des Menschen in gewissen Modifikationen der Attribute Gottes begründet«.

Cogitatio und extensio, Denken und Ausdehnung (von Descartes übernommen, aber nicht als Substanzen, sondern als Attribute der Substanz) sind der einleuchtende Unterschied von Innerlichkeit und Äußerlichkeit. Sie sind nicht zwei Wesen: Geist (oder Seele) und Körper. Vielmehr sind sie eines in den beiden Aspekten, eines nicht ohne das andere. So alle Dinge. Alle Körper sind geistig, alle Geister körperlich. Aber unsere Erkenntnis kann sich nur jeweils der einen der beiden Seiten, dem Geist oder dem Leibe, zuwenden, erkennt jedoch mit den Zusammenhängen der einen Seite das, dem ein Zusammenhang der anderen Seite notwendig koinzidierend entspricht.

Die Einheit von Geist und Körper spricht Spinoza mit größter Entschiedenheit aus. Das tatsächliche Sein des menschlichen Geistes, sagt er, ist begründet durch die Idee eines tatsächlich existierenden Einzeldinges. Und der Gegenstand dieser Idee, die den menschlichen Geist begründet, ist der Körper oder eine gewisse tatsächlich existierende Ausdehnungsweise. »Der Geist schließt die wirkliche Existenz des Körpers in sich« (»der menschliche Geist oder die Idee des menschlichen Körpers« drückt aber außer den beiden Attributen Denken und Ausdehnung keine anderen Attribute Gottes aus). Geist und Körper sind daher »ein und dasselbe Ding, das bald unter dem Attribut des Denkens, bald unter dem Attribut der Ausdehnung begriffen wird«.

Damit ist ebenso entschieden wie die Einheit von Geist und Körper die unüberbrückbare Unterschiedenheit der beiden Aspekte behauptet, derart, daß Geist und Körper nicht aufeinander wirken können: der Kausalzusammenhang des Körperlichen und Geistigen ist je in sich geschlossen, aber beide Kausalzusammenhänge koinzidieren: »Der Körper kann den Geist nicht zum Denken, und der Geist den Körper nicht zur Bewegung und Ruhe bestimmen.« Aber wir sind doch jeden Augenblick durch unser unmittelbares Tun überzeugt, daß der Körper auf den bloßen Wink des Geistes bald sich bewege, bald ruhe. Dagegen Spinoza: »Niemand weiß, auf welche Art oder mit welchen Mitteln der Geist den Körper bewegt.« Wir wissen nicht, wie es vor sich geht, was wir doch jeden Augenblick zu vollziehen meinen. Aber was uns im Körperlichen durch den Geist verursacht scheint, kann und muß nach Spinozas Grundwissen im Körperlichen selbst seinen Grund haben. Jene unmittelbare Erfahrung, in der wir durch unseren Geist den Körper zu bewegen meinen, führt unsere Erkenntnis keinen Schritt weiter. Erforschen wir uns als das, was wir sind, als Modus, so müssen wir das entweder im geistigen oder im körperlichen Aspekt tun. Beide zu vermischen, ist für die Erkenntnis unergiebig und verwirrend. Wenn wir die Modi erforschen, müssen wir je im einen oder anderen Aspekt bleiben, daher alle körperlichen Erscheinungen auch körperlich erklären und alle geistigen geistig.

Wenn man dagegen einwendet, das Körperliche sei in den Erscheinungen, die als Auswirkungen des Geistes doch ohne weiteres verständlich seien, aus deren körperlichen Ursachen in der Tat nicht zu erklären, so antwortet Spinoza: Noch niemand hat bisher festgestellt, was der Körper vermag, das heißt, was er bloß nach den Gesetzen der Natur, sofern sie nur als körperlich angesehen wird, zu tun vermag. Niemand kennt bisher den Körper so genau, daß er alle seine Funktionen erklären könnte. »Der Bau des menschlichen Körpers übertrifft an Künstlichkeit alles, was menschliche Kunst je gebaut hat.« Schließlich: »Bei den Tieren beobachtet man vieles, was die menschliche Sinnesschärfe weit übersteigt.« Wenn daher die Menschen sagen, diese oder jene Handlung des Körpers entstehe vom Geiste her, so wissen sie nicht, was sie sagen. Sie gestehen mit schönen Worten in der Tat nur ein, daß sie die wahre Ursache dieser Handlung nicht wissen, und daß sie sich darüber nicht wundern. Aber der Körper vermag bloß nach den Gesetzen seiner Natur vieles, worüber sein Geist, wenn er sieht, sich in der Tat wundert.

Solche Forschung, die die gesamte körperliche Erscheinung des Menschen bis in jede Bewegung, bis in das Sprechen, bis in das Hervorbringen körperlich in Erscheinung tretender Werke, bis in das Reagieren auf eine etwa das Leben erschütternde Nachricht körperlich erklären möchte, steht vor einer Unendlichkeit. Werfen wir noch einmal einen kurzen vergleichenden Blick auf die Unendlichkeiten, die Spinoza begegnen:

Die Weite des Umgreifenden denkt Spinoza in drei Bereichen: Zuhöchst in dem Gedanken der unendlich vielen Attribute Gottes (die philosophische Gottesgewißheit). Dann zweitens als die unendliche Welt, in der der Mensch ein winziges Naturwesen unter unendlich vielen anderen und als Mensch keineswegs Zweck ist, außer der trügerischen Vorstellung des Denkens seitens der endlichen Modi (das philosophische Weltbewußtsein). Drittens schließlich als die Zusammenhänge der endlichen Modi, die im ganzen nur dem unendlichen Verstande Gottes, nicht dem endlichen Verstande des Menschen zugänglich sind, aber für diesen ins Unendliche erforschbar bleiben (das Erforschen der Dinge in der Welt). In diesem Bereich gilt angesichts der Unendlichkeit für unser Erkennen und angesichts der grundsätzlichen Koinzidenz von Ausdehnung und Denken (also im Menschen von Körper und Geist): man weiß nicht, wie weit man in organischer Erklärung der Lebenserscheinungen noch kommen kann, um nach dieser körperlichen Seite zu begreifen, was jetzt als Wirkung des Geistes nur scheinbar begriffen wird.

Es scheint absurd, das, was uns als Sinn verstehbar ist, aber im Körperlichen erscheinen muß, um wirklich zu werden, körperlich erklären zu wollen. Aber Spinoza würde antworten: Alles Sinnverstehen ist nur eine Erklärung im Aspekt des Geistes, nicht des Körpers. Immer bleibt es unmöglich, das Körperliche selber dadurch zu begreifen, daß es in Sinnzusammenhängen als Zeichen verstanden wird. Forschen können wir nur je im einen oder anderen Aspekt, unter dem einen oder anderen Attribut. Wenn das Forschen aus dem einen Bereich in den anderen hin- und hergleitet, verwirrt es sich.

Nun liegt der Gedanke nahe: Wenn Geist und Körper zwei Aspekte des Einen sind, dann wäre dieses Eine, beide in sich Vereinigende, als ein Drittes auch geradezu zu erforschen. Aber dieses Eine ist nicht abgesondert oder vorhergehend oder nachfolgend da als ein eigener Gegenstand der Erforschung der Modi. Die Leib-Seele-Einheit ist wahr nur als philosophisches Grundwissen, aber als vermeintlicher Gegenstand der Forschung eine Täuschung. Spinoza bringt das Bewußtsein unserer Geist-Leib-Einheit als Modus in Gott zur Gegenwärtigkeit, bereitet damit aber nicht den Weg zu einem substantiellen Träger der beiden Aspekte als dem Gegenstand einer anthropologischen Forschung.

Es ist an dieser Stelle nicht unsere Aufgabe, die wissenschaftlichen Forschungsmethoden moderner Psychologie zu vergegenwärtigen und von daher kritische Fragen an Spinoza zu richten: Wie weit ist die Trennung der beiden Aspekte richtig und für die Forschung ergiebig? Wo hören sie auf, Leitfäden der psychologischen Forschung zu sein? Welche Methoden gibt es, die den Unterschied unberücksichtigt lassen, nicht weil sie eine in der Tat unzugängliche substantielle Leib-Seele-Einheit ergreifen, sondern weil sie Greifbarkeiten ins Auge fassen, die in der Erscheinung zugleich leiblich und geistig sind (Ausdruck, Sprache usw.), oder weil sie Tatbestände fixieren, bei denen die Unterscheidung hinfällig ist (Zählung von Handlungen). Eine Welt der Mannigfaltigkeit von Methoden und darin der psychologischen Gegenstände, die in Spinozas Sinn Modi sind, hat sich aufgetan. Spinoza wäre zu erweitern. Aber für eine kritische wissenschaftliche Forschung ist das Bewußtsein ihrer Methoden und Grenzen gefordert. Das bedeutet, daß diese Forschung offen bleibt dorthin, wohin sie nie gelangen kann und von woher Spinoza spricht.

Spinozas Spekulation hat, wenn sie Geist und Körper in der Einheit unterscheidet, einen praktischen Sinn. Er wehrt alle Verleumdungen des Körpers ab. Er sagt zunächst, daß »der menschliche Körper, so wie wir ihn empfinden, existiert«. Dann läßt er den Körper weder schmähen noch verherrlichen. Er erkennt weder ein gewaltsames, asketisches Verhalten zu ihm, noch die Hingabe an die Leiblichkeit als die einzige Wirklichkeit als sinnvoll an. Er kennt keinen leiblosen geistigen Willen und keinen geistlosen Leib. Vielmehr sieht er den Grund in der Einheit beider, die gegründet ist in der Einheit der Substanz Gottes.

Wir fassen zusammen: Die Leib-Seele-Einheit erkennen wir philosophisch nur im Ganzen des Seins. Der Mensch ist nicht ein substantieller Teil Gottes, ist überhaupt nicht Substanz. Denn der Mensch ist nicht ursprünglich. Ursprünglich ist nur Gott. Im Blick auf Geist und Körper des Menschen sieht der Denker wohl auf den Grund in Gott, nicht aber auf eine Substanz im Menschen. Spinoza geht über den Menschen hinaus, um den Menschen grundsätzlich zu begreifen.

Wir bleiben Modi und sind in Gott, sofern wir als endliche Modi in den unendlichen Modi sind, nämlich in dem unendlichen Verstand (entsprechend dem Attribut des Denkens) und in »Bewegung und Ruhe« (entsprechend dem Attribut der Ausdehnung). Zwar wissen wir philosophisch, daß die Ordnung und der Zusammenhang der körperlichen Dinge dasselbe sind wie die Ordnung und der Zusammenhang der Ideen. Aber unsere faktische Erkenntnis der Modi ist stets entweder auf die Modi des Attributs der Ausdehnung (auf Bewegung und Ruhe des Körperlichen) oder auf die Modi des Attributs des Denkens (auf Verstand und Wille) gerichtet. Wir erkennen das eine nicht durch das andere, keine Wirkung des einen auf das andere, und erst recht nicht etwa ein Geschehen, dessen beide Seiten jene Äußerlichkeit und diese Innerlichkeit sind.

d) *Mensch und Tier und die Verschiedenheit der Menschen*

Da nach Spinoza alle Dinge dieser Welt der Modi zugleich Geist und Körper sind, steht der Mensch in der Reihe der Naturwesen. Der Abstand der Wesen in der Reihe beruht auf folgendem: »Je fähiger ein Körper ist, mehreres zugleich zu tun oder zu leiden, um so fähiger ist auch sein Geist, mehreres zugleich zu begreifen, und je mehr die Handlungen eines Körpers von ihm allein abhängen, und je weniger andere Körper beim Handeln mit ihm zusammenwirken, um so fähiger ist sein Geist, unterschieden zu verstehen.« Es ist insofern kein grundsätzlicher, sondern ein gradweiser Unterschied der Modi, und daher auch der Menschen von anderen Wesen. Aber der Unterschied zwischen Tier und Mensch ist für Spinoza doch radikal, nämlich insofern der Mensch zu denken vermag und daher auch die Affekte hat, deren Art im Denken gegründet ist. Diese Differenz hat die Folge, daß der Mensch sich ebenso radikal verschieden zu Menschen oder zu Tieren verhält: »Das Gebot der Vernunft lehrt, daß wir uns mit den Menschen verbinden müssen, nicht aber mit den Tieren oder mit Dingen, deren Natur von der menschlichen Natur verschieden ist.« Wir haben dasselbe Recht auf die Tiere wie diese auf uns. Spinoza leugnet nicht, daß die Tiere Empfindung haben. Aber wir haben das Recht, »sie nach Belieben zu gebrauchen und so zu behandeln, wie es uns am besten paßt, da sie ja der Natur nach nicht mit uns übereinstimmen und ihre Affekte von den menschlichen Affekten der Natur nach verschieden sind«.

Das Auszeichnende des Menschen ist: er weiß, daß er weiß; er hat Vernunft. Je vernünftiger er ist, desto freier ist er, desto wirklicher, desto vollendeter. Nun ist die Frage: »Warum hat Gott nicht alle

Menschen so erschaffen, daß sie allein durch die Leitung der Vernunft regiert werden?« Antwort: »Weil ihm der Stoff nicht fehlte, alles von der höchsten bis zur untersten Stufe der Vollendung zu schaffen, oder, um eigentlicher zu reden, weil die Gesetze seiner Natur so umfassend waren, daß sie genügten, alles hervorzubringen, was von einem unendlichen Verstand begriffen werden kann.«

Alles entspringt notwendig nach Gottes ewigen Gesetzen: das Tun der Frommen, das heißt derer, die eine klare Idee von Gott haben, nach der all ihr Tun und Denken sich bestimmt, und der Gottlosen, das heißt derer, die eine Idee von Gott nicht besitzen, sondern bloß Ideen von den irdischen Dingen, nach denen sich ihr Tun und Denken bestimmt. Das Tun jener und dieser unterscheidet sich nicht nach Graden, sondern dem Wesen nach. Innerhalb der notwendigen Folgen von Gottes Substanz, im unendlichen All der Natur, gibt es als eine natürliche Notwendigkeit auch die des vernünftigen Lebens. Welche Verschiedenheiten aber der Menschen und Völker es gibt, das ist Sache der Erfahrung. Sie lehrt, daß die Menschen eigentlicher Vernunft, die Philosophen, selten sind. Sie lehrt ferner, daß es freiheitsliebende und knechtische Völker gibt. Diese Verschiedenheit zu beachten, wird ein wesentliches Moment für das politische Denken Spinozas.

Man kann fragen: Soll also das Unvollkommene da sein, weil alles, was möglich ist, da sein soll? also wegen des Reichtums des Mannigfaltigen, nicht wegen des Gutseins? oder wegen der Stufenfolge bis zum Schlechtesten und zum Besten, in der keine Lücke ist, sondern alles vorkommt und seinen Platz hat? Spinoza gibt nur die eine Antwort: Alles folgt notwendig aus Gott. Die Bewertungen aber entspringen erst dem Geist des Menschen. Die ewige Notwendigkeit ist jenseits von Gut und Böse, Schön und Häßlich.

e) *Unsterblichkeit und Ewigkeit*

Die Seele – so heißt es im frühen Traktat – hat die Wahl, sich mit dem Körper, dessen Vorstellung sie ist, oder mit Gott, ohne welchen sie nicht bestehen noch begriffen werden kann, zu vereinigen. Wenn sie mit dem Körper allein vereinigt ist, muß sie mit diesem untergehen. Wenn sie sich aber mit etwas vereinigt, das unveränderlich ist und bleibt, wird sie mit diesem selber unveränderlich bleiben müssen. Das geschieht, wenn die Seele sich mit Gott vereinigt, so daß sie wiedergeboren wird in der erkennenden Liebe zu Gott. Denn ihre erste Geburt war, mit dem Körper vereinigt zu werden; in der zweiten Geburt erfahren wir statt der Wirkungen des Körpers die Wirkungen der Liebe, die der Erkenntnis jenes unkörperlichen Gegenstandes entspricht.

Der Gedanke wird in der »Ethik« klarer durch Unterscheidung von Unsterblichkeit als Dauer von der Ewigkeit als zeitloser Existenz: Die Sterblichkeit der Körper-Seele-Einheit ist vollständig. Nur solange der Körper dauert, kann die Seele sich etwas vorstellen und sich der vergangenen Dinge erinnern. Daher ist es nicht möglich, daß wir uns erinnern, vor dem Körper existiert zu haben: »Nur insofern kann der Geist dauernd heißen und durch eine gewisse Zeit definiert werden, als er die wirkliche Existenz des Körpers in sich schließt; und nur insofern hat er das Vermögen, die Existenz der Dinge durch die Zeit zu bestimmen und sie unter der Dauer zu begreifen.« Es ist also unumgänglich von Spinoza ausgesprochen: »Die gegenwärtige Existenz des Geistes und seine Vorstellungskraft wird aufgehoben, sobald der Geist aufhört, die gegenwärtige Existenz des Körpers zu bejahen.«

Nichtsdestoweniger empfinden wir, daß wir ewig sind. Denn »die Augen des Geistes, vermöge derer er die Dinge sieht, sind die Beweise«. Obgleich wir uns nicht erinnern, vor dem Körper existiert zu haben, empfinden wir doch, daß unser Geist, sofern er die Wesenheit des Körpers unter einer Art der Ewigkeit erkennt und in sich schließt, der Zeit entrückt ist. Daher »kann der menschliche Geist mit dem Körper nicht völlig zerstört werden, sondern es bleibt etwas bestehen, das ewig ist«.

Aber »diese Ewigkeit kann nicht durch die Zeit definiert werden, noch überhaupt eine Beziehung zur Zeit haben«. Die wahre Unsterblichkeit kann nicht durch Zeit und Dauer begriffen werden. Die Meinung der Menschen, die sich der Ewigkeit dieses Geistes mit Recht bewußt sind, verwechselt sie mit der Dauer. »Sie legen die Ewigkeit dem Vorstellungsvermögen oder der Erinnerung bei, von der sie glauben, daß sie nach dem Tode bestehen bleibe.«

Die Unsterblichkeit, die nicht Dauer in der Zeit, sondern Ewigkeit ist, kann das nur Zeitliche nicht in sich schließen. Daher kommt sie nur dem zu, was »unter einer Art der Ewigkeit begriffen« wird und was im Denken selber als Teilnahme an der Ewigkeit erfahren ist. Das Erkennen in der dritten Erkenntnisgattung erkennt das Ewige und ist selber ewig. »Keine andere Liebe ist ewig als die geistige Liebe.« Die Geist-Körper-Einheit bedeutet aber, daß der Körper nicht als nichtig dahinfällt, sondern nur nach der Seite seiner Veränderlichkeit. »In Gott gibt es notwendig eine Idee, die die Wesenheit dieses und jenes menschlichen Körpers unter einer Art der Ewigkeit ausdrückt«, und so auch was Zeitgestalt in der Folge der Lebensalter ist, in der Ewigkeit zeitlos bestehen läßt.

Spinoza hat mit gleicher Wucht die Vergänglichkeit des körperlichen Daseins des Geistes und die Ewigkeit seines Wesens ausgesprochen.

Im körperlichen Dasein sind wir den Affekten unterworfen, daher der Angst vor dem Tode. Aber als natürliche Vernunftwesen werden wir erkennend frei von den Affekten und damit von der Angst vor dem Tode, und gelangen in die Ruhe des ewigen Seins, dem wir stets schon angehören. Und dies um so mehr, je heller die vernünftige Einsicht und damit zugleich die Kraft der Liebe ist.

Im Dasein als Modus bleiben wir verfangen in inadäquate Vorstellungen, in die Beschränkung unseres Wissenkönnens. Aber in diesem gleichen Dasein gewinnen wir als Vernunftwesen adäquate Ideen, wenn auch immer begrenzt. Mit ihnen werden wir teilhaft jenes Seins, das wir, unmittelbar zu Gott, in Gott, der Substanz, denkend vergewissern. Denkend gelangen wir aus der Existenz als Modus zum Sein der Substanz. Ohne selber Substanz zu werden, gehören wir ihr an als Modus ihrer Attribute. An sich ist es so mit allen Dingen, aber nur für Vernunftwesen auch durch ihr Wissen und durch die diesem Wissen entsprechende innere Verfassung.

Das Begehren aller Dinge, sich im Sein zu behaupten, ist für das körperliche Dasein in der Zeit die Leidenschaft, weiter und immer weiter leben zu wollen. Im Grunde dieses Daseins aber spricht die im Denken hell werdende Gewißheit ewigen Seins, das keinen Bezug zu Dauer, Erinnerung, Vorstellung hat.

VI. Zweck- und Wertfreiheit

a) *Zwecke und Werte sind Vorurteile, die aus der Verkehrung des Gottesgedankens entstehen*

»Wir können der Existenz keines Dinges gewisser sein als der Existenz des schlechthin unendlichen oder vollendeten Wesens, das heißt Gottes.« Daß dieser Gottesgedanke sich nicht verkehre und daß Gott nicht herabgewürdigt, durch unsere Vorstellungen nicht befleckt werde, ist Spinozas ständiges Anliegen. Wird der Gottesgedanke falsch, so werden alle Urteile falsch.

Der reine Gedanke besagt: Gott existiert notwendig. Er ist und er handelt allein kraft der Notwendigkeit seiner Natur. Er ist die freie Ursache aller Dinge. Alles ist in Gott, so daß es ohne ihn weder sein noch begriffen werden kann. Alles ist von Gott vorherbestimmt, aber nicht durch Willkür eines Gutdünkens, sondern durch Gottes unbedingte Natur oder unendliche Macht.

Dieser Gottesgedanke wird getrübt durch die Vorurteile der Menschen. Diese insgesamt hängen ab von einem einzigen Vorurteil: der gewöhnlichen Annahme, alle Dinge handelten, wie Menschen, um eines Zweckes willen. Darum meinen sie, Gott leite alles auf einen bestimmten Zweck hin; Gott habe alles um des Menschen willen gemacht, den Menschen aber, damit dieser ihn verehre.

Quelle dieses menschlichen Vorurteils ist, daß alle Menschen ohne Kenntnis der Ursachen der Dinge zur Welt kommen, und daß sie alle ihren Nutzen suchen, also um eines Zweckes willen handeln und dieses Triebes sich bewußt sind. Darum sehen sie alles in der Natur als Mittel für ihren Nutzen an und, sofern sie dies Nutzbare nicht selbst hervorgebracht haben, meinen sie, ein anderes Wesen von ihrer Art habe es zu ihrem Nutzen bereitet. Aus dem Nutzen für sie, aus Zweckursachen, sind ihnen die Dinge begreiflich. Infolgedessen fragen sie nicht nach ihrer Ursache. Dies Vorurteil verwandelt sich in Aberglauben, wenn die Menschen so vieles Schädliche finden, wie Stürme, Erdbeben, Krankheiten usw. Dann meinen sie, daß die Götter, die die Dinge zu ihrem Nutzen bereitet haben, nun zürnen, weil sie sie beleidigt haben. Daher suchen sie nach Verfahren, um zu bewirken, daß die Götter zufrieden werden. Da die Götter durch die Bereitstellung der Nutzbarkeiten die Menschen verpflichten wollten, um von ihnen die höchste Verehrung zu genießen, so suchen die Menschen wegen dieses Vorurteils nach so vielen, je besonderen Arten der Gottesverehrung, damit Gott sie vor allen anderen liebe. Sie stellen sich die Götter und die Natur so wahnsinnig vor, wie sie selber sind. Und diese Vorstellung wird auch durch die tägliche Erfahrung nicht berichtigt, daß nämlich Nützliches und Schädliches gleicherweise über die kommt, die solche abergläubische Verehrung vollziehen, wie über die, die es nicht tun. Sie halten an dem eingewurzelten Vorurteil fest, indem sie sagen, daß die Urteile der Götter die menschliche Fassungskraft weit übersteigen.

Dagegen setzt Spinoza die von seiner gesamten Philosophie gestützte und erhellte Überzeugung: alle Zweckursachen sind nichts als menschliche Einbildungen. Alles in der Natur geht mit einer ewigen Notwendigkeit und mit höchster Vollkommenheit vor sich. Gott wirkt, aber hat keinen Zweck. Denn er bedarf keines anderen. Es gibt nichts, woran es ihm fehlt.

Wenn Spinoza den »Zweck« im Sein selbst leugnet, so begreift er das Zweckdenken im Dasein des Menschen als Vorstellung, die in der Situation seiner Endlichkeit und Bedürftigkeit auftritt. In der Substanz des Seins, in Gott, ist keine Bedürftigkeit, daher kein Zweck.

Menschliche Zweckvorstellungen und damit die Bedürftigkeit dürfen nicht auf die Substanz oder Gott übertragen werden.

Auch die Natur kennt keine Zwecke. Alle Naturwirklichkeit ist, wie sie zweckfrei ist, auch wertfrei. Wie die Übertragung unserer Beurteilungen und Abschätzungen auf die Natur geschieht, als ob in ihr eine Objektivität des Wertseins an sich gegeben sei, macht Spinoza deutlich: Wenn die Absicht ist, ein Haus zu bauen, so wird der Urheber sagen, wenn es noch nicht fertig ist, es sei unvollendet. Nachdem allgemeine Musterbilder von Häusern ausgedacht sind, werden die Bauten als vollendet beurteilt nach dem Maßstabe der Übereinstimmung mit solchen Musterbildern. Auf dieselbe Weise pflegen die Menschen auch von den natürlichen Dingen allgemeine Ideen zu bilden, die sie gleichsam für Musterbilder der Dinge halten, und bei Nichtübereinstimmung von Naturdingen mit solchen Ideen sprechen sie davon, die Natur habe gefehlt oder ein Versehen begangen. Das Gute und das Schlechte sind nichts Positives in den Dingen; es sind nur Modi des Denkens.

Durch die Übertragung der Beurteilungen der Dinge auf das Sein der Dinge selbst wird die Welt in eine Färbung von Werten getaucht, die ihr an sich fremd ist. Wenn Spinoza aber die Werte leugnet, sofern diese an sich bestehen sollen, erkennt er sie an als die Realität von Denkmodi in unserem beschränkten Dasein.

Die Verunstaltung Gottes in der Vorstellung eines zwecksetzenden, darum bedürftigen, die Menschen sich verpflichtenden, ihnen nützenden und ihnen zürnenden Wesens, das sich bestimmen läßt von den Taten und den Verehrungsakten der Menschen, hat zur Folge eine verkehrte Grundauffassung aller Dinge. Denn nun werden die Wertschätzungen aus der Perspektive des als Modus in der Enge der Zeit und des Raumes lebenden, seinen Nutzen begehrenden Wesens verwandelt zu objektiv, an sich und absolut seienden Dingen, die mit den Begriffen Gut und Böse, Ordnung und Verwirrung, Schönheit und Häßlichkeit, Verdienst und Verbrechen getroffen werden. Aber solche Perspektive ist Gott fremd. Das in ihr Erscheinende auf ihn zu übertragen, läßt die Höhe Gottes dem Blick der Vernunft entschwinden.

Nur in unserer beschränkten Perspektive glauben wir eine Ordnung in den Dingen selbst zu finden. Denn, da es uns angenehm, weil müheloser ist, ziehen wir die Ordnung der Verwirrung vor, als ob es eine Ordnung in der Natur, abgesehen von der Beziehung auf unser Vorstellungsvermögen, gäbe. Das Vorurteil schwindet nicht durch die Erfahrung, daß sich unendlich viel findet, was unser Vorstellungsvermögen weit übersteigt, und sehr viel, was unser Vorstellungsvermögen, weil es zu schwach ist, verwirrt. Spinoza sieht, daß es sogar Philosophen gibt, die fest überzeugt sind, daß die Bewegungen der Himmelskörper eine Harmonie bilden. Jeder zeige, meint er, daß er die

Dinge nach der Beschaffenheit seines Gehirns beurteile. Daher gibt es unter den Menschen die vielen Streitigkeiten, und daraus erwächst schließlich der Skeptizismus. Alles zeigt, daß die Menschen die Dinge lieber vorstellen als sie erkennen. Vorstellungsweisen aber zeigen keines Dinges Natur, sondern allein den Zustand des Vorstellungsvermögens an.

Erst die Verunreinigung des Gottesgedankens führt zur Frage der Theodizee (der vermeintlichen Rechtfertigung Gottes wegen der vermeintlichen Übel, des Bösen und des Unheils in der Welt). Die Frage lautet: »Woher ist denn soviel Unvollendung in der Natur entstanden, die Fäulnis der Dinge bis zum Gestank, die Mißgestalt der Dinge, die Ekel erregt, die Verwirrung, das Schlechte, die Verbrechen und so weiter?« Spinoza antwortet, indem er den vorausgesetzten unheilvollen Tatbestand als einen absoluten leugnet. Er ist nur in der Vorstellung modaler Wesen, die bei Vergleichung des Nutzens für sie durch den endlichen Verstand auf ihre Selbstbehauptung im Dasein drängen.

Aber diese Vorstellungsweise ist, als dem endlichen Wesen als Modus zukommend, selber notwendig und begreiflich. In diesem Sinne hat Spinoza diesen Zustand des Daseins als Modus in seiner Endlichkeit, Beschränkung, Verwirrung beschrieben.

b) *Unser als Modus beschränkter Verstand*

Unser im Dasein beschränkter Zustand braucht uns nicht völlig zu bezwingen, sofern wir als denkende Wesen ihn wissen und begreifen und dadurch uns über ihn erheben können. Durch Gleichnisse macht Spinoza, was er im reinen Denken in bezug auf unseren Zustand eingesehen hat, deutlich.

Er vergleicht ihn mit dem eines *fingierten Würmchens im Blute,* das Sehvermögen, um die Blutteile zu unterscheiden, und Vernunft hätte, zu beobachten, wie die Teile sich stoßen. »Dieses Würmchen nun würde so im Blute leben, wie wir in diesem Teile des Weltalls.« Es würde das Blut betrachten, aber nicht bemerken, daß andere Bewegungen und andere Veränderungen von außen das Blut im ganzen treffen. Wir müssen nun alle Naturkörper auf dieselbe Weise begreifen, wie es das Würmchen im Blute tut. Weil aber die Natur des Weltalls nicht wie die Natur des Blutes begrenzt ist, sondern schlechthin unendlich, so wird ein Teilchen auf unendliche Weise beherrscht und genötigt, unendliche Veränderungen zu erleiden. Auf diese Weise ist der menschliche Körper ein Teil der unendlichen Natur und der menschliche Geist ebenfalls, nämlich des modus infinitus des Denkens. Das unendliche Vermögen zu denken (der intellectus infinitus) enthält die ganze Natur gegenständlich in sich. Der menschliche Geist ist dieses selbe Vermögen, aber nur als endlicher Teil des unendlichen Geistes. Daher begreift er nicht die unendliche Natur, sowenig wie er selber unendlich ist. Wir können zwar die Überzeugung gewinnen, daß jeder Teil in der Natur mit dem Ganzen zusammenhängt. Aber wir bleiben unkundig, wie in Wahrheit das Ganze und jeder Teil mit dem Ganzen übereinstimmt. Denn »zu dieser Erkenntnis wäre erforderlich, die ganze Natur und alle ihre Teile zu kennen«.

Einen anderen Vergleich macht Spinoza für die Weise, wie wir unsere Zwecke verfolgen. »Wie die *Bienen* Vorrat für den Winter beschaffen, so hat doch der Mensch, der über sie gestellt ist, sie unterhält und hütet, einen ganz anderen Zweck, nämlich den Honig für sich zu erhalten. So hat auch der Mensch, sofern er ein besonderes Wesen ist, kein weiteres Augenmerk, als seine beschränkte Wesenheit erreichen kann, aber sofern er zugleich ein Teil und Werkzeug der ganzen Natur ist, kann jeder Zweck des Menschen nicht der letzte Zweck der Natur sein, da diese unendlich ist und sich seiner mit allen andern zusammen als ihres Werkzeugs bedient.«

Der Vergleich des Menschen mit dem fingierten Würmchen im Blute spricht von seinem begrenzten Wissenkönnen in diesem Teil der Welt und dem unendlichen Weltall. Der Vergleich der Menschen mit den Bienen spricht vom »letzten Zweck der Natur«, der sonst für Spinoza nicht mehr Zweck, sondern zweckfreie Notwendigkeit heißt. Aber sein Vergleich vollzieht die Anschauung: Denke ich Naturzwecke, so kann der Mensch nur ein untergeordnetes Werkzeug sein, dessen Zwecke ihrerseits Mittel sind für das machtvoll Übergreifende, das sie vernichtet, indem es sie benutzt; nicht anders, wie das verschwindende Dasein des Menschen dem Kosmos unterworfen bleibt, nicht ihn beherrscht. Spinoza, der in diesem Gedanken alle Zwecke zum Mittel höherer Zwecke ins Unendliche hin werden läßt, vollzieht, diese von endlichen Vorstellungen ausgehende Zweck-Perspektive verlassend, den Sprung zur Zweckfreiheit im ganzen.

Beide Gleichnisse wollen, durch Auffassung der Situation unseres Daseins als Modus, das anthropozentrische Denken der Dinge überwinden. Die große Anschauung von der unendlichen Welt als dem unendlichen Modus der Substanz läßt beides sichtbar werden: der Mensch, gebunden an sein modales Dasein, ist winzig bis zur Nichtigkeit, aber groß durch seine Vernunft, die ihn zu dieser Anschauung befähigt. Das Wissen um die Beschränktheit ist selber ein Moment der Seligkeit des In-Gott-Seins, das dieses Wissen ermöglicht.

c) *Wirklichkeit und Wert*

Die Wirklichkeit wertend abzuschätzen, die eine zu verherrlichen, die andere zu beklagen oder empört zu verwerfen, ist für Spinoza Zeichen der Befangenheit im Dasein des Modus. Aber Spinoza selber urteilt ständig, und zwar in der Auffassung der Dinge (vor allem des Menschen) als mehr oder weniger vollkommen. Diesen Widerspruch hebt er auf durch eine Gleichsetzung: »Unter Wirklichkeit und Vollendung verstehe ich dasselbe«, und durch die These, daß es Grade der Wirklichkeit als größere oder geringere Vollkommenheit gibt. Der Wert ist gradweise abgestufte Wirklichkeit.

Mit dem Begriff von Wirklichkeitsunterschieden als Wertunterschieden und damit als Wirklichkeitsgraden ist ein uralter Wirklichkeitsbegriff von Spinoza aufgenommen. Während der Begriff der empirischen Realität für Dinge in Raum und Zeit derart ist, daß Realität von etwas entweder ist oder nicht ist, und die Realität keine Grade haben kann, ist die Wirklichkeit der Substantialität in den Modi gradweise abgestuft. Daher heißt es unter verschiedenen Gesichtspunkten:

»Alles in der Natur erfolgt mit höchster Vollendung.« Dann aber: »Die Wirkung ist die vollendetste, die von Gott unmittelbar hervorgebracht wird, und je mehr Zwischenursachen etwas zum Hervorgebrachtwerden braucht, desto unvollendeter ist es.«

Der Grund der Vollkommenheit der Dinge liegt nicht darin, daß sie »die Sinne der Menschen ergötzen oder beleidigen, oder weil sie der menschlichen Natur zusagen oder ihr widerstreiten«, sondern allein in ihrer »Natur und Kraft«. »Vollkommenheit und Unvollkommenheit sind in Wahrheit nur Modi des Denkens, dadurch daß wir die Individuen derselben Art miteinander vergleichen.«

Aber dieser Vergleich erfolgt keineswegs durch die Beziehung auf unsere Zwecke, sondern zeigt, daß die einen Individuen »mehr Seinsgehalt oder Realität haben als die anderen«. Insofern heißen sie vollkommener. »Und sofern wir ihnen etwas beilegen, was Verneinung enthält, wie Grenze, Ende, Ohnmacht, insofern nennen wir sie unvollkommen.«

In uns selbst und unseren Ideen liegt dieser Wertunterschied, der stets ein Unterschied an Wirklichkeitsgrad, Machtgröße, Gottesnähe ist: »Eine Idee ist wertvoller als die andere und enthält mehr Wirklichkeit, je nachdem der Gegenstand der einen wertvoller ist als der Gegenstand der anderen und mehr Wirklichkeit enthält.« »Je weiter jeder in dieser Erkenntnisgattung gelangt ist, desto mehr ist er sich seiner selbst und Gottes bewußt, das heißt desto vollkommener ist er.«

Spinozas Auffassung der Identität von Wirklichkeit und Wert hat also die zweifache Konsequenz; einmal daß es keine Werte gibt, dann aber, daß Wertungen ständig ausgesprochen werden in der Meinung, damit Wirklichkeitsgrade zu treffen.

d) *Der Umschlag zweier Erkenntnisweisen*

Zwei Erkenntnisweisen sind in uns verbunden: ein unmittelbares Erkennen Gottes durch die Vernunft, ein mittelbares durch die Beziehung auf die anderen Modi. In der Unmittelbarkeit ist das philosophische Erkennen frei der Unendlichkeit Gottes zugewandt und von ihr erfüllt, in der mittelbaren Beziehung zu den Modi ist das endliche Erkennen gezwungen und beschränkt. Denn es ist als endliches Erkennen unfähig, die Unendlichkeit der Modi zu umfassen, kann daher nur ins Unendliche hin fortschreiten, während es im ganzen unwissend bleibt.

Weil unser Dasein ein endlicher Modus ist, der im Zusammenhang der Körperaffektionen lebt, und zugleich Vernunftwesen, das denkend Gott liebt, entsteht in Spinozas Sätzen die ständige Widersprüchlichkeit (die nur aufgehoben werden kann durch die Unterscheidung der zweiten und dritten Erkenntnisgattung).

Es liegt im Sinn von Spinozas Grundgedanken, daß die dem Leser zunächst befremdliche, dann ihm die Wahrheit des Ganzen gerade bestätigende Umwendung sich ständig wiederholt: vom Zweckdenken zur Zweckfreiheit, vom wertenden Beurteilen zur wertfreien Anschauung des Notwendigen, dann weiter vom Anspruch an die Aktivität zur vollendeten Ruhe des Lassens aller Dinge, wie sie sind.

Man kann die Umwendungen in Spinozas Denken auch umgekehrt aussprechen: Von der Zweckfreiheit der Ewigkeit Gottes zum Begreifen des Zweckdenkens als einer Beschränkung des Denkens im Dasein als Modus; von der wertfreien Totalanschauung zum Begreifen der Beschränkung der irrenden Wertungen; von der Ruhe der Gottesgewißheit zur Tätigkeit als Modus; von der Sollensfreiheit der ewigen göttlichen Notwendigkeit zum Sollen der bestimmten menschlichen Gesetze.

Die Umwendung ist metaphysisch gedacht einmal der aufsteigende Gang von den Modi zur Substanz, und dann der absteigende von der Substanz zu den Modi. Aber in den Modi liegt der Ausdruck der Substanz selbst.

e) *Das Ethos der Wertfreiheit*

»Ich werde die menschlichen Handlungen und Triebe ebenso betrachten, als wenn die Untersuchung es mit Linien, Flächen und Körpern zu tun hätte«, schreibt Spinoza, bevor er über die Affekte handelt.

»Die meisten, die über Affekte geschrieben, messen die Ursache der menschlichen Ohnmacht und Unbeständigkeit nicht der gemeinsamen Macht der

Natur bei, sondern ich weiß nicht welchem Fehler der menschlichen Natur, die sie deswegen bejammern, verlachen, geringschätzen oder verwünschen. Aber es geschieht nichts in der Natur, das man ihr als Fehler zurechnen könnte.« In dem Politischen Traktat wiederholt er, daß er »mit Eifer bemüht war, die menschlichen Handlungen nicht zu verlachen, nicht zu beklagen, noch zu verabscheuen, sondern zu verstehen. Und so habe ich Liebe, Haß, Zorn, Neid, Ruhmsucht, Mitleid nicht als Fehler der menschlichen Natur betrachtet, sondern als ihre Eigenschaften, die zu ihr geradeso gehören wie zur Natur der Luft Hitze, Kälte, Sturm, Donner und anderes derart, was zwar auch Widerwärtigkeit bedeutet und doch notwendig ist und gewisse Gründe hat.«

Es ist eine Haltung »jenseits von Gut und Böse«, die Spinoza vor Augen steht. Er will nicht verurteilen, nicht richten, nicht abschätzen, sofern er in der philosophischen Verfassung der Gotteserkenntnis sich befindet. Wenn alles nach den ewigen Gesetzen der Natur geschieht, aus der Notwendigkeit Gottes, so ist ein Verhältnis zu den Ereignissen möglich, wie es Spinoza sich vergegenwärtigte, als er Spinnen beobachtete, die er in dasselbe Netz brachte und miteinander kämpfen sah, bis eine die andere einspinnt, tötet und aussaugt.

Es liegt aber zweierlei in dieser Haltung: die Ergebenheit in die Notwendigkeit Gottes – und der Wille zur Wahrheit in der objektiven wissenschaftlichen Erkenntnis, die alle Wertungen und Zwecke suspendiert, um die Sache in ihrer reinen Objektivität zu erfassen.

Was Galilei in den Naturwissenschaften begann, als er Kreisen und Kugeln keinen Wertvorrang mehr einräumte, und was Max Weber in den Geisteswissenschaften vollendete, als er die Methoden angab und verwirklichte, wie die Realität der menschlichen Wertungen und ihrer Folgen vom Forscher wertfrei untersucht werden können, das fände bei Spinoza Billigung. Aber Spinoza meint viel mehr, nicht nur eine für die Stunden der Forschung und jeden Augenblick objektiven Urteils eingenommene Haltung der Suspension eigenen Wertens, sondern die innere Gesamtverfassung des Geistes, in der alles Werten nicht nur für Zeiten suspendiert, sondern im ganzen überwunden ist: die Bejahung von allem, was ist, weil es nach den ewigen Gesetzen der Natur aus der Notwendigkeit Gottes folgt.

Man kann zwar fragen, ob ein Sinnzusammenhang besteht zwischen der Größe und Kraft des Gottesgedankens und der Fähigkeit zur wirklichen Wertfreiheit wissenschaftlichen Erkennens, und kann diese Frage bejahen. Aber es bleibt doch zweierlei auf verschiedenen Ebenen: die Überwindung der Trübungen, die alles objektive Erkennen der Dinge in der Welt durch Wertungen erfährt, und die Überwindung der Trübung der Gottesanschauung, die in der Störung der von Gott kommenden Gelassenheit durch die Fragen der Theodizee erfolgt.

VII. Knechtschaft und Freiheit des Geistes

Die große Grundanschauung Spinozas von der Zweckfreiheit des Seins selbst und der Wertfreiheit unserer wahren Erkenntnis hat zwei Folgen: erstens begreift sie die Gebundenheit an Zwecke und Wertungen, wie sie den Menschen in seinen Affekten knechtet; zweitens zeigt sie die Wege, die aus dieser Knechtung hinausführen in die Freiheit. Aber diese Befreiung ist nichts anderes als die Einsicht selber. Die große Grundanschauung in ihrer Verwirklichung ist schon die Freiheit.

Daher tut Spinoza beides: er untersucht in wertfreier Betrachtung die Affekte und die notwendigen Zusammenhänge ihrer Entstehung, Verkettung und ihres Ablaufs – und dann vollzieht er in Umwendung die entschiedenste philosophische Wertung, wenn er das höchste Gut ins Auge faßt und alles daraufhin ansieht, wie es dieses fördert oder hemmt. Die Philosophie als Notwendigkeitsbewußtsein vollzieht die Betrachtung. Die Philosophie als Lebenspraxis stellt sich unter den Gedanken vom höchsten Gut.

Das weiß Spinoza. Wenn er ausgeführt hat, daß das Gute und das Schlechte nicht in den Dingen an sich selbst liegen, sondern nur Modi unseres Denkens sind, fährt er fort: »Obgleich sich die Sache so verhält, müssen wir doch diese Wörter beibehalten, weil wir eine Idee des Menschen zu bilden beabsichtigen als das Musterbild der menschlichen Natur, auf das wir hinschauen sollen.« Daher will er gut nennen, was ein Mittel ist, dem Musterbild der menschlichen Natur, das wir uns vorsetzen, näherzukommen; schlecht dagegen, was hindert, diesem Musterbild zu entsprechen. Und die Menschen werden vollkommener und unvollkommener heißen, insofern sie dem Musterbild mehr oder minder nahekommen.

Die Grundverfassung des Menschen geht aus von dem ständigen Bestimmtsein durch Zwecke und Werte und gelangt durch eine Umkehr in dem Sinn des Zweckes selber zum Ergreifen des höchsten Gutes. Das Leugnen der Zwecke bedeutet nicht das Verleugnen des Willens zur Vernunft.

Darum ist beides bei Spinoza: das Verwerfen der Zweckvorstellungen, sofern sie vom Sein etwas begreifen sollen, – und das Vorziehen, Wählen, Werten im Suchen des Heils als des Guten der Vernunft. Oder anders: das Teilnehmen am Werten, sofern sein Gegenstand nur als in Beziehung zum Menschen begriffen wird, – und die Wertfreiheit im ganzen, aber so, daß das Erreichen dieser Wertfreiheit nur durch ständiges Werten möglich ist.

Darum gibt es bei Spinoza trotz der Wertfreiheit die »richtige Lebensweise«, »Gebote der Vernunft«, das »höchste Gut«.

Die Lösung des Widerspruchs erfolgt nicht durch die Willkür, sich doch irgendeine Lebenspraxis zu wählen. Vielmehr ist der Grundgedanke: auch das höchste Gut entspringt notwendig in der Natur der Dinge aus der Vernunft. Das auf dem Wege zu ihm sich vollziehende Werten ist ein Moment in der alles umgreifenden, nur wertfrei anzusehenden Wirklichkeit. Dann aber ist das höchste Gut vor allen Gütern und Werten dadurch ausgezeichnet, daß es selbst als letzter Zweck kein Zweck mehr ist. Er dient nicht nur keinem anderen Zweck mehr, sondern er ist, sofern er gewollt wird, als dieser Wille schon selbst da. Er wird nicht als ein anderes gewollt, sondern der Wille zu ihm, die Vernunft, ist er selber. Das höchste Gut liegt im vernünftigen Denken als solchem, das immer zugleich ein Tun ist. Es kann nicht beabsichtigt werden, ohne in einem gewissen Sinn schon erreicht zu sein.

Das entscheidende Problem ist die Freiheit. Spinozas Widersprüchlichkeit scheint unaufhebbar. Er leugnet Freiheit und er behauptet sie. Er gründet seine ganze Philosophie auf Freiheit. Sein Ethos geht in Gedanken und Werk und Praxis auf Förderung der Freiheit. Die Lösung des Widerspruchs liegt in dem verschiedenen Sinn der Freiheit.

Erstens: Es gibt keine Freiheit. Alles ist notwendig. Spinoza begründet, daß die Willensfreiheit eine Selbsttäuschung sei: »Die geschaffenen Dinge werden alle von äußeren Ursachen bestimmt. Ein Stein empfängt durch eine äußere Ursache ein gewisses Quantum von Bewegung. Das Verharren des Steins in der Bewegung ist gezwungen, weil es durch den Anstoß der äußeren Ursache bestimmt werden muß... Nun stelle man sich vor, der Stein denke, indem er fortfährt sich zu bewegen, und er wisse, daß er nach Möglichkeit in der Bewegung zu verharren strebt. Dieser Stein wird sicherlich der Meinung sein, er sei vollkommen frei und verharre nur darum in seiner Bewegung, weil er es so wolle. Und das ist jene menschliche Freiheit, auf deren Besitz alle so stolz sind und die doch nur darin besteht, daß die Menschen sich ihres Begehrens bewußt sind, aber die Ursachen, von denen sie bestimmt werden, nicht kennen. So hält sich das Kind für frei, wenn es nach Milch begehrt, der Knabe, wenn er im Zorn die Rache, der Furchtsame, wenn er die Flucht will. Auch der Betrunkene glaubt, er rede aus freiem Entschluß... So glauben die Leute im Fieberwahn... Und da dieses Vorurteil allen Menschen eingeboren ist, machen sie sich nicht leicht davon los.«

Zweitens: Es gibt Freiheit. Was aber versteht Spinoza unter Freiheit? Freiheit ist eins mit Notwendigkeit. Es ist zu unterscheiden zwischen der Notwendigkeit durch äußeren Zwang vermöge der Verursachung durch ein anderes und der Notwendigkeit als dem Geschehen durch die innere Folge der eigenen Natur. Wo die Wirkung allein und rein aus den Folgen des eigenen Wesens stattfindet, da ist diese Notwendigkeit zugleich die vollkommene Freiheit.

Diese Freiheit kommt in Vollendung nur Gott zu. Die Freiheit Gottes ist freie Ursache, nicht freier Wille; sie ist nicht Wahl, sondern vollständige Bestimmtheit aus sich selbst, ist »freie Notwendigkeit«. »Gott handelt allein nach den Gesetzen seiner Natur und von niemandem gezwungen.« »Gott allein existiert bloß kraft der Notwendigkeit seiner Natur und handelt bloß kraft dieser Notwendigkeit. Darum ist er allein freie Ursache.«

Anders bei den Modi, also beim Menschen. Er ist frei nur in dem Maße, als er die adäquate Ursache seines Tuns in der klaren Erkenntnis von Grund und Folge ist. Er ist dagegen unfrei in dem Maße, als er aus inadäquaten Ideen denkt und handelt, bewegt durch Affektionen von außen und innen, in dem endlosen Zusammenhang des Wirkens der Modi aufeinander. Da der Mensch in der Gesamtheit seines Daseins nie die vollständige und alleinige Ursache in der Helligkeit adäquater Ideen ist, ist er immer auch unfrei.

Aber der Mensch vermag, wenn auch nicht vollkommen frei, so doch freier zu werden in dem Maße, als er adäquate Ideen vollzieht, das heißt in dem Maße, als er vernünftig wird. In der Vernunft erkennt er die Notwendigkeit. Daher: Es gibt keine Freiheit, alles ist notwendig; aber die Einsicht in das eigene Wesen als Notwendigkeit ist selber Freiheit, nämlich durch wissende Teilnahme an dieser Notwendigkeit. Der Wille zur Freiheit, der identisch ist mit dem Willen zu erkennen, begreift sich selber als Notwendigkeit. Freiheit bedeutet: das Sehen aller Dinge und Ereignisse als notwendig, auch das Begreifen des Wertens und Zweckdenkens als selber durch die Notwendigkeit des modalen Seins auftretend, das Begreifen schließlich der Vernunft durch sich selbst als notwendige Natur des Menschen.

Spinozas Gedanken von Freiheit und Notwendigkeit machen Schwierigkeit durch die Erfahrung des »Sollens«. Das Sollen gebietet, was nicht notwendig geschieht, sondern auch nicht geschehen kann. Das Sollen spricht sich in Gesetzen aus. Gesetze sind also zweierlei Art: entweder solche, nach denen alles unabänderlich geschieht, oder solche, nach denen als Normen gehandelt werden soll, aber nicht immer gehandelt wird. Wir denken gemeinhin, unsere Freiheit liege darin, den Geboten des Sollens folgen zu können oder nicht. Erst Spinozas Auffassung der Gesetze und des Sollens macht deutlich, wo für ihn die Freiheit liegt: nur Gesetze, deren Übertretung unmöglich ist, sind göttliche Gesetze; Gesetze, die übertreten werden können, sind menschliche Gesetze. Freiheit ist in der Einheit mit der göttlichen Notwendigkeit; sie handelt ohne Wahl. Wo ich wähle und auch anders kann, bin ich unfrei.

Die Gesetze der Menschen sind Ausdruck ihrer Endlichkeit. »Alle Gesetze, die übertreten werden können, sind menschliche Gesetze, weil aus allem, was die Menschen zu ihrem Wohl beschließen, darum noch nicht folgt, daß es zum Wohl der ganzen Natur diene, sondern im Gegenteil zur Vernichtung vieler anderer Dinge gereichen kann.« Aber mächtiger als die Gesetze der Menschen sind die Naturgesetze, denen sie ihrerseits unterworfen sind.

Der Widerspruch zwischen Freiheit und Notwendigkeit wird also durch folgenden Gedanken aufgehoben: Das Sollen liegt innerhalb der Notwendigkeit, und zwar in der Weise, daß die Notwendigkeit sich selber durchhellt und als solche begreift, d. h. mit Spinozas Worten, daß sie nicht erlitten, sondern getan wird. Denn adäquate Erkenntnis ist identisch mit Handeln, nicht mit Leiden. Sie ist Verwirklichung der Seele nach der göttlichen Notwendigkeit. Freiheit ist im Denken selbstbewußt gewordenes Moment der göttlich umgreifenden absoluten Notwendigkeit.

Aber zu denken, daß Gott Gesetze gäbe wie Menschen, ihre Befolgung belohne, ihre Übertretung bestrafe, ist eine jener falschen Übertragungen der Vorstellung vom menschlichen Tun und Beschränktsein auf Gott. Das ist erstens eine Verkleinerung Gottes, durch den alles, was geschieht, gemäß seinem eigenen Beschluß auch wirklich und unwiderstehlich geschieht; nichts kann gegen ihn geschehen. Und zweitens wird diese Vorstellung durch den Lohngedanken ein Verderben der sittlichen Tugend: denn diese hat ihren Lohn in sich selber, nicht durch ein anderes.

Spinozas Gedanke der Notwendigkeit ähnelt in vielen Formulierungen dem Prädestinationsgedanken Calvins, wenn er auch im Ursprung und in der Folge der inneren Haltung völlig verschieden ist.

Spinoza schreibt: »Niemand kann es Gott zum Vorwurf machen, daß er ihm eine schwache Natur oder einen ohnmächtigen Sinn gegeben hat. Es wäre geradeso widersinnig, als wollte der Kreis sich beklagen, daß Gott ihm nicht die Eigenschaften der Kugel gegeben habe. Ebensowenig kann ein Mensch von ohnmächtigem Sinne darüber klagen, daß Gott ihm die Stärke und die wahre Erkenntnis und Liebe Gottes versagt hat, und daß er ihm eine so schwache Natur gegeben hat, daß er nicht imstande ist, seine Begierden zu zähmen und zu mäßigen.«

Von Recht und Unrecht kann nicht die Rede sein: »Wie der Weise das vollste Recht hat zu allem, was die Vernunft vorschreibt, so hat auch der Tor und wer ohnmächtigen Geistes ist, das vollste Recht zu allem, was seine Begierde ihm rät«, denn »nicht alle Menschen sind von Natur bestimmt, nach den Regeln und Gesetzen der Vernunft zu handeln.«

Gott ist nicht Richter, aber »das Unglück, das aus unseren schlechten Handlungen und Leidenschaften folgt, ist deshalb nicht weniger furchtbar, weil es notwendig aus ihnen folgt«.

»Die Menschen sind vor Gott nur aus dem Grunde unentschuldbar, weil sie eben in Gottes Macht sind, wie der Ton in der Macht des Töpfers, der aus derselben Masse Gefäße bildet, das eine zur Ehre, das andere zur Unehre.« Man wendet gegen Spinoza ein: wenn jeder Mensch notwendig so ist, wie er ist, dann ist er auch entschuldbar. Spinoza antwortet: »Die Menschen können ja immer entschuldbar sein und nichtsdestoweniger der Glückseligkeit ermangeln und auf vielfache Weise gequält sein. Das Pferd ist zu entschuldigen, daß es ein Pferd ist und kein Mensch, und nichtsdestoweniger muß es ein Pferd sein und nicht ein Mensch. Der Hund, der durch einen Biß toll wird, ist zwar zu entschuldigen und doch wird er mit Recht erstickt.«

Man versteht, daß Spinoza Neigung zu Calvinisten hatte. Er schreibt, daß die Meinung, die alles von Gottes Gutdünken abhängen lasse, weniger von der Wahrheit entfernt sei als die Meinung, daß Gott alles im Hinblick auf das Gute tue. Denn diese letztere nimmt etwas außerhalb Gottes an, das von ihm nicht abhängt, auf das er vielmehr blicke wie auf ein Musterbild. »Das heißt in der Tat, Gott dem blinden Schicksal zu unterwerfen.«

Doch der Unterschied zwischen Calvin und Spinoza ist radikal: Spinoza kennt kein Gutdünken Gottes, keine Willkür, kein »decretum horribile«, sondern nur die Notwendigkeit. Der tiefere Unterschied aber ist: bei Calvin die Weise des Sündenbewußtseins und des Erlösungsbedürfnisses durch den Glauben, – bei Spinoza die ursprüngliche Freiheit von jeglichem Schuld- und Sündenbewußtsein und die Ruhe der Freiheit in der Gottesgewißheit.

a) *Die Lehre von den Affekten*

Spinoza konstruiert die Wirksamkeit der Affekte aus wenigen Prinzipien, die die unendliche Verzweigung ihrer Arten erklären. Das Einfache bringt ihm eine auf den ersten Blick unübersehbare Mannigfaltigkeit zur Einsicht.

Es gibt seit der Antike eine Überlieferung der Affektenlehre, die zu Spinozas Zeiten vor allem durch Descartes und Malebranche eine umgestaltende Erneuerung erfuhr. Spinoza kannte diese Überlieferung. »Allein die Natur und die Kräfte der Affekte und andrerseits was zu deren Bemeisterung die Seele vermag: das hat, soviel ich weiß, noch niemand bestimmt.«

Das dritte Buch der »Ethik« handelt vom Ursprung und der Natur der Affekte. Es ist berühmt geworden. Ein großer Physiologe, Johannes Müller, hat diesen ganzen Teil als unübertreffliche Analyse der Realität der Affekte in sein Handbuch der Physiologie (1833–40) aufgenommen.

Die Prinzipien des Entwurfs sind:

1. Alle endlichen Modi bringen einander hervor, sind einander Hilfe und zerstören sich gegenseitig. Kein Ding kann durch sich selbst zerstört werden. Vielmehr *strebt jedes Ding, in seinem Sein* auf unbe-

stimmte Zeit *zu verharren*. Dies Selbsterhaltungsstreben ist die wirkliche Wesenheit jedes Dinges und auch des Menschen.

Selbsterhaltungsstreben nennt Spinoza Begierde, wenn es sich seiner bewußt, Trieb, wenn es sich seiner nicht bewußt ist. Es hat je nach Aspekt viele andere Namen. Daher habe er, sagt Spinoza, »alle Strebungen der menschlichen Natur, die wir mit dem Namen des Triebes, des Willens, der Begierde oder des Dranges bezeichnen, ineins zusammengefaßt«.

Das Streben ist *Bewegung*. Diese aber erfolgt auf dem Grunde eines Zustandes des endlichen Wesens. Den *Zustand* der menschlichen Wesenheit nennt Spinoza Affektion (mag der Zustand angeboren oder erworben, bloß unter dem Attribut des Denkens oder dem der Ausdehnung begriffen oder auf beide Attribute zugleich bezogen sein). Die Begierde (oder Streben, Trieb, Drang, Wollen) ist je nach dem Zustand desselben Menschen verschieden, oft sich entgegengesetzt, so daß der Mensch nach verschiedenen Richtungen gezogen wird und nicht weiß, wohin er sich wenden soll.

2. Der Übergang zu größerer Wirklichkeit oder Vollkommenheit ist der Affekt der *Freude*, der Übergang zu geringerer ist der Affekt der *Trauer*. Der Affekt liegt im Übergang. »Würde der Mensch mit der Vollkommenheit, zu der er übergeht, geboren sein, so würde er ohne den Affekt der Freude in ihrem Besitz sein.« Auch die Trauer gehört dem Übergang. Sie hört auf in dem bestehenden Zustand geringerer Vollkommenheit.

3. »Außer diesen dreien – Begierde, Freude, Trauer – erkenne ich keinen anderen Grundaffekt an: alle übrigen entstehen aus diesen drei.«

Wodurch entstehen sie? Der Geist stellt sich vor, hat *Gegenstände*, auf die gerichtet die Affekte sich abwandeln. Durch Bezug auf das Selbsterhaltungsstreben geraten sie alle in die Farbe des Fördernden oder Hemmenden. »Wir streben nach nichts, wollen und begehren nichts, weil wir es als gut beurteilen, vielmehr umgekehrt, wir beurteilen etwas als gut, weil wir danach streben, es wollen und begehren.«

Der Geist strebt, sich vorzustellen, was die Wirkungskraft seines Geist-Leib-Ganzen vermehrt, er widerstrebt den entgegengesetzten Vorstellungen. Daraus entspringen die ersten gegenständlich bestimmten Grundaffekte, *Liebe* und *Haß*. Liebe ist Freude, begleitet von der Idee einer äußeren Ursache. Haß ist Trauer, begleitet von der Idee einer äußeren Ursache.

Was immer uns begegnet, verknüpft sich miteinander. So der *zeitliche Zusammenhang:* Ein Ding können wir allein deswegen, weil wir es in einem

Affekt der Freude oder Trauer mit ihnen gleichzeitig betrachtet haben, dessen bewirkende Ursache es gar nicht war, lieben oder hassen. *Ähnlichkeiten* der Dinge haben dieselbe Folge. So können wir dasselbe zugleich hassen und lieben, so findet häufig ein Schwanken unseres Gemüts statt.

Gliederungen der Affekte erfolgen weiter durch Beziehung der Vorstellungen auf *vergangene* und *zukünftige Dinge*. Der *»Gewissensbiß«* ist Trauer, begleitet von der Idee eines vergangenen Dinges, das unverhofft eingetroffen ist. *Furcht* und *Hoffnung*, von einander untrennbar, sind Trauer und Freude mit der Vorstellung eines Zukünftigen, – hört das Schwanken auf, so entstehen *Sicherheit* oder *Verzweiflung*. Eine ungemein eingehende Erörterung der Affekte hat Spinoza gegeben, auf deren Wiedergabe wir verzichten müssen.

4. Der große Schnitt zwischen den Möglichkeiten der Affekte erfolgt durch den Unterschied der *adäquaten* und *inadäquaten Ideen*. Begierde (Selbstbehauptungsstreben) und Freude und Trauer sind entweder *Handlungen* oder *Leidenschaften* (passiones, Leidungen): Der Geist freut sich in adäquaten Ideen, durch die er handelnd ist, erfährt Trauer in inadäquaten Ideen, durch die er leidend ist. In beiden Fällen ist das Grundstreben das Im-Sein-verharren-Wollen; das eine Mal vernünftig und hell, das andere Mal verworren und blind.

Das vernünftige Grundstreben bedeutet Herrschaft über die Affekte oder Freiheit, das verworrene und blinde bedeutet Beherrschung durch die Affekte oder Knechtschaft.

b) *Beschreibung der Knechtschaft*

Die Situation aller endlichen Modi und des Menschen ist: Es gibt kein Einzelding in der Natur, dem nicht ein anderes Einzelding an Kraft und Stärke überlegen ist. Immer gibt es ein Mächtigeres. Daher ist die Kraft, mit der der Mensch im Existieren beharrt, beschränkt und von der Kraft der äußeren Ursachen unendlich übertroffen.

Er hat statt adäquater Ideen Vorstellungen, die mehr den gegenwärtigen Zustand des menschlichen Körpers als die Natur des äußeren Körpers anzeigen und die verworren sind. Diese Vorstellungen (wie etwa die Größe und Entfernung der Sonne) sind dem Wahren nicht entgegengesetzt und verschwinden auch nicht bei dessen Gegenwart. Die Vorstellungen verschwinden nicht infolge der Gegenwart des Wahren, sondern weil ihnen andere stärkere Vorstellungen entgegentreten.

Würde der Mensch nur Veränderungen erleiden, die durch seine eigene Natur eingesehen werden können, so könnte er nicht vergehen, sondern würde immer existieren. Dann aber müßte er unendlich sein. Aber er ist endlich, den äußeren Kräften ausgesetzt. Er folgt der gemeinsamen Ordnung der Natur, existiert notwendig nicht nur durch seine Handlungen (actiones), sondern ist notwendig immer den passiones (»Leidenschaften«) oder Affekten unterworfen.

Die Kraft der äußeren Ursache im Vergleich mit unserer Kraft bestimmt das Anwachsen und Beharren jeder Leidenschaft. Eine Leidenschaft oder ein Affekt kann alle übrigen Handlungen des Menschen dergestalt übersteigen, daß der Affekt beharrlich an dem Menschen haftet. Affekte können nur durch Affekte, die entgegengesetzt und stärker sind, gehemmt oder aufgehoben werden. Daher kann eine wahre Erkenntnis des Guten und Schlechten einen Affekt nur dann hemmen, wenn sie selber als Affekt auftritt.

Das Gegenwärtige hat die Übermacht über das Entfernte. Ein Affekt ist stärker in bezug auf das, was uns hier in Raum und Zeit unmittelbar trifft, stärker in bezug auf schnell Herannahendes als in bezug auf weit von der Gegenwart Entferntes. Daher hat die Meinung, die das Gegenwärtige erzeugt, so viel mehr Kraft als die wahre Vernunft, gemäß dem Dichterwort: »Ich sehe das Bessere und billige es, aber dem Schlechten folge ich nach.«

Den Menschen, der seinem Affekt und seiner Meinung folgt, heißt Spinoza einen Knecht; den, der allein nach der Leitung der Vernunft lebt, einen Freien. Jener handelt, ohne zu wissen, was er tut. Dieser aber tut, niemandem zu Willen als sich selbst, nur das, was er als das Wichtigste im Leben erkennt und daher am meisten begehrt.

c) *Die Idee und die Möglichkeiten der Freiheit*

Die Gebote der Vernunft gründen in dem notwendigen Tatbestand, daß jeder sein Sein, soviel an ihm liegt, zu erhalten strebt. Da »alle unsere Strebungen aus der Notwendigkeit unserer Natur folgen«, ist »die Grundlage der Tugend (virtus, Kraft) das Streben nach Erhaltung des eigenen Seins; das Glück besteht darin, daß der Mensch sein Sein zu erhalten vermag. Aus der Vernunft handeln ist nichts anderes, als tun, was aus der Notwendigkeit unserer Natur folgt.« Nichts kann begriffen werden, was dem Selbsterhaltungsstreben voraufginge. »Da die Vernunft nichts gegen die Natur fordert, fordert sie also, daß jeder sich selbst liebt, seinen Nutzen sucht. Nach der Leitung der Vernunft handeln, sein Sein erhalten, leben, diese drei bedeuten dasselbe: aus Tugend handeln.«

Spinoza weiß sich im Gegensatz zur allgemeinen ethischen Auffassung. Wenn »viele glauben, daß dies Prinzip, wonach jeder gehalten ist, seinen Nutzen zu suchen, die Grundlage der Zuchtlosigkeit und nicht die Grundlage der

Tugend und des Pflichtgefühls sei«, so erklärt er: »es verhält sich gerade umgekehrt«.

Man kann einwenden: was ohnehin nach der Notwendigkeit der Natur geschieht, das braucht man nicht zu fordern. Aber in der Zweideutigkeit dessen, was Natur und Notwendigkeit sei, nämlich entweder bewußtlose Notwendigkeit der inadäquaten Ideen oder bewußte Notwendigkeit der adäquaten Ideen, liegt der Grund der paradoxen Sätze. Denn Spinoza fordert, den Nutzen zu suchen, »der in Wahrheit ein Nutzen ist«, nicht blind zu begehren, sondern nach dem zu verlangen, »was in Wahrheit den Menschen zu größerer Vollendung führt«, als letztes Ziel nicht endliche Zwecke berechnend zu setzen, sondern nur die Vernunft selbst und was ihr offenbar und gegenwärtig wird.

Auf drei Wegen bringt Spinoza dieses Ethos zur Geltung: Er zeigt erstens Verfahren, gibt Anweisungen und stellt Lebensregeln auf, – er erinnert zweitens immer von neuem, daß alles Wahre in der Gottesgewißheit seinen Grund hat und auf sie bezogen ist, – er entwirft drittens ein Musterbild des vernünftigen Lebens.

1. *Verfahren und Lebensregeln*

Es ist nötig, »die Macht wie die Ohnmacht unserer Natur zu kennen, um bestimmen zu können, was die Vernunft im Bemeistern der Affekte vermag und was sie darin nicht vermag«. Illusionär ist die Macht eines Willens (Stoiker, Descartes), der auf Grund fester Urteile die Affekte und Leidenschaften von sich abhängig machen will. Nicht in solcher Gewaltsamkeit besteht das Gegenmittel. Nur »aus der Erkenntnis der Seelen« kann bestimmt werden, was wirksam ist.

Spinoza zeigt: Ein Affekt, der eine Leidenschaft ist, hört auf, eine Leidenschaft zu sein, sobald wir uns von ihm eine klare und deutliche Idee bilden. »Ein Affekt ist also um so mehr in unserer Gewalt, und die Seele leidet um so weniger von ihm, je bekannter er uns ist.« Jeder hat die Gewalt, sich und seine Affekte, wenn schon nicht unbedingt, so doch wenigstens teilweise klar und deutlich einzusehen und folglich zu bewirken, daß er von ihnen weniger leidet. Deshalb müssen wir uns vornehmlich darum Mühe geben, daß wir einen jeden Affekt, soweit es geht, klar und deutlich erkennen. Alle Triebe und Begierden sind nur insofern Leidenschaften, als sie aus inadäquaten Ideen entspringen, und sie werden alle zur Tugend gerechnet, sobald in uns adäquate Ideen erregt oder erzeugt werden. Es gibt in der Seele keine andere Kraft, als die Kraft zu denken und adäquate Ideen zu bilden. In der Zeitfolge gewinnen die klaren Ideen über die unklaren der Affekte die Oberhand.

Denkend werde ich meiner Affekte Herr durch angebbare Verfahren:

Ich bin überwältigt vom Affekt, wenn mein ganzes Vorstellen an die äußere Ursache gefesselt ist, auf die ich ihn beziehe. Ich werde frei, wenn ich »den Affekt von dem Gedanken an die äußeren Ursachen löse und mit anderen Gedanken verbinde«. Dann werden Liebe und Haß gegen die äußere Ursache zum Erlöschen gebracht.

Ich bin betroffen von der Zufälligkeit. Es hätte nicht zu sein brauchen, was mir zustieß. Aber sobald ich die Dinge als notwendig erkenne, leide ich weniger von meinen Affekten und gewinne Macht über sie. So wird »die Trauer über ein verlorenes Gut gemildert, sobald der Mensch, der das Gut verloren hat, erwägt, daß es auf keine Weise erhalten werden konnte.«

Ich bin unvorbereitet. Plötzlich überfällt mich, was mich beleidigt, erzürnt, ängstet. Um mich dagegen zu wehren, muß ich meine Affekte ordnen, das heißt eine richtige Lebensweise oder gewisse Lebensregeln im Verstande entwerfen, diese der Erinnerung einprägen, sie auf die vorkommenden Fälle ständig anwenden, damit sie jederzeit vor Augen stehen und unsere Vorstellungsweise beeinflussen.

Zum Beispiel die Lebensregel: den Haß durch Liebe oder Edelmut besiegen und nicht durch Gegenhaß vergelten. Um diese Regel jederzeit vor Augen zu haben, muß ich die gewöhnlichen Beleidigungen der Menschen durchdenken, oft über sie nachsinnen, und über den Weg, wie sie am besten durch Edelmut sich abwehren lassen. Dann wird im Falle einer Beleidigung die Regel sofort vor Augen stehen. So werden Zorn auf Grund von Beleidigung, Haß, Furcht vor Gefahren und alle anderen Affekte durch ein ständiges Üben im Sichbesinnen auf ein vorbereitetes und geordnetes Gemüt treffen. Die Affekte werden nicht aufhören, aber einen geringeren Raum einnehmen und leichter überwunden werden.

Spinoza bringt eine Menge von Lebensregeln (zu gutem Teil aus der philosophischen, besonders stoischen Überlieferung). Er bekennt, daß über »die rechte Art zu leben viele herrliche Dinge geschrieben seien von ausgezeichneten Männern«, denen er viel verdanke. Aus der Fülle seiner lebenspraktischen Beobachtungen und Anweisungen nur eine kleine Auswahl:

Wir hören ihn über sinnliche Liebe, über Ehe, über Geld sprechen, immer positiv unter Abwehr des Maßlosen und Widervernünftigen.

Wir hören: »Der freie Mensch ist ebensogroß im Vermeiden wie im Überwinden von Gefahren.« Rechtzeitige Flucht ist das Zeichen einer ebenso großen Willenskraft als der Kampf.

Unter Unwissenden ist der freie Mensch bemüht, deren Wohltaten, soviel er kann, zu vermeiden. Denn nur freie Menschen sind einander vollkommen dankbar. Die Dankbarkeit zwischen Menschen von blinder Begierde ist meistens ein Handelsgeschäft.

Der freie Mensch handelt niemals betrügerisch, sondern immer mit Redlichkeit. In den Worten miteinander übereinzustimmen, in der Sache aber entgegengesetzt zu sein, ist ungereimt.

Den Haß durch Liebe besiegen und nicht durch Haß vergelten. Denn wer durch Liebe besiegt, dem folgen die Besiegten freudig nach infolge Anwachsens ihrer Kräfte.

Gemeinhin hochgewertete Gemütsbewegungen verwirft Spinoza: *Mitleid* ist an sich schlecht und unnütz. Der Weise strebt, daß er nicht vom Mitleid gerührt wird, denn es ist ein schwächerer Affekt. Aber er sucht nach dem reinen Gebot der Vernunft helfend das zu tun, von dem er weiß, daß es gut ist. Niemanden bemitleiden, aber gut handeln! Aber er fügt hinzu: »Ich spreche hier nur von dem Menschen, der nach der Leitung der Vernunft lebt. Denn wer weder durch die Vernunft noch durch Mitleid bewogen wird, anderen Hilfe zu leisten, der wird mit Recht ein Unmensch genannt.« – *Demut* ist keine Tugend, denn sie entspringt nicht aus der Vernunft und schwächt. – *Reue* ist keine Tugend, vielmehr ist, wer eine Tat bereut, zwiefach elend und ohnmächtig.

Am charakteristischsten für Spinoza sind vielleicht seine Erörterungen zu dem Satz: *Was Freude bringt, ist gut.* Bei dem Ordnen unserer Gedanken und Vorstellungsbilder sollen wir, soweit es möglich ist, an jeder Sache immer nur das Gute ins Auge fassen, um immer durch den Affekt der Freude zum Handeln bestimmt zu werden.

Das Schelten, Anklagen, Verachten hilft nicht nur nichts, sondern folgt aus einer unbemerkten Verkehrung. Gerade der Ehrgeizigste, der keinen Erfolg hat, schilt die Eitelkeit der Welt. Der von seiner Geliebten Verleugnete schilt die Unbeständigkeit der Weiber, aber sofort ist alles vergessen, sobald sie ihn wieder annimmt.

Das Klagen und Anklagen derer, die ein widriges Geschick erleiden, ist Ausdruck eines ohnmächtigen Gemüts. Daher, wer Freiheit will, sucht das Gemüt mit jener Freudigkeit zu erfüllen, die aus der richtigen Erkenntnis der Tugenden und ihrer Ursachen entspringt; keineswegs aber wird er seine Kräfte daran setzen, die Fehler der Menschen zu betrachten, die Menschen herabzusetzen und sich eines falschen Scheines von Freiheit zu erfreuen. Er wird sich hüten, die Fehler der Menschen herzuzählen, und von der menschlichen Ohnmacht nur sparsam reden.

Aber nur die Freudigkeit ist gut, die die Vernunft selber ist. Nach dem Wesen der Menschen und Zustände sind die Freuden sehr verschieden, wie etwa zwischen der Freudigkeit, von der ein Trunkener geleitet wird, und der Freudigkeit, die der Philosoph erfährt. Diese ist das höchste Ziel. »Wenn ein Mensch durch den Zustand der Freude zu einer solchen Vollkommenheit gebracht würde, daß er sich und seine

Handlungen adäquat begriffe, so würde er zu denselben Handlungen, zu denen er jetzt noch durch Affekte, die Leidenschaften sind, bestimmt wird, gleich fähig, ja sogar noch mehr fähig sein.« »In je mehr Freude wir versetzt werden, zu desto größerer Vollkommenheit gehen wir über und desto mehr haben wir folglich Anteil an der göttlichen Natur.«

Gegen den einzigen Wert der Freude steht der Aberglaube: gut sei, was Trauer bringt. Aber niemand, es sei denn ein Neider, ergötzt sich an meiner Ohnmacht und meinem Ungemach. »Nur ein finsterer und trauriger Aberglaube verbietet, sich zu ergötzen. Keine Gottheit rechnet uns Tränen und Furcht als Tugend an. Es ist umgekehrt. Freude ist gehörig in allen Stufen des Daseins. Dem weisen Menschen ziemt es, sich mit Maß an wohlschmeckenden Speisen und Getränken zu laben und zu stärken, an der Lieblichkeit grünender Pflanzen, an Schmuck, Musik, körperlichen Spielen, Theatern.«

2. *Alles Wahre ist auf Gott bezogen*

Alle Lebenspraxis wäre philosophisch vergeblich, die nicht zuletzt ihren Ursprung in der Gottesgewißheit hätte. Daher genügen nicht Anweisungen, Methoden, Lebensregeln, nicht Rezepte und Programme. Diese sind zwar möglich als Angabe »richtigen« Verhaltens, das aber Sinn und Kraft nur findet unter Voraussetzung jenes tieferen Grundes. Daher wäre es unmöglich, der Affekte in der Verworrenheit Herr zu werden durch eine formale Freiheit allein auf Grund psychologischer Erkenntnis, als ob man sich als einen Apparat in der Hand hätte und gleichsam maschinell bediene, damit er auf erwünschte Weise laufe.

Bei Spinoza wiederholt sich dieser Gedankengang: »Der letzte Zweck des von der Vernunft geleiteten Menschen, das heißt seine größte Begierde ist die, sich und alle Dinge, die Objekt seiner Einsicht werden können, adäquat zu begreifen.« Adäquat begreifen heißt, in der dritten Erkenntnisgattung begreifen. Aus dieser aber entspringt notwendig, vielmehr sie ist die geistige Liebe zu Gott (amor dei intellectualis), »die Freude, begleitet von der Idee Gottes als der Ursache«. Daher ist das höchste Glück »die Erkenntnis Gottes, die uns anleitet, nur das zu tun, was Liebe und Pflichtgefühl erheischen«.

Die Gewißheit und Kraft des Bewußtseins von Gottes Wirklichkeit, der allumgreifenden, alldurchdringenden, die immer gegenwärtig ist dem, der sich nur nicht vor ihr verschließt, hat unmittelbare Folge für jeden Tag des Lebens. Weil Gott da ist, ist das Ethos wirklich, wie von selbst, ohne Gewaltsamkeit.

Unser ganzes philosophisches Bemühen ist, dorthin zu gelangen und immer wieder dorthin zurückzugelangen, wenn wir herausgefallen sind. Der Geist, ständig sich besinnend und sich dorthin lenkend, »kann bewirken, daß alle Körperaffektionen oder Vorstellungsbilder der Dinge auf die Idee Gottes bezogen werden«. Und diese Kraft von Gotteserkenntnis und Gottesliebe »wird um so mehr genährt, je mehr Menschen wir uns als durch dasselbe Band der Liebe mit Gott verbunden vorstellen«.

3. *Entwurf des vernünftigen Lebens*

Zweckfreiheit: Das Sein ist ganz gegenwärtig, als Liebe ewige Gegenwart, ist nicht anderswo, nicht in einem Jenseits erst zu finden und zu erwarten.

Daher ist die Vernunft in der dritten Erkenntnisgattung nicht als Mittel zu einem Zweck wirksam, sondern selbst der Zweck: die Seligkeit in ihr als amor intellectualis dei. Sie dient keinem anderen, ist nicht auf dem Weg zu ihm, sondern schon angelangt.

Das ist entscheidend für den Gehalt der wahren Tugend: »Die Seligkeit ist nicht der Tugend Lohn, sondern die Tugend selbst.« Daher ist das vernünftige, sittliche Leben seiner selbst, nicht eines anderen wegen zu erstreben. Es ist nicht mehr Tugend, wenn es als Mittel für ein anderes gemeint ist. »Es gibt nichts Wertvolleres und nichts, was nützlicher für uns ist, um dessentwillen sie erstrebt werden müßte.« Sie zum Mittel zu degradieren für eine Belohnung oder sie zu erzwingen durch eine Drohung, hebt sie selber auf. Beides ist unwahr. »Gott gibt den Menschen keine Gesetze, um sie zu belohnen und zu bestrafen.« Darum sind die von der wahren Schätzung und Wirklichkeit der Tugend weit entfernt, welche erwarten, von Gott für ihre guten Handlungen »wie für die schwerste Knechtschaft« mit den größten Belohnungen ausgezeichnet zu werden. Sie verhalten sich so, »als ob Tugend und Gottes-Knecht-Sein nicht selbst schon das Glück und die höchste Freiheit wären«.

Die Zweckfreiheit ist der begründende Zirkel im Sittlichen, wie es die causa sui im Erdenken Gottes ist.

Aktivität und Gelassenheit: Spinoza lehrt den möglichen Weisen, ganz bei Gott und ganz in der Welt zu leben. »Der freie Mensch denkt an nichts weniger als an den Tod, und seine Weisheit ist nicht ein Nachsinnen über den Tod, sondern ein Nachsinnen über das Leben.« Er wird nicht von der Furcht vor dem Tode bestimmt, sondern begehrt gut zu handeln, zu leben und sein Sein zu erhalten.

Die Grundhaltung ist, alle Dinge, Ereignisse, sich selbst als notwendig, unveränderlich in ihrem ewigen Wesen zu sehen, ist die Ruhe in dieser Notwendigkeit. Sie ist die Aktivität, das Dasein als Modus im Wissen um seine erscheinende Notwendigkeit, ihm zusehend und ihm überlegen, mitzuvollziehen. Der absolute Notwendigkeitsgedanke hat bei Spinoza (wie sonst in der Geschichte) die Aktivität nur gesteigert durch das Bewußtsein, in ihr das Notwendige selber zu tun. Der große Unterschied zwar ist, was als Notwendigkeit gedacht wird (etwas ganz anderes als bei Spinoza im Calvinismus und im Marxismus).

Die Anschauung der Notwendigkeit hat also zur Folge die Aktivität und zugleich die Gelassenheit: was Unheil, Torheit, Scheitern ist, was im eigenen Verderben erfahren wird, es ist ja alles notwendig; daher wird der Gegner und der Niederträchtige und der blind Irrende nicht gescholten. Es bleibt nicht Haß und nicht Verachtung. Der vernünftigen Einsicht geht in allem die Notwendigkeit auf. Diese ist der wertfreien Erkenntnis in der Welt, soweit solche Erkenntnis jeweils reicht, und dem metaphysischen Bewußtsein vollendet gegenwärtig. Wenn im menschlichen Dasein dann entschieden, also gewertet und gewählt werden muß, so ist dieser Akt des Modus nicht eine Aufhebung jener wertungsfreien Haltung. Vielmehr wird das Werten selber als ein Moment der vollendeten Notwendigkeit erfahren. Die wertfreie Erkenntnis wirkt im Verhalten des vernünftigen Wesens: im Erlöschen der Empörung, des Zorns und der Gewaltsamkeit, – in der Geduld und in dem sehenden Warten, – im Anerkennen der Notwendigkeit in allen Gestalten, auch noch des fremden, vernunftwidrigen Daseins. Der Gleichmut wird zur Grundverfassung.

Gleichmut: Die menschliche Kraft ist beschränkt und wird von der Kraft der äußeren Ursachen unendlich übertroffen. »Wir werden von äußeren Ursachen auf viele Weisen bewegt und schwanken hierhin und dorthin wie die von entgegengesetzten Winden bewegten Wellen des Meeres, unkundig unseres Ausgangs und Schicksals.«

Dieser Zustand des Modus ist unaufhebbar. Aber die Philosophie »lehrt, wie wir uns gegen die Fügungen des Schicksals oder gegen das, was nicht in unserer Gewalt steht, verhalten müssen: nämlich beiderlei Antlitz des Schicksals mit Gleichmut erwarten und ertragen«. Das Streben der Philosophie ist, »uns von der Hoffnung unabhängiger zu machen, uns von der Furcht zu befreien, dem Schicksal, soviel wir können, zu gebieten«.

Das geschieht, wenn wir unsere Handlungen und unser Denken und unsere Vorstellungen nach »dem bestimmten Anraten der Vernunft« regeln. Dann werden wir, was uns zuwider begegnet, mit Gleichmut tragen, wenn wir uns bewußt sind, daß wir das unsrige getan haben und daß die Kraft, die wir besitzen, nicht soweit habe reichen können, uns in den Stand zu setzen, das Mißgeschick zu vermeiden.

Entscheidend ist, daß wir ganz durchdrungen sind von der Erkenntnis, daß »alles nach dem ewigen Beschluß Gottes mit derselben Notwendigkeit folgt, wie aus der Wesenheit des Dreiecks folgt, daß seine drei Winkel gleich zwei Rechten sind«. Die Einsicht verlangt nach nichts als nach dem, was notwendig ist; der Wille will nichts als das, was notwendig ist. Daher stimmt das Streben »des besseren Teils unseres Selbst« überein mit der Ordnung der ganzen Natur. Denn »was auch immer der Mensch, der ja ein Teil der Natur ist, um seiner selbst willen, zu seiner Selbsterhaltung tut, oder was die Natur ihm ohne sein Zutun leistet, das alles wird ihm allein durch die göttliche Macht getan, die teils durch die menschliche Natur, teils durch äußere Dinge wirkt«. Das höchste Glück liegt in dem Einverständnis mit der göttlichen Notwendigkeit.

Was diese Notwendigkeit sei, haben wir in der Darstellung der metaphysischen Vision Spinozas als Transzendieren mit der Kategorie der Notwendigkeit über sie hinaus in eine absolute Notwendigkeit ausgesprochen. Die Notwendigkeit, die zu erkennen den Gleichmut bringt, bedeutet dasselbe. Am Leitfaden der relativen Notwendigkeiten des feststellbaren Naturgeschehens und des politischen Geschehens wird erspürt die totale Notwendigkeit des Geschehens aller Dinge durch Gott. Die erkannten Naturgesetze können Gleichnis der absoluten Notwendigkeit sein. Nur als solches Gleichnis ist die relative Notwendigkeit beruhigend (z. B. durch das medizinische Wissen der Notwendigkeit in der lebenbedrohenden Krankheit). Die absolute Notwendigkeit aber ist für Spinoza das Sein Gottes, die Substanz, nicht die Vorstellung eines Naturgeschehens oder eines Geschichtsverlaufs selber.

Der Einsicht in diese Notwendigkeit entspringt die Seelenstärke (fortitudo): die beschwingenden, machtvollen, handelnden Affekte. Die Seelenstärke nennt Spinoza Willenskraft (animositas), nämlich sein Sein allein nach den Geboten der Vernunft zu erhalten, und Edelmut (generositas), nämlich allein nach dem Gebote der Vernunft seine Mitmenschen zu unterstützen und sich ihnen in Freundschaft zu verbinden.

Der seelenstarke Mensch haßt und beneidet niemanden, zürnt niemandem, entrüstet sich über niemanden, unterschätzt niemanden und ist durchaus nicht hochmütig. Er weiß, »daß alles, was er sich als gut und schlecht denkt, und was außerdem als zuchtlos, entsetzlich, ungerecht und schimpflich erscheint, daraus entspringt, daß er die Dinge selbst ganz ungeordnet, verstümmelt und verworren begreift«. Seiner Einsicht in die Notwendigkeit verschwindet diese Verworrenheit. Dann wird er »fürwahr nichts finden, was des Hasses, des Lachens oder der Geringschätzung wert wäre, auch wird er niemanden bemitleiden, sondern, soweit die Kraft reicht, danach streben, gut zu handeln und sich zu freuen«.

4. *Charakteristik*

Vom *stoischen* Gleichmut, dem Spinozas Denken verwandt scheinen könnte, ist diese Grundhaltung unterschieden durch den Gehalt der Gottesgewißheit, die so fern von der stoischen ist, wie die Vernunft Spinozas in der dritten Erkenntnisgattung (der scientia intuitiva) von der rationalen stoischen Vernunft, und wie die Selbstbehauptung eines punktuellen absoluten Selbstseins der Stoiker von der Selbstbehauptung ruhigen Lassens bei Spinoza.

Dann ist Spinoza im Vergleich zu den Stoikern ganz ungewaltsam. Er gibt keine Anweisungen, sich zu bezwingen und zu beherrschen. Solchen Zwang erkennt er erstens als unwirksam (der Affekt kann nur durch Affekt bekämpft werden), und zweitens sieht er die verderblichen, naturwidrigen Folgen des Zwangs. Vernunft läßt den Affekt, ohne ihn zu bekämpfen, verschwinden. Daher sind Spinozas Anweisungen allein auf das Wirksamwerden des Erkennens gerichtet. Er weiß, daß er damit auf Wegen der natürlichen Notwendigkeit geht. In Spinoza liegt nichts Quälendes, nichts Trotziges, nichts Erzwingendes. Vielmehr erwächst in ihm die Stimmung der gelassenen Anerkennung aller Dinge, jenseits von Gut und Böse.

Auch mit der *Kantischen* sittlichen Forderung der Vernunft kann Spinozas Denken nicht gleichgesetzt werden. Spinoza leugnet, daß in der Vernunft selbst die unbedingte Forderung als gebietende Macht entspringt. Daher kennt Spinoza zwar Lebensregeln, aber keine unbedingten Imperative, keine Verbote, keinen Gehorsam gegen das erkannte Sittengesetz und nicht die ihm folgende Selbstvergewaltigung. Wo die Vernunft hell wird, da erwächst nach Spinoza das Sittliche von selbst, nach dem Naturgesetz, weil es als göttlich mit dieser Vernunft identisch ist.

Wie Spinoza *Christus* versteht, kennzeichnet seine eigene Philosophie. Er meint, daß Christus eine Vollkommenheit besessen hat wie kein anderer Mensch. Ihm wurde »ohne Worte und Gesichte« der Heilsplan Gottes »unmittelbar offenbart«. »Außer Christus hat niemand ohne Hilfe des Vorstellungsvermögens, das heißt ohne Hilfe von Worten oder Bildern die Offenbarungen Gottes empfangen.«

Was Christus erfuhr, hat er in Worte übersetzt, zu gutem Teil angepaßt an die Fassungskraft der Menge. Er war »nicht so sehr ein Prophet, als vielmehr der Mund Gottes«. Er hat »die offenbarten Dinge in Wahrheit erkannt. Denn dann wird eine Sache erkannt, wenn sie rein durch den Geist, ohne Worte und Bilder begriffen wird. Christus hat also die offenbarten Dinge wahr und adäquat begriffen«. Jedoch hat er »ohne Zweifel die Dinge als ewige Wahrheiten gelehrt, nicht als Gesetze vorgeschrieben«.

Wenn Spinoza schreibt: »Es könnte sein, daß Gott einem so klar seine Idee aufgeprägt hätte, daß er aus Liebe zu Gott die Welt vergäße, und daß er die übrigen Menschen liebte wie sich selbst«, so denkt er offenbar an Christus.

Man hat gemeint, Spinoza widerspräche seiner eigenen Philosophie, wenn er so von Christus rede. Keineswegs. Einmal findet sich im gleichen Zusammenhang auch die Wiederholung, daß er die Kirchenlehre von Christus als Gottessohn nicht verstehe. Und dann sofort auch die immer wiederkehrende Erörterung: Wenn Gott als Gesetzgeber oder Herrscher geschildert und gerecht, barmherzig usw. genannt wird, so geschieht das »nach der Fassungskraft des Volkes«. In Wahrheit handelt Gott bloß aus der Notwendigkeit seiner Natur und Vollkommenheit. »Seine Ratschlüsse und Willensakte sind ewige Wahrheiten und schließen immer die Notwendigkeit in sich.«

Wo Spinoza unumgänglich und absichtlich, zumal in der politischen Situation, »der Fassungskraft der Menge« sich anpaßt, ist deutlich erkennbar. Aber seine Hochachtung Christi ist nicht nur eine solche Anpassung. Was Spinoza als Gottesgewißheit, allem anderen vorhergehend, was ihn als Gottesliebe und Menschenliebe erfüllt, das erkennt er wieder bei Jesus, *dem Menschen*. Die, wenn auch selten ausgesprochene, alle anderen Menschen überragende Auszeichnung, die er Jesus gibt, wirkt wie die Identifizierung des Gotteswissens Jesu, das dieser unmittelbar, von Geist zu Geist, erfuhr, mit dem philosophischen Gotteswissen Spinozas.

Wenn der Weg, den Spinoza zeigt, schwierig scheint, so ist er doch gewiß zu finden: »Freilich, schwierig muß sein«, so endet sein ethisches

Buch, »was so selten gefunden wird. Denn wie wäre es möglich, wenn das Heil leicht zugänglich wäre und ohne große Mühe gefunden werden könnte, daß fast alle es unbeachtet lassen? Aber alles Vortreffliche ist ebenso schwer als selten.«

VIII. Religion und Staat

Politisches Denken ist das Motiv schon der ersten, verlorenen Schrift Spinozas. Er protestierte gegen den Bannfluch, sofern dieser für sein bürgerliches Dasein Folgen haben konnte. Das politische Denken begleitete seitdem sein Leben, ist der Inhalt seiner größten, wirksamsten, von ihm selbst veröffentlichten Schrift, des Theologisch-Politischen Traktats, und noch seiner letzten unvollendeten Schrift, des Tractatus politicus. Grundsätze dieses Denkens sind folgende:

Der Mensch nimmt in sich ein *doppeltes Gesetz* wahr: das aus der Gemeinschaft, die er mit Gott hat, sodann das aus seiner Gemeinschaft mit den Menschen. Die erste Gemeinschaft ist schlechthin notwendig, die zweite nicht. Denn das Gesetz, gemäß dem er vor und mit Gott lebt, muß er beständig vor Augen haben; aber das Gesetz, das aus seiner Gemeinschaft mit den Menschen in der Welt der Modi entspringt, »ist nicht so notwendig, sofern er sich selbst von den Menschen abzusondern vermag«. Das doppelte Gesetz hat Spinoza stets festgehalten, nicht aber den letzten Satz (des Jünglings) von der möglichen Absonderung des einzelnen Menschen. Denn, so erkannte er, *für den Menschen ist nichts nützlicher als der Mensch.* Wir können es niemals dahin bringen, zur Erhaltung unseres Daseins nichts von anderen Menschen zu bedürfen. Unser Verstand wäre weniger vollkommen, wenn der Geist nichts erkennte als sich selbst. Ohne gegenseitige Hilfe können die Menschen weder ihr Leben fristen noch ihren Geist ausbilden.

Dieser einzige Wert des Menschen für den Menschen führt aber im Umgang freier Geselligkeit nicht schon zum Ziel verläßlicher Gemeinschaft.

Die Menschen weichen trotz Ähnlichkeit von einander ab. Dasselbe erscheint dem einen gut und dem anderen schlecht; dem einen geordnet, dem anderen verworren; dem einen angenehm, dem anderen unangenehm. Daher die Redensarten: soviel Köpfe, soviel Sinne; jedem gefällt seine Kappe; jeder hat seine eigene Meinung und seinen eigenen Geschmack. Das zeigt nur, daß die Menschen die Dinge lieber vorstellen (nach der Anlage ihres Gehirns) als sie erkennen (nach der Vernunft). Die Vorstellungen trennen, nur die Vernunft eint. Aus den Affektionen des Vorstellungsvermögens entstehen die Streitigkeiten und schließlich der Skeptizismus, aus der Vernunft die Einmütigkeit und wahre Einsicht.

Der große Impuls, mit anderen übereinstimmen zu wollen, ist daher zweideutig. Im Bereiche des Vorstellens bewirkt er das Gegenteil: »Jeder strebt, so viel er kann, danach, daß alle anderen das, was er selber liebt, auch lieben, und das, was er selber haßt, auch hassen. Indem nun alle auf gleiche Weise dies erstreben, stehen sich alle auf gleiche Weise einander im Wege, und indem alle von allen gelobt oder geliebt werden wollen, geraten alle in gegenseitigen Haß.« Im Bereich der Vernunft aber erreicht der Impuls sein Ziel. Sie gewinnt ihre Stärke in der Gemeinschaft dadurch, daß sie die eine, allen gemeinsame Wahrheit offenbar werden läßt.

Für den geselligen Umgang gelten Regeln: »Wer die anderen nach der Vernunft zu leiten strebt, der handelt nicht gewalttätig, sondern liebenswürdig und freundlich, und ist in seinem Innern völlig mit sich einig.« Die Philosophie lehrt, »niemanden zu hassen, geringzuschätzen, zu verspotten, niemandem zu zürnen und niemanden zu beneiden«, und daß ein jeder mit dem Seinigen zufrieden und dem Nächsten behilflich sein soll allein nach der Leitung der Vernunft. »Nichts Wertvolleres können sich die Menschen zur Erhaltung ihres Seins wünschen, als daß alle in allem dergestalt übereinstimmen, daß sie gleichsam einen einzigen Geist und einen einzigen Körper bilden.« Die Menschen, die sich durch die Vernunft lenken lassen, »erstreben nichts für sich, was sie nicht auch für die übrigen Menschen begehren«.

Aber diese Regeln sind kein genügendes Fundament der realen Gemeinschaft. Denn das Zusammenleben wird selten von der Vernunft, zumeist vielmehr von der affektiven Natur der Menschen bestimmt, die alles ihrem Gelüste entsprechend tun. Da vernünftige Menschen in verschwindender Minderzahl sind, sieht der Vernünftige ein, daß für alle Menschen, sowohl für die vernünftigen wie die unvernünftigen und widervernünftigen, der Staat unerläßlich ist. Denn er allein hat die Verfügung über alle Gewalt, welche eine eigenmächtige Gewalt der Willkür Einzelner zu bändigen vermag.

Der Vorteil des Zustandes staatlich geordneter Gemeinschaft ist viel größer als der damit verbundene Schaden. »Mögen die Satiriker die menschlichen Dinge verlachen, mögen die Trübsinnigen das unkultivierte und ländliche Leben loben, mögen sie die unvernünftigen Tiere bewundern, sie werden doch die Erfahrung machen, daß die Menschen nur mit vereinten Kräften die Gefahren vermeiden können.« Darum wäre die Preisgabe des Staats so töricht wie die Handlung des Jungen, der nach Vorwürfen der Eltern dem Hause entflieht, unter die Soldaten geht und lieber den Druck tyrannischer Herrschaft als häusliche Unbequemlichkeiten und elterliche Ermahnungen erträgt. Vielmehr ist es vernünftig, die Beleidigungen durch Menschen und Staat gleichmütig hinzunehmen und mit Eifer zu betreiben, was dazu dient, Eintracht und Freundschaft herbeizuführen. »Der von der Vernunft geleitete Mensch ist freier im Staate, wo er nach dem gemeinsamen Beschluß lebt, als in der Einsamkeit, wo er nur sich selbst gehorcht.«

Wie früher dem eigenen Schicksal gegenüber, so ist nun im Verhältnis zum Staat von Spinoza das scheinbar Widersprechende gefordert: erstens *ihn in seiner Notwendigkeit zu erkennen,* darum als Notwendigkeit auch furchtlos zu ertragen, und zweitens, *Musterbilder* und Vorstellungen des besten Staates, damit des in der konkreten Situation sich zeigenden Besten zu entwerfen, um nach ihm zu handeln. Spinoza erklärt daher, seine Philosophie sei »von nicht geringem Nutzen für die staatliche Gemeinschaft, sofern sie lehrt, auf welche Weise die Bürger zu regieren und zu leiten sind, nämlich so, daß sie nicht als Knechte dienen, sondern freiwillig tun, was das Beste ist«. Der Notwendigkeit des erkannten Geschehens (eines Geschehens in der Welt der Modi) tritt die Freiheit des handelnden Menschen gegenüber, aber so, daß beide eingeschlossen sind in die allumfassende göttliche Notwendigkeit.

Diese Philosophie will also Vernunft in das Staatsleben bringen, und zwar dadurch, daß sie in der Welt der Modi erkennt, was hier geschieht, um auf Grund dessen Musterbilder zu finden, nach denen im Handeln, in der Gesetzgebung, in der Formung der Institutionen sich zu richten sinnvoll ist.

Dabei ist ein Unterschied zu machen: Eindeutig ist das Endziel für das Staatsleben wie für den Einzelnen: daß möglichst viele in der Vollendung der Vernunft als Philosophen aus der Gottesgewißheit leben. Mehrdeutig aber sind die Musterbilder. Denn in den Zuständen der Staaten gibt es in deren ständiger Bewegung mehrere Formen der relativen Dauer; und hier ist die Unendlichkeit sowenig wie bei der Naturerkenntnis im besonderen zu erschöpfen. Die Musterbilder sind mehrere, daher relativ, und für keines ist die Vollendung praktisch erreichbar. Die Wege zum Besseren sind mehrere. Die auf diesen zu erreichenden Zustände und Einrichtungen sind nach dem Maßstab von Dauer, Sicherheit, Freiheit als in sich faßliche Notwendigkeiten idealtypisch zu entwerfen (so versuchte es Spinoza in seiner letzten politischen Schrift).

Im Staat spielt die *Religion* eine so große Rolle, daß sie nach der zunächst selbständigen Entwicklung der Notwendigkeiten des Staatslebens alsbald bei Spinoza zum Mittelpunkt wird. Daher der Titel des Hauptwerks: »Theologisch-Politischer Traktat«.

Hier entsteht wiederum eine scheinbare Widersprüchlichkeit, nämlich zwischen Spinozas rein philosophischem und seinem theologisch-politischen Denken. Denn er spricht, wenn er politisch denkt und hier die Herkünfte der religiösen Autorität, insbesondere der Bibel, behandelt, nicht im Raum der philosophischen Metaphysik des ewig Notwendigen, sondern im Raum des menschlichen Gemeinschaftsdaseins, das heißt in der Welt der endlosen Modi, und insbesondere in der holländischen Situation seiner Zeit. Weil er sich in verschiedenen Erkenntnisbereichen bewegt, kann er in der Darlegung politischer Notwendigkeiten – aber nur scheinbar – seine Philosophie vergessen, wenn er nun am Religiösen selber als politisch lebender Bürger teilnimmt.

A. Spinozas Staatsdenken

Die Wirklichkeit des Staates ist durch Erfahrung, nicht durch den reinen Begriff zu erkennen. Denn aus dem Begriff des Wesens folgt nicht die Existenz (außer aus dem Wesen der Gottheit), vielmehr zeigt sich das Wirklichsein und Fortbestehen der Dinge nur der Erfahrung.

Daher haben »die Staatsmänner viel treffender über Staatslehre geschrieben als die Philosophen«. Weil sie Erfahrung hatten, haben sie gelehrt, was »mit der Praxis im Einklang steht«. Spinoza schätzte Macchiavelli hoch. Er selbst will nicht etwas Neues bringen, sondern »nur das mit der Praxis am meisten Übereinstimmende auf sichere und unanfechtbare Weise darstellen«.

Ausgang ist die Erfahrung von der Beschaffenheit der menschlichen Natur. Diese lehrt: Die Menschen sind in ihrer überwältigenden Mehrzahl nicht von der Vernunft geleitet, sondern von Leidenschaften. Jeder möchte, daß die anderen nach seinem Sinne leben; daher geraten sie miteinander in Streit und suchen sich gegenseitig nach Kräften zu unterdrücken. Sie bemitleiden die Unglücklichen und beneiden die Glücklichen, aber neigen mehr zur Rache als zum Mitleid. »Obwohl alle überzeugt sind, daß die Religion das Gegenteil lehrt, daß jeder seinen Nächsten lieben solle wie sich selbst, hat doch diese Überzeugung über die Affekte keine Gewalt.« Sie macht sich auf dem Sterbebett geltend, wenn schon die Krankheit über die Leidenschaften Herr geworden ist und der Mensch kraftlos darniederliegt, oder im kirchlichen Kultus, »wo die Menschen ohne Beziehungen zu einander sind, aber nicht im mindesten vor Gericht oder am Hofe«. Vernunft vermag zwar viel in der Mäßigung der Affekte, aber ihr Weg ist überaus steil. Sie ist ebenso herrlich wie selten. Daher träumt vom goldenen Zeitalter oder von einem Märchen, wer meint, »die Masse oder die durch Staatsgeschäfte in Anspruch Genommenen könnten dahin gebracht werden, allein nach der Vorschrift der Vernunft zu leben«.

Die Erfahrung lehrt weiter, daß die Menschen außerordentlich verschieden sind. Es gibt Völker, die Barbaren und knechtisch sind (die Türken), und Völker, die die Freiheit lieben (die Holländer).

a) *Prinzipien der Notwendigkeit des Staatslebens*

1. *Spinozas Grundsätze des Naturrechts*

Erstens: Das *Prinzip* ist: Alles, was ist, so auch der Mensch, will in seinem Sein beharren, daher sich gegen Gefahren und Widerstände behaupten. Was ist und sich behauptet, hat Macht. Seine Macht ist sein Recht.

Zweitens: Die Notwendigkeit, nach der die Macht steigt und sinkt, nennt Spinoza *Naturrecht.* Naturrecht heißt sonst ein Ganzes von Normen, die für Menschen in jedem Zustand gültig sind, auch wenn sie nicht befolgt werden. Spinoza aber meint die Wirklichkeit des faktischen Geschehens. Den Sinn jener idealen Geltungen brüskierend, sagt Spinoza: Je mehr Macht, desto mehr Recht; wo keine Macht ist, da ist auch kein Recht. Die natürliche Macht ist selber Gesetz der Notwendigkeit. Recht ist nicht ein Sollen, sondern ein selber Seiendes. »Unter Naturrecht verstehe ich die Naturgesetze selbst oder die Regeln, nach denen alles geschieht. Das Recht auch jedes einzelnen Individuums erstreckt sich so weit wie seine Macht. Was demnach der Einzelne den Gesetzen seiner Natur zufolge tut, das tut er mit dem vollsten Naturrecht.«

Drittens: Die *Vernunft* ist an sich die stärkste Macht. Nur daß sie unter Menschen so selten ist, ist ihre Ohnmacht. Aber sie ist nicht völlig ohnmächtig. Die Ordnung des Staates behandelt die Leidenschaften und die Vernunft beide als Faktoren, von denen die ersteren nur wegen ihrer faktischen Verbreitung so viel mächtiger sind. Beide sind natürlich. An dieser Stelle ist kein Unterschied anzuerkennen »zwischen Begierden aus der Vernunft und aus anderen Quellen«.

Es steht so: »Würden die Menschen bloß dem Gebot der Vernunft gehorchen, dann würde das Naturrecht, soweit es als dem Menschengeschlecht eigen zu betrachten ist, nur durch die Macht der Vernunft bestimmt. In Wirklichkeit stehen die Menschen unter der Herrschaft der blinden Begierde, daher muß ihr Naturrecht nicht durch Vernunft, sondern durch jeden Trieb bestimmt werden, der sie zum Handeln treibt.«

Viertens: Der *Ursprung des Staates* ist naturgesetzlich zu verstehen, nicht aus vernünftigem Plan. Weil alle Menschen irgendeinen staatlichen Zustand herstellen, »darf man die Ursachen und natürlichen Grundlagen des Staatswesens nicht aus den Lehrsätzen der Vernunft ableiten wollen, sondern muß sie aus der allgemeinen Natur und Beschaffenheit des Menschen entnehmen«. Diese ist: Die Menschen sind von Natur in Neid, Zorn und Haß Feinde. Der ist mein ärgster Feind, den ich am meisten fürchten muß. Vergebens strebt der Mensch, als einer allein sich gegen alle zu wehren. Daher ist das natürliche Recht des Einzelnen, weil durch seine Macht bestimmt, gleich Null. Je mehr er Grund zur Furcht hat, desto weniger Macht hat er und um so weniger Recht. Je mehr aber die Menschen sich vereinigen, desto mehr Macht und darum Recht haben sie.

Daraus folgt nun: Von Naturrecht als dem Menschengeschlecht eigen kann eigentlich nur da die Rede sein, wo die Menschen gemeinsam Rechte haben, wo sie das von ihnen bewohnte und bebaute Land gegen alle Gewalt sichern und nach dem gemeinsamen Willen der Gesamtheit leben können. Dort folgen »alle sozusagen einem Geiste«.

Fünftens: In diesem *staatlichen Zustand* hat der Einzelne »nur so viel Recht auf die Natur, als das gemeinsame Recht ihm zusteht«. Er ist unterworfen »dem übereinstimmenden Willen der Gesamtheit«. Das gemeinsame Recht »nennt man gewöhnlich Regierung«. Sie hat in Händen, wer »nach dem übereinstimmenden Willen der Gesamtheit die Sorge um das Gemeinwesen hat«, nämlich das Recht, Gesetze zu geben, auszulegen und abzuschaffen, über Krieg und Frieden zu entscheiden. Diese Regierung kann sein eine Demokratie (Regierung durch eine Versammlung, die aus dem gesamten Volk zusammengesetzt wird) oder eine Aristokratie (Regierung durch einige Auserwählte) oder eine Monarchie (Regierung durch einen).

Sechstens: Erst durch den Staat gibt es *Gesetze,* die nicht notwendig zwingende Naturgesetze, sondern Gehorsam fordernde, aber nicht immer auch findende bürgerliche Gesetze sind. »Sünde ist nur im Staate denkbar, wo das gemeinsame Recht des ganzen Staates über Gut und Böse entscheidet. Gehorsam aber ist der beständige Wille, das auszuführen, was dem Recht nach gut ist und was auf Beschluß der Gesamtheit geschehen muß.«

Erst durch den Staat gibt es *Verträge,* deren Einhaltung dank den Machtmitteln des Staates durchgesetzt wird. Was durch den Staat ist, begründet aber nicht den Staat und bindet ihn nicht. Was den Bürger des Staates zwingt, zwingt nicht den Staat selbst. Daher gilt Vertrag und Versprechen der Staaten untereinander nur »solange, als sich der Wille des Versprechenden nicht ändert. Wer die Macht hat, sein Versprechen aufzuheben, hat sich in Wahrheit seines Rechtes nicht begeben, sondern hat bloße Worte hergegeben. Sobald er, sein eigener Richter nach dem Rechte der Natur, urteilt, daß ihm aus dem Versprechen mehr Schaden als Nutzen erwachse, dann entscheidet er nach eigenem Ermessen, daß das Versprechen aufzuheben sei.« Er hebt es auf nach dem Rechte der Natur (anders handelt, wer nach den Regeln der Vernunft sein Leben führt; auch wenn keine Gewalt ihn zwingt, hält er sein Versprechen). Der Staat ist um seiner selbst willen genötigt, Furcht und Achtung für sich zu erhalten. Die Regeln dafür gehören aber nicht in das Gebiet des bürgerlichen Rechtes, sondern ins Gebiet des Naturrechts. Furcht und Achtung werden nur durch das Recht des Krieges aufrechterhalten. Der Staat »braucht, um frei zu bleiben, sich in seinem Verhalten nach niemandem zu richten als nach sich selbst, und nichts für gut und schlecht zu halten, als was er bei sich für gut und schlecht erkennt«.

Dieselbe Ungebundenheit gegenüber Gesetz und Vertrag besteht nach dem Naturrecht auch im Verhältnis des Staates zu seinen Bürgern. Der Staat ist nicht gebunden durch das, was jeden Bürger bindet. »Verträge oder Gesetze, durch die die Menge ihr Recht auf eine Ratsversammlung oder auf einen einzigen Menschen überträgt, müssen gebrochen werden, sobald es das Gemeinwohl erheischt.«

Aber wer entscheidet das? »Das Urteil darüber steht keinem Privatmann zu.« Der Inhaber der Regierungsgewalt bleibt allein der Ausleger der Gesetze, die ihn »faktisch nicht verpflichten«.

2. *Das staatliche Geschehen*

Gestattet das Naturrecht beliebige Willkür des Machtgebrauchs? Es gestattet und verbietet nicht, sondern läßt die Folgen jeder Handlung wirksam werden. Vertragsbruch und Gesetzesverletzung sind nach demselben Naturrecht freigegeben, das die Folgen einer Machtverminderung oder der Vernichtung des Staats an das falsche Handeln knüpft. Durch Vertragsbruch und Gesetzesverletzung kann der »Verbrecher« auf die Dauer Erfolg haben, dann hat er recht nach dem Naturrecht. Er kann dadurch zugrunde gehen, dann hat er unrecht. Der Staat ist an keine anderen Regeln gebunden als der Mensch im Naturzustand. In ihm gilt aber unerbittlich: »nicht sein eigener Feind zu sein«. Vernichtung der Macht ist die Strafe des Naturrechts für willkürlichen irrigen Machtgebrauch. So schwächt die Verletzung der Verträge und des Gesetzes durch den Staat die Kraft des Staates, indem sie die gemeinsame Furcht der meisten Bürger in Empörung wandelt. »Dann löst sich eben damit der Staat auf. Daher ist der Inhaber der Regierungsgewalt durch keinen anderen Grund verpflichtet, die Bedingungen des Vertrages zu halten, als wie der Mensch im Naturzustand sich nicht selbst den Tod bereiten darf.« Daß Macht gleich Recht ist, bedeutet, daß ein Handeln, das eine Machtminderung zur Folge hat, auch zum Verlust des Rechtes führt. »Der Staat vergeht sich also, wenn er tut oder geschehen läßt, was die Ursache seines Untergangs sein kann. Das nennen wir dann in demselben Sinne ›sich vergehen‹, in dem die Philosophen oder Mediziner von der Natur sagen, sie fehle. In diesem Sinne können wir vom Staate sagen, daß er sich vergeht, wenn er etwas gegen das Gebot der Vernunft tut.«

Denn weil das Merkmal der Macht Dauer und Beständigkeit ist, kann die Gewalt des Augenblicks täuschen. Nur der durch Vernunft gelenkte Staat hat Bestand. Nur die Vernunft wirkt Beständiges, die Leidenschaften dagegen Wandelndes. Wie kommt die Vernunft im Staate zur Geltung? Keineswegs sind die Menschen vernünftig und keineswegs der Staat als solcher. Erst die Furcht wird zur Wegbahnerin der Vernunft. Daher die günstige Wirkung des von der philosophischen Vernunft Verworfenen für das Vernünftigwerden des Staats: der Demut, der Reue, der Ehrfurcht vor Propheten.

Vernunft fordert den Frieden. Aber erst die Motive der Dauer und Sicherheit der Staatsmacht erzwingen den Friedenswillen. »Dauerhafter als alle ist der Staat, der bloß das Erworbene schützen, aber nicht Fremdes begehren kann, und der deshalb den Krieg in jeder Weise abzuwenden, den Frieden mit allem Eifer zu erhalten strebt.«

Damit der Staat vernünftig werde, genügt es nicht, daß ein Staatslenker (wie einer der guten unter den römischen Kaisern) vernünftig waltet. Wenn der Staat durch *einen* Menschen mit Vernunft und Gewissenhaftigkeit regiert wird, so kann er, weil an diesen Einzelnen gebunden, dadurch noch keinen Bestand haben. Er muß, damit er bestehen kann, »so geordnet sein, daß die mit seiner Verwaltung Betrauten überhaupt nicht in die Lage kommen können, gewissenlos zu sein oder schlecht zu handeln, ganz einerlei, ob sie der Vernunft oder dem Affekte folgen. Die Sicherheit des Staates wird nicht davon berührt, welche Gesinnung die Menschen zur richtigen Verwaltung anhält, sofern nur die Verwaltung richtig ist. Denn Geistesfreiheit oder Geisteskraft sind Privattugenden. Sicherheit ist die Tugend des Staates.«

Die Vernunft des Staates wird erzwungen durch die Leidenschaft selber, die die Dauer und Sicherheit der eigenen Macht will. Aber die Vernunft als solche ist weder bei der Menge noch bei den führenden

Politikern zu erwarten. Denn beide sind von Leidenschaften getrieben.

Nur Furcht hält sie in Schranken. Zu dem Satze »schrecklich ist die Menge, wenn sie nicht fürchtet«, sagt Spinoza: Wenn man meine, beim Pöbel gäbe es keine Mäßigung, er diene sklavisch oder herrsche übermütig, sei schrecklich, wenn er nicht fürchte, so beschränke man unwahrhaftig »alle Fehler bloß auf das niedere Volk« und vergesse, daß die Natur bei allen die gleiche sei. Alle sind übermütig, wenn sie herrschen, sind schrecklich, wenn sie nicht fürchten, und überall »wird die Wahrheit am meisten verfälscht von den Erbitterten und den Sklavenseelen«.

Daß die Sicherheit der Macht, als von der Leidenschaft selber begehrt, die Verwirklichung der Vernunft erzwingt, das geschieht notwendig durch eine ständige Spannung im Staatswesen: Jeder Einzelne hat zwar das Recht, »nach seinem Sinne zu leben«, zugleich mit »der Macht, ihn zu verteidigen«, an den Staat übertragen. Aber »niemand kann der Macht, sich zu verteidigen, so weit beraubt werden, daß er aufhörte, Mensch zu sein«. Darum »haben die Untertanen gleichsam durch das Naturrecht behalten, was ihnen ohne große Gefahr für den Staat nicht genommen werden kann«. Wie der staatswidrige Eigenwille des Einzelnen zum Eingriff der Staatsgewalt gegen ihn führt, so die willkürliche Gewalt der Herrschenden zur Empörung des Volkes.

Der Staat ist nicht durch Vernunft allein, sondern durch seine Wirklichkeit, die im Ursprung seines Werdens liegt. Sie ist die Wirklichkeit, die nicht schon aus dem Begriff eines Wesens folgt. Ein gedachter Staat ist noch kein wirklicher Staat. »Daher kann der Beginn der Existenz natürlicher Dinge und ihr Fortbestehen aus ihrer Definition nicht erschlossen werden. Denn ihr gedankliches Wesen bleibt dasselbe.« Was aber als Macht wirklich geworden ist, braucht seinen Ursprung zu seinem Fortbestehen. »Dieselbe Macht, die sie zum Eintritt ins Dasein nötig haben, brauchen die Dinge auch, um darin zu verharren.«

Spinozas Staatsdenken gelangt in die Antinomie: *Erstens:* Man darf die natürlichen Grundlagen des Staatswesens »nicht aus den Lehrsätzen der Vernunft ableiten, sondern muß sie aus der allgemeinen Natur der Menschen entnehmen«. *Zweitens:* Der beständige Staat besteht allein durch Vernunft, die zwar nicht als Gesinnung die Grundlage ist, doch durch die Notwendigkeiten der Sicherheit und der Beständigkeit der Macht erzwungen wird.

3. *Die umgreifende Notwendigkeit*

Dem Naturrecht steht kein Unrecht gegenüber. Alles hat Recht, soweit es Macht hat. Unrecht gibt es erst auf Grund der Staatswirklichkeit als der Macht, welche Gesetze gibt. All dieses Recht und Unrecht aber ist umgriffen von dem einen Recht der Notwendigkeit.

Mögen Gesetze von Staaten gegeben und von Propheten verkündigt sein, wohl sind alle durch die Macht Gottes. Aber Gottes Recht als die allumgreifende Macht ist übergeordnet jedem bestimmten Gesetz und jeder Rechtsordnung. Wir dürfen, wenn wir den Staatsgesetzen und den durch Propheten verkündeten Gesetzen Gottes Gehorsam leisten, nie vergessen, »daß wir in Gottes Macht stehen, wie der Ton in der Macht des Töpfers«. Das heißt: »Der Mensch kann wohl den Ratschlüssen Gottes entgegenhandeln, wie sie in unserem oder der Propheten Geist gleich Gesetzen eingeschrieben sind, aber niemals dem ewigen Ratschluß Gottes, der der gesamten Natur eingeschrieben ist und für die Ordnung der ganzen Natur gilt.«

Diese Unterscheidung Spinozas muß verstanden werden, um den philosophischen Sinn seines ganzen politischen Denkens nicht zu verfehlen. Was meint Spinoza mit der »gesamten Natur«? Er meint die natura naturata in ihrer Ganzheit, der eingeschrieben ist von der natura naturans, von Gott (daher »deus sive natura«), was alle bestimmten Gesetze in sich schließt und übergreift.

In der natura naturata, dem Kosmos, zeigen sich die Naturgesetze. Wie Spinoza Gott unendlich viele Attribute gibt, so spricht er der natura naturata unendlich viele Gesetze zu. Unsere Kenntnis dieser Gesetze ist für immer »Stückwerk, weil uns die Ordnung und der Zusammenhang der ganzen Natur zum größten Teil unbekannt bleibt«. Sind denn, fragen wir, die ewig notwendigen Naturgesetze identisch mit den von uns in den Naturwissenschaften erkennbaren und zum Teil erkannten Gesetzen? Spinoza bejaht es. Ist aber die gesamte Weltwirklichkeit, die Natur als natura naturata in einem System von Naturgesetzen zu fassen? Nur für den unendlichen Verstand Gottes, nicht für uns, sagt Spinoza. Denn unser Verstand kann als endlicher Verstand weder durch Erfahrung noch durch seine Begriffe die Unendlichkeit der Weltwirklichkeit erkennen, während er sehr wohl die Unendlichkeit selber grundsätzlich und adäquat zu denken vermag. Für Spinoza ist die Größe der allumfassenden Natur unendlich mehr als die erkannte Natur und als unsere im Erkennen der endlichen Dinge wirksame Vernunft. Unserer endlich erkennenden Vernunft erscheint zwar vieles in der Natur »als lächerlich, widersinnig oder schlecht. In Wahrheit aber ist, was die Vernunft für schlecht erklärt, nicht schlecht im Hinblick auf die Ordnung und die Gesetze der gesamten Natur, sondern nur im Hinblick auf die Gesetze unserer Natur«, weil wir »alles nach der Vorschrift unserer Vernunft geleitet sehen wollen«. Die Natur »ist nicht unter die Gesetze der menschlichen Vernunft gebannt, die nur den wahren Nutzen und die Erhaltung des Menschen bezwecken; vielmehr unter unendliche andere, die die ewige Ordnung der gesamten Natur betreffen«.

Die erkennbaren endlichen Naturgesetze, die wir begreifen, treffen etwas, das niedriger steht als philosophische Vernunft und Freiheit. Das umgreifende Gottesgesetz der ewigen Notwendigkeit aber steht über allem, das wir in Bestimmtheit zu erkennen vermögen. Jede endliche Erkenntnis und ihre Nutzung als Mittel zu Zwecken und jedes in Gestalt des Sollens in der Gemeinschaft gegebene Gesetz ist in ihr aufgehoben.

Diese Grundsituation erleuchtet Spinoza mit größter Eindringlichkeit. »Der Mensch, ob Weiser oder Tor, ist ein Teil der Natur.« Vernunft und Begierde sind gleicherweise von der Natur übergriffen. »Der Mensch, mag er unter der Herrschaft der Vernunft oder der bloßen Begierde stehen, handelt stets nach den Gesetzen und Regeln der Natur, das heißt dem Naturrecht gemäß.«

Falsch ist die Meinung, daß die Toren die Ordnung der Natur eher verwirren als befolgen. Falsch ist vor allem die Meinung, der menschliche Geist verdanke seine Entstehung einer unmittelbaren Schöpfung Gottes, als ob der Mensch in der Natur sei wie ein Staat im Staate, von den übrigen Dingen völlig unabhängig, mit unbedingter Macht zur Selbstbestimmung und zum richtigen Gebrauch der Vernunft. Die Erfahrung lehrt das Gegenteil: Es steht ebensowenig in unserer Gewalt, einen gesunden Geist wie einen gesunden Körper zu haben. Es liegt keineswegs in unserer Hand, nach der Vernunft zu leben, wie der blinden Begierde zu folgen.

Die Theologen sagen, die Ursache dieser Schwäche schreibe sich vom Sündenfall des Urahnen her. Aber wenn der erste Mensch seines Geistes mächtig und von unverdorbener Natur war, wie konnte er dennoch fallen? Weil er vom Teufel betrogen wurde, ist die Antwort. Wer war es aber, der den Teufel selbst betrog? Wer konnte das erste aller vernünftigen Geschöpfe so wahnsinnig machen, daß es mehr sein wollte als Gott? Sicher nicht es selbst. Wie konnte der erste Mensch, wenn er seines Geistes mächtig und Herr seines Willens war, sich verführen und seinen Geist verwirren lassen? So muß man »einräumen, daß es nicht in der Gewalt des ersten Menschen stand, richtigen Gebrauch von seiner Vernunft zu machen; er war vielmehr geradeso wie wir den Leidenschaften unterworfen«.

»Es steht nicht in der Gewalt eines jeden Menschen, immer von seiner Vernunft Gebrauch zu machen und auf dem Gipfel menschlicher Freiheit zu stehen.« Die Menschen folgen meistens der Begierde und nicht der Vernunft. Aber damit stören sie nicht die Ordnung der Natur, sondern erfüllen deren Notwendigkeit. »Ein dummer und geistesschwacher Mensch ist daher durch das Naturrecht so wenig verpflichtet, sein Leben weise einzurichten, wie ein Kranker verpflichtet ist, einen gesunden Körper zu haben.«

Dieses Grundwissen Spinozas von der umgreifenden Notwendigkeit Gottes oder der Natur lautet zusammengefaßt: Der Mensch ist zwar nach dem endlichen und beschränkten Maßstab seines Verstandes dem für ihn schrecklichsten Unheil ausgeliefert, der totalen Vernichtung verfallen. Aber er fällt nicht in ein Chaos blinder Naturgewalten. Denn er kann nicht aus der Welt und nicht aus Gott herausfallen, wenn er auch aus allem menschlich geborgenen und bergenden Dasein herausfallen sollte. Er ist immer in Gottes Hand, weil aufgenommen in die ewige Notwendigkeit, der er nicht entrinnen kann und in der er sich findet. Daß er mit allem, was ihm geschieht, immer in ihr ist, das weiß er in philosophischer Einsicht. Sie tilgt seine Verzweiflung und bringt ihm Ruhe. Spinoza klagt nicht und er beklagt nicht die Dinge, wie sie sind. An ihm ist nichts von einem Hiob. Aber seine Gelassenheit entspringt nicht der Indifferenz von Irrationalisten und Amoralisten, sondern aus der Liebe zu Gott.

b) *Entwurf von Musterbildern des Staates*

Der Darstellung der Affekte in ihrem notwendigen Treiben folgte der Entwurf des weisen Menschen in der Freiheit seiner Vernunft. Der Darstellung der Naturlehre des Staates folgt der Entwurf des richtigen Staates.

Spinozas Kühle in der Darstellung des Staates, wo es sich um das Tatsächliche und Notwendige handelt, vereint sich mit seinem gehaltenen Enthusiasmus, wo es sich um die Vernunft und die Freiheit im Staate handelt. Innerhalb der undurchsichtigen Notwendigkeit der endlichen Naturdinge ergreift der Philosoph, der politisch denkt und will, die Vernunft. Denn im Ganzen ist die Vernunft selber ein Moment der umfassenden Notwendigkeit der Natur. Zur Natur gehört auch dies natürliche Streben der Vernunft, sich zu verwirklichen. Im Staate will sie zum bestmöglichen Zustand der Menschengemeinschaft gelangen, in dem alle Einzelnen frei zu leben und zu denken vermögen unter der Bedingung der vom gemeinsamen Beschluß anerkannten Gesetzlichkeit. Wo Vernunft ist, da ist Eintracht, und erst wo Vernunft ist, erfüllen sich alle eigentlich menschlichen Möglichkeiten. Daher sieht Spinoza im Menschen »nicht bloß den Kreislauf des Blutes, sondern in erster Linie, was man Vernunft, wahre virtus und wahres Leben des Geistes nennt«.

1. *Freiheit:* Was politische Freiheit sei, macht Spinoza durch folgende Vergegenwärtigungen deutlich:

Einen anderen in seiner Gewalt hat derjenige, der entweder ihn gefesselt hält, oder zweitens ihm die Waffen und die Mittel zur Verteidigung und zur Flucht genommen hat, oder drittens ihm Furcht einflößt, oder viertens ihn durch Belohnung so verpflichtet, daß er lieber ihm als sich willfahren und lieber nach jenes als nach seinem Gutdünken leben will. – Auf die erste und zweite Art besitzt der Gewalthaber nur den Körper des der Freiheit Beraubten, nicht seinen Geist; bei der dritten und vierten Art aber hat er den Geist sowohl als den Körper unterworfen, aber nur solange Furcht oder Hoffnung währt.

Aber auch in der Freiheitsberaubung bleibt jeder Einzelne unter eigenem, nur scheinbar erloschenem Rechte. Sobald Furcht vor Gewalt und Hoffnung auf Lohn aufhören, ist dieses Recht wieder wirksam. Unter eigenem Rechte bleibt der Mensch durch den Geist, der ihm als Menschen zugehört. Aber auch dieser Geist ist nur soweit unter eigenem Rechte, als er den richtigen Gebrauch von der Vernunft machen kann. »Auch die Urteilsfähigkeit kann soweit unter fremdes Recht geraten, als der Geist von einem andern getäuscht werden kann.«

Die politische Freiheit hat den Sinn, der Freiheit der Vernunft Daseinsraum zu verschaffen. An sich ist die Vernunft des Menschen schon seine Freiheit und seine größte Macht. »Ja, weil die Macht des Menschen weniger nach seiner Körperstärke als nach seiner Geisteskraft sich bemißt, so sind diejenigen am meisten unter eigenem Recht, die am meisten Vernunft besitzen und am meisten ihr folgen. Insofern nenne ich den Menschen überhaupt frei als er der Vernunft folgt.«

Der Mensch ist um so freier und am meisten mit sich einig, je mehr er Gott liebt. Daher »lehrt die Vernunft, Frömmigkeit zu üben und ruhigen und guten Sinnes zu sein«. Das ist aber nur im Staate möglich.

2. *Spannung von Dauer und Freiheit:* Schon innerhalb der Naturlehre des Staats gab es ein Kriterium des richtigen Staats: die Dauerhaftigkeit. Jetzt ist das Ziel des Staats die Freiheit. Da nun die Freiheit den Vorrang hat, ändert sich der Sinn des Kriteriums der Dauer. Nicht die Dauer an sich, sondern die Freiheit in der Dauer ist das Wesentliche. Bloße Dauer kann täuschen. Spinoza, der »nicht verurteilen, beklagen, verachten, beweinen« will, vollzieht die entschiedensten Urteile, wenn es um politische Freiheit geht. Da hört sogar sein sonst scheinbar bedingungsloser Wille zum Frieden auf. Denn es gibt einen Dauerzustand des Staats ohne Freiheit. Beispiel ist die Türkei. »Man kann einen Staat, dessen Friedenszustand von der Feigheit der Unter-

tanen abhängt, die sich wie Vieh leiten lassen, um bloß dienen zu lernen, mit größerem Recht Einöde als Staat nennen.« »Friede ist nicht Freisein von Krieg, sondern eine virtus, die aus der Seelenstärke hervorgeht.« »Wenn Sklaverei, Barbarei und Einöde Frieden heißen sollen, dann gibt es für den Menschen nichts Erbärmlicheres als den Frieden. Denn der Friede besteht nicht in einem Verschontsein vom Krieg, sondern in der Einigung und Eintracht der Gesinnung.«

Spinoza zeichnete sich selbst einmal in der Tracht Masaniellos, des damals berühmten neapolitanischen Revolutionärs. Spinoza, dieser friedliche, nur die Eintracht suchende, vernünftige Mensch, der seine Ruhe in Gott hat, weiß in sich die Kraft des Empörers, wenn es um Freiheit geht, um die vernünftige Freiheit, die die politische Freiheit will.

Aus diesem Motiv erörtert er die Publizität als Bedingung politischer Freiheit, wenn er z. B. meint: Nur wer nach unbedingter Herrschaft strebt, behauptet, das Interesse des Staates erfordere es durchaus, daß seine Geschäfte geheim betrieben würden. Aus demselben Motiv rühmt er Machiavelli, der »für die Freiheit war, zu deren Schutz er auch die heilsamsten Ratschläge gegeben hat«. Darum hat dieser »sehr einsichtsvolle Mann« gezeigt, »wie unklug viele handeln, indem sie einen Tyrannen aus dem Wege zu räumen versuchen, ohne daß sie doch die Ursachen, die einen Fürsten zum Tyrannen machen, beseitigen konnten«. Aber vor allem wollte Machiavelli zeigen, »wie sehr sich ein freies Volk davor hüten müsse, seine Wohlfahrt rückhaltlos einem einzigen anzuvertrauen«. Und aus denselben Motiven ist ihm nicht wichtig eine Entscheidung darüber, ob Monarchie, Aristokratie oder Demokratie die besten Verfassungen seien, sondern allein die Frage, wie für jede dieser Staatsformen in idealtypischer Konstruktion des Musterbildes das Richtige zu denken sei am Maßstab von Dauer und Freiheit.

3. *Für wen Spinoza schreibt:* An wen wendet sich Spinoza, wenn er seine Gedanken veröffentlicht? Von wem möchte er gelesen werden? Er sagt: »Ich weiß, daß es gerade so unmöglich ist, dem Volke den Aberglauben zu nehmen wie die Furcht. Ich weiß, daß die Beharrlichkeit des Volkes Halsstarrigkeit ist, und daß es nicht von der Vernunft geleitet, sondern vom blinden Eifer zu Lob oder Tadel fortgerissen wird. Das Volk also und alle, die mit ihm die gleichen Affekte teilen, lade ich nicht ein, dies zu lesen.« Die theologisch-politische Hauptschrift ist in einer politischen Situation Hollands statt in holländischer in lateinischer Sprache geschrieben worden. Spinoza wandte sich an jeden

gebildeten Menschen, der zur Vernunft bereit ist und den eigentlichen Freiheitswillen hat. Das, was diese Leser schon wollten, sollte zu klarstem Bewußtsein seines Sinnes gebracht werden.

Spinoza und Hobbes

Den Machiavelli hat Spinoza, für ihn ungewöhnlich, gerühmt, obgleich er ihm wenig Gedanken entnahm. Den Hobbes hat er nicht genannt, obgleich viele Gedanken des Spinoza leicht als die des Hobbes wiedererkennbar sind. Der Grund kann nur in der Gesinnungsgemeinschaft mit dem einen, der Gesinnungsfremdheit gegen den anderen liegen. Bloß rationale Gedanken sind als solche ein Mitteilungsmittel und in ihrer Allgemeinheit bloße Formen, auf die kein Besitzrecht erworben wird. Es lohnt, den Unterschied zwischen Spinoza und Hobbes zu kennzeichnen.

Für Hobbes ist das letzte Motiv die Sicherung vor gewaltsamem Tode, für Spinoza die Freiheit. Dadurch wandelt sich der Sinn aller Elemente, die Spinoza aus Hobbes entnommen hat:

Für beide ist zwar der Zweck des Staats die Sicherung des Lebens. Für Spinoza aber ist dies nicht der letzte Zweck. Für ihn verliert die Regierung ihren Sinn, wenn Menschen aus vernünftigen Wesen zu blind aus Furcht gehorchenden Untertanen werden. Denn der letzte Zweck des Staates ist nicht Sicherheit, sondern Freiheit, in der Menschen die Kräfte ihres Körpers und Geistes entfalten und zur Vernunft gelangen können.

Hobbes' Vernunft konstruiert und errechnet die Bedingungen der Sicherheit, zu denen die absolute Herrschaft gehört. Spinozas Vernunft ist Erkennen Gottes und Liebe zum Menschen. Daraus ergibt sich ihm im Medium einer Naturlehre des Staats, die mit Hobbes weitgehend übereinstimmt, die Zielsetzung, die Hobbes fremd ist. Hobbes' Vernunft hat Interesse für die Verstandestheorie, die kalkulatorisch und utilitarisch den Frieden sichert. Spinozas vorhergehendes und übergreifendes Interesse ist die Vernunft, welche Gottesgewißheit und Gottesanschauung ist.

Hobbes rechnet nicht mit der Religion außer dem, daß die Entscheidung über alle Fragen des Kultus, der Dogmen, der Gebote und Verbote allein der Staat haben muß, wenn Sicherheit und Friede garantiert sein soll. Spinoza steht selber in der religiösen Überlieferung, deren eigentlichen Gehalt er als philosophische Vernunft herausarbeitet. Hobbes hält die Religion im Grunde für überflüssig. Spinoza erkennt ihre Notwendigkeit für die einsichtslose, zur philosophischen Vernunft unfähige Menge.

Hobbes hält alle Menschen für gleich: jeder kann den anderen töten; jeder hat das gleiche Denkvermögen; durch richtige Methode des Denkens wird jeder jedem gleich; es gibt keine ursprünglichen Naturunterschiede zwischen Menschen. Für die Sicherheit im Staat genügt die errechnete Apparatur der

Institutionen und Gesetze. Spinoza erkennt, daß die meisten Menschen, weil unfähig zur Philosophie, dessen bedürfen, was nicht Philosophie, sondern Religion ist, die sich vom vulgären Aberglauben nur unterscheidet durch die staatliche Anerkennung oder staatsbegründende Ordnung (der Staat der Hebräer). Da es die Menge des Volkes und nur wenige Weise gibt, ist die Vernunft des Staats auf die Eigenschaften der Menge zu gründen.

Spinoza sieht im Unterschied zu Hobbes die natürliche Freiheitsliebe eines Volkes, die nicht allen Völkern gleicherweise eignet. Aus ihr hat nach Spinoza der rechte Staat seine Kraft. Daher sieht er die Unumgänglichkeit des Krieges und in ihm glaubt er an die größere Macht der Freiheit. »Der höchste Lohn für den Kriegsdienst ist die Freiheit.« Schon im Naturzustande »erwartet ein jeder für seine kriegerische virtus keinen anderen Lohn, als daß er sein eigener Herr sei«. »Im Kriege kann es keinen ehrenhafteren und stärkeren Anspruch zum Siege geben als das Bild der Freiheit.« »Sicherlich kämpfen die vorzüglich mit tapferem Sinne, die für Haus und Herd kämpfen.« Einem Heere, das für Freiheit kämpft, ist kein Söldnerheer gewachsen. Daher können die Fürsten zwar »durch ein Kriegsheer, dem sie Sold bezahlen, das Volk unterdrücken«. Aber sie müssen nichts so sehr fürchten »als ein freies Volksheer, das durch seine virtus, seine Mühe und sein Blut die Freiheit und den Ruhm des Vaterlands geschaffen hat«.

Hobbes verwirft jeden Vertragsbruch, weil seine Folgen unter allen Umständen schädlich sind. Spinoza erkennt ihn als eine Notwendigkeit, die nach Naturrecht geschieht, sei es in dem Willen der Regierenden für das Staatswohl, sei es in der Empörung des Volkes, und die nur zu beurteilen ist nach den bewahrenden, errettenden oder zerstörenden Folgen. Dagegen erkennt er, daß der Weise aus dem Ethos der Vernunft keinen Vertrag zu brechen bereit ist.

Hobbes erblickt den Fortschritt in der technischen Naturbeherrschung und wirft einen erstaunlich optimistischen Blick in die Zukunft. Spinoza sieht die Naturbeherrschung durch den Menschen als sinnvolle Aufgabe, aber sie rückt ihm nicht in den Mittelpunkt. Die Zukunft verblaßt ihm einerseits vor der gegenwärtigen Aufgabe hier und jetzt (in Holland), andrerseits vor der ewigen Notwendigkeit, die keine Geschichte kennt.

B. Die Religion im Staat

Die für die Freiheit im Staat notwendige Frömmigkeit, die philosophisch in der Gottesgewißheit der Vernunft liegt, ist für die Menge wirklich als Religion, als »Gehorsam gegen Gott«. Wir Menschen, ob Philosophen oder Offenbarungsgläubige, sind gehorsam, aber in zweifacher Weise. Denn die Gebote der Vernunft hat Gott offenbart entweder als in uns selbst redend (dann ist die philosophische Vernunft von sich aus kräftig und durch sich Gott gehorsam), oder er hat sie den Propheten wie Gesetze offenbart (dann wirken sie durch Forderung blinden Gehorsams).

Seit der Antike ist die politische Bedeutung der Religion erörtert, ihr Sinn als Ordnungsmacht und ihre Ordnungskraft für die Menge. Es gab zwei Grundauffassungen. Die eine sah in der Religion ein technisch-politisches Mittel der Herkunft. Kritias erklärte die Religion als eine Erfindung souverän denkender Staatsmänner, um die Menge zu lenken, die durch äußere Gewalt allein nicht beherrscht werden kann. Sie haben sie erfunden als einen wohlwollenden Betrug, oder einfach als Mittel der Macht, die dadurch in das Innere der Seelen dringt. – Die andere Grundauffassung sah in der Religion den allen Menschen gemeinsamen und bleibend wahren Boden. Es handelt sich nur um Stufen in der Form der Wahrheit. In der Offenbarung ist etwas vorgegeben, das vernünftig angeeignet wird. Das Maß dieser vernünftigen Durchdringung bezeichnet die Höhe der Philosophie. So etwa dachten Averroës, Maimonides, Hegel.

Spinozas Position ist keine dieser beiden. Er begreift die Religion als notwendig für die Menge. Aber er nimmt nicht mehr selber an ihr teil. Er steht in der Distanz, aus der er aber nicht verwirft, sondern als notwendig anerkennt, was er für sich weder braucht noch mit Sympathie ansieht: wo Vernunft ist, verdampfen die Vorstellungen. Durch Vernunft geschieht frei und verläßlich, was im Glaubensgehorsam unfrei und – wegen der Tendenzen allen Aberglaubens zur Entzweiung – unverläßlich geschieht.

Spinoza zitiert den antiken Historiker Curtius: »Nichts beherrscht die Menge wirksamer als der Aberglaube.« Er erkennt die allbeherrschende Wirklichkeit des Offenbarungsglaubens im Judentum, Christentum, Islam. Ist auch dieser ein Aberglaube? Spinoza sagt es. Aber er sagt auch: Auf Grund dieser Offenbarung wird Liebe und Gerechtigkeit gefordert und durch Gehorsam zum Teil wirklich. Also stimmt dieser Glaube praktisch mit der Vernunft überein, wenn er auch theoretisch deren Erkenntnis nicht besitzt. Daher löst Spinoza die Offenbarungsreligion nicht nur kritisch auf, sondern versteht ihren vernünftigen Kern und erklärt sie für unerläßlich im Aufbau friedlicher Gemeinschaft.

Das Unheil des Aberglaubens ist die fanatische Feindschaft vieler Aberglauben gegen einander. Dieser Zug ist in der Offenbarungsreligion aufs höchste gesteigert, ist in ihr, die doch den vernünftigen Kern hat, das andere gefährliche, böse Wesen.

Politisch ist ihm nach Spinoza zu begegnen nur dadurch, daß der Kirche und den Priestern keinerlei Einfluß auf den Staat gestattet wird; weiter dadurch, daß Theologie und Philosophie durchaus getrennt werden. Die Theologie lehrt Glaubensgehorsam, die Philosophie Vernunfterkenntnis. Beide sind in ihrem Bereich berechtigt. Wo aber die gegenseitige Einrede erfolgt, da entsteht der unheilbare Unfriede, weil der gemeinsame Boden der Diskussion nicht besteht. Die Wahrheit der Philosophie gründet in den allen Menschen grundsätzlich eigenen Gemeinbegriffen (notiones communes), die Wahrheit der Theologie in der Heiligen Schrift. Jene werden durch das natürliche Licht bewußt, diese durch Berufung auf übernatürliche Offenbarung.

Spinozas politisch-theologische Grundanschauung beruht auf der Erfahrung von der Ohnmacht des Weisen. Der Weise ist zwar der Mächtigste der Natur nach, aber die Zahl der weisen Menschen ist so gering, daß sie im Staat keine Rolle spielen. Weder die Volksmassen noch die Staatsmänner sind von der Vernunft geleitet. Die Platonische Idee der Herrscher, die Philosophen sind, liegt Spinoza ganz fern.

Daher gilt für das Verhalten des Weisen: je besser wir die Sitten und Verhältnisse der Menschen beobachten und kennen, um so vorsichtiger können wir unter ihnen leben, und um so besser unsere Handlungen, so weit die Vernunft es rät, ihrem Charakter anpassen. – Und daher gilt für den Staat: Aus Einsicht in die Bedingungen des Friedens und der Sicherheit ist die Offenbarungsreligion anzuerkennen. Der Sinn des politischen Denkens liegt in der Beschränkung auf das Staatsziel; von da wird Glaubenserkenntnis und Philosophie beurteilt auf Vorteile und Gefahren.

Dieses ganze politische Denken aber wird wieder übergriffen. Der Staat ist nicht das letzte Ziel. Sein Dasein ist nur Bedingung der Entfaltung jedes Menschen zu dem ihm möglichen höchsten Sinn. Dafür verlangt er Freiheit. Diese Freiheit schließt in sich das über den Staat hinausweisende Ziel und ist zugleich Bedingung der Sicherheit und Dauer des Staates selber.

Spinozas *philosophische* Verwerfung des religiösen Glaubens ist eindeutig. Es kann keine Offenbarungen geben. Gibt Gott sich durch gesprochene Worte kund oder unmittelbar, ohne sich eines anderen Dinges zu bedienen? »Durch Worte nimmermehr, da alsdann der Mensch vorher die Bedeutung der Worte gewußt haben müßte, ehe sie zu ihm gesprochen wurden.« Sagt Gott »Ich bin Jahve, euer Gott«, so müßte der Mensch, um zu verstehen, vorher schon ohne die Worte gewußt haben, wer Gott sei. Daher erklärt es Spinoza für unmöglich, daß Gott sich selbst durch irgendein äußeres Zeichen den Menschen kundtun könne. Allein der intellectus des Menschen ist es, der Gott erkennen muß, da er, der intellectus, ohne ihn weder bestehen noch begriffen werden kann. Dem intellectus ist nichts so eng verbunden als Gott selbst. Gott braucht allein sich selbst, um sich den Menschen kund zu tun, dagegen nicht Worte, nicht Wunder, noch irgendein anderes geschaffenes Ding, nicht Eingebungen.

Wenn Gott allein im intellectus gewiß ist, was geschieht, wenn der intellectus ausbleibt, wenn er leer bleibt, wenn im Denken auf keine Weise eine Vergewisserung Gottes stattfindet? Die Erfahrung lehrt, daß es in der Tat bei den meisten Menschen so ist: Sie sind an Sinnlichkeit gebunden, daher unfähig, Gott anders als in leibhaftiger Form und in Vorstellungen zu haben; daher ist der Aberglaube eine psychologische Notwendigkeit. Die Erfahrung lehrt weiter: Die Menschen greifen zum Aberglauben als Hilfe in der Not. Könnten sie alle ihre Angelegenheiten nach bestimmtem Plan lenken, und wäre das Glück ihnen allezeit günstig, »so ständen sie nicht im Banne eines Aberglaubens«. »In glücklichen Umständen, mögen sie auch noch so unerfahren sein, haben sie an Weisheit einen Überfluß, so daß sie es für eine persönliche Beleidigung halten, wenn man ihnen einen Rat geben will; im Unglück aber wissen sie nicht aus noch ein, flehen jeden um einen Rat an und befolgen ihn, mag er noch so ungeeignet, ja unsinnig und abenteuerlich sein.« Die Erfahrung lehrt dementsprechend: Menschen, »die nach unsicheren Dingen ein maßloses Verlangen tragen« (wie etwa Alexander, der Eroberer Asiens), nennen, wenn sie in Gefahr sind, »die Vernunft blind und die menschliche Weisheit eitel; dagegen halten sie die Ausgeburten ihrer Phantasie, Träume und kindischen Unsinn für die Antwort der Gottheit. Zu solchem Wahnsinn treibt die Angst den Menschen.«

Wegen der erfahrungsgemäß erkennbaren Eigenschaften der Menschen, der Herrschenden wie der Beherrschten, ist im Bereich der Ordnung staatlicher Wirklichkeit weder Offenbarung noch Wunder zu verwerfen, und zwar nicht nur, weil sie doch nicht aufzuheben sind, sondern weil der Aberglaube solche Gestalt annehmen kann, daß sein Inhalt der Wahrheit der Philosophie entspricht, die durch Vernunft als Gottesgewißheit und Liebe zum Nächsten, als Umgänglichkeit und Eintracht wirklich wird, und weil der Aberglaube oder die Religion solcher Gestalt den Weg zur vernünftigen Wahrheit bereitet. Darum ist die Frömmigkeit nicht nur durch philosophische Unabhängigkeit, sondern auch, und zwar für die Mehrzahl, durch Gehorsam gegen Gesetz, durch Glauben an die Offenbarung in heiligen Büchern möglich.

Der Aberglaube, der in der Form der Religion immer noch wirksam bleibt, hat jedoch große Gefahren für das Gemeinwohl. Denn er drängt zum Fanatismus der Ausschließlichkeit, zur Gewaltsamkeit, weil er – im Unterschied von der einen Gottesgewißheit der Vernunft, die den einzigen Gott denkt – ein vielfacher ist. Nur die Vernunft verbindet, der Aberglaube entzweit.

Das lehrt wiederum die Erfahrung. Spinoza schildert den faktischen Zustand, den er vor Augen hat: »Die Frömmigkeit, ewiger Gott, und die Religion bestehen in widersinnigen Geheimnissen, und wer die Vernunft von Grund aus verachtet und den Verstand, als seiner Natur nach verderbt, verwirft und verabscheut, der gilt höchst ungerechterweise für gotterleuchtet.« Spinoza wundert sich, »daß Leute, die sich rühmen, die christliche Religion zu bekennen, also die Liebe, die Freude, den Frieden, die Mäßigung und die Treue gegen jedermann, doch in der feindseligsten Weise miteinander streiten«, – daß »man jeden, ob Christ, Türke, Jude oder Heide, nur an seiner äußeren Erscheinung und an seinem Kult erkennen kann; im übrigen ist der Lebenswandel bei allen der gleiche«, – daß »das Volk es für eine Sache der Religion hält, die Dienste der Kirche als Würden und ihre Ämter als Pfründen anzusehen und die Geistlichen hoch in Ehren zu halten«.

Mit der Gemeinschaft im Aberglauben entsteht die Gewaltsamkeit, die, wenn die Macht ausreicht, die Freiheit der menschlichen Entfaltung aus dem je eigenen Wesen einschränkt, das freie Denken verbietet, die Herrschaft über den Staat erstrebt.

Angesichts dieser politisch-theologischen Wirklichkeit stellt Spinoza sein Denken in den Dienst der Verwirklichung der Freiheit. »Es widerstreitet der allgemeinen Freiheit ganz und gar, das freie Urteil eines jeden durch Vorurteile einzunehmen oder irgendwie zu beschränken, ... daß man Meinungen gleich Verbrechen für strafbar hält.« Meinungsgegensätze führen auf diese Weise zu Unruhen und arten in Empörungen aus. Dies Unheil wäre unmöglich, wenn nach dem Staatsgesetz »nur Taten gerichtet, Worte aber straffrei gelassen würden«. Spinoza will zeigen, daß die Freiheit (zu urteilen und Gott nach seinem Sinne zu verehren) »nicht nur ohne Schaden für die Frömmigkeit und den Frieden im Staate zugestanden werden könne, sondern daß sie nur zugleich mit dem Frieden im Staate und mit der Frömmigkeit selbst aufgehoben werden könne«.

a) *Vernunft und Offenbarung*

Katholiken, Protestanten, Juden gründen sich auf Offenbarung. Die historische Realität des Glaubens und seine Bedeutung für das Zusammenleben veranlaßt Spinoza, »die Heilige Schrift oder die Offenbarung hinsichtlich ihrer Nützlichkeit und Notwendigkeit sehr hoch« einzuschätzen. Denn »da alle Menschen unbedingt gehorchen können und es nur sehr wenige gibt, die durch die bloße Leitung der Vernunft eine tugendhafte Lebensführung erreichen, so müßten wir an dem Heile fast aller Menschen zweifeln, wenn wir das Zeugnis der Schrift nicht hätten«. Es wäre Torheit, so meint er, »wollte man etwas, das durch das Zeugnis so vieler Propheten bekräftigt worden ist, das den nicht eben Starken im Geiste so vielen Trost gebracht hat, das für den Staat nicht geringen Nutzen bedeutet und das wir ruhig ohne Gefahr oder Schaden glauben dürfen, trotzdem nicht anerkennen, und zwar bloß deshalb, weil es nicht mathematisch zu beweisen ist«. Um unser Leben weise einzurichten, dürfen wir nicht nur das als wahr gelten lassen, was sich durch keinen Zweifelsgrund in Zweifel ziehen läßt: »Als ob nicht die meisten unserer Handlungen sehr ungewiß wären und eine Beute des Zufalls.«

So kann Spinoza sprechen, obgleich er eine Offenbarung philosophisch für unmöglich erklärt. Aber er spricht so nur im Zusammenhang politischen Denkens und er anerkennt die Offenbarung nur in einem bestimmten Sinn. Er kann *erstens* in der Endlosigkeit der Zusammenhänge in der Welt der Modi die Offenbarung wohl beschreiben und charakterisieren, aber, außer durch die Beziehung auf die Vorstellungsbedürftigkeit endlicher Denkwesen, nicht erklären. *Zweitens* spricht Spinoza, wenn er von diesen Dingen redet, bewußt »nach der Fassungskraft der Menge«, wobei Menge auch den Kreis der Vernünftigen umfaßt, für die er dieses Werk schreibt. *Drittens* stellt sich Spinoza in die Denkungsart der Regentenpartei und damit in die Glaubensweise, die dort in Liberalität und Toleranz als selbstverständlich galt.

Schließlich aber ist entscheidend für Spinoza, daß er die biblischen Vorschriften von Liebe und Gerechtigkeit in völliger Übereinstimmung mit den Vorschriften der Vernunft findet, und daß er es für erlaubt hält, »das Wort Gottes« nicht in einer bestimmten Anzahl von Büchern, sondern allein in diesen Vorschriften zu sehen. So erklärt er von den Propheten, »daß sie keine Moral gelehrt haben, die mit der Vernunft nicht vollkommen übereinstimmte. Denn es ist kein bloßer Zufall, daß das Wort Gottes in den Propheten mit dem Worte Gottes, das in unserem Inneren spricht, ganz und gar übereinstimmt.«

Aber nun ist der unheilvolle Kampf der Konfessionen und der Theologen gegen die, die sie für Ketzer erklären. Um die Streitigkeiten zum Erlöschen zu bringen, hält Spinoza die klare Trennung von Vernunft und Offenbarung für sachgemäß und notwendig. Es sind zwei Bereiche: »Die Vernunft ist das Reich der Wahrheit und der Weisheit, die Theologie aber das Reich der Frömmigkeit und des Gehorsams.«

Die Theologie ist ihrer Wahrheit nach beschränkt auf die Praxis des Gehorsams, nämlich auf die Verwirklichung von Liebe und Gerechtigkeit. Daher soll sie die Glaubensdogmen nur insoweit bestimmen, als es genügend ist für diesen Gehorsam. »Wie aber diese Dogmen genauer zu verstehen sind, das zu bestimmen, überläßt sie der Vernunft, die das wahre Licht des Geistes ist, ohne welches der Geist nur Traumgestalten und Trugbilder sieht.« Das theologische Scheinwissen ist nicht nur verderblich, sondern für den Glauben selber unnötig. »Was die Menschen unbeschadet der Liebe nicht zu wissen brauchen, von dem wissen wir mit Sicherheit, daß es die Theologie oder das Wort Gottes nicht berührt.«

Zwischen beiden Bereichen aber sind Beziehungen. Denn der Mensch ist einer und nicht gespalten. Ist er im Glauben gehorsam und in der Vernunft einsichtig, so tritt doch im Glauben selber die Vernunft auf, sofern der Glaube denkt, und in der Vernunft der Glaube, sofern dieser ein Gegenstand der Vernunft wird.

Dabei aber ergeben sich jene unheilvollen Irrungen, wenn in diesen Beziehungen nicht zugleich die Scheidung klar bleibt. »Weder darf die Theologie der Vernunft noch die Vernunft der Theologie dienstbar sein, sondern jede muß ihr eigenes Reich behaupten.« Beide haben »ihr eigenes Reich ohne Widerspruch von seiten der anderen«.

Spinoza macht sich den Einwand: Da das im Gehorsam Geglaubte sich nicht durch Vernunft beweisen läßt, »warum glauben wir denn daran?« Nehmen wir es ohne Vernunft wie Blinde an, so handeln wir töricht und urteilslos. Wollten wir dagegen behaupten, die Grundlage des Gehorsams ließe sich durch die Vernunft beweisen, so wäre die Theologie ein Teil der Philosophie und nicht von ihr zu trennen. Spinoza erwidert: »Ohne Einschränkung behaupte ich, daß sich das Grunddogma der Theologie nicht durch natürliche Erleuchtung begründen läßt und daß darum die Offenbarung sehr notwendig gewesen ist; nichtsdestoweniger aber können wir von unserem Urteil Gebrauch machen, um das bereits Offenbarte wenigstens mit moralischer Gewißheit anzuerkennen. Wir dürfen nicht erwarten, größere Gewißheit darüber zu erhalten als die Propheten selbst, deren Gewißheit nur eine moralische war.«

Ihre Autorität kann nicht mit mathematischen Beweisen dargetan werden. Sie kann mit keinen anderen und keinen stärkeren Argumenten bewiesen werden, als womit einst die Propheten das Volk überzeugten, nämlich erstens durch ein lebhaftes Vorstellungsvermögen, zweitens durch »Zeichen« wie eingetretene Prophezeiungen, drittens durch eine dem Rechten und Guten verwandte Gesinnung. Darum sind auch wir den Propheten, auch bei dem Zutreffen von Zeichen, Glauben nur schuldig, wenn sie Gerechtigkeit und Liebe über alles empfehlen und aus aufrichtigem Herzen lehren.

Wenn zwischen den Sätzen der Philosophie und Theologie Widersprüche auftreten, dann verwehrt Spinoza der Theologie die Möglichkeit der Begründung ihrer Sätze. Zwar möchte er den Theologen zunächst einräumen, daß sie der Theologie eine feste Grundlage zu verschaffen und sie zu beweisen versuchen. »Denn wer möchte sich von der Vernunft lossagen oder Wissenschaft verachten und die Gewißheit der Vernunft leugnen.« Aber er kann sie doch nicht entschuldigen. Denn der theologische Versuch, die Vernunft zu ihrer Begründung herbeizuziehen, bedeutet, »die Vernunft zu Hilfe rufen wollen, um die Vernunft zu verjagen«. Die Theologen wollen »die Autorität durch Beweise dartun, um die Vernunft und natürliche Erleuchtung ihrer Autorität zu berauben«. Oder sie unterwerfen in Scheinbarkeit die Theologie der Herrschaft der Vernunft in »der Voraussetzung, die Autorität der Theologie habe nur dann Glanz, wenn sie von der natürlichen Erleuchtung der Vernunft bestrahlt wird«.

Aber es hilft der Theologie nichts, wenn sie ihre Grenze überschreitet und Wissen werden will. Wo Einsicht in Frage kommt, »gibt kein anderer Geist Zeugnis als die Vernunft«. Wer einen andern Geist vorgibt, redet aus einem Vorurteil seiner Affekte. »Doch vergebens, denn welchen Altar kann der sich bauen, der die Majestät der Vernunft beleidigt.«

b) *Das Verständnis der Bibel*

Bei Juden, Katholiken, Protestanten gründet sich der Glaubensanspruch auf die Bibel. Alle argumentieren mit Bibelzitaten. Die Auslegung der Bibel ist eine Macht nicht nur für den Glauben, sondern für die Politik. Um das Unheil dieser Macht in der Erzeugung der Streitigkeiten und ihrer blutigen Konsequenzen abzuwehren, will Spinoza für die »richtige Bibelauslegung« wirken.

Es gibt zwei grundverschiedene Voraussetzungen der Auslegung und damit die Frage, ob sie sich gegenseitig widerstreiten, so daß die eine die andere ausschließt, oder ob sie sich vereinigen lassen:

Die eine: Die Bibel ist das Wort Gottes. Sie ist grundsätzlich anderer Herkunft als alle von Menschen hervorgebrachten Schriften, daher allein Heilige Schrift. Da sie das Wort Gottes enthält, kann es keine Widersprüche in ihr geben. Es ist alles wahr, was in ihr steht.

Die andere: Die Bibel ist eine Sammlung von Schriften, die, von Menschen verfaßt, ursprünglich keinen anderen Charakter hatten als sonstige Schriften der menschlichen Literatur.

Die Auslegung der Bibel bei der ersten Voraussetzung führt zu folgenden Methoden:

1. Wenn kein Widerspruch in der Bibel zugelassen werden darf, dann müssen die massenhaft vorkommenden Widersprüche (ebenso wie anstößige Inhalte) dadurch gelöst werden, daß die Sätze nicht nur einen wörtlichen, sondern einen allegorischen Sinn haben. Wo wörtlich ein Widerspruch und die Anstößigkeit vorliegt, ist beides durch Erkenntnis des allegorischen Sinns aufzuheben. Diese seit alters geübte Methode verwirft Spinoza. Denn die allegorische Deutung beruht auf Willkür der Phantasie, hat bei abweichenden Deutungen kein Kriterium, um zu entscheiden, welche wahr sei. – 2. Die

Widervernünftigkeit des Textes wird als Geheimnis aufgefaßt. Die Auslegung erfolgt so, daß der Sinn der Sätze »mit der Vernunft und der Natur im größtmöglichen Widerspruch zu stehen scheint«. Sie wähnen »die tiefsten Geheimnisse in der Schrift verborgen« und mühen sich, »den Unsinn zu ergründen«. – 3. Man sucht die Schrift an die Vernunft anzupassen, etwa an Aristotelische oder Platonische Spekulationen. Weil die Schrift göttlich, also überall wahr sei, muß sich, so wird vorausgesetzt, bei ihrer Prüfung ergeben, was man philosophisch schon zu wissen meint.

Maimonides ist der häufig von ihm genannte Gegner, bei dem Spinoza diese falschen Methoden findet. Maimonides setzt voraus, daß die Propheten übereinstimmen und große Philosophen und Theologen waren, die ihre Gedanken in Vorstellungen für das Volk verbargen, – daß die Worte der Schrift nicht nach ihrem buchstäblichen Sinn, sondern nach den vorgefaßten Meinungen der Ausleger gedeutet werden dürfen und müssen, – und daß der Sinn der Schrift nicht aus ihr selbst sich ergeben könne.

Diese Methoden der Auslegung widersprechen der reinen Evidenz der voraussetzungslosen Vernunft. Darum nehmen sie für sich selbst wiederum eine Autorität in Anspruch, die Autorität der Tradition der Pharisäer, der institutionell anerkannten Gelehrten, der Päpste. Die Instanz für die Wahrheit ist diese als Autorität auftretende Vernunft, nicht die freie, sich selbst überzeugende Vernunft.

Gegen all dies wendet sich Spinoza mit der anderen Grundvoraussetzung: die Bibel müsse wie jede andere Schrift natürlich verstanden werden. Er hat sich »vorgenommen, die Schrift von neuem mit unbefangenem und freiem Geiste zu prüfen«. Seine Methoden sind diese:

1. Es gilt der Grundsatz: nichts von ihr anzunehmen oder als ihre Lehre gelten zu lassen, was sich nicht mit voller Klarheit ihr selbst entnehmen läßt. – 2. Bei jeder Schrift ist zu forschen, wie sie entstanden ist, an welchem Ort, zu welcher Zeit, unter welchen Bedingungen der äußeren Umstände und der Situationen, von wem und für welche Menschen sie geschrieben ist, das Leben, die Sitten und Bestrebungen des Verfassers. »Man kann die Worte eines Mannes um so leichter deuten, je besser man seinen Geist und seine Sinnesart kennt.« – 3. Es sind die Schicksale sämtlicher prophetischer Bücher zu eruieren; in wessen Hände sie kamen, welche Lesarten es gibt; auf wessen Rat sie unter die heiligen Schriften aufgenommen wurden, auf welche Weise sie zu einem Ganzen vereinigt sind. – 4. Man muß alles sammeln, was sich auf denselben Gegenstand bezieht, was zweideutig ist, oder was sich zu widersprechen scheint. – 5. Man darf die Richtigkeit der Feststellung eines Sinns der Rede nicht verwechseln mit der Frage nach der Wahrheit ihres Inhalts. Bei der historischen Auslegung handelt es sich um den gemeinten Sinn, nicht um die

Wahrheit dieses Sinnes. Der erstere ist festzustellen, ohne über die letztere zu entscheiden.

Diese Methoden führen Spinoza zur Begründung der modernen Bibelwissenschaft als einer historischen Forschung. Er formuliert insbesondere die Bedeutung der Sprache, das heißt des Hebräischen:

»Weil nun alle Schriftsteller des Alten wie des Neuen Testaments Hebräer waren, so ist natürlich eine Geschichte der hebräischen Sprache vor allem nötig.« Die Schriften des Neuen Testaments sind zwar in anderer Sprache verbreitet, »tragen aber doch hebräischen Charakter«. Die Bibel als Ganzes ist eine Hervorbringung der Juden. Sie ist in allen Teilen des Alten und Neuen Testaments von Juden geschrieben. Das spezifisch Jüdische und Christliche verschwindet bei historischer Erforschung der Bibel als untergeordnet, ja belanglos in dem einen Ganzen.

Aber die Wahrheitsfrage hat auch für Spinoza ein brennendes Interesse. Daher beschränkt sich Spinoza keineswegs auf das historisch Feststellbare. Er deutet, aber er deutet aus natürlicher Vernunft.

So deutet er das Wesen der Propheten als Begabung zu gesteigerter Einbildungskraft, wodurch für Spinoza deren Wahrheit verkleinert ist.

So deutet er weiter diesen Vorstellungscharakter in den biblischen Texten damit, »daß die Lehre der Schrift sich nach der Fassungskraft und den Anschauungen derer richtet, denen die Propheten und Apostel das Wort Gottes zu predigen pflegten, damit die Menschen es ohne Widerstreben und mit ganzem Herzen annehmen möchten«.

So deutet er die Wahrheit des Inhalts dieser Predigt, indem er den Sinn der Bibel außerordentlich vereinfacht: »Ich zeige, daß das offenbarte Wort Gottes nicht in einer bestimmten Zahl von Büchern besteht, sondern in dem einfachen Begriff des göttlichen Geistes, wie er den Propheten offenbart wurde: Gott von ganzer Seele gehorsam zu sein, indem man Gerechtigkeit und Liebe übt.« Darum sagt Spinoza, daß »die Autorität der Propheten nur von Bedeutung sei in den Fragen des Lebenswandels und der wahren Tugend, daß uns im übrigen aber ihre Anschauungen wenig angehen«.

Insbesondere deutet er die Masse der Mosaischen Gesetzgebung (im Unterschied von den Zehn Geboten, die sich auf den rechten Lebenswandel beziehen): sie war »einzig die Rechtsordnung des hebräischen Reichs«, die darum von niemandem außer den Hebräern anzunehmen war und an die »sie selber nur solange, wie ihr Reich bestand, gebunden waren«.

Widersprüche in der Bibel deutet Spinoza zum Teil historisch durch die Überlegung, in welcher Situation und bei welchem Anlaß etwas gesagt wurde. Die ältesten Schriften der Bibel atmen einen kriegerischen Geist. Jesus aber sagte: wenn dir einer deine rechte Backe schlägt, so biete ihm die linke auch dar. Das sagt er jedoch nicht als Gesetzgeber (denn das Gesetz Mosis hat er ja nicht aufheben wollen: Matth. 5, 17), sondern als Lehrer zu unterdrückten Menschen in einem verdorbenen Staat, dessen Untergang er nahe bevor sah. In ähnlicher Weise hat in ähnlicher Lage Jeremias in den Klageliedern gesprochen. Aber nur für solche Zeiten hätten Jesus und Jeremias zum Ertragen des Unrechts aufgefordert. In einem guten Staate sei das Gegenteil wahr.

c) *Gedankenfreiheit*

Spinozas Interesse für die Frage des Bibelverständnisses nahm seinen Ausgang von den blutigen Streitigkeiten um die Auslegung und von dem autoritären Anspruch der richtigen Auslegung, woher auch immer er kam.

Dagegen setzte er die These: Da die Menschen verschieden sind, ist jedem die Freiheit des Urteils zu lassen und die Möglichkeit, die Grundlagen seines Glaubens nach seinem eigenen Sinn auszulegen. Diese These begründet er weiter durch folgende Sätze:

1. Ob der Glaube eines Menschen fromm oder ob der Mensch gottlos sei, ist allein nach seinen Werken zu beurteilen, nach seinem Handeln und Sichverhalten, nicht aber nach seinen Meinungen und Bekenntnissen. »Nur so werden alle freien Sinnes Gott gehorchen können, und nur so wird Gerechtigkeit und Liebe von allen hochgehalten werden.«

2. Es ist zu unterscheiden zwischen der echten Autorität des Staates und seiner Gesetze, der sich jeder Bürger zu beugen hat, und der falschen Autorität religiöser Festsetzungen von Dogmen und Gesetzen. Das Staatsgesetz bezieht sich mit dem Recht des Staats auf äußere Handlungen, die Religion auf die innere Gesinnung, der die Handlungen der Liebe und Gerechtigkeit unerzwingbar folgen.

Die Gesetze des Moses waren einst Staatsgesetze. Sie beanspruchten damals mit Recht öffentliche Autorität. »Denn wenn der Einzelne die Freiheit hätte, das öffentliche Recht nach seinem Gutdünken auszulegen, dann könnte kein Staat bestehen.« Jener hebräische Staat ist nicht mehr; unsere Staaten sind auch nicht mehr Theokratien. Die Religion bezieht sich heute allein auf »Einfalt und Wahrhaftigkeit im Gemüt«, auf Liebe und Gerechtigkeit. Aber »niemand kann durch Gewalt gezwungen werden, selig zu werden«. Statt Gewalt ist »brüderliche

Ermahnung« angemessen und »vor allem ein eigenes freies Urteil erforderlich«. Daraus folgt: In der Religion steht jedem das Recht vollkommener Meinungsfreiheit zu. Es ist undenkbar, daß sich jemand dieses Rechtes begeben könnte. Wie der Obrigkeit die höchste Autorität in der Auslegung der Gesetze zukommt, weil es sich um das öffentliche Recht handelt, so kommt jedem Einzelnen die höchste Autorität zu, die Religion zu erklären, weil sie unter das Recht des Einzelnen fällt.

3. Diese freie Auslegung, somit auch Bibelwissenschaft und Bibelkritik, ist nur in einem freien Staate möglich. »In einem freien Staate ist jedem erlaubt, zu denken, was er will, und zu sagen, was er denkt.« Diese Position hat Spinoza mit Leidenschaft begründet:

Erstens: Gedankenfreiheit gehört zum Naturrecht jedes Einzelnen, das auch im Naturrecht des Staates nicht abgetreten werden kann. Denn jeder ist nach höchstem Naturrecht Herr seiner Gedanken. Daher werden es »die höchsten Gewalten doch nie dahin bringen, daß die Menschen darauf verzichteten, nach ihrem Sinne über die Dinge zu urteilen und sich dabei bald diesem, bald jenem Affekt hinzugeben«.

Zweitens: Es ist wahr, daß die höchsten Gewalten das Recht haben, jeden als Feind zu betrachten, der nicht unbedingt in allem Handeln mit ihnen übereinstimmt. Aber die Regierung ist Gewaltherrschaft, wenn sie sich auf die Geister ausdehnt, das heißt ihnen vorschreiben will, was jeder als wahr annehmen, und was er als falsch verwerfen soll.

Daß nun die Regierung zu solcher Gewaltherrschaft kein Recht habe, folgt nicht aus einem übersinnlichen ewigen Recht des Menschen, sondern ergibt sich aus dem Naturrecht des Staates, wenn er Bestand haben, das Unheil der Empörung und des Unfriedens vermeiden, das Ziel des freien Lebens aller erreichen will. Daher zeigt Spinoza, daß die Gedankenfreiheit zum Vorteil des Staates gereicht. Die Gewalttätigkeit gegen den Geist ist eine Gefahr für den ganzen Staat und ist nicht der gesunden Vernunft gemäß; sie führt schließlich zur Vernichtung dieses Staates.

Drittens: Die Folge der Gewalt gegen den Geist ist, daß niedrig geartete Menschen die Übermacht gewinnen. Der Zorn derer, die keine freien Geister neben sich dulden können, verwandelt leicht mit einer finsteren Autorität die Bigotterie eines aufrührerischen Pöbels in Raserei. Sie hetzen den frechen Pöbel gegen die Verfasser ihnen unerwünschter Schriften. Der von ihnen beherrschte Staat kann keine edlen Männer mehr ertragen. Diese werden, weil sie freien Geistes sind, für Feinde erklärt, aus dem Lande verwiesen, mit dem Tode bedroht. Aber sie fürchten den Tod nicht wie Verbrecher, sondern erachten es als Ehre, für die Freiheit zu sterben. Alle Gesetze über Meinungen treffen nicht die Bösen, sondern die Edlen.

Für den Zustand des Staates ist die Folge, daß Friede unmöglich wird. Wo staatliche Instanzen Streitigkeiten der Gelehrten durch Gesetze beilegen wollen, entstehen Spaltungen nicht aus Eifer für die Wahrheit, sondern aus Herrschbegier. Das sind die wahren Friedensstörer, die in einem Staate die Freiheit des Urteils, die nicht unterdrückt werden kann, aufheben wollen.

Viertens: Die Freiheit des Denkens ist zu unterscheiden von der Freiheit des Handelns. Für das Handeln vergegenwärtigt Spinoza diese unaufhebbare Grundsituation: Im Staate hat jeder, der Vernunft gehorchend, ein für allemal beschlossen, sein Recht, nach eigenem Urteil zu handeln, auf den Beschluß der höchsten Gewalt zu übertragen. Aber selten wird etwas einstimmig beschlossen; »dennoch gilt alles als gemeinsamer Beschluß, sowohl derer, die dagegen, als derer, die dafür gestimmt haben«. Da der Beschluß aller in menschlicher Gemeinschaft aber faktisch nur jeweils durch Majorität feststellbar ist, hat er selber Grenzen seiner Wirkungskraft. Er gilt erstens nur für Handlungen, nicht für Gedanken. Zweitens ist er gefaßt mit dem Vorbehalt, »ihn wieder aufzuheben, im Falle, daß sich ihnen etwas Besseres zeigt«. Wer überstimmt ist, fügt sich im Tun, nicht im Denken. Daher muß so regiert werden, »daß die unverhohlen verschiedenen entgegengesetzten Meinungen doch in Eintracht miteinander leben«.

Doch Spinoza kennt Grenzen der öffentlichen Meinungsäußerung. Wohl ist die Freiheit des Glaubens und die Freiheit zu philosophieren uneingeschränkt. Aber es ist zu bestimmen, welche Meinungen im Staate für den Sinn der staatlichen Ordnung und für den Schutz der Freiheit aller »aufrührerisch« sind, oder anders, wie weit jedem die Freiheit zu reden, unbeschadet des Friedens im Staate, zugestanden werden kann. Unbeschränkt denken und damit auch sprechen, ist jedem nur unter der Voraussetzung erlaubt, »daß er einfach spricht oder lehrt und bloß mit Hilfe der Vernunft, aber nicht durch Täuschung, Zorn und Haß seine Meinung vertritt«. Die Beschränkung affektiven Redens ist, um den Frieden zu erhalten, ebenso notwendig wie die Freiheit des vernünftigen Redens.

C. Kritische Charakteristik der Religionsauslegung und Politik Spinozas

a) *Unklarheit im Verhältnis von Wissenschaft und Philosophie*

Wissenschaft und Philosophie sind für Spinoza, wie für alle Denker seiner Zeit und für viele noch heute, dasselbe. Spinoza spricht im Namen der Wissenschaft, der einen, die durch natürliche Vernunft nur eine Wahrheit, gültig für jede Vernunft, voraussetzt und zu finden meint. Aber es ist etwas grundsätzlich anderes, ob Spinoza mit wissenschaftlichen Mitteln im Sinne allgemeingültiger Erkenntnis historisch oder naturwissenschaftlich nachweislich falsche Behauptungen der Theologen und der Bibel angreift, oder ob er im Namen der Vernunft (als Philosophie) andere Grundhaltungen des Seinsbewußtseins und der Lebenspraxis für Irrungen erklärt. Im ersten Fall steht die Macht allgemeingültigen Erkennens gegen Irrtümer, und diese Macht ist für jeden Denkenden in der Tat unentrinnbar (z. B. in bezug auf astronomische, physikalische, biologische, historische Erkenntnisse: das Josua-Wunder, die leibliche Auferstehung, die Autorschaft Mosis). Im zweiten Fall steht Glaube gegen Glaube.

Das Vertrauen auf das allgemeine Einverständnis in der einen Vernunft ist berechtigt nur in der Wissenschaft. Aber dieses Einverständnis ist nicht das der Menschen in ihrem ganzen Wesen, sondern nur in dem überall identischen, ersetzbaren, der Mannigfaltigkeit des Daseins entzogenen, es vielmehr überwindenden Punkt des Verstandes überhaupt: man ist etwa einig in bezug auf die Regeln des atomaren Geschehens, kann sich aber gegenseitig die Atombomben auf die Städte werfen. Es ist ein Irrtum, durch Wissenschaft würde die Menschheit geeint. Etwas ganz anderes ist die Vernunft, die das Wesen des Menschen im ganzen durchdringt, das Medium seiner je einzelnen unersetzlichen Existenz, auf die grenzenlose Kommunikationsbereitschaft angewiesen und zu ihr entschlossen ist. Aber diese Vernunft erwirkt keineswegs die Einmütigkeit der Menschheit. Vielmehr läßt sie eine nicht übersehbare Verschiedenheit der Lebenswege, der Lebensgestaltung, des Seinswissens und des Gottesbewußtseins zu. In ihr erblickt und befragt und läßt sich befragen die je geschichtlich besondere Wirklichkeit der Existenz. In *einem* Menschen ist diese Mannigfaltigkeit nicht zu vereinen. Aber der Drang zur Kommunikation ist, wo Vernunft ist, unbeschränkt, nicht nur um die Wirklichkeit der anderen zu kennen, sondern um im Verstehen je für sich selbst die größte Weite, Klarheit und Entschiedenheit zu gewinnen, nicht um alles im Gleichmachen zum Erlöschen zu bringen.

Spinoza hält die Philosophie für eine einzige, und diese eine für durch Vernunft erkennbar und allein wahr. Damit verwechselt er sie mit der Wissenschaft. Er hat bei manchen Kritikern (Jacobi, Lichtenberg) erreicht, daß diese meinten: wenn die Vernunft Grundlage des gesamten Lebens sein solle, dann könne sie nur zum Spinozismus führen. Das ist ein philosophischer Irrtum. Wir müssen beim Studium und bei der Aneignung Spinozas trennen:

Erstens: Wo es sich um rein wissenschaftliche Fragen handelt, hat er grundsätzlich, nicht im einzelnen, recht. Selbst dieses gilt nur für den, der uneingeschränkt Wissenschaft will, der die Bindung an die wissenschaftlichen Möglichkeiten für Bedingung jeder Redlichkeit hält, der den Sinn der Wissenschaft bejaht und menschliche Würde darin sieht, ihn zu ergreifen. Wer nicht will, der ist nicht zu überzeugen, weil er sich dem Denken verschließt und die Kommunikation abbricht; man muß ihn stehen lassen. Es ist ein Moment des philosophischen Glaubens, den Sinn der Wissenschaft bedingungslos zu bejahen. Hier steht Spinoza in der Reihe aller derer, die um die erkennbare Wahrheit gegen Irrtum gewirkt haben. Daraus können gewaltige Neuerungen des Bewußtseins entstehen (Kopernikus; die Entdeckung der gesamten Erde, der ganz anderen Menschen; die realistische Geschichte und ihre Ausbreitung über ungekannte Jahrtausende). Wo diese Neuerungen nicht ertragen werden, hat das durch sie Bedrohte nicht recht, weder im Sinne richtiger Erkenntnis noch im Sinne kommunikabler Allgemeingültigkeit.

Zweitens: Wo es sich um Philosophie handelt, spricht Spinoza, wie Philosophen, Wahrheit aus, die unbedingt im Leben dieses Denkenden ist, aber als ausgesagter Inhalt nicht allgemeingültig für alle wird.

Diese beiden ursprungsverschiedenen Wahrheitsbegriffe lassen sich kurz aussprechen: In der Wissenschaft handelt es sich um Richtigkeit, die allgemeingültig ist, aber gebunden an Methoden, relativ auf bestimmbare Voraussetzungen, partikular bleibt, sich faktisch bei allen Verstehenden durchsetzt. In der Philosophie handelt es sich um Wahrheit, deren Ausgesagtsein nicht allgemeingültig wird, sich faktisch auch nicht allgemein durchsetzt, aber aus dem Ursprung kommt, der unbedingt ergriffen wird.

Folge der Unterscheidung von Wissenschaft und Philosophie ist die Klarheit über einen zweifachen, durchaus sinnverschiedenen Gegensatz zur Theologie in jeder Gestalt kirchlichen Glaubens. Gegen theologische Positionen steht *erstens* die Wissenschaft, sofern Theologie über Realitäten in der Welt oder logische Schlüssigkeiten Urteile fällt, die für jeden Verstand zwingend widerlegbar sind. Hier bleibt die Theologie auf die Dauer unterlegen und pflegt sich anzupassen. *Zweitens* steht Philosophie gegen Theologie, aber nicht mehr in bezug auf einzelne Positionen, sondern gegen die Autorität ihres Grundes. Während im ersten Fall bessere Erkenntnis gegen Uneinsichtigkeit siegt, steht im zweiten Fall philosophischer Glaube gegen kirchlich-autoritären Glauben. Wenn der philosophische Glaube, der sich im Denken aus dem Grunde der Vernunft vergewissert, sich als Wissenschaft versteht, so irrt er und ist der Theologie alsbald unterlegen. Versteht er sich in seinem eigenen Ursprung, so behauptet er sich. Aber dann stehen sich nicht zwei Gegner gegenüber, von denen der eine siegen muß, sondern es vollzieht sich die lebendige Polarität, die mit den Möglichkeiten der Existenz des Menschen gegeben ist. Die Unabhängigkeit der Wissenschaft bleibt immer partikular in bezug auf die Erkenntnis ihr zugänglicher Gegenstände. Die Unabhängigkeit der Philosophie ist total in bezug auf die Vergewisserung des Ursprungs von Seinsbewußtsein und Lebenspraxis. Die Unabhängigkeit wissenschaftlicher Erkenntnis könnte sich mit der theologisch-autoritären Erkenntnis vereinen, die Unabhängigkeit philosophischen Glaubens schwerlich, wenn ihre Zweifachheit einmal bewußt geworden ist. Ein Beispiel herrlicher, ursprünglicher naiver Einheit ist Anselm; das erste größte Beispiel faktisch moderner philosophischer Unabhängigkeit ist Spinoza.

Wenn man Glaubensorthodoxie und Spinozas philosophische Vernunfteinsicht auf einer Ebene sich gegenüberstellt – mit Recht nur auf der Glaubensebene –, so sieht man, daß ein Kampf unausweichlich ist. Aber die Ursprungsverschiedenheit beider hat zur Folge, daß auch die Diskussionsweisen beider, wie die Daseinskonsequenzen im Kampf mit Gewalt grundsätzlich verschieden sind. Der philosophische Glaube kämpft nur geistig und wehrt sich gegen Gewalt; der theologische Glaube greift an durch Gewalt.

Spinoza hat, ahnungslos über den Unterschied von Wissenschaft und Philosophie und damit über den Grund der Gewißheit seines philosophischen Glaubens, den er mit wissenschaftlicher Evidenz identifizierte, seine Philosophie nicht für die beste, sondern für die wahre gehalten, für die allein wahre. Darum spricht er so entschieden *gegen Skepsis*, die er als Kleinmut verwirft. Aber Skepsis hat zweierlei Bedeutung: Sie ist erstens Zweifel an objektiver Allgemeingültigkeit der philosophischen Vernunftwahrheit, dann aber nicht Kleinmut, sondern Glaubenskraft, die sich ihrer selbst bewußt geworden ist in der Unterscheidung wissenschaftlich allgemeingültiger und philosophischer Aussagen. Skepsis ist zweitens ein Zweifel an je bestimmter wissenschaftlicher Erkenntnis und hat hier methodischen, vorantreibenden Charakter, ist daher auch nicht Kleinmut, sondern Wissen um die Weise und die Bedingungen des jeweils bestimmten Wissens. Kleinmütiger und schließlich nihilistischer Zweifel ist die Grundstimmung, die nicht lebt aus dem Ernst dessen, was – in welcher Gestalt auch immer – Glaube ist; er ist die allgemeine Stimmung von der vermeintlichen Unsicherheit aller Wissenschaften, ohne sich auf die je spezifische Gewißheit mit ihrer methodischen Bewußtheit einzulassen. Beide Weisen skeptischen Kleinmuts ergehen sich in abstrakten Allgemeinheiten des Geredes.

Die Absolutheit der philosophischen Einsicht, wie sie Spinoza vertrat, hat durch ihren dogmatischen Charakter auch den Charakter des philosophischen Kampfes. Spinoza erkennt auch den Gegner als eine Naturnotwendigkeit an, er will ihn nicht vernichten, sondern, im Dasein von ihm bedroht, sich wehren durch Vorsicht und durch die Veröffentlichung seiner Gedanken, die die Vernunft in der Welt vermehren können. Man könnte sagen, Spinoza und seine theologischen Gegner seien beide *intolerant.* Aber die Intoleranz Spinozas ist geistig intolerant durch Mangel grenzenlos verstehenden Eindringens in die ihm fremden Glaubensmächte, im Dasein jedoch duldend, niemals Gewalt ins Auge fassend, vertrauend allein auf die Macht der Vernunft, soweit sie reichen mag. Die Intoleranz der theologischen Glaubensmächte greift durch Gewalt ins Dasein ein und will vernichten, was sich nicht fügt.

Wir fragen am Ende: Ist zwischen derart ursprungsverschiedenen Mächten wie autoritärem Glauben, philosophischem Glauben, wissenschaftlichem Wissen überhaupt Diskussion möglich? Müssen die Menschen, die von einer dieser Mächte beherrscht sind, nicht stets an den anderen »vorbeireden« und sich ihrerseits mißverstanden fühlen, weil nirgends die »gemeinsame Ebene« ist, auf der man sich begegnen kann? Die Antwort ist:

Wissenschaftliche und philosophische Diskussion haben einen von einander abweichenden Charakter. Jene führt, wenn sie sinnvoll geführt wird, zu einem zwingenden, Einmütigkeit bewirkenden Ergebnis auf dem Boden des Verstandes (des Bewußtseins überhaupt); diese führt zu einer gegenseitigen Erhellung in der Kommunikation der Menschen auf dem Boden eines menschlich Gemeinschaftlichen, des Sich-verstehen-Könnens aus der bleibenden Verschiedenheit der Existenz heraus.

Wissenschaftliche Diskussion setzt den gemeinsamen Boden des »Bewußtseins überhaupt« voraus, der in der Tat bei allen Menschen angetroffen wird. Ausnahmen, nicht durch die Wirklichkeit, sondern durch die Gewaltsamkeit von Menschen, liegen dort, wo das sacrificium intellectus gefordert wird, das heißt wo der Verstand sich einem, das für jeden wirklich Denkenden ein Unsinn ist, unterwerfen soll. Dann bleibt einerseits die Gemeinschaft im Absurden, solange sie hält, oder der Abbruch der Kommunikation des Denkens. Diskussion ist dann unmöglich geworden. Menschen verhalten sich, als ob sie nicht mehr Menschen, nämlich denkende Wesen seien, und zwar unter Beziehung auf einen von ihnen behaupteten Willen Gottes.

Philosophische Diskussion bedarf der »Richtigkeit« als eines unumgänglichen Mittels, bindet sich an wissenschaftliche Erkenntnis, aber mit dem Ziele eines Anderen, Wesentlichen. Wahrheit möglicher Existenz tritt in Kommunikation mit der anderen. Wie das geschehen kann, ist schwer zu entfalten, da das große geschichtliche Beispiel (außer in Plato und Kant, und auch hier nicht in der Verwirklichung gemeinschaftlichen Lebens) nicht gleichsam greifbar vor Augen steht.

Spinoza konnte diese Kommunikation nicht suchen, weil nicht als Aufgabe erfahren, da er sich im Besitz der wahren, ausgesagten und dargestellten Philosophie befand.

Spinoza als wissenschaftlicher Forscher

Spinoza hat sich an den modernen Wissenschaften beteiligt durch Interesse, hat experimentiert, Gläser geschliffen, Mathematik getrieben, Medizin studiert. Sein politisches Denken steht auf dem Grunde Machiavellis. Er hat philologisch-historische Untersuchungen an der Bibel gemacht, hat durch Anlegen von Registern des Wortgebrauchs, des Wortsinns, durch vergleichende Benutzung bestimmter Angaben in den Texten zur zeitlichen Datierung mannigfache Forschung geleistet, alles mit Arbeitsamkeit und Gründlichkeit (wie die von ihm geschliffenen Gläser besonders hervorragend gewesen sein sollen). Ihm ist das moderne Realitätsbewußtsein eigen.

Aber er hat nirgends eine durchschlagende neue Entdeckung gemacht, gar keine in den mathematischen Naturwissenschaften. Aber auch seine Bibelforschung, in den Prinzipien kaum überholt, hat keine Ergebnisse, durch die Spinoza mit bestimmten Erkenntnissen Epoche gemacht hätte. Daß Moses nicht der Verfasser des Pentateuch ist, war schon vor Spinoza bekannt (Hobbes).

Das Ineinander von Philosophie und Wissenschaft, das von jeher galt, und das neue, der Sache nach widersinnige Ineinander moderner Wissenschaft und Philosophie jenes Zeitalters hat Spinoza nicht durchschaut. Er philosophierte nicht nur durchaus im alten Geist der Einheit von Philosophie und Wissenschaft, sondern er begriff den spezifisch neuen, modernen Geist der Forschung nicht. Das zeigte sich in der Diskussion mit Boyle, dem Chemiker. Was dieser an sachlich Neuem mit moderner Forschungsmethode fand, das diskutierte Spinoza in der alten scholastischen Manier (wie Bacon) und machte in solcher Weise seine eigenen unergiebigen Experimente in bezug auf das Problem Boyles. Wohl begriff Spinoza die Endlosigkeit der Erforschung in der Welt der Modi, betonte unsere bleibende Unkunde, hielt offen, was etwa alles noch erkannt werden könnte. Doch entsprach seine falsche Diskussionsweise nicht dieser treffenden Einsicht. Denn er behandelte das Naturwissen wie eine grundsätzlich doch abgeschlossene Wissenschaft. Das geschah früher in aristotelischer, jetzt in baconischer Weise. Seine Haltung war noch wie etwa die Sigers von Brabant, wenn dieser Naturwissen als eigengegründet gegen Offenbarung behauptete. Spinoza stand keineswegs in der großen Bewegung jener Forscher zu einer Weiterentwicklung der Erkenntnis in eine grenzenlose Zukunft hin, von der man nicht weiß, was sie an Erkenntnis noch bringen wird. Während für Bacon an die Stelle dieses wirklichen Prozesses technizistische Zukunftsspekulationen traten, war für Spinoza dieser Fortschritt im Grunde unerheblich, da das Wesentliche, das Grundsätzliche, das Ganze schon feststand: in dieser uralten Verwechslung von spekulativ philosophischen Entwürfen und forschender Erkenntnis. So ist Spinozas Naturwissenschaft in der Grundhaltung nicht moderne Naturwissenschaft, sondern Naturphilosophie.

Spinoza ist gleichsam angeweht von moderner Wissenschaft. Er scheint die moderne Wissenschaft zu meinen, wenn er sagt, daß seine Methode der Bibelerklärung sich in nichts von der Methode der Naturerklärung unterscheide. Aber alles wirkt in seiner Philosophie als ein Kleid, das auswechselbar wäre, oder als eine Mitteilungsform, derer er sich bedient, ohne an sie gebunden zu sein.

Die Notwendigkeit, in die die Vernunft als in das göttlich Ewige Einsicht hat, wird durch mathematische und wissenschaftliche Erscheinungen der Notwendigkeit ausgedrückt. Diese sprechen in der Tat nicht durch das Neue von Forschungsgesinnung und Methode, sondern als Leitfaden, der diesen Zeiten gemäß zu etwas ganz anderem diente, als in ihnen selber lag. Das zeigt sich in der Formung seiner Ethik nach geometrischer Methode. In diesem Werk steckt nichts von mathematischem Entdeckergeist und mathematischer Gewißheitsweise. Aber für die spekulative Gewißheit sucht Spinoza dieses Kleid in der Haltung der uralten logisch argumentierenden Durcharbeitung des Zusammenhangs seiner metaphysischen Begriffe. Wie Spinoza im philosophischen Denken sich seiner Lebenspraxis vergewissert und sie bestätigt, das hat an sich nichts mit moderner Wissenschaft zu tun.

Daß Spinoza in seinem Urteil über Realitäten eine Unbefangenheit, Beobachtungskraft, natürliche Verständigkeit beweist, ist nicht Eigentum der modernen Wissenschaft allein, sondern der vernünftigen Menschen aller Zeiten.

Wenn Spinoza von den »Hirngespinsten des Aristoteles oder Plato oder anderer ihresgleichen« und von den »Possen des Aristoteles« spricht, so ist das gar nicht aus dem Geist der modernen Naturwissenschaften, sondern aus der Unabhängigkeit gesprochen, die in dem Geist seines Jahrhunderts das Überlieferte wie die großen Namen respektlos und mit Verdacht ansah.

Wenn alle Denker, Forscher und Philosophen jener Zeit von »Methode« sprechen, so ist Spinozas Methode viel mehr ein Heilsweg als eine Forschungsmethode. Er sucht den Weg zur »Verbesserung des Verstandes«, um in den Erkenntnisstufen bis zur intuitiven Erkenntnis im amor intellectualis dei zu gelangen.

b) *Bibelwissenschaft, Glaube, Philosophie*

1. *Die Bedeutung der Bibelwissenschaft für den Glauben:* Die beiden widerstreitenden Voraussetzungen der Bibelauslegung (Bibel als Wort Gottes oder als literarisches Dokument religiöser und anderer Erfahrungen eines Jahrtausends) können beide zu einer sehr gründlichen Kenntnis der Bibel führen. Auf beiden Wegen kann man lesen, lernen, denken. Beide können sich Bibelwissenschaft nennen. Die erste Voraussetzung aber bedeutet eine das eigene Leben tragende Aneignung, die zweite eine historische Kenntnis von dem Sinn, den die Verfasser gemeint haben, und von den Zusammenhängen der mitgeteilten Gedanken, ihrer Herkunft und Wirkung.

Die offenbarungsgläubige Bibelwissenschaft ist so alt wie die Entstehung des Kanons. Die historische Bibelwissenschaft begann nach der Grundlegung durch Spinoza im 18. Jahrhundert, entfaltete sich mächtig im 19. und 20. Jahrhundert. Die Frage entstand: was bedeutet die historische Bibelwissenschaft für die offenbarungsgläubige Aneignung? Kierkegaards Antwort war: nichts; vielmehr ist die historische Bibelwissenschaft schädlich für den Glauben. Wenige Theologen gingen auf seinem Wege. Die meisten meinten, dem Respekt des Zeitalters für Wissenschaft folgend, die historische Kunde für die gläubige Aneignung als nützlich zu erkennen. Die Sorge der anderen aber war: die historische Bibelwissenschaft ist selber schon Ausdruck des Unglaubens. Die durchschnittliche Aufgeklärtheit behauptet dasselbe in umgekehrter Gesinnung: die Wissenschaft hat den Bibelglauben widerlegt. Dagegen war die neue Frage der sich für gläubig haltenden historischen Forscher: wie wird der Glaube selber durch dieses neue historische Wissen in seine wahre und gegenwärtige und eigentliche Form gebracht?

Spinoza hat die Frage in dieser Weise nicht gestellt. Er hatte das große Faktum einer historischen Bibelwissenschaft noch nicht vor sich stehen, sondern war einer der Begründer ihres Werdens. Er scheint nur selten die offenbarungsgläubige Auslegung zu respektieren, nämlich als ein im Reich der Vorstellungen sich bewegendes, an sich uneinsichtiges, aber unter Bedingungen unschädliches Tun. Durchweg verwirft er sie vielmehr mit den schärfsten Worten. Es ist ihm »ein Vorurteil des Aberglaubens, die Bücher der Schrift mehr zu verehren als das Wort

Gottes selber«. Die theologischen Ausleger geben ihre Hirngespinste für das Wort Gottes aus. Unter dem Vorwand der Religion wollen sie die anderen zwingen, ihre Meinung zu teilen. Skrupellos und leichtfertig pressen sie ihre Erfindungen aus den heiligen Schriften heraus. Daß diese Leute dabei aber der Frömmigkeit entbehren, zeigt ihr Lebenswandel. Ihr Ehrgeiz und ihre Ruchlosigkeit gehen so weit, »daß nicht mehr der Gehorsam gegen die Lehre des Heiligen Geistes, sondern das Vertreten menschlicher Hirngespinste als Religion gilt«, die »nicht mehr in der Liebe, sondern in wütendem Hasse besteht«.

Trotzdem bleibt die Frage: Kann es nicht eine fromme Bibelauslegung geben unter der anderen offenbarungsgläubigen Voraussetzung, sie sei das Wort Gottes, und kann diese sich im gläubigen Menschen mit der historisch forschenden Auslegung vereinigen? Zwar können die beiden nicht miteinander diskutieren, da sie keine gemeinsame Diskussionsebene haben. Sie können sich nur gegenseitig ihre Voraussetzungen und deren Konsequenzen zeigen, wenn etwa die eine Seite sagt: du bestreitest die Einzigheit und Heiligkeit der Schrift, verlierst damit die Gottesoffenbarung, das, was Jahrtausende durch ihren Glauben bezeugt haben; – und die andere Seite erwidert: du verzichtest auf die natürliche Vernunft, die den Inhalt der Schrift als die Meinung derer, die sie geschrieben haben, zugänglich macht, die durch Herbeiziehung aller nur erreichbaren Dokumente die historischen Bedingungen und Herkünfte aufweist und zeigt, wie die Glaubensmeinungen sich wandeln, vertiefen und verflachen. Dein Verzicht bedeutet, daß du deinen Blick vor der Realität verschließt und damit unwahrhaftig wirst. Aber bei solchem Verwerfen der Konsequenzen täuschen sich vielleicht beide Seiten. Die Frage ist: könnten nicht beide Wege zu Einsichten führen, die im selben Menschen sich nicht zu stören brauchen, da sie sich auf ganz verschiedene Wirklichkeiten beziehen, einerseits auf die ewige Wirklichkeit Gottes im Glauben, andererseits auf die empirische Realität der Bibel als eines Gegenstandes der Erforschbarkeit im endlichen, aber ins Unendliche vorantreibenden Wissen. Unvereinbarkeit wäre nur dort, wo die beiden Wirklichkeitsbegriffe verwirrend identifiziert würden.

Spinoza hat diese Frage klar weder gestellt noch beantwortet. Ein Grund dieses Mangels liegt darin, daß Spinoza die eigene philosophische vernünftige Deutung von der offenbarungsgläubigen Deutung nicht klar unterscheidet und beide nicht von den wissenschaftlich zwingenden und wahrscheinlichen Tatsachenfeststellungen, den psychologischen und soziologischen (immer hypothetischen) Interpretationen des Entstehens. Diese Unterscheidungen macht Spinoza zwar, aber hält sie nicht fest.

2. *Die Bedeutung der Philosophie für den Glauben:* Spinozas Trennung von Offenbarungsglaube und vernünftiger Einsicht unterscheidet

die beiden Bereiche der Theologie und Philosophie. Hat aber Spinoza Theologie und Philosophie wirklich als zwei gleichberechtigte Reiche, jedes in seiner Selbständigkeit belassend, scheiden wollen? Immer wieder gilt doch als höchstes Kriterium die Vernunft. Nur für die Endlichkeit des Menschen in den Eigenschaften der meisten gilt als unumgänglich, jedoch untergeordnet, die Offenbarung für den Gehorsam. Es sind zwei Ebenen: die historische des Menschen als eines endlichen Modus mit inadäquaten Ideen, – und die ewige des Menschen als Vernunftwesen, der quer zur Zeit, zur Offenbarung und Überlieferung unmittelbar zu Gott steht in adäquaten Ideen.

Im Denken Spinozas wirkt ein zugleich philosophisches und politisches Motiv: die Selbstbehauptung der philosophischen Vernunft. Was geistig im Philosophen getan wird, ist nicht identisch mit dem als Realität im Bereiche der Modi Erkannten. Die Vernunft selber wird in historischer Erscheinung zum Modus. Das Erkennen der Modi der Geschichte ist endliches Erkennen, als solches aber auch Vernunftanspruch.

Spinoza läßt nicht selten in der Schwebe, ob er die Offenbarung als Gottes Akt anerkennt oder ob er nur »nach der Fassungskraft der Menge« spricht. Gewiß ist nur, daß Spinoza, wie alles was ist, so auch diese historische Realität des Glaubens für Wirkung Gottes hält, nicht aber, daß er an die Wirklichkeit der Offenbarung als an einen spezifischen, räumlich und zeitlich lokalisierten Akt Gottes glaubt. Das letztere ist, auch wenn er einmal so zu sprechen scheint, philosophisch ausgeschlossen.

Verzichtet Spinoza überhaupt darauf, seine eigentliche Philosophie methodisch mit der konkreten Erkenntnis im Bereich der Modi zu verbinden? Das heißt in diesem Falle: verzichtet er auf die methodische Verbindung seiner Leugnung der Offenbarung mit seiner Anerkennung der Offenbarung? Die Sache wird nicht klar. Denn, was im Bereich der Modi liegt, wie alles Staats- und Kirchendenken, ist nach Spinozas Grundsätzen unübersehbar endlos im einzelnen. Hier spricht er nicht in der Stringenz der philosophischen Spekulation. Er nimmt Standpunkte ein und mit ihnen Urteilsweisen, die im endlichen Dasein, in der Form der Vorstellungen, relativ sind. Er will für die Vernunft im Kleide der Vorstellungswelt wirken. Daher bleiben Unklarheiten, die der Leser sich interpretierend zurechtlegen muß:

Der Aberglaube heißt ein solcher endgültig nur, wenn er zu Streit, Unfrieden, Unheil führt. Wenn er aber in der Form von Vorstellungen, von Gottesgeboten prophetischer Verkündigung die ewige Wahrheit enthält, dann ist er zwar nicht als Wissen, aber als Praxis mit der philosophischen Praxis identisch, mit Liebe und Gerechtigkeit, mit Einmütigkeit und Friede. Wie sehr aber der Aberglaube in den kirchlichen Religionen herrscht, zeigen ihr Streit, ihr Fanatismus, ihre Verketzerungen, ihr Machthunger. Wie sehr die Wahrheit der Vernunft in ihnen durch die Bibel wirksam ist, zeigt die Frömmigkeit der in Wahrheit Gläubigen durch ihr Handeln.

Man könnte sagen, die Form des Aberglaubens höre bei Spinoza auf, Aberglauben zu sein, wenn der Inhalt der vernünftigen Praxis entspricht. Die Verbindung aber von abergläubischer Form mit wahrem Inhalt ist zu begreifen durch die Gebundenheit des menschlichen Geistes an Vorstellungen oder inadäquate Ideen, und durch die Unfähigkeit der meisten Menschen, ihre Vernunft so zur Entwicklung zu bringen, daß sie von ihr wirklich beherrscht werden und durch sie Kraft haben.

Die historische Bibelwissenschaft zeigt, wie von Anfang an in Auffassung und Aneignung der jeweiligen Überlieferung gewaltige Wandlungen des Glaubensgehalts geschehen sind: von der mosaischen zur prophetischen, zur theologisch-gesetzlichen Religion. Sie zeigt die bleibenden Spannungen. Es ist die Frage, wie der Grund fortlebt in Verwandlungen, auch wenn scheinbar radikale Trennungsakte vollzogen werden, wie durch Jesus und auch durch Spinoza. In den immer neuen Situationen der Weltgeschichte und unter den Lebensbedingungen in neuen Daseinsformen ist, wo der Grund Wahrheit in sich birgt und als geschichtliche Wirklichkeit sich bewährt hat, die Aufgabe, die niemand planend lösen, sondern nur durch seine Lebens- und Denkwirklichkeit beantworten kann: die ursprüngliche Gegenwärtigkeit Gottes wieder ursprünglich zu erfahren.

Spinoza steht selbst in dieser Geschichte der biblischen Religion. Er kennt die Gottesgewißheit so wie Jeremias: daß Gott ist, ist genug. Er kennt die Liebe zu Gott als Liebe zum Nächsten und als Gerechtigkeit, wie die Bibel. Er widersteht mit dem ganzen Ernste der jahrtausendealten Gottesgewißheit allen Verleiblichungen, Verendlichungen, Beschränkungen Gottes: du sollst dir kein Bildnis und Gleichnis machen. Der Anspruch der gottgegebenen Vernunft ist bei Spinoza wie in der Bibel gegen Naturgötter, halbe Götter, Dämonen gerichtet, die vor der Gotteswirklichkeit verschwinden. Nicht eine sogenannte Aufklärung, sondern der Gottesgedanke selber verwehrt jede Herabwürdigung Gottes.

Die biblische Gottesgewißheit in philosophischer Gestalt sucht als Mittel, sich des Grundes geschichtlich zu vergewissern, die historische Bibelforschung.

Keine Bibelwissenschaft kann sie stören. Sie hilft vielmehr, dem Grunde geschichtlich näher zu kommen, um ihn in der Gegenwart ursprünglich zu wiederholen. Sie lehrt die große geschichtliche Einheit kennen, die als Grunderfahrung eines Volkes und seiner immer wiederkehrenden außerordentlichen Menschen durch den Gang seiner Katastrophen hindurch gewonnen wurde und zunächst abgeschlossen in der Bibel vorliegt.

Daher sieht Spinoza die geschichtliche Einheit der Bibel, Jesus in der Reihe der Gottesmänner als den, der, als Geist vom Geist geschaffen, gleichsam »der Mund Gottes« ist. Spinozas philosophische Gottesgewißheit lehrt den durchgehenden Sinn der Bibel: den einen Gott, in dessen Glauben Liebe und Gerechtigkeit unter Menschen gründen, und in dem die Ruhe des Menschen wurzelt allein darum, weil er ist.

Die durchgehende Widersprüchlichkeit der Bibel lehrt die historische Bibelwissenschaft zu begreifen entweder als sinnvolle Einheit der Polaritäten im Glauben selber oder als Folge der historischen Kleider, durch die, sie wechselnd, der Glaube hindurchgegangen ist. Durch die gründliche historische Kunde wird um so klarer Aneignung und Abstoßung möglich mit dem Aufleuchten des Einen.

c) *Vorwürfe gegen Spinozas Gottesgewißheit*

1. *Die Abstraktheit:* Es ist nicht zu leugnen, daß Spinozas Grundgedanken, in denen seine Gottesgewißheit sich ausspricht, von höchster Abstraktheit sind. Sofern dieser Satz als Vorwurf gemeint ist, ist zu erwidern:

Je abstrakter der philosophische Gedanke ist, desto konkreter ist er in seiner metaphysischen Wirklichkeit. Je abstrakter er ist, desto größere Einmütigkeit aller glaubend Denkenden ist zu erreichen; denn sie erfüllen dasselbe mit ihrer untereinander abweichenden geschichtlichen Wirklichkeit.

Wer es vermag, mit seiner Spekulation in den Grund des Seins zu treffen, der spricht jeden Menschen an. Aber objektiv gegenständlich, vorstellungsmäßig gelangt er in eine immer größere Leere. Wer im Denken diese Leere nicht von sich aus erfüllt, muß diese Gedanken für bloß abstrakt im Sinne einer gleichgültigen Form erklären. Er erfährt nichts von ihrer Wirkungskraft.

Daher entspringt das Begehren nach dem Näherbringen in Vorstellungen, Bildern, Gestalten, in Mythen und Chiffern, in Riten, Zeremonien, Kulten, in heiligen Schriften. Hier ist die geschichtliche Mannigfaltigkeit, aber auch zugleich gleichsam der Leib der Unbedingtheit der Existenz in der Zeit; hier ist die Geschichtlichkeit der Herkunft, Überlieferung, Sprache; hier sind die Märchen von Kind an, hier die Wahrheiten, die gelten, »weil mein Vater es mir gesagt hat«.

Spinoza hat im Ausgestoßensein infolge seines Anspruchs auf freies Sprechen die Konsequenz gezogen: im geschichtlich Bodenlosen als dem Boden Gottes selbst zu leben. Daher der Zug von Geschichtslosigkeit in seinem Wesen, oder der Zug höchster Abstraktion des biblischen Gottesgedankens: mit dem vollen Ernst des »kein Bildnis und Gleichnis«, im reinen Äther des Gedankens als solchen, in diesem Medium der sein Leben beherrschenden Wirklichkeit Gottes, ohne Gebet. Spinoza gelangte dorthin, wo es einem zumute werden kann, als schwinde die Luft, die wir zum Atmen brauchen. Dort in der kühlen und in der Kühle strahlenden Wirklichkeit Gottes ist der Bezugspunkt, auf den gerichtet alle Geschichtlichkeiten, wenn sie sich objektiv verabsolutieren, statt nur ein Leib der jeweiligen Existenz sein zu wollen, sich treffen und unter eine höhere Instanz stellen können.

In den umgreifenden Raum, der als solcher niemals eine gemeinsame, institutionell sich verwirklichende Religion werden kann, sehen wir daher bei Spinoza zwei Schritte vollzogen:

Der *erste* Schritt geht zur umfassenden biblischen Religion, in der der Unterschied der Kirchen und Bekenntnisse des A.T. und N.T. wegfallen, wo alle den Gott treffen, der mit dem Satze »Gott ist einzig« von allen genannt wird. Die biblischen Religionen (einschließlich des Islam) sind objektiv historisch eine große Familie, faktisch aber waren sie immer ein für die übrige Welt die eigene Schande bezeugender Kampfplatz des Blutvergießens um der Schattierungen der Glaubensbekenntnisse und Kultformen und der Gesetzlichkeiten wegen, wozu sie immer noch in der Möglichkeit bereit sind. Die Formalität des Gedankens kann die zur Vernunft gelangenden Menschen verbinden, ohne daß sie ihre Geschichtlichkeit preiszugeben brauchen, wohl aber so, daß sie die objektive Absolutheit der Inhalte, Vorstellungen, Aussagen, Lebensformen, die Ausschließlichkeit eines Glaubens aufgeben.

Der *zweite* Schritt führt über die Welt der biblischen Glaubensformen hinaus in die Abstraktion, wo auch China und Indien uns begegnen und die Worte der Spekulation etwas in sich bergen, das sich gegenseitig wie ein Echo desselben versteht, aber nur in der fast unzugänglichen Abstraktion, die das eine Konkrete der absoluten Geschichtlichkeit des von Gott erwirkten Seins in sich trägt und fühlbar macht.

Spinoza ist wie ein persönliches Opfer seiner Geschichtlichkeit an das Übergeschichtliche. Er vergegenwärtigt dieses Äußerste aber nicht im Leiden des Opfers. In ihm ist nicht der leidende Gottesknecht des Jesaias und nichts von Jesu Opfertod, daher auch nicht die Tiefe des

Leidens selbst, sondern der Gleichmut, die Freude, die Gelassenheit, die Seligkeit der alleinigen Wirklichkeit Gottes.

2. *Das Verschwinden der Transzendenz:* Wir fassen den Gottesgedanken Spinozas mit seinen Konsequenzen noch einmal zusammen: Gott ist causa immanens der Welt. Alle Macht ist Gottes Macht. Macht ist Recht. Naturgesetze sind Gesetze Gottes. Im Naturzustand des Menschen ist, wie in aller Natur, nichts verboten oder geboten. Verbote und Gebote sind gebunden an einen gemeinsamen menschlichen Willen, der Macht hat und Gesetze gibt, wirksam, solange seine Macht besteht. Was ist, ist als Natur, als Modus der Substanz, jenseits von Gut und Böse. Daher ist die angemessene Haltung der Vernunft: nichts verachten, nichts verlachen, nichts beweinen.

Man konstruiert eine *pantheistische* Anschauung und findet in ihr drei Momente: die Aufhebung der Transzendenz; das Verschwinden der Persönlichkeit in der Totalität des Gott-Welt-Seins; die Leugnung der Freiheit. Dagegen steht die Konstruktion der *theistischen* Anschauung: die absolute Transzendenz Gottes; die Akzentuierung der Persönlichkeit in ihrer einmaligen, unersetzlichen und ewigen Bedeutung; die Behauptung von Freiheit und Entscheidung.

Wo steht Spinoza? Gegen ihn geht der Vorwurf des Pantheismus; Spinozas Philosophie sei eine Philosophie der Immanenz, er kenne keine Transzendenz. Gott und Welt seien das gleiche. Die Unersetzlichkeit der Persönlichkeit verschwinde. Es gäbe bei ihm keine Freiheit und keinen Zweck.

So aber ist es nicht bei Spinoza. Das persönliche Subjekt scheint zwar zu erlöschen als Modus, ist aber als solches da und mit der ganzen Macht der erkennenden Liebe zur Gottheit hingerissen. Die Freiheit scheint geleugnet, jedoch ist sie als neuer Freiheitsbegriff der Ruhe und Klarheit, der vernünftigen Lebensverfassung des Erkennens als die Lebenspraxis dieser Philosophie begründend wiederhergestellt.

Gottes Transzendenz ist bei Spinoza begrifflich gewahrt durch die unendlich vielen Attribute Gottes; durch das Übergreifen aller Zwecke durch ein Mächtigeres, das zweckfrei notwendig ist; durch die Unendlichkeit der nie erkannten Gesamtheit der Naturgesetze; dadurch daß das Menschsein nicht die Mitte, sondern ein Modus in der Welt ist: die Welt der Modi zeigt unendlich vieles, das ohne Bezug auf den Menschen die Selbständigkeit dieses Unendlichen als Wirkung Gottes bezeugt. Spinozas Gottesbewußtsein ist ruhige Bescheidung in der

Liebe zum Unendlichen, das Gott ist, die innige Zustimmung, die gelassene Indifferenz gegenüber allem Endlichen.

Aber die Transzendenz Spinozas ist keine Transzendenz als Einbruch von anderswoher in die Welt und als Offenbarung an den Menschen; sie ist nicht da als ein Befehl Gottes oder als sein Auftrag. Es gibt bei Spinoza ferner keine absolut sittliche Forderung zu einem Wirken in der Welt gegen die Welt, kein unbedingtes Sollen, keinen Kantischen kategorischen Imperativ; denn Spinozas Freiheit ist Wirken der Vernunft als des natürlichen Wesens des Menschen; der Mensch ist kein grundsätzlich anderes Wesen, sondern gehört in der Reihe der Naturgestalten zu ihnen. Schließlich ist Transzendenz für Spinoza kein Bezugspunkt ewiger Entscheidung; denn es gibt für ihn keine ewige Entscheidung in der Zeit, daher auch keine existentielle Geschichtlichkeit.

Was aber mit diesen Feststellungen Spinoza abgesprochen wurde, wird nicht ausdrücklich von ihm verworfen, sondern bleibt außerhalb seines Gesichtskreises. Vielmehr ist die Frage berechtigt, ob Spinozas Denken in der Alternative von Immanenz und Transzendenz überhaupt angemessen getroffen werde. Denn Spinozas Gottesliebe ist nicht Alliebe, wenn unter All die Gesamtheit der Modi verstanden wird. Sagt Spinoza »deus sive natura«, so meint er Gott als natura naturans, nicht naturata. »Wenn man glaubt«, schreibt er, »ich gehe darauf aus, Gott und die Natur« (worunter man irgend eine Masse oder Materie versteht) »ineins zu setzen, so ist man ganz und gar im Irrtum.« Er will sagen, daß Gott »nicht außerhalb der Welt in einem erdichteten und vorgestellten Raum sich kund tut«, daß wir vielmehr »in Gott leben und weben«, wie Paulus sagt. Das als Formel des Pantheismus geltende »Ein und Alles« (hen kai pan) würde für Spinoza nur dann angemessen sein, wenn im Einen die Transzendenz bliebe und das »Alles« nicht die Gesamtheit der endlichen Dinge wäre.

3. *Der Verlust der Geschichtlichkeit:* Der Gottesgedanke ist in zwei sich entgegengesetzten Weisen wirklich gewesen.

Erstens: Gott wird über alle, aber auch wirklich alle zeitlichen und räumlichen Erscheinungen, über Geschichte und Natur, über Völker und Gesetze, über Gut und Böse, über Unheil und Heil hinaus in seiner Wirklichkeit erfahren, und mit diesem ganz Fernen wird gelebt, als ob es ungreifbar doch ganz nahe, gegenwärtig wäre. In solcher Gotteswirklichkeit ist keine Berufung auf Gott zu eigenem Vorteil möglich, vielmehr wird die Wirklichkeit aller Dinge in Raum und Zeit als von Gott kommend anerkannt. Mit dem menschlichen Gegner wird, wenn beide – in bezug auf jenen fernen Gott – sich gegenseitig als Menschen sehen, noch in der Entscheidung über Tod und Leben der ritterliche Kampf möglich. Wenn dies nicht geschieht, wenn der rücksichtslose Daseins- und Vernichtungskampf (Ausrottungen, Vernichtungskriege, Betrug, das »Naturrecht« Spinozas) wirklich wird, so bleibt doch die Grundgewißheit, daß Gott nicht verlorengeht, und ich, was auch geschehe, nicht aus Gott herausfalle, und daß das Schrecklichste doch noch von Gott herkommen muß.

Zweitens: Gott als naher Gott wird von einem Volk, einem bestimmten kirchlichen Glauben für sich beansprucht: Wir sind mit Gott, die anderen nicht; wir dienen Gott, die anderen nicht. Die anderen sind Ketzer, Gottlose, Heiden. Es ist ein absoluter Riß zwischen Menschen, denn Gott wird den anderen abgesprochen. Im Daseinskampf mit ihnen vollzieht sich der Kampf Gottes gegen Feinde Gottes: wir kämpfen für Gott gegen falsche Götter (als ob Gott das begehrte). Der Vorrang des eigenen Gottesglaubens heiligt die eigenen Daseins- und Machtinteressen.

Das erste ist der Glaube an Gott als den Gott aller Menschen und der Welt, das zweite der nationale oder der kirchliche Glaube. Beides ist in der Bibel: die Menschheitsreligion und die nationale Religion; die Menschheitsreligion sicher seit den Propheten, möglicherweise seit Moses, vielleicht seit Abraham. In der Polarität kommt der Gottesgedanke zur Klarheit, der ferne und der nahe Gott. Dabei aber sind zwei durchaus verschiedene, wenn auch fälschlich ineins gesetzte Gegensätze:

Erstens: Der Gegensatz von *Menschheitsreligion* und *geschichtlicher Besonderheit* ihrer Erscheinung. Das Geschichtliche ist das Mittelglied in Raum und Zeit, durch das die Abstraktion des Umgreifenden in einer Gemeinschaft wirklich ist, sich überliefert, das Leben bis in den Tag und die Stunde hinein bestimmt.

Zweitens: Der Gegensatz von *Menschheitsreligion* und dem *Ausschließlichkeitsanspruch* einer geschichtlichen Besonderung. Dieser Anspruch macht das geschichtlich Besondere zum menschlich Allgemeinen, zum »katholischen« Anspruch einer Kirche, zum auserwählten Volk, zu der Erwartung, einst würden alle Menschen in Jerusalem anbeten.

Das Miteinander und Zueinander beider Gegensätze gehört der Bibel. In ihr geschieht das faktische Ringen des Menschen um seine ewige Wirklichkeit, die weder die Geschichtlichkeit noch das Allumfassende des Einen Gottes entbehren kann, diese bis heute erregende und in sich hineinziehende Bewegung. Spinoza steht ganz und gar auf der Seite des Allgemeinen und läßt ahnungslos das Geschichtliche fallen.

Dieser Aspekt der Philosophie Spinozas zeigt ihre Tiefe und ihre

Grenze. Die höchste Abstraktion der Philosophie ermöglicht an sich gerade die reinste Geschichtlichkeit. Sie gibt frei die Unbedingtheit in Gestalt ihres geschichtlichen Kleides und nimmt ihr die falschen Verabsolutierungen im Kampf um die ausschließende Wahrheit von Bekenntnissen oder allgemein den Anspruch der Allgemeingültigkeit einer Geschichtlichkeit in ihren Aussagen, Anschauungen, Bildern, Lebensformen für alle Menschen.

Spinoza bewegt sich ganz auf der Seite der freigebenden Ermöglichung. Er versäumt die Geschichtlichkeit. Die höchste Abstraktion hat für ihn zwar die größte Kraft in der Lebenspraxis und genügt ihm. Es bleibt der Gleichmut und die Aktivität der Vernunft, beide ohne Chiffern mythischen, dogmatischen, gesetzlichen Charakters. So ist in ihm eine Wahrheit und Überlegenheit, die jedoch nur bleibt, wo statt der drohenden Leere der Gehalt menschlichen Daseins sie erfüllt und in ihr aufgehoben ist.

Im gleichen Jahre, in dem der Bann über Spinoza verhängt wurde, wurde Rembrandts Habe versteigert. Spinoza wurde ein Ausgestoßener, Rembrandt ein gesellschaftlich deklassierter Mann. Beide haben sie aus dem Äußersten die Helle ihrer Metaphysik gewonnen. Aber es gibt keine Nachricht oder ein Zeichen, daß sie sich je begegnet wären.

Was Rembrandt im geschaffenen Bilde sah und uns in einer unbegreiflichen Fülle von Werken sehen läßt, das sah Spinoza nicht. Spinoza ist ohne Anschauungskraft: seine Denkfiguren selber haben keine plastische Kraft der Chiffern. Diesen Mangel mußte Spinoza so fühlbar werden lassen, um die ganze Kraft des transzendenten Gottes, des alles übergreifenden Gottes, des Gottes, vor dem es keine Dämonen und Götter, keine Mittler gibt, von neuem zum Bewußtsein und zur Geltung zu bringen. Der Sinn seines Denkens traf das untilgbar Übergeordnete, das Unveränderliche, Unantastbare, das in Rembrandts Werk der verborgene Führer ist, aber nicht hervortritt, da es in kein Bild und Gleichnis eingeht, während Bild und Gleichnis doch so unumgängliche, so hinreißende Sprache sind, wenn sie die Wahrheit Rembrandts haben.

Auf die merkwürdigste Weise zeigt sich Spinozas Versäumen der Geschichtlichkeit in folgendem: Rembrandt sah die jüdische Seele, an der Spinoza Anteil hatte, ohne sich dessen bewußt zu sein. Rembrandt sah sie, wie keiner vor ihm und nach ihm. Wer fragt, wo solche ursprüngliche Gottesgewißheit, von der auch Spinoza getragen war, wo ein Leben, wie das Jesu, wo dies Sich-nicht-Verlieren in einem Leiden, wo dieser Sinn für das Äußerste, und wo diese zu jedem Opfer fähige Liebe, diese Glut der Seele nicht nur gedacht, nicht nur zur theoretischen Interpretation des eigenen Daseins, nicht im Echo, sondern ganz wirklich ist, wo Menschen wie Jesus (so verstanden, wie er in den synoptischen Evangelien sichtbar ist) am ehesten vorkommen, der mag antworten: überall ganz außerordentlich selten, aber am leibhaftesten, immer noch ungewöhnlich und gar nicht durchschnittlich bei Juden. Er wird den Blick für die jüdische Seele, wird die Liebe, die diese Liebe wahrnimmt, bei Spinoza vermissen. Spinoza sah nicht, was Rembrandt sah.

4. *Das Ausbleiben der Grundcharaktere Gottes:* Der Vorwurf ist: Der biblische Gott – im Zusammenhang mit den Schrecken des menschlichen Daseins – sei unbegreiflich nicht nur, sondern zornig, eifervoll (Du sollst keine anderen Götter haben neben mir), gesetzgebend. Er sei ein furchtbarer Gott. Der Mensch kenne nicht nur das Gesetz des Tages, sondern auch die Leidenschaft zur Nacht; in beiden zeige sich Gott. Spinoza dagegen leugne den eifervollen Gott, er verharmlose ihn. Er kenne nur die Liebe zu Gott, keine Furcht vor Gott. Daher verstehe er auch nicht die Hinrichtungen, die glaubende, sich Gott verantwortlich wissende Menschen gegen Ketzer vollziehen, verstehe er nicht den Sinn und die Furchtbarkeit des Ausschlusses des Gottlosen durch den Bann. Spinoza gehe auf Wegen, auf denen nur Beruhigung, Trost, Glück gesucht werde.

Dazu wäre zu sagen: Spinoza erblickt zwar die Notwendigkeit in ihrer Härte: ob er der Erwürgung der Fliegen im Spinnennetz zusieht, oder ob er sein Denken der Calvinischen Prädestinationslehre (aber ohne Sündenbegriff) verwandt fühlt. Aber in der Tat bleibt Spinoza dem Äußersten gegenüber, das er ausspricht, ohne Furcht. Er verwirft die Furcht als widervernünftig. Nicht Furcht enthält Wahrheit, sondern Gleichmut ist das Ziel. In jenem Vorwurf wird Heterogenes, das nur in der Widervernünftigkeit übereinstimmt, zusammengebracht. Es ist nicht zu leugnen, daß Spinoza die Offenheit für die Wirklichkeit der Leidenschaft zur Nacht nicht zuteil wird, diese Offenheit der Vernunft selber, die noch mit dem Widervernünftigen eine wenn wahrscheinlich auch unmögliche Kommunikation sucht. Es gibt in ihm angesichts der Leiden und Ungerechtigkeiten (am menschlichen Maßstab) des Daseins nicht die Empörung, die den Gleichmut selber als Ausweichen spürt und keine Verschleierung des Entsetzlichen erlaubt. Er kennt nicht den Aufruhr, der sich in Hiob gegen Gott mit Gott selber richtet und die Rettung nicht im Gleichmut findet, sondern in Gottes Erbarmen sucht.

Spinoza läßt, so geht der Vorwurf weiter, das Du, die Gemeinschaft mit Gott durch Gespräch im Gebet, verschwinden. Dadurch falle der Bund mit Gott, der der Grund des jüdischen wie des christlichen Lebens sei. Und dadurch werde das Selbstbewußtsein des geschichtlich persönlichen Menschen verloren, das im Umgang mit dem persönlichen Gott erst zu sich komme.

Dann wird der Vorwurf erhoben, Spinoza kenne nur die Liebe des Menschen zu Gott, nicht die Liebe Gottes zum Menschen. »Wer Gott liebt, kann nicht danach streben, daß Gott ihn wiederliebt«, hat er zu beweisen gesucht. Denn, sagt er, eigentlich zu reden: Gott liebt oder haßt niemanden, weil er von keinerlei Affekten der Freude oder Trauer gerührt wird. Wenn Spinoza aber von eigentlicher Liebe spricht, die im amor intellectualis dei und ihren Folgen in allem Verhalten zu Menschen und Welt wirklich ist, dann sagt er, »daß Gott, sofern er sich selbst liebt, die Menschen liebt, und folglich, daß die Liebe Gottes zu den Menschen und die geistige Liebe der Seele zu Gott ein und dasselbe sind«. –

Sofern *alle diese Vorwürfe* eine Tendenz zur Verwerfung Spinozas haben, ist zu sagen: Sie entspringen zwar aus untilgbaren Trieben des endlichen Menschen, der die Sprache der Chiffern und die geschichtliche Gegenwärtigkeit in Raum und Zeit braucht. Aber der Mensch vermag das alles zu überschreiten in Denkformen, von denen Spinoza eine der großen, selber wiederum geschichtlichen Gestalten hervorgebracht hat.

Wenn die Vorwürfe aus der Unfähigkeit zu diesem Überschreiten entspringen, dann bezeugen sie nur das Versagen des so Denkenden. Ihm tut sich eine Leere auf, ihm wird aus dem überwältigend Umgreifenden der Substanz Spinozas ein Nichts. Er spürt nicht die Wirklichkeit, die alles durchdringend ständig und zeitlos zugleich gegenwärtig ist und durch jene Gedanken berührt wird.

Wenn die Vorwürfe aber das, was Spinoza überschreitet, als ein Letztes fixieren, so bringen sie den Menschen, der an diesen Fixierungen (Mythen, Chiffern, Dogmen) haftet, im Augenblick, wo diese versagen, in Verzweiflung, die nur in jenem überschreitenden, existentiell vollziehbaren Gedanken Spinozas aufgehoben wird.

Die Vorwürfe wollen Bilder und Gleichnisse, die uns Menschen unentbehrlich sind, für die Wirklichkeit selber nehmen. Sie halten das Weniger für Gott, statt das Mehr, das Spinoza denkend erblickte.

Diese Vorwürfe verschließen die Bereitschaft zur Teilnahme an dem großen geschichtlichen Prozeß der immerfort sich wiederholenden Selbstreinigung des biblischen Gottesgedankens, in dem Spinoza als einer der glaubwürdigen Männer Gottes wie Jesus steht, die Ernst machen mit der Forderung: du sollst dir kein Bildnis und Gleichnis machen, – dieser zwar menschlich unerfüllbaren Forderung, aber der Idee, ohne die jede Gestalt des Gottesglaubens zum Aberglauben wird. In der Bibel ist der Gottesglaube gegründet, der die Unwahrheit unmöglich macht, den Glauben an Gott zu verwechseln oder zu vermischen mit dem Glauben an heilige Bücher, an Riten, an Kulte, an Völker, an Kirchen, an Priestersakramente. Spinoza ist überzeugend als einer der wirklich Frommen.

Die Vorwürfe aber mögen darin recht haben, daß Spinoza die Mittelglieder vernachlässigt, die den Menschen in der Endlichkeit seiner Vorstellungen und seines Denkens mit Gott verbinden. Spinoza schritt zum Äußersten, wohin solcher Gestalt, wie er wußte, nur wenige folgen. Er hat nicht der anderen, schweren Aufgabe gedient, in der Gemeinschaft der Massen für die Überlieferung der Bilder und Gleichnisse und für die Struktur des Lebens zu wirken. Die höchste Abstraktion des Gedankens ist zwar einzig. Sie vermag alle, die verstehen, zu verbinden. Sie stellt in einen Horizont, in dem die Erscheinung einer Geschichtlichkeit nicht mehr zu einem Allgemeingültigen verabsolutiert werden kann, aber doch so, daß die geschichtliche Wirklichkeit als zeitliche Erfüllung der Existenz in ihrer unübersehbaren Verschiedenheit nicht aufgehoben wird.

In diesem Horizont die biblische Gottesgewißheit lebendig zu erhalten, sie in den Verwandlungen ihrer Erscheinung unter den immer anderen Bedingungen des menschlichen Daseins stets aus dem Ursprung wiederzuerwecken, das ist die große Aufgabe der praktischen Seelsorger. Diese Aufgabe hat Spinoza nicht ergriffen. Aber er hat den Horizont wieder geöffnet, in dem alle Verwirklichungen sich kommunikativ begegnen können. Die Einheit der in geschichtlicher Mannigfaltigkeit sich gestaltenden Glaubensweisen wird als Mitte fühlbar, die nicht geradezu, sondern indirekt durch philosophische Abstraktion einen Ausdruck und Zeiger findet.

d) *Spinozas persönliche Entscheidungen und sein Schicksal*

Spinoza hat in seinem Leben Entscheidungen getroffen, die sein persönliches Schicksal bewirkten und zugleich von grundsätzlicher geschichtlicher Bedeutung waren. Die Wirklichkeit seines Lebens ist in einem Zeitalter zum Symbol geworden, an dem viele Menschen einer neuen Welt sich orientiert haben, aber nicht nur als Vorbild, sondern auch als Gegenbild. Man kann mit Spinoza nicht denken, ohne mit ihm persönlich in Umgang zu gelangen.

Spinoza vereinte in sich: die Erfahrung der Heimatlosigkeit des Juden (seine Ahnen wurden aus Spanien vertrieben, seine Eltern emigrierten aus Portugal nach Holland), die Teilnahme an spanisch-literarischer und jüdischer Überlieferung, an humanistischer Bildung und neuer Philosophie, die politisch bewußte Staatsbürgerschaft in Holland, dem er denkend und handelnd diente.

Das sein Leben entscheidende Ereignis war der Bann, die Ausschließung aus dem Judentum. Die Synagoge und Spinoza, beide wollten dies vermeiden. Spinoza beanspruchte, Mitglied der Synagoge zu bleiben, auch wenn er dachte, was er für wahr hielt, und sagte, was er dachte, und auch wenn er in den Gottesdiensten nicht erschien und die gesetzlichen Riten nicht erfüllte.

Spinoza hat Offenbarung und Vernunft anerkannt. Die Frage, warum er dann nicht in der Synagoge geblieben sei, ist durch jenen Konflikt der Ansprüche beantwortet. Unter den von Spinoza geforderten Voraussetzungen wurde ihm das Verbleiben in der Synagoge nicht bewilligt, vielmehr wurde er beschimpft wegen seiner »verabscheuungswürdigen Lästerungen Gottes und Mosis« (vermutlich seiner These, daß der Pentateuch nicht von Moses geschrieben sei) und dazu wegen seiner »ungeheuerlichen Handlungen« (vermutlich der Nichtbeachtung des jüdischen Zeremonialgesetzes) (Gebhardt).

Warum aber hat Spinoza auf die Zugehörigkeit zur Synagoge solchen Wert gelegt, daß er gegen den Bann durch eine (nicht erhaltene) Rechtfertigungsschrift protestierte? Offenbar wegen der möglichen Folgen für seine bürgerlichen Rechte. Wahrscheinlich haben seine Geschwister ihm unter Bezug auf den Bann das väterliche Erbe bestritten. Sicher ist, daß der Rabbiner Morteira dem Amsterdamer Magistrat schrieb, daß Spinozas Ansichten über die Bibel sich auch gegen die christliche Religion richteten, und daß er daher die Entfernung Spinozas aus der Stadt forderte. Die Geistlichen der Reformierten Kirche stimmten zu. Spinoza wurde in der Tat auf einige Monate aus Amsterdam verbannt. Er ging nach Ouverkerk, wo er faktisch unter dem Schutz der Stadtbehörden lebte. Eben erst war auf ihn von einem fanatischen Juden ein Attentat gemacht, dem Spinoza geistesgegenwärtig durch eine geschickte Wendung entging. Seinen Mantel, in den der Dolch ein Loch schnitt, bewahrte er sich.

Fragt man nach dem Recht der beiden Parteien, so ist es unentscheidbar, da die Voraussetzungen unvereinbar sind. Spinoza hat die Sache auf den Boden holländischen bürgerlichen Rechtes gebracht und damit in der Tat seinen Schutz erreicht, während ihm die religiöse Frage gleichgültig war.

Wir folgen einen Augenblick Argumentationen, die damals nicht stattgefunden haben. Man sagt, das Verhalten Spinozas würde, wenn ein solches jedem, der sich auf Vernunft beruft, gestattet würde, dem Gläubigen den Glauben nehmen, die Autorität für den Gehorsam schwächen oder aufheben. Es würde als eine Herabwürdigung des Glaubens und als Hochmut des Besserseins die Störung des Friedens und die Zersetzung der Gemeinschaft zur Folge haben. Spinozas Antwort würde sein: Solcher Einwand behauptet, daß die menschliche Gemeinschaft auf Unwahrheit gegründet werden müßte, auf die pia fraus, die bewußte Lüge (in Platos politischem Denken). Diese Forderung aber ist selber unwahr, weil der Ernst glaubenden Gehorsams nicht zu erschüttern ist durch den Ernst der vernünftigen Philosophie: denn beide sind einmütig im Ernst ihrer Lebenspraxis durch Liebe und Gerechtigkeit. – Die Anerkennung von Gehorsam und Offenbarung bedeutet nicht Herabwürdigung, sondern Anerkennung einer geschichtlichen Form für den gleichen Gehalt. – Den Vorzug der reinen Vernunft kann nur sehen, wer auf ihrem Wege ist. Dieser Vernünftige wird nicht hochmütig sein, nicht verachten, nicht ironisch bejahen, was der Gläubige tut. Er wird als gleich zu gleich mit den gläubigen Menschen umgehen, mit denen er durch den Ernst der Lebenspraxis tiefer verbunden ist, als beide es mit denen sind, die sich durch Affekte allein leiten lassen. Denn beide sind fremd sowohl den hochmütigen Autoritätsgläubigen, die ihre Macht und ihr Ansehen genießen, wie den sophistischen Nihilisten, die ohne Vernunft eine Pseudovernunft benutzen zum Angriff, getragen vom Hochmut ihrer intellektuellen Überlegenheit, pochend auf ihre Willkür. Die Lebenspraxis des frommen Offenbarungsgläubigen wie des frommen unabhängigen Philosophen ist getragen von der Überzeugung, keineswegs notwendig miteinander oder mit der Welt in Konflikt kommen zu müssen. Sie sind die Träger des wahren Friedens.

Nach dem Bann ist ein weiteres Faktum von wesentlicher Bedeutung: Spinoza wurde nicht Christ. Wohl verkehrte er freundschaftlich mit Kollegianten, aber sein Verhalten hat gar nichts zu tun mit dem der vielen Juden, die zum Christentum übergetreten sind. Wir besitzen keine Dokumente über die Motive, die Spinoza bestimmten. Aber es ist klar, daß er sich nicht zu einer Bekenntnisgemeinschaft ausdrücklich stellen konnte, ohne hineingeboren zu sein. Denn seine Philosophie war selber die Form eines Gottesglaubens. Er brauchte keine religiöse Konfession.

Spinoza wollte Ruhe und Frieden in der Seligkeit des amor intellectualis dei. Aber was er tat, mußte zu öffentlichem Ereignis werden. Er wich nicht aus. Was wäre geschehen, wenn er die Loslösung gemieden, skeptisch gleichgültig weiter mitgemacht hätte? Ein Leben, das für ihn, der gar nicht skeptisch war, ein Leben ständiger Unehrlichkeit geworden wäre. Es wäre für ihn dann unmöglich gewesen, seine Philosophie zu denken, die »Ethik« und den Theologisch-Politischen Traktat zu schreiben. Er wäre geworden, was Unzählige schon gewesen waren. Hätte er nicht warten und zunächst seine Philosophie schreiben können? Aber sein Denken war nur möglich, wenn er ohne Besuch des Gottesdienstes und im freien Sprechen hätte leben dürfen. Daher hat er, bevor alle seine Schriften entstanden, die Synagoge durch seine philosophisch so selbstverständlichen Ansprüche bei dem damaligen Gebrauch doch faktisch gezwungen, ihn in den Bann zu tun. Es ist zu vermuten, daß dieses Ereignis selber ihn erst zur vollen Klarheit seiner Philosophie gebracht hat und zu dem Willen, sie mitteilbar zu machen für jeden, der in Gottesgewißheit frei leben möchte.

Wer so wie Spinoza durch seinen guten Willen der Vernunft in Konflikt gerät mit der Institution, die sein Volk vertritt oder seine Kirche, in denen er geboren ist, wer so von den Genossen seiner Herkunft, von seinen Verwandten und Landsleuten ausgeschlossen wird, – fällt er ins Leere? Nein, in einem Zeitalter, das jeden in der Autorität seiner Kirche geistig barg, in dem seit hundert Jahren die blutigen Religionskämpfe gekannt wurden, in dem die Vielheit des Glaubens diesen selber als die eine Wahrheit fragwürdig machte, in dem Skepsis und Unglaube sich aussprach, aber entweder schwankte und sich nicht zu halten vermochte oder als souveräne Skepsis die Ordnung in Kirche und Staat gehorsam und gleichgültig befolgte, wagte es Spinoza mit einer Selbstverständlichkeit und Ruhe, als ob es gar nicht anders sein könnte, und mit einer Unbeirrbarkeit, die nie ein Schwanken kannte, sich auf den Boden zu stellen, den jeder Mensch als denkendes Wesen betreten kann, wo jeder zu Hause sein darf ohne Herkommen und ohne Tradition, den niemand rauben kann, den Boden der in der Gewißheit der Vernunft sich zeigenden Wirklichkeit Gottes.

War Spinoza noch irgendwo zu Hause? Er war Holländer. Aber das war nicht das Zu-Hause-Sein, sondern auf der Daseinsebene der Raum, der in der Welt frei zu leben erlaubte und dem das eigene Dasein sich verpflichtet fühlte. Spinoza glaubte in seiner Situation für seine Person im Dasein genügenden Boden als holländischer Staatsbürger zu haben. Dieser Staat hat ihn geschützt gegen die von der

Synagoge erwarteten Auswirkungen des Banns. Auch wenn die holländische Freiheit damals nur relativ zu anderen europäischen Staaten groß war und die immer noch bleibende Gefahr für Spinoza zum Anlaß wurde, daß er nur zögernd oder gar nicht seine Schriften veröffentlichte, weiß er doch: »Uns ist das seltene Glück zuteil geworden, in einem Staate zu leben, in dem einem jeden die volle Freiheit zugestanden wird, zu urteilen und Gott nach seinem Sinn zu verehren, und in dem die Freiheit als das teuerste und köstlichste Gut gilt.«

Der Situation entsprach Spinozas nüchterne Auffassung vom Wesen des Staats. Der Staat hat für ihn keinen Platonischen Charakter. Er hat keinen kirchlichen Charakter, hat keine religiöse Grundlage, sondern bedarf, um in Freiheit Frieden zu haben, der Toleranz gegen alle Glaubensweisen und Bekenntnisse in seinem Bereich. Er ist nicht absolutistisch wie bei Hobbes, sondern in der lebendigen Spannung liberal. Er hat keine Erziehungsaufgabe, sondern ist nur eine Rechtsgemeinschaft zwecks der Freiheit aller. Der Staat ist auch nicht völkisch, denn er beruht auf einem rein politischen Prinzip.

Man kann angesichts der Realitäten jener Zeit wohl fragen: wie war für Spinoza bei seinem Verhalten ein so günstiges persönliches Daseinsschicksal möglich? Man hätte eher seine Vernichtung oder Vertreibung erwarten müssen. Die Gründe waren diese: Er war Jude, nicht Christ. Darum war er in christlichen Augen kein Ketzer, denn er war nicht vom Christentum abgefallen. Wäre er Christ gewesen, hätten die kirchlichen Instanzen die Macht gehabt, ihm ganz anders zuzusetzen. Daß er von den Juden in den Bann getan war, interessierte die Christen wenig. – Spinoza lebte ruhig, unaufdringlich. Wo er persönlich auftrat, erweckte er selbst bei seinen Gegnern Sympathien. – Er trieb keine Propaganda, wurde nirgends aktiv aufrührerisch. So entschieden er in der Philosophie war, so wurde er doch nie im Affekt provozierend oder beleidigend. – Und schließlich und vor allem: er war vorsichtig, und dies mit einem souveränen Sinn für die Realitäten.

e) *Spinoza und die Judenfrage*

1. *Unsere Frage.* – Schon in seinem Judesein hatte Spinoza die Erfahrung des Ausgeschlossenwerdens von den Völkern. Er selber erfuhr dazu sein Ausgeschlossenwerden aus dem Judentum. Sein Schicksal ist wie eine vorgreifende Vertretung moderner, durch die Situation erzwungener Bodenlosigkeit und dessen, wie ein Mensch darin sich innerlich halten kann. Er selbst ist berühmt als der große, als der merkwür-

dige, als der verabscheuungswürdige Jude. Wir fragen unwillkürlich nach jüdischen Motiven seines Denkens, nach seiner Lebenspraxis aus jüdischer Gottesgewißheit und aus jüdischer politischer Auffassung.

Solche Frage findet bei Spinoza keine Antwort. Wir hören von ihm nie, daß er sich als Jude fühlte. Er war sich seiner Herkunft nicht als einer für ihn wesentlichen bewußt. Er kennt keine Judenfrage. Die Judenverfolgungen sieht er wie ein objektiver historischer Betrachter ohne Betroffenheit. Er kann nicht ahnen, was seit der zweiten Hälfte des 19. Jahrhunderts als Judenfrage im heutigen politischen Sinn wirklich wurde. Er erdenkt auch nicht aus irgendeinem theologisch-politischen Sinn ein »Recht« der Juden, weiß nicht von politischen Menschenrechten.

Was würde Spinoza in der gegenwärtigen Lage antworten? Der moderne Jude und jeder Mensch, der begreift, worum es sich bei der Judenausrottung durch Hitler-Deutschland gehandelt hat, fragt: was tue ich, wenn mich die Umwelt unter Aufhebung des staatlichen Rechtszustandes vermöge meiner nachweisbaren Herkunft (Religion, Rasse, Klasse) vergewaltigt und am Ende vernichten will? Spinoza würde antworten durch Hinweis auf den naturrechtlichen Grundsatz der Selbstbehauptung, nicht durch Appell an ewige Gerechtigkeit, nicht durch Anspruch, der durch irgendein Recht die wirkliche Anerkennung erwarten dürfte. Es hilft allein die Selbstbehauptung der durch ihre Umwelt bedrängten, durch diese Bedrängung erst zu einer Gemeinschaft gezwungenen Menschen.

Spinoza würde hinzufügen, das hätte mit Gott nicht mehr zu tun als jede andere Selbstbehauptung auch. Denn alle entspringen seiner ewigen Notwendigkeit. Spinoza würde diese Daseinsbehauptung nicht ineins setzen mit einem Bunde, den Gott mit den Juden geschlossen habe. Die bergende Gottesgewißheit würde er nicht identifizieren mit einem Glauben an Gott, der meinem Volke und mir Garantien für das Dasein gegeben hätte. Er würde mit Jeremias noch angesichts des Untergangs des eigenen Volks sagen: »So spricht Jahve: Fürwahr, was ich aufgebaut habe, reiße ich nieder, und was ich eingepflanzt habe, reiße ich aus, und da verlangst du für dich Großes? Verlange nicht.« Spinoza würde sagen, daß der Begriff des Juden in der Situation der Bedrohung gläubige und ungläubige Juden umfasse, die zusammengehören, weil und soweit sie durch die für jeden Einzelnen nachweisbare historische Herkunft gekennzeichnet und durch die Drohung und Verwirklichung der Ausrottung vereint sind.

Spinoza würde nur den Kampf um Daseinsbehauptung sehen unter dem Naturrecht, nach dem alles notwendig geschieht, wo Völker leben wollen, auf ihre Weise leben, und Freiheit begehren, weil sie nicht Barbaren sind. Hier gilt soviel Recht als Macht da ist. Hier gilt das Recht der Fische, nach dem die größeren die kleineren fressen.

Daher gibt es keine übergeordnete Rechtsinstanz. Denn Recht ist nur im Staat und durch den Staat, soweit seine Macht reicht. Die übergeordnete

Instanz ist die umgreifende göttliche Notwendigkeit, in der alles, was geschieht, seinen Platz hat. Sie ist übergeordnet allen bürgerlichen, nur in Staaten gültigen, weil mächtigen, Gesetzen. Diese Instanz der göttlichen Notwendigkeit ist nicht im besonderen berechenbar aus einem Naturgesetz, das schon erkannt wäre (da die vollendete Erkenntnis in der Unendlichkeit liegt). Der Mensch kann nur versuchen und erfahren, was nach jener höchsten Instanz göttlicher Notwendigkeit geschieht. Daher bleibt die Härte und der Schrecken und die Zweideutigkeit des Schicksals, dem gegenüber Spinoza nur den Gleichmut kennt aus der Gottesgewißheit. Nicht aber läßt philosophische Einsicht zu, daß die Vorstellung von einer übergeordneten, in irgendeinem Sinne verläßlichen Rechtsinstanz zum trügerischen Schein werde. Hier sind alle Argumentationen, die ein Recht ohne Macht herleiten wollen, nur Selbsttäuschungen. Sie bewirken auf der Seite der Ohnmächtigen die Täuschungen des Ressentiments aus dem Prinzip eines nicht existierenden ewigen Rechts; es soll der eigenen Ohnmacht durch einen überlegenen Wert indirekt Geltung und Macht im Dasein verschaffen. Oder sie bewirken auf der Seite der Mächtigen, die den Selbstgenuß der eigenen, augenblicklichen Macht im Dasein steigern möchten, die Täuschungen aus einem Prinzip der Legitimität dieser Macht durch überlegenen Wert (der Rasse, der Auserwähltheit, der Herkunft von Göttern). Der eigenen Daseinsmacht soll außer dem, was sie faktisch hat, auch noch der Charakter des ewigen Vorrangs, Wesens, Verdienstes ihrer Träger gegeben werden. Beide Selbsttäuschungen verschleiern den Blick für die Realitäten, die je gegenwärtig nach Naturrechten wirken, lassen daher versäumen, was zur Daseinsbehauptung notwendig ist. Die Selbstübersteigerung führt in das Daseinsunheil, abgesehen davon, daß sie die Verwirrung durch inadäquate Vorstellungen und damit durch Affekte bewirkt.

2. *Spinoza über die Juden.* – Nun hat Spinoza selber vom Schicksal der Juden gesprochen. Seine Auffassung ist diese:

Moses gründete den Staat der Hebräer durch den Bund mit Gott. Gott allein »hatte die Regierung der Hebräer inne, und darum wurde der Staat, kraft des Vertrages, mit Recht Gottes Reich. Infolgedessen waren die Feinde des Staats Feinde Gottes. Die Rechte der Regierung waren die Rechte und Befehle Gottes. Bürgerliches Recht und Religion waren ein und dasselbe. Die Dogmen der Religion waren nicht Lehren, sondern Rechtssätze und Befehle. Wer von der Religion abfiel, hörte auf, Bürger zu sein und wurde allein dadurch als Feind angesehen.« Dieser historisch besondere Staatszustand hatte für die innere Haltung der Hebräer außerordentliche Folgen. »Die Liebe der Hebräer zu ihrem Vaterlande war keine einfache Liebe, sondern Frömmigkeit, die zugleich mit dem Haß gegen die übrigen Völker durch den täglichen Kult gehegt und gepflegt wurde.« Ihr täglicher Kult war nicht nur durchaus vom Kult anderer Völker verschieden, sondern jenem ganz und gar entgegengesetzt. »Es mußte darum aus einer Art von täglichem Vorwurf ein beständiger Haß entspringen, der tiefer als irgend etwas in der Seele Wurzel fassen konnte. War er doch ein Haß, der aus tiefer Verehrung oder Frömmigkeit entsprang, und der für fromm gehalten wurde.« Die weitere Folge war die Rückwirkung: Da die anderen Völker dem Hasse der Juden ihrerseits mit dem erbittertsten Hasse begegnen mußten, steigerte sich wiederum der Haß seitens der Juden.

Zu seiner Zeit steht es mit den Juden nach Spinoza nun ganz anders. Seit der Staat der Hebräer verlorenging, bestehen sie nur durch ihre Religion. Sie haben »heutigen Tages gar nichts mehr, was sie sich vor allen Nationen zuschreiben können«. Aber sie haben fortgedauert »in der Zerstreuung so viele Jahre hindurch«. Warum? Das ist, antwortet Spinoza, »durchaus kein Wunder, nachdem sie sich einmal von allen Völkern in einer Weise abgesondert haben, die ihnen den Haß aller zugezogen hat, eine Absonderung nicht nur in äußeren Gebräuchen, die den Gebräuchen der anderen Völker entgegengesetzt sind, sondern auch im Zeichen der Beschneidung«. Das Zeichen der Beschneidung hält Spinoza »für so bedeutungsvoll, daß ich überzeugt bin, dies allein werde das Volk für immer erhalten«.

Daß aber der Haß von seiten der anderen Völker in erster Linie die Ursache für die Erhaltung des Judentums ist, glaubt Spinoza durch die Erfahrung der Ereignisse in Spanien und Portugal zu belegen.

»Als einst der König von Spanien die Juden zwang, die Landesreligion anzunehmen oder in die Verbannung zu gehen, da nahmen sehr viele Juden die Religion der Päpstlichen an. Da aber denen, welche diese Religion angenommen hatten, alle Rechte der geborenen Spanier eingeräumt und sie aller Ehrenstellen für würdig erachtet wurden, vermischten sie sich gleich so mit den Spaniern, daß binnen kurzem keine Spur und kein Andenken mehr von ihnen vorhanden war.« Anders in Portugal. Auch hier stellte sie der König vor die Wahl: Bekehrung oder Auswanderung. Aber obwohl sie zur päpstlichen Religion bekehrt waren, lebten sie faktisch dort von allen abgesondert, »weil der König sie aller Ehrenstellen für unwürdig erklärte«.

Die »Auserwählung« des jüdischen Volkes versteht Spinoza als bezogen auf den Daseinsraum und das Wohlergehen. »Wollte jemand die Meinung verteidigen, daß die Juden aus diesem oder jenem Grund von Gott in Ewigkeit auserwählt seien, so will ich ihm nicht widersprechen, wenn er nur festhält, daß diese Auserwählung, mag sie nun zeitlich oder ewig sein, soweit sie bloß den Juden eigen ist, sich nur auf ihr Reich und leibliche Annehmlichkeiten bezogen hat (denn nur hierin kann ein Volk sich vom anderen unterscheiden), daß sich aber hinsichtlich des Verstandes und der wahren Tugend kein Volk vom andern unterscheidet und deshalb auch in dieser Hinsicht keines vor dem andern von Gott auserwählt ist.« Zur Zeit ist der Boden Palästinas verloren. Die Auserwählung ruht. Das Fortbestehen der Juden aber hält Spinoza für wahrscheinlich. »Ja, wenn die Grundsätze ihrer Religion ihren Sinn nicht verweichlichen, so möchte ich ohne weiteres glauben, daß sie einmal bei gegebener Gelegenheit, wie ja die menschlichen Dinge dem Wechsel unterworfen sind, ihr Reich wieder aufrichten und daß Gott sie von neuem auserwählt.« (Heute sind die Juden in der Welt tatsächlich eine Religions-, keine Staatsgemeinschaft, in Israel eine Staats-, aber – für Spinoza gewiß unerwartet – keine Religionsgemeinschaft.)

3. *Spinozas politisches Verhalten zur Judenfrage.* – Spinoza, dessen Ahnen aus Spanien vertrieben wurden, dessen Eltern doch aus Portugal nach Holland auswanderten, hat nie ein Wort des Zorns, der auf Rechte des Menschen sich beziehenden Anklagen gegen die Judenverfolgungen. Er hat nicht den Impuls, seinem Volke zu helfen. Diesem Volke ging es gut in Holland. Die Synagoge war so einflußreich, daß sie ja sogar die holländischen Behörden zur Entfernung Spinozas aus Amsterdam bestimmen konnte. Spinoza war schwer bedroht durch die Juden (obgleich man das Attentat nicht der Synagoge zur Last legen darf), geschützt durch einen aus Freiheit für Freiheit konstituierten Staat. Weil die Juden in Holland nicht in Gefahr waren, spürte Spinoza keinen unmittelbaren Anlaß, über die Zukunft und das Schicksal der Juden nachzudenken. Die Gesetzesreligion und die Zeremonien waren ihm gleichgültig.

Was die Sicherheit und Rechtsfähigkeit der Juden in Holland angeht, hat Spinoza großartig recht behalten. Nie haben seit dem 16. Jahrhundert in Holland Judenverfolgungen oder Judenbeeinträchtigungen stattgefunden. Als Hitler-Deutschland seine Verbrechen auch gegen holländische und nichtholländische in Holland lebende Juden vollzog, fanden diese Juden, obgleich sie in der Mehrzahl von dem ohnmächtigen kleinen Lande nicht gerettet werden konnten, bei den Holländern einen Schutz, wie außer in Italien in keinem anderen der von Hitler-Deutschland verwüsteten Länder.

4. *Spinozas Preisgabe der Bindung an das Judentum.* – Was ist das, woran ich durch Herkunft gebunden bin, das schlechthin Geschichtliche, aus dem herauszutreten das Fallen in jene Bodenlosigkeit bedeutet, in der geistig, für die Ewigkeit, mich nur das allgemein Menschliche in der totalen Geschichtlichkeit seiner Vernunft in der Gottheit auffängt, daseinsmäßig aber der Glücksfall einer staatlichen Sicherheit (für Spinoza Holland)? Ist es Rasse, Volk, Staatswesen als etwas Absolutes?

Ist es die Sprache? Ein gemeinsames Schicksal? Für Spinoza dies alles nicht, sondern nur die ewige Notwendigkeit Gottes.

Für die Juden, nicht für Spinoza, galt durch Moses der Bund mit Gott, der ihnen in ihrer Auserwähltheit das Vertrauen gab, sofern sie Gott gehorchten, auch im Dasein ihr Glück zu finden. Das sie treffende Unheil deuteten sie als Strafe Gottes für Ungehorsam und fragten nach ihrer Schuld. Nun aber zeigte sich dem Juden, dessen Redlichkeit durch Gottes Forderung der Wahrhaftigkeit den höchsten Sinn bekam, daß keineswegs immer dem Frommen das Glück, dem Gottlosen das Unheil zuteil werde. Darum rang Hiob mit Gott um Gottes Gerechtigkeit, konnte aber sein Vertrauen nur wiederherstellen im überwältigenden Worte Gottes, der keine Antwort auf die Frage gibt, den Knoten nicht löst, sondern zufriedenstellt allein dadurch, daß er ist. Wir können fragen: Ist Spinozas Gottesgewißheit eine verwandelte Gestalt dieser jüdischen Gottesgewißheit? Ist an die Stelle der Unbegreiflichkeit die ewige Notwendigkeit getreten?

Spinoza hat fallen lassen die Zeremonialgesetze, den messianischen Gedanken, den Bund; hat er damit nicht alle Wirklichkeit in der Welt fallen lassen, so daß nur übrig bleibt, worin der Einzelne als Einzelner lebt?

Spinozas Gegnerschaft richtete sich gegen die Synagoge, nicht gegen das Judentum. Er trat auf gegen die Beschränkung der Denkfreiheit und den Zwang der Zeremonialgesetze, gegen Zensur und Intoleranz. Der Konflikt seiner Jugend wurde in seinem Sinn erhöht durch Spinozas Frage nach dem Wesen und den Bedingungen der Freiheit, nach dem Staat, in dem jedem erlaubt ist, zu denken, was er will, und zu sagen, was er denkt. Das war nicht nur eine jüdische Frage, sondern die große Frage des Abendlandes und dann der Menschheit, zu der Spinoza sein großartig einfaches Wort sprach.

Wenn die Rede ist von den »harten, ja feindseligen Urteilen, die Spinoza über das Volk gefällt hat, aus dem er hervorgegangen ist« (Gebhardt), so kann ich nicht zustimmen. Sein Ton ist nicht anders, als wenn er von christlichen Dingen spricht. Es ist erstens das rücksichtslose Urteilen über die Offenbarungsreligion, zweitens das ihm selbstverständliche Zusammennehmen des Alten und Neuen Testaments als der Dokumente der einen fortschreitenden religiösen Erfahrung, drittens die Bewertung des Irrtums im christlichen wie im jüdischen Fanatismus durch heftige Ausdrücke, wie »wahnsinnig« und dergleichen.

Spinoza ist sich keinerlei Bindung an das Judentum bewußt. Sein Denken hat seinen Boden allein in der Vernunft des Menschen, nicht in irgendeiner vorausgesetzten geschichtlichen Substanz des Judeseins (wenn er auch für unsere Betrachtung durchaus in dieser geschichtlichen Substanz erscheint und erscheinen darf). Nichts merken wir bei Spinoza von einem Anspruch, den seine Ahnen von drei Jahrtausenden bedeuteten. Macht man die Voraussetzung, ein Mensch müsse seiner Herkunft und Abstammung in der Wertschätzung und in der Stimmung eine Anhänglichkeit und Bevorzugung zuteil werden lassen, so fehlt solche bei Spinoza. Er hat keinen Sinn für die Chiffer des Gedankens der Auserwählung und des Bundes als Anspruch an sich selbst, nicht an andere. Ihm scheint mit der geschichtlichen Fülle der Reichtum an Seelentiefe, aus der er selber lebte, für sein Bewußtsein unsichtbar geworden zu sein. Spinoza hat seinen Gedanken nicht dorthin gerichtet, wenn er in Maimonides die gebundene Philosophie bekämpfte und damit etwas, das mit geschichtlich jüdischer Bindung keineswegs identisch ist.

Maimonides wendet sich in seiner philosophisch außerordentlichen Radikalität doch an gläubige Juden als gläubiger Jude (Leo Strauß). Er macht die Voraussetzung, daß die Bibel vernünftig verstehbar ist (und braucht dazu den von Spinoza als fiktiv verworfenen allegorischen Sinn), und dann, daß er mit Vernunft verstehen kann, daß die nachher vernünftig zu verstehende Offenbarung sein muß. Bei jedem Gedanken lebt er durch Treue zur unbezweifelten Offenbarung selber. Er tat, was der korangläubige Averroës, der Christ Anselm auf ihre Weise taten: die Vernunft im Offenbarungsglauben selber finden. »Als Jude mit Juden geboren, vollzieht sich seine Argumentation im jüdischen Lebenszusammenhang für diese.«

Wenn Maimonides eine Kritik der Offenbarung auf dem Boden der Offenbarung vollzieht, so Spinoza eine Kritik der Offenbarung auf dem Boden der gottesgewissen Vernunft, die jedem Menschen eingeboren ist. Auch Spinoza vollzog die Kritik an der Offenbarung, so daß er sie in ihrer historischen und politischen Funktion gelten ließ, aber er tat es nicht mit der Voraussetzung der von ihm selbst geglaubten Offenbarung. Spinoza zieht wie alle menschlichen Dinge, wie das Christentum, wie den Staat, so auch das Judentum vor die höchste Instanz: vor die der philosophischen Vernunft.

5. *Urteile über den Juden Spinoza.* – Nietzsches Liebe zu Spinoza und sein hoher Respekt verwehrten nicht seine Kritik: »Am Judengott fraß Judenhaß«, – wofür bei Spinoza nicht das leiseste Anzeichen vorliegt. Spinoza hat die Juden weder gehaßt noch geliebt, wie er überhaupt nicht Gruppen und Völker liebte, sondern Gott und den Menschen als Menschen.

Ein deutscher Autor, der in der Jugend Spinozas »Ethik« sorgfältig übersetzt hat, sagte, als die Nationalsozialisten ihn zum Professor gemacht hatten, in seiner Antrittsrede: es gebe auf der Welt nur »arische« Philosophie. Ein anderer Philosophieprofessor schrieb damals über Spinozas Philosophie, es seien Gedanken nach Art jüdischer Börsengauner.

Der Bann der Synagoge (man muß ihn mit seinen furchtbaren Verwünschungen lesen) hat auch in der Folge Spinozas Verwerfung durch orthodoxe Juden nach sich gezogen. Merkwürdig aber ist, daß ein deutscher Philosophieprofessor, Hermann Cohen, Spinoza nicht anders beurteilte.

Cohen hält den Bann gegen Spinoza einschränkungslos für berechtigt, »und zwar auch ohne Rücksicht auf den vorsorglichen Schutz der Gemeinde gegen den ausgeprägten Typus, den der Denunziant in der Geschichte der Judenverfolgungen bildet«. Denn Spinoza bleibt »der eigentliche Ankläger des Judentums vor der christlichen Welt«. Er hat »die angeborene Religion verworfen, seinen eigenen Stamm hat er verwerflich gemacht«. Bei ihm »vollendet sich die Vernichtung der Religion, aus der er hervorgegangen«. Er hat Christus über Moses gestellt (das hat Spinoza nie so gesagt, Cohen muß es erschlossen haben). Spinozas Wirkung ist fürchterlich: »Die Orgien des Judenhasses« im 19. Jahrhundert »wären unerklärlich, wenn nicht innerlich, wie äußerlich, der böse Dämon Spinozas jene Atmosphäre vergiftete.« Cohen machte sich zum neuen Prototyp der jüdischen Spinozahasser. Wunderlich, daß der um die Philosophie verdiente Franz Rosenzweig seinem Urteil über Spinoza zugestimmt, wenn er es auch gemäßigt hat.

Ganz anders, stolz auf diesen großen Juden, denken die meisten nicht orthodox gebundenen Juden. Man las, im 300. Jahr nach dem Bannfluch (1956) sei aus Israel ein Granitblock nach Den Haag geschickt worden mit der Inschrift: »Dein Volk«. Spinoza würde sich wundern. Niemals hat er völkisch gedacht. Einen Mann vom Range Spinozas kann kein Volk, kein Staat für sich in Anspruch nehmen. Wohl darf ein Jude spüren, daß wahrscheinlich nur dem Judentum möglich war, einen Mann wie Spinoza hervorzubringen. Wohl darf der Holländer stolz sein, daß Spinoza seine Freiheitsimpulse als holländische und zugleich als eigene erfuhr und dank diesem Staate zu leben vermochte. Aber große Männer sind Anspruch, nicht Besitz. Völker und Staaten haben zu fragen, ob sie ein Recht haben auf die Großen, die in ihnen erwachsen sind. Die Antwort erfolgt dadurch, daß sie den Maßstab dieser Großen als den ihrigen anerkennen.

IX. Kritische Charakteristik der Philosophie Spinozas

a) *Blick auf die Philosophie und das Wesen Spinozas*

1. *Rationalismus.* – Spinoza erscheint als der vollkommenste Rationalist, aber merkwürdig: Wenn der zwingende logische Gedanke bei

ihm das Absolute ausspricht und als Vollzug die eigentliche Wirklichkeit ist, so ist dieses Denken amor intellectualis dei und selbst die Seligkeit. Und dieses Denken ist Freiheit von Leidenschaften, die, in ihm erhellt, aufhören, Leidenschaften zu sein. Dieses Denken ist nicht befriedigt als endliches Denken im Erfassen der Gegenstände, die Modi sind, sondern vollendet sich als Vernunft in der dritten Erkenntnisgattung, in der freien Spekulation anschauend liebenden Erkennens. Solches Denken konnte nicht nur das logische Denken zwingenden Charakters sein, das es in seiner vordergründigen Erscheinung stets blieb. Spinoza überstieg das Denken, sofern man unter Denken nur das allgemeingültige Operieren mit fest bestimmten Begriffen versteht. Sein Denken ist eine neue Gestalt der uralten philosophischen Kontemplation, die ein inneres Handeln ist und den ganzen Menschen prägt.

Die Weise seiner Grundgewißheit, die sich im Beweisen durch die Vernunft vergewissert, und die wir kennengelernt haben, mag noch einmal in Worten Spinozas sprechen: »Wenn ich einmal im Besitz eines zuverlässigen Beweises bin, kann ich nicht in solche Gedanken verfallen, daß ich jemals an diesem Beweise zweifeln könnte. Daher beruhige ich mich vollkommen bei dem, was mir der Verstand zeigt, ohne jede Besorgnis, daß ich mich darin getäuscht haben könnte... Und selbst wenn ich die Frucht, die ich aus meinem natürlichen Verstand gewonnen, einmal falsch erfände, dann würde sie mich doch glücklich machen, weil ich mein Leben nicht in Trauern und Seufzen, sondern in Ruhe, Freude und Heiterkeit zu verbringen trachte und so stufenweise emporsteige. Ich erkenne dabei (und das gibt mir die größte Genugtuung und Gemütsruhe), daß alles durch die Macht des höchst vollkommenen Wesens und nach seinem unabänderlichen Beschlusse so geschieht.«

Spinoza lebt und denkt aus der Grundgewißheit, für die Gottes Wirklichkeit in der dritten Erkenntnisgattung intuitiv als die eine, einzige, allumfassende Wirklichkeit gegenwärtig ist. Aus dieser Wirklichkeit geht Spinoza drei Wege in die Welt: zum metaphysischen Erkennen, zur persönlichen Existenz, zur staatlichen Ordnung. In der Sprache der zweiten Erkenntnisgattung entwickelt er das mitteilbare Grundwissen vom Ganzen des Seins, von Gott und Welt und dem Menschen. Mit der Erforschung der Affekte des Menschen findet er den Weg der Befreiung von ihnen, das Glück und Heil des Menschen durch reine Einsicht. Im Blick auf die Realität der menschlichen Gemeinschaft erforscht er Staat und Offenbarungsreligion, um die vernünftige Gestaltung für die freie Entfaltung aller menschlichen Möglichkeiten als Ideal vor Augen zu stellen.

2. *Unabhängigkeit der eigenständigen Philosophie.* – Spinoza hat dies so sich verstehende Erkennen der Vernunft als Leben gelebt. Er ist der einzige unter den großen Philosophen des 17. Jahrhunderts, die ihr ganzes Leben philosophisch begründeten ohne Autorität und Offenbarungsglauben als Sicherung, auch ohne täuschende Anpassung an Mächte der Zeit. Er war der große, wahrhaft Unabhängige, der, das Abendland vertretend, in der Philosophie das fand, was die kirchlichen Menschen ihren Glauben nannten. In ihm verwirklichte sich von neuem die Eigenständigkeit der Philosophie, die des kirchlichen Glaubens nicht bedarf, weil sie selber Glauben ist.

Solche Philosophie ist »philosophische Religion« genannt worden im Gegensatz zur kirchlichen Religion. In diesem Sinn war die große Philosophie des Altertums Religion, war alle Metaphysik Religion. Man darf bei solchem Wortgebrauch nur nicht vergessen, daß philosophische Religion ohne Kultus, ohne Gebet, ohne Institution und Kirche, ohne heilige Schriften ist. Das Wort »philosophische Religion« will wie das vom »philosophischen Glauben« sagen, daß es sich um ein Denken handelt, mit dem und durch das der philosophische Mensch lebt, so daß alles, was er tut, was ihm begegnet, was er erkennt, in diesen Raum gestellt, aus diesem Ursprung durchleuchtet, angeeignet, beurteilt wird.

Pascal schrieb: »Gott kann niemals das Ende einer Philosophie sein, wenn er nicht deren Anfang ist.« So war es bei Spinoza. Spinoza denkt im Ursprung, weil er, vorhergehend allem anderen, seiner gewiß ist. Daher steigt er nicht auf aus der Welt (durch Forschung bis an die Grenzen) zum Erdenken des Grundes. Daher zeigt sich ihm auch nicht erst in den Grenzsituationen, was als Chiffer des Seins dem Menschen ein zweideutiges Licht gibt. Vor aller Erforschbarkeit der Dinge und vor aller Erfahrung vernichtender Grenzsituationen ist er schon geschützt in der allumfassenden Gotteswirklichkeit.

Diese philosophische Religion Spinozas bringt durch Gottesgewißheit Ruhe, Freude, Einverständnis mit allem, was ist. »Sofern wir einsehen, daß Gott die Ursache der Trauer ist, freuen wir uns.« Im Bewußtsein der Notwendigkeit entspringt die Gelassenheit, nichts zu verlangen. Der amor intellectualis dei bewirkt den amor fati Nietzsches: nichts anderes wollen, nichts anders wollen, als es ist. Wir erfahren nie von inneren Kämpfen Spinozas. Von Anfang an, von seiner ersten Äußerung an ist die wundersame Ruhe da und die Reinheit der Seele, diese Zweckfreiheit noch im Wollen selber.

Spinozas Philosophie bedeutet die Selbstbehauptung des Einzelnen durch seine Gottesgewißheit, die Unabhängigkeit von der Welt durch die Geborgenheit im Grund der Dinge. Diese Selbstbehauptung ist nicht Individualismus als Lust an seinem besonderen Dasein, hat keinerlei Neigung zu egozentrischen Reflexionen, ist vielmehr die unbefangenste Selbsthingabe in der Vernunft an Gott. Sie bedeutet auch nicht Abgeschlossenheit des eigenen Daseins von der Realität menschlicher Gemeinschaft, sondern das Interesse an ihr so sehr – aber auch nicht mehr – wie am eigenen Dasein.

Das Denken im Sinn des Heils für den Einzelnen und das Staatsdenken gehören zusammen. Aber so wenig es hier einen Persönlichkeitskult gibt, so wenig einen Staatskult. Die Realitäten des Daseins werden mit Nüchternheit gesehen. Die Nüchternheit selber entspringt dem amor intellectualis dei, der es nicht gestattet, irgendwelches Andere an Gottes Stelle zu setzen, nicht erlaubt, die Rangordnungen der Wirklichkeiten zu vergessen, vielmehr die festen und ewigen Dinge als allumgreifende Wirklichkeit stets gegenwärtig hat.

3. *Vorsicht und Einsamkeit.* – Spinozas Philosophie war von vornherein Lebenspraxis. So bezeugte es schon die Begründung, die er in der Jugend für seinen Entschluß zur Philosophie gab, und dann der Titel seines Hauptwerks »Ethik«. Die Tiefe dieser Lebenspraxis war Gegenstand unserer Darstellung. Darin sind Züge, die nicht ursprünglich, sondern Folge der Berührung mit der Welt sind.

Vorsicht: Spinoza hat im Wissen um die Welt, in der Liebe zu Gott durch jeden Blick auf ihre Erscheinungen, in dem wohlwollenden Geneigtsein für jeden ihm begegnenden Menschen doch ein tiefes Mißtrauen; denn er weiß, was in der Welt die Regel ist. Daher seine Vorsicht ohne Trotz und ohne Vorwurf, aber als die der Faktizität entsprechende Notwendigkeit des vernünftigen Lebens.

Spinoza vergeudet sich nicht, ist aber ebensowenig geizig mit sich: er will vernünftigerweise der Fahrlässigkeit keinen Raum zum Bewirken von Unheil geben.

Völlig verzichtet er auf Ruhm. Schon eine akademische Lehrtätigkeit brachte in jenem Zeitalter zu viel Gefahr; daher verzichtete er auf solche Wirkung. Er hielt die Veröffentlichung seiner Werke zurück, aber er schrieb sie – ohne Eile – in der Hoffnung, durch sie den Raum der Vernunft in der Welt zu erweitern, ihre Chance zu vermehren.

Nicht Einsiedler, aber einsam: Spinoza galt als Einsiedler. Die Forschungen des letzten halben Jahrhunderts haben diese Legende vernichtet. Spinoza hat nicht nur in vielen freundschaftlichen Beziehungen, näheren und ferneren, in Berührung mit der großen geistigen Welt Europas jener Zeit, sondern sogar in politischer Aktivität gelebt. Er hatte nichts von einem Sonderling, trat vielmehr überall natürlich, unbefangen, mit noblen Umgangsformen auf. Wohin er kam, wurde er nicht nur geachtet, sondern geliebt.

Etwas anderes ist es, wenn man Spinoza einen Einsamen nennt. Er hatte einen »Standpunkt außerhalb« gewonnen, im Philosophieren bei Gott, ohne Einordnung dieser Philosophie in weltliche Zusammenhänge. Er war einerseits innerlich völlig unabhängig durch seine Gottesgewißheit und stand andrerseits in vielen menschlichen Berührungen, die ihm Genüge leisteten, ohne daß seine Einsamkeit aufgehoben wäre. Dies aber hat zur Folge, daß für uns im Bilde Spinozas jene die Menschen in ihrer Unvertretbarkeit einende Liebeskraft zu fehlen scheint, die im gemeinsamen Schicksal von Lebensgefährten zu der Unbedingtheit geschichtlicher Einsenkung führt. Spinoza war von vornherein er selbst. Und was er dachte und vorstellte, war das Allgemeine, das kühle, aber ganz und gar erfüllende Reich des Denkens, der amor intellectualis dei, der sein Leben selber in seiner höchsten Gestalt, in der Vernunft, wirklich ist. Anders als etwa Kant oder Max Weber müßte man sich Spinoza im Gespräch vorstellen. Die fast übermenschliche Ruhe würde erheben. In jeder Lage unerschütterlich, würde er auf dem Boden ewiger Wahrheit sprechen. Statt daß er auf die gegenwärtige Wirklichkeit des Schicksals sich ernstlich einließe, würde er es vielmehr bis zur Unwesentlichkeit verschwinden lassen. Wir würden uns unserer Aufsässigkeit gegen das Schicksal schweigend bewußt werden.

4. *Weder Vorbild noch Ausnahme.* – Wollte Spinoza ein Beispiel und *Vorbild* sein? Wir haben keinerlei Anzeichen für solchen Anspruch. Wollte er der Zukunft den Weg weisen? Er dachte nicht in weltgeschichtlichen reformerischen Perspektiven. Er wollte leben und wirken in der Vernunft, ungewiß, was daraus wird.

Sah er sich etwa als *Ausnahme*, die ein widriges, durch eigenes Wesen in Konflikt mit dem Bestehenden erwachsendes Schicksal erleiden muß? Auch das nicht. Er war sich der Natürlichkeit und Gehörigkeit seines Lebens und Denkens gewiß. Er wirkt wie die Normalität der Gesundheit seines Wesens, fremd psychologischen Erschütterungen und Krisen, fern der entleerenden endlosen Reflexion, nie berührt von der möglichen Verzweiflung am Nichts (seine Krankheit, Tuberkulose, war rein körperlich, konnte sein Dasein in frühem Alter vernichten, aber nicht sein Wesen berühren). Affekte und Trübungen der Vernunft, von denen er so erfahren gesprochen hat, muß er gekannt haben, aber als etwas, das im Durchleuchten verdampft.

5. *Die von Spinoza aufgenommenen Gedanken.* – Man kann für fast alle Gedanken Spinozas die Herkunft zeigen: von der Stoa kannte er die Grundhaltung des Gleichmuts aus Vernunft, von der Bibel den einen Gott, von der Scholastik Begriffe wie Substanz, Attribut, Modus, von natura naturans und natura naturata, von Giordano Bruno die Unendlichkeit der Welt, von ihm und Leone Ebreo die Lehre vom Eros, von Bacon die empirischen Methoden und das Abwerfen von Vorurteilen, von Descartes die Unterscheidung von Ausdehnung und Denken und die Hochschätzung der Mathematik als Gewißheit, von Machiavelli und Hobbes das Staatsdenken. Es kann der Schein entstehen, als ob alles historisch abgeleitet werden könnte, was Spinoza gedacht hat. Aber Spinozas Denken war nicht nur ursprünglich durch Echtheit, sondern auch im Werk von einer großartigen Originalität, die alles, was an rational bestimmten Elementen ihm zufloß, eingeschmolzen und verwandelt hat zur Sprache jenes Einen. Das Ganze dieses Denkens, das Grundwissen, ist von Anfang an da. Entwicklung gibt es bei ihm nur in der leisen Modifikation von Denkfiguren, der reicheren Ausarbeitung, der Klärung und Reinigung. Das Ganze kennt keine Brüche und keine Umwendungen.

Nennen wir das Neue bei ihm, daß die menschliche Vernunft sich auf sich selbst stellt, so ist auch das schon längst da in dem, was »Wissenschaft«, »Kritik«, »Ungläubigkeit« und als Zeitalter »Renaissance« heißt. Spinoza aber hat mit dieser aggressiven und meist glaubensarmen Unabhängigkeit nicht viel gemein. Vielmehr ist sein Tun eher die Fortsetzung der uralten philosophischen Vernunft, die sich nur im Kleide moderner Wissenschaft, Kritik, Konstruktion als metaphysische Vernunft wiederholt. Sinn und Ziel des Erkennens ist für Spinoza nicht die Vielheit des Erfahrbaren und seiner technischen Beherrschung (Bacon), nicht die mathematisch begreifbare Natur (Galilei), nicht der Staat (Hobbes), nicht die Gewißheit als solche (Descartes), sondern dies alles auch, aber im Dienste des Einen, worauf alles ankommt, der Gottesgewißheit und Lebenspraxis, des wahren Guten.

Um Spinoza zu verstehen, darf man nicht verwechseln. Sein Boden ist nicht der der modernen Wissenschaft, deren Sinn und Methode er nicht eigentlich erkannt hat (wenn auch einige seiner Grundeinsichten diesen Wissenschaften mächtige Impulse geben konnten: sein Wissen um den Charakter der Erkenntnis der Modi in ihrer unübersehbaren Endlosigkeit durch einen unendlichen, nie zu vollendenden Fortschritt; seine Forderung der Wertfreiheit). Er selbst war weder ein Forscher noch besaß er die ungeheure Kapazität des Wissens von Gelehrten. Spinoza hat das Eigentümliche der mathematischen Naturwissenschaft nicht gesehen und daher ignoriert. Spinoza gründet sein Philosophieren auch keineswegs auf Mathematik, wenn er vermeintlich mathematische Methode für seine Darstellung braucht. Ihm ist fremd auch der Geist der Konstruktion, die Hobbes und Leibniz so erfinderisch und baukräftig macht. Wenn ihm alle diese Denker signa liefern, so die signa für seine Metaphysik. Daß diese echt ist und eins mit seinem Leben, macht seine Größe aus. Er denkt die Notwendigkeit in der Rationalität einer Begrifflichkeit, die im Dienste der Anschauung seiner dritten Erkenntnisgattung steht. Er ist der einzige große Metaphysiker der neueren Zeiten, einzig ist sein Stil in Dasein und Werk, einfach, klar und überzeugend, aber unnachahmbar.

b) *Grenzen Spinozas*

1. *Irrige Kritik.* – Man hat gesagt, Spinoza sei bezahlter *Propagandist* im Dienste Jan de Witts gewesen. Solcher Unsinn lohnt keine Widerlegung.

Spinoza gilt als *naturalistischer, atheistischer, amoralistischer Philosoph* und als Vorläufer marxistischer Weltanschauung. Aber Natur ist bei Spinoza weder die Natur einer modernen, mechanischen, mathematischen Physik, noch eine organische, teleologisch strukturierte Natur, noch eine dämonische, sympathetische Welt, sondern die als natura naturans gedachte Natur Gottes, die den Ausdruck deus sive natura sinnvoll macht, dessen Gewicht auf dem deus liegt. – Atheismus ist Spinozas Denken so wenig, daß Hegel es eher Akosmismus nennen wollte, weil alles in Gott ist und keine eigene, eigenständige, geschaffene und von Gott auch unabhängige Welt übrigbleibt. – Der Amoralismus, als der seine nüchterne Betrachtung der jenseits von Gut und Böse stehenden Realitäten und der jenseits von Gut und Böse stehenden Wirklichkeit Gottes mißverstanden wird, ist Spinoza so wenig eigen, daß sein Leben und Werk vielmehr von der lebendigen Sittlichkeit der natürlichen Vernunft unbeirrbar getragen wird.

Man hat gemeint, Spinozas politisches Denken sei nur interessiert an der *Sicherheit der Philosophen,* ausgehend von der Frage: wie muß der Staat und die Religion gedacht, in ihrer Wirklichkeit konstruiert werden, um in ihm das private Leben des Weisen unbehelligt zu ermöglichen? So aber könnten allenfalls Epikureer und Skeptiker den Staat ansehen, jedoch weder Plato noch Spinoza. Beide wollten nicht die Sicherheit des Philosophen dadurch garantieren, daß sie die Unberührbarkeit von Philosophie und Politik behauptet und das Sichabschließen des Philosophen von der Welt (außer für Zeiten und Umstände) geraten hätten. Vielmehr geht es ihnen um philosophische Politik gegen blinde Politik, wobei sie an alle Menschen denken, und wie ihnen je nach Begabung, Einsicht und Affektivität ihr Platz und ihr Recht werde. Der als Wille zur Sicherheit der Weisen (diese Sicherheit ist auf private Vorsicht verwiesen) mißverstandene Impuls ist vielmehr der zur Förderung der Vernunft in der Welt.

Weitere Kritik sagt: Spinozas »Sein« werde in *»geometrischer Starre«* gesehen, preisgegeben sei die Zeit als bloßer Schein. Daher werde die Natur in der Mechanik durch Mathematik in zeitlose Formeln gefaßt, das Geschehen geleugnet und damit die Geschichte. Dagegen hat man umgekehrt Spinoza eine *»dynamische« Anschauung* zugeschrieben: alles sei bei ihm Streben, Macht, Im-Sein-Verharren und Sichausbreiten, der Selbstbehauptungswille, aber verschlungen in das Immer-anders-Werden im Reich der Modi. – Eine dieser Thesen hebt die andere auf. Beide treffen Richtiges, aber was sie treffen, ist nicht die Substanz der Philosophie, sondern Moment in ihrem Ganzen. Es ist der Fehler solcher Kritik, bloße Denkfiguren als das Letzte zu nehmen, statt sie in ihrer Funktion zu fassen, welche sie für das Grundwissen des Philosophen haben. Spinozas Denken im ganzen ist, obgleich es systematisch ist, nicht als System angemessen darzustellen. Wenn man eine systematische Anschauung herausholt, das andere vernachlässigend, so hat man es leicht, zu »widerlegen«. Man hat als Sachverhalt und als absolute Behauptung genommen, hat als gegenständliches und endliches Wissen behandelt, was Philosophie ist.

2. *Die durch Vernunft erkennbaren Grenzen der Vernunft.* – Spinozas Grenze ist die Grenze der Vernunft. Weil Spinoza die Grenze der Vernunft nicht zu sehen scheint, könnte ihm die Wirklichkeit im ganzen verschlossen bleiben. Hier setzt die tiefste Kritik an Spinoza ein.

Die Grenze der Vernunft ist durch Vernunft selbst zu sehen. Den Blick dorthin scheint Spinoza zwar zu gewinnen, wenn er von der Unendlichkeit der Modi redet in dem Sinne, daß unsere Unkunde der Endlosigkeit endlicher Zusammenhänge immer bleibt, und daß für uns so vieles, ja fast alles im besonderen unbegreiflich ist. Aber diese Unkunde ist nur Folge der Endlichkeit. Grundsätzlich wäre die Kunde möglich, weil alles vernünftig ist, weil alles von Gott ist.

Spinoza scheint noch heller den Blick über die Vernunft hinaus zu gewinnen, wenn er all unsere Vernunft umgriffen sieht von der göttlichen Notwendigkeit, wenn bei ihm unsere menschliche Vernunft ohnmächtig preisgegeben ist an die für sie undurchsichtige Notwendigkeit der gesamten Natur. Aber auch diese Notwendigkeit wird von Spinoza wie selbstverständlich als göttlich vernünftige vorausgesetzt. Das Widervernünftige erscheint nur unserem endlichen Verstande so. Der umgreifende Gott ist kein dunkler Abgrund. Er ist nicht durch irgendein Dunkel, sondern allein durch die Helle der Vernunft selber zugänglich, die, wenn sie die Beschränktheit der Bindung an den Modus überwinden könnte, alles als Vernunft begreifen würde. Unsere menschliche Vernunft ist selber die göttliche Vernunft, nur in Beschränkung. Unsere Vernunft ist selber natürlich, ein Moment in der natura naturata, aber nicht umgriffen und nicht bedroht und nicht eingeschränkt von etwas, das mehr als Vernunft wäre, von einer Gottheit, die selber über der Vernunft, vor der Vernunft wäre, zwar Quelle auch der Vernunft, aber ihre Quelle so wie sie die Quelle alles anderen ist. Die Gottheit ist bei Spinoza die Vernunft selbst. Sein Gottesbewußtsein transzendiert nicht die Vernunft.

Dazu gehört Spinozas Glaube an die Absolutheit der Vernunft in dem Sinne, daß er die Erwartung hat, alle Menschen müßten in ihr notwendig übereinstimmen. Das ist eine großartige und herrliche Voraussetzung, aber nur (und recht und untilgbar) für die Praxis des Versuchens, nicht für die Einsicht in das All und das Ganze der Menschheit.

Weiter gehört zu Spinozas Vernunftabsolutismus die reine begierdelose Freude im Innesein Gottes. Freiheit ist ihm Freiheit von Affekten, reine, ungetrübte Klarheit, eins mit Seligkeit. Freiheit ist nicht Entscheidung, nicht Grund des Schicksals.

Schließlich gehört dazu die Verwerfung des Staunens für die Erkenntnis. Der vernünftige Mensch sucht die Dinge in der Natur »als ein Gelehrter« zu verstehen, nicht »als ein Tor« sich über sie zu wundern. »Mit dem Aufhören der Unwissenheit hört auch das Staunen (stupor) auf.« Die Berufung auf das Staunen wird verderblich, wo sie zur blinden Unterwerfung unter die Autorität, unter Wunder und übernatürliche Kräfte führt.

3. *Das Ausbleiben des Sinnes für Persönlichkeit und Geschichtlich-*

keit. – Was liegt an den Grenzen der Vernunft, deren Spinoza nicht ansichtig wird?

a) Spinoza findet keine Antwort auf die Frage: warum gibt es Individuen? Denn die Kategorie des ewigen Folgens aus Gott (wie die Winkel aus dem Dreieck) ist keine Antwort, sondern eine die Einzelwesen mit ihrem Ursprung verknüpfende Konstatierung des Tatbestandes. Das Gleichnis des Folgens weist nur hin auf das für den Gedanken Unbegreifliche, auf den Sprung vom Logos in die Wirklichkeit. Das Individuum – ein bloßer Modus – löst sich auf als ein Unwesentliches, indem es sub specie aeternitatis gedacht wird.

Wenn der Grundgedanke ist: omnia determinatio est negatio, so spricht dieser Gedanke wohl die Wahrheit aus von der Nichtigkeit der Einzelwesen, aber läßt auch die Falschheit möglich sein, die Existenz selber habe keine ewige Bedeutung durch die Unersetzlichkeit ihrer Verwirklichung.

Geht mit dem Verzicht auf Individualität auch das Bewußtsein der Unersetzlichkeit der Existenz verloren (nicht darum etwa ihrer Wirklichkeit in Spinoza selber)? Die große Befreiung von der Beschränktheit der Individualität könnte verführen, die Existenz in ihrer Geschichtlichkeit, in dem, was in ihrem Schicksal selber Ewigkeit hat, preiszugeben. Der Gedanke der Ewigkeit und Unsterblichkeit der Seele ist bei Spinoza ausgesprochen nicht viel anders als der der Unsterblichkeit der unpersönlichen Vernunft überhaupt (des intellectus agens bei Averroës).

b) Weil Spinoza die Zeit tilgt, hebt er die Geschichtlichkeit auf. Das Aufgebrochensein der Welt in das Rätsel der Zeitlichkeit, die Tiefe der Geschichtlichkeit, das Unerhellbare im Grund aller Dinge verschwindet. Die uns auferlegte Notwendigkeit, als Dasein in der Zeit durch Geschichtlichkeit zur Transzendenz zu gelangen, der Sinn der Geschichte als zeitlicher Unvollendbarkeit hört auf in der Verlorenheit des Gewichtes der Existenz an die Gottheit. Es scheint nur Ewigkeit, nicht Zeit, nur Gott, nicht Welt zu geben.

Das Gewicht schicksalsbestimmten Handelns ist verloren, wesentlich ist nur das innere Handeln im Aufschwung der Gottesliebe. Spinoza hört die Notwendigkeit, aber er erfährt nicht die Ungewißheit, die Fülle und das Scheitern in der tätigen Geschichtlichkeit der Existenz. Die Zeit ist nur getilgt, nicht aber in einer für das Ewigkeitsbewußtsein wesentlichen Gestalt auch bewahrt. Die Geschichtlichkeit muß ausbleiben in einem Leben, das aus der Metaphysik in die Metaphysik sich verwandelt, ohne einen wesentlichen Boden in der zeitlichen Realität zu finden. Die Geschichtlichkeit bleibt aus, wenn die Tätigkeit sich auf das Verständige beschränkt, nicht aber als großer Wille im großen Handeln erblickt wird, nicht das große Wagnis der Vernunft selbst als geschichtliches Schicksal erfährt. Darum wird Spinoza nicht angezogen von der Tiefe und Größe, die noch dunkel ist (wie die der jüdischen Propheten) und alles zu wagen, alles zu opfern verlangt. Ganz hingenommen in die bloße Vernunft als den Typus menschlichen wie allen Seins, bleibt ihm unsichtbar die Leidenschaft zur Nacht, die ihm ausschließlich unter dem Aspekt des einsichtslosen Affekts erscheint. Er hat keinen Blick für das Böse.

Spinoza hat nicht nur die reale Messiaserwartung und die ihr entsprechende Erwartung der Wiederkunft Christi als religiöse Vorstellung für die philosophische Vernunft verworfen, sondern auch die Chiffer messianischen Denkens. Er kennt keinen Enthusiasmus, aktiv für eine Weltverwandlung zu wirken. Er kennt keine Hoffnung einer besseren Welt, die in der Verantwortung des Menschen liegt. Wer im Ewigen lebt, lebt nicht in der Zukunft. Gott ist unveränderlich, und seine Wirkungen sind selber ewig. Unveränderlich ist das Dasein der unendlichen Modi, wenn auch alle endlichen Modi stets anders werden bei Gleichbleiben des Ganzen.

c) Spinoza kennt nicht die Grenzsituationen. Er kennt keine Abgründe des Schreckens, keine Verzweiflung des Nichts, kein Ringen mit Gott, keine der Vernunft selbst sich zeigende Gewalt des Absurden als positiver Möglichkeit, kein sich schlechthin verbergendes Geheimnis. Seine Ruhe ist in der Weite des Positiven, das Gott ist. Gott aber ist gesehen allein in der Vernunft als Vernunft unter Abwertung allen Entsetzens zu bloß inadäquaten Ideen, unter Abwehr jedes Unvernünftigen, Widervernünftigen, Übervernünftigen, das doch keine Ruhe läßt. Seine Gewißheit im Grunde aller Dinge kann erscheinen entweder als Horizontverengerung oder als ein Verschweben ins Unerreichbare.

In den Grenzsituationen ist ein anderer Sinn des menschlichen Wesens, das sich dem Schmerze darbietet, sich nicht entziehen will, die Befreiung vom Affekt als Verrat spürt. Spinoza aber kann kühl etwa von allen Selbstmördern sagen, »daß sie ohnmächtigen Gemüts sind und den äußeren Ursachen, die sich ihrer Natur entgegensetzen, völlig erliegen«. Und er kann mit völliger Gewißheit erklären: »Daß der Mensch infolge der Notwendigkeit seiner Natur danach streben sollte, nicht zu existieren, oder sich in eine andere Form zu verwandeln, ist ebenso unmöglich, als daß aus Nichts Etwas werde.«

d) Spinozas Glück des Existierens ist ohne Eigenbezogenheit, aber auch ohne die Angst der Entscheidung. Er lebt in der Wahrheit der Wirklichkeit Gottes, zwar mit der Folge des verläßlichen Selbstseins, aber ohne daß sich dieses seiner selbst bewußt wird. Gegen Spinoza geht die Frage: Ist alle dem Menschen auferlegte Unruhe nur in der Endlichkeit des modalen Seins und in den inadäquaten Vorstellungen begründet? Ober gibt es eine ganz andere Unruhe um die Wirklichkeit des Ewigen in der Geschichtlichkeit, als die wir da sind? Ist die vollkommene Ruhe Spinozas gewonnen um den Preis des Ausbleibens der gottbezogenen Unruhe der zeitlichen Existenz, des Bewußtseins der ewigen Entscheidung in der Zeit? Ist der Schimmer des Unpersönlichen so ergreifend wie gefährlich dieser Philosophie der absoluten Notwendigkeit zugehörig?

e) Weil Spinoza nicht das Bewußtsein der Geschichtlichkeit hat, wird er auch nicht der Geschichtlichkeit seiner eigenen Denkfiguren inne. Weil er die eine, absolute, zwingende Wahrheit in seiner Gestalt für immer und allgemeingültig gedacht zu haben meint, ist er Dogmatiker. Für uns liegt die Wahrheit Spinozas nicht in der Anschauung seiner dogmatisierten Denkfiguren. Diese sind selber geschichtliche Chiffern, einzig erhellende, uns unentbehrlich gewordene, aber nicht gegenständlich absolute.

X. Nachwirkung Spinozas

Nicht schon das abstrakt Gedachte, sondern die mit solchem Denken gelebte Wirklichkeit überzeugt. Nicht die Lösung von sogenannten Sachproblemen, sondern die Kraft der philosophierenden Vergewisserung spricht aus dem Werk an. Wie kein anderer Philosoph der neueren Zeiten hat Spinoza als Philosoph, der er wirklich war, gewirkt. Kein anderer hat so warme Neigung für und so wütenden Haß gegen sich erzeugt. Keines Namen hat einen so einzigartigen Klang, kein anderer ist von Christen und Juden so geschmäht und so sehr geliebt worden. Er wurde fast zur mythischen Gestalt. Niemandem, der ihn kennt, kann er gleichgültig bleiben, denn selbst die Äußerung der Gleichgültigkeit enthält ihm gegenüber eine sich selbst schützende Aggressivität.

Spinoza hat keine »Schule«. Es gab unter Professoren keine Spinozisten, wie es Cartesianer und Leibnizianer gab. Die wilde Ablehnung aber gab sich in unbegreiflichen Ungerechtigkeiten und Verdrehungen kund, sogar seitens *Bayle*, der Spinozas Bild für lange Zeit wirksam entstellte. Spinoza war der »berüchtigte Jude« *(Leibniz)*, er war »elender Atheist«, »böswilliger Geist«, »lächerliche Chimäre« *(Malebranche)*. Bis zur zweiten Hälfte des 18. Jahrhunderts waren fast alle, die den Namen Spinoza nannten, sofort besorgt, sich gegen ihn zu verwahren. Von wenigen Ausnahmen abgesehen, wollte niemand mit ihm in Zusammenhang gebracht werden. Noch *Brucker* (1767) spricht von dem »schändlichen Erfolg, den Spinozas Gottlosigkeit gehabt hat«.

Erfolg hatte Spinoza zunächst bei einigen Pfarrern der holländischen Reformierten Kirche, bei Mystikern, auch unter Handwerkern in »einer Bewegung, die die Holländer aufrüttelte, die Kirche aufstachelte und die in ihren Nachwirkungen bis ins neunzehnte Jahrhundert reicht« (Freudenthal). Noch 1862 wurde in Holland berichtet von abgesonderten Kreisen, »wo die spinozistische Mystik das einzige Labsal der Seele ist«.

Die große Wirkung Spinozas aber geschah in der deutschen Philosophie und Dichtung. Lessing, Herder, Goethe gaben Spinoza eine einzig hohe Stellung. *Goethe:* »Ich fühle mich ihm sehr nahe, obgleich sein Geist viel tiefer und reiner ist als der meinige« (1784). »Die Gestalt dieser Welt vergeht, ich möchte mich nur mit dem beschäftigen, was bleibende Verhältnisse sind, und so nach der Lehre des Spinoza meinem Geist erst die Ewigkeit verschaffen« (aus Rom 1787). Shakespeare und Spinoza nennt er noch 1817 die beiden, von denen die größte Wirkung auf ihn ausgegangen sei. »Beruhigung und Klarheit« hat ihm Spinoza gebracht. Bei ihm fand er die »grenzenlose Uneigennützigkeit«.

Kant war von Spinoza, den er wenig kannte, kaum betroffen. Aber die deutsche Philosophie nach Kant erfuhr gleichstarke Impulse von Kant und Spinoza. *Jacobi* (1785) sah in Spinoza die Philosophie, die nur bei ihm konsequent ist und dadurch den Irrtum und das Ungenügen zeigt. *Lichtenberg* sagte dasselbe in positivem Sinne: »Die Universalreligion wird geläuterter Spinozismus sein. Sich selbst überlassene Vernunft führt auf nichts anders hinaus« (1801). *Fichte* faszinierte das System, die Methode strenger Deduktion. Er selber dachte am Maßstab Spinozas gegen Spinoza: »Es gibt nur zwei völlig konsequente Systeme, das kritische und das spinozische.« Das kritische erkennt die Grenze des »Ich bin« an, das spinozische überschreitet sie. *Schelling* sah in Spinoza den letzten Philosophen, der sich mit den eigentlich großen Gegenständen der Philosophie befaßt hat. Er hat ihm sein Leben hindurch immer wieder den größten Respekt bezeugt. *Hegel* hielt Spinozas Philosophie für schlechthin unumgänglich: »Das Denken muß sich auf den Standpunkt des Spinozismus gestellt haben, das ist der wesentliche Anfang alles Philosophierens.« »Entweder Spinozismus oder keine Philosophie.« Die Philosophie des deutschen Idealismus hat sich, entzündet von Spinoza, gegen ihn entwickelt.

Wirkungen Spinozas, die kein philosophisches Gewicht haben, sind die Folgen seiner Bibelwissenschaft. Die Theologen, die die historische Bibelforschung zu so großartiger Entwicklung brachten, haben sich selten auf ihn berufen. Von einer Wirkung kann man auch kaum reden, wenn der Physiologe *Johannes Müller* in sein einst berühmtes »Handbuch der Physiologie des Menschen« (1833–1840) eine Übersetzung der Affektenlehre aufnahm mit Bewunderung, aber ohne Fortsetzung der Analyse Spinozas. Auch ist es keine Wirkung von philosophischem Belang, wenn die Psychologie im 19. Jahrhundert für ihre unergiebige Lehre vom Parallelismus leiblichen und seelischen Geschehens fälschlich auf Spinoza sich berief.

LAOTSE

Quellen: Übersetzungen des Tao te king durch: Viktor von Strauß. – Grill; Wilhelm; viele Stellen bei de Groot, Forke u. a. – Weiß, Lin-Yutang. – Biographie: Se ma Tsien (Übersetzung Haas S. 16–19). – Zusammenfassung der Lehren Laotses durch Se ma Tan (Übersetzung Haas S. 200–205).
Literatur: Die Geschichte der chinesischen Philosophie (Hackmann, Forke, Zenker, Wilhelm) und der chinesischen Kultur, Literatur, Staatlichkeit (de Groot, Franke, Granet, Grube).

Leben und Werk

Von dem Leben des Laotse wird erzählt (Se ma Tsien um 100 vor Chr.): Er wurde geboren im Staate Tschu (in der heutigen Provinz Honan im nördlichen China). Eine Zeitlang war er Staatsarchivar (Geschichtsschreiber) bei der Zentralregierung (dem Tschou-Herrscher). Es war sein Wille, sich zu verbergen und ohne Namen zu bleiben. In hohem Alter reiste er, als die Zustände in seinem Heimatlande Tschu verwahrlost waren, nach dem Westen. Dem Wächter am Grenzpasse schrieb er auf dessen Wunsch das Tao te king in 5000 Worten nieder. Dann verschwand er nach dem Westen. »Niemand weiß, wo er geendet.« Tschuang tse aber sagt, Laotse sei im Kreise seiner Schreiber zu Hause gestorben. Seine Lebenszeit wird in das sechste Jahrhundert (traditionelle Auffassung, da nur so das von anderen als legendär aufgefaßte Gespräch zwischen Laotse und Konfuzius möglich ist) oder in das fünfte (Forke) oder noch später in das vierte gelegt. Die Tatsachen (z. B. daß sein Name weder von Konfuzius noch von Menzius noch von Me-ti erwähnt wird, daß gewisse, immer spätere Überlieferungen vorliegen, die sich widersprechen usw.) bleiben die gleichen, ohne daß sie einen zwingenden Schluß zulassen. Ob aus dem Stil der Schrift bei dem Stand der Textüberlieferung der Literatur jenes geistig größten Jahrhunderts Chinas von kundigen Sinologen aus dem Vergleich mit anderen eine Zeitbestimmung möglich wird, ist für den Außenstehenden unentscheidbar und unwahrscheinlich. Die Zeitbestimmung ist für die Auffassung des Textes unwichtig. Die Diskussionen darüber bezeugen nur die Ungewißheit der Überlieferung.

Gewiß ist das Vorliegen des Tao te king. Auch dieses Buch ist in seiner Herkunft bezweifelt, als Ganzes zersetzt worden. Aber es ist innerlich von so überzeugendem Zusammenhang, daß man – trotz möglicher Interpolationen und Entstellungen des Textes – nicht zweifeln kann, daß es durch eine Persönlichkeit höchsten Ranges geschaffen worden ist. Sie scheint fast greifbar in seinen Worten vor uns zu stehen und zu uns zu sprechen.

Das Tao te king, das Buch vom Tao und Te, ist ein Werk von kürzeren und längeren Sprüchen, die abgeteilt sind in 81 kleine Kapitel. Die Anordnung ist ohne durchgeführtes System. Manchmal bilden sich Gruppen zusammenhängender Kapitel, so gegen Schluß die Gruppe der »politischen«. Von Anfang an ist alles Wesentliche alsbald ausgesprochen und kehrt dann in sinnreichen Erweiterungen wieder. Es ist aphoristische Mitteilung des Fertigen ohne Begründung. Dem Leser zeigt sich eine großartige Geschlossenheit. Die Wiederholung in mannigfachen Modifikationen des Gleichen prägt die Einheit ein, die für uns als eine faktische, nicht in der Schrift selber als solche ausgeführte Systematik darstellbar ist. Obgleich keine methodische Terminologie vorliegt, ist eine methodisch interpretierbare Ganzheit zu fassen. Die Schlagkraft paradoxer Sätze (ohne die Willkür eines geistreich spielerischen Kopfes), der Ernst und eine zu sich hinziehende, unergründbar scheinende Tiefe machen die Schrift zu einem der unersetzlichen Werke der Philosophie.

Das Studium des Textes ist für Nichtsinologen nur durch Vergleichung der zahlreichen Übersetzungen und ihrer Kommentare möglich. Man gelangt nicht dahin, daß man Laotse liest, wie man Kant, Plato, Spinoza liest. Der übersetzte Text spricht nicht mehr unmittelbar selbst in eigener Sprache, sondern wie durch ein trübendes, dämpfendes oder dann grell erleuchtendes Medium hindurch. Hinzu kommt, daß die monosyllabische chinesische Sprache und die Weise der chinesischen Schriftsprache unseren Sprachen so fremd ist, daß der Nichtsinologe aus der Ungewißheit nicht herauskommt (vgl. etwa Hackmann).

Die Abweichung des Sinns der Übersetzungen geht manchmal sehr weit (am tollsten in Kap. 6: bei de Groot handelt es sich um Atemregulierung, bei den anderen um die Wurzel des Weltalls, den »Talgeist«, das »tiefe Weibliche«; übrigens ist [Strauß] nach Liä-dsi dieses ganze Kapitel ein Zitat aus einer alten, Laotse vorliegenden Schrift, wie Laotse sonst häufig Zitate von Versen bringt, aus Liedern und Hymnen). Es ist zu widerraten, nur eine einzige Übersetzung zu lesen.

Grundlage des Studiums ist: Laotses Tao te king, übersetzt und kommentiert von Victor von Strauß, 1870. Strauß' Kommentar führt den Leser an die Schwierigkeiten der Übersetzung, an die chinesischen Worte, an die Vieldeutigkeiten heran. Dazu gibt er, gebildet durch die deutsche philosophische Überlieferung, eine eindringende, besonnene, zuweilen etwas wunderliche philosophische Interpretation. Selbst wo seine Aufstellungen nicht gültig sind, ist seine Begründung noch lehrreich. Mit diesem überragenden Werk sind beim Studium zusammenzunehmen die neueren Übersetzungen. Bei Abweichungen dieser Neueren gegenüber Strauß überzeuge man sich in Strauß' Kommentar, wie er seine Übersetzung begründet und manchmal die späteren Einwände schon vorwegnimmt. Die beim ersten Lesen zuweilen unverständliche Übersetzung von Strauß ist vielleicht gerade darum die beste: sie macht nicht leicht und ist nach Verständnis mit Hilfe des Kommentars gerade durch Kürze und Verborgenheit die sprechendste.

Ich zitiere nach den Übersetzungen, zum Teil in Kombinationen. Die Ziffern bezeichnen die Kapitel des Tao te king.

Zum Verständnis Laotses ist eine Anschauung der chinesischen Geisteswelt, des Zeitalters, in dem Laotse lebte, der Überlieferung, die ihm vorherging, förderlich. Daß wir hier darauf verzichten können, sie nach den Arbeiten der Sinologen wiederzugeben, bezeugt den überzeitlichen Sinn dieses metaphysischen Denkers, der um so wahrer und ergreifender wirkt, wenn man nur ihn selbst erblickt.

I. Darstellung der Philosophie Laotses

Der Welt und aller Dinge, so auch des Denkers Ursprung und Ziel ist das Tao. Der Inhalt dieser Philosophie ist erstens: was Tao sei; zweitens: wie alles, was ist, aus ihm und zu ihm ist; drittens: wie der Mensch im Tao lebt, und wie er es verlieren und wiedergewinnen kann, und zwar als Einzelner und im Zustand der Staatsregierung.

Wir hören also – nach abendländischer Klassifikation – von der Metaphysik, der Kosmogonie, dem Ethos und der Politik. Bei Laotse ist dies Eines in dem alles durchdringenden Grundgedanken. In wenigen Sätzen eines Kapitelchens können alle vier Momente zugleich auftreten. Während die Darstellung unterscheiden und nacheinander behandeln muß, kommt es doch auf den einen Grundgedanken oder die Lebensverfassung dieser Philosophie an. Die Darstellung gelingt, wenn dieses Eine im Nacheinander zur Gegenwärtigkeit im Bewußtsein kommt.

1. *Das Tao*

Der erste Satz des Buches, in die fernste Tiefe dringend, beginnt: »Das Tao, das ausgesprochen werden kann, ist nicht das ewige Tao; der Name, der genannt werden kann, ist nicht der ewige Name. Das Namenlose ist der Ursprung der Welt des Himmels und der Erde« (1). Dieser Satz weist nicht nur alles voreilige Wissen, sondern überhaupt die Wissensweise, die der Mensch für endliche Dinge besitzt, für das Tao zurück. »Ich kenne nicht seinen Namen; bezeichne ich es, nenne ich's Tao« (25).

Wird von ihm gesprochen, so werden es negative Aussagen sein müssen (wie die war, daß es keinen Namen habe, das heißt menschlicher Nennbarkeit nicht zugänglich sei), z. B.: »Man blickt nach ihm und sieht es nicht, daher nennt man es farblos. Man horcht nach ihm und hört es nicht, daher nennt man es lautlos. Man greift nach ihm und faßt es nicht, daher nennt man es stofflos« (14).

Sein Sein positiv aussprechen zu wollen, hieße es verendlichen. »Tao ist leer« (4), ist der unendliche Abgrund; dies Leere ist das Unermeßliche, das »durch sein Wirken nie gefüllt« wird (4). Nennt man, faßt man, begreift man es, will man es denkend unterscheiden oder in ihm Unterschiede sehen, so verschwindet es: »Es wendet sich zurück ins Nichtsein« (14). Seine ursprüngliche Fülle ist mehr als alle uns faßliche Erfüllung, seine Gestaltlosigkeit mehr als alle uns faßliche Gestalt. »Es heißt des Gestaltlosen Gestalt, des Bildlosen Bild; das ist gar unerfaßlich. Es erblickend, sieht man nicht sein Gesicht, ihm nachfolgend sieht man nicht seinen Rücken« (14).

Was uns zum Gegenstand wird, ist endlich: Im Unterschiedensein bestimmt zu sein, macht das Sein für uns aus. Ein Viereck ist durch seine Ecken, ein Gefäß durch den Raum, der etwas in sich fassen kann, das Bild durch seine Gestalt. Wird der Gegenstand aber unendlich und ununterscheidbar wie das Tao, so verliert er seine Bestimmtheit, hört auf zu sein, was er im Unterschiedensein war. Daher kann der Gedanke, in dem ein Gegenstand als unendlich geworden gedacht wird, als ein Leitfaden für das Denken des Tao gelten; Laotse sagt: »Das größte Viereck hat keine Ecken, das größte Gefäß faßt nicht, der größte Ton hat unhörbaren Laut, das größte Bild hat keine Gestalt« (41).

Sofern das Sein das ist, was wir sehen, hören, greifen, was Bild und Gestalt ist, ist das Tao nichts. Erst im seinsfreien Tao wird der Ursprung erreicht. Dieser Ursprung ist nicht nichts im Sinne von überhaupt nicht, sondern im Sinne des Mehr-als-Seins, aus dem das Seiende stammt: »Das Sein entsteht aus dem Nichtsein« (40).

Dieses Nichtsein, das als Ursprung und Ziel allen Seins selbst das eigentliche Sein, aber als Übersein ist, wird nun nach den Aussagen durch Negation alsbald mit scheinbar positiven Aussagen überhäuft. Das Tao ist unwandelbar, »es allein beharrt und wandelt sich nicht« (25). Es altert nicht (30, 55). Das Tao ist Richtmaß seiner selbst (während Mensch, Erde, Himmel, alle Dinge außer dem Tao ihr Richtmaß an einem anderen haben) (25). Das Tao ist einfach, einfältig (32, 37), ist still (25), in seiner Ruhe unbegreiflich vollkommen (25).

Des Tao Ruhe aber kann nicht das Gegenteil der Bewegung sein; dann wäre es ein bloß Negatives, weniger als Sein. Tao bewegt sich, aber ist in der Bewegung zugleich Ruhe; seine Bewegung ist »Rückkehr in sich« (40). Es bewegt sich nicht, weil es etwas erreichen wollte, das es noch nicht wäre und nicht hätte; denn Tao ist bedürfnislos »ohne Verlangen« (34), »ohne Begehren« (37), es ist anspruchslos (34).

Ein Begriff des Tao war dem Laotse aus der Überlieferung überkommen. Der ursprüngliche Sinn des Wortes war »Weg«, dann die Ordnung des Weltalls, mit dieser identisch das rechte Tun des Menschen. Tao war ein uralter Grundbegriff des chinesischen Universismus. Übersetzt hat man das Wort Tao mit: Vernunft, Logos, Gott, Sinn, rechter Weg usw. Wenn man es als persönliche – männliche oder weibliche – Gottheit meinte, hat man es »der Tao« oder »die Tao« genannt. Angemessen ist aber gewiß »das Tao«.

Laotse gab dem Wort einen neuen Sinn, indem er den Grund des Seins Tao nannte, obgleich dieser Grund an sich namenlos, unnambar ist. Er transzendierte mit dem Worte über alles, was Sein hieß, über das gesamte Weltall, auch über das Tao als Weltordnung. Wohl bewahrte er wie das Weltsein so den Gedanken der durchgehenden Ordnung des Seienden, beide aber wurzeln im transzendenten Tao:

Das Tao ist vor der Welt, daher vor allen Unterscheidungen. Wird es an sich selbst gedacht, kann es weder anderem gegenübergestellt, noch in sich selbst unterschieden werden. So sind in ihm z. B. Sein und Sollen dasselbe; was in der Welt getrennt und entgegengesetzt ist, ist vor der Welt eins; dasselbe ist das Gesetz, nach dem alles geschieht, und das Gesetz, nach dem alles geschehen soll; dasselbe ist die Ordnung, die ewig schon ist, und die Ordnung, die durch sittlich wahres Tun noch hervorgebracht wird. Aber dieses Einssein des Entgegengesetzten kann nicht etwa alsbald wieder ein besonderes Sein in der Welt und auch nicht das Ganze der Welt sein. Es bleibt vor der Welt und Ziel der Welt. Weltwerden heißt sich scheiden und unterschieden werden, sich spalten und entgegengesetzt werden.

Für uns ist in der Welt die Fülle durch Scheidung und Gegensatz. Das Tao heißt leer, weil es, ununterschieden, ohne Gegenstand, ohne Gegensatz, nicht Welt ist. Erfüllt sich das Tao, so setzt es Gegenständliches in sich, bringt es die Welt hervor. Aber nie wird dadurch das Tao selbst gefüllt (4). Könnte es durch die hervorgebrachte Welt gefüllt werden, würde es in der Welt aufgehen. Es bleibt – so dürfen wir interpretieren – in der Leere voller an Möglichkeit als alle bloße Wirklichkeit der Welt, im Nichtsein mehr als Sein, im ununterscheidbaren Grunde größer als alles gegenständlich unterscheidbare, bestimmte Seiende. Es bleibt das Umgreifende.

Es war, bevor Himmel und Erde entstanden (25); es war auch vor dem Himmelsherrn Ti, dem höchsten Gotte der Chinesen (4). Aber das Tao ist nicht ein unzugängliches ganz Anderes, sondern ist gegenwärtig. Unwahrnehmbar, ist es doch erfahrbar als das eigentliche Sein in allem Seienden. Anwesend in allem, ist es das, wodurch dies, was auch immer es ist, sein Sein hat. Die *Zeichen* seiner Anwesenheit in der Welt sind:

a) *Es ist als Nichtsein da:* Auge, Ohr, Hand suchen das Tao umsonst, aber es ist überall, »das große Tao, wie es umherschwebt!« (34). Vergleichbar ist es dem greifbaren Nichtsein, durch das alles bestimmte Sein ist: so wie das Gefäß durch das Nichts (die Leere) der fassende Hohlraum ist, wie das Haus durch das Nichts (die Leere) der Fenster und Türen ist (11). So ist das Nichts des Tao das Nichtsein, das das Seiende erst zum Sein macht.

Vergleichbar ist es dem, was auch den massivsten, porenlosen Körper noch durchdringen würde: »Das Nichtseiende durchdringt das Zwischenraumlose« (43). Weil es wie das Nichts ist, darum leistet kein Seiendes ihm Widerstand. »Seine Einfachheit, so zart sie auch ist, die Welt vermag nicht, sie zu unterdrücken« (32). »Durch alles geht es und gefährdet sich nicht« (25).

b) *Es wirkt, als ob es nicht wirke:* »Tao ist allezeit ohne Handeln, dennoch bleibt nichts ungewirkt« (oder: »Tao ist ewig ohne Tun, und doch ohne Nichttun«) (37). Unmerkbar wirkt es, als ob es machtlos wäre. »Schwachheit ist Taos Äußerungsweise« (40). Tao ist unendlich wirkend, weil alles hervorbringend, aber es wirkt in der Unscheinbarkeit seiner Stille, die nichts tut.

Obgleich das Tao übermächtig alles Seiende hervorbringt, gibt es alles Seiende frei, als ob es nicht durch Tao, sondern ein jedes von sich selbst wäre, wie es ist. Daher ist zwar in alle Wesen von ihrem Ursprung her die Anbetung des Tao gelegt, aber so, daß die Anbetung dem eigenen Sein der Wesen überlassen bleibt: »Taos Anbetung ist niemandes Gebot und immerdar freiwillig« (51). Tao bewirkt das freie Entgegenkommen der Wesen: »Des Himmels Weise ist: Er streitet nicht und überwindet doch; er redet nicht, doch versteht, die rechte Antwort zu bekommen; er ruft nicht, doch alles kommt von selbst ihm entgegen« (73).

Das Nichtzwingen der Wesen gelingt dem Tao dadurch, daß es sich vor ihnen zum Verschwinden bringt, als ob es gar nicht wirke und nie gewirkt hätte. Seine Weise ist »erzeugen und nicht besitzen, tun und nichts darauf geben, großziehen und nicht beherrschen« (51). »Ist das Werk vollendet, nennt es es nicht sein. Es liebt und ernährt alle Wesen und macht nicht den Herrn« (34).

Indem Tao unwiderstehlich wirkt, verbirgt es die Unwiderstehlichkeit; es dämpft sich und gleicht sich an: »Es stumpft seine Schärfe, es macht milde seinen Glanz, es wird eins mit seinem Staube« (4).

c) *Das Tao ist in allem Einssein der Ursprung des Einen:* Alles Seiende hat Sein in dem Maße, als es durch das Band der Einheit gehalten ist, des Einen, das die Hervorbringungsform des Tao ist, nicht Eins als Zahl, sondern Einheit als Wesen. »Die von alters teilhaben am Einen: der Himmel ist kraft des Einen rein, die Erde steht kraft des Einen fest, die Geister verdanken der Einheit ihren Verstand, das Flußbett verdankt der Einheit, daß es sich füllt, die Zehntausend Dinge leben kraft der Einheit, die Herrscher sind durch die Einheit Vorbilder des Reiches« (39).

d) *Durch das Tao hat alles Dasein sein Sein:* »Ein Abgrund, oh! gleicht es aller Wesen Urvater« (4). »Man darf es ansehen als der Welt Mutter« (25). Sie verdanken diesem Vater oder dieser Mutter ihre Erhaltung. »Seine Macht erhält sie, sein Wesen gestaltet sie, seine Kraft vollendet sie« (51). Ohne Tao ist ein jedes verloren; aber »es verweigert sich ihnen nicht« (34). »Sein Geist ist höchst zuverlässig. In ihm ist Treue« (21).

e) *Das Tao steht jenseits von Gut und Böse und ist doch unendlich hilfreich:* Alle Wesen ohne Ausnahme, die guten wie die bösen, haben ihr Sein durch Tao, an ihm ihren Halt, daher in irgendeinem Sinne Bestand. »Das Tao ist der Zehntausend Dinge Hort, der guten Menschen Schatz, der nicht guten Menschen Zuflucht« (62).

Das Walten des Tao – obgleich Liebe, Treue, Zuverlässigkeit genannt – ist doch nicht von menschlichem Mitleid bewegt, kennt auch keine Bevorzugung und Parteinahme. Das zeigt sich im Bild der erscheinenden Welt; das Kommen und Gehen aller Dinge ist endlos und nichtig: »Was zwischen Himmel und Erde, wie gleicht es dem Blasebalg! Er ist leer und doch unerschöpflich; er regt sich, und um so mehr geht heraus« (5). Das All ist gleichgültig gegen alle Individuen: »Himmel und Erde haben keine Menschenliebe; sie nehmen alle Wesen wie einen Strohhund« (den man als Puppe bei Opfern brauchte und fortwarf) (5). »Es ist des Himmels Art, keine Vorliebe für irgend jemand zu zeigen, aber er ist immer auf seiten des Guten« (79). Daher auch der Satz: »Der Weg des Himmels ist, wohlzutun, nicht zu schädigen« (81).

Die Grundzeichen des Daseins des Tao in der Welt waren also das alldurchdringende Nichtsein, das alles erwirkende unmerkliche Nichthandeln, die allhervorbringende Kraft der Einheit, die allbegründende Erhaltung der kommenden und gehenden Wesen von einem Ort jenseits von Gut und Böse her.

Das Weltwerden und der Prozeß des Einzelnen in der Welt

Über die Anschauung des Tao in der Welt hinaus will Laotse eindringen in den Ursprungsprozeß, in das Weltwerden, in das Rätsel, daß überhaupt die Welt aus dem Tao geworden ist. Diese Spekulation hat Laotse nicht konstruktiv entwickelt, aber angedeutet. Er fragt nicht, warum die Welt ist. Er fragt auch nicht, wie eine Abweichung geschehen ist. Er scheint keinen zeitlichen Weltprozeß mit einer Folge einschneidender, gründender oder katastrophaler Ereignisse zu kennen. Eher würde man aus ihm eine zeitlose ewige Gegenwart als Grundwesen des Seins entnehmen. Was an Andeutungen über einen Weltprozeß bei ihm vorkommt, ist vielleicht als ein immerwährendes Geschehen aufzufassen:

a) *Im ursprünglich einen Tao sind zwei:* Erstens das Tao, das nicht nennbar ist, das Nichtsein, – und zweitens das Tao, das genannt werden kann, das Sein. Das unnennbare heißt »Himmels und der Erde Urgrund«, das nennbare heißt »der Zehntausend Dinge Mutter« (1). Diese »Mutter« ist das Sein: »Die Zehntausend Dinge entstehen aus dem Sein« (40); das Nichtsein hat keinen Namen: »Das Sein entsteht aus dem Nichtsein« (40). Nicht an sich, nur als in dem Weltsein offenbart wird Tao nennbar. Das Hervorgehen der Dinge aus dem nennbaren Tao ist selbst immerfort das Entstehen von Nennbarem: »Sobald Tao zu schaffen und zu ordnen beginnt, hat es einen Namen. Ist aber sein Name wirklich einmal da, so wird man es wohl auch erkennen« (32).

Beide – das unnennbare und das nennbare Tao, das Nichtsein und das Sein – »sind desselben Ausgangs und verschiedenen Namens« (1). Das Unnennbare mit dem Nennbaren erblickend, geht der Gedanke in das Unergründliche: »Zusammen heißen sie tief, des Tieferen abermals Tiefes« (1).

Der Prozeß des Weltwerdens wird an anderer Stelle wie folgt entworfen: »Tao erzeugte Eins; Eins erzeugte Zwei; Zwei erzeugte Drei; Drei erzeugte die Zehntausend Dinge. Die Zehntausend Dinge trugen auf dem Rücken das Yin und umfassen das Jang. Das unkörperliche Chi bringt sie in Einklang« (42).

b) Das hervorbringende Tao trägt in sich die *Grundfaktoren des Weltseins,* heiße man sie Formen, Bilder, Stoffe, Kräfte: »Unfaßlich, unsichtbar sind in ihm Bilder! Unsichtbar, unfaßlich sind in ihm Dinge! Unergründlich, dunkel ist in ihm Same.«

c) Im Weltprozeß geschieht der *Prozeß des einzelnen Wesens.* Die Bewegung aller Wesen in der Ruhelosigkeit des Weltseins scheint einen doppelten Sinn zu haben: den der Nichtigkeit eines Kommens und Gehens aus dem Nichts in das Nichts oder den der Heimkehr der Wesen zu ihrem Ursprung: »Alle Wesen miteinander treten hervor, und wir sehen sie wieder zurückgehen. Wenn sich die Wesen entwickelt haben, kehrt jedes zurück in seinen Ursprung. Zurückgekehrtsein in seinen Ursprung heißt ruhen. Ruhen heißt die Aufgabe erfüllt haben. Die Aufgabe erfüllt haben heißt ewig sein« (16).

3. *Das Tao und der Einzelne (Lebenspraxis)*

Was wahrhaft ist, folgt dem Tao (21). Hohe Tugend, eigentliches Leben (te) ist Einssein mit dem Tao. Auch der Mensch geht nur mit dem Tao den rechten Weg. Daher werden die Grundcharaktere des Tao als die Grundcharaktere des wahren Menschen wieder erscheinen, vor allem: Wirken durch Nichthandeln, Sein durch Nichtsein, Stärke durch Weichheit.

Das jedoch geschieht nicht notwendig (wie ein Naturgeschehen), vielmehr: der Mensch kann abfallen vom Tao, er ist zumeist schon abgefallen, und er kann wieder einswerden mit dem Tao.

a) *Abfall vom Tao: Absichtlichkeit und Sichselbstwollen:* Der ursprüngliche Abfall ist das Sichselbstwollen, das identisch ist mit Absichtlichkeit des Handelns, mit dem Sichselbstanschauen darin, mit der Geflissentlichkeit und der zweckhaften Betriebsamkeit.

»Hohe Tugend will nicht Tugend, daher ist sie Tugend; niedere Tugend will Tugend sein, daher ist sie nicht Tugend« (38). Das heißt: Was ich zum Zwecke mache, verliere ich, sofern der Inhalt des zweckhaften Wollens das eigentlich Wirkliche ist. Was ich zum Zwecke machen kann, das sind endliche Dinge, die vergänglich, nicht das ewige Sein sind.

Wie die Absichtlichkeit durch Wollen des Wesentlichen dieses gerade zerstört, so zerstört die Selbstreflexion das eigene Wesen, wenn sie es betrachtend wissen und im Wissen es besitzen und an ihm wie an einem Besitz sich freuen möchte. »Wer sich ansieht, leuchtet nicht; wer sich recht ist, zeichnet sich nicht aus; wer sich rühmt, hat kein Verdienst; wer sich erhebt, ragt nicht hervor« (24).

Das Zerstörende der Verbindung der Selbstreflexion, in der der Mensch sich selbst will, mit dem wirkenden Tun machen Gleichnisse deutlich: »Ein Gefäß ergreifen und zugleich vollgießen, besser das unterbleibt. Betastend prüfen und zugleich schärfen kann nicht lange währen« (9). Das heißt (nach Strauß), es sei unvereinbar, ein Gefäß (nach chinesischer Sitte mit beiden Händen) zu ergreifen und es gleichzeitig einzufüllen – unvereinbar, den Lohn genießen zu wollen (ergreifen) für das, was man tut, und eben dies zugleich tun (vollgießen). Ferner sei es unvereinbar, eine Klinge nach ihrer Schärfe zu betasten (das reflektierende Prüfen) und sie zugleich zu schärfen (das Wirken des höheren Menschen).

Absichtlichkeit, Sich-selber-spiegeln, Sich-selbst-wollen gehören zusammen. In ihnen ist das Tao preisgegeben. Durch sie ist in das lebendige Tun des aus der Tiefe des Tao entsprungenen Wirkens gleichsam hineingeschnitten. Die Wirklichkeit eigentlichen Lebens ist vernichtet.

Die Absichtlichkeit ist der Gegensätze nicht mehr umgreifend inne, sondern sieht die Dinge in Alternativen, von denen sie je die eine Seite als die richtige fixiert. Während die Gegensätzlichkeit die Grundform der Erscheinung des Tao in der Welt ist und das Leben aus dem Tao die Gegensätze in sich umfaßt, geschieht der Abfall, indem Gegensätze durch die Absichtlichkeit entweder zugunsten der einen Seite aufgehoben oder überhaupt umgangen werden. Die Absichtlichkeit muß dadurch, daß sie etwas zum Zwecke macht, unterscheiden. Daher spaltet sie die aneinander gebundenen Gegensätze und isoliert die Seiten. In der Absichtlichkeit aufgehend, sehe und tue ich nicht mehr eines im anderen, sondern entweder das eine oder das andere, und dann, hin und her schwankend, einmal das eine und dann das andere. Ich habe das Tao verloren, weil ich im Vordergrunde nur jeweils das Eine, nicht auch in ihm und mit ihm sein Anderes ergreife; oder weil ich, statt in der Hingabe meiner umgreifend zu werden in der Offenheit für die Wirklichkeit selbst, diese halten möchte in der Form des bestimmten Daseins und Gewußtseins.

b) *Nichthandeln (wu wei) als der Ursprung des Ethos:* Der zweckhafte Wille, in der Welt auf endliche und bestimmte Dinge gerichtet, kann selber gegründete Wirklichkeit nur gewinnen, wenn er aufgenommen ist in ein Nichtwollen. Dieses Nichttun, Nichthandeln, diesen Ursprung der erfüllenden Unabsichtlichkeit zu verstehen, hieße das Ethos Laotses im Kern zu fassen.

Wu wei ist die Spontaneität des Ursprungs selbst. Keineswegs ist dieses Nichttun das Nichtstun, keineswegs Passivität, Stumpfheit der Seele, Lahmheit der Antriebe. Es ist das eigentliche Tun des Menschen, das von ihm so getan wird, als täte er nicht. Es ist ein Wirken, ohne das Gewicht in die Werke zu legen. Diese Aktivität ist das alles Handeln in sich schließende, umgreifende, das Handeln erst aus sich hervortreibende und ihm Sinn verleihende Nichthandeln.

Der Ausdruck »Nichthandeln« kann durch den Gegensatz zum »Handeln« täuschen über die Gesetzlosigkeit des Ursprungs, die mit dem Wort getroffen werden soll. Es ist nicht möglich, für das wu wei eine Anweisung zu geben, die eines fordert, um ein anderes auszuschließen. Denn damit würde es wieder in die zweckhafte Geflissentlichkeit gezogen werden, über die es hinausgreift. Was die Gegensätze in sich schließt, kann nicht in der Gegensätzlichkeit des Sprechens angemessen ausgesprochen werden. So sagt Laotse wie vom Tao: »Tao ist ewig ohne Tun, und doch ohne Nichttun« (37), so entsprechend vom hohen Menschen: »Er tut nicht und doch ist er nicht untätig« (48); und er kann vom recht wirkenden Menschen das Nichttun aussagen und es doch ein Tun des Nichttuns (wei wu wei) nennen: »Der hohe Mensch beharrt im Tun des Nichttuns« (2).

Ist die Unabsichtlichkeit das Wesen der ursprungsgeborenen Aktivität, so ist die Absichtlichkeit das Wesen der aus einem vereinzelnden, verendlichenden, zweckhaften Denken geborenen Aktivität. Jene geschieht, ohne gewollt zu sein, und lenkt noch den zweckhaften Willen; diese geschieht als gewollte und ist zuletzt doch ohne Führung und Grund. Jene wirkt aus dem Tao zum Wesen, diese zerstört aus der Endlichkeit zum Nichts.

Die Unabsichtlichkeit des Wirkens aus dem Tao will sich im Tun nicht des guten Tuns vergewissern. Sie will nicht Zeugnisse sammeln des guten Willens und will sich nicht bezeugen in Werken.

Die Unabsichtlichkeit ist ebenso fern dem Worte »nicht widerstehen dem Übel«. Denn bei Laotse liegt der Sinn auf der Aktivität des im Tao gegründeten, mit ihm geeinten Lebens, in jenem Worte auf dem Dulden und dem Opfer. Laotses Nichthandeln ist das lebendige Wirken aus der Tiefe, das »dem Bösen nicht widerstehende« Nichthandeln wird ein Kampfmittel, wird ein Bewirkenwollen durch Aufgabe des Widerstandes (feurige Kohlen auf das Haupt des Gegners häufen).

Das Sammeln der Zeugnisse für das eigene gute Handeln und das Dulden im Opfer sind beide im höchsten Maße absichtlich. Die eigentliche Unabsichtlichkeit, die in ihrer Einfachheit das Rätsel ist, ist vielleicht niemals im Philosophieren so entschieden zur Grundlage aller Wahrheit des Handelns gemacht worden wie von Laotse. Aber sie ist in ihrem Wesen nicht bestimmt zu fassen, nicht als Anweisung zu geben. Nur indirekt kann auf sie hingewiesen werden.

c) *Die aus dem wu wei sich entfaltenden Zeichen des Einsseins mit dem Tao:* Die Charakteristik des Weisen – des heiligen Menschen, des hohen Menschen, des Vollendeten, des Edlen, des Berufenen – hat dieselbe Schwierigkeit wie das Sprechen vom Tao: Das Einssein mit dem Tao kann nie als das eine von zwei Gegensätzen gefaßt werden. Im Verhalten des Menschen handelt es sich hier nicht um die Wahl in der Situation zwischen zwei auf gleicher Ebene liegenden Möglichkeiten. Das Beschreiben des Einsseins trifft nicht die Bestimmtheit einer eindeutigen Erscheinung, sondern ein Bild, das aussieht wie ein Sichverstecken im Gegensatz. Es wird mißverstanden mit der Fixierung der einen Seite des Gegensatzes. Beispiele solcher Sätze sind:

»Große Vollendung muß wie unzulänglich erscheinen... große Fülle muß wie leer erscheinen... große Geradheit muß wie krumm erscheinen, große Begabung muß wie dumm erscheinen, große Beredsamkeit muß wie stumm erscheinen« (45).

»Wer im Tao erleuchtet ist, erscheint dunkel... wer am höchsten steht in der Tugend, erscheint tief erniedrigt... wer sich durch fleckenlose Reinheit hervortut, erleidet schweren Tadel, wer vielseitige Tüchtigkeit besitzt, ist wie unzulänglich. Wer fest an Tugend ist, ist wie im Schwanken« (41).

Solche Ausdrucksweisen durch Gegensätzlichkeiten werden wiederkehren, wenn wir nun das Bild des Weisen darstellen. Was in der Wörtlichkeit täuscht, weil es in die Rationalität der Entscheidung zwischen Gegensätze zu drängen scheint oder in paradoxen Umkehrungen spielt, möchte das ganz Einfache zum Bewußtsein bringen, was alle rationalen Scheidewege übergreifend mit der sanften Gewalt erfüllender Gewißheit in der Führung noch des zweckhaften Tuns durch umgreifende zweckfreie Wirklichkeit gegenwärtig ist.

In Weichheit wirken: »Weich und Schwach überwindet Hart und Stark« (36). »Der Welt Allernachgiebigstes überwältigt der Welt Allerhärtestes« (43). »Des hohen Menschen Weise: tun und nicht streiten« (81).

Ein Gleichnis erhellt die Lebendigkeit des Weichen: »Alle Wesen, Kräuter und Bäume treten ins Leben weich und zart; sie sterben vertrocknet und dürr. Darum: Hart und Stark ist Todesgeselle, Weich und Schwach ist Lebensgeselle... Der Mensch tritt ins Leben weich und schwach, er stirbt hart und stark« (76).

Ein anderes Gleichnis ist die Schwäche des Weibes: »Das Weib überwindet immerdar mit Ruhe den Mann; mit Ruhe ist es untertan« (61).

Das häufigste Gleichnis aber ist das Wasser: »Nichts in der Welt ist weicher und schwächer als das Wasser. Aber nichts, was Hartes und Starkes angreift, vermag es zu übertreffen« (78). »Daß Ströme und Meere die Könige sind aller Täler, das kommt davon, daß sie tüchtig sind im Untensein« (66). »Taos Wirken in der Welt gleicht Flüssen und Bächen, die sich in Ströme und Meere ergießen« (32). »Der höchste Gott ist wie das Wasser. Des Wassers Güte ist es, allen Wesen zu nützen und nicht zu streiten. Es weilt an Orten, die alle Menschen verachten« (8).

Nichtsichselbstwollen: Nach dem Vorbild des Tao lebt der hohe Mensch: »Daher der heilige Mensch hintansetzt sein Selbst, und selbst vorankommt; sich entäußert seines Selbst, und selbst bewahrt wird« (7). Also ein zweifaches Selbst: das begehrende, eigensüchtige, sich bespiegelnde, Besitz und Geltung beanspruchende, und das eigentliche Selbst, das erst im Verschwinden jenes anderen hervortritt. »Wer andere überwindet, hat Stärke; wer sich selbst überwindet, ist tapfer« (33). Diese Überwindung hat zur Folge:

Das Nichtbegehren: »Die fünf Farben machen das menschliche Auge blind, die fünf Töne machen das menschliche Ohr taub, die fünf Geschmäcke machen den menschlichen Gaumen stumpf; Rennsport und Jagd bringen den Menschen zu unsinniger Leidenschaft; schwer zu erlangende Schätze verleiten den Menschen zu unheilvollem Tun. Darum sorgt der Weise für sein Inneres und nicht für die äußeren Sinne« (12). »Gehäufter Lebensgenuß bedeutet Unseligkeit; das Triebleben in der Seele steigern, heißt sich bezwingen lassen« (55). Gefangen ist, wer der Sucht, Leben nur als Leben zu wollen, verfällt: »Wer nichts tut nur um des Lebens willen, ist weiser als der, welchem das Leben das höchste Gut ist« (75). »Wer begierdelos ist, der erkennt das Tao; wer stets Begierden hat, sieht nur seine Äußerlichkeit« (1). Wer von »Musik und leckerem Mahl« gefesselt ist, hält das Tao für fad und abgeschmackt (35).

Das Sichselbstnichtbetrachten: »Nicht sich sieht er an, darum leuchtet er. Nicht sich ist er recht, darum zeichnet er sich aus.« Er »vollbringt Verdienstliches und verweilt nicht dabei« (77).

Das Nichtbeanspruchen: Der hohe Mensch »wirkt und behält nicht, er handelt und beansprucht nicht« (2). »Er belebt und hat nicht. Er erhält und beherrscht nicht« (10). »Weil der Weise nie den Großen spielen will, deshalb ist er imstand, seine wahre Größe zu erreichen« (34).

Das Sichzurückhalten: »Ist das Werk vollbracht, dann sich zurückziehen« (9). Der Weise »wünscht nicht seine Weisheit sehen zu lassen« (77). Er »tut und macht nichts daraus« (77). »Ist das Werk vollbracht, tut er sich nichts darauf zugut« (2). »Nicht sich rühmt er, darum ragt er hervor« (22).

Erkennen: In Einheit mit dem Tao leben, heißt zugleich Tao erkennen. Es erkennen, heißt zugleich in ihm leben.

Die Erkenntnis des Tao ist nicht wie ein Wissen von etwas. Messe ich am geläufigen Wissen, so ist Erkenntnis des Tao wie nichts: »Wer tut im Lernen (Gelehrsamkeit treibt), nimmt täglich zu; wer tut im Tao, nimmt täglich ab... um anzulangen am Nichttun« (48). Wer Tao erkennt, von dem gilt: »Lichthell alles durchdringend, kann er unwissend sein« (10). Ihm bedeutet nichts die Vielwisserei: »Wer erkennt, ist kein Vielwisser; wer Vielwisser ist, erkennt nicht« (81).

Erkenntnis des Tao wird nicht von außen erworben; sie erwächst dem Inneren: »Nicht ausgehend zur Tür, kennt man die Welt; ohne durch das Fenster zu sehen, schaue ich die Ordnung des Himmels. Je weiter man ausgeht, desto weniger erkennt man« (47).

Statt im Vielerleiwissen sich zu zerstreuen, ist Erkenntnis des Tao das Wissen vom Einen: »Erkannt haben, was ewigen Bestand hat, heißt erleuchtet sein« (55). »Das Ewige nicht kennen, ist Verwilderung und Verderben« (16).

Diese Formeln besagen: Nur der Tiefe des Menschen öffnet sich die Tiefe des Tao. Dem Vordergrund und der Verkehrung des Menschen, seinem Begehren und Sichselbstwollen, seinem Sichbespiegeln und Beanspruchen verschließt sich das Tao. Aber in des Menschen Tiefe ruht die Möglichkeit eines Mitwissens mit dem Ursprung. Ist die Tiefe verschüttet, gehen die Wogen des Daseins in der Welt darüber hin, als ob sie gar nicht wäre.

Daher ist nur mit dem Erkennen des Tao die eigentliche Selbsterkenntnis möglich. »Wer andere kennt, ist klug; wer sich selbst kennt, ist erleuchtet« (33). Diese Selbsterkenntnis, die nichts zu tun hat mit der Selbstbespiegelung, nichts mit dem Sichselbstbesitzenwollen im Wissen von sich, ist das Wissen um das Selbstsein im Tao, das jenes falsche Selbstseinwollen durchschaut und zum Verschwinden bringt. Daher ist die Selbsterkenntnis negativ zu fassen: »Wissen, daß man nichts weiß, ist das höchste. Die Grenzen seines Wissens nicht wissen, ist Krankheit. Nur wer seine Krankheit als Krankheit weiß, ist dadurch nicht krank. Der heilige Mensch ist nicht krank, weil er seine Krankheit leidend empfindet« (71). Positiv aber ist die Selbsterkenntnis, die Erkenntnis seiner selbst in bezug auf den Urgrund, dieser Mutter aller Wesen: »Wer seine Mutter erkennt, erkennt auch seine Kindschaft. Wer seine Kindschaft erkennt, hält zu seiner Mutter« (52).

Umgreifende Offenheit: Wer das Tao wiedergewonnen, damit den Eigenwillen zum Erlöschen gebracht hat und er selbst geworden ist, der lebt in der Weite, und das Gegenwärtige liegt so vor ihm, wie es in seinem Grunde ist: »Wer das Ewige kennt, ist umfassend. Umfassend sein, ist gerecht sein« (16). Dies Umfassendsein hat eine erstaunliche Dialektik in sich:

»Der heilige Mensch hat kein beharrlich Herz (oder kein befestigtes Herz oder: kein Eigenherz); aus der hundert Geschlechter Herzen macht er sein Herz« (49). Es gibt keine Grenze seines Mitlebens: »Alle Wesen treten hervor, und er entzieht sich nicht« (andere Übersetzung: »Die Dinge treten an ihn heran, und er verschließt sich ihnen nicht«) (2). Er verläßt keinen Menschen, denn »keiner ist ganz verloren« (27).

Er wagt es, alle gleich zu behandeln: »Den Guten behandle ich gut, den Nichtguten behandle ich auch gut. Den Aufrichtigen behandle ich aufrichtig, den Nichtaufrichtigen behandle ich auch aufrichtig« (49). Noch weiter geht er, wenn er von sich fordert: »Vergilt Feindschaft mit Wohltun« (63).

Diese Weite bedeutet aber zugleich größte Ferne. Indem er das Wesen sieht und liebt, durchschaut er den Schein der Endlichkeit und erfährt damit eine nicht leere, sondern vom Tao erfüllte Unbetroffenheit von dem Besonderen; wie das Tao verhält er sich auch hier, er steht jenseits von Gut und Böse, nicht in Gleichgültigkeit, sondern mit der Tiefe seines in Gerechtigkeit und Liebe allein am Wesen festhaltenden Blicks: »Himmel und Erde haben keine Menschenliebe, sie nehmen alle Wesen für einen Strohhund. Der heilige Mensch hat keine Menschenliebe; er nimmt das Volk für einen Strohhund« (5).

Des Weisen Haltung im Ganzen: Der Erleuchtete verhält sich, wie die Meister des Altertums: »Behutsam waren sie, wie wer im Winter einen Fluß überschreitet; vorsichtig, wie wer alle Nachbarn fürchtet; zurückhaltend, wie ein Gast; ausweichend, wie schmelzendes Eis; einfach, wie Rohholz; leer, wie ein Tal; undurchsichtig, wie getrübtes Wasser« (15). Oder er hat drei Grundeigenschaften: Barmherzigkeit (Menschenfreundlichkeit), Sparsamkeit, Bescheidenheit (nicht wagen, im Reiche voraus zu sein) (67). Der Weise spricht nicht viel. »Der Mensch, der viele Worte ausgibt, erschöpft sich oft« (5).

Einfalt und Unbefangenheit des Kindes ist das Wesen des Weisen: »Wieder kehrt er zur ersten Kindheit« (28). »Kann dem Kinde gleich sein« (10). »Wer in sich hat der Tugend Fülle, gleicht dem neugeborenen Kinde; die Knochen sind schwach, die Sehnen weich und doch greift es fest zu« (55).

Der Zustand des Weisen ist die Unerschütterlichkeit: »So kann er nicht beeinflußt werden weder durch Zuneigung noch durch Abneigung; er kann nicht beeinflußt werden weder durch Gewinn noch durch Schädigung; er kann nicht beeinflußt werden weder durch Ehrung noch durch Erniedrigung« (56).

d) *Der Abfall:* Daß die Menschenwelt im Zustand eines Abfalls vom Tao sich befindet, ist für Laotse ein Faktum. Die meisten und daher die öffentliche Wirklichkeit sind fern vom Tao. Das wird oft ausgesprochen, z. B.: »Des Nicht-Redens Lehre, des Nicht-Tuns Vorteil, wenige in der Welt erreichen sie« (43).

Warum der Abfall? Das Altertum besaß das Tao und lebte in ihm (14; 15). Wodurch aber der Abfall geschieht, das ist als Tat des Menschen nicht in der Vergangenheit einmal für immer als Seinskatastrophe geschehen, sondern geschieht stets von neuem. Der Abfall erscheint als Folge der Absichtlichkeit, der Selbstreflexion, des Sichselbstwollens.

Das Vermögen und das Unvermögen der Absichtlichkeit läßt Tschuangtse den Laotse im Gespräch mit Konfuzius aussprechen: »Wenn man zum Tao kommt, geschieht es nicht von selbst, und man kann es nicht; ihn verlieren, geschieht auch nicht von selbst, aber man kann es.« Das heißt: man kann nicht zum Tao kommen durch die eigene Kraft absichtlichen Wollens; aber es geschieht nicht von selbst: das Tao in mir und außer mir wirkt es. Ferner: der Verlust des Tao geschieht auch nicht von selbst: es ist Schuld des eigenen Tuns – »man kann es« –, und zwar durch die Herrschaft der Absichtlichkeit und des Sichselbstwollens in mir.

Aber woher kommt diese Absichtlichkeit? Das hat Laotse nicht ergrübelt. Ob nicht das Tao mit Welt und Mensch ursprünglich eins bleiben konnte und ob kein Abfall hätte zu geschehen brauchen, das fragt Laotse nicht. Er nimmt ihn als gegeben.

Stufen des Abfalls: Laotse unterscheidet: »Wes Tun mit Tao einstimmt, wird eins mit Tao; wer der Tugend gemäß handelt, wird eins mit der Tugend; der Verderbte wird eins mit der Verderbnis« (23). Das heißt: in der Mitte zwischen dem Einsgewordensein und der Verderbnis steht das als recht zu begreifende und als solches auch absichtlich zu erzwingende Handeln und Sichverhalten, die Tugend. Erst wenn das Tao verlassen wird, gibt es bestimmte Tugenden und Regeln. Diese sind der Ausdruck dessen, daß die Verlorenheit schon eingetreten ist. Sie sind der Versuch einer Teilrettung. Denn erst wo der Mensch schon abgefallen ist, gibt es Pflichten. Die scheinbar edelsten Tugenden sind doch Zeichen einer schon niederen Stufe des Menschseins. Denn dieses ist wahr und wirklich nur im Einssein mit dem Tao: »Wird das große Tao verlassen, dann gibt es Menschenliebe und Gerechtigkeit. Kommt Klugheit und Wissen auf, so gibt es große Heuchelei. Sind die sechs Verwandtschaftsarten nicht in Einklang, so gibt es Kindespflicht und Vaterliebe. Ist die Landesherrschaft in Verfall und Unordnung, so gibt es getreue Diener« (18).

Eine Stufenfolge wird entwickelt von der hohen im Tao wandelnden Existenz (der »hohen Tugend«) bis zur bestimmten Tugendhaftigkeit und zur konventionellen Anständigkeit, die schließlich Gewalt braucht gegen den, der ihr nicht zustimmt: »Hohe Tugend handelt nicht geflissentlich und erhebt keine Ansprüche... Hohe Menschenliebe handelt geflissentlich, aber sie erhebt wenigstens keine Ansprüche. Hohe Gerechtigkeit handelt geflissentlich und erhebt Anspruch. Hohe Anständigkeit handelt geflissentlich, und wenn ihr keiner entspricht, dann streckt sie den Arm aus und braucht Gewalt. Darum: verliert man das Tao, hernach hat man Tugend; verliert man die Tugend, hernach hat man Menschenliebe; verliert man die Menschenliebe, hernach hat man Gerechtigkeit; verliert man die Gerechtigkeit, hernach hat man Anständigkeit« (38).

In anderer Richtung werden Stufen charakterisiert: »Hören Hochgebildete vom Tao, werden sie eifrig und wandeln in ihm. Hören Mittelgebildete vom Tao, bald behalten sie es, bald verlieren sie es. Hören Niedriggebildete vom Tao, verlachen sie es höchlich« (41).

Rückweg zum Tao: Kein Dasein ist ganz verlassen (27). So liegt in allen Menschen – ohne jemandes Gebot – die Neigung, Tao freiwillig anzubeten (51). Unbewußt ist das Wesen immer noch da, auch wenn es bewußt verachtet wurde. Niemals ist ganz verloren, was mit dem Ursprung der Geschöpfe aus dem Tao in sie gesenkt war. »Warum soll ein Mensch wegen seiner Schlechtigkeit verworfen werden? Was war es, weshalb die Alten Tao hochhielten? War es nicht das, daß Tao, wenn gesucht, gefunden werden kann? Daß der, der Schuld hat, gerettet werden kann?« (62)

Fragen wir aber nach Anweisungen, nach Methoden, durch die die Rückwendung gefunden werden könnte, so gibt Laotse solche nicht, weil die Unabsichtlichkeit nicht absichtlich hervorgebracht werden kann. Er zeigt, worauf es ankommt. Da dieses aber nicht als endlicher Zweck, als eindeutig wißbares Etwas gewollt werden kann, so muß notwendig jede Anweisung im Sinne von Angabe einer planmäßig zu wollenden Methode ausbleiben. Jede Anweisung wäre schon eine Verkehrung. Die Bilder und Formeln sind nicht Rezepte.

Aber eines scheint doch wie eine Anweisung zu klingen: der Hinweis auf das Altertum, dessen Meistern zu folgen sei. »Die Guten des Altertums, die da Meister worden sind, waren fein, geistig und tief eindringend. Verborgen, konnten sie nicht erkannt werden. Weil sie nicht erkannt werden können, so mühe ich mich, sie kenntlich zu machen« (15).

Jedoch die Zurückwendung zum Altertum ist doppelsinnig. Sie bedeutet (wie Strauß sagt) nicht, das vergangene Alte identisch zu erneuern aus Kenntnis der literarischen Überlieferung – das ist der Weg des Konfuzius –, sondern sie bedeutet, das ewig Alte, weil Ursprüngliche, zu erneuern in der Kontinuität mit den durch die Geschichte gehenden Fäden des Gewebes des Tao: »Hält man sich an das Tao des Altertums, um zu beherrschen das Sein der Gegenwart, so kann man erkennen des Altertums Anfänge: das heißt Taos Gewebeaufzug« (14).

e) *Nichts oder Ewigkeit.* – Auf die Frage, was der Lebenssinn sei, würde die Antwort Laotses lauten: Am Tao teilhaben, damit eigentlich sein, das heißt ewig, unsterblich sein, – im Vergänglichen das Unvergängliche ergreifen. Die Unsterblichkeit ist von Laotse ausgesprochen in dunkler Tiefe:

»Wer wie das Tao ist, der dauert fort: er büßt den Körper ein ohne Gefahr« (16). »Wer stirbt und doch nicht untergeht, lebt lange« (33). »Braucht man Taos Klarheit und kehrt zurück zu seinem Lichte, so verliert man nicht bei des Leibes Zerstörung. Das heißt Ewigkeit anziehen« (52). »Wenn etwas seine volle Kraft entfaltet hat, dann altert es. Das ist, was man Tao-los heißt. Was Tao-los ist, endet bald« (30, 55).

Die Unsterblichkeit ist hier der Ausdruck für die Teilhabe am Tao, für die Ruhe in der Ewigkeit des Zeitlosen, nicht aber eine Daseinsverlängerung ins Endlose, weder in einem Jenseits noch in einem Kreislauf von Wiedergeburten. Was die Unsterblichkeit ist und wie sie ist, das wird nicht zum Bilde. Nur das Bewußtsein der Ewigkeit wird hell. Zum Leben gehört der Tod: »Das Hervorgehn zum Leben ist schon auch der Eingang zum Sterben« (50). Aber es ist vom Wechsel unbedroht, was – mit Tao eins – Leben und Tod gefahrlos macht, was bleibt, wenn der Leib stirbt. Von da ist auch zu verstehen:

»Wer das Leben zu erfassen weiß, geht geradezu, ohne zu fliehen vor Nashorn und Tiger; geht unter feindliche Kriegsscharen, ohne anzulegen Panzer und Waffen. Das Nashorn trifft keine Stelle, wo es sein Horn hineinstoßen, der Tiger keine Stelle, wo er seine Krallen hineinschlagen kann... Woher kommt das? Weil er keine Angriffsstelle für den Tod hat« (50). Der Leib wird hier zum Gleichnis: das Tao-geeinte Wesen hat keine Stelle, wo es der Tod treffen könnte, wenn auch der Körper stirbt, und der Träger des Leibes ist aus seiner Tao-Geeintheit furchtlos, denn den Leib zu verlieren, bedeutet ihm im Wesen nichts mehr.

f) *Das Schicksal des dem Tao Folgenden – des Laotse – in der Welt:* Wenn die Welt der Gemeinschaft verkehrt ist in eine gemachte Ordnung von Gewalt und Gesetz, so entsteht die Einsamkeit dessen, der wahrhaft beim eigentlich Seienden ist: nicht weil er ein weltflüchtiger Sonderling wäre, sondern nur weil Gemeinschaft und Regierung nicht wahre sind, das heißt nicht dem Tao folgen; nicht weil er eine abseitige Ausnahme wäre, sondern weil die Lust und die Freuden, die Zwecke und Antriebe der Menge auf Abwegen vom Tao gehen. Laotse ist einer jener frühen Einsamen, aus Not, nicht aus Willen, wie Jeremias und Heraklit.

Wie daher das Leben des Weisen in dieser Welt aussieht, bringen einige merkwürdige, sehr persönliche Sätze des Laotse zum Ausdruck: »Was aber alle verehren, das darf man nicht ungestraft beiseite setzen. O Einöde, daß sie kein Ende nehmen will! Die Menschen strahlen vor Lust, wie bei einem Opferfestschmaus, wie wenn man im Frühling eine Anhöhe ersteigt. Ich allein bleibe teilnahmslos; keine Spur solchen Lebens! Wie ein neugeborenes Kind, das noch nicht lachen kann. Ich schwanke umher, wie wer nicht hat, wohin er sich wendet. Die Menschen alle haben Überfluß: ich allein bin wie ein Bettler auf der Straße. Ein Schwachsinniger bin ich, ach! ein Wirrkopf! Die gewöhnlichen Menschen sind gar hell; ich allein bin wie verfinstert. Die gewöhnlichen Menschen sind aufgeräumt, ich allein bin traurig, zerschlagen wie ein Wrack im Meer, umhergetrieben wie ein Ding, das nirgends hingehört! Die Menschen alle sind zu etwas nütz, ich allein bin tölpisch wie ein Bauer. Ich allein bin anders als die Menschen: denn ich ehre die nährende Mutter« (20).

An anderer Stelle spricht Laotse das Faktum seines Nichtverstandenwerdens so aus: »Meine Worte sind sehr leicht zu verstehen, sehr leicht zu befolgen, aber keiner in der Welt vermag sie zu verstehen, keiner vermag sie zu befolgen. Diese Worte haben einen Vater, diese Taten haben einen Herrn. Weil die nicht verstanden werden, werde ich nicht verstanden. Die mich verstehen, sind wenige; das gereicht mir zur Ehre. Daher der Weise sich in grobes Gewand hüllt und seinen Schatz im Inneren verbirgt« (70).

Nach Se ma Tsien hat Laotse zu dem jüngeren ihn besuchenden Konfuzius, dessen reformatorisches Unternehmen verwerfend, gesagt: »Wenn der Weise seine Zeit findet, dann steigt er; wenn er nicht seine Zeit findet, dann läßt er das Unkraut sich häufen und geht... Weg mit des Herrn Unkraut und ausschweifenden Plänen! Das alles nützt dem Herrn selber nichts.«

4. *Das Tao und die Staatsregierung (die Praxis der Lenkung menschlicher Gemeinschaft)*

Im Herrscher, in der Verwaltung, in der Wirtschaft und noch im Krieg ist das Wahre: die Gleichförmigkeit mit dem Tao. Daher wird beim Regieren wiederum das Nichthandeln, das Freilassen, das Wirken in der Unmerklichkeit, das heißt in der Gestalt der Schwäche, das Wahre sein. Der Herrscher ist ein einzelner Mensch. Wie dieser ist und handelt, das macht das Leben des gesamten Staatswesens aus. Das Ganze der menschlichen Zustände ist dasselbe, was der einzelne Mensch ist.

a) *Der Staatslenker:* Die Stufenfolge im Wert der Staatslenker wird charakterisiert durch die Weise, wie das Volk sie sieht.

»Herrscht ein Großer, so weiß das Volk nur eben, daß er da ist. Mindere werden geliebt und gelobt, noch mindere werden gefürchtet; noch mindere werden verachtet« (17). Die besten Herrscher sind unmerklich: »Die Werke werden getan... und alle hundert Geschlechter sagen: wir sind frei (wir sind von selbst so)« (17); und zugleich: »Alle Welt wird von selbst das Rechte tun« (37).

Der vollkommene Herrscher »macht nicht, darum verdirbt er nichts, nimmt nicht, darum verliert er nichts« (64, 29). Er wirkt durch Nichttun. »Liebt er das Volk und regiert er das Land, kann er ohne Tun sein« (10). »Mit Ungeschäftigkeit gewinnt man das Reich« (57).

Dem entspricht es, daß der gute Herrscher sich niedrig hält, sich unscheinbar macht, nicht beansprucht. Er wird, wenn er als Herrscher über dem Volk stehen will, mit seinem Sprechen sich unter das Volk stellen; er wird, wenn er dem Volk voranzugehen wünscht, sich persönlich ihm nachsetzen; »so bleibt er oben, und das Volk fühlt keine Bürde; so geht er voran, und das Volk fühlt sich nicht zurückgesetzt« (66). Ein solcher Herrscher, der, während er seine Hoheit kennt, sich doch in der Erniedrigung hält (daher auch sich »verwaist«, »Wenigkeit«, »unwürdig« nennt) (39), »ist des Reiches Strombett« (28).

Regierung durch Nichttun kann nur dem gelingen, der das Regieren nicht begehrt. Hat er Sorge, die Macht zu gewinnen, und Angst, sie zu verlieren, so vermag er nicht, wahrhaft zu regieren.

Anders die schlechten Staatslenker. Das Entscheidende ist: »Schwierigkeit, die Leute zu lenken, kommt daher, daß die Herrschenden zu vielgeschäftig sind« (75). Schlimmer noch: »Sind die Paläste sehr prächtig, dann sind die Felder sehr wüst, die Speicher sehr leer. Bunte Kleider anziehen, scharfe Schwerter umgürten, sich füllen mit Trank und Speisen, kostbare Kleinodien haben in Überfluß, das heißt mit Diebstahl prahlen« (53).

b) *Das Wirken des Nichttuns:* Die Wirkung durch Nichthandeln (wu wei) des Herrschers ist schwer begreiflich. Dieses Nichthandeln ist von der Art, daß es Selbstentfaltung aller Wesen, aber nicht die willkürliche, sondern die wahre erwirkt: »Wenn Könige und Fürsten das Nichthandeln des Tao zu wahren vermöchten, so würden alle Wesen von selbst sich gestalten« (37).

In der universistischen Weltanschauung der Chinesen ist diese Wirkung eine magische: Einstimmung des Herrschers mit dem Tao lenkt den Gang nicht nur des Reiches, sondern auch der Natur und aller Dinge auf die rechte Bahn. Das Tao-gemäße Verhalten des Herrschers ist Ursprung guter Ernten und verhindert Überschwemmungen, Dürre, Seuchen und Kriege. Diese magische Vorstellung kommt auch bei Laotse vor (wenn dieses Stück echt und nicht spätere Zutat ist): »Wenn man mit Tao das Reich regiert, so gehen die Abgeschiedenen nicht als Geister (kuei) um. Nicht daß die Abgeschiedenen keine Geisteskräfte hätten, aber ihre geistigen Kräfte schaden den Menschen nicht« (60). Diese magische Vorstellung tritt bei Laotse zurück, wenn sie auch nicht ausdrücklich bekämpft wird.

Oft dagegen betont er die Vorbildlichkeit. »Wenn einer das große Bild – das urbildliche Tao – anderen vorhält, läuft alle Welt ihm zu« (35). »Tiefe Tugend ist abgründig, ist wie fernwirkend. Sie ist dem, was in der Welt gilt, entgegengesetzt; sie bringt es aber hernach zu großer Nachfolge« (65). Anziehungskraft des hohen Menschen und infolgedessen Nachfolge des Tao bringt das Volk und das Reich in Ordnung. Der Mensch ist durch sein inneres Sein Träger des Vorbildes. »Gilt es die Reichsbevölkerung für sich einzunehmen, so tut es keine äußere Veranstaltung« (57).

Entscheidend ist die Spontaneität im Handeln des Nichthandelns. Es wäre absurd, zu meinen, durch Nichtstun geschehe eine Wirkung. Vielmehr ist das Nichttun, das nicht Nichtstun ist, gemeint als das alle Pläne umgreifende, jedem bestimmten Tun vorhergehende Tun im ganzen, das weder Passivität noch planloses Tun ist. Es ist das Handeln, das kein gewaltsames Eingreifen nach nur endlichen Zwecken, sondern Eingreifen aus dem Ursprung des Tao selbst ist. Möchte man die Art der Ursächlichkeit dieses Nichttuns näher bestimmt wissen, so ist solche Forderung unangemessen für das, worum es sich hier handelt. Ebenso wie die in das Tao eindringende Spekulation und wie die Erhellung des ursprünglichen Nichttuns des Einzelnen, so ist auch die politische Erörterung auf dem Weg, der hinausführt in das Unnennbare, Ununterscheidbare.

Erst auf der nächstniederen Stufe ist im Unterschiedensein des Endlichen ein bestimmtes Sprechen möglich; und dann wird sogleich auch negativ gesprochen: »Je mehr es im Reiche Beschränkungen und Verbote gibt, desto ärmer wird das Volk. Je künstlicher und erfinderischer die Behandlung des Volkes ist, desto unglaublichere Schliche kommen auf. Je mehr Gesetze und Verordnungen erlassen werden, desto mehr treten Räuber und Diebe auf« (57). Oder es wird nur die unbestimmte positive Behauptung abgewandelt, daß, wenn nur das Machen, Eingreifen, Verbieten und Befehlen fortfällt, alles »von selbst« wahr und wirklich werde. »Ich mache nichts, so wird das Volk von selbst anders; ich verhalte mich am liebsten ruhig, so fügt sich das Volk von selbst der Ordnung; ich übe die Nichteinmischung in der Wirtschaft, und das Volk wird von selbst reich; ich halte mich frei von Begehrlichkeit, so wird das Volk von selbst einfach« (57); (demgegenüber ist nur eine äußere Kausalität getroffen mit dem Satz: »Das Volk hungert, weil seine Obrigkeit zu viel Abgaben verzehrt«; 75).

Wenn man in den Sätzen Laotses Anweisungen sucht, so ist sogleich der Einwand da: das ist doch alles nicht durchzuführen, die Menschen sind nun einmal anders. Aber das bei solchem Einwand vergessene

Wesentliche ist, daß es sich hier nicht um Anweisungen für ein zweckhaftes Tun handelt. Wo gerade das Nichtmachen, Nichtplanen, Nichteingreifen recht ist, da kann das Gesagte, wenn es selbst als Aufforderung zum Machen und Planen verstanden wird, nur sinnlos werden. Laotse läßt die Möglichkeit erblicken, die nicht Programm ist für den Verstand, sondern, vor allem zweckhaften politischen Tun liegend, den Ursprung im Menschen ansprechen will. Als ausgedachte, mit endlichen Mitteln realisierbare Institution würde sie eine schlechte Utopie magisch wirkenden Nichtstuns sein. Als Erfühlen der Möglichkeit des Menschseins im Politischen trägt der Gedanke seine Wahrheit in sich. Es mag ungeheuerlich klingen, wenn Laotse sagt: »Wenn die Fürsten und Könige imstande wären, des Tao Hüter zu sein, so würden sich alle Wesen von selbst ihnen unterwerfen. Himmel und Erde würden sich vereinigen, erquickenden Tau herabfallen zu lassen; das Volk würde von selbst, ohne daß es ihm jemand befiehlt, sich geordnet verhalten« (32). Den Sinn dieses Philosophierens würde in der Tat verkehren, wer nun – machend, anweisend, ratend – etwa die Anarchie in der Welt einführen wollte, in der Erwartung, die Menschen würden alsbald, weil sie gut sind, von selbst Ordnung halten. Oder er würde, wenn er im durch ihn entstehenden Chaos Gewalt anwendet, durch diese Gewalt alles von ihm Gemeinte böser als je zerstören. Wäre aber der den Laotse Mißverstehende, der die Anarchie einführen will, ein »Heiliger«, und bliebe er wahrhaftig und folgerecht, so würde ihm, wenn er Beachtung fände, Vernichtung beschieden sein. Laotse dagegen spricht – keineswegs die anweisende, machende Umgestaltung der Zustände meinend – im Blick auf seine Wahrheit aus, daß niemand weiß, wie weit er kommen kann: »Wenn man Tugend häuft, so gibt es nichts, das nicht überwunden werden kann. Ist einem nichts unüberwindlich, so weiß niemand die Grenzen seiner Wirkenskraft« (59).

c) *Krieg und Strafen:* Wie bewährt Laotse den Sinn des Nichthandelns in dem unumgänglichen gewaltsamen Handeln des Staates: nach außen im Krieg, nach innen bei den Strafen? Wie wird hier der Grundsatz »tun, nicht streiten« (81) zur Erscheinung kommen?

Der Krieg ist in jedem Falle böse: »Die schönsten Waffen sind Unglückswerkzeuge, alle Wesen verabscheuen sie« (31). »Wo Heere lagern, gehen Disteln und Dornen auf. Großer Kriegszüge Folge sind sicherlich Notjahre« (30). Aber es gibt Situationen, in denen auch der Weise sich dem Kriege nicht entziehen kann. »Kann er nicht umhin und braucht die Waffen«, so bleiben ihm zwar »Friede und Ruhe doch das

Höchste« (31). Aber ist er entschlossen, so beschränkt er sich selbst in der Weise, wie er kämpft und siegt. Er »erkämpft den Sieg und läßt es dabei bewenden: Er brüstet sich nicht und wird durch seinen Sieg nicht übermütig. Er kämpft und siegt, weil es unerläßlich ist, kämpft und siegt, ohne den Helden zu spielen« (30).

Auch noch im Kampf gilt das Tun durch Nichttun. Da »das Zarte und Schweigsame mächtiger ist als das Starre und Starke« (36), »der Welt Zartestes der Welt Härtestes« überwindet (43), folgt für Laotse mit verwunderlicher Konsequenz: Es »werden die, die in Gewaffen stark sind, nicht siegen... Was stark und groß ist, geht abwärts; was zart und biegsam ist, aufwärts« (76). »Die indessen, die Sanftmut haben, werden in Schlachten siegen, in der Verteidigung feststehen« (67). »Wenn gleichstarke Heere sich begegnen, so siegt der, der Mitgefühl hat« (69). Der Angriffskrieg wird selbstverständlich verworfen: »Es gibt nichts Unheilvolleres als Angriffskrieg« (69). Auch im Kriege selbst ist gut ein möglichst geringes Eingreifen: »Ein Kriegserfahrener pflegte zu sagen: Ich wage nicht (in Feindesland) den Hausherrn zu spielen, ich betrage mich als Gast. Ich wage nicht einen Zoll vorwärts zu gehen; ich weiche (eher) einen Fuß zurück. Das heißt vom Platze kommen, ohne zu marschieren, drohen, ohne die Hände auszustrecken, vordringen ohne Kampf, Besitz ergreifen ohne Waffen« (69).

Den *rechten Krieger* schildert Laotse: »Wer tüchtig ist, Anführer zu sein, ist nicht kriegslustig. Wer tüchtig ist, zu kämpfen, wird nicht zornig. Wer tüchtig ist, Gegner zu überwinden, streitet nicht« (68). »Siegt er, gibt er sich nicht der Freude hin. Freude am Siege haben, heißt Freude haben am Menschenmord. Hat einer massenhaft Menschen umgebracht, so soll er sie mitleidsvoll leidtragend beweinen: der Sieger im Kriege gehört dahin, wo nach der Sitte die Trauernden stehen« (31).

Die *Gewalt des Staates nach innen* äußert sich in den *Strafen*, besonders in der Todesstrafe (72–74). Tao-Gemäßheit zeigt sich in der Zurückhaltung des Richters. Gestraft soll nur das werden, »was der Himmel haßt«. Aber des Himmels Richter ist verborgen. Daher ist es eine Beruhigung für den menschlichen Richter, der ungerechte Bestrafung vermeiden will, daß, falls er unrechterweise begnadigte, der Verbrecher auch dann seiner Strafe nicht entgehen wird: »Des Himmels Netz faßt weite Weiten, klafft offen und läßt nichts entfliehen« (73).

d) *Das Handeln im Wechsel und Werden der Dinge:* Zum ewigen Tao findet Entfernung und Rückkehr statt. Diese Rückkehr täglich neu zu finden, ist die Aufgabe, nicht aber die Verwandlung der Welt zu einem gänzlich neuen Zustand. Es gibt für Laotse und die Chinesen nicht den Gang einer einmaligen Geschichte, nicht eine unentschiedene Zukunft, sondern den ewigen Bestand unendlich bewegten Lebens des Tao. In diesem geschieht das Schwanken zwischen Gemäßheit und Abweichen gegenüber dem Tao. Nichthandeln erwirkt die vollendete Angemessenheit.

Dies Nichthandeln ist, statt Ruhe des Zusehens, der beherrschende Grund des Handelns. Politisch ist ständig die faktische Unruhe da: Gegner der Regierung, Keime neuer Gegnerschaften, Veränderungen der Zustände. Der nichthandelnde Staatslenker vollzieht daher das Nichthandeln in einer ständigen Anspannung. Während die Betriebsamkeit nichts eigentlich vollendet und mit ihrem Zweck doch alles zu haben meint, ist dem Tun aus dem Grunde des Nichttuns das Ganze unveränderlich gegenwärtig, jede Handlung vorweg fühlbar in ihren unmittelbaren und fernen Folgen: »Die Leute in ihren Geschäften sind immer nahe am Vollenden, und es mißrät ihnen. Sorgt man für das Ende, wie für den Anfang, dann mißrät kein Geschäft« (64).

Daher lebt der weise Staatslenker im Zusammenhang aller Dinge. Er erblickt, was anfängt und nur erst Keim ist, und folgt der Forderung: »Unternimm das Schwere, solange es noch leicht ist; tue das Große, solange es noch klein ist« (63). Zur rechten Zeit bedarf es des unmerklichen Eingriffs. »Was ruht, kann leicht stillgehalten werden; was noch nicht hervorgetreten ist, mag leicht beeinflußt werden; was schwach ist, ist leicht zu zerbrechen; was spärlich ist, ist leicht zu zerstreuen. Man begegne darum den Dingen, ehe sie hervortreten, man nehme sie in Behandlung, ehe sie in Verwirrung geraten. Ein Baum, der nur mit zwei Armen zu umfassen ist, wächst aus feinster Wurzelfaser. Eine Reise von tausend Meilen beginnt mit einem Schritt« (64).

Jederzeit diese unmerklichen Eingriffe zu finden, ist das Schwere, nämlich das Halten des Zusammenhangs mit dem Grund der Dinge und allem Geschehen. Daher ist das allordnende Nichttun so fern dem Leichtsinn. Der nichthandelnde Staatslenker bindet sich an das Schwere. »Das Schwere ist des Leichten Wurzel. Der heilige Mensch wandert den ganzen Tag, ohne sich vom schweren Gepäck zu trennen. Wie viel weniger erst darf der Herr des Reichs in seinem Selbst den Erdkreis leichtnehmen! Durch Leichtnehmen verliert man die Wurzel« (26).

e) *Der wünschenswerte politische Gesamtzustand:* Laotse erblickt entsprechend dem chinesischen Universismus das Dasein des Menschen in einem einzigen Reich, gegliedert von der Spitze des Einen Herrschers über Länder, Gemeinden, Familien bis zu den einzelnen Menschen (54). Dieses Reich ist nicht eine geplante Institution, nicht eine Organisation durch Funktionäre (Beamte), wie sie erst Jahrhunderte später Schi Huang Ti einrichtete, sondern »ein lebendiger Organismus. Das Reich kann nicht gemacht werden; der Macher zerstört es« (29). Laotse hat um sich das verfallende Feudalregiment, dessen ursprünglichen Zustand er für das Tao-Gemäße hält.

Der politische Zustand im Ganzen ist die durch das Eine Reich verbundene Vielheit kleiner Staaten. Das Beste: »Klein sei der Staat, mit wenig Bevölkerung« (80). Damit in diesem kleinen Staat ein glückliches Leben sei (»daß zehn Älteste da sind, und sie ihre Gewalt nicht brauchen; daß man Streitwagen habe, aber ohne Anlaß, sie zu besteigen; daß man Rüstungen und Waffen habe, aber ohne Anlaß, mit ihnen vorzurücken«; 80), muß das Verhalten der Staaten zu einander, der großen zu den kleinen und umgekehrt, das rechte sein: »Ein großes Land, das sich herabläßt, ist des Reiches Band. Darum ein großes Land, ist es untertan dem kleinen Lande, dann gewinnt es das kleine Land; ein kleines Land, ist es untertan dem großen Lande, dann gewinnt es das große Land« (61). Die Länder, die glücklich sind, leben nebeneinander, ohne daß die Menschen der verschiedenen Länder, unruhig werdend, in Verkehr miteinander treten: »Nachbarländer mögen in Sehweite liegen, daß man den Ruf der Hähne und Hunde gegenseitig hören kann: und doch sollten die Leute im höchsten Alter sterben, ohne hin und her gereist zu sein« (80).

f) *Die Wahrheit des Ursprünglichen:* Zustandschilderungen, die an das Idyllische grenzen, Forderungen einer Primitivität, die vor die Erwerbungen der Kultur zurück möchte (»man lasse die Leute zurückkehren zum Gebrauch geknoteter Schnüre«, das heißt also vor die Erfindung der Schrift; 80), sie können bei Laotse anmuten, als sei diese »Rückkehr zur Natur« eine solche zur Roheit. Nur ein Schritt, und es ist in der Tat so.

In der gleichen Richtung scheint die Forderung zu liegen, dem Volk Wissen und Aufklärung vorzuenthalten. Der weise Herrscher »sorgt, daß die Menschen nicht wissend werden, und daß diejenigen, die ein Wissen haben, sich scheuen, zu ›machen‹« (3). »Die in alten Zeiten recht im Tao wandelten, klärten damit das Volk nicht auf; sie wollten es einfach erhalten. Das Volk ist schwer zu lenken, wenn es allerlei weiß. Mit Aufklärung das Land regieren, ist des Landes Verderben«

(65). Ein Schritt, und es handelt sich um eine raffinierte Erleichterung der Menschenbeherrschung durch Dummhalten der Menschen.

Die hohen Werte der menschlichen Kultur und Sittlichkeit scheint Laotse zu verwerfen: »Laßt fahren die Weisheit, gebt auf die Klugheit: des Volkes Wohlfahrt wird sich verhundertfachen. Laßt fahren die Menschenliebe, gebt auf eure Gerechtigkeit: das Volk wird zurückkehren zu kindlicher Ehrfurcht. Laßt fahren die Geschicktheit und verzichtet auf eure Verbesserungen: Diebe und Räuber wird es nicht geben« (19). Ein Schritt, und man ist bei einer Passivität des Gehenlassens, die nur zuschaut und, weltfremd gegen allen Augenschein, an imaginären Vorstellungen festhält.

Um diese Sätze in ihrem möglichen besten Sinn aus dem Ganzen des Laotse zu verstehen, muß man die Zweideutigkeit des »Ursprünglichen« sehen. Ursprünglich heißt erstens das dem Tao Entsprechende, und dieses meint Laotse. Doch es ist so fern, so verborgen, so verwechselbar, daß es wohl gespürt, aber nicht als verwirklichte Menschenwelt behauptet werden kann. Ursprünglich heißt zweitens, was am Anfang war, das Primitive, und dieses wird, weil es als Gleichnis für das eigentlich Ursprüngliche gebraucht wird, mit ihm verwechselt. Die Kraft des philosophischen Gedankens, welcher die Quelle der höchsten menschlichen Möglichkeiten erspürt, kann nicht verhindern, daß Laotses Sätze alsbald – in gelegentlichen Entgleisungen vielleicht schon beim Denker selbst – sich verschleiernd vor das zuerst Gesehene schieben und es verkehren.

II. Charakteristik und Kritik

1. *Der Sinn Laotses*

a) *Der Widerstreit: daß vom Unsagbaren überhaupt geredet wird:* »Wer weiß, der redet nicht; wer redet, der weiß nicht« (andere Übersetzung: »Wer Kenner [des Tao] ist, macht nicht Worte; wer Worte macht, der ist nicht Kenner«) (56). Diese Grundeinsicht spricht Laotse wiederholt aus: »Der vollendete Weise übt Belehrung ohne Reden« (andere Übersetzung: »Er bewerkstelligt ein Leben ohne Worte«, anders: »Wandel, nicht Rede ist seine Lehre«) (2).

So hat Laotse sein Unternehmen, die tiefste Erkenntnis mitzuteilen durch das, was gesagt werden kann, auch wieder verworfen. In der Tat: Jeder Satz der Aussage lenkt ab. Wer ihn als solchen nimmt, hängt am Gegenstand fest. Er muß Satz und Gegenstand überschreiten, das heißt ins Unsagbare gelangen, um der Wahrheit inne zu werden. Also muß jeder Satz als Aussage im Nichtsagbaren verschwinden, um wahr zu werden.

Warum schreibt dann Laotse ein Buch? Er begründet es nicht. Nur die Legende sagt, daß er nicht wollte, vielmehr der Grenzwächter ihm eine Niederschrift abverlangte, die Laotse gutwillig-widerwillig vollzog. Wir dürfen antworten: weil diese niedergeschriebenen Aussagen durch sich selbst dazu bringen sollen, sie zu überschreiten, an ihrem Leitfaden durch Besinnung auf das Unsagbare hinzuleiten. Dieses Werk Laotses ist die erste große indirekte Mitteilung, auf die der eigentlich philosophische Gedanke immer angewiesen ist.

Nur durch Mitteilung gelangt der Gedanke vom Menschen zum Menschen. Das totale Schweigen wäre zugleich Unhörbarkeit des Schweigens und in der Tat wie nichts. Wir sind auf Sprechen und Hören angewiesen. Einsicht, die sich mitteilt, muß im Selbstverstehen wie im Verstehen seitens des anderen eintreten in das verstandesmäßige, nennende, bestimmende, unterscheidende und beziehende Denken. Die philosophische, unsagbare Einsicht gerät durch ihr Sprechen mit sich selbst in Widerstreit. Aber von ihr selber ist für den Menschen wieder nur im Sprechen (zuerst des Denkenden mit sich) überhaupt zu wissen.

b) *Woran in uns wendet sich das philosophische Sprechen?* Wir haben gehört: nicht an den Verstand, der ein Wissen von Gegenständen ist, – nicht an den Willen, der auf Zwecke gerichtet nach Plänen handelt. Laotse wendet sich vielmehr an den Ursprung in uns, der durch Verstand und Zwecke verdeckt ist. Daher geht er nicht auf Selbstbezwingung durch die Macht des Willens, sondern auf eine tiefere Prüfung unserer Antriebe selber.

In uns ruht oder schläft, was so erweckt werden kann, oder es ist in uns eine Leere, in der nichts zu erwecken ist. Aber dieses Letztere sagt Laotse nicht. Er hat das Vertrauen zum Erweckbaren, die Gewißheit des Tao im Grunde. Es gibt Widerstand, Verschleierung, Erschöpfung, Vergessen. Daher ist die Geduld notwendig.

Als Beispiel diene Laotses politische Erörterung: Seine Sätze kommen Anweisungen so nahe, daß ein Durchdenken als möglicher Anweisungen nahegelegt ist. Dann aber ergibt sich, daß alle solche Anweisungen bei Laotse nur Gleichnisse sind. Sie haben nie den eigentlichen Charakter von Vorschriften oder Gesetzen. Sie werden als Anweisungen falsch, wo sie zur Passivität führen, statt daß sie als Ausdruck für den umfassenden Grund der Aktivität verstanden werden. Sie erwecken den Impuls des Ansichhaltens, die Besonnenheit aus dem tiefsten Umgreifenden heraus. Sie wirken gegen blinde Wut, gegen gedankenlose Aktivität, gegen Gewalt, welche das im weitesten Horizont zu erblickende Ende vergißt.

Sie können wirken als einschränkende Impulse gegenüber der Tendenz, alles durch Anweisungen und Gesetze ordnen zu wollen. Sie können das Maximum des Freilassens zum Bewußtsein bringen. Sie können alle Anweisungen und Gesetze unter die Bedingung stellen, die selber nicht die Form der Anweisung gewinnen, aber in der Mitteilung von Mensch zu Mensch fühlbar werden kann.

Sie gehören zu jenen Vergegenwärtigungen, die wir vollziehen müssen, um nicht ins Endlose der Betriebsamkeit zu geraten, in der trotz herrschender Zweckhaftigkeit am Ende alles falsch, weil zweckwidrig wird.

Es ist merkwürdig, daß die vielen Entscheidungen innerhalb der Bürokratie, die allen größeren politischen Gebilden von jeher zugehört, meistens von Leuten getroffen werden, die ohne den Fonds, der aus der Gegenwärtigkeit des Ganzen kommt, mit der Zweckhaftigkeit zum größten Unsinn gelangen. Die Selbsterziehung des handelnden Menschen und des öffentlichen Geistes fordert die Besinnlichkeit und die Verantwortlichkeit unter Maßstäben, die über den Mechanismus der Gesetze und Anordnungen weit hinausgehen. Diese Verantwortung soll jede Regelung im Ganzen des Lebens und soll sie in ihrem Zusammen mit anderen Regelungen sehen. Sie muß mit der größten Einfachheit nicht nur die je bestimmte Ordnung, sondern auch die Befreiung des Alltagslebens aller und die Offenhaltung unberechenbarer Chancen finden.

Laotses Gedanken wenden sich an den umgreifenden Grund in uns und außer uns. Sie erinnern an das, was in der Luft zweckhaften Willens und endlichen Verstandes ständig vergessen wird. Laotse spricht beschwörend zu uns im Augenblick, in dem wir, ob im Alltag oder im Beruf oder im politischen Wirken, unsere Absichtlichkeit loslösen von dem, wodurch sie geführt bleiben muß, wenn sie nicht in die Endlosigkeit der Funktion, in die Öde des Nichtigen, in die durch den Betrieb nur gesteigerte Zerstörung und in die Ratlosigkeit der Frage: wozu? geraten soll. Laotse erinnert an das, wovon der Mensch sich nicht trennen darf, wenn er nicht ins Nichts versinken will.

c) *Denkformen Laotses:* Laotse sucht nicht mehr, er »weiß« im

Sinne solchen Wissens. Des Grundes des Seins innegeworden, redet er aus ihm. Weil er erfüllt ist, teilt er mit. Er gibt Antworten ohne Fragen.

Er reflektiert nicht auf die Methoden, die er mit seinen Gedanken verwirklicht. Lenken wir unser Augenmerk auf das Denken, das in der sprachlichen Mitteilung Laotses erscheint, so fallen charakteristische Züge auf.

Erstens: Wir werden von Laotse im Denken *weitergetrieben*, weil jeder ausgesprochene Gedanke auch verfehlend und jede Besserung des Satzes doch wieder unangemessen ist. Zum Beispiel: »Bemüht, ihm einen Namen zu geben, nenne ich's groß. Als groß nenne ich's überschwenglich; als überschwenglich nenne ich's entfernt; als entfernt nenne ich's zurückkehrend« (25). Strauß interpretiert: »Zwinge ich mich, ihm einen Namen zu geben, nenne ich es groß. Das absolut Große ist eben damit auch das absolut Ferne. Aber dieses Ferne ist das, das durch alles hindurchgeht, das eben jetzt auch in meinem Denken ist, und deshalb muß ich es als das Wiedergekehrte bezeichnen.«

Zweitens: Die Gedanken, die auf das Tao treffen wollen, *geraten in Gegensätzlichkeiten, Widersprüche, Paradoxien.*

Gegensätze sind auf vielfache Weise aneinander gebunden: sie erzeugen sich, ergänzen sich, erhellen sich gegenseitig, sie entfernen sich voneinander, fügen sich ineinander, folgen einander. Zum Beispiel: »Sein und Nichtsein erzeugen einander. Schwer und Leicht vollenden einander. Lang und Kurz formen sich aneinander. Hoch und Niedrig entfernen sich voneinander. Ton und Stimme fügen sich ineinander. Vorher und Nachher folgen einander« (2). Ein anderes Beispiel: »Das Schwere ist des Leichten Wurzel, die Ruhe ist Herr der Unruhe« (26).

Diese mannigfachen Gestalten der Gegensätze benutzt nun Laotse, um im Widerschein das Unsagbare sagbar zu machen, das Sein im Nichtsein, das Wissen im Nichtwissen, das Tun im Nichttun. Es kann für den schnellen Leser, der sich nicht, sich besinnend, in die Sätze mit ihnen vertieft, bei der Wiederholung der gleichen Form wie eine Manier wirken, die ermüdet. In diesem Spiel verstecken sich die Gegensätze ineinander, – oder löschen sich aus, als ob nichts bliebe, – oder kehren sich ineinander um: »Wahre Worte sind wie umgekehrt (ungereimt)« (78). Man findet in der Tat die ihrer selbst noch nicht methodisch bewußte dialektische Denkform, das Umschlagen der Gegensätze ineinander, das Erscheinen des Einen im Gegensatz seines Anderen, die Paradoxie der Einheit der Gegensätze. Sie ist bei Laotse die Form eines Sprechens aus ursprünglicher Tiefe, das auffordert zur Meditation.

Das Spiel mit den Gegensätzen enttäuscht, wenn man bestimmtes Wissen sucht, aber immer nur verschwindende Paradoxien hört. Das Spiel hat seine überzeugende Kraft nur, wenn es den Widerhall des eigenen Grundes weckt. Der endliche Verstand soll sich gleichsam auf den Kopf stellen, wenn der umgreifende Grund das Nichtsein ist, aus dem das Sein ist, das Nichterkennen, mit dem wir Wahrheit ergreifen, das Nichttun, durch das wir tätig sind.

Drittens: Das Tao und was durch Tao ist, kann nur *im logischen Zirkel* gedacht werden. Es ist nicht aus einem Anderen abgeleitet und nicht durch Beziehung auf ein Anderes zu denken. Weil unbezogen, ist sein Sein im Grunde des Nichtseins nur dadurch auszusprechen, daß es durch sich selbst ist, sein Erkanntwerden im Nichterkennen dadurch, daß es nur durch es selbst erkannt wird, sein Handeln im Nichthandeln dadurch, daß es sich selbst bestimmt. Statt der Ableitung aus einem Anderen ist der logische Zirkel der Ausdruck für das In-sich-Kreisen des Tao. So heißt es: »Tao ist sich selbst Gesetz« (25), ich weiß es »durch es selbst« (21), erkenne es »an ihm selbst« (54). Werden die Verschleierungen weggezogen, die Verkehrungen rückgängig gemacht, wird der Wille Tao-gemäß, dann wird freigelegt der Ursprung. Und in ihm wird nicht das Nichts erwartet, sondern »es selbst«. –

Die Denkformen des Weitertreibens, der Gegensätzlichkeiten und Umkehrungen, der Zirkel sind ein Mittel, um der Vergewisserung des Ursprungs näher zu bringen. Dieser ist Einer. Daher kennt Laotses Denken nicht die Unterschiede von Metaphysik, Ethik, Politik, die wir zur Darstellung seines Denkens in einem ordnenden Nacheinander benutzen. Laotse greift sie immer wieder mit wenigen Sätzen ineins. Daher denkt er jeweils ganz: ganz politisch, ganz ethisch, ganz metaphysisch, das heißt: er hat in dem, was uns gesondert als Metaphysik, Ethik, Politik sich darstellt, jeweils dieses Besondere in seinem Grunde, damit immer das Gleiche im Auge. Im Tao gebunden, ist nichts getrennt. Vom Tao verlassen, trennt sich eines vom anderen, macht sich fälschlich zum Ganzen, verabsolutiert sich in den Gegensätzen, in der Absichtlichkeit, in der Moralität.

2. *Laotse nachfolgende Gestalten*

Laotse spricht aus dem Vollendeten oder der Ewigkeit. Er spricht aus dem Umgreifenden an das Umgreifende. Wird der gegenständliche Inhalt seiner Sätze unmittelbar als das, was man wissen und wonach man handeln kann, genommen, so ist sein Sinn verloren. Wie dieses Mißverständnis entsteht, ist aus den Denkformen in Laotses Mitteilung zu begreifen. Was Gleichnis war, wurde als Realität genommen; was als Leitfaden der Gedankenbewegung diente, wurde als Gegenstand zur Sache selbst; was Hinweis auf den Grund der Praxis bedeutete, wurde als Anweisung für absichtliches Verhalten aufgefaßt. So wurde der von Laotse durchschaute, aber unüberwindliche Widersinn des Sagens von Unsagbarem, statt die Bewegung in diese Unsagbarkeit zu veranlassen, vielmehr mißverstanden als gegenständliche Erkenntnis dessen, was ist, oder als Vorschrift für sittliches Handeln oder als Plan für die rechte Staatseinrichtung.

Der Eremit: Laotse transzendierte mit dem Denken des Tao die Welt, aber er verließ nicht die Welt, auch nicht, als er aus der Heimat ging. Er lebte kraft des Tao-Ursprungs in der Welt selbst. Sein Erdenken des Tao geht nicht den Weg zur Ekstase, sucht nicht den Zugang zum Grunde durch eine Veränderung des Bewußtseins in Zuständen der Abwesenheit von Ich und Welt. Laotse ist in diesem Sinne nicht Mystiker. Sein Denken ist eine Vergewisserung durch eine Denkbewegung, welche das Sein in allem Seienden erblicken läßt, bestätigt und wieder ermöglicht. Laotse spürte und vollzog das Tao in der Welt. Daher sind Weltbegreifen, Ethos und Staatsdenken Gestalten seiner Philosophie.

Die tiefe Ruhe des Tao ist in jedem Gedanken Laotses gegenwärtig. Diese Ruhe ist jenseits aller Zwecke und Ziele, ist aller Wesen Zuflucht und Hort, ist Abgrund und Geborgenheit, ist Ende und Vollendung. Aber diese Ruhe ist keine passive Ruhe der Gleichgültigkeit, nicht vitale Beschaulichkeit vegetativen Daseins, sondern die Ruhe in der Unruhe des Leidens unter der Tao-fremden Welt. Sie ist noch in dem Leid der Einsamkeit, dem Zwang, wie ein Narr in der Welt zu leben, die dem Tao fremd geworden ist.

Das Denken Laotses wird sinnverkehrt in folgendem Mißverstehen: Die Begierdelosigkeit, sagt Laotse, ist Bedingung für das Erblicken des Tao. In der Verkehrung dessen wird gefolgert, der Mensch ohne Leidenschaften käme dem Ursprung näher, der Mensch ohne Tat sei dem Grunde verwandter. Laotse erleidet, aber will nicht die Weltabsonderung. Er kommt nicht zur Weltverneinung und gerät nicht in Weltabkehr. In der Verkehrung aber von Laotses Haltung wurde die Welt wegen ihrer Verdorbenheit als Welt schlechthin verworfen. So konnte sein Denken, unter Verkümmerung seines Sinns, im Dienste der Eremiten und Mönche genutzt werden. Als Einsiedler leben, in die Berge gehen, in Höhlen wohnen, alle Weisen der Weltabsonderung waren in China eine uralte Lebensform im Gegenpol zur Ordnung des Lebens in Familie, Gemeinde und Staat. Schon in den alten Liedern des Schi king findet sich der Preis der Einsamkeit: »Einsamkeit am Bach im Tal ist des Hohen heitre Wahl. Einsam schläft er, wacht und spricht... Einsamkeit am Bergeshang... Einsamkeit auf Gipfelhöh'...« Durch alle Zeiten geht das Mönchswesen. Es ist taoistisch und beruft sich auf Laotse (soweit es nicht später in China buddhistisch wurde).

Der Lebenskünstler: Die Ruhe des Tao konnte umgekehrt in der Welt gefunden werden, aber als raffinierte Kunst, unter allen Bedingungen und durch besondere Veranstaltungen das Leben geistig zu genießen. Das reale Dasein wird nicht als Aufgabe zur Erfüllung von Pflichten in Familie, Beruf und Staat erfaßt, sondern als Situation, in der durch Anpassung und Beweglichkeit in allen an sich nicht ernstzunehmenden Realitäten die Selbstbehauptung gewonnen wird. Diese bedarf der hohen Kunst der Ruhe in der Schönheit des Lebens. Die alte Geschichte von den drei Essigtrinkern erläutert es: Essig ist das Symbol des Lebens. Konfuzius findet die Flüssigkeit sauer, Buddha bitter, Laotse aber süß. Daher wird durch alle Jahrhunderte Laotse von Konfuzianern angegriffen, mit dem sie dies in die kunstvolle Lebensdisziplin abgleitende Dasein meinen, so etwa Tschu Hsi (1131–1200): Laotse denke, ob er nun von Leere, Reinheit, Nichthandeln und Zurückweichen rede, doch immer an seinen Vorteil, streite mit niemandem und sei immer vergnügt lächelnd.

Der Literat: Tschuangtse ist der berühmteste Nachfolger des Laotse. Er ist auch in den Übersetzungen – im Unterschied vom Tao te king – leicht zu lesen, geistreich, spannend, anschaulich, ebenso geneigt zu flüssigen Ausführungen wie zu zugespitzten Sätzen, reich an Abwandlungen der Gedanken wie der Darstellungsformen. Seine Erfindungsgabe und anschauliche Phantasie fesseln durch Anekdoten, Gespräche, Situationen.

Aber der Unterschied von Laotse ist groß. Laotse fesselt durch die Ursprünglichkeit, den Ernst, das Uneitle, die Wahrheit des tiefen Leidens wie der Ruhe. Tschuangtse dagegen erregt durch die Überraschung, verblüfft den Leser, gibt sich als Ironiker und Skeptiker, hat die Gedanken Laotses wie ein Material seiner literarischen Erfindungen zur Verfügung. Er läßt die Absichtlichkeit der Formung von Literatur spüren. Damit wird jedes Wort Laotses in seinem Sinne verwandelt.

Was schmerzvolle Paradoxie, unerläßlicher Umweg im Versuchen des Unmöglichen war und dadurch so unerhört eindringlich anzusprechen vermochte, wird nun literarische Methode und artistisches Leben des Weisen. Daher ist Laotse nur durch anhaltende Besinnung zugänglich und unerschöpflich. Tschuangtse dagegen läßt im Schein der natürlichen Verstehbarkeit das, wovon in der Nachfolge Laotses die Rede sein sollte, sich faktisch verlieren.

Die Stimmung Laotses ist friedlich, die des Tschuangtse polemisch, voll Hochmut und spottender Verachtung. Tschuangtse scheint nichts zu wissen von dem, was Laotse als die Stärke der Schwachheit, als die sanfte Gewalt des Niedrigen, als die Kraft des immer nach unten, an die verachtetsten Orte fließenden Wassers zeigt und als die ihm eigene Stimmung überall bewährt. Laotse trägt das unermeßliche Leiden der Tao-Ferne in der Welt. Tschuangtse spricht nur die natürliche Trauer des Menschen um Vergänglichkeit und Tod aus und um die Klage in der vergeblichen Frage: woher und wohin und wozu?

Die bewunderungswürdige Erfindungsgabe Tschuangtses, seine eindringenden Gedanken über Welt und Wirklichkeit, über Sprache, über die mannigfachen psychologischen Zustände, sein Reichtum machen ihn zu einem der interessantesten chinesischen Autoren. Aber man darf ihn nicht mit Laotse verwechseln und ihn nicht als einen zureichenden Kommentator Laotses verstehen.

Der Magier: Auf Laotse beriefen sich die Taoisten, welche durch Atemtechnik (wie Mystiker in aller Welt) Zustände tiefster Offenbarung erzwingen wollten; auf ihn beriefen sich die Leute, welche das Lebenselixier, den Unsterblichkeitstrank herstellen oder finden wollten, auf ihn die Zauberer, die auf Wolken zu wandeln, im Raum an jedem beliebigen Ort gegenwärtig zu sein meinten.

Der Politiker der Gewalt: Die Sätze vom Tao und dem hohen Menschen jenseits von Gut und Böse wurden ihres Sinnes beraubt durch die Verdrehung in die Grundsätze eines norm- und moralfreien Umgangs mit Menschen. Aufrührer konnten die Idee des ewig wahren Zustands friedlich anarchischer Ruhe eines Tao-gemäßen Lebens verkehren in das Ziel ihrer Absicht, ihn mit Gewalt herbeizuführen. Ein Konfuzianer sagte kritisch: Laotse betrachte die Menschen wie Tonfiguren. Sein Herz bleibe eiskalt. Auch wenn ein Mensch getötet würde, fühlte er kein Mitleid. Daher ließen sich seine Anhänger viel zu Rebellionen und Betrug verleiten.

Der größte chinesische Gewaltherrscher, Tsin-schi-huang-ti, der im dritten Jahrhundert v. Chr. mit einer vor ihm nicht dagewesenen totalen Planung und gesteigerter Absichtlichkeit das chinesische Reich umformte, der das Leben technisierte, der die Konfuzianischen Schriften verbrennen ließ, bewahrte außer den militärischen, ackerbaulichen und anderen nützlichen Schriften die Taoistischen Werke. Er wollte die Unsterblichkeit seines Individuums und sandte eine Expedition in das östliche Meer zu den Inseln, wo der Unsterblichkeitstrank zu holen sei. Daß dieser Herrscher Taoist war, ist eine denkwürdige Tatsache. Der tiefste Denker kann auch am radikalsten verkehrt werden.

3. *Laotses historische Stellung und Grenze*

Laotse ist gegründet in einer uralten anonymen Überlieferung. Seine Leistung ist die Vertiefung der mythischen Anschauung und ihr Überschreiten durch den philosophischen Gedanken. Die Ursprünglichkeit dieses Denkens ist an seinen Namen gebunden. Ihm folgte nicht nur die Verwandlung in größere Zugänglichkeit durch eine Literatur eleganter Form, sondern auch der Aberglaube und die Verdrehung seiner Sätze in Handgreiflichkeiten. Aber er wurde auch immer wieder der Erwecker zu eigentlicher Philosophie.

Weltgeschichtlich ist die Größe Laotses gebunden an den chinesischen Geist. Grenzen Laotses sind Grenzen dieses Geistes: Laotses Stimmung bleibt heiter in allem Leid. Sie kennt weder die Drohung der buddhistischen Wiedergeburten, daher nicht den Drang hinaus aus diesem Rad der Qual, noch kennt sie das christliche Kreuz, die Angst der unausweichlichen Sünde, die Angewiesenheit auf die Gnade der Erlösung durch den stellvertretenden Opfertod des Mensch gewordenen Gottes. Es liegt in diesem Ausbleiben weltgeschichtlicher Seinsanschauungen der indischen und abendländischen Menschen mehr als das Fehlen des Unnatürlichen und Absurden, als ob etwa diese frühen chinesischen Menschen das Glück gehabt hätten, nicht Gestalten furchtbaren Wahns, als welche sie am Maße chinesischer Natürlichkeit erscheinen können, ausgeliefert gewesen zu sein. Welcher Zauber liegt über diesem chinesischen Geiste, der so unermeßlich zu klagen vermag, aber nicht zur Empörung in der Anklage gegen den Grund der Dinge und nicht zum fassungslosen Gehorsam gegen das Unbegreifliche in bestimmt offenbarter Autorität gelangt! Aber trotzdem bleibt die Grenze der Chinesen. Es ist die, die uns dem Zauber ihres Wesens auch fremd bleiben läßt, als ob sich die Abgründe des Schreckens hier nicht in ganzer Tiefe aufgetan hätten. Die Chinesen haben nicht nur keine Tragödie in der Dichtkunst geschaffen, sondern das Tragische ist ihnen unzugänglich geblieben, so groß sie auch das Unheil zu sehen und zu erleben vermochten.

Wie ist nun diese Grenze bei Laotse für uns zu fassen? Wie alle größten Philosophen der Menschheit denkt Laotse aus dem Umgreifenden, ohne in ein Gewußtes sich fesseln zu lassen. Sein in das Weiteste gespanntes Denken läßt nichts aus. Er selbst ist nicht subsumierbar als Mystiker, als Ethiker, als Politiker. Seine tiefe Ruhe des Tao ist gewonnen im Überschreiten aller Endlichkeit, aber so, daß die Endlichkeiten selber, sofern sie wahr und wirklich sind, vom Tao durchdrungen werden. Dies Philosophieren lebt in der Welt den Grund der Welt. Die Grenze solchen Philosophierens zeigt sich erst durch das, was als zu Überschreitendes vorkommt oder nicht vorkommt, durch die Zwischenglieder, die als Wirklichkeiten im zeitlichen Bewußtsein das Unumgängliche sind. Denn diese Zwischenglieder sind die Stufen des Transzendierens oder die Weisen der Gegenwärtigkeit des Wirklichen, durch das hindurch erst der Grund erfahren wird. Sie werden im Überschreiten bewahrt und geben dem ohne sie leer werdenden Transzendieren den Gehalt. Die für uns bei Laotse fühlbar werdenden Grenzen liegen nicht im Gipfel seines Philosophierens, sondern in diesen Zwischenstufen.

Die Grundanschauung, in der alle diese Zwischenstufen liegen, läßt sich vielleicht in schematischer Kürze formulieren: Dem chinesischen Geist ist die Welt natürliches Geschehen, lebendiger Kreislauf, das ruhig bewegte All. Alle Abweichungen vom Tao des Ganzen sind beiläufig, vorübergehend und immer schon auch zurückgenommen in das unverderbliche Tao selber. Uns Abendländern ist die Welt in sich nicht geschlossen, vielmehr bezogen auf das, was aus der Welt als natürliches Geschehen nicht begreiflich ist. Die Welt und unser Geist stehen in der Spannung des Ringens mit sich und dem anderen, sind ein entscheidendes Geschehen im Kampf, haben einen einmaligen geschichtlichen Gehalt. Laotse kennt nicht die Chiffer des fordernden und zornigen, des kämpfenden und Kampf wollenden Gottes.

In der Welt, in der Zeit, in der Endlichkeit – im Raum der Zwischenstufen – ist für uns unumgänglich, was bei Laotse fehlt: das Leben in Frage und Antwort und neuer Frage, das Gewicht des Entweder-Oder, der Entscheidung, des Entschlusses, dieser paradoxen Grundwirklichkeit, daß in der Zeit entschieden wird, was ewig ist. Damit fehlt Laotse auch der Ansatz zur grenzenlosen Selbstreflexion, dieser, im Unterschied von der vollendeten Ruhe im Tao, in der Zeit nicht aufhörenden Bewegung; es fehlt dieses Sicherhellen, dieser Umgang mit sich selbst, dies ständige Vertreiben der immer wieder sich aufdrängenden Selbsttäuschungen und Verschleierungen und Verkehrungen.

NAGARJUNA

Quellen: Prajnāpāramitā. Nāgārjuna.
Literatur: Oldenberg. Hackmann. Schayer. Stcherbatsky.

Etwa vom ersten bis zum achten Jahrhundert n. Chr. war in Indien eine Philosophie durch logische Operationen im Gange (in Sanskrit). Die hinduistische Schule des Nyaya und buddhistische Sekten des Mahayana waren die Träger. Berühmte Denker aus den buddhistischen Sekten sind: Nagarjuna (etwa 2. Jahrhundert n. Chr.), Asanga, Vasubandhu, Dignaga, Dharmakirti (7. Jahrhundert). Die Literatur ist nicht in der Gestalt da, die schöpferische Denker ihr einst gegeben haben müssen, sondern in späten Werken, die aber dann Grundwerke für den philosophischen Buddhismus, besonders in China geworden und geblieben sind.

Innerhalb dieser Welt der logischen Dialektik als Selbstverständnis einer Lebenspraxis ging die Richtung der sunya-vadins aus den gemeinsamen Voraussetzungen dieser Sekten bis zum Äußersten. Sie lehrten: Alles ist leer, – alle Dinge sind nur momentan, – ohne ein bestimmtes Sosein, – einem Zauberscheine gleich. Die wahre Erkenntnis liegt daher in der Leerheit selber. Ich gewinne sie in der Losgelöstheit, das heißt im Denken ohne Zeichen, ohne Bedeutung (in der »Merkmalslosigkeit«), das von keiner Neigung, keinem Ziel, von nichts bewegt wird (in der »Neigungslosigkeit«). Diese Lehre nennt sich »diamantspaltende Vollkommenheit der Weisheit«, – sie nennt sich auch der mittlere Weg (madhyamika) zwischen den beiden Thesen vom Sein und vom Nichtsein des Daseins: der Leerheit (sunya vada) kommt weder Sein noch Nichtsein zu. Der Zustand der vollkommenen Erkenntnis liegt in der vollkommenen Streitlosigkeit.

Wir gewinnen eine Anschauung aus zwei Büchern (Prajnaparamita, Nagarjuna). Sie sind ins Deutsche übersetzt aus dem Chinesischen und Tibetischen, während die Sanskrit-Originale verloren sind. Ferner gehören dazu einige kurze Kapitel in den Sutra der 42 Abschnitte (übersetzt bei Hackmann, 246 ff.). Nagarjuna ist als Persönlichkeit kaum zu fassen. Er gilt uns als Repräsentant dieser äußersten Möglichkeit der Aufhebung der Metaphysik durch Metaphysik selbst.

I. Die Gedankenoperationen

1. *Ein Grundbegriff* dieses Denkens ist *dharma.* Was ist, ist dharma. Dharma ist Ding, ist Eigenschaft, ist Zustand, ist Inhalt und ist Bewußtsein des Inhalts, ist Objekt und Subjekt, ist Ordnung, ist Ge-

staltung, ist Gesetz und Lehre. Es liegt die Vorstellung zugrunde, »daß nicht sowohl ein Geordnetes, ein Gestaltetes, als vielmehr ein Sichordnen, ein Sichgestalten den Inhalt der Welt bildet, und daß jede Ordnung einer anderen Ordnung, jede Gestaltung anderen Gestaltungen Platz machen muß« (Oldenberg). Die dharmas, obgleich jeder selbständig ist, werden aufgezählt in einer Art Kategoriensystem, bis zu 75 dharmas. Dharma ist so vieldeutig wie unser abendländisches »Sein«. Das Wort zu übersetzen, mißlingt, weil seine Bedeutungen allumfassend sind.

2. Das *Ziel* dieses Denkens wird ausgesprochen als *»Nichthaften«* an den dharmas, als Nichtannehmen, als Nichterfassen der dharmas, als Sichloslösen, Sichbefreien von ihnen, um in die vollkommene Erkenntnis zu gelangen. Daher wird der vollkommen Erkennende (der Bodhisattva) »nicht in der Erscheinung stehen, nicht in der Empfindung, nicht im Begriff, nicht in den Gestaltungen, nicht im Bewußtsein« (Pr 37).

Kinder und gewöhnliche Leute haften an den dharmas. Obgleich alle dharmas nicht eigentlich sind, werden sie von ihnen vorgestellt. Nachdem sie diese vorgestellt haben, haften sie an Name und Form. Anders der Erkennende: Lernend lernt ein Bodhisattva nicht irgendeinen dharma. »Er findet die dharmas vor so wie sie nicht vorgefunden werden.«

Die Loslösung verlangt einen letzten Schritt. Ich könnte denken: Die Lehre selber ist doch da, sie ist der dharma, der vielleicht ist. Buddha ist doch dagewesen. Die Bodhisattvas sind da, die die Vollkommenheit der Erkenntnis erlangen. Sind sie nicht Wirklichkeit? Nein, auch dieses alles ist leer. »Nicht sehe ich jenes Ding (dharma), das Bodhisattva wäre; auch jenes Ding (dharma), nämlich die Vollkommenheit der Erkenntnis, erblicke ich nicht« (Pr 35). Die Vollkommenheit der Erkenntnis kann nicht vorgestellt werden und ist nicht als etwas Vorkommendes da. Denn was Nichterfassen der Erscheinung ist, das ist selber nicht Erscheinung; was Nichterfassen von Empfindung, Begriff, Gestaltung, Bewußtsein ist, das ist selber nicht Bewußtsein. Das ist der radikale Grundgedanke: sich von allem loslösen und dann von der Loslösung loslösen; nirgends hängenbleiben.

3. Das *Mittel dieses Denkens* ist die *Dialektik,* wie sie die indische Logik entwickelt hatte. Sie erst versteht und erwirkt die vollkommene Loslösung im Nichthaften. Jede Denkbarkeit, sofern in ihr etwas getroffen sein soll, was ist, wird dialektisch vernichtet. Diese Operationen

sind vor allem von Nagarjuna entfaltet. Sie werden selber wieder eine Lehre. Aus ihr seien einzelne Gedankenführungen wiedergegeben:

a) *Alle Bezeichnungen sind wesenlos:* Spreche ich, so meine ich durch Zeichen (nimitta) das zu treffen, was bezeichnet wird. Bezeichnungsunterschiede müssen »erreicht« werden, um zum Beispiel Entstehen und Vergehen zu erreichen. Aber Bezeichnung und Unterscheidung fangen uns in Täuschung; das ergibt sich durch folgende Gedanken:

Bezeichnung und Bezeichnetes können weder als Eines noch als Verschiedenes erreicht werden. Denn wären sie Eines, so würde, wenn Feuer gesagt wird, das Wort brennen. Wären sie Verschiedenes, so wäre doch eine Bezeichnung nicht ohne Bezeichnetes, und umgekehrt kein Bezeichnetes ohne Bezeichnung; darum können beide nicht verschieden sein. Also sind Bezeichnung und Bezeichnetes weder als Eines noch als Verschiedenes zu erreichen, und damit überhaupt nichts, sofern ich spreche. Sagt man aber, die Bezeichnung sei wie eine Spiegelung, so wäre sie als bloße Spiegelung falsch. Was aber unter einem Falschen vorgestellt und unterschieden wird, das ist nicht wahrhaftig seiend.

Weil also Bezeichnung und Bezeichnetes weder als Eines noch als Verschiedenes erreicht werden, werden auch die Unterscheidungen des Bezeichneten wie Vergehen und Entstehen, Kommen und Gehen usw. nicht erreicht. Darum ist das Wandeln in Zeichen ein Wandeln im Schein, fern von Erkenntnisvollkommenheit. Es wandelt aber jeder in Zeichen, wenn er in Zeichen der Erscheinung wandelt, – wenn er in der Vorstellung wandelt: die Erscheinung ist Zeichen, – wenn er in der Vorstellung wandelt: die Erscheinung ist leer, – wenn er in der Vorstellung »ich wandle« wandelt, – wenn er im Bewußtseinszeichen wandelt, in der Vorstellung »Bewußtsein ist Zeichen«.

Es gibt aus dem Sprechen durch Bedeutungen (Zeichen) kein Heraus mit dem Mittel des Sprechens. Immer bin ich mit jedem Satz wieder gefangen in das, dem ich entrinnen wollte.

b) *Nach dem Augenschein ist alles und ist auch nicht:* Alle Aussagen lassen sich durch Hinweis auf einen Augenschein erweisen oder widerlegen.

Etwa: »Vergehen« trifft nicht zu: denn in der Welt werden Dinge als unvergänglich gesehen, z. B. ist heute Reis da, weil er immer da war. Da er vorhanden ist, ist kein Vergehen. Auch »Entstehen« trifft nicht zu: in der Welt werden Dinge als unentstanden gesehen. – Entsprechend weiter etwa: Vernichtung ist nicht; denn aus dem Reissamen entsteht der Reiskeim. Da das Entstehen wahrgenommen wird, ist nicht Vernichten. Umgekehrt: Ewiges ist nicht, weil keine ewigen Dinge in der Welt vorkommen: der Samen von Reis wird zur Zeit des Sprossens nicht gesehen. – So wird weiter am Augenschein immer wieder anders gezeigt: die Dinge sind nicht einheitlich, sind nicht verschiedentlich, – es ist kein Kommen, es ist kein Gehen usw.

Diesem Gedanken liegt der Tatbestand zugrunde, daß alle Kategorien sich irgendwo in der Welt aufweisen lassen. Statt etwa zu fragen, wo sie gelten und wo sie nicht gelten, werden sie von dieser am Augenschein widerlegenden Methode als partikular gültige immer irgendwo zutreffend gezeigt, damit aber zugleich nicht zutreffend als absolut für alles gültig genommen und als solche absolute Kategorien leicht widerlegt.

c) *Wie Sein und Nichtsein widerlegt wird:* Sein ist, und nichts ist nicht. Diese Position wird von Nagarjuna ebenso verworfen wie die: es ist nichts. Er vollzieht folgende Gedankenschritte, in denen jedesmal eine These aufgestellt, widerlegt, einer neuen These Platz geschaffen, diese wiederum widerlegt wird.

Erstens: ‚Die Dinge sind an sich. Nein, denn was an sich ist, ist nicht aus Ursachen und Bedingungen hervorgegangen. Nun ist aber alles, was ist, aus Ursachen und Bedingungen. Also ist nichts an sich, sondern alles durch anderes.

Zweitens: Wenn kein Ansichsein ist, so ist doch Anderssein. Nein, denn wenn Ansichsein nicht ist, woher wäre dann Anderssein? Nur fälschlich wird eines anderen Dinges An-sich-sein Anderssein genannt. Wenn Ansichsein nicht ist, ist auch kein Anderssein.

Drittens: Auch ohne Ansichsein und Anderssein werden doch Dinge sein. Das ist unmöglich. Denn wo wäre ein Sein ohne Ansichsein und ohne Anderssein? Daher: Nur wenn Ansichsein und Anderssein sind, wird Sein erreicht.

Viertens: So ist doch Nichtsein. Keineswegs, denn wenn Sein nicht erreicht wird, wird auch Nichtsein nicht erreicht. Nur eines Seins Anderssein nennen die Leute Nichtsein.

Der Nerv des Gedankens liegt in dem Aufweis der Unmöglichkeit des Seins wie des Nichtseins:

Wenn Sein von sich aus (An-sich-sein) wäre, so würde nicht dessen Nichtsein sein. Niemals wird ein von sich aus Seiendes anders. Wenn von sich aus Seiendes wirklich existiert, dann ist Anderssein nicht möglich.

Wenn aber Sein von sich aus (An-sich-sein) nicht existiert, wessen sollte dann das Anderssein sein? oder wessen dieses Nichtsein?

Das Ergebnis für das Verhalten des vollkommen Erkennenden ist dieses: »Es ist« – das ist Ewigkeit ergreifen. »Es ist nicht« – das ist Vernichtungsansicht. Beides erwies sich als unhaltbar. Deshalb darf sich der Weise nicht auf Sein und nicht auf Nichtsein stellen, weder die Ewigkeitsansicht noch die Vernichtungsansicht behaupten.

Will jemand irgendeinen Endpunkt des Gedankens als Lehre festhalten und etwa entweder Sein oder Nichtsein behaupten, so ist die Antwort: Die, welche Ansichsein und Anderssein, Sein und Nichtsein sehen, die schauen noch nicht die Beschaffenheit der Lehre des Buddha. Wenn Buddha Sein widerlegt, so behaupten die Menschen fälschlich, er behaupte Nichtsein. Wenn Buddha Nichtsein widerlegt, so behaupten sie fälschlich, er behaupte Sein. Aber er hat, Sein und Nichtsein erörternd, Sein und Nichtsein widerlegt. Daher sind beide Ansichten, die des Seins und die des Nichtseins, aufzugeben.

d) *Das Schema dieser Widerlegungstechnik:* Es wird methodisch bewußt, daß schlechthin jede mögliche Aussage widerlegt werden könne und müsse.

Daher wird geradezu der grundsätzliche Widerlegungsanspruch allen Positionen gegenüber erhoben: »Die Samkyas nehmen an, Grund und Folge seien eines, darum heißt es, um sie zu widerlegen: nicht eines. Die Vaisesikas nehmen an, Grund und Folge seien verschieden, daher heißt es, um sie zu widerlegen: nicht verschieden.«

Bei diesem Verfahren hat sich ein methodischer Typus herausgebildet: jeweils vier Möglichkeiten durchzugehen und jede einzeln und schließlich alle zu verwerfen, nämlich: 1. etwas ist, 2. es ist nicht, 3. es ist sowohl, als es auch nicht ist, 4. es ist weder, noch ist es nicht. Jeder Ausweg zu einer letzten, gültigen Aussage wird verschlossen.

Die Folge ist, daß alles negativ und positiv formuliert werden kann. Buddha hat eines gelehrt und auch das Gegenteil. Der Gegensatz von Wahr und Falsch wird überwunden und auch der Gegensatz zu diesem Gegensatz. Es bleibt schlechthin keine Aussage als bleibende möglich.

Die vier Ansichten werden bei jedem dharma wiederholt und verworfen, z. B.: Ende ist; Ende ist nicht; Ende ist und ist nicht; Ende ist weder, noch ist es nicht. – Oder: Nach dem nirvana existiert Buddha; er existiert nicht; er existiert und existiert nicht; er existiert weder, noch existiert er nicht. – Oder: Wer in der vollkommenen Erkenntnis wandelt, faßt nicht auf »ich wandle«, auch nicht »ich wandle nicht«, auch nicht »ich wandle und ich wandle nicht«, auch nicht »weder wandle ich, noch wandle ich nicht«.

e) *Das Material, das und an dem widerlegt wird:* Der Gedankengang wiederholt sich ständig, aber in immer anderem Material. Dieses ist vorgegeben in den Denkweisen, Meinungen, Aussagen, kurz in den Kategorien der indischen Philosophie. Wie das Feuer vom Brennstoff abhängig ist, so die Operation des Auflösens von dem, was aufgelöst wird. Viele dieser Kategorien sind auch uns geläufig, manche ungewohnt, alle haben eine indische Farbe, wenn sie auch in unserer Sprache genannt werden: Sein und Nichtsein, Entstehen und Vergehen, Kausalität, Zeit, Materie, Selbst usw.

a) Es gibt *zwei Wahrheiten:* die *weltlich verhüllte Wahrheit* und die *Wahrheit des höchsten Sinnes.* Die verhüllte Wahrheit sieht alle dharmas als entstanden. Die Wahrheit des höchsten Sinnes läßt alle dharmas als unentstanden erschauen. Nun läßt sich der höchste Sinn nicht unabhängig von der verhüllten Wahrheit gewinnen. Unabhängig vom höchsten Sinn aber wird das nirvana nicht erreicht. Das heißt aber: Buddhas Lehre ist abhängig von zwei Wahrheiten, oder: nur auf dem Wege über das Falsche wird das Wahre erreicht. Dieser Weg aber kann nur durch die Erleuchtung von der höchsten Wahrheit her beschritten werden. Kraft dieser Erleuchtung wird dann schon im Denken der an sich leeren dharmas die weltliche Verkehrtheit nicht faktisch angenommen, vielmehr das Haften an ihr, während ich sie denke und mitmache, doch schon gelöst.

b) Wenn so das Eine in den zwei Wahrheiten aufgefaßt wird, dann führt diese Auffassung zu zwei einander entgegengesetzten Ansichten, nämlich der Ansicht entweder vom wesenhaften Ansichsein aller Dinge oder vom Nichtsein aller Dinge: Werden die Dinge als an sich seiend betrachtet, als wesenhaft existierend, so sind sie grundlos und bedingungslos, dann gibt es keine Ursache und keine Folge, kein Tun und keinen Täter, kein Entstehen und kein Vergehen. Werden die Dinge als nichtseiend betrachtet, so ist nichts als ein Zauberschein. Beiden gegenüber sieht Nagarjuna die Dinge in ihrer Leerheit. Sie sind weder jenes ewige Ansichsein noch sind sie Nichts. Auf dem »mittleren Wege« zwischen Sein und Nichtsein sind sie, aber sie sind leer. Es gibt kein dharma, das nicht abhängig entstanden wäre, daher gibt es keine nicht leeren dharmas.

Diese seine Ansicht nennt Nagarjuna die Lehre vom »abhängigen Entstehen«. Sie ist für ihn Ausdruck der tiefsten Wahrheit. Wenn er sie formuliert, muß er aber damit zugleich wieder in bestimmte, nach seinem eigenen methodischen Schema unzureichende Bahnen gelangen, z. B. wenn er diese Lehre zusammenfassend ausspricht: »Ohne Entstehen, auch ohne Vergehen, nicht ewig, auch nicht abgeschnitten, – nicht eines, auch nicht verschieden, – ohne Kommen, auch ohne Gehen, – wer so das abhängige Entstehen lehren kann, das stille Erlöschen der Entfaltung, vor ihm beuge ich das Haupt.«

Die Ansicht von der Leerheit der Dinge im abhängigen Entstehen rettet die Wirklichkeit der Überwindung des Leidens, die Wirklichkeit des Weges. Denn wenn Ansichsein ist, dann gibt es kein Entstehen und kein Vergehen. Was nicht durch eigenes Wesen existiert, kann nicht entstehen und wird ewig verharren. Wenn Ansichsein ist, kann daher auch nichts mehr erreicht werden, nichts mehr getan werden, weil alles schon ist. Wenn Ansichsein ist, so wären die lebenden Wesen frei von verschiedenartigen Zuständen. Es gäbe kein Leid. Wenn aber die Leerheit der Dinge ist, dann gibt es Entstehen und Vergehen, Tun und Erreichen. Wer die Leerheit der Dinge bestreitet, bestreitet die allen gemeinsame weltliche Gegenwärtigkeit. Es gibt das Leiden, gerade weil dieses nicht an sich existiert und Nichtewiges ist.

c) Die erstaunlichste, klar ausgesprochene Konsequenz ist: Wenn alles nicht eigentlich ist, so scheint sich auch die Nichtexistenz des Buddha zu ergeben, die Nichtexistenz der Lehre, der Erkenntnis, der Übung, der Gemeinde, der Mönche, der am Ziel angelangten Weisen. Wird dies als Einwand vorgebracht, so ist die Antwort: Sie sind im Sinne des Leerseins, des Weder Seins noch Nichtseins. Weil das Leersein ist, darum gibt es Buddha. Wenn die Dinge nicht leer wären, es kein Entstehen und Vergehen gäbe, kein Leid, dann würde es auch nicht Buddha und seine Lehre vom Leid, von der Aufhebung des Leidens und von dem Weg zur Aufhebung des Leidens geben. Wenn Leid an sich wäre, könnte es auch nicht zerstört werden. Wenn der Weg an sich existierte, wäre sein Begehen nicht angängig, denn bei dem, was ewig ist, existiert kein Begehen. Wenn man Ansichsein annimmt, dann ist nichts mehr zu erreichen. Daher geschieht im Leeren, was Buddha ist, lehrt und was seine Lehre bewirkt. Nur wenn ein Mensch alle dharmas in der Leerheit durch Bedingungen entstehen sieht, so kann dieser Mensch des Buddha Lehre sehen, die vier edlen Wahrheiten sehen, die Vernichtung des Leidens erreichen.

Wer den Einwand aus der Wesenlosigkeit der Buddhalehre gegen diese Lehre wendet, hat den Sinn der Lehre nicht verstanden. Der Einwand hört auf, wenn alles Gedachte, Vorgestellte, Seiende im Leeren selbst gesehen wird.

Für wen Leerheit richtig ist, für den ist alles, Weltliches und Überweltliches, richtig. Für wen Leerheit nicht richtig ist, für den ist alles nicht richtig.

Wer die vier Ansichten des logisch-methodischen Schemas unterscheidet, bewegt sich in der verhüllten Wahrheit. Er ist behaftet mit vielen Arten von Vorstellungen. Er hält noch die Alternative fest: »Wenn das wahr ist, so ist das andere sinnlos.« Er »faßt massiges Ergreifen«.

Für die aber, denen das Auge der wahren Erkenntnis geöffnet ist, werden die vier Ansichten hinfällig.

Die den Buddha durch Entfaltungen wie: Sein – Nichtsein, Ewig – Nichtewig, Leeres – Nichtleeres, Leib – Geist usw. zu sehen sich einbilden, die sind durch die Entfaltungen am geistigen Auge beschädigt. Sie sehen den Buddha nicht, so wenig wie die Blindgeborenen die Sonne. Wer aber das abhängige Entstehen sieht, der sieht das Leid, die Entstehung, die Zerstörung des Leidens und den Weg. Ebenso wie ein mit Augen versehener Mensch durch das Scheinen eines Lichtes alle die verschiedenen Erscheinungen sieht.

II. Erörterungen über den Sinn der Lehre

1. *Lehrbarkeit:* Sofern in der Lehre jede Aussage widerlegt, jede Seins- und Nichtseinsbehauptung zersetzt und dies Verfahren als allgemeingültig behauptet wird, liegt eine Lehre vor. Als solche pflegt man sie Negativismus oder Nihilismus zu nennen. Das aber ist nicht richtig. Denn in der Lehre wird gerade das Eigentliche gesucht, und zwar so, daß dieses Eigentliche seinem Sinn nach selber keine Lehre werden kann. Daher endet sie stets mit paradoxen, sich selbst aufhebenden und dadurch auf ein Anderes weisenden Sätzen: »Der Buddha sagt: Meine Lehre ist, zu denken das Denken des Nichtdenkens, zu sprechen die Sprache des Nichtsprechens, zu üben die Disziplin der Disziplinlosigkeit« (Sutra der 42 Abschnitte).

Die Lehre findet nun aber in der Tat doch als Lehre statt, in Schrift, mündlichem Unterricht, in Übungen und Verhaltungsweisen. »Auf der Stufe des Hörers ist diese Erkenntnisvollkommenheit zu hören, zu ergreifen, festzuhalten, herzusagen, vorzutragen. In dieser Erkenntnisvollkommenheit aber soll man sich unterrichten und bemühen« (Pr 36). Das aber ist nur die erste Stufe. Der Mönch, noch nicht am Ziel, die Lehre hörend, hingegeben der Allerkenntnis, »folgt dem Vertrauen« (Pr. 38), wenn er so die Lehre lernt. Er ist noch nicht in der Wahrheit. Diese wird nicht schon durch einen wißbaren logisch bestimmten Inhalt ergriffen, sondern sie »erwacht plötzlich zur unübertroffenen vollkommenen Erleuchtung« (Pr. 41).

Dieser Vorgang von Hören und Lernen bis zum Aufgehen der Wahrheit selber ist ein Prozeß, der mit dem Denken den ganzen Menschen ergreift. Die Gedankengänge als solche lassen nichts feststehen, lösen auf, verwirren und bringen in Schwindel. Daher heißt es: »Wenn er, diese Gedanken hörend, nicht erschrickt und sich nicht fürchtet ..., wenn er bei solcher Lehre nicht niedersinkt, nicht ängstlich wird, wenn nicht seinem Geiste das Rückgrat gebrochen wird ..., so ist dieser in der Erkenntnisvollkommenheit zu unterweisen« (Pr 35, 77).

Lesen wir die Texte, so sehen wir, wie die Lehre im Üben bestand, in ständigen Wiederholungen; wie in diesem Wiederholen und Abwandeln eine eigene Stimmung ist, die dem Gehalt entspricht. Das Logische ist selten rein herausgearbeitet, noch seltener in klar geordneter und geschliffener Form. Die Dialektik verbindet sich mit bloßen Aufzählungen. Dies ist vielleicht sachgemäß. Denn alle logische Zersetzung ist hier Vorbereitung nicht auf eine in gedanklicher Entfaltung positiv dargebotene Einsicht, sondern auf das von anderswoher erfüllte Schweigen. Alle Begründung hebt sich hier selber auf.

Dies ist anschaulich in einigen Anekdoten (nach Hackmann). Bodhidharma fragte seine Schüler, warum sie ihre Erfahrung nicht ausspräched. Die Antworten sind sämtlich richtig, aber sie folgen einander von den vordergründigen zu wahreren. Der erste sagt: sie sei von formulierten Worten nicht abhängig, wenn sie auch mit ihnen in der Unterweisung zusammenhinge. – Der zweite: das Erfahrene sei wie ein Paradies, verschwinde sofort wieder, so daß es sich nicht äußern lasse. – Der dritte: da alles Existierende nur Scheindasein habe, so sei der Inhalt seiner Erfahrung, in Worte gefaßt, auch Schein und Leerheit. – Der vierte tritt, anstatt zu antworten, in verehrender Haltung vor den Meister hin und verharrt in Schweigen. Der letzte hat die wahrste Antwort gegeben und wird Nachfolger des Patriarchen.

Bodhidharma spricht mit dem Kaiser Liang Wu Ti. Der Kaiser sagt: Unablässig habe ich Tempel gebaut, heilige Schriften herstellen lassen, neuen Mönchen Erlaubnis zum Eintritt in die Klöster gegeben. Welch Verdienst? – Gar keins! All das ist nur der Schatten, der dem Gegenstand folgt, und ist ohne wirkliches Sein. – Der Kaiser: Was ist denn wahres Verdienst? – Daß man, umgeben von Leere und Stille, im Denken versunken ist. Solch Verdienst läßt sich durch weltliche Mittel nicht erwerben. – Der Kaiser: Welches ist die wichtigste der heiligen Lehren? – In einer Welt, die völlig leer ist, kann man nichts heilig nennen. – Der Kaiser: Wer ist es, der mir so entgegnet? – Ich weiß es nicht.

Nun aber ist die Frage: Eine Erkenntnisvollkommenheit nicht findend, nicht wahrnehmend, nicht erblickend ..., in welcher Erkenntnisvollkommenheit soll ich da unterweisen? Antwort: Er soll sich so üben, daß er, sich übend, sich auf den Gedanken der Erleuchtung nichts einbildet. Die Natur dieses Gedankens ist rein. Dieser Gedanke ist in der Tat Nichtgedanke.

Auf die Frage, ob dieser Gedanke der vollkommenen Erkenntnis, weil er Nichtgedanke ist, also nicht ist, lautet die Antwort: In dem, was Nichtgedanke ist, wird ein Sein oder Nichtsein nicht vorgefunden; daher ist die Frage nicht möglich, ob der Gedanke, der Nichtgedanke ist, ist (Pr. 35).

2. *Was ist der Sinn der Denkoperationen?* Die Forderung ist, nirgends eine Position festzuhalten, vielmehr von allen sich zu lösen, sich nicht auf irgendein dharma, nicht auf Töne und Tastbares, auf Gedachtes und Vorgestelltes zu stützen, in allen Begründungen die Begründung zu zersetzen – »was begründet ist, das ist eben nichtbegründet« (Pr 149) –, daher kein alternatives Denken zur Entscheidung zwischen Entgegengesetztem zuzulassen, vielmehr alle Unterscheidungen wieder aufzuheben. Es gibt keine Grenze bei einem letzten Ruhepunkt, sondern nur im Scheitern des Denkens durch das Denken selber die Aufhebung des Denkens zu einem Mehr-als-Denken, zu der Vollkommenheit der Erkenntnis. Die Inhaltlosigkeit, die im zwingenden Denken hervorgerufen wird, soll den unendlichen Gehalt des Undenkbaren wecken.

Daher wird das Denken zu einem ständigen Sichüberschlagen. In jeder Aussage als solcher liegt schon das Widersinnige. Das Sagen wird begriffen als notwendig sich selber aufhebend. Dieses Sichaufheben ist die Möglichkeit des Erweckens der Wahrheit.

Die eigentliche Wahrheit kann nur dadurch offenbar werden, daß sie als ausgesagte sich verneint. Daher führt der Weg durch eine Wahrheit, die als gedachte keine ist, zur Wahrheit, die als nicht mehr gedachte sich zeigt. Diese eigentliche Wahrheit lebt als Denken von dem Verbrennungsprozeß der vorläufigen Wahrheit.

Fragt man, was denn nun dieses durch Denken erreichte Nichtdenken sei, diese Losgelöstheit auch noch von allen Loslösungen, so ist die Antwort: Unerfaßtes erfassend, wird sie selber nicht erfaßt, denn sie ist durch Zeichen nicht mehr zu erfassen (Pr 38). Dorthin gelangend, wird der Weise »feststehend im Sinne des Nichtstehens« (Pr 48); »nicht irgendwo wird er stehen, vielmehr wird er in der Allerkenntnis stehen in der Weise des Nichtstehens«.

Da nun der Lehrer dieser Lehre, indem er spricht, sich ständig widerspricht, so wird dies methodisch bewußt. Sie ist die Radikalität des Denkens dessen, der nicht Fuß faßt in den dharmas. Er vermag dadurch »immer einen Ausweg« zu finden, von welchem dharma her auch immer er gefragt wird. Wenn er spricht, kommt er mit dem Wesen der Lehre nicht in Widerspruch wegen seiner Unabhängigkeit von allen dharmas, wohl aber in Widerspruch mit allen, auch den von ihm selbst gesagten Sätzen. Daher ist dann auch alles falsche Sprechen, weil Sprechen an sich immer falsch ist, gerechtfertigt: »Wo immer zur Zeit des Lehrens durch Leerheit irgendwer durch Nichtleerheit die Fehler angibt, bei dem ist alles ohne Fehlerangeben und als dem zu Erreichenden gleich zu verstehen.« Das ist »als der Kern aller mit Leerheit verbundenen Erörterungen zu betrachten« (Nag I, 27).

Man kann den Sinn dieses Denkens auch so aussprechen: Durch Denken ist die Fesselung an das Gedachte, an die dharmas, erfolgt; das ist der Grund des Abfalls in unser leidvolles Dasein. Durch dasselbe Denken, aber in umgekehrter Richtung, wird das Gedachte wieder aufgelöst. Nachdem das Denken uns in Banden geschlagen hat, werden diese mit seinen eigenen Waffen wieder gesprengt zum Durchbruch in das Nichtdenken, zur Freiheit.

Nagarjuna will das Nichtdenkbare denken und das Nichtsagbare sagen. Er weiß dies und will das Gesagte rückgängig machen. Daher bewegt er sich in sich aufhebenden Gedankengängen. Die offenbaren logischen Fehler in den Texten beruhen nur zum Teil auf Mängeln, die korrigiert werden könnten, zum andern Teil gerade auf logischen Notwendigkeiten, die sich in der Konsequenz des Unmöglichen, nämlich des Aussprechenwollens absoluter Wahrheit, ergeben.

In Nagarjunas Denken läßt sich eine formale Analogie einerseits zur Dialektik im zweiten Teil von Platos »Parmenides«, andererseits zu moderner Logistik (Wittgenstein) finden. Diese Logistik vermöchte planmäßig die Fehler zu korrigieren, die in den indischen Texten für den Abendländer so störend sind wie auch noch die in dem so unendlich viel weiter ausgearbeiteten Denken von Platos »Parmenides«. Jene indischen Texte lassen wie durch ein trübes Medium nur augenblicksweise in voller Helligkeit durchbrechen, was hier logisch getan wird. Umgekehrt aber geht wie von Plato so von diesen Indern her an die bloß logistischen Bemühungen die Frage nach deren Sinn. Nur bei Wittgenstein glaube ich etwas davon zu spüren, was es bedeuten könnte, durch das reinste, fehlerfreie Denken das Denken selber an die Grenze zu bringen, wo es scheitert. Die Tiefe trotz des Trüben in den indischen Texten könnte in der heute möglichen Helle, die als bloße Helle eine nichtige Spielerei bleibt, Anstoß zur Selbstbesinnung werden.

3. *Die Logik im Dienste:* Die Undenkbarkeit der Bewegung, der Zeit, des Einen für den unterscheidenden, fixierenden, alternativ den-

kenden Verstand und die Aufgabe, Denkoperationen zu finden, mit denen unter jeweils bestimmten Voraussetzungen in bestimmter Hinsicht eine Bewältigung stattfindet, das ist im Abendland ein Feld großartiger Erkenntnis im Endlichen geworden, wobei das Unendliche selber in bestimmten Formen oder Aspekten ein Mittel endlichen Denkens wurde.

Diese Probleme sind in Indien nur in Ansätzen ergriffen. Diese Ansätze stehen durchweg im Dienste eines anderen Ziels als dem der Lösung bestimmter Probleme (dieses Ziel könnte nach den raffinierten logischen Erkenntnissen der neueren Jahrhunderte wieder erstehen in einem heute nicht entschiedenen Sinne).

Wenn in den Aussagen kein Halt ist, wenn alles in Anderssein, Gegensatz, Widerspruch sich auflöst, wenn alle Bestimmungen verschwinden, keine Position bleibt, dann bedeutet das am Ende entweder das Auftreten des Nichts oder das Fühlbarwerden des eigentlichen Seins, wenn dieses auch nicht mehr nur Sein genannt werden kann. Anders formuliert: Am Ende steht entweder ein spielerisches Interesse an »Problemen« oder eine Seelenverfassung, die in solchen Mitteln einen der Wege zum Selbstverständnis und zum Sichselbsthervorbringen findet, eine Seelenverfassung vollkommener Weltüberlegenheit, vollkommener Distanz zu allen Dingen und zum eigenen Dasein und damit vollkommener Selbstüberlegenheit.

In den Gedankenbewegungen wird gewonnen die Rückbeziehung ohne Beziehung auf Etwas, dieses Sein als Nichts, dieser Raum als Leere – und immer mit der Frage: was ist dort wirklich? Ausgesagt ist es nicht mehr das, als was es gemeint war, aber praktisch gewinnt es eine Sichtbarkeit in der Welt.

Blicken wir nach Asien, so ist diese Sichtbarkeit entweder das mönchische Leben in der Meditation, gesteigert durch Exerzitien, oder sie stellt sich dar in Riten und Kulten, in Zauber und Gebärden. Beides aber ist nicht das, in dessen Dienst die logische Dialektik steht, wo sie philosophisch vollzogen wurde. Deren Ziele sind innerhalb jener Sichtbarkeiten ein Negatives: die Verwerfung aller Metaphysik als Wissen von einem anderen, mir gegenüberstehenden objektiven Sein (wie sie in hinduistischen Systemen vorlag) und ein Positives: der Gewinn der vollkommenen Erkenntnis in einem Zustand, der selber Nichtdenken, weil durch Denken ein Mehr-als-Denken ist.

4. *Gegen die Metaphysik:* Nagarjuna verwirft das gesamte metaphysische Denken. Er spricht gegen die Schöpfung der Welt, sei es durch

Gott (Isvara), sei es durch den purusa, sei es durch die Zeit, sei es durch sich selbst. Er spricht gegen die Befangenheit in Vorstellungen von Bestimmungen, Eigensein, Atomen, spricht gegen die Ansichten des Vernichtetwerdens von allem und die des Ewigseins, spricht gegen die Ansicht vom Selbst.

An die Stelle der verworfenen Metaphysik tritt jene logische Denkungsweise. Was Buddhas Grundhaltung war, die Ablehnung ontologischer Fragestellungen zugunsten des Hinblicks auf das Heil und die für dieses Heil wesentliche Wahrheit, wird zu Ende gedacht. Die frühere Seinsspekulation wird zur Erhellung durch Denkbewegungen, die sich selbst aufheben.

Die indische Philosophie hatte schon längst eine reiche Logik ausgearbeitet. Dabei war jedoch an die öffentliche Diskussion gedacht und an ein weltliches Wissen. Noch in späteren Jahrhunderten wurde in tibetischen Sekten die Logik zu den weltlichen Wissenschaften gerechnet (Stcherbatsky). Hier aber wurde die Logik das Mittel der Einung mit dem eigentlichen Sein, nicht in ontologischer Seinserkenntnis, sondern in dem Verbrennungsprozeß des Denkens durch das Denken selber.

Dieses Denken vermag metaphysische Gedanken nur aufzulösen, nicht hervorzubringen. Es findet keine Heimat, weder in der Welt noch in einem gedachten Reich der Transzendenz. Die metaphysische Spekulation ist erloschen, das mythische Denken nichtig geworden. Aber alles bleibt als das stets neu zu verbrennende Material faktisch da, solange dieser Welttraum dauert.

Stcherbatsky kontrastiert die buddhistische antimetaphysische Philosophie mit der metaphysischen Philosophie des Vedanta. Beide leugnen die Realität der Welt. Wenn jedoch der Buddhist die Realität der Erscheinungswelt verneint, so bleibt er dabei stehen, denn darüber hinaus beginnt das für unsere Erkenntnis Unzugängliche. Der Vedantist dagegen leugnet die Realität der Erscheinungswelt nur, um so das wahre Sein des Brahman festzustellen. Der Buddhist sagt weiter: Das Wesen der Erkenntnis ist ungeteilt, nur unserem getäuschten Blick stellt es sich im Bewußtsein der Spaltung in Subjekt und Objekt dar. Der Vedantist aber sagt: Das Wesen der ganzen Welt ist eine einfache Substanz, die niemals aufhört; nur eine Illusion bezeugt die Teilung des Bewußtseins in Objekt und Subjekt.

5. *Der Zustand der Vollkommenheit der Erkenntnis:* Er heißt Streitlosigkeit. Das Denken, das, ständig im Streit, jede Aussage vernichtet, geht gerade damit dorthin, wo jeder Streit aufhört, wo der Streitlose

»wohnt« (Pr 36, 54). »In der Streitlosigkeit verharren« ist die Forderung. Was ist das für ein Zustand?

Er wird beschrieben: Mit getaner Arbeit, mit getaner Aufgabe ist die Last abgeworfen, ist das Ziel da. Die Gedanken sind frei gemacht, die Beherrschung allen Denkens gewonnen im losgelösten Erkennen, das sich selber beherrscht. Die Bande des Daseins sind geschwunden, die Unreinheiten gefallen, die Qualenlosigkeit ist erreicht (Pr 34).

Alle dharmas erwirken in der Täuschung der Zeichen und, überschwemmt von Leidenschaften, die Not des Leidens. Ist diese in ihrer Leerheit begriffen, so ist sie überwunden. Nun ist der Zustand frei zugleich von Täuschung und von Qual. In der vollendeten Ruhe hört die Leerheit der dharmas zwar nicht auf da zu sein, aber dies Dasein berührt nicht mehr, hat seine Schrecken verloren, sein Gift, seine Macht. In diesem Zustand ist gegenwärtig das, worauf Zeichen wie Geburt und Tod und Zeit nicht mehr zutreffen, ein Unerschütterliches, für das alles Kommen und Gehen wesenlos wurde.

Diese gedankliche Haltung ist nicht, was sonst Skepsis heißt. Denn sie ist mit der Denkoperation, die über den Gegensatz von Richtig und Falsch, das heißt über das Denken, hinausführt, auch über den Gegensatz von Dogmatismus und Skepsis hinaus. Nennt man sie Negativismus, so wird verkannt, daß in ihr das Nein ebensosehr wie das Ja verschwunden ist. Nennt man sie Nihilismus, so geht verloren, daß sie die Alternative von Sein und Nichts verworfen hat.

Wie in der Vollkommenheit der Erkenntnis das »Sein« erfahren wird als Leerheit der Welt, das wird in Bildern veranschaulicht: Dem vollkommen Erkennenden sind alle Dinge dem Echo gleich, er stellt sie nicht vor, erblickt sie nicht, kennt sie nicht (Pr 75). In der Welt lebt er wie in der »Leerheit einer Gandharvenstadt« (Gespensterstadt) (Nag 27). Die »Trugbeschaffenheit« der Dinge, daß sie zugleich sind und nicht sind (und in allen vier Ansichten doch nicht richtig gedacht wurden), wird verglichen mit der (in Indien für real gehaltenen) Produktion eines Zauberers (Pr 46): wie nämlich ein Zauberer an einem Kreuzweg eine große Volksmenge hervorzauberte und dann ihr Verschwinden bewirkte, so ist die Welt. So wie dort vom Zauberer niemand getötet oder vernichtet wurde, so bringt hier der in der Erkenntnis Vollkommene unermeßliche Wesen zum Verschwinden.

Alle Dinge sind für ihn zu erkennen, zu sehen und zu glauben, wie durch einen, der sich weder im Begriff eines Dinges (dharma) noch im Begriff eines Nicht-Dinges (adharma) befindet. Das würde bekunden, wer eine Liedstrophe wie die folgende völlig erklären könnte: »Die Sterne, Finsternis, ein Licht, ein Trug, Tau, eine Wasserblase, ein Traum, ein Blitzstrahl, eine Wolke« (Pr 157).

Dem entspricht die Abschätzung der Daseinswerte in der Welt. Ein Text läßt Buddha sagen: »In meinen Augen ist die Würde eines Königs oder Fürsten nicht mehr als ein Sonnenstäubchen; in meinen Augen ist ein Schatz von Gold und Edelsteinen nicht mehr als Ton und Scherben; ... in meinen Augen sind die tausend Weltsysteme nicht mehr als eine Myrobalanenfrucht; ... in meinen Augen sind die Heilsmittel (des Buddhismus) nicht mehr als eine Anhäufung nichtiger Schätze; ... in meinen Augen ist der Pfad der Buddhas nicht mehr als der Anblick einer Blume; ... in meinen Augen ist das nirvana nicht mehr als ein Aufwachen aus täglichem oder nächtlichem Schlafe; ... in meinen Augen ist Irrtum und Wahrheit (der verschiedenen Schulen) nicht mehr als das Figurenspiel der sechs Drachen« (Hackmann).

Darf man sagen, der solcherweise Erkennende erblicke nur das eine unaussprechliche Nichts? er versinke im uferlosen Ozean des Unterschiedslosen? Wir müssen zögern. Wessen Bereich die Erlösung aus den Banden in den dharmas ist, der entzieht sich unserer Anschauung und unserem Urteil. »Wie im Luftraum der Weg der Vögel, ist der seine schwer zu verfolgen« (Dhammapada 92). Aber gewiß ist, daß in Verkehrungen des Ursprünglichen schnell das Nichtige, Nichtssagende und Gehaltlose auftritt.

6. *Die Verkehrungen:* Die Seelenverfassung der Welt- und Selbstüberlegenheit in der Leerheit der vollkommenen Erkenntnis wird zweideutig:

Die »Leerheit« in vollkommener Souveränität ist offen für jede Erfüllung, daher im Dasein nie vollendet erfüllt und nie am Ende. Sie ist aus fernster Ferne im Dasein, läßt die Erfüllungen zu, ohne an sie zu verfallen, ergreift, ohne ergriffen zu werden. Sie ist im Dabeisein immer zugleich darüber hinaus, spürt im Genügen das grenzenlose Ungenügen, das nur einen Schimmer empfängt von dem Glanz dessen, wohin alles Endliche scheitert. Daher ist diese Haltung in der Zeit, obgleich getragen von der Ruhe im Grunde, dennoch offen, das heißt bewegt, aktiv, bekümmert, verwirklichend, aber vollzieht dies an einem Maßstab, der es zugleich verschwinden läßt. Nun aber kann die Verkehrung der Leerheit stattfinden. Das geschieht, wenn sie nur negativ das Verwehen allen Daseins in der Ruhe des Nichts ist. Dann läßt sie das eigene Dasein einschrumpfen in der Zeit, weil alle Erfüllung verworfen wird zugunsten jener abstrakten Erfüllung des Nichtsein-Seins, der Leerheit, der Ruhe an sich. Wenn das Material der verhüllten Wahrheit nicht mehr da ist, kann auch jener in den unergründlichen Gehalt des Nirvana führende Verbrennungsprozeß nicht mehr stattfinden. Mit dem Material der Daseinswirklichkeit verschwindet auch die Sprache des Verstehens; es geschieht ein absinkendes Entschwinden in das Inkommunikable.

Während die so geschilderte Möglichkeit einer Verkehrung abendländisch gedacht ist, wird in den philosophischen Texten Nagarjunas die Verkehrung aus der wahren Denkweise in ihre falsche Aneignung seinem eigenen Denken angemessen gesehen. Er spricht aus, daß der Weg zur Vollkommenheit der Erkenntnis in allem, was von daher kundgegeben wird, mißverständlich ist, daß daher alles, was von dorther gesagt wird, auch alsbald mißbraucht wird, weiter, daß infolgedessen die Befreiung der Menschen in der Folge der Generationen gar nicht ein Fortschrittsprozeß ist, daß vielmehr der Mißverstand ins Verderben führt.

Die Prognose im ganzen ist schlecht. »Nach Buddhas nirvana, nach fünfhundert Jahren im nur nachgeahmten dharma, nachdem der Menschen Sinn allmählich stumpf geworden ist, erkennen sie nicht Buddhas Sinn und haften nur an Wort und Schriftzeichen« (Nag II, 2). Wie geschieht das? Sie hören und sprechen von absoluter Leerheit und verstehen nicht ihren Grund. Sie sprechen etwa den zweifelnden Gedanken aus: wenn alles leer ist, wie kann man dann die Folgen von Gut und Böse unterscheiden? So können sie nur fragen in weltlicher Vorstellung, weil für sie kein Unterschied ist zwischen weltlicher und absoluter Wahrheit. Das heißt: was spekulativ gemeint war, denken sie auf der Ebene zweckhafter Verstandeseinsicht. Im objektivierenden Denken verlieren sie den Sinn der Lehre der Leerheit, weil sie, gebunden an bloße Sätze, Konsequenzen ziehen, die der Lehre fremd sind. Sie verstehen nicht, daß die Aufhebung auch des Buddha, der Lehre, der Gemeinde in die Leerheit nicht etwa deren Bestreitung bedeutet, sondern ihr In-die-Schwebe-Bringen als dharma. Die Schwebe gelingt nur im Nichtverabsolutieren irgendeiner Vorstellung, eines Gedankens, eines Satzes. Sie bedeutet das Mitgehen im dharma auf dem wahren Pfad zum Verschwinden des Leids in der Erkenntnisvollkommenheit. Es ist die tiefste Welt- und Selbstdurchleuchtung im Nicht-absolut-Sein jeglicher Erscheinung. Diese Durchleuchtung verlieren sie durch ihr

Haften an Sätzen der Lehre. Der Gedanke geht ihnen verloren durch Abgleiten aus dem hinweisenden Zeiger zum Gewußtsein.

Der Umgang mit der tiefen Lehre ist heilsam, aber auch gefährlich. Sie bringt um, wenn sie nicht recht begriffen wird. Denn wenn die Leerheit mangelhaft geschaut ist, dann führt sie den Geringverständigen nicht nur in Täuschung, sondern ins Verderben, so wie giftige Schlangen bei schlechtem Zufassen, und wie Zauberkunst und Beschwörung bei schlechter Ausführung ins Verderben führen (Nag I, 151).

Wie die Leerheit schließlich im volkstümlichen Buddhismus aussah, spricht ein im 12. Jahrhundert geschriebenes chinesisches Erbauungsbuch in folgendem Satz aus: Wer die Leerheit der körperlichen Gebilde durchschaut, der läßt sich nicht mehr auf Meinungen ein, wird vom Wirken und Schaffen ablassen und mag gedankenlos dasitzen (Hackmann).

7. *Das ursprüngliche Bewußtsein des Umgreifenden als Voraussetzung:* Dieses merkwürdige Denken hat nicht einen Gegenstand, dessen Erkenntnis für den Verstand durch Gründe und Tatbestände erzwungen würde. Seine Voraussetzung ist nicht eine These, sondern das Umgreifende, das sich kundgibt durch die Denkgebilde und Gleichnisse. Alle Gedanken sind in eine Atmosphäre getaucht, ohne die sie absterben würden. Sie erhellen die vorausgesetzte Verfassung des Denkers, die er doch ohne dieses Denken nicht verwirklichen könnte.

Die Grundverfassung wird scheinbar durch logisches Denken erzwungen. Mit der Logik soll die Logik vernichtet und damit erwiesen werden, daß auch das Denken Schein ist. Es soll bewiesen werden, daß nichts bewiesen werden kann, daß vielmehr nichts zu behaupten und nichts nicht zu behaupten ist.

Dabei finden vielleicht Entdeckungen logischer Denknotwendigkeiten statt, die auch als solche Bestand haben. Aber sie sind dann nur noch ein rationales Spiel, an das die Frage zu richten ist, aus welchem Interesse es betrieben wird.

So wie dies Denken uns in asiatischer Gestalt vorliegt, sieht man ein über seinen Ursprung täuschendes Vordergrundsbild: Es wird in der Diskussion dem anderen, was er auch behaupten mag, aus der Hand geschlagen. Dieses Negieren erscheint im triumphierenden Bewußtsein des Zerstörens, dem nichts standhält. Alles Gesagte und Sagbare wird mit denselben, immer wiederholten Tricks als unhaltbar aufgewiesen. Hinter diesem in spielerischen Entartungen sich verlierenden Vordergrund steht der eigentliche Sinn: Alle Seins- und Nichtseinsaussagen sollen aufgehoben werden in der Streitlosigkeit. Die Selbstvernichtung allen Denkens soll freimachen für etwas anderes. Dieses andere kann erfüllt werden durch die Erfahrung in den Meditationsstufen höheren Bewußtseins vermittels der Yogatechnik. Aber zugänglich ist es in der Haltung normalen Bewußtseins. Hier wird die Leerheit gegenwärtig. Die Dinge schweben zwischen Sein und Nichtsein zugunsten eines Unaussprechlichen, aber mit voller Gewißheit Erfahrenen.

Dieses Umgreifende ist nicht als empirischer psychologischer Zustand zu beschreiben, aber es läßt sich umkreisen. Schayer versucht am ursprünglichen Wortgebrauch einen Hinweis. Sunyata (Leerheit) wird gebraucht für eine Stufe der Meditation (im Palikanon): »Und nun möge er ein leeres Dorf erblicken, und jedes Haus, das er betritt, möge verlassen, öde und leer sein; und jede Speise, die er berührt, möge gehaltlos und leer sein.« Hier wird die Sinnlichkeit des Menschen mit einem leeren Dorf verglichen, keineswegs bedeutet die Leere eine Leugnung des Seins, sondern die Gleichgültigkeit, Fadheit, das Nichtbetroffensein. »Animitta« (ohne bestimmtes Sosein, Zeichenlosigkeit) bedeutet im Palikanon: nicht haften an Merkmalen des Wahrgenommenen; es bedeutet nicht Leugnung, sondern ein praktisches Verhalten, in dem der Mönch als wachsamer Torwärter den von außen einströmenden sinnlichen Erregungen den Zutritt verweigert. – Maya (Zauber) bedeutet den Vergleich der Welt mit einem Zauberschein, um die Willkürlichkeit und Nichtigkeit der Seinsentfaltung auszusprechen, nicht um ihre Realität zu leugnen. – Die Vergleiche mit Abbild, Echo, Traum dürfen nicht vergessen lassen, daß der Inder in diesen Erscheinungen Wirklichkeiten sah. Nicht die Leugnung des Daseins ist gemeint, sondern seine Unechtheit.

8. *Überblick über die Standpunkte der buddhistischen Sekten und der letzte Sinn aller Lehren:* Die Sunyavadins sind eine Sekte unter vielen. Allen gemeinsam ist der buddhistische Wille zur Erlösung, das Wissen um das Leiden, um die Wesenlosigkeit der Realität der Welt. Innerhalb des Gemeinsamen war im Nachdenken über die Erkennbarkeit der Realität eine Vielfachheit der Meinungen entstanden:

Die Außenwelt ist wirklich und in der Wahrnehmung unmittelbar erkennbar (die Sarvastivadins); sie ist durch die Sinne nicht wahrgenommen, aber ihre Existenz kann durch die Wahrnehmungen erschlossen werden (die Sautrantikas); es ist allein die Gewißheit des Bewußtseins durch sich selbst gegeben, real ist nur die Innenwelt, den Unterschied zwischen Subjekt und Objekt gibt es in Wirklichkeit nicht (die Yogacaras); weder Außenwelt noch Innenwelt sind als wirkliches, selbständiges Sein zu erkennen, es ist kein Unterschied der Realität subjektiven und objektiven Seins (die Sunyavadins, denen Nagarjuna zugehörte).

In dieser Schematik der »erkenntnistheoretischen« Standpunkte kann man die abendländische Schematik von Idealismus und Realismus, Rationalismus und Empirismus, Positivismus und Nihilismus wiederfinden, insbesondere in bezug auf die Frage nach der Realität der Außenwelt. Aber all dies weist nur hin auf die rationalen Abfallprodukte dessen, was hier philosophisch geschehen ist. Dies Wesentliche läßt sich offenbar als ein Standpunkt in aussagbarer Lehre angemessen nicht aussprechen. Dies würde in dem Maße gelingen, als ein bestimmtes Wissen das Heilmittel wäre. Da aber gerade alles Wissen im Sinne positiv sagbarer Inhalte vielmehr ein Haften bedeutet, liegt der Heilsweg in der Zersetzung alles Wissens und aller Wißbarkeit und aller Ansichten.

Die Leerheit aller Daseinswirklichkeit wird zum positiven Sein dessen, woher durch Abfall in die Weltentfaltung das Unheil und das Leiden entsprang und wohin die Rückkehr stattfindet. Alles Denken und Gedachtsein gehört zum Abfall. Der Sinn wahren Denkens ist Umkehr aus der Denkentfaltung in das Nichtdenken. Was durch die Entfaltung des Denkens geschah, wird durch besseres Denken in der Auflösung des Denkens rückgängig gemacht. Das geschieht zuletzt im Durchschauen der Unwahrheit alles Zeichenseins und damit aller Sprache. Wenn das bloße Gegebensein des Wortes als Zeichen und sein Mangel an wirklichem Sinn durchschaut wird, so verschwindet es selbst, und das ist die Befreiung. Die leidvolle Ausformung der Leerheit in die Weltentfaltung des Bewußtseins wird zurückgeführt in den Ursprung.

Nun bleibt aber doch in der Welt die Lehre, die Sprache, die Anweisung zum Heilsweg, die Zersetzung des Gedachten durch dasselbe Denken, das den Abfall mit dem Denken hervorgebracht hat. Darum ist trotz aller Einsicht, die in das eigene Denken durch die Selbstaufhebung des Denkens gewonnen wurde, doch immer wieder eine Position da, – es sei denn, daß der Ernst des Schweigens wirklich wurde und nun alles Reden, Hören, Mitteilen völlig aufhört. So wird bei Nagarjuna die Position als Lehre vom »abhängigen Entstehen« wieder zu einer festen Formel der Leerheit.

Nagarjunas Lehre vom »abhängigen Entstehen« besagt, daß so, wie alles zugleich ist und nicht ist, es bedingt ist. Der in die Weisheit Gelangte durchschaut dies; darum wird er Herr aller Gedanken, ohne einem Gedanken unterworfen zu sein. Er schwebt über allen bestimmten Gedanken, während er sich in ihnen bewegt, und er nimmt sich selbst mit seinem Dasein mit hinein in die Schwebe. Die Bedingung von allem liegt in dem, wodurch diese Welt – die dem Trug des Zaubers gleicht – ist: durch mich und mein Denken. Diese Welt der dharmas und das Selbst liegen in dem Prozeß des Bedingtseins. Es ist der Prozeß des abhängigen Entstehens, das eine Welt hervorbringt, in der wir uns zu Hause wähnen und zugleich ausweglos leiden. Diese ganze Welt des abhängigen Entstehens aber samt dieser Lehre in ihrer Ausgesagtheit wird durchbrochen, das ist die Heilung. Wo sie gewonnen ist, da sinkt der Trug zurück und liegt das, wovon zu reden unmöglich ist, offen. Die Lehre ist das Fahrzeug über den Strom des Daseins. Hat das Fahrzeug an das andere Ufer gebracht, ist es überflüssig geworden. Die Lehre in ihrer Zugehörigkeit zum trügerischen Strom des Weltdaseins dann noch mitzunehmen, wäre so töricht, wie das Fahrzeug bei der Wanderung vom Ufer in das neue Land auf den Schultern mitzutragen. Der Weise überläßt es dem Strome, der hinter ihm liegt. Die Lehre ist zum Entrinnen tauglich, nicht zum Festhalten.

Historische Vergleiche

Beim Vergleich zeigen Analogien der Denkformen nur um so deutlicher die Verschiedenheit des geschichtlichen Gehalts, der sich in ihnen ausspricht. Die Kraft der gleichen Denkform kann Mächten dienen, die einander fremd sind.

a) *Die Dialektik:* Sie ist die Bewegung des Denkens durch Gegensatz und Widerspruch, aber in sehr verschiedenem Sinn: Sie führt durch die Widersprüche an Grenzen, hier den Abgrund und die Offenheit zeigend; die Grenzsituation wird Stachel und Anspruch. – Sie führt zu sich schließenden Kreisen der Gestalt, in der die Gegensätze durch Synthese zu einem Ganzen aufgehoben sind; dieses Denken führt unter Bewahrung jeden Moments zu einer Erfüllung des gegenwärtigen Ganzen. – Sie wird gedacht und vollzogen als die Wirklichkeit, in der die Negation als solche durch Negation der Negation das Positive hervortreibt; man erwartet im verneinenden Denken und Tun die gleichsam automatische Geburt des Neuen durch diesen Prozeß selber.

Keine dieser Weisen ist wesentlich in der Dialektik der Buddhisten. Hier wird die Dialektik zum Mittel des Aufhebens des Denkens in das Undenkbare, das, am Maße des Denkbaren, weder Sein noch Nichts, ebensosehr beides, aber auch nicht einmal in solchen Aussagen faßbar, ist.

Eine gewisse Nähe zu diesem Verfahren kann man in Gedankengängen Nietzsches finden. Auch Nietzsche läßt uns in keiner Position Festigkeit und Ruhe finden. Er stürzt uns in den Wirbel der Gegensätze, hebt jede Aussage irgendwann durch die entgegengesetzte wieder auf. Dadurch hat er in der modernen Welt eine geistige Situation geschaffen, die er bewußt als Vollender des Nihilismus erfüllte, in der Meinung, dadurch zugleich der erste Überwinder des Nihilismus zu werden. Aber Nietzsche, der durch diese faktische, wenn auch nicht methodisch durchgeformte Dialektik die volle Befreiung unseres Wesens vollziehen will, meint diese Befreiung gerade nicht als den Schritt in ein Anderes, Undenkbares, sondern vielmehr in die nun erst ganz und bedingungslos ergriffene Weltwirklichkeit. Er will nicht offen machen für eine von ihm verleugnete Transzendenz, sondern für die Erde und für den Aufstieg des Menschen durch sich über sich selbst hinaus auf der Erde als seiner Welt, jenseits von Gut und Böse, mit dem Satz: Nichts ist wahr, alles ist erlaubt.

Nietzsche hat wie die Buddhisten alle Kategorien aufzulösen versucht. Es gibt, sagt er, keine Einheit, keine Kausalität, keine Substanz, kein Subjekt usw. Das alles sind nützliche, vielleicht lebensbedingende Fiktionen. Von allen Dingen ist keines an sich, sagt Nagarjuna, kein Gedanke und kein Gedachtes ist wahr, sondern abhängig. Es ist kein Sein, sagen beide; es ist alles Auslegung. Aber in dieser gemeinsamen Denkform, den Operationen der Auflösung, haben beide ganz verschiedene Ziele. Was diese eigentlich seien, ist eine nicht zu vollendende Aufgabe unseres Verstehens. Ausgesprochen werden sie bei Nagarjuna und den Buddhisten als der Heilswille und das Nirvana, bei Nietzsche als Wille zur Macht und zum Übermenschen.

b) *Die Struktur des Weltseins durch die Kategorien:* Die Buddhisten haben ihre sogenannte Kausalitätsformel (des Kreises der Grundkategorien alles Seins). Die Yogacaras sprechen insbesondere vom Urbewußtsein, dem Keimbewußtsein, dessen Entfaltung die Erscheinung der Welt bringt. Die Durchführung dieses Gedankens zeigt, was und in welcher Gestalt das ist, was doch nicht eigentlich ist. Es zeigt sich die Struktur aller Erscheinungen. Man hat diese indische Auffassung mit dem Idealismus des Abendlandes übereinstimmend gefunden. In der Tat denkt Kant das gesamte Weltsein als Erscheinung, deren Formen durch die Kategorien des Bewußtseins überhaupt bestimmt sind. Alle erkennbaren Objekte sind nicht ihrem Dasein, aber ihrer Form nach durch das Subjekt hervorgebracht. Der sogenannte transzendentale Idealismus hat einen systematischen Entwurf dieses im Denken sich entfaltenden Weltseins in mannigfacher Ordnung geschaffen.

Die Analogie aber zeigt sogleich den Unterschied. Die Inder dachten diese Struktur, um der Welterkenntnis ihre Wahrheit zu nehmen, denn sie ist wie Traum und Trug. Kant dachte die Struktur, um die Welterkenntnis als wahr zu rechtfertigen innerhalb der Grenzen möglicher Erfahrung. Ihm ist die Welt wohl Erscheinung, aber nicht Schein. Die Kant folgenden Idealisten dachten diese kategorialen Strukturen nicht als in den Grenzen ihres Sinns auf die Erscheinung beschränkt, sondern als die ewige Wahrheit selber, als die Gedanken Gottes. Beides hatte keine Verwandtschaft zum buddhistischen Denken. Denn die deutschen Idealisten rechtfertigten Welterkenntnis und Welttätigkeit, die buddhistischen umgekehrt die Preisgabe der Welt, den Verzicht auf die nichtlohnende, weil grundsätzlich falsche Welterkenntnis und auf das Handeln in der Weltgestaltung, das nicht nur vergeblich ist, sondern in der Befangenheit hält.

c) *Die Leerheit und die Weite:* Die Leerheit erlaubt die größte Weite in der Bereitschaft, die Weltdinge aufzunehmen als Ausgangspunkt, um von ihnen her den Sprung zu finden. Die Gleichgültigkeit gegen alles Weltliche läßt auch alles zu. Daher die Toleranz des Buddhismus gegen andere Religionen, Lebensweisen, Weltbilder. Er lebt mit ihnen als der unteren, weltlichen Wahrheit, deren jede gleich geeignet ist, sich von ihr aufzuschwingen. Diese uneingeschränkte Aufgeschlossenheit zieht die Menschen an. Der Buddhismus hat Asien gewonnen, ist wohl hie und da unterdrückt worden, hat selber aber nie Gewalt angewendet, keine Dogmen aufgezwungen. Er kennt nicht Religionskriege, nicht Inquisition, nicht die weltliche Politik einer organisierten Kirche.

Dieser buddhistischen Denkungsweise scheint analog der Raum der abendländischen Vernunft. Auch diese ist so unendlich aufgeschlossen wie die Leerheit. Beide hören zu, lassen gelten. Aber der Unterschied ist: Der buddhistische Weise geht durch die Welt hindurch wie eine Ente, die nicht mehr naß wird. Er hat die Welt überwunden, indem er sie fallen ließ. Er hat die Erfüllung in einem Undenkbaren, Weltlosen. Die Vernunft des Abendländers aber findet ihre Erfüllung in keinem Absoluten, sondern im Geschichtlichen der Welt selber, das er in seiner Existenz übernimmt. Nur in der geschichtlichen Verwirklichung, mit ihr identisch werdend, findet der vernünftige Abendländer den Grund, ergreift sie im Raum jener unendlichen Weite und Ferne, weiß sich in der Bezogenheit dorthin zur Transzendenz und in seiner Freiheit von dorther.

d) *Die Distanz:* Die Distanz zur Welt und zu sich selbst, diese innere Befreiung durch das Sichgegenüberstellen zu allem, was mir in der Welt begegnet und was ich selber tue, denke, bin, ist eine Form, die in sehr mannigfacher Weise wirklich war:

In der Bhagavadgita gilt die Idee des Kämpfers, der in der Schlacht, trotz seines wilden Einsatzes, in Gleichgültigkeit ohne Beteiligung bleibt, die Idee des pflichtgemäßen Ausführens des Spiels, die Idee der stärksten Aktivität als einer Nichtigkeit. – Bei Epikur ist die Grundhaltung: ich habe die Affekte, aber sie haben nicht mich. – Bei Paulus wird gehandelt und gelebt in der Welt, als ob ich nicht dabei sei (hos me). – Von Nietzsche wird der Begriff der Distanz zu sich selbst als Merkmal der vornehmen Seele gedacht.

Bei den Buddhisten und Nagarjuna ist trotz der Analogie der Form der Distanz eine völlig andere Grundhaltung: das Gewicht liegt auf dem Unpersönlichen; es vollzieht sich mit dem Gleichgültigwerden der Welt zugleich das Erlöschen des Selbst. Die Distanz kommt nicht von einem »ich selbst« her, sondern von der transzendenten Wirklichkeit, die als ein »ich selbst« nicht mehr ansprechbar ist.

In allen abendländischen Gestalten der Distanz ist ein Gegenwärtiges in der Welt wesentlich: sei es die leere Freiheit eines punktuellen Selbst, – sei es das Selbst, das in geschichtlicher Einsenkung, in der Selbstidentifizierung durch Übernahme des Sichgegebenseins doch ins Unendliche sich durchleuchtet und reflektierend distanziert.

Von Asien her gesehen werden diese Distanzierungen immer unvollkommen sein, denn in allen bleibt ein Haften an der Welt. Vom Abendland her gesehen wird dagegen die asiatische Distanzierung aussehen wie das Verschwinden in das Unzugängliche, in das Inkommunikable, hinaus aus der Welt.

BIBLIOGRAPHIE

I. Quellen

Anselm von Canterbury:

Opera omnia, vol. 1–2; in: Migne, Patrologia Latina, vol. 158–159, Paris 1863–65.

S. Anselmi Cantuariensis archiepiscopi Opera omnia, ed. F. S. Schmitt, Edinburg 1946 ff.

Leben, Lehre, Werke, übers. v. R. Allers; Wien 1936.

Leben, beschrieben von seinem Schüler Eadmer, übers. v. G. Müller; München 1923.

Augustinus, Aurelius:

Opera omnia, vol. 1–12; in: Migne, Patrologia Latina, vol. 32–47, Paris 1841–42.

Ausgewählte Schriften, Bd. 1–12 (Gottesstaat, Vorträge über das Evangelium des hl. Johannes, Bekenntnisse, Über die christliche Lehre, Vom ersten katechetischen Unterricht, Vom Glauben und von den Werken, Enchiridion, Briefe, Fünfzehn Bücher über die Dreieinigkeit), Bibliothek der Kirchenväter; München 1911–1936.

Drei Bücher gegen die Akademiker, herausgegeben v. K. Emmel; Paderborn o. J.

Reflexionen und Maximen, gesammelt u. übers. v. A. v. Harnack; Tübingen 1922.

Vom seligen Leben, übers. v. J. Hessen (Phil. Bibl. Bd. 183); Leipzig 1923.

Das Handbüchlein des hl. Augustinus, übertr. v. P. Simon; Paderborn 1923.

Musik, übers. v. C. J. Perl; Straßburg 1937.

Gottes Weltregiment; des Aurelius Augustinus »Zwei Bücher von der Ordnung«, übertr. v. P. Keseling; Münster (Westf.) o. J. (Vorwort 1939).

Selbstgespräche über Gott und die Unsterblichkeit der Seele, latein. u. deutsch v. H. Fuchs u. H. Müller, Zürich 1954.

Augustinus. Das Antlitz der Kirche; Auswahl deutsch v. H. U. v. Balthasar, Einsiedeln/Köln 1942.

Augustins Leben von Possidius, übers. v. A. v. Harnack (Preuß. Akad. d. Wiss.), Berlin 1930.

Bibel:

Die Heilige Schrift des Alten Testaments, übers. v. E. Kautzsch, 4. Aufl., herausgegeben v. A. Bertholet, Tübingen 1922–1923.

Textbibel des Alten und Neuen Testaments, herausgegeben v. E. Kautzsch. Das Neue Testament in Übersetzung v. C. Weizsäcker, 3. Aufl., Tübingen 1911.

Neutestamentliche Apokryphen, in deutscher Übersetzung v. E. Hennecke, Tübingen 1924.

Buddhistischer Kanon (Pālikanon):

Übersetzungen von K. E. Neumann: Die Reden Gotamo Buddhos aus der Längeren Sammlung Dīghanikāyo, 4 Bde., München 1927–1928. – Die Reden Gotamo Buddhos aus der Mittleren Sammlung Majjhimanikāyo, 3 Bde., München 1922. – Sammlung der Bruchstücke. – Die Lieder der Mönche und Nonnen Gotamo Buddhos, 2. Aufl. München 1925. – Der Wahrheitspfad (Dhammapadam), 2. Aufl. München 1921.

Dīghanikāya, in Auswahl übers. v. O. Franke, Göttingen 1913.

Die Reden des Buddha aus dem Anguttara-Nikaya, übers. u. erläutert v. Nyānatiloka, 5 Bde., München-Neubiberg o. J. (1922 ff.).

Samyutta-Nikāya, deutsch v. W. Geiger, 2 Bde., München-Neubiberg 1925–1930.

Reden des Buddha, übers. v. H. Oldenberg, München 1922.

Pāli-Buddhismus in Übersetzungen aus dem buddhistischen Pāli-Kanon und dem Kammavāca v. K. Seidenstücker, 2. Aufl. München-Neubiberg 1923.

Chinesischer Kanon:

Die fünf kanonischen Bücher: Schu-king, Schi-king, I-king, Liki, Tschun-thsiu. Die Konfuzianischen Schriften: Ta-hio, Lun-yü, Tschung-Yung, Schriften des Meng-tse.

Schi-king; das kanonische Liederbuch der Chinesen, deutsch v. V. v. Strauß, Heidelberg 1880.

I-King, das Buch der Wandlungen, deutsch v. R. Wilhelm, Jena o. J. (1923).

Kung Fu Tse, Gespräche (Lun Yü), deutsch von R. Wilhelm, 2. Aufl. Jena 1914.

Li Gi, das Buch der Sitte (darin: Ta-hio, Tschung-Yung), deutsch v. R. Wilhelm, Jena 1930.

Schu-king, englisch übers. v. J. Legge, Oxford 1879.

Hans Haas: Das Spruchgut Kung-tszes und Lao-tszes in gedanklicher Zusammenordnung, Leipzig 1920.

Diogenes Laertius:

Leben und Meinungen berühmter Philosophen, übers. v. O. Apelt, 2 Bde. (Philos. Bibl.), Leipzig 1921.

Kant, Immanuel:

Sämtliche Werke, herausgegeben v. K. Vorländer, (Philos. Bibl.), Leipzig.

Gesammelte Schriften, herausgegeben v. d. Preußischen Akademie der Wissenschaften, 22 Bde. (Werke, Briefe, handschriftlicher Nachlaß), Berlin 1902 ff.

Die philosophischen Hauptvorlesungen Immanuel Kants, herausgegeben von A. Kowalewski, München-Leipzig 1924.

Vorlesungen über die Metaphysik, herausgegeb. v. K. H. Schmidt, Roßwein 1924.

Eine Vorlesung Kants über Ethik, herausgegeben v. P. Menzer, Berlin 1924.

Vorlesungen über die philosophische Religionslehre, herausgegeben v. K. H. L. Pölitz, 2. Aufl. Leipzig 1830.

Reflexionen Kants zur kritischen Philosophie, herausgegeben v. B. Erdmann, 2 Bde., Leipzig 1882–1884.

Sein Leben in Darstellungen von Zeitgenossen; die Biographien v. L. E. Borowski, R. B. Jachmann u. E. A. Ch. Wasianski, Berlin o. J. (Vorwort 1912).

Hasse's Schrift: »Letzte Äußerungen Kants« und persönliche Notizen aus dem Opus postumum, herausgeg. v. A. Buchenau u. G. Lehmann, Berlin-Leipzig 1925.

Laotse:

Tao te King, deutsch mit Kommentar und Einleitung v. V. v. Strauss, 1870, Neudruck Leipzig 1924.

Tao te king, aus dem Chinesischen übers., mit Einleitung versehen und erläutert v. J. Grill, Tübingen 1910.

Tao te King, deutsch v. R. Wilhelm, Jena 1915.

Tao te King, deutsch v. J. S. Weiß, Leipzig o. J.

Laotse, herausgegeben v. Lin Yutang; aus dem Englischen ins Deutsche übers., Frankfurt a. M. o. J. (1955).

Nāgārjuna:

Die mittlere Lehre des Nāgārjuna,

nach der tibetischen Version übertr. v. M. Walleser, Heidelberg 1911;

nach der chinesischen Version übertr. v. M. Walleser, Heidelberg 1912. (Deutsche Übersetzungen der untereinander stark differierenden tibetischen und chinesischen Versionen des verlorenen Sanskrittextes.)

Platon:

Opera, rec. Ioannes Burnet, Tom. I–V, Oxford o. J.

Sämtl. Werke, deutsch v. O. Apelt u. a., mit Gesamtregister, Leipzig 1911–1920.

Werke, übers. v. F. Schleiermacher, I, 1 – III, 1, 2./3. Aufl., Berlin 1855–1862.

Dialoge I–IV, übertr. v. E. Salin (Apologie, Kriton, Phaidon – Theaitet – Euthyphron, Laches, Charmides, Lysis – Gastmahl, Phaidros), Sammlung Klosterberg, Basel 1945–1952.

Lexicon Platonicum, v. F. Ast, 3 Bde., 1835, Neudruck Berlin 1908.

Plotin:

Opera, Tom. I: Porphyrii vita Plotini, Enneades I–III, edd. P. Henry et H.-R. Schwyzer, Paris-Bruxelles 1951.

Enneades, rec. H. F. Müller, Berlin 1878–1880.

Ennéades, tom. I–VI, texte établi et traduit par E. Bréhier, Paris 1924–1938.

Enneaden, übers. v. H. F. Müller, 2 Bde., Berlin 1878–1880.

Schriften, übers. v. R. Harder, 5 Bde., Leipzig 1930–1937.

Plutarch:

Dion, in: Plutarchs vergleichende Lebensbescheibungen, übers. v. J. F. S. Kaltwasser, herausgegeben v. O. Güthling. Bd. 12, Leipzig o. J.

Prajnāpāramitā:
Nach indischen, tibetischen und chinesischen Quellen v. M. Walleser, Göttingen 1914.

Se-ma Tsien:
Les mémoires historiques, traduits et annotés par E. Chavannes, 5 vol., Paris 1895–1901.

Vorsokratiker:
H. Diels: Die Fragmente der Vorsokratiker, 5. Aufl., herausgegeben von W. Kranz, 3 Bde., Berlin 1934–1937.

Die Vorsokratiker; die Fragmente und Quellenberichte übers. u. eingel. v. W. Capelle, Leipzig 1935.

Die Vorsokratiker – Die Sokratiker – Die Nachsokratiker, 4 Bde., in Auswahl übers. u. herausgegeben v. W. Nestle, Jena 1907–1923.

M. Grünwald: Die Anfänge der abendländischen Philosophie; Fragmente und Lehrberichte, Zürich o. J. (1949).

Heraklit: Fragmente, Griechisch und Deutsch, herausgegeben v. B. Snell, München 1926.

Xenophon:
Erinnerungen an Sokrates, Verteidigung des Sokrates, Gastmahl, Von der Haushaltungskunst; deutsche Übersetzung i. d. Sammlung v. Osiander u. Schwab, 5. Aufl. Stuttgart 1872; Haushaltungskunst 1828.

II. Literatur

Ackermann, C.:
Das Christliche im Plato und in der platonischen Philosophie, Hamburg 1835.

Alföldi, Andreas:
Die Vorherrschaft der Pannonier im Römerreich und die Reaktion des Hellenentums unter Gallienus; in: Fünfundzwanzig Jahre Römisch-Germanische Kommission, Berlin 1930, S. 11 ff.

Apelt, Otto:
Platonische Aufsätze, Leipzig u. Berlin 1912.

Arendt, Hannah:
Der Liebesbegriff bei Augustin, Berlin 1929.

Bäck, Leo:
Spinozas erste Einwirkungen auf Deutschland, Diss., Berlin 1895.

Barth, Heinrich:
Die Freiheit der Entscheidung im Denken Augustins, Basel 1935.

Barth, Karl:
Fides quaerens intellectum; Anselms Beweis der Existenz Gottes im Zusammenhang seines theologischen Programms, München 1931.

Bohatec, Josef:
Die Religionsphilosophie Kants in der »Religion innerhalb der Grenzen der bloßen Vernunft« – Mit besonderer Berücksichtigung ihrer theologisch-dogmatischen Quellen, Hamburg 1938.

Bonitz, Hermann:
Platonische Studien, 2. Aufl., Berlin 1875.

Bruns, Ivo:
Das literarische Porträt der Griechen im fünften und vierten Jahrhundert vor Christi Geburt, Berlin 1896.

Bultmann, Rudolf:
Jesus, Berlin o. J. (1926, 2. Aufl. 1929).

Burnet, John:
Die Anfänge der griechischen Philosophie; Deutsch nach der zweiten englischen Aufl., Leipzig 1913.

Cassirer, Ernst:
Kants Leben und Lehre, Berlin 1918.

Chantepie de la Saussaye:
Lehrbuch der Religionsgeschichte; vierte, vollständig neu bearbeitete Auflage, herausgegeben v. A. Bertholet u. E. Lehmann, 2 Bde., Tübingen 1925.

Cohen, Hermann:
Spinoza über Staat und Religion, Judentum und Christentum; Jahrbuch für jüdische Geschichte und Literatur, 18. Bd., Berlin 1915, S. 56–150.

Courcelle, Pierre:
Recherches sur les Confessions de Saint Augustin, Paris 1950.

Crow, Carl:
Konfuzius, Staatsmann, Heiliger, Wanderer (Original: Master Kung), Deutsch Berlin 1939.

Dibelius, Martin:
1.: Jesus, Berlin 1939.
2.: Die Botschaft von Jesus Christus – Die alte Überlieferung der Gemeinde in Geschichten, Sprüchen und Reden, Tübingen 1935.

Dodds, E. R.:
The Parmenides of Plato and the origin of the Neoplatonic »One«; The Classical Quarterly, XXII, London 1928, S. 129 ff.

Emerson, Ralph Waldo:
1.: Versuche; aus dem Englischen v. G. Fabricius, Hannover 1858.
2.: Vertreter der Menschheit, übertr. v. H. Conrad, Leipzig 1903.

Eisler, Rudolf:
Kant-Lexikon, Nachschlagewerk zu Kants sämtlichen Schriften, Briefen und handschriftlichem Nachlaß, Berlin 1930.

Erdmann, Johann Eduard:
Versuch einer wissenschaftlichen Darstellung der Geschichte der neueren Philosophie, III. Abt., 1. Bd., Neudruck Stuttgart 1931.

Erdmann, Benno:
Martin Knutzen und seine Zeit, Leipzig 1876.

Forke, Alfred:
1.: Geschichte der alten chinesischen Philosophie, Hamburg 1927.
2.: Geschichte der mittelalterlichen chinesischen Philosophie, Hamburg 1934.
3.: Geschichte der neueren chinesischen Philosophie, Hamburg 1938.

Frank, Erich:
Plato und die sogenannten Pythagoreer, Halle (Saale) 1923.

Franke, O.:
Geschichte des chinesischen Reiches, 4 Bde., Berlin 1930–1948.

Fränkel, Hermann:
Wege und Formen frühgriechischen Denkens, München 1955.

Friedemann, Heinrich:
Platon – Seine Gestalt, Berlin 1931.

Friedländer, Paul:
Platon:
Bd. 1: Eidos, Paideia, Dialogos, Berlin 1928; 2. Aufl. unter dem Titel: Seinswahrheit und Lebenswirklichkeit, Berlin 1954.
Bd. 2: Die Platonischen Schriften, Berlin u. Leipzig 1930.

Gabelentz, Georg von der:
Confucius und seine Lehre, Leipzig 1888.

Gangauf, Theodor:
Des Heiligen Augustinus speculative Lehre von Gott dem Dreieinigen, Augsburg 1865.

Geffcken, Johannes:
Griechische Literaturgeschichte, 2 Bde., Heidelberg 1926–1934.

Gigon, Olof:
1.: Untersuchungen zu Heraklit, Leipzig 1935.

2.: Der Ursprung der griechischen Philosophie – Von Hesiod bis Parmenides, Basel 1945.
3.: Sokrates – Sein Bild in Dichtung und Geschichte, Bern 1947.

Glasenapp, Helmuth von:
Kant und die Religionen des Ostens, Kitzingen-Main 1954.

Gradenwitz, Otto:
Der Wille des Stifters – Zur Erinnerung an Immanuel Kant; Abhandlungen aus Anlaß der hundertsten Wiederkehr des Tages seines Todes, herausgegeben v. d. Universität Königsberg, Halle 1904, S. 179–202.

Granet, Marcel:
1.: La civilisation chinoise, Paris 1929.
2.: La pensée chinoise, Paris 1934.

Groot, J. J. M. de:
Universismus – Die Grundlagen der Religion und Ethik, des Staatswesens und der Wissenschaften Chinas, Berlin 1918.

Grube, Wilhelm:
Geschichte der chinesischen Literatur, Leipzig 1909.

Grunwald, Max:
Spinoza in Deutschland, Berlin 1897.

Haas, Hans:
Das Spruchgut Kung-tsze's und Lao-tsze's in gedanklicher Zusammenordnung, Leipzig 1920.

Hackmann, Heinrich:
1.: Chinesische Philosophie, München 1927.
2.: Der Zusammenhang zwischen Schrift und Kultur in China, München 1928.
3.: Der Buddhismus, 3 Bändchen, Tübingen 1906.

Hasse, F. R.:
Anselm von Canterbury:
I.: Das Leben Anselms, Leipzig 1843;
II.: Die Lehre Anselms, Leipzig 1852.

Hertling, Georg von:
Augustin, Mainz 1902.

Hoffmann, Ernst:
1.: Platonismus und Mittelalter; Vorträge der Bibliothek Warburg 1923–1924, Leipzig-Berlin 1926, S. 17–82.
2.: Platonismus und Mystik im Altertum; Sitzungsberichte der Heidelberger Akademie der Wissenschaften, Phil.-Hist. Klasse, Heidelberg 1935.
3.: Platon, Zürich o. J. (1950).

Holl, Karl:
Augustins innere Entwicklung (1922); in: Gesammelte Aufsätze zur Kirchengeschichte, Bd. III, Tübingen 1928.

Huber, Gerhard:
Das Sein und das Absolute – Studien zur Geschichte der ontologischen Problematik in der spätantiken Philosophie, Basel 1955.

Jaeger, Werner:
1.: Paideia, 3 Bde., Berlin 1934–1947.
2.: Die Theologie der frühen griechischen Denker, Stuttgart 1953.

Jaspers, Karl:
Das radikal Böse bei Kant; in: Rechenschaft und Ausblick, München 1951, S. 90–114.

Jonas, Hans:
Augustin und das paulinische Freiheitsproblem, Göttingen 1930.

Kern, Heinrich:
Der Buddhismus und seine Geschichte in Indien, deutsch v. H. Jacobi, 2 Bde., Leipzig 1882–1884.

Kirchner, Hermann:
Die Philosophie des Plotin, Halle 1854.

Köppen, Friedrich:
Die Religion des Buddha, 2 Bde., Berlin 1857–1859.

Knittermeyer, Hinrich:
Der Terminus Transzendental in seiner historischen Entwicklung bis zu Kant, Diss., Marburg 1920.

Kristeller, Paul Oskar:
Der Begriff der Seele in der Ethik des Plotin, Tübingen 1929.

Krüger, Gerhard:
Einsicht und Leidenschaft – Das Wesen des platonischen Denkens, Frankfurt a. M. 1939.

Laas, Ernst:
1.: Kants Analogien der Erfahrung, Berlin 1876.
2.: Kants Stellung in der Geschichte des Conflicts zwischen Glauben und Wissen, Berlin 1882.

Lange, Friedrich Albert:
Geschichte des Materialismus, 1865, 7. Aufl., Leipzig 1902.

Leisegang, Hans:
Die Platondeutung der Gegenwart, Karlsruhe 1929.

Liebmann, Otto:
Kant und die Epigonen, Stuttgart 1865.

Longinus (Pseudolonginus):
Die Schrift über das Erhabene, deutsch v. H. F. Müller, Heidelberg 1911.

Maier, Heinrich:
Sokrates – Sein Werk und seine geschichtliche Stellung, Tübingen 1913.

Marrou, Henri-Irénée:
Saint Augustin et la fin de la culture antique, Paris 1937. –
Dazu: Retractatio, Paris 1949.

Martin, Gottfried:
Immanuel Kant – Ontologie und Wissenschaftstheorie, Köln 1951.

Mausbach, Joseph:
Die Ethik des Heiligen Augustinus, 2 Bde., Freiburg 1909.

Meer, F. van der:
Augustinus der Seelsorger (Übersetzung aus dem Holländischen), Köln 1951.

Meyer, Eduard:
Geschichte des Altertums:
Bd. 2: Geschichte des Abendlandes bis auf die Perserkriege –
Bd. 3: Das Perserreich und die Griechen, 2. Aufl., Stuttgart 1912.

Muschg, Walter:
Tragische Literaturgeschichte, Bern 1948; zweite umgearbeitete und erweiterte Aufl., Bern 1953.

Natorp, Paul:
Platos Ideenlehre – Eine Einführung in den Idealismus; zweite, um einen metakritischen Anhang vermehrte Ausgabe, Leipzig 1921.

Nebel, Gerhard:
1.: Plotins Kategorien der intelligiblen Welt, Tübingen 1929.
2.: Das Sein des Parmenides; Der Bund, Jahrbuch, Wuppertal 1947.

Nörregaard, Jens:
Augustins Bekehrung, Tübingen 1923.

Oldenberg, Hermann:
Buddha, 7. Aufl., Stuttgart 1920.

Oppermann, Hans:
Plotins Leben, Heidelberg 1929.

Pischel, Richard:
Leben und Lehre des Buddha, Leipzig 1917.

Portalié, E.:
Saint Augustin; Dictionnaire de Théologie catholique, 3. Aufl., Paris 1923, I, 2268–2472.

Reich, Klaus:
1.: Die Vollständigkeit der kantischen Urteilstafel, Berlin 1932, 2. Aufl., 1948.
2.: Anaximander und Parmenides; Marburger Winckelmann-Programm 1950/51, S. 13 ff.

Reidemeister, Kurt:
Das exakte Denken der Griechen, Hamburg 1949.

Reinhardt, Karl:
1.: Parmenides und die Geschichte der griechischen Philosophie, Bonn 1916.
2.: Poseidonios, München 1921.

Reuter, Hermann:
Augustinische Studien, Gotha 1887.

Richter, Arthur:
Neuplatonische Studien (Heft I: Leben und Geistesentwicklung des Plotin, Heft II: Lehre vom Sein, Heft III: Theologie und Physik, Heft IV: Psychologie, Heft V: Ethik), Halle 1864–1867.

Riehl, Alois:
Der philosophische Kritizismus – Geschichte und System; Bd. 1: Geschichte des philosophischen Kritizismus, 2. Aufl., Leipzig 1908.

Riezler, Kurt:
Parmenides, Frankfurt a. M. o. J. (1934).

Ritter, Constantin:
Platon – Sein Leben, seine Schriften, seine Lehre, 2 Bde., München 1910–1923.

Rodenwaldt, Gerhart:
Zur Kunstgeschichte der Jahre 220 bis 270; Jahrbuch des Deutschen Archäologischen Instituts, Bd. 51, 1936.

Rosenkranz, Karl:
Geschichte der Kant'schen Philosophie, Leipzig 1840.

Ross, David:
Plato's Theory of Ideas, Oxford 1951.

Schayer, Stanislav:
Vorarbeiten zur Geschichte der mahāyānistischen Erlösungslehren, Diss., Freiburg 1921.

Scheler, Max:
Der Formalismus in der Ethik und die materiale Wertethik; in: Jahrbuch für Philosophie und phänomenologische Forschung, 1913–1916, vierte durchgesehene Aufl. (Bd. 2 v. Schelers Gesammelten Werken), Bern 1954.

Schmaus, Michael:
Die psychologische Trinitätslehre des hl. Augustinus, Münster 1927.

Scholz, Heinrich:
Glaube und Unglaube in der Weltgeschichte – Ein Kommentar zu Augustins de civitate dei, Leipzig 1911.

Schwartz, Eduard:
Charakterköpfe aus der antiken Literatur (darin: Sokrates und Plato, Polybios und Poseidonios, Cicero, Diogenes und Krates, Epikur), Berlin 1902, 4. Aufl. 1912.

Schweitzer, Albert:
Geschichte der Leben-Jesu-Forschung, 5. Aufl., Tübingen 1933.

Stadler, August:
1.: Kants Teleologie und ihre erkenntnistheoretische Bedeutung, Neuausgabe, Berlin 1912.
2.: Die Grundsätze der reinen Erkenntnistheorie in der Kantischen Philosophie, Leipzig 1876.
3.: Kants Theorie der Materie, Leipzig 1883.
4.: Kant – Akademische Vorlesungen, Leipzig 1912.

Stavenhagen, Kurt:
Kant und Königsberg, Göttingen o. J. (1949).

Stcherbatsky, Th.:
Erkenntnistheorie und Logik nach der Lehre der späteren Buddhisten; deutsch von Otto Strauß, München-Neubiberg 1924.

Steinen, Wolfram von den:
Vom heiligen Geist des Mittelalters, Breslau 1926.

Stenzel, Julius:
1.: Zahl und Gestalt bei Platon und Aristoteles, Leipzig-Berlin 1924.
2.: Studien zur Entwicklung der Platonischen Dialektik von Sokrates zu Aristoteles, 2. Aufl., Leipzig u. Berlin 1931.
3.: Sokrates; in: Pauly-Wissowa, Realencyklopädie, Stuttgart 1926.

Strauß, Leo:
Die Religionskritik Spinozas als Grundlage seiner Bibelwissenschaft, Berlin 1930.

Troeltsch, Ernst:
1.: Das Historische in Kants Religionsphilosophie. – Zugleich ein Beitrag zu den Untersuchungen über Kants Philosophie der Geschichte, Berlin 1904.
2.: Augustin, die christliche Antike und das Mittelalter, München 1915.

Vaihinger, Hans:
Kommentar zu Kants Kritik der reinen Vernunft, herausgegeben v. R. Schmidt, 2 Bde., 2. Aufl., Stuttgart-Berlin-Leipzig 1922.

Vernière, Paul:
Spinoza et la pensée française avant la révolution, Paris 1954.

Vorländer, Karl:
Immanuel Kant – Der Mann und das Werk, 2 Bde., Leipzig 1924.

Wilamowitz, Ulrich von:
Platon, 2 Bde., Berlin 1919.

Wilhelm, Richard:
1.: Kung-tse, Stuttgart 1925.
2.: Kungtse und der Konfuzianismus, Berlin 1928.
3.: Chinesische Philosophie, Breslau 1929.

Wilpert, Paul:
Zwei aristotelische Frühschriften über die Ideenlehre, Regensburg 1949.

Windelband, Wilhelm:
Die Geschichte der neueren Philosophie, Bd. II (1. Aufl. 1880), 2. Aufl., Leipzig 1899.

Zeller, Eduard:
Die Philosophie der Griechen in ihrer geschichtlichen Entwicklung; 1. Aufl., 1844–1852 u. ö.; Register 1882.

Zenker, E. V.:
Geschichte der chinesischen Philosophie, 2 Bde., Reichenberg 1926–1927.

Zilsel, Edgar:
Die Entstehung des Geniebegriffs – Ein Beitrag zur Ideengeschichte der Antike und des Frühkapitalismus, Tübingen 1926.

Karl Jaspers

Der Arzt im technischen Zeitalter
Technik und Medizin, Arzt und Patient, Kritik der Psychotherapie.
122 Seiten. Serie Piper 441

Die Atombombe und die Zukunft des Menschen
Politisches Bewußtsein in unserer Zeit.
505 Seiten. Serie Piper 237

Augustin
86 Seiten. Serie Piper 143

Chiffren der Transzendenz
Hrsg. von Hans Saner. 111 Seiten. Serie Piper 7

Denkwege
Ein Lesebuch.
Auswahl und Zusammenstellung der Texte von Hans Saner.
157 Seiten. Serie Piper 385

Einführung in die Philosophie
Zwölf Radiovorträge. 128 Seiten. Serie Piper 13

Die großen Philosophen
968 Seiten. Serie Piper 1002

Die großen Philosophen
2 Bde. Hrsg. von Hans Saner unter Mitarbeit von Raphael Bielander.
Zus. 1246 Seiten. Leinen

Kant
Leben, Werk, Wirkung.
230 Seiten. Serie Piper 124

Kleine Schule des philosophischen Denkens
183 Seiten. Serie Piper 54

Karl Jaspers

Die Schuldfrage
Zur politischen Haftung Deutschlands.
89 Seiten. Serie Piper 698

Spinoza
154 Seiten. Serie Piper 172

Vernunft und Existenz
Fünf Vorlesungen.
127 Seiten. Serie Piper 57

Vom Ursprung und Ziel der Geschichte
349 Seiten. Serie Piper 198

Von der Wahrheit
Philosophische Logik.
Erster Band. XXIII, 1103 Seiten. Leinen

Wahrheit und Bewährung
Philosophieren für die Praxis.
244 Seiten. Serie Piper 268

Max Weber
Gesammelte Schriften
Mit einer Einführung von Dieter Henrich.
128 Seiten. Serie Piper 799

Weltgeschichte der Philosophie
Einleitung.
Aus dem Nachlaß herausgegeben von Hans Saner.
192 Seiten. Leinen

Wohin treibt die Bundesrepublik?
Tatsachen, Gefahren, Chancen. Einführung von Kurt Sontheimer.
281 Seiten. Serie Piper 849

Piper 18/3c

Hannah Arendt / Karl Jaspers

Briefwechsel 1926–1969

Herausgegeben von Lotte Köhler und Hans Saner.
859 Seiten. Leinen im Schuber

In der Geschichte des Denkens ist dies die bisher einzige umfangreiche Korrespondenz zwischen einer Philosophin und einem Philosophen, die veröffentlicht wird. Sie umfaßt 29 Briefe aus der Vorkriegszeit (1926–38) und 403 aus der Zeit von 1945 bis 1969, dem Todesjahr von Karl Jaspers. Mit Ausnahme weniger Briefe, die z. Z. als verloren gelten müssen, ist die Korrespondenz vollständig.
Sie wird durch wenige Briefe der beiden Ehepartner – Gertrud Jaspers und Heinrich Blücher – ergänzt, wo die Gesprächslage es erfordert. Ein umfangreicher Anhang bringt die nötigen Erklärungen über Personen und Ereignisse, auf die Bezug genommen wird; ein Personen- und ein Werkregister schlüsseln die Ausgabe auf.
Man darf ohne Übertreibung sagen, daß dieser Briefwechsel eines der großen Dokumente unserer Zeit ist. In ihm spiegelt sich die Zeitgeschichte der ersten Nachkriegsjahrzehnte: der Berliner Aufstand, die ungarische Revolution, der Mauerbau, der Eichmann-Prozeß, die Kubakrise, die Ermordung Kennedys, der Vietnamkrieg, der 7-Tage-Krieg Israels bis hin zu den weltweiten Studentenunruhen von Berkeley bis Berlin. Problemkomplexe der deutschen und internationalen Geschichte und Politik – die deutsche Schuldfrage, der Widerstand gegen den Nationalsozialismus, die Atombombe, die amerikanischen Verhältnisse, die Anerkennung der DDR, die Berlinfrage, das Judentum und Israel, der Ost-West-Konflikt – werden ausführlich erörtert.
Zugleich wird die Lebensgeschichte zweier Menschen bis ins Detail sichtbar, die das Stigma der Zeit – die nationale Bodenlosigkeit – als Chance bejahen.
Die Freundschaft wurde im Laufe der Jahre so verläßlich, daß beide Partner einander nichts verschweigen mußten. Die Offenheit einer sehr klugen, oft visionären Frau von hinreißendem Temperament und die eines in der Unbestechlichkeit rücksichtslosen, aber in der Vernunft kommunikativen Denkers begegnen einander und werden sich zu einer Art Heimat.
Der Briefwechsel zeichnet das Persönlichkeitsprofil der beiden Gestalten direkt und indirekt mit verläßlicher Exaktheit auf, er wird zu einem vielfältigen Spiegel der in Einzelheiten so verschiedenen und letztlich doch verwandten Denkungsarten. Darüberhinaus ist er ein wirkliches Lesevergnügen: belehrend, unterhaltend und beeindruckend zugleich für jeden, der sich für die kulturelle und politische Geschichte unseres Jahrhunderts interessiert.

Philosophie bei Piper

Hannah Arendt
Wahrheit und Lüge in der Politik
Zwei Essays. 93 Seiten. Serie Piper 36

Iring Fetscher
Der Marxismus
Seine Geschichte in Dokumenten. Philosophie, Ideologie, Ökonomie, Soziologie, Politik.
960 Seiten. Serie Piper 296

Jeanne Hersch
Die Ideologien und die Wirklichkeit
Versuch einer politischen Orientierung. Aus dem Französischen von Ernst von Schenk.
376 Seiten. Geb.

Jeanne Hersch
Das philosophische Staunen
Einblicke in die Geschichte des Denkens.
Aus dem Französischen von Frieda Freund.
354 Seiten. Serie Piper 1059

Leszek Kolakowski
Die Gegenwärtigkeit des Mythos
Aus dem Polnischen von Peter Lachmann. 169 Seiten. Serie Piper 49

Die Suche nach der verlorenen Gewißheit
Denk-Wege mit Edmund Husserl.
Aus dem Englischen von Jürgen Söring.
99 Seiten. Serie Piper 535

Arthur Schopenhauer

»Die Philosophie ist der absolute philosophische Ausdruck
für den inneren Zustand des modernen Menschen.« (Georg Simmel)

Schopenhauers große Vorlesung von 1820 ist eine didaktisch aufbereitete Fassung seines Hauptwerks »Die Welt als Wille und Vorstellung« und damit zugleich der Königsweg in das Zentrum seiner Philosophie.
In keiner anderen Edition von Schopenhauers handschriftlichem Nachlaß erhältlich sind seine jahrzehntelang vergriffenen »Philosophischen Vorlesungen«

Theorie des gesammten Vorstellens, Denkens und Erkennens

Philosophische Vorlesungen Teil I. Aus dem handschriftlichen Nachlaß.
Hrsg. und eingeleitet von Volker Spierling. 573 Seiten.
Serie Piper 498

Metaphysik der Natur

Philosophische Vorlesungen Teil II. Aus dem handschriftlichen Nachlaß.
Hrsg. und eingeleitet von Volker Spierling. 212 Seiten.
Serie Piper 362

Methaphysik des Schönen

Philosophische Vorlesungen Teil III. Aus dem handschriftlichen Nachlaß.
Hrsg. und eingeleitet von Volker Spierling. 229 Seiten.
Serie Piper 415

Metaphysik der Sitten

Philosophische Vorlesungen Teil IV. Aus dem handschriftlichen Nachlaß.
Hrsg. und eingeleitet von Volker Spierling. 273 Seiten.
Serie Piper 463

ARAMÉENNES

JEAN GROSJEAN

ARAMÉENNES

Conversations avec
Roland Bouhéret, Dominique Bourg
et Olivier Mongin

Préface de Stanislas BRETON
Avant-Propos de Dominique BOURG

Parole présente

Ouvrage publié avec le concours du C.N.R.S.

LES ÉDITIONS DU CERF
29, bd Latour-Maubourg, Paris
1988

Les Éditions du Cerf, 1988
ISBN 2-204-03011-2
ISSN 0986-0126

PRÉFACE

Je ne connais pas Jean Grosjean. Il me fait signe, aujourd'hui, dans une distance fraternelle, par ces « Conversations » qui, au jeu grave des questions et des réponses, invitent une pensée à marquer sa différence et à se recueillir, parfois, en éclats et en éclairs de cristal. De cette pensée, souvent abrupte (et tant mieux !), je me garderai de faire un mini-système qui lui imposerait les disgrâces, si énergiquement refusées, d'un « grand récit ». Par manie professionnelle, j'aurais tendance à classer les thèmes en discussion selon les dominantes que suggèrent les traces de l'écrit. Une trop facile distribution se justifierait ainsi d'une apparente césure entre le « général » et le « particulier », entre les prolégomènes relatifs au langage, à l'écriture, à la traduction, au récit, et les problèmes « concrets » que posent les rapports de l'Église (ou des Églises) à l'Évangile, du politique à la politique, du mal dans le monde à la classique théologie du péché originel. En réalité, les « distincts » que l'on voudrait fixer ne cessent de s'entrecroiser au fil du dialogue, laissant au lecteur l'impression d'une unité qui n'est point factice, même si elle ne s'astreint pas aux rigueurs d'une discursivité.

Je ne tiens donc pas à forcer en contraintes de principes rigides ce qui, mieux encore qu'un indicatif ou un régulateur, me paraît être une constante d'attitude qui tient sa note tout au long de ces échanges.

Il conviendrait, si l'on souhaitait un possible débat, de prendre très au sérieux une déclaration initiale qui commémore un événement au retentissement indéfini : « Il a fallu *la* Bible *pour que* je retrouve *un* langage *qui* me concerne. *» Chacun des mots que je mets en italique a son importance tant en lui-même que dans sa liaison à ceux qui le précèdent ou qui le suivent. Il s'agit là d'une « conversion », d'une* Metanoia *si l'on veut, à condition de donner tout son sens à ce substantif évangélique. Jean Grosjean n'existe en sa singularité, si l'on me permet ce raccourci, que de cette rencontre de la Bible et de ce langage, grâce à elle retrouvé. J'inclinerais même à penser que les réponses qu'il donne à ses interlocuteurs ne sont qu'une invitation tacite à retrouver, pour leur propre compte, un langage biblique qui « les concerne » en profondeur.*

Il importe, cependant, d'y regarder de plus près. La « conversion » que j'évoque n'a rien d'une illumination transitoire qui, d'un passage privilégié, de l'Évangile par exemple, tirerait le programme d'une vie. C'est la Bible en son ensemble qui est ici visée. La lecture qu'on en propose est rien moins qu'un moment liturgique du dimanche ou que la distraction d'un loisir. Car « lire n'est pas un loisir mais un labour ». Ce mot « labour », ainsi jeté à notre réflexion, pourrait induire en erreur en insinuant la conscience professionnelle d'un exégète ou d'un théologien, systématiquement appliquée. Le « travail » qu'on requiert est beaucoup plus exigeant qu'une tâche de traduction ou d'interprétation, docile aux impératifs scientifiques de disciplines officiellement reconnues dans un certain milieu de culture. Il implique, en nous y impliquant, l'audace d'un « pas en arrière » ; l'audace d'un retrait qui, par-delà ou en deçà des dogmatiques de la vérité, des théologies des Pères de l'Église et de saint Paul lui-même, leur premier modèle obsessionnel, nous restitue à la simplicité biblique. Entendons-nous, le terme « simplicité » ne veut pas dire « immédiateté » de surface, ou indétermination de pauvreté d'un genre conceptuel. La « simplicité » n'est pas davantage un « donné » qu'on trouverait « tout fait » et qu'on recevrait passivement d'un pli d'éducation. Elle est une ascèse qui nous donne accès, et elle seule, à l'authentique « immédiat » de la Bible et de l'Évangile que nous avons à « retrouver ». En tant que telle, elle retranche plus qu'elle n'ajoute. Le malheur des Églises, des traditions, des théologies, des systèmes (disons des « grands récits »), est d'avoir cru que l'addition ou les « superstructures » sont plus divines que la soustraction. Or, c'est tout le contraire. Ce que nous disent la Bible et l'Évangile, l'Évangile de Jean en particulier, mortifie sans nul doute les images familières que nous nous faisons de Dieu. Mais leur dire n'est pas moins mortifiant pour les pensées grandioses et plus éthérées qui prétendent nous informer sur l'origine causale du monde, sur sa constitution, sur la marche de l'histoire et de la politique. A cet égard, l'amalgame de la foi avec la philosophie grecque, plus généralement avec l'hellénisme, nous aurait joué de mauvais tours. Grosjean précise : « Les cultures sémitiques sont celles qui s'éloignent le moins du fond de l'homme *(souligné par nous) [...] de ce qu'il y a dans l'homme de plus personnel, bon ou mauvais [...] Les autres cultures ont tendance à privilégier les parts inhumaines de l'homme : l'abstraction ou la figuration, l'objectivité ou la grégarité. » Pour entendre l'Évangile, mieux vaut donc « réveiller* l'araméen qui dort au fond de nous *plutôt que de nous cramponner aux valeurs de notre culture qui risquent d'être du luxe sinon des impasses ». Nous sommes avertis : le problème actuel n'est pas d'accommoder l'Évangile à notre modernité, mais, à l'inverse, de convertir à l'Évangile notre modernité et de la ramener, par « un pas en arrière », qui est de soustraction et non d'addition, à l'authentique « immédiateté » dont nous parlions. Bref, l'unique nécessaire qui devrait nous solliciter, est bien de « retrouver un langage qui nous concerne » ; et cette réinvention, qui serait presque une réminiscence, consiste, pour l'essentiel, à éveiller ou à « réveiller » « l'araméen qui dort au fond de nous ».*

Ces quelques lignes n'ont rien de commun, d'évidence, avec un quelconque projet d'évangélisation « modernisante ». Loin de le justifier, elles nous détournent d'un souci d'actualisation qui, au lieu d'assurer l'avenir du christianisme, en minimise les possibilités d'impact. L'essentiel serait donc, si je ne m'abuse de « convertir » ceux qui auraient mission de convertir. Gardons-nous, cependant, de n'y voir qu'une nostalgie passéiste. Le passé, si tant est qu'on adopte ce langage, n'est que le schème infirme d'un « antérieur » qui n'est d'aucun temps, et qui rappelle, sans le recouvrir exactement, le « fond de l'âme », cher aux mystiques rhénans. Certains, il est vrai, manifesteraient une crainte. La terminologie du « fond » et du « fondamental » n'est pas sans danger. Elle risque d'induire une discutable parenté avec « les grands récits », en quête, eux aussi, d'une « essence » ou d'un « fondement », sur lesquels, au titre de « principes », ils construisent leur maison ou leur église. Le « fond araméen », auquel parvient Grosjean, *au terme d'une analyse dont il ne nous livre pas le détail, n'encourage guère les prouesses d'une architecture. Il appelle à la patience d'une « déconstruction » qui n'est pas sans analogie avec un vœu solennel de pauvreté.*

La question pertinente que suscite cet appel serait donc celle-ci : Sur quoi *ouvre le « fond araméen », lorsqu'il s'éveille dans la simplicité d'un regard ou d'une sensibilité fondamentale, décapé enfin des enveloppes ou médiations historiques qui l'ont enseveli dans une profondeur d'oubli ?*

Puisque nous parlons, entre chrétiens, de Bible et d'Évangile, on ne sera point surpris que l'interrogation concerne, en premier lieu, notre « pensée de

Dieu » (qu'on excuse ce pauvre substantif « pensée »). Peut-être, mais je n'en suis pas sûr, faudrait-il accepter la distinction (consacrée par la Réforme qui inspira, récemment, quelques théologiens catholiques) entre la foi et la religion. Il n'est pas nécessaire d'y insister. En revanche, il serait plus qu'opportun, pour introduire la réponse, d'opérer un retour. On sait à quel point « l'idée » d'un Dieu impassible, jouissant, en sa béatitude indivise, de sa parfaite suffisance (ce qu'on appelait, de mon temps, la divine « aséité »), a marqué, de métaphysique grecque, une théologie occidentale qui se croyait, par tradition ininterrompue, fidèle messagère de la révélation judéo-chrétienne. Or, c'est précisément contre cette évidence grecque et métaphysique, que se rebelle le fond araméen qui dort au fond de nous. Je ne puis mieux faire que de céder la parole, sur ce point qui m'est particulièrement sensible, à Jean Grosjean lui-même. Les textes, que j'ai cueillis, au cours de ces « Conversations », et liés en anthologie portative — fleurs de la Passion ou primevères, je ne sais —, sont, à mon humble avis, par leur force éruptive, les plus beaux qu'on ait écrits à ce sujet, ou du moins, que je connaisse. Je les cite sans leur prescrire un ordre de préséance, littéraire ou philosophique. Leurs éclats conjugués dessinent sur notre horizon la continuité d'un même éclair.

« Il nous est révélé un Dieu inimaginable dont la perfection consiste en une espèce de défaillance, comme si *Dieu ne pouvait supporter d'être Dieu que dans un autre. Cet autre est son Fils qui, d'ailleurs,*

lui-même ne s'appelle que Fils de l'homme pour montrer combien il fait corps avec notre aventure. » *« Dieu se jette hors de soi. »* *« Vivre c'est exister, c'est-à-dire se déserter soi-même [...] dans une fervente absence de soi. »* *« Il y aurait* comme *une faille en Dieu — immense obscurité congénitale — que refléteraient les noirceurs du monde [...]. Dieu lui-même ne s'éprouve Dieu qu'en ayant un Fils sur la face duquel il puisse déchiffrer sa propre dépossession. »* *« Dieu ne se connaît lui-même qu'en se jetant hors de soi dans une sorte de folie. »* *« Dieu prend le risque de ne plus être Dieu. »* *Dans le déraisonnable consentement à son prochain, « son hors de soi a été si loin qu'il s'est effrangé en ce qui n'est plus lui et qui n'est plus que l'univers ». « Si le Dieu qui se dépouille de soi publie ainsi son secret c'est comme si un mot de trop lui avait échappé. Il se serait mis à dire plus que soi-même [...]* comme si *le Père envoyait le Fils grandir à l'étranger pour que le Fils puisse faire, loin de toute protection, une expérience qui soit à la hauteur du Père. »*

J'abrège avec regret les citations. Leur convergence indubitable et la rupture qu'elles nous signifient expriment admirablement, avec le fond araméen qui nous habite, l'attitude qui commande, chez Grosjean, les réponses aux questions diverses que lui posent ses amis, sur le mal comme sur l'histoire, sur la politique aussi bien que sur l'Église. Si j'avais le courage du jargon, je dirais volontiers que nous avons à faire ici à un a priori de perception *qui décide, avant toutes les questions, de la manière de les poser et de la responsabilité qu'on prend de leur donner une réponse qui n'a rien d'une classique « solution ».*

A défaut d'un commentaire suivi qui m'exposerait aux complications d'un long récit, je me limiterai aux remarques les plus obvies que suscitent, au gré d'une cordiale mémoire, les textes choisis que j'ai réunis en florilège. En guise de préalables, il me plaît de noter des recoupements significatifs, qu'on ne me pardonnerait pas de passer sous silence.

Tout d'abord — et comment n'y point penser ? — en lisant ces textes admirables, je crois relire les versets les plus percutants de la première lettre aux Corinthiens (1, 18 s.) et de la lettre aux Philippiens (2, 1-11). Je ne cherche pas, par ces rappels, qui ne sont point sans quelque malice, à raviver l'antique querelle qui, au temps de l'idéalisme allemand, opposait drastiquement « conception johannique » et « conception paulinienne » de la foi et de l'Église. Grosjean préfère saint Jean. Sans être « paulinolâtre », j'incline vers saint Paul. Je m'en suis expliqué ailleurs, maladroitement sans doute. Libre à chacun d'en discuter. Toujours est-il qu'il y a, chez Paul, plus et mieux qu'une mention discrète de « ce qui est fou et infirme en Dieu *» ; et que la kénose n'est pas pour lui un vain mot. On me dira probablement qu'il l'a très vite oubliée. Je n'en suis point sûr. J'ai peine à croire que l'homme qui se disait « crucifié avec le Christ » ne nous ait jeté, en son soliloque enflammé, que les fleurs artificielles d'une rhétorique surannée. J'accorde volontiers que Paul fut contraint, pour faire entendre le message, de « penser » son* *temps et de lui emprunter plus d'un trait de son langage. Mais je ne vois pas comment on pourrait éviter de « le penser », fût-ce pour prendre ses distances ; et nul ne sait, à moins, ce qui me paraît impossible, d'étaler sur une table l'ensemble des cartes avec lesquelles il joue, à quel point il dépend de cela même qu'il refuse. Notre condition de finitude est bien marquée par la petite phrase de l'Évangile : « Vous êtes dans le monde, vous n'êtes pas du monde. »* Être dans sans en être ; *prendre appui et lever le pied ;* thesis *et* arsis *; tel est le rythme, auquel on ne saurait échapper. Paul a peut-être trop appuyé. La croix du Messie crucifié n'en reste pas moins pour lui le réducteur critique de son inévitable immanence. L'idole nous menace toujours, mais on ne brise vraiment que les idoles qu'on a dû se fabriquer. Cela dit, je souscris sans réticence à une observation fort pertinente de Grosjean, qu'on croirait inspirée de Bergson, sur la théologie occidentale qui tend à transformer « le langage temporel comme la vie en quelque chose de spatial, c'est-à-dire en notions qu'on peut mettre en tableau ».*

En second lieu, et plus brièvement, il convient de signaler un tournant de la théologie contemporaine, protestante et catholique, qui consonne assez bien aux inquiétudes de Grosjean et à la sévérité de son jugement : « C'est parce que notre civilisation n'a pas voulu admettre ce qu'il y a de vulnérable dans le Dieu vivant qu'elle a fini par dire qu'il était mort. » Les théologiens, aujourd'hui, paraissent de plus en plus sensibles, en liaison avec nos Écritures, « à une sorte de souffrance en Dieu ». On me dispensera de citer des noms. Dans les écrits que j'ai pu parcourir, non sans quelque réflexe critique parfois, on constate, en effet, une insistance récurrente sur la connexion, apparemment indissoluble, entre la vie, la souffrance et l'amour divins.

Ces préalables n'étaient que notules de référence pour un lecteur pressé. Abordant, pour en mieux dégager la différence, les textes de Grosjean, je les relierai, selon le vœu de leur auteur, à cette petite Église de Ctésiphon, « maladroitement appelée nestorienne », à qui l'on fit grief d'admettre la « semi-passibilité du Père », c'est-à-dire que le Père ne peut être indifférent à la souffrance du Fils. C'est là un Dieu dont ne peuvent qu'avoir honte les penseurs grecs et latins. Cette appartenance revendiquée n'est donc pas innocente. Dans sa protestation contre l'incompréhension naturelle de la vie en sa fragilité, qui est commune aux « empires, aux idoles, aux ontologies », elle nous signifie l'opportunité d'un double rappel : d'abord que le grand nombre importe fort peu ; ensuite, et surtout, que la souffrance du Fils est « le seul visage du Père qu'on puisse connaître » en sa part inaliénable « d'échec et de souffrance ». Or, et c'est là que se situe l'apport le plus original d'une pensée, vie et souffrance, en leur part inaliénable d'échec, se rattachent à une « théorie » très personnelle de l'expression. On sait, et Grosjean ne l'ignore pas, que le langage de l'expression est, en certains cercles parisiens, fort suspect. Il résonne comme la délectation morose d'une subjectivité ou d'une intériorité envahissante, incapable de sortir de soi. La formulation métaphysique la plus adéquate en serait la paradoxale notion de cause de soi, *appliquée à un Dieu, égoïste ou égocentrique, que définirait le ternaire bien connu* en soi, par soi, pour soi. *Rien de plus étranger à Grosjean que cette monstrueuse idée. Lorsqu'il dit « Dieu s'exprime » ou encore « la création est langage » et non causalité productrice, c'est pour affirmer aussitôt que le Dieu de la Bible et de l'Évangile est essentiellement exodique, animé qu'il est par ce que je nommerais volontiers, après d'autres, une « pression d'extériorité ».* L'existence *de Dieu, au sens fort que soulignait Richard de Saint-Victor dans sa théologie trinitaire, est une sortie qui, curieusement, rejoint le « postulat de Clausewitz », à savoir que « personne n'existe sans quelqu'un d'autre ». « C'est là, ajoute Grosjean, le fond de la révolution évangélique. » Je ne suis pas le seul à être surpris d'une aussi improbable affinité. Mais il est bon qu'un écrivain de cette trempe nous dérange et nous dépayse. L'étrangeté de ces propos s'harmonise fort bien aux implications paradoxales que mettait en relief ma cordiale anthologie.*

La cohérence de ce discours dont le centre, s'il devait en avoir un, pourrait être l'idée de langage-expression, me paraît hors de discussion. La logique persiste sous la méfiance du concept. Là n'est pas la question. Si je tiens, toutefois, à un supplément de lumière, c'est pour honorer une autre déclaration de

Grosjean qui ne redouble pas celle dont je me suis servi en exergue à ces considérations.

Tempérant les réponses, « parfois draconiennes », qu'il donne à ses amis, il reconnaît de fort bonne grâce qu'il « ne faut pas oublier l'autre face » : « Il ne faut pas que j'oublie d'infirmer les idées que j'émets. » Quelle est cette « autre face qu'il ne faut pas oublier » ?

Que toute idée ait son versant d'infirmité ou son nocturne, il est aisé de le soupçonner, surtout lorsque la parole qu'on risque (et je crois que toute parole sérieuse est une audace) participe à son tour à l'infirmité et à la folie de Dieu. Dans le cas présent, et sans qu'il soit nécessaire d'avancer un théorème de limitation ou d'esquisser une rétractation, celui qui parle sait bien, d'un savoir qui n'est pas une science, à quel point tout énoncé, descriptif ou non, demeure inadéquat (c'est le moins qu'on puisse dire) à la « Chose » ou à la « Cause » qu'il prétend servir. Grosjean n'est ni un dogmatique ni un doctrinal. Persuadé comme il l'est que les doctrines « même si elles étaient vraies n'en seraient pas moins meurtrières », le lecteur ne s'attend pas à ce qu'il lui « administre », au nom de l'évidence, une quelconque vérité. Dans la terminologie de Grosjean l'« attitude » ne dispense jamais la fulguration d'un principe. Cependant, si résolue soit-elle, elle s'enveloppe de modalités linguistiques qui, à leur manière, témoignent d'une « infirmité », une infirmité qui en serait « l'autre face ». On observe, en effet, que le plus souvent la hardiesse de la phrase, dans les textes magnifiques que je citais, s'enrobe de tournures, adverbiales ou quasi adverbiales, telles que comme *ou* comme si, en quelque sorte. *C'est à dessein que je les soulignais : « il y aurait* comme *une faille en Dieu »* « comme si *le Père envoyait son Fils... ». Ces correctifs n'équivalent pas à une dénégation. Ils signalent une distance ineffaçable qui, refluant sur le discours, se réfléchit en prudence critique. Nos pauvres mots seraient-ils merveilleux, seront toujours humains trop humains lorsque leur flèche sémantique vole vers Celui que ne saurait atteindre aucune de nos « images taillées », qu'elles soient faites de nos pensées les plus hautes ou de la chair vive de nos tourments. Nos Pères croyaient même que les images les plus grossières sont les moins dangereuses, les moins inductrices d'illusion. Quoi qu'il en soit, le mot* Dieu, *si usé pour avoir trop servi, et qu'a revivifié, pour nous chrétiens, la face du Messie crucifié, insère dans notre langage le plus surveillé la pointe mortifiante d'un* quasi, *d'un* comme *ou d'un* comme si *qui grave sur tout nom divin le signe d'une croix, latine ou grecque, de saint Pierre ou de saint André peu importe, pourvu qu'elle soit celle du Messie crucifié. Dans un contexte fort différent, et sur un tout autre langage, le païen Plotin invoquait déjà, d'une manière analogue et par le soupir d'un* quasi *ou d'un* comme si, *le pardon de Celui qu'il invoquait. Le chrétien ne dispose pas de noms aussi sublimes. Ceux que nous suggère Grosjean sont aussi moins suspects. Le correctif qu'ils appellent, en leur indigence même, redouble leur infirmité. Ainsi préfixés, ils n'annoncent pas la possi-*

bilité d'une proposition vraie. Ils définissent, en sa plus juste visée, ce que Grosjean appelle une « attitude ».

Cette « autre face », si j'ai bien compris ce qu'il nous dit, régit aussi bien les autres domaines que parcourent ces conversations. Les réponses, un peu draconiennes, sur l'Église et les traditions, sur la politique ou l'histoire, doivent s'entendre selon ce « Je pense » de douce ironie qui les infirme sans les renier. Un adverbe, c'est peu de chose, mais je ne serais point étonné que le Seigneur qui laissait venir à lui, sur nos routes de terre, « ceux qui n'existent pas », ait eu une prédilection pour ces pauvres et infirmes de notre commun langage. Dans un sermon qui commente, précisément, l'un d'eux sous le titre « Comme *une étoile du matin... », Maître Eckhart s'enflamme pour conclure : « Soyons nous aussi les adverbes du Verbe ». Grosjean eût peut-être ajouté : les adverbes du Verbe en croix.*

Stanislas BRETON

AVANT-PROPOS

Alors qu'on ne cesse de déplorer, avec plus ou moins de conviction, la disparition du récit[1], la prose de Jean Grosjean, tout entière au service des figures messianiques du récit biblique, n'en paraît que plus singulière. La postérité des remarques de Walter Benjamin sur la désuétude de « l'art de conter », la « perte » de la « faculté [...] d'échanger des expériences[2] », est trop étendue pour qu'il soit loisible de s'y attarder ici[3]. Quoi qu'il en soit, il est sans doute préférable de parler avec Paul Ricœur de « métamorphose » plutôt que de « mort » du récit : « Car nous n'avons aucune idée de ce que serait une culture où l'on ne saurait plus ce que signifie raconter[4]. » L'originalité de l'œuvre de Jean Grosjean ressortit précisément à une telle métamorphose.

Notre lecture de la Bible est peu ou prou déterminée par le canon chrétien. C'est à celui-ci que l'on doit en quelque sorte le singulier qui affecte la dénomination du Livre : la Bible réside bel et bien en l'unité d'un seul récit, lequel enserre la totalité de l'histoire religieuse du monde entre un Commencement (Genèse) et une Fin (Apocalypse). Northrop Frye a montré la pertinence d'une telle hypothèse[5]. Sur un autre plan, Frank Kermode[6] avait discerné dans le mythe de l'Apocalypse le récit par excellence de l'Occident, celui qui en aurait structuré la production littéraire en un sens très large. Récit dont le mythe de la Crise, lequel façonne à son tour la modernité culturelle, ne serait qu'un avatar. Avatar issu de la tragédie élisabéthaine, qui substitue à la fin imminente de l'Apocalypse une fin sans cesse différée, toujours reconduite, et par là même immanente.

Ces quelques indications suffisent à démontrer la fécondité du paradigme biblique, celui d'un Grand Récit totalisant l'histoire du monde, voué à une métamorphose assassine. Or, à lire et à écouter Jean Grosjean, l'idée selon laquelle le Grand Récit est « mort-né » devient de plus en plus insistante. Les Évangiles recéleraient en effet une tout autre écriture du récit chrétien, entée sur la durée de vie propre à chacun. Wittgenstein, qui comparait l'Ancien Testament au corps, les Évangiles à la tête, les Épîtres et les Actes à une couronne, faisait déjà remarquer que la couronne, à la différence de la tête, ne s'imposait nullement[7]. Grosjean isole plus encore les Évangiles, pour autant que leur dépendance à l'égard du corpus hébraïque est, au risque de durcir le propos, une dépendance de fait et non de droit : elle découle de la culture qui est celle des contemporains du Messie, et sur laquelle il lui faut bien prendre appui. Or, ainsi déliée du destin d'un peuple en tant que peuple, mais non point des individus qui, en tant que tels, le composent, détachée des spéculations pauliniennes qui l'entrelacent au cours historique des générations, la figure du Christ apparaît sur le fond d'une a-historicité foncière ; laquelle brise par avance la trame du Grand Récit. Comme se plaît à le dire Grosjean, aucun de nous ne vit la durée des siècles. Être chrétien, c'est vivre ici et maintenant une certaine relation au Messie. Grosjean prend toute la mesure du caractère proprement inouï du lien christique : la christianité n'est pas le fait d'une appartenance ethnique, elle n'est pas davantage, quoi qu'en ait pensé Montaigne, une question d'héritage culturel. Elle est bien plutôt le fruit d'une rencontre individuelle avec le Messie, à son initiative. La vie chrétienne n'en est pas pour autant étrangère à la durée ; mais à l'intérieur du seul cadre d'une vie personnelle. Dès lors, le Christ n'est point derrière nous, mais au contraire au-devant de nous. Nous tentons d'une façon très irrégulière, par à-coups divers, de nous en approcher. C'est d'ailleurs pourquoi Abraham n'est pas moins chrétien que nous prétendons l'être, sans doute l'est-il beaucoup plus… C'est encore pourquoi un *Kleist* peut s'insérer entre *Jonas* et *La Reine de Saba*. Leur raison d'être commune étant de préfigurer le Messie. C'est enfin pourquoi Balkis accompagne Salomon dans ses pérégrinations préfectorales à Lure…

Revenons encore sur le geste inaugural : l'isolement relatif des Évangiles. Il n'est point sans conséquences à l'égard des Églises. Comment ne pas constater le lien qui unit celles-ci aux textes non strictement évangéliques, Apocalypse comprise ? Plus encore, comment ne point soupçonner quelque lien entre la prétention ecclésiastique et le Grand Récit ? La prétention des Églises n'est-elle pas d'égaler la durée des siècles, d'outrepasser les aléas de nos existences personnelles ? Grosjean n'en nie point la nécessité — il faut bien assurer la transmission des Évangiles, ménager la possibilité des rencontres individuelles avec le Messie —, mais il en pressent plus encore les dangers. La théorie catholique des deux sources en est la meilleure illustration : la quasi-accession du commentaire institutionnel au degré même de la Parole. Tradition dont les premières gloses ne sont autres que les Épîtres apostoliques. Le *logion* rapporté par Matthieu — « Là où deux ou trois se réuniront en mon nom, là je serai au milieu d'eux » (Mt 18, 20) — si cher à Locke[8], ne lui est sans doute guère indifférent. Référence individualiste qui suffira à souligner à nouveau la modernité de Grosjean. Mieux encore, le refus de l'histoire, l'attention exclusive au présent, un présent cependant tendu vers le futur proche, la distension des liens générationnels, découlent de l'élévation toute contemporaine de l'individu démocratique, de la foule autrefois anonyme du *laos*. A cette différence près que la raison d'une telle ascension n'est autre que l'individualité christique. C'est elle qui supporte ici toute la pesanteur ontologique de l'individu moderne. L'œuvre de Grosjean est ainsi d'une modernité étonnante[9], chose dont il ne se soucie nullement. Modernité qui atteste la vitalité rassérénante de l'inspiration chrétienne, contre laquelle les danses macabres des fossoyeurs de Dieu semblent impuissantes. Les récits de Grosjean sont en quelque sorte une réponse en acte à la question autrefois posée par J.-B. Metz : « Pouvons-nous encore raconter de nouveau ainsi les histoires de Jésus [c'est-à-dire comme "des récits avec un effet public d'excitation et, dans une certaine mesure, de critique de la société, des « histoires dangereuses »] et (d'une manière "apocryphe") les prolonger[10] ? »

Ne nous méprenons pas toutefois quant à l'élévation christique de l'individu. Elle n'est que le contrepoint, essentiel au demeurant, d'une vérité plus fondamentale encore : la nature relationnelle de l'âme. Nous n'existons qu'au sortir de nous-mêmes. Les âmes ne sont rien, « mais il y a les rencontres de ces riens qui les font exister ». Contrairement à ce qu'avance la tradition augustinienne, l'âme ne réside pas en notre for intérieur. Elle est bien plutôt l'élan d'un exode permanent. Nulle intériorité muette et jalouse ne précède le transit de nos paroles. Leur rétention sous la forme d'un monologue silencieux équivaut même à une « dilapidation ». On comprendra donc qu'il n'y ait de vie spirituelle qu'au gré des rencontres quotidiennes. Elles seules participent de la vie divine, et non l'activité intellectuelle et contemplative d'une âme présumée solitaire, chère au Stagirite.

Il est un autre aspect de l'œuvre de l'auteur du *Messie* sur lequel j'aimerais, brièvement, attirer l'attention du lecteur : une appréhension de la vérité fidèle aux Évangiles, au point d'être fort distante de ce que la tradition occidentale reçoit communément sous ce nom. Le Christ semble en effet bannir toute objectivité abstraite, toute neutralité prétendument indifférente aux personnes. Seuls comptent à ses yeux celui ou ceux à qui il s'adresse. Le vrai est ce qui atteint chacun de façon appropriée. Telle est d'ailleurs l'acception de la vérité propre aux cultures sémitiques. L'adresse à l'autre régit et modèle le propos. Il convient de dire ce qui concerne autrui, ce qu'il peut entendre, ce qui peut lui être utile, et non de dispenser quelque vérité indivisible. Dès lors ce qui pourrait passer pour contradiction au sein des Évangiles ne l'est pas *in situ*. Les Évangiles n'enferment aucune « contradiction vitale », ils reflètent seulement la diversité des rencontres personnelles du Messie.

Qu'on ne s'étonne pas alors de l'expression diaphane du religieux propre aux récits de Grosjean comme à ses commentaires johanniques[11]. Une diaphanéité qui contraste avec le sacré des cultes antiques ou autres. Nous ne disposons en effet d'aucune image de Dieu, si ce n'est celle qui nous est offerte par la transparence même de la vie du Messie. Le religieux se dilue dès lors dans la « quelconquerie » des jours. Il n'est d'autre reflet du divin que l'éclat de la banalité du quotidien. La transcendance affleure, certes, dans les Évangiles, mais le plus souvent au gré des menus détails qui nouent la trame de nos existences. Les miracles eux-mêmes deviennent quelconques. Écoutons le paralytique de la piscine, dans

Les beaux jours : « Je vais parmi les gens, je vois leurs mimiques, j'entends des bribes de phrases. Soudain le timbre d'une voix, la voix que j'ai entendue quand j'ai pu me lever : Te voilà guéri[12]. » Quelle distance entre cette scène et la frénésie des prophètes du Baal dont se gaussait Élie au mont Carmel ! La pensée de Grosjean, parce qu'elle n'a d'autre source que la « transparence lumineuse » du Messie, n'est en rien une pensée de la réserve. C'est-à-dire une pensée du secret et de la puissance toujours prompts à nous surprendre. Elle est, à l'instar des Évangiles, étrangère à la dimension du sacré. C'est probablement pourquoi elle ne saurait séduire la gent philosophique, en proie à un ennui dont seule quelque inouïe dispensation de l'être saurait encore la distraire.

Dominique BOURG

---

1. Il convient d'entendre par récit *(muthos)* l'imitation d'une action (Aristote, *La poétique*), à savoir l'agencement, par une mise en intrigue, d'événements divers en un tout cohérent possédant un commencement, un milieu et une fin. Telle est du moins la définition succincte que l'on peut extraire du travail de Paul Ricœur.

2. « Le narrateur », in *Œuvres 2, Poésie et révolution*, traduction de M. de Gandillac, Paris, Denoël, 1971, p. 139 et 140.

3. Je renvoie le lecteur à l'article d'Olivier Mongin, « Face à l'éclipse du récit », *Esprit*, août-septembre 1986. Les enjeux d'un tel débat y sont on ne peut plus clairement circonscrits.

4. *Temps et récit*, II, Paris, Seuil, 1984, p. 48.

5. Cf. *Le Grand Code. La Bible et la littérature*, Paris, Seuil, 1984.

6. Voir la présentation et l'analyse par Paul Ricœur du livre de Kermode, *The Sense of an Ending. Studies in the Theory of Fiction* (Oxford, 1966), dans *Temps et récit*, II, *op. cit.*, p. 39-48.

7. *Culture and Value (Vermischte Bemerkungen)*, Oxford, Basil Blackwell, 1980, p. 35.

8. « Lettre sur la tolérance » in *Les libéraux*, I, textes présentés par P. Manent. Paris, Hachette, 1987, p. 73.

9. Voir l'excellent article d'Eric Marty, « Grosjean, la parole prophétique », in *Critique*, n° 431, avril 1983. Voir aussi François Trémolières. « Jonas », in *Universalia 86*, p. 482-483.

10. « Petite apologie du récit », *Concilium*, n° 85, mai 1973, p. 63. Le lecteur aura également avantage à se reporter au dernier paragraphe du même article.

11. « D'abord il y avait le langage », in *L'Être et Dieu*, Paris, Cerf, 1986. « Lecteur de Jean » dans *Esprit*, n° 4/5, 1986. D'autres commentaires de *Jean* sont à paraître ; les premiers publiés l'ont été par la *NRF* en 1963 et 1965.

12. *Les beaux jours*, Paris, Gallimard, 1980, p. 16. Les autres récits de Jean Grosjean, également publiés chez Gallimard, sont : *Clausewitz, Le Messie, Elie, Darius, Pilate, Jonas, Kleist, La Reine de Saba ;* et bientôt un *Samson*.

1

Récit et langage

Olivier Mongin. — On a l'habitude de considérer la Bible comme un Grand Récit qui commence à la Genèse et finit avec l'Apocalypse. Et pourtant vos récits semblent indifférents à cette lecture-là ?

Jean Grosjean. — Mes récits ne se soucient guère de l'histoire du monde ; ils s'intéressent pourtant à l'expérience de la durée, au sens d'une durée de la vie. La durée commence quand on en a conscience et elle a quelque chose d'irréversible. Où elle va compte plus que d'où elle vient, c'est une brume plus fascinante que celle des sources. On ne met pas la main à la charrue pour regarder derrière, dit l'Évangile.

Dire ou entendre l'histoire d'une nation, d'une société quelconque, même d'une famille, m'ennuie plutôt. En réalité, on n'a jamais d'autre expérience que la durée d'une vie humaine. Avec cela, on peut explorer, deviner au moins, la vie des autres, y participer plus ou moins. Le reste est imaginaire. Mais l'histoire d'une vie, ce n'est pas fouiller l'indicible, ni même trop sonder les états d'âme ou de santé. C'est énoncer ce qui a un sens de marche. Remarquez la discrétion des Évangiles sur l'enfance et sur l'agonie.

Ce sont les Évangiles qui ont rompu le Grand Récit. Quand le Messie est venu *remplir* toute l'Écriture au cours de sa seule vie humaine, il substituait à l'histoire du monde une biographie. Les évangélistes sont ceux qui ont compris qu'on n'entre pas dans la mystérieuse vie de Dieu en participant à l'histoire du monde, mais en participant à la vie du Christ. Saint Paul, qui se vante de n'avoir pas connu le Christ durant sa vie humaine et de n'avoir guère consulté ceux qui en avaient eu l'expérience, s'est trouvé acculé à reprendre un Grand Récit en y changeant seulement quelques noms. Il a entraîné ceux qui aiment les schémas ou le grandiose, ou au moins le spectacle, alors que l'Évangile au contraire concerne chaque instant de chacun et ne connaît d'autre apocalypse que l'agonie et la mort de chacun.

Ce qu'on sait le mieux de Dieu, c'est la vie du Christ, et c'est aussi ce qu'on peut le mieux (ou le moins mal) comprendre. Mais Paul, en construisant un grand cadre, retournait à l'univers mental de l'Ancien Testament, sinon parfois à celui des mythologies.

Dominique Bourg. — Dans un premier temps, une lecture superficielle de vos textes conduit à penser qu'il y a une sorte de recherche de l'immédiat, et l'on peut en outre se laisser abuser par la mise à l'écart des médiations ecclésiastiques. Mais quand on lit *La Gloire* ou le commentaire du *Prologue*, on s'aperçoit qu'au contraire, il y a une sorte d'écart, de déhiscence, de risque au cœur même de Dieu : écart lié au langage dont vous dites qu'il est le tiers entre les hommes. Peut-être pourriez-vous reprendre cette idée d'une déchirure. Dans *Clausewitz* vous dites qu'il y a de la contradiction en Dieu.

Jean Grosjean. — Je vois que souvent les penseurs ont abouti facilement au monisme ou au dualisme ; il y a même l'exemple du taoïsme qui comporte astucieusement trois éléments : un dualisme qui ne soit pas antagoniste, qui trouve un accord, n'est-ce pas astucieux ? Je suppose encore qu'à partir d'Abraham — mais peut-être qu'avant on trouve des amorces de monothéisme dans les textes, si l'on considère les interprétations comme fidèles — l'homme qui prie devient monothéiste. C'est-à-dire qu'il prie un seul Dieu à la fois ; j'ai également l'impression que le monothéisme n'a rien d'irrationnel, de contradictoire, bien qu'il soit plus difficile à justifier que le reste parce que ce seul Dieu étant tout, on devrait tomber dans le monisme tout de suite, dans le panthéisme, sous une forme ou sous une autre ; mais le duel entre le priant et son Dieu, on ne peut pas dire que ce soit un dualisme puisqu'il y a une disproportion énorme : ce n'est pas le yin et le yang des Chinois... le priant admet qu'il n'est rien. Le monothéisme, c'est quelque chose comme ça, un système chinois dans lequel le yin et le yang seraient inégaux. Mais c'est encore quelque chose qui se pense.

L'Évangile brouille un peu ça, car il y a un orant égal à Dieu (ce qu'Israël n'a pu admettre) et ce priant égal à Dieu est unique. Certes il y a d'autres priants, mais pour Jean, ce dialogue entre le Père et le Fils représente le langage. Les autres Évangiles parlent du Fils, mais oublient de dire qu'il est le langage... Le langage, qui a tant d'importance dans l'Ancien Testament, Jean nous apprend que c'est le Fils. Cela change la couleur du monothéisme et ça le rend plus difficilement exprimable en formules rationnelles ; ça ne peut jamais satisfaire les explications des théologiens. Il y a toujours quelque chose qui a l'air de leur échapper, surtout quand le Christ parle d'un autre Paraclet et qu'on aboutit à ce qu'ils ont très vite appelé la Trinité. La Trinité, c'est un peu extraordinaire, il n'y a rien en dehors, mais alors comment peut-on la nommer ? Rien que d'inventer le mot suppose d'inventer un quatrième point d'où l'on pourrait voir les trois personnes, ce qui est inadmissible. Car il n'y a pas de neutre possible, il n'y a pas de spectateur.

Alors le dialogue (la nature du langage est d'être dialogue), le rapport entre le Père et le Fils, est un grand mystère puisque c'est le Père qui s'exprime par le Fils. Tout ce que dit le Père c'est le Fils. Tout ce que fait le Père, puisqu'il ne le fait que par sa parole dès la Genèse, c'est le Fils. On ne sait rien (c'est dit à satiété dans Jean), on ne connaît pas Dieu, on ne voit pas Dieu. On ne sait rien de Dieu que son langage, quelque chose qui n'est donc pas lui, quelque chose qui sort de lui, qui est un mouvement.

Et quand le Fils dit qu'il y a un autre Paraclet qui va faire comprendre le langage, ça n'arrange rien. On peut seulement comprendre qu'il n'est possible de parler à Dieu que par le Fils qui est langage ; on ne peut rien dire si on n'est pas participant au langage. On peut donc être dans la peau du Fils par le langage, et comme dit l'Épître de Jean, on peut être dans la peau de Dieu par rapport au Fils quand on voit les images du Christ que sont les autres hommes, surtout quand ce sont des gens qui ont l'air de dépendre de nous, d'être faibles. C'est très beau cette partie de l'Épître : « Je vous écris fils parce que vous avez connu le Père et je vous écris pères parce que vous avez connu le Fils. Je vous écris jeunes gens parce que vous avez eu la force de l'Esprit... »

On ne peut être que dans l'une des trois personnes pour voir le rapport des deux autres, on ne peut jamais voir les trois personnes ensemble, on ne peut pas les comprendre. Connaître la rivière, c'est s'y plonger, la comprendre ce serait la boire, quand on est dans l'Évangile, on ne peut pas le comprendre, on ne peut que s'y plonger. L'Évangile introduit dans un monde où on n'a rien à comprendre, mais où l'on doit être compris, inséré, immergé.

Dominique Bourg. — Voir où l'on va, c'est tout simplement repérer le Fils quelque part : il faut le suivre, il faut donc avoir la tête pas trop immergée.

Olivier Mongin. — Être immergé, l'est-on naturellement par l'opération de la grâce ?

Jean Grosjean. — Cela signifie un risque, comme

dans le cas de celui qui connaît la rivière où il va plonger tous les jours et qui se noie un jour, car il n'est pas exclu qu'il y ait de tels remous dans la Trinité qu'on perde pied, qu'on soit pris et que l'on se noie. C'est là qu'il y a la promesse (l'espérance) que le Messie remette debout ce qui a péri en lui.

Dominique Bourg. — Mais pour nager il faut voir où l'on va, ce qui n'est pas comprendre au sens strict. C'est-à-dire prendre cette position en extériorité. La seule position que l'on puisse occuper est celle de l'Esprit.

Jean Grosjean. — Il y en a qui nagent les yeux fermés et sentent le courant. A chacun sa grâce spéciale. Les uns font beaucoup avec les yeux. D'autres avec les mains.

Dominique Bourg. — Dans votre interprétation du prologue de Jean, le sens du terme *logos* change, car vous laissez de côté l'acception stoïcienne, celle du *Logos*, du Grand Récit, au profit d'une compréhension en termes de conversation qui assigne la fin du Grand Récit. Cela veut dire qu'il faut un minimum de repères pour nager. Il faut chercher un minimum de cohérence en sachant très bien que ce n'est pas de l'esthétique et que la construction philosophique exige l'appui du Christ, car elle n'a d'intérêt que pour tenter de se guider dans les textes évangéliques qui ne sont pas toujours aussi simples que cela. Cette cohérence-là, c'est la petite maison que chacun veut habiter sur ce fondement.

Jean Grosjean. — La nature du langage est de passer. Claudel dit très bien que chaque mot doit mourir pour que la phrase existe. Il est donc déchirant comme la vie humaine qui ne cesse de s'arracher à ses heures successives. Chaque vie humaine est un langage et elle émeut. En tout cas la vie humaine du Christ dit mieux Dieu que ne le font les univers, et est-ce qu'elle n'est pas déchirante ?

Certes l'Écriture (un langage mis en silo) nous préparait à cette vie. Certes aussi le Christ a doublé le langage qu'est sa vie avec le langage de sa parole qui a surtout été dialogue (comme le montre bien le quatrième Évangile), afin que sa vie ne soit pas quelque lointain modèle, mais au contraire l'incessant dialogue avec la nôtre. Certes encore ses paroles et même ses actes et ses heures qui lui viennent et qui passent ont été à leur tour écrits et sont devenus comme l'âme de cette Écriture qu'il faut arriver à vivre. Oui, l'Écriture est comme l'horizon que la vie doit atteindre et qui semble se modifier à mesure qu'on avance. Les bornes du chemin sont à dépasser non sans arrachement parfois, mais le Christ montre que c'est l'Écriture vécue qui est la plénitude du langage : il « remplit » et même il « finit » l'Écriture, il arrive au bout du texte. Il n'était peut-être pas fatal que ce soit dans les mains de Caïphe et de Pilate, mais contrairement aux immortels des mythologies, le langage de Dieu, c'est-à-dire le Christ, nous dit le mystérieux arrachement qu'il y a en Dieu et nous y convie.

Dominique Bourg. — Je pense à ce que vous dites à propos de Jean : si les gens s'entendaient, ils n'auraient plus rien à dire. Pour autant qu'on puisse parler, c'est qu'une sorte de quiproquo ne cesse de se perpétuer. Et dans cette déchirure en Dieu, dans cette relation entre le Père et le Fils, est-ce qu'il y a du quiproquo ? Et quand on voit les évangélistes et ce que dit le Christ sur la Croix, on se demande bien si par moments il n'y a pas du quiproquo.

Jean Grosjean. — Je crois que ça fait partie du langage.

Dominique Bourg. — Alors, est-ce que le mal en Dieu c'est ça, ce quiproquo qui est en même temps la vie ?

Jean Grosjean. — Probablement que ce que nous expérimentons comme mal doit être une réverbération de ce qu'est ce malentendu qu'il y a en Dieu : le fait qu'il s'exprime, c'est le contraire de toute idée rationnelle de Dieu, c'est que Dieu, j'allais dire, se dépiaute. Je dis que Dieu s'exprime, parle, sort de lui ; je ne dis pas qu'il fait le monde. En parlant il y a comme une bavure qui serait le monde, mais finalement la bavure n'arrive pas par mégarde, c'est encore un malentendu. Quand il fait le ver de terre, finalement il pense au Messie. Alors il y a le moment où saint Paul dit : « Tout sert à ce que Dieu aime » ; en effet peut-être que tout (c'est ce que vous disiez) est assumé un jour, mais par des tas de détours qui échappent. Mais de temps en temps on en aperçoit...

Olivier Mongin. — On peut remarquer que vos récits ne privilégient plus les figures bibliques dès qu'ils s'inscrivent dans le monde moderne. Mais plus ils sont « modernes » et plus le caractère de conversation est accentué... *Clausewitz* est une discussion à deux ou trois ; *Kleist* une discussion à sept ou huit...

Plus vous sortez du personnage religieux et plus le récit devient polyphonique. Et par ailleurs ces dialogues, ces polémiques ne sont pas sans renvoyer à votre intérêt pour la stratégie...

Jean Grosjean. — Dans le *Messie*, il y a un moment où il y a un dialogue polémique : c'est avant que le Christ entre dans le Cénacle : une polémique intervient entre le clan des Alphées et le clan des Zébédées. C'est le temps le plus fort du dialogue et c'est le moment où il n'est pas là. Dans *Élie*, il y a quelques dialogues, dans *Pilate* aussi il y a un dialogue particulier, et dans *Darius* intervient une discussion à trois : Daniel parle pour ne rien dire durant tout le livre. Il parle pour cacher ce qu'il dit : c'est le prophète des mauvais temps, tandis qu'Élie est prophète vis-à-vis d'un État en Israël. Il s'oppose au roi d'homme à homme tandis que Daniel est à l'étranger, noyé au point de ne pas raconter ce qu'il sait.

Dominique Bourg. — Mais toutes ces figures qui font écho à l'histoire sont des figures extraordinaires : ce qui pose la question de la banalité du langage.

Jean Grosjean. — D'abord je voudrais faire remarquer qu'ils sont moins nés de leur auréole biblique que de leur présence familière dans l'Évangile. Élie n'était-il pas à la transfiguration ? Que faisait Élie, que pouvait-il raconter à la transfiguration ? Et une fois redescendus de la montagne, les disciples se sentent mal à l'aise entre cette brève apparition d'Élie et les traditions selon lesquelles Élie devait revenir sur terre avant l'apparition du Messie. Alors, ils posent la question, et le Christ leur répond : « Oui, Élie doit venir d'abord tout remettre en ordre, mais je vous dis qu'il est déjà venu. » Cela ne faisait pas que viser la disparition de Jean Baptiste, cela (comme la présence d'Élie tout à l'heure sur la montagne) indique combien Élie est avec Moïse un des premiers à avoir vraiment de son vivant fréquenté comme d'avance le Messie tel qu'il sera et non pas inconsciemment comme les patriarches ou intellectuellement comme d'autres prophètes, mais familièrement, avec l'âme toute retournée et parfois comme égarée.

Daniel, c'est la référence qu'invoque le Christ à son procès : qu'est-ce que ce simple Fils de l'homme qui viendra juger les empires ? Or Hérodote raconte la vie de Darius dont Daniel était le ministre. Et Jonas : « Cette génération n'aura pas d'autre signe que celui de Jonas. » Or le signe de Jonas n'est pas la résurrection. Quand il y a un commentaire dans Matthieu pour viser la résurrection, c'est parce que Matthieu ne savait pas encore ce que ça voulait dire vu qu'il n'y avait pas apparemment de convertis des nations. Mais manifestement le signe de Jonas c'est que les non-juifs se convertissent.

Dominique Bourg. — Mais c'est aussi Behemoth, la descente aux enfers ?

Jean Grosjean. — Oui, mais cette imagerie s'est faite tant qu'on n'avait pas compris que le grand miracle du Messie tenait à ce que les habitants de Ninive qui n'étaient pas seulement des non-juifs mais des gens qui avaient construit l'empire le plus terrible qu'il y ait eu dans l'histoire, le plus sadique, se sont convertis. Et non pas les juifs...

Dominique Bourg. — Revenons à cette idée de la « quelconquerie » de Dieu, selon l'un de vos mots. Finalement l'existence dans sa banalité, disiez-vous, c'est le déchet...

Jean Grosjean. — Non, la banalité c'est la vie même, c'est travailler et se reposer, travailler et se nourrir, travailler pour son prochain et parler avec lui, aller ici ou là parce qu'il faut, etc. Le déchet, au contraire, c'est le spectaculaire, la vie par procuration, ou bien une hypertrophie. Les nouvelles de l'autre bout du monde ça donne de l'air, c'est comme un roman, comme un voyage, comme un spectacle. Mais dès que ça prend de l'importance, dès que ça passionne au lieu de reposer, c'est du déchet. C'est comme de trop manger ou de trop boire. C'est même comme de trop travailler par ambition ou pour avoir une impression de puissance.

Olivier Mongin. — On peut lire dans vos textes une critique de l'homme servile, une dénonciation de la servitude volontaire, mais elle se double d'une vision pessimiste de l'humanité, du moins apparemment. En contrepoint, on observe que les figures qui interviennent dans vos récits ne sont pas des hommes ordinaires mais des personnages exceptionnels. Le récit de la modernité peut-il « raconter » l'histoire quotidienne de l'homme ordinaire, de l'homme sans qualités ? Pouvez-vous écrire le récit d'un petit, d'un paumé ?

Jean Grosjean. — Il y a une commodité, à la fois

pour moi et pour les lecteurs, de prendre un nom connu d'avance. Si je raconte Dupont, je suis obligé de le présenter, ce qui n'est pas le cas pour Élie. Et surtout j'aurais l'impression d'inventer, car un monsieur Tout-le-Monde est beaucoup plus opaque et plus obscur quant à soi que quelqu'un qui a pu être entièrement dévoré par son rôle. De plus, je ne suis pas capable de deviner n'importe quel rôle.

Olivier Mongin. — Mais un récit peut mettre en œuvre un nom propre sans recourir à la biographie.

Jean Grosjean. — Il me semble que j'ai depuis toujours connu et que je connais encore des violents un peu lunaires comme Élie, des rétifs utiles comme Jonas, des savants clandestins comme Daniel. J'ai rencontré des généreux désespérés comme Kleist, des efficaces désenchantés comme Clausewitz, etc. Mais Jean Valjean, Julien Sorel, Madame Bovary, d'où sortent-ils ? Ils tombent des nues ceux-là, la vie n'est pas comme ça. Ou bien, au contraire, Robinson Crusoé ou David Copperfield, j'ai l'impression qu'ils me racontent ma propre vie ; c'est amusant mais ça ne m'apprend pas grand-chose.

Dominique Bourg. — Dans cette idée de banalité, de « quelconquerie », il y a deux choses : 1) ce qui est en dehors du spectaculaire, de ce qui est faux, hérodien ; 2) le divertissement, à savoir le banal au sens le plus banal du terme, que ne relève pas le langage biblique.

Jean Grosjean. — Si l'on veut distinguer, je distinguerais plutôt deux sortes de bons divertissements et une foule de faux. Les vrais ce sont ceux d'apprentissage (courir, grimper, sauter pour rien, calculer n'importe quoi, deviner, apprendre par cœur, discourir dans le vide, se disputer pour rire ; etc.).

Il y a aussi le sommeil, sentir qu'on sombre doucement, puis sentir lentement revenir l'éveil. La sieste surtout y est sensible, que ce soit dans le désert syrien ou sous les nuées champenoises. C'est comme une miséricorde. L'inexorable disparition des êtres et des années est momentanément suspendue. On ne sait plus quand ni avec qui on est, ni où.

Dominique Bourg. — Les Évangiles, c'est un moment de la vie du Christ, qui insiste énormément là-dessus : quand je ne serai plus là, vous vous comporterez différemment, vous ferez le jeûne ; tant que je suis là c'est différent. C'est un moment de noces et de fête, c'est l'époux attendu. Il y aurait des moments forts qui emportent tout le reste.

Jean Grosjean. — La seule vraie fête en effet c'est la présence du Christ. Quand on y a goûté, les autres qui pouvaient en être la préfigure ont perdu tout charme et sonnent faux. Quant au deuil abyssal qu'a été pour les disciples le samedi saint, on peut le connaître aussi, ne plus rien voir, ne plus rien croire. On a beau dire que ce n'est qu'un moment à passer, non. L'absence du Christ est telle, comme disaient les gens d'Emmaüs, que c'est comme s'il n'était pas le Christ, ou comme disait le Baptiste, qu'il faudrait se mettre à attendre quelqu'un d'autre. Du moins ne croit-on à rien d'autre (et ça fait partie du jeûne). Mais il a dit : « Je suis avec vous tout le temps. »

C'est ce que les saints français du XVIIe siècle ont pris au sérieux. M. Olier se couchait chaque soir comme le Christ au sépulcre.

Dominique Bourg. — Dans votre *Messie*, vous semblez marquer un certain décalage entre le Christ et Dieu. Ce décalage est sans doute une des clefs pour comprendre la relation entre le Christ et le langage. Comment expliquer cet écart entre le Christ et Dieu, plus ou moins contestable sur le plan scripturaire ? Quelle est l'importance de cet écart relativement au lien que vous établissez entre le Christ et le langage ?

Jean Grosjean. — Dans Jean c'est péremptoire, on le rencontre au moins deux fois directement : « Personne n'a jamais vu Dieu. » Il n'y a pas de connaissance de Dieu. Toute la théodicée, Jean a l'air de la mettre de côté, de même que les théophanies. On n'a pas vu Dieu, ce n'est pas vrai ! Le Christ est la totalité de ce qu'on peut savoir de Dieu. C'est-à-dire qu'il n'y a pas d'autre théophanie que des reflets du Christ. Ce que dit saint Paul : « Toute la création parle de Dieu », ce n'est pas vrai dans Jean : si la création parle, c'est du Messie. L'univers reflète moins Dieu en tant que source de soi que le dynamisme de son langage. La Bible le sait et le dit, mais les religions qui ont cru apercevoir Dieu même se sont fourvoyées dans le sacré. On ne peut pas dire que le Christ qui est le langage soit inférieur à Dieu, bien qu'il dise : « Mon Père est plus grand que moi. »

Dominique Bourg. — Il dit aussi autre chose...

Jean Grosjean. — Oui : « Le Père et moi nous ne faisons qu'un... Qui m'a vu a vu le Père. » Donc en même temps il est égal. Le Père est plus grand en tant que source. Le Messie est accessible, le Père ne l'est pas. Sauf par le langage de Dieu qu'est le Messie.

Dominique Bourg. — Ce langage de Dieu, vous vous en êtes un peu expliqué dans La Gloire, ce texte que vous avez écrit à l'invitation de Malraux.

Jean Grosjean. — Il me demandait d'expliquer.

Dominique Bourg. — Dans votre commentaire du prologue au quatrième Évangile, le discours paraît plus resserré, épuré. Dans *La Gloire*, il y a par moments un ton presque hégélien. Vous parlez en effet d'un « Dieu qui ne vivrait pas sans ce bond hors de soi [...], qui se nie [...]. C'est hors de soi que le Dieu redevient soi, c'est devenu autre qu'il se voit devenir ce qu'il est. » Ailleurs, quand vous évoquez « la racine de l'âme » qui est « le dieu », nous ne sommes pas très loin de l'identité entre Dieu et le fond de l'âme propre à la mystique rhénane.

Jean Grosjean. — Si on veut.

Olivier Mongin. — C'est une théorie du langage même. On y trouve des phrases très fortes : « Le langage qui fait les hommes se fait lui-même homme pour mieux dire à Dieu l'agonie divine. » Il y a là toute une articulation théorique, quoi qu'il en soit de votre méfiance du théorique. Mais tout le texte est de cette force.

Jean Grosjean. — Ça avait retourné Brice Parain.

Olivier Mongin. — Il y a un couple de notions

qui intervient constamment et qui permet d'avancer sur la question du langage. C'est le rapport âme/esprit. « L'esprit aura été ce qui se plaignait de l'âme. » Il y a tout le rapport au temps qui intervient à ce moment-là. D'une certaine façon, l'esprit est plus véloce que l'âme, qui est le temps de la patience.

Jean Grosjean. — L'âme du Messie est ce qu'il y a de plus important dans sa vie, et donc ce qui est le plus au cœur du langage de Dieu. Le Messie est l'âme du langage et son âme humaine est comme l'âme du langage de Dieu. Et l'esprit est comme un autre pôle. Son âme a des rapports avec l'esprit. Ce n'est pas facile à dire. Jamais les textes scripturaires ne font la totalisation. Ça a tenté les théologiens, mais c'est une tentation.

Dominique Bourg. — Vous dites encore dans *La Gloire* : « Le dieu est, dès le principe, comme privé de soi-même et sans substance, mais non sans âme et l'esprit ne supporte pas les patiences de l'âme. » Ce refus de la substance semble provenir, si j'ai bien compris, du lien que vous établissez entre l'intimité divine et le mouvement. Dieu serait alors, pour citer l'Écriture, le Vivant par excellence, l'élan même de la vie ?

Jean Grosjean. — Oui.

Dominique Bourg. — C'est ce caractère fugitif, erratique du divin qui semble motiver votre hostilité à l'encontre des constructions architecturales propres à la philosophie. Les formules, les théorèmes, dites-vous, condamnent le langage, le figent, le vident, non pas de sa substance, mais de son esprit, de son mouvement. L'écriture poétique serait-elle plus appropriée à la vie divine ?

Jean Grosjean. — Cela dépend de ce qu'on appelle poétique. Le moment poétique, peu importe qu'il soit ou non reconnu comme tel, c'est le moment où le langage atteint une densité un peu aveugle ; alors que la philosophie a tendance à se vouloir clairvoyante, à voir où elle va, où elle est, etc. Si bien que cette clairvoyance des philosophes ou des théologiens est de l'ordre artistique ou esthétique. C'est une sorte d'urbanisme des choses. Alors que le poète marche un peu en aveugle. Il ne voit pas où il va, mais parce qu'il exige plus de vérité, de vérité quasi immédiate, de densité. On voit ça dans Rimbaud : on sent, on touche du doigt... Rimbaud a tous les défauts horribles et imaginables, mais il est habité par la soif de ce que le langage soit réel, touche les choses, les êtres, dise tout, ne refuse rien. Et je pense (c'est peut-être un phénomène d'époque) que Mallarmé essayait la même chose avec un tout autre tempérament. Il s'est cassé le nez autant. Et le troisième de la même génération, à qui on ne pense pas assez, c'est Hopkins, le jésuite anglais. C'est extraordinaire aussi, bien que tout à fait différent. Il n'écrivait que sur ordre pour ainsi dire ; essayant un anglais qui soit à la fois de pure piété, de pure vérité quotidienne, ouvert à toute l'actualité extérieure, aux faits divers des journaux, à tout ce qu'il voyait dehors. Et son journal n'est pas moins poétique que ses poèmes, qui sont d'un travail extraordinaire. Dans le journal, qui est pour ainsi dire à plume lâchée, il décrit par exemple la campanule « qui penche légèrement la tête comme notre Seigneur Jésus-Christ sur la croix ». Et il y a le dessin en marge. Il semble que son langage conventionnel, celui des mots, ait comme besoin du secours de quelques lignes d'un dessin généralement pas fini.

Des trois, c'est Hopkins qui est le plus impressionnant en profondeur. C'est lui qui va le plus loin. Mais dans Rimbaud il y a deux textes directement évangéliques. Ce sont des sortes de traductions, des sortes de lectures qui vont loin et qui montrent par quelles décantations il avait passé. Par exemple dans *La Piscine de Bethzata*, on cherche en vain cette féerie de miracle qui séduisait le Moyen Age et qu'orchestrent souvent les livres dits de piété. Chez Rimbaud, le Christ entre dans cette espèce d'enfer des maladies. Alors l'infirme simplement se lève et s'en va sous le regard incrédule des autres.

Dominique Bourg. — A propos de la philosophie toujours, ses constructions vous paraissent trop redevables d'une certaine fascination de la forme. Un tel narcissisme formel ne semble pas toujours épargner la poésie, loin de là. D'ailleurs ce n'est peut-être pas innocent qu'il y ait dans *La Gloire* des poèmes et un texte de facture plus philosophique. On ne peut pas dire ici que le texte commente le poème, mais il y a écho entre l'un et l'autre. Aucun des deux ne saurait être totalement clos sur lui-même. Et plus généralement le commentaire est une pratique scripturaire très intéressante. Un commentaire réussi parvient à mettre en lumière quelque chose comme la vie recelée par un texte. Or la philosophie n'est jamais qu'un commentaire infini, elle n'est pas une discipline en soi, elle n'a aucune substance propre : c'est une sorte de dialogue sans fin avec les choses. Une recherche de la clarté, certes, mais je ne vois pas pourquoi faire nécessairement de la cécité une vertu.

Jean Grosjean. — Cette philosophie telle que vous l'entendez, oui on devrait la laisser entrer. Mais on lui demanderait peut-être de déposer son jargon à la porte. Un charpentier, un ingénieur ont leur jargon utile, car leur métier est une emprise sur les choses. Un penseur qui ne pense que les choses reste un scientifique et n'éclaire pas la vie. Mais un penseur qui tente d'éclairer la vie n'a pas le droit d'employer un autre langage que le langage usuel. Il ne peut, par son acuité, qu'aiguiser la portée des mots (donner un sens plus pur aux mots de la tribu), et surtout la portée des tournures, des idiotismes d'une langue, retrouver même le sens profond des syntaxes par l'usage qu'il en fait. Ce sont des expériences vitales qui ont fondé obscurément les langues. Le penseur qui invente des termes ou des tournures est un tricheur. Il crée, au sens péjoratif du mot. Ce n'est qu'un outillage, dites-vous ? Mais le seul outillage dans ce domaine c'est justement la langue usuelle. Et plus la pensée tente d'éclairer par une certaine cohérence, moins elle est exportable d'une langue à l'autre. Les philosophies internationales ont quelque chose de frauduleux.

Mais je reviens à votre remarque ironique sur la vertu de cécité. Est-ce qu'il n'y aurait pas, pour un penseur, toute une contrée à déchiffrer dans cette réflexion du Christ : « Je suis venu en ce monde pour qu'il y ait une différence, pour que ceux qui ne voient pas se mettent à voir et pour que ceux qui voient deviennent aveugles » (Jn 9, 39). Est-ce que le danger que côtoie toujours la philosophie n'est pas de « croire voir » ?

Dominique Bourg. — Revenons à la vie divine. On trouve chez Abélard, au sujet de la Trinité, des choses très intéressantes, nullement reprises par la tradition. La Trinité troublait d'ailleurs les scolastiques, elle les obligeait à placer la relation aussi haut que la substance. Bref, Abélard pensait qu'on pouvait établir une analogie entre les personnes de la Trinité et les trois personnes grammaticales (je-tu-il). Il était donc proche de concevoir la vie divine comme un dialogue, une conversation sans fin entre les personnes. Quelle parenté y a-t-il selon vous entre la Trinité et cette nature « dialogale » de Dieu ?

Jean Grosjean. — Nos formulations vous savez ce que c'est ? Ce sont des balcons en porte à faux. On est à la limite de ce qu'on peut dire. On ne sait même pas si ça touche quelque chose. Il ne faut pas trop monter dessus, parce que si on avance toujours le balcon va s'écrouler. Je trouve fascinante la Trinité, mais c'est quand même pervers de croire qu'on peut compter trois. Là l'islam nous renvoie toujours la balle : « Vous ne pouvez pas dire trois », et c'est vrai, on ne peut pas dire trois. Ça supposerait un quatrième... et nous serions le quatrième. La Trinité même c'est le genre de balcon au-dessus du vide où il faut douter de ce qu'on dit, parce que c'est trop osé.

Les Grecs et les Latins ont cru se mettre d'accord. Les Latins disaient : il y a une substance et trois personnes, trois rôles. Les Grecs ont cru dire la même chose en disant : il y a une *ousia* et trois hypostases. Les Grecs voulaient dire que le fond du mystère divin (ce qui se tient dessous) ce n'était pas une certaine nature divine qu'avaient essayé de cerner les religions et les philosophies, mais bien plutôt l'activité du Père, la mission du Fils, etc. Ou si on veut, ce qui de loin pouvait paraître un être de Dieu, ne consiste en réalité qu'en des relations entre le Père et le Fils, etc. Tandis que pour les Latins, le substantiel c'était la nature de l'être divin, vue d'en bas, plutôt que le rôle des personnes divines dans le dialogue desquelles l'Évangile nous fait entrer.

Dominique Bourg. — J'avais plutôt l'impression qu'avec l'idée latine de *persona* (il y a aussi celle de *prosôpon* chez les Grecs), on était plus proche de cette vie divine interpersonnelle à laquelle les hommes sont appelés à participer par le Christ. Avec le jeu entre l'hypostase et l'*ousia* (substance), l'aspect dialogue, conversation, disparaîtrait plutôt. On est plus proche de ce que vous dites du côté d'un Augustin (maghrébin...) que des Grecs.

Jean Grosjean. — Il est vrai que si l'intention était bonne, le mot hypostase exprime mal cette dépossession de soi au profit de l'autre par laquelle une personne existe vraiment. La notion de substance, celle de nature ou d'être sont chosifiantes, en tout cas un peu grossières, une fois qu'est dévoilé le rôle des pures personnes.

2

Textes et drapeaux

Roland Bouhéret. — Il semble que l'on puisse aborder vos récits directement, sans culture biblique.

Jean Grosjean. — Oui.

Roland Bouhéret. — N'y aurait-il pas chez vous une préoccupation, je ne dirais pas d'actualiser, mais de rendre, selon la belle parole que vous avez quelque part, « chaque jour comme aujourd'hui » ?

Jean Grosjean. — Oui.

Roland Bouhéret. — Comment choisissez-vous ? Et si vous n'avez pas choisi, comment sont venues vos prédilections pour tel ou tel personnage biblique ?

Jean Grosjean. — Oui. Il y a plusieurs questions en une ! Il paraît que ce n'est pas poli de poser une seule question à la fois. Il faut que le questionneur ait à se demander sur quoi porte le oui ou le non de la réponse.

Quand je suis un peu terrassé par un personnage,

je suis avec le personnage et c'est tout. Quand je lis l'Évangile, il y a à la fois une immédiateté d'une part, et, d'autre part, en même temps, presque au même moment, on se dit que c'est loin.

Quand le Christ parle avec Pierre, on voit Pierre assez bien, mais il semble loin. Sa bonne volonté est remarquable. Si elle le fourvoie sur une mer démontée ou dans la cour d'un grand prêtre, ça a l'air de peu de conséquence. Sa dernière bévue sera de se soucier de l'avenir de Jean, alors qu'on ne lui demandait que de faire paître les agneaux.

Élie aussi est un homme simple et souvent désemparé, mais son âme dévorée de zèle et d'angoisse nous est toute proche. Ses miracles même paraissent naturels. J'ai dormi une nuit d'orage sur le mont Carmel comme s'il n'avait été enlevé que la veille. Alors quand il vient parler avec le Messie sur la montagne, on ne peut pas ne pas l'y voir pétri par toute l'aventure qu'a été sa vie.

Pour Daniel c'est différent. Le Christ s'est fait condamner quand il a cité Daniel : Vous verrez un fils d'homme venir juger les pouvoirs. Ce Daniel qui était dans la confidence des rois et même dans leur bienveillance côtoyait cet univers de la puissance qui a tant de mal à comprendre quoi que ce soit. Le langage est désarmé devant les puissants même s'ils sont bien intentionnés (« qu'est-ce que la vérité ? », dit Pilate). Daniel est en pleine civilisation contrairement à Élie qui vit encore dans un monde agraire. Daniel est le contemporain de notre époque où la parole n'est possible que démonétisée et où tant de choses sont plus fortes qu'elle. Alors il ne peut que laisser entendre. Et le Christ à la fin semble aussi s'y résoudre.

Roland Bouhéret. — Daniel que vous avez intitulé *Darius* d'ailleurs... Ce n'est pas par hasard. Et Pilate ?

Jean Grosjean. — C'est quelqu'un qui ne comprend pas bien ce qui se passe. Il touche du doigt que ça doit être très important, mais il ne voit pas trop ce qu'il peut faire, tant l'événement se précipite. Il a l'esprit de l'escalier. Lui qui a tâtonné, improvisé des échappatoires (remettre l'affaire à Hérode, accorder au peuple une libération, apitoyer la foule, vexer le clergé, faire l'innocent, etc.), lui qui faisait la navette entre la rue houleuse et l'inculpé taciturne tout en tergiversant dans son cœur entre ce messie méconnu et une religion officielle, entre sa femme qui avait pris le parti de Jésus et les prêtres qui avaient pris le parti de l'empereur, eh bien, lui, Pilate, une fois qu'il est trop tard, commence à se retrouver dans sa peau de détenteur de l'autorité pour brutalement maintenir ce qu'il n'a qu'écrit et refuser que l'armée romaine aille faire barrage à la résurrection. Avec du recul, il se dira qu'il n'aurait eu qu'à faire charger la troupe pour disperser l'émeute, tant pis pour la casse. Et il le fera dans une bien moins bonne occasion, sans d'ailleurs se souvenir combien la présence même de Jésus le dissuadait de la solution brutale. Tandis que pour Simon-Pierre, le Christ a été obligé de lui dire carrément de rengainer son sabre : qui s'en sert périt par. Pierre ne l'aurait pas deviné. Pilate le sent quand Jésus le regarde. Même si, un peu plus tard, il l'oublie à cause de l'espèce de mauvaise conscience qui le travaille, son limogeage va le lui rappeler. On ne sait rien de certain sur sa fin, mais la tradition éthiopienne qui en fait un saint me paraît plus vraisemblable que nos légendes caricaturales et malveillantes.

Judas ou Caïphe pouvaient faire autre chose que ce qu'ils ont fait, mais Pilate on le réveille (c'était l'aube) pour lui faire jouer un rôle capital dans une affaire manigancée d'avance et dont il n'a pas les données. Dès qu'il voit Jésus, il prend la mesure de l'âme de cet homme, il a la révélation de ce qu'est l'innocence d'un homme. Que faire ? Le relâcher ? Il serait lapidé sans doute sur-le-champ, lynché par les émeutiers. L'interner pour le protéger ? C'était envenimer l'abcès, sans parler des caprices des gardes. Le transférer ? Mais où ? Quand les autorités religieuses avaient leur réseau à travers le monde.

Est-ce que notre apparente liberté (et même notre apparente autorité) n'est pas souvent prise dans le même piège ? Il faut souvent choisir à la hâte sans avoir compris toutes les données, il faut trancher sans avoir le temps de voir les conséquences. Ce Pilate, c'est tout nous dans la vie active.

Roland Bouhéret. — Et dans *Pilate*, vous avez une parole qui est une traduction de votre façon et qui semble très éclairante à propos du fameux « *Ecce homo* ». Vous faites dire à Pilate : « Voilà ce que c'est que l'homme. »

Jean Grosjean. — Pilate n'est pas un ingénu. Au

temps de Tibère, la vie à Rome et aussi la vie des administrateurs de l'Empire, c'est un mélange d'énergie, d'ambition, de dépravation et d'angoisse. Dès l'origine, Rome est le berceau d'un cynisme brutal dont le pragmatisme se montrera à la longue efficace et, en même temps, le nid des superstitions les plus méticuleuses qui voilent la détresse d'une société athée. La religiosité romaine est un signe d'athéisme qui ne trompe pas. A Rome, il n'y a jamais d'initiatives de Dieu. A Rome, il ne faut que respecter un amas de traditions sans jamais en vérifier l'origine, sans en soupçonner les gauchissements ou l'absurdité. Armé de cette coûteuse bonne conscience, on n'est plus tenu à la bonne foi ni aux bonnes mœurs, et l'avantage de l'histoire romaine est de montrer le fond de l'animal humain avec ses soifs et ses craintes, ses audaces et ses ruses, mais aussi ses victimes. Rome s'est étendue, ses superstitions se dissolvent, les Romains s'aperçoivent (un peu comme notre XXe siècle) que l'univers est vide et que chacun est réduit à l'aventure de sa propre vie. Pilate en bon Romain n'a guère de pitié, mais il a interrogé le Christ en tête-à-tête, il a senti la dimension inhabituelle de quelqu'un et il a pensé le sauver en montrant que ce Jésus si peu ordinaire n'est socialement pas dangereux. La plus grande âme, on en fait vite une loque. Voilà, messieurs, la dimension de chacun.

Pour schématiser on pourrait dire : Les Romains sont si religieux qu'ils sont athées, donc immoraux, donc efficaces. D'où leur conquête du monde ancien, mais cette réussite même (comme celle des sciences aujourd'hui) les met en tête-à-tête devant un univers vide qui les laisse pantois, car devant ce vide à quoi bon l'homme ? Comme on en fait vite le tour ! Pilate n'est plus dupe des dimensions sociales des hommes. J'ai connu un vieux colonial anglais qui en était là. C'est devant ce vertige que Plutarque a essayé de reconstruire des héros. Mais Pilate venait d'entrevoir le Messie. Le choc en lui devait être rude.

Roland Bouhéret. — Et de votre *Jonas*, que nous en diriez-vous ?

Jean Grosjean. — Ce signe de Jonas, la soudaine sainteté des gens qu'on en soupçonnait le moins capables ! Toutes les valeurs que nous croyons chrétiennes ou au moins humaines nous prépareraient-elles moins bien que les barbaries à entendre vraiment le langage de Dieu ? C'est à n'y rien comprendre. Pauvre prophète qui croyait savoir à qui s'adresser, il sera sans cesse désarçonné. Alors, tantôt il sombre, tantôt il boude, tantôt il se met en colère, parce que Dieu n'agit pas selon les bons principes de Jonas.

Roland Bouhéret. — Il y a peu de différence entre vos personnages, plus modernes et extra-bibliques, et les prophètes, ceux qu'on vient d'évoquer.

Jean Grosjean. — Entre les personnages plus modernes ?

Roland Bouhéret. — Oui. Comme Kleist, Clausewitz...

Jean Grosjean. — Eh bien, eux aussi par quelque côté nous préfigurent le Messie. Kleist avec sa soif d'absolu que tout et tous et lui-même déçoivent, une fois qu'il est tout à fait brisé, cherche à être au moins utile à quelqu'un en mourant.

Roland Bouhéret. — A réfléchir à tout cela, je me demande si ça ne montre pas qu'on est toujours en train d'attendre la préfiguration du Messie ?

Jean Grosjean. — Très juste. Le Messie est venu, mais pour chacun de nous il n'est pas encore tout à fait là, il vient à nous, il est notre avenir. On le rencontre dans nos jours à mesure qu'ils arrivent, on l'entend à travers notre expérience. Tout ce que nous comprenons éclaire peu à peu son visage. Ce que nous admirons et aimons c'est de plus en plus lui-même.

Roland Bouhéret. — Cela pourrait être un des grands axes de votre pensée.

Jean Grosjean. — En tout cas, ça me paraît être une évidence. Je n'aime guère entendre parler du développement du dogme. Je ne comprends pas qu'on aille plus loin que l'Évangile. On ne peut que nous le préfigurer pour nous aider à entrer mieux dans les paroles du Messie.

Roland Bouhéret. — Comme vous nous le disiez déjà, nous sommes tous contemporains du dernier jour quand nous mourons.

Jean Grosjean. — Là, nous sommes contemporains du Vendredi-saint.

Roland Bouhéret. — Ce qui remet en question le sens de l'histoire ?

Olivier Mongin. — Ou plutôt, c'est l'idée d'Histoire qui est secondarisée, ce qui est différent. L'histoire n'en reste pas moins très importante. Il y a cependant dans *Darius* une phrase que j'aime bien : « Il n'y a pas d'avenir, il n'y a qu'un présent qui se déplace. »

Jean Grosjean. — Ça ne veut pas dire qu'il n'y a pas de sens de l'histoire : justement, il y a un sens de marche...

Roland Bouhéret. — Serait-ce alors le Messie ? N'est-il pas la figure centrale de tous vos récits ?

Jean Grosjean. — Oui.

Olivier Mongin. — Justement, il y a le texte *Le Messie*. Mais *Les Beaux Jours* comment l'avez-vous imaginé ? Il est en écho.

Jean Grosjean. — Oui, *Les Beaux Jours* sont davantage venus des traductions. Quand on traduit, on ne peut pas trop s'éloigner du texte, mais le mot à mot est souvent une trahison aussi. Je ne parle pas des cas où il est évident qu'à transcrire mot pour mot on obtiendrait un autre sens que l'original, je parle des cas beaucoup plus fréquents où la fidélité aux tournures de l'original change le ton. Est-ce que le tutoiement biblique n'aurait pas eu en français, à une certaine époque, un ton d'insolence quand il s'adresse à Dieu ?

Sur ce point le traducteur ne cesse de trembler. Ne tombe-t-il pas dans le trop sacré ? Ou au contraire dans le trop familier ? Dans le doucereux ? Ou dans l'amer ? etc. Mais quand il croit avoir bien saisi le climat exact du texte, il s'aperçoit qu'il ne peut le faire passer en français qu'en s'écartant notablement de la formulation de l'original et donc peut-être, à son insu, de quelque chose du sens ; il risque même de gommer une allusion, une correspondance secrète, etc.

Voilà sur quel chevalet le traducteur est torturé. Alors, on a envie de reprendre certaines bribes de ces récits capitaux sans la prétention d'en transmettre toutes les données, mais seulement comme la part de résonance qu'ils ont en vous.

Roland Bouhéret. — Le choix que vous avez fait dans *Les Beaux Jours* ne serait-ce pas pour montrer que ce qu'on appelle « miracles » est quelque chose de normal ? Quelque chose qui n'est pas exceptionnel ou extraordinaire ?

Jean Grosjean. — Sûrement, qu'à propos des « miracles », il y a toute une imagerie qui ne vaut rien... Pour *Les Beaux Jours*, presque chacun est une expérience que j'ai vécue (chaque fois qu'une page me dit : c'est ça qui s'est passé). C'est pour cela qu'il n'y a qu'un nombre restreint de pages...

Mais il arrive que notre embarras vient moins d'un travail de traduction que de la simple lecture. Quand le Christ demande, justement pour embarrasser ses adversaires dans leur tradition : De qui le Messie est-il le fils ? Bien sûr, ils répondent : De David, comme souvent on continue à le faire, comme le jour des Rameaux il le laisse ironiquement crier à une foule qui s'évaporera vite. Avec les théologiens, il ne prend pas de gants. Il leur rappelle le psaume dans lequel David dit : Le Seigneur a dit à mon Seigneur. Et il demande : Comment, si le Messie est son Fils, peut-il l'appeler son Dieu ? Alors non seulement personne n'a su quoi répondre, mais personne n'a plus osé l'embarrasser par des questions théologiques. Ce seront les grands conciles qui prétendront, à force d'ergoter sur des concepts, formuler une réponse, d'ailleurs assez aride. Mais le Christ aime parfois qu'on ne sache pas répondre.

En tout cas, un jour sur cette page-là j'ai pensé à Mme David qui aimait tellement son mari, mais qui un jour n'a pas supporté qu'il fasse le pantin tout nu sous la fenêtre des bonniches. Moyennant quoi elle n'a pas eu d'enfant. Et je l'ai entendue parler de son amour infructueux et rire de tous les bâtards qui se prétendront héritiers de David.

Dominique Bourg. — Puisque tous ces personnages sont messianiques, je pose la question : Kleist oui, mais Clausewitz ?

Jean Grosjean. — Je n'ai pas écrit *Clausewitz* sur une page de la Bible, mais dans un train qui s'était arrêté à Provins pour qu'on entende un discours patriotique sur la solidité de nos vieux wagons français. Or je reconnaissais le plafond central surélevé des wagons prussiens que la France avait exigés après 1918 et qui avaient été mis en service sur les lignes de la Haute-Saône. Alors, pendant que le haut-parleur continuait de cocoriquer, je suis allé voir sous les wagons leur origine et je n'y ai trouvé que des Königsberg 1896, etc.

Alors je me suis réfugié en Prusse. J'ai tout de suite pensé à ses généraux en 1815, à leur déception après une victoire qu'ils avaient voulue salutaire, la noblesse de leur déception, la tranquillité de leur amertume étonnée. Je les entendais se poser les profondes questions dont les réponses ne vont pas de soi. La fraternité du service leur permettait d'échanger raidement leurs songes disparates à mesure qu'ils arrivaient à en exprimer une part. La mélancolie de ces vainqueurs qui avaient occupé nos plaines m'a beaucoup occupé l'âme.

Dominique Bourg. — A propos de l'âme justement, vous faites dire à Clausewitz des choses superbes : « ...Il n'y a pas plus de politique intérieure que de vie intérieure. Si on se met à regarder en soi, est-ce qu'on existe encore ? » Et plus loin : « "Qu'est-ce que l'âme ?" "Rien." "Alors ?" "Mais il y a les rencontres de ces riens qui les font exister. L'âme n'est rien, mais dès qu'elle sort elle existe." » Nous sommes à mille lieues de toute une tradition de l'âme comme intériorité jalouse et secrète...

Jean Grosjean. — Des historiens ont trouvé étonnant que Clausewitz qui était si lié à sa femme si pieuse n'ait jamais rien dit de religieux. Mais ses écrits et sa vie reposent sur un postulat : personne n'existe sans quelqu'un d'autre. Et c'est là le fond de la révolution évangélique. On peut la formuler différemment, mais ce qui commence dès Abraham, dès Adam même, c'est cette confidence que nous fait le Messie : Je ne suis jamais seul. L'art de Clausewitz est d'échapper par une espèce de dialogue fondamental à cette solitude du joueur (Bonaparte) qui ne compte que sur la victoire.

Roland Bouhéret. — Ce qui est merveilleux dans *Clausewitz*, c'est qu'on y reconnaît les paysages et que ces paysages, qui sont toujours si précis chez vous, sont en même temps parfaitement universels. C'est vrai d'ailleurs pour tous vos récits et cette caractéristique fait partie de votre climat, si ce n'est de votre style.

Jean Grosjean. — Oui, je ne m'en rends pas compte. Le paysage ? C'est vrai que je ne suis pas très folkloriste…

Roland Bouhéret. — Certes, car le folklore, ça daterait… alors que votre évocation du paysage naturel ne date pas.

Jean Grosjean. — Où les différences locales sont irréductibles, c'est dans le domaine des odeurs. Mais je me suis aperçu, à l'expérience, que le langage est très mal outillé pour les odeurs. Même pour les couleurs il n'est pas toujours solide, on s'en rend compte quand on traduit.

Le langage, tout illimité qu'il paraît par rapport aux autres expressions, ne peut guère s'aventurer au-delà de ce qui est proprement humain. On ne fait pas parler les pierres vraiment, on évoque mal la vie du papillon…

Roland Bouhéret. — Vous parlez souvent de « leur vol inutile »…

Jean Grosjean. — Étonnant aussi. Mais comme les merveilles minérales, il est difficile de les faire parler de l'intérieur, d'habiter dans leur univers. Alors que les heures, les jours, les saisons mais aussi les chambres et les paysages, nous sommes en eux, nous sommes leur âme. C'est nous qui pouvons parler pour eux.

Roland Bouhéret. — Dans *Le Messie*, on peut reconnaître le jardin de la Beune, l'un des jardins de votre enfance.

Jean Grosjean. — Sans doute, mais je ne le sais guère en écrivant, tout accaparé que je suis par l'intensité des rôles. En relisant, en corrigeant, je m'aperçois par exemple que le Messie est entré dans l'église de Montussaint, puis qu'il s'y voit déjà statufié en stuc avec en main l'étendard danois, l'antique *danebrog* rouge à fine croix blanche, dont les baroques ont parfois fait un signe pascal, quand ils n'ont pas adopté la bannière de saint Georges qui en inverse les couleurs sur la *home fleet*, tandis que la Kriegsmarine l'a traduite noir sur blanc.

Roland Bouhéret. — Et vous aimez bien les drapeaux ?

Jean Grosjean. — En mer, c'est important un drapeau. Il dit quelle langue on parle sur le navire. Les armoiries ne m'intéressent guère, mais les drapeaux signalent l'autonomie des langues (même sur les boîtes de denrées exportables). Dans le désert ou dans un campement, le drapeau dit quelle langue on habite.

Mais comme les langues ils ont leurs familles et leurs variations. Le vert-rouge-blanc-noir des Arabes peut prendre diverses formes (et diverses omissions), tandis que la croix pattée des Teutoniques a pu avoir toutes les couleurs.

Et puis le frémissement d'étoffe du drapeau indique le moindre souffle de l'air. Même les drapeaux de fer des camps de Poméranie nous disaient l'hiver d'où venait le vent. Un drapeau est toujours une allusion au Saint-Esprit mais par des biais différents.

Roland Bouhéret. — Vos écrits sont en effet merveilleusement instruits par la banalité du quotidien. Ils nous éveillent par ce qui est dit en même temps que par la manière dont c'est dit. On a l'impression qu'entre le prophète et le poète, la distinction serait comme abolie...

Parlons alors de l'évolution de vos formes, ou de vos genres littéraires. Vous avez abandonné la poésie en vers métriques et en versets ; je pense à *Fils de l'Homme, Hypostases, Majestés et Passants*, et *au Livre du Juste*. On a cependant l'impression que cette expérience-là vous a permis une sorte de décantation extraordinaire, une sorte de libération, ainsi qu'une maîtrise de l'oreille qui marque constamment et par le suite vos écrits.

Jean Grosjean. — Je dis toujours que j'ai pris conscience de la puissance du langage à l'école communale :

La lune est large et pâle et semble se hâter.

C'est signifier quelque chose de façon à le faire voir et en même temps le chanter de façon à le faire ressentir. C'est à la fois faire être quelque chose et nous faire y être.

Et quelques mois plus tard :

L'onde n'a plus le murmure
dont elle enchantait les bois.

C'est la même efficacité mais qui, au lieu d'accélérer un mouvement imperceptible, entérine une disparition du temps et fait expérimenter une inexistence. Donc ce Lamartine est plus réaliste que le Maupassant, puisqu'on est à l'école et qu'il nous dit qu'on n'est plus dans les bois.

J'entendrai vite :

Nos jours sombres et courts comme des jours d'automne.

Mais je n'avais aucune notion de prosodie. Bien sûr, j'y viendrai, mais non sans suspicion. Les techniques ne font jamais de miracles, elles sont seulement nécessaires. J'ai examiné les moyens des poèmes, mais sans indulgence pour les archaïsmes ni pour les prouesses.

L'odeur de l'eau qui dort entre les joncs mouillés.

C'est une réalité expérimentale. En disant un phénomène, ce langage lui donne une dimension presque tragique. Et sa subtile mélodie intérieure nous incorpore à cette espèce de drame qu'est la nature, à ce langage dramatique de la nature. C'est le carcan prosodique qui permet et souligne le chant intime.

Mais cela n'a tout son effet et ne parle à l'âme que parce qu'en même temps la langue française est prise dans son droit fil, dans son mouvement le plus naturel et dans son vocabulaire le plus commun.

Cette profonde efficacité de la parole écrite est tout à fait ignorée par une lecture visuelle et très détériorée par la déclamation. Elle ne peut guère retourner à l'oral que *recto tono* et uniformément lente.

Je me suis un jour aperçu de la base de départ d'où je m'étais lancé dans les textes. D'aussi loin que je me souvienne, une fois la lampe éteinte chaque soir, mon grand-père disait à ma grand-mère aveugle ce qu'il avait vu. Et tantôt elle l'interrompait par des questions, tantôt elle lui opposait ce qu'elle avait compris différemment ou renchérissait pour avoir deviné juste ou bien encore s'étonnait.

J'étais loin de savoir lire et je me suis rebellé quand il a fallu apprendre, tellement les dialogues dans la nuit suffisaient à faire voir l'univers que mes yeux ne m'expliquaient pas.

Tout l'art du poème est de créer cette nuit où on voit, et de remplacer les intonations d'un dialogue par un subtil jeu de consonnes où s'appuient les accents des voyelles à peine apparentes.

Mais si j'ai peu à peu découvert les diverses magies poétiques (sauf, bien sûr, le clinquant des attrape-nigauds), ce n'a pas été sans déceptions : les moyens déployés excédaient presque toujours le contenu vital qui restait soumis à de pauvres idées ou à des sentiments étranges, quand il ne se cantonnait pas dans une zone purement mondaine.

Il a fallu la Bible pour que je retrouve un langage qui me concerne. Malheureusement, les traductions, si elles laissaient passer une certaine réalité de la vie sans commune mesure avec ce qui avait agité la littérature française, ne laissaient guère passer la force vitale de notre langue française que j'avais, depuis toujours, connue comme une clef.

Si Amos avait été écrit par Rimbaud et Osée par Verlaine, j'aurais été quelque farouche lecteur jamais lassé des textes qui lui disent le monde et lui dictent sa vie. Mais il a fallu aller chercher la langue du texte, puis jusqu'en Orient l'esprit de cette langue, puis ausculter mieux le français pour voir ce qu'il peut et essayer à tâtons les mille approches qui donnent plus ou moins de réalité française aux langues de la Révélation.

Certes, jamais on n'arrive, mais le cheminement malgré ses zigzags n'est peut-être pas inutile à soi-même et à d'autres.

Roland Bouhéret. — Mais vous avez parlé du chant, tout à l'heure, à propos des vers métriques. C'est bien qu'elle existe quand même, cette nécessité de chanter ?

Jean Grosjean. — Oui, une certaine incantation peut parfois en dire plus que ce qui est dit, mais à condition de rester limpide.

Dominique Bourg. — Qu'est-ce qui motive cette simplicité voulue de la langue ? Est-ce la vie que le langage cherche à saisir ? Est-ce qu'avec l'aspect savant d'un poème on s'en éloignerait ?

Jean Grosjean. — Dès que dans un texte l'art est un peu trop visible, trop sensible, qu'il a l'air de nous tirer par la manche pour nous faire remarquer que c'est un vrai poème, un beau poème, un poème, quoi, eh bien, ce texte déroge de sa qualité de langage pour tomber à l'état d'objet. Il n'est plus qu'une œuvre, si chef-d'œuvre soit-il.

Roland Bouhéret. — La parole est en trompe-l'œil à ce moment-là.

Jean Grosjean. — Voilà, oui. On arrive au trompe-l'œil.

Roland Bouhéret. — Alors que votre écriture si épurée, qui force tellement notre admiration, devient éblouissante à force de limpidité évidente.

Dominique Bourg. — Est-ce que cela ne serait pas en relation avec l'écriture johannique comme avec ce que vous dites à propos du Messie, cet « éclat de la banalité des jours » ou quelque chose de la sorte ?

Jean Grosjean. — Oui, que saint Jean me fascine doit y être pour quelque chose. Mais je dépends du français. J'ai pas mal circulé dans les langues étrangères. Je me suis passionné pour leur fonctionnement. Sans jamais y avoir été savant, j'ai pensé et senti en elles. Elles m'ont renvoyé au génie propre de mon français de base, à son espèce de candeur. Il suffit d'y déplacer un petit adverbe pour signifier autre chose. Il suffit, au grand dam des stylistes, d'abuser de nos sept ou huit verbes auxiliaires pour nous mesurer aux conjugaisons étrangères. Je ne vais pas faire le portrait de notre langue, dont le génie aime mieux la répétition que l'ambiguïté.

Olivier Mongin. — Avec *La Reine de Saba*, vous vous confrontez à un paradoxe. Pour le lecteur naïf, on attend le faste, la luxuriance, la complexité orientale, et vous en faites apparemment autre chose.

Jean Grosjean. — Oui, elle parle à plat !

Olivier Mongin. — Comment l'idée de ce récit vous est-elle venue ? Pourquoi la reine de Saba ?

Jean Grosjean. — Depuis longtemps, j'ai été frappé que le Christ ait dit : « Le jour du jugement, la reine de Saba va se réveiller avec les gens de cette génération et les condamner : parce qu'elle est venue du bout du monde pour entendre la sagesse de Salomon, et il y a ici plus que Salomon. » Voilà un verset lourd, n'est-ce pas ? Qu'est-ce que l'amour de la reine de Saba pour Salomon ? Pour un Salomon dont la sagesse a bien des ombres. Mais toute fière qu'elle soit, elle l'admire, elle l'aime. Elle vient de loin et elle n'est pas déçue, et elle a du mérite à ne pas être déçue. Et maintenant qu'il y a mieux que Salomon, on reste indifférent ?

Olivier Mongin. — Comment travaillez-vous ? Quels sont les endroits où vous avez envie de travailler ? Le faites-vous régulièrement ou par à-coups ? Votre travail obéit-il à l'impulsion de ce qu'on appelle de façon ambiguë l'inspiration, ou est-il très régulier, très ritualisé ?

Jean Grosjean. — Ce n'est pas ritualisé du tout. Chaque ouvrage s'est fait différemment. J'ai dit comment était né *Clausewitz*. J'ai continué de l'écrire dans des trajets de chemin de fer, à la hâte, en ne notant que la première lettre de chaque mot sur des bouts de papier ou d'agenda. Après, on a le plaisir d'épurer et d'agencer.

Le Messie s'est fait tout autrement. Un jour, j'ai levé les yeux sur le pastel qui me regardait à travers sa vitre, comme si ce visage restait non seulement visible mais vivant de l'autre côté de la mort. Il faut avouer que dans les Évangiles les pages sur la résurrection ont quelque chose de capital et en même temps d'énigmatique. Je me suis mis à les reméditer les uns après les autres, à les revivre pour ainsi dire, sans rien omettre de leur contexte et de tout ce que notre expérience peut faire comprendre des données historiques. Je n'ai pas pu m'empêcher d'imaginer aussi ce que les textes taisent, mais qui reste plausible comme la mésentente des apôtres ou la rencontre avec ce Lazare dont la résurrection ne semble pas avoir été du même ordre que celle du Christ.

Mais au fait, quelle était votre question ?

Olivier Mongin. — Celle de votre façon de travailler !...

Jean Grosjean. — Ah oui : mais disons : de mes façons de travailler. Ça me force à les passer en revue.

Pour *Élie*, j'avais été malade. Je ne redécouvrais plus les jours que par bribes et avec émerveillement, mais non sans crainte. Je les apprivoisais par des chants secrets. Un jour, je me suis mis à les noter. Et puis un autre jour, je ne sais comment, c'est la vie errante d'Élie qui s'est imposée à moi par son mélange de doutes et de certitudes.

Quant à *Darius*, tout un été ici, je l'écrivais dehors du matin au soir, au crayon, sur des vieux cahiers pas finis : le vent du Nord m'en soulevait les pages ; il a soufflé tout cet été-là. Il fallait parfois se couvrir. Mais d'admirables nuages passaient comme seul le vent du Nord sait en amener. Ou parfois c'était toute une brume qui nous prenait. Le vent ne fait pas que peindre et mouvoir, il chante dans les arbres, il murmure dans l'herbe, il a des rugissements, il sait casser de colère une branche de fruits ou vous voler un papier qui traîne. Il est à la fois une société d'en haut et une ivresse intérieure. J'avais une fois eu la curiosité de voir ce qu'Hérodote disait de ce Darius dont le prophète Daniel avait censément été le ministre. J'ai été tout à fait pris par cette confrontation de deux univers. Ensuite, il m'a fallu débrouiller toute cette espèce d'interminable tornade crayonnée.

Roland Bouhéret. — Et *Pilate* ?

Jean Grosjean. — Oui, *Pilate*, je l'ai écrit en grande partie à Versailles. Mais je me rappelle en avoir fait une partie ici, à cause des duvets qui volent dans l'air. Ma femme refaisait une literie de plume. Mais d'abord j'avais longuement, une fois de plus, à tête reposée réexaminé toutes les données de ce procès qui est au centre du monde. Puis, je n'ai pas pu m'empêcher de voir des duvets dans le ciel de Pilate... Parce que le temps où j'écris, je vis avec le personnage et je lui fais vivre tout ce qui arrive autour de moi.

Roland Bouhéret. — C'est un trait d'originalité tout à fait irremplaçable.

Jean Grosjean. — Un livre, qu'on le lise ou qu'on l'écrive, doit être soluble dans la vie. On doit pouvoir à chaque page lever les yeux sur le monde ou se pencher sur un souvenir pour vérifier le texte. Lire n'est pas un loisir, c'est un labour. Chaque phrase doit retourner l'âme du lecteur pour y semer peut-être ou au moins l'aérer au profit des racines qui dorment en nous.

Olivier Mongin. — Et *Kleist*, maintenant ?

Jean Grosjean. — *Kleist*, c'est une commande.

Olivier Mongin. — Vu ce que vous venez de dire, votre rapport avec la commande doit être assez compliqué ?

Jean Grosjean. — Oui. Souvent, on me demande des choses que je ne fais pas... que je ne saurais pas faire, que je n'ai pas envie de savoir faire. Mais Kleist que l'absolu dévore et bouscule, son âme intraitable et frangible, pourquoi ne pas essayer ? D'autant qu'on me demandait un *Kleist* en style direct. Je ne m'y serais pas risqué par les méandres d'une étude ou les facilités d'un monologue.

Mais par quel biais aborder l'énigme de cette redoutable candeur ? J'ai supposé le problème résolu. Je me suis trouvé à Fontainebleau le 14 avril à trois heures du matin avec Napoléon en train de diluer du poison dans sa timbale. Kleist vient l'en dissuader. Il parle en aîné : il a passé par là. Mais il parle aussi en justicier : trop facile de s'évader après avoir détruit les autres. Étonnement de l'empereur avec son mélange d'inconscience et d'agacement. Mais ce dialogue tournait au noir et blanc, à la rhétorique manichéenne. Il y avait là quelque chose de faux. Kleist n'avait-il pas souvent vécu lui-même à tâtons ? Il lui fallait revivre sa vie avant de faire la leçon.

Alors je l'ai confronté à ses principaux interlocuteurs réels. A mesure des années, il avait de plus en plus raison, mais ses contradicteurs aussi. En tout cas, il n'a plus rien eu à dire au-delà de ce qu'il avait vraiment dit et j'ai jeté la première scène comme on abat un échafaudage. Ce que je fais dire à Kleist est à peu près ce qu'il dit dans ses lettres. Ce que je voudrais ajouter c'est que je souscris du fond du cœur à tout ce que je lui fais dire et j'ai vraiment été heureux de pouvoir dire ce qu'il dit, mais je souscris aussi à ce qu'on lui répond, à cette part d'âme qui lui manquait un peu, la candeur de Mlle Zenge et même du père Zenge, le dévouement borné de la sœur Ulrique, la patience dans le désespoir de l'amie Marie, la jovialité de Pfuel, la bonhomie de l'aubergiste.

3

Les livres et les anges

Olivier Mongin. — Nous aimerions vous entendre parler de votre expérience dans l'édition, connaître vos critères de choix, vos préférences, les auteurs que vous aimez, que vous suivez.

Jean Grosjean. — Ça fait beaucoup de questions à la fois et moins convergentes qu'elles n'ont l'air.

Commençons par ce qui me semble le plus facile : les critères de choix. D'abord il y a tout ce qui est manifestement public, du moins pour l'année, disons à la mode, en tout cas efficace, immédiat, attendu. Ça peut s'éditer et parfois avec grand succès, même avec un succès durable, mais ce ne sont pas de vrais livres, c'est bon pour être illustré, ou joué, ou chanté, pour passer à la télé ou en feuilleton de journal. Tout le monde y entre d'emblée, la critique a plaisir à en tirer monts et merveilles, le corps enseignant en enthousiasme à peu de frais les jeunes esprits malléables. A l'opposé, il y a les gros livres difficiles soit par leur érudition, soit par leur spécialisation, soit par leur abstraction, soit par leurs artifices de langage ou tout simplement par leur voluminosité. Ils peuvent avoir du prestige : si peu de gens les lisent, beaucoup peuvent les consulter. Les bibliothèques sont faites pour eux. Mais ce qui me semble un vrai livre, c'est un livre simple mais dense, presque anodin à première lecture, mais inusable aux relectures et dont la brièveté recoupe, sans le fatras des symboles ni la sécheresse des philosophes, notre expérience quotidienne, la diversité de nos expériences. On peut appeler ça des livres de chevet ou les livres de l'île déserte. Il me semble que toutes nos activités culturelles sont préhistoriques : elles datent du temps où la vie personnelle n'était encore qu'implicite, c'est émouvant d'y penser. Les humains n'étaient humains qu'en tas, des petits tas peut-être, mais qui peignaient, sculptaient, chantaient, dansaient, priaient sans doute. Mais le malheureux qu'un hasard isolait, quelle existence avait-il ? Tout a changé quand après l'écriture on a inventé le premier livre, une brique akkadienne par exemple. Une parole portative vivante. L'ère humaine, c'est l'ère du livre. L'informatique peut l'encrasser, le nucléaire la rendre vulnérable, mais rien ne peut en changer la nature.

Olivier Mongin. — Vous laissez de côté les illettrés qui ont été si nombreux.

Jean Grosjean. — On peut ne pas savoir lire, mais on sait que le livre existe et ça a donné au langage, qui n'était que d'utilité immédiate ou d'expression spontanée, une dimension toute nouvelle. Le langage par la simple existence du livre a acquis une dignité étonnante, je dirais même prophétique. Un vrai livre est un langage qui devient indépendant de l'auteur (d'où la futilité des biographies d'écrivains, est-ce qu'il n'y a pas nombre de vrais livres qui ne sont pas très sûrs de leur auteur ?), un langage qui s'adresse à n'importe qui, n'importe quand.

Si l'ère du livre est menacée, c'est uniquement par le Messie qu'elle annonçait : le langage de Dieu n'est plus un livre, mais une vie humaine. Cependant, il faut bien avouer que, pour chacun, le Messie n'est encore que futur dans notre vie, du moins pendant la plus grande partie de notre vie, laquelle reste donc dans l'ère du livre. La preuve : on connaît le Messie par les Évangiles.

Olivier Mongin. — Je crois comprendre que vos préférences vont aux livres courts.

Jean Grosjean. — Pas toujours. Le *Frère à la côte* de Conrad n'est pas une plaquette, il reste pourtant dense de bout en bout. Je vais vous dire, un vrai livre est un livre qui, soit d'un coup, soit lentement, vous rend autre, vous met au-dessus de ce que vous étiez. Aucun genre, aucun style, aucun nombre de pages n'est privilégié. S'il y avait une recette du bon livre, il y aurait beaucoup de bons livres, c'est-à-dire qu'ils seraient mauvais. On lit souvent des manuscrits admirables de savoir-faire, mais sans nécessité profonde.

C'est un peu dommage de faire croire aux gens qu'un écrivain est un homme d'une espèce supérieure. Il y a les scribes, c'est la classe des gens qui savent lire, écrire, juger, commenter. C'est un métier comme un autre, sans plus. Utile comme les autres métiers, sans plus. Il arrive qu'un scribe soit une fois, ou plusieurs fois, écrivain c'est-à-dire qu'il fasse un ou plusieurs livres vrais. Mais il y a des livres vrais qui ne sont pas dus à des scribes. Il y en a même qui sont le fruit de plusieurs accidents, coupures, gloses, etc.

Mais rien n'a moins d'importance que les œuvres complètes d'un écrivain. On croit par là pouvoir surprendre un certain pouvoir créateur en plein exercice. Mais d'abord créer n'est pas une vertu et, de plus, un livre n'est pas une création. Ce serait plutôt un phénomène de catalyse. Mais aucun chimiste ne saurait le produire à volonté. Dès qu'on sent la main du chimiste le phénomène rate.

Le *Cid* de Corneille reste une espèce de merveille, mais les pièces suivantes qu'on nous fait admirer ne sont que des « sous-Cid ». Corneille victime de son succès gratte sa corde héroïque un peu en vain. Il s'exploite. Pourtant, il ne sera pas l'auteur d'un seul livre. On devra à sa vieillesse des merveilles nouvelles que le public ne suivait pas toujours, mais qui ne se sont pas fanées et dont les commentateurs pourtant nombreux sont loin d'avoir signalé toutes les dimensions et toutes les ressources. Comme *Héraclius* en dit plus que Kierkegaard, *Othon* plus que Sartre et Balzac réunis, *Suréna* plus que Racine ! Pourtant il y a beaucoup déjà dans Racine, puisque le grand Frédéric lors de je ne sais plus quelle bataille lisait *Andromaque* pour tromper son impatience et soudain s'écriait : « Ce Racine quand même ! Ce qu'il dit c'est tout moi. »

Enfin, on ne va pas se mettre à examiner tous les livres, il y en a trop pour cela, mais je dirais : il y en a trop, tout court. Les vrais livres ont tendance aujourd'hui à suivre la même pente que les livres pratiques : on multiplie les dictionnaires, les atlas, les livres d'oiseaux, etc. L'un note ceci, l'autre cela. Être complet ne ferait pas un plus gros volume : il suffirait de ne pas s'encombrer de remplissages. C'est comme les livres scolaires qu'on multiplie sans fin pour embrouiller la mémoire. Ce n'est pas parce qu'on vend plus de pantalons que le peuple est mieux culotté. On fabriquerait du plus solide, du un peu plus durable, on casserait le tournis du commerce, on ralentirait la circulation de l'argent et les voyages aussi, personne ne s'en porterait plus mal. L'accélération ne sert à rien (sauf si on a peur de voir le vide). La multiplication n'est pas une valeur, même pour les livres. Ce n'est jamais bon signe de manger trop, ni de boire trop. La plus grande richesse est une certaine pauvreté, une certaine rareté.

Olivier Mongin. — Revenons aux auteurs.

Jean Grosjean. — Oui, je bavarde inutilement. Mais peut-être qu'il faudrait éviter les faux pas. Le langage n'est pas fermé sur soi. D'abord, il contient l'univers et même tous les univers possibles et, de plus, « il s'adresse », il sort de soi, c'est là sa nature. Et quand on parle du langage comme d'un enclos, il ne s'agit plus aucunement du langage.

L'écriture ou, si on veut, la littérature n'est rien

d'autre qu'une certaine intensité du langage. Quand on crie, ou qu'on gesticule, ou qu'on parle avec volubilité on ne dit pas grand-chose, on est dans le demi-langage, dans une sorte d'inconscience et si ça a quelque effet sur autrui, c'est de l'ordre de l'épidémie. Admettons que ce soit un peu communiquer, mais communiquer n'est pas parler, ça ne suscite guère de réponse, mais plutôt une sorte de simple écho quasi automatique. La communication c'est aussi vain que la « circulation des personnes, des idées et des biens… »

Le langage est dialogue ou bien rien, et l'écriture donc est dialogue aussi avec le lecteur plus intensément que la conversation trop volatile et plus profondément que la rumination solitaire qui n'est qu'un moteur débrayé.

Alors, les milieux littéraires ça n'existe pas. Si des écrivains parlent entre eux, ils sont aussi superficiels que la plupart des gens en conversation. C'est leur repos sans doute. Et s'ils parlent sérieusement de la vie, eh bien, les voilà qui se haussent au niveau des vivants qui vivent vraiment, lettrés ou illettrés. Mais s'ils n'ont que l'esprit de corps et se font des montagnes des moindres incidents littéraires, ils sont comme des généraux qui s'intéressent plus aux promotions qu'à la guerre, comme des prêtres plus soucieux des cérémonies que de Dieu, comme des fermiers plus excités par la vente que par la production. C'est une pente « sociétale », si on peut dire, que les spécialistes chipotent sur des riens et laissent aux profanes le fond de la question. Il n'y a peut-être que les financiers et les juristes qui ont une propension à se passionner pour ce qui est le fond de leur spécialité, parce qu'elle est assez fictive pour qu'ils puissent penser pouvoir l'infléchir. Et puis les joueurs. Mais les politiciens parlent rarement de politique, ils parlent de manigances ou de rivalités, et cela autant dans les monarchies ou les dictatures que dans les démocraties libérales ou populaires. Dès que se réunissent des gens qui ont un souci commun, c'est pour en voir les petits côtés.

Autre faux pas à éviter : la création et pire, la créativité. Dieu n'est pas Dieu parce qu'il crée, mais parce qu'il parle et si son langage crée ce n'est qu'à force de transparence. C'est la docilité à sa source qui fait la luminosité et la vitalité du langage. La seule dignité humaine est la participation à ce langage qui est à l'écoute de sa source, qui la déchiffre, qui est une sorte de lecture comme l'a été le Nazaréen à Nazareth ou comme l'est en Dieu le Fils. Ce n'est que fasciné par son Père que le grand Lecteur s'est trouvé l'instrument de création.

Un écrivain est quelqu'un de fasciné par les profondes sources de la vie et qui n'écrit que par inadvertance. Il ne peut pas ne pas formuler ce qu'il devine afin de le vivre. Il peut ne pas savoir rédiger, mais avoir un secrétaire habile et fidèle, ou bien être lui-même son propre secrétaire. C'est sans importance.

Il peut de toute sa vie n'avoir qu'une expérience profonde, qu'une illumination dont il vivra et le dire en une fois comme *L'espèce humaine*, *L'Ami* retrouvé ou Le *Visiteur apostolique*. Ou au contraire la redire nombre de fois avec la même fraîcheur comme André Dhôtel. Mais, comme disait Jean Paulhan, il y a ceux qui font un bon livre et passent le reste de leur vie à le défaire. Car la visitation qui n'est pas revécue à neuf devient une référence morte. La redire n'est plus alors que faire de la publicité.

Il y a ceux comme Paul Claudel qui n'explorent que peu à peu ce qu'ils savent et ceux comme André Malraux que secouent les vagues de leurs découvertes successives. Il s'aperçoit du peuple après l'avoir défendu, il « épouse » la patrie après l'avoir illustrée, il expérimente les seuils de la mort après en avoir discouru et les magies de l'écriture après les avoir pratiquées. On le voit dans ses livres chaque fois être terrassé par une expérience dont on le croyait précédemment guéri.

Louis-René des Forêts au contraire chaque fois qu'il écrit détruit son propre sol et tombe à une profondeur plus grande, tandis que Brice Parain finit par dire familièrement les découvertes dont il semblait d'abord écrasé.

Mais combien de mains ont travaillé à *Gilgamesh*, ou à l'*Odyssée*, ou à la *Genèse* ? Et quel est le rôle de Turold ? Ou bien quelle est la bonne version de *Tête d'Or* ? A quels moments saint Augustin, Grégoire de Tours ou Bède le Vénérable écrivent vrai ou remplissent des pages (pour ne nommer que des anciens) ?

Quand on est devant un livre ou devant un

manuscrit, on ne sait jamais devant quoi on se trouve. Et quand on est devant quelqu'un qui a écrit avec ou sans bonheur ou qui va (ou qui voudrait) écrire (ou même ne plus écrire), eh bien, c'est encore plus énigmatique. Je viens de vous dire des choses austères et parfois draconiennes, parce que vous me posez des questions un peu raisonnables. Mais il ne faut pas que j'oublie de vous signaler l'autre face de ce monde. Il ne faut pas que j'oublie d'infirmer les idées que j'émets. Dès que l'expérience s'exprime en idées, elle est soit faussée soit (si elle se veut moins incomplète) tout à fait compliquée, ce qui revient au même, car l'expérience elle-même n'a jamais été que candide.

Alors, je me dois de dire que si un livre est un aérolithe qui peut tomber n'importe où, n'importe quand et qui a à se défendre tout seul et qui devrait donc atteindre une espèce de perfection, il n'est quand même qu'un atome de l'univers et que, si raté qu'il soit, il peut, par hasard, être un jour le recours de quelqu'un. Si bien que si théoriquement il y a trop de livres, pratiquement il n'y en a jamais assez. La littérature est un peu comme les nuages de pollen des conifères.

Disons mieux. L'univers, sans doute, et notre vie, en tout cas, sont peuplés d'anges, c'est-à-dire de facteurs à tous les sens de ce mot : les éléments des choses (saint Paul dit : la hauteur, la largeur... Ou bien : les puissances, les dominations...), mais aussi les causes des choses (comme les facteurs d'orgues), sans oublier les plus sympathiques, les facteurs qui portent des lettres à travers la campagne ou dans les rues, de boîte en boîte, et qui tantôt sont attendus avec espoir ou crainte et tantôt vous surprennent. Les livres sont des anges qui font du porte-à-porte. Ici, ils n'ont rien à dire, ailleurs ils troublent ou ils réveillent, plus loin ils sauvent un cœur qui périssait.

Les écrivains eux-mêmes sont des anges. Ils ont parfois l'air d'avoir le genre d'inconsistance que l'imagination populaire attribue aux êtres célestes. Mais tous les gens sont plus ou moins un jour ou l'autre des anges pour quelqu'un. Si bien que si j'ai eu l'air, il y a un instant, de rabaisser le corps des scribes au niveau de n'importe quel groupe humain avec les tares que cela comporte, je voudrais dire aussi que tous les gens sont plus ou moins à leur insu de véritables écrivains (au sens noble du mot) les uns pour les autres. Chaque être humain est un livre pour quelqu'un ou pour quelques-uns. Et en ce sens, l'ère du livre a dû commencer longtemps avant l'écriture.

On devrait trouver dans un livre ce qu'on devrait trouver dans une personne : une illumination plus ou moins bien révélée, ou une expérience de première ou de seconde main, ou un archétype plus ou moins revécu.

Certes, on y trouve aussi comme chez le voisin un renseignement utile et aussi comme chez tout le monde et en soi-même une certaine participation à un mensonge immense. Mais cette buée menteresse est brassée par les anges qui tantôt nous sourient ou nous font pleurer, parce qu'ils ont la voix de l'âme, tantôt nous touchent seulement le coude ou l'épaule, tantôt...

Je sais, la vraie réponse à votre question serait de raconter les anges que j'ai connus et ceux que je rencontre encore. Eh bien, d'abord il y en a trop. Si je veux penser au passé, et même au présent, je suis écrasé du nombre des anges apparus et disparus. Quand je parle de l'un ou de l'autre, c'est parce qu'ils me semblent plus facilement formulables, et je m'arrête au milieu d'une phrase parce que je trouve très injuste de mépriser tel autre sous prétexte qu'il est plus difficile à dire.

La vraie raison est mon incapacité. Je ne suis pas doué pour saluer les anges. La plupart du temps d'ailleurs, je ne m'aperçois d'eux qu'à leur disparition. Mais je n'ai pas le réflexe de les retenir, ni même de les garder en mémoire avec netteté. Je les confonds entre eux avec une sorte d'ingratitude. Qu'ils ne m'en veuillent pas, ils ne sont comme on dit curieusement aujourd'hui que préposés, mais souvent sans le savoir. On n'a pas à se prosterner devant les anges, mais seulement à continuer le chemin qu'ils bordent. Je ne tiens pas moi-même à savoir si je sers d'ange à d'autres.

Roland Bouhéret. — Mais dites-nous au moins à titre d'exemple quelques-unes de ces apparitions que vous prétendez oublier.

Jean Grosjean. — Quelques éclairs. Des milliers de prisonniers parqués à Sens le long de l'Yonne. Ils trompent leur faim en se racontant des menus. J'enjambe des corps pour guetter des paroles moins ennuyeuses. Un soldat qui a l'air d'en faire autant m'apostrophe : « Pourquoi a-t-on perdu la guerre ? » L'ennui s'évapore. On parle. Le lendemain on se retrouve. Au bout de trois jours, un Belge me dit :

— Tu sais avec qui tu discutes ?

— Non, pourquoi ?

— Parce que c'est André Malraux.

Mais jusqu'à ses derniers jours, je continuerai de faire comme si je ne savais pas qui il était et je crois que ça lui plaisait.

Ou bien j'arrive au camp de Neubrandenburg avec Albert Beuret et quelques autres. On fait mieux face aux aléas quand on est une dizaine, mais notre groupe s'est effrité à Greifswald. On regarde vivre les inconnus de la baraque. Il y en a un qui ne parle pas tellement, qui ne se met guère en avant, mais on voit briller son regard étrangement dans certaines occasions ou à certaines paroles. Et s'il dit un mot, ça tombe drôlement juste. On lui propose de faire plat commun.

— Et comment tu t'appelles ?

— Claude Gallimard.

Mais tous les jours depuis quelque soixante-quinze ans sont criblés d'instants saisissants, mais je ne saurais ni les classer ni les évaluer. Ils m'intéresseraient si je savais ausculter les liens qu'ils semblent avoir entre eux, mais je ne suis pas bien sûr de croire aux enchaînements. Chaque instant vous tombe du ciel directement.

Si je viens de vous en signaler deux, c'est parce que le nom de l'ange le situe pour vous dans une trame. Mais si je vous dis qu'un soir en revenant du travail, je rencontre un Mongol qui au risque de sa vie rôdait dans notre camp cherchant par terre, en vain, des débris utiles. Je lui mets dans la main une pincée de tabac, et il disparaît. Le lendemain à la même heure et au même coin de baraque, la même face de vieux cuir m'attend, mais je n'ai rien à offrir. Oh ! Ce n'était pas cela, l'homme me met dans les bras un paquet de savonnettes et redisparaît.

Ou bien ces lots de couvertures qu'on nous jetait dessus et qu'il fallait transporter. On ne voyait plus rien, on soulevait la poussière, le poids m'écrasait, j'étouffais. Pourquoi durer une minute de plus. J'entendais hurler les gardes. Je me laisse choir et j'attends la baïonnette. Ça semble long. Elle soulève les couvertures. L'Allemand ne me voit pas, mais il dit : « *Müde ?* (fatigué ?) » J'ai suivi la colonne les mains dans les poches.

Ou l'Arabe avec qui je marchandais le droit de monter au minaret de la mosquée de l'Ascension, car j'ai aussi des superstitions. Que m'importe que le Messie ait touché tel objet, mais j'ai souhaité voir les paysages qu'il voyait (ce n'est plus guère possible). Bref l'Arabe rabat son prix à une livre et me dit : « Alors tu seras mon ami. » Je lui dis : « Et je ne peux pas être un ami avant ? » Réponse : « Tu as gagné, monte. »

Combien de fois aussi un ange m'a ouvert la bouche pour dire ce qu'il fallait sans que je le sache ou a retenu ma plume d'écrire ce qu'à tort je croyais savoir. Mais il est indécent de faire de la publicité pour les anges, puisqu'ils sont la discrétion même.

C'est vrai qu'ils ont parfois des regards d'enfant, mais combien de fois ils empruntent aussi la voix d'un mourant. Tantôt leur fugacité a l'aloi du bon sens comme celui qui, sans un souffle, a effeuillé le pavot que je regardais, tantôt elle a un air de miracle comme celui qui m'a touché l'épaule pour me faire lever d'un fossé à l'instant où un tir s'y est concentré. Mais ne cherchez pas à remercier, il n'y avait personne, ils ne sont que des services fugitifs.

C'est pourquoi il serait injuste de nommer ceux dont on sait le nom, tant ils ne cherchent pas à se distinguer de la foule de leurs compagnons anonymes avec qui ils ont tissé tous les instants de notre vie. Sans compter, pour vous, celui qui, j'espère, circule entre mes phrases.

4

Les prophètes

Olivier Mongin. — Vous avez dit que Hérode représentait le faux pouvoir, un pouvoir mensonger ; en établissant cette distinction implicite entre un vrai et un faux pouvoir, vous ne vous contentez donc pas d'une affirmation selon laquelle tous les pouvoirs seraient équivalents. De même faudrait-il s'interroger sur les liens qui interviennent entre le prophète et le politique : si le prophète a pour tâche de modifier l'action de l'homme politique, celui-ci n'est plus seulement livré à lui-même, confronté au miroir de son propre pouvoir. Entre le prophète et le politique il y a tension, sinon conflit...

Jean Grosjean. — Éliminons les faux pouvoirs, dont il suffit de ne pas être dupe. Les autres, quoi qu'on en pense, sont une réalité. Il faut donc y voir d'une certaine façon le doigt de Dieu comme dans les autres vicissitudes de la vie. Un pouvoir dit « démocratique » n'est pas d'une catégorie différente.

Les garde-fous qu'on y prévoit n'empêchent jamais qu'un innocent soit condamné, qu'un malheureux soit sans recours, qu'un passant se fasse écraser.

Olivier Mongin. — Mais le prophète, qu'est-il en droit d'attendre, que peut-il exiger de l'homme politique ?

Jean Grosjean. — Il faudrait s'entendre sur ce qu'on appelle un prophète. Au sens large, il y a tous ceux qui nous font apercevoir autre chose que les apparences. N'importe qui peut nous éveiller l'âme. Mais après nous risquons de tomber dans les filets d'un imposteur. Les petits prophètes sont sans doute indispensables, mais si n'arrive pas derrière eux un vrai prophète, ils peuvent devenir nocifs, ne nous avoir conduits qu'à l'irréel comme une drogue.

Les vrais prophètes nous délivrent des fausses réalités, mais pour nous livrer à un univers indubitable. On pourrait nommer Lao-Tseu avec sa cohérence énigmatique, ou le Bouddha avec son expérience intérieure, et bien sûr Moïse qui fait un détour dans le désert pour s'entendre dire *c'est moi*.

Dominique Bourg. — C'est comme ça que vous traduisez le fameux : *Je suis*.

Jean Grosjean. — On peut le traduire de diverses façons. J'évite celles qui supposent une culture philosophique héritée des Grecs et mal acclimatée en France (sauf dans les écoles). Je ne crois pas non plus qu'il faille entendre : *Je suis qui je suis*. Ça correspondrait à d'autres théophanies, ça sauvegarderait la transcendance, mais ça n'ajouterait rien à : *Ôte tes chaussures* qui venait d'être dit. Ce serait plus raisonnable que bouleversant. Le contexte montre que ce qui a submergé Moïse n'a pas été comme pour le Bouddha ou pour Lao-Tseu l'expérience du vide ou de la dépersonnalisation, mais au contraire la prise de conscience d'une intense présence personnelle, une écrasante et familière proximité.

Ce sont ceux qui vivent de telles expériences qui vont parfois trouver les rois ou parler aux gens. Mais ces prophètes cherchent moins à obtenir telle bonne mesure d'un gouvernement qu'à retourner l'âme du monarque s'ils viennent au palais ou l'âme de chacun s'ils parlent sur la place publique. Jean Baptiste ne change pas les lois, il demande à chacun de se contenter de sa paye ou de partager son surplus. Les institutions ne sont guère capables d'améliorer les gens, mais si les gens étaient meilleurs les institutions le seraient d'office dans leur fonctionnement. Le Christ n'avait pas de projet sur les structures de l'Empire romain et il n'a parlé à Pilate que dans l'intérêt de l'âme de Pilate.

Olivier Mongin. — Mais l'opinion publique ne peut-elle avoir un rôle prophétique ?

Jean Grosjean. — L'opinion publique, c'est d'abord une marque de lessive, un champion, une star, etc. Essayez de dire quelque chose au milieu de ce charivari.

Olivier Mongin. — Mais l'information serait-elle sans poids d'après vous ?

Jean Grosjean. — Les moyens mis à sa disposition pour qu'elle puisse se faire entendre coûtent cher et la laissent difficilement innocente. Une entreprise d'information qui échapperait aux intérêts des bailleurs de fonds par le recours à de petits cotisants n'aurait pas moins d'œillères : comment déplaire à nos patriotes ou à nos anars ou à nos sportifs, etc.

Pourquoi tant de bruit sur le terrorisme et si peu sur les victimes tellement plus nombreuses de la route ? Quelle information met à nu, aux yeux de tous, les causes du chômage ? On préfère s'agiter sur un prisonnier d'opinion en Russie ou au Chili. Mais ce prisonnier sait la cause qu'il sert, tandis que la victime de l'auto, de la drogue ou du chômage ne le sait pas, et ne l'a pas voulu. Pour quelles raisons à la fois démagogiques et mercantiles multiplie-t-on ces voitures individuelles rapides qui supposent que tous les humains sont en même temps des as et des saints : Les satellites repèrent la moindre baraque « suspecte » et pas les hectares qui fournissent les drogues ?

Essayez de lancer une information sérieuse qui ne se loge pas dans l'un des grands bateaux à la mode. On entend surtout la publicité des vendeurs nantis. Elle sait se déguiser en l'éloge des vertus qui font les écraseurs et les agioteurs. Elle s'appuie sur les postulats des économistes qui sont tous fondamentalement faux.

Olivier Mongin. — Mais il y a des cas où l'information a été efficace.

Jean Grosjean. — Par exemple, vers la fin de la guerre d'Algérie, le Général qui voulait les accords d'Évian a d'abord torpillé les premiers pourparlers. Pourquoi ? Il avait l'impression que les Français n'avaient pas encore compris de quoi il s'agissait, qu'ils allaient se soulever contre lui. Quand il a passé outre à cette crainte, il a été étonné de l'acquiescement profond. C'est que l'ensemble de la presse avait un ton de matamore qui trompait. Les lecteurs des journaux pensaient tout autrement que les journaux. J'ai connu des gens qui lisaient *L'Aurore* en souvenir du « J'accuse » dont leurs parents avaient été des fervents. *L'Aurore* avait viré de bord sans qu'ils s'en doutent et sans les faire changer d'opinion.

Mais surtout je crois qu'un vrai prophète est quelqu'un qui parle au nom de quelqu'un et non pas au nom de quelque chose. On ne peut pas être prophète au nom de la liberté qui n'est qu'un adjectif substantivé. La liberté tout court n'existe pas, il y faut un complément, ce qui la change selon ce complément. La liberté de s'enrichir est évidemment un asservissement aux lois de la finance, mais la liberté de choisir est déjà une chaîne dont veut nous délivrer le sermon sur la montagne : Que mangerons-nous ? De quoi nous vêtirons-nous ? La liberté d'entreprendre n'est qu'un moyen de ne pas trop penser. Et la liberté de commander, ne serait-ce qu'à un chien, est une façon de voiler notre dépendance, au lieu d'y songer. D'où cette sinistre prolifération des chiens.

Parler au nom de l'égalité serait un peu moins abstrait, mais reste terriblement équivoque. Il n'y a qu'à rappeler l'égalité des personnes dans le dogme trinitaire pour s'en rendre compte. Bien comprise l'égalité serait davantage un reflet de Dieu que la liberté, mais il s'agit bien plus d'une équivalence des différences que d'une mise à niveau comme la voudraient les féministes. Le Fils dit : « Le Père est plus grand que moi. » Et : « Je fais toujours tout ce qu'il veut. » Ce qui ne l'empêche pas de dire : « Je fais tout ce qu'il fait. » Ou : « Qui me voit, voit le Père », etc.

L'équivalence entre l'initiative et la docilité, entre la source et l'expression, entre donner et recevoir, entre agir et pâtir, etc., a en Dieu plus de racines que la liberté qui ne peut guère être que la liberté d'âme, une liberté toute secrète et sans grande incidence politique.

On ne peut guère non plus être prophète au nom des droits (les droits de l'homme), car les droits comme dit Michel Villey ne sont pas de quelqu'un mais entre deux. Les droits ne sont pas comme on croit un large espace, ils sont une limite. Le droit de circuler devrait comporter un dédommagement pour les gens chez qui, devant qui, au-dessus de qui (avion, satellites, etc.), en dessous de qui (métro, mines, etc.) on passe. Est-ce que Dieu circule ? Non, il rôde timidement à travers les univers et comme en s'excusant. Quand il est venu visiblement rôder en Palestine, ce n'a été qu'à pied ou parfois en barque, mais même sur la mer il préférait aller à pied.

Enfin, on ne va pas ergoter sur les droits. Ce que je veux dire c'est qu'il n'y a de prophètes vrais qu'au nom d'un Dieu (et non au nom d'une abstraction serait-elle un groupe humain, un peuple, une race, une église, etc.). Mais le monde est plein de vrais prophètes. J'en ai connus de toutes sortes : le vieux maître qui dit *Très haut*, en levant à peine le doigt, mais un souffle passe ; le jeune homme qui vous empêche de dormir toute une nuit en vous expliquant le sens de la vie et sa brièveté, et un mois plus tard ils l'ont tué ; un ermite en Orient qui s'est retiré pour vivre d'herbes sauvages et d'un silence que tout le monde va écouter ; un officier à la guerre qui démontait les mensonges de cette guerre et qui est mort pour sauver ceux qui le dénonçaient ; des délinquants qui risquaient beaucoup pour faire avec une curieuse candeur une sorte de redistribution au nom du Ciel ; et aussi des espèces de « cénobites » fidèles à une pauvreté ancestrale ; mais un cardinal à Paris à qui un Jurassien avait suggéré de lire l'Évangile et qui l'a lu d'un œil si neuf qu'il s'est comme converti, et il se mettait à parler de Dieu doucement mais incongrûment à tout le monde et jusque dans le bureau du pape (« Depuis quand fait-on des encycliques à Paris ? » « L'esprit souffle où il veut ») ; ou bien un archevêque à Strasbourg imperturbablement droit depuis toujours avec un sourire inimitable qui en disait long sur la double dimension de l'Évangile.

Les prophètes ne sont pas où on les attend et ils ne se savent pas prophètes. Dès Amos, le premier dont la voix nous soit parvenue, ils disent : « Je ne suis ni prophète ni fils de prophète, mais je vois que… »

Est-ce que Rimbaud et Mallarmé, qui se ressemblent si peu, ne sont pas, à leur insu et à l'insu de leurs admirateurs, les prophètes dont a eu besoin notre époque dès qu'elle s'est mise à croire à la « culture » ?

Rimbaud le bon élève qui perce à jour les semblants de la vie et dépasse vite tous ses maîtres pour crier la toute-puissance du langage, puis découvrir l'inanité du langage que nous créons à côté de celui qui nous crée et dans les brancards duquel il se plaira à donner jusqu'au bout les ruades d'une connivence quasi filiale.

Loin de la crudité du soleil de Charleville et des ruses de la Meuse, Mallarmé, avec son âme à la Corot, a lentement mûri la conviction que le monde ne prenait sens que par le poème, qu'un grand poème serait le livre qui fonderait vraiment le monde, que n'existait que ce qui était ou serait magnifiquement dit. Et quand son fils tant aimé est mort, il n'a plus voulu que le faire revivre, si peu que peu, dans un poème. Mais ça a été la catastrophe. Il a fini par comprendre que le poème ne dépendait pas du poète et que ce n'était pas le poète qui donnait la vie. Alors, il a été pour toute une génération comme ce buisson du cornouiller mâle qui s'illumine de fleurs d'or au fond des bois avant qu'aucun bourgeon de feuille n'éclate nulle part. Il prédisait à qui voulait l'entendre cette impuissance des créateurs qui sera le véritable printemps, quand la principale vertu des écrivains sera d'être transparents au langage qui leur préexiste.

5

Les Évangiles

Dominique Bourg. — Le peu d'importance que vous accordez à toutes les médiations institutionnelles, intellectuelles, entre Dieu et chacun de nous, étonne. Est-il possible, selon vous, de s'ouvrir à la Révélation christique, d'en vivre, tout en demeurant à l'écart des Églises, des traditions qu'elles recèlent ?

Jean Grosjean. — Il semble que l'Évangile tout entier est en lutte contre la sclérose des institutions judaïques. Le Christ ne rejette jamais la Révélation judaïque, il s'en réclame, mais en tant qu'elle a été institutionnalisée, nationalisée, il dit non. Est-il utopique de vouloir à chaque génération recommencer l'Évangile ? Tel est le problème. Ou faut-il, comme Simone Weil en accusait le christianisme, reproduire à partir du Christ ce que le judaïsme a fait à partir de Moïse, c'est-à-dire le caricaturer ? Il me semble que toutes les Églises chrétiennes, dans la mesure où elles deviennent des institutions, tombent, en tant qu'institutions, sous le couperet des paroles du Christ. Je ne dis pas qu'il n'en faut pas.

A ce propos l'on peut retenir deux affirmations de saint Paul : il faut d'abord la Loi, puis le Christ nous libère de la Loi, des institutions. Un enfant a besoin d'entendre des choses nettes. En tant que telles, elles sont fausses. En science, on commence par apprendre des approximations qui sont pratiquement des erreurs scientifiques. Dans le langage, à l'école communale on apprend d'abord un langage raide ; devenu écrivain, l'enfant devra le renverser. Il faut donc partir de choses nettes, c'est la Loi. Le Christ arrive en libérateur de toutes les lois. La Loi, l'institution ont leur utilité, mais c'est une utilité purement matérielle, physique. Une mauvaise institution est aussi bonne qu'une bonne institution ; elle est même meilleure : elle incite davantage à s'en défaire.

L'autre phrase de saint Paul est celle-ci : comment les gens entendront-ils si on ne leur dit pas ? Il y a la transmission. Le texte est destiné à ceux qui savent lire ; cela suppose des éditeurs et aussi des grammairiens qui vous apprennent à lire. Ce n'est pas tombé du ciel. On ne peut pas compter sur la lumière infuse. Certes, il y a une révélation intérieure pour chacun, mais elle éclaire une révélation externe.

Il faut donc distinguer dans les Églises la fonction monitrice qui s'est substituée au judaïsme et qui peut être remplacée (elle l'est déjà en partie par l'État) et la fonction prophétique. Dans cette fonction prophétique les Églises sont irremplaçables, mais en font partie tous ceux qui font entendre vraiment le vrai langage du Christ. J'ai même idée que quand la fonction monitrice est muselée, la fonction prophétique devenue clandestine est bien plus efficace, parce qu'il n'y a plus confusion entre la Loi et l'Évangile.

Dominique Bourg. — L'essentiel se joue autour des textes fondateurs et d'eux seuls. Toutefois, vous paraissez établir entre eux une certaine hiérarchie. Plus précisément, vous semblez ériger les textes johanniques en juge et canon des autres écrits néotestamentaires. Pourquoi cette différence entre Jean et les autres ?

Jean Grosjean. — Non, ce n'est pas entre les textes johanniques et les synoptiques, mais entre les Évangiles et le reste. Il est vrai qu'au sein des Évangiles la façon de procéder de Jean me frappe plus, mais c'est une question de tempérament. Même pour moi, le sermon sur la montagne, c'est aussi grand que le discours après la Cène. Ce n'est pas le même biais, mais c'est le même impact. Je crois qu'on ne peut pas faire entre les quatre Évangiles de hiérarchie. Il n'y a là que des différences d'approches. A considérer les détails, certes on peut discuter. Mais les Évangiles rapportent tant bien que mal et chacun à leur façon ce que le Messie a dit et fait et à peu près rien d'autre. Ça n'a pas de commune mesure avec les Épîtres qui sont des conseils donnés aux gens après coup et qui peuvent en effet être utiles et intéressants, mais qui sont des commentaires ou, pire, des déductions. L'Évangile, c'est autre chose. A part certaines parties comme les récits de l'enfance, les Évangiles se présentent comme le témoignage de la Révélation à son suprême degré. Et puis, il y a les commentaires qui suivent. Ce qui commence avec les Épîtres de saint Paul dure jusqu'à nos jours avec les exégètes et les théologiens. C'est un seul bloc. Ce sont les gens qui ont lu ou entendu l'Évangile, qui en vivent et qui le repensent et le redisent en leur propre langage, c'est-à-dire surtout dans le langage de leur époque, de leur pays, de leur catégorie sociale, mais trop souvent (et cela devient grave) d'après le langage des siècles précédents, c'est-à-dire d'après les déformations qu'ils sont souvent incapables d'évaluer ou qu'ils n'osent pas remettre en question.

Dominique Bourg. — Si je comprends bien, il y a une primauté des Évangiles car ceux-ci sont relatifs à la seule figure du Messie. En revanche, des textes comme les Épîtres, les commentaires patristiques, etc., sont le fruit d'une élaboration seconde, élaboration inséparable d'une communauté, de son histoire, la communauté ecclésiale. Mais les Évangiles eux-mêmes procèdent d'une certaine communauté. Chez Jean, apparemment, le texte en porte à maints endroits la trace. Le fameux commandement d'amour vise les gens qui appartiennent à la communauté johannique, dont les membres doivent se conduire de façon exemplaire.

Jean Grosjean. — Oui, mais quelle communauté imaginez-vous ? Dans un Évangile il est dit : quand vous êtes deux ou trois en mon Nom, je suis là. Si la communauté c'est ça, elle est indispensable. Aucun mot de l'Évangile n'a de sens s'il n'y a pas de prochain. Sans ça, c'est la folie. Celui qui comprend l'Évangile seul, sans référence à personne, est fou (ça existe). Mais à partir du moment où il y a une communauté ce peut être seulement deux ou trois. Si on est cent ou mille, tant mieux ou tant pis, car il y a un moment où, du fait du nombre, le prochain devient lointain, où chacun cesse d'être une personne pour redevenir un individu. Avec le grand nombre on est solitaire. Qu'un petit groupe soit ami d'autres petits groupes, très bien, mais le quotidien avec des gens qu'on connaît de près est indispensable. L'Évangile n'a pas de sens sans ça. C'est la réponse sur la communauté.

Maintenant, la suite des générations, c'est autre chose. Si on part des Pères de l'Église ou des théologiens du Moyen Age, des exégètes du XVIIe ou de ceux d'il y a cinquante ans alors, comme disait Pascal, on monte sur les épaules les uns des autres, et on se figure qu'on voit plus loin. Eh bien, ce n'est pas vrai pour l'Évangile. On ne voit pas plus loin, on perfectionne une discipline autonome, la théologie, on développe toute une architecture intellectuelle admirable, mais qui n'a guère de rapport avec l'immédiateté de l'Évangile, et on assouplit une gymnastique mentale qui va servir à tout autre chose que l'Évangile.

Il n'y a qu'à comparer l'éloquence du Messie avec la rhétorique de saint Paul. Que le Christ s'adresse aux pauvres gens ou aux lettrés, il est également incisif. Chacune de ses paroles émane du centre vital, et non d'une construction mentale antérieure. Et elle va droit au fond de l'âme qu'on soit simple ou non. On a dit que ses images sont outrées, que ses paraboles sont parfois immorales, que ses raisonnements sont elliptiques, etc. Peut-être, qu'importe, mais tout porte. On a dit aussi que c'est parfois contradictoire. Logiquement peut-être, vitalement non.

Tandis que saint Paul, il faut suivre maille à maille l'enchaînement de ses raisons, sans savoir où il nous emmène. Et il mêle ses sentiments à ses démonstrations en oubliant qu'une chaîne n'est pas plus forte que son plus faible maillon.

Il dit qu'il a vu Jésus. Très bien. Mais pourquoi transformer celui qui l'a tutoyé en une entité qui résolve les faux problèmes de sa double culture judéo-grecque ? Il adopte l'espèce de rhétorique passionnelle des militants politiques ou des voyageurs de commerce. On comprend la réticence des Apôtres.

Dominique Bourg. — Mais l'Église doit à Paul de s'être émancipée de la circoncision.

Jean Grosjean. — A part les deux Alphées et le Zélote (le clan des « frères » si lent à se fier), les Apôtres ne restaient juifs que par habitude, mais c'est à l'Évangile seul qu'ils tenaient sans s'inquiéter trop s'il infirmait ou confirmait leurs traditions.

Dominique Bourg. — Il y aurait donc une « origine » à maintenir, à redécouvrir de génération en génération. Ce disant vous refusez de lier en quelque manière l'Évangile au destin des cultures. C'est pourtant ce que fait Paul en s'adressant aux Grecs, en risquant une intelligence de la Révélation appropriée à la culture grecque. Mais peut-on prétendre que les marques du monde d'alors soient absentes des Évangiles ? Y aurait-il un noyau absolument pur, sans aucune scorie ? Alors la seule chose à faire serait de maintenir l'Évangile tel quel à chaque génération en ne tenant pas compte du mouvement de l'histoire et des bruits du monde.

Jean Grosjean. — Ce n'est pas sans signification que la Révélation soit entièrement liée à des cultures sémitiques (on peut même dire : grec biblique inclus). Les cultures sémitiques sont celles qui s'éloignent le moins du fond de l'homme ou, pour mieux dire, de ce qu'il y a dans l'homme de plus personnel, bon ou mauvais — vous diriez peut-être : de plus responsable.

Les autres cultures, même les plus élaborées, ont tendance à privilégier les parts inhumaines de l'homme : l'abstraction ou la figuration, l'objectivité ou la grégarité, etc. Pour entendre l'Évangile, il vaut donc mieux réveiller l'araméen qui dort au fond de nous plutôt que de nous cramponner aux valeurs de notre culture qui risquent d'être du luxe sinon des impasses.

Dominique Bourg. — Mais il y a la question de la langue.

Jean Grosjean. — Oui, cette question-là est considérable. Je me demande comment elle se présente pour un chrétien chinois. Pour un Français, les ressources de la langue, quand cette langue est prise dans son génie propre plus que dans la littérature, permettent je crois une assez grande vérité.

Mais à l'intérieur de l'aire française, il y a les régions climatiques et les zones sociales qui ne font pas tout à fait le même usage de la même langue. Il n'y a pas plus un esperanto français qu'il n'y avait un esperanto palestinien. Le Christ changeait selon les sites et selon les mentalités.

Il dit profondément la même chose dans de naïves paraboles populaires, dans d'austères argumentations scripturaires, dans de pensives confidences amicales, etc. Il dit en Galilée *Retournez-vous*, mais à Jérusalem *Il faut renaître* ; en Galilée *Les premiers seront les derniers*, mais à Jérusalem *Démolissez le Temple*. Devant une culture plus élaborée, il demande une mise à zéro plus radicale.

Et il n'y a pas de développement du christianisme. Personne ne va plus loin que le Christ n'en déplaise aux paulinâtres. Même les chrétiens d'avant notre ère, comme Abraham, Moïse, Isaïe, etc., en savent autant que nous.

Dominique Bourg. — L'Évangile serait en dehors des cultures. Nul besoin, dans cette hypothèse, de l'Église, de ce qu'elle implique du côté d'une certaine réflexion théologique pour établir, à chaque moment, la médiation entre les Évangiles et le monde ambiant. Dites-nous simplement ce qui vous amène à croire en cette pureté originelle de l'Évangile, au fait qu'il soit en dehors des cultures. Ce qui vous permet d'affirmer que nous n'avons pas même un privilège par rapport aux contemporains d'Abraham.

Jean Grosjean. — Tout groupe humain si petit soit-il a une espèce de culture propre, souvent hybride et rarement pérenne. Elle varie au gré des rencontres et au gré des générations. Je viens de vous dire combien je trouve que le Christ tient le plus grand compte de ces mini-cultures et souligne combien il se cantonne à la génération présente.

Mais je crois que votre question vise plutôt les vastes consensus qui sont les dépôts accumulés par les siècles morts sur la tête des vivants. L'intérêt de l'histoire, c'est de nous faire prendre conscience de notre part d'héritage et de nous permettre ainsi de le récuser. Les prophètes sont justement venus nous dire que ce n'est pas parce que les pères ont mangé des raisins verts qu'il fallait que les fils aient les gencives agacées.

Qu'est-ce qui me fait parler d'un accès direct à l'Évangile ? C'est que le texte dès qu'il n'est pas trop mal traduit frappe de plein fouet le fond de l'âme, alors que les arguments apologétiques, même quand ils sont de Pascal, ont bien du mal à convaincre. Est-ce que la fameuse *Imitation* ne sent pas un peu le renfermé ? Est-ce que les touchantes *Fioretti* ont l'air réelles ? Et à part ces sommets, on ne trouve que, sinon de l'odieux, au moins de l'ennuyeux ou du futile.

Olivier Mongin. — Revenons à la question de l'institution. On peut employer le terme d'origine que je n'aime pas trop. Ça voudrait dire qu'il y a une sorte de substance originelle, une possibilité de marquer un point de départ, sinon un point d'arrivée. Comme vous le montrez dans votre *Messie*, il y a en réalité plusieurs formes d'écoute. Donc l'origine est immédiatement mise en forme de façon plurielle, d'où les multiples Évangiles, ensuite les commentaires, l'exégèse plus ou moins infinie. Une institution devient alors indispensable pour éviter la dissémination.

J'en viens à ma première question. L'institution catholique — pour ne prendre que celle-là — correspond-elle selon vous à une espèce de devenir déjà inscrit au point de départ ? Ou est-ce un phénomène historique, une espèce de captation par l'institution d'un message complexe donné au point de départ ? Je pense au livre de Jacques Guillet, *Entre Jésus et l'Église*, où il parle de la période passionnante dont vous parlez vous-même dans *Les Beaux Jours, Le Messie*. Qu'est-ce qui s'est passé ? Qu'est-ce qui aurait pu se passer entre Jésus et les disciples ? Cela pour dire qu'il faut se demander ce qu'aurait pu être un autre type d'institution, ce que pourrait être aujourd'hui un autre type d'institution ?

Jean Grosjean. — Jean nous dit que le Christ est le langage vivant qui fait vivre ceux qu'il éclaire. Toute parole, une fois dite, fait place chez ceux qui l'entendent à l'esprit dont elle était animée. Ainsi le Christ. Mais, de plus, il envoie les disciples redire sa parole.

Olivier Mongin. — Le deuxième point en effet, c'est le problème de faire entendre le message, c'est là qu'on retrouve la culture. Tout le problème, tel qu'on le pressent à la lecture du *Messie*, c'est que le Christ n'est pas entendu. Ceux que vous appelez les gens croient que cet individu se prend pour le Ciel, etc. Tout votre problème est alors d'essayer de comprendre comment il peut être entendu.

Dès lors que l'on sort de la phase initiale, le problème est de faire entendre ce qui s'est passé là. Comment le faire comprendre aujourd'hui dès lors que dès le départ il n'est pas entendu. Ce qui pose plus violemment la question de l'institution que vous semblez contourner.

Jean Grosjean. — Les disciples se sont d'abord débrouillés comme ils ont pu. Si grâce au retirement du Christ, l'Esprit les a plus profondément imbibés, il n'en a pas moins épousé leurs divers profils.

Évidemment leur premier mouvement a été de dire l'Évangile en vivant ce qu'ils disaient le mieux possible. Mais il y a les aléas de la mémoire, les déformations de la spontanéité, les accidents de la transmission orale. D'où certains ont eu idée de fixer par écrit le principal de ce qu'ils répétaient. Malgré le risque de figer la parole, de la priver du contexte d'un évangéliste vivant, ils n'étaient pas mal inspirés de fournir une base dont on pourrait toujours repartir pour retrouver l'esprit initial.

Mais on voit bien que ceux-là aussi ont fait comme ils ont pu et comme ils étaient. Le Maître n'avait pas institué un bureau de rédaction pour paroles exactes ni un ministère de la méticulosité des faits. Ce n'est pas son genre d'instituer. Son genre c'est de vous envoyer vivre et faire vivre de sa vie de Fils, mais il semble penser qu'on ne sera guère pénétré de son Esprit filial sans avoir été comme labouré par ce langage que sont ses paroles et sa vie.

Puis les disciples et les disciples de disciples se sont mis vite à inventer des tas de moyens qu'ils ont cru utiles comme d'aller tous les jours au temple, ou de vendre son champ, ou de ne pas acheter de viande aux boucheries d'État, etc. Mais ce qui est utile un jour ne l'est pas toujours.

Et enfin les disciples, comme tout groupe humain, ont improvisé leur organisation. Là, si quelqu'un m'émeut, c'est Jacques Zébédée. Pendant quatorze ans, il a été l'autorité tacite. Il avait fait partie de tous les conciliabules de Jésus, de toutes les confidences, de tous les coups d'audace, comme Pierre et Jean, mais Jean était jeune et Pierre un gaffeur-né. Alors Pierre a couru aux affaires urgentes doublé de Jean qui veillait aux bévues. Mais Hérode Agrippa n'a eu qu'à décapiter Jacques Zébédée pour défaire le clan chrétien. Aussitôt en effet chacun a tiré de son côté et parlé sa propre langue. Mais pourquoi pas ?

S'il y avait une Église visible unique dans le temps et dans l'espace, elle serait l'idole séductrice. La miséricorde du Père à la fois si intime et si intimidante serait éclipsée par une société maternante. L'accès au Fils ne serait plus que grégaire ou congressiste. Un confort dogmatique et un égoïsme collectif remplaceraient nos démêlés avec le Paraclet.

Dominique Bourg. — Revenons à cette idée d'universel. Que le Christ n'ait pas de stratégie — et s'il en avait une, il rendrait nécessaire l'existence d'une institution —, qu'il intervienne au coup par coup, est-il compatible avec le contexte de sa prédication, Israël et son histoire ? Que l'on songe à l'opposition entre le Second Isaïe et Ezéchiel, le premier voulant absolument ouvrir Israël à l'universel, le second cherchant plutôt à refermer la communauté judaïque sur elle-même. Dans un tel contexte, la question de l'universel peut-elle ne pas se poser ?

Jean Grosjean. — Elle peut très bien ne pas se poser. Les vraies questions ne se posent pas comme ça. La seule bonne question dans ce domaine est celle du prochain.

Pour l'universel, on pourrait dire que le Christ part d'Ezéchiel quand il dit à la Syro-Phénicienne qu'il ne va pas donner le pain des enfants à des petits chiens. Mais comme elle n'a confiance qu'en lui et que, de plus, elle ne manque pas d'esprit (car il aime qu'on soit intelligent), eh bien, il lui accorde ce qu'il n'a pas accordé aux gens de son village qu'il a trouvés trop rétifs. Oui, à Nazareth c'est d'Élie et d'Élisée qu'il s'est réclamé pour prétendre n'être venu que pour les étrangers. Et c'est peut-être du Second Isaïe qu'il se réclame devant le centurion, quand il lui voit une foi qu'il ne trouve pas en Israël.

Mais on s'aperçoit vite que, puisqu'on n'a jamais à se soucier que de son prochain, il faut savoir qui est son prochain. Voilà une question intelligente, le scribe a raison, Jésus lui répond tout de suite. Et comme souvent, la meilleure réponse est un petit récit, l'histoire du bon Samaritain ; mais comme les bonnes histoires, elle est à double fond. D'abord on voit qu'un étranger méprisable et particulièrement hérétique prend soin, et coûteusement, d'un malheureux dont ne se sont pas souciés les saintes personnes consacrées à Dieu. La miséricorde divine, c'est justement l'homme qu'on croit mal vu de Dieu qui y participe et non ceux qui en font profession ostensiblement et institutionnellement. La pointe d'amertume est sensible à côté de l'éloge de l'action secrète de Dieu dans les cœurs. Mais ensuite Jésus demande quel est, dans cette histoire, le prochain qu'il faut aimer, le prochain du malheureux, précise-t-il. C'est cet hérétique bien sûr, qui de plus a le tort d'être un bienfaiteur. Et en effet n'a-t-on pas une pente à se tenir loin de soi ceux à qui on doit le plus, surtout s'ils ne sont pas de notre camp ?

Dominique Bourg. — Par ailleurs, en affirmant que chaque génération repart à zéro face à l'Évangile, n'avez-vous pas tendance à vous écarter de votre propre conception du langage ? Vous dites en effet qu'il n'y a pas de langage en dehors du dialogue avec les autres et que Dieu est, en ce sens, apparenté au langage ; je pense là à votre commentaire du prologue au quatrième Évangile ou encore à *La Gloire*. Or, c'est justement cette nature dialogale du langage qui produit la tradition. Des premiers disciples jusqu'à nous, les hommes n'ont cessé de dialoguer avec et à propos des textes évangéliques, produisant et maintenant en vie tout une tradition herméneutique.

Jean Grosjean. — Le dialogue avec les autres vivants est indispensable. Mais le dialogue avec des générations passées n'est pas du même ordre et peut être une perte de temps. Je lis l'Évangile, il est lumineux. Je lis Tertullien, saint Augustin qui est magnifique, saint Thomas qui l'est moins... Ils sont très loin de moi, ils ne me parlent pas, s'ils m'intéressent c'est comme une détente. Leurs écrits ne me sont pas adressés, c'est leur temps. Mais l'Évangile, c'est notre temps. En tout cas les vivants, exégètes ou incultes, qui me parlent évangile m'atteignent plus que ceux qui parlent conciles, liturgie, patristique, etc.

Dominique Bourg. — L'Évangile est-il simplement, immédiatement, notre temps ?

Jean Grosjean. — Il me semble, je ne vois rien qui ressemble plus à notre époque que l'époque de l'Évangile. Est-ce de tout temps comme ça ? Ces bruits de guerre et de séismes que répandent les médias ne disent-ils pas que le Fils de l'homme est proche ?

Olivier Mongin. — L'Évangile ne correspond-il pas à un certain travail de la mémoire, de tout l'Ancien Testament repris dans la figure du Christ ? On ne peut pas dire que le Christ intervienne miraculeusement. C'est d'ailleurs le discours d'une certaine institution : il y a là une substance. Or l'Évangile est pluriel, c'est un travail de mémoire. Nous sommes tous des gens de mémoire, mais on comprend plus ou moins bien ce qui s'est déjà passé. Le problème, c'est justement de faire entendre ce qui s'est déjà passé. Ce n'est pas pour rien que vous travaillez sur les prophètes. En vous caricaturant, on pourrait dire qu'il y a la possibilité de capter ce temps christique qui serait absolu, sans mémoire, alors que l'Évangile nous paraît lié à une pratique de la mémoire produisant par après un récit. Par ailleurs, je ne vois pas comment dissocier l'Ancien du Nouveau Testament.

Jean Grosjean. — Qui parle de dissocier l'Ancien du Nouveau Testament ? L'Ancien est le tuf sur lequel s'est posé le Nouveau, certes, mais bien plus, tout chrétien que nous nous disions, nous sommes dans l'Ancien Testament. Tant que nous ne sommes pas entièrement investis par le Christ (et qui peut l'être avant sa mort ?), le Messie est pour nous à venir, en tout cas pour une grande partie de nous-mêmes.

Chaque jour il nous surprend. Quelqu'une de ses préfigures s'éclaire comme sur le chemin d'Emmaüs. Et cette mémoire du temps christique, comme vous dites, qui s'est concentrée dans nos Évangiles, n'est pas d'où nous venons, mais où nous allons.

Mais justement tout l'Ancien Testament est tendu vers cette plénitude du temps qui doit abolir l'histoire. Or non seulement le Christ confirme cette perspective, mais il la dit imminente pour chacun. Le Messie est moins futur, ou présent, ou passé qu'imminent.

Olivier Mongin. — Mais nous, nous travaillons avec la mémoire qui a suivi. Imaginons que le Christ ait produit une Église inadmissible — par exemple qui aurait légitimé le génocide —, est-ce que ça ne briserait pas le rapport avec cette mémoire initiale ? Peut-on faire l'économie de tout ce qui s'est produit jusqu'à nous ? Le Christ est-il irresponsable de tout ce qui est advenu depuis ? Certainement pas.

Jean Grosjean. — Il a prévenu qu'il ne serait pour rien dans les organisations qui se réclameraient de lui. Ne venez pas me dire : « Nous avons fait des miracles en ton Nom. » Je vous répondrai : « Je ne vous connais pas. »

Olivier Mongin. — L'universalisme chrétien favorise pourtant la structure impériale. Ça n'arrive pas par hasard. L'Église parle pour tous les hommes. C'est en cela qu'elle est universelle. Dans le judaïsme, on ne s'adresse pas à tous les hommes, mais au Peuple.

Jean Grosjean. — Là vous faites de l'humour. Est-ce que l'Église n'a pas pris à son compte tout le discours du judaïsme en se prétendant le véritable Israël ? Et de l'autre côté, est-ce que le judaïsme n'aspire pas à sauver tous les humains en leur demandant seulement de se convertir, de s'agréger au peuple élu, ce qui est exactement le langage des Églises ?

Olivier Mongin. — L'aventure spirituelle est contemporaine de l'individu, mais, pour un chrétien, cette aventure spirituelle se greffe sur une histoire. Le passage du Christ est déjà la mise en mouvement d'une histoire. Le problème, c'est qu'il y a un ébranlement.

Jean Grosjean. — Vous parlez toujours du passé, de la mémoire, mais l'avenir, la projection, c'est la même chose. « Cette génération ne passera pas que tout ne soit accompli. » Le jour où on meurt, le monde est fini pour chacun. On est contemporain du dernier jour le jour où on sort du temps. De même, le jour où on prend conscience de quelque chose, on est contemporain de la naissance du monde, le jour où on découvre le sens d'une parole d'Évangile, c'est pour nous le jour où elle est dite. Et comme il y a toujours une part d'Évangile qu'on n'a pas encore saisie, sa vie ne nous est encore qu'à venir, bien que du point de vue de Sirius ça ait l'air d'être de l'histoire ancienne. Mais Dieu n'est pas Sirius, Dieu ne nous rencontre qu'à travers notre propre temps.

Olivier Mongin. — Oui, mais s'inquiéter de ce qu'a été l'Église et de ce qu'elle pourrait devenir, c'est s'inquiéter de la possibilité du rapport au Christ, de ce sur quoi vous avez eu le temps et la chance d'écrire. Imaginons la catastrophe d'une Église qui serait telle qu'elle perturberait l'ébranlement christique au point d'en annuler le message.

Jean Grosjean. — Certes, notre imagination du passé et de l'avenir fait profondément partie de nous. Certes, aussi elle dépend en grande partie de l'éducation ou de la société ambiante. Raison de plus pour que les Églises ne nous fassent nous soucier que du passé du Christ, c'est-à-dire de ses préfigures, et de son avenir dans sa marche à sa résurrection et à la nôtre. J'ai connu des prolétaires qui revivaient la démarche d'Abraham sans soupçonner que le monde puisse être beaucoup plus ancien que leurs grand-mères.

J'ai constaté, et je crois que ça a toujours été ainsi, que la sève évangélique circule au moins autant par des espèces de « crypto-chrétiens » que par les organismes ecclésiastiques. Ces « cryptos » peuvent d'ailleurs se rencontrer aussi bien dans les hiérarchies que chez des marginaux ou des prétendus hérétiques. Mais je crois que l'espèce en est indéracinable. Mais :

Demain prendra soin de lui-même. Et : *Le Fils de l'homme trouvera-t-il encore un peu de foi sur la terre ?*

Vous dites qu'on a besoin d'une Église pour que le message ne se déforme pas, mais aucune Église ne s'est privée de le déformer. Par exemple, la « transsubstantiation » (qui suppose la philosophie d'Aristote) serait « invalidée » par un certain pourcentage de farine d'orge dans la farine de froment (ce qui suppose une espèce de matérialisme athée, dialectique ou non).

Dominique Bourg. — La croyance en la présence « réelle » est le fruit d'une lecture par trop littérale des textes, mais en affirmant qu'il nous est possible de redécouvrir les Évangiles à chaque génération, comme si nous en étions contemporains, ne fait-on pas là aussi montre, en quelque sorte, d'un souci excessif de la lettre ?

Jean Grosjean. — Une présence réelle du langage ? Peut-être.

Dominique Bourg. — La tradition est une prise de distance par rapport à la lettre. La lettre est située, le Christ n'a pas de sens sans une certaine mémoire relative à l'Ancien Testament, ce qui ne lui interdit nullement les écarts, au contraire...

Jean Grosjean. — Le langage est ce qu'il y a de plus sûr, mais pas sa matérialité comme chez certains musulmans. L'Évangile n'est guère menacé de ce côté-là, car sa langue araméenne ne nous est parvenue qu'à travers des traductions grecques.

Dominique Bourg. — Mais le commentaire des Pères, c'est aussi une traduction.

Jean Grosjean. — Pour leur époque, mais pour nous qui ne sommes pas plongés dans leur lointaine histoire, nous ne les comprenons guère. Mieux vaut remonter à la source que d'être à la merci d'une chaîne de témoignages (vous connaissez le petit jeu du téléphone).

Dominique Bourg. — Le désir de rester au plus près de l'esprit des Évangiles n'est-il pas cependant tributaire d'une hantise de la corruption ? Si l'on veut que l'Évangile donne des fruits, il faut bien qu'il s'introduise dans un tissu culturel étranger pour en devenir une sorte de ferment. Face à la catastrophe qu'a été une certaine histoire de l'Église, ne risque-t-on pas d'effectuer un repli sur une pureté originaire, un recul devant la nécessité où se trouvent les textes évangéliques de s'introduire en diverses cultures ?

Jean Grosjean. — Je comprends que les sociétés nées de la nuit des temps cachent leurs bases douteuses sous des traditions récentes. Mais pourquoi les chrétiens s'intéresseraient-ils à des entre-deux quand leur origine est connue et claire ?

Mais disons mieux : Il est moins question d'adapter l'Évangile à notre culture que de pouvoir, grâce à l'Évangile, prendre nos distances vis-à-vis de cette culture qui n'est jamais que « le monde ». Elle est pour nous un fait comme la pluie et le beau temps, mais non pas une valeur. La connaissance du passé peut seulement aider à ôter de l'importance aux valeurs d'aujourd'hui, mais sans pour autant en donner à celles d'hier. Nous sommes pétris de notre culture, mais nous n'allons pas vers elle, nous avons à passer entre ses mailles. Même une culture chrétienne serait un piège dont on aurait un jour à se dégager.

Olivier Mongin. — Je comprends tout à fait cette allergie à l'institution ecclésiastique. Nous ne sommes pas là pour faire l'apologie de la Sainte Institution. Mais vous décrivez parfaitement une certaine façon de circuler dans l'Église qui peut conduire à une lecture assez individuelle de ce qui se joue dans le christianisme. Aujourd'hui, ça vient de se casser. Cet itinéraire assez détendu que vous décrivez — on passe par là, mais on fait ce qu'on veut —, on ne l'emprunte plus aujourd'hui. Comment sentez-vous la période actuelle de ce point de vue-là ? Comment un jeune peut-il maintenant, à défaut d'un tel parcours, retrouver le fil du récit évangélique ?

Dominique Bourg. — Une petite parenthèse. Je ne suis pas sûr qu'une lecture immédiate d'Isaïe, des Évangiles, puisse aussi spontanément que cela a été le cas pour vous parler aujourd'hui. Je serais même persuadé du contraire et me demande pourquoi vous-même réécrivez Élie, Jonas, Daniel..., pourquoi cette écriture sur le Messie si ce n'est précisément parce qu'elle trahit, par sa propre existence, un défaut d'immédiateté des textes fondateurs. N'y a-t-il pas là une sorte de dénégation sans laquelle une écriture comme la vôtre n'est pas possible ?

Jean Grosjean. — A travers les traductions de la Bible, on peut deviner — et j'ai deviné — qu'il y a là plus que dans d'autres littératures, mais il est manifeste — en tout cas il m'a été manifeste — que ces traductions laissent à désirer. Même bonnes elles datent un peu d'avant-hier ou bien elles font appel à des notions que le contexte récuse. A chaque génération la charge de retraduire l'original.

Mais attention, traduire ou même transposer ce n'est pas vulgariser ni non plus embellir. Le Christ se méfie de ce que ses miracles ou simplement le titre de Messie peuvent susciter d'erreur dans les esprits. Les traductions et même les transpositions (elles sont la mise en paraboles) n'ont ni à voiler les splendeurs ni à enjoliver la rudesse, sous peine de tourner à la pacotille.

Dominique Bourg. — On retrouve là les Apocryphes.

Jean Grosjean. — Oui, et ils sont presque contemporains de nos Évangiles. Même dans nos Évangiles on pourrait en déceler des traces tant la limpidité est difficile. Et de nos jours encore il s'écrit des vies de Joseph ou de Marie dans l'esprit de Voragine.

Dominique Bourg. — Les choses doivent faire sens dans la quotidienneté, certes, mais aujourd'hui cette quotidienneté est marquée par l'emprise de la technique, le merveilleux dont on parle est quand même quelque chose d'archaïque. C'est très étonnant d'ailleurs que l'on puisse écrire aujourd'hui une vie de Joseph ou de Marie dans l'esprit des Apocryphes...

Jean Grosjean. — Une espèce de revanche contre la technicité.

Dominique Bourg. — Mais c'est une façon d'échapper à la modernité.

Jean Grosjean. — Oui, ils pensent que la vie spirituelle, c'est le contraire de leur vie quotidienne.

Dominique Bourg. — Ce quotidien est marqué par la technique. L'athéisme est aujourd'hui l'attitude la plus naturelle, y compris pour ceux qui croient encore. Or dans un tel contexte, je ne vois pas comment, pour accéder aux textes fondateurs, éviter le passage par un certain nombre de médiations. Peut-être sommes-nous devenus incapables d'aborder les Évangiles livrés à eux-mêmes. C'est là que tout un travail s'impose. Tout ce qui touche à la dimension la plus forte, la plus spirituelle des Évangiles, nous est devenu par bien des côtés étranger. Dès lors, certaines médiations, non nécessairement ecclésiales, mais intellectuelles, ne sont-elles pas devenues nécessaires, pour certaines personnes au moins ?

Jean Grosjean. — Peut-être, peut-être. Je vois en effet des gens pour qui les choses les plus élémentaires paraissent d'un autre monde et qui ont l'air à l'aise dans la psychanalyse ou dans l'informatique. Dans l'Évangile, ça s'appelle filtrer le moucheron et avaler le chameau.

On ne peut pas se passer de la conversion, qu'elle soit lente ou brusque. Le Messie n'est ni une solution mathématique, ni une expérience scientifique, ni un raisonnement philosophique, ni un enthousiasme artistique, ni un consensus populaire, etc. On ne s'aperçoit de lui que dans la mesure où on a cessé de se fier à toutes ces données sur lesquelles repose notre vie païenne.

Qu'on tente d'extraire de l'Évangile une philosophie, ou un art, ou un pivot de l'histoire, etc., pourquoi pas ? Certains se détournent d'emblée d'une impasse, d'autres au contraire il leur faut l'explorer, mais il y a toujours l'heure où on doit rebrousser chemin.

Olivier Mongin. — S'agit-il de deux solutions antagonistes, et doit-on choisir ? Le problème du christianisme n'est-il pas plutôt ce paradoxe ? S'il n'y a pas de clergé dans l'islam, d'Église instituée, c'est qu'il n'y a pas à discuter du texte. Il y a consensus sur la lettre.

Jean Grosjean. — Les musulmans ont beau ne pas avoir les problèmes de la traduction, ils n'en ont pas moins à traquer le sens derrière le texte, à s'en imprégner, à l'approprier à leurs instants. Les intégrismes ou les fondamentalismes, dans les religions comme dans le reste, sont de la paresse mentale. Si l'âme y devient violente, c'est pour compenser l'inertie de l'esprit.

Olivier Mongin. — Il y a un littéralisme impossible dans le christianisme. C'est pour cette raison que se constitue une Église. Il n'y a pas à choisir entre deux voies, c'est le paradoxe propre au christianisme. C'est aussi le paradoxe du Christ, figure on ne peut plus individualiste qui doit cependant recomposer une communauté... C'est ce jeu entre les deux qui est essentiel. Ne devrait-on donc pas plutôt parler de tension, surtout à une époque où le rapport au récit — ce qui serait votre solution — risque de devenir de moins en moins possible. Solution dont nous nous sentons proches aussi. Il s'agit de repenser la tension qui fait le christianisme, qui fait qu'il y a une histoire du christianisme. A ne mettre l'accent que sur le texte, on oublie ce que le christianisme a produit dans l'histoire et cette modernité où nous nous trouvons. Le paradoxe final étant cet ingénieur écrivant une vie de la Sainte Vierge et oubliant que le christianisme ne vient pas contre la modernité.

Nous qui sommes la dernière génération à avoir reçu une éducation religieuse, on nous cachait un peu la relation à l'Évangile ; c'est ce que craignait l'institution, alors qu'elle venait marquer de fer rouge le texte.

Dominique Bourg. — C'est encore un paradoxe : l'Église est légitime, parce qu'il faut parler du texte, et en même temps elle s'est efforcée d'en contenir, d'en circonscrire l'accès.

Revenons à la relation entre les Évangiles et l'existence quotidienne. On ne saurait leur refuser une relation intime à la vie, c'est l'essentiel. Mais certaines affirmations — celles sur la filiation divine du Christ, le début du prologue johannique, etc. — semblent bien échapper à la banalité du quotidien, c'est le moins qu'on puisse dire. Plus généralement, l'Évangile appelle un commentaire. Pour le comprendre, il faut se mettre à distance et employer parfois des catégories différentes : c'est ce qu'a fait l'Église dès le commencement. La lecture des Évangiles exige un effort spécifique de compréhension. Les choses ont pu se gâter à tel ou tel moment, mais je ne vois guère comment on peut se dispenser d'interpréter les Écritures, et ce faisant de produire des textes autres. Ce point nous paraît essentiel.

Dans votre *Messie*, dans *La Gloire*, dans vos commentaires, vous prenez vous-même des décisions herméneutiques. C'est par exemple ce qu'illustre votre façon de concevoir le Logos du prologue au quatrième Évangile.

Jean Grosjean. — Non, non, je ne vois pas qu'il faille changer de catégories pour comprendre. Le prologue de Jean qui était justement un effort pour comprendre, ou faire comprendre, les paroles du Christ reste dans leurs catégories : le langage, la vie, la lumière, la filialité. C'est un bel exemple de la façon dont on peut redire l'Évangile sans être littéral (ce qui effraierait à bon droit), mais sans sortir des catégories de l'expérience humaine la plus commune. L'Évangile n'est pas difficile d'accès à cause de ce qu'on ne saurait pas, mais à cause de ce qu'on croit savoir.

6

Les traditions

Jean Grosjean. — Quant à « l'histoire du christianisme » que vous mettiez en avant, elle est l'affaire des historiens.

Olivier Mongin. — Paradoxalement vous secondarisez plus que nous le paradoxe de l'Église, mais votre apaisement en la matière pourrait être intransigeant. Nous craignons l'éventualité d'un rôle négatif de l'Église. Vous dites, « ne vous inquiétez pas avec cette Église, un rapport avec les textes peut suffire ». Vous avez raison, mais nous nous demandons si les conditions de ce rapport au texte sont possibles historiquement : l'ont-elles été, le seront-elles toujours ?

Jean Grosjean. — L'Évangile circule à l'ombre de l'Église soit à cause d'elle, soit malgré elle. Peut-il en être autrement ? Je ne sais pas. L'histoire et même l'histoire à venir ne peut pas ne pas comporter une grande part de gâchis. Dans la vie de chacun, il y a les heures de sommeil, les jours de colère, les années d'erreur et aussi des temps de sainteté, mais ces temps ne coïncident pas : dans nos meilleurs quarts d'heure nous sommes presque toujours minoritaires, sans grand poids sur l'histoire, même sur l'histoire de l'Église.

Vue par sa face historique, l'Église s'est beaucoup occupée d'autre chose que de l'Évangile, sinon de choses contraires à l'Évangile. Plus une société est nombreuse et durable, plus la masse de l'insignifiance y écrase les générosités et même l'intelligence.

Olivier Mongin. — Ce que vous dites a des conséquences fantastiques, il y a un déni de l'histoire.

Jean Grosjean. — De l'histoire des sociétés, oui. La preuve c'est qu'on peut faire des statistiques, des sondages, etc. Les sociétés ne sont pas des personnes, elles sont des phénomènes plus ou moins biologiques qu'on ne peut manipuler qu'en se soumettant à leurs lois.

Olivier Mongin. — Dans vos textes il y a d'ailleurs, pour parler comme La Boétie, l'idée d'une servitude volontaire.

Jean Grosjean. — Peut-être.

Olivier Mongin. — Tout le problème, c'est de sortir de cette servitude par rapport au langage, au pouvoir. Servitude désirée par tous. Notre question, c'est cependant de voir ce que le christianisme, en tant que support culturel, a produit ou non. Et ce n'est pas rien : par exemple, l'idée de droits de l'homme, indissociable du socle chrétien, qui est une avancée dans l'histoire. Vous-même vous refusez que la modernité se réduise aux camps de concentration. Pourquoi ne pas préserver quelque chose comme un optimisme historique ? L'idée d'égalité est quelque chose qui prend forme dans l'histoire. Le racisme continue, mais il y a des progrès globaux attachés à une certaine idée chrétienne de l'universel. Peut-on mettre entre parenthèses l'histoire ?

Vous retenez la figure du saint et celle du stratège et, comme par hasard, vous n'allez pas chercher le stratège dans le monde du christianisme. D'ailleurs, la figure du saint ne s'inscrit-elle pas dans une politique ?

Reformulons les choses par rapport à l'histoire. Si j'ai bien compris, votre position revient à admettre un invariant chrétien avec lequel les individus se débrouillent plus ou moins bien ; le problème est d'être plus ou moins saint, chacun se débrouillant comme il peut. Vous ne faites pas de comparaison entre les individus : on n'est pas supérieur pour avoir été saint dix minutes de plus dans la vie. C'est une vision pessimiste.

Jean Grosjean. — Peut-être.

Dominique Bourg. — Il y aurait un temps en dehors de l'histoire, qui est le temps christique, auquel chacun participe par bouffées. Seul compte ce qui vaut à cette échelle individuelle, si j'ai bien compris.

Jean Grosjean. — Oui.

Olivier Mongin. — Ce n'est pas loin d'une certaine vision juive qu'on retrouve même chez les penseurs juifs critiques de la modernité : Rosenzweig, Benjamin... Il y a une histoire de l'anonymat, la modernité c'est la répétition, et de temps en temps il y a des événements, des révélations. C'est ce que vous diriez à propos des individus. Ce qui est alors perdu, c'est tout le temps passé à l'histoire.

Jean Grosjean. — Vous penseriez que progresse dans le monde, grâce au christianisme, l'importance absolue des personnes humaines. Ça redonnerait un sens à l'histoire, mais ce ne serait sensible que pour les historiens. Ce ne sont pas les hauts et bas du journal qui peuvent le laisser voir. Mais si c'était imaginaire comme tous les lendemains qui chantent ? Ce n'est pas ça qui nous regarde et qui nous est demandé avec urgence.

Dominique Bourg. — Les textes néotestamentaires semblent cependant bien fournir quelque appui à l'idée d'un sens de l'histoire. Je pense tout d'abord à la tentative manquée d'une *métanoia* du peuple d'Israël. A cet égard, l'Évangile le plus pessimiste est celui de Jean qui prend d'emblée acte de l'impossibilité d'une telle conversion. Il y avait là un désir de transformation immédiate qui ne concernait pas simplement tel ou tel individu, mais était censé emporter toute une communauté.

Relativement à l'émergence d'un sentiment de l'histoire, on peut lire en Luc cette fameuse phrase : « Mais quand le Fils de l'homme viendra, est-ce qu'il trouvera de la foi sur la terre ? » (Lc 18, 8). Nous sommes là dans une situation toute différente de celle qui consiste à désigner un ordre radical, lié à une permutation totale des valeurs ; avec le sermon sur la montagne, nous sommes en effet renvoyés à un royaume qui n'est pas de ce monde. Cette phrase de Luc nous oriente au contraire vers un cheminement lié à la durée. Nous ne sommes plus alors arrachés au temps, projetés dans un ailleurs radical.

Jean Grosjean. — Ce qui est intéressant ici, c'est de voir le Christ livré à sa durée humaine : il est capable de changement, il se met un jour à imaginer des siècles à venir comme vous le faites en ce moment.

Nos Évangiles ne sont pas des icônes qui nous montrent un Christ fixé dans la dorure à peine frémissant du vacillement de veilleuse. Non, nos textes nous montrent un Christ merveilleusement docile aux circonstances, tout adapté à la diversité des interlocuteurs et entièrement soumis au caractère évolutif de toute expérience humaine. Par exemple, il chasse les marchand du Temple...

Dominique Bourg. — Les marchands chassés, ce sont aussi les sacrifices rituels rendus impossibles.

Jean Grosjean. — Mais ensuite Jésus revient au Temple. Les marchands s'y étaient réinstallés. Il les a laissés. Oui, il avait dû rêver d'un Temple de prière sans les sacrifices et les cérémonies qui en distraient. Quand il a vu le remous qu'il causait, il a compris que l'idée même de lieu saint était condamnée. Il va aller confier sa pensée incidemment à une Samaritaine. Le Temple ne sera plus pour lui qu'une sorte de place publique où on trouve des gens à convertir.

On pourra ainsi remarquer maint changement de

ton entre l'optimisme du sermon sur la montagne et les discours de saveur amère lors de la semaine sainte. C'est ce que vous appelez l'incarnation. Il a vécu un temps humain réel aussi étranger aux évolutions millénaires qu'aux fixités dogmatiques.

Dominique Bourg. — Le laps de temps qui va s'écouler entre les prémices du temps messianique — le temps de la présence du Christ — et la Parousie, n'autorise-t-il pas deux interprétations très différentes : la première, celle que vous défendez, réside dans la négation de la durée historique, il revient en effet à chacun d'habiter ces prémices ; selon la seconde, dont nous nous sentons proches, l'espace ouvert entre la Passion et le Jugement dernier confère un rôle énigmatique, mais néanmoins positif, à l'histoire. L'histoire est alors considérée dans son épaisseur : n'est-ce pas le sens ultime de l'Incarnation ? Les cultures humaines sont ainsi reconnues dans leur positivité potentielle. Si tel n'est pas le cas, s'il revient à chacun d'habiter individuellement le temps messianique, l'histoire est alors vouée à l'absurde, au gâchis.

Jean Grosjean. — L'Apocalypse semble nous répondre que l'entière histoire du monde est perpétuellement faite des mêmes rouages qui mettent à l'épreuve tous nos frères humains de tous les temps, mais en même temps elle contient, bien que voilée, notre participation à la filialité du Fils ou, comme dit la grande épître johannique, notre société avec le Père et le Fils.

Olivier Mongin. — Vous avez une certaine représentation de ce que devient l'histoire. Vous-même participez à une vision de l'histoire.

Jean Grosjean. — Certes, l'Apocalypse nous livre l'essentiel de la marche des siècles. Elle précise les deux moteurs de l'histoire, les fameuses bêtes qui sont la force et la ruse, c'est-à-dire les empires et les doctrines (par exemple Pilate et Caïphe).

Et les victimes crient : jusqu'à quand ? Mais le Christ lui-même avait répondu qu'il ne savait pas, qu'il laissait le Père décider. C'est cela sa filialité. Alors je ne sais pas si c'est de l'optimisme ou du pessimisme.

Vous me traitez de pessimiste, mais bien des gens me trouvent au contraire optimiste.

Olivier Mongin. — On peut dire l'un ou l'autre, puisqu'en même temps chacun peut vivre cette expérience spirituelle.

Roland Bouhéret. — C'est là que vous paraissez très optimiste, puisque tout à l'heure vous avez dit : « On est contemporain du dernier jour lorsqu'on meurt individuellement. » C'est extraordinaire. Vous parlez aussi d'un « chrétien comme Abraham ». Ça nous ramène à ce que vous avez dit dans *Jonas* : « Il n'y a d'histoire du monde que l'histoire de chacun. » Est-ce que ça ne relativise pas l'efficace de l'histoire ?

Jean Grosjean. — Oui, est-ce que vous imaginez que quand vous sortez de la durée, il puisse y avoir un temps intermédiaire ? On est sorti de la durée, on est donc contemporain de la fin des temps, immédiatement. Donc tous les gens meurent en même temps, n'en déplaise à la bombe atomique... *Abraham a vu mon jour et s'en est réjoui.*

Roland Bouhéret. — Cela met en lumière tous vos prophètes. Ce sont des gens qui semblent chercher quelque chose d'autre, en avoir l'intuition. Ils essaient de le nommer comme ils peuvent sans toujours y parvenir très clairement, d'une façon qui soit satisfaisante pour eux et surtout pour les autres.

Jean Grosjean. — Moïse et Élie qui à la Transfiguration discutent avec le Christ.

Olivier Mongin. — Nous, nous sommes plutôt frappés par l'aspect pessimiste. Nous y reviendrons. J'aimerais vous poser la question suivante : s'il n'y a pas à intervenir dans le champ historique, en quoi l'expérience de l'Incarnation est-elle indispensable ? Pour fonder l'aventure spirituelle telle que vous la décrivez, l'Incarnation est-elle vraiment requise ?

Jean Grosjean. — Elle donne un sens à la durée de la vie humaine.

Olivier Mongin. — Mais elle implique quelque chose cette durée.

Jean Grosjean. — Oui, elle abolit les théophanies (personne n'a jamais vu Dieu), elle rejette les extases dans l'irréel. On ne sait de Dieu que son langage, et son langage a un déroulement de vie humaine. C'est un iconoclasme plus profond que celui des prophètes. Et la résurrection ne fait que le confirmer : le Fils, ayant retrouvé sa gloire d'avant la fondation du monde, marche sur la route d'Emmaüs, vient souper au Cénacle, allume un feu et cuit le pain du *frühstück* au bord du lac.

Il faut un peu se méfier des artistes et des théologiens qui ont la même tendance à transformer la narration en description.

Olivier Mongin. — Ce passage du Christ, l'Incarnation, n'aurait d'autre sens pour vous que de présenter cette figure exemplaire de l'aventure spirituelle que chacun peut vivre ou non. C'est une représentation à l'implication chrétienne moins exigeante que celle que nous défendons avec Dominique.

Jean Grosjean. — Le Christ dit qu'il est venu finir le travail de Dieu, c'est-à-dire élever au grade de personne ce qui n'était encore que des individus ou des sociétés. Mais dès avant Abraham ce travail de finition était obscurément commencé. L'Évangile consiste à le dire en clair, c'est-à-dire à traduire en une vie humaine ce que c'est qu'une personne divine.

Dominique Bourg. — Tout se passe comme si le Christ, le Dieu incarné, prenait durant son existence la mesure des choses humaines. Elles ont leur consistance propre attachée à la durée. On ne saurait en bouleverser subitement l'ordre. Doit-on alors dire que la Résurrection met un terme à cette prise en compte ou bien, au contraire, considérer l'espace ouvert entre la Résurrection et la Parousie comme une reconnaissance de la consistance et de la durée propres aux choses humaines ?

Jean Grosjean. — Non, le Christ s'enferme avec nous dans la quotidienneté d'une durée de vie. C'est un peu vouloir échapper à cette proximité christique fraternelle que s'intéresser trop au cinéma de l'histoire. Que l'ensemble de l'univers aille s'améliorant, pourquoi pas ? mais l'hypothèse est peu vérifiable.

Olivier Mongin. — On rejoint notre question de tout à l'heure au sens où chacun participe d'une mémoire qui est la suite des générations. Cela veut dire que je ne participe pas des mêmes prémisses, face à tel ou tel passage des Évangiles, que le disciple, ou qu'un individu du VIIIe siècle, par exemple.

Dominique Bourg. — Cela ne peut être contourné. Personne ne vit la durée des siècles, mais chacun en hérite. Un tel héritage conditionne ce que chacun peut vivre et penser.

Olivier Mongin. — Cette mémoire, c'est la totalisation de l'humanité, c'est ce qui fait qu'à la limite je respecte tout ce qui s'est passé dans l'humanité.

Jean Grosjean. — Moi je vais vous dire, c'est parce que je suis inculte...

Olivier Mongin. — Ça n'a rien à voir, c'est un constat.

Jean Grosjean. — Vous êtes pétris de toute l'histoire du monde. Moi aussi peut-être, mais ça m'intéresse mollement. Bien sûr, il y a le bouton d'or, les mouches, la guerre de 70, ça existe les obus autrichiens en 1814 au pont de Nogent, ça existe. Mais avec tout ça, à qui se fie-t-on ? Qui est-ce qu'on aime ?

Dominique Bourg. — Pour rester dans le domaine militaire, les propos de Machiavel sur l'art de la guerre peuvent donner un aperçu de la consistance de l'histoire : avant le christianisme, les vaincus sont réduits à l'esclavage ou assassinés, après non, le christianisme détruit l'art de la guerre.

Jean Grosjean. — Là, je ne marche pas du tout. Hiroshima, par exemple, a inventé une mort lente pire que l'esclavage. L'actuel système financier mondial dû à de soi-disant chrétiens impose une course au rentable qui fait probablement plus de dégradations mentales et physiques que les guerres de l'Antiquité. Etc., etc.

Olivier Mongin. — A vous suivre, l'histoire est irrémédiablement marquée par le mal. Dès lors, est-ce qu'un salaud, au sens sartrien, peut en même temps être un spirituel ? A l'inverse, est-ce qu'une spiritualité n'exige pas une certaine responsabilité historique ? La spiritualité n'est-elle pas une responsabilité, n'oblige-t-elle pas ?

Jean Grosjean. — Oui, elle oblige, mais la complexité des sociétés est telle qu'en politique les plus pures intentions même alliées à une grande intelligence ont fini par amener des catastrophes, alors qu'on a vu de cyniques abrutis trouver d'instinct les meilleures solutions.

Dominique Bourg. — Mais alors, n'en arrive-t-on pas à soutenir que plus un régime est totalitaire et plus il engendre de saints ? Dans un tel régime en effet, on ne peut s'occuper des tâches publiques, on va donc passer moins de temps à l'aménagement du monde ou à son enrichissement ; en revanche, on aura tout loisir de se soucier du prochain immédiat...

Jean Grosjean. — Un chrétien peut servir loyalement n'importe quel État comme disait Jean Baptiste.

Saint Exupère ajoutait : sauf contre Dieu. C'est là que les appréciations de chacun vont varier. Il y a une grande marge entre un objecteur de conscience qui s'en tient au « Tu ne tueras pas », et un pape qui bénit les tanks quand ils partent à la conquête de l'Éthiopie.

Mais il est vrai aussi que le manque d'attrait de la vie publique peut aider à la vie intérieure.

Olivier Mongin. — C'est un schème traditionnel. On se trouve d'autant mieux comme chrétien dans une société qui ne l'est pas.

Jean Grosjean. — Une société qui se prétend chrétienne fait à peu près ce que font les autres, ne serait-ce qu'au nom de l'efficacité. Elle désamorce doublement l'Évangile : ou bien on trouve chrétien l'ordre régnant sans chercher plus loin, ou bien on s'y oppose en ne trouvant dans l'Évangile que des slogans pour maquisards.

Dominique Bourg. — On se trouve pris entre deux feux : soit on admet que les autres agissent d'une façon curieuse, voire démoniaque — tout de même, dans un camp de prisonniers on est loin de l'Eden —, soit on devient comme eux. Est-ce que l'histoire ne montre pas quelque chose de plus subtil ? Est-on vraiment contraint de choisir entre ces deux possibilités extrêmes ?

Jean Grosjean. — Le Christ reconnaît le pouvoir de Pilate et donc de Tibère, ce n'est pas peu dire. Il s'y soumet comme on se soumet aux lois naturelles en se disant que Dieu doit avoir ses raisons. Simplement, il fait savoir que le domaine de la vérité est un tout autre domaine.

Dominique Bourg. — En parlant des Églises vous nous avez dit pourquoi leur médiation ne vous semblait pas nécessaire. Mais, parmi toutes les Églises qui ont existé, qui existent, il en est une qui trouve particulièrement grâce à vos yeux, c'est l'Église nestorienne, l'Église d'Orient. Dites-nous pourquoi ?

Jean Grosjean. — D'abord, je ne veux pas du tout dire que les Églises ne sont pas nécessaires. Je veux dire que plus elles se croient importantes et nécessaires et moins elles le sont. Quand ce n'est pas le cas, elles jouent probablement un rôle immense. Au fond, c'est le problème du serviteur inutile. Quand vous avez fait tout ce que vous devez, dites : « Nous sommes des serviteurs inutiles. »

Quant à l'Église de Ctésiphon (que nous appelons maladroitement nestorienne), elle a été rejetée au-delà de l'Euphrate pour des motifs qui sont à sa gloire. Entre autres, on lui a fait grief d'admettre la « semi-passibilité du Père », c'est-à-dire que le Père ne peut être indifférent à la souffrance du Fils. C'est là un Dieu dont ne peuvent qu'avoir honte les penseurs grecs et latins.

Les empires, les idoles, les ontologies se targuent d'être impavides, mais la vie vaut mieux que tout cela et elle est fragile. Tout ce qu'on peut savoir de Dieu, c'est la vie humaine de son Fils. Or ce Fils qui est le seul visage du Père qu'on connaisse comporte une part d'échec et de souffrance. Il ne peut pas ne pas y avoir quelque chose de vulnérable au fond du mystère de Dieu.

C'est sur ce fond mental que l'Évangile a pu être entendu en Iran, aux Indes, chez les Mongols, dans la Chine. Mais les Portugais et leurs successeurs à canonnières ont détourné l'Asie.

Dominique Bourg. — Sur un plan historique, il y a deux éléments remarquables dans l'histoire de l'Église nestorienne : elle a été la première à fonder une université de théologie et, d'autre part, ce sont les nestoriens qui ont transmis aux Arabes le legs de la culture scientifique et philosophique grecque. Quels liens établissaient-ils entre leur option pour la passibilité divine, le refus conséquent du premier moteur d'Aristote, de ce dieu narcissique voué à une sempiternelle contemplation de soi et, de l'autre côté, leur intérêt pour la culture grecque ? Nestorius d'ailleurs recourt tout autant que ses adversaires aux catégories de la pensée hellène.

Jean Grosjean. — L'école d'Antioche peut nous paraître raisonneuse, voire rationaliste mais il s'agissait pour elle de s'en tenir le plus possible au texte et de déconsidérer tout ce que Byzance voulait mettre à la place, quitte à battre l'Europe avec ses propres arguments.

Dominique Bourg. — On touche là un point essentiel. A Versailles, vous nous aviez parlé, à propos des nestoriens, d'une approche non dogmatique des textes. Avec eux, nous serions loin de la théologie occidentale, laquelle vise à édifier un savoir propre à arrêter la vérité sur des points décrétés essentiels. Alors qu'est-ce qu'une lecture nestorienne des textes ?

Jean Grosjean. — La théologie occidentale s'emploie à transformer le langage, qui est temporel, comme la vie, en quelque chose de spatial, c'est-à-dire en notions qu'on peut mettre en tableau. L'autre démarche qui est peut-être plus orientale est d'épouser la mobilité du texte, de l'appliquer à mesure à notre vie elle-même un peu fugace.

Alors ma question serait peut-être l'inverse de la vôtre : y a-t-il un moyen pour que le mouvement de nos textes évangéliques atteigne des esprits qui ont pris le pli de d'abord fixer une pensée pour ensuite passer à l'exécution sans plus réfléchir et comme sous la dictée ?

Certes, il y a les heures où la méditation nous immobilise un peu et celles où le travail ne nous laisse guère de recul dans l'esprit, mais les dissocier systématiquement est néfaste. On médite souvent mieux en s'occupant un peu et on travaille plus humainement en prenant le temps de songer.

Olivier Mongin. — Oui, mais pour nous, l'absence de concept signifie image.

Jean Grosjean. — Les iconoclastes ne sont pas forcément des idéologues. Avec le concept comme avec l'image on croit tenir quelque chose. L'idole ment en faisant croire à une présence, l'idée n'est qu'une idole en grisaille, une sorte d'image honteuse. L'Évangile nous entraîne ailleurs. Même l'idée d'un Créateur devient secondaire.

Dominique Bourg. — Elle passe par la référence au Père...

Jean Grosjean. — Quand vous avez affaire à un Père, vous ne pensez pas à votre naissance. Vous êtes devant quelqu'un qui a un certain rapport avec vous, c'est ça qui fait qu'on a affaire à un Père. Dans l'Évangile ça se passe ainsi.

Dominique Bourg. — Comme le Père est aussi la voie du salut, il y a une dimension cosmologique qui est sous-jacente ; il est difficile de ne pas la renvoyer au récit de la Genèse.

Dans votre *Messie*, lorsque la terre se détache des pieds du Christ pour s'en éloigner, il y a bien là sous un mode poétique, allégorique, une relation à l'univers, tributaire d'ailleurs de la Résurrection. L'aspect « création », l'aspect cosmique n'est jamais abordé de face dans les Évangiles, mais il est toujours là d'une manière incidente, sous-jacente, allusive. On ne le prend pas effectivement à bras-le-corps.

Jean Grosjean. — Quand elles restent allusives, cursives et comme mourantes, les idées et les images sont excellentes. C'est leur pouvoir fascinateur qui est dangereux.

Olivier Mongin. — Est-ce que cela conduit à une théologie contre la théologie dogmatique ?

Jean Grosjean. — C'est une autre façon de marcher. Au lieu de partir de principes, on part d'une attitude. Se fier au Fils engage à regarder filialement tout ce qui vient du Père. Tandis que la théologie dogmatique peut devenir une activité culturelle et se perpétuer dans un monde sans foi.

Olivier Mongin. — Nous nous inquiétons un peu de cette Église qui pourrait scandaleusement précipiter la fin de cette ère chrétienne et vous, j'apprécie beaucoup d'ailleurs, vous paraissez très détendu face à cette idée qu'on pourrait sortir du christianisme. Mais vous parlez cependant de gâchis, ce qui suppose une période qui le serait moins. Pourquoi cette parenthèse dans l'histoire de l'humanité ? Si le christianisme disparaissait, ne devrait-on pas parler d'un échec ? Cela vous paraît-il opportun de parler en ces termes ?

Jean Grosjean. — A ce compte ce serait un échec que les Chinois n'aient pas été évangélisés quinze jours après la Pentecôte.

Dominique Bourg. — Cela pose un autre problème. Hier nous avions l'impression que la grâce pouvait toucher tout un chacun, qu'il s'agissait d'une relation entre Dieu et un individu, Dieu suscitant cet individu par la grâce. Or, avec ce que vous dites maintenant, on s'aperçoit qu'il s'agit de tout autre chose, qu'il y a un destin des choses humaines qui rend possible ou impossible que le fond de l'âme de tel ou tel d'entre nous soit atteint par la grâce. Ça change tout, à partir de ce moment, la mouvance de l'histoire devient la condition de possibilité de l'atteinte par la grâce. Alors comment ne pas se soucier de l'histoire en tant que chrétien, puisque la grâce semble en être en quelque façon tributaire ?

Jean Grosjean. — Tout comme nos vies, les millénaires peuvent avoir leurs heures privilégiées, mais qui vous dit que la lumière n'a pas atteint nos frères préhistoriques ou ne touchera pas les inhumains qui pourraient nous succéder ?

7

Le péché originel

Dominique Bourg. — Mais le péché originel ?

Jean Grosjean. — Il ne vient pas de l'Évangile, mais de la rhétorique paulinienne. Mais je me demande si Paul n'en a pas pris l'idée dans le livre d'Hénoch. Là, il s'agissait des anciens héros qui allaient demander à l'ange Sémécias les secrets de son adoration perpétuelle. L'ange a eu la faiblesse de livrer ce qu'il savait à des gens qui ne voulaient que le pouvoir. Et quels sont ces secrets ? Les mélanges, les alliances, les teintures, les maquillages, les révolutions des astres et celles des peuples, bref toutes les synthèses et toutes les métamorphoses, c'est-à-dire à peu près la civilisation. Le malheur du monde vient de ce que les contemplatifs laissent leurs trouvailles aux mains des activistes. C'est une réflexion qui n'a guère vieilli à l'heure des savants atomistes.

Dominique Bourg. — Il y a là comme une ironie

de l'histoire : la science, d'abord spéculative chez les Grecs, s'est en quelque sorte pervertie en devenant « existentielle », pratique... Mais est-ce qu'il n'y a pas moins de force dans cette vision des choses propre au livre d'Hénoch que dans la Genèse, dans Qohéleth, dans Job. Je pense aux analyses de Jean Bottéro sur le mal : il y a une espèce d'ampleur, de puissance beaucoup plus grande et qui atteint Dieu même. Est-ce que ces textes ne sont pas plus vigoureux à propos du mal ?

Jean Grosjean. — J'ai bien peur qu'on lise la Genèse avec les lunettes de saint Paul qui sont colorées par ses problèmes personnels. J'ai bien peur qu'on lise Job après avoir reçu, plus ou moins consciemment, comme des données premières ce qui n'a été qu'une tournure d'esprit locale et momentanée, illustrée magistralement par saint Paul et prorogée en Europe par les Églises parallèlement à l'Évangile ; au lieu de lire Job comme l'espèce de bédouin qu'il était, avide de gloire et de richesses, mais imperturbable dans la ruine, le deuil et la douleur. Ce qu'il ne souffre pas, c'est qu'on lui donne des raisons. Comme dirait Diderot : il n'aime pas qu'on lui explique. Job ne consent pas à ce que le mal soit un objet de dissertation publique. Du fond de son mal (qui n'est pas *le* mal, mais *son* mal), il n'a rien à dire qu'à Dieu. Il envoie promener les spéculateurs, il s'en prend à Dieu seul et comme d'homme à homme. C'est parce qu'il n'a confiance qu'en Dieu, qu'il n'a que Dieu à blâmer. Il détruit facilement tout ce qu'on lui dit de raisonnable sur Dieu. Il est aussi capable qu'un autre d'argumenter, mais à quoi bon ? Sinon contre Dieu seul, corps à corps. Les charitables théologiens qui croient venir l'aider ont l'air, à côté de lui, de n'être que des athées ou au moins des idolâtres, puisqu'ils remplacent Dieu par une idée de Dieu et finalement par un système mental qu'ils ont mis sur pied. « Il n'y a que Dieu qui parle bien de Dieu. » Quand il nous parle par le bonheur on est émerveillé, quand c'est par la souffrance on est horrifié. Le cri que pousse tout malheureux ne s'adresse qu'à Dieu. Les amis disent : ton cri est insensé. Mais Job répond comme le roi George V mourant : Que Dieu vous damne. La souffrance semble faite pour qu'aucune explication ne tienne debout.

L'Ecclésiaste ne dit pas autre chose, il le dit autrement. Là où Job pose une bombe dans le supermarché des idées, l'Ecclésiaste se contente de bloquer les portes pour rendre l'air irrespirable. Les clients seront obligés de sauter par les fenêtres qu'ils briseront sans rien emporter : « La vie vaut mieux que la nourriture. »

Quant à la Genèse (vous voulez parler de ses premiers chapitres), elle était de la même veine empirique. Elle ne faisait que constater notre condition sous la forme d'un petit récit, une biographie d'Adam et Ève. Le passage de l'arbre de vie à l'arbre de connaissance ne dit pas autre chose que notre terrible dicton : « Si jeunesse savait, si vieillesse pouvait. » Et Dieu dit : « Comme les enfants ont grandi, mais ils ne savent pas encore s'habiller », et il leur remplace leur pagne de feuilles par des vêtements de cuir. Il dit aussi : « Ah ! Vous allez voir comme la vie est dure et pourtant comme elle semble courte. » Ces quelques pages sur la condition humaine ne sont pas moins poignantes que les cris de Job ou les réflexions de l'Ecclésiaste. Les données de la vie humaine sont aussi peu adaptées aux aspirations de notre âme qu'à la logique de notre esprit. Mais c'est par ces failles, par cette espèce d'absurdité, que Dieu nous visite comme une brise du soir. Ce qu'on peut remarquer dans la Genèse de moins cruel qu'en Job ou que dans l'Ecclésiaste, c'est la totale solidarité d'Adam et Ève. Ce compagnonnage qui n'est peut-être pas de tout repos (Adam le dit une fois) est plus proche de l'ère messianique que la solitude de Job ou de l'Ecclésiaste. L'admirable camaraderie d'Adam et Ève en face de tout l'univers qu'il soit paradisiaque ou hostile, en face même de leurs descendants, en face de Dieu en tout cas, annonce l'après-dîner du Jeudi saint, l'amitié de celui qui va mourir avec ceux qui mourront plus tard, mais à qui il dit tout ce qui peut se dire d'utile.

Dominique Bourg. — Mais ne risque-t-on pas d'édulcorer les choses en les concevant de cette manière, ne s'agit-il pas plutôt de rendre compte de la condition humaine, de sa fragilité et de ses faiblesses comme on le voit dans l'Épître aux Romains. Ce qui est alors au centre, n'est-ce pas cet impouvoir qui nous empêche de faire le bien quand bien même on tente de le faire. Le mal s'étend d'ailleurs à l'univers entier, à la création elle-même, d'où la relation entre la mort et la désobéissance dans la Genèse et l'idée de rachat, de rédemption qui est indissociable de cette relation. Là, le mal est perçu avec une ampleur extraordinaire et, comme le montre Bottéro, la volonté du récit du Yahviste est de déculpabiliser Dieu. Pour en revenir à Paul, ce qui est superbe, c'est cette espèce de perception aiguë de la condition contradictoire qui est la nôtre : on est voué à être déchiré, à manquer toujours ce que l'on tente et l'histoire rythme incessamment la conversion du bien en mal.

Jean Grosjean. — Mais que ce soit dans le livre d'Hénoch ou dans les Épîtres de Paul, cette notion de péché originel est liée à l'ambition du Grand Récit qui raconte l'histoire du monde. Cette vision globale dans laquelle chacun n'est qu'un grain de poussière donne à chacun une espèce d'humilité (la fameuse fausse humilité : moi, ver de terre, etc.), et une espèce de solidarité quasi universelle (mais de ce fait même, bien diluée), mais elle donne aussi une espèce de liberté dans des tas de domaines : puisqu'on est si peu de chose, on peut tenter n'importe quoi, d'ailleurs nos pires indélicatesses se noieront dans la masse de la criminalité mondiale.

C'est ce Grand Récit que l'Évangile était venu briser. Une courte vie humaine dit tout de la vie de Dieu. Tout ce qui se passe en Dieu peut se refléter, moins dans la totalité des univers que dans une vie humaine. La vie humaine du Messie dit tout d'un Dieu dont les univers ne sont que l'ombre. Le Christ nous dit : « Je vous mets dans le secret du Père, je vous confie ce que le monde entier et toute son histoire ne pourront jamais vous apprendre. Déchiffrez les jours que je passe parmi vous et vous voilà avec moi devant le Père. »

Cela devient vertigineux. C'est là qu'un faux pas devient un crime. Nous ne pouvons plus du tout nous fier à nous-mêmes. Mais le champ clos de notre durée de vie peut devenir le lieu où le Fils s'adresse au Père.

Quand Paul s'est aperçu du Christ, il a dû comprendre que la construction dont il avait vécu s'écroulait. Mais les sillons de son cerveau restaient marqués : il n'a pas pu s'empêcher de refaire une histoire du monde. Et là, le Christ, devenu le centre d'une machinerie, ne garde son urgence qu'à coups d'élans sentimentaux.

Olivier Mongin. — Pourquoi ne pas voir dans le péché ce que vous mettez sous la notion de gâchis, de déchet, le péché occasionne du gâchis. Mais cette convergence sémantique ne suffit pas, car dans Job réside toute la représentation chrétienne du péché, à savoir cette idée qu'on est toujours précédé par le mal. Même s'il n'est pas condamné à répéter absolument le mal, il peut envisager une rédemption, le chrétien n'échappe pas pour autant au mal qui le devance, le prend au dépourvu. Il y a déjà du mal dans l'histoire, mais rien ne nous oblige à en être les victimes plus ou moins compatissantes. C'est là, me semble-t-il, que se heurtent vos deux conceptions du péché originel : contrairement à Dominique Bourg, vous ne concevez pas que le mal soit déjà là.

Jean Grosjean. — Sous le terme de mal, on met deux choses différentes : le mal neutre et le mal actif.

Le mal qui nous précède est neutre, on est né comme ça, on n'est pas lié par le mal qui nous précède. Ce qui nous est donné au départ ne serait un mal que par comparaison (un nain s'il voit des grands), par jalousie (pourquoi ne s'envole-t-on pas comme les oiseaux ?). Une kleptomanie héréditaire n'a d'inconvénients que dans une société de propriétaires.

Olivier Mongin. — Mais peut-on se délier des générations passées, l'Humanité n'est-elle pas solidaire de sa mémoire ? La critique des philosophies de l'histoire n'amène pas à renoncer à l'idée de l'Humanité, d'une Humanité Une. Le christianisme ne peut de toute façon en faire l'économie ; je suis indissociable de tout ce qui m'a précédé dans l'histoire, je ne peux le mettre entre parenthèses au risque d'annuler l'universel humain.

Jean Grosjean. — L'Humanité comme substance ne m'intéresse guère. Il n'y a de cohérence humaine que dans le Messie. L'Humanité sans le Messie n'a pas de sens. Ah ! Le petit père Abraham qui tourne le dos aux ziggourats, comme il est un frère avec tous ceux qui marchent à tâtons. Et s'il a fait des faux pas, si notre petit père Adam a fait des faux pas, eh bien, ce ne sont pas nos faux pas, bien que nous en fassions nous-mêmes. Un péché involontaire, ce n'est pas un péché.

S'il y a un héritage inconscient, pourquoi s'en soucier ? D'ailleurs nos héritages remontent au-delà d'Adam, au-delà du premier animal, au-delà même du premier atome, il remonte au langage par lequel

Dieu fait exister. Et on ne nous demande qu'un minimum d'acquiescement tacite.

Quant aux vertus de nos ancêtres nous n'en héritons pas davantage, puisqu'il n'y a d'autres valeurs que les rapports personnels de chacun. Ces soucis d'héritages sont une mesquinerie. Le mal et le bien ne commencent qu'avec ce que nous voulons bien faire ou ne pas faire, comme c'est exemplairement arrivé à Adam et Ève.

Dominique Bourg. — C'est effectivement la relation au Messie qui fait naître l'Humanité dans son Universalité. Je pense là encore à Paul dans son Épître aux Galates : « Vous n'êtes qu'un en Jésus-Christ », par-delà toutes les particularités : « Juif, Grec, homme, femme, esclave, homme libre. »

Olivier Mongin. — Pour en revenir au mal, il n'est pas dissociable de mon impouvoir : je ne veux pas faire cela, mais je le fais quand même. Malgré toute ma volonté de ne pas faire quelque chose, je finis par le faire. La question n'est donc pas celle d'une plus ou moins grande conscience du mal, mais celle de la part de non-liberté en moi.

Jean Grosjean. — Comment quelqu'un qui n'a pas de volonté peut-il avoir la volonté d'en avoir ? Plutôt qu'une énergie aveugle mieux vaudrait les ruses qui font contourner l'abîme ? Si cela semble impossible, « tout est possible à Dieu » ; c'est ce que demande le Pater : « Ne nous mets pas à l'épreuve. »

Dominique Bourg. — Il y a quelque chose d'inquiétant dans les Évangiles, je pense à la première Épître de Jean : « Quiconque hait son frère est un meurtrier. » Il n'y a plus de stratégie à ce moment-là : je peux ressentir en moi une bouffée de haine que je ne maîtrise pas.

Jean Grosjean. — Mais si. L'espèce de vindicte de certains psaumes nous fait imaginer l'odieux terrassé, moribond, pitoyable. Mais oui, il y a peut-être un jour où il va nous implorer. Est-ce qu'on ne voit pas déjà cette autre face de son âme. Est-ce que cette loque humaine n'est pas désarmante ? Sans compter le « Remets-nous nos dettes, car à notre tour nous remettons à ceux qui nous doivent ». Et puis la prière c'est aussi un effort mental pour voir les êtres comme les voit le Dieu miséricordieux.

Dominique Bourg. — Le mal est inséparable d'une certaine Universalité humaine. Hiroshima n'est pas le fait d'un seul. Et toute une tradition a rendu la bombe atomique possible. Il y a tout un entrelacement des responsabilités individuelles qui fait qu'à la fin c'est une responsabilité humaine. C'est l'homme en tant que tel qui est mis en cause et non un tel en particulier. A partir du moment où une multitude d'hommes entrent en jeu, ils font état par eux-mêmes d'une possibilité qui appartient à l'homme en tant que tel. Certes, il y a la responsabilité inaliénable de chacun, mais le mal nous renvoie souvent, par ailleurs, à l'entrecroisement d'une multitude d'actions individuelles. Je ne pense pas à une responsabilité collective, je dis qu'il y a là une virtualité humaine. Voilà peut-être ce que veut dire Paul.

Jean Grosjean. — Votre homme en tant que tel est une abstraction. Si on parle de bombe atomique par exemple, eh bien, il y a les responsabilités personnelles d'une série de gens séduits par la puissance (ce que l'épître johannique appelle « l'orgueil des ressources »).

Une société (en l'occurrence l'américaine) est la résultante de cette série de fautes. Mais toutes les sociétés sont plus ou moins fondées là-dessus. L'Apocalypse nous dit que matérielles ou culturelles elles sont les suppôts de Satan, c'est-à-dire notre mise à l'épreuve. En effet, il nous est offert chaque jour de préférer à n'importe quel consensus national la compagnie de ce Messie qui frappe à notre porte pour venir dîner avec nous autres.

Dominique Bourg. — Je voudrais reprendre la discussion sous un autre angle. Comment conciliez-vous l'idée d'une intervention constante de Dieu dans le monde (vous nous avez dit refuser le rôle du hasard dans nos existences et discerner derrière les pouvoirs de fait le « doigt de Dieu ») avec l'attestation, çà et là dans les Évangiles, d'une certaine indépendance du cours des choses mondaines ? La condamnation de Galiléens à mort par Pilate, l'effondrement meurtrier de la tour de Siloé, témoignent de la puissance du mal sur le monde, mais nullement d'un surcroît de culpabilité individuelle ou familiale délibérément sanctionné par la foudre divine. Jésus répond « non » à la question de savoir si ces victimes sont de plus grands pécheurs que les autres. Il refuse l'idée d'une intervention divine punitive et ne se soucie pas de donner une autre explication.

Jean Grosjean. — Il y a une sorte de force

aveugle dans le monde. La matière est une énergie qui ne sait où elle va. La vie même ne vit qu'à tâtons. Pourtant si la pierre tombe, si la mer remue, si le vent court à de faux rendez-vous, on peut remarquer une espèce de prudence chez les plantes et pas mal de ruse chez les animaux. Et puis, il y a les humains qui sont comme lancés vers une lumière. Leur jeunesse est une flèche qui part en direction du zénith. Mais c'est très fragile. Cette visée perpendiculaire demanderait une puissance énorme que rien ne peut fournir tout à fait. Il y faut une attraction d'en haut.

L'univers ne se doute guère de cette ambition de l'âme. Qu'il sente ou non l'élan de l'âme, l'univers joue son jeu, et l'âme n'échappe pas aux pesanteurs. L'âme pressent plus ou moins où elle va, mais elle n'arrive guère à se libérer de la compacité d'un monde où s'imbriquent la matière, la vie animale et les phénomènes grégaires.

Ainsi notre vie tire à hue et à dia. Il y a moins le bien et le mal ou *deux hommes en moi* qu'une espèce d'envol à travers une nuée de remous dont on ne sait guère distinguer, la plupart du temps, ceux qui nuisent de ceux qui sont utilisables.

Notre monde qui s'avance ainsi cahin-caha semble souvent ne cahoter que sur place. D'où peut-être cette impatience de Dieu, qu'on pourrait appeler sa miséricorde : il se penche vers nous pour que sa propre attraction aspire nos frêles montées avant qu'elles ne retombent.

Dominique Bourg. — Mais ce monde dont vous

dites quelque part qu'il est « pétri de cruautés terribles » n'est lui-même, à vous suivre toujours, que l'expression de Dieu. Le mal serait-il une création divine, comme semble d'ailleurs le suggérer le prophète Isaïe (45, 7) ?

Jean Grosjean. — On ne voit les ténèbres de notre monde qu'à cause de ces lueurs d'âme qui le traversent. Et ces lueurs sont comme le nimbe du langage de Dieu. Car il y a d'abord le langage de Dieu. Car Dieu est indissociable de cet exode de soi qu'est l'expression. Oui, notre Dieu prend le risque de se dire sans être sûr de s'entendre et de se reconnaître. D'autant que son langage s'est mis à avoir une espèce de résonance : il s'est mis à susciter le monde.

En prêtant l'oreille au déploiement de son langage, Dieu s'entend passer et se ponctuer de silences. La matière peut sans doute être indifférente aux mutismes, mais Dieu ne laisse pas d'en être éprouvé. L'extinction de chaque parole, à mesure qu'elle est dite, déchire le Dieu qui parle bien qu'elle ne meure que pour lui parvenir. Si le monde est si désarçonnant, c'est qu'étant le sillage de la parole de Dieu, il ne peut pas ne pas laisser miroiter quelque chose du mystère de ce Dieu qu'elle exprime.

Le comportement d'abruti de la nature avec ses astres comme des toupies, le pourrissement des plantes, les pullulations d'insectes, l'instinct des carnivores, la démarche d'ivrogne des sociétés humaines sans compter les initiatives des humains, brutales ou subtiles, tendres ou sordides, cupides ou rêveuses, tout cela n'est que l'écho de ce que Dieu se dit et n'existe que par un langage qui magnifie une toute-puissante générosité sans omettre l'espèce d'immense obscurité congénitale d'un Dieu qui ne se connaît qu'en se jetant hors de soi dans une sorte de folie.

Il y aurait comme une faille en Dieu que refléteraient les noirceurs du monde. Et si on ne peut ressentir un bonheur que par comparaison avec des désastres, c'est sans doute que Dieu lui-même ne s'éprouve Dieu qu'en ayant un Fils sur la face duquel il puisse déchiffrer sa propre dépossession.

Dominique Bourg. — Cette « sorte de folie » dont vous venez de parler est certes celle du monde, mais encore celle de la Croix...

Jean Grosjean. — Il nous est révélé un Dieu inimaginable dont la perfection consiste en une espèce de défaillance, comme si Dieu ne pouvait supporter d'être Dieu que dans un autre. Cet autre est son Fils qui d'ailleurs ne s'appelle lui-même que Fils de l'homme pour montrer combien il fait corps avec notre aventure.

Si la nature raconte Dieu avec fleurs et astres, mais aussi avec foudre et déluge, la société n'est elle-même qu'une des forces de la nature et non la moins disgracieuse. Si Jésus échappe à l'impôt de l'Empire par la pauvreté et à l'impôt de l'Église par l'à-propos d'un poisson, il se refuse à mobiliser des légions d'anges contre une Rome dont les soudards vont lui faire payer sa non-violence. C'est qu'il n'est pas venu fausser cette bestialité de l'histoire qui ne parle de

Dieu qu'en creux, mais les ténèbres des nations servent d'écrin aux âmes qui peuvent par leur élan dire quelque chose de plus. Elles disent que Dieu se jette hors de soi. On ne vit pas impunément. Vivre n'est pas être ni, comme la matière, se contenter de l'espace occupable. Vivre, c'est exister, c'est-à-dire se déserter soi-même. Risquer pour avoir n'est qu'un jeu de banquier, mais la vie est plus grave et elle se perd. Est-ce que nos actes ne nous dépassent pas ? Est-ce que nos jours ne nous laminent pas ? Et quelle vieillesse retrouve son enfance ? Quel fils n'étonne pas son père ? Tout miroir déçoit.

Dieu prend le risque immense de ne plus être Dieu, mais l'abnégation de son Unique lui fait reconnaître la sienne. Quand l'Unique dit à son Dieu : *Non ce que je veux, mais ce que tu veux*, c'est le plus terrible des *s'il te plaît*. Et ce n'est pas sans le frisson d'une cruelle surprise que le Père aperçoit alors le vrai visage de son plus profond mystère : le déraisonnable consentement à son prochain.

Si le Dieu qui se dépouille de soi publie ainsi son secret, c'est comme si un mot de trop lui avait échappé. Il se serait mis à dire plus que soi-même. Mais en effet son hors-de-soi a été si loin qu'un jour il s'est effrangé en ce qui n'est plus lui et qui n'est plus que l'univers ; comme si le Père envoyait le Fils grandir à l'étranger pour que le Fils puisse faire, loin de toute protection, une expérience qui soit à la hauteur du Père.

Évidemment, cet exil du Fils est un acte de Dieu. L'extrême éloignement sera l'épreuve du Fils de l'homme. Dès le désert, il se met à penser qu'il faudrait peut-être reprendre des forces, et peut-être faire un peu de propagande, et peut-être fonder une société. Mais son âme ne plie pas devant des pensées raisonnables. Il ne côtoiera que distraitement les lois biologiques, psychologiques ou sociologiques qui ne sont que des anges malins chargés de tester les cœurs. Jésus ne va que vers son Père et ne s'inquiète que de nous.

Dominique Bourg. — Je reviens à ma question initiale. Compte tenu de l'agir de Dieu dans le monde, peut-on parler d'une liberté humaine ? Caïphe et Pilate sont-ils, dans cette hypothèse, autre chose que de simples marionnettes divines ?

Jean Grosjean. — La vie du Messie en marche vers son Dieu originel est d'une transparence lumineuse, et les humains ont une liberté à la mesure de sa visitation. Leur fervente absence de soi peut servir à tout autrui que leur délègue le Fils de l'homme, ou au contraire ils peuvent se détourner de leur archétype et de leur propre conscience qui en était l'amorce. En ce cas, au lieu de vivre, ils incorporent leurs âmes soit à des avoirs pétrifiants comme les doctrines, soit à une fausse vie qui n'est plus que corporelle ou corporative. Plutôt que de parler en légiste de responsabilité, mieux vaut s'apercevoir qu'on est étrangement convié à l'étrange vie du Vivant avec pourtant la latitude de réduire tout ou partie de nos jours en simples détritus.

Pour engoncés qu'ils soient dans leur situation, Pilate et Caïphe sont libres d'une liberté qui dit celle de Dieu. Mais Pilate a fini par fléchir devant l'émeute pour éviter un massacre dont l'inculpé le dissuadait, tandis que Caïphe en s'identifiant à une structure n'a plus été qu'une chose. Jamais notre marge de manœuvre n'est totale, mais, à l'intérieur de ce camp de prisonniers qu'est l'univers, l'âme peut toujours garder son quant-à-soi. Même la torture qui arrache les pires consentements n'atteint pas l'élan intime. Aucun bourreau n'assiste au baiser de Dieu sur l'âme mourante, car Dieu s'en cache, et peut-être pas sans une sorte de honte.

Dominique Bourg. — Cette transparence de la vie du Messie dont vous parlez ne serait-elle pas la seule image de Dieu disponible ?

Jean Grosjean. — Celui qui en Dieu est le langage de Dieu est pour nous le seul exégète de Dieu. Qu'on ne prétende pas nous montrer Dieu autrement. L'Unique du Père est tout ce qu'on peut savoir du Père (personne n'a jamais vu Dieu : qui m'a vu a vu le Père), ce qui abroge les visions qu'il n'a pas assumées. Or sa vie nous indique un Dieu longtemps caché dans le monde comme dans la banalité quotidienne et quasi muette de Nazareth. Ce qui infirme l'Épître aux Romains et toute l'apologétique, car si l'univers dit Dieu, il le dit de façon aussi implicite et inaudible que n'importe quelle culture.

Le Messie nous montre aussi que Dieu n'est guère ascétique, ce qui va contre la plupart des religions, mais qu'il n'est pas pour autant épicurien, ce qui nous détourne des panthéismes. Et puis ses heures d'angoisse, de honte, de supplice et de doute disent qu'il y a en Dieu une sorte de souffrance. C'est parce que notre civilisation n'a pas voulu admettre ce qu'il y a de vulnérable dans le Dieu vivant qu'elle a fini par dire qu'il était mort.

Où les puristes ne voient que le mérite, et les liturgies que le sacrifice, les douleurs du Messie nous montrent surtout un des visages de Dieu. Que Dieu compatisse n'est pas dit en figure mais en réalité. Pourtant ne versons pas dans un dolorisme : il s'agit de moins de quinze heures sur plus de trente ans. Mais ces heures ne signifient pas seulement pâtir.

Jésus a dit qu'il ne mourrait pas par surprise. Il a choisi sa mort, et le choix a été à l'intention de *ses amis* pour leur ouvrir un chemin (ce chemin qu'il est lui-même bien qu'il en soit aussi l'issue). Il a voulu nous faire voir son peu de souci des forces de mort de la nature. Ce qui doit nous cabrer l'âme, ce sont les doctrines : même si elles pouvaient être vraies, elles seraient meurtrières (témoin : Caïphe), et ce sont les pouvoirs : même si ceux qui les exercent sont pleins de bonne volonté, la machinerie sociale les dépasse (témoin : Pilate).

BIBLIOGRAPHIE
DE JEAN GROSJEAN

Poèmes :

Terre du temps, 1946
Hypostases, 1950
Le Livre du juste, 1952
Fils de l'homme, 1953
Majestés et Passants, 1956
Austrasie, 1960
Apocalypse, 1962
Hiver, 1964
Élégies, 1967
La Gloire, 1969

Récits :

Clausewitz, 1972
Le Messie, 1974
Les Beaux Jours, 1980
Élie, 1982
Darius, 1983
Pilate, 1983
Jonas, 1985
Kleist, 1985
La Reine de Saba, 1987
(Tous ces ouvrages ont paru aux éditions Gallimard.)

Traductions :

Les Prophètes, Gallimard, 1955.

Tragiques Grecs, Eschyle et Sophocle, Gallimard, Bibliothèque de la Pléiade, 1967.

Le Coran, Philippe Lebaud, 1979.

La Genèse, Gallimard, 1987.

L'Évangile selon Jean, Gallimard, 1988.

TABLE DES MATIÈRES

Achevé d'imprimer
par Corlet, Imprimeur, S.A.
14110 Condé-sur-Noireau

N° d'Éditeur : 8656
N° d'Imprimeur : 4854
Dépôt légal : octobre 1988

Imprimé en France